NOVA GAZETA RENANA

FRIEDRICH ENGELS

NOVA GAZETA RENANA

Organização, tradução,
introdução e notas de
Lívia Cotrim

1ª edição

EXPRESSÃO POPULAR

São Paulo - 2020

Copyright © 2020, by Editora Expressão Popular

Traduzidos de MEW – *Marx-Engels Werke*, Bände 5 e 6, Berlin: Dietz Verlag, 1959; e da reprodução facsimilar dos jornais originais, *Neue Rheinische Zeitung*, 1848-1849, Bände 1 e 2, Glashütten im Taunus: Verlag Detlev Auvermann KG, 1973.

Revisão: Dulcineia Pavan, Lia Urbini e Aline Piva
Projeto gráfico e diagramação: *Zap Design*
Impressão e acabamento: *Paym*
Capa: Rafael Stédile

Dados Internacionais de Catalogação-na-Publicação (CIP)

E57n
Engels, Friedrich, 1820-1895.
  Nova Gazeta Renana / Friedrich Engels ; organização, tradução, introdução e notas de Lívia Cotrim.— 1.ed. —São Paulo : Expressão Popular, 2020.
  816 p.

  ISBN 978-65-5891-004-6
  ISBN 978-65-5891-003-9 (obra completa)

  1. Nova Gazeta Renana (Jornal). 2. Marx, Karl, 1818, 1883. 3. Engels, Friedrich, 1820-1895. 4. Filosofia. 5. Ciência Política. 6. Marxismo. 7. Cotrim, Lívia, 1958-2019. I. Título.

CDU 335
CDD 335.4

Bibliotecária: Eliane M. S. Jovanovich - CRB 9/1250

Esta publicação foi realizada pela Fundação Rosa Luxemburgo com fundos do Ministério Federal para a Cooperação Econômica e de Desenvolvimento da Alemanha (BMZ)

Todos os direitos reservados.
Nenhuma parte desse livro pode ser utilizada ou reproduzida sem a autorização da editora.

1ª edição: dezembro de 2020

EDITORA EXPRESSÃO POPULAR
Rua Abolição, 201 – Bela Vista
CEP 01319-010 – São Paulo – SP
Tel: (11) 3112-0941 / 3105-9500
livraria@expressaopopular.com.br
www.expressaopopular.com.br
 ed.expressaopopular
 editoraexpressaopopular

Sumário

Nota editorial 15
Nota introdutória 17
Vera Cotrim e Ana Cotrim

A democracia de nosso tempo é o comunismo: revolução,
nacionalidade e contrarrevolução na *Nova Gazeta Renana* 21
Lívia Cotrim

NOVA GAZETA RENANA

Carta a Etienne Cabet – declaração contra a sociedade democrática alemã em Paris 55
   Fins de março de 1848. Fonte: manuscrito.
[Declaração do comitê de redação da *Nova Gazeta Renana*] 57
   NGR, n. 1, 1º/6/1848
A Assembleia de Frankfurt 58
   NGR, n. 1, 1º/6/1848
[A mais recente façanha da casa Bourbon] 62
   NGR, n. 1, 1º/6/1848
Derrota das tropas alemãs no Sundewitt 65
   NGR, n. 3, 3/6/1848
A questão da união 67
   NGR, n. 4, 4/6/1848
A comédia da guerra 68
   NGR, n. 5, 5/6/1848
Debates ententistas em Berlim 70
   NGR, n. 7, 7/6/1848
Debates ententistas 74
   NGR, n. 8, 8/6/1848
Nova divisão da Polônia 79
   NGR, n. 9, 9/6/1848
Colônia em perigo 81
   NGR, n. 11, 11/6/1848
O debate sobre a revolução em Berlim 85
   NGR, n. 14, 14/6/1848
   NGR, n. 15, 15/6/1848 87
   NGR, n. 16, 16/6/1848 89
   NGR, n. 17, 17/6/1848 93
A insurreição de Praga 97
   NGR, n. 18, 18/6/1848
A sessão ententista de 17 de junho 100
   NGR, n. 20, 20/6/1848
Nova política na Posnânia 104
   NGR, n. 21, 21/6/1848
Queda do ministério Camphausen 106
   NGR, n. 22, 22/6/1848, edição extra
Primeiro ato da Assembleia Nacional Alemã em Frankfurt 107
   NGR, n. 23, 23/6/1848
O caráter democrático da insurreição 109
   NGR, n. 25, 25/6/1848

Reichensperger 111
    NGR, n. 26, 26/6/1848

Detalhes sobre o 23 de junho 112
    NGR, n. 26, 26/6/1848, suplemento extra

O 23 de junho 116
    NGR, n. 28, 28/6/1848

O 24 de junho 120
    NGR, n. 28, 28/6/1848

O 25 de junho 125
    NGR, n. 29, 29/6/1848

A *Gazeta de Colônia* sobre a Revolução de Junho 129
    NGR, n. 31, 1/7/1848

A Revolução de Junho [O curso da insurreição em Paris] 135
    NGR, n. 31, 1/7/1848
    NGR, n. 32, 2/7/1848 137

Política externa alemã 142
    NGR, n. 33, 3/7/1848

Debates ententistas 145
    NGR, n. 34, 4/7/1848

Debates ententistas 150
    NGR, n. 35, 5/7/1848

Debates ententistas em Berlim 156
    NGR, n. 37, 7/7/1848

Debates ententistas 161
    NGR, n. 39, 9/7/1848

A sessão ententista de 4 de julho (segundo artigo) 165
    NGR, n. 41, 11/7/1848

Debates ententistas de 7 de julho 172
    NGR, n. 44, 14/7/1848

Debates ententistas 178
    NGR, n. 45, 15/7/1848

O debate sobre a moção Jacoby 183
    NGR, n. 48, 18/7/1848
    NGR, n. 49, 19/7/1848 186
    NGR, n. 53, 23/7/1848 188
    NGR, n. 55, 25/7/1848 192

A supressão dos clubes em Stuttgart e Heidelberg 197
    NGR, n. 50, 20/7/1848

O *Fädreland* sobre o armistício com a Dinamarca 199
    NGR, n. 51, 21/7/1848

O armistício com a Dinamarca 202
    NGR, n. 52, 22/7/1848

As "negociações" sobre o armistício 205
    NGR, n. 54, 24/7/1848

Debates ententistas sobre as dietas distritais 206
    NGR, n. 56, 26/7/1848

Rompidas as negociações do armistício com a Dinamarca 210
    NGR, n. 58, 28/7/1848

A dissolução da Associação Democrática em Baden 211
    NGR, n. 58, 28/7/1848

A *Gazeta de Colônia* e a situação inglesa 213
    NGR, n. 62, 2/8/1848
Debates ententistas sobre o caso Valdenaire.. 217
    NGR, n. 63, 2/8/1848
O boletim de Milão 220
    NGR, n. 63, 2/8/1848
Debate sobre as leis de remissão atuais... 222
    NGR, n. 67, 6/8/1848
Os debates sobre a Polônia em Frankfurt.. 227
    NGR, n. 70, 9/8/1848
    NGR, n. 73, 12/8/1848 233
    NGR, n. 81, 20/8/1848 239
    NGR, n. 82, 22/8/1848 242
    NGR, n. 86, 26/8/1848 247
    NGR, n. 90, 31/8/1848 251
    NGR, n. 91, 1/9/1848 255
    NGR, n. 93, 3/9/1848 257
    NGR, n. 96, 7/9/1848 262
O armistício dinamarquês e Hansemann 267
    NGR, n. 72, 11/8/1848
A luta de libertação italiana e a causa de seu atual fracasso... 268
    NGR, n. 73, 12/8/1848
A traição de Carlos Alberto 271
    NGR, n. 77/78, 17/8/1848
A *Gazeta de Colônia* sobre a Itália... 272
    NGR, n. 87, 27/8/1848
A *Gazeta Mercantil* sobre a Renânia.. 275
    NGR, n. 87, 27/8/1848
Mediação e intervenção. Radetzky e Cavaignac 278
    NGR, n. 91, 1/9/1848
As condenações à morte na Antuérpia 280
    NGR, n. 93, 3/9/1848
O armistício Dinamarquês 283
    NGR, n. 97, 8/9/1848
Nota editorial ao artigo "O projeto financeiro da esquerda"....................................... 287
    NGR, n. 98, 9/9/1848
Queda do Ministério de Ação... 288
    NGR, n. 98, 9/9/1848, suplemento extra e n. 99, 10/9/1848
Seus sucessores.. 291
    NGR, n. 99, 10/9/1848
O armistício dinamarquês-prussiano.. 292
    NGR, n. 99, 10/9/1848
Prisões... 296
    NGR, n. 100, 12/9/1848
Ordem do exército, candidatos eleitorais, comentários semioficiais
sobre a ambiguidade prussiana 297
    NGR, n. 103, 15/9/1848
A ratificação do armistício 299
    NGR, n. 107, 20/9/1848

A insurreição em Frankfurt 301
  NGR, n. 107, 20/9/1848, Suplemento
  NGR, n. 108, 21/9/1848 302
O *Fädreland* sobre o armistício..304
  NGR, n. 109, 22/9/1848
O ex-principado 306
  NGR, n. 140, 11/11/1848
As novas autoridades – progressos na Suíça 308
  NGR, n. 143, 15/11/1848
Sessão das câmaras suíças 312
  NGR, n. 147, 19/11/1848, segunda edição
Eleições para a corte federal – diversos 313
  NGR, n. 150, 23/11/1848
Notícias da Suíça 316
  NGR, n. 151, 24/11/1848, suplemento
Resultado das eleições para o Conselho Nacional..317
  NGR, n. 152, 25/11/1848
O poder central alemão e a Suíça 318
  NGR, n. 153, 26/11/1848
Eleições – Sidow 326
  NGR, n. 153, 26/11/1848, suplemento
[Debate no Conselho Nacional] 330
  NGR, n. 153, 26/11/1848, segunda edição
[A renúncia de Raveaux – violação do território suíço] 331
  NGR, n. 154, 28/11/1848, suplemento
Sessões do Conselho Nacional e do Conselho dos Estados 332
  NGR, n. 155, 29/11/1848
As personalidades do Conselho Federal 333
  NGR, n. 155, 29/11/1848
Sessão conjunta dos Conselhos – o Conselho Federal.. 337
  NGR, n. 156, 30/11/1848
Sessão do Conselho Nacional 339
  NGR, n. 157, 1/12/1848, suplemento
Sessão do Conselho Nacional – O Conselho dos Estados – Protesto do papa –
Embargo imperial de cereais – O grande conselho valáquio...340
  NGR, n. 157, 1/12/1848, suplemento
Berna declarada capital federal – Franscini...342
  NGR, n. 158, 2/12/1848
[Notícias da Suíça]..343
  NGR, n. 159, 3/12/1848, segunda edição
Duelo entre Berg e Luvini..344
  NGR, n. 160, 5/12/1848
O fechamento da fronteira alemã – O império – O Conselho de Guerra 345
  NGR, n. 160, 5/12/1848
Testemunho suíço das façanhas heróicas do exército austríaco em Viena 347
  NGR, n. 161, 6/12/1848
O Conselho Federal e os embaixadores estrangeiros – o Conselho Federal em
Tessinoo – Centralização dos correios – Apologia do comando militar alemão 349
  NGR, n. 161, 6/12/1848
Medidas para os refugiados alemães 350
  NGR, n. 165, 10/12/1848

O Conselho Nacional 352
  NGR, n. 165, 10/12/1848
  NGR, n. 165, 10/12/1848, segunda edição... 355
O Convento Ursuline – Recrutamento para o rei-metralha –
A "comuna dos cidadãos" – Comissão para uma tarifa alfandegária geral 366
  NGR, n. 168, 14/12/1848
Medidas contra refugiados alemães – Retorno das tropas
de Tessinoo – A Comuna Patrícia 368
  NGR, n. 180, 28/12/1848, suplemento
A batalha magiar... 371
  NGR, n. 194, 13/1/1849
O Sr. Müller – Intrigas de Radetzky contra Tessinoo –
O Conselho Federal – Lohbauer... 381
  NGR, n. 194, 13/1/1849
Os últimos insurgentes voluntários... 383
  NGR, n. 195, 14/1/1849
A rebelião dos padres 384
  NGR, n. 195, 14/1/1849
A imprensa suíça 385
  NGR, n. 197, 17/1/1849
Agitação protecionista – Recrutamento para o exército napolitano 389
  NGR, n. 197, 17/1/1849
Müller – O governo de Friburgo – Ochsenbein 390
  NGR, n. 197, 17/1/1849
Resposta do Coronel Engels 391
  NGR, n. 205, 26/1/1849, suplemento.
Mandado de prisão prussiano contra Kossuth 392
  NGR, n. 207, 28/1/1849
A batalha na Hungria 394
  NGR, n. 212, 3/2/1849
Do Banato 399
  NGR, n. 213, 4/2/1849, segundo suplemento.
Comentários ao 19º Boletim do Exército.. 401
  NGR, n. 214, 6/2/1849.
Guerra – Desavença entre o governo e os eslavos do sul.. 404
  NGR, n. 219, 11/2/1849
A guerra na Hungria 407
  NGR, n. 219, 11/2/1849, segunda edição
Do teatro da guerra... 411
  NGR, n. 220, 13/2/1849
O primeiro processo de imprensa da *Nova Gazeta Renana* 412
  NGR, n. 221, 14/2/1849
O pan-eslavismo democrático 417
  NGR, n. 222, 15/2/1849
  NGR, n. 223, 16/2/1849 425
O correspondente vienense da *Gazeta de Colônia* 432
  NGR, n. 225, 18/2/1849
A *Gazeta de Colônia* sobre a luta magiar 433
  NGR, n. 225, 18/2/1849
Boletim n. 22... 438
  NGR, n. 225, 18/2/1849, suplemento

Croatas e eslovacos na Hungria 442
   NGR, n. 226, 19/2/1849

A arte militar do exército imperial real 445
   NGR, n. 226, 19/2/1849

Windischgrätz – Judeus e austro-eslavos.. 447
   NGR, n. 228, 22/2/1849

Boletim n. 23 – Do teatro da guerra... 450
   NGR, n. 230, 24/2/1849

Últimas notícias sobre os magiares – Vitória no Tisza – Brutalidade
dos austríacos – Situação geral da guerra 454
   NGR, n. 231, 25/2/1849

[Mais notícias sobre os magiares]... 458
   NGR, n. 231, 25/2/1849, suplemento

Os russos na Transilvânia 460
   NGR, n. 232, 27/2/1849, suplemento

A invasão russa – Sérvios – Perspectivas para os austríacos – Do teatro da guerra 467
   NGR, n. 233, 28/2/1849

Do teatro da guerra na Transilvânia e na Hungria... 471
   NGR, n. 235, 2/3/1849

[Guerra europeia inevitável].. 475
   NGR, n. 235, 2/3/1849, suplemento extraordinário

Do teatro da guerra.. 477
   NGR, n. 236, 3/3/1849

A guerra na Hungria.. 481
   NGR, n. 237, 4/3/1849

Do teatro húngaro da guerra 485
   NGR, n. 237, 4/3/1849, segunda edição

Vitória magiar... 488
   NGR, n. 238, 6/3/1849

Do teatro da guerra.. 492
   NGR, n. 239, 7/3/1849

Os relatos militares da *Gazeta de Colônia* 497
   NGR, n. 240, 8/3/1849

[O 26º Boletim do exército austríaco] 502
   NGR, n. 240, 8/3/1849

Do teatro da guerra.. 504
   NGR, n. 241, 9/3/1849

O 27º Boletim – Relatórios militares... 507
   NGR, n. 242, 10/3/1849

Do teatro da guerra.. 512
   NGR, n. 243, 11/3/1849, suplemento

Uma reportagem austríaca publicada na *Gazeta Geral de Augsburg* 516
   NGR, n. 245, 14/3/1849

[Do teatro da guerra]..518
   NGR, n. 245, 14/3/1849, segundo suplemento

[Derrotas austríacas].. 520
   NGR, n. 245, 14/3/1849, segundo suplemento

Do teatro da guerra.. 521
   NGR, n. 246, 15/3/1849

A república modelo.. 524
   NGR, n. 246, 15/3/1849

Do teatro da guerra.. 528
  NGR, n. 246, 15/3/1849, segundo suplemento
Do teatro da guerra.. 529
  NGR, n. 247, 16/3/1849
[O esboço de mensagem da Segunda Câmara] 532
  NGR, n. 247, 16/3/1849, suplemento extraordinário
Do teatro da guerra.. 535
  NGR, n. 247, 16/3/1849, suplemento extraordinário
Do teatro da guerra.. 536
  NGR, n. 248, 17/3/1849
Do teatro da guerra.. 540
  NGR, n. 249, 18/3/1849
[Do teatro da guerra] 546
  NGR, n. 249, 18/3/1849, segunda edição
Relatórios militares da Hungria 549
  NGR, n. 250, 20/3/1849
Do teatro da guerra.. 556
  NGR, n. 251, 21/3/1849
Do teatro da guerra.. 558
  NGR, n. 252, 22/3/1849
Do teatro da guerra.. 559
  NGR, n. 253, 23/3/1849, suplemento
[Do teatro da guerra] 560
  NGR, n. 254, 24/3/1849
Do teatro da guerra. A confusa situação na Sérvia.. 561
  NGR, n. 256, 27/3/1849
A guerra na Itália e na Hungria 565
  NGR, n. 257, 28/3/1849
Do teatro da guerra.. 569
  NGR, n. 258, 29/3/1849, suplemento
Do teatro da guerra (Itália) 572
  NGR, n. 258, 29/3/1849, suplemento
O debate sobre a mensagem em Berlim 574
  NGR, n. 259, 30/3/1849
Do teatro da guerra.. 582
  NGR, n. 259, 30/3/1849
Do teatro da guerra [Itália] 587
  NGR, n. 259, 30/3/1849, suplemento
[Últimas notícias da Hungria] 590
  NGR, n. 259, 30/3/1849, suplemento
A derrota dos piemonteses 591
  NGR, n. 260, 31/3/1849
  NGR, n. 261, 1/4/1849, segunda edição.. 593
  NGR, n. 263, 4/4/1849 595
Do teatro da guerra – Mais tropas russas.. 598
  NGR, n. 260, 31/3/1849
[Do teatro da guerra] 599
  NGR, n. 261, 1/4/1849
[Do teatro da guerra] 603
  NGR, n. 261, 1/4/1849, segunda edição

Do teatro da guerra...606
    NGR, n. 262, 3/4/1849
Do teatro da guerra...609
    NGR, n. 263, 4/4/1849
A comédia da coroa imperial 612
    NGR, n. 263, 4/4/1849, suplemento extraordinário
Os eslavos do sul e a monarquia austríaca...614
    NGR, n. 264, 5/4/1849, suplemento
A guerra na Hungria...615
    NGR, n. 265, 6/4/1849
Do teatro da guerra...620
    NGR, n. 266, 7/4/1849
Do teatro da guerra...626
    NGR, n. 267, 8/4/1849
[Do teatro da guerra] 631
    NGR, n. 267, 8/4/1849, segunda edição
Lamentações austríacas..633
    NGR, n. 268, 9/4/1849
Do teatro da guerra...635
    NGR, n. 269, 11/4/1849
Do teatro da guerra...638
    NGR, n. 270, 12/4/1849
Do teatro da guerra – a marinha alemã 640
    NGR, n. 271, 13/4/1849
Do teatro da guerra – Comentários de Windischgrätz sobre a constituição outorgada...................642
    NGR, n. 271, 13/4/1849
[Rumores sobre o extermínio dos rebeldes]...645
    NGR, n. 271, 13/4/1849
[Uma vitória magiar] 647
    NGR, n. 271, 13/4/1849, segunda edição
[Extradição dos refugiados políticos] 648
    NGR, n. 271, 13/4/1849, segunda edição
[Uma vitória magiar] 650
    NGR, n. 271, 13/4/1849, segunda edição
Uma derrota austríaca..652
    NGR, n. 272, 14/4/1849
Do teatro da guerra...657
    NGR, n. 273, 15/4/1849
[Do teatro da guerra] 661
    NGR, n. 273, 15/4/1849, segunda edição
Do teatro da guerra...664
    NGR, n. 274, 17/4/1849
Do teatro da guerra – Guerra camponesa na Bucovina......................................666
    NGR, n. 275, 18/4/1849
Ekelmann 668
    NGR, n. 276, 19/4/1849
Do teatro da guerra...669
    NGR, n. 276, 19/4/1849
A sessão da Segunda Câmara em Berlim de 13 de abril 672
    NGR, n. 277, 20/4/1849

Os eslovacos – O assim-chamado boletim Dembiński 676
    NGR, n. 277, 20/4/1849
[Do teatro da guerra] 678
    NGR, n. 277, 20/4/1849, segunda edição
["Bravata magiar" da *Gazeta de Colônia*] 681
    NGR, n. 278, 21/4/1849
O novo Estado ladrão croata-eslavo-dalmácio 682
    NGR, n. 278, 21/4/1849
Os russos 685
    NGR, n. 279, 22/4/1849
Do teatro da guerra 688
    NGR, n. 279, 22/4/1849, suplemento
O debate sobre a lei dos cartazes 691
    NGR, n. 279, 22/4/1849, segunda edição
    NGR, n. 283, 27/4/1849 694
[Do teatro da guerra] 699
    NGR, n. 279, 22/4/1849, segunda edição
Do teatro da guerra 701
    NGR, n. 280, 24/4/1849
Do teatro da guerra 703
    NGR, n. 281, 25/4/1849
A guerra húngara 705
    NGR, n. 282, 26/4/1849
Lassalle 708
    NGR, n. 283, 27/4/1849
Do teatro da guerra 710
    NGR, n. 283, 26/4/1849, suplemento
[Vitórias húngaras] 714
    NGR, n. 283, 27/4/1849, suplemento extraordinário
Do teatro da guerra 716
    NGR, n. 284, 28/4/1849
[Avanços húngaros. Agitação em Viena] 718
    NGR, n. 284, 28/4/1849, suplemento extraordinário
Avanços magiares 719
    NGR, n. 285, 29/4/1849
[Dissolução da Segunda Câmara] 723
    NGR, n. 285, 29/4/1849, segunda edição
[Posnânia] 725
    NGR, n. 285, 29/4/1849, segunda edição
[Do teatro da guerra] 728
    NGR, n. 285, 29/4/1849, segunda edição
Os planos contrarrevolucionários em Berlim 732
    NGR, n. 286, 1º/5/1849
Do teatro da guerra 734
    NGR, n. 286, 1/5/1849
Lassalle 736
    NGR, n. 287, 2/5/1849
Pontapé prussiano nos frankfurtianos 740
    NGR, n. 287, 2/5/1849
[Dissolução] 743
    NGR, n. 287, 2/5/1849

Do teatro da guerra.. 744
    NGR, n. 287, 2/5/1849, suplemento extraordinário
Lassalle 745
    NGR, n. 288, 3/5/1849
Proibição da assembleia dos conselhos municipais renanos.. 750
    NGR, n. 288, 3/5/1849
[Do teatro da guerra] 751
    NGR, n. 288, 3/5/1849, suplemento extraordinário
O congresso das cidades renanas 753
    NGR, n. 289, 4/5/1849
[O terceiro na aliança] 754
    NGR, n. 289, 4/5/1849, suplemento
[Do teatro da guerra] 756
    NGR, n. 289, 4/5/1849, suplemento
[Notícias do sul da Alemanha] 758
    NGR, n. 289, 4/5/1849, suplemento
Ânsia de estado de sítio... 759
    NGR, n. 291, 6/5/1849
Notícias da Hungria 760
    NGR, n. 291, 6/5/1849
[A situação na Hungria].. 762
    NGR, n. 291, 6/5/1849, suplemento
[Do teatro da guerra] 764
    NGR, n. 291, 6/5/1849, segunda edição
[Proclamação de Kossuth] 765
    NGR, n. 292, 8/5/1849
Do teatro da guerra.. 767
    NGR, n. 292, 8/5/1849
[O exército prussiano e o levante popular revolucionário] 768
    NGR, n. 292, 8/5/1849, suplemento extraordinário
[Pergunta aos trabalhadores].. 770
    NGR, n. 292, 8/5/1849, suplemento extraordinário
O tsar e seus sub-*knyazes*.. 771
    NGR, n. 293, 9/5/1849
[A revolução que se aproxima] 772
    NGR, n. 293, 9/5/1849, suplemento extraordinário
[A situação em Elberfeld]... 774
    NGR, n. 294, 10/5/1849
[Ofensiva da contrarrevolução e vitória da revolução].. 776
    NGR, n. 294, 10/5/1849, suplemento extraordinário
[Do teatro da guerra] 778
    NGR, n. 294, 10/5/1849, suplemento extraordinário
[A insurreição em Elberfeld e Düsseldorf] 780
    NGR, n. 295, 11/5/1849, suplemento extraordinário
[Elberfeld].. 782
    NGR, n. 300, 17/5/1849, segunda edição
[O digno Schwanbeck] 785
    NGR, n. 300, 17/5/1849, segunda edição
[Hungria].. 786
    NGR, n. 301, 19/5/1849
Nomes 794

Nota editorial

A teoria social desenvolvida por Karl Marx (1818-1883) e Friedrich Engels (1820-1895) na segunda metade do século XIX tem como um dos seus principais objetivos compreender a estrutura e a dinâmica do modo de produção capitalista em seus aspectos econômicos, sociais, culturais e políticos. É importante resgatar também que esta análise da sociedade burguesa esteve sempre acompanhada de uma perspectiva revolucionária, cujo fim último era a destruição da ordem estabelecida, baseada na exploração da força de trabalho, e a construção de uma sociedade fundada na livre associação entre os seres humanos. Tal princípio está resumido na famosa 11ª tese sobre Feuerbach: "Os filósofos apenas *interpretaram* o mundo de diferentes maneiras; o que importa é transformá-lo".

Desde então, a práxis, o pensamento e a vida desses dois revolucionários têm inspirado o conjunto da classe trabalhadora em suas lutas de resistência ao capitalismo que, no entanto, segue vigente e aprofundando sua dominação mundial. Na atual conjuntura, a lógica destrutiva do capitalismo, além de concentrar cada vez mais riqueza na mão de pouquíssimas pessoas e impor à maioria condições cada vez piores de vida, produziu também a pandemia do coronavírus que em fins de 2020 já ceifou a vida de milhões de pessoas ao redor do mundo. No Brasil, em especial, vivemos uma época de uma franca ofensiva reacionária por parte da direita e da extrema direita, chegando aos limites do negacionismo da ciência e do terraplanismo.

Nesse sentido, a batalha das ideias é algo que se faz cada vez mais necessário e urgente para conseguirmos avançar na nossa organização como classe e na construção de um projeto de sociedade das trabalhadoras e trabalhadores. A Editora Expressão Popular tem se dedicado a essa tarefa há 21 anos e desde 2019 tem estreitado laços e firmado parcerias com Associações de Docentes do Ensino Superior para viabilizar a edição e reedição de obras clássicas do pensamento da classe trabalhadora. Além disso, em 2020, a Expressão Popular também estabeleceu uma parceria com o Andes-SN, aprovada em seu congresso nacional, para a edição de 12 títulos que recuperam não só a crítica à ordem estabelecida como também a perspectiva revolucionária.

Esta edição da *Nova Gazeta Renana* é mais uma dessas iniciativas em que estão envolvidas, além da Editora, as seções sindicais da Universidade Federal do Estado do Rio de Janeiro (Adunirio), Universidade Federal de Pelotas (Adufpel), Universidade Federal de Ouro Preto (Adufop), Universidade Federal Fluminense (Aduff), o Sindicato dos Docentes das Universidades Federais do Estado do Ceará (Adufc) e a Fundação Rosa Luxemburgo, que tem tido uma contribuição ímpar na recuperação do pensamento de Marx e Engels. Com isso, procuramos fazer a teoria social destes revolucionários, bem como a prática decorrente dela, presente ao conjunto da militância brasileira, a estudiosas e estudiosos e a pesquisadoras e pesquisadores.

Os textos que compõem este volume foram originalmente escritos para o jornal *Nova Gazeta Renana*, editado na Alemanha durante os anos de 1848-1849 por alguns membros da Liga dos Comunistas. Temos plasmadas nessas páginas as análises de K. Marx e F. Engels desenvolvidas no calor da hora sobre as revoluções de 1848-1849 que tomaram a Europa, consistindo assim em uma expressão da atuação prática desses dois revolucionários. Estes escritos, apesar de terem um forte traço conjuntural, nos fornecem elementos para compreender a dinâmica da luta de classes na sociedade burguesa a partir daquilo que o professor Florestan Fernandes denominava ótica comunista.

Foram muitas as envolvidas e envolvidos para que essa obra viesse à luz. Gostaríamos de agradecer aos familiares de Lívia Cotrim, falecida precocemente no ano de 2019, Ana, Vera e Ivan, que gentil e solidariamente nos cederam os direitos de publicação deste monumental trabalho de tradução fruto de estudos e pesquisas de Lívia por mais de 15 anos. Esperamos, com isso, manter viva a contribuição desta estudiosa e militante que dedicou sua vida ao trabalho com as obras de Marx e Engels.

Essa edição é também uma maneira de comemorarmos o bicentenário de nascimento de Friedrich Engels, militante fundamental para o desenvolvimento dessa teoria que nos permite compreender a estrutura e a dinâmica da sociedade burguesa e que nos dá elementos para nos fortalecermos na luta contra ela e pela construção de uma sociedade sem classes. Para nós, a melhor forma de homenagear este revolucionário é manter vivo o seu legado e a chama da transformação.

Editora Expressão Popular
Diretorias da Adufc, Aduff, Adufop, Adufpel e Adunirio
Novembro de 2020.

Nota introdutória

VERA COTRIM E ANA COTRIM

I

O conjunto dos materiais aqui reunidos constitui a totalidade dos artigos escritos por Karl Marx e Friedrich Engels para a *Nova Gazeta Renana*, e inclui aqueles acerca dos quais não foi possível identificar se procediam do punho de Marx ou de Engels. No volume I encontram-se os artigos de Marx e aqueles que não exibem autoria; no volume II, os de Engels. Como fonte original para a tradução, foi utilizada a edição Marx-Engels Werke (MEW), Bände 5 e 6 (Dietz Verlag Berlin, 1959).[1] A tradutora valeu-se também da publicação facsimilar (Glaushüttem im Taunus: Verlag Detlev Auvermann KG, 1973), em que foram encontrados textos que não estavam presentes na MEW.[2] As notas de rodapé foram baseadas na edição alemã e nas traduções parciais inglesa e francesa, disponíveis no sítio marxists.org. As intervenções entre colchetes nas citações foram feitas pelo próprio Engels, e mantidas pela tradutora.

É a Lívia Cotrim que devemos esta tradução completa e inédita dos artigos de Marx e Engels da *Nova Gazeta Renana*. A esta tarefa, a pesquisadora dedicou-se

---

[1] Os títulos dos artigos que aparecem sem colchetes foram conferidos por Marx e Engels e constam na edição original. Os títulos dos artigos que aparecem entre colchetes foram conferidos pelos editores da MEW. Podem ser continuações de textos iniciados em edições anteriores ou publicados sem título pelos autores. Na *Nova Gazeta Renana*, com frequência, os escritos são precedidos apenas pelo nome do país ou região de que tratam.

[2] São os seguintes: [Notícias de Paris], n. 25, 25/6/1848, suplemento extra; "Bakunin", n. 64, 3/8/1848 (K. Marx); "O Ministério Hansemann e o projeto de código penal velho-prussiano", n. 65, 4/8/1848; "Dr. Gottschalk, n. 66, 5/8/1848; "Tentativa de expulsar Schapper", n. 80, 19/8/1848; "Geiger e Schapper", n. 84, 24/8/1848; [Contrarrevolução em Colônia], n. 112, 25/9/1848; [O comitê de salvação pública de Colônia], n. 112, 25/9/1848, suplemento; [O procurador público Hecker questiona os que participaram do comício em Worringen], n. 112, 25/9/1848, suplemento; [Tentativa de prender Moll], n. 113, 27/9/1848; "As últimas notícias do 'estado-modelo'", n. 114, 12/10/1848, suplemento; "O discurso de Thiers sobre um banco hipotecário geral com curso obrigatório", n. 116, 14/10/1848 (K. Marx); "Nossa burguesia e o Dr. Nuckel", n. 135, 5/11/1848 (K. Marx); "Notícias de Viena", n. 135, 5/11/1848, segunda edição (K. Marx); [Cartas abertas], n. 155, 29/11/1848, suplemento extra (K. Marx); "Destituição de Drigalski", n. 172, 19/12/1848, suplemento (K. Marx); "Três estrelas *versus* triângulo", n. 225, 18/02/1849 (K. Marx); "Os processos contra Lassale", n. 238, 6/03/1849 (K. Marx); e [Decisões parlamentares são desconsideradas – os espiões de Manteuffel], n. 273, 15/04/1849, segunda edição (K. Marx).

durante mais de uma década e meia. O projeto teve início com a sua tese de doutoramento, *Marx: Política e Emancipação Humana – 1848-1871*,[3] que trazia como anexo a tradução dos artigos de Marx, junto àqueles cuja redação pode ser atribuída tanto a Marx como a Engels. Enriquecidos por um estudo introdutório, estes artigos foram lançados em 2010, pela Educ, editora da PUC-SP, em um volume que se esgotou rapidamente.

Nos anos seguintes, dando continuidade a esse projeto, Lívia Cotrim traduziu o conjunto dos artigos de Engels, além de diversos outros de Marx ou sem assinatura posteriormente encontrados, finalizando esse gigantesco trabalho em fevereiro de 2019. Paralelamente à tradução, ela procedeu ao estudo dos artigos de Engels, legando-nos alguns escritos sobre o tema, bem como um texto inacabado, mas bastante desenvolvido, que estava preparando para compor a Introdução ao segundo volume. A esta tarefa se dedicava no último período de sua vida e, literalmente, até a véspera de seu falecimento. É esse texto que apresentamos como Introdução à seção de Engels, com pequenas modificações e acréscimos extraídos de outros materiais da autora, a fim de dar-lhe a forma que, supomos, ela gostaria que tivesse.

Antes da referida publicação dos artigos de Marx pela Educ, foram lançadas no Brasil duas pequenas seleções da *Nova Gazeta Renana*: os quatro artigos que compõem *A burguesia e a contrarrevolução* foram publicados pela Editora Ensaio em 1987, com reedição em 1989, em tradução de José Chasin, Márcia Valéria M. de Aguiar e Maria Dolores Prades, e foram incorporados com revisão da tradutora na presente edição; e uma seleção de dezoito artigos publicada pela revista *Margem*, n. 16 (São Paulo: Educ, 2003), com tradução de Lívia Cotrim. Como é sabido, ela participou desde os anos 1980 da constituição da Editora Ensaio e teve parte em todas as suas publicações, seja na seleção de textos, revisão dos materiais, formação de equipes de tradução ou negociação de diretos autorais. Assim, a presença e divulgação da *Nova Gazeta Renana* no Brasil passa, desde o primeiro texto editado até a presente tradução integral, pelo trabalho de Lívia Cotrim. Além disso, seus estudos, tanto sua tese como artigos publicados, constituem a maior e mais profunda contribuição para a recepção desses textos no país.

Lívia Cotrim certamente gostaria que fossem mencionadas ao menos duas colaborações fundamentais: de José Chasin, estudioso que trouxe à tona o estatuto ontológico do ideário marxiano, em que se insere o caráter ontonegativo do Estado e da política; e de Márcia Valéria M. de Aguiar, sua irmã e principal interlocução no campo da tradução, a quem recorria para sanar dúvidas, que ofereceu um olhar externo aos textos e foi cotradutora dos seguintes artigos aqui contidos: "A declaração de Camphausen na sessão de 30 de maio", "Questões de vida e morte", "Queda do ministério Camphausen" e "Projeto de lei sobre a revogação dos encargos feudais".

---

[3] Tese apresentada no Programa de Estudos Pós-Graduados em Ciências Sociais da PUC-SP, em 2007.

Vale observar ainda que esta é a primeira edição completa dos textos de Marx e Engels da *Nova Gazeta Renana* em uma língua latina. Coletâneas existem em diversas línguas, mas nenhuma edição completa. Trata-se, portanto, de uma realização inédita e de valor inestimável para os estudos de Marx e Engels não apenas no Brasil, mas também na América Latina e em todos os países lusófonos.

II

A decisão de Lívia Cotrim de publicar os textos de Marx e Engels em dois volumes separados orientou-se pela consideração de que esses revolucionários apresentam aportes distintos ao pensamento humano, a despeito de terem compartilhado durante toda a vida um projeto original de compreensão e transformação do mundo. Embora tenham sido escritos em diferentes momentos, os dois textos introdutórios apresentam um encadeamento. Na Introdução aos textos de Marx, a autora busca explicitar a revolução teórica que sua obra significou, e que os artigos da *Nova Gazeta Renana* desenvolvem a partir do exame dos processos reais das lutas de classe de 1848-1849 na Europa. No texto que introduz o volume de Engels, a autora procura tanto destacar as suas contribuições específicas à análise do mesmo processo, como indicar os limites de sua apreensão relativa à originalidade filosófica de Marx.

Lemos na Introdução ao volume I, "A arma da crítica: política e emancipação humana na *Nova Gazeta Renana*", que Marx aborda esse tema em três ocasiões, todas motivadas por eventos críticos das lutas de classes. Inicialmente, em 1844, com a revolta dos tecelões da Silésia; depois, em 1848-1849, com as lutas proletárias na França e na Alemanha – as Jornadas de Junho –, sendo essa a única vez que Marx participou ativamente da prática revolucionária, por meio deste jornal; e, por fim, em 1871, com a Comuna de Paris. Assim, além de preciosa fonte histórica, os artigos da *Nova Gazeta Renana* constituem um documento da atuação prática de Marx.

Desde que se dedica a examinar a natureza da política a partir de conflitos reais, emerge a originalidade da posição marxiana: pela primeira vez na história do pensamento, a forma *política* de organização deixa de ser considerada definitiva da sociabilidade e passa, ao contrário, a aparecer como expressão da *alienação* que caracteriza toda sociedade dividida em classes. Em Marx, a política é vista como uma forma histórica das relações humanas, forma necessária de organização das sociedades que têm na divisão social do trabalho sua contradição central. Essa nova concepção é elaborada a partir da crítica seminal ao pensamento de Hegel, processo em que a apropriação do caráter histórico e dialético do ser humano se dá mediante a ruptura com o idealismo. Lívia Cotrim apresenta o movimento de constituição desse pensamento, tanto em seus delineamentos iniciais quanto em seus desdobramentos fundados nas revoluções de 1848-1849 e expostos no conjunto de artigos ora publicados.

Na Introdução ao volume II, "A democracia de nosso tempo é o comunismo: revolução, nacionalidade e contrarrevolução na *Nova Gazeta Renana*", a autora aborda as ideias de Engels em dois campos. Começa por apontar o tratamento dos grandes temas da ontologia, como história, natureza, necessidade, dialética, método, conforme aparecem especialmente em sua obra tardia, com a finalidade de examinar em que medida se deu a sua compreensão da revolução teórica realizada por Marx. Lívia Cotrim apresenta os limites dessa compreensão, que talvez possam ser sintetizados como deslizes de cunho idealista que alteram o sentido ontológico apontado por Marx, e indica sua gênese na falta de um acerto de contas com a filosofia hegeliana.

Em seguida, aprecia o conjunto das análises de Engels sobre o momento em foco, em que a leitura dos acontecimentos era imediatamente uma tomada de posição na luta de classes, mostrando que, aí, aqueles limites que tendiam a impor uma lógica aos objetos não se manifestam. Ao contrário, Engels demonstra abertura aos processos reais e desvenda o conjunto de contradições e potencialidades das lutas proletárias. Assim, se na teorização mais abstrata de temas da esfera ontológica ele apresenta limites, no campo político, tanto teórico quanto prático, sua análise é permeada desde o início pela clareza quanto à negatividade da política e a necessidade de sua superação.

Para além do interesse que devem suscitar, por si mesmos, o pensamento de Marx e Engels, a sua participação ativa nas lutas de classe e a história desse momento fulcral para a consciência política do proletariado, observa-se ainda a atualidade flagrante dos temas analisados na *Nova Gazeta Renana*. Basta observar que os textos aqui publicados examinam a natureza do Estado, a diferença entre o Estado bonapartista e o Estado democrático, a aliança de classes, a criminalização da classe trabalhadora, a violência de Estado, o papel contrarrevolucionário da esquerda burguesa, o lumpemproletariado, a questão das particularidades nacionais e do internacionalismo, o chamado "etapismo" no desenvolvimento histórico, entre outros.

Embora estejam vivendo o primeiro movimento em que a classe trabalhadora se distingue da burguesia prática e conscientemente, os problemas tratados permanecem atuais. Marx e Engels desvendam a vitória que essa separação significa para a classe trabalhadora: a consciência de que seus interesses são diversos e opostos aos da burguesia. Vemos hoje que os movimentos, partidos e intelectuais ligados à classe trabalhadora retrocederam, ao menos em suas manifestações hegemônicas, com relação a essa descoberta. Perdeu-se a revolução teórica de Marx, de modo que a crítica ontológica ao Estado, à política e a necessidade da luta metapolítica se colocam novamente em pauta.

A democracia de nosso tempo é o comunismo: revolução, nacionalidade e contrarrevolução na *Nova Gazeta Renana*

Lívia Cotrim

I – Especificidade da posição de Engels

Na Introdução ao primeiro volume desta publicação, foram analisados os artigos escritos por Karl Marx para a *Nova Gazeta Renana*. Apresentamos aqui os artigos jornalísticos escritos por Friedrich Engels para o mesmo jornal.[1] A opção pelo exame em separado dos textos de ambos obedeceu ao reconhecimento de que, apesar da longa e estreita amizade, e da colaboração teórica e política que mantiveram por 40 anos, trata-se de duas pessoas distintas, que aportaram contribuições específicas.[2]

É preciso chamar a atenção para esse truísmo diante da incompreensão a que esteve submetida a obra de Marx, que abrangeu várias de suas facetas e redundou na perda da revolução teórica que realizou. A existência de formas da vulgarização do marxismo já no século XIX dá testemunho das dificuldades, histórica e socialmente determinadas, de compreensão plena dessa revolução. Certamente Engels participou na elaboração desse pensamento, e foi admirável seu esforço de combate àquelas primeiras manifestações de marxismo vulgar;[3] entretanto, ele próprio sofreu dessas dificuldades, manifestas de modo

---

[1] Com exceção da obra de Fernando Claudín (*Marx, Engels y la Revolución de 1848*), esses artigos são em geral apenas citados como expressões primeiras de posições resumidas em *Revolução e Contrarrevolução na Alemanha*, conjunto de artigos publicados por Engels no jornal *New York Daily Tribune* entre outubro de 1851 e outubro de 1852.

[2] É bem conhecida a avaliação que o próprio Engels faz de sua participação na elaboração dessa posição: "Ultimamente tem-se aludido, com frequência, à minha participação nessa teoria; não posso, pois, deixar de dizer aqui algumas palavras para esclarecer esse assunto. Que tive certa participação independente na fundamentação e sobretudo na elaboração da teoria, antes e durante os 40 anos de minha colaboração com Marx, é coisa que eu mesmo não posso negar. A parte mais considerável das ideias-diretrizes principais, particularmente no terreno econômico e histórico, e especialmente a sua formulação nítida e definitiva, cabem, porém, a Marx. A contribuição que eu trouxe – com exceção, quando muito, de alguns ramos especializados – Marx também teria podido trazê-la, mesmo sem mim. Em compensação, eu jamais teria feito o que Marx conseguiu fazer. Marx tinha mais envergadura e via mais longe, mais ampla e mais rapidamente que todos nós outros. Marx era um gênio; nós, no máximo, homens de talento. Sem ele, a teoria hoje estaria muito longe de ser o que é. Por isso ela tem, legitimamente, seu nome" (Engels, 1975, p. 103).

[3] Embora Engels tenha sido "protagonista de dois processos distintos: a constituição do materialismo histórico (numa parceria que Marx nunca deixou de reconhecer e exaltar) e a configuração do primeiro capítulo do marxismo", não é totalmente pertinente que, quanto ao primeiro momento, "uma assumida coautoria

mais claro em suas obras de combate e de difusão do marxismo,[4] que exerceram, nos termos de G. S. Jones, "imensa e duradoura influência sobre a definição do socialismo marxista" após 1880, e foram apropriadas pela Segunda Internacional, produzindo a total identificação entre os dois pensadores e obliterando as produções de juventude e maturidade de Engels.

Isso não autoriza recusar sua obra, nem creditar exclusivamente a ele a responsabilidade pelos descaminhos do marxismo, nem assimilar seu pensamento às leituras que dele fizeram intelectuais "abeberados em Buckle e Comte" ou em Darwin, como é o caso de K. Kautsky,[5] negligenciando suas várias observações críticas em relação a Darwin e à "acentuação tardo-positivista-evolucionista das leis naturais de desenvolvimento" (Jones, 1983, p. 382).[6] Mas a recuperação do pensamento marxiano exige identificar aqueles problemas, inclusive para fazer justiça às contribuições positivas de Engels ao marxismo.

A polêmica sobre a identidade ou distinção entre o pensamento de Marx e o de Engels se instaura sobre o tratamento que Engels dá a questões como a relação entre filosofia e ciência, natureza e sociedade, necessidade, teleologia e outras. Nesse debate, muitas vezes permeado pela desconsideração ou incompreensão do estatuto ontológico do pensamento marxiano, destaca-se o vínculo com Hegel.

Jones identifica a permanência de traços da filosofia hegeliana no pensamento de Engels, examinando a sua formação, de que destacamos aqui alguns elementos.

Engels nasceu em 1818, em Barmen, cidade manufatureira renana ligada ao mercado mundial, cuja população, em sua maioria calvinista ou luterana, bastante conservadora, se opunha ao iluminismo, ao racionalismo, a Hegel, bem como a Goethe e ao teatro em

---

(manifesta em princípios e em livros) torna infrutíferas as perquirições centradas na heterogeneidade", ao passo que, no segundo, "a modificação de propósitos e de procedimentos inviabiliza investigações focadas na questão da unidade" (Musse, 2000, p. 81). Ao contrário, seja no primeiro seja no segundo momento, é importante investigar se e até que ponto, e a respeito de quais questões, Engels assume posições distintas das de Marx, em que pesem a referida colaboração e as obras escritas em conjunto.

[4] As obras que mais contribuíram para isso foram o *Anti-Dühring* (1976 [1882]), *Dialética da natureza* (1976 [1882]) e *Ludwig Feuerbach e o fim da Filosofia Clássica alemã* (1976 [1888]).

[5] Também O. Coggiola corrobora a mutilação do pensamento de Engels pela social-democracia alemã, de sorte a transformá-lo em "partidário da transição pacífica ao socialismo, pelo sufrágio universal" (Coggiola, 1995, p. 35-36 e p. 9).

[6] Pontuando o tratamento polarizado de que Engels foi objeto, Jones prossegue indicando que "Após um período de indiscutível prestígio, da morte de Marx a 1914, a reputação de Engels foi vítima inicialmente dos ataques críticos da esquerda revolucionária à Segunda Internacional, e depois das críticas não comunistas ou anticomunistas à Terceira". Pouco tempo depois, quando a "filosofia do materialismo dialético", elaborada "em boa parte à base dos últimos escritos de Engels [...] recebeu o *imprimatur* oficial da União Soviética, tornou-se muito difícil diferenciar uma certa tomada de posição com referência a Engels de uma tomada de posição com respeito ao comunismo do período staliniano". No período da Guerra Fria, tanto os anticomunistas quanto "os porta-vozes oficiais dos partidos comunistas insistiram com igual vigor na perfeita unidade da obra dos mesmos", embora por motivações opostas, enquanto pensadores desvinculados desses dois campos buscaram "construir um Marx que desafiasse a versão oficial" e para isso debitaram a Engels "todas as componentes indesejáveis do marxismo soviético, do qual buscavam com tanta ânsia se distanciar" (Jones, 1983, p. 377-380).

geral; e a educação, mesmo de filhos de famílias burguesas, como Engels, ia no máximo até o secundário.

Buscando desde cedo escapar aos limites mesquinhos da cidade, em 1839 Engels se associa ao movimento Jovem Alemanha, que se inspirava nas posições poéticas e políticas de Heinrich Heine e Ludwig Börne, este um republicano radical e crítico do nacionalismo alemão francófobo.[7] Graças ao "tenaz radicalismo de seu temperamento" e a sua abertura às novidades, torna-se "um democrata republicano revolucionário antes de converter-se ao hegelianismo", ao qual chega no processo de superação de sua formação religiosa. Nesse percurso, Engels passa "do cristianismo liberal, pela leitura de Schleiermacher, à de Strauss", que o leva a Hegel (Jones, 1983, p. 392).

Em 1841, como hegeliano e democrata revolucionário, Engels vai a Berlim e toma contato com a obra de Feuerbach; apesar da "força libertadora" que esta exerceu sobre ele, conforme seu próprio testemunho, Jones considera que "Em todos os seus escritos até o encontro com Marx em Paris, no verão de 1844, manteve sempre uma metodologia hegeliana" (Jones, 1983, p 392).

A estada de Engels no país capitalista mais desenvolvido à época, a Inglaterra, entre 1842 e 1844, foi crucial para a transformação de seu pensamento. Ao chegar, Engels compartilhava o comunismo filosófico de Moses Hess, defendendo o triunfo do princípio da comunidade sobre o da fragmentação, sem relação com a luta de classes ou com uma classe em particular, e uma "revolução social baseada na 'comunidade de bens'". Coerentemente, atribuía menos importância aos cartistas do que aos owenistas. Daí sua surpresa "com o fato de que 'aqui, quando se fala de cartistas e radicais, entende-se quase de modo geral a escória do povo, a massa dos proletários'", bem como "ao descobrir que o socialismo obtinha apoios somente na camada inferior da sociedade" (Jones, 1983, p. 401-402).[8]

O contato com a indústria, a situação da classe operária e as relações desta com a burguesia obrigaram-no a pôr em questão os pressupostos do comunismo filosófico, identificando sua incompatibilidade com as relações sociais efetivas. Em que pese a permanência de traços hegelianos em seu pensamento, não se tratou de uma ruptura epistemológica.

No *Esboço de uma crítica da Economia Política* (escrito entre fins de 1843 e inícios de 1844), Engels já atribui à propriedade privada a causa da miséria no seio da abundância, "elucidando as conexões entre a propriedade privada, a Economia Política e as modernas condições sociais no processo de transição para o comunismo". Entretanto, ainda considerava a religião como a "raiz de todo o mal", definia "as crises comerciais como 'uma lei natural fundada na ausência de consciência dos que estão envolvidos no

---

[7] Mais tarde, Engels se referirá a esse movimento como uma mescla de "elementos de oposição política" com "recordações universitárias maldigeridas de filosofia alemã e fragmentos mal compreendidos de socialismo francês, particularmente, de saint-simonismo" (Engels, 2008, p. 179).
[8] A obra de Engels citada é *Ponto de vista inglês sobre a crise interna*, de 1842.

processo'" e, em *As crises internas*, entendia que os interesses materiais "servem sempre, consciente ou inconscientemente, a um princípio que puxa a fila do progresso histórico" (Jones, 1983, p. 396-398). Na mesma direção, em *A situação da Inglaterra*, de inícios de 1844, afirma que "A grande oposição que ocupou a história desde seus inícios" era "a oposição entre substância e sujeito, natureza e espírito, necessidade e liberdade" (Engels, *apud* Jones, 1983, p. 399).

A mudança empreendida prossegue com o reconhecimento da importância central da revolução industrial, em *A situação da Inglaterra. O século XVIII*: "Este revolucionamento da indústria inglesa constitui a base de todas as modernas relações inglesas, a força motriz de todo o movimento social", completado com a constatação de que as forças da indústria, "que de direito pertencem à humanidade, tornaram-se, por obra da propriedade privada, monopólio de poucos ricos capitalistas e instrumento para a submissão das massas" (Engels, *apud* Jones, 1983, p. 403).

Passa, pois, a estudar a raiz da concorrência e as mudanças das classes sociais produzidas pela industrialização, em particular a criação do proletariado. Percebe também que, além de os diversos direitos e liberdades vigorarem somente para os ricos, a constituição política encobre o domínio da propriedade privada; há, portanto, uma crítica à determinação da política, de sorte que não apenas se tornava compreensível "a oposição irracional da classe média à democracia e ao socialismo", como era necessária uma mudança de alvo e de sujeito revolucionário: "Mas, se a batalha contra o Estado não democrático não se configurava na realidade como uma batalha política e sim social, contra o domínio da propriedade, então o cartismo assumia um significado bem diferente" (Jones, 1983, p. 404).

Jones considera, com base nessas análises, que, antes de se encontrar com Marx em setembro de 1844, Engels já identificara o caráter de classe do Estado, isto é, que este era instrumento da classe proprietária contra a classe trabalhadora; também já identificara o "tipo de luta de classe gerado pela indústria moderna" (Jones, 1983, p. 405).[9] Apesar dessas descobertas, presentes em *A situação da classe trabalhadora na Inglaterra* (escrita entre setembro de 1844 e março de 1845), a mudança de seu pensamento só se completaria a partir da colaboração com Marx, especialmente na redação d'*A ideologia alemã*. Mesmo depois, no entanto, Engels manteria uma ligação intensa com a filosofia hegeliana, não a submetendo "à rigorosa análise empreendida por Marx", de sorte que, bem mais tarde, "ao reagir contra o materialismo e contra o positivismo vulgares recorrendo mais uma vez a Hegel, manteve muitos elementos de sua relação pré-marxista com a tradição alemã" (Jones, 1983, p. 391).

---

[9] Também O. Coggiola (1995) faz a mesma afirmação e, discordando de D. Riazanov, atribui o pioneirismo nesse tema a Engels, que, ao redigir *A situação da classe trabalhadora na Inglaterra*, teria formulado pela primeira vez a tese de que é o proletariado a classe que deve emancipar a si e a todo o povo, embora sem oferecer ainda a fundamentação histórica exposta mais tarde no *Manifesto do Partido Comunista*.

Também David McLellan indica uma forte proximidade entre o pensamento tardio de Engels e o de Hegel (1979, p. 59 e 61).[10] Reconhecendo que as posições de Engels tiveram muita influência sobre "o que veio a ser conhecido como materialismo dialético", julga que a preocupação em combater a "crescente popularidade, entre os círculos comunistas, dos conceitos evolucionistas ingenuamente materialistas" (McLellan, 1979, p. 53 e 54-55) teria orientado a aplicação da dialética à concepção materialista da natureza e da história, bem como a afirmação do desaparecimento de uma filosofia posta acima das ciências, à exceção da "doutrina das leis do próprio pensamento, a lógica e a dialética" (Engels, 1975, p. 116). Nem Jones nem McLellan, entretanto, tratam da posição ontológica marxiana ou a contrapõem àquelas concepções presentes em *Ludwig Feuerbach e o fim da Filosofia Clássica alemã*.

No polo oposto, Ronald Rocha (2000), destacando igualmente o combate de Engels contra a vulgarização do marxismo e a dissolução da filosofia, recusa sua proximidade com Hegel. Rocha não ignora a problemática da ontologia em Marx, e, citando a mesma passagem mencionada por McLellan, admite ser discutível a redução da filosofia à "ciência do pensar e suas leis", mas a relativiza com outro trecho daquela obra engelsiana: "O grande problema cardeal da Filosofia, especialmente da moderna, é o problema da relação entre o pensar e o ser [...], entre o espírito e a natureza" (Engels, apud Rocha, 2000, p. 66); no entanto, interpreta-o de modo ainda mais discutível, trazendo-o para o âmbito gnosiológico e epistêmico como a relação "entre o sujeito e o objeto, entre a exterioridade e a interioridade na busca humana da consciência de si, [...] e da concatenação racional entre os distintos domínios do conhecimento numa unidade articulada como 'concepção de mundo'" (Rocha, 2000, p. 66). Conclui defendendo a necessidade da lógica, substituindo, em passagem em que Engels reafirma a filosofia como teoria do pensar e a necessidade de determinações mentais, a palavra "filosofia" por "lógica":

> Opera-se, então, mais de um século depois, o mesmo dilema apontado por Engels na incontornável relação existente entre 'os homens da ciência' e a 'filosofia', agora no que diz respeito à lógica: 'não podem fazer progresso algum sem pensar; e, para pensar, necessitam de certas determinações mentais. [...] Por conseguinte, não estão eles livres da' – com a licença da paráfrase – 'lógica'. (Rocha, 2000, p. 66)

Rocha assume como próprias da posição marxiana esta e outras formulações que Lukács, de quem diverge diretamente, indica como expressões da presença de elementos hegelianos no pensamento de Engels, entre as quais o acolhimento da negação da negação e o tratamento da relação entre liberdade e necessidade.[11]

---

[10] McLellan chega a afirmar que Engels teria tangenciado "um ponto de vista que guardava afinidades com a filosofia romântica alemã", e teria introduzido "um elemento profundamente teológico em seu pensamento ao proclamar que é da essência da matéria evoluir até seres pensantes" (1979, p. 58). Entretanto, não desenvolve uma argumentação comprobatória de tais afirmações.

[11] Rocha considera que a afirmação marxiana de que há uma "substância racional" na dialética hegeliana se identifica à posição de Engels sobre a validade da negação da negação na natureza e na sociedade. Entende

Nessas formulações engelsianas, aparecem traços daquele "imperialismo gnoseológico ou epistêmico que dominou a marxologia nos últimos decênios" (Chasin, 2011, p. 26). Não se trata apenas de que suas obras tardias tenham servido "de modelo para procedimentos que, embora ausentes ou secundários nos textos canônicos do materialismo histórico, cristalizaram-se como próprios do marxismo", tais como "a primeira apresentação em separado do método (um hábito reiterado que leva comentadores a censurar na tradição do marxismo sua ênfase epistemológica)" (Musse, 2000, p. 82). Essa caracterização afasta o problema de seu núcleo central. Muito mais do que um "hábito", trata-se de conferir *status* de fundamento da reflexão marxiana ao âmbito lógico-gnosioepistêmico. Embora não atinjam toda a obra de Engels, a presença desses elementos nem por isso é casual, e sim decorrente da vaga epistêmica já presente no século XIX, e à qual Engels paga um tributo principalmente por intermédio do vínculo com Hegel (e não com Kant, como será predominante no século XX).

Aqueles rastros se apresentam também no Lenin de *Materialismo e empiriocriticismo*, no Lukács de *História e consciência de classe* e se irradiam e aprofundam por inúmeros pensadores, numa rota "que atrelou e submeteu a ela o exame de qualquer outra temática, no seu espraiamento à saturação por mãos cada vez mais repetitivas e menos habilidosas ou sutis" (Chasin, 2009, p. 26-27).

A dificuldade de pensadores do porte de Engels, Lenin e Lukács de apreender plenamente a revolução realizada por Marx diz muito da radicalidade desta, mas também do peso avassalador das concepções e práticas com as quais Marx rompeu, peso ampliado pelas derrotas da classe trabalhadora e pela consequente sobrevivência das relações sociais concretas nas quais aquelas se enraízam.

O caso de Lukács é emblemático seja por ter mantido determinados equívocos e inapreensões, apesar de ter tido o mérito, nunca suficientemente ressaltado, de identificar o estatuto ontológico do pensamento marxiano e de combater de modo veemente a submissão ao "critério gnosiológico" na análise dos mais diversos temas, da ideologia à estética, seja por ter, ao final de sua vida, revisto mais uma vez (como o fizera em outros momentos) suas posições, superando aquelas limitações.

Se em *História e consciência de classe* voltava-se, involuntariamente, "contra os fundamentos da ontologia do marxismo", por desconsiderar "a objetividade ontológica da natureza" (Lukács, 2003, p. 14 e 16), em obras posteriores à década de 1930, e mesmo ainda na década de 1950, quando já desenvolvera amplamente suas inclinações à ontologia, ainda conservava excessiva proximidade a Hegel e concedia, assim, um peso à

---

que "a crítica à elaboração de Engels" decorre da opção "por eliminar as identidades genéricas" entre as esferas do ser, e aduz que "O próprio Lukács chegou a reconhecer autocriticamente que não foi correto 'conceber o marxismo exclusivamente como doutrina social, uma filosofia social, ignorando ou rejeitando a tomada de posição que ele contém em relação à natureza'"; não esclarece, entretanto, que nessa passagem do Posfácio de 1967 Lukács se refere à posição que assumira em *História e consciência de classe*, e não à que assumiu em *Ontologia do ser social*, citada imediatamente antes por Rocha.

epistemologia e à teoria do conhecimento incompatível com a resolução marxiana do problema da apreensão da realidade pelo pensamento. Nesse período, como aparece em *Introdução a uma Estética marxista*, se apoiava naquelas obras tardias de Engels para sustentar tais posições, entre as quais a "admissão, sob moldes tradicionais da divisão e classificação das ciências, de um lugar próprio à lógica, bem como da validade operatória desta, no interior de qualquer *corpus* teórico consistente" (Chasin, 2009, p. 165), inclusive no marxiano. Nesse sentido, afirma, por exemplo, que, numa resenha de *Para a crítica da Economia Política*, Engels sintetizaria a "posição dos clássicos do marxismo sobre a relação entre lógica e história" (Lukács, *apud* Chasin, 2009, p. 185).[12] Nessa passagem, entretanto, Engels traduz "a relação marxiana entre realidade (ou história) e pensamento" como relação "entre história e *lógica*", introduzindo "o germe do epistemologismo". Responde, assim, ao problema gnosiológico "sob a forma em que Marx o havia repelido e superado" (Chasin, 2009, p. 185-186 e 190).

Já na *Ontologia do ser social*, Lukács reconhecerá como uma diferença importante em relação a Marx essa identificação engelsiana entre os modos lógico e histórico: "A antítese decisiva com a concepção de Marx reside no primado do 'modo lógico de tratamento', que é posto aqui como idêntico ao histórico. [...] nisso está contido sobretudo o recurso de Engels a Hegel", em cuja filosofia "a história, tal como toda a realidade, se apresentava apenas como a realização da lógica"; concepção que está "em contraste com a de Marx" (Lukács, 2012, p. 373).

Mas é nos *Prolegômenos para uma ontologia do ser social* que Lukács, embora elogiando o combate que Engels travou contra a vulgarização do marxismo, amplia suas observações críticas, entendendo que "eventualmente caiu, ele mesmo, numa situação que facilmente produz mal-entendidos". Observa em Engels duas tendências: "exposições em parte teóricas e históricas, na linha da ontologia marxiana, em parte aquelas que, na recepção da validade atual da dialética hegeliana, vão muito além do que Marx julgava teoricamente permitido". Desse modo, questiona "em que medida ele, nas questões metodológicas decisivas, se apossou com total coerência da transformação ontológica da imagem de mundo realizada por Marx, e em que medida se contentou em colocar Hegel 'materialisticamente de pé'". Trata-se de questão vital, cuja mera existência mostra o quão cedo "a ontologia original de Marx praticamente desapareceu da consciência dos participantes, tanto defensores quanto adversários" (Lukács, 2010, p. 155).

---

[12] Naquela recensão, diz Engels: "Mesmo depois de descoberto o método, e de acordo com ele, a crítica da Economia Política podia ser empreendida de dois modos: o histórico e o lógico". Mas, seja porque a história procede por saltos e ziguezagues, seja porque a abordagem histórica exige trabalhos preliminares que ainda não existiam, "o único método indicado era o lógico", tratamento que nada mais seria do que "o método histórico, despojado apenas de sua forma histórica e das contingências perturbadoras. Ali onde começa a história deve começar também a cadeia do pensamento, e o desenvolvimento ulterior desta não será mais do que a imagem reflexa, em forma abstrata e teoricamente consequente, da trajetória histórica" (Engels, 1976, p. 310).

Entre as pegadas hegelianas no pensamento de Engels, figura a ênfase exagerada na necessidade histórica. Essa ênfase aparece ao tratar da relação entre causalidade e acaso; embora resolva a questão "em sua linha principal de modo semelhante a Marx", ao concluir que

> 'sempre se encontrou o homem quando se tornou necessário', de que o tempo já estava maduro para a teoria marxista 'e ela *devia* ser descoberta', desvia-se da linha de Marx [...] e proclama – de modo ontologicamente simplista – uma necessidade exagerada que é estranha ao ser social. (Lukács, 2010, p. 118-119)

A mesma posição emerge no exame das relações entre causalidade e teleologia; Lukács assinala que Marx recusa uma "unidade absolutizante": "Considerar a sociedade como um único sujeito é considerá-la falsamente, especulativamente"; e continua: "A rejeição da unidade especulativa, como diz Marx, dos momentos sociais e sua totalidade liga-se intimamente à rejeição da necessidade conceitual absolutizante dos próprios processos". Engels aceita a solução hegeliana de que "A necessidade só é cega na medida em que não é compreendida".[13] Embora, diferente de Hegel, relacione "essa visão com a práxis, sobretudo técnico-econômica", e ressalte o agir consciente como base da liberdade, deixa intocada a necessidade absolutizante dos processos, ao identificar "simplesmente a liberdade, isto é, o comportamento socialmente ativo que supera a necessidade 'cega' partindo do ser humano, com a 'capacidade de decidir com conhecimento de causa'" (Lukács, 2010, p. 312-313).

A tendência a apenas colocar Hegel "materialisticamente de pé" se manifesta com mais nitidez na abordagem da negação da negação. Trata-se de um dos elementos da herança hegeliana presentes no interior do marxismo que "desviaram, em pontos importantes, a imagem de mundo do marxismo de sua *concepção marxiana original*" (Lukács, 2010, p. 157).[14]

Engels, embora no *Anti-Dühring* reconheça que, em Marx, "somente depois de concluída a demonstração científica surge a referência a Hegel", prossegue afirmando que a negação da negação é "um procedimento muito simples, realizado diariamente por toda parte", e ilustra essa alegação com diversos exemplos. Na *Dialética da natureza*, também a considera um dos três princípios fundamentais do método dialético. Diante disso, Lukács pergunta:

> [...] com que direito? Se essa pergunta é feita com relação à dialética do ser elaborada por Marx, nossa resposta será: com direito nenhum. Se, ao contrário, a pergunta assume esta

---

[13] Uma formulação semelhante aparecia em sua obra *Esboço de uma crítica da Economia Política*.

[14] Marx menciona a expressão "negação da negação" apenas no capítulo sobre a acumulação primitiva de *O capital*, no qual, entretanto, "a introdução dessa categoria hegeliana nada tem a ver, objetivamente, com a argumentação essencialmente econômica de Marx. Poderíamos dizer que ela é algo estilisticamente decorativo" (Lukács, 2010, p. 157). O que se coaduna com a afirmação de que "seu método dialético é o 'oposto direto' do hegeliano, e que 'coqueteou', 'aqui e ali, no capítulo sobre a teoria do valor com o modo de expressão que lhe era peculiar'" (Marx, Posfácio à segunda edição alemã do Livro I d'*O capital*).

forma: 'que papel ela desempenha na estrutura do sistema hegeliano, do método dialético hegeliano?', então a resposta será: um papel muito importante. (Lukács, 2010, p. 158)

Hegel, concebendo o processo de gênese do mundo objetivo

[...] como uma derivação lógica do concreto a partir do abstrato, é obrigado a ignorar as categorias efetivas de desenvolvimento do ser processual, virar o desenvolvimento de cabeça para baixo e conceber a derivação lógica do concreto [...] a partir do abstrato como o próprio processo. (Lukács, 2010, p. 166).

A negação e a negação da negação desempenham um papel essencial, portanto, nesse quadro de subordinação do ser sensível a um suposto ser não sensível pré-existente e gerador do sensível, concepção que fundamenta a prevalência da lógica e a identidade entre o evolver do processo histórico e a apropriação deste pelo pensamento, posições a que Marx se contrapõe na *Introdução de 1857*.

Engels não faz uma "crítica aniquiladora a Hegel quanto aos princípios", contentando-se "em 'colocar de pé', de maneira materialista, a construção idealista da negação da negação, isto é, comprovando 'que a negação da negação nos dois reinos do mundo orgânico *realmente acontece*'". Dos exemplos dados por Engels, alguns remetem a uma analogia formal com o "processo evolutivo normal no âmbito do ser orgânico, quando podem suceder variadas trocas de forma de objetos de diversas maneiras, como momentos de seu processo reprodutivo". Essas trocas de formas, entretanto, não constituem "negação e negação da negação de alguma coisa" (Lukács, 2010, p. 166-167). Em outros casos, não se aplica sequer uma analogia formal.

Embora não abandone a tese central, Engels reconhece as dificuldades que derivam da "aplicação desse esquema em todos os domínios e processos do ser", como se percebe na seguinte passagem: "Se digo, a respeito de todos esses processos, que são negação da negação, é porque os reúno todos sob essa única lei de movimento, e por isso ignoro as particularidades de cada processo singular especial" (Engels apud Lukács, 2010, p. 168). A fragilidade dessa posição deriva de que, nesse caso, a generalização abstrata só pode ganhar algum sentido graças à exclusão das particularidades; estas, se incluídas, não concretizariam a generalização, mas a destruiriam, pois não se trata de uma "abstração razoável"; isto é, "essa 'lei geral' não foi obtida dos desenvolvimentos do próprio ser, mas 'de fora', de domínios totalmente diferentes, e é arbitrariamente aplicada a qualquer ser que se queira" (Lukács, 2010, p. 170). A generalização abstrata é razoável se extraída das próprias coisas e seus processos, de sorte que a apreensão das particularidades identifique o(s) modo(s) específico(s) em que aquelas abstrações efetivamente existem; o que é um procedimento muito diverso de aplicar uma determinação mental pré-existente – uma lógica pré-existente – às coisas e processos sensíveis (privilegiando a "coisa da lógica", ou buscando sempre as mesmas categorias lógicas em todas as esferas, problemas e épocas).

Outro problema aparece no tratamento da historicidade como categoria de todos os seres; aqui é preciso evitar tanto o dualismo burguês que opõe sociedade e natureza, quanto a homogeneização "da contraditória constelação ontológica do desenvolvimento da natureza e da sociedade" (Lukács, 2010, p. 187-189). Entretanto, "Na descrição de Engels e mais ainda naquelas que se seguiram parecia tratar-se da existência, sobretudo, de um método dialético unitário que poderia ser aplicado com a mesma justeza na natureza e na sociedade". Ou seja, o vínculo entre natureza e sociedade parecia dever-se ao método dialético, a um modo de apreensão do mundo. Na concepção de Marx, no entanto, nem a historicidade nem a unidade são atribuídas pelo método; o processo mesmo é histórico (irreversível) e em última análise unitário, mostrando-se

> [...] já na natureza inorgânica como processo irreversível da transformação [...]. Devido àqueles acasos favoráveis que possibilitaram a vida orgânica na terra, surgiu uma nova forma do ser [...]. Uma série de acasos de outro tipo possibilitou o desenvolvimento do ser social a partir da natureza orgânica. Quando, pois, com Marx, tentamos entender a história de nosso próprio modo do ser social como processo irreversível, tudo o que costumamos chamar de dialética da natureza aparece como sua pré-história. (Lukács, 2010, p. 263-264)

Esses equívocos presentes no pensamento de Engels não são meramente pontuais, e Lukács chega a responsabilizá-lo "pela deformação do cerne ontológico do pensamento marxiano e que, precisamente por isso, seu pensamento teria aberto as portas para o surgimento do stalinismo" (Vaisman e Fortes, 2010, p. 30). Reconhecê-los, portanto, é fundamental, em especial para trazer à tona novamente o pensamento marxiano e, diante dele, fazer justiça às contribuições positivas de Engels ao marxismo.

Em que pese a gravidade daqueles equívocos, seria difícil superestimar as contribuições do pensamento de Engels à perspectiva revolucionária, entre as quais os textos da *Nova Gazeta Renana* constituem um capítulo significativo. Ao examinar os processos revolucionários de 1848-1849, demonstra uma abertura ao concreto que lhe permite apreender, mesmo no calor da hora, as lutas de classes de que tomou parte, seus motores, suas direções. Assim, se apresenta limites na apreensão da revolução teórica de Marx, compreende as forças atuantes sem enquadrá-las em categorias prévias, de sorte que o movimento social aparece em sua complexidade viva.

II – Engels e a *Nova Gazeta Renana*

A revolução de fevereiro em Paris pegou Marx e Engels de surpresa, pois não a esperavam para tão cedo, nem que se iniciasse na França, bem como porque "apenas iniciada, superava tudo que haviam imaginado" (Claudín, 1975, p. 75). A respeito das lutas na França, encontramos artigos de Engels tanto de 1847 quanto do primeiro semestre de 1848, antes do início da publicação da *Nova Gazeta Renana*.

O tema aparece já em artigo de 27 de fevereiro, *Revolução em Paris*,[15] que é composto "de duas partes. A primeira, escrita antes de chegar a Bruxelas a notícia da proclamação

---

[15] *Revolution in Paris*, publicado na *Deutsche-Brüsseler-Zeitung* em 27 de fevereiro de 1848.

da república; a segunda, imediatamente depois" (Claudín, 1975, p. 75). Vale aqui, a fim de trazer o clima e a impressão do momento, refletidos nos textos, reproduzir algumas passagens mais longas. No final da primeira parte, Engels diz:

> A burguesia realizou sua revolução. Derrubou Guizot e pôs fim à dominação exclusiva dos grandes financistas. Porém agora, nesse segundo ato da luta, já não é uma fração da burguesia que se enfrenta com outra fração da burguesia; agora a burguesia enfrenta o proletariado.

E na segunda parte:

> Acaba de chegar a notícia de que o povo venceu e proclamou a república. Reconhecemos que não esperávamos um êxito tão completo do proletariado parisiense [...]. Graças a essa revolução vitoriosa o proletariado francês se põe de novo à cabeça do movimento europeu. Honra e glória aos operários de Paris! Eles impulsionam o mundo inteiro e esse impulso repercutirá em todos os países, um após o outro, porque a vitória da república na França significa a vitória da democracia em toda a Europa. Chega nossa hora, a hora da democracia. A chama que arde nas Tulherias e no Palácio Real é a aurora boreal do proletariado. Agora a dominação da burguesia desmoronará em todas as partes, ou será derrotada. A Alemanha, é de se esperar, seguirá a França. É o momento, agora ou nunca, de que desperte de sua situação humilhante! Se aos alemães ainda resta energia, orgulho e valor, não se passarão quatro semanas até que possamos gritar: Viva a república alemã! (Engels, *apud* Claudín, 1975, p. 75-76)

E, de fato, não somente em Berlim, como em diversas regiões europeias, eclodirão logo em seguida insurreições que derrotam a ordem dominante, ao menos no primeiro momento.

Coerentemente com sua análise de alguns meses antes, Engels considera que, uma vez que o proletariado francês conquistara a república contra a burguesia, as condições permitiam pensar a imposição da república pelo povo também na Alemanha, e em toda a Europa. "Em uma palavra, Marx e Engels, como todos os comunistas da Liga, como os blanquistas franceses e os cartistas revolucionários, viram na proclamação da 'república social' pelo proletariado de Paris o começo do fim do reino da burguesia" (Claudín, 1975, p. 76). E, como a ferocidade da contrarrevolução demonstrou, a burguesia também pensou do mesmo modo.

Uma vez que não há, em março e inícios de abril, textos nem de Engels nem de Marx a respeito desses acontecimentos, vale referir uma análise um pouco mais detida presente numa carta[16] de Engels, em que identifica os partidos existentes:

> Em rigor, há três, se se deixam de lado os menores (legitimistas e bonapartistas, que se contentam em intrigar; simples seitas, sem influência no povo, frequentemente ricas, mas sem qualquer esperança de vitória). Esses três são, em primeiro lugar, os vencidos de fevereiro, isto é, os grandes burgueses, os especuladores da Bolsa, os banqueiros,

---

[16] Carta de Engels a Emil Blank de 28 de março de 1848.

industriais e grandes comerciantes, os antigos conservadores e liberais. Em segundo lugar, os pequenos burgueses, as classes médias, a massa da Guarda Nacional, que em 23 e 24 de fevereiro se puseram ao lado do povo; os 'radicais compreensivos', a gente de Lamartine e do *National*. Em terceiro lugar, o povo, os operários de Paris, que estão armados e no momento ocupam Paris. Os grandes burgueses e os operários se enfrentam diretamente. Os pequenos burgueses desempenham um papel intermediário, bastante lamentável. Estes últimos têm a maioria no governo provisório [...]. Suas vacilações e, portanto, as do governo são grandes. Quanto mais se estabelece a calma, tanto mais o governo e o partido pequeno-burguês se inclinam para a grande burguesia; e na medida em que a agitação aumenta, mais se põe, de novo, ao lado dos operários. (Engels, *apud* Claudín, 1975, p. 79-80)

E entende que Ledru-Rollin, Flocon, Louis Blanc, Albert, Arago, vinculados a *La Réforme* e membros do governo provisório, são "os que melhor representam os operários, são comunistas sem o saber". O governo faz promessas aos trabalhadores, mas não pode cumpri-las, "porque não tem a coragem para buscar os recursos financeiros necessários adotando medidas revolucionárias contra os burgueses: impostos progressivos elevados, direitos de herança, confisco dos bens de todos os emigrados, proibição de exportar dinheiro, criação de um banco estatal etc.". Também destaca que, nas próximas eleições para a Assembleia Constituinte, "se incorpora um elemento novo: os camponeses, que constituem 5/7 da nação francesa e estão do lado do *National*, dos pequeno-burgueses. É muito provável que este partido ganhe e que os de *La Réforme* caiam. Então haverá uma nova revolução" (Engels, *apud* Claudín, 1975, p. 79).

Diante do início da revolução na Prússia, e considerando a fragilidade da burguesia alemã, Marx, Engels e mais alguns membros da Liga dos Comunistas decidem liquidar a Liga, atuar na ala esquerda do partido democrata, ingressando na Associação Democrática de Colônia, e editar a *Nova Gazeta Renana* como "órgão da democracia", não como órgão do partido comunista alemão. Muito mais tarde, em 1884, num texto sobre a história da *Nova Gazeta Renana*,[17] Engels explica as razões que determinaram esse subtítulo e o caráter do periódico, assim como sua entrada e de Marx na ala esquerda do partido democrata:

> À burguesia alemã, que começava a criar sua grande indústria, faltavam a força e a coragem necessárias para conquistar o domínio absoluto dentro do Estado, e não se sentia ela impelida a isso por qualquer necessidade urgente. O proletariado, tão pouco desenvolvido quanto a burguesia, educado numa concreta submissão espiritual, não organizado e inclusive incapaz ainda de formar uma organização independente, somente pressentia, de modo vago, o profundo antagonismo de interesses que o separava da burguesia. Continuava sendo, portanto, seu apêndice político, apesar de na realidade ser seu adversário ameaçador. Assustada, não propriamente pelo que o proletariado alemão significava, mas pelo que ameaçava chegar a ser e pelo que já era o proletariado francês, a burguesia

---

[17] *Marx und die* Neue Rheinische Zeitung *(1848-49)*, publicado no jornal *Der Sozialdemokrat*, n. 11, de 13 de março de 1884.

viu sua salvação unicamente num conchavo, mesmo que fosse o mais covarde, com a monarquia e a nobreza. Sem consciência ainda de seu papel histórico, o proletariado, em sua imensa maioria, teve de assumir momentaneamente o papel de ala propulsora, de extrema esquerda da burguesia [...] Isso explica por que o proletariado alemão aparece na cena política, pela primeira vez, como um partido democrático de extrema esquerda.

Por isso, a bandeira da *Nova Gazeta Renana*

[...] só podia ser a da democracia: mas *de uma democracia que destacava sempre, em cada caso concreto, o caráter especificamente proletário que ainda não podia estampar, definitivamente, em seu estandarte*. [...] Se não quiséssemos agir assim, a alternativa seria pregar o comunismo em algum jornalzinho local e fundar, em vez de um grande partido de ação, uma pequena seita. (Engels, *apud* Claudín, 1975)

É a partir desse posicionamento que se produzem as análises de Marx e Engels na *Nova Gazeta Renana*. Os artigos de Engels tratam majoritariamente de dois grandes grupos de temas: os movimentos alemães, em particular, as sessões das assembleias de Berlim e Frankfurt; e a política internacional, em que as relações entre nacionalidade e luta de classes são enfocadas.

1. A Alemanha às vésperas da insurreição

Engels apresenta um quadro da miséria alemã às vésperas da revolução de 18 de março de 1848, historiando o desenvolvimento, especialmente prussiano, das últimas décadas; expõe a especificidade de uma revolução burguesa em um país de capitalismo tardio e que conta já com a presença do proletariado, e o fracasso dessa revolução, graças à postura conciliadora da burguesia prussiana.

Em março de 1847, Frederico Guilherme IV, da Prússia, convoca a Dieta Unificada, na qual estavam representadas a nobreza e a grande burguesia, a fim de obter um empréstimo, e promete em troca uma constituição. Na avaliação de Engels, essa convocação abria as portas para a revolução burguesa, oferecendo à burguesia a oportunidade de conquistar as liberdades universais, em troca do novo empréstimo. Esse quadro favorável decorria do aumento da riqueza e influência da burguesia, em contraste com a redução das da nobreza, cuja sobrevivência, entretanto, ao lado da monarquia absolutista, apoiada no funcionalismo e no exército, restringia o "progresso natural da indústria e da civilização", em curso na Prússia desde as primeiras décadas do século XIX. Nesse quadro, a burguesia prussiana precisava "sacudir o domínio do absolutismo e aniquilar as sobrevivências da nobreza feudal" a fim de desenvolver o comércio e a indústria (Engels, 1959a, p. 31).[18]

Os grandes proprietários fundiários, embora conservassem títulos e privilégios de nobreza, já haviam se aburguesado: produziam para o mercado interno e externo, subme-

---

[18] Essa passagem e as citadas doravante que se encontram entre as páginas 31 e 35 do livro referido inserem-se no artigo *A Constituição Prussiana*, escrito em inglês e publicado no periódico *The Northern Star*, n. 489, de 6 de março de 1847. A tradução, a partir da versão alemã (*Die Preußische Verfassung*), é da autora.

tidos à lógica do capital. Mas a mesma guerra contra a França napoleônica que piorara a situação dos latifundiários[19] fortalecera a burguesia industrial; a conquista de impostos alfandegários protecionistas, em 1818, e a posterior fundação da União Aduaneira favoreceram o crescimento da indústria prussiana e, graças aos contatos mais constantes e intensos, a união ideológica e política entre as burguesias das diferentes regiões (Engels, 1959a, p. 31).

O movimento burguês, que reivindicava uma "constituição representativa, liberdade de imprensa, processo jurídico público, indemissibilidade dos juízes, tribunal do júri" (Engels, 1959a, p. 32), expandia-se desde 1840, quando ascende ao trono Frederico Guilherme IV, "até que finalmente toda a burguesia, uma grande parte do campesinato e não poucos nobres aderiram a ele": os camponeses, a fim de "se libertar dos restos do feudalismo", e a "parcela mais pobre da nobreza", graças à "falta de mercados para seus produtos" (Engels, 1959a, p. 32).

Mas o influxo central para esse avanço político foi externo: "a acirrada luta de concorrência, que se acendeu entre as diferentes nações comerciantes e industriais nos últimos 30 anos de paz" (Engels, 1959a, p. 32). De fato, a Prússia sofria, havia mais de dez anos, a concorrência da Inglaterra, pois a burguesia inglesa tinha condições de desaguar o excedente de sua produção manufatureira e mineira em mercados externos, entre os quais o da União Aduaneira; a Prússia, por seu lado, embora produzisse em escala já apreciável, não dispunha nem de proteção contra essa concorrência, nem de acesso a outros mercados.

O atraso alemão cobra seu tributo tanto pelo nível de desenvolvimento mais baixo do capitalismo quanto por não apresentar as demais condições necessárias para manter e ampliar o nível já alcançado, de sorte que "surgiram dificuldades para a aplicação lucrativa de capital, apesar de na Prússia haver relativamente pouco capital", e assim, ainda que reduzido, esse capital tendia a diminuir. Mesmo sofrendo as mazelas da permanência de formas arcaicas, a Prússia padecia já com as crises próprias do modo de produção capitalista. No início da década de 1840, a especulação com ferrovias, mesmo sem se tornar muito lucrativa, "assumiu muito depressa caráter febril e terminou em uma crise" (Engels, 1959a, p. 33), iniciada em 1846.

Assombrada tanto pelo desenvolvimento capitalista quanto pela falta dele, no início de 1847 a burguesia se encontrava numa "situação muito desconfortável": havia "falta de dinheiro vivo", a indústria exigia "impostos protecionistas que o governo lhes havia negado; as cidades costeiras reivindicam leis de navegação" (Engels, 1959a, p. 33).

> Os trabalhadores, por seu lado, são duramente afetados: [...] os tecelões silesianos na maior miséria; o ramo de algodão estagnado; na grande região industrial do Reno quase

---

[19] Sua situação piorara também "graças às leis inglesas sobre os cereais, que os excluiu do mercado inglês, e finalmente graças à concorrência australiana em um de seus principais ramos de produção, a lã, e graças a muitas outras circunstâncias" (Engels, 1959a, p. 31).

todos os trabalhadores parados; a colheita de batata quase completamente destruída e o pão a preços exorbitantes. (Engels, 1959a, p. 33)

Essa combinação de impasses, afetando tanto a burguesia quanto a classe trabalhadora, indicava que "chegara claramente para a burguesia o momento de tomar em suas mãos o poder governamental de um rei débil, uma nobreza fraca e uma burocracia obscurantista, a fim de garantir a si mesma" (Engels, 1959a, p. 33).

Engels assemelha esse momento ao que precedeu a Revolução Francesa de 1789, pois também na Prússia "o velho governo sobrevivente" pede auxílio à burguesia, convocando a Dieta Unificada (como Luís XVI convocara os Estados Gerais) e abrindo as condições para iniciar a mudança que "a apática burguesia prussiana" era "quase obrigada pelas circunstâncias" a fazer, assumindo seu papel de "classe dirigente do movimento" (Engels, 1959a, p. 33). Tal como em 1789, a burguesia seria forçada a tomar a frente de um movimento revolucionário, cabendo ao povo apoiá-la: "Na luta contra o despotismo e a aristocracia o povo, o partido democrático só pode desempenhar um papel secundário; o papel principal é desempenhado pela burguesia" (Engels, 1959a, p. 35).

Apesar de burguês, o movimento em curso contemplava os interesses do povo, tanto de curto prazo, porque os entraves feudais ainda existentes traduziam-se em desemprego, baixos salários e alto custo de vida, quanto de longo prazo, porque "a partir do momento em que o poder da burguesia estiver constituído", essa classe "se identifica com um novo despotismo, uma nova aristocracia contra o povo" e "a democracia se apresenta como o único, o decisivo partido do movimento; a partir desse momento a luta se simplifica, se reduz a dois partidos" (Engels, 1959a, p. 35).

Quase um ano depois, em janeiro de 1848, Engels faz um balanço dos movimentos do ano anterior, entendendo-os como um ponto de virada histórico tal como ocorrera pela última vez em 1830; naquela ocasião, os vários movimentos que garantiriam a vitória da burguesia (na França e Inglaterra) ou a preparavam (na Bélgica, Suíça, Polônia, Itália, Alemanha), logo retrocederam, a burguesia traiu os ideais liberais, os conservadores venceram. Esse retrocesso atinge seu ponto alto em 1840, quando "os movimentos contra a situação existente" recomeçam e, embora sofrendo muitas derrotas, ganham terreno até 1847, ano em que as contradições foram explicitadas, colocando "todas as questões de tal modo que agora elas têm de ser resolvidas" (Engels, 1959a, p. 495).[20]

Na Prússia, Frederico Guilherme IV, obrigado a conceder uma constituição, produzira uma "que deveria assegurar para todo o sempre a vitória da reação feudal-patriarcal--absolutista-burocrática-clerical"; a burguesia, por seu lado, usa essa constituição como "uma arma contra ele e todas as classes reacionárias da sociedade", negando-se a conceder o empréstimo solicitado pelo rei, o que desestabilizara a monarquia. Todavia, Frederico

---

[20] Essa passagem e as citadas doravante que se encontram entre as páginas 495 e 503 do livro referido pertencem ao artigo *Die Bewegungen von 1847*, publicado na *Deutsche-Brüsseler-Zeitung*, n. 7, de 23 de janeiro de 1848. A tradução é da autora.

Guilherme IV obteve um empréstimo russo e "tornou-se novamente rei"; em face disso, reiterando sua antiga postura mais do que vacilante, "os burgueses da Dieta vergaram apavorados, e as nuvens da tempestade revolucionária se dissolveram". Apesar de vencida, a burguesia prussiana "dera ao rei uma prova de seu poder, pusera todo o país em efervescência", e angariara o apoio dos "burgueses e pequeno-burgueses dos demais estados alemães". Engels avalia que com a dissolução da Dieta Unificada se encerrara a possibilidade de um acordo entre a burguesia, de um lado, e a nobreza e a coroa, de outro, estando agora aberto o caminho para uma revolução burguesa, que ocorreria no máximo em 1849, quando a Dieta Unificada fosse novamente convocada (Engels, 1959a, p. 495-496).

Quanto aos pequenos camponeses, naquele momento, eles "permanecerão o braço explorado da burguesia, travarão os combates desta, tecerão suas chitas e fitas e recrutarão seu proletariado"; nada mais poderiam fazer, pois, sendo proprietários, "têm por enquanto quase todos os interesses em comum com os burgueses", os quais "têm em suas mãos a alavanca de todo poder político em nosso século, a indústria" (Engels, 1959a, p. 499). Nessas condições, essa classe "é a menos capaz de tomar uma iniciativa revolucionária", e isso desde os primórdios da modernidade: "Há 600 anos todo movimento progressivo vem das cidades" (Engels, 1959a, p. 313).[21] No futuro, depois da vitória da burguesia e da plena objetivação do capitalismo, "a parcela espoliada, empobrecida dos camponeses se vinculará ao proletariado, que então estará mais desenvolvido e declarará guerra à burguesia" (Engels, 1959a, p. 499); mas também então a vanguarda do movimento não caberá aos camponeses, mas ao proletariado industrial moderno (Engels, 1959a, p. 313).

Em 1847, "o partido progressista foi em toda parte o partido dos burgueses" (Engels, 1959a, p. 499), que avançou na Europa e na América, no Ocidente e no Oriente, seja derrotando as classes que o antecederam, seja travando lutas intestinas que alargam o domínio burguês ao passá-lo para as mãos dos fabricantes; a burguesia "pretende organizar o mundo todo a sua medida, e em uma parte significativa da Terra ela o conseguirá" (Engels, 1959a, p. 502).

Com todas as suas contradições, essa expansão do capitalismo e a assunção do poder pela burguesia em todo o mundo é bem-vinda, pois transforma "todas as classes mais ou menos despossuídas em verdadeiros proletários" e amplia as forças produtivas, oferecendo, "com suas fábricas e ligações comerciais, os fundamentos dos meios materiais que o proletariado necessita para sua emancipação", portanto para a superação do mundo burguês. Democratas e comunistas, embora não sejam "amigos da burguesia", devem saudar esses progressos, que lhes "preparam por toda parte o caminho" (Engels, 1959a, p. 502-503).

Em decorrência desse avanço do capitalismo, tanto na Europa quanto nos EUA o proletariado já se manifestava por trás da burguesia, em distintos níveis de existência e

---

[21] Essa passagem e as citadas doravante que se encontram entre as páginas 313 e 317 do livro referido são do artigo *Die Kommunisten und Karl Heinzen*, publicado na *Deutsche-Brüsseler-Zeitung*, n. 79, de 3 de outubro de 1847. A tradução é da autora.

organização (Engels, 1959a, p. 502), mas somente em poucos lugares em aberta rebelião contra a burguesia.

2. Crítica do politicismo e transição para o comunismo

A análise de Engels, assim como a de Marx, do processo revolucionário alemão e do papel das diversas classes nele, particularmente o dos trabalhadores (e por extensão dos comunistas), aponta para o problema da transição para o comunismo; mais especificamente: quais elos poderiam vincular reivindicações imediatas da classe trabalhadora, nascidas das condições de vida igualmente imediatas, a uma revolução comunista, isto é, à reivindicação de supressão do capital, das classes e do estado? Questão que se coloca mesmo em países de capitalismo plenamente objetivado, mas que se complica ainda mais quando sequer tal objetivação se efetivou.

Dois riscos se evidenciam: a vinculação imediata, e assim abstrata e portanto inócua entre as reivindicações mais imediatas e a revolução, ou o etapismo. A resposta de Engels combate e busca evitar ambos os equívocos.

Numa Alemanha não unificada, em grande parte de cujos estados havia relações econômicas feudais (servidão), com uma industrialização incipiente e localizada, uma burguesia antidemocrática, uma população majoritariamente camponesa e um proletariado numérica, organizacional e ideologicamente frágil, a direção do movimento caberia à burguesia.

Dadas essas condições, em 1847 Engels entende que ali a conquista do poder pelo povo (proletários, camponeses e pequeno-burgueses urbanos), isto é, a república, seria impossível de imediato.

Nessas circunstâncias, comunistas e democratas deveriam atuar juntos para a conquista da democracia; esta, com sufrágio universal, liberdade de organização, manifestação, imprensa etc., seria a antessala da dominação política do proletariado; reivindicá-la significava reivindicar a "instauração de um poder proletário e popular", já que o povo constituía a esmagadora maioria da população:[22] "Em todos os países civilizados, a democracia tem por consequência necessária o domínio político do proletariado, e o domínio político do proletariado é o pressuposto de todas as medidas comunistas" (Engels, 1959a, p. 317).

A convicção de que por trás da democracia estava o comunismo apoiava-se na mudança do caráter da democracia. Em artigo de fins de 1845, Engels escreve:

> Depois da revolução francesa, que foi um movimento social do princípio ao fim, a democracia puramente política não tem sentido [...]; atualmente este termo tem um sentido social no qual se dissolve seu sentido político. [...] *a democracia de nosso tempo é o comunismo*. Qualquer outra democracia já não pode existir [...]. (Engels, *apud* Claudín, 1975, p. 39)

---

[22] Como se sabe, alguns anos depois Marx mostrará, n'*O 18 Brumário de Luís Bonaparte* (1852), que a burguesia aprenderá a usar o sufrágio universal a seu favor; e Engels entenderá o bonapartismo como "religião da burguesia".

Sendo expressão de necessidades e condições sociais concretas, a democracia deixara de ter caráter puramente político ao ser assumida pelas classes subordinadas, ao passar "a ser um princípio proletário, um princípio de massas", e passar a incluir, "ainda que seja confusamente, a aspiração à justiça social". O "sentido social" no qual se dissolve o "sentido político" da democracia é a transformação das condições de existência objetivas da classe trabalhadora, aspiração que exige a superação do capitalismo pelo comunismo. E "as massas influenciadas pelas ideias democráticas", incluídas entre as "forças de combate do comunismo" (Engels, *apud* Claudín, 1975, p. 39-40), eram, à época, bastante amplas, ainda que o proletariado fosse minoritário nelas, para já não falar dos comunistas.

Comunistas e democratas deviam combater ao lado da burguesia à medida que esta agisse revolucionariamente contra o absolutismo, e simultaneamente explicitar o antagonismo entre burguesia e proletariado, para que este saiba transformar imediatamente as condições sociais e políticas decorrentes da dominação burguesa em armas contra a burguesia, ou seja, a fim de que, derrotado o absolutismo, comece a luta contra a burguesia.

Uma vez que tanto o conteúdo da democracia quanto o modo de atingi-la dependem de condições particulares, o voluntarismo e a mera exortação abstrata à revolução devem ser afastados e substituídos pela investigação das condições existentes para "uma rápida imposição da democracia, quais meios estão à disposição do partido e com quais outros partidos ele deve se associar enquanto for fraco demais para agir sozinho" (Engels, 1959a, p. 312).

Tratava-se de identificar os caminhos que poderiam levar, da situação presente, à superação do capitalismo, pois a revolução proletária "só a pouco e pouco poderá, portanto, transformar a sociedade atual, e somente poderá abolir a propriedade privada quando estiver criada a massa de meios de produção necessária para isso" (Engels, 1982, Pergunta 17).

É essa concepção que preside, de uma parte, a recusa de propostas que, tentando eliminar determinadas consequências ou resultados do capitalismo sem tocar em suas bases, visam regredir a formas sociais arcaicas ou a patamares inferiores do próprio capitalismo; e, de outra, a defesa de um programa que combina medidas perfeitamente compatíveis com o capitalismo com outras que ultrapassam seus limites. Propostas como limitação da concorrência, da acumulação de grandes capitais e do direito de herança, a organização do trabalho pelo estado etc., podem assumir caráter muito distinto conforme as circunstâncias ou o processo no qual se inserem. Apresentadas "como medidas fixas, finais", não como meios, mas como fins, "não numa situação revolucionária, mas sim numa situação pacífica, burguesa [...], elas se tornam impossíveis e ao mesmo tempo reacionárias" (Engels, 1959a, p. 313-314), uma vez que recuam a um momento inferior da propriedade privada, para aquém da burguesia, em vez de avançar para além dela.[23]

---

[23] "A livre concorrência é a última, mais elevada, mais desenvolvida forma de existência da propriedade privada. Portanto, todas as medidas que tenham como premissa a conservação da propriedade privada e não obstante se oponham à livre concorrência são reacionárias e tendem a restabelecer níveis inferiores de desenvolvimento da

No entanto, ainda que, nas condições específicas da Alemanha, a revolução só possa ocorrer no "interesse da burguesia e da livre concorrência" (Engels, 1959a, p. 314), o interesse e o papel do povo e do proletariado nessa revolução podem dar àquelas medidas um "sentido racional", fundado na perspectiva de superação do capital; ou seja, como resultados "da luta de classes entre burguesia e proletariado", se apresentadas "como medidas transitórias, de salvação pública, ditadas pela própria luta de classes, também transitória" (Engels, 1959a, p. 314).

São, assim, evitados os escolhos do etapismo, pois não se trata de cristalizar uma etapa – capitalista – para depois superá-la, mas de tomar medidas que decorrem das condições e necessidades existentes da classe trabalhadora e já preparam a superação do capital. Embora importante para esse processo, nas condições da Alemanha não é viável uma democracia meramente política e tendo como sujeito a burguesia; é viável se tiver como sujeito o povo, o que põe em primeiro plano seu sentido social. Mas "seria totalmente inútil para o proletariado se ela não fosse utilizada imediatamente como meio para a obtenção de outras medidas que ataquem diretamente a propriedade privada e assegurem a existência do proletariado" (Engels, 1982, Pergunta 18). A democracia é viável apenas como momento transitório, num processo em que à revolução burguesa se seguiria a revolução proletária.

3. Revolução e contrarrevolução

Pouco depois do balanço apresentado no início de 1848, Engels é surpreendido pela revolução de fevereiro e pela inesperada "brilhante vitória do proletariado de Paris" (Engels, 1959a, p. 530),[24] com a proclamação da república. Essa revolução já não fora estritamente burguesa. Em seu primeiro ato, a burguesia "derrubou Guizot e com ele o domínio exclusivo dos grandes homens da bolsa", garantindo participação no poder a todas as frações burguesas. Mas os trabalhadores, "os *únicos* que ergueram as barricadas, que conduziram a luta contra a Guarda Municipal", mantiveram-se em movimento após essa vitória inicial,[25] superando a clássica configuração revolucionária em que se posicionavam como ala mais radical, e iniciando o segundo ato da revolução, o da luta do proletariado contra a burguesia (Engels, 1959a, p. 530).

A república democrática, conquista dos trabalhadores, punha em risco o domínio da burguesia e abria caminho para a vitória do comunismo. Essa conquista altera o quadro europeu e a expectativa de Engels, para quem "a vitória da república na França é a vitória

---

propriedade, e por isso têm por consequência finalmente sucumbir de novo à livre concorrência e restabelecer a situação atual" (Engels, 1959a, p. 314).

[24] Essa passagem e as citadas doravante que se encontram à página 530 do volume citado fazem parte do artigo *Revolution in Paris*, publicado na *Deutsche-Brüsseler-Zeitung* em 27 de fevereiro de 1848.

[25] A composição do governo provisório evidencia que a conquista da república fora já uma vitória dos trabalhadores e da democracia. Fazem parte desse governo três membros do "decidido partido democrático, cujo órgão é a *Réforme*", e ainda "*um trabalhador*, pela primeira vez em qualquer país do mundo" (Engels, 1959a, p. 530).

da democracia em toda a Europa". Passa a esperar, pois, uma revolução na Alemanha para o próximo mês, e que poderia levar à república, ultrapassando também os interesses estritamente burgueses (Engels, 1959a, p. 530).

Essa expectativa se realizou apenas em parte: em 18 de março, a insurreição sacode diversas regiões da Alemanha, mas não conquista a república, e sim um ministério composto majoritariamente de membros da burguesia prussiana e uma Assembleia Nacional Constituinte, que se reúne em Frankfurt, em meados de maio. Caberia a ela unificar a Alemanha, proclamando a soberania do povo alemão, conquistada nas ruas, e elaborando uma constituição que expurgasse "da situação alemã efetivamente existente tudo o que contradissesse este princípio"; e deveria tomar "as medidas necessárias para frustrar toda tentativa da reação, para defender o terreno revolucionário sobre o qual se apoia, para resguardar a soberania do povo" (n. 1, 1/6/1848).[26]

Entretanto, frustrando essas perspectivas, logo se vislumbra a possibilidade de aliança entre a burguesia e a coroa; a posição conservadora e conciliadora da burguesia alemã e a postura vacilante da representação democrata rapidamente se fazem sentir. De fato, a Assembleia não cumpre qualquer daquelas exigências. Ademais, ao lado dela se instauram outras assembleias constituintes regionais, como a de Berlim, que Engels e Marx apelidaram de Assembleia Ententista[27] em função da tarefa a ela assinalada pelo imperador e assumida pela maioria de seus membros: elaborar uma constituição prussiana em acordo com a coroa. E o próprio ministério, mesmo em questões comerciais que não envolviam os interesses dos trabalhadores e camponeses, trai os interesses "da alta burguesia, o atual partido dominante [...] para a nobreza latifundiária, para o partido vencido" (n. 7, 7/6/1848),[28] assinalando a estreiteza da burguesia alemã.

Às vésperas da revolução parisiense de junho, Engels apresenta uma análise da situação alemã. As concessões apresentadas pelo imperador em 18 de março, na tentativa de evitar a revolução, reduziam-se à proposta de unidade alemã pela absorção da Alemanha pela Prússia, sob

> [...] uma monarquia na qual a nobreza, a burocracia, os militares e o clero conservariam as rédeas, mas à alta burguesia seria permitido o controle, por meio de uma constituição *doada* e de liberdade de imprensa com caução. Para o povo, bandeira alemã, frota alemã, serviço militar obrigatório alemão, em vez de prussianos (n. 15, 15/6/1848).[29]

---

[26] Todas as passagens referidas com número e data são de artigos de Engels para a *Nova Gazeta Renana*, publicados neste volume. Todos os destaques são do original. Esta encontra-se no primeiro artigo do jornal, "A Assembleia de Frankfurt".

[27] Para a tradução de *Vereinbarungstheorie* como teoria ententista e *Vereinbarungsversammlung* como Assembleia Ententista, ver nota n. 41 da Introdução no volume dos textos de Marx.

[28] "Debates ententistas em Berlim".

[29] "O debate sobre a revolução em Berlim", artigo publicado em partes nos números 14 a 17 da *Nova Gazeta Renana*.

Os berlinenses haviam se declarado satisfeitos e agradecidos ao rei por essas concessões tão estreitas, provando assim a necessidade da revolução do 18 de março, pois "não só o Estado, também os *cidadãos* do Estado tinham de ser revolucionados. O súdito só poderia ser aniquilado em uma sangrenta luta de libertação" (n. 14, 14/6/1848). Trata-se de uma questão central: a revolução é necessária para que nela e por meio dela os indivíduos se transformem; somente lutando por sua liberdade os indivíduos podem substituir a posição prática e a respectiva consciência de submissão à autoridade pela afirmação prática e consciente de autonomia.[30] Foi esse seu "resultado principal", de sorte que "a conquista mais importante da revolução é *a revolução mesma*" (n. 15, 15/6/1848).

Mas "a revolução não se consumou": o povo conquistara "liberdades de natureza decididamente democrática", mas a monarquia foi conservada e o domínio imediato foi assumido pela grande burguesia, que, "desde sempre antirrevolucionária, por medo do povo", ofereceu "uma aliança à velha nobreza prussiana e à burocracia" (n. 14, 14/6/1848).

E logo se inicia a luta contra a democracia *"pondo em questão a revolução"*, negando a vitória do povo, difamando os combatentes das barricadas e buscando criar a aparência de uma "transição legal do absolutismo para a constituição" (n. 14, 14/6/1848). A *teoria ententista* alega que a nova configuração política nasceu em decorrência de desdobramentos da velha, e não da ruptura com ela. A miséria da classe trabalhadora é atribuída à falta de estabilidade do governo, de sorte que seria necessário restabelecer a confiança, e para isso garantir uma "atitude amistosa da reação". Por medo do povo e da revolução a burguesia alemã tenta fazer "a história desacontecer. O que, sem dúvida, é outra maneira de 'fazer história'" (n. 17, 17/6/1848).

Mesmo os representantes da esquerda na Assembleia Ententista assumem uma posição vacilante. Não atinam para o caráter reacionário da assembleia de que participavam, não têm clareza de que o resultado da revolução foi "a subversão" "das promessas do 18 de março" e, em decorrência, não se dão conta de que a revolução transformara qualitativamente o movimento anterior; como não entenderam o processo em curso, "fizeram concessões, atenuaram, falaram de reconciliação, e assim negaram *eles mesmos* a revolução" (n. 15, 15/6/1848).

A revolução não se consuma também graças à conduta do povo, que, depois dos combates do 18 de março, "declarou a revolução terminada, em vez de continuá-la", e assim "não foi capaz de impedir que os ministros escamoteassem uma parte após a outra da liberdade conquistada" (n. 16, 16/6/1848).

Entretanto, diante da negação explícita da revolução pelo ministério e pela Assembleia, em 14 de junho o povo sai novamente às ruas e invade o arsenal, a fim de se armar.

---

[30] Ecoa aí a asserção marxiana na terceira *Tese ad Feuerbach*, de que a transformação simultânea das circunstâncias e dos homens só pode ser entendida e efetivada como práxis revolucionária. Bem mais tarde, Lukács retomará, em *A destruição da razão*, essa mesma questão, mostrando como a ausência de uma revolução burguesa na Alemanha contribuiu para manter os trabalhadores na condição que Engels aqui denomina como "súditos", não só na relação social prática, mas em sua consciência.

Engels ressalta que também esse levante resultou na transformação do próprio povo, que "negou a Guerra de Libertação ao pisotear as bandeiras conquistadas em Leipzig e Waterloo", e assim deu um passo na direção da "primeira coisa que os alemães têm de fazer em sua revolução", que "é romper com todo seu ignominioso passado" e perder as ilusões a respeito dele (n. 20, 20/6/1848).[31]

Entretanto, apesar de mostrar a força efetiva do povo, também essa foi "uma revolução estancada no meio do caminho", e mais uma vez recai sobre os membros da esquerda a responsabilidade pela derrota, pois nem orientaram aqueles que os elegeram, nem os defenderam depois. E assim, três dias depois, os participantes da insurreição "são submetidos à investigação, tratados de acordo com as velhas leis prussianas, insultados na Assembleia e apresentados como ladrões comuns", como "um bando de assaltantes que roubaram as armas para as revenderem por uma dose de aguardente"[32] (n. 20, 20/6/1848).

Logo em seguida, o curso da história na Alemanha sofrerá mais uma vez o influxo direto dos rumos da revolução na França. A aurora do proletariado, anunciada em fevereiro, volta a brilhar na Revolução de Junho em Paris. Engels constata de imediato seu "caráter decididamente proletário" (n. 26, 26/6/1848, suplemento extra),[33] que a distingue de todas as revoluções anteriores. Em primeiro lugar, pela *"ausência de toda ilusão, de todo entusiasmo"* (n. 28, 28/6/1848);[34] desaparecera a ilusão da pátria, isto é, da fraternidade entre as classes, ainda presente em fevereiro. Em seu lugar, evidenciara-se a cisão de "toda a sociedade em dois grandes exércitos inimigos", burguesia e proletariado. Os trabalhadores travaram "uma *luta de vida ou morte*", não por reivindicações específicas, muito menos meramente políticas, mas por sua existência, contra o capital. Por isso, tanto eles quanto a burguesia "pressentem que a revolução em que estão envolvidos é maior do que as de 1789 e 1793" (n. 28, 28/6/1848).

Por essa mesma razão, "o que mais se destaca nessa batalha desesperada é a fúria com a qual os 'defensores da ordem' combatem", conduzindo contra os trabalhadores, "com clara consciência, uma guerra de aniquilação" (n. 28, 28/6/1848),[35] considerando-os não "como inimigos comuns, que é preciso vencer, mas sim como *inimigos da sociedade*, que é preciso aniquilar". Testemunha disso é o fato de que, na maior parte das barricadas que tomou, a burguesia não fez prisioneiros, mas "abateu todos os que encontrou, sem exceção" (n. 29, 29/6/1848).[36]

---

[31] "A sessão ententista de 17 de junho".
[32] Na sessão da Assembleia em que os insurretos eram insultados e criminalizados, os membros da esquerda "não ousaram uma única vez defender o povo contra as calúnias e injúrias do comissário do governo. Nem um único orador se apresentou. Nem um único quis se responsabilizar pelo ato do povo que lhes assegurou sua primeira vitória. Não ousaram nada além de *vaiar*! Que heroísmo!" (n. 20, 20/6/1848).
[33] "Detalhes sobre o 23 de junho".
[34] "O 23 de junho".
[35] "O 24 de junho".
[36] "O 25 de junho".

No plano do combate ideológico, como o travado pela *Gazeta de Colônia*, folha alemã conservadora, que ecoa o francês *Le Constitutionnel*, é empunhada a arma da criminalização dos insurretos e da classe trabalhadora em geral, associando comunistas e inimigos da ordem burguesa a saqueadores, ladrões e incendiários. Essa criminalização se tornará desde então uma arma cada vez mais amplamente utilizada pela burguesia, a fim de apagar o caráter e o objetivo social e político das lutas e transformar "a *luta entre duas classes* na *luta entre os honestos* e os *ladrões*" (n. 31, 1/7/1848).[37]

A vitória da burguesia sobre o proletariado parisiense, massacrado depois de, isolado, sustentar a batalha por quatro dias contra uma força militar quatro vezes superior, desencadeia em todo o continente europeu as forças da reação.

Na Prússia, o "ministério da mediação" entre o povo e a coroa se desagrega, e em seu lugar se apresenta outro, autodenominado ministério da ação. De seu programa, Engels destaca um eixo central: "para suprimir a miséria das classes populares trabalhadoras", seria preciso "o restabelecimento da debilitada confiança na manutenção da ordem legal e a instituição em breve de uma sólida monarquia constitucional", o que, por sua vez, exigiria "afastar os receios de uma subversão das relações políticas, alimentados pela agitação e pelas *provocações*" (n. 34, 4/7/1848).[38]

E, de fato, com o beneplácito da Assembleia Ententista, logo serão tomadas medidas repressivas, entre as quais a proibição dos clubes (associações de operários e de estudantes, locais de reunião e debate público), que passam a ser considerados "inconciliáveis com a existência da 'ordem'". Com esse fim, foram exumadas "velhas leis de exceção, há muito abolidas" (n. 50, 20/7/1848).[39]

A conservação dessas leis e de toda a estrutura política arcaica e repressora resulta e demonstra a incompletude da revolução, depois da qual deveria ter sido transformada toda a estrutura do Estado, inclusive renovando "todos os funcionários civis e militares, bem como de uma parte dos judiciários, e especialmente do *Parquet*". Se tal transformação era necessária na França, em que a monarquia deposta em fevereiro de 1848 era já uma monarquia burguesa, mais urgente o era na Prússia, onde a burguesia ainda não conquistara o poder, e onde dominava, "na administração e nas forças armadas", "uma hierarquia burocrática plenamente organizada [...] com poder absoluto" (n. 41, 11/7/1848).[40]

Entretanto, os dois ministérios, empenhados em recusar a revolução, deixaram "o poder efetivo nas mãos de seus velhos inimigos, os burocratas". A "situação provisória revolucionária", em que o outrora existente foi demolido e o novo está em construção, revoga temporariamente a divisão dos poderes, de sorte que

---

[37] "A *Gazeta de Colônia* sobre a Revolução de Junho"
[38] "Debates ententistas".
[39] "A supressão dos clubes em Stuttgart e Heidelberg".
[40] "A sessão ententista de 4 de julho (Segundo artigo)".

[...] a autoridade legislativa usurpa o poder executivo, ou a autoridade executiva usurpa o poder legislativo. É totalmente indiferente que a ditadura revolucionária (e trata-se de uma ditadura, por mais frouxamente que seja exercida) esteja nas mãos da Coroa, ou de uma assembleia, ou de ambas. (n. 41, 11/7/1848)

Nas circunstâncias da Alemanha, a Assembleia Nacional deveria assumir esse poder ditatorial de impor o novo contra a velha ordem das coisas, vale dizer, impor a unidade nacional, fundada na soberania popular. Entretanto, nem a Assembleia de Frankfurt nem a de Berlim assumem esse poder de constituir o novo, de acordo com as exigências da revolução, e assim não a consumam, mantendo em vigor a antiga estrutura estatal e as antigas leis. Não o fazendo, a Assembleia Nacional de Frankfurt contribui para preservar a fragmentação e abre espaço para a onda reacionária decorrente da derrota dos insurretos de junho parisienses. A Assembleia Ententista, por seu lado, sequer se dispõe a defender a soberania da Assembleia de Frankfurt, isto é, a soberania da Alemanha sobre os governos particulares, especialmente sobre a Prússia (cf. Engels, n. 49, 19/7/1848).[41]

Nenhuma das duas assembleias hesitou, porém, em adotar ou apoiar as medidas reacionárias, como a proibição dos clubes e associações, embora naquele momento estivesse ocupada em "assegurar para toda a eternidade o direito de associação como um dos 'direitos fundamentais do povo alemão'" (n. 58, 28/7/1848).[42]

A mesma estreiteza transparece no projeto apresentado pelo ministério Hansemann[43] para a abolição das obrigações feudais, reivindicação central da Revolução de Março e problema determinante para o modo de objetivação do capitalismo. Esse projeto admite a revogação sem indenização apenas das obrigações decorrentes da "servidão hereditária" e do velho direito feudal; as demais só poderiam ser abolidas com indenização; entre estas se inclui a corveia, falsamente apresentada como "uma renda ou aforamento paga *in natura*, uma compensação pelo uso do solo", quando significava de fato a sujeição do camponês, posto obrigatoriamente à disposição do senhor feudal.[44] A "compensação pela prestação", ou salário da corveia mantivera-se o mesmo, em dinheiro, havia três séculos, enquanto, durante esse período, o salário do trabalho livre triplicara. Entretanto, exigia-se uma indenização do camponês que quisesse remir suas obrigações, indenização que era calculada a partir do salário que o *junker* teria de pagar ao trabalhador livre que viria a

---

[41] "O debate sobre a Moção Jacoby", publicado em partes nos números 48, 49, 53 e 55.
[42] "A dissolução da associação democrática em Baden".
[43] O ministério Hansemann é o que se autodenominou "ministério da ação", e se seguiu ao ministério Camphausen, chamado "ministério da mediação".
[44] Como explica Engels, o camponês submetido à corveia "se punha à disposição do senhor feudal durante determinados dias do ano ou para determinados serviços", mas recebendo "um salário, que de início era exatamente igual ao salário do trabalho livre. A vantagem do senhor consistia, pois, [...] em que ele tinha trabalhadores à sua disposição pelo salário habitual sempre que deles precisasse, e sem que fosse obrigado a se preocupar com eles quando não os necessitasse. A vantagem do senhor feudal não consistia no valor em dinheiro da prestação *in natura*, mas sim na obrigação dessa prestação *in natura*; não consistia na desvantagem econômica, mas sim na *sujeição* do camponês" (n. 67, 6/8/1848).

substituir o servo.⁴⁵ Como não tinham recursos para pagar a indenização, os camponeses recorrem aos usurários, exibindo outro resultado da combinação entre relações arcaicas e modernas, pois participam "das alegrias da opressão usurária antes mesmo de serem livres" (n. 67, 6/8/1848).⁴⁶

A conciliação da burguesia com os *junkers* e a coroa consiste, pois, em transformar gradualmente as relações de propriedade e produção feudais em capitalistas, sem ferir os interesses dos proprietários de terra; o que implica "submeter a classe oprimida simultaneamente às relações feudais e às relações burguesas modernas, tornando assim o jugo duas vezes mais pesado" (n. 67, 6/8/1848). A essa dupla opressão prende-se o medo da revolução popular e a conservação do arcabouço político, com seu aparato repressivo e sua legislação arcaica.

A burguesia alemã reitera, assim, sua posição contrarrevolucionária, de sorte que, já em julho, se desenha a permanência da via de objetivação do capitalismo que Lenin mais tarde denominaria de via prussiana, com todas as suas perversidades econômicas e políticas.

Os acontecimentos dos meses seguintes confirmam aquela indicação. Em setembro, o "ministério de ação", ainda burguês, é destituído, e em seu lugar se põe um ministério composto e comandado por *junkers*.

Logo em seguida, uma insurreição popular em Frankfurt, em protesto contra o armistício teuto-dinamarquês, dá ensejo a Engels para analisar o sentido mais geral de sua derrota, bem como de outras em várias regiões da Europa, desde a dos insurretos de junho: a sanha de "todas as classes restantes da sociedade bem organizadas e plenamente armadas" decorre de que "agora toda insurreição que irrompe ameaça a burguesia diretamente em sua existência política, e indiretamente em sua existência social". Entretanto, a derrota do povo "garantiu a dominação [...] *àqueles* partidos que foram *derrotados* em fevereiro e março". Em Frankfurt, não significará a vitória da burguesia, mas sim a dos *junkers*: "a burguesia vai assegurar a primazia aos senhores do Estado militar-burocrático-*junker* e muito em breve deverá provar os amargos frutos de sua vitória" (n. 108, 21/9/1848).⁴⁷

Tais frutos amargos são servidos em 5 de dezembro de 1848, quando Frederico Guilherme IV e o ministério Brandenburg, num golpe de Estado, dissolvem a Assembleia Ententista e outorgam "um *novo* terreno do direito, a *lei marcial*, e ao mesmo tempo a *Charte*, o código e a filosofia da *lei marcial*, a constituição de 5 de dezembro" (n. 247, 16/3/1849, sup. extr. 1).⁴⁸ É estabelecido um sistema bicameral, e nova lei eleitoral; já em

---

⁴⁵ A "consciência jurídica" da burguesia liberal prussiana "declara que não é o nobre que deve indenizar o camponês, mas sim o camponês que deve indenizar o nobre pela diferença entre o salário da corveia e o salário do trabalhador livre" (n. 67, 6/8/1848).

⁴⁶ "Debate sobre as leis de remissão atuais".

⁴⁷ "A insurreição em Frankfurt", artigo publicado em partes nos números 107 (suplemento) e 108 da *Nova Gazeta Renana*.

⁴⁸ "[O esboço de mensagem da Segunda Câmara]".

março de 1849, a Segunda Câmara, "eleita sob o estado de sítio e os demolidores efeitos de uma bem-sucedida contrarrevolução, reunida em um canto de Berlim sob o estado de sítio, que não pode protestar se não quiser ser dissolvida", deveria decidir se reconhece ou não a constituição outorgada, e, em caso positivo, revisá-la. Engels não vê nos debates a esse respeito nenhum interesse, a não ser o de que demonstram "a arrogância pueril da direita e o colapso covarde da esquerda", cujos membros "atenuam suas exigências na mesma medida em que a direita exacerba as dela". Enquanto a direita defende a monarquia por direito divino e faz ameaças de recrudescimento da reação, a esquerda, em vez de

> [...] começar com o mais resoluto protesto contra o golpe de Estado de 5 de dezembro [...]. Declarou-se disposta a reconhecer a dissolução da Assembleia Nacional como um fato que não mais poderia ser alterado, a desistir da luta de princípio sobre a legitimidade da bastarda outorgada. (n. 259, 30/3/1849)[49]

No mês seguinte, é apresentada à Câmara, pelo ministério, um projeto de lei dos cartazes, que os proibia; tal projeto já deixava claro que a constituição só fora outorgada para "ulteriormente suprimir de novo as poucas frases liberais que ela contém, seja conservando as velhas leis da mordaça, seja introduzindo novas" (n. 279, 22/4/1849, 2ª ed.);[50] que "os senhores feudais, burocratas e burgueses unidos", tendo imposto seu golpe de Estado, pretendiam "outorgar aquelas leis complementares que ainda são necessárias para que os senhores possam gozar sua vitória em paz" (n. 283, 27/4/1849).[51]

Tal projeto de lei se voltava especialmente contra o proletariado, para quem os cartazes eram "a um tempo um jornal e um clube, e tudo isso sem que tenham de desembolsar nem um centavo", contribuindo para "manter viva entre os trabalhadores a paixão revolucionária". A luta contra a liberdade de imprensa, ali e em outros lugares, demonstrava que

> O governo existente e a monarquia constitucional em geral não pode se manter hoje em dia, nos países civilizados, se a imprensa é livre. A liberdade de imprensa, a livre concorrência das opiniões, é a liberação da luta de classes no âmbito da imprensa. E a tão desejada ordem é o estrangulamento da luta de classes, o amordaçamento das classes oprimidas. (n. 283, 27/4/1849)

Nessa ocasião, novamente a esquerda trai os interesses do povo, falando de modo abstrato sobre a liberdade de imprensa em geral e buscando atenuar o efeito agitador dos cartazes, quando se tratava "da restrição da liberdade de imprensa nos *cartazes*", do "direito dos *trabalhadores* à *literatura gratuita* representada pelos cartazes. Tratava-se não de dissimular o direito à agitação pelos cartazes, mas sim de *defendê-lo abertamente*" (n. 279, 22/4/1849, 2ª ed.).

---

[49] "O debate sobre a mensagem em Berlim".
[50] "O debate sobre a lei dos cartazes".
[51] "(O debate sobre a lei dos cartazes. Conclusão.)"

As ameaças da direita se cumprem: em 28 de abril, "o rei e seu ministério-lei marcial dissolveram a Segunda Câmara" de Berlim, bem como as de outras cidades, o que configurou uma quebra da própria constituição outorgada, que impedia sua dissolução até que a constituição fosse revisada; com isso, estabelece-se *"o domínio do sabre elevado à segunda potência"* (n. 285, 29/4/1849, 2ª ed.),[52] com mais prisões e repressão, leis contra as liberdades de organização, manifestação e expressão etc. A derrota do povo exigiu da burguesia, para participar da aliança que o derrotou, a renúncia ao exercício direto de seu poder político.

4. Revolução e nacionalidade

É sempre tendo em vista o caráter internacional das revoluções de 1848 que Engels aborda as insurreições em diversos outros povos, como tchecos, dinamarqueses, poloneses, italianos, magiares etc., e o movimento pan-eslavista.

A questão nacional, presente como luta pela unificação e/ou pela independência, ligava-se diretamente à revolução e à contrarrevolução, e as relações e contradições entre as classes estavam intimamente entrelaçadas com aquelas entre nações e povos. Mas o nacionalismo não assume prioridade na visão de Engels, de sorte que, nos vários confrontos desencadeados, defende sempre a parte cuja vitória favoreceria a revolução, o que o levou a opor-se à independência nacional de diversos povos.

Aqui abordamos somente algumas das situações tratadas por Engels.

A posição da burguesia alemã em relação ao exterior, coerentemente com a assumida em relação ao interior, foi reacionária e covarde: "na Itália, na Posnânia e em Praga os alemães *combateram a revolução*" desde o início. A única exceção havia sido a guerra contra a Dinamarca, na qual a Alemanha apoiava e buscava anexar o Schleswig-Holstein, que simultaneamente revolucionava as relações econômicas e políticas internas, feudais, e se separava da Dinamarca; esta era apoiada pelos "três poderes contrarrevolucionários da Europa: *Rússia, Inglaterra* e o *governo prussiano*". "A guerra dinamarquesa é a primeira *guerra revolucionária* que os alemães conduzem", e por isso contava com apoio popular (n. 99, 10/9/1848).[53]

Entretanto, logo a Assembleia Nacional Alemã, de Frankfurt, assina um armistício com a Dinamarca, por cujos termos a revolução foi traída, o Schleswig foi "sacrificado, a 'honra da Alemanha' pisoteada, e decidida a *dissolução da Alemanha na Prússia*" (n. 107, 20/9/1848).[54]

Para Engels, a anexação do Schleswig à Alemanha teria sido uma vitória da civilização e do progresso de ambos, e uma derrota da barbárie e da estagnação da Prússia e da Dinamarca. A continuidade da guerra contra a Dinamarca "seria uma guerra da

---

[52] "[Dissolução da Segunda Câmara]".
[53] "O armistício dinamarquês-prussiano".
[54] "A ratificação do armistício".

Alemanha contra a Prússia, a Inglaterra e a Rússia", que levaria à dissolução da Prússia na Alemanha, tornaria "uma necessidade incontornável a aliança com a Polônia", que conduziria "imediatamente à libertação da Itália", e tornaria "a vitória da *Alemanha* dependente da vitória da democracia" (n. 99, 10/9/1848).

Quanto à Polônia, Engels insiste não apenas na bravura revolucionária do povo como na necessidade, para a própria revolução, da recuperação de suas fronteiras de 1792 e de sua independência em relação à Áustria e à Prússia. O governo prussiano, entretanto, esmaga a revolução polonesa, empurrando a Polônia a uma aliança com a Rússia, e a Assembleia de Frankfurt sanciona as várias divisões a que aquele país fora submetido desde 1792 (cf. Engels, n. 70, 9/8/1848).[55]

A divisão da Polônia é ato contrarrevolucionário, pois "os poloneses desencadearam não apenas uma luta insurrecional por sua independência, mas ao mesmo tempo *uma ação revolucionária* contra suas próprias condições sociais internas"; essa divisão respalda a Santa Aliança russo-prussiano-austríaca, e desfavorece a unificação alemã. Os opressores da Polônia, por seu lado, sustentam, desde fins do século XVIII, "a situação patriarcal--feudal não somente na Polônia como também em todos os seus países", relações contra as quais os poloneses combatem. Assim, em 1848, "a luta pela independência da Polônia é ao mesmo tempo a luta da *democracia agrária* [...] contra o *absolutismo patriarcal-feudal*", de sorte que a anexação de parte da Polônia pela Alemanha implicaria a continuidade do absolutismo patriarcal-feudal em ambas (n. 81, 20/8/1848).[56]

Combater pela democracia e independência da Polônia, contra a Rússia, significava, para a Alemanha, "a efetiva, aberta e consumada ruptura com todo nosso vergonhoso passado" de dominadora dos poloneses e lansquenete de todas as reações, "significava a verdadeira libertação e unificação da Alemanha, significava a instauração da democracia sobre os escombros da feudalidade e do breve sonho de domínio da burguesia" (n. 81, 20/8/1848).

Em vez disso, mais uma vez, como na questão do Schleswig, a Alemanha (a Assembleia de Frankfurt) sanciona a divisão da Polônia e esmaga os revolucionários.

Seja a respeito do Schleswig e da guerra contra a Dinamarca, seja a respeito da questão polonesa, o fundamento da posição de Engels é claro: a unificação alemã (a absorção da Prússia pela Alemanha, não o contrário) exige a ruptura com as relações socioeconômicas e políticas feudais ainda presentes, interna e externamente, apoiando as revoluções dos demais povos que visavam ao mesmo objetivo.

A objetivação plena do capitalismo e a democracia política são defendidas por impulsionar o desenvolvimento das forças produtivas, inclusive o crescimento numérico do proletariado, condições centrais para a superação do capital, e oferecer as condições

---

[55] "Os debates sobre a Polônia em Frankfurt", artigo publicado em partes nos números 70, 73, 81, 82, 86, 90, 91, 93 e 96.
[56] *Ibid.*

mais adequadas para a classe trabalhadora organizar-se para essa luta. Tudo o que obstaculize tal processo deve ser combatido.

É o que fica claro nas análises sobre a revolução magiar e o pan-eslavismo, no curso das quais Engels argumenta que nem todos os povos que lutavam por independência devem ser apoiados, seja por não serem viáveis como nações independentes, seja pela decorrente postura contrarrevolucionária.

Defende a independência magiar, pois os magiares lutam revolucionariamente por sua independência da Áustria, tal como os poloneses, ousando opor a paixão revolucionária "à covarde fúria contrarrevolucionária" (n. 194, 13/1/1849),[57] mas não a dos povos eslavos, que apoiam a contrarrevolução.

Para fundamentar sua posição, Engels historia a formação da Áustria e da Hungria desde a Idade Média até o momento em que parte da nobreza alemã-austríaca e magiar, com apoio dos eslavos, assume a nacionalidade eslava, em contraposição às burguesias alemã e magiar em desenvolvimento, de sorte que "as contradições nacionais desapareceram" e daí em diante a casa Habsburgo "tornou-se, mais resolutamente do que qualquer outra dinastia, a representante da nobreza feudal contra a burguesia", razão pela qual a Áustria participou da divisão da Polônia (n. 194, 13/1/1849).

Com o desenvolvimento da indústria e da agricultura, burguesia e camponeses se fortalecem, e desencadeiam movimentos contra a nobreza. Mas – e eis um ponto chave na argumentação engelsiana –, sendo o movimento camponês "necessariamente um movimento local e nacional, ao mesmo tempo reapareceram com ele as velhas lutas nacionais". É nesse quadro que se estabelece a monarquia absolutista, sob comando de Metternich: este despoja a nobreza, exceto os barões feudais, de influência sobre o estado, e despoja a burguesia de seu poder, aliando-se aos barões das finanças; apoia-se, pois, "na alta feudalidade e na alta finança, bem como na burocracia e no exército"; usa a nobreza da mesma nação e os camponeses de outras nações para controlar a burguesia e o campesinato, e usa a estes para controlar a nobreza da mesma nação; a existência de "diferentes interesses de classes, tacanhices nacionais e preconceitos locais [...] mantinham uns aos outros completamente em xeque" (n. 194, 13/1/1849).

As revoluções de 1848 quebram as cadeias de todas as nacionalidades escravizadas umas às outras, e "alemães, magiares, tchecos, poloneses, morávios, eslovacos, croatas, rutênios, romenos, ilírios, sérvios entraram em conflito uns com os outros, enquanto em cada uma dessas nações as diferentes classes também se combatiam" (n. 194, 13/1/1849).

Logo, entretanto, esses povos se dividem em dois grandes campos: "do lado da revolução, os alemães, poloneses e magiares; do lado da contrarrevolução, os restantes, o conjunto dos eslavos, com exceção dos poloneses, dos romenos e dos saxões da Transilvânia" (n. 194, 13/1/1849). O que determinou a escolha de cada povo foi sua história anterior, que também decide sobre a viabilidade das nações.

---

[57] "A batalha magiar".

Das que compõem a Áustria, prossegue Engels, há somente três que foram historicamente "portadoras do progresso, que intervieram ativamente na história, que ainda agora são viáveis – os *alemães*, os *poloneses*, os *magiares*. Por isso são hoje revolucionários" (n. 194, 13/1/1849). Todos os demais, graças a sua história anterior, estão destinados a sucumbir; e por isso são contrarrevolucionários, porque a revolução os destruiria como nações.

Para demonstrá-lo, Engels mostra que desde a Idade Média esses povos foram isolados uns dos outros e submetidos. Ademais, não se constitui neles uma burguesia, e sim somente entre alemães e magiares, que vinham assumindo a iniciativa histórica desde aquele período; de sorte que, na modernidade, os eslavos se tornam tributários de alemães e magiares quanto ao capital e à indústria, e quanto à cultura desenvolvida sobre a base destes.

Nesse panorama histórico é constituída a Federação Separatista, pan-eslava, uma aliança entre os pequenos povos eslavos da Áustria e da Turquia. Contrarrevolucionária desde o início, essa aliança sacrificou a Polônia e vendeu a esta e a si mesma ao tsar russo a fim de alcançar sua finalidade, a de fundar um império eslavo, reunindo povos falantes de línguas e dialetos diversos, interligados pelo "eslavismo" e uma língua eslava comum. Também aqui a questão central é a da unificação nacional. Para Engels, entretanto, tal como a língua eslava comum, também o eslavismo é uma ficção, já que os povos eslavos apresentavam níveis muito diferentes de desenvolvimento e interesses mutuamente contraditórios. Nesse quadro, uma unidade pan-eslava só seria viável se fosse imposta, e apenas a Rússia poderia impô-la, pois, além dela, nenhuma das nações coligadas tinha tradições históricas nacionais vivas e que ultrapassassem as lutas locais; ao contrário, eram marcadas por séculos de submissão e desnacionalização, além de serem muito pequenas demográfica e territorialmente. Seriam "resíduos de povos", e por isso mesmo portadores da contrarrevolução, porque, com a revolução, desapareceriam como povo específico; a fim de se manterem como tal, "a arma libertadora, o laço da unidade" só poderia ser a Rússia. As revoluções de 1848 trazem à tona essa situação; e, de fato, os povos eslavos apoiaram a reação austríaca, decidindo a queda da Itália, atacando Viena e os magiares (n. 194, 13/1/1849).

Com exceção dos poloneses, russos e eslavos da Turquia, que têm futuro, "faltam a todos os demais eslavos as mais básicas condições históricas, geográficas, políticas e industriais da independência e viabilidade". Os eslavos austríacos, os tchecos, incluindo morávios e eslovacos, ao norte, e os eslovenos, croatas, ilírios e outros, ao sul, não existiam historicamente como nações desde a Idade Média; "nunca tiveram uma história própria", no sentido de que, desde que chegaram à civilização, "já caíram sob tutela estrangeira ou que só atingiram o primeiro nível da civilização *forçados* por um jugo estrangeiro" (n. 222, 15/2/1849).[58]

---

[58] "O pan-eslavismo democrático". Artigo publicado em partes nos números 222 e 223 da *Nova Gazeta Renana*.

As diferenças de interesses e ódios nacionais assim criados, além das dificuldades históricas e geopolíticas, os impedem de se unificar mesmo em dois reinos eslavos, quanto mais em um único. E mesmo que se formassem aqueles dois impérios (um ao norte, outro ao sul), neles dominaria a burguesia urbana alemã.

E, no entanto, "graças ao poderoso progresso da indústria, do comércio, das comunicações, a centralização política tornou-se uma necessidade ainda mais urgente do que nos séculos XV e XVI"; e a unificação, especialmente se revolucionária e democrática, só poderia ser alcançada sob domínio alemão e magiar (n. 222, 15/2/1849).

Entretanto, a tendência herdada do passado histórico poderia ter sido infletida, caso esses povos eslavos houvessem tentado dar início a "uma *nova história revolucionária*", diante do que "o interesse particular dos alemães e magiares se desvaneceria"; ao contrário disso, oprimidos no interior, aqueles povos foram, no exterior, "os *opressores de todas as nações revolucionárias*". Engels dirige a mesma crítica à Alemanha, exigindo que os alemães rompam com seu passado histórico vergonhoso. Em 1848 os eslavos não romperam com esse passado, mas, "como *um só* homem, se puseram sob a bandeira da *contrarrevolução*" (n. 223, 16/2/1849).

A exceção foram os poloneses, que, sempre escravizados, no entanto sempre se puseram ao lado das revoluções, de sorte que, na Polônia, independência e revolução são indissociáveis, enquanto para os outros povos eslavos a independência se associa à contrarrevolução.

Havia, entretanto, pan-eslavistas democratas. Engels também os critica, mostrando que um pan-eslavismo democrático era uma fantasia devedora das ilusões sobre a confraternização entre todos os povos, afirmada como um dever-ser sem que se exponham "os obstáculos para uma tal libertação geral existentes na realidade [...], níveis de civilização tão completamente diferentes de cada um dos povos e as igualmente diferentes necessidades políticas, condicionadas por eles". A atuação reacionária da massa dos pan-eslavistas desmascarara essas ilusões (n. 222, 15/2/1849).

A realidade não oferecia, pois, apoio à intenção dos democratas pan-eslavistas de "harmonizar sua concepção democrática com seu sentimento nacional, que é sabidamente muito acentuado entre os eslavos", já que as nações cuja independência o pan-eslavismo exige são inimigas da democracia (n. 222, 15/2/1849).

Vemos, pois, que a posição de Engels e sua avaliação da conduta da burguesia alemã e das demais classes e povos se orienta sempre pela prioridade dos interesses da revolução em face de quaisquer outros, e pela convicção de que o avanço do capitalismo, trazendo a ampliação das forças produtivas e do proletariado, é mais favorável àquela do que a permanência de relações pré-modernas.

***

As suas análises, tanto sobre as vitórias como sobre as derrotas do proletariado, tanto sobre a coragem dos revolucionários como sobre a inominável covardia da esquerda, e o exame dos movimentos nacionais, são guiados pela perspectiva revolucionária. Vemos que o horizonte revolucionário o orienta aos movimentos sociais concretos e ao vislumbre dos caminhos reais da emancipação, comprovando o caráter materialista de seu pensamento ou sua tendência à ontologia, de que fala Lukács, a despeito de, como deixamos exposto, não ter apreendido a revolução teórica de Marx em todo o seu alcance.

Esse limite de Engels apenas atesta que a revolução marxiana ainda nos desafia e está à frente das mais radicais teorias e movimentos políticos que caracterizam a luta de classes em nosso próprio tempo. Além disso, as mobilizações teóricas e práticas atuais parecem estar novamente presas aos limites das ilusões politicistas que as revoluções proletárias, derrotadas em 1848, lograram superar. Nesse sentido, os textos aqui disponibilizados pela primeira vez em português são de uma atualidade flagrante e compõem ainda a nossa arma da crítica.

Referências bibliográficas

CHASIN, José. *Marx – Estatuto ontológico e resolução metodológica*. São Paulo: Boitempo, 2011.
CLAUDÍN, Fernando. *Marx, Engels y la revolución de 1848*. Madri: Siglo XXI, 1975.
COGGIOLA, Osvaldo. *Engels, o segundo violino*. São Paulo: Xamã, 1995.
COTRIM, Lívia. "A arma da crítica: política e emancipação humana na *Nova Gazeta Renana*". *In*: Marx, Karl. *Nova Gazeta Renana*. São Paulo: Educ, 2010.
ENGELS, Friedrich. *Karl Marx e Friedrich Engels Werke*. Bänd 4. Berlim: Dietz Verlag, 1959a.
_____. *Karl Marx e Friedrich Engels Werke*. Bänd 5. Berlim: Dietz Verlag, 1959b.
_____. "Ludwig Feuerbach e o fim da filosofia clássica alemã". *In*: MARX, K. Engels, F. *Textos*, vol. 1. São Paulo: Edições Sociais, 1975.
_____. *A dialética da natureza*. Rio de Janeiro: Paz e Terra, 1976.
_____. *La subversión de la ciencia por el señor Eugen Dühring – Anti-Dühring*. Barcelona: Grijalbo, 1977.
_____. "Princípios básicos do comunismo". *In*: MARX, K.; ENGELS, F. *Obras escolhidas*. 3 vols. Tradução de José Barata-Moura. Lisboa/Moscou: Avante, 1982.
JONES, Gareth Stedman. "Retrato de Engels". *In*: HOBSBAWM, Eric. *História do marxismo*, vol. 1. Rio de Janeiro: Paz e Terra, 1983.
LUKÁCS, Georg. *Introdução a uma Estética marxista*. Rio de Janeiro: Civilização Brasileira, 1970.
_____. "Prefácio de 1967". *In*: *História e consciência de classe*. São Paulo: Martins Fontes, 2003.
_____. *Prolegômenos para uma ontologia do ser social*. São Paulo: Boitempo, 2010.
_____. *Para uma ontologia do ser social I*. São Paulo: Boitempo, 2012.
McLELLAN, David. *As ideias de Engels*. São Paulo: Cultrix, 1979.
MUSSE, Ricardo. "O primeiro marxista". *In*: BOITO JR. e outros (org.). *A obra teórica de Marx – atualidade, problemas e interpretações*. São Paulo/Campinas: Xamã/IFCH-Unicamp, 2000.
ROCHA, R. "Dois violinos e uma só harmonia". *In*: BOITO JR., A.; TOLEDO, C. N. et al. *A obra teórica de Marx: atualidade, problemas e interpretações*. São Paulo: Xamã, 2000.
VAISMAN, E.; Fortes, R. V. "Apresentação". *In*: LUKÁCS, G. *Prolegômenos para uma ontologia do ser social*. São Paulo: Boitempo, 2010.

Nova Gazeta Renana

Fac-símile da última edição da *Nova Gazeta Renana: orgão da democracia*, em 19/5/1849, impressa em letras vermelhas.

Carta a Etienne Cabet – declaração contra a sociedade democrática alemã em Paris[1]

Fins de março de 1848. Fonte: manuscrito.

K. MARX, F. ENGELS

Cidadão Cabet,
Pedimos-lhe a gentileza de reproduzir a declaração anexa no próximo número do *Populaire*.[2] Trata-se de não deixar recair sobre o partido comunista qualquer responsabilidade por um empreendimento e um procedimento que já reacenderam novamente os velhos preconceitos nacionais e reacionários de uma parte da nação alemã contra o povo francês. A Liga dos Trabalhadores Alemães – uma união de diversas associações operárias em todos os países da Europa, à qual também pertencem os líderes do cartismo inglês, os srs. Harney e Jones – reúne somente comunistas e declara-se publicamente comunista; a assim chamada Sociedade Democrática Alemã em Paris é essencialmente anticomunista, já que declara não reconhecer o antagonismo e a luta entre o proletariado e a classe burguesa. Trata-se aqui, portanto, de uma providência, de uma declaração no interesse do partido comunista, razão pela qual também contamos com sua colaboração. (Esta carta é estritamente confidencial)

Saudações fraternais,
F. Engels
K. Marx

---

[1] A carta de Marx e Engels a Etienne Cabet e a Declaração contra a Sociedade Democrática Alemã foram publicadas pela MEW segundo a fotocópia do manuscrito disponibilizada ao Instituto de Marxismo-Leninismo de Moscou pelo Museu Histórico de Montreuil (França, Departamento do Sena). Como ambas provêm da pena de Engels, pode-se concluir que foram redigidas em fins de março de 1848, depois da chegada deste a Paris. Nessa época, Marx, Engels e outros líderes do Comitê Central da Liga dos Comunistas opuseram-se ao plano aventureiro da Sociedade Democrática Alemã, cujos líderes Herwegh e Bornstedt pretendiam, com ajuda de uma legião armada organizada na França, instituir a república na Alemanha. Por iniciativa dos líderes da Liga dos Comunistas, no início de março de 1848 foi fundado em Paris o Clube dos Trabalhadores Alemães, cujo estatuto foi elaborado por Marx, por meio do qual pretendia-se reunir em Paris os trabalhadores alemães emigrantes e organizar o retorno individual deles à pátria.

[2] *Le Populaire de 1841* – Órgão de propaganda do comunismo utópico pacífico icariano; foi publicado de 1841 a 1852 em Paris, e até 1848 seu redator foi Etienne Cabet; com esse título, o jornal distinguia-se do semanário radical *Populaire*, que Cabet editara de 1833 a 1835.

O Comitê abaixo-assinado considera seu dever esclarecer a todas as delegações da *Liga dos Trabalhadores Alemães* nos diversos países europeus que não tomou parte de nenhum modo nas medidas, notificações e proclamações que solicitam dos cidadãos franceses roupas, dinheiro e armas. Em Paris, a *Liga* mantém relações apenas com o *Clube dos Trabalhadores Alemães* e nada tem em comum com a sociedade que em Paris se denomina Sociedade Democrática Alemã, dirigida pelos senhores Herwegh e von Bornstedt.

O Comitê Central da Liga dos Trabalhadores Alemães
(assinado) K. Marx, K. Schapper, H. Bauer, F. Engels, J. Moll, W. Wolff

[Declaração do comitê de redação da *Nova Gazeta Renana*]

NGR, n. 1, 1º/6/1848

A publicação da *NGR* fora fixada originariamente para 1º de julho.
Os acordos com os correspondentes etc. estariam acertados nesta data.

Entretanto, uma vez que com o procedimento reiteradamente insolente da reação são iminentes as leis de setembro[1] alemãs, quisemos aproveitar cada dia livre e iniciamos a publicação já em 1º de junho. Nossos leitores nos desculparão se, nos primeiros dias, ainda não oferecermos material abundante em informações e correspondentes variados, para o que nossas amplas relações nos capacitam. Em poucos dias poderemos satisfazer todas essas exigências.

Comitê de Redação: Karl Marx, Redator-chefe
Redatores: Heinrich Bürgers, Ernst Dronke, Friedrich Engels, Georg Weerth, Ferdinand Wolff, Wilhelm Wolff

---

[1] Promulgadas pelo governo francês em setembro de 1835 a pretexto do atentado sofrido em 28 de julho pelo rei Luís Filipe, essas leis restringiram a atividade dos tribunais e introduziram medidas severas contra a imprensa: aumento das cauções, prisão e multas para autores de publicações contrárias à propriedade e à ordem.

A Assembleia de Frankfurt

NGR, n. 1, 1º/6/1848

F. Engels

Colônia, 31 de maio. Há 14 dias a Alemanha tem uma Assembleia Nacional Constituinte eleita por todo o povo alemão.[1]

O povo alemão conquistou sua soberania nas ruas de quase todas as cidades do país, grandes ou pequenas, e especialmente nas barricadas de Viena e Berlim. Exerceu esta soberania nas eleições para a Assembleia Nacional.

O primeiro ato da Assembleia Nacional deveria ser proclamar a soberania do povo alemão em voz alta e publicamente.

Seu segundo ato deveria ser elaborar a Constituição alemã sobre o fundamento da soberania do povo, e eliminar da situação alemã efetivamente existente tudo o que contradissesse este princípio.

No decorrer de suas sessões, deveria tomar as medidas necessárias para frustrar toda tentativa da reação, para defender o terreno revolucionário sobre o qual se apoia, para resguardar a soberania do povo, conquista da revolução, contra qualquer ataque.

A Assembleia Nacional alemã já realizou uma dúzia de sessões e não fez nada disso.

Mas, em contrapartida, assegurou a salvação da Alemanha graças às seguintes façanhas: a Assembleia Nacional reconheceu que precisava de um regulamento, pois sabia que, quando dois ou três alemães se reúnem, precisam de um regulamento, caso contrário as decisões são tomadas pelos pés das cadeiras. Um mestre-escola qualquer previra esta situação, e esboçara um regulamento especial para a Alta Assembleia. Foi proposta a

---

[1] Para a *Assembleia Nacional de Frankfurt* foram eleitos, de acordo com exigências diferentes nos vários estados alemães, 589 deputados; em 18 de maio de 1848 reuniram-se 384 deputados na Igreja de São Paulo para a abertura solene. Entre os deputados havia 122 funcionários administrativos, 95 funcionários da justiça, 103 cientistas [eruditos?], 81 advogados, 21 religiosos, 17 industriais e comerciantes, 15 médicos, 12 oficiais, 40 proprietários de terras, mas nenhum trabalhador ou pequeno camponês. Sobre os "tagarelas burgueses do parlamento de Frankfurt" Lenin disse que a burguesia liberal, que detinha a maioria na Assembleia, limitou-se a discursos sem fim e, com sua indecisão e covardia, favoreceu as forças feudais reacionárias. Em seus artigos sobre os debates na Assembleia Nacional prussiana (Assembleia Ententista), Marx e Engels utilizaram as "Notas Estenográficas sobre os Debates da Assembleia Convocada para Fazer um Acordo sobre a Constituição Prussiana", suplemento do "Diário Oficial Prussiano", vol. 1-3, Berlim, 1848, publicado mais tarde como edição avulsa sob o título "Debates da Assembleia Constituinte da Prússia de 1848", vol. 1-8, Berlim, 1848.

aprovação provisória desse esboço; a maioria dos deputados não o leu, mas a Assembleia o aprovou de imediato, pois o que seria dos representantes alemães sem regulamento? *Fiat reglementum partout et toujours!*[2]

O sr. Raveaux, de Colônia, apresentou uma moção muito simples sobre a incompatibilidade das Assembleias de Frankfurt e Berlim. Mas a Assembleia deliberava sobre o regulamento definitivo, e embora a moção Raveaux fosse urgente, o regulamento era ainda mais urgente. *Pereat mundus, fiat reglementum!*[3] Mas, apesar disso, a sabedoria dos filisteus[4] eleitos não podia deixar de se manifestar sobre a moção Raveaux e, pouco a pouco, enquanto ainda se discute se é o regulamento ou a moção que deve ter precedência, apresentam duas dúzias de emendas a esta moção; conversam sobre o assunto, falam, atrapalham-se, fazem barulho, perdem tempo e protelam a votação de 19 para 22 de maio. Em 22 de maio, volta-se ao mesmo assunto; chovem novas emendas, novas divagações, e depois de longos discursos e muita confusão, deliberam remeter a questão, que já fora posta na ordem do dia, de volta às seções. Desse modo, o tempo felizmente passou, e os senhores deputados vão comer.

Em 23 de maio, primeiro querelam sobre o protocolo, depois acolhem outra vez inúmeras moções e, então, quando pretendem passar novamente à ordem do dia, isto é, para o muito amado regulamento, Zitz, de Mogúncia, traz à tona a brutalidade dos militares prussianos e as despóticas usurpações do comandante prussiano em Mogúncia.[5] Houve ali uma incontestável e bem-sucedida tentativa da reação, um caso que concerne especificamente à autoridade da Assembleia. Tratava-se de pedir contas aos arrogantes soldados que se atreveram a ameaçar Mogúncia com bombardeio quase sob as vistas da Assembleia Nacional, tratava-se de proteger os habitantes de Mogúncia, desarmados, em suas próprias casas, da violência de uma soldadesca imposta a eles, amotinada contra eles. Mas, o sr. Bassermann, o aguadeiro[6] de Baden, qualificou tudo isto como bagatela; Mogúncia deve ser abandonada ao seu destino, o todo é prioritário, aqui assenta-se a Assembleia e delibera, no interesse de toda a Alemanha, sobre um regulamento – de fato, o que é o bombardeio de Mogúncia em comparação com isto? *Pereat Moguntia, fiat reglementum!*[7] Mas a Assembleia tem coração mole, elege uma comissão que deve ir a Mogúncia examinar o assunto e – com certeza, já está outra vez na hora de encerrar a sessão e ir comer.

---

[2] Que reine o regulamento, por toda parte e para sempre!
[3] Faça-se o regulamento, ainda que o mundo pereça!
[4] Na Idade Média, aqueles que moravam fora dos marcos da área urbana, a quem a cidade concedera a cidadania (em geral pelo aumento de sua força militar). Em sentido figurado, usado para os representantes da burguesia vindos do campo, que não tinham a altura espiritual da parte progressista da burguesia.
[5] Ver "Hüser".
[6] Jogo de palavras com o nome do deputado – Bassermann – e o termo Wassermann (aguadeiro).
[7] Faça-se o regulamento, mesmo que Mogúncia pereça!

Finalmente, em 24 de maio, perdemos o fio da meada parlamentar. O regulamento deve ter ficado pronto, ou ter desaparecido, em todo caso não ouvimos mais nada a seu respeito. Em contrapartida, porém, cai sobre nós uma verdadeira saraivada de moções bem-intencionadas, nas quais numerosos representantes do povo soberano exprimem a obstinação de sua estreita mentalidade de súditos.[8] Depois vieram cartas, petições, protestos etc. e, finalmente, a água suja nacional encontrou um escoadouro em inúmeros discursos sem pé nem cabeça. Não podemos esquecer, no entanto, que foram nomeadas quatro comissões.

Por fim, o sr. Schläffel pede a palavra. Três cidadãos alemães, os srs. Esselen, Pelz e Löwenstein, tinham recebido ordem de abandonar Frankfurt ainda nesse mesmo dia, antes das 4 hs da tarde. A sábia e prudente polícia afirmara que os citados senhores, com seus discursos na Associação de Trabalhadores, teriam atraído sobre si a indignação do município e, portanto, deviam partir. E a polícia se permite isto depois da proclamação do direito de cidadania alemã pelo Pré-Parlamento,[9] depois mesmo de sua oficialização no projeto de Constituição dos 17 "homens de confiança"[10] (*Hommes de confiance de la diète*)! O assunto é urgente. O sr. Schläffel pede a palavra para tratar disto; é-lhe recusada; pede para falar sobre a urgência da matéria, o que lhe era garantido pelo regulamento, e desta vez declararam: *Fiat politia, pereat reglementum!* (Que reine a polícia, mesmo que o regulamento pereça!) E, naturalmente, já era tempo de ir para casa e comer.

Em 25, as cabeças-duras dos deputados inclinam-se sob as moções recebidas em massa como espigas de trigo maduras sob o aguaceiro. Dois deputados tentaram, ainda uma vez, trazer à tona a questão da expulsão, mas também a eles foi negada a palavra, mesmo sobre a urgência do assunto. Alguns dos documentos recebidos, particularmente um da Polônia, eram muito mais interessantes do que todas as moções dos deputados. Mas então a comissão enviada a Mogúncia toma finalmente a palavra. Ela declara que

---

[8] *Estreita mentalidade de súditos* – uma conhecida expressão do ministro prussiano do Interior, von Rochow.

[9] *Pré-Parlamento e Comissão dos 50* – no Pré-Parlamento, que se reuniu em Frankfurt am Main de 31 de março a 4 de abril de 1848, uniram-se representantes dos estados alemães que, em contraposição ao Bundestag, ou eram membros das assembleias estamentais existentes, ou foram delegados por uma associação ou assembleia popular. A esmagadora maioria dos participantes do Pré-Parlamento pertencia à tendência constitucional-monárquica. O Pré-Parlamento tomou a resolução de convocar uma Assembleia Nacional de toda a Alemanha e elaborou um projeto dos "Direitos Fundamentais e Reivindicações do Povo Alemão". Este documento preconizava, de fato, algumas liberdades burguesas, mas não afetava os fundamentos da ordem estatal semifeudal e absolutista da Alemanha de então. Depois dos acontecimentos das jornadas de março, o Pré-Parlamento poderia ter sido proclamado como soberano e o poder da Dieta Federal reacionária, abatida. Em vez disso, o Pré-Parlamento recusou-se a se declarar permanente, e em abril de 1848 elegeu entre seus membros uma Comissão dos 50, que procurou se entender com a Dieta Federal. A Comissão dos 50 funcionou até a reunião da Assembleia Nacional e consistia, em sua maioria, de liberais burgueses (ver *Debates do Parlamento Alemão*, Frankfurt am Main, 1848).

[10] Os *17 "homens de confiança da Dieta"* representavam o governo alemão e foram convocados pelo órgão central da Confederação Alemã, a Assembleia da Confederação. Eles se reuniram de 30 de março a 8 de maio de 1848 em Frankfurt am Main e elaboraram um projeto da Constituição do Império Alemão que mantinha o espírito monárquico-constitucional (ver F. F. Weichsel, *Unidade alemã e o projeto da constituição do império alemão*, Magdeburg, 1848).

só poderá apresentar o relatório no dia seguinte; de resto, como é natural, chegara tarde demais; 8 mil baionetas prussianas haviam restabelecido a paz, desarmando 1.200 milicianos cívicos e, por enquanto, podia-se passar para a ordem do dia. E imediatamente passou-se ao exame da ordem do dia, a saber, da moção Raveaux. E como esta ainda não fora despachada em Frankfurt, mas em Berlim tornara-se há muito tempo sem sentido graças a um decreto de Auerswald, a Assembleia Nacional decidiu adiar o assunto para o dia seguinte e ir comer.

Em 26, foram propostas miríades de moções, e em seguida a Comissão Mogúncia apresentou seu relatório definitivo e muito indeciso. O relator foi o sr. Hergenhahn, ex-homem do povo e ministro *pro tempore*. Ele propôs uma resolução extremamente moderada, mas, depois de uma longa discussão, a Assembleia considerou muito forte até essa domesticada proposta; decidiu abandonar os habitantes de Mogúncia às boas graças dos prussianos comandados por um cossaco, "na esperança de que o governo fará o seu dever", e passar para a ordem do dia! Esta ordem do dia consistia em irem comer.

Em 27 de maio, depois de longas preliminares em torno do protocolo, a moção Raveaux foi posta em discussão. Falaram sobre isto e aquilo até 14h30 e foram comer; mas desta vez houve uma sessão vespertina e o assunto foi finalmente decidido. Como o sr. Auerswald, graças à extrema lentidão da Assembleia Nacional, já despachara a moção Raveaux, o sr. Raveaux concordou com uma emenda do sr. Werner, na qual a questão da soberania do povo não era afirmada nem negada.

Nossas informações sobre a Assembleia Nacional terminam aqui, mas temos todos os motivos para crer que, depois dessa decisão, a sessão foi encerrada e os deputados foram comer. Que tenham ido comer tão cedo, devem-no somente às palavras de Robert Blum: "Meus senhores, se os senhores decidem hoje a ordem do dia, toda a ordem do dia desta Assembleia poderia ser singularmente abreviada!"

[A mais recente façanha da casa Bourbon]

NGR, n. 1, 1º/6/1848

F. ENGELS

A Casa Bourbon ainda não chegou ao fim de sua gloriosa carreira. É verdade que, nos últimos tempos, sua bandeira branca foi muito manchada, é verdade que os lírios[1] fanados pendem bem tristemente suas cabeças. Karl Ludwig von Bourbon malbaratou um ducado e teve de abandonar outro vergonhosamente; Ferdinand von Bourbon perdeu a Sicília e em Nápoles teve de conceder uma constituição à revolução; Luís Filipe, embora apenas um cripto-Bourbon, tomou o caminho de toda carne franco-legitimista para a Inglaterra, pelo canal. Mas o Bourbon napolitano vingou brilhantemente a honra de sua família.

As Câmaras foram convocadas em Nápoles. O dia da abertura deve ser aproveitado para uma batalha decisiva contra a revolução. Campobasso, um dos principais chefes de polícia do famigerado Del Carreto, será secretamente chamado de volta de Malta; pela primeira vez desde muito tempo, os esbirros, tendo à frente seu velho comandante, patrulham novamente a rua Toledo, armados e em bandos; desarmam os cidadãos, arrancam--lhes os casacos, obrigam-nos a cortar os bigodes. O dia da abertura das Câmaras, 14 de maio, aproxima-se. O rei exige que as Câmaras se comprometam sob juramento a não alterar a constituição concedida por ele. Elas se recusam. A Guarda Nacional se declara a favor dos deputados. Negocia-se, o rei cede, os ministros renunciam. Os deputados reivindicam que o rei proclame a concessão feita por uma ordenança. O rei promete essa ordenança para o dia seguinte. Mas à noite todas as tropas estacionadas nos arredores marcham para Nápoles. A Guarda Nacional percebe que foi traída; levanta barricadas, e entre 5 mil e 6 mil homens se posicionam nelas. Mas a eles se opõem 20 mil soldados, em parte napolitanos, em parte suíços, com 18 canhões; entre ambos, por enquanto indiferentes, estão os 20 mil *lazzaroni* de Nápoles.

No dia 15 de manhã os suíços ainda declaram que não atacarão o povo. Mas um agente policial, infiltrado entre o povo, atirou nos soldados na Strada de Toledo; imediatamente o Forte Santelmo hasteou a bandeira vermelha – e a esse sinal os soldados

---

[1] Símbolo da casa monárquica dos Bourbon.

caíram sobre as barricadas. Começou uma horripilante carnificina; os guardas nacionais defenderam-se heroicamente contra um número quatro vezes maior de soldados, contra o canhoneio; combateu-se das 10 da manhã até a meia-noite; apesar da superioridade numérica da soldadesca, o povo teria vencido se a conduta miserável do almirante francês Baudin não houvesse decidido os *lazzaroni* a aderir ao partido monárquico.

O almirante Baudin estava diante de Nápoles com uma frota francesa bastante forte. A simples mas oportuna ameaça de bombardear castelo e fortes teria obrigado Ferdinand a ceder. Mas Baudin, um velho servidor de Luís Filipe, acostumado aos tempos da *entente cordiale*, quando a existência da frota francesa era apenas tolerada, Baudin nada fez, e assim decidiu os *lazzaroni*, que já se inclinavam para o povo, a aderir às tropas.

Esse passo do lumpemproletariado napolitano decidiu a derrota da revolução. A Guarda Suíça, os soldados de linha napolitanos, os *lazzaroni* arremessaram-se unidos sobre os combatentes das barricadas. Os palácios da rua Toledo, varrida com metralhas, desabaram sob as balas de canhão dos soldados; o enfurecido bando dos vencedores invadiu as casas, apunhalou os homens, esfaqueou as crianças, estuprou as mulheres e depois as assassinou, saqueou tudo e entregou às chamas as casas devastadas. Os *lazzaroni* mostraram-se os mais ávidos, os suíços os mais brutais. São indescritíveis as infâmias, as barbaridades que acompanharam a vitória dos mercenários legitimistas, quatro vezes mais fortes e melhor armados, e dos *lazzaroni* desde sempre sanfedistas[2] sobre a quase aniquilada Guarda Nacional de Nápoles.

Finalmente as coisas foram longe demais mesmo para o almirante Baudin. Refugiados após refugiados vinham a seu navio e contavam o que ocorria na cidade. O sangue francês de seus marujos ferveu. Então finalmente, quando a vitória do rei estava decidida, ele pensou em bombardeio. O derramamento de sangue foi pouco a pouco suspenso; não assassinavam mais nas ruas, limitando-se a roubar e estuprar; mas os prisioneiros foram levados aos fortes e lá fuzilados sem maiores formalidades. À meia-noite tudo havia terminado, o domínio absoluto de Ferdinand fora restabelecido, a honra da casa de Bourbon fora lavada no sangue italiano.

Eis a mais recente façanha da casa Bourbon. E, como sempre, são os suíços que decidem pelas armas os assuntos dos Bourbon contra o povo. Em 10 de agosto de 1792, em 29 de julho de 1830, nas batalhas napolitanas de 1820,[3] por toda parte encontramos os netos de Tell e Winkelried como lansquenetes a soldo da linhagem cujo nome há anos é sinônimo, em toda a Europa, de monarquia absoluta. Agora certamente isso logo terá fim. Após longa disputa, os cantões civilizados conseguiram proibir os acordos

---

[2] Sanfedista (de *santa fede* – santa fé) chamavam-se os membros dos grupos terroristas formados no início do século XIX pelo poder papal, majoritariamente recrutados no lumpemproletariado e usados na luta contra os movimentos de libertação nacional na Itália.

[3] 10 de agosto de 1792: dia da derrubada da monarquia francesa pela insurreição popular. 29 de julho de 1930: a vitória do povo de Paris sobre as tropas monárquicas derrubou a dinastia Bourbon na França. 1820: arde em Nápoles a revolução dirigida pelos Carbonários, derrotada graças à intervenção dos poderes da Santa Aliança.

de alistamento;[4] os robustos filhos da antiga Suíça livre terão de renunciar a tratar as mulheres napolitanas a pontapés, a regalar-se com a pilhagem de cidades sublevadas e, em caso de derrota, a serem imortalizados pelo leão de Thorwaldsen,[5] como os mortos do 10 de agosto.

Mas, por enquanto, a casa Bourbon pode voltar a respirar. A reação sobrevinda novamente desde o 24 de fevereiro não obteve em nenhum outro lugar uma vitória tão decisiva como em Nápoles; e exatamente de Nápoles e da Sicília veio a primeira das revoluções deste ano. Mas a inundação que irrompeu sobre a velha Europa não se deixa represar por conspirações absolutistas e golpes de Estado. Com a contrarrevolução de 15 de maio, Ferdinand de Bourbon assentou a pedra fundamental da república italiana. A Calábria já está em chamas, em Palermo foi estabelecido um governo provisório; os Abruzzi já se levantam, os habitantes das províncias exploradas seguirão Nápoles e, unidos com o povo da cidade, se vingarão da traição monárquica e seus brutais lansquenetes. E quando Ferdinand cair, terá ao menos a satisfação de ter vivido e morrido como verdadeiro Bourbon.

---

[4] Referência aos acordos concluídos do século XV a meados do século XIX entre os cantões suíços e os estados europeus para o fornecimento de mercenários suíços. Em muitos países europeus ocidentais, os mercenários foram instrumentos das forças monarquistas contrarrevolucionárias.

[5] A citada escultura do escultor dinamarquês Thorwaldsen expressa um leão moribundo, e foi erguida em Lucerna em memória dos mercenários suíços que encontraram a morte defendendo o palácio real em Paris contra o povo insurreto.

Derrota das tropas alemãs no Sundewitt

NGR, n. 3, 3/6/1848

F. Engels

Schleswig. Então mais uma vez as tropas alemãs foram batidas, mais uma vez a política teuto-prussiana sofreu uma brilhante derrota! Eis o resultado das solenes promessas de uma Alemanha unificada e forte! – O tempo em que se poderia explorar a primeira vitória foi perdido em negociações inúteis, nas quais o inimigo só se deixou envolver a fim de ganhar tempo para nova resistência. E não se notou o que estava por trás dessa oferta de armistício nem mesmo quando a Rússia declarou que interviria se a Jutlândia não fosse evacuada; faltou coragem para aceitar o combate iminente, o combate contra a Rússia, longamente esperado e inevitável. A própria política da força não sabe se ajudar, cede covardemente e na retirada os "corajosos" guardas são vencidos pelos "pequenos" dinamarqueses! Se não se trata aqui de traição aberta, então se manifesta uma tão imensa incapacidade que, seja como for, a condução de todo o assunto deve ser transferida a outras mãos. Finalmente a Assembleia Nacional de Frankfurt se sentirá compelida a fazer o que deveria ter feito há muito tempo, isto é, tomar a seu cargo a política exterior? Ou também aqui – "confiando em que o governo fará o que lhe compete" – passará à ordem do dia?

Segue abaixo o relato do ataque dos dinamarqueses a Sundewitt, extraído da *Gazeta do Schleswig-Holstein*.

Rendsburg, 29 de maio. Ontem (domingo, 28) foi decidida a substituição das tropas federais estacionadas no posto avançado diante de Alsen. Os dinamarqueses, que em geral são bem servidos por seus espiões naquela região, devem ter recebido essa informação. Consideravelmente fortalecidos pelas tropas que foram enviadas novamente, nos últimos dias, de Fühnen para Alsen, eles empreenderam um desembarque deste lado do Ufer, a cujo pleno significado os alemães parecem não ter atentado, pois sua atenção se voltou para as retiradas e chegadas de suas próprias tropas. Logo depois da disposição dos novos piquetes, viram-se repentinamente atacados, sob as montanhas Düppel, por uma grande força dinamarquesa, superior em artilharia e infantaria, enquanto ao mesmo tempo, a oeste de Erkensund (próximo de Alnver e Treppe), apareciam vários navios e canhoneiras, como se também aí fosse haver um desembarque. Evidentemente os dinamarqueses pretendiam dividir as forças alemãs, o que, no entanto, só alcançaram em medida muito pequena. Nas montanhas Düppel travou-se, então, um intenso combate, no qual ambos os lados, sob fogo de canhões, sofreram pesadas baixas em feridos e também em mortos (os números ainda não estão disponíveis). Os dinamarqueses combateram gloriosamente. Seu número chegava a 8 mil homens, que foram postos a combater cobertos pelos tiros dos canhões dos navios, bem como flanqueados pela artilharia em terra, enquanto os nossos mal chegavam a 7 mil homens. A decisão da batalha demorou várias horas, até que finalmente, por volta das 7 horas da noite, as tropas alemãs se viram forçadas a empreender a retirada via Gravenstein e ao norte até próximo de Quars, enquanto os dinamarqueses chegaram a uma hora de marcha de Gravenstein, onde nossa retaguarda havia permanecido.

A questão da união

NGR, n. 4, 4/6/1848

F. Engels

Intriga-se atualmente em todo o norte da Itália, de um lado para levar à anexação dos pequenos estados à Sardenha, de outro para impedi-la. São intrigas muito semelhantes às existentes na Alemanha pela hegemonia. Carlos Alberto tenta instaurar uma Prússia italiana "sobre os mais amplos fundamentos", de Nice a Trieste. O assunto não tem absolutamente interesse nacional; trata-se, de ambos os lados, de interesses locais, da satisfação de vaidades provinciais, que só podem ser afastados pela criação de uma Itália una e indivisível. Até lá, as conveniências do momento continuarão a ser decisivas, e são sem dúvida *favoráveis* à anexação, pois esta ao menos concentraria em alguma medida as forças para a luta contra a Áustria.

A comédia da guerra

NGR, n. 5, 5/6/1848

F. Engels

Schleswig-Holstein. De fato, não há nos anais de toda a história uma tal campanha, uma tão pasmosa alternância entre o poder armado e a diplomacia como a que oferece agora nossa guerra nacional de unificação alemã com a pequena Dinamarca! As façanhas do velho exército imperial com seus 600 comandantes, Estados-Maiores e conselhos de guerra, as recíprocas chicanas dos comandantes da coalizão de 1792, as ordens e contra-ordens do falecido Conselho de Guerra Real Imperial, tudo isso é grave, comovente e trágico diante da comédia bélica conduzida atualmente pelo novo Exército Federal[1] alemão no Schleswig-Holstein, sob as sonoras gargalhadas de toda a Europa.

Acompanhemos resumidamente as intrigas dessa comédia.

Os dinamarqueses avançaram da Jutlândia[2] e desembarcaram tropas no norte do Schleswig. Os prussianos e hanoverianos ocuparam Rendsburg e a linha Eider.[3] Os dinamarqueses, um povo vivo e valente, apesar de toda a basófia alemã, atacaram rapidamente e, em *uma* batalha, repeliram o exército do Schleswig-Holstein para os prussianos. Estes observavam calmamente.

Finalmente veio de Berlim a ordem de avançar. As tropas alemãs unidas atacaram os dinamarqueses e os esmagaram no Schleswig graças à superioridade numérica. A vitória foi decidida especificamente pela habilidade com a qual os guardas pomeranos manejaram a coronha, como outrora em Großbeeren e Dennewitz.[4] O Schleswig foi reconquistado e a Alemanha está jubilante com o heroísmo de seu exército.

---

[1] A Confederação Alemã, criada pelo Congresso de Viena em junho de 1815, incluía inicialmente 35, e por fim 28 principados e quatro cidades livres, e existiu até 1866; assim, em vez de ser criado um governo central, foi conservada a fragmentação feudal da Alemanha. A Dieta Federal era uma assembleia composta de representantes plenipotenciários dos estados germânicos, que se reunia em Frankfurt am Main sob a presidência permanente da Áustria e era o baluarte da reação alemã. Na luta contra a unificação democrática da Alemanha, forças reacionárias tentaram, após a Revolução de Março de 1848, restabelecer novamente a atividade da Dieta Federal.

[2] Jutlândia – península da Dinamarca.

[3] Eider – rio da Alemanha, tributário do mar do Norte, no Schleswig-Holstein.

[4] Nas batalhas nas localidades, próximas a Berlim, de Großbeeren (23 de agosto de 1813) e Dennewitz (6 de setembro de 1813), as tropas prussianas pertencentes ao Exército de Coalizão lutaram pela vitória sobre

Enquanto isso, a frota dinamarquesa – composta, no total, por menos de 20 navios – apresa os navios mercantes alemães, bloqueia todos os portos alemães e cobre a retirada para as ilhas, onde o exército se recolheu. Jütland foi abandonada e parcialmente ocupada pelos prussianos, que impuseram um tributo de 2 milhões em espécie.

Mas, antes que entre sequer um táler do tributo, a Inglaterra faz propostas de mediação sobre a base de uma retirada e da neutralidade do Schleswig, e a Rússia envia comunicados ameaçadores. O sr. Camphausen cai na armadilha, e à sua ordem os prussianos embriagados da vitória retiram-se de Veile para Königsau, para Hadersleben, para Apenrade, para Flensburg. Imediatamente os até então desaparecidos dinamarqueses aparecem; perseguem os prussianos dia e noite, levam a desorganização à sua retaguarda, desembarcam em toda parte, combatem as tropas do 10º Corpo Federal em Sundewitt e retrocedem somente diante da superioridade numérica. No combate de 30 de maio decidiram novamente as coronhas, desta vez vibradas pelos honrados punhos dos mecklenburgueses. Os moradores alemães fugiram com os prussianos, todo o norte do Schleswig foi abandonado à devastação e à pilhagem, em Hadersleben e Apenrade flutua novamente a bandeira dinamarquesa. Vê-se que no Schleswig os soldados prussianos de todas as patentes obedecem a ordens tão bem quanto em Berlim.

Finalmente vem a ordem de Berlim: os prussianos devem atacar de novo. Agora vão outra vez alegremente para o norte. Mas ainda falta muito para a comédia chegar ao fim. Esperemos para ver onde os prussianos receberão dessa vez a ordem de retirada.

Em suma, é uma verdadeira contradança, um balé bélico, o que o ministério Camphausen apresenta, para seu próprio prazer e para a glória da nação alemã.

Mas não nos esqueçamos de que a iluminação do palco é provida pelos povoados dinamarqueses incendiados, e o coro pelos gritos de vingança dos extenuados e voluntários dinamarqueses.

O ministério Camphausen manifestou nessa oportunidade sua alta vocação de representar a Alemanha no exterior. O Schleswig abandonado duas vezes, por sua culpa, à invasão dinamarquesa será conservado como grata memória do primeiro experimento diplomático de nosso ministro "responsável".

Confiemos na sabedoria e energia do ministério Camphausen!

---

o exército de Napoleão. Em Großbeeren, a Landwehr pomerana virou as espingardas tornadas inúteis sob chuva e trucidou com as coronhas as tropas napoleônicas.

Debates ententistas em Berlim

NGR, n. 7, 7/6/1848

F. Engels

Colônia, 6 de junho. As *negociações para a entente* etc. em Berlim progridem do modo mais satisfatório. Propostas sobre propostas são feitas, a maioria até mesmo 5 ou 6 vezes, para que não se percam no longo caminho por entre as repartições e comissões. Questões preliminares, questões secundárias, questões intermediárias, questões suplementares e questões principais são levantadas a qualquer propósito em enormes quantidades. A cada uma dessas grandes e pequenas questões trava-se regularmente uma conversação informal "de seu assento" com o presidente, os ministros etc. e se estabelece o desejado momento de descanso entre os fatigantes trabalhos dos "grandes debates". Especialmente aqueles ententistas anônimos, que o estenógrafo costuma designar como "votos", adoram expressar sua opinião nessas agradáveis discussões. Esses "votos" são, de resto, tão orgulhosos de seu direito de voto que às vezes, como aconteceu em 2 de junho, "*votam Sim e também Não*". Mas, ao lado desse idílio, eleva-se então em toda a sublimidade da tragédia a batalha do grande debate, uma batalha que não é conduzida somente com palavras, da tribuna, mas na qual também o coro dos ententistas toma parte tamborilando, resmungando,[1] com gritos confusos etc. Naturalmente o drama termina toda vez com a vitória da direita virtuosa e quase sempre é decidido pela convocação do exército conservador ao voto.

Na sessão de 2 de junho o sr. *Jung* interpelou o ministro das Relações Exteriores em relação ao tratado de cartel[2] com a Rússia. Sabe-se que já em 1842 a opinião pública forçou a revogação desse tratado, que, no entanto, foi restabelecido sob a reação de 1844. Sabe-se que o governo russo chicoteia até a morte ou manda para a Sibéria os extraditados. Sabe-se que a extradição acordada de criminosos comuns e vagabundos deu o esperado pretexto para entregar refugiados políticos nas mãos dos russos.

---

[1] Em 1848-1849 os burgueses constitucionalistas chamavam os democratas republicanos de *agitadores*, e estes, por seu lado, chamavam seus adversários de *resmungões*.
[2] Esse tratado foi concluído em 17 de março entre a Prússia e a Rússia, e renovado com ligeiras diferenças em 8 de maio de 1844. Dizia respeito à extradição recíproca de desertores, militares e também de criminosos. Abusava-se constantemente dessa lei para extraditar refugiados políticos. Em 2 de junho de 1848, o deputado Jung, em sua interpelação, afirmou ter lido na imprensa que o general von Pfuel ordenara que todos os refugiados da Rússia fossem extraditados.

O sr. *Armin*, ministro das Relações Exteriores, replicou: "Certamente ninguém terá nada a objetar a que desertores sejam extraditados, uma vez que está totalmente em regra que Estados amigos os extraditem mutuamente".

Tomamos nota de que, na opinião de nosso ministro, Rússia e Alemanha são "estados amigos". Certamente os exércitos que a Rússia concentrou em Bug e Niémen não têm outro objetivo senão o de libertar o mais rápido possível a "amiga" Alemanha do medo da revolução.

"A decisão sobre a extradição de criminosos está, de resto, nas mãos da justiça, de modo que são dadas todas as garantias de que os acusados não serão extraditados antes da conclusão da investigação criminal."

O sr. Armin procura fazer a Assembleia acreditar que são os juízes prussianos que conduzem a investigação sobre os fatos imputados ao criminoso. Muito ao contrário. As autoridades judiciárias russas ou russo-polonesas enviam uma resolução às prussianas, na qual declaram os refugiados autuados. A justiça prussiana tem apenas de investigar se este documento é autêntico, e se a resposta é afirmativa, deve deliberar pela extradição. "De modo que são dadas todas as garantias" de que basta ao governo russo apenas dar um sinal a seus juízes para receber em suas mãos, preso em correntes prussianas, todo refugiado, desde que ainda não tenha sido denunciado por questões políticas.

"Que os *próprios súditos* não são extraditados, é o óbvio."

Os "próprios súditos", sr. barão feudal von Armin, não podem ser extraditados já porque na Alemanha não há mais "súditos", desde que o povo tomou a liberdade de se emancipar nas barricadas.

"Os próprios súditos"! Nós, que elegemos assembleias, que prescrevemos leis soberanas aos reis e imperadores, nós somos "súditos" de Sua Majestade o rei da Prússia?

"Os próprios súditos"! Se a Assembleia tivesse ao menos uma faísca do orgulho revolucionário a que ela deve sua existência, ela teria, com um clamor uníssono de indignação, derrubado o servil ministro da tribuna e da cadeira de ministro. Mas deixou passar calmamente a expressão estigmatizadora. Não se ouviu nem a mais ligeira reclamação.

O sr. *Rehfeld* interpelou o sr. Hansemann a respeito das renovadas compras de lã da Seehandlung[3] e das vantagens oferecidas, por meio de ofertas de desconto, aos compradores ingleses sobre os alemães. A indústria de lã, pressionada pela crise geral, tinha a perspectiva de conseguir ao menos um pequeno benefício comprando lã aos preços

---

[3] Seehandlung – Preußische Seehandlungsgesellschaft (Companhia Prussiana de Comércio Marítimo). Foi fundada em 1772 como sociedade de crédito comercial, com uma série de importantes privilégios estatais, pondo à disposição do governo grandes empréstimos, desempenhou na prática o papel de seu banqueiro e corretor. Em 1810, as ações e obrigações da sociedade foram transformadas em títulos da dívida pública, e, assim, a forma de sociedade foi suprimida. Por ordem ministerial de 17 de janeiro de 1820, foi transformada em casa bancária e financeira do Estado prussiano; desse modo o governo criou a possibilidade de contornar a lei sobre a dívida pública, criada à mesma época. Essa lei, de 17 de janeiro de 1820, determinava que a tomada de empréstimos pelo governo prussiano só deveria ocorrer sob consulta e garantia da futura Assembleia e a ela deveria prestar contas anualmente dessa dívida.

muito baixos deste ano. Aí vem a Seehandlung e, com uma enorme compra, faz subir os preços. Ao mesmo tempo, ela se oferece para facilitar substancialmente a compra aos compradores ingleses por meio do desconto de letras de câmbio em Londres; uma medida que também é muito capaz de fazer subir os preços pela atração de novos compradores, e que dá uma vantagem significativa aos compradores estrangeiros contra os nacionais.

A Seehandlung é uma herança da monarquia absoluta, que se serviu dela para múltiplas finalidades. Durante 20 anos, manteve ilusória a lei da dívida pública de 1820, e se imiscuiu de modo muito desagradável no comércio e na indústria.

A questão levantada pelo sr. *Rehfeld* tem, no fundo, pouco interesse para a democracia. Trata-se aqui de alguns milhares de táleres de lucro a mais ou a menos para os produtores de lã, de um lado, e para os fabricantes de lã, de outro.

Os produtores de lã são quase exclusivamente grandes proprietários de terra, senhores feudais da Marca, prussianos, silesianos e posnanos.

Os fabricantes de lã são na maioria grandes capitalistas, senhores da alta burguesia.

Trata-se, portanto, quanto ao preço da lã, não do interesse geral, mas sim do interesse de classe, de se a nobreza latifundiária vai tosquiar a alta burguesia, ou se a alta burguesia vai tosquiar a nobreza.

O sr. Hansemann, enviado a Berlim como representante da alta burguesia, o atual partido dominante, traiu-a para a nobreza latifundiária, para o partido vencido.

Para nós, democratas, o único interesse do assunto é que o sr. Hansemann passou para o lado do partido vencido, que ele apoia não a classe apenas conservadora, mas a classe *reacionária*. Confessamos que não esperávamos isso do burguês Hansemann.

O sr. *Hansemann* primeiro assegurou que não era amigo da Seehandlung, e então acrescentou: nem o negócio de compras da Seehandlung nem suas fábricas podem ser suspensos repentinamente. No que se refere às compras de lã, existem contratos, conforme os quais neste ano a compra de um determinado lote de lã [...] é uma obrigação da Seehandlung. Eu acredito que, se em algum ano tais compras não prejudicaram o comércio privado, é justamente o caso deste ano [?] [...] porque caso contrário os preços poderiam ser muito baixos.

Percebe-se por todo o discurso que o sr. Hansemann não se sente bem enquanto fala. Ele se deixou induzir a fazer um obséquio aos Arnims, Schaffgotschs e Itzenplitzs, em detrimento dos fabricantes de lã, e agora tem de defender seu passo impensado com os motivos da Economia Política moderna, tão impiedosa para com a nobreza. Ele próprio sabe melhor do que ninguém que está zombando de toda a Assembleia.

"Nem o negócio de compras da Seehandlung nem suas fábricas podem ser suspensos repentinamente." Portanto, a Seehandlung compra lã e faz suas fábricas trabalharem desembaraçadamente. Se as fábricas da Seehandlung não "podem ser suspensas" repentinamente, obviamente as vendas também não podem ser suspensas. Portanto, a Seehandlung vai levar ao mercado suas mercadorias de lã, vai abarrotar ainda mais o já abarrotado mercado, baixar ainda mais os preços já baixos. Em uma palavra, a fim de prover os *junkers* brandenburgueses etc. de dinheiro por sua lã, ela vai agravar mais a presente crise comercial e privar os fabricantes de lã dos poucos clientes que lhes restam.

No que diz respeito à história das letras de câmbio inglesas, o sr. Hansemann se sai com uma brilhante tirada sobre as enormes vantagens para todo o país quando os guinéus ingleses passeiam nas bolsas dos *junkers* brandenburgueses. Vamos nos poupar de entrar seriamente nesse assunto. Só não entendemos como o sr. Hansemann pôde manter-se sério durante a tirada.

Debateu-se ainda na mesma sessão sobre uma comissão a ser nomeada por causa da Posnânia. Trataremos disso amanhã.

Debates ententistas

NGR, n. 8, 8/6/1848

F. Engels

Colônia, 6 de junho. Na *sessão ententista de Berlim* do dia 2, o sr. *Reuter* apresentou a proposta de nomear uma comissão para investigar as causas da guerra civil na Posnânia.[1]

O sr. Parrisius exigiu que essa proposta fosse imediatamente debatida.

O presidente pretendia pôr a proposta em votação, quando o sr. Camphausen se lembrou de que a proposta do sr. Parrisius ainda não havia sido debatida: "Devo lembrar, de minha parte, que com a aprovação dessa proposta" (de Reuter), "seria aprovado um *importante princípio político*, que com certeza deve reclamar (*sic!*) ser previamente examinado nas sessões".

Ficamos curiosos a respeito do "importante princípio" contido na proposta de Reuter, que por enquanto o sr. Camphausen ainda guarda para si.

Enquanto esperamos pacientemente por isso, trava-se uma agradável conversação entre o presidente (o sr. Esser, vice-presidente) e muitos "votos" sobre se era ou não admissível debater a proposta de Parrisius. O sr. Esser se debate com motivos como os seguintes, que

---

[1] Depois da Revolução de Março de 1848, irrompeu no grão-ducado da Posnânia uma insurreição dos poloneses por sua libertação nacional do jugo prussiano, dirigida pelos membros da pequena nobreza, no qual tomou parte a massa dos camponeses e artesãos. Entretanto, a aristocracia recuou e fez um acordo com o rei da Prússia. Em face do grande movimento popular, o governo prussiano prometeu, em fins de março de 1848, a formação de uma comissão para reorganização nacional do grão-ducado da Posnânia, assegurando a organização de um exército polonês, a nomeação de poloneses para cargos administrativos e outros e o reconhecimento oficial da língua polonesa. Como enviado do governo prussiano foi nomeado o general Willisen, que conseguiu, com base em promessas semelhantes, encerrar a Convenção de Jaroslav e levar os insurretos a depor as armas. Todas as promessas foram, entretanto, quebradas. Em 14 de abril de 1848 o rei da Prússia decretou a divisão do grão-ducado da Posnânia em duas partes, uma oriental, polonesa, e outra ocidental, "alemã", excluída da reorganização e imediatamente anexada à Confederação Alemã. O decreto real de 26 de abril excluiu outros âmbitos da reorganização. Desafiados por estas medidas e por ataques constantes das tropas prussianas, os insurretos reiniciaram a luta e, em Miloslaw, alcançaram uma vitória sobre as tropas prussianas; mas, diante da superioridade destas, foram obrigados a depor as armas em 9 de maio de 1848. O sucessor de Willisen, o general von Pfuel, perseguiu os participantes da insurreição e o movimento camponês com os meios mais brutais. Depois da repressão sangrenta dos poloneses, a linha de demarcação foi, nos meses seguintes, empurrada cada vez mais para leste, até que finalmente a parte anexada à Prússia abrangia três quartos do território do grão-ducado da Posnânia. Assim a Prússia apoderou-se de uma larga parte da Polônia, em vez de efetivar a prometida reorganização.

soam estranhos na boca do presidente de uma *soi-disant*[2] Assembleia Nacional: "*Eu presumia* que, a respeito de tudo o que a Assembleia decide, fosse admissível uma discussão!"

"Eu presumia"! O homem presume, e o sr. Camphausen prescreve – traçando regulamentos que ninguém compreende e que são aceitos provisoriamente por sua Assembleia.

Dessa vez o sr. Camphausen foi magnânimo. Ele precisava da discussão. Sem a discussão talvez a proposta de Parrisius e a proposta de Reuter passassem, isto é, teria sido dado um voto de desconfiança indireto contra ele. E, pior ainda, o que teria sido de seu "importante princípio político" sem discussão?

Portanto, houve a discussão.

O sr. *Parrisius* deseja que a proposta principal seja imediatamente debatida, para que não se perca tempo e a comissão seja capaz de apresentar um relatório, se possível, ainda antes do debate sobre a mensagem. Senão, seria feito um julgamento na mensagem sem pleno conhecimento de causa sobre a Posnânia.

O sr. *Meusebach* se opõe, embora ainda muito suavemente.

Mas agora se ergue o sr. Ritz, impaciente para pôr um fim à subversiva proposta de Reuter. Ele é conselheiro do governo real-prussiano, e não tolera que assembleias, mesmo que sejam assembleias para conciliação, se imiscuam em seus assuntos. Ele só conhece uma autoridade que pode fazê-lo, e esta é a Corte Suprema. Para ele não há nada acima das vias hierárquicas.

"Como", exclama, "os senhores querem, meus senhores, enviar uma comissão à Posnânia? Pretendem se tornar *autoridades administrativas* ou *judiciárias*? Meus senhores, eu não entendo o que pretendem fazer com essa proposta. Pretendem pedir contas ao general comandante" (que sacrilégio!) "ou às autoridades judiciárias" (terrível), "ou mesmo às autoridades administrativas?" (Esse mero pensamento é inconcebível para o conselheiro.) "Pretendem que a investigação seja conduzida por uma comissão improvisada" (e que talvez não tenha feito nenhum exame) "sobretudo essa investigação, *sobre a qual ninguém tem ainda ideias claras?*" (O sr. Ritz provavelmente só nomeia comissões para investigar assuntos sobre os quais todos têm ideias claras.) "Um tema tão importante, *sobre o qual os senhores se arrogam direitos que não lhes cabem...*" (Interrupção.)

O que se pode dizer a este conselheiro de pura cepa, a esta personificação da burocracia, no qual nada é falso! Ele é como aquele provinciano nos quadrinhos de Cham, que vem a Paris depois da Revolução de Fevereiro, vê os cartazes nos muros com o cabeçalho "*République française*"[3] e vai ao procurador-geral para denunciar a sedição contra o governo do rei. O homem dormira durante todo o tempo.

O sr. Ritz também dormiu. As trovejantes palavras "comissão de investigação para a Posnânia" o sacudiram rudemente e, ainda bêbado de sono, o homem exclamou assombrado: Os senhores pretendem se arrogar direitos que não lhes cabem?

---

[2] Assim-chamada.
[3] República francesa.

O sr. *Duncker* considera supérflua uma comissão de investigação, "pois a Comissão da Mensagem do ministério pode exigir os esclarecimentos necessários". Como se a comissão não fosse justamente para comparar os "esclarecimentos" do ministério com os fatos.

O sr. *Bloem* falou sobre a urgência da proposta. O assunto deveria ser elucidado antes de se deliberar sobre a mensagem. Fala-se de comissão improvisada. O sr. Hansemann também improvisara ontem uma questão de gabinete, e, no entanto, votou-se.

O sr. Hansemann, que durante todo este debate enfadonho provavelmente pensava em seu novo plano financeiro, foi rudemente acordado de seus suaves sonhos pela menção de seu nome. Ele evidentemente não fazia ideia do que se tratava. Mas fora mencionado e tinha de falar. Só lhe restara na memória dois pontos de referência: o discurso de seu superior Camphausen e o do sr. *Ritz*. De ambos compôs, depois de algumas palavras vazias sobre a questão da mensagem, a seguinte obra-prima da eloquência:

> Justamente o fato de ainda não se saber tudo o que a comissão terá de fazer, se terá de enviar alguns de seus membros ao Grão-ducado, se terá de se ocupar disto ou daquilo – *isso prova a grande importância da presente questão* [!]. Ora, decidi-la aqui e agora significa *decidir de improviso uma das mais importantes questões políticas*. Não creio que a Assembleia pretenda seguir esse caminho, tenho confiança em sua prudência etc.

A que ponto o sr. Hansemann deve desprezar toda a Assembleia, para lhe atirar uma tal conclusão! Pretendemos nomear uma comissão que talvez deva ir à Posnânia, mas talvez não. Justamente porque não sabemos se ela deverá ficar em Berlim ou ir à Posnânia, justamente por isso é uma questão de *grande importância* se em geral deve ou não ser nomeada uma comissão. Porque é de grande importância, então é uma questão *política das mais importantes*!

Mas qual questão é essa importante questão política, isso por enquanto o sr. Hansemann ainda guarda para si, assim como o sr. Camphausen com seu importante princípio político. Sejamos pacientes ainda uma vez!

O efeito da lógica hansemanniana é tão esmagador que todos clamam imediatamente pelo encerramento. Então começa a seguinte cena:

O sr. *Jung* pede a palavra contra o encerramento.

O *presidente*: Parece-me inadmissível conceder a palavra para isso.

O sr. *Jung*: É costume geral permitir falar contra o encerramento.

O sr. *Temme* lê o §42 do regulamento provisório, segundo o qual o sr. Jung tem razão, e o sr. presidente não a tem.

O sr. *Jung* toma a palavra: Eu sou contra o encerramento, porque o ministro teve a última palavra. A palavra do ministro é da maior importância, porque ela atrai um grande partido para um dos lados, porque um grande partido não gosta de comprometer um ministro...

Um longo e geral Oh! Oh! Um terrível alarido elevou-se da direita.

O sr. comissário de Justiça *Moritz*, de seu assento: Proponho que Jung seja chamado à ordem, ele cometeu *ataques pessoais contra toda a Assembleia*! [!]

Outra voz grita da "direita": Eu também proponho o mesmo e protesto contra...

O tumulto é cada vez maior. Jung faz o melhor que pode, mas é impossível se fazer ouvir. Ele intima o presidente a lhe garantir a palavra.

Presidente: Uma vez que a Assembleia decidiu, minha função está encerrada. [!!]

O sr. *Jung*: A Assembleia não decidiu; o senhor deve primeiro colocar formalmente em votação.

O sr. *Jung* teve de ceder. O alarido não diminuiu até ele abandonar a tribuna.

Presidente: O último orador *parece* [!] ter se pronunciado contra o encerramento. Pergunto se mais alguém quer falar a favor do encerramento.

O sr. *Reuter*: O debate sobre encerrar ou não encerrar já nos custou 15 minutos; não deveríamos suspendê-lo?

Nisso o orador entra então novamente na urgência da comissão a ser nomeada. Isso obriga o sr. Hansemann a se apresentar outra vez e finalmente dar uma explicação sobre sua "mais importante questão política".

O sr. *Hansemann*: Meus senhores! Trata-se de uma das *maiores questões políticas*, qual seja, a de se a Assembleia deseja empreender um caminho *que pode levá-la a conflitos essenciais!*

Finalmente! O sr. Hansemann, qual um Duchatel consequente, declara mais uma vez, corretamente, que se trata de uma *questão de gabinete*. Todas as questões têm para ele apenas um único significado, o de serem questões de gabinete, e a questão de gabinete é para ele naturalmente a "mais grandiosa questão política"!

O sr. *Camphausen* parece não estar satisfeito, desta vez, com este método simples e abreviado. Ele toma a palavra.

"Deve-se observar que a Assembleia poderia já estar esclarecida" (sobre a Posnânia) "se os deputados tivessem se disposto a apresentar uma *interpelação*" (mas quiseram se convencer por si mesmos). "Esta teria sido a maneira mais rápida de obter esclarecimento..." (mas de que tipo?) "Concluo com o esclarecimento de que toda a proposta nada mais significa do que a Assembleia ter de decidir *se nós temos ou não que constituir comissões para estes ou aqueles objetivos*; concordo plenamente que essa questão deva ser *maduramente ponderada e examinada*, mas não que seja trazida aqui tão repentinamente para a discussão."

Eis, pois, o "importante princípio político", a questão de saber se a Assembleia Ententista tem o direito de constituir comissões, ou se ela pretende recusar a si mesma esse direito!

As câmaras francesas e inglesas constituíram desde sempre tais comissões (*select committees*) de investigação (*enquête, parliamentary inquiry*), e ministros respeitáveis jamais tiveram nada contra isso. Sem tais comissões, a responsabilidade ministerial é uma frase vazia. E o sr. Camphausen nega aos ententistas esse direito!

Basta. Falar é fácil, mas votar é difícil. O debate se encerra, pretende-se votar, levantam-se inúmeras dificuldades, dúvidas, sutilezas e escrúpulos morais. Mas poupemos nossos leitores disto. Depois de muito falatório, a proposta de Parrisius foi rejeitada e a de Reuter foi enviada às comissões. Que suas cinzas descansem em paz!

Nova divisão da Polônia

NGR, n. 9, 9/6/1848

F. Engels

Colônia, 8 de junho. *Sétima divisão da Polônia.*[1] A nova linha de demarcação do sr. von Pfuel na Posnânia é um novo roubo à Polônia. Ela reduz o território a ser "reorganizado" a menos de um terço de todo o grão-ducado e anexa a parte muito maior da Grande Polônia à Confederação Germânica. A língua e a nacionalidade polonesa só deverão ser reconhecidas numa estreita faixa ao longo da fronteira russa. Ela consiste nos distritos de Wreschen e Pleschen, e partes dos distritos de Mogilno, Wongrowiec, Gnesen, Schroda, Schrimm, Kosten, Fraustadt, Kröben, Krotoschin, Adelnau e Shildberg. A outra metade desses distritos, assim como os distritos de Buk, Posnânia, Obornik, Samter, Birnbaum, Meseritz, Bomst, Czarnikau, Chodziesen, Wirsitz, Bromberg, Schubin e Inowroclaw, serão transformados sem mais, por decreto do sr. von Pfuel, em solo alemão. E, no entanto, não resta dúvida de que mesmo nesse "território da Confederação Germânica" a maioria dos habitantes ainda fala polonês.

A velha linha de demarcação ao menos concedia à Polônia o rio Warta como fronteira. A nova reduz mais uma vez em um quarto a parcela a ser reorganizada. O pretexto para isso foi, de um lado, "o *desejo*" do ministro da Guerra de excluir da reorganização um círculo de 3 ou 4 milhas ao redor da fortaleza da Posnânia; de outro, a exigência de diversas cidades, como Ostrowo etc., de se unirem à Alemanha.

Quanto ao desejo do ministro da Guerra, é inteiramente natural. Primeiro rouba-se a cidade e fortaleza da Posnânia, localizada dez milhas adentro da nação polonesa, então, para não ser estorvado no gozo do roubado, considera-se desejável o roubo de um novo círculo de três milhas. Esse círculo leva novamente a vários pequenos arredondamentos, e então se apresenta a melhor ocasião para empurrar a fronteira alemã cada vez mais na direção da russo-polonesa.

---

[1] Engels tem em mente as três divisões da Polônia em 1772, 1792-1793 e 1794-1795, a constituição do grão-ducado de Varsóvia por Napoleão, em 1807, depois as decisões do Congresso de Viena de 1814-1815, a anexação do estado livre da Cracóvia pela Áustria em 1846 e a incorporação da maior parte do grão-ducado da Posnânia pela Prússia em 1848, concluída em quatro etapas (14 e 22 de abril, 2 de maio e 4 de junho), que foi sancionada pela Dieta Federal e pela Assembleia Nacional de Frankfurt.

Quanto ao desejo de integração das cidades "alemãs", a situação é a seguinte: em toda a Polônia, alemães e judeus formam a estirpe da burguesia industrial e comercial; são os descendentes dos imigrantes que fugiram de sua pátria, a maioria por perseguições religiosas. Fundaram cidades no interior do território polonês e há séculos compartilham todo o destino do reino polonês. Esses alemães e judeus, uma minoria considerável no país, procuram utilizar a momentânea situação do país para se alçar à dominação. Apelam à sua qualidade de *alemães*; são tão pouco alemães quanto os teuto-americanos. Anexá-los à Alemanha significaria reprimir a língua e a nacionalidade de mais da metade da população polonesa da Posnânia, e justamente daquela parte da província na qual a insurreição nacional emergiu com a maior violência e energia – os distritos de Buk, Samter, Posnânia, Obornik.

O sr. Pfuel declara que considerará a nova fronteira como definitiva, tão logo o ministério a tenha ratificado. Ele não fala nem da Assembleia Ententista, nem da Assembleia Nacional Alemã, que no entanto também teriam uma palavra a dizer a respeito da determinação das fronteiras da Alemanha. Todavia, mesmo que o ministério, os ententistas, a Assembleia de Frankfurt ratifiquem a decisão do sr. Pfuel, a linha de demarcação não será "definitiva" enquanto outros dois poderes não a tiverem ratificado: o povo alemão e o povo polonês.

Colônia em perigo

NGR, n. 11, 11/6/1848

F. Engels

Colônia, 10 de junho. Chegara Pentecostes, a festa preferida, os campos verdejavam, as árvores floresciam,[1] e em toda parte onde há quem confunda o dativo com o acusativo[2] faziam-se preparativos para, em *um* dia, espargir o sagrado espírito da reação por todo o país.

O momento foi bem escolhido. Em Nápoles, os tenentes da guarda e os lansquenetes suíços haviam conseguido afogar no sangue do povo a jovem liberdade.[3] Na França, uma assembleia capitalista impôs à república a mordaça de leis draconianas e nomeou como comandante de Vincennes o general Perrot, que, em 23 de fevereiro, ordenou a fuzilaria no Hotel Guizot. Na Inglaterra e Irlanda, cartistas e *repealers*[4] são atirados em massa nas prisões e comícios desarmados são dispersados pelos Dragões. Em Frankfurt, a Assembleia Nacional nomeia agora ela mesma o triunvirato proposto pela finada Dieta Federal e rejeitado pela Comissão dos 50.[5] Em Berlim, a direita vence golpe após golpe por superioridade numérica e tamboriladas, e o príncipe da Prússia, ao entrar na "propriedade de toda a nação",[6] declara a revolução nula e vã.

---

[1] Linhas iniciais do poema *Reinecke, a Raposa*, de Goethe.
[2] Referência a um erro gramatical comumente cometido pelos falantes do dialeto berlinense.
[3] Ver "A mais recente façanha da casa Bourbon".
[4] *Repealers* (de Repeal of Union – Revogação da União): os adeptos da supressão da união de 1801 entre Inglaterra e Irlanda. A União, que fora imposta pelo governo inglês depois da derrota da insurreição irlandesa de 1798, aniquilou os últimos vestígios da independência nacional da Irlanda e dissolveu o parlamento irlandês. A reivindicação da revogação da União foi, desde os anos 20 do século XIX, a solução mais popular do movimento de libertação nacional irlandês. Em 1840, os partidários do movimento pela independência irlandesa, sob a direção do liberal burguês O'Connel, conseguiu conduzir com sucesso uma associação (Repeal-Association) para a luta pela revogação da União.
[5] A Comissão dos 50 rejeitou a recomendação da Dieta Federal de constituir um Diretório com três homens como poder central provisório da Confederação Alemã. No início de junho de 1848, uma moção semelhante foi apresentada por uma comissão eleita pela Assembleia Nacional de Frankfurt. Como resultado da discussão, a Assembleia tomou, em 28 de junho de 1848, a decisão de constituir um poder central provisório, que deveria ser composto do Vicário do império e do ministério do império.
[6] Palavras que, durante a Revolução de Março em Berlim, os trabalhadores armados inscreveram nos muros do palácio do príncipe da Prússia, que fugira.

Em Hesse, no Reno, concentram-se tropas; ao redor de Frankfurt acampam os heróis que ganharam suas esporas contra os voluntários republicanos no distrito do Lago;[7] Berlim está sitiada, Breslau está sitiada, e logo falaremos sobre a situação na Renânia.

A reação prepara um grande golpe.

Enquanto se combate no Schleswig,[8] enquanto a Rússia envia comunicados ameaçadores e 300 mil homens concentram-se em Varsóvia, a Prússia renana é inundada com tropas, apesar de os burgueses da Câmara parisiense já proclamarem novamente "a paz a qualquer preço".

Na Prússia renana, em Mogúncia e no Luxemburgo (segundo a *Gazeta Alemã*)[9] estacionam *14* regimentos de infantaria *completos* (13º, 15º,[10] 16º, 17º, 25º, 26º, 27º, 28º, 30º, 34º, 35º, 38º, 39º, 40º), isto é, *um terço* de toda a infantaria de linha e da Guarda (45 regimentos). Uma parte deles está inteiramente em pé de guerra, e os restantes reforçados pela mobilização de uma terça parte dos reservistas. Além destes, três regimentos de ulanos, dois de hussardos e um dos Dragões, e ainda é esperado para breve um regimento de couraceiros. E ainda a maior parte das 7ª e 8ª brigadas de artilharia, das quais ao menos a metade já foi mobilizada (isto é, passou-se de 19 a 121 cavalos por bateria a pé, ou de 2 a 8 canhões atrelados). Para Luxemburgo e Mogúncia, ademais, foi organizada uma terceira companhia. Estas tropas estacionam em um grande arco desde Colônia e Bonn, passando por Coblença e Tréveris até as fronteiras francesa e luxemburguesa. Todas as fortalezas estão armadas, as trincheiras reforçadas com paliçadas, as árvores de declive foram cortadas, em parte totalmente, em parte na linha de tiro dos canhões.

E qual é a situação aqui em *Colônia*?

---

[7] Trata-se da repressão da insurreição republicana em Baden, em abril de 1848, que os pequeno-burgueses democratas Hecker e Struve dirigiram. A insurreição teve por teatro principalmente o Distrito do Lago (região em torno da cidade e do lago de Konstanz) e a Floresta Negra.

[8] Trata-se da guerra prussiano-dinamarquesa pelo Schleswig-Holstein. Após a Revolução de Março de 1848, foi constituído no Schleswig-Holstein um governo provisório e uma Assembleia Provincial que, pela promulgação de leis democráticas e um projeto de constituição progressista, entrou em conflito aberto com a monarquia dinamarquesa. A população do Schleswig-Holstein reivindicou a integração à Alemanha. Sua luta legítima encontrou total apoio no povo alemão; parte da juventude revolucionária e propensa ao patriotismo alistou-se como voluntária no Schleswig-Holstein. A Prússia foi encarregada, pelo Parlamento alemão, do comando da guerra contra a Dinamarca, para, sob o pretexto de representar os interesses da Alemanha, fortalecer sua própria posição de poder, desviar o ânimo revolucionário das massas na Alemanha para o exterior e impedir um desenvolvimento democrático no Schleswig-Holstein. Por isso, a camarilha militar prussiana conduziu uma guerra apenas aparente, fez as tropas marcharem inutilmente daqui para ali e assistiu calmamente cada divisão do exército revolucionário do Schleswig-Holstein e dos voluntários alemães ser derrotada pelos dinamarqueses. Quando a Inglaterra e a Rússia enviaram comunicados ameaçadores, a Prússia se apressou a concluir o armistício de Malmö. Com a aceitação de suas condições, desprezou as diretrizes do poder central alemão e abandonou vergonhosamente a população e o governo provisório do Schleswig-Holstein.

[9] *Gazeta Alemã* (também chamada de *Gazeta de Gervinus*) – diário liberal, defendia a monarquia constitucional e a unificação alemã sob a liderança da Prússia. Publicado de 1847 até fim de setembro de 1848 sob a redação do historiador Gervinus em Heidelberg, depois até 1850 em Frankfurt am Main.

[10] Não completos. O 13º em parte, e o 15º inteiro estacionam em Westfalen, mas podem chegar aqui em poucas horas, por trem. [Nota de Engels]

Os fortes de Colônia estão totalmente armados. As plataformas de artilharia foram estendidas, as seteiras foram abertas, os canhões estão lá e serão posicionados. Trabalha-se nisso todos os dias das 6 da manhã às 6 da tarde. Os canhões podem até mesmo ter sido levados para fora da cidade à noite, *com as rodas envolvidas em trapos*, para evitar qualquer ruído.

O armamento da muralha começou na Torre da Baviera e já avançou até o bastião n. 6, isto é, até a metade da circunferência. Já foram levados 20 canhões para o setor I.

No bastião n. 2 (no portão Severin), os canhões estão sobre o portão. Basta virá-los para bombardear a cidade.

A melhor prova de que esse armamento se volta apenas aparentemente contra um inimigo externo, mas de fato *contra a própria Colônia*, é o fato de que aqui as árvores de declive permanecem em pé por toda parte. Caso as tropas devam evacuar a cidade e se retirar para os fortes, os canhões da muralha da cidade se tornam inúteis contra os fortes, enquanto os morteiros, obuses e vinte-e-quatro libras do forte não são em absoluto impedidos de lançar granadas e bombas na cidade, por sobre as árvores. A distância entre o forte e a muralha monta a 1.400 passos apenas, e permite ao forte disparar sobre qualquer parte da cidade bombas que alcançam até 4.000 passos.

Vejamos agora as medidas tomadas *diretamente contra a cidade*.

O *arsenal* em frente ao edifício do governo foi *evacuado*. As armas foram lindamente embaladas, para não dar na vista, e levadas aos fortes.

Munição de artilharia foi trazida para a cidade em *caixas de rifles* e recolhida em depósitos à prova de bombas ao longo da muralha.

Enquanto escrevemos isso, são distribuídos *à artilharia fuzis com baionetas*, embora se saiba que na Prússia a artilharia não é de modo algum treinada para seu uso.

Parte da infantaria já está nos fortes. Toda Colônia sabe que antes de ontem foram distribuídos 5 mil cartuchos com balas por companhia.

Foram tomadas as seguintes disposições para o caso de um confronto com o povo.

Ao primeiro sinal de alarme, a 7ª companhia de artilharia (de fortaleza) se dirige para os fortes.

A bateria n. 37 move-se igualmente para diante da cidade. Esta bateria já está equipada e inteiramente "pronta para a guerra".

A 5ª e a 8ª companhias de artilharia ficam por enquanto na cidade. Estas companhias têm 20 tiros em cada caixa de munição.

Os hussardos vêm de Deutz para Colônia.

A infantaria ocupa o Mercado Novo, o Portão do Galo e o Portão da Honra, para cobrir a retirada de todas as tropas da cidade e em seguida recolher-se igualmente aos fortes.

Ademais, os oficiais superiores lançam mão de todos os meios para atiçar um ódio velho-prussiano contra a nova ordem das coisas. Na atual maré montante da reação, nada é mais fácil do que, sob o pretexto de um discurso contra os agitadores e os republicanos, suscitar nos homens o mais odioso ataque contra a revolução e contra a monarquia constitucional.

No entanto, Colônia nunca esteve tão tranquila quanto justamente nos últimos tempos. Além de um insignificante tumulto diante da casa do chefe do distrito e de um conflito no Mercado do Feno, há quatro semanas nada acontece que tivesse sequer alarmado de algum modo a Guarda Cívica. Todas essas medidas não respondem, portanto, *a nenhuma provocação.*

Repetimos: diante dessas medidas antes inconcebíveis, diante da concentração de tropas em Berlim e Breslau, que nos foi confirmada por cartas, diante da inundação por soldados da Renânia, tão odiada pelos reacionários, não podemos duvidar de que a reação prepara um grande golpe geral.

A irrupção parece estar marcada aqui em Colônia para o *segundo dia de Pentecostes.* Espalhou-se o boato de que nesse dia tudo vai "começar a andar". Tentarão provocar um pequeno escândalo, a fim de pôr as tropas em ação imediatamente, ameaçar bombardear a cidade, desarmar a Guarda Cívica, encarcerar os chefes agitadores, em síntese, nos maltratar à maneira de Mogúncia e Tréveris.[11]

Alertamos seriamente os trabalhadores de Colônia para esta cilada que a reação lhes arma. Pedimos insistentemente que *não deem o menor pretexto* ao partido velho-prussiano para submeter Colônia ao despotismo da lei marcial. Pedimos que *passem os dois dias de Pentecostes de modo muito especialmente tranquilo*, e assim frustrem todo o plano dos reacionários.

Se dermos à reação pretexto para nos atacar, estaremos perdidos, acontecerá conosco o que ocorreu com o povo de Mogúncia. Se os obrigarmos a nos atacar e se ousarem realmente o ataque, o povo de Colônia terá a oportunidade de demonstrar que não hesita nem por um momento em defender as conquistas do 18 de março com seu sangue e sua vida.

Pós-scriptum. Acabam de ser emitidas as seguintes ordens: nos dois dias de Pentecostes, não haverá senha (quando habitualmente era oferecida com solenidades muito especiais). As tropas permanecem *confinadas nas casernas*, onde os oficiais receberão a senha.

A partir de hoje, as companhias de artilharia das fortalezas e auxiliares, assim como a guarnição de infantaria dos fortes, recebem, além do costumeiro abastecimento de pão, uma ração antecipada para 4 dias, *de sorte que sempre estejam providas para oito dias.*

A artilharia se exercita já hoje às 7hs da noite *com fuzis.*

---

[11] Ver "Hüser".

O debate sobre a revolução em Berlim

NGR, n. 14, 14/6/1848

F. Engels

Colônia, 13 de junho. Finalmente, a Assembleia Ententista se pronunciou resolutamente. Ela negou a revolução e reconheceu a teoria ententista.[1]

O fato sobre o qual tinha de se pronunciar era o seguinte:

Em 18 de março o rei prometeu uma constituição, introduziu a liberdade de imprensa com caução[2] e declarou em uma série de propostas que a unidade da Alemanha seria alcançada pela incorporação da Alemanha à Prússia.

Estas foram as concessões do 18 de março, reduzidas a seu verdadeiro conteúdo. Que os berlinenses tenham se declarado satisfeitos com isso, que tenham se postado à frente do castelo para agradecer ao rei por elas, prova do modo mais claro a necessidade da revolução de 18 de março. Não só o Estado, também os *cidadãos* do Estado tinham de ser revolucionados. O súdito só poderia ser aniquilado em uma sangrenta luta de libertação.

O conhecido "mal-entendido" provocou a revolução. Certamente ocorreu um mal-entendido. O ataque dos soldados, o prolongamento da luta por 16 horas, a necessidade que teve o povo de forçar a retirada das tropas – isto é prova suficiente de que o povo havia *entendido* absolutamente *mal* as concessões do 18 de março.

Os resultados da revolução foram: de um lado, o armamento do povo, o direito de associação, a soberania do povo conquistada de fato; de outro, a conservação da monarquia e o ministério Camphausen-Hansemann, isto é, o governo dos representantes da alta burguesia.

A revolução teve, pois, duas séries de resultados, que deviam necessariamente se contrapor. O povo vencera, conquistara liberdades de natureza decididamente democrática; mas o domínio imediato não passou para suas mãos, mas para as da grande burguesia.

---

[1] A "teoria ententista", com a qual a burguesia, nas pessoas de Camphausen e Hansemann, pretendiam justificar sua traição à revolução, consistia em que a Assembleia Nacional Prussiana, permanecendo "no terreno do direito", deveria se limitar à instituição de uma ordem constitucional conciliando com a coroa.

[2] Os editores de jornais políticos deviam depositar uma caução em dinheiro como garantia de que não publicariam nada que desagradasse as autoridades; esse sistema da multa em dinheiro, que substituiu a censura prévia oficialmente abolida em 1848, só foi eliminado pela lei de imprensa de 1874.

Em uma palavra, a revolução não se consumou. O povo deixou à grande burguesia a constituição de um ministério, e a grande burguesia demonstrou imediatamente suas tendências oferecendo uma aliança à velha nobreza prussiana e à burocracia. Arnim, Kanitz, Schwerin entraram no ministério.

A alta burguesia, desde sempre antirrevolucionária, por medo do povo, isto é, dos trabalhadores e da burguesia democrática, firmou uma aliança defensiva e ofensiva com a reação.

Os partidos reacionários unidos iniciaram sua luta contra a democracia *pondo em questão a revolução*. A vitória do povo foi negada; a famosa lista dos "17 militares mortos"[3] foi fabricada; os lutadores das barricadas foram difamados de todos os modos possíveis. E isso não bastou. O ministério permitiu que a Dieta Unificada convocada antes da revolução se reunisse de fato e redigisse *post festum* a transição legal do absolutismo para a constituição. Desse modo a revolução foi diretamente negada. Ulteriormente foi encontrada a teoria ententista, a revolução foi então negada mais uma vez, e ao mesmo tempo foi negada a soberania do povo.

A revolução foi, portanto, de fato posta em questão, e pôde ser posta em questão porque foi somente meia revolução, só o começo de um longo movimento revolucionário.

Aqui não podemos detalhar por que e até que ponto o domínio momentâneo da alta burguesia é, na Prússia, uma etapa necessária da transição para a democracia e por que a alta burguesia, imediatamente após sua ascensão ao trono, se bandeia para a reação. Por enquanto, apenas relatamos os fatos.

A Assembleia Ententista tinha, pois, de declarar se reconhecia ou não a revolução.

Mas, nessas circunstâncias, reconhecer a revolução significava reconhecer o lado democrático da revolução perante a alta burguesia, que pretendia confiscá-lo.

Reconhecer a revolução significava, naquele momento, reconhecer justamente a *insuficiência* da revolução, e assim reconhecer o movimento democrático, que se voltava contra uma parte dos resultados da revolução. Significava reconhecer que a Alemanha se encontra em um movimento revolucionário no qual o ministério Camphausen, a teoria ententista, as eleições indiretas, o domínio dos grandes capitalistas e os produtos da própria Assembleia podem ser, de fato, pontos de transição inevitáveis, mas de modo algum seus últimos resultados.

O debate na Câmara sobre o reconhecimento da revolução foi conduzido por ambas as partes com grande amplitude e grande interesse, mas notável falta de espírito. Há poucas coisas mais desagradáveis de ler do que esse debate difuso, interrompido a todo momento por ruídos ou sofismas regimentais. Em vez da grande paixão da luta de partidos, uma serenidade fria, que a todo momento ameaça se rebaixar ao tom de um colóquio amigá-

---

[3] Em 24 de março de 1848, aconteceu o funeral, no Cemitério dos Inválidos, dos 15 soldados e dois suboficiais mortos (segundo os dados oficiais) em 18 de março. No entanto, um número bem maior de soldados havia morrido, e sido enterrado em silêncio em Spandau. Com essa medida, escamoteou-se a dimensão das lutas do 18 de março e o fato de as tropas prussianas terem sido vencidas pelos berlinenses e obrigadas a recuar.

vel; em vez do rigor cortante da argumentação, um palavrório prolixo e confuso que se perde nos detalhes; em vez de respostas contundentes, aborrecidas prédicas morais sobre a essência e a natureza da moralidade.

A esquerda também não se distinguiu especialmente nesse debate.[4] A maioria de seus oradores repetiu-se uns aos outros; nenhum ousou atacar decididamente a questão de frente e se exprimir de modo decididamente revolucionário. Temeram o tempo todo escandalizar, ofender, assustar. Se os combatentes do 18 de março não tivessem demonstrado mais energia e paixão na luta do que os senhores da esquerda no debate, a Alemanha estaria em apuros.

NGR, n. 15, 15/6/1848

Colônia, 14 de junho. O deputado *Berends*, de Berlim, abriu o debate propondo a moção:

"A Assembleia declara, em reconhecimento da revolução, que os combatentes do 18 e 19 de março prestaram relevantes serviços à pátria".

A forma da moção, o clássico estilo romano-lacônico, recuperado pela grande Revolução Francesa, era perfeitamente adequada.

Tanto mais inadequada foi a maneira pela qual o sr. *Berends* desenvolveu sua moção. Ele não falou de modo revolucionário, mas conciliador. Tinha de representar a ira dos insultados combatentes das barricadas diante de uma assembleia de reacionários, e pontificou muito calma e aridamente, como se falasse ainda como professor da Associação dos Artesãos de Berlim. Tinha uma causa muito simples, muito clara para defender, e seu desenvolvimento foi o mais confuso possível.

O sr. *Berends* começa:

> Meus senhores! O reconhecimento da revolução está plenamente na natureza das coisas [!]. Nossa Assembleia mesma é um reconhecimento eloquente do grande movimento que atravessou todos os países civilizados da Europa. A Assembleia resultou dessa revolução, sua existência é, pois, o reconhecimento de fato da revolução.

Primeiro. Não se trata de modo algum de reconhecer em geral, como um fato, o "grande movimento que atravessou todos os países civilizados da Europa"; isso seria superficial e insignificante. Trata-se, ao contrário, de reconhecer os combates de rua de Berlim, que são tratados como tumulto, como uma autêntica, verdadeira revolução.

Segundo. Sem dúvida a Assembleia em Berlim é, por um lado, um "*reconhecimento da revolução*", uma vez que, sem os combates de rua de Berlim, não teria sido possível

---

[4] À esquerda da Assembleia Nacional Prussiana pertenciam, entre outros, os deputados Waldeck, Jacoby, Georg Jung, Julius Berends e d'Ester.

uma constituição "conciliada", e sim no máximo uma outorgada. Mas, graças à forma de sua convocação, graças ao mandato que lhe foi conferido pela Dieta Unificada e pelo ministério, ela se tornou igualmente uma *negação* da revolução. Uma Assembleia assentada "no terreno da revolução" não concilia, decreta.

Terceiro. A Assembleia já reconhecera a teoria ententista no voto sobre a mensagem,[5] já negara a revolução no voto contra a passeata ao túmulo dos combatentes mortos.[6] Ela negou a revolução sobretudo ao "deliberar" ao lado da Assembleia de Frankfurt.

A moção do sr. Berends fora já de fato duas vezes rejeitada. Dessa vez, seu fracasso era ainda mais previsível, dado que a Assembleia deveria se pronunciar abertamente.

Já que a Assembleia era mesmo reacionária, já que certamente o povo nada mais tinha a esperar dela, era do interesse da esquerda que a minoria *a favor* da moção fosse a menor possível, e abrangesse só os membros mais resolutos.

O sr. *Berends*, portanto, não precisava fazer cerimônia. Ele tinha de agir o mais resolutamente possível, o mais revolucionariamente possível. Em vez de se apegar à ilusão de que a Assembleia era constituinte e pretendia sê-lo, de que a Assembleia se *apoiava* no terreno da revolução, devia explicitar que ela havia negado a revolução indiretamente, e desafiá-la a fazê-lo agora abertamente.

Mas não somente ele, como os oradores da esquerda em geral não assumiram essa política, a única adequada ao partido democrático. Eles se abandonaram à ilusão de que a Assembleia poderia ser persuadida a dar um passo revolucionário. Por isso fizeram concessões, atenuaram, falaram de reconciliação, e assim negaram *eles mesmos* a revolução.

O sr. Berends continua a se estender, num raciocínio muito frio e numa linguagem muito acanhada, sobre revoluções em geral e sobre a revolução de Berlim em particular. Prosseguindo seu discurso, chega à objeção de que a revolução seria supérflua, porque o rei já concedera tudo antes. E responde:

> Certamente Sua Majestade o rei concedera *muito*... mas nessas concessões fora alcançada a satisfação do povo? Foi-nos dada a garantia de que essa promessa efetivamente se tornaria verdade? Eu *acredito* que esta garantia... só foi obtida depois da luta!... Está estabelecido que uma tal transformação do Estado só pode nascer e ser solidamente fundada nas grandes catástrofes da luta. Um grande feito ainda não fora concedido em 18 de março: o armamento do povo [...] O povo só se sentiu seguro contra a possibilidade de mal-entendidos quando se armou [...] A luta é, *portanto* [!], certamente *uma espécie de acontecimento natural* [!], mas um acontecimento necessário [...] a catástrofe na qual a transformação da vida política se torna realidade, verdade.

Dessa argumentação longa, confusa, regurgitante de repetições, resulta muito claramente que o sr. *Berends* não tem nenhuma clareza sobre os resultados e a necessidade da

---

[5] Ver "A questão da mensagem".
[6] Em 3 de junho de 1848, foi discutida na Assembleia Nacional de Berlim a moção em favor de participar da passeata organizada pelos estudantes junto aos túmulos dos combatentes mortos na Revolução de Março. Por voto da maioria, essa moção foi recusada.

revolução. De seus resultados, conhece apenas a garantia das promessas do 18 de março e o "armamento do povo"; sua necessidade, ele a constrói pelo caminho filosófico, parafraseando mais uma vez em grande estilo a "garantia", e finalmente reitera que nenhuma revolução pode ser efetivada sem revolução.

A revolução foi necessária, isso significa simplesmente que ela foi necessária para alcançar o que agora alcançamos. A necessidade da revolução está em relação direta com seus resultados. Mas como o sr. *Berends* não tem clareza sobre os resultados, precisa naturalmente recorrer a exaltadas reiterações para construir sua necessidade.

Quais foram os resultados da revolução? De modo algum a "garantia" das promessas do 18 de março, mas, ao contrário, a subversão daquelas promessas.

Em 18 de março fora prometido: uma monarquia na qual a nobreza, a burocracia, os militares e o clero conservariam as rédeas, mas à alta burguesia seria permitido o controle, por meio de uma constituição *doada* e de liberdade de imprensa com caução. Para o povo, bandeira alemã, frota alemã, serviço militar obrigatório alemão, em vez de prussianos.

A revolução subverteu todos os poderes da monarquia absoluta, nobreza, burocratas, militares e clero. Levou ao domínio exclusivo da alta burguesia. Deu ao povo a arma da liberdade de imprensa sem caução, o direito de associação e, ao menos em parte, também as armas materiais, os mosquetes.

Mas este ainda não é o resultado principal. O povo que lutou e venceu nas barricadas é um povo muito diferente daquele que, em 18 de março, foi à frente do palácio para ser esclarecido, pelo ataque dos Dragões, sobre o significado das concessões obtidas. É capaz de coisas muito diferentes, confronta o governo de modo muito diferente. A conquista mais importante da revolução é *a revolução mesma*.

> Como berlinense eu posso muito bem dizer que é para nós um *sentimento doloroso* (nada mais!) [...] ver esta luta insultada [...] Eu me refiro à palavra do sr. primeiro-ministro, que afirmou que é próprio de um grande povo e todos os seus representantes agir com *indulgência pela reconciliação*. Recorro a essa indulgência ao lhes propor, como representante de Berlim, o reconhecimento do 18 e 19 de março. Durante todo o tempo após a revolução, o povo de Berlim se conservou, em geral, muito digna e honradamente. Pode ter havido excessos isolados [...] e assim eu *acredito* que é *apropriado* que a Assembleia declare etc. etc.

A esta conclusão covarde, negadora da revolução, acrescentamos apenas que, depois de uma tal exposição de motivos, a moção merecia ser negada.

NGR, n. 16, 16/6/1848

Colônia, 14 de junho. A primeira emenda contraposta à moção Berends deve sua curta existência ao deputado sr. *Brehmer.* Era uma declaração prolixa, bem-intencionada, que 1. reconhecia a revolução, 2. reconhecia a teoria ententista, 3. reconhecia tudo aquilo que contribuíra para a transformação ocorrida, e 4. reconhecia a grande verdade de que

> Nem cavalo, nem cavaleiro
> Guardam a abrupta altura
> Em que ficam os príncipes[7]

com o que finalmente a própria revolução foi de novo reduzida a uma expressão autenticamente prussiana. O bravo sr. mestre-escola Brehmer queria agradar a todos os partidos, e nenhum queria nada com ele. Sua emenda foi rejeitada sem discussão, e o sr. Brehmer se recolheu com toda a resignação de um desencantado filantropo.

Subiu à tribuna o sr. *Schulze* (de Delitzsch). O sr. Schulze também é um admirador da revolução, mas um admirador não tanto dos combatentes das barricadas como do pessoal da manhã seguinte, chamado de "povo", para diferenciar dos "combatentes". Deseja que o "comportamento do povo *depois* da luta" seja ainda mais especialmente reconhecido. Seu entusiasmo não conhecia limites quando ele ouvia

> sobre a moderação e prudência do povo, quando não havia mais nenhum adversário [!] diante dele [...] sobre a seriedade, sobre a reconciliação do povo [...] sobre seu comportamento diante da dinastia [...] víamos que o povo estava bem consciente de que, naquele momento, *olhava a história diretamente nos olhos*!!

O sr. *Schulze* se entusiasma não tanto com a atividade revolucionária do povo *na* luta quanto com sua inatividade de modo algum revolucionária *depois* da luta.

Reconhecer a generosidade do povo depois da revolução só pode significar uma de duas coisas:

Ou significa insultar o povo, pois seria um insulto reconhecer como um mérito que o povo não tenha cometido nenhuma ignomínia *depois* da vitória.

Ou significa reconhecer o abatimento do povo depois da vitória das armas, que deu à reação a oportunidade de se reerguer.

"Para unificá-las", o sr. Schulze manifestou sua "admiração elevada até o entusiasmo" pelo povo que, primeiro, se portou decentemente e, segundo, deu oportunidade à reação de se reerguer.

O "comportamento do povo" consistia em que ele se ocupava, pleno de entusiasmo, em "olhar a história diretamente nos olhos", quando deveria ter feito a história; que ele, graças ao "comportamento", "moderação", "prudência", "profunda seriedade" e "dedicação inextinguível" não foi capaz de impedir que os ministros escamoteassem uma parte após outra da liberdade conquistada; que ele declarou a revolução terminada, em vez de continuá-la. Quão totalmente diferente procederam os vienenses, que subjugaram a reação golpe após golpe e agora conquistaram um parlamento *constituinte* em vez de ententista![8]

---

[7] Versos da *Canção do súdito alemão*, do pastor schleswiguiano Heinrich Harries; modificado por Balthasar Gerhard Schumacher, esse canto se tornou mais tarde o "hino nacional prussiano", e depois o da Alemanha, de 1871 a 1918, sob o título de *Heil Dir im Siegerkranz*.

[8] Sob a pressão das massas populares, o imperador austríaco Ferdinando I viu-se obrigado a declarar a Dieta Imperial austríaca uma Assembleia Constituinte, no manifesto de 16 de maio e 3 de junho de 1848.

O sr. Schulze (de Delitzsch) reconhece, pois, a revolução sob a condição de não a reconhecer. Por isso recebeu um retumbante Bravo.

Depois de um curto intervalo sobre questões regulamentares, o próprio sr. *Camphausen* sobe à tribuna. Ele observa que, de acordo com a moção Berends, "a Assembleia deve se manifestar e pronunciar um veredito sobre uma *ideia*". Para o sr. Camphausen, a revolução é apenas uma "*ideia*". Ele "deixa a critério da Assembleia" decidir se quer fazer isso. Quanto ao assunto mesmo, segundo seu ponto de vista, "talvez não exista uma diferença de opinião tão apreciável", considerando que, como todos sabem, quando dois alemães brigam, *au fond*[9] eles sempre concordam.

"Se se pretende repetir que [...] chegou um período que *deverá ter por consequência*" (portanto, ainda não teve) "as mais significativas transformações, ninguém está mais de acordo com isso do que eu."

"Se, ao contrário, pretende-se afirmar que o Estado e o poder estatal perdeu seu fundamento jurídico, que *ocorreu uma subversão violenta do poder existente* [...] então eu protesto contra tal interpretação."

Até agora, o sr. Camphausen via seu principal mérito em ter reatado o fio partido da legalidade; agora, ele afirma que esse fio nunca foi quebrado. Os fatos podem se esfregar em sua cara; o dogma da transição legal ininterrupta do poder de Bodelschwingh para Camphausen não pode se preocupar com os fatos.

"Se se pretende insinuar que estamos no umbral das condições que conhecemos pela história da revolução inglesa do século XVII e da francesa do século XVIII, cujo final é a passagem do poder para as mãos de um ditador", então o sr. Camphausen precisa protestar.

Nosso pensador amigo da história naturalmente não podia deixar passar a oportunidade de trazer à tona, a propósito da revolução de Berlim, aquelas reflexões sobre o homem que o burguês alemão adora tanto mais ouvir quanto mais frequentemente as tenha lido em Rotteck.[10] A revolução de Berlim não pode ser uma revolução já porque, se o fosse, deveria necessariamente gerar um Cromwell ou Napoleão, contra o que o sr. Camphausen protesta.

O sr. Camphausen permite, por fim, aos seus ententistas "expressar seus *sentimentos* pelas vítimas de uma *funesta colisão*", mas observa que aqui "muitos e essenciais aspectos dependem da expressão", e deseja ver todo o assunto enviado a uma comissão.

Depois de um novo incidente sobre o regulamento, apresentou-se finalmente um orador que sabe tocar corações e mentes, porque vai ao fundo das coisas. É Sua Reverendíssima o sr. pastor *Müller*, de Wohlau, que se pronuncia a favor do aditamento de Schulz. O sr. pastor não quer "*tomar muito tempo*" da Assembleia, "mas trazer à discussão apenas *um ponto muito essencial*".

Com esse objetivo, o sr. pastor submete à Assembleia a seguinte questão:

---

[9] No fundo.
[10] A formulação de Rotteck já proclamada em 1816: "o cidadão como defensor nato de sua pátria", foi mais tarde ampliada por ele para a formulação: "o soldado não deve deixar de ser um cidadão" – uma frase que, 150 anos mais tarde, foi retomada na forma hoje mais comum de *cidadão em uniforme*.

A moção nos conduziu ao âmbito *moral*, e se não a tomamos em sua *superfície* [como se faz para tomar um assunto *em* sua superfície?], mas em sua *profundidade* [há uma profundidade vazia, como há uma amplitude vazia], não podemos deixar de reconhecer, por mais difícil que possa ser essa consideração, que se trata nem mais nem menos do que do reconhecimento moral da insurreição; *e eu pergunto: uma insurreição é moral, ou não é?*

Não se trata de questão política partidária, mas de algo infinitamente mais importante: um problema teológico-filosófico-moral. A Assembleia não tem que se entender com a coroa sobre uma constituição, mas sim sobre um sistema de filosofia moral. "Uma insurreição é moral ou não?" Tudo depende disso. E o que responde o pastor à Assembleia boquiaberta com o suspense?

"Mas eu não creio que estejamos em condição de poder decidir aqui sobre esse alto princípio moral."*!!*

O sr. pastor só levou as coisas até o fundo para declarar que não pode encontrar qualquer fundo.

"Isto foi objeto de meditação de muitos homens *profundos*, e, no entanto, eles ainda não chegaram a *nenhuma conclusão definida*. Também não alcançaremos clareza no curso de um rápido debate."

A Assembleia está como que fulminada. O sr. pastor apresenta-lhe um problema moral com o aguçado rigor e toda a gravidade que o objeto exige; ele o apresenta para em seguida declarar que o problema é insolúvel. Nesta situação angustiante, os ententistas deviam estar se sentindo como se já estivessem realmente "sobre o terreno da revolução".

Mas tudo não passava de uma simples manobra sacerdotal do sr. pastor para encaminhar a Assembleia à penitência. Ele tem um bálsamo pronto para os contritos:

"Creio que há ainda um terceiro ponto de vista que deve ser levado em conta: todas as vítimas do 18 de março *agiram em uma condição que não permitia uma decisão moral.*"[!!]

Os combatentes das barricadas não eram capazes de responder por seus atos.

"Mas se me perguntarem se eu os considero moralmente competentes, respondo vigorosamente: 'Sim!'"

Perguntamos: se a palavra de Deus do interior se faz eleger para a Assembleia de Berlim apenas para aborrecer todo o público com sua casuística moralizadora, isso é *moral* ou *não é moral*?

O deputado *Hofer* protesta contra tudo em sua condição de camponês pomerano. "Pois quem eram os militares? Não eram nossos irmãos e filhos? Atentem para a impressão que causará quando o pai da costa marítima" (em vêndico: *po more*, isto é, Pomerânia) "ouvir como seu filho foi tratado aqui!"

Os militares podem ter se comportado como quiseram, podem ter-se prestado à mais infame traição – tanto faz, eram nossos jovens pomeranos, e, portanto, três Hurras para eles!

O deputado *Schultz* de Wanzleben: Meus senhores, os berlinenses devem ser reconhecidos. Sua coragem foi ilimitada. Eles venceram não somente o medo dos canhões.

O que pode significar o medo de ser destroçado pelas metralhas se comparado ao *perigo* de incorrer em uma pena severa, talvez vergonhosa, *como promotor de distúrbios de rua*! A *coragem* implícita em aceitar essa luta é tão elevada que, *em face dela*, mesmo a coragem diante das fauces abertas dos canhões *não pode sequer* ser levada em conta!

Ou seja, os alemães não fizeram uma revolução antes de 1848 porque temiam o comissário de polícia.

O ministro *Schwerin* levanta-se para declarar que renunciará caso a moção Berends seja aprovada.

Elsner e *Reichenbach* falam contra a emenda de Schultz.

Dierschke observa que a revolução deve ser reconhecida porque "a batalha da liberdade moral ainda não foi concluída" e porque a Assembleia também foi "convocada pela liberdade moral".

Jacoby exige o "pleno reconhecimento da revolução com todas as suas consequências". Seu discurso foi o melhor de toda a sessão.

Finalmente, depois de tanta moral, tédio, indecisão e conciliação, nos alegramos em ver subir à tribuna nosso *Hansemann*. Agora finalmente vamos ouvir algo decidido, algo com pé e cabeça – mas não, também o sr. Hansemann se apresenta hoje moderado, mediador. Ele tem suas razões, ele não faz nada sem ter suas razões. Percebe que a Assembleia fraqueja, que a votação é incerta, que a emenda correta ainda não foi encontrada. Quer adiar o debate.

Com este objetivo, reúne todas as suas forças para falar o mais docemente possível. O fato está aí, é incontestável. Apenas alguns o denominam revolução, outros, "grandes acontecimentos". Não podemos "esquecer que aqui não houve uma *revolução* como em Paris, como antes na Inglaterra, mas aqui houve, sim, uma *transação* entre a coroa e o povo" (estranha transação, com metralhas e tiros de espingarda!). "Mas justamente porque nós" (ministros) "em certo sentido não fazemos objeção contra a essência da matéria, mas, em contrapartida, a expressão deve ser escolhida de tal modo que a base do governo, sobre a qual nos apoiamos, permaneça possível" – por isso o debate deve ser adiado, para que os ministros possam deliberar.

Quanto deve ter custado a nosso Hansemann usar esses termos e admitir que a "base" sobre a qual o governo se apoia é tão fraca que poderia ser derrubada por uma "expressão"! Compensa-o apenas a satisfação de poder transformar novamente o tema em uma *questão de gabinete*.

O debate foi, pois, adiado.

NGR, n. 17, 17/6/1848

Colônia, 14 de junho. *Segundo dia.* – O debate começa novamente com longas discussões sobre o regulamento. Depois de resolvidas, apresenta-se o sr. *Zachariä*. Ele propôs a emenda que deveria tirar a Assembleia do apuro. A grande locução ministerial fora encontrada. Diz ela:

"Considerando o alto significado dos grandes acontecimentos de março, aos quais, vinculados à anuência real" (que foi ela mesma um "acontecimento de março", embora não um "grande"), "devemos a presente condição jurídico-política, e também que o mérito dos combatentes para isso" (a saber, para a anuência real), "é incontestável [!!], e, além disso, que a Assembleia não reconhece como sua tarefa emitir julgamentos" (a Assembleia tem de declarar que não tem qualquer julgamento!), e sim *se entender com a coroa sobre a constituição*, a Assembleia passa à ordem do dia".

Essa moção confusa, inconsistente, que parece prestar homenagens a todos os lados, e na qual, como o sr. Zachariä se gaba, "qualquer um, mesmo o sr. Berends, encontrará *tudo que poderia pretender*, no bom sentido no qual a moção foi proposta por ele", esse mingau agridoce é, portanto, a "expressão" sobre cuja "base" o ministério Camphausen se "apoia" e pode se apoiar.

O sr. pastor *Sydow*, de Berlim, animado com o sucesso de seu colega Müller, sobe também ao púlpito. A questão moral gira em sua cabeça. O que Müller não pôde, ele poderá resolver.

"Meus senhores, permitam-me neste momento dizer *imediatamente*" (depois de já ter predicado por meia hora) "o que o sentimento do dever me obriga: se o debate continua, em minha opinião a ninguém é permitido calar até que tenha cumprido com seu dever de consciência". (Bravo!)

"Permitam-me uma observação pessoal. Meu ponto de vista sobre uma revolução é que (Ao assunto! Ao assunto!), quando uma revolução sobrevém, ela é somente o sintoma da culpa dos dois lados, os governantes e os governados. Esta" (esta platitude, essa maneira barata de arranjar as coisas) "é a concepção moral superior sobre o assunto, e [!] não nos antecipemos ao julgamento cristão-moral da nação." (Os senhores acham então que estão aqui para quê?) (Agitação. Questão de ordem!)

"Mas meus senhores", continua o imperturbável defensor da concepção moral superior e do inantecipável julgamento cristão-moral da nação, "não sou da opinião de que não pode haver épocas em que a *legítima defesa* [!] política de um povo irrompe com a necessidade de um acontecimento natural, e [...] então, sou da opinião de que o indivíduo *pode participar nisso de modo plenamente moral*". (Graças à casuística, estamos salvos!) "*Sem dúvida também é possível participar de modo imoral*, então isso deve ser deixado à sua consciência." [!!]

Os combatentes das barricadas não concernem à *soi-disant*[11] Assembleia Nacional, concernem ao confessionário. E assim o assunto está resolvido.

O sr. pastor *Sydow* esclarece ainda que tem "coragem", fala largamente sobre a soberania do povo do ponto de vista da concepção moral superior, é interrompido ainda três

---

[11] Assim-chamada.

vezes por clamores impacientes e volta a seu lugar com a tranquila convicção de haver cumprido com seu dever de consciência. Agora o mundo sabe qual é a opinião do pastor Sydow, e qual não é.

O sr. *Plönnis* declara que a matéria deveria ser deixada de lado. Uma declaração agitada até a diluição com tantas emendas e subemendas, com tantos debates e questiúnculas, não tem mais nenhum valor. O sr. Plönnis tem razão. Mas não podia prestar serviço pior à Assembleia do que ter chamado a atenção para esta circunstância, para esta prova da covardia de tantos membros de ambos os lados.

O sr. *Reichensperger*, de Trier: "Não estamos aqui para construir teorias e *decretar história*, devemos tanto quanto possível *fazer história*."

De modo nenhum! Aceitando a ordem do dia motivada, a Assembleia decidiu, ao contrário, que está aqui para fazer a história desacontecer. O que, sem dúvida, é outra maneira de "fazer história".

"Lembro o ditado de Vergniaud, de que a revolução devora seus próprios filhos."

Infelizmente não! Muito ao contrário, ela será devorada por seus próprios filhos!

O sr. Riedel descobriu que a moção Berends "não deve ser entendida apenas pelo que as palavras simplesmente dizem, pois nela oculta-se uma luta de princípios". E esta vítima da concepção moral superior é conselheiro privado do arquivo e professor!

Mais uma vez se dirige à tribuna um muito venerando senhor pároco. É o sr. *Jonas*, o pregador das senhoras, de Berlim. Ele parece realmente ter tomado a Assembleia por um auditório de filhas da classe culta. Com toda a ostentação pretensiosa de um autêntico adepto de Schleiermacher, preconizou uma série infinita dos mais triviais lugares-comuns sobre a imensamente importante diferença entre revolução e reforma. Antes de ter encerrado sequer a introdução de sua prédica, foi interrompido três vezes; finalmente prorrompeu com sua grande frase:

"A revolução é algo que contradiz frontalmente nossa atual consciência religiosa e moral. A revolução é uma façanha que foi considerada grande e magnífica na antiga Grécia e na antiga Roma, mas na era cristã [...]" (Interrupção violenta. Confusão geral. Esser, Jung, Elsner, o presidente e inúmeras vozes se intrometem no debate. Finalmente o amado pregador retoma a palavra.)

"Em todo o caso, contesto à Assembleia o direito de votar sobre princípios religiosos e morais; sobre estes nenhuma assembleia pode votar" (e o Consistório, e o Sínodo?). "Pretender decretar ou declarar que a revolução é um alto princípio moral ou qualquer outra coisa" (portanto, qualquer coisa em geral), "é, a meu ver, como se a Assembleia pretendesse decidir se há um Deus, ou nenhum Deus, ou vários."

Então é isso. O pregador das senhoras conseguiu levar de novo a questão para o âmbito da concepção moral superior e agora ela naturalmente concerne apenas aos concílios protestantes, aos fabricantes de catecismo do Sínodo.

Graças a Deus! Depois de todo esse martírio moralista apresenta-se finalmente nosso *Hansemann*. Com este espírito prático, estamos inteiramente protegidos da concepção moral superior. O sr. *Hansemann* afasta todo o ponto de vista moral com uma observação desdenhosa: "Temos, eu lhes pergunto, ócio bastante para nos lançarmos em tais lutas de princípios?"

O sr. Hansemann se lembra de que ontem um deputado falou dos trabalhadores sem pão. O sr. Hansemann usa essa observação para uma hábil virada. Fala da carência da classe trabalhadora, se compadece de sua miséria e pergunta: "Qual é a origem da carência geral? Creio [...] que cada um traz em si o sentimento de que não haverá nenhuma certeza de estabilidade enquanto nossas condições jurídico-políticas ainda não estiverem ordenadas".

Aqui o sr. Hansemann fala do fundo de sua alma. A confiança precisa ser restabelecida! exclama – e o melhor meio para o restabelecimento da confiança é a negação da revolução. E então o orador do ministério, que "não vê qualquer reação", apela para uma descrição alarmante da importância da atitude amistosa da reação. "Eu lhes suplico que promovam a concórdia entre *todas as classes*" (insultando as classes que fizeram a revolução!); "eu lhes suplico que promovam a concórdia entre o povo e o exército; considerem que no exército repousam nossas esperanças de afirmar nossa independência" (na Prússia, onde todos são soldados!); "reflitam nas difíceis circunstâncias em que nos encontramos – não preciso detalhá-las para os senhores, o leitor de jornais atento" (e certamente todos os senhores o são)

> *reconhecerá* que essas circunstâncias são difíceis, *extremamente difíceis*. Não julgo adequado, justo neste momento, dar uma declaração que levará ao país uma *semente de discórdia* [...] Por isso, meus senhores, *conciliem* os partidos, não acolham nenhuma questão com a qual *provoquem os adversários*, pois isso *certamente aconteceria*. Aceitar a moção poderia ter *as mais tristes consequências.*

Como devem ter rido os reacionários quando viram o outrora tão resoluto Hansemann infundir o medo, com esse discurso, não somente na Assembleia, mas até em si mesmo!

Esse apelo ao medo dos grandes burgueses, advogados e mestre-escolas da Câmara teve mais efeito do que todas as frases sentimentais sobre a concepção moral superior. A questão estava decidida. D'Ester lançou-se ainda ao combate para frustrar esse efeito, mas em vão; o debate foi encerrado, e 196 votos contra 177 aprovaram a ordem do dia motivada de Zachariä.

Assim a Assembleia pronunciou seu próprio julgamento, o de que não tem julgamento.

A insurreição de Praga

NGR, n. 18, 18/6/1848

F. Engels

Colônia, 17 de junho. Um novo massacre como o da Posnânia prepara-se na *Boêmia*. A soldadesca austríaca afogou no sangue tcheco a possibilidade de uma convivência pacífica entre a Boêmia e a Alemanha.[1]

O príncipe Windischgrätz posicionou canhões contra Praga em Wyschehrad e Hradschin. Concentram-se tropas e prepara-se um golpe contra o Congresso Eslavo[2] e os tchecos.

O povo descobre esses preparativos. Aflui massivamente à residência do príncipe e exige armas. Elas lhe são negadas. A agitação aumenta, as massas armadas e desarmadas crescem. Então um tiro é disparado de um hotel defronte ao palácio do comandante, e a princesa Windischgrätz cai mortalmente ferida. Imediatamente é dada ordem de ataque, os granadeiros avançam, o povo é repelido. Mas por toda parte se erguem barricadas e as tropas são detidas. São trazidos canhões, as barricadas são destroçadas com metralhas. O sangue corre em caudais. Luta-se durante toda a noite de 12 para 13 e ainda durante

---

[1] No início de março de 1848, uma assembleia de massas em Praga reivindicou, em uma petição, a revogação da corveia, a estreita aliança entre a Boêmia, a Morávia e a Silésia e direitos constitucionais. A reivindicação de plena igualdade nacional se fortaleceu depois da irrupção da revolução em Viena e Budapeste, mas foi intensamente combatida pela burguesia boêmio-alemã e pela nobreza boêmia, que temia a libertação dos camponeses. Os democratas tchecos recusaram os planos dos grão-alemães, no entanto acentuaram sua disposição de se manter no caminho da conciliação com os austríacos e os demais povos do Danúbio. Os democratas enfatizaram tal concepção também no Congresso Eslavo em Praga.

[2] O Congresso Eslavo se reuniu em 2 de junho de 1848 em Praga. No congresso se evidenciaram duas orientações do movimento nacional dos povos eslavos, oprimidos no império Habsburgo. A orientação de direita, liberal-moderada, à qual pertenciam os dirigentes do congresso Palacky e Safarik, procurava resolver a questão nacional pelo caminho da conservação e consolidação da monarquia Habsburgo, por sua transformação em uma federação de nacionalidades com direitos iguais. A orientação de esquerda, democrática (Sabina, Fric, Libelt, entre outros), opôs-se decididamente a isso e se dedicou a uma ação conjunta com o movimento revolucionário-democrático na Alemanha e na Hungria. Ao defender a teoria austro-eslava, a maioria dos participantes do congresso assumiu uma posição hostil ao movimento revolucionário europeu, pois a aniquilação do reacionário império habsburguês era uma das principais tarefas do movimento democrático. Os delegados do congresso pertencentes à ala radical-democrática tomaram parte ativa na insurreição de Praga e foram submetidos a atrozes represálias. Os representantes da ala moderada-liberal que permaneceram em Praga divulgaram em 16 de junho de 1848 o adiamento das sessões do congresso por tempo indeterminado.

esse dia. Finalmente os soldados conseguem tomar as ruas largas e repelir o povo para os bairros mais estreitos, onde não é possível usar artilharia.

Estas são nossas notícias mais recentes. Acrescente-se que muitos membros do Congresso Eslavo foram expulsos da cidade sob forte escolta. Considerando isto, as tropas teriam vencido ao menos parcialmente.

Seja como for que a insurreição termine, resta agora como única solução possível uma guerra de extermínio dos alemães contra os tchecos.

Os alemães têm de expiar os pecados de todo o seu passado em sua revolução. Eles os expiaram na Itália. Na Posnânia recaiu novamente sobre eles a maldição de toda a Polônia. E agora acrescenta-se ainda a Boêmia.

Os franceses souberam conquistar reconhecimento e simpatias mesmo aqui, onde chegaram como inimigos. Os alemães não são reconhecidos em lugar algum, não encontram simpatia em lugar algum. Mesmo onde se apresentam como magnânimos apóstolos da liberdade, são repelidos com amargo escárnio.

E com razão. Uma nação que em todo o seu passado se deixou usar como instrumento de opressão contra todas as outras nações, uma nação assim precisa primeiro provar que efetivamente se revolucionou. Precisa prová-lo com algo diferente do que algumas revoluções pela metade, cujo único resultado é deixar que continue a subsistir, sob outras figuras, a velha indecisão, fraqueza e desunião; revoluções nas quais um Radetzky permanece em Milão, um Colomb e um Steinäcker na Posnânia, um Windischgrätz em Praga, um Hüser em Mogúncia, exatamente como se nada tivesse acontecido.

A Alemanha revolucionada devia renunciar a todo seu passado, particularmente em relação aos povos vizinhos. Devia proclamar ao mesmo tempo sua própria liberdade e a liberdade dos povos que até então havia oprimido.

E o que *fez* a Alemanha revolucionada? Ratificou a velha opressão da Itália, da Polônia e agora também da Boêmia pela soldadesca alemã. Kaunitz e Metternich estão plenamente justificados.

E aí os alemães exigem que os tchecos confiem neles?

E os tchecos podem ser levados a mal por não quererem se associar a uma nação que, enquanto liberta a si mesma, oprime e maltrata outras nações?

Podem ser levados a mal por não quererem enviar delegados a uma assembleia como a nossa melancólica e abatida "Assembleia Nacional" de Frankfurt, que treme diante da própria soberania?

Podem ser levados a mal por renunciar ao impotente governo austríaco que, em sua perplexidade e paralisia, parece existir apenas para constatar a desintegração da Áustria, mas não a impedir ou ao menos organizá-la? A um governo que é fraco demais até mesmo para libertar Praga dos canhões e soldados de um Windischgrätz?

Mas quem merece mais compaixão são os próprios valentes tchecos. Sejam vencedores ou derrotados, seu naufrágio é certo. Graças aos quatro séculos de opressão da parte dos alemães, que continua agora na batalha de rua em Praga, os tchecos foram lançados nos braços da Rússia. Na grande batalha entre o Oeste e o Leste europeu, que se desencadeará muito em breve – talvez algumas semanas –, uma infeliz fatalidade coloca os tchecos ao lado dos russos, ao lado do despotismo, contra a revolução. A revolução vencerá, e os tchecos serão os primeiros a serem esmagados por ela.[3]

A culpa por este naufrágio dos tchecos é novamente dos alemães. Foram os alemães que os traíram para a Rússia.

---

[3] No movimento social de 1848 na Boêmia, pode-se distinguir, quanto ao conteúdo, duas diferentes etapas principais. Na primeira etapa, do início dos acontecimentos de março até a derrota da insurreição de Praga, as massas populares tchecas – o campesinato e o proletariado – tomaram parte ativa no movimento revolucionário contra o feudalismo e o absolutismo. Depois da derrota da insurreição de Praga, a burguesia liberal tcheca, que, na luta contra a revolução e a democracia, fazia causa comum com a nobreza e os Habsburgos, conseguiu sufocar as forças democráticas na Boêmia e pôr o movimento social sob sua direção e levá-lo para os canais da luta nacional. Os elementos democráticos do povo tcheco não conseguiram, na segunda etapa, apoiar efetivamente a revolução e frustrar a política contrarrevolucionária da burguesia.

A sessão ententista de 17 de junho

NGR, n. 20, 20/6/1848

F. Engels

Colônia, 19 de junho. "Nada aprendido e nada esquecido"[1] – isso é válido para o ministério Camphausen tanto quanto para os Bourbon.

Em 14 de junho, o povo, indignado com a negação da revolução pelos ententistas,[2] invade o arsenal. Pretende ter uma garantia contra a assembleia, e sabe que as armas são a melhor garantia. O arsenal é assaltado, o povo se arma.

O assalto ao arsenal, um acontecimento sem resultados imediatos, uma revolução estancada no meio do caminho, teve, no entanto, o efeito:

1. de que a trêmula assembleia voltasse atrás em sua decisão do dia anterior e declarasse que se punha sob a proteção da população berlinense;
2. de que ela negasse o ministério em uma questão vital e recusasse, com maioria de 46 votos, o projeto de constituição de Camphausen;[3]
3. de que o ministério entrasse imediatamente em completa decomposição, os ministros Kanitz, Schwerin e Auerswald renunciassem – destes, até agora apenas Kanitz foi definitivamente substituído, por Schreckenstein – e que já em 17 de junho o sr. Camphausen solicitasse à assembleia um prazo de três dias para reconstituir seu gabinete em frangalhos.

Tudo isso resultou do ataque ao arsenal.

E ao mesmo tempo que os *efeitos* desse autoarmamento do povo se evidenciam de modo tão convincente, o governo ousa atacar a própria ação! Ao mesmo tempo que a Assembleia e o ministério reconhecem a insurreição, os participantes da insurreição são submetidos à investigação, tratados de acordo com as velhas leis prussianas, insultados na Assembleia e apresentados como ladrões comuns!

---

[1] Frase de Talleyrand sobre os emigrantes aristocratas que, depois da restauração do domínio dos Bourbon em 1815, voltaram para a França, e que tentavam recuperar suas propriedades agrárias e obrigar novamente os camponeses a aceitar os encargos feudais.
[2] Ver "O debate sobre a revolução em Berlim".
[3] "Projeto de uma Constituição para o Estado Prussiano", de 20 de maio de 1848.

Nos mesmos dias em que a trêmula Assembleia se põe sob a proteção dos assaltantes do arsenal, decretos dos srs. *Griesheim* (comissário do ministério da Guerra) e *Temme* (procurador público) designam os assaltantes do arsenal como "bandidos" e "ladrões violentos". O "liberal" sr. Temme, a quem a revolução trouxe do exílio, iniciou uma rigorosa investigação contra os continuadores da revolução. *Korn, Löwinsohn* e *Urban* foram presos. Casas e mais casas foram revistadas em toda Berlim. O capitão *Natzmer*, que teve visão suficiente para compreender de imediato a necessidade de se retirar do arsenal, o homem que, com sua retirada pacífica, preservou a Prússia de uma nova revolução e os ministros dos maiores perigos – esse homem foi submetido a uma corte marcial, foi tratado de acordo com leis marciais que o condenam à morte.

Os ententistas também se recuperam de seu pavor. Em sua sessão do dia 17 negaram os assaltantes do arsenal, como haviam negado no dia 9 os combatentes das barricadas. Nessa sessão do dia 17 aconteceu, de fato, o seguinte:

O sr. Camphausen declarou à Assembleia que iria compartilhar com ela todos os fatos, para que decidisse se o ministério deveria ser autuado pelo assalto ao arsenal.

Certamente havia motivo para acusar os ministros, mas não por terem tolerado o ataque ao arsenal, mas sim por o terem *causado* ao escamotear um dos resultados mais importantes da revolução, o armamento do povo.

O sr. *Griesheim*, comissário do ministério da Guerra, se apresentou depois dele. Fez uma extensa descrição das armas que se encontravam no arsenal, especialmente os fuzis, "uma invenção totalmente nova, segredo exclusivo da Prússia", armas "de significado histórico" e mais magníficas que todas as outras. Descreveu a vigilância do arsenal: em cima, mais de 250 militares, embaixo, a Guarda Cívica. Referiu-se ao fato de que as entradas e saídas de armas do arsenal, como depósito principal de todo o Estado prussiano, não tinham sido interrompidas nem pela Revolução de Março.

Depois de todos esses preâmbulos, com os quais tentou despertar a simpatia dos ententistas pelo tão interessante instituto do arsenal, chegou finalmente aos acontecimentos de 14 de junho.

Disse que fora chamada a atenção do povo para o arsenal e para o envio de armas, que lhe fora dito que as armas lhe pertenciam.

Disse que certamente as armas pertencem ao povo; primeiro como propriedade nacional, e segundo como peças do armamento do povo conquistado e garantido.

O sr. Griesheim "pode assegurar com certeza que os primeiros tiros foram disparados pelo povo contra a Guarda Cívica".

Essa afirmação combina com a dos "17 militares mortos" de março.

O sr. Griesheim relata, então, como o povo invadiu o arsenal, como a Guarda Cívica se retirou e então "1.100 armas da nova invenção foram *roubadas*, uma perda irreparável" [!]. O capitão Natzmer teria sido persuadido a recuar, a "*violar seu dever*"; a tropa se retirara.

Mas agora o comissário do ministério da Guerra chega a uma parte de seu relatório graças à qual seu coração velho-prussiano sangra; o povo profanou a sacralidade da velha Prússia. Ouçamos:

> Mas agora começaram *atrocidades protocolares* nas altas esferas. *Roubaram, defraudaram e devastaram.* Armas novas foram arremessadas no chão e destruídas, *antiguidades* de um valor inestimável, armas com prata e marfim, artísticas e de modelos de artilharia difíceis de substituir, foram arruinadas, troféus e bandeiras conquistados com o sangue do povo, aos quais *está vinculada a honra da nação, foram despedaçados e manchados!* (Indignação geral. Gritos de todos os lados: Vergonha, vergonha!)

Essa indignação do velho espadão com a frivolidade do povo tem um efeito verdadeiramente cômico. O povo cometeu "atrocidades protocolares" com os velhos elmos pontiagudos, barretes da Landwehr e outras velharias "de valor inestimável"! Atirou ao chão "armas novas"! Que "atrocidade" para um primeiro-tenente encanecido no serviço, para quem só era permitido uma admiração respeitosa pelas "novas armas" no arsenal, enquanto seu regimento se exercitava com as armas mais gastas! O povo arruinou os modelos de artilharia! Acaso o sr. Griesheim supõe que, numa revolução, o povo deveria calçar previamente luvas de pelica? Mas agora vem o mais terrível – os troféus da velha Prússia foram manchados e despedaçados!

O sr. Griesheim nos relata aqui um fato do qual resulta que, em 14 de junho, o povo de Berlim mostrou uma ação revolucionária muito correta. O povo de Berlim negou a guerra de libertação ao pisotear as bandeiras conquistadas em Leipzig[4] e Waterloo.[5] A primeira coisa que os alemães têm de fazer em sua revolução é romper com todo seu ignominioso passado.[6]

Mas naturalmente a Assembleia velho-prussiana dos ententistas deveria vociferar Vergonha! Vergonha! contra um ato com o qual, pela primeira vez, o povo se insurgiu revolucionariamente não somente contra seus opressores, mas também contra as reluzentes ilusões de seu próprio passado.

No entanto, com toda a indignação de bigodes eriçados contra tal sacrilégio, o sr. Griesheim não se esqueceu de notar que toda essa história "custou ao Estado 50 mil táleres, e as armas a muitos batalhões".

---

[4] Na batalha de Leipzig de 16 a 19 de outubro de 1813 participaram tropas russas, prussianas, austríacas e suecas. A batalha terminou com a vitória desses exércitos coligados sobre o exército de Napoleão.

[5] Na batalha de Waterloo, em 18 de junho de 1815, Napoleão foi derrotado pelas tropas prussianas e inglesas, comandadas por Blücher e Wellington, respectivamente.

[6] Referência ao caráter ambíguo da guerra de libertação de 1813-1815, na qual a luta de libertação das massas populares contra a política predatória de Napoleão I foi usada pelos príncipes e *junkers* para restabelecer tanto quanto possível as relações feudais na Europa. Engels tratou do lado progressista da guerra de libertação na obra *Ernst Moritz Arndt*, de 1841, e em seus ensaios de 1870, que abordavam a organização da Landsturm em 1813, no qual declara explicitamente que só a vitória sobre o domínio napoleônico preparava o caminho para a solução da questão nacional e, com ela, para a libertação do jugo dos príncipes alemães.

Ele continua: "Não foi a aspiração ao armamento do povo que ocasionou o ataque. As armas foram vendidas por alguns tostões."

Segundo o sr. Griesheim, o assalto ao arsenal não passou de uma ação de um bando de assaltantes que roubaram as armas para as revenderem por uma dose de aguardente. Por que os "ladrões" saquearam justamente o arsenal, e não de preferência as ricas lojas dos ourives e cambistas, essa explicação o comissário ministerial para a Guerra ficou nos devendo.

> Mostrou-se uma muito viva simpatia para com o infeliz [!] comandante, por ter ele infligido seu dever para, como se alega, não derramar o sangue dos cidadãos; a ação foi mesmo apresentada como meritória e louvável; e hoje até veio a mim uma deputação propondo que a ação deveria ser reconhecida por toda a pátria como louvável. (Indignação.) Eram deputados de diversos clubes sob a presidência do assessor Schramm. (Indignação da direita e 'Vergonha!') É certo que o capitão quebrou a primeira, a principal lei do soldado – ele abandonou seu posto, apesar da instrução que lhe havia sido expressamente dada de não fazê-lo sem ordem específica. Foi-lhe dito que com sua partida ele salvaria o trono, que todas as tropas haviam deixado a cidade e o rei tinha fugido para Potsdam. (Indignação.) *Ele agiu tal como aquele comandante de fortaleza em 1806*, que também entregou sem mais a fortaleza que lhe fora confiada, em vez de defendê-la. De resto, a objeção de que, com sua partida, ele impediu o derramamento de sangue dos cidadãos não se sustenta; também não teria sido tocado nenhum fio de cabelo se ele tivesse capitulado no momento em que a parte restante do batalhão avançasse em sua ajuda. (Bravos da direita, vaias da esquerda.)

O sr. Griesheim naturalmente se esqueceu de novo de que a discrição do capitão Natzmer salvou Berlim de outra luta armada, os ministros do maior dos perigos, a monarquia da queda. O sr. Griesheim é novamente um primeiro-tenente dos pés à cabeça, não vê na ação de Natzmer nada além de insubordinação, covarde abandono de seu posto e traição ao conhecido modo velho-prussiano de 1806.[7] O homem a quem a monarquia deve sua continuidade deve ser condenado à morte. Belo exemplo para todo o exército!

E como se comportou a Assembleia diante desse relato do sr. Griesheim? Ela foi o eco de sua indignação. A esquerda protestou finalmente por meio de vaias. A esquerda de Berlim se comporta em geral cada vez mais covardemente, cada vez mais ambiguamente. Esses senhores, que exploraram o povo durante as eleições, onde estavam na noite de 14 de junho, quando o povo, por simples perplexidade, deixou escapar rapidamente as vantagens conquistadas, quando faltava somente um líder para consumar a vitória? Onde estavam os srs. Berends, Jung, Elsner, Stein, Reichenbach? Ficavam em casa ou faziam inócuas representações junto aos ministros. E isso ainda não é tudo. Eles não ousaram uma única vez defender o povo contra as calúnias e injúrias do comissário do governo. Nem um único orador se apresentou. Nem um único quis se responsabilizar pelo ato do povo que lhe assegurou sua primeira vitória. Não ousaram nada além de *vaiar*! Que heroísmo!

---

[7] Depois da batalha de Jena e Auerstedt em 14 de outubro de 1806, seguiram-se as vergonhosas capitulações sem luta das fortalezas prussianas para as tropas francesas; em quase todos os lugares, com muito poucas exceções, os comandantes *junkers* revelaram uma face covarde e traidora.

Nova política na Posnânia

NGR, n. 21, 21/6/1848

F. ENGELS

Colônia, 20 de junho. Novamente outra guinada na questão da Posnânia! Depois da fase Willisen, a fase das sublimes promessas e proclamações entusiásticas, veio a fase Pfuel com granadas, estigmatizações e cabeças raspadas,[1] a fase do banho de sangue e da barbárie russa. Agora, depois da fase Pfuel, chega uma nova fase da reconciliação!

O major *Olberg*, chefe do Estado-Maior na Posnânia e implicado principal na carnificina e nas estigmatizações, foi repentinamente transferido contra a sua vontade. O general *Colomb* foi transferido, também contra a sua vontade, da Posnânia para Königsberg. O general *Pfuel* (da pedra infernal) foi chamado a Berlim e o presidente *Beurmann* já chegou lá.

Assim a Posnânia foi totalmente abandonada pelos cavaleiros que traziam a pedra infernal em seus brasões e brandiam tesouras, pelos bravos que, de uma tocaia segura, mataram pelas costas, com granadas, agricultores indefesos, a mil ou 1200 passos de distância. Os judeus-alemães devoradores de poloneses tremeram; assim como antes os poloneses, agora eles se veem traídos pelo governo.

O ministério Camphausen teve subitamente uma iluminação. O perigo da invasão russa lhe mostra agora a enormidade do erro que cometeu ao entregar a Polônia à sanha da burocracia e da Landwehr pomerana. Agora ele gostaria de reconquistar a qualquer preço a simpatia dos poloneses, agora, quando é tarde demais!

Portanto, toda a sangrenta guerra de extermínio contra os poloneses, com todas as suas atrocidades e barbaridades, que ficará ligada ao nome alemão como uma eterna ignomínia, o justo ódio mortal dos poloneses contra nós, a agora necessária aliança russo-polonesa contra a Alemanha, uma aliança com a qual os inimigos da revolução serão fortalecidos com um povo corajoso de 20 milhões – tudo isso só aconteceu, só se realizou para que o sr. Camphausen finalmente tivesse a oportunidade de balbuciar seu *pater peccavi*?[2]

---

[1] Por ordem do general prussiano Pfuel, os participantes da insurreição da Posnânia de 1848 que foram presos tiveram as cabeças raspadas e as mãos e orelhas marcadas com pedra infernal (nitrato de prata). Daí o apelido desse general.

[2] Pai, eu pequei.

Acaso o sr. Camphausen acredita que poderia agora, quando precisa da Polônia, voltar a merecer sua simpatia afogada em sangue por meio de frases suaves e concessões? Acredita que as mãos estigmatizadas vão se bater por ele, que as cabeças raspadas vão se expor por ele aos sabres russos? Acredita realmente poder dirigir contra as metralhas russas os que foram poupados pelas granadas prussianas?

E acredita o sr. Camphausen que ainda pode permanecer no governo, depois de ter ele mesmo admitido tão inequivocamente sua incapacidade?

Queda do ministério Camphausen

NGR, n. 22, 22/6/1848, edição extra

F. ENGELS

Colônia, 21 de junho. 10 hs da noite. Recebemos a seguinte informação de Berlim, de 20 de junho: *o ministério Camphausen caiu; hoje, às 8 horas da manhã, o sr. Camphausen restituiu sua pasta às mãos do rei.*[1] *Quando a Assembleia Ententista, que fora adiada até que se realizasse a complementação do ministério, se reuniu hoje pela manhã, o presidente*[2] *leu uma carta de Camphausen anunciando à Câmara sua renúncia, e justamente porque não lhe fora possível completar o ministério. Os senhores Hansemann, von Auerswald, Bornemann, von Patow, Roth von Schreckenstein e Schleinitz sentavam-se no banco ministerial, Schreckenstein como recém-nomeado ministro da Guerra, Schleinitz, o conhecido favorito da princesa da Prússia*[3] *e russófilo, como* **ministro dos Negócios Exteriores**. *Hansemann e von Auerswald esclareceram ainda que, com a demissão do primeiro-ministro, todos eles, com exceção de von Schreckenstein e Schleinitz, permaneciam apenas provisoriamente e que, até a formação do novo gabinete, só despachariam os assuntos cotidianos.*
Pediu-se, ademais, à Assembleia Ententista o adiamento da Câmara por prazo indefinido. Decidiu-se pelo adiamento até a próxima segunda-feira.

Nossos leitores não ficarão surpresos com essa notícia. Havíamos previsto diariamente a queda do ministério Camphausen. E havíamos acrescentado: *ou uma nova revolução ou um ministério resolutamente reacionário*. A tentativa de uma nova revolução fracassou. Um ministério russófilo preparará o caminho para o tsar.

---

[1] Frederico Guilherme IV.
[2] Karl Milde.
[3] Augusta, Marie Luise Katharina.

Primeiro ato da Assembleia Nacional Alemã em Frankfurt

NGR, n. 23, 23/6/1848

F. Engels

Colônia. A Assembleia Nacional Alemã finalmente se levantou! Finalmente tomou uma resolução de efeito prático imediato, interveio na guerra austríaco-italiana.[1]

E como ela interveio? Proclamou a independência italiana? Mandou um mensageiro a Viena com a ordem para que Radetzky e Welden imediatamente se retirassem para trás do rio Isonzo? Enviou uma mensagem de congratulação ao governo provisório milanês?

De jeito nenhum! Ela declarou que verá qualquer *ataque a Trieste como um caso de guerra*.

Isto é: a Assembleia Nacional Alemã, em íntimo acordo com a Dieta Federal, permite aos austríacos cometer na Itália as maiores brutalidades, saquear, assassinar, lançar foguetões incendiários em cada cidade, em cada aldeia (ver em *Itália*) e então se retirar em segurança para o território federal alemão neutro! Permite aos austríacos inundar a Lombardia a qualquer momento, a partir do solo alemão, com croatas e panduros,[2] mas pretende proibir os italianos de perseguir os austríacos vencidos em seu esconderijo! Permite aos austríacos bloquear Veneza e a foz do Piave, do Brenta e do Tagliamento a partir de Trieste; mas qualquer hostilidade contra Trieste é vedada aos italianos!

---

[1] O norte da Itália pertencia, à época, à monarquia austríaca. No início de 1848 irrompeu uma insurreição dos italianos contra a dominação estrangeira e pela unidade e independência da Itália. A notícia da vitória da revolução em Viena conduziu em 18 de março de 1848 a um grandioso levante popular em Milão, e, em uma luta feroz de cinco dias, os insurretos conseguiram obrigar Radetzky, com seus 15 mil soldados austríacos, a deixar a cidade. Em 22 de março foi formado um governo provisório por representantes da burguesia liberal. Carlos Alberto, rei da Sardenha e do Piemonte, conseguiu pôr-se à cabeça do movimento de libertação italiano, com o objetivo de estender seu reino a toda a Alta Itália; o movimento popular democrático se opôs. O exército sardenho-lombardo, sob comando de Carlos Alberto, empurrou inicialmente as tropas de Radetzky para o norte, mas depois, graças à atitude hesitante e incapacidade militar dele e de seus generais, sofreu uma série de derrotas. Milão caiu novamente nas mãos dos austríacos. Por medo de perder também suas propriedades com uma derrota completa, Carlos Alberto concluiu em seguida um armistício traidor com a Áustria, que se prolongou por seis semanas. Em 20 de março de 1849, as ações militares foram mais uma vez reencetadas, mas pouco depois o exército sardenho foi destruído pelos austríacos, e Carlos Alberto renunciou ao trono.

[2] Croatas: soldados do exército imperial austríaco, cuja cavalaria ligeira e infantaria eram originariamente recrutadas entre os membros desse povo. Panduros: formações militares do exército imperial austríaco, que apresentavam um tipo específico de tropas de infantaria irregulares e se comportavam de forma extremamente brutal e impiedosa.

A Assembleia Nacional Alemã não poderia ter se comportado mais covardemente do que o fez com essa resolução. Ela não tem coragem de sancionar abertamente a guerra italiana. Tem ainda menos coragem de proibir a guerra ao governo austríaco. Nesse embaraço, tomou – e ainda por cima por aclamação, para silenciar com gritos ruidosos seu medo secreto – a resolução sobre Trieste, que na forma não aprova nem desaprova a guerra contra a revolução italiana, mas no conteúdo a aprova.

Essa resolução é uma *declaração de guerra à Itália*, indireta e, por isso mesmo, duplamente desonrosa para uma nação de 40 milhões, como a alemã.

A resolução da Assembleia de Frankfurt vai provocar uma tempestade de indignação em toda a Itália. Se os italianos ainda dispuserem de algum orgulho e energia, responderão bombardeando Trieste e marchando sobre Brenner.

Mas a Assembleia de Frankfurt põe e o povo francês dispõe. Veneza apelou para a ajuda francesa; depois dessa resolução, os franceses não tardarão a cruzar os Alpes, e então não demorará muito para chegarem no Reno.

Um deputado acusou a Assembleia de Frankfurt de indolência. Ao contrário. Ela já trabalhou tanto que temos uma guerra no norte e outra no sul, e uma guerra no oeste e outra no leste virão inevitavelmente. Estaremos na afortunada situação de combater ao mesmo tempo o tsar e a república francesa, a reação e a revolução. A Assembleia se assegurou de que soldados russos e franceses, dinamarqueses e italianos se encontrem na igreja de São Paulo, em Frankfurt. E ainda dizem que a Assembleia é indolente!

O caráter democrático da insurreição

NGR, n. 25, 25/6/1848

F. Engels

Praga. Comprova-se dia a dia que nossa interpretação da insurreição de Praga (n. 18 d[esta] *G*[azeta]) era correta e que as suspeitas dos jornais alemães de que o partido tcheco serviria à reação, à aristocracia, aos russos etc. eram puras mentiras.

Viam apenas o conde Leo Thun e seus aristocratas, não enxergavam a massa do povo boêmio, os inúmeros trabalhadores industriais, os camponeses. O fato de que por um momento a aristocracia tentou confiscar o movimento tcheco em seu favor e no da camarilha de Innsbruck seria uma clara evidência de que o proletariado revolucionário de Praga, que em 1844 já dominou completamente Praga durante três dias,[1] representava o interesse da nobreza e da reação em geral!

Mas todas essas calúnias se pulverizaram com o primeiro golpe decidido do partido tcheco. A insurreição foi tão resolutamente democrática que os condes *Thun*, em vez de a liderarem, imediatamente recuaram e foram detidos pelo povo como reféns austríacos. Foi tão decididamente democrática que todos os tchecos do partido aristocrático fugiram dela. Foi dirigida tanto contra os senhores feudais tchecos quanto contra a soldadesca austríaca.

Os austríacos atacaram o povo não porque ele era tcheco, mas porque era *revolucionário*. Para os soldados o assalto a Praga valeu somente como um prelúdio do ataque e incineração de Viena.

Assim escreve a *Gazeta Mercantil de Berlim*[2] em "Viena, 20 de junho":

> Hoje voltou a delegação que o Comitê Cívico[3] local enviara a Praga única e exclusivamente com a missão de assegurar que os relatórios telegráficos fossem fiscalizados e que

---

[1] Trata-se do levante espontâneo, em Praga e cercanias, na segunda metade de junho de 1844, dos trabalhadores têxteis que viviam na mais acerba miséria. O movimento dos trabalhadores, que destruiu as fábricas e as máquinas, foi cruelmente reprimido pelas tropas do governo austríaco.

[2] Diário editado em Berlim desde 1846 por Gustav Julius; em 1848-1849, foi um órgão da democracia pequeno-burguesa.

[3] Abreviação do Comitê dos Cidadãos, da Guarda Nacional e dos Estudantes para a Salvaguarda da Paz e da Segurança e para a Defesa dos Direitos do Povo, constituído em Viena em maio de 1848.

não precisássemos esperar até 24 horas por uma notícia de lá, como muitas vezes nos últimos dias. A delegação apresentou ao Comitê o relatório de sua missão. Relatou coisas terríveis sobre o domínio militar em Praga. Para qualificar todo o horror de uma cidade conquistada, bombardeada, sitiada, só pôde dizer que não há palavras para descrever esse horror. Correndo risco de vida, alcançaram Praga de carro a partir da última estação antes dela; correndo risco de vida, chegaram ao castelo de Praga passando através das tropas. Em toda parte os soldados gritavam contra eles: 'Vocês também estão aqui, seus cães vienenses! Agora vamos pegá-los!' Muitos queriam cair em cima dos deputados, mesmo os oficiais comportavam-se com brutalidade sem limites. Finalmente chegaram ao castelo. O conde Wallmoden recebeu suas credenciais, olhou a assinatura e disse: *'Pillersdorf?* Isso não tem validade aqui'. Windischgrätz tratou a canalha burguesa rudemente como nunca e disse: *'A revolução venceu por toda parte; aqui somos os vencedores e não reconhecemos qualquer autoridade civil.* Enquanto eu estive em Viena, tudo estava calmo. Mal eu saí, deitou-se tudo abaixo.' A delegação foi despojada de suas armas, e ela mesma foi aprisionada num quarto do castelo. Só após dois dias obteve permissão para partir; as armas não foram devolvidas.

Assim relataram nossos deputados, assim foram tratados pelo Tilly de Praga, assim se comportaram os soldados, e aqui parece que ainda se acredita em uma mera luta contra os tchecos. Por acaso os deputados falavam tcheco? Não tinham uniformes da Guarda Nacional vienense, não tinham em mãos a credencial do ministério e do Comitê Cívico, investido por ele de autoridade legislativa?

Mas a revolução já fez progressos muito grandes. Windischgrätz se considera o homem que lhe vai opor uma barreira. Matam-se os boêmios a tiros como cães, e, quando soar a hora da bravura, se marchará contra Viena. Por que Leo Thun foi libertado por Windischgrätz, o mesmo Leo Thun que se pusera à frente do governo provisório de Praga, que pregava a secessão da Boêmia? Por que, perguntamos, foi libertado das mãos dos tchecos, se toda sua atividade não passou de um jogo tramado com a aristocracia a fim de provocar a ruptura?

Antes de ontem partiu um trem de Praga. Nele se encontravam estudantes alemães em fuga, guardas nacionais vienenses, famílias em fuga que não mais se sentiam em casa em Praga, apesar da tranquilidade reinante. Na primeira estação próxima a Praga, a guarda militar ali presente exigiu que os viajantes, sem distinção, lhes entregassem suas armas e, à sua recusa, os soldados atiraram dentro dos vagões, em homens, mulheres e crianças indefesos. Seis cadáveres foram retirados dos vagões, e os viajantes limpavam dos rostos o sangue dos assassinados. Assim foram tratados alemães pelos militares que aqui se pretende considerar como anjos salvadores da liberdade alemã.

Reichensperger

NGR, n. 26, 26/6/1848

F. Engels

Colônia, 25 de junho. Temos a infelicidade de sermos bons profetas. O que previmos no n. 19 aconteceu.[1] O sr. Reichensperger, de Tréveris, tornou-se efetivamente presidente do Tribunal Regional de Primeira Instância local. Isto é um consolo nestes tempos difíceis. Guizot-Camphausen pode ter caído, Duchatel-Hansemann pode cambalear – mas o sistema de corrupção *à la* Guizot-Duchatel parece pretender deitar novas raízes aqui. E o que importam as pessoas, se a coisa existe? – De resto, recomendamos ao senhor Reichensperger a leitura da mensagem de Berncastel,[2] em nosso suplemento extra desta manhã.[3]

---

[1] Ver "A Prisão de Valdenaire – Sebaldt".
[2] Referência à mensagem enviada pelos eleitores de Berncastel para August Reichensperger, seu deputado na Assembleia Nacional Prussiana, expressando sua indignação com a conduta deste e de outros deputados da Renânia durante o debate sobre a revolução: o voto deles em favor de passar à ordem do dia foi considerado repúdio à revolução.
[3] "Berncastel, 18 de junho", *Nova Gazeta Renana* n. 25, de 25 de junho de 1848.

Detalhes sobre o 23 de junho

NGR, n. 26, 26/6/1848, suplemento extra

F. ENGELS

A insurreição é uma insurreição puramente operária. A cólera dos trabalhadores irrompeu contra o governo e a Assembleia que frustraram suas esperanças, que diariamente tomaram medidas no interesse da burguesia contra os trabalhadores, que dissolveram a Comissão de Trabalhadores no Luxemburgo,[1] que limitaram as Oficinas Nacionais,[2] que decretaram a lei contra a reunião. O caráter decididamente proletário da insurreição emana de todos os detalhes.

Os bulevares, as grandes artérias da vida parisiense, foram o palco das primeiras reuniões. A densa aglomeração ia da porta St. Denis até a velha rua du Temple. Trabalhadores das Oficinas Nacionais declaravam que não iriam para as Oficinas Nacionais da Sologne; outros relatavam que haviam partido ontem para lá, mas já na barreira Fontainebleau tinham esperado em vão pelos documentos de viagem e pela autorização de partida, que na antevéspera lhes haviam sido prometidos.

Por volta das dez horas apelou-se às barricadas. Nas regiões leste e sudeste de Paris, desde o *quartier* e *faubourg* Poissonnière, rapidamente foram erguidas barricadas, mas, ao que parece, de modo ainda muito desordenado e desconexo. As ruas St. Denis, St.

---

[1] Comissão dos Trabalhadores no Luxemburgo: comissão governamental para a questão trabalhista que, sob a presidência de Louis Blanc, se reunia no palácio do Luxemburgo. Foi fundada em 28 de fevereiro de 1848 por pressão dos trabalhadores, que reivindicavam a criação de um ministério do Trabalho. A atividade prática da Comissão do Luxemburgo, constituída por representantes de trabalhadores e empresários, limitou-se à resolução de conflitos trabalhistas; pela atitude conciliadora de Louis Blanc, a decisão frequentemente era favorável aos empresários. Depois da ação das massas populares em 15 de maio, o governo dissolveu a Comissão do Luxemburgo, em 16 de maio de 1848.

[2] As Oficinas Nacionais foram criadas imediatamente depois da revolução de fevereiro de 1848, por um decreto do governo provisório francês. Com elas, o governo visava ao objetivo de, por um lado, desacreditar as ideias de Louis Blanc sobre a organização do trabalho pelos trabalhadores e, por outro, usar os trabalhadores organizados militarmente nas Oficinas Nacionais na luta contra o proletariado revolucionário. Como esse plano provocativo de dividir a classe trabalhadora falhou, e o espírito revolucionário tornava-se cada vez mais forte entre os trabalhadores das Oficinas Nacionais, o governo burguês tomou uma série de medidas para eliminá-las (redução do pagamento, envio dos trabalhadores para obras públicas na província etc.). Essas provocações geraram grande indignação no proletariado parisiense e foram um motivo para o início da insurreição de junho em Paris. Depois do esmagamento da insurreição, o governo Cavaignac emitiu um decreto, em 3 de julho de 1848, dissolvendo as Oficinas Nacionais.

Martin, Rambuteau, *Faubourg* Poissonnière e, na margem esquerda do Sena, os acessos aos *faubourgs* St. Jacques e St. Marceau – as ruas St. Jacques, La Harpe, La Huchette e as pontes contíguas, foram mais ou menos fortemente entrincheiradas. Nas barricadas foram hasteadas bandeiras com a inscrição: "Pão ou Morte!", ou "*Trabalho ou Morte!*"

A insurreição apoiou-se, por consequência, decididamente na região leste da cidade, habitada sobretudo por trabalhadores; primeiro nos "*aimables faubourgs*",[3] nos *faubourgs* Saint Jacques, Saint Marceau, Saint Antoine, du Temple, Saint Martin e Saint Denis, depois nas regiões da cidade que ficam entre eles (*quartiers* Saint Antoine, du Marais, Saint Martin e Saint Denis).

Às barricadas seguiram-se os ataques. A sentinela do *boulevard* Bonne Nouvelle, que em toda revolução é quase sempre a primeira a ser destruída, foi ocupada pela Guarda Móvel.[4] Foi desarmada pelo povo.

Mas logo em seguida a Guarda Cívica da região oeste chegou em seu socorro, e retomou a sentinela. Uma segunda tropa ocupou o *trottoir* elevado diante do Théatre du Gymnase, que domina uma grande extensão do *boulevard*. O povo tentou desarmar o posto avançado; mas, por enquanto, nenhum dos lados recorreu às armas.

Finalmente chegou a ordem de tomar a barricada sobre o *boulevard* na porta Saint Denis. A Guarda Nacional[5] avançou, o comissário de polícia à frente; houve negociações; alguns tiros foram disparados, não se sabe bem por qual lado, e rapidamente o fogo se generalizou.

Imediatamente a sentinela de Bonne Nouvelle também abriu fogo; um batalhão da segunda legião, que mantinha ocupado o *boulevard* Poissonnière, avançou também com armas carregadas. O povo foi cercado por todos os lados. De sua posição vantajosa e parcialmente segura, a Guarda Nacional abriu um violento fogo cruzado sobre os trabalhadores. Eles se defenderam durante meia hora; finalmente o *boulevard* Bonne Nouvelle e as barricadas até a porta Saint Martin foram tomadas. Ali também, por volta de 11 horas, a Guarda Nacional tomou as barricadas pelo lado du Temple e ocupou os acessos para o *boulevard*.

Os heróis que tomaram de assalto essas barricadas foram os burgueses do segundo *arrondissement*, que se estende desde o Palais Ex-Royal[6] até todo o *faubourg* Montmartre. Ali moram os ricos *boutiquiers*[7] das ruas Vivienne, Richelieu e do *boulevard* des Italien, os

---

[3] Assim o "rei-cidadão" Luís Filipe chamava os subúrbios da zona leste de Paris, que eram habitados principalmente por trabalhadores, para se dar um ar popular.

[4] A Guarda Móvel foi criada por um decreto do governo provisório, em 25 de fevereiro de 1848, para a luta contra as massas revolucionárias. Essas tropas compunham-se principalmente de lumpemproletários e foram empregadas para a repressão à insurreição de junho parisiense.

[5] Guarda Nacional – organização armada francesa de 1848, semelhante à Guarda Cívica alemã, que foi empregada para a proteção da "ordem" burguesa.

[6] Palácio em Paris, desde 1643 residência de Luís XIV e propriedade dos Bourbon da linha Orleans desde 1692. Depois da revolução de fevereiro de 1848, foi declarado propriedade nacional. Daí a designação de ex-real.

[7] Merceeiros.

grandes banqueiros das ruas Laffitte e Bergère e os alegres rentistas da Chaussée d'Antin. Ali moram Rothschild e Fould, Rougemont de Lowemberg e Ganneron. Ali estão, em uma palavra, a Bolsa, Tortoni[8] e tudo o que se conecta e depende disso.

Esses heróis, os primeiros e os mais ameaçados pela república vermelha, foram também os primeiros em campo. É significativo que *a primeira barricada de 23 de junho tenha sido tomada pelos vencidos de 24 de fevereiro*. Avançaram com uma força de três mil homens, quatro companhias tomaram, em marcha de ataque, um ônibus virado. Os insurgentes, entretanto, parecem ter-se estabelecido novamente na porta Saint Denis, pois por volta do meio dia o general Lamoricière precisou avançar com fortes destacamentos da Guarda Móvel, tropas de linha, cavalaria e dois canhões para, junto da segunda legião (a Guarda Nacional do segundo *arrondissement*), tomar uma forte barricada. Um pelotão da Guarda Móvel foi obrigado pelos insurgentes a recuar.

A luta no *boulevard* Saint Denis foi o sinal para o engajamento em todos os distritos orientais de Paris. O combate foi sangrento. Mais de 30 insurgentes foram mortos ou feridos. Os trabalhadores enfurecidos juraram atacar de todos os lados na próxima noite, e combater até a morte contra a "Guarda Municipal da república".[9]

Às 11 horas havia combate também na rua Planche-Mibray (continuação da rua Saint Martin na direção do Sena); um homem foi morto.

Nas proximidades do mercado, rua Rambuteau etc. houve também confrontos sangrentos. Quatro ou cinco mortos ficaram no chão.

À uma hora teve lugar um combate na rua du Paradis-Poissonnière; a Guarda Nacional abriu fogo; o resultado é desconhecido. No *faubourg* Poissonnière, após um enfrentamento sangrento, dois suboficiais da Guarda Nacional foram desarmados.

A rua Saint Denis foi evacuada por uma carga de cavalaria.

No *faubourg* Saint Jacques houve violentos combates à tarde. Nas ruas Saint Jacques e La Harpe, na praça Maubert, as barricadas sofreram assaltos, com resultados variáveis, e *houve cerrado tiroteio de metralhas*. Também no *faubourg* Montmartre as tropas dispararam com canhões.

Os insurgentes foram em geral reprimidos. O Hôtel de Ville permaneceu livre; às três horas a insurreição estava limitada aos *faubourgs* e ao Marais.

Aliás, viam-se *poucos guardas nacionais sem uniforme* (isto é, trabalhadores que não têm dinheiro para aquisição dos uniformes) armados. Em contrapartida havia ali pessoas que portavam *armas de luxo*, fuzis de caça etc. Também guardas nacionais montados (como sempre, os jovens das famílias mais ricas) marchavam a pé nas filas da infantaria.

---

[8] No Café Tortoni, no Boulevard Italiano e em suas proximidades, nos períodos em que a Bolsa estava fechada, efetuavam-se negócios da Bolsa. Para distinguir da Bolsa oficial, o Café Tortoni e o respectivo quarteirão eram denominados de "pequena Bolsa".

[9] A assim-chamada Guarda Republicana foi constituída em 16 de maio de 1848 por ordem do governo francês, inquieto com a manifestação dos trabalhadores parisienses em 15 de maio. Sob o comando de oficiais contrarrevolucionários, realizava o trabalho policial em Paris e estava subordinada ao prefeito de polícia; suas forças consistiam em 2.600 homens.

No *boulevard* Poissonnière, guardas nacionais deixavam-se desarmar calmamente pelo povo e então fugiam.

Às 5 horas a luta ainda perdurava, quando um aguaceiro afinal a suspendeu.

No entanto, em locais isolados ainda houve combates até tarde da noite. Às 9 horas ainda eram disparados tiros de espingarda no *faubourg* St. Antoine, o centro da população trabalhadora.

Até esse momento, a luta ainda não havia sido conduzida com toda a violência de uma decidida revolução. A Guarda Nacional, com exceção da segunda legião, parece ter, em sua maioria, hesitado em atacar as barricadas. Os trabalhadores, enfurecidos como estavam, ficaram limitados, como é evidente, à defesa de suas barricadas.

Assim se separaram à noite, depois de ambos os partidos terem marcado encontro para a manhã seguinte. O primeiro dia de luta não deu ao governo qualquer vantagem; os insurgentes rechaçados poderiam reocupar os postos perdidos durante a noite, como de fato fizeram. Em contraposição, o governo tinha dois importantes fatos contra si: disparou com metralhas, e não venceu a rebelião no primeiro dia. Mas com metralhas e com uma noite não de vitória, mas sim de mero armistício, *termina a rebelião e começa a revolução*.

O 23 de junho

NGR, n. 28, 28/6/1848

F. Engels

Há ainda muitos aspectos a acrescentar sobre o combate de 23 de junho. O material disponível é inesgotável; no entanto, o tempo nos permite tratar apenas do mais essencial e característico.

A Revolução de Junho oferece o espetáculo de uma luta encarniçada, como Paris e o mundo ainda não haviam visto. Entre todas as revoluções anteriores, as jornadas de março em Milão apresentaram o combate mais feroz. Uma população quase desarmada de 170 mil almas combateu um exército de 20 mil a 30 mil homens. Mas as jornadas de março de Milão são uma brincadeira de crianças diante das Jornadas de Junho de Paris.

O que distingue a Revolução de Junho de todas as revoluções anteriores é a *ausência de toda ilusão, de todo entusiasmo*.

O povo não está nas barricadas, como em fevereiro, cantando "*Mourir pour la patrie*"[1] – os trabalhadores de 23 de junho lutam por sua existência, a pátria perdeu para eles todo significado. A *Marseillaise* e todas as lembranças da grande revolução desapareceram. O povo e a burguesia pressentem que a revolução em que estão envolvidos é maior do que as de 1789 e 1793.

A Revolução de Junho é a revolução do desespero, e é travada com a cólera silenciosa, com o sombrio sangue-frio do desespero; os trabalhadores sabem que travam uma *luta de vida ou morte*, e diante da terrível seriedade dessa luta cala-se mesmo o alegre *esprit* francês.

A história só oferece dois momentos que mostram semelhança com a luta que provavelmente ainda é travada nesse momento em Paris: a guerra dos escravos romanos e o levante de Lyon em 1834. A velha palavra de ordem lyonesa – "Viver trabalhando ou morrer lutando" – reemergiu também subitamente, 14 anos depois, e foi inscrita nas bandeiras.

A Revolução de Junho é a primeira que efetivamente cinde toda a sociedade em dois grandes exércitos inimigos, representados por Paris ocidental e Paris oriental. A unanimi-

---

[1] Morrer pela pátria, Refrão de uma canção patriótica francesa, popular no período da revolução de fevereiro de 1848.

dade da revolução de fevereiro desapareceu, aquela unanimidade poética plena de ilusões deslumbrantes, plena de belas mentiras, tão condignamente representada pelo traidor de belas frases, Lamartine. Hoje a implacável seriedade da realidade despedaça todas as sedutoras promessas do 25 de fevereiro. Os combatentes de fevereiro combatem hoje entre si, e – o que nunca tinha acontecido – não há mais nenhuma indiferença, todo homem capaz de usar uma arma participa realmente da luta, *nas* barricadas ou *diante* das barricadas.

Os exércitos que se combatem nas ruas de Paris são tão fortes quanto os exércitos que travaram a batalha dos povos de Leipzig. Só isso demonstra o imenso significado da Revolução de Junho.

Passemos então à descrição da batalha mesma.

Em função das notícias que tínhamos ontem, fomos levados a acreditar que as barricadas tinham sido erguidas em grande parte sem método. Os detalhados relatos de hoje evidenciam o contrário. Nunca as obras de defesa dos trabalhadores tinham sido executadas com tal sangue-frio, com tal planejamento.

A cidade se dividiu em dois campos de batalha. A linha divisória corre da extremidade nordeste da cidade, descendo de Montmartre até a porta St. Denis, dali descendo a rua St. Denis, passando pela ilha da Cité, ao longo da rua St. Jacques até a barreira. O lado oriental foi ocupado e fortificado pelos trabalhadores; a burguesia ataca a partir do lado ocidental, e recebe dali seus reforços.

Desde cedo pela manhã o povo começou silenciosamente a erguer suas barricadas. Eram mais altas e sólidas do que nunca. Na barricada à entrada do *faubourg* St. Antoine flutuava uma gigantesca bandeira vermelha.

O *boulevard* St. Denis foi muito solidamente fortificado. As barricadas do *boulevard*, da rua de Cléry e das casas do entorno, transformadas em completas fortalezas, formavam um sistema de defesa completo. Aqui se desencadeou a primeira luta significativa, como já relatamos ontem. O povo combateu com um indizível desprezo pela morte. Na barricada da rua de Cléry foi realizado um ataque pelo flanco por um forte destacamento da Guarda Nacional. A maioria dos defensores da barricada recuou. Somente sete homens e duas mulheres, duas jovens e belas *grisettes*,[2] permaneceram em seu posto. Um dos sete subiu na barricada, a bandeira nas mãos. Os outros abriram fogo. A Guarda Nacional revidou, o porta-bandeira caiu. Então uma *grisette*, uma moça alta e bela vestida com bom gosto, com os braços nus, agarrou a bandeira, passou por sobre a barricada e marchou para a Guarda Nacional. O fogo continuou, e os burgueses da Guarda Nacional abateram a moça, quando ela chegara perto de suas baionetas. Imediatamente salta a outra *grisette*, agarra a bandeira, levanta a cabeça de sua companheira e, ao encontrá-la morta, atira, furiosa, pedras na Guarda Nacional. Também ela cai sob as balas dos burgueses. O fogo torna-se cada vez mais intenso, atira-se das janelas, da barricada; surgem lacunas nas

---

[2] Mulher da classe trabalhadora. O termo deriva de *gris* (cinza, em francês), referindo-se aos vestidos cinzas, de fabricação barata, que usavam orignalmente.

fileiras da Guarda Nacional; finalmente chegam reforços, e a barricada é tomada. Dos sete defensores da barricada, somente um ainda estava vivo, e foi desarmado e preso. Foram os leões e lobos da Bolsa da segunda legião os que realizaram essa façanha contra sete trabalhadores e duas *grisettes*.

Depois da unificação dos dois corpos e da tomada da barricada, houve um momentâneo e angustiante silêncio. Mas este logo foi interrompido. A brava Guarda Nacional iniciou um bem nutrido fogo de pelotão contra as massas desarmadas e tranquilas que ocupavam uma parte do *boulevard*. Elas dispersaram horrorizadas. Mas as barricadas não foram tomadas. Só quando foi chamado o próprio Cavaignac com as tropas de linha e a cavalaria, depois de longas lutas e só por volta das três horas, o *boulevard* foi tomado até a porta Saint Martin.

No *faubourg* Poissonnière foram erguidas muitas barricadas, e especialmente na esquina da alameda Lafayette, onde muitas casas dos insurgentes serviam também como fortalezas. Um oficial da Guarda Nacional os chefiava. O sétimo regimento de infantaria ligeira, a Guarda Móvel e a Guarda Nacional as atacaram. A luta durou meia hora; finalmente as tropas venceram, mas só depois de terem perdido 100 mortos e feridos. Esse combate aconteceu por volta das três da tarde.

Também diante do Palácio de Justiça foram erguidas barricadas, na rua Constantine e nas ruas em torno, assim como na ponte Saint Michel, onde a bandeira vermelha flutuava. Depois de longas lutas também essas barricadas foram tomadas.

O ditador Cavaignac mandou vir sua artilharia para a ponte Notre-Dame. Daí bombardeou as ruas Planche-Mibray e Cité e pôde facilmente levar a artilharia contra as barricadas da rua Saint Jacques.

Essa última rua foi cortada por inúmeras barricadas e as casas foram transformadas em verdadeiras fortalezas. Só a artilharia podia agir aqui, e Cavaignac não hesitou nem por um momento em utilizá-la. Durante toda a tarde soou o canhoneio. As metralhas varreram as ruas. Às sete da noite restava somente uma barricada para tomar. O número de mortos foi muito grande.

Na ponte Saint Michel e na rua Saint-André des Arts também houve canhoneio. Bem no extremo nordeste da cidade, na rua du Château Landon, onde um destacamento de tropas se aventurara, uma barricada foi também bombardeada com balas de canhão.

À tarde, nos *faubourgs* orientais, o combate era cada vez mais intenso. Os moradores dos subúrbios La Villette, Pantin etc. vieram em ajuda dos insurgentes. As barricadas continuavam a ser reerguidas, e em grande número.

Na Cité uma companhia da guarda republicana, pretextando querer confraternizar com os insurgentes, se introduziu entre duas barricadas e então abriu fogo. O povo caiu furiosamente sobre os traidores e os abateu homem a homem. Quando muito 20 deles tiveram oportunidade de escapar.

A violência da luta crescia em todos os pontos. Enquanto houve luz houve canhoneio por toda parte; mais tarde limitou-se à fuzilaria, que continuou até tarde da noite. Ainda às 11 horas ressoava o toque de reunião em toda Paris, e à meia-noite ainda se trocavam tiros na direção da Bastilha. A Praça da Bastilha estava inteiramente em poder dos insurgentes, bem como todos os seus acessos. O *faubourg* Saint Antoine, o centro de seu poder, foi solidamente fortificado. No *boulevard* da rua Montmartre até a rua du Temple estacionavam em massas cerradas cavalaria, infantaria, Guarda Nacional e Guarda Móvel.

Às 11 horas da noite contavam-se já mais de mil mortos e feridos.

Assim foi o primeiro dia da Revolução de Junho, um dia sem igual nos anais revolucionários de Paris. Os trabalhadores de Paris lutaram totalmente sozinhos contra a burguesia armada, contra a Guarda Móvel, a guarda republicana reorganizada e contra as tropas de linha de todos os gêneros de armas. Sustentaram a luta com uma bravura ímpar, só igualável à brutalidade também ímpar de seus inimigos. Tornamo-nos indulgentes com um Hüser, um Radetzky, um Windischgrätz, quando vemos como a burguesia parisiense se presta com verdadeiro entusiasmo à carnificina arranjada por Cavaignac.

Na noite de 23 para 24, a Sociedade dos Direitos do Homem,[3] que havia sido reconstituída em 11 de junho, decidiu se valer da insurreição em favor da *bandeira vermelha*, e consequentemente tomar parte nela. Portanto, ela realizou uma reunião, decidiu as medidas necessárias e nomeou dois comitês permanentes.

---

[3] Sociedade dos Direitos do Homem e do Cidadão: uma organização pequeno-burguesa democrática, dirigida por Barbes, Huber e outros, que se constituíra no período da monarquia de julho. A sociedade reunia uma série de clubes democráticos da capital e da província e tinha por objetivo a efetivação da jacobina Declaração dos Direitos do Homem e do Cidadão, de 1793. À diferença de muitas outras organizações pequeno-burguesas, a Sociedade dos Direitos do Homem e do Cidadão não renunciava à luta armada com a contrarrevolução. Alguns membros dessa sociedade foram dirigentes da insurreição de junho. Assim, o oficial Kersausie, que elaborara o plano da insurreição de junho, era presidente do Comitê de Ação dessa sociedade.

O 24 de junho

NGR, n. 28, 28/6/1848

F. Engels

Durante toda a noite, Paris foi ocupada militarmente. Fortes piquetes de tropas estacionaram nas praças e nos *boulevards*.

Às 4 horas da manhã ressoou o toque de reunião. Um oficial e vários homens da Guarda Nacional iam a cada casa e tiravam as pessoas de sua companhia que não tinham se apresentado voluntariamente.

Ao mesmo tempo ressoou o canhoneio, mais intensamente na região da ponte Saint Michel, o ponto de ligação entre os insurgentes da margem esquerda e da Cité. O general Cavaignac, investido aquela manhã com poderes ditatoriais, arde de desejo de exercê-los contra a sublevação. No dia anterior, a artilharia foi empregada apenas excepcionalmente, e atirou-se o mais das vezes só com metralhas; mas, hoje, em todos os pontos a artilharia não é posicionada apenas contra as barricadas, mas também contra as casas; não se dispara somente com metralhas, mas também com *balas de canhão*, com *obuses* e com *foguetes incendiários*.

Na parte alta do *faubourg* Saint Denis começou pela manhã uma luta renhida. Nas proximidades da estação do Norte, os insurgentes haviam ocupado uma casa em construção e várias barricadas. A primeira legião da Guarda Nacional atacou, sem, no entanto, conquistar qualquer vantagem. Esgotou sua munição e perdeu cerca de 50 mortos e feridos. Mal conseguiu manter sua posição até a chegada da artilharia (por volta das 10 horas), que demoliu a casa e as barricadas. As tropas reocuparam a estação do Norte. Todavia, em toda essa região (chamada Clos Saint Lazare,[1] e que a *Gazeta de Colônia* transformou em "pátio de Saint Lazare"), o combate se prolongou ainda por muito tempo e foi conduzido com grande encarniçamento. "É uma verdadeira carnificina", escreve o correspondente de uma folha belga.[2] Nas barreiras Rochechouart e Poissonnière, levantaram-se fortes barricadas; a fortificação na alameda Lafayette foi também reconstruída e só cedeu, à tarde, às balas de canhão.

---

[1] Ver adiante, "O 25 de junho".
[2] *L'indépendance Belge*: diário burguês, fundado em Bruxelas em 1831; foi o órgão dos liberais nos anos 40 do século XIX.

Nas ruas Saint Martin, Rambuteau e du Grande Chantier as barricadas também só puderam ser tomadas com ajuda dos canhões.

O Café Cuisinier, em frente à ponte Saint Michel, foi destruído pelas balas dos canhões.

Mas o combate principal ocorreu à tarde, por volta das três horas, no Cais das Flores, onde a famosa loja de roupas "A Bela Jardineira" foi ocupada por 600 insurgentes e transformada em uma fortaleza. Artilharia e infantaria de linha atacaram. Um canto do muro foi derrubado. Cavaignac, que ali comandava pessoalmente o fogo, intimou os insurgentes a se render, caso contrário *todos* seriam passados pelas armas. Os insurgentes se recusaram. O canhoneio começou novamente, e finalmente foram lançados foguetes incendiários e obuses. A casa foi totalmente demolida, 80 insurgentes jazem sepultados sob os escombros.

No *faubourg* Saint Jacques, na região do Panthéon, os trabalhadores também se entrincheiraram de todos os lados. Foi necessário sitiar cada casa, como em Saragossa.[3] Os esforços do ditador Cavaignac para tomar de assalto essas casas foram tão infrutíferos que o brutal soldado argelino declarou que seriam incendiadas se a ocupação não se rendesse.

Na Cité, moças atiravam das janelas nos soldados e na Guarda Cívica. Também aqui foi preciso se valer de obuses para alcançar algum resultado.

O 11º batalhão da Guarda Móvel, que pretendia se bater ao lado dos insurgentes, foi abatido pelas tropas e pela Guarda Nacional. Pelo menos é o que dizem.

Por volta do meio-dia, a insurreição estava decididamente em vantagem. Todos os *faubourgs*, os subúrbios Les Batignolles, Montmartre, La Chapelle e La Villette, em resumo, todos os limites externos de Paris, de Batignolles até o Sena, e mais da metade da margem esquerda do Sena estavam em suas mãos. Ali tinham conquistado 13 canhões, que não utilizaram. No centro, avançaram pela Cité e pela parte baixa da rua Saint Martin até diante do Hôtel de Ville, que estava coberto por massas de tropas. Entretanto, Bastide declarou na Câmara que talvez fosse tomado dentro de uma hora pelos insurgentes, e, no estupor provocado por essa notícia, foi decidida a ditadura e o estado de sítio.[4] Mal se muniu com isso, Cavaignac recorreu aos meios mais extremos, mais cruéis, que até então nunca haviam sido utilizados numa cidade civilizada, que mesmo Radetzky hesitara em adotar em Milão. Mais uma vez o povo foi generoso demais. Se tivesse respondido com incêndios aos foguetes incendiários e aos obuses, à noite seria o vencedor. Mas não pensou em usar as mesmas armas que seus inimigos.

---

[3] Os defensores de Saragossa foram famosos por sua firmeza heroica na guerra de libertação do povo espanhol contra o domínio de Napoleão; a cidade foi sitiada duas vezes pelos franceses (de junho a agosto e em dezembro de 1808); só em fevereiro de 1809 os defensores de Saragossa capitularam diante da superioridade de forças dos franceses, depois de terem perdido mais de 40 mil homens.

[4] Sessão da Assembleia Nacional Francesa de 24 de junho de 1848 (ver "Atas das sessões da Assembleia Nacional", t. 2, Paris, 1849).

A munição dos insurgentes consistia principalmente em algodão-pólvora, fabricado em grandes quantidades no *faubourg* Saint Jacques e no Marais. Na Praça Maubert, foi instalada uma fundição de balas.

O governo recebia continuamente reforço. Durante toda a noite chegaram tropas a Paris; veio a Guarda Nacional de Pontoise, Rouen, Meulan, Mantes, Amiens, Havre; tropas de Orléans; artilharia e sapadores vieram de Arras e Douai, um regimento veio de Orléans. Na manhã de 24 chegaram à cidade, vindos de Vincennes, 500 mil cartuchos e 12 peças de artilharia; os ferroviários da Estação do Norte desengataram os trilhos entre Paris e Saint Denis, para impedir que chegassem mais reforços.

Essas forças unidas e essa inaudita brutalidade conseguiram repelir os insurgentes na tarde do dia 24.

A fúria com a qual a Guarda Nacional combateu e até que ponto sabia que nessa luta estava em jogo sua existência evidencia-se pelo fato de que não apenas Cavaignac, mas sim a própria Guarda Nacional *pretendia atear fogo* a todo o bairro do Panthéon!

Três pontos foram designados como quartéis-generais das tropas agressoras: a porta Saint Denis, onde comandava o general Lamoricière, o Hôtel de Ville, onde estava o general Duvivier com 14 batalhões, e a Praça da Sorbonne, a partir da qual o general Damesme combatia o *faubourg* Saint Jacques.

Por volta do meio-dia os acessos da Praça Maubert foram tomados e a praça mesma foi cercada. À uma hora a praça caiu; 50 homens da Guarda Móvel caíram ali! Ao mesmo tempo, depois de violento e contínuo canhoneio, o Panthéon foi tomado, ou melhor, entregue. Os 1.500 insurgentes que ali se entricheiravam capitularam – provavelmente graças à ameaça do sr. Cavaignac e dos furibundos burgueses de pôr em chamas todo o bairro.

À mesma hora, os "defensores da ordem" avançavam cada vez mais nos *boulevards* e tomaram as barricadas das ruas em torno. Na rua du Temple os trabalhadores foram repelidos até a esquina da rua de la Corderie; ainda se combatia na rua Boucherat, bem como do lado de cá do boulevard no *faubourg* du Temple. Na rua Saint Martin ainda se disparavam tiros de espingarda isolados; na ponta Saint Eustache ainda se mantinha uma barricada.

À noite, por volta das sete horas, foram levados ao general Lamoricière dois batalhões da Guarda Nacional de Amiens, que ele empregou imediatamente para sitiar as barricadas atrás do Château d'Eau. O *faubourg* Saint Denis, assim como quase toda a margem esquerda do Sena, estava nesse momento calmo e livre. Os insurgentes estavam cercados numa parte do Marais e do *faubourg* Saint Antoine. Esses dois bairros são separados, entretanto, pelo *boulevard* Beaumarchais e pelo canal Saint Martin, localizado atrás dele, e estes estavam livres para as tropas.

O general Damesme, comandante da Guarda Móvel, foi atingido na coxa por uma bala, na barricada da rua de l'Estrapade. O ferimento não é perigoso. Os representantes Bixio e Dornès também não foram feridos tão perigosamente como se acreditara de início.

O ferimento do general Bedeau é igualmente leve.

Às nove horas, o *faubourg* Saint Jacques e o *faubourg* Saint Marceau haviam sido praticamente tomados. A luta fora excepcionalmente violenta. Ali comandava então o general Bréa.

No Hôtel de Ville, o general Duvivier havia tido menos sucesso. Mas também ali os insurgentes tinham sido repelidos.

O general Lamoricière, depois de violenta resistência, tinha liberado os *faubourgs* Poissonnière, Saint Denis e Saint Martin até as barreiras. Só em Clos Saint Lazare os trabalhadores ainda se defendiam; eles tinham se entrincheirado no hospital Louis-Philippe.

Às nove e meia da noite, o presidente da Assembleia Nacional dava a mesma notícia. Mas foi obrigado a se desmentir várias vezes. Admitiu que ainda havia fogo cerrado no *faubourg* Saint Martin.[5]

Portanto, a situação na noite de 24 era a seguinte:

Os insurgentes conservavam ainda aproximadamente metade do terreno que haviam ocupado na manhã de 23. Esse terreno incluía a parte leste de Paris, os *faubourgs* St. Antoine, du Temple, St. Martin e o Marais. A Clos St. Lazare e algumas barricadas no Jardim Botânico constituíam seus postos avançados.

Toda a parte restante de Paris estava nas mãos do governo.

O que mais se destaca nessa batalha desesperada é a fúria com a qual os "defensores da ordem" combatem. Eles, que antes tinham nervos tão sensíveis para cada gota de "sangue burguês", que tiveram mesmo acessos sentimentais diante da morte de guardas municipais[6] em 24 de fevereiro, esses burgueses matam os trabalhadores a tiros como animais selvagens. Nas fileiras da Guarda Nacional, na Assembleia Nacional, nenhuma palavra de compaixão, de conciliação, nenhum sentimentalismo de qualquer tipo, mas sim uma violenta irrupção de ódio, uma fúria fria contra os trabalhadores rebelados. A burguesia conduz contra eles, com clara consciência, uma guerra de aniquilação. Vencendo nesse momento ou sucumbindo, de todo modo os trabalhadores se vingarão dela de modo terrível. Depois de um tal combate como o das três Jornadas de Junho, a única possibilidade que resta é o *terrorismo*, seja exercido por um ou por outro partido.

Compartilhamos ainda uma passagem de uma carta de um capitão da guarda republicana sobre os acontecimentos de 23 e 24 de junho.

> Escrevo-lhes sob o crepitar dos mosquetes, sob o troar dos canhões. Às 2 horas tomamos três barricadas na extremidade da ponte de Notre-Dame; mais tarde nos deslocamos para a rua St. Martin e a percorremos em toda sua extensão. Quando chegamos ao *boulevard*, vimos que estava abandonado e vazio como às 2 horas da manhã. Subimos o *faubourg*

---

[5] Sessão da Assembleia Nacional Francesa de 24 de junho de 1848 (ver "Atas das sessões da Assembleia Nacional", t. 2, Paris, 1849).

[6] A Guarda Municipal de Paris, que fora constituída depois da Revolução de Julho de 1830, estava subordinada ao chefe de polícia; foi empregada para a repressão a insurreições populares. Depois da revolução de fevereiro de 1848, foi dissolvida.

du Temple; antes de chegarmos à caserna, fizemos alto. Duzentos passos adiante erguia-se uma formidável barricada, apoiada por várias outras, defendida por cerca de 2 mil homens. Parlamentamos com eles durante duas horas. Em vão. Por volta das 6 horas se aproximou a artilharia; então os insurgentes abriram fogo primeiro.

Os canhões responderam e até 9 horas estilhaçaram-se janelas e telhas pelo troar da artilharia; é um fogo pavoroso. O sangue corria em torrentes, enquanto ao mesmo tempo se desencadeava uma terrível tempestade. Até onde se pode enxergar, o calçamento da rua estava vermelho de sangue. Meus homens caem sob as balas dos insurgentes; eles se defendem como leões. Vinte vezes assaltamos, vinte vezes fomos repelidos. O número de mortos é imenso, o número de feridos muito maior ainda. Às 9 horas tomamos a barricada com baionetas. Hoje (24 de junho), às 3 horas da manhã, estamos ainda de pé. A artilharia troa continuamente. O Panthéon é o centro. Eu estou na caserna. Vigiamos os *prisioneiros*, que são trazidos a cada momento. Há muitos feridos entre eles. *Alguns fuzilamos imediatamente.* De meus 112 homens, perdi 53.

O 25 de junho

NGR, n. 29, 29/6/1848

F. ENGELS

A cada dia aumentava a violência, o encarniçamento, a fúria da batalha. A burguesia se tornou cada vez mais fanática contra os insurgentes à medida que suas brutalidades conduziram menos rapidamente ao objetivo, quanto mais ela própria se esgotava na batalha, nas vigílias e bivaques, quanto mais se aproximava de sua vitória final.

A burguesia declarou os trabalhadores não como inimigos comuns, que é preciso vencer, mas sim como *inimigos da sociedade*, que é preciso aniquilar. Difundiu a absurda alegação de que os trabalhadores, forçados violentamente por ela mesma à insurreição, pretenderiam apenas pilhar, incendiar e assassinar, de que seriam um bando de ladrões que deveriam ser abatidos como animais selvagens. E, no entanto, os insurgentes ocuparam durante três dias uma grande parte da cidade e se comportaram com suma compostura. Se tivessem utilizado os mesmos meios violentos que os burgueses e servos de burgueses comandados por Cavaignac, Paris restaria em ruínas, mas eles teriam triunfado.

Todos os detalhes evidenciam o quão barbaramente os burgueses se conduziram nessa batalha. Para nem falar das metralhas, obuses e foguetes incendiários, está comprovado que *na maior parte das barricadas tomadas de assalto não foi feito nenhum aquartelamento*.[1] A burguesia abateu todos os que encontrou, sem exceção. Na noite de 24 mais de 50 insurgentes prisioneiros foram fuzilados na alameda de l'Observatoire, sem qualquer tipo de processo. "É uma guerra de aniquilação", escreve um correspondente do *Indépendance Belge*, que é também uma folha burguesa. Em todas as barricadas dominava a crença de que todos os insurgentes, sem exceção, seriam assassinados. Quando, na Assembleia Nacional, La Rochejaquelein falou que era preciso fazer alguma coisa para se contrapor a essa crença, os burgueses sequer permitiram que terminasse seu pronunciamento e fizeram uma tal balbúrdia que o presidente precisou se cobrir e interromper a sessão.[2] Quando mais tarde o próprio sr. Senard (ver abaixo a sessão da Assembleia) pretendeu dizer algumas hipócritas palavras de indulgência e conciliação, se desencadeou a mesma

---

[1] Não foi dado perdão.
[2] Sessão da Assembleia Nacional Francesa de 25 de junho de 1848 (ver "Atas das sessões da Assembleia Nacional", t. 2, Paris, 1949).

balbúrdia. Os burgueses nem queriam ouvir falar em clemência. Mesmo correndo perigo de perderem uma parte de suas propriedades em um bombardeio, estavam decididos a dar um fim de uma vez por todas aos inimigos da ordem, aos saqueadores, ladrões, incendiários e comunistas.

Nisso não tiveram nunca o heroísmo que seus jornais se esforçam por lhes atribuir. Da sessão de hoje da Assembleia Nacional depreende-se que, quando se desencadeou a insurreição, a Guarda Nacional ficou atordoada de pavor; dos relatos de todos os jornais das mais variadas cores transparece, apesar de todas as frases pomposas, que no primeiro dia a Guarda Nacional se apresentou em número muito pequeno, que no segundo e no terceiro dias Cavaignac precisou tirá-los da cama e fazê-los conduzir ao fogo por um cabo e quatro homens. O ódio fanático dos burgueses contra os operários sublevados não foi capaz de suplantar sua covardia natural.

Os trabalhadores, ao contrário, bateram-se com uma bravura inigualável. Com dificuldades cada vez maiores de substituir suas perdas, cada vez mais rechaçados pela superioridade numérica, não se cansaram nem um momento. Desde a manhã de 25 já deviam reconhecer que as chances de vitória estavam decididamente contra eles. Massas e massas de novas tropas chegavam de todas as partes; a Guarda Nacional dos subúrbios, a das mais distantes cidades vinham em grandes contingentes para Paris. No dia 25, as tropas de linha que combatiam contavam com mais de 40 mil homens além da guarnição usual; a elas se juntava a Guarda Móvel com 20 mil a 25 mil homens; e ainda a Guarda Nacional parisiense e de outras cidades. E ademais muitos milhares de homens da Guarda Republicana. Toda a força armada levada ao campo de batalha contra a insurreição compunha-se no dia 25 seguramente de 150 mil a 200 mil homens, os trabalhadores contavam no máximo com a quarta parte dessa força, tinham menos munição, absolutamente nenhum comando militar e nenhum canhão utilizável. Mas eles se bateram silenciosa e desesperadamente contra a colossal superioridade numérica. Massas sobre massas aproximavam-se das brechas que a artilharia pesada abria nas barricadas; sem soltar um único grito, os trabalhadores os recebiam e lutavam em toda parte até o último homem antes de deixar cair uma barricada nas mãos dos burgueses. Em Montmartre os insurgentes gritaram aos moradores: seremos cortados em pedaços ou cortaremos os outros em pedaços; mas não cederemos, e Deus permita que vençamos, senão atearemos fogo a todo Montmartre. Essa ameaça nunca cumprida é considerada naturalmente um "projeto abominável", enquanto os obuses e foguetes incendiários de Cavaignac "são medidas militares hábeis, que provocam a admiração de todos"!

Na manhã de 25, os insurgentes ocupavam as seguintes posições: Clos Saint Lazare, os subúrbios St. Antoine e du Temple, o Marais e o bairro Saint Antoine.

O Clos Saint Lazare (terreno de um antigo mosteiro) é uma grande superfície de terra, em parte urbanizado, em parte coberto de casas em construção, ruas projetadas etc. A estação ferroviária do Norte fica bem em seu centro. Nesse bairro rico em construções dispostas irregularmente, que contava ainda com grande quantidade de materiais de construção, os insurgentes tinham levantado uma sólida fortaleza. O hospital Louis Philippe, em construção, era seu centro; haviam sido erguidas formidáveis barricadas, descritas por testemunhas oculares como intransponíveis. Atrás ficava a muralha em torno da cidade, sitiada e ocupada por eles. A partir daí, suas trincheiras se estendiam até a rua Rochechouart ou às cercanias das barreiras. As barreiras de Montmartre estavam fortemente protegidas, Montmartre estava todo ocupado por eles. Quarenta canhões atirando durante dois dias contra eles ainda não os haviam subjugado.

Novamente os 40 canhões dispararam o dia todo contra essas trincheiras; finalmente, às 6 horas da tarde, as duas barricadas da rua Rochechouart foram tomadas, e logo depois caiu também o Clos Saint Lazare.

No *boulevard* du Temple, às 10 horas da manhã, a Guarda Nacional tomou diversas casas, das quais os insurgentes disparavam suas balas sobre as fileiras dos agressores. Os "defensores da ordem" haviam avançado até próximo do boulevard des Filles du Calvaire. Nesse meio tempo, no *faubourg* du Temple, os insurgentes foram empurrados para cada vez mais longe, o canal Saint Martin foi parcialmente ocupado e desde lá, bem como do *boulevard*, as ruas largas e retas eram varridas com artilharia pesada. A batalha foi extraordinariamente violenta. Os trabalhadores sabiam muito bem que ali eram atacados no coração de sua posição. Eles se defenderam furiosamente. Chegaram mesmo a retomar barricadas das quais já haviam sido expulsos. Mas, depois de longa luta, foram esmagados pela superioridade numérica e de armamento. Uma barricada após outra caiu; ao anoitecer, não só o *faubourg* du Temple, como também, por meio do *boulevard* e do canal, os acessos ao *faubourg* Saint Antoine e diversas barricadas nesse *faubourg* haviam sido conquistados.

No Hôtel de Ville, o general Duvivier fazia lentos mas constantes progressos. A partir do cais, chegou pelo flanco às barricadas da rua Saint Antoine, ao mesmo tempo que canhoneava a ilha St. Louis e a antiga ilha Louvier.[3] Aqui também foi travada uma batalha muito encarniçada, sobre a qual, no entanto, faltam detalhes e da qual só se sabe que, às quatro horas, foi tomada a Mairie do nono *arrodissement* junto com as ruas adjacentes, que na rua Saint Antoine uma barricada após outra foi conquistada, bem como a ponte Damiette, que dá acesso à ilha Saint Louis. Ao anoitecer, os insurgentes haviam sido expulsos ali por toda parte, e todos os acessos da praça da Bastilha haviam sido desimpedidos.

Desse modo, os insurgentes haviam sido vencidos em todas as partes da cidade, com exceção do *faubourg* Saint Antoine. Essa era a sua posição mais sólida. Os vários acessos desse *faubourg*, o verdadeiro foco de toda a sublevação parisiense, haviam sido defendidos com especial habilidade. Barricadas transversais, umas cobrindo as outras, e ainda reforçadas pelo fogo cruzado das casas, ofereciam uma frente de ataque temível. O assalto a ela teria custado um infindável número de vidas.

---

3 A ilha Louvier, separada da margem direita do Sena por um estreito braço do rio, foi ligada em 1843 ao continente e formou a área entre o *boulevard* Morland e o cais Henrique IV.

Diante dessa trincheira acampavam os burgueses, ou melhor, seus servos. A Guarda Nacional pouco havia feito nesse dia. As tropas de linha e a Guarda Móvel tinham executado a maior parte do trabalho; a Guarda Nacional ocupava os bairros calmos e conquistados.

Foram as guardas Republicana e Móvel que pior se comportaram. A Guarda Republicana, recentemente organizada e depurada como estava, bateu-se com grande encarniçamento contra os trabalhadores, dos quais ganhou suas esporas como guarda municipal republicana.

A Guarda Móvel, recrutada em sua maior parte entre o lumpemproletariado parisiense, já havia se transformado em boa medida, no curto período de sua existência, por meio de bom pagamento, em uma guarda pretoriana de quem quer que detenha o poder. O lumpemproletariado organizado travou batalha contra o proletariado trabalhador não organizado. Ele se pôs, como era de se esperar, à disposição da burguesia, exatamente como, em Nápoles, os *lazzaroni* se puseram à disposição de Ferdinand.[4] Só a divisão da Guarda Móvel formada por *verdadeiros* trabalhadores passou-se para o outro lado.

Mas quão desprezível parece toda a atual administração em Paris, quando se observa como esses antigos mendigos, vagabundos, trapaceiros, moleques e ladrõezinhos da Guarda Móvel, que em março e abril todo burguês designava como bando de ladrões, velhacos, capazes de qualquer abjeção e que não deviam mais ser tolerados, como esse bando de ladrões é agora mimado, recompensado, condecorado, porque esses "jovens heróis", esses "filhos de Paris", cuja bravura é incomparável, que com a mais brilhante coragem assaltaram as barricadas etc. – porque esses irrefletidos combatentes das barricadas de fevereiro agora disparam de modo igualmente irrefletido contra o proletariado trabalhador assim como antes atiraram contra os soldados, porque se deixaram subornar por 30 *sous* ao dia para massacrar seus irmãos! Glória a esses corrompidos vagabundos, porque eles abateram a tiros, por 30 *sous* ao dia, a melhor e mais revolucionária parcela dos trabalhadores parisienses!

A bravura com que os trabalhadores combateram é verdadeiramente admirável. De 30 a 40 mil trabalhadores se defenderam durante três dias inteiros contra mais de 80 mil soldados e 100 mil homens da Guarda Nacional, contra metralhas, obuses e foguetes incendiários, contra a nobre experiência militar de generais que não se envergonham de utilizar meios argelinos! Foram esmagados, e em grande parte massacrados. Seus mortos não serão honrados como os mortos de julho e de fevereiro; mas a história lhes atribuirá um lugar completamente diferente, o de vítimas da primeira batalha decisiva do proletariado.

---

[4] Ver "A mais recente façanha da casa Bourbon".

A *Gazeta de Colônia* sobre a Revolução de Junho

NGR, n. 31, 1/7/1848

F. Engels

Colônia, 30 de junho. Lendo as seguintes passagens do *London Telegraph* e comparando com o que os liberais alemães, particularmente os srs. Brüggemann, Dumont e Wolfers, tagarelam sobre a revolução parisiense de junho, temos de reconhecer que os burgueses ingleses, abstraindo de muitos outros méritos, excedem os *filisteus alemães* por avaliar grandes acontecimentos ao menos como *homens*, embora sob o ponto de vista burguês, e não como *moleques*.

O *Telegraph* diz em seu número 122:

> [...] E aqui espera-se de nós que abordemos as causas e consequências desse terrível derramamento de sangue. *Desde o início, tratou-se claramente de uma batalha entre duas classes.* [Um reino por essa reflexão, grita mentalmente a sublime *Colônia* e seus "Wolfers".] É uma insurreição dos trabalhadores contra o governo que eles próprios criaram, e contra a classe pela qual o governo é agora sustentado. É menos fácil explicar os motivos imediatos do conflito do que indicar suas causas duradouras e sempre presentes. A *revolução de fevereiro* foi feita principalmente pelas *classes trabalhadoras*, e dizia-se claramente *que havia sido feita em seu favor.* Não é tanto uma revolução política, e sim social. A massa de trabalhadores descontentes não veio ao mundo de um salto e dotada de todas as capacidades do soldado. Tampouco sua miséria e seu descontentamento são fruto apenas dos acontecimentos dos últimos quatro meses. Já na segunda-feira citávamos o talvez exagerado depoimento do sr. Leroux, que, sem ter sido contraditado, mencionou na Assembleia Nacional que há na França 8 milhões de mendigos e 4 milhões de trabalhadores sem qualquer rendimento assegurado. Ele falava expressamente do período *anterior* à revolução e se queixava precisamente de que *desde* a revolução absolutamente nada havia sido feito contra essa poderosa doença. As teorias do socialismo e do comunismo, que haviam amadurecido na França e agora exercem um tão grande poder sobre a opinião pública, resultaram da terrível condição de opressão em que se encontrava a grande massa do povo sob o governo de Luís-Felipe. A questão principal, que não se pode perder de vista, é a *infeliz situação da massa; essa situação é a verdadeira causa viva da revolução*. Ora, na Assembleia Nacional foi logo decidido despojar os trabalhadores daquelas vantagens que lhes haviam sido leviana e apressadamente prometidas pelos políticos da revolução. Do ponto de vista *social* e mesmo do *político* veio à tona uma *poderosa reação*. O poder, apoiado por uma grande parte da França, foi intimado a *deixar*

de lado aqueles homens dos quais o mencionado poder recebera sua existência. Primeiro adulados e alimentados, depois divididos e ameaçados de morte por fome, arrastados para as províncias, onde todos os seus laços de trabalho haviam sido destruídos, e finalmente a adoção de um plano para aniquilar seu poder: pode alguém se admirar com a irritação dos trabalhadores? Não pode realmente surpreender ninguém que eles acreditassem na vitória de uma segunda revolução. E suas perspectivas de sucesso contra o poder armado do governo pareciam maiores do que a maioria das pessoas imaginava, considerando a duração da resistência até agora. Resulta daí, e do fato de que não foi descoberto entre o povo nenhum líder político, assim como do fato de que os trabalhadores expulsos de Paris regressavam novamente por trás das barreiras, que *a insurreição foi a consequência de uma indignação generalizada entre a classe trabalhadora e não a obra de agentes políticos*. Eles consideravam que seus interesses haviam sido novamente traídos por seu *próprio governo*. Agora, *como em fevereiro*, empunharam as armas para combater a *espantosa miséria* de que são vítimas desde há muito.

A batalha atual é apenas a continuação da revolução de fevereiro. É uma continuação da luta travada em toda a Europa por uma distribuição mais justa do produto anual do trabalho. Agora em Paris ela provavelmente será vencida; pois pelo visto o poder que a nova autoridade herdou da antiga tem a preponderância. *Mas por mais que possa ser vencida com sucesso, ela se renovará sempre e sempre*, até que o governo ou efetive uma distribuição mais justa do produto anual do trabalho ou, na impossibilidade de fazer isso, desista de todas as tentativas desse tipo e deixe a decisão à livre concorrência do mercado... *A verdadeira batalha será travada por meios de subsistência suficientes*. A própria classe média foi despojada de seus meios de existência por aqueles políticos que assumem a condução da revolução. *A classe média tornou-se mais bárbara do que os trabalhadores*. As paixões violentas foram estimuladas em ambos os lados na direção de atividades perniciosas. *Deixando de lado toda fraternidade, deram-se mutuamente combates mortais*. O governo ignorante, quando não de má-fé, que nessa extraordinária crise parece não ter nenhuma ideia de seu dever, primeiro insuflou os trabalhadores contra a classe média, e agora *se apresta a ajudar a última a riscar da face da terra os trabalhadores iludidos, enganados e agora encolerizados*. A recriminação por essa enorme calamidade não deve ser dirigida ao princípio da revolução, *à determinação de combater a miséria e a opressão*. De fato, ela deve ser dirigida àqueles que, em sua ignorância política, pioraram ainda mais a situação de miséria legada por Luís-Filipe.

Assim escreve um jornal burguês *londrino* sobre a Revolução de Junho, um jornal que defende os princípios de *Cobden, Bright* etc., que, depois do *Times*[1] e do *Northern Star*, os dois déspotas da imprensa inglesa, como diz o *Manchester Guardian*,[2] é o *jornal mais lido na Inglaterra*.

Comparemos com o n. 181 da *Gazeta de Colônia*! Este notável jornal transforma a *luta entre duas classes* na *luta entre os honestos* e os *ladrões*! Bravo diário! Como se esses apelidos não fossem lançados mutuamente pelas duas classes. É o mesmo jornal que,

---

[1] O maior diário de orientação conservadora; foi fundado em 1 de janeiro de 1785 sob o título de *Daily Universal Register*; em 1 de janeiro de 1788, alterou seu nome para *The Times*.
[2] Gazeta burguesa inglesa, órgão dos defensores do livre comércio, mais tarde órgão do partido liberal; publicada desde 1821 em Manchester.

primeiro, com os boatos da insurreição de junho, confessou *sua total ignorância sobre o caráter* da insurreição, *depois* precisou dar a informação *vinda de Paris* de que se tratava de *uma importante revolução social* cujo âmbito não seria esgotado *com uma derrota*, e *por fim*, novamente fortalecido por *uma* derrota dos trabalhadores, não vê na insurreição nada mais do que uma luta "*da imensa maioria*" contra um "*bando selvagem*" de "*canibais, ladrões e assassinos*".

A guerra dos escravos romanos, o que foi? *Uma guerra entre os honestos e os canibais!* O sr. *Wolfers* vai escrever a história romana, e o sr. *Dumont-Brüggemann* vai esclarecer os *trabalhadores*, os "infelizes", sobre seus verdadeiros direitos e deveres, "iniciá-los na *ciência* que conduz à ordem, que *forma* os verdadeiros cidadãos"!

Viva a *ciência de Dumont-Brüggemann-Wolfers*, a ciência secreta! – *Um* exemplo dessa *ciência secreta*: o louvável triunvirato relatou a seus fiéis leitores em dois números seguidos que o general Cavaignac pretendia *minar todo o bairro St. Antoine*. Acontece que o bairro St. Antoine é um pouco *maior do que a boa cidade de Colônia*. Mas, o triunvirato científico, que recomendamos à Assembleia Nacional alemã para comandar os alemães, o triunvirato *Dumont-Brüggemann-Wolfers,* supera essa dificuldade, qual seja, a de fazer a cidade de Colônia saltar pelos ares com uma mina! Suas noções sobre a mina que fará saltar pelos ares o *faubourg* St. Antoine corresponde à noção sobre os poderes subterrâneos que minam a sociedade moderna e causaram o terremoto de junho em Paris e fizeram jorrar torrentes de sangue da cratera de sua revolução.

Mas, caro triunvirato! Grandes *Dumont-Brüggemann-Wolfers,* proclamados os maiores pelo mundo da publicidade! Cavaignacs da publicidade! *Nós* resignadamente inclinamos nossa cabeça, a inclinamos diante da maior crise histórica já deflagrada: diante da *luta de classes entre a burguesia e o proletariado*. Não causamos o fato, apenas o constatamos. Constatamos que uma das classes é *a vencida*, como *o próprio Cavaignac* diz. No túmulo dos vencidos clamamos *"Ai!"* dos *vencedores*, e o próprio Cavaignac estremeceu diante de sua responsabilidade histórica! E a Assembleia Nacional acusa de covardia a cada um de seus membros que não assume abertamente a terrível responsabilidade histórica. Abrimos aos *alemães* o livro da Sibila para que eles o queimassem? Quando descrevemos a luta entre os cartistas e a burguesia inglesa, exortamos os alemães a se tornarem ingleses?

Mas Alemanha, ingrata Alemanha, você certamente conhece a *Gazeta de Colônia* e seus anúncios, mas não conhece os maiores de seus homens, seu *Wolfers*, seu *Brüggemann*, seu *Dumont!* Quanto suor do cérebro, suor do rosto, suor sangrento foi derramado na *luta de classes*, na luta entre homens livres e escravos, patrícios e plebeus, senhores e servos, capitalistas e trabalhadores! *Mas só porque não existia a "Gazeta de Colônia"*. Mas, mui destemido triunvirato, se a sociedade moderna produz "*criminosos*", "*canibais*", "*assassinos*", "*saqueadores*" em tal quantidade e com tal energia que sua sublevação faz tremer os alicerces da sociedade oficial, que sociedade é essa? Que anarquia em ordem alfabética! E vocês acreditam suprimir o dilema, acreditam ter suprimido os atores e os espectadores do espantoso drama reduzindo-o a uma tragédia de serviçais de Kotzebue!

Na *Guarda Nacional dos faubourgs St. Antoine, St. Jacques, St. Marceau* houve somente 50 que seguiram o chamado das trombetas burguesas – assim anunciava o *Moniteur*[3] de Paris, o jornal estatal, o jornal de Luís XVI, *Robespierre, Luís Filipe* e *Marrast-Cavaignac*! Nada mais fácil para a *ciência* que "forma" as pessoas como *verdadeiros cidadãos*! Os três maiores *faubourgs* de Paris, os três *faubourgs* mais industrializados, diante de cujo padrão empalidecem e se estiolam a musseline de Dacca e o veludo de Spitalfields, são habitados por "canibais", "saqueadores", "ladrões", "criminosos". É o que diz *Wolfers*!

E *Wolfers* é um homem honrado![4] Ele honrou os ladrões, fazendo-os travar grandes combates e produzir obras de arte, realizando façanhas mais heroicas que as de Carlos X, Luís Filipe, Napoleão e os fiandeiros de Dacca e Spitalfields.

Acabamos de mencionar o *Londoner Telegraph*. Ontem ouvimos nosso leitor *Emil Girardin*. A classe trabalhadora, diz ele, depois de ter concedido à sua devedora, a revolução de fevereiro, um mês além do vencimento da letra, ela, a credora, bateu à porta da casa da devedora com os mosquetes, com as barricadas, com seu próprio corpo! Mas *Emil Girardin*! O que ele é? Não um anarquista! Deus me livre! Mas ele é um *republicano do dia seguinte*, um *republicano do amanhã* (*républicain du lendemain*), e a *Gazeta de Colônia*, um *Wolfers*, um *Dumont*, um *Brüggemann*, são todos *republicanos de anteontem, republicanos de antes da república, republicanos da véspera* (*républicains de la veille*)! *Emil Girardin* pode testemunhar ao lado de *Dumont*? Se a colonesa acrescenta à *deportação* e ao *enforcamento* o *prazer maldoso* de *deportar* e de *enforcar*, seu patriotismo é admirado! Ela quer apenas provar ao mundo, ao descrente e cego mundo alemão, que a *república é mais poderosa do que a monarquia*, que a Assembleia Nacional republicana conseguiu, com Cavaignac e Marrast, o que a Câmara de Deputados constitucional não conseguiu com Thiers e Bugeaud! *Vive la republique!* Viva a república!, exclama a folha espartana, a folha colonesa sobre Paris ensanguentada, martirizada, incendiada. A cripto-republicana! Por isso ela é suspeita de covardia, de falta de caráter por um *Gervinus*, por uma *Gazeta de Augsburg*![5] A imaculada! A Charlotte Corday de Colônia!

Note-se bem, *nenhuma folha parisiense*, nem o *Moniteur*, nem o *Débats*,[6] nem o *National* falam de "*canibais*", de "*saqueadores*", de "*ladrões*", de "*assassinos*". É só de um jornal – o jornal de *Thiers*, do homem cuja imoralidade *Jacobus Venedey* censurou na *Gazeta de Colônia*, do homem contra o qual a colonesa gritou a plenos pulmões: "Eles não podem tê-lo".

---

[3] *Le Moniteur universel*: diário francês, publicado de 1789 a 1901, em Paris. Entre 1799-1814 e 1816-1868, foi o órgão oficial do governo. Durante a Revolução Francesa, o jornal publicava relatos sobre as sessões parlamentares e as leis e atos do governo revolucionário.

[4] Citação adaptada de *Júlio César*, de Shakespeare, Ato III, Cena 2; ali se lê: "e Brutus é um homem honrado".

[5] Diário fundado em 1798; publicado de 1810 a 1882 em Augsburg.

[6] Abreviação para o diário burguês francês *Journal des Débats politiques et littéraires*, fundado em 1789 em Paris. Durante a monarquia de julho, foi o órgão da burguesia orleanista. Na revolução de 1848, representou a opinião da burguesia contrarrevolucionária.

O livre Reno alemão[7] é do jornal de Thiers, o *Constitutionnel*,[8] que o belga *Indépendance* e a ciência renana, incorporada em *Dumont-Brüggemann-Wolfers*, haurem seu conhecimento!

E agora examinemos com alguma crítica esses casos escandalosos com os quais a *Gazeta de Colônia* estigmatiza os subjugados, a mesma gazeta que, *quando irrompeu a luta*, declarou que *desconhecia* completamente seu caráter, que, *durante* a luta, declarou que era uma *"verdadeira revolução social"* aquilo que, *depois* da luta, é um pugilato entre *policiais e ladrões*.

Eles *saquearam*! Mas o quê? *Armas, munições, bandagens e os mais necessários meios de subsistência*. Nas janelas das lojas, os ladrões escreveram: "Mort aux Voleurs!" Morte aos ladrões!

Eles *"assassinaram como canibais"*! Esses canibais, eles não permitiram docilmente que a *Guarda Nacional*, que pressionava as barricadas *por trás* das tropas de linha, *quebrasse as cabeças de seus feridos*, atirasse em seus caídos, apunhalasse suas mulheres. Os canibais, que em uma *guerra de aniquilação*, como diz um jornal burguês francês, *aniquilaram*! Eles *incendiaram*? E, no entanto, o *único* archote incendiário que foi lançado contra os *legítimos* foguetes incendiários de Cavaignac no 8º *arrondissement* não passou de um archote *poético*, um archote *fictício*, como o *Moniteur* atesta.

"Uns", diz Wolfers, "ergueram bem alto o programa de Barbès, Blanqui e Sobrier, outros saudaram Napoleão ou Henrique V."

E a casta colonesa, que não está grávida nem de Napoleões nem de Blanquis, declarou já no segundo dia da insurreição que se "lutava em nome da *república vermelha*". O que ela está tagarelando, então, sobre *pretendentes*? Mas, como já foi mostrado, ela é uma obstinada cripto-republicana, e uma Robespierre feminina, fareja pretendentes por toda parte e sua moral estremece diante dos pretendentes!

"Quase todos foram munidos de dinheiro, e muitos com somas consideráveis." Eram entre 30 mil e 40 mil trabalhadores e "quase todos foram munidos de dinheiro" nessa época de miséria e de estagnação dos negócios! Provavelmente o dinheiro era *tão raro porque os trabalhadores o tinham escondido!*

Com o maior escrúpulo, o *Moniteur* parisiense publicou todos os casos nos quais foi encontrado *dinheiro* com os insurgentes. Esses casos não passaram de *20*, no máximo. Os diversos jornais e correspondentes repetiram esses casos e informaram diferentes somas. A *Gazeta de Colônia*, pelo comprovado método crítico de tomar esses diferentes relatos dos *20* casos como outros tantos casos diferentes e ainda acrescentar os boatos que cir-

---

[7] Do poema *O Reno Alemão*, do poeta pequeno-burguês Nicolaus Becker; esse poema foi escrito em 1840 e várias vezes musicado. A canção era especialmente apreciada nos círculos chauvinistas (*Sie sollen ihn nicht haben,/Den freien deutschen Rhein*).

[8] Diário francês burguês, publicado de 1815 a 1870 em Paris; nos anos 1840, foi o órgão da ala moderada dos orleanistas; no período da revolução de 1848, representou as concepções da burguesia monárquica contrarrevolucionária, que se agrupava em torno de Thiers; depois do golpe de Estado de Luís Bonaparte em dezembro de 1851, foi uma folha bonapartista.

cularam, chega na melhor das hipóteses talvez a 200. E isso a autoriza a dizer que quase todos os 30 mil a 40 mil foram munidos de dinheiro! Até agora foi constatado apenas que emissários legitimistas, bonapartistas e talvez filipistas, munidos com dinheiro, se imiscuíram ou tinham a intenção de se imiscuir entre os combatentes das barricadas. O sr. *Payer*, o mais conservador dos membros da Assembleia Nacional, que permaneceu 12 horas como prisioneiro entre os insurgentes, declara: *A maioria eram trabalhadores que haviam se tornado desesperados graças a quatro meses de miséria*, e tinham dito: *Melhor morrer por uma bala do que de fome!*

"Muitos, realmente muitos dos mortos", assegura Wolfers, "traziam o sinal funesto com o qual a sociedade estigmatiza os criminosos."

Esta é uma das mentiras abjetas, das vergonhosas calúnias, uma das infâmias que estigmatiza Lamennais, o inimigo dos insurgentes, o homem do *National*, em seu *Peuple constituant*,[9] que estigmatiza o sempre cavaleiresco legitimista La Rochejaquelain na Assembleia Nacional.

Toda esta mentira baseia-se no relato, sem qualquer comprovação e *não confirmado* pelo *Moniteur*, de *uma* agência de correspondentes, segundo o qual teriam sido encontrados *11 corpos* supostamente marcados com T. F.[10] E em qual revolução não são encontrados esses 11 corpos? E em qual revolução não são estigmatizados onze vezes 100 com esse sinal?

Note-se que os próprios jornais, as proclamações, as iluminações dos vencedores atestam que eles esfomearam, perseguiram até ao desespero, trespassaram, fuzilaram, emparedaram vivos, deportaram, violaram cadáveres. E contra os vencidos há somente *casos isolados*, e casos isolados relatados apenas pelo *Constitutionel*, publicados pelo *Indépendance* e transcritos em alemão pela *Gazeta de Colônia*! Não há maior ofensa à verdade do que pretender comprová-la com um *caso isolado*, diz *Hegel*.

As mulheres sentam-se diante das casas de Paris e fazem curativos nos feridos, mesmo nos insurgentes feridos. Os redatores da *Gazeta de Colônia* vertem *ácido sulfúrico* em suas feridas.

Eles *nos* denunciaram à *polícia* burguesa. Nós, ao contrário, aconselhamos aos *trabalhadores*, aos "infelizes", que se deixem "esclarecer sobre seus verdadeiros direitos e deveres, e se iniciem na *ciência* que conduz à ordem, que forma os verdadeiros cidadãos" pelo imortal triunvirato – por *Dumont-Brüggemann-Wolfers*.

---

[9] Diário francês de orientação republicana, publicado em Paris de fevereiro a julho de 1848, sob a redação de Lamennais.

[10] Marca a ferro imposta aos submetidos a trabalhos forçados (*travaux forcés*).

A Revolução de Junho [O curso da insurreição em Paris]

NGR, n. 31, 1/7/1848

F. ENGELS

Gradualmente alcançamos uma visão panorâmica da Revolução de Junho; os relatos se completam, os fatos se separam tanto dos boatos como das mentiras, o caráter da insurreição se evidencia cada vez mais claramente. E quanto mais conseguimos compreender os acontecimentos das quatro Jornadas de Junho em conjunto, tanto maior é nosso assombro diante das dimensões colossais da insurreição, da coragem heroica, da organização rapidamente improvisada, da coesão dos insurgentes.

O plano de batalha dos trabalhadores, que deve ter sido elaborado por Kersausie, um amigo de Raspail e ex-oficial, era o seguinte:

Os insurgentes avançaram em quatro colunas, em movimentos concêntricos em torno do Hôtel de Ville.

A primeira coluna, cujas bases de operação eram os subúrbios Montmartre, La Chapelle e La Villette, partiu das barreiras Poissonnière, Rochechouart, St. Denis e La Villette para o sul, ocupou os *boulevards* e se aproximou do Hôtel de Ville pelas ruas Montorgueil, St. Denis e St. Martin.

A segunda coluna, cujas bases eram os *faubourgs* du Temple e St. Antoine, habitados quase completamente por trabalhadores e protegidos pelo canal St. Martin, avançou pelas ruas du Temple e St. Antoine, passando pelo cais da margem norte do Sena, assim como pelas ruas paralelas dos bairros localizados entre elas, em direção ao mesmo centro.

A terceira coluna, com o *faubourg* St. Marceau, avançou pela rua St. Victor e pelo cais da margem sul do Sena para a ilha da Cité.

A quarta coluna, apoiada no *faubourg* St. Jacques e nos entornos da Escola de Medicina, avançou pela rua Saint Jacques também para a Cité. Daqui investiram as duas colunas reunidas pela margem direita do Sena e tomaram o Hôtel de Ville por detrás e pelo flanco.

O plano se apoiava, portanto, com razão, nos bairros habitados exclusivamente por trabalhadores, que circundam toda a metade leste de Paris em um semicírculo que quanto mais largo se torna, mais se estende para o leste. O leste de Paris deveria ser primeiro expurgado de todos os inimigos, e então pretendia-se avançar por ambas as margens do Sena contra o oeste e seu centro, as Tulherias e a Assembleia Nacional.

Essas colunas deveriam ser apoiadas por vários grupos volantes, que operavam por conta própria a seu lado e entre elas, erguiam barricadas, ocupavam as ruas pequenas e mantinham as ligações.

Na hipótese de uma retirada, as bases de operação estavam fortemente defendidas e habilmente transformadas em temíveis fortalezas, como no caso do Clos St. Lazare, do *faubourg* e do *quartier* St. Antoine e do *faubourg* St. Jacques.

Se esse plano tinha uma falha, era a de ter deixado a metade oeste de Paris totalmente a descoberto no início das operações. Ali se localizam, nos dois lados da rua St. Honoré, no Halles e no Palais National, muitos quarteirões bastante adequados à sublevação, com ruas muito estreitas e curvas e predominantemente habitados por trabalhadores. Era importante atear ali um quinto foco da insurreição e desse modo tanto isolar o Hôtel de Ville como manter ocupada uma grande massa de tropas nesse destacado baluarte. A vitória da insurreição dependia de avançar o mais rápido possível para o centro de Paris, de que se assegurasse a conquista do Hôtel de Ville. Não podemos saber em que medida foi impossível para Kersausie organizar ali a insurreição. Mas é um fato que nunca uma sublevação triunfou se não soube dominar de antemão esse centro de Paris, que confina com as Tulherias. Basta lembrar da sublevação no enterro do general Lamarque,[1] que também chegou até a rua Montorgueil, mas, então, foi novamente repelida.

Os insurgentes procederam de acordo com seu plano. Começaram logo por separar seu território, a Paris dos trabalhadores, da Paris dos burgueses mediante duas obras principais: as barricadas da porta Saint Denis e as da Cité. Foram desalojados das primeiras, mas sustentaram as últimas. O primeiro dia, 23, foi apenas um prólogo. O plano dos insurgentes já se evidenciava com clareza (como o resumiu muito corretamente já desde o início a *Nova G[azeta] R[enana]*; ver o n. 26, suplemento extra),[2] em especial após os primeiros combates dos postos avançados, pela manhã. O *boulevard* St. Martin, que cruza a linha de operação da primeira coluna, foi o teatro de intensos confrontos, que ali terminaram com a vitória da "ordem", condicionada em parte pela natureza do terreno.

Os acessos à Cité foram cortados, à direita por um corpo volante que se fixou na rua Planche-Mibray, à esquerda pela terceira e quarta colunas, que ocuparam e fortificaram as três pontes ao sul da Cité. Ali se desencadeou igualmente uma luta muito violenta. A "ordem" conseguiu dominar a ponte St. Michel e avançar até a rua St. Jacques. Até à noite, gabou-se ela, a insurreição seria aniquilada.

---

[1] Em 5 de junho de 1832, os adeptos da ala esquerda do partido republicano, entre os quais a Sociedade dos Amigos do Povo, organizaram uma manifestação pacífica no enterro do general Lamarque, que havia sido o porta-voz dos poucos deputados republicanos da nova câmara. Por culpa do governo, essa manifestação se transformou numa carnificina, que se desencadeou furiosamente até tarde do dia 6 de junho, especialmente no antigo mosteiro de Saint Merry, onde a última centena de republicanos, entre os quais muitos trabalhadores, haviam se entrincheirado.

[2] Ver "Detalhes sobre o 23 de junho".

Se o plano dos insurgentes já se evidenciara com nitidez, o da "ordem" mais ainda. Seu plano consistia por enquanto apenas em aniquilar por todos os meios a insurreição. Esse plano foi anunciado aos insurgentes com balas de canhão e metralhas.

Mas o governo acreditava ter diante de si um rude bando de *emeutiers*[3] comuns, sem qualquer plano. Depois de ter, por volta do fim da tarde, desocupado as ruas principais, declarou que a sublevação fora vencida, e só de modo muito negligente ocupou com tropas os bairros conquistados.

Os insurgentes souberam utilizar primorosamente essa negligência para iniciar a grande batalha, depois dos combates dos postos avançados do dia 23. É maravilhoso sobretudo o quão rapidamente os trabalhadores se apropriaram do plano de ação, como trabalharam de maneira articulada, quão habilmente souberam utilizar um terreno tão complicado. Isso seria simplesmente inexplicável se os trabalhadores já não tivessem sido até certo ponto organizados militarmente e divididos em companhias nas Oficinas Nacionais, de modo que só precisaram transladar sua organização industrial para sua atividade marcial a fim de criar de imediato um exército plenamente articulado.

Na manhã de 24 não apenas havia sido reocupado todo o terreno perdido, como outros lhe haviam sido acrescentados. A linha dos *boulevards* até o *boulevard* du Temple seguia, sem dúvida, ocupada pelas tropas, e desse modo a primeira coluna continuava separada do centro; mas do *quartier* St. Antoine avançou para lá a segunda coluna, até quase circundar o Hôtel de Ville. Ela estabeleceu seu quartel-general na igreja St. Gervais, a 300 passos do Hôtel de Ville, conquistou o mosteiro St. Merry e as ruas em redor; avançou até bem além do Hôtel de Ville e o isolou quase totalmente, junto às colunas da Cité. Só um acesso permaneceu aberto: o cais da margem direita. No Sul, o *faubourg* St. Jacques foi totalmente reocupado, restabeleceram-se as ligações com a Cité, a Cité foi fortificada e preparou-se a passagem para a margem direita.

Com certeza não havia mais tempo a perder; o Hôtel de Ville, o centro revolucionário de Paris, fora ameaçado e cairia, se não fossem tomadas as mais resolutas medidas.

NGR, n. 32, 2/7/1848

A apavorada Assembleia Nacional nomeou Cavaignac ditador[4] e ele, acostumado desde a Argélia a intervenções "enérgicas", sabia o que devia fazer.

De imediato, 10 batalhões moveram-se pelo largo Quai de l'École para o Hôtel de Ville. Eles cortaram as ligações entre os insurgentes da Cité e os da margem direita,

---

[3] Agitadores.
[4] Sessão da Assembleia Nacional Francesa de 24 de junho de 1848 (ver "Atas das sessões da Assembleia Nacional", t. 2, Paris, 1849).

protegeram o Hôtel de Ville e inclusive tornaram possíveis ataques às barricadas que cercavam o Hôtel de Ville.

A rua Planche-Mibray e seu prolongamento, a rua Saint Martin, foi desocupada e mantida assim continuamente pela cavalaria. A ponte Notre-Dame, situada em frente, que leva à Cité, foi varrida por artilharia pesada, e então Cavaignac investiu diretamente contra a Cité, para ali agir "energicamente". O bastião principal dos insurgentes, a "Belle Jardinière",[5] foi primeiro despedaçada a balas de canhão, depois incendiada com foguetes; a rua da Cité também foi conquistada a tiros de canhão; três pontes da margem esquerda foram tomadas de assalto e os insurgentes da margem esquerda foram firmemente rechaçados. Enquanto isso, os 14 batalhões que estacionavam na praça de Grève desocuparam o já sitiado Hôtel de Ville, e a igreja Saint Gervais foi reduzida de um quartel-general dos insurgentes a um posto avançado perdido.

A rua St. Jacques, além de atacada com artilharia a partir da Cité, foi também tomada pelo flanco a partir da margem esquerda. O general Damesme avançou ao longo do Luxemburgo para a Sorbonne, conquistou o Quartier Latin e enviou suas colunas contra o Panthéon. A praça do Panthéon fora transformada em uma temível fortaleza. A rua St. Jacques há muito fora tomada, e a "ordem" continuava a encontrar ali um baluarte inexpugnável. Ataques com canhões e baionetas foram em vão, até que finalmente a fadiga, a falta de munição e a ameaça de incêndio pelos burgueses obrigaram os 1.500 trabalhadores, cercados por todos os lados, a se render. Ao mesmo tempo, depois de longa e destemida resistência, a praça Maubert caiu nas mãos da "ordem" e os insurgentes, desalojados de suas mais sólidas posições, foram obrigados a abandonar toda a margem esquerda do Sena.

Enquanto isso, a posição das tropas e da Guarda Nacional nos *boulevards* da margem direita do Sena foi igualmente utilizada para operar nos dois lados. Lamoricière, que comandava ali, varreu as ruas dos *faubourgs* St. Denis e St. Martin, do *boulevard* du Temple e metade da rua du Temple com artilharia pesada e rápidos ataques de tropas. Ele pôde se vangloriar de ter lutado até à noite com brilhante sucesso: tinha isolado e cercado parcialmente a primeira coluna em Clos St. Lazare, repelido a segunda e, avançando pelo *boulevard*, havia cravado ali uma cunha.

Por quais meios Cavaignac conquistou essas vantagens?

Primeiro, pela desmedida superioridade que pôde desenvolver contra os insurgentes. Em 24, ele tinha à sua disposição não somente os 20 mil homens da guarnição de Paris, os 20 mil a 25 mil homens da Guarda Móvel e os 60 mil a 80 mil homens disponíveis da Guarda Nacional, como também a Guarda Nacional de todos os arredores de Paris e de muitas cidades mais distantes (de 20 mil a 30 mil homens), e, além disso, tropas de 20 mil a 30 mil homens das guarnições adjacentes, que foram convocadas rapidamente. Na manhã de 26 já estavam à sua disposição muito mais do que 100 mil homens, número

---

[5] "Bela Jardineira", conhecida loja de roupas.

que, até o final da tarde, tinha aumentado ainda em 50%. E as forças dos insurgentes eram de no máximo 40 mil a 50 mil homens!

Segundo, pelos meios brutais de que se serviu. Até então, somente *uma vez* as ruas de Paris haviam sido canhoneadas – em vendemiário de 1805, quando Napoleão dispersou com metralhas os insurgentes da rua Saint Honoré.[6] Mas contra barricadas, contra casas, a artilharia nunca tinha sido utilizada até então, e muito menos obuses e foguetes incendiários. O povo ainda não estava preparado para isso; estava indefeso contra isso, e o único recurso à sua disposição, o incêndio, contrariava seu sentimento nobre. Até então o povo sequer imaginara uma tal condução argelina da guerra em plena Paris. Por isso recuou, e seu primeiro recuo decidiu sua derrota.

Em 25, Cavaignac avançou com forças ainda maiores. Os insurgentes foram circunscritos a um único bairro, aos *faubourgs* Saint Antoine e du Temple; além disso, conservavam ainda dois postos avançados, o Clos St. Lazare e uma parte do bairro St. Antoine até a ponte de Damiette.

Cavaignac, que havia novamente recebido reforços de 20 mil a 30 mil homens, afora um significativo parque de artilharia, atacou primeiro os postos avançados isolados, especialmente o Clos St. Lazare. Ali os insurgentes estavam entrincheirados como em uma cidadela. Depois de 12 horas de canhoneio e disparos de obuses, Lamoricière conseguiu, finalmente, expulsar os insurgentes de suas posições e ocupar o Clos; mas só alcançou esse êxito depois de empreender um ataque pelo flanco a partir das ruas Rochechouart e Poissonnière e depois de ter aniquilado as barricadas, no primeiro dia com 40, no segundo com número ainda maior de canhões.

Outra parte de sua coluna seguiu pelo *faubourg* Saint Martin em direção ao *faubourg* du Temple, mas sem muito sucesso; uma terceira desceu o *boulevard* para a Bastilha, mas também não chegou muito longe, pois ali uma série das mais temíveis barricadas só sucumbiu depois de longa resistência a um violento canhoneio. As casas foram ferozmente destruídas.

A coluna Duvivier, que atacou a partir do Hôtel de Ville, repeliu os insurgentes, sob contínuo fogo de canhões, para cada vez mais longe. A igreja St. Gervais foi tomada, a rua Saint Antoine foi evacuada até bem depois do Hôtel de Ville, e várias colunas que avançaram pelo cais e pelas ruas paralelas a ele tomaram a ponte Damiette, por meio da qual os insurgentes do bairro St. Antoine se conectavam aos da ilha St. Louis e da Cité. O bairro St. Antoine foi flanqueado, e aos insurgentes só restou o recuo para o *faubourg*, o que fizeram sob violento combate com uma coluna que avançava pelo cais até a boca do canal St. Martin e daí ao longo do canal para o *boulevard* Bourdon. Insurgentes isolados foram massacrados, só alguns foram rendidos como prisioneiros.

---

6   Em 12 e 13 vendemiário (4 e 5 de outubro) de 1795, Napoleão derrotou em Paris uma sublevação dos monarquistas contra a Convenção.

Com essa operação, o bairro St. Antoine e a praça da Bastilha foram conquistados. Por volta do final da tarde, a coluna Lamoricière conseguiu conquistar totalmente o *boulevard* Beaumarchais e se unir às tropas de Duvivier na praça da Bastilha.

A conquista da ponte de Damiette permitiu a Duvivier expulsar os insurgentes da ilha St. Louis e da antiga ilha Louvier. Ele o fez com considerável ostentação de barbárie argelina. Em poucas regiões da cidade a artilharia pesada foi utilizada com resultado tão devastador como na ilha St. Louis. E o que adveio disso? Os insurgentes foram expulsos ou massacrados, e a "ordem" triunfou sobre os escombros ensanguentados.

Na margem esquerda do Sena havia ainda um bastião a ser conquistado. A ponte de Austerlitz, que, a leste do canal St. Martin, liga o *faubourg* St. Antoine com a margem esquerda do Sena, estava fortemente barricada, e na margem esquerda, onde ela desemboca na praça Valhubert em frente ao Jardim Botânico, guarnecida com uma sólida cabeça-de--ponte. Essa cabeça-de-ponte, a última trincheira dos insurgentes na margem esquerda depois da queda do Panthéon e da praça Maubert, foi tomada depois de obstinada defesa.

Desse modo, para o dia seguinte, 26, restou aos insurgentes somente sua última fortaleza, o *faubourg* St. Antoine e uma parte do *faubourg* du Temple. Nenhum dos dois *faubourgs* era muito adequado para as lutas de rua; eles têm ruas bastante largas e quase totalmente retas, que deixam à artilharia uma excelente margem de manobra. Do lado oeste eles estavam muito bem cobertos pelo canal St. Martin, mas do lado norte, ao contrário, totalmente descobertos. Dali saem cinco ou seis ruas largas e bem retas diretamente para o coração do *faubourg* Saint Antoine.

As fortificações principais foram construídas na praça da Bastilha e na rua mais importante de todo o bairro, a rua do *faubourg* St. Antoine. Ali foram erguidas barricadas de notável solidez, em parte muradas com grandes pedras de cantaria, em parte sustentadas com vigas. Elas formavam um ângulo para dentro, em parte para enfraquecer o efeito das balas de canhão, em parte para oferecer uma frente de defesa maior, que permitia o fogo cruzado. Nas casas, foram feitas aberturas nas paredes mestras, interligando uma série de casas umas com as outras, de modo que os insurgentes, conforme a necessidade do momento, pudessem abrir fogo sobre as tropas ou recuar para trás de suas barricadas. As pontes e o cais do canal, assim como as ruas paralelas a ele, foram também solidamente entrincheiradas. Em resumo, os dois *faubourgs* ainda ocupados se assemelhavam a uma completa fortaleza, na qual cada polegada de terreno custaria às tropas uma batalha sangrenta.

Na manhã de 26, a luta deveria recomeçar. Mas Cavaignac não estava muito disposto a enviar suas tropas àquele labirinto de barricadas. Ele ameaçou com um bombardeio. Morteiros e obuses foram posicionados. Houve negociações. Enquanto isso, Cavaignac mandou pôr minas sob as casas vizinhas – o que, contudo, só pôde ser feito em medida muito limitada, graças à insuficiência de tempo e ao canal que cobria uma das linhas de ataque – e também restabeleceu a comunicação interna das casas já ocupadas com as casas vizinhas, por aberturas nas paredes mestras.

As negociações malograram; a batalha recomeçou. Cavaignac ordenou ao general Perrot o ataque a partir do *faubourg* du Temple, e ao general Lamoricière a partir da praça da Bastilha. Dos dois pontos, as barricadas sofreram forte canhoneio. Perrot avançou muito rapidamente, tomou o resto do *faubourg* du Temple e chegou em algumas posições até mesmo ao *faubourg* St. Antoine. Lamoricière adiantou-se lentamente. As primeiras barricadas resistiram a seus canhões, apesar de as primeiras casas do subúrbio terem sido incendiadas por seus obuses. Ele negociou novamente. Com o relógio na mão, esperou pelo minuto em que teria o prazer de disparar sobre o bairro mais habitado de Paris até não deixar pedra sobre pedra. Finalmente uma parte dos insurgentes capitulou, enquanto os demais, atacados pelos flancos, retiraram-se para fora da cidade após curto combate.

Esse foi o fim da luta de barricadas de junho. Fora da cidade ainda ocorreram trocas de tiros, mas sem qualquer significado. Os insurgentes fugitivos foram dispersados pelos arredores e aprisionados um por um pela cavalaria.

Apresentamos essa exposição puramente militar da luta para demonstrar a nossos leitores com que heroica bravura, com que unidade, com que disciplina e com que habilidade militar se bateram os trabalhadores parisienses. Seus 40 mil bateram-se durante quatro dias contra um número quatro vezes superior, e por um triz não venceram. Pouco faltou para porem os pés no centro de Paris, tomarem o Hôtel de Ville, instituírem um governo provisório e duplicarem seu número, tanto a partir das regiões da cidade conquistadas, quanto a partir da Guarda Móvel, que então só precisava de um impulso para passar-se para o outro lado.

Jornais alemães afirmam que teria se tratado da batalha decisiva entre a república vermelha e a tricolor, entre trabalhadores e burgueses. Nós estamos convencidos de que esta batalha *nada* decidiu além da ruína dos próprios vitoriosos. De resto, todo o curso dos eventos demonstra que os trabalhadores devem vencer em um prazo não muito longo, mesmo quando consideramos as coisas de modo puramente militar. Se 40 mil trabalhadores parisienses já se alinham tão poderosamente contra um número quatro vezes superior, o que não realizará toda a massa dos trabalhadores parisienses quando atuar coesa e em conjunto!

Kersausie foi preso e nesse momento provavelmente já foi fuzilado. Os burgueses podem fuzilá-lo, mas não podem lhe tirar a glória de ter sido *o primeiro a organizar a luta de rua*. Podem fuzilá-lo, mas nenhum poder da Terra impedirá que suas descobertas sejam utilizadas no futuro em todas as lutas de rua. Podem fuzilá-lo, mas não impedir que seu nome perdure na história como o *primeiro comandante de barricadas*.

Política externa alemã

NGR, n. 33, 3/7/1848

F. ENGELS

Colônia, 2 de julho. Açular os povos uns contra os outros, usar um para oprimir o outro e, assim, garantir a continuidade do poder absoluto dominante – eis a arte e a obra dos atuais detentores do poder e seus diplomatas. Nesse quesito, a Alemanha se destacou. Tendo em vista somente os últimos 70 anos, em troca de ouro inglês ela enviou seus lansquenetes aos britânicos, contra os quais os norte-americanos lutavam por sua independência; quando a primeira revolução francesa irrompeu, foram novamente os alemães que se deixaram açular contra os franceses como uma matilha furiosa, que, com um brutal manifesto do duque von Braunschweig,[1] ameaçam arrasar toda Paris sem deixar pedra sobre pedra, que conspiraram com a nobreza emigrada contra a nova ordem na França e que foram pagos por isso pela Inglaterra, sob a rubrica de subsídios. Quando os holandeses, no curso dos últimos dois séculos, conceberam um único pensamento racional, o de pôr um fim ao absurdo governo da casa Orange e transformar seu país numa república,[2] foram mais uma vez os alemães que se apresentaram como carrascos da liberdade. A Suíça também tem algo a dizer sobre a vizinhança alemã, e só muito lentamente a Hungria se restabelecerá dos danos infligidos pela Áustria, a corte imperial alemã. Sim, até para a Grécia foram enviados bandos de mercenários que deviam amparar o pequeno trono do caro Otto,[3] e até para Portugal foram enviados policiais alemães. E os congressos depois de 1815, os pelotões austríacos enviados para Nápoles, Turin, Romagna, a prisão de Ypsilanti, a guerra de opressão da França contra a Espanha forçada

---

[1] O duque de Braunschweig, comandante supremo do exército austríaco-prussiano, que lutou contra a França revolucionária, publicou em 25 de julho de 1792 um manifesto em que ameaçava o povo francês de destruir completamente Paris.

[2] Trata-se da insurreição de 1785 na Holanda, contra o domínio do partido aristocrático-católico, que se reunia em torno do governador Guilherme de Orange. A insurreição, encabeçada pela fração republicana da burguesia, conseguiu expulsar o governador do país; no entanto, em 1787 seu poder foi novamente restabelecido, com a ajuda das tropas prussianas.

[3] Em decorrência de um acordo entre a Inglaterra, a França e a Rússia, em 1832 o príncipe Otto da Baviera, então menor de idade, foi posto no trono da Grécia; ele chegou ali acompanhado de tropas bávaras e dominou sob o nome de Otto I até 1862.

pela Alemanha,[4] Dom Miguel[5] e Dom Carlos[6] apoiados pela Alemanha – a reação na Inglaterra armada com tropas de Hannover, a Bélgica fragmentada e termidorizada sob o influxo alemão, no coração da Rússia o alemão como apoio principal do *grande* e dos pequenos autocratas – toda a Europa inundada de Coburgs!

Com a ajuda da soldadesca alemã, a Polônia foi saqueada e desmembrada, a Cracóvia assassinada. Com a ajuda de dinheiro e sangue alemães, a Lombardia e Veneza foram submetidas e exploradas, todos os movimentos de libertação em toda a Itália foram direta ou indiretamente sufocados por baionetas, forcas, calabouços e galés.[7] A lista de pecados é muito maior; paremos por aqui.

A culpa pelas infâmias cometidas em outros países com ajuda da Alemanha não recai só sobre os governos, mas também sobre uma grande parte do próprio povo alemão. Sem sua cegueira, seu espírito servil, sua vocação para lansquenete e "gentil" beleguim e instrumento dos senhores "pela graça de Deus", o nome alemão seria menos odiado, amaldiçoado e desprezado no exterior, os povos oprimidos pela Alemanha teriam alcançado há muito uma situação normal de livre desenvolvimento. Agora que os alemães sacodem seu próprio jugo, precisam modificar também toda a sua política externa, ou vamos agrilhoar nossa própria jovem liberdade, quase que só pressentida, com as mesmas cadeias com que acorrentamos os povos estrangeiros. A Alemanha se tornará livre na mesma medida em que libertar os povos vizinhos.

De fato, finalmente tudo vai se esclarecendo. As mentiras e deturpações contra a Polônia e a Itália, tão assiduamente difundidas pelos órgãos do velho governo, as tentativas de excitar um ódio artificial, todas as frases grandiloquentes sobre a honra alemã, o poder alemão – o efeito dessas fórmulas mágicas se dissipou. O patriotismo oficial só encontra

---

4 O Congresso da Sagrada Aliança, que ocorreu em Troppau e Laibach (de outubro de 1820 a maio de 1821) e em Verona (outubro-novembro de 1822), refletiu em suas decisões a política reacionária da Áustria, da Prússia e da Rússia na Europa. No Congresso de Troppau e Laibach foi oficialmente proclamado o princípio da intromissão das potências da Sagrada Aliança nos assuntos internos de outros Estados. Com base em uma decisão desse congresso, em julho de 1820, 60 mil austríacos invadiram a fronteira e restabeleceram em Nápoles a ordem absolutista que fora derrubada por uma revolução burguesa. O mesmo papel policialesco foi desempenhado pela Áustria contra Turin, onde os adeptos do movimento liberal e nacional que estavam, desde 10 de março de 1821, em guerra civil contra as tropas do rei da Sardenha, Victor Emanuel, foram derrotados em cerca de um mês, com ajuda de tropas austríacas. Em 5 de fevereiro de 1831 irrompeu uma insurreição em Modena e na Romagna (parte do Estado da igreja), sob a direção dos carbonários; em fins de março de 1831, esse movimento, que se voltava contra o poder secular do papa e o domínio estrangeiro da Áustria, e visava alcançar a unificação da Itália, foi derrotado pelas tropas austríacas e papistas. O congresso em Verona decidiu, especialmente por instigação da Áustria, a intervenção na Espanha, para eliminar ali o movimento popular e restabelecer a monarquia absoluta. A França assumiu a execução dessa decisão e em 1823 invadiu a Espanha com um exército de 100 mil homens. O governo liberal, que havia desencadeado uma série de reformas, foi derrubado e instaurado um ultrajante domínio do terror da reação.

5 A Áustria, a Prússia e a Rússia apoiaram, nos anos 1820 e 1830, o partido clerical-feudal em Portugal, com dom Miguel à cabeça, que se contrapunha a qualquer limitação do absolutismo.

6 Na Espanha, dom Carlos, que em 1833 desencadeou uma guerra civil para conquistar o trono no interesse do partido clerical-feudal, gozou do apoio da Áustria, da Prússia e da Rússia.

7 Ver "A luta de libertação italiana e a causa de seu atual fracasso".

ainda compradores onde o interesse material se oculta sob esses arabescos patrióticos, só na parte da grande burguesia que negocia com esse patriotismo oficial. O partido reacionário sabe e se serve disso. Mas a grande massa da classe média e a classe trabalhadora compreendem ou sentem a liberdade dos povos vizinhos como a garantia de sua própria liberdade. A guerra da Áustria contra a autonomia italiana, a guerra da Prússia contra a reorganização da Polônia – são populares ou, ao contrário, dissipam as últimas ilusões sobre essas cruzadas "patrióticas"? No entanto, não basta nem essa percepção, nem esse sentimento. Se o sangue e o dinheiro da Alemanha não devem mais ser desperdiçados, contra seu próprio interesse, para a opressão de outras nacionalidades, então é preciso conquistar um efetivo governo popular, o velho edifício deve ser demolido até os alicerces. Só então a política covarde e sangrenta do velho sistema renovado poderá ceder lugar à política internacional da democracia. Como pretendeis se apresentar democraticamente no exterior, enquanto no interior a democracia é amordaçada? Assim, é preciso fazer de tudo, aquém e além dos Alpes, para preparar de todos os modos o sistema democrático. Da parte dos *italianos* não faltam declarações das quais emanam suas disposições amigáveis em relação à Alemanha. Lembramos aqui o Manifesto do governo provisório de Milão ao povo alemão[8] e os diversos artigos da imprensa italiana, redigidos no mesmo espírito. Temos diante dos olhos um novo testemunho dessa disposição, uma carta privada do Comitê Administrativo do *L'Alba*, jornal publicado em Florença, para a redação da *Nova Gazeta Renana*. É datada de 20 de junho e diz, entre outras coisas:

> Agradecemos-lhes cordialmente pela consideração que os senhores manifestam por nossa pobre Itália.[9] E sinceramente lhes asseguramos que os italianos em geral sabem quem efetivamente atenta contra sua liberdade e a combate, e que seu inimigo mortal não é o poderoso e magnânimo povo alemão, mas sim o despótico, injusto e cruel governo alemão; lhes asseguramos que todo verdadeiro italiano aspira pelo momento em que poderá estender livremente a mão a seu irmão alemão, que, quando seus direitos imprescritíveis estiverem assegurados, saberá defendê-los e respeitá-los, bem como fazê-los respeitar por todos os seus irmãos. Depositando confiança nos princípios cujo cuidadoso desenvolvimento os senhores tomaram como tarefa, subscrevemo-nos com protestos de estima e consideração,
>
> Seu dedicado amigo e irmão
(ass.) *L. Alinari*

A *Alba* é uma das poucas folhas italianas que defendem decididamente princípios democráticos.

---

[8] Trata-se da conclamação "Il Governo provisorio alla Nazione Germanica", de 6 de abril de 1848, no qual o governo provisório de Milão exprimia sua ligação fraterna com o povo alemão e o conclamava à luta conjunta contra as forças da reação.

[9] Ver *"Carta ao redator do jornal L'Alba"*.

Debates ententistas

NGR, n. 34, 4/7/1848

F. ENGELS

Colônia, 2 de julho. Depois da tragédia, o idílio; depois do trovão das Jornadas de Junho em Paris, o tamborilar dos ententistas berlinenses. Tínhamos perdido totalmente de vista esses senhores e vemos agora que, no momento mesmo em que Cavaignac canhoneava o *faubourg* St. Antoine, o sr. Camphausen pronunciava um melancólico discurso de despedida e o sr. Hansemann submetia o programa do novo ministério.

Observamos com prazer, em primeiro lugar, que o sr. Hansemann acolheu nosso conselho[1] e *não* se tornou primeiro-ministro. Ele reconheceu que é mais grandioso *fazer* primeiros-ministros do que *ser* primeiro-ministro.

O novo ministério é e permanece, apesar do cognome (*prête-nom*) Auerswald, o ministério *Hansemann*. Ele se põe como tal ao se apresentar como ministério da *ação*, da execução. O sr. Auerswald não tem efetivamente nenhuma pretensão de ser ministro da ação!

O programa do sr. Hansemann é conhecido. Não vamos examinar seus aspectos políticos, eles já se tornaram pasto dos jornais alemães mais ou menos importantes. Apenas de um ponto ninguém ousou tratar, e para que o sr. Hansemann não saia prejudicado, pretendemos abordá-lo.

O sr. Hansemann declara:

> Para estimular a atividade econômica, portanto para suprimir a miséria das classes populares trabalhadoras, não há por agora meio mais eficaz do que o restabelecimento da debilitada confiança na manutenção da ordem legal e a instituição em breve de uma sólida monarquia constitucional. Perseguindo com todas as nossas forças esse objetivo, *reagiremos, portanto, da forma mais segura contra o desemprego e a miséria.*

No início de seu programa, o sr. Hansemann já havia dito que, com esse objetivo, apresentaria novas leis repressivas, à medida que a antiga legislação (policialesca!) não fosse suficiente.

Isso é bastante claro. A velha legislação despótica não é suficiente! A supressão da miséria das classes trabalhadoras não é da competência do ministro de Obras Públicas, nem do ministro das Finanças, mas sim do ministro da *Guerra*! Leis repressivas em

---
[1] Ver "O gabinete Hansemann".

primeiro lugar, baionetas e metralhas em segundo – de fato, "não há meio mais eficaz"! Será que o sr. Schreckenstein, cujo mero nome, depois daquela mensagem westfaliana,[2] inspira medo[3] aos agitadores, gostaria de dar continuidade a suas façanhas de Tréveris e se tornar um Cavaignac na reduzida escala prussiana?

Mas o sr. Hansemann tem ainda outros meios, além do "mais eficaz":

"Mas a criação de empregos por meio de obras públicas que tragam verdadeiro proveito ao país é, além disso, *igualmente* necessária." Portanto, aqui o sr. Hansemann vai "ordenar, para o bem de todas as classes populares assalariadas, obras de envergadura ainda maior" do que o sr. Patow. Mas ele o fará "assim que o ministério consiga afastar os receios de uma subversão das relações políticas, alimentados pela agitação e pelas *provocações*, e *restabelecer a confiança* geral necessária para a criação dos *meios financeiros* requeridos".

Nesse momento o sr. Hansemann não pode determinar nenhuma obra, porque não pode obter nenhum dinheiro. Só poderá obter dinheiro quando a confiança for restabelecida. Mas, tão logo a confiança seja restabelecida, os trabalhadores, como ele mesmo diz, estarão empregados, e o governo não precisará mais criar nenhum emprego.

As medidas do sr. Hansemann para suprimir a miséria giram nesse círculo de modo algum vicioso, mas sim muito burguesmente virtuoso. Para o momento, o sr. Hansemann nada tem a oferecer aos trabalhadores além das leis de setembro e um pequeno Cavaignac. De fato, eis um ministério de *ação*!

Não examinaremos o reconhecimento da revolução no programa. O "bem-informado correspondente G" da *Gazeta de Colônia* já assinalou ao público em que medida o sr. Hansemann salvou o terreno do direito, para o bem do publicista vizinho.[4] Acerca da revolução, o sr. Hansemann reconheceu que no fundo ela não foi uma revolução.

Mal o sr. Hansemann havia terminado quando se levantou o primeiro-ministro *Auerswald*, que ainda precisava dizer algo. Tomou uma folha escrita e leu aproximadamente o seguinte, mas sem rima:

> M. H.! Eu estou feliz hoje
> De entre vocês me encontrar
> Onde tão nobres espíritos
> Vêm com amor para mim uivar.
> O que sinto nesse momento
> É incomensurável;
> Ah, esse belo instante
> Me será para sempre inolvidável.[5]

---

[2] Uma reacionária "Mensagem dos Combatentes e Soldados do distrito Hagen de 19 de junho de 1848", publicada na *Nova Gazeta Renana*, n. 25, de 25 de junho de 1848.
[3] Jogo de palavras com o nome de Schreckenstein e o termo Schreck, que significa medo (N.T.).
[4] Expressão de Marx e Engels para Brüggemann, o redator-chefe da *Gazeta de Colônia*.
[5] Heine, H. *Deutschland. Ein Wintermärchen*. Cap. XII (versos 21 a 28). [*M.H.! Ich bin glücklich, heut/In Eurer Mitte zu weilen,/Wo so viel'edle Gemüter mir/Mit Liebe entgegenheulen./Was ich in diesem Augenblick/*

Observamos que aqui demos a interpretação mais favorável ao papelucho praticamente incompreensível do sr. primeiro-ministro.

Mal o sr. Auerswald concluiu, e o nosso Hansemann se ergueu de um salto para provar, com uma questão de gabinete, que continua sempre o mesmo. Ele quer que o esboço de mensagem[6] seja reenviado à comissão, e diz:

"A acolhida que essa moção encontrar na Assembleia dará uma medida da maior ou menor confiança que a alta Assembleia concede ao novo ministério."

Mas isto era grave demais. O deputado *Weichsel*, sem dúvida um leitor da *Nova Gazeta Renana*,[7] correu irritado para a tribuna e pronunciou um decidido protesto contra esse invariável método da questão de gabinete. Até aí, muito bem. Mas, uma vez que um alemão assuma a palavra, não permite que a retirem tão rapidamente, e assim o sr. Weichsel enveredou por um longo discurso sobre isso e aquilo, sobre a revolução, o ano de 1807 e o ano de 1815, sobre um coração caloroso sob uma blusa e muitos outros temas. Tudo isso porque "era necessário que ele se expressasse". Um formidável alarido, misturado a alguns Bravos da esquerda, obrigou o bravo homem a descer da tribuna.

O sr. Hansemann assegurou à Assembleia que o ministério não tinha nenhuma intenção de propor *levianamente questões de gabinete*. Também essa não era uma questão de gabinete plena, mas apenas uma meia questão de gabinete, portanto não valia a pena continuar falando a respeito.

Então travou-se um debate como raramente acontece. Todos falam ao mesmo tempo, e a discussão se perde numa miríade de assuntos. Por algum tempo cruzaram-se questão de gabinete, ordem do dia, regulamento, nacionalidade polonesa, adiamento, com os respectivos Bravos e vaias. Finalmente o sr. *Parrisius* observou que o sr. Hansemann havia proposto uma moção em nome do ministério, quando o ministério enquanto tal não poderia propor qualquer moção, mas apenas fazer comunicados.

O sr. Hansemann replicou: ele havia se enganado; a moção não era, no fundo, uma moção, mas apenas um *desejo* do ministério.

A grandiosa questão de gabinete se reduz, pois, a um mero "desejo" do sr. ministro!

O sr. Parrisius salta da ala esquerda para a tribuna. O sr. Ritz da ala direita. Lá em cima se encontram. Uma colisão é inevitável – nenhum dos dois heróis quer ceder – então toma a palavra o presidente, o sr. Esser, e ambos os heróis recuam.

O sr. *Zachariä* apresenta como sua a moção do ministério e exige sua discussão imediata.

Empfinde, ist unermeßlich;/Ach! Die schöne Stunde bleibt/Mir ewig unvergeßlich.] No poema de Heine, em vez de "M.H.!" consta "Companheiros lobos!" [*Mitwölfe!*] Conforme a nota 61 da edição bilíngue (alemão/espanhol) da Bosch Casa Editorial (Barcelona, 1982), Heine se refere assim aos partidários do liberalismo radical que, para ele, não passavam de pequeno-burgueses com conceitos políticos confusos, e que o haviam acusado de dissidente; também parodia o modo costumeiro de brindar em ocasiões solenes.

[6] Ver "A questão da mensagem".
[7] Ver "Questões de vida e morte".

O sr. Zachariä, o servil lacaio tanto deste ministério quanto do anterior, ele que, por ocasião da moção Berends, também aparecera como anjo salvador com uma emenda proposta no momento certo,[8] não encontrou nada para dizer a título de sustentação de sua proposta. O que o sr. ministro das Finanças dissera era plenamente suficiente.

Travou-se então um longo debate, com as indispensáveis emendas, interrupções, tambores, fúrias e sutilezas regulamentares. Não se pode exigir que orientemos nossos leitores por esse labirinto, só lhes podemos entreabrir algumas das mais charmosas perspectivas nessa trapalhada.

1. O deputado *Waldeck* nos elucida: A mensagem não pode mais voltar à comissão, pois a comissão não existe mais.
2. O deputado *Hüffer* desenvolve: A mensagem não é uma resposta à Coroa, mas aos ministros. Os ministros, que fizeram a fala do trono, não existem mais; como, pois, responderíamos a alguém que não mais existe?
3. O deputado d'Ester tira daí, na forma de uma emenda, a seguinte conclusão: a Assembleia deseja abandonar a mensagem.
4. Essa emenda é rejeitada pelo presidente, *Esser*, do seguinte modo: Essa proposta parece ser uma nova moção, e não uma emenda.

Eis todo o esqueleto do debate. Em torno desse magro esqueleto se agrupa, entretanto, uma massa de carne balofa na forma de discursos dos srs. ministros Rodbertus e Kühlwetter, dos srs. deputados Zachariä, Reichensperger II etc.

A situação é estranhíssima. Como o próprio sr. Rodbertus diz, é "inaudito na história dos parlamentos que um ministério renuncie quando a proposta de mensagem é submetida e o debate a respeito deveria começar"! A Prússia tem em geral a sorte de que, em suas seis primeiras semanas parlamentares, quase que só tenham sucedido coisas "inauditas na história dos parlamentos".

O sr. Hansemann está no mesmo apuro que as Câmaras. A mensagem, ostensivamente uma resposta à fala do trono de Camphausen-Hansemann, tem de ser, de fato, uma resposta ao programa Hansemann-Auerswald. Supõe-se que a comissão, que foi complacente em relação a Camphausen, demonstre a mesma complacência para com o sr. Hansemann. A dificuldade está somente em explicar às pessoas essa exigência "inaudita na história dos parlamentos". Todos os meios são empregados. Rodbertus, essa harpa eólia do centro-esquerda, murmura seus tons mais suaves. Kühlwetter busca tranquilizar por todos os lados; seria, sim, possível que, examinando de novo o esboço de mensagem, "se possa chegar à conclusão de que *também agora não há qualquer mudança a fazer* [!], mas para chegar a essa conclusão" [!!], seria preciso enviar novamente a mensagem à comissão! Finalmente o sr. Hansemann, a quem esse longo debate como sempre entediava, corta o nó ao expressar diretamente por que o esboço deve voltar à comissão: ele não quer que as novas alterações entrem subrepticiamente pela porta traseira, como emendas ministeriais,

---

[8] Ver "O debate sobre a revolução em Berlim" (n. 17).

elas têm de entrar no salão solenemente, pela grande porta da frente totalmente aberta, como propostas da comissão.

O primeiro-ministro declara que seria necessário que "o ministério *coopere*, de modo *constitucional*, com o esboço de mensagem". Mesmo depois de muito refletir, não somos capazes de dizer o que isso significa e qual constituição o sr. Auerswald tem em mente. Inclusive porque a Prússia, nesse momento, *não tem* nenhuma constituição.

Do lado oposto, só dois discursos merecem ser mencionados: os dos srs. d'Ester e Hüffer. O sr. d'Ester zombou, com muita felicidade, do programa do sr. Hansemann aplicando a esse programa, extremamente abstrato, as antigas expressões desdenhosas daquele sobre abstrações, inúteis disputas de princípios etc. D'Ester desafiou o ministério de *ação* a "finalmente passar à ação e deixar de lado as questões de princípio". Já mencionamos acima sua moção, a única racional do dia.

O sr. *Hüffer*, que expressou do modo mais nítido o correto ponto de vista em relação à mensagem, formulou-o também do modo mais nítido em relação à exigência do sr. Hansemann: o ministério pleiteia que, para manifestarmos nossa confiança nele, remetamos novamente a mensagem à comissão, e faz sua existência depender dessa decisão. Mas o ministério só pode recorrer a um voto de confiança para ações que *ele próprio execute*, mas não para ações que ele *espera da Assembleia*.

Em resumo: o sr. Hansemann exige um voto de confiança, e a Assembleia, para poupar um desgosto ao sr. Hansemann, vota uma censura indireta à sua comissão da mensagem. Os senhores deputados logo aprenderão, sob o ministério de ação, o que é a famosa *treasury-whip*[9] (chibata ministerial).

---

[9] Literalmente, "chibata do ministério das Finanças": depois da queda do gabinete Camphausen, com a formação do novo governo acertada, Hansemann permaneceu no gabinete Auerswald (26 de junho a 21 de setembro de 1848) como ministro das Finanças; como representante da grande burguesia, essa era uma posição-chave, que lhe possibilitava "impor sob chibata", no governo e na Assembleia Nacional, leis e medidas de interesse de sua classe.

Debates ententistas

NGR, n. 35, 5/7/1848

F. ENGELS

Colônia, 4 de julho. Tratamos hoje da sessão ententista de 28 de junho. A Assembleia tem diante de si um novo presidente, um novo regulamento e novos ministros. Pode-se, pois, imaginar o tamanho da confusão.

Depois de longos debates prévios sobre o regulamento e outros assuntos, finalmente o deputado *Gladbach* assume a palavra. Há alguns dias, em Spandau, a soldadesca prussiana desarmou violentamente os guerrilheiros, que retornavam do Schleswig-Holstein, da 6ª Companhia do Corpo de Voluntários, dissolvida graças a suas posições republicanas, e chegou mesmo a prender alguns. Não havia qualquer fundamento legal nem qualquer poder legal para isso. Legalmente, os militares não podem, de modo geral, realizar tais ações por conta própria. Mas a maioria desses guerrilheiros eram berlinenses combatentes das barricadas, e os senhores da guarda precisavam se vingar deles.

O sr. *Gladbach* interpelou o ministério sobre esse ato de despotismo militar.

O ministro da Guerra *Schreckenstein* declarou que nada sabia sobre o assunto e que se reservava para exigir das autoridades competentes um relatório a esse respeito.

Portanto, é para isso que o povo paga um ministro da Guerra, para que, no dia 28 em Berlim, ele nada saiba do que os militares tinham feito no dia 25 em Spandau, a três horas de Berlim, e para que, a três horas de Berlim, debaixo de seu nariz, por assim dizer, os tenentes da guarda ocupem as estações ferroviárias e tirem ao povo armado as armas que lhe pertenciam, que foram por ele conquistadas no campo de batalha, sem se dignar sequer a dar ao ministro da Guerra a honra de um relatório! Mas, certamente o sr. tenente-coronel Schlichting, que consumou essa façanha, agiu conforme "instruções" recebidas provavelmente de Potsdam, para onde ele também provavelmente reportou!

Amanhã, suplica o bem-informado ministro da Guerra, amanhã *talvez* eu possa dar uma resposta![1]

Segue-se uma interpelação de: o ministério prometeu um projeto de lei sobre a Guarda Cívica. Esse projeto vai se basear no princípio do armamento geral do povo?

---

[1] Ver "Debates ententistas em Berlim".

O novo ministro do Interior, o sr. Kühlwetter, responde: certamente há uma lei sobre a Guarda Cívica, mas ainda não foi avaliada pelo ministério, e por isso ele não poderia dar nenhum detalhe a respeito.

Portanto, o novo ministério foi tão apressadamente reunido, entendeu-se tão pouco sobre os princípios diretivos, que ainda não foi debatida nem mesmo a questão candente do armamento do povo!

Uma segunda interpelação do deputado *Gladbach* se referia à nomeação definitiva de prefeitos e outros funcionários pelas autoridades até então encarregadas disso. Como toda a atual administração só subsiste interinamente, ela só poderá preencher interinamente as lacunas resultantes até que a legislação determine como e por quem as diferentes autoridades devem ser nomeadas. Apesar disso, prefeitos e outros funcionários foram nomeados definitivamente.

O ministro *Kühlwetter* declara concordar inteiramente com o sr. Gladbach e só permitirá a nomeação provisória de prefeitos.

Uma interpelação posterior do sr. *Gladbach* sobre a suspensão de muitos funcionários odiados por seus subalternos, alguns dos quais, especialmente no interior, foram expulsos no primeiro ímpeto revolucionário, foi habilmente escamoteada pelo sr. presidente Grabow.

Depois de algumas discussões sobre o regulamento, veio a interpelação do deputado *Dierschke* sobre a mensagem Köslin[2] e seu envio para a ordem do dia pelos governos e administrações regionais. Mas o sr. deputado esquecera completamente que sua moção estava na ordem do dia e, portanto, não trouxera os documentos necessários para fundamentá-la. Assim, só lhe restou apelar para algumas frases genéricas sobre a reação, receber uma resposta altamente insuficiente do ministro e deixar o presidente dizer que ele deveria estar plenamente satisfeito.

Mas ele tinha ainda uma segunda interpelação a fazer: se o ministro tencionava se contrapor às tentativas de reação da nobreza e do partido dos funcionários.

Aparentemente, havia esquecido também os papéis referentes a isso. Em vez de fatos, enveredou novamente por fórmulas declamatórias e não soube exigir nada melhor do ministério do que uma proclamação contra a reação.

Naturalmente o sr. *Kühlwetter* respondeu que as posições dos proprietários senhoriais e funcionários não eram de sua alçada, mas sim somente suas ações, que essas pessoas tinham a mesma liberdade que o sr. *Dierschke*, e que de resto o sr. Dierschke deveria apresentar fatos. A tola ideia de um "decreto" contra a reação foi repelida com a devida elegância. O sr. Dierschke apresentou como fato que no seu distrito de Ohlau o Conselho teria dito que a Assembleia Nacional não entraria em acordo até que sua unidade fosse selada com metralhas, e que seu deputado (o próprio Dierschke) havia afirmado que enforcar um ministro seria uma bagatela.

---

[2] Os *junkers* e funcionários contrarrevolucionários da cidade de Köslin (Pomerânia) dirigiram-se, em 23 de maio de 1848, ao povo prussiano com um apelo a que marchassem para Berlim, a fim de aniquilar a revolução.

Disso o presidente concluiu que o sr. Dierschke tinha se dado por satisfeito também quanto à segunda interpelação, e o sr. Dierschke não encontrou mais nada para dizer.

O sr. *Hansemann*, no entanto, não se deu por satisfeito. Repreendeu o orador por ter-se desviado da questão. Ele "deixa ao julgamento da Assembleia em que medida ela considera conveniente levantar acusações pessoais contra funcionários, sem ao mesmo tempo apresentar provas delas".

Com esse arrogante desafio e sob retumbantes Bravos da direita e do centro, o sr. Hansemann sentou-se.

O deputado *Elsner* apresentou uma moção urgente. É preciso nomear imediatamente uma comissão para investigar a situação dos fiandeiros e tecelões, assim como de toda a manufatura de linho prussiana.

O sr. *Elsner* relata à Assembleia, numa exposição curta e convincente, como o antigo governo sacrificou a indústria do linho, em todas as oportunidades, aos interesses, ou melhor, às ideias dinásticas e legitimistas. Espanha, México, Polônia e Cracóvia serviram como demonstração.[3]

Felizmente os fatos eram convincentes e atingiam só o antigo governo. Por isso nenhum lado levantou dificuldades; o governo pôs-se de antemão ao dispor da comissão, e a moção foi aceita por unanimidade.

Seguiu-se a interpelação de *D'Ester* sobre os poloneses que tiveram a cabeça raspada.

D'Ester declara que pretende obter esclarecimentos não apenas sobre o fato, mas especialmente sobre as medidas tomadas pelo ministério contra esse procedimento. Por essa razão não se dirige apenas ao ministro da Guerra, mas a todo o ministério.

Sr. *Auerswald*: se d'Ester não deseja resposta para o caso específico, então "o ministério não tem nenhum *interesse*" em entrar em detalhes.

Realmente, o ministério não tem nenhum "interesse" em detalhar essa questão! Que novidade! De fato, costuma-se fazer interpelações apenas quanto àquelas questões sobre as quais "o ministério" *não tem "nenhum interesse"* em entrar em detalhes! Justamente por isso, porque ele não tem nenhum interesse em respondê-las, justamente por isso, sr. primeiro-ministro, interpela-se o ministério.

O sr. primeiro-ministro deve, de resto, ter acreditado que não se encontrava entre superiores, e sim entre seus subalternos. Tenta condicionar a resposta a uma pergunta ao interesse que nela tenha, não a Assembleia, mas o ministério!

Só podemos atribuir à inexperiência do sr. presidente Grabow o fato de o sr. Auerswald não ter sido chamado à ordem por essa arrogância burocrática.

O primeiro-ministro assegurou, de resto, que se oporia energicamente à raspagem da cabeça dos poloneses, mas só poderia divulgar outros pormenores mais tarde.

---

[3] Espanha, México, Polônia e Cracóvia eram as principais oportunidades para a indústria de tecelagem e fiação prussiana, que se perderam graças à absurda política externa e comercial do governo prussiano antes de 1848, arruinando esses ramos.

D'Ester admite de boa vontade o adiamento, mas quer saber em que data Auerswald pretende responder.

O sr. *Auerswald*, que deve ser surdo, responde: Creio que em minha declaração não há nada que indique que o ministério não pretenda voltar ao assunto mais tarde [!]; mas a data ele ainda não poderia determinar.

Behnsch e *d'Ester* declaram, aliás, expressamente que também pleiteiam esclarecimentos sobre o fato mesmo.

Seguem-se, então, duas interpelações de *d'Ester*: qual o significado dos preparativos militares na Renânia, e especialmente em Colônia, e se não seria talvez necessário cobrir a fronteira francesa?

O sr. *Schreckenstein* responde: à exceção de alguns reservistas, há meses não são enviadas tropas à Renânia. (Sem dúvida, bravo Bayard, mas há muito tempo estão lá tropas demais.) *Todas* as fortalezas serão armadas, não somente Colônia,[4] para que a pátria não corra perigo.

Portanto, se em Colônia as tropas não forem alocadas nos fortes, onde nada têm a fazer e estão muito mal hospedadas, se a artilharia não receber armas, se as tropas não receberem uma provisão de pão para oito dias, se a infantaria não for abastecida com cartuchos, a artilharia com munição para metralha e canhão, a pátria estará em perigo? Portanto, de acordo com o sr. Schreckenstein, a pátria só estará *fora de* perigo se Colônia e outras grandes cidades estiverem *em* perigo!

De resto, "todos os movimentos das tropas devem ser deixados à apreciação exclusiva de um militar, do ministro da Guerra, caso contrário ele não pode ser responsável"!

Parece que estamos ouvindo uma mocinha ofendida em sua virtude, e não o Bayard prussiano *pro tempore*, sem medo e sem reproche, o barão do império Roth von Schreckenstein, nome aterrorizante!

Se o deputado médico d'Ester, que em verdade é um anão perto do poderoso barão do império Roth v. Schreckenstein, pergunta ao citado Schreckenstein sobre o significado desta ou aquela medida, o grande barão do império acredita que o pequeno médico pretende tirar dele a livre disposição sobre o arranjo das tropas, e então não pode mais ser responsável!

Em síntese: o sr. ministro da Guerra declara que não se pode *pedir-lhe contas* sobre o que está sob sua responsabilidade, do contrário ele não pode de modo algum *ser responsável*.

De resto, qual o peso de uma interpelação de um deputado em comparação com a "apreciação de um militar e ainda mais de um ministro da Guerra"!

Embora declare não estar satisfeito, *D'Ester*, entretanto, tira da resposta de Schreckenstein a conclusão de que os preparativos militares se destinam a proteger a fronteira francesa.

O primeiro-ministro *Auerswald* protesta contra essa conclusão.

---

[4] Ver "Colônia em perigo".

Se *todas* as fortalezas de fronteira estão armadas, então *todas* as fronteiras estão de fato "cobertas". Se *todas* as fronteiras estão cobertas, então é claro que também a fronteira *francesa* está "coberta".

O sr. Auerswald aceita as premissas e não admite a conclusão "em nome do ministério".

Nós, em contrapartida, "admitimos em nome" do saudável bom-senso que o sr. Auerswald não é meramente surdo.

D'Ester e *Pfahl* protestam imediatamente. *Reichenbach* afirma que Neisse, a fortaleza mais importante da Silésia ao leste, não está de modo algum armada e está em condições deploráveis. Assim que passa a dar detalhes a respeito, a direita, apoiada pelo centro, começa um formidável alarido, e Reichenbach é forçado a deixar a tribuna.

Sr. *Moritz*:

> O conde Reichenbach não indicou *nem um só* motivo pelo qual tomou a palavra [!]. Pelos *mesmos motivos*, acredito que eu também possa tomar a palavra [!]. Considero não parlamentar e inaudito até agora na história dos parlamentos, pôr dessa maneira [...]. (grande agitação) o ministério *no embaraço* de explicitar coisas que não podem vir a público [...] não fomos enviados para cá para pôr a pátria *em perigo*.

(Terrível balbúrdia. Nosso Moritz é obrigado a descer da tribuna.)

O deputado Esser I aplaca o tumulto com uma análise tão profunda quanto adequada do §28 do regulamento.

O sr. *Moritz* protesta, ele não tinha corrigido um fato, mas simplesmente "pretendia falar pelos mesmos motivos que o conde Reichenbach"! A ala conservadora toma suas dores, e lhe concede um retumbante Bravo, contra o que a extrema-esquerda tamborila.

Auerswald: "É adequado tratar de tais detalhes sobre a capacidade militar do Estado prussiano em particular ou em geral?"

Observamos, primeiro, que não se falou da capacidade militar, mas sim da incapacidade de defesa do Estado. Segundo, que a inadequação está em que o ministro da Guerra fez preparativos militares contra o interior e não contra o exterior, e não em lembrá-lo de seu dever.

A direita se entedia terrivelmente e brada pela conclusão. O presidente declara, em meio a muito alarido, que o assunto está encerrado.

Na ordem do dia, consta uma moção de *Jung*. O sr. Jung considera adequado se abster. Fantástica representação do povo!

Agora vem uma interpelação do deputado *Scholz*. Este diz literalmente:

"Interpelação ao sr. ministro do Interior, se o mesmo está em condições de dar informações ou está disposto a responder sobre a *inoportuna introdução de konstablers nos distritos*."[5]

Presidente: Pergunto primeiro se essa interpelação foi *entendida*.

---

[5] No verão de 1848, além da polícia ordinária, foi constituída uma divisão de civis armados para uso contra assembleias de rua e manifestações de massa populares e para espionagem. Essa divisão policial foi chamada

(Ela não foi entendida, e foi novamente lida.)

Ministro *Kühlwetter*: De fato eu não sei por que me são exigidas informações. Não entendo a pergunta.

Presidente: A interpelação é apoiada? (Não é apoiada.)

Scholz: Retiro provisoriamente minha moção.

Também nós nos "retiramos" por hoje depois dessa cena impagável, "inaudita na história dos parlamentos".

---

de Konstabler, por analogia à Polícia Especial (Constable) inglesa, que desempenhou um papel importante na repressão à manifestação cartista de 10 de abril de 1848.

Debates ententistas em Berlim

NGR, n. 37, 7/7/1848

F. Engels

Colônia, 6 de julho. Enquanto em Berlim a crise ministerial n. 2 continua seguindo seu curso, queremos por um momento, para falar como o deputado *Mätze*, regressar "dessa tempestade" ao até agora "plácido mar" dos debates ententistas. Pode-se dizer o que for, mas nós passamos aqui bons momentos de doce contentamento –

> Aqui ainda regem moral e respeito
> E muitos prazeres simples florescem
> Também aqui, em nosso meio.[1]

É a vez da sessão de *30 de junho*. Já desde o princípio ela abre com ocorrências significativas, muito especialmente características.

Quem não ouviu falar da grande campanha dos 57 pais de família da Marca de Berg pela salvação da pátria? Quem não sabe com que desprezo pela morte essa flor da pequena burguesia conservadora partiu, abandonou mulher, filho e negócios para subir à brecha e travar uma batalha de vida ou morte contra a revolução, para, em uma palavra, marchar sobre Berlim e apresentar ao ministério uma petição contra os agitadores?

Esses 57 paladinos entregaram, pois, também à Assembleia Ententista ofício contendo suaves e piedosos desejos reacionários. O ofício é lido. Alguns senhores da direita querem ouvir também os nomes dos signatários. O secretário começa a ler, há interrupção, grita-se: "Basta, basta!"

Deputado *Berg*: "O documento que está sendo lido ou é uma moção ou uma petição. Se é uma moção, gostaria de saber qual membro a assume. Se é uma petição, que seja enviada à comissão competente e *assim não nos entediemos mais com isso*."

Essa lacônica resposta do sr. Berg afastou o assunto. O presidente balbuciou algumas desculpas e pôs de lado o ofício dos cinquenta e sete pais de família.

---

[1] Heine, H. *Alemanha. Um conto de inverno*. Cap. 25, versos 22 a 24 (*Hier herrschen noch Zucht und Sitte/Und manches stille Vergnügen blüth/Auch hier, in unserer Mitte.*)

Nisto se levantou um velho amigo nosso e da esquerda, o deputado *Schultz*, de Wanzleben:

> Antes de ontem retirei minhas moções sobre o casamento civil etc. com o esclarecimento de que precisava reformular os projetos de lei. Sobre isso, encontro nas atas estenográficas a observação: 'Risos'. Pode ser que um ou outro tenha rido disso, mas certamente *sem motivo*.

(Novas risadas.)

O deputado Schultz, de Wanzleben, assegura, então, com a mais honesta candura, que só queria o melhor, e que aceitaria com prazer críticas construtivas; que se convencera da imperfeição dos projetos de lei que apresentara, e que no entanto não poderia apresentar emendas a suas próprias propostas, e que portanto considerara seu dever não "submeter" o projeto à Assembleia em sua forma original, mas sim retirá-lo provisoriamente.

"Não vejo nada de risível nisso, e devo protestar contra o fato de meu procedimento bem-intencionado ser descrito como *risível* por meio da palavra 'risadas'."

Aconteceu ao deputado Schultz, de Wanzleben, o mesmo que ao cavaleiro Tannhäuser:

> Se eu penso nessa risada
> Imediatamente derramo lágrimas.[2]

O deputado *Brill* observa que nas atas estenográficas, de resto excelentes, falta uma frase do ministro Hansemann, dizendo que o programa do atual ministério seria uma continuação da fala do trono. Ele se recordava disso muito especialmente porque, como impressor, tinha então pensado na frase tão frequentemente impressa por ele: "Continua no próximo número".

Esse tratamento leviano dos mais sérios assuntos indignou veementemente o deputado sr. *Ritz*. Ele se precipitou para a tribuna e declarou:

> Meus senhores, creio que interessa à dignidade da Assembleia que nos abstenhamos de *metáforas* nos discursos e de comparações que não têm lugar aqui. Também elas *não são parlamentares*. (Grande agitação.) Acompanhamos a sessão de ontem com grande *hilaridade*, o que não considero adequado para a dignidade da Assembleia [...] no interesse da dignidade dessa Assembleia, aconselharia uma certa *sobriedade*.

"No interesse" da "sobriedade" aconselhada pelo deputado Ritz, aconselharíamos ao deputado Ritz, "no interesse da dignidade da Assembleia", que ele tome a palavra o mínimo possível, pois uma "grande hilaridade" segue sempre seus passos.

Mas logo ficou claro o quanto os propósitos bem-intencionados de homens de bem como os srs. Schultz, de Wanzleben, e Ritz podem ser mal-compreendidos nesse mundo cruel. Com efeito, o presidente sr. Grabow nomeou os escrutinadores e, entre eles, pelo

---

[2] Heine, H. *Der Tannhäuser*. Cap. 2 (*Wenn ich an dieses Lachen denk', / So weine ich plötzliche Tränen*).

centro-esquerda o sr. Schultz, de Wanzleben (risadas), e pela centro-direita o sr. Brill (hilaridade). Quanto ao sr. Brill, nossos leitores devem saber que esse deputado, pertencente à mais decidida esquerda, sentou-se no centro-direita, ao lado dos camponeses pomeranos e da Alta Silésia, entre os quais fez fracassar muitas sugestões do partido reacionário, graças a seu popular talento oratório.

Segue-se a interpelação do sr. *Behnsch* sobre o comunicado russo, que teria provocado a volta de Wrangel de Jutland. Apesar do *Morning Chronicle*[3] e do russo *Abelha*,[4] *Auerswald* nega a existência desse comunicado. Acreditamos que o sr. Auerswald tem razão; não acreditamos que a Rússia tenha enviado a Berlim um "comunicado" oficial. Mas nem o sr. Auerswald nem nós, tampouco, podemos saber o que Nicolau enviou a Potsdam.

O sr. *Behnsch* também interpela sobre o comunicado do major Wildenbruch ao governo dinamarquês,[5] segundo o qual a guerra dinamarquesa seria apenas uma guerra simulada, uma encenação para ocupar as superabundantes energias patrióticas.[6]

O sr. *Auerswald* encontrou meio de *não* responder a essa interpelação.

Depois de uma discussão tediosa e confusa sobre comissões técnicas, houve finalmente uma cena parlamentar verdadeiramente interessante, na qual um pouco de indignação, um pouco de paixão abafou vitoriosamente o tamborilar estereotipado da direita. Devemos esta cena ao deputado *Gladbach*. O ministro da Guerra prometera responder hoje a sua interpelação sobre o desarmamento e prisão dos voluntários que retornaram.[7]

Assim que o presidente anuncia esse tema, ergue-se imediatamente o sr. tenente-coronel *Griesheim*, nosso velho conhecido, e começa a falar. Mas essa impertinência burocrático-militar é logo rejeitada por uma violenta interrupção.

O *presidente* esclarece que, conforme o §28 do regimento da casa, os assistentes dos ministros só podem tomar a palavra com o consentimento da Assembleia.

Griesheim: Estou aqui como representante do ministro da Guerra.

Presidente: Isto *não me foi informado.*

Griesheim: Se esses *senhores* não querem me ouvir [...] (Ohh! Agitação.)

"Esses senhores!" Para o sr. Griesheim, no entanto, "esses senhores" ainda são efetivamente uma "alta Assembleia"! O sr. presidente deveria chamar à ordem o sr. Griesheim por seu repetido desprezo a qualquer compostura.

---

[3] Diário inglês, publicado de 1769 a 1862 em Londres.
[4] Trata-se de *Sewernaja ptschela* [*A Abelha do Norte*], gazeta política e literária russa, publicada em São Petersburgo entre 1825 e 1864 sob a redação de Bulgarin e Gretsch. Era um órgão semioficial do governo tsarista.
[5] No Comunicado que o major Wildenbruch, em missão secreta do rei prussiano, entregou em 8 de abril de 1848 ao governo da Dinamarca, foi salientado que a guerra no Schleswig-Hostein não seria conduzida pela Prússia com o objetivo de arrebatar à Dinamarca o ducado, mas sim unicamente para "combater os elementos radicais e republicanos na Alemanha". O governo prussiano evitou de todos os modos reconhecer oficialmente este documento comprometedor.
[6] Do poema de Heine *Bei des Nachtwächters Ankunft in Paris*.
[7] Ver "Debates ententistas".

A Assembleia quer ouvir o sr. Griesheim. Antes, tem a palavra ainda o sr. *Gladbach*, para expor os motivos de sua interpelação. Mas primeiro declara ter interpelado o ministro da Guerra e exige sua presença, atribuição que cabe regimentalmente à Assembleia. No entanto, o presidente desconsidera essa demanda, e o sr. Gladbach, considerando a urgência do tema, entra nos detalhes da interpelação. Relata que em Spandau os voluntários, depois de saírem de seus corpos e voltarem para casa graças à imposição do despotismo militar, foram marcados com o estigma de vagabundos "pelo amaldiçoado sistema policial, que novamente rastejou à noite para fora de seu covil"; que, em Spandau, foram desarmados, detidos e enviados de volta a casa sob ordens policiais. O sr. *Gladbach* foi o primeiro deputado capaz de relatar uma ação tão ultrajante com toda a correspondente indignação.

O sr. *Griesheim* declara que a medida foi tomada por requisição da chefia de polícia de Berlim.

O sr. *Gladbach* lê agora o honroso documento de baixa de um dos voluntários assinado pelo príncipe Friedrich von Schleswig-Holstein, e contrapõe a ele o passe policial, próprio de um vagabundo, emitido em Spandau para o mesmo voluntário "*por decisão ministerial*". Assinala as ameaças de prisão, de trabalhos forçados e multa contida no passe policial, desmente, por meio de um documento oficial, a afirmação do sr. Griesheim de que essa medida emanara do chefe de polícia, e pergunta se por acaso não haveria em Spandau um ministério especial *russo*.

Pela primeira vez, o ministério fora apanhado em uma mentira direta. Toda a Assembleia é tomada por grande agitação.

O ministro do Interior, sr. Kühlwetter, se vê finalmente forçado a se levantar e balbuciar algumas desculpas. Não havia de fato acontecido *nada* além de terem sido tomadas as armas a 18 homens – nada além de uma ilegalidade! Não se podia tolerar que bandos armados atravessassem o país sem permissão – 22 voluntários, que voltavam para casa! (sem permissão!)

As primeiras palavras do sr. ministro foram recebidas com inequívocos sinais de desagrado. Mesmo a direita estava ainda por demais subjugada à impressão acachapante do fato, e nem ao menos se calou. Mas logo que viu seu infeliz ministro se contorcendo penosamente entre as risadas e as contestações da esquerda, voltou a si, vociferou um alto Bravo a suas desculpas esfarrapadas, parte do centro a acompanhou, e, assim, o sr. Kühlwetter finalmente tomou coragem suficiente para dizer: Não fui eu, e sim meu predecessor que ordenou essa medida, mas declaro que o apoio plenamente e em casos futuros agirei do mesmo modo.

A direita e o centro coroaram a bravura de seu heroico Kühlwetter com um estrondoso Bravo.

Gladbach não se deixa intimidar com isso. Sob o tumulto e os gritos dos conservadores, galga a tribuna e pergunta outra vez: Como se explica que o sr. Schreckenstein, que já era ministro antes do caso Spandau, *não sabia nada a respeito*? Como é possível que *quatro* voluntários com atestados elogiosos pudessem pôr em risco a segurança do Estado? (Interrupção – os senhores do centro levantam questões de ordem.) A questão não está elucidada. Como é possível enviar essas pessoas para casa à força, como vagabundos? (Interrupção. Balbúrdia.) Não recebi ainda nenhuma resposta sobre os passes policiais. As pessoas foram maltratadas. Por que se tolera um bando de carolas que, para vergonha da capital (forte alarido), vieram armados de Wuppertal?[8] (Balbúrdia. Bravo.)

Kühlwetter sai-se finalmente com a afirmação de que isso teria ocorrido sob o pretexto de uma identificação duvidosa! Assim, o documento de baixa assinado pelo comando-geral do Schleswig-Holstein é, para os policiais-burocratas do sr. Kühlwetter, uma identificação sobre a qual "pairam dúvidas"? Estranha burocracia!

Alguns deputados falam ainda contra o ministro, até que finalmente o presidente encerra o assunto e o deputado *Mätze* conduz a Assembleia da tempestade desse debate ao plácido mar da vida de mestre-escola, onde a deixamos com votos das mais belas e idílicas alegrias.

Alegra-nos que finalmente um deputado da esquerda tenha conseguido, com uma interpelação bem fundamentada e uma postura resoluta, colocar em apuros os senhores ministros e provocar uma cena que lembra os debates parlamentares franceses e ingleses.

---

[8] Ver "Prisões".

Debates ententistas

NGR, n. 39, 9/7/1848

F. Engels

Colônia, 8 de julho. Junto à notícia da dissolução do ministério Hansemann, recebemos também a ata estenográfica da sessão ententista de 4 de julho. Nessa sessão veio a público o primeiro sintoma dessa dissolução, a saída do sr. Rodbertus, e ao mesmo tempo as duas votações contraditórias sobre a Comissão da Posnânia e a saída da esquerda deram um impulso significativo à desagregação do ministério.

As informações dos srs. ministros sobre a saída do sr. Rodbertus contidas na ata estenográfica não trazem nada de novo. Deixemo-las de lado.

Ergueu-se o sr. *Forstmann*: ele tinha de protestar contra a expressão que o sr. Gladbach usara, em 30 de junho, para designar a "delegação dos mais respeitáveis homens da Renânia e da Westfália".[1]

O sr. *Berg*: Já fiz, recentemente, acerca do regulamento, a observação de que a leitura do texto não cabe aqui e que ela me aborrece.[2] (Exclamação: Aborrece *a nós!*) Está bem, *a nós*. Falei por mim e por *muitos*, e a circunstância de hoje nos aborrecermos com uma nova observação não suprime aquela observação.

O sr. *Tüshauss*, relator da seção central na questão da Comissão da Posnânia, apresenta um relatório. A seção central propõe que a comissão fosse nomeada para investigar todas as questões relativas ao caso da Posnânia, ficando em aberto quais meios a comissão deveria ter à disposição para esse fim.

Os senhores Wolff, Müller, Reichensperger II e Sommer propuseram emendas, que foram todas apoiadas e postas em discussão.

O sr. *Tüshaus* completa seu relatório com mais algumas observações, nas quais se pronuncia contra a comissão. Também desta vez a verdade estaria, como sempre, no meio, e depois de relatórios longos e contraditórios chegar-se-ia apenas ao resultado de que ocorreram injustiças de ambos os lados. Chegaríamos, assim, ao mesmo ponto em

---

[1] Ver "Debates ententistas".
[2] Ver "Prisões".

que estamos. Deveríamos ao menos primeiro permitir que o governo fizesse um relatório detalhado e a partir daí decidir o que fazer.

Como a seção central chegou a eleger um relator que toma a palavra contra seu próprio relatório?

O sr. *Reuter* desenvolve as razões que o levaram a apresentar a proposta de nomeação da comissão. Observa, por fim, que não pretendera de modo algum acusar os ministros; como jurista, sabia muito bem que toda a atual responsabilidade dos ministros seria ilusória enquanto não existisse uma lei sobre esse ponto.

O sr. *Reichensperger* II se levanta. Ele afiança toda a sua simpatia pela Polônia, espera que não esteja longe o dia em que a nação alemã pagará ao neto de Sobieski uma velha dívida de honra. (Como se essa dívida de honra não tivesse sido paga há muito com as oito divisões da Polônia, granadas, pedra infernal e cacete!) "Mas precisaremos também conservar a mais serena prudência, a fim de que os interesses alemães permaneçam sempre em primeiro plano." (Os interesses alemães consistem, naturalmente, em conservar tanto território quanto possível.) E o sr. Reichensperger é particularmente contra uma comissão para investigação dos fatos: "Esta é uma questão que concerne expressamente[3] à *história* ou aos tribunais". O sr. Reichensperger se esqueceu de que ele próprio, nos debates sobre a revolução, declarou que os senhores estavam ali para "*fazer a história*"?[4] Ele conclui com uma sutileza jurídica sobre a posição dos deputados. Voltaremos mais tarde à questão da competência.

Mas agora se ergue o sr. *Bauer*, de Krotoschin, justamente um alemão-polonês, para defender os interesses de sua coletividade.

"Gostaria de pedir à Assembleia que estendesse um véu sobre o passado e só se ocupasse com o futuro de um povo que com razão atrai nossa simpatia."

Que comovente! A simpatia do sr. Bauer, de Krotoschin, está tão atraída pelo futuro do povo polonês que gostaria de "estender um véu" sobre seu passado, sobre as barbaridades da soldadesca prussiana, dos judeus e alemães-poloneses! No interesse dos próprios poloneses deve-se encerrar o assunto!

"O que se espera de uma tão desoladora discussão? Mesmo que os senhores considerem os alemães culpados, pretendem por causa disso zelar menos pela defesa da nacionalidade, da segurança da pessoa e da propriedade deles?"

De fato, uma grandiosa franqueza! O sr. Bauer, de Krotoschin, admite que os alemães possivelmente poderiam não ter razão – mas, mesmo assim, a nacionalidade alemã deve ser protegida à custa dos poloneses!

"Não consigo conceber o que pode trazer de auspicioso para uma solução satisfatória dessa difícil questão revolver os escombros do passado."

---

[3] No relatório estenográfico: exclusivamente.
[4] Ver "O debate sobre a revolução em Berlim", n. 15.

Certamente nada de "auspicioso" para os senhores alemães-poloneses e seus furiosos aliados. Por isso eles também se mostram tão hostis.

O sr. Bauer tenta, então, intimidar a Assembleia: Com uma tal comissão os ânimos seriam novamente incendiados, de novo seria estimulado o fanatismo, e de novo poderia ter lugar uma colisão sangrenta. Essas considerações filantrópicas impedem o sr. Bauer de votar a favor da comissão. Mas para que não pareça que seus comitentes teriam algo a temer da comissão, ele também não pode votar contra. Em consideração aos poloneses ele é *contra*, em consideração aos alemães é *a favor* da comissão, e nesse dilema, para conservar sua total imparcialidade, ele simplesmente não vota.

Um outro deputado da Posnânia, *Bußman*, de Gnesen, considera sua mera presença como uma prova de que na Posnânia também moram alemães. Pretende demonstrar estatisticamente que em sua região reside "uma grande massa de alemães". (Interrupção.) De toda a riqueza, mais do que dois terços estariam nas mãos dos alemães. "Em face disso creio oferecer a prova de que em 1815 nós, prussianos, não *conquistamos* a Polônia somente *com nossas armas* [!?!], mas a conquistamos pela segunda vez com 33 anos de paz, com nossa inteligência" (de que essa sessão oferece a prova). "(Interrupção. O presidente solicita ao sr. Bußman que se limite ao tema.) Não sou contra a reorganização; mas a reorganização mais racional seria um sistema municipal com eleição dos funcionários; este sistema e a resolução de Frankfurt sobre a defesa de todas as nacionalidades[5] ofereceria aos poloneses todas as garantias. Mas sou totalmente contra a linha de demarcação. (Interrupção. Novo apelo à ordem.) Se, pois, eu devo me limitar ao tema, então sou contra a comissão, porque ela é inútil e provocadora; de resto, não a temo, ao contrário, seria a favor da comissão se dependesse... (Interrupção: Então ele se declara a favor!) Não, eu me declaro contra... Meus senhores, para ao menos entender os motivos que provocaram o tumulto, quero, em poucas palavras, lhes..." (Interrupção. Contraposição.)

Cieszkowski: Não interrompam! Deixem-no falar!

Presidente: Peço novamente ao orador que se mantenha estritamente na questão.

Bußman: "Já disse o que tinha a dizer contra a comissão e nada mais tenho a acrescentar!"

Com essas palavras iradas o indignado alemão-polonês sr. Cavaleiro Latifundiário abandona a tribuna e, sob as gargalhadas da Assembleia, corre para seu lugar.

O sr. *Heyne*, deputado do distrito de Bromberg, tenta salvar a honra de seus conterrâneos votando a favor da comissão. Entretanto, não consegue se abster de censurar os poloneses por perfídia, fraude etc.

O sr. Baumstark, também um alemão-polonês, é novamente contra a comissão. Os motivos são sempre os mesmos.

---

[5] Em sua 10ª sessão, em 31 de maio de 1848, a Assembleia Nacional de Frankfurt emitiu, por proposta do comitê para a Constituição, uma proclamação que, entre outras coisas, dizia: "A Assembleia Nacional Constituinte Alemã declara solenemente que reconhece plenamente o direito dos povos não alemães, no território da confederação alemã, de seguir sem restrições o caminho de seu desenvolvimento nacional [...]".

Os poloneses abstêm-se da discussão. Só Pokrzyumicki fala em favor da comissão. É sabido que justamente os poloneses insistiram desde sempre na investigação, enquanto agora se verifica que os alemães-poloneses, com uma exceção, protestam todos contra ela.

O sr. Pohle é tão pouco polonês que inclui toda a Posnânia na Alemanha e qualifica a fronteira entre Alemanha e Polônia como "uma divisória atravessando a Alemanha"!

Os defensores da comissão falaram em geral de modo prolixo e pouco vigoroso. Como seus adversários, também incorreram em sucessivas repetições. Seus argumentos foram na maior parte de uma hostilidade banal, e muito menos instigantes do que os protestos interessados dos alemães-poloneses.

Amanhã voltaremos à posição dos ministros e funcionários a respeito desse problema, bem como à celebérrima questão da competência.

A sessão ententista de 4 de julho (segundo artigo)

NGR, n. 41, 11/7/1848

F. Engels

Colônia, 9 de julho. Do relato que iniciamos há três dias, a partir de documentos autênticos,[1] resulta que a nomeação de uma Comissão de Investigação com plenos poderes incondicionais é um ato de justiça necessário e urgente para com os poloneses.

Os velhos funcionários prussianos, cuja posição era desde o princípio hostil aos poloneses, viram sua existência ameaçada pela promessa de reorganização. O menor ato de justiça para com os poloneses representaria um perigo. Daí a fúria fanática com a qual, apoiados pela soldadesca desenfreada, caíram sobre os poloneses, quebraram as convenções, maltrataram as pessoas mais inofensivas, permitiram ou sancionaram as maiores infâmias, apenas para os compelir a uma batalha em que certamente seriam aniquilados pela colossal superioridade de forças.

O ministério Camphausen, não apenas débil, perplexo, mal informado, mas inclusive inerte *deliberadamente* e por princípio, deixou tudo acontecer. As barbaridades mais horripilantes foram perpetradas, e o sr. Camphausen não se mexeu.

De que relatos dispomos agora sobre a guerra civil na Posnânia?

De um lado, os relatos facciosos e interessados dos responsáveis pela guerra, dos funcionários, dos oficiais, e os informes, apoiados naqueles, que o ministério pode oferecer. O ministério é *ele mesmo* também uma facção, desde que o sr. Hansemann tem assento nele. Esses documentos são facciosos, mas são *oficiais*.

De outro, os fatos reunidos pelos poloneses, seus libelos ao ministério, especialmente as cartas do arcebispo Przyluski aos ministros.[2] A maioria desses documentos não tem caráter oficial, mas seus autores se oferecem para provar sua veracidade.

Os dois tipos de documentos contradizem totalmente um ao outro, e à comissão cabe investigar qual lado tem razão.

---

[1] Trata-se da série de artigos de Ernst Dronke – "A pacificação prussiana e a reorganização da Posnânia" – publicada em julho de 1848 na *Nova Gazeta Renana*.

[2] A correspondência do arcebispo da Posnânia, Przyluski, com o gabinete berlinense foi publicada em: Brodowski, Draszewski, Potworowski. *Para a avaliação da questão polonesa no grão-ducado da Posnânia em 1848*. Berlim, 1848.

Ela só poderá fazê-lo – salvo poucos casos excepcionais – se se dirigir ao próprio local e, pela inquirição de testemunhas, esclarecer ao menos os pontos mais importantes. Se isso lhe for interdito, toda sua atividade será ilusória, ela poderá exercer uma certa crítica histórico-filológica, declarar este ou aquele relato mais fidedigno, mas não poderá decidir.

Toda a relevância da comissão depende, pois, da autorização para ouvir testemunhas, e daí o zelo de todos os devoradores de poloneses da Assembleia de suprimi-la por todo tipo de argumentos profundos e sutis, daí o golpe de Estado no final da sessão.

O deputado *Bloem* disse no debate do dia 4 (de julho):

> Pode-se falar em investigar a verdade quando se pretende, como querem algumas emendas, extrair a verdade dos documentos governamentais? Certamente não! De onde provieram os documentos governamentais? Dos relatos dos funcionários, na maior parte. Qual a origem dos funcionários? O velho sistema. Esses funcionários desapareceram, foram substituídos por novos conselheiros, oriundos de nova eleição popular? De modo algum. Seremos informados pelos funcionários sobre o verdadeiro estado de espírito? Os velhos funcionários continuam relatando hoje como antes. É, pois, claro que o mero exame dos documentos ministeriais não nos levará a nada.

O deputado *Richter* vai ainda mais longe. Vê no comportamento dos funcionários da Posnânia apenas a consequência extrema, mas necessária, da continuidade do velho sistema administrativo e dos velhos funcionários em geral. Conflitos semelhantes entre o dever oficial e o interesse dos velhos funcionários ocorrem todos os dias também em outras províncias.

> Desde a revolução nós tivemos um outro ministério, e até mesmo um segundo; mas o ministério é de fato apenas a alma, é necessário igualmente organizar todo o restante. Ao contrário, nas províncias a velha organização administrativa permaneceu a mesma por toda parte. Querem uma outra imagem? Não se verte o vinho novo em velhos odres apodrecidos. Por isso temos no grão-ducado as mais terríveis queixas. Não deveríamos instituir uma comissão já *pelo simples motivo* de que se veja o quanto é necessário, na Posnânia como em outras províncias, substituir a velha organização por uma nova, adequada aos tempos e circunstâncias?

O deputado *Richter* tem razão. Depois de uma revolução, a primeira necessidade é uma renovação de todos os funcionários civis e militares, bem como de uma parte dos judiciários, e especialmente do *Parquet*. Caso contrário, as melhores medidas do poder central naufragam na oposição obstinada dos subalternos. A fraqueza do governo provisório francês, a fraqueza do ministério Camphausen produziram frutos amargos nesse âmbito.

Mas na Prússia, onde há 40 anos uma hierarquia burocrática plenamente organizada dominou na administração e nas forças armadas com poder absoluto, na Prússia, onde justamente essa burocracia foi o principal inimigo vencido em 19 de março, aqui a completa renovação dos funcionários civis e militares era ainda mais infinitamente urgente. Mas o ministério da mediação não tinha, naturalmente, a vocação de concretizar necessidades revolucionárias. Tinha confessadamente a vocação de não fazer absolutamente nada, e assim deixou provisoriamente o poder efetivo nas mãos de seus velhos inimigos, os burocratas. Ele "mediou" entre a velha burocracia e as novas condições; em troca, a burocracia "mediou" para o ministério a guerra civil na Posnânia e a responsabilidade por atrocidades de que não se tinha mais notícia desde a Guerra dos Trinta Anos.

O ministério Hansemann, herdeiro do ministério Camphausen, teve de assumir tanto o ativo quanto o passivo de seu testador, portanto não só a maioria na câmara, como também os acontecimentos e os funcionários da Posnânia. O ministério estava, pois, diretamente interessado em tornar o inquérito pela comissão tão ilusório quanto possível. Os oradores da maioria ministerial, e particularmente os juristas, empregaram todo seu estoque de casuísticas e sutilezas para descobrir uma razão profunda e de princípio pela qual a comissão não deveria ouvir qualquer testemunha. Iríamos longe demais se nos deixássemos envolver pela admiração da jurisprudência de um Reichensperger etc. Temos de nos limitar a trazer à luz a argumentação minuciosa do sr. ministro *Kühlwetter*.

O sr. *Kühlwetter*, deixando de lado a questão material, começa com a declaração de que seria extremamente agradável ao ministério se tais comissões viessem ajudá-lo em sua difícil tarefa com esclarecimentos etc. Sim, se o sr. Reuter não tivesse tido a feliz ideia de propor essa comissão, o próprio sr. Kühlwetter teria certamente insistido nisso. Podem ser atribuídas à comissão tarefas bastante extensas (a fim de que ela nunca as termine), ele está de acordo em que é inteiramente desnecessária uma estreita ponderação de suas atribuições. Ela poderia abranger em sua atividade todo o passado, o presente e o futuro da província da Posnânia; desde que se tratasse somente de esclarecimentos, o ministério não iria fiscalizar estritamente a competência da comissão. Seria possível, de fato, chegar muito longe, no entanto ele deixa a critério da sabedoria da comissão decidir se pretende ou não, por exemplo, incluir em seu âmbito também a questão da destituição dos funcionários da Posnânia.

Tais são as concessões introdutórias do sr. ministro, que, orladas de algumas declamações filistinas, puderam se regozijar com muitos Bravos calorosos. Agora seguem-se os *mas*.

> *Mas* se for objetado que os relatos sobre a Posnânia não poderiam iluminar corretamente a situação somente por provirem de *funcionários*, e de fato funcionários dos velhos tempos, considero meu dever tomar sob proteção uma tão honrada categoria. Se for verdade que funcionários isolados não foram fiéis a seu dever, então que sejam castigados por prevaricações isoladas, mas a *categoria* dos funcionários não deve jamais ser aviltada porque alguns de seus membros infringiram seu dever.

Quanta audácia mostrou o sr. Kühlwetter! Certamente houve algumas infrações isoladas, mas, no geral, os funcionários cumpriram seu dever honrosamente.

E de fato a massa dos funcionários da Posnânia *cumpriu* seu "dever", seu "dever relativo a seu juramento", relativo a todo o velho sistema prussiano da burocracia, relativo a seu próprio interesse, que coincide com esse dever. Eles desempenharam seu dever considerando qualquer meio bom para aniquilar o 19 de março na Posnânia. E justamente por isso, sr. Kühlwetter, é seu "dever" destituir em massa esses funcionários!

Mas o sr. Kühlwetter fala do dever determinado pela lei pré-revolucionária, enquanto aqui se trata de um dever muito diferente, que se põe depois de toda revolução e que consiste em compreender corretamente as relações transformadas e respaldar seu desenvolvimento. E exigir dos funcionários que substituam o ponto de vista burocrático pelo constitucional, que, assim como os novos ministros, se ponham sobre o terreno da revolução, isso o sr. Kühlwetter considera aviltar uma categoria honrada!

O sr. Kühlwetter rejeita também, por sua generalidade, a acusação de que chefes de partido foram favorecidos e crimes permaneceram impunes. É preciso assinalar casos específicos.

Acaso o sr. Kühlwetter alega seriamente que foi punida ao menos uma pequena parte das brutalidades e crueldades praticadas pela soldadesca prussiana, toleradas e apoiadas pelos funcionários, aplaudidas pelos alemães-poloneses e judeus? O sr. Kühlwetter diz que até o momento ainda não pôde examinar sob todos os ângulos o copioso material. De fato, ele parece tê-lo examinado no máximo sob um único ângulo.

Mas agora o sr. Kühlwetter chega à "questão mais difícil e delicada", qual seja, a das *formas* em que a comissão deve atuar. O sr. Kühlwetter gostaria de discutir detalhadamente essa questão, pois "reside nela, como foi com razão observado, uma questão de princípio, a questão do *droit d'enquête*".[3]

Então o sr. Kühlwetter nos presenteia com uma longa exposição sobre a divisão dos poderes no Estado, que traz muitas novidades para os camponeses da Alta-Silésia e da Pomerânia presentes na Assembleia. Causa uma estranha impressão ouvir, no ano da graça de 1848, um ministro prussiano, e ainda por cima um "ministro da ação", dissertar à tribuna, com solene gravidade, sobre Montesquieu.

A divisão dos poderes que o sr. Kühlwetter e outros grandes filósofos políticos consideram com profunda veneração como um princípio sagrado e inviolável não é, no fundo, nada mais do que a profana divisão do trabalho industrial, aplicada ao mecanismo estatal para facilitação e controle. Como todos os outros princípios sagrados, eternos e invioláveis, ela só é adotada na exata medida em que favorece as relações existentes. Assim, por exemplo, na monarquia constitucional os poderes legislativo e executivo se fundiam na pessoa do príncipe; mais tarde, nas câmaras, o poder legislativo se confundia com o controle sobre o executivo etc. Essas imprescindíveis limitações da divisão do trabalho no Estado são expressas por sábios políticos do calibre de um "ministro da ação" do seguinte modo:

> O poder legislativo, à medida que é exercido por meio da representação popular, tem seus próprios órgãos; o poder executivo tem seus próprios órgãos e, assim, também o poder

---

[3] Direito de investigação.

judiciário. *Por isso* [!] é inadmissível que um poder disponha diretamente dos órgãos de outro poder, a não ser que isto lhe seja facultado *por uma lei específica*.

Contrariar a divisão dos poderes é inadmissível "a não ser que uma lei específica" o tenha prescrito! E vice-versa, adotar a divisão dos poderes prescrita é igualmente inadmissível "a não ser que uma lei específica" o tenha prescrito! Que profundidade! Que revelações!

Sobre o caso de uma revolução, em que a divisão dos poderes cessa sem "uma lei específica", o sr. Kühlwetter nada diz.

O sr. Kühlwetter se empenha então em argumentar que conferir plenos poderes à comissão para ouvir testemunhas sob juramento, citar funcionários etc., em resumo, ver com *seus próprios olhos*, seria um ataque à divisão dos poderes e teria de ser estabelecido por uma lei específica. Aduz como exemplo a Constituição belga, cujo artigo 40 confere expressamente às câmaras o *droit d'enquête*.

Mas, sr. Kühlwetter, existe, pois, na Prússia, de direito e de fato, uma divisão dos poderes no sentido em que o senhor entende a palavra, no sentido constitucional? A divisão de poderes existente não é aquela limitada, circunscrita, que corresponde à monarquia *absoluta*, burocrática? Como se pode, pois, empregar a seu respeito frases constitucionais antes que ela seja reformada constitucionalmente? Como podem os prussianos ter um artigo 40 da constituição enquanto essa constituição mesma ainda não existe absolutamente?

Resumamos. Segundo o sr. Kühlwetter, a nomeação de uma comissão com poderes ilimitados é um ataque à divisão constitucional dos poderes. A divisão constitucional dos poderes ainda não existe absolutamente na Prússia; portanto, também não se pode atacá-la.

Mas ela deverá ser introduzida, e durante a situação provisória revolucionária, na qual vivemos, ela deve, do ponto de vista do sr. Kühlwetter, ser pressuposta como *já existente*. Se o sr. Kühlwetter tivesse razão, então na verdade também as *exceções* constitucionais deveriam ser pressupostas como existentes! E entre estas exceções constitucionais figura precisamente o direito de investigação do corpo legislativo!

Mas o sr. Kühlwetter não tem razão de modo algum. Ao contrário: a situação provisória revolucionária consiste precisamente em que a divisão dos poderes está provisoriamente *abolida*, em que momentaneamente a autoridade legislativa usurpa o poder executivo, ou a autoridade executiva usurpa o poder legislativo. É totalmente indiferente que a ditadura revolucionária (e trata-se de uma ditadura, por mais frouxamente que seja exercida) esteja nas mãos da Coroa, ou de uma assembleia, ou de ambas. A história francesa desde 1789 oferece muitos exemplos desses três cenários, caso o sr. Kühlwetter os queira.

A situação provisória à qual o sr. Kühlwetter apela testemunha exatamente contra ele. Ela confere à Assembleia muitos outros atributos mais, além do mero direito de investigação – confere-lhe até mesmo o direito de, caso necessário, transformar-se em um *tribunal* e julgar sem leis!

Se o sr. Kühlwetter tivesse previsto essas consequências, talvez tivesse sido um pouco mais cauteloso ao tratar do "reconhecimento da revolução".

Mas ele se tranquiliza:

> Alemanha, este infante piedoso,
> Não é um romano criminoso,[4]

e os senhores ententistas poderiam se reunir durante o tempo que quisessem, que jamais se tornariam um "parlamento longo".[5]

De resto, comparando o doutrinador oficial do ministério de ação com seu predecessor na doutrina, o sr. Camphausen, encontramos de fato uma distância considerável. O sr. Camphausen, pelo menos, era infinitamente mais original; ele quase ombreava com Guizot, enquanto o sr. Kühlwetter sequer alcança o minúsculo lord John Russell.

Já admiramos o suficiente a exuberância filosófico-política do discurso do sr. Kühlwetter. Consideremos agora o objetivo, o verdadeiro motivo prático dessa vetusta sabedoria, de toda esta teoria da divisão *à la* Montesquieu.

O sr. Kühlwetter chega de fato agora às consequências de sua teoria. Excepcionalmente, o ministério está disposto a instruir as autoridades a cumprir o que a comissão considerar necessário. Ele tem de se declarar contrário apenas a que emanem ordens diretamente da comissão para as autoridades; isto é, a comissão, sem ligação direta com as autoridades, sem poder sobre elas, não pode obrigá-las a lhe enviar outras informações além daquelas que as autoridades considerarem adequado fornecer. E ainda por cima a lenta tramitação, a infindável via hierárquica! Um belo meio de tornar ilusória a comissão, sob o pretexto da divisão dos poderes!

"O intuito não pode ser o de transferir para a comissão todas as tarefas do governo." Como se alguém pensasse em dar à comissão o direito de *governar*!

"O governo deveria continuar a averiguar, *ao lado* da comissão, quais causas jazem na base da desavença na Posnânia" (justamente o fato de que as "averigue" há tanto tempo e ainda nada tenha encontrado é motivo suficiente para ser deixado agora totalmente de lado), "e uma vez que esse objetivo seja perseguido por um duplo caminho, com frequência seriam gastos inutilmente tempo e esforço, e seria quase impossível evitar colisões."

Dados os precedentes, decerto a comissão "gastaria inutilmente tempo e esforço" se, conforme a proposta do sr. Kühlwetter, se deixasse enredar na lentíssima via hierárquica. Por este caminho as colisões são, em todo caso, muito mais prováveis do que se a comissão se relacionasse diretamente com as autoridades e pudesse esclarecer imediatamente os mal-entendidos e derrotar as veleidades de relutância da burocracia.

---

[4] Do poema de Heine *Zur Beruhigung*. O poeta censura o filisteísmo e o conservadorismo dos burgueses alemães contrapondo-os aos republicanos da velha Roma (*'Deutschland, die fromme Kinderstube,/Ist keine römische Mördergrube'*).

[5] Assim foi chamado o parlamento inglês que, durante o período da revolução burguesa, se reuniu durante 13 anos (1630-1653) sem novas eleições.

"*Por isso* [!] parece ser da natureza das coisas que a comissão procure alcançar o objetivo em *acordo* com o ministério e sob *constante colaboração* com ele."

A coisa fica cada vez melhor! Uma comissão que o ministério deve controlar, em acordo e sob constante colaboração com ele! O sr. Kühlwetter não se peja de mostrar o quanto considera mais desejável que a comissão esteja sob seu controle, e não ele sob o dela.

> Se, ao contrário, a comissão pretendesse assumir uma posição isolada, seria preciso levantar a questão de se a comissão quer e pode assumir a responsabilidade que cabe ao ministério. Já se observou com tanta verdade quanto sagacidade que a imunidade dos deputados é incompatível com essa responsabilidade.

Não se trata de administração, mas somente de verificação de fatos. A comissão deve receber plenos poderes para empregar os meios necessários a isso. Eis tudo. Que ela seja responsável perante a Assembleia pelo emprego negligente ou abusivo desses meios, é evidente.

Todo o assunto tem tão pouco a ver com responsabilidade ministerial e imunidade parlamentar quanto com "verdade" e "sagacidade".

Em resumo, sob o pretexto da divisão dos poderes, o sr. Kühlwetter recomenda calorosamente aos ententistas essas propostas para a solução do conflito, sem, entretanto, fazer uma proposta específica. O ministério da ação sente que pisa em terreno inseguro.

Não podemos detalhar a discussão que se seguiu. Os votos são conhecidos: a derrota do governo pela votação nominal, o golpe de Estado da direita, que aceitou posteriormente uma questão já rejeitada. Já publicamos tudo isso. Apenas acrescentamos que, entre os renanos que votaram *contra* conferir plenos poderes incondicionais à comissão, destacam-se os seguintes nomes:

Arntz, o Dr. em direito Bauerband, Frencken, Lensing, von Loe, Reichensperger II, Simons e, por último, mas não o menos importante, nosso procurador-geral *Zweiffel*.

Debates ententistas de 7 de julho

NGR, n. 44, 14/7/1848

F. Engels

Colônia, 12 de julho. Só tarde da noite de ontem recebemos o relato da sessão ententista de 7 de julho. As atas estenográficas, que antes sempre chegavam só 24 horas depois dos relatos por carta, atrasam cada vez mais, embora devessem estar prontas mais cedo.

Depreende-se da rapidez com que os jornais franceses e ingleses publicam os relatos de suas assembleias legislativas o quanto seria fácil remediar esse atraso. O parlamento inglês se reúne frequentemente até às 4 da manhã e quatro horas depois já o *Times* envia a ata estenográfica impressa para todos os bairros de Londres. A câmara francesa raramente abre suas sessões antes da uma hora, fecha-as entre 5 e 6, e já às 7 o *Moniteur* envia uma cópia dos debates estenografados para todas as redações dos jornais parisienses. Por que o mui louvável *Diário Oficial*[1] não pode ficar pronto com a mesma rapidez?

Passemos agora para a sessão do dia 7, a sessão na qual o ministério Hansemann foi tripudiado. Deixemos de lado os protestos apresentados logo no início, a moção de D'Ester visando suprimir a decisão tomada quase ao final da sessão do dia 4 (essa moção permaneceu na ordem do dia) e muitas outras moções postas na ordem do dia. Comecemos logo com as interpelações e moções desagradáveis que choveram hoje sobre o ministério.

Primeiro se apresenta o sr. *Philipps*. Ele interpelou o ministério sobre quais medidas foram tomadas para proteger nossas fronteiras contra a Rússia.

O sr. *Auerswald*: Considero inconveniente responder a essa pergunta na assembleia.

Acreditamos com muito gosto no sr. Auerswald. A única resposta que ele poderia dar seria: *nenhuma*, ou, se quisermos ser precisos: a transferência de vários regimentos da fronteira russa para a Renânia. Só nos admiramos de que a assembleia tenha deixado passar sem mais, apenas com algumas "vaias" e alguns "bravo", a diversiva resposta do sr. Auerswald, esse apelo ao *car tel est notre bon plaisir*.[2]

---

[1] *Diário Oficial Geral Prussiano*: fundado em 1819 em Berlim, foi desde 1819 até abril de 1848 o órgão semioficial do governo prussiano; de maio de 1848 a julho de 1851, foi publicado, sob o título de *Diário Oficial Prussiano*, como órgão oficial do governo.

[2] Pois esta é a nossa vontade – assim rezava a conclusão formal dos decretos monárquicos na França, usada pela primeira vez em um edito de Luís XI, de 31 de outubro de 1472.

O sr. *Borries* propõe que os do patamar mais baixo de impostos sejam isentados do imposto de classe[3] do último semestre de 1848 e que todas as medidas coercivas para recolher as quantias atrasadas dessa mesma categoria relativas ao primeiro semestre do mesmo patamar sejam imediatamente suspensas.

A proposta foi enviada à comissão competente.

O sr. *Hansemann* se levanta e declara que tais questões financeiras devem ser ponderadas muito profundamente. Poder-se-ia esperar, de resto, até a próxima semana, quando ele apresentaria à deliberação outras leis financeiras, entre as quais uma relativa ao imposto de classe.

O sr. *Krause* interpela o ministro das Finanças: não seria possível trocar, até o início de 1849, os impostos sobre a moagem, o abate e o de classe pelo imposto sobre a renda?

O sr. *Hansemann* teve de se erguer outra vez e declarar aborrecido que já havia dito que na próxima semana apresentaria leis financeiras.

Mas seu cálice amargo ainda não havia se esgotado. Só agora se levanta o sr. *Grebel* com uma longa moção, da qual cada palavra era uma punhalada no coração do sr. Hansemann:

> Considerando que para a fundamentação do prometido empréstimo compulsório não basta de modo algum a mera declaração de que o tesouro e as finanças estão esgotados;
> Considerando que para a discussão do próprio empréstimo forçado (contra o qual o sr. Grebel protesta, enquanto não for estabelecida uma constituição que satisfaça todas as promessas) é necessário o exame de todos os livros e documentos da administração pública, o sr. Grebel propõe:
> Nomear uma comissão que deverá verificar todos os livros e documentos da administração das finanças e do tesouro desde 1840 até agora e elaborar um relatório a respeito.

Mas ainda pior do que a proposta é a exposição de motivos do sr. Grebel. Ele menciona os inúmeros boatos sobre dilapidação e uso ilícito do tesouro estatal, que inquietam a opinião pública; no interesse do povo, exige saber onde terá ido parar todo o dinheiro que o povo pagou durante os 30 anos de paz; declara que, enquanto isso não for esclarecido, a assembleia não poderia votar nem um centavo. O empréstimo compulsório causou enorme sensação, o empréstimo compulsório condenou toda a administração financeira anterior, o empréstimo compulsório é o penúltimo passo para a bancarrota do Estado. O empréstimo compulsório surpreendeu tanto mais quanto estávamos acostumados a ouvir sempre que a situação financeira era excelente e que, mesmo no caso de uma guerra significativa, o tesouro público nos dispensaria da necessidade de um empréstimo. O sr. Hansemann mesmo calculara, na Dieta Unificada, que o tesouro público importava

---

[3] Imposto de classe (*Klassensteuer*): tributação introduzida na Prússia em 1820, de acordo com o pertencimento a um estamento ou a uma classe social. O imposto diferenciava cinco classes: 1. ricos, 2 e 3. residentes abastados, 4. burgueses e camponeses, 5. trabalhadores assalariados e diaristas. Ao contrário do primitivo imposto por cabeça, o imposto de classe levava em conta a capacidade de pagamento do contribuinte. A partir dele, desenvolveu-se na Alemanha o moderno imposto sobre a renda.

em ao menos 30 milhões. Isso era mesmo de se esperar, uma vez que não somente continuaram a ser pagos impostos tão altos quanto nos anos de guerra, como o montante dos impostos aumentara continuamente.

Então de repente veio a notícia do pretendido empréstimo compulsório e, com ela, com esse doloroso desengano, imediatamente a confiança despencou a zero.

O único meio de restabelecer a confiança é a exposição imediata e sem reservas da situação financeira do Estado.

O sr. Hansemann tinha, decerto, tentado adoçar o amargor de sua comunicação sobre o empréstimo compulsório com uma exposição humorística; mas ele deveria, entretanto, admitir que o empréstimo compulsório produziria uma impressão desagradável.

O sr. *Hansemann* responde: É evidente que o ministério, se solicita dinheiro, também dará todos os esclarecimentos necessários sobre onde foi parar o dinheiro pago até o momento. Que se espere, no entanto, até que sejam apresentadas as leis financeiras que mencionei já por duas vezes. No que se refere aos boatos, não é correto que havia enormes somas no tesouro público, as quais teriam se reduzido nos últimos anos. É natural que nos últimos anos de penúria, na atual crise política, vinculada à paralisação sem exemplo dos negócios, uma condição financeira próspera possa ter se transformado em uma situação crítica. "Foi dito que o empréstimo compulsório seria precursor da bancarrota do Estado. Não, meus senhores, isso ele não *deve* ser, ao contrário, ele *deve* servir para *reanimar o crédito*." (Ele *deve*! ele *deve*! como se o efeito do empréstimo compulsório sobre o crédito dependesse dos piedosos desejos do sr. Hansemann!) Que tais preocupações são infundadas, mostra-o a alta dos títulos públicos. Esperem, meus senhores, pelas leis financeiras, que eu lhes prometo pela quarta vez.

Portanto, o crédito do Estado prussiano está tão arruinado que nenhum capitalista quer adiantar-lhe dinheiro, mesmo com juros tão usurários, que o sr. Hansemann não vê qualquer outra saída além do último recurso de um Estado falido, o empréstimo compulsório – e, no entanto, o sr. Hansemann fala de crédito público crescente, porque os fundos, na mesma medida em que nos distanciamos do 18 de março, subiram penosamente de 2 para 3%! E que queda sofrerão os fundos assim que o empréstimo compulsório seja de fato posto em prática!

O sr. *Behnsch* insiste na nomeação da comissão de investigação financeira proposta.

O sr. *Schramm*: Nem vale a pena mencionar o alívio da penúria por fundos públicos, e se a liberdade *nos* custa dinheiro, ao menos até o momento ela nada custou ao *governo*. Ao contrário, o governo antes despendeu dinheiro para que a liberdade não chegasse a seu estágio atual.

O sr. *Mätze*: Já sabíamos que não há nada no tesouro público, e além disso aprendemos agora que há muito não havia mais nada ali. Essa novidade é mais uma prova da necessidade de nomear uma comissão.

O sr. *Hansemann* foi obrigado a se erguer novamente: "Eu nunca disse que nada há nem nada havia no tesouro público; declarei, ao contrário, que nos últimos seis ou sete anos o tesouro público aumentou significativamente". (Compare-se o memorial do sr. Hansemann na Dieta Unificada e a fala do trono,[4] e aí é que não saberemos mais onde estamos, mesmo.)

Cieszkowski: Sou a favor da proposta de Grebel, porque o sr. Hansemann sempre nos fez promessas e toda vez que questões financeiras vêm à baila aqui ele remete sempre a esclarecimentos a serem dados em breve, mas que nunca chegam. Essa dilação é tanto mais incompreensível quanto o sr. Hansemann já é ministro há mais de três meses.

O sr. Milde, ministro do Comércio, vem finalmente em auxílio de seu colega acossado. Ele suplica à Assembleia que não nomeie a comissão. Promete a maior franqueza por parte do ministério. Reitera que se deve ter clareza do estado de coisas. Mas agora era preciso deixar o governo ir em frente, pois ele estaria justamente ocupado em tirar a nave do Estado das dificuldades em que se encontra atualmente. A assembleia certamente lhe estenderá a mão em auxílio. (Bravo.)

O sr. *Baumstark* também tenta de algum modo amparar o sr. Hansemann. Mas o ministro das Finanças não poderia encontrar um defensor pior e com menos tato:

> Seria um *péssimo* ministro das Finanças aquele que pretendesse ocultar a situação das finanças, e se um ministro das Finanças diz que fará as necessárias propostas, devemos considerá-lo ou um *homem honrado* ou *o contrário* [!!!]. (Agitação.) Meus senhores, eu não ofendi ninguém, eu disse se *um*, e não se *o* ministro das Finanças [!!!].

Reichenbach: Onde estão os belos dias dos grandes debates, das questões de princípio e de gabinete? Naquela época o sr. Hansemann não desejava nada mais ardentemente do que poder quebrar uma lança, e agora, quando a oportunidade se apresenta e ainda por cima em seu próprio campo, agora ele se esquiva! De fato, os ministros prometem continuamente, e estabelecem princípios com o único objetivo de não mais os sustentar já algumas horas depois. (Agitação.)

O sr. Hansemann espera para ver se alguém se levantará para defendê-lo. Mas não há ninguém que se apresente em seu favor. Finalmente ele vê com pavor que o deputado Baumstark se levanta, e a fim de que este não o declare novamente um "homem honrado", toma ele próprio rapidamente a palavra.

Esperamos que o leão Duchatel, atormentado, picado com agulha e arrastado por toda a oposição, finalmente se erga em toda a plenitude de sua força, que fulmine seu inimigo, que, em uma palavra, coloque uma *questão de gabinete*. Ah, nada mais resta da antiga firmeza

---

[4] O ministério Camphausen exigiu da segunda Dieta Unificada, novamente reconvocada em 2 de abril de 1848, a concessão de um empréstimo estatal de 25 milhões de táleres. Ademais, solicitava-se a concordância com a obtenção de 15 milhões de táleres por meio de criação de novos ou aumento de antigos impostos. Uma mensagem monárquica sublinhava a urgência da obtenção desses recursos, já que o caixa do erário público não era suficiente. O ministro das Finanças, Hansemann, emitiu uma declaração segundo a qual, depois de cobertas as despesas imprescindíveis, restavam no erário "apenas 3,5 milhões de táleres, uma soma muito moderada, que [...] deveria ser considerada como uma reserva mínima" (*Negociações da Dieta Unificada reunida em 2 de abril de 1848*, organizada por E. Bleich, Berlim, 1848).

e ousadia, e a velha grandeza se desvaneceu, como o tesouro público nos tempos difíceis! Humilhado, vergado, incompreendido, eis o grande financista; as coisas chegaram a tal ponto que ele se vê obrigado a dar explicações! E ainda por cima que explicações!

> Todos os que se ocuparam com finanças e com as muitas cifras [!] que elas envolvem saberão que uma discussão sobre questões financeiras não pode ser debatida a fundo no momento de uma interpelação, que questões de impostos são tão amplas que assembleias legislativas discutiram sobre isso ao longo de dias e mesmo semanas [o sr. Hansemann pensa em seus brilhantes discursos na vetusta Dieta Unificada].

Mas quem exige uma discussão aprofundada? Primeiro exigiu-se do sr. Hansemann uma declaração, um simples sim ou não, sobre a questão dos impostos; exigiu-se depois sua aprovação para uma comissão avaliadora da administração do tesouro público até o momento etc.; e, quando recusou ambos, apontou-se o contraste entre suas anteriores promessas e sua atual reserva.

E justamente porque "discussões sobre finanças e sobre as muitas cifras que elas envolvem" demandam tempo, justamente por isso a comissão deve começar imediatamente a trabalhar!

> Se, de resto, as questões financeiras não vieram à baila antes, foi pela boa razão de que acreditava que seria mais propício para a situação do país que eu esperasse ainda um pouco. Tive esperança de que a calma no país, e com ela o crédito público, aumentasse um pouco; não desejo que essa esperança malogre, e estou convicto de que *fiz bem em não apresentar essas leis anteriormente.*

Que revelações! As leis financeiras do sr. Hansemann, que deveriam justamente consolidar o crédito público, são, portanto, do tipo que ameaçam o crédito público!

O sr. Hansemann considera melhor manter por enquanto ainda secreta a situação financeira do país!

Se essa é a situação do Estado, é uma irresponsabilidade do sr. Hansemann fazer uma declaração tão indeterminada, em vez de expor abertamente, de imediato, a condição das finanças e suprimir, graças aos próprios fatos, todas as dúvidas e boatos. No parlamento inglês, uma declaração tão sem tato seria imediatamente seguida de um voto de desconfiança.

O sr. *Siebert*:

> Até agora não fizemos nada. Todas as questões importantes, logo que amadureciam para a solução, foram destroçadas e postas de lado. Até agora ainda não tomamos nenhuma decisão que constitua um *todo*, ainda não fizemos absolutamente nada por inteiro. Vamos hoje agir novamente do mesmo modo, vamos novamente abandonar as questões em troca de promessas? Quem nos afiança que *daqui a oito dias o ministério ainda estará ao leme?*

O sr. *Parrisius* propõe uma emenda, segundo a qual o sr. Hansemann é intimado a apresentar, no prazo de 14 dias, a uma comissão auditora composta por 16 membros a serem eleitos imediatamente, os documentos necessários sobre a administração das finanças e do tesouro, desde o ano de 1840. O sr. Parrisius esclarece que se trata de uma demanda especial de seus eleitores: eles querem saber o que aconteceu com o tesouro público, que em 1840 montava a mais de 40 milhões.

Essa emenda, mais intransigente que a proposta original, vai estimular o esmorecido Duchatel? Agora sim será colocada a questão de gabinete?

Ao contrário! O sr. Hansemann, que era *contra* a proposta, não objetou absolutamente nada contra essa emenda com seu ofensivo prazo-limite! Apenas observa que a questão demandará um tempo assombrosamente longo, e lamenta os pobres membros da comissão que deverão se haver com esse árido trabalho.

Falou-se ainda isto e aquilo sobre a votação, o que ainda rendeu mais algumas palavras desagradáveis para o sr. Hansemann. Então votou-se, diversas ordens do dia motivadas e imotivadas foram rejeitadas, e a emenda de Parrisius, à qual o sr. Grebel aderiu, foi aprovada quase por unanimidade.

O sr. Hansemann sofreu uma decisiva derrota graças apenas a sua apatia, graças apenas à abnegação com a qual aceitou a ofensa de Parrisius. Abatido, alquebrado, aniquilado, sentava-se em seu banco, um tronco desfolhado que provocava compaixão mesmo no mais rude escarnecedor. Lembremos das palavras do poeta:

> Não convém aos filhos da Germânia
> Com piada tola e desalmada
> Escarnecer a grandeza decaída![5]
> Amanhã, a segunda parte da sessão.

---

[5] Do poema de Heine *Der Tambourmajor* (*Es ziemt Germaniens Söhnen/Gar schlecht, mit herzlos schlechtem Witz/Gefallene Größe zu höhnen!*).

Debates ententistas

NGR, n. 45, 15/7/1848

F. Engels

Colônia, 14 de julho. Hoje trataremos da segunda parte da sessão ententista de 7 deste mês. Depois do debate sobre a comissão financeira, tão doloroso para o sr. Hansemann, ocorreram ainda uma série de pequenas tribulações para os senhores ministros. Foi o dia das moções urgentes e interpelações, o dia das contestações e dos apuros ministeriais.

O deputado *Wander* propôs que todo funcionário que prender ilicitamente um cidadão seja obrigado a indenizá-lo plenamente e, além disso, a permanecer preso por período quatro vezes maior do que quem ele prendeu.

A proposta foi enviada à comissão competente, como não urgente.

O ministro da Justiça *Märker* declarou que a aprovação dessa proposta não só não endureceria a atual legislação contra funcionários que prendem ilegalmente, como até mesmo a abrandaria. (Bravo.)

O sr. ministro da Justiça só se esqueceu de observar que, conforme as leis atuais, vale dizer, velho-prussianas, é *quase impossível* a um funcionário prender alguém *ilegalmente*. A prisão arbitrária pode ser justificada de acordo com os parágrafos do mui venerável Landrecht.

Chamamos a atenção, aliás, para o método extremamente antiparlamentar ao qual os senhores ministros se acostumaram. Eles esperam até que a proposta *seja enviada* à comissão ou seção específica, e então ainda continuam a comentá-la. Estão, pois, certos de que *ninguém* lhes pode *responder*. Assim agiu o sr. Hansemann quanto à proposta do sr. Borries,[1] assim age agora o sr. Märker. Na Inglaterra ou na França, bem diferentemente, os senhores ministros teriam sido chamados à ordem caso tentassem tais impropriedades parlamentares. Mas em Berlim!

O sr. *Schulze* (de Delizsch): moção para intimar o governo a enviar *imediatamente* à Assembleia, para deliberação nas seções, os projetos de leis orgânicas já concluídos ou prestes a concluir.

---

[1] Ver "Os debates ententistas de 7 de julho".

Essa moção contém novamente uma repreensão indireta ao governo pela lentidão ou demora intencional na apresentação das leis orgânicas que complementam a constituição. A repreensão foi tão mais pungente quanto na mesma manhã dois projetos de lei, entre os quais a lei da Guarda Cívica,[2] haviam sido apresentados. O primeiro-ministro poderia, portanto, com alguma energia, ter rejeitado resolutamente essa moção. Mas, em vez disso, apenas pronunciou algumas frases sobre o empenho do governo em ir ao encontro dos justos anseios da assembleia, e a moção foi aprovada por grande maioria.

O sr. *Besser* interpela o ministro da Guerra sobre a falta de um regulamento de serviço. O exército prussiano é o único ao qual falta um tal regulamento. Em consequência, domina em todas as unidades militares, até as companhias e esquadrões, a maior divergência de opiniões sobre as mais importantes questões de serviço, e especialmente sobre os direitos e deveres das diversas patentes. Existem, sem dúvida, milhares de ordens, decretos e instruções, mas, justamente graças à sua enorme quantidade, sua confusão e à contraditoriedade reinante entre elas, são mais do que inúteis. Além disso, cada um desses documentos foi emaranhado e desfigurado por aditamentos, comentários, glosas marginais e glosas às glosas marginais tão diversos e numerosos quantas foram as autoridades intermediárias pelas quais passaram. Essa confusão naturalmente favorece todas as arbitrariedades dos superiores, enquanto aos subordinados só traz desvantagens. Em consequência, os subordinados não têm nenhum direito, só deveres. Anteriormente existia um regulamento de serviço, chamado regulamento de couro de porco, mas nos anos 20 ele foi *tomado dos indivíduos que o possuíam*. Desde então *nenhum subordinado* pode invocá-lo *a seu favor*, enquanto as autoridades *superiores* podem invocá-lo continuamente *contra* os subordinados! O mesmo acontece com as instruções para o Corpo de Guarda, que nunca são comunicadas ao exército, às quais os subordinados nunca têm acesso, mas de acordo com as quais, apesar disso, eles são punidos! Os senhores generais e oficiais do Estado-Maior têm naturalmente apenas vantagens com essa confusão, que lhes permite a mais extrema arbitrariedade, a mais implacável tirania. Mas os oficiais subalternos, os suboficiais e soldados sofrem com ela, e no interesse deles o sr. Besser interpela o general Schreckenstein.

Quão atônito deve ter ficado o sr. *Schreckenstein* quando começou a ouvir essa longa "patacoada", para usar a expressão em voga no ano 13! Como assim, o exército prussiano não tem um regulamento de serviço? Que despropósito! O exército prussiano, palavra de honra, tem o melhor dos regulamentos do mundo, e que é ao mesmo tempo o mais curto, e consiste somente em duas palavras: *"Obedecer ordens!"* Se um soldado do exército "isento de castigos corporais" recebe murros, pontapés ou coronhadas, se é puxado pela barba ou pelo nariz por um tenente de menos de 20 anos recém-saído da escola de cadetes, e reclama: *"Obedecer ordens!"* Se um major embriagado, para sua particular

---

[2] O "Projeto de lei sobre a constituição da Guarda Cívica", de 6 de julho de 1848, foi enviado à Assembleia Nacional Prussiana em 7 de julho. A lei mesma entrou em vigor em 12 de outubro de 1848.

diversão, faz seu batalhão marchar após a refeição e se afundar na lama até a barriga e ali formar em quadrados, e um subordinado ousa reclamar: *"Obedecer ordens!"* Se for proibido aos oficiais frequentar este ou aquele café, e eles se permitem uma observação: *"Obedecer ordens!"* Este é o melhor regulamento de serviço, pois serve para todos os casos.

De todos os ministros, o sr. *Schreckenstein* é o único que ainda não perdeu a coragem. O soldado que serviu sob Napoleão, que praticou o caporalismo prussiano por 33 anos, que ouviu o assobio de tantas balas, certamente não vai se deixar amedrontar por ententistas e interpelações. E menos ainda quando o grande "Obedecer ordens!" está em perigo!

Meus senhores, diz ele, conheço o assunto melhor do que ninguém. Sei perfeitamente o que precisa ser alterado. Trata-se aqui de uma demolição, e a demolição não pode ser permitida, porque a construção é muito difícil. A organização militar foi elaborada por Scharnhorst, Gneisenau, Boyen e Grolmann, abarca 600 mil cidadãos armados e treinados taticamente e oferece a todo cidadão um futuro seguro, desde que exista disciplina. Mas esta eu conservarei, e isso é o que tinha a dizer.

O sr. *Besser*: O sr. Schreckenstein não respondeu absolutamente a pergunta. Mas, de suas observações, parece decorrer que ele acredita que um regulamento de serviço vai relaxar a disciplina!

O sr. *Schreckenstein*: Eu já disse que farei o que for oportuno para o exército e proveitoso para o *serviço*.

O sr. *Behnsch*: No entanto, exigimos ao menos que o ministro nos responda sim ou não, ou declare que não quer responder. Até agora só ouvimos frases meramente evasivas.

O sr. *Schreckenstein*: Considero que não é proveitoso para o *serviço* continuar a me estender sobre essa interpelação.

O serviço, sempre o serviço! O sr. Schreckenstein acredita que continua sendo general de divisão e que fala com seu corpo de oficiais. Imagina que também como ministro da Guerra deve se ocupar somente do serviço, mas não da posição legal de cada patente em relação às demais e menos ainda da posição do exército em relação ao Estado como um todo e a seus cidadãos! Ainda estamos sob Bodelschwingh; o espírito do velho Boyen continua imperando ininterruptamente no Ministério da Guerra.

O sr. *Piegsa* interpela sobre os maus-tratos infligidos aos poloneses em *Mielzyn* em 7 de junho.

O sr. *Auerswald* declara que precisa esperar primeiro pelo relatório completo.

Portanto, *um mês inteiro* de 31 dias depois do acontecimento o sr. Auerswald ainda não foi plenamente informado! Bela administração!

O sr. *Behnsch* interpela o sr. Hansemann se, ao apresentar o orçamento, ele pretende aduzir um quadro geral da administração da Seehandlung desde 1820 e do tesouro público desde 1840.

O sr. *Hansemann* declara, sob sonoras gargalhadas, que poderá responder dentro de oito dias!

O sr. *Behnsch* interpela mais uma vez em relação ao apoio governamental à emigração.

O sr. *Kühlwetter* responde que esse é um assunto alemão, e remete o sr. Behnsch ao arquiduque Johann.

O sr. *Grebel* interpela o sr. Schreckenstein sobre os funcionários da administração militar que são simultaneamente oficiais da Landwehr, e que durante os exercícios da Landwehr entram no serviço ativo e assim tiram a outros oficiais da Landwehr a oportunidade de se aperfeiçoarem. Ele propõe que tais funcionários sejam desligados da Landwehr.[3]

O sr. *Schreckenstein* declara que cumprirá seu dever e até mesmo levará o assunto em consideração.

O sr. *Feldhaus* interpela o sr. Schreckenstein a respeito dos soldados mortos em 18 de junho na marcha da Posnânia para Glogau e sobre as medidas tomadas para punir essa barbaridade.

O sr. *Schreckenstein*: O fato aconteceu. O relatório do comandante do regimento foi apresentado. Falta ainda o relatório do general comandante, que organizou as etapas. Portanto, não posso dizer se a ordem de marcha foi transgredida. Além disso, está sendo julgado aqui um oficial do quartel-general, e tais julgamentos são dolorosos. É de se esperar que a "alta assembleia-geral" [!!!] aguarde até que esse relatório tenha chegado.

O sr. Schreckenstein julga essa barbárie não como barbárie, ele apenas questiona se o respectivo major *"obedeceu ordens"*. E o que importa que 18 soldados tenham perdido a vida miseravelmente na estrada como outras tantas cabeças de gado, se as *ordens* foram *obedecidas*!

O sr. *Behnsch*, que fizera a mesma interpelação que o sr. Feldhaus: Retiro a minha interpelação, agora supérflua, mas exijo que o ministro da Guerra defina o dia em que pretende responder. Já decorreram três semanas desde o acontecimento, e os relatórios poderiam estar aqui há muito.

O sr. *Schreckenstein*: Não perdemos sequer um minuto, os relatórios do comando geral foram imediatamente solicitados.

O *presidente* quer tergiversar o assunto.

O sr. *Behnsch*: Peço apenas ao ministro da Guerra que responda e defina uma data.

Presidente: O sr. Schreckenstein quer...

Sr. *Schreckenstein*: Ainda não é absolutamente possível prever essa data.

Sr. Gladbach: O §28 do regulamento impõe ao ministro o dever de determinar uma data. Eu também insisto nisso.

Presidente: Pergunto novamente ao sr. ministro.

Sr. *Schreckenstein*: Não posso fixar uma data determinada.

---

[3] Organização criada em 1813, num esforço para mobilizar todos os militarmente aptos, no quadro da crescente demanda de forças armadas na guerra contra a França napoleônica. Na Prússia, depois da paz de Tilsit, Scharnhorst iniciou a instituição de uma Landwehr em estreita ligação com o exército permanente. A ordenança da Landwehr de 1815 dividiu-a em dois contingentes. O primeiro abrangia todas as pessoas desligadas do exército de 26 a 32 anos e servia ao lado do exército permanente para a formação do exército de batalha, o segundo as pessoas de 32 a 40 anos como guarnição de fortes.

Sr. *Gladbach*: Mantenho minha exigência.

Sr. *Temme*: Sou da mesma opinião.

Presidente: Talvez em 14 dias o sr. ministro da Guerra...

Sr. *Schreckenstein*: Bem possível. Até onde sei, se ordens devem ser obedecidas, devo responder.

Presidente: Portanto daqui a 14 dias.

É assim que o sr. ministro da Guerra cumpre o "seu dever" para com a assembleia!

O sr. *Gladbach* tem ainda uma interpelação dirigida ao ministro do Interior acerca da suspensão de funcionários impopulares e o provimento temporário, apenas provisório dos postos vagos.

O sr. *Kühlwetter* dá uma resposta muito insuficiente e as observações subsequentes do sr. Gladbach foram sufocadas, depois de brava resistência, sob os murmúrios, gritos e batuques da direita finalmente indignada por tamanha insolência.

Uma proposta do sr. *Berends* para pôr a Landwehr, quando convocada para servir internamente, sob o comando da Guarda Cívica não foi reconhecida como urgente e, em decorrência, foi retirada. Em seguida começa uma agradável conversação sobre toda sorte de sofismas ligados à comissão da Posnânia. A tempestade das interpelações e moções urgentes passou e, quais suaves sussurros do zéfiro e doces murmúrios do riacho na planície, se extinguem os últimos sons conciliatórios da famosa sessão de 7 de julho. O sr. Hansemann vai para casa com o consolo de terem sido entremeadas umas poucas flores em sua coroa de espinhos pela balbúrdia e as batucadas da direita, e o sr. Schreckenstein, satisfeito consigo mesmo, cofia seu bigode e murmura: "Obedecer ordens!"

O debate sobre a moção Jacoby

NGR, n. 48, 18/7/1848

F. Engels

Colônia, 17 de julho. Tivemos novamente um "grande debate", para falar como o sr. Camphausen, um debate que durou dois dias inteiros.

As bases do debate são conhecidas: a reserva do governo quanto à imediata validade das decisões da Assembleia Nacional e a moção Jacoby pelo reconhecimento da competência da assembleia de tomar decisões com imediata força de lei, sem esperar a aprovação de ninguém mais, mas também pela recusa da decisão sobre o poder central.[1]

Parecerá incompreensível a outros povos que tenha sido possível haver um debate sobre esse tema. Mas estamos no país do carvalho e da tília,[2] e aqui não nos surpreendemos tão facilmente.

O povo enviou a Frankfurt uma assembleia com o mandato de que ela se declarasse soberana sobre toda a Alemanha e todos os seus governos; ela deveria, por força da soberania que lhe foi outorgada pelo povo, deliberar uma constituição para a Alemanha.

Em vez de proclamar imediatamente sua soberania em face dos estados singulares e da Dieta Federal, a Assembleia evitou timidamente toda questão relacionada a isso, e manteve uma posição irresoluta e vacilante.

Finalmente foi confrontada a uma questão decisiva: a nomeação de um poder central provisório. Aparentando independência, mas de fato conduzida pelo governo com a mediação de Gagern, elegeu ela mesma o regente imperial anteriormente indicado a ela pelo governo.

A Dieta Federal reconheceu a eleição e manifestou certa pretensão de que somente sua ratificação lhe atribuiria validade legal.

Mas, apesar disso, Hannover e mesmo a Prússia expressaram reservas; e é a reserva prussiana que está na base dos debates dos dias 11 e 12.

---

[1] A Assembleia Nacional de Frankfurt decidiu, em 28 de junho de 1848, pela criação de um poder central provisório, que deveria ser composto do vicário do império (para essa função fora eleito o arquiduque Johann) e do ministério. O poder central provisório não dispunha nem de orçamento nem de exército próprio, e assim foi privado de qualquer poder real; ele apoiou a política contrarrevolucionária dos príncipes alemães.

[2] Do poema de Heine *Zur Beruhigung*.

Desta vez, pois, a Câmara de Berlim não é tão culpada pelo fato de o debate transcorrer de modo nebuloso. É culpa da irresoluta, sonolenta e apática Assembleia Nacional de Frankfurt se suas decisões são de tal ordem que só podem ser descritas como meras tagarelices.

Jacoby introduz sua moção de modo breve e com a habitual precisão. Ele dificulta muito a posição dos oradores da esquerda: diz tudo o que se pode dizer sobre a moção, se não se pretende detalhar a história da origem do poder central, tão comprometedora para a Assembleia Nacional.

De fato, depois dele os deputados da esquerda aduziram poucos argumentos novos; em contrapartida, foi ainda mais difícil para a direita: ela se perdeu ou em pura tagarelice ou em sofismas jurídicos. Dos dois lados houve frequentes e intermináveis repetições.

O deputado *Schneider* teve a honra de ser o primeiro a submeter à assembleia os argumentos da direita.

Ele começa com o grande argumento de que a moção contradiz a si mesma. De um lado, ela reconhece a soberania da Assembleia Nacional, de outro lado exige que a Câmara ententista a censure, e assim se posicione acima dela. Cada um individualmente poderia censurá-la, mas não a assembleia.

Esse sutil arrazoado, do qual a direita parece estar muito orgulhosa, pois ele aparece em todos os seus discursos, estabelece uma teoria inteiramente nova. De acordo com ela, a assembleia tem menos direito do que um indivíduo diante da Assembleia Nacional.

A este grande argumento segue-se o republicano. A Alemanha é constituída em sua maior parte de monarquias constitucionais, e em decorrência deve ter também um chefe constitucional, irresponsável, e não um republicano, responsável. A esse argumento o sr. *Stein* respondeu no segundo dia: conforme sua constituição central, a Alemanha sempre foi uma república, e sem dúvida uma república edificante.

"Recebemos", diz o sr. Schneider, "o mandato de acordar uma monarquia constitucional, e a Assembleia de Frankfurt recebeu o mandato semelhante de acordar com os governos alemães uma constituição para a Alemanha."

A reação exprime seus desejos como se já fossem realidade. À época em que a trêmula Dieta Federal, por ordem de uma assembleia sem qualquer mandato legal, o assim-chamado Pré-Parlamento,[3] convocou a Assembleia Nacional alemã, àquela época não se tratava de conciliação, àquela época a Assembleia Nacional foi convocada como

---

[3] O Pré-Parlamento, que se reuniu em Frankfurt am Main de 31 de março a 4 de abril de 1848, agrupou representantes dos estados alemães que, em contraposição à Dieta Federal, eram membros das assembleias estamentais ou delegados de uma associação ou assembleia popular. A maioria pertencia à tendência constitucional-monárquica. O Pré-Parlamento tomou a resolução de convocar uma Assembleia Nacional de toda a Alemanha e elaborou um projeto dos "Direitos Fundamentais e Reivindicações do Povo Alemão". Embora preconizasse algumas liberdades burguesas, o documento não afetava os fundamentos da ordem semifeudal e absolutista. Depois das jornadas de março, o Pré-Parlamento recusou-se a se declarar permanente e assim liquidar a Dieta Federal. Em vez disso, em abril de 1848 elegeu entre seus membros uma Comissão dos 50, que procurou se entender com ela, funcionando até a reunião da Assembleia Nacional.

soberana. Mas agora é diferente. As Jornadas de Junho parisienses inflamaram novamente as esperanças não só da grande burguesia, como também dos partidários do sistema derrubado. Cada *junker* provinciano espera a restauração de seu velho regime do rebenque, e do paço imperial em Innsbruck até o solar ancestral de Heinrich LXXII logo começou a se erguer o clamor por uma "Constituição alemã conciliada". A própria Assembleia de Frankfurt sem dúvida o subscreveu.

> A Assembleia Nacional agiu, pois, de acordo com seu mandato, ao eleger um chefe constitucional. Mas também agiu conforme a vontade do povo; a grande maioria quer a monarquia constitucional. De fato, eu teria considerado uma infelicidade se a Assembleia Nacional tivesse decidido de outro modo. *Não* porque eu seja *contra a república*, em *princípio* reconheço a república – quanto a isso sou plenamente coerente comigo mesmo – como a *mais perfeita e nobre forma de Estado*, mas, na realidade, ainda não conseguimos chegar tão longe. Não podemos ter a forma sem ter o espírito. Não podemos aspirar a uma república se nos faltam os *republicanos*, isto é, os nobres caracteres que saibam, não somente no momento do entusiasmo, mas a qualquer tempo, com consciência tranquila e nobre abnegação, subordinar seu interesse ao interesse geral.

Poderíamos exigir uma mais bela demonstração das virtudes representadas na câmara de Berlim do que essas nobres e modestas palavras do deputado Schneider? Realmente, se ainda pudesse subsistir alguma dúvida sobre a aptidão dos alemães para a república, ela deveria desfazer-se em nada diante dessas provas da autêntica virtude cívica, do nobre, modesto autossacrifício de nosso Cincinatus-Schneider! Pudesse Cincinatus tomar coragem e ter confiança em si e nos inúmeros nobres cidadãos alemães, que igualmente consideram a república a mais nobre forma de Estado, mas a si mesmos maus republicanos: eles estão maduros para a república, suportariam a república com a mesma impassibilidade heroica com que suportaram a monarquia absoluta. A república dos probos[4] seria a mais feliz, isto é: uma república sem Brutus e Catilina, sem Marat e tempestades de junho, a república da virtude saciada e da moral solvente.[5]

Como Cincinatus-Schneider se ilude quando exclama:

> Sob o absolutismo não se podem formar caracteres republicanos; o espírito republicano não emerge da noite para o dia; primeiro temos que educar para isso nossos filhos e os filhos de nossos filhos! Atualmente consideraria a república como a pior das calamidades, pois ela seria a anarquia sob o nome profanado da república, o despotismo sob a máscara da liberdade!

Ao contrário, como disse o sr. *Vogt* (de Giessen) na Assembleia Nacional,[6] os alemães são republicanos *natos*, e Cincinatus-Schneider não pode educar melhor seus filhos para

---

[4] O termo alemão – *Biedermänner* – significa também pequenos burgueses, e Engels evidentemente joga com esse duplo sentido.
[5] Do romance *Anno 1829*, de Heine.
[6] Para a Assembleia Nacional de Frankfurt, de acordo com diferentes disposições nas diversas regiões alemãs, haviam sido eleitos 589 deputados, dos quais 384 reuniram-se na abertura solene na igreja de São Paulo,

a república do que educando-os na velha disciplina, na velha moral e no velho temor a deus alemães, sob os quais ele próprio cresceu medianamente. Em vez de anarquia e despotismo, a república dos probos desenvolveria, enfim, em sua plenitude as mesmas cordiais discussões regadas a cerveja, nas quais Cincinatus-Schneider tanto se distingue. A república dos probos, longe de todos os horrores e crimes que mancharam a primeira república francesa, limpa de sangue e detestando a bandeira vermelha, tornaria possível o que até agora não foi alcançado: que todo cidadão respeitável leve uma vida calma e tranquila com toda probidade e piedade. Quem sabe se a república dos honestos não nos devolveria as corporações junto a todos os agradáveis processos contra os artesãos não filiados às corporações! Essa república dos probos não é uma etérea figura de sonho, é uma realidade, ela existe em Bremen, Hamburg, Lübeck e Frankfurt, e mesmo em algumas partes da Suíça. Mas por toda parte ameaça-a o perigo da tempestade contemporânea, por toda parte ela está em declínio.

Portanto, de pé, Cincinatus-Schneider, abandone arado e campos de nabo, cerveja e conciliação, monte a cavalo e salve a república ameaçada, a *sua* república, a *república dos probos*!

NGR, n. 49, 19/7/1848

Colônia, 18 de julho. Depois do sr. Schneider, o sr. Waldeck subiu à tribuna para falar em favor da moção:

"Realmente, a atual situação do Estado prussiano é ímpar, e *no fundo* não se pode ocultar que também é *em alguma medida* grave."

Esse começo é também em alguma medida grave. Acreditamos ouvir ainda o deputado Schneider:

"Podemos dizer que a Prússia foi destinada à hegemonia na Alemanha."

Sempre a velha ilusão prussiana, sempre o doce sonho de incluir a Alemanha na Prússia e declarar Berlim a Paris alemã! Na verdade, o sr. Waldeck vê essa doce esperança desfazer-se diante de seus olhos, mas continua a mirá-la dolorosamente, e censura o governo anterior e o atual, culpando-os pelo fato de a Prússia não estar à cabeça da Alemanha.

Infelizmente, já lá vão os belos dias em que a União Aduaneira[7] preparava a hegemonia prussiana sobre a Alemanha, em que o patriotismo provinciano podia acreditar que "a estirpe da Marca decidia há 200 anos o destino da Alemanha" e continuaria a decidi-lo

---

em 18 de maio de 1848. Entre os deputados havia 122 funcionários administrativos, 95 funcionários da justiça, 103 professores, 81 advogados, 21 religiosos, 17 industriais e comerciantes, 15 médicos, 12 oficiais, 40 proprietários de terra, mas nenhum trabalhador ou pequeno camponês.

[7] União Aduaneira Prussiano-Alemã: uma união econômico-política de alguns estados alemães, sob direção prussiana, para a eliminação de direitos alfandegários internos e para a regulação conjunta dos impostos de fronteira. Foi constituída em 1 de janeiro de 1834 e incluía 18 estados alemães com mais de 23 milhões de habitantes. A Áustria e alguns estados do sul da Alemanha não aderiram.

ainda por muito tempo; os belos dias em que a Alemanha inteiramente fragmentada da Dieta Federal podia ver um último meio de coesão no emprego generalizado da camisa-de-força prussiano-burocrática!

"A Dieta Federal, já há muito julgada pela opinião pública, desaparece, e de repente aparece diante dos olhos do *mundo assombrado* a Assembleia Nacional Constituinte em Frankfurt!"

O "mundo" deve certamente ter-se "assombrado" ao ver *essa* Assembleia Nacional Constituinte. Veja-se a esse respeito os jornais franceses, ingleses e italianos.

O sr. Waldeck ainda discorre longamente contra um imperador alemão, e dá lugar ao sr. Reichensperger II.

O sr. *Reichensperger II* declara que os apoiadores da moção Jacoby são republicanos e deseja que eles ao menos expressem suas intenções tão abertamente quanto os republicanos de Frankfurt. Em seguida reitera, ele também, que a Alemanha ainda não possui "plenamente as virtudes cívicas e políticas que um grande cientista político[8] designou como a condição essencial da república". A Alemanha deve estar numa situação muito ruim, se o patriota Reichensperger diz isso!

O governo, continua, não fez nenhuma reserva [!], apenas expressou meras expectativas. Para isso havia motivo suficiente, e também eu espero que nem sempre os governos sejam desconsiderados nas decisões da Assembleia Nacional. Estipular a competência da Assembleia Nacional de Frankfurt ultrapassa nossa competência; a própria Assembleia Nacional se manifestou contra aventar teorias sobre sua competência; ela agiu praticamente, quando a necessidade o exigiu.

Isto é, a Assembleia de Frankfurt, à época do levante revolucionário, quando era onipotente, não encerrou a inevitável luta contra os governos alemães com um golpe decisivo; ela preferiu adiar a decisão, vencer pequenas escaramuças com esse ou aquele governo em cada decisão isolada, o que a enfraqueceu na mesma medida em que se distanciava a época das revoluções e ela se comprometia aos olhos do povo por sua atuação apática. E em certo sentido o sr. Reichensperger tem razão: para nós não vale a pena sair em defesa de uma assembleia que abandona a si mesma!

Mas é comovedor o sr. Reichensperger dizer: "É, pois, *impróprio a um estadista* debater tais questões de competência; trata-se somente de resolver, a cada vez, as questões práticas que se apresentam."

Sem dúvida "é impróprio a um estadista" afastar de uma vez por todas essas "questões práticas" com uma decisão enérgica; "é impróprio a um estadista" fazer valer, contra as tentativas da reação de deter o movimento, o mandato revolucionário que toda assembleia resultante das barricadas possui; sem dúvida Cromwell, Mirabeau, Danton, Napoleão, toda a revolução inglesa e francesa foram altamente "impróprias a um estadista", mas Bassermann, Biedermann, Eisenmann, Wiedenmann, Dahlmann comportam-se como

---

[8] Montesquieu.

"estadistas"! Por toda parte os "estadistas" desaparecem quando a revolução entra em cena, e neste momento a revolução deve estar adormecida, já que os "estadistas" reapareceram! E ainda por cima estadistas da força do sr. Reichensperger II, deputado do distrito de Kempen!

> Se se afastarem desse sistema, será difícil conseguir evitar conflitos com a Assembleia Nacional alemã ou com os governos de cada um dos estados; em todo caso os senhores semearão discórdias deploráveis; em decorrência da discórdia, a anarquia emergirá, e então ninguém nos salvará da guerra civil. Mas a guerra civil é o início de infelicidades ainda maiores [...] não considero impossível que então novamente digam de nós: a ordem foi restabelecida na Alemanha – por nossos amigos do oriente e do ocidente!

Talvez o sr. Reichensperger tenha razão. Se a Assembleia se envolver em questões de competência, talvez isso ocasione colisões que nos tragam a guerra civil, os franceses e os russos. Mas se ela não o fizer, como realmente não o fez, então a guerra civil nos está duplamente assegurada. Os conflitos, ainda muito simples no início da revolução, se complicam a cada dia mais, e quanto mais a decisão for adiada tanto mais difícil, tanto mais sangrenta será a solução.

Um país como a Alemanha, que é obrigada a trabalhar arduamente para chegar do mais indescritível fracionamento à unidade, que, sob pena de naufragar, necessita de uma centralização revolucionária tão mais estrita quanto mais fragmentada foi até agora; um país que abriga em seu seio 20 Vendeias,[9] um país constringido pelos dois mais poderosos e centralizados Estados continentais, cercado por inúmeros pequenos vizinhos com os quais mantém relações tensas, ou está já em guerra – um tal país, na presente época da revolução geral, não pode escapar *nem da guerra civil nem da guerra externa*. E estas guerras, que com toda certeza estão diante de nós, serão tão mais perigosas, tão mais devastadoras quanto mais irresoluto for o comportamento do povo e de seus dirigentes, quanto mais a decisão for protelada. Se os "estadistas" do sr. Reichensperger se mantiverem ao leme, poderemos viver uma segunda Guerra dos Trinta Anos. Mas, por sorte, a força dos acontecimentos, o povo alemão, o imperador da Rússia e o povo francês têm ainda uma palavra a acrescentar.

NGR, n. 53, 23/7/1848

Colônia, 22 de julho. Finalmente os acontecimentos, projetos de lei, propostas de armistício etc. nos permitem voltar outra vez a nossos caros debates ententistas. En-

---

[9] A Vendeia é uma província francesa na qual irrompeu, durante a Revolução Francesa, na primavera de 1793, uma sublevação contrarrevolucionária, sob a direção da nobreza, que se apoiava no campesinato dessa região economicamente atrasada. Vendeia foi, por isso, generalizadamente utilizada para designar correntes contrarrevolucionárias.

contramos o deputado sr. von *Berg*, de Jülich, à tribuna, um homem que nos interessa duplamente: primeiro como renano, segundo como o mais recente ministro.

O sr. Berg é contra a moção Jacoby por diversos motivos. O primeiro é o seguinte:

> A primeira parte da moção, que nos põe a exigência de expressar nossa discordância de uma decisão do parlamento alemão, esta primeira parte nada mais é do que um protesto em nome de uma minoria contra uma maioria legal. Nada mais é do que a tentativa de um partido, vencido *no interior* de um corpo legislativo, de *fortalecer-se no exterior*, tentativa cujas consequências *deverão nos levar à guerra civil*.

De 1840 a 1850, o sr. Cobden, com sua proposta de suprimir a Lei dos Cereais, esteve em minoria na Câmara Baixa. Pertencia a "um partido vencido no interior de um corpo legislativo". O que ele fez? Procurou "fortalecer-se no exterior". Não se contentou com reprovar a decisão do parlamento; foi muito mais longe, fundou e organizou a Liga contra a Lei dos Cereais,[10] a imprensa contra a Lei dos Cereais, em uma palavra, toda a colossal agitação contra a Lei dos Cereais. Do ponto de vista do sr. Berg, foi uma tentativa que "deveria levar à guerra civil".

A minoria da bem-aventurada Dieta Unificada também procurou "fortalecer-se no exterior". O sr. Camphausen, o sr. Hansemann, o sr. Milde não tiveram o menor escrúpulo nesse sentido. Os fatos que o provam são notórios. É claro, conforme o sr. Berg, que também as consequências do comportamento deles "deveriam levar à guerra civil". Mas não levaram à guerra civil, e sim ao ministério.

E poderíamos citar ainda outros cem exemplos.

Portanto, a minoria de um corpo legislativo não deve, sob pena de conduzir à guerra civil, tentar se fortalecer no exterior. Mas o que é "o exterior"? Os eleitores, isto é, as pessoas que *fazem* o corpo legislativo. E se não é mais permitido se "fortalecer" pela influência sobre esses eleitores, por meio de que devemos nos "fortalecer"?

Os discursos dos srs. Hansemann, Reichensperger, von Berg etc. são pronunciados apenas para a assembleia ou também para o público, para o qual são distribuídas as atas estenográficas? Esses discursos não são igualmente meios pelos quais esse "partido no interior de um corpo legislativo" procura, ou *espera*, "se fortalecer no exterior"?

Em uma palavra: o princípio do sr. Berg conduziria à supressão de toda agitação política. A agitação nada mais é do que a aplicação da imunidade dos representantes,

---

[10] *Anti-Corn-Law League (Liga Anti-Lei dos Cereais)*: uma associação defensora do livre comércio, fundada em 1838 pelos fabricantes Cobden e Bright em Manchester. A assim-chamada lei dos cereais, que tinha por objetivo a limitação ou a proibição da importação de grãos, havia sido introduzida na Inglaterra em 1815 no interesse dos grandes proprietários de terra, os *landlords*. A Liga levantou a reivindicação de plena liberdade de comércio e lutou pela supressão da Lei dos Cereais com o objetivo de reduzir os salários dos trabalhadores e enfraquecer as posições econômicas e políticas da aristocracia territorial. Em sua luta contra os proprietários de terras, a Liga buscou usar as massas trabalhadoras. Mas justamente nesse período os trabalhadores mais progressistas da Inglaterra encetaram o caminho de um movimento político acentuadamente autônomo (o cartismo). A luta entre a burguesia industrial e a aristocracia territorial se encerrou em 1846 com a legislação sobre a supressão da Lei dos Cereais. Em seguida, a Liga se dissolveu.

da liberdade de imprensa, do direito de associação – isto é, das liberdades legalmente existentes na Prússia. Se essas liberdades levam ou não à guerra civil, não nos diz respeito absolutamente; basta que existam, e veremos para onde elas "levam", se continuam sendo infringidas.

> Meus senhores, essas tentativas da minoria de alcançar força e reconhecimento fora do poder legislativo não são de hoje nem de ontem, datam do primeiro dia do levante alemão. A minoria se retirou do Pré-Parlamento em protesto, e a consequência disso foi uma guerra civil.

Primeiro, na moção Jacoby não se trata de uma "retirada da minoria em protesto".

Segundo, "essas tentativas da minoria de alcançar força e reconhecimento fora do poder legislativo" certamente "não são de hoje nem de ontem", pois datam do dia em que passaram a existir poderes legislativos e minorias.

Terceiro, não foi o fato de a minoria ter-se retirado do Pré-Parlamento em sinal de protesto que levou à guerra civil, mas sim a "convicção moral" do sr. Mittermaier de que Hecker, Fickler e consortes eram traidores da pátria, e as decorrentes medidas tomadas pelo governo de Baden, ditadas pelo medo mais abjeto.

Depois do argumento da guerra civil, naturalmente talhado para insuflar um intenso medo ao cidadão alemão, segue-se o argumento da inexistência de mandato.

> Fomos eleitos por nossos eleitores para estabelecer uma constituição para a Prússia; os mesmos eleitores enviaram outros de seus concidadãos a Frankfurt, para estabelecer ali o poder central. Não se pode negar que cabe ao eleitor que confere o mandato aprovar ou desaprovar o que faz o mandatário; mas os eleitores não nos incumbiram de votar por eles a esse respeito.

Esse concludente argumento suscitou grande admiração entre os juristas e os juristas diletantes da assembleia. Não temos mandato! E, no entanto, o mesmo sr. Berg afirma dois minutos depois que a Assembleia de Frankfurt fora "convocada para elaborar a futura constituição alemã em acordo com os governos alemães", e que esperava que nesse caso o governo prussiano *não* a ratificaria sem consultar a Assembleia Ententista ou a câmara eleita conforme a nova constituição. E, entretanto, o ministério comunicou à Assembleia o reconhecimento do regente imperial, assim como suas reservas, e assim a exortou a pronunciar seu julgamento!

Precisamente o ponto de vista do sr. Berg, seu próprio discurso e a informação do sr. Auerswald conduzem, pois, à conclusão de que a assembleia certamente tem um mandato para se pronunciar sobre as decisões de Frankfurt!

Não temos mandato! Portanto, se a Assembleia de Frankfurt restabelecer a censura, se, em um conflito entre a câmara e a coroa, enviar à Prússia tropas bávaras e austríacas para apoiar a coroa, o sr. Berg "não terá mandato"!

Que mandato tem o sr. Berg? Literalmente apenas para "acordar a constituição com a coroa". Não tem, pois, de modo algum mandato para interpelar, para acordar leis relativas à imunidade, à Guarda Cívica, à remissão e outras leis que não figuram na constituição. A reação também afirma isso diariamente. Ele mesmo diz: "Todo passo além desse mandato é injustiça, uma renúncia a ele ou mesmo traição!"

E, entretanto, o sr. Berg e toda a assembleia renunciam a esse mandato a todo momento, obrigados pela necessidade. A Assembleia tem de fazê-lo graças à situação provisória revolucionária, ou melhor, atualmente reacionária. Mas, graças a essa situação provisória, compete à assembleia tudo que serve para assegurar as conquistas da Revolução de Março, e se isso pode ser alcançado mediante uma influência moral sobre a Assembleia de Frankfurt, a Câmara Ententista está não só habilitada como até mesmo obrigada a isso.

Segue-se o argumento renano-prussiano, que é especialmente importante para nós, renanos, porque demonstra como somos representados em Berlim.

> Nós, renanos, a Westfália e várias outras províncias não temos com a Prússia *absolutamente* nenhum outro laço além de *nos termos juntado à coroa da Prússia*. Se dissolvermos esse laço, o Estado se desintegrará. Não compreendo de modo algum, e creio que a maioria dos deputados de minha província também não, o que faríamos com uma República de Berlim. Poderíamos então preferir uma República de Colônia.

Não nos envolveremos nesses disparates sobre as possibilidades do que "poderíamos preferir" se a Prússia se transformasse numa "República de Berlim", nem nessa nova teoria sobre as condições de existência do Estado prussiano etc. Apenas, como renanos, protestamos contra a alegação de "nos termos juntado à coroa da Prússia". Ao contrário, a "coroa da Prússia" se juntou *a nós*.

O próximo orador contrário à moção é o sr. *Simons*, de Elberfeld. Ele repetiu tudo o que o sr. Berg disse.

A ele seguiu-se um orador da esquerda e depois o sr. *Zachariä*. Ele repetiu tudo o que o sr. Simons disse.

O deputado *Duncker* repetiu tudo o que o sr. Zachariä disse. Mas disse também algumas outras coisas, ou repetiu o já dito de um modo tão crasso que vale a pena tratar brevemente de seu discurso.

> Se nós, a Assembleia Constituinte de 16 milhões de alemães, atirarmos à Assembleia Constituinte de todos os alemães uma tal censura, reforçaremos na consciência do povo a autoridade do poder central alemão, a autoridade do parlamento alemão? Não minaremos desse modo a alegre obediência que lhe devem [conceder] as nações singulares, se ela tem de atuar pela unidade da Alemanha?

Segundo o sr. Duncker, a autoridade do poder central e da Assembleia Nacional consiste na "alegre obediência"; esta consiste em que o *povo* se submete àquela cegamente, mas os *governos* singulares mantêm suas *reservas* e oportunamente lhe recusam obediência.

"Para que servem declarações teóricas em nossa época, na qual o poder dos fatos é tão incomensurável?"

O reconhecimento da soberania da Assembleia de Frankfurt pelos representantes "de 16 milhões de alemães" é, pois, uma mera "declaração teórica"!?

"Se no futuro o governo e a representação popular prussiana *considerarem* impossível, impraticável uma decisão tomada em Frankfurt, existiria alguma possibilidade de pôr em prática tal decisão?"

A mera opinião, o mero parecer do governo e do parlamento prussianos seriam, pois, capazes de *impossibilitar* decisões da Assembleia Nacional.

"Seja lá o que for que digamos hoje, se todo o povo prussiano, se dois quintos da Alemanha não quisessem se submeter às decisões de Frankfurt, elas seriam impraticáveis."

Eis aí toda a velha soberba prussiana, o nacional-patriotismo berlinense em toda sua velha glória, com o rabicho e a bengala do velho Fritz.[11] Somos de fato a minoria, somos somente dois quintos (nem isso), mas mostraremos à maioria que *nós* somos os senhores na Alemanha, que somos os prussianos!

Não aconselhamos aos senhores da direita a provocar um tal conflito entre "dois quintos" e "três quintos". A proporção numérica poderia de fato se revelar muito diferente, e mais de uma província poderia se lembrar de que é alemã desde tempos imemoriais, enquanto só é prussiana há 30 anos.

Mas o sr. Duncker tem uma saída. A Assembleia de Frankfurt deve, tanto quanto nós, "tomar as decisões que exprimam a vontade geral racional, a verdadeira opinião pública, que possam ser aprovadas pela consciência moral da nação", isto é, decisões concordes com o coração do deputado Duncker. "Se nós, se cada um em Frankfurt tomar tais decisões, então nós somos, então eles são soberanos, caso contrário não o somos, ainda que o decretemos dez vezes."

Após essa profunda definição da soberania, correspondente à sua consciência moral, o sr. Duncker suspira: "Em todo caso, isso pertence ao futuro" – e assim encerra seu discurso.

Espaço e tempo impedem uma abordagem dos discursos da esquerda pronunciados nesse mesmo dia. Todavia, pelos discursos da direita apresentados, nossos leitores já devem ter percebido que o sr. Parrisius não estava totalmente equivocado ao propor o adiamento argumentando que "o calor aumentou tanto no salão que é impossível manter *plena clareza de pensamento*"!

NGR, n. 55, 25/7/1848

Colônia, 24 de julho. Há alguns dias, quando a pressão dos acontecimentos mundiais nos obrigou a interromper a descrição desse debate, um publicista vizinho fez a gentileza de retomar essa descrição em nosso lugar. Ele já chamou a atenção do público para "a profusão de pensamentos oportunos e ideias claras", para "o saudável bom senso para a

---

[11] O rei Frederico II da Prússia.

verdadeira liberdade" que "os oradores da maioria" – e especialmente nosso incomparável Baumstark – "mostraram nesse grande debate de dois dias".

Apesar de termos pressa em chegar ao final do debate, não podemos deixar de extrair alguns exemplos da "profusão" de "pensamentos oportunos e ideias claras" da direita.

O deputado *Abegg* abriu o segundo dia do debate com uma ameaça à assembleia: se se pretende ter clareza sobre essa moção, será preciso repetir inteiramente todos os debates de Frankfurt – e a alta assembleia claramente não está autorizada a fazê-lo! Os senhores constituintes, "com o tato e o senso prático que lhes é característico", jamais poderiam aprovar isso! De resto, o que seria da unidade alemã (agora vem um muito especialmente "oportuno pensamento"), se "*não nos* limitarmos a *fazer reservas*", mas passarmos "a uma decidida aprovação ou desaprovação das decisões de Frankfurt"? Nada mais restaria, então, além da "submissão puramente formal"!

Decerto uma "submissão puramente formal", à qual podemos nos recusar mediante "reservas" ou mesmo diretamente, em caso de necessidade, não pode causar qualquer prejuízo à unidade alemã; mas aprovar ou desaprovar, julgar aquelas decisões de um ponto de vista estilístico, lógico ou utilitário – isso realmente é o fim!

O sr. *Abegg* termina com a observação de que seria um problema da Assembleia de Frankfurt, não da de Berlim, se pronunciar sobre as reservas apresentadas à Assembleia de Berlim, não à de Frankfurt. Não deveríamos nos antecipar aos frankfurtianos, isso certamente os ofenderia!

Os senhores em Berlim são incompetentes para julgar as declarações que seus próprios ministros lhes fazem.

Deixemos de lado os deuses do povo miúdo, um *Baltzer*, um *Kämpff*, um *Gräff*, e nos apressemos a ouvir o herói do dia, o incomparável *Baumstark*.

O deputado *Baumstark* declara que nunca se declararia incompetente a não ser que fosse obrigado a admitir que nada entende do assunto – e o resultado de oito semanas de debate poderia ser este, de que não se entende nada do assunto?

O deputado Baumstark é, pois, competente. E precisamente do seguinte modo:

> Pergunto, no entanto, considerando nossa sabedoria demonstrada até o momento, se somos plenamente autorizados [isto é, competentes] a nos contrapor a uma assembleia que atraiu para si
>
> • o interesse geral da Alemanha,
>
> • a admiração de toda a Europa,
>
> • pela excelência de suas opiniões,
>
> • pela grandeza de sua inteligência,
>
> • pela moralidade de sua concepção política,
>
> – em suma, por tudo o que historicamente fez a grandeza e a glória do nome da Alemanha? Eu me *curvo* a isso [isto é, me declaro *incompetente*!], e espero que a Assembleia, sensível à verdade [!!], também venha a se curvar [isto é, a se declarar *incompetente*]!

"Meus senhores", prossegue o "competente" deputado Baumstark,

> foi dito na sessão de ontem que se falou sobre a república etc., e que se trataria de tema não filosófico. Mas é impossível que não seja filosófico designar a responsabilidade daquele que está à frente do Estado como uma característica da república no sentido democrático. Meus senhores, é sabido que todos os filósofos políticos, *descendo* desde *Platão até Dahlmann* [sem dúvida o deputado Baumstark não poderia 'descer' mais baixo], exprimiram esse parecer, e não devemos contradizer essa verdade mais do que milenar [!] e este fato histórico sem razões muito especiais, que ainda restam por ser apresentadas.

Portanto o sr. Baumstark de fato pensa que às vezes poderia haver "razões muito especiais" para contradizer até mesmo "fatos históricos". Com certeza os senhores da direita não costumam ter escrúpulos a esse respeito.

Além disso, o sr. Baumstark se declara mais uma vez incompetente ao depositar a competência nos ombros "de todos os filósofos políticos descendo desde Platão até Dahlmann", filósofos políticos entre os quais o sr. Baumstark naturalmente não se inclui.

"Consideremos o edifício político! *Uma* câmara e um regente responsável do império, e baseado na atual lei eleitoral! Com alguma reflexão se perceberia que isso contradiz a *sã razão*."

E então o sr. Baumstark pronuncia a seguinte sentença profundíssima, que não iria de encontro à "sã razão" nem graças à mais fina reflexão:

> Meus senhores! Fazem parte da república dois elementos diferentes: a opinião popular e as personalidades dirigentes. Se considerarmos mais de perto nossa opinião popular alemã, encontraremos aí pouco *dessa* república [a saber, da mencionada república com um regente imperial].

O sr. Baumstark declara-se, pois, mais uma vez incompetente, e desta vez é a *opinião popular* que, em vez da dele, é competente no que se refere à república. A opinião popular "entende", pois, mais do assunto do que o deputado Baumstark.

Mas finalmente o orador prova que há também assuntos dos quais ele "entende" um pouco, e entre estes se destaca a soberania do povo.

"Meus senhores! A história, e devo voltar a isso, comprova que *tivemos desde sempre a soberania do povo*, mas ela se configurou diversamente sob diferentes formas."

Segue-se então uma série dos "mais oportunos pensamentos e mais claras ideias" sobre a história brandenburguesa-prussiana e a soberania do povo, levando o publicista vizinho a esquecer todos os sofrimentos terrenos num desbordamento de delícias constitucionais e bem-aventurança doutrinária.

> Quando o Grande Príncipe Eleitor desconsiderou, *ou melhor* [!], exterminou [o 'extermínio' é mesmo a melhor forma de desconsiderar algo] todos aqueles elementos corporativos caducos, infectados pelo veneno da imoralidade francesa [o direito da primeira noite foi sem dúvida gradualmente enterrado pela civilização 'francesa imoral'!], ele foi aclamado por toda parte pelo povo, imbuído do profundo sentido da moralidade, de um fortalecimento do edifício político alemão, e especialmente prussiano.

Causa admiração o "profundo sentido da moralidade" do filisteu brandenburguês do século XVII, que, com o profundo sentido de seus lucros, aclamou o Príncipe Eleitor quando ele atacou seus inimigos, os senhores feudais, e lhes vendeu concessões – mas causa ainda mais admiração a "sã razão" e "ideia clara" do sr. Baumstark, que vislumbra a "soberania do povo" nessa aclamação!

"Naquela época não houve ninguém que não tenha prestado homenagens a essa monarquia absoluta" (caso contrário receberia bastonadas), "e o Grande Frederico não teria alcançado tal importância se não houvesse sido sustentado pela *verdadeira* soberania do povo."

Da verdadeira, o sr. Baumstark passa agora à *falsa* soberania do povo.

"Mas sobreveio outra época, a da monarquia constitucional." Isto é demonstrado por uma longa "litania constitucional", cujo sentido, em resumo, é que de 1811 a 1847 o povo da Prússia teria sempre clamado pela constituição, não pela república [!], ao que se ata espontaneamente a observação de que "o povo voltou as costas com indignação" também à última insurreição republicana no sul da Alemanha.[12]

A isso se segue muito naturalmente que o segundo tipo de soberania do povo (sem dúvida não mais a "verdadeira") é a "propriamente constitucional".

> Esta é aquela pela qual o poder político é dividido entre rei e povo, é uma soberania do povo *dividida* [os 'filósofos políticos descendo desde Platão até Dahlmann' talvez possam explicar o que isso quer dizer], que deve ser *inteira* e *incondicionalmente* do povo [!!], mas sem que o rei perca seu poder legal [quais leis o determinam na Prússia desde 19 de março?], – isto é claro [evidentemente na cabeça do deputado Baumstark]; o conceito foi estabelecido pela história do sistema constitucional, e ninguém pode ter qualquer dúvida a esse respeito [infelizmente as 'dúvidas' só começam quando se lê o discurso do deputado Baumstark].

Finalmente, "há uma terceira soberania do povo, a democrático-republicana, que supostamente descansa nos assim-chamados mais amplos fundamentos. Que infeliz expressão, *'mais amplos fundamentos'*!"

Então o sr. Baumstark "eleva uma palavra" contra estes mais amplos fundamentos. Esses fundamentos levam à ruína do Estado, à barbárie! Não temos nenhum Catão que pudesse dar à república uma base moral. E agora o sr. Baumstark começa a soprar tão alto no velho corno de Montesquieu, há muito desafinado e amassado, as virtudes republicanas, que o publicista vizinho, arrebatado de admiração, lhe faz coro e, para assombro de toda a Europa, chega à brilhante comprovação de que a "virtude republicana [...] conduz justamente ao constitucionalismo"! Mas ao mesmo tempo o sr. Baumstark passa a um outro tom e, pela *ausência* da virtude republicana, chega igualmente ao constitucionalismo. Os leitores podem imaginar os brilhantes efeitos desse dueto, ao final do

---

[12] Em 12 de abril de 1848 teve início uma rebelião republicana em Baden com a invasão de republicanos armados da Suíça. A rebelião, dirigida pelos pequeno-burgueses democratas Hecker e Struve, foi derrotada em fins de abril.

qual, após uma série de lacerantes dissonâncias, as duas vozes se unem no conciliador acorde do constitucionalismo.

O sr. Baumstark alcança, então, depois de longas argumentações, o resultado de que os ministros não teriam realmente de fazer absolutamente "nenhuma reserva *real*", mas somente "uma *ligeira* reserva quanto ao futuro", e finalmente chega ele mesmo aos mais amplos fundamentos, pois vê a salvação da Alemanha somente em um Estado *democrático*-constitucional, e se sente tão "subjugado pelos pensamentos sobre o futuro da Alemanha" que se alivia bradando: "Viva, três vezes viva à monarquia alemã hereditária popular-constitucional!"

De fato, ele tem razão em dizer: Estes infelizes mais amplos fundamentos!

Falaram ainda vários oradores de ambos os lados, mas depois do deputado Baumstark não ousamos mais apresentá-los a nossos leitores. Mencionamos ainda apenas que o deputado *Wachsmuth* declara que no ápice de sua profissão de fé figura a frase do nobre Stein: A vontade de homens livres é o pilar inabalável de qualquer trono.

"Isto", brada o publicista vizinho, extasiado, "isto toca o ponto central da questão! Em nenhum outro lugar a vontade de homens livres medra melhor do que à sombra do trono inabalável, em nenhum outro lugar descansa o trono tão inabalavelmente como no amor inteligente de homens livres!"

De fato, a "profusão de pensamentos oportunos e ideias claras", o "saudável senso para a verdadeira liberdade" que a maioria desenvolveu nesse debate ainda está longe de alcançar a substancial densidade de pensamentos do publicista vizinho!

A supressão dos clubes em Stuttgart e Heidelberg

NGR, n. 50, 20/7/1848

F. Engels

Colônia, 19 de julho.

> Minha Alemanha tomou um trago
> E tu, tu acreditaste nos brindes!
> Tu acreditaste em cada cachimbo
> E suas borlas rubro-negro-douradas![1]

E de fato, bravo alemão, este foi mais uma vez seu destino. Você acreditou ter feito uma revolução? Ilusão! – Acreditou ter liquidado o estado policial? Ilusão! – Acreditou ter o direito de livre associação, liberdade de imprensa, armamento do povo e em outras belas palavras que lhe gritaram por sobre as barricadas de março? Ilusão, nada mais que ilusão!

> Mas curado da doce embriaguês,
> Meu caro amigo, ei-lo aturdido![2]

Aturdido com sua assim-chamada Assembleia Nacional eleita indiretamente,[3] aturdido com as renovadas expulsões de cidadãos alemães das cidades alemãs, aturdido com a tirania do sabre em Mogúncia, Trieste, Aquisgrana, Mannheim, Ulm, Praga, aturdido com as prisões e processos políticos em Berlim, Colônia, Düsseldorf, Breslau etc.

Mas algo lhe restava, bravo alemão – os clubes! Você podia ir aos clubes e se queixar publicamente das falcatruas políticas dos últimos meses; podia desafogar seu coração queixoso diante de quem sentia o mesmo, e encontrar consolo nas palavras de patriotas que sentiam o mesmo, que eram igualmente oprimidos!

---

[1] Do poema de Heine *A Georg Herwegh* (*Mein Deutschland trank sich einen Zopf, / Und du, du glaubtest den Toasten!/ Du glaubtest jedem Pfeifenkopf/ Und seinen schwarz-rot-goldnen Quasten!*).

[2] Do poema de Heine *A Georg Herwegh* (*Doch als der holde Rausch entwich,/ Mein teurer Freund, du standst betroffen!*).

[3] Na maioria dos estados alemães, as eleições para a Assembleia Nacional de Frankfurt eram indiretas, isto é, os cidadãos aptos a votar escolhiam somente os assim-chamados eleitores, e estes por sua vez elegiam os deputados à Assembleia Nacional. A lei de 8 de abril de 1848 determinava que também os deputados da Assembleia Nacional Prussiana fossem eleitos desse modo.

Mas agora também isso acabou. Os clubes são inconciliáveis com a existência da "ordem". Para "restabelecer a confiança" é urgentemente necessário que se ponha um fim ao movimento subversivo dos clubes.

Relatamos ontem que o governo de *Württemberg proibiu* diretamente a Associação Distrital Democrática de Stuttgart por uma ordenança imperial. Ninguém mais se dá ao trabalho de levar ao tribunal os líderes dos clubes, voltamos às velhas medidas policiais. E mais, os senhores *Harpprecht*, *Duvernoy* e *Maucler*, que assinaram a ordenança, vão ainda mais longe – prescrevem penas extralegais aos transgressores da proibição, penas que chegam até a um ano de prisão; instituem leis penais, e ainda por cima leis penais de exceção, sem as Câmaras, meramente "por força do §89 da Constituição"!

Não é melhor em *Baden*. Relatamos hoje a proibição da Associação Democrática dos Estudantes de Heidelberg. Aqui o direito de associação em geral não foi tão abertamente negado, negou-se esse direito somente aos *estudantes*, graças às velhas leis de exceção, há muito abolidas, da Dieta Federal,[4] e eles foram ameaçados com as penas prescritas nessas leis caducas.

Agora é de se esperar que em breve os clubes sejam suprimidos também por aqui.

Mas para que os governos possam tomar medidas desse tipo com plena segurança, sem ser odiados pela opinião pública – para isso temos uma Assembleia Nacional em Frankfurt. Diante de semelhantes medidas policiais, essa assembleia vai naturalmente passar para a ordem do dia com tanta ligeireza quanto diante da revolução de Mogúncia.[5]

Portanto, não para conquistar alguma coisa à assembleia, mas simplesmente para obrigar mais uma vez a maioria da assembleia a proclamar perante toda a Alemanha sua aliança com a reação – exigimos que os deputados da extrema-esquerda em Frankfurt proponham:

Que os autores dessas medidas, nomeadamente os senhores Harpprecht, Duvernoy, Maucler e Mathy, *sejam processados* por violação dos "direitos fundamentais do povo alemão".

---

[4] Em 14 de julho de 1848, o senado de Heidelberg divulgou "que, de acordo com a lei de 26 de outubro de 1833, as associações democráticas de estudantes estão dissolvidas e sua continuidade, proibida". O senado remeteu ao artigo 2 da citada lei, que diz: "A participação em associações proibidas será punida com prisão civil de até quatro semanas ou com multa de até 25 florins, sujeito a multa mais alta quando a associação parecer, conforme a lei, como um delito ou crime especial".

[5] Ver "A Assembleia de Frankfurt".

O *Fädreland* sobre o armistício com a Dinamarca

NGR, n. 51, 21/7/1848

F. Engels

Colônia, 20 de julho. Para que a pátria se convença que com a assim-chamada revolução e sua Assembleia Nacional, seu regente do império etc. não conquistou nada mais do que uma plena renovação do mui célebre Sacro Império Romano da nação germânica, publicamos abaixo o artigo do *Fädreland*[1] dinamarquês. Esperamos que isso baste para demonstrar mesmo aos mais confiantes amigos da ordem que, com ajuda da mediação inglesa e das ameaças russas, os 40 milhões de alemães foram novamente tão enganados pelos 2 milhões de dinamarqueses, como acontecia sempre no tempo do "constante engrandecimento do império".[2]

O *Fädreland*, o próprio jornal do ministro Orla Lehmann, exprime-se do seguinte modo sobre o armistício:

> Considerando o armistício somente em relação a nossas esperanças e desejos, decerto não se poderia ficar satisfeito com ele; admitindo que o governo poderia escolher entre ele e a perspectiva de varrer os alemães do Schleswig com a ajuda sueco-norueguesa e os obrigar a reconhecer o direito da Dinamarca de regrar os assuntos desse ducado em associação com seus moradores – então se deveria sem dúvida dizer que o governo agiu irresponsavelmente ao aceitar o armistício. Mas não houve essa escolha. É preciso admitir que tanto a Inglaterra quanto a Rússia – as duas grandes potências que estão mais diretamente interessadas nesse conflito e em sua resolução – exigiram a aceitação do armistício como condição de sua simpatia e mediação futuras, e que igualmente o governo sueco-norueguês exigiu a tentativa de um acordo pacífico antes de se dispor a alguma ajuda efetiva, e que só pretendia prestar essa ajuda com as limitações estabelecidas desde o início: a saber, não para a reconquista do Schleswig, mas somente para a defesa da Jutlândia e das ilhas. Assim, pois, a alternativa era a seguinte: de um lado, um prazo confortável tanto para esperar pelo curso dos acontecimentos no exterior, como para completar a organização política e militar interna; de outro, a perspectiva de um desesperado combate isolado contra uma potência superior; mesmo se o exército federal

---

[1] *A Pátria*: jornal dinamarquês, publicado em Kopenhagen semanalmente de 1834 a 1839, depois diariamente; em 1848, foi o órgão semioficial do governo dinamarquês.

[2] Do título oficial do imperador alemão até 1806: "Imperador Romano pela graça de Deus para o constante engrandecimento do império".

pudesse ser atacado em suas posições vantajosas por nosso exército metade inferior, esse combate poderia conduzir, depois da retirada do exército sueco-norueguês, não a uma vitória quase impossível, mas sim à ocupação de toda a península pelos alemães; um combate cuja perspectiva era, no melhor dos casos, uma vitória cara e inútil e, no pior, o esgotamento de todas as nossas forças defensivas e uma paz humilhante.

A folha dinamarquesa defende, pois, que as condições do armistício são vantajosas para a Dinamarca. Seria infundado o receio de que a reabertura da guerra ocorra no inverno, quando as tropas alemãs poderiam ir para Fünen e Alsen cruzando o gelo; os alemães seriam tão incapazes quanto os dinamarqueses de sustentar uma campanha de inverno nesse clima, enquanto seriam enormes as vantagens de uma trégua de três meses para a Dinamarca e a bem-intencionada população do Schleswig. Se a paz não fosse concluída dentro desses três meses, o armistício se prolongaria por si mesmo até a primavera. E prossegue:

> A suspensão do bloqueio e a libertação dos prisioneiros serão aprovadas; a extradição dos navios tomados, ao contrário, talvez desperte a insatisfação de alguns. Entretanto, de fato o apresamento de navios alemães era antes um meio de pressão para desencorajar a Alemanha de ultrapassar nossas fronteiras, e não tinha de modo algum o objetivo de nos enriquecer pela apropriação de propriedade privada estrangeira; e, ademais, o valor desses navios não é tão alto quanto muitos poderiam acreditar. Se fossem leiloados na atual paralisia de nosso próprio comércio, bem como de todo o comércio europeu, renderiam *no máximo 1½ milhão*, isto é, o custo de dois meses de guerra. E então a contrapartida pela extradição dos navios é a evacuação de ambos os ducados pelos alemães e a compensação pelas requisições feitas na Jutlândia. O meio de pressão empregado alcançou, pois, seu objetivo, e está portanto correto suspendê-lo. E nos parece que a evacuação de três países por um exército superior, que não tínhamos a menor expectativa de derrotar com nossas próprias forças, compensa dez vezes mais a pequena vantagem que o Estado poderia obter com a venda dos navios apresados.

O §7 seria o mais questionável. Este prescreve a duração do governo especial dos ducados e, assim, do "schleswig-holsteinismo". O rei da Dinamarca estaria restrito, para escolher os dois membros do governo provisório a serem nomeados por ele, aos *notáveis* do Schleswig-Holstein, e custaria encontrar um que não fosse "schleswig-holsteiniano". Mas em troca "toda a insurreição" seria também expressamente repudiada, todas as decisões do governo provisório seriam anuladas e a situação anterior ao 17 de março seria restabelecida.

> Examinamos, desse modo, as condições mais essenciais do armistício do ponto de vista dinamarquês. Mas busquemos nos colocar por um momento do ponto de vista alemão. Tudo o que a Alemanha obtém é a liberação dos navios e a supressão do bloqueio.
> E ela renuncia ao seguinte:
> Primeiro, *aos ducados*, ocupados por um exército que até agora não sofreu nenhuma derrota e que é forte o bastante para manter sua posição contra um exército com o dobro da força do que aquele que se lhe contrapôs até agora;

Segundo, *à inclusão do Schleswig na Confederação*, que foi solenemente declarada pela Dieta Federal e ratificada pela Assembleia Nacional por meio da admissão dos deputados schleswigianos;

Terceiro, ao *governo provisório*, que reconhecera como legítimo e com o qual negociara nessa condição;

Quarto, ao *partido do Schleswig-Holstein*, cujas reivindicações não efetivadas, apoiadas por toda a Alemanha, foram remetidas à decisão de poderes não alemães;

Quinto, aos pretendentes augustenburgueses,[3] a quem o rei da Prússia pessoalmente prometeu apoio, mas que no armistício não foram sequer mencionados, e a quem não foi assegurada qualquer anistia ou asilo;

Finalmente, *às despesas ocasionadas pela guerra*, que recairão em parte sobre os ducados, em parte sobre a Confederação, mas que, na proporção em que forem suportadas pela própria Dinamarca, serão reembolsadas. Parece-nos que nossos superpoderosos inimigos têm muito mais a perder com esse armistício do que nós, o pequeno povo desprezado.

O Schleswig teve o incompreensível desejo de se tornar alemão. É justo que seja castigado por isso, que seja abandonado pela Alemanha.

Amanhã publicaremos o texto do armistício.

---

[3] duque Christian August e príncipe Friedrich von Schleswig-Holstein. Os duques de Augustenburg constituíam um ramo da casa real da Dinamarca. Friedrich-Christian-August d'Augustenburg fez valer, sem sucesso, os direitos que pretendia ter por parte de seu pai, o duque Christian, sobre os duques de Schleswig-Holstein. Essa questão reaparecerá novamente 14 anos depois, quando da guerra dos ducados.

O armistício com a Dinamarca

NGR, n. 52, 22/7/1848

F. Engels

Colônia, 21 de julho. Nossos leitores sabem que sempre tratamos a guerra dinamarquesa com grande sangue-frio. Não concordamos com a fanfarronice espalhafatosa dos nacionalistas, tampouco com a eterna lira do entusiasmo reles pelo Schleswig-Hosltein banhado pelo mar.[1] Conhecíamos nossa pátria bem demais, sabíamos o que significa confiar na Alemanha.

Os acontecimentos confirmaram plenamente nosso modo de ver. A desimpedida conquista do Schleswig pelos dinamarqueses, a reconquista do país e a marcha para a Jutlândia, a retirada para o Schlei, a nova conquista do ducado até Königsau – essa condução da guerra, totalmente incompreensível do começo ao fim, mostrou ao povo do Schleswig que proteção ele podia esperar da revolucionada, grande, forte, unificada etc. Alemanha, do povo supostamente soberano de 45 milhões. Mas para que ele perdesse todo desejo de se tornar alemão, para que preferisse infinitamente mais a "opressão dinamarquesa" à "liberdade alemã", para esse fim a Prússia, em nome da Confederação Alemã, negociou o armistício, que hoje publicamos em tradução literal.

Quando se conclui um armistício, era costume até agora que os dois exércitos mantivessem suas posições, e no máximo fosse estabelecida uma estreita faixa neutra entre eles. Neste armistício, o primeiro sucesso do "glorioso exército prussiano", a Prússia vitoriosa recua mais de 20 milhas, de Kolding até este lado do Lauenburg, enquanto os vencidos dinamarqueses mantêm sua posição em Kolding e só abandonam Alsen. Mais ainda: se o armistício for quebrado, os dinamarqueses retornam às posições em que estavam em 24 de junho, isto é, ocupam uma região de 6 a 7 milhas a mais do norte do Schleswig sem disparar um só tiro, uma região na qual foram vencidos *duas vezes*, enquanto aos alemães só será permitido retornarem até o Apenrade e seu entorno. Assim é "resguardada a honra das armas alemãs" e, para o norte do Schleswig, esgotado por quatro avalanches de tropas, resta a perspectiva de uma quinta e uma sexta invasão!

---

[1] Início de uma canção de 1844 de Matthäus Friedrich Chemnitz. Nessa canção é destacado, com entusiasmo nacionalista pequeno-burguês, o pertencimento do Schleswig-Hosltein à Alemanha e a indivisibilidade do Schleswig e do Holstein.

Não bastasse isso, uma parte do próprio Schleswig será ocupada por tropas dinamarquesas durante o armistício. Conforme o Art. 8, o Schleswig será ocupado pelos quadros dos regimentos recrutados no ducado, isto é, em parte por soldados do Schleswig que participaram do movimento, em parte por aqueles que à época estavam estacionados na Dinamarca, que lutaram contra o governo provisório nas fileiras do exército dinamarquês, foram comandados por oficiais dinamarqueses e, sob qualquer ponto de vista, são tropas *dinamarquesas*. Os jornais dinamarqueses também veem as coisas desse ponto de vista: "Indubitavelmente", diz o *Fädrelandet* de 13 de julho, "a presença no ducado das *fiéis* tropas do Schleswig reforçará significativamente o ânimo popular que agora, depois de o país ter experimentado as infelicidades da guerra, se levantará com força contra os causadores dessas infelicidades".

E quanto ao movimento do Schleswig-Holstein! Ele foi considerado pelos dinamarqueses como um *motim*, e *foi tratado como motim* pela Prússia. O governo provisório, que fora reconhecido pela Prússia e pela Confederação Alemã, foi sacrificado sem compaixão; todas as leis, decretos etc. promulgados desde a independência do Schleswig foram revogados; as leis dinamarquesas suprimidas, ao contrário, voltaram a vigorar. Em resumo, a resposta ao famoso comunicado *Wildenbruch*, que o sr. Auerswald se recusou a dar[2] – essa resposta se encontra aqui no Art. 7 do projeto de armistício. Tudo o que era revolucionário no movimento foi implacavelmente esmagado, e no lugar do governo nascido da revolução entrou uma administração legítima, nomeada por três legítimos príncipes. As tropas do Holstein e do Schleswig voltaram a ser *comandadas por dinamarqueses e desprezadas por dinamarqueses*, os navios do Holstein e do Schleswig permaneceram, agora como antes, "Dansk-Eiendom",[3] apesar da recente disposição do governo provisório.

E, coroando tudo isso, o novo governo pretendido. Eis o que diz o *Fädrelandet*: "Se no estreito círculo eleitoral em que são escolhidos os membros do novo governo eleitos pelos dinamarqueses não for talvez encontrada a unidade de energia e talento, inteligência e experiência que está à disposição dos prussianos em sua eleição" – ainda assim nem tudo está perdido.

> Os membros do governo devem certamente ser eleitos entre a população do ducado; mas ninguém nos impede de lhes oferecer secretários e assistentes *nascidos* e *residentes em outros locais*. Na seleção desses secretários e conselheiros pode-se proceder considerando aptidão e talento, sem atender a considerações locais, e não é improvável que estes homens venham a exercer uma significativa influência em todo o espírito e rumo da administração. De fato, é de se esperar que mesmo *altos funcionários dinamarqueses* assumam tais postos, embora seu *status* oficial possa ser inferior; sob as circunstâncias atuais, todo bom dinamarquês considerará um tal posto uma honra.

---

[2] Veja "Debates ententistas em Berlim".
[3] Propriedade dinamarquesa.

A folha ministerial antevê, pois, para o ducado uma invasão não só por tropas dinamarquesas, mas também por funcionários dinamarqueses. Um governo semidinamarquês terá assento em Rendsburg, em território oficialmente reconhecido da Confederação Alemã.

Eis as vantagens do armistício para o Schleswig. As vantagens para a Alemanha são igualmente grandes. A admissão do Schleswig na Confederação não é sequer mencionada, ao contrário, a decisão da Confederação é formalmente repudiada pela composição do novo governo. A Confederação Alemã escolhe os membros para o Holstein, o rei da Dinamarca escolhe *para o Schleswig*. Portanto, o Schleswig está sob a jurisdição dos dinamarqueses, não dos alemães.

A Alemanha podia realmente ter um mérito nessa guerra dinamarquesa, se forçasse a Dinamarca a abolir o imposto sobre o Sund,[4] essa velha roubalheira feudal. As cidades marítimas alemãs, oprimidas pelo bloqueio e pelo confisco de seus navios, suportariam com prazer essa pressão por mais tempo se a supressão do imposto sobre o Sund fosse conquistada. Os governos haviam propagado por toda parte que a supressão do imposto sobre o Sund tinha de ser obtida a qualquer preço. E o que aconteceu com toda essa verbiagem? Inglaterra e Rússia querem conservar o imposto sobre o Sund, e a obediente Alemanha naturalmente se submete.

Nem é preciso dizer que a devolução dos navios será compensada pelo reembolso do que foi requisitado à Jutlândia, com base no princípio de que a Alemanha é rica o suficiente para pagar por sua glória.

Eis as vantagens que o ministério Hansemann oferece ao povo alemão nesse projeto de armistício! Eis os frutos de uma luta de três meses contra um pequeno povo de 1,5 milhão! Eis o resultado de toda a verbiagem de nossos jornais nacionais, de nossos formidáveis devoradores de dinamarqueses!

Diz-se que o armistício não será concluído. O general Wrangel, encorajado por Beseler, recusou-se definitivamente a assiná-lo, apesar de todos os pedidos do conde Pourtales, que lhe trouxe a ordem de Auerswald, apesar de todos os apelos a seu dever como general prussiano. Wrangel declarou que está acima de tudo sob as ordens do poder central alemão, e este só consentirá se a atual posição do exército for preservada e se o governo provisório for mantido até a conclusão da paz.

Assim, o projeto prussiano provavelmente não será levado a termo; mas permanece interessante enquanto demonstração de como a Prússia, quando assume o comando, entende que devam ser defendidas a honra e os interesses da Alemanha.

---

[4] Direito de pedágio recebido pela Dinamarca de 1425 a 1857 dos navios estrangeiros que passavam pelo Sund, estreito que liga o mar Báltico ao mar do Norte.

As "negociações" sobre o armistício

NGR, n. 54, 24/7/1848

F. Engels

O armistício ainda não foi nem concluído nem definitivamente rejeitado. As notícias tanto do quartel-general de Wrangel quanto de Copenhagen contradizem-se continuamente. Só é certo que Wrangel inicialmente se negou a assinar, que o sr. Reetz voltou a Copenhagen com essa negativa, e que em consequência em 15 de julho foram embarcadas tropas descansadas daqui para a Jutlândia. O *Eco da Bolsa* relata que, à notícia da conclusão de um novo cessar-fogo de três dias, os embaixadores inglês e sueco,[1] assim como o sr. Reetz, transferiram-se de Copenhagen para Kolding. Diz-se que, junto com o general Neumann, enviado ao mesmo tempo de Berlim, tentarão anular a resistência de Wrangel.

Todas essas notícias nos chegaram de Copenhagen, enquanto de Berlim e do quartel-general de Wrangel não se ouve mais do que boatos vazios. Nosso atual direito constitucional de acesso à informação não se diferencia de modo algum, a esse respeito, da velha mania dos segredos. Somos informados mais de perto sobre os assuntos que nos concernem pelos jornais dos países mais distantes.

De acordo com uma carta no *Fäedreland*, a invasão alemã foi aceita muito pacificamente pelos habitantes da Jutlândia.

---

[1] Henry Wynn e Elias Lagerheim.

Debates ententistas sobre as dietas distritais

NGR, n. 56, 26/7/1848

F. Engels

Colônia, 25 de julho. (Sessão ententista de 18 de julho.) Entre os muitos documentos e discussões confusas, sem finalidade e puramente pessoais que vêm à tona no início de toda sessão, destacamos hoje dois pontos.

O primeiro é a declaração dirigida por escrito ao presidente e repetida do alto da tribuna pelo ex-ministro *Rodbertus*: ele teria, de fato, se inscrito como orador *contra* a moção Jacoby, mas não obstante pretenderia falar *somente* contra a primeira parte dela, que desaprovava a decisão de Frankfurt, e *ao mesmo tempo contra* a correspondente *declaração do ministério*, de 4 de julho. Como se sabe, o debate foi interrompido antes que o sr. Rodbertus tomasse a palavra.

O segundo é uma declaração do sr. *Brodowski* em nome de todos os deputados poloneses a propósito de uma declaração qualquer dos deputados teuto-poloneses: ele não reconhece a legalidade da incorporação de uma parte da Posnânia à Confederação Alemã, em razão dos Tratados de 1815 e da declaração das Dietas provinciais, provocada pelo rei, *contra* a admissão na Confederação.[1] "Não conheço uma *via legal* ulterior, pois *a nação ainda não foi consultada a respeito*".

Seguiu-se o debate final sobre a mensagem. Como se sabe, a mensagem foi rejeitada, sob os gritos da esquerda: Segunda questão de gabinete!, e gargalhadas gerais.

Então chegou a vez do relatório da comissão sobre a moção de 94 deputados para retirar das Dietas Distritais a atribuição de arrecadar impostos.

Abordamos esse tema deliberadamente. Ele nos traz outra vez à lembrança um fragmento da autêntica legislação velho-prussiana, e a reação crescente nos apresenta cada vez mais essa legislação como modelo perfeito, enquanto o ministério de Ação, que não pretende representar o papel de ministério de transição, arvora-se cada dia mais desinibidamente como bajulador do ministério Bodelschwingh.

---

[1] O governo prussiano convidou a Dieta Provincial da Posnânia a se pronunciar em favor da afiliação da maior parte do grão-ducado à Confederação Alemã. A Dieta Provincial recusou a afiliação em 6 de abril de 1848 por 26 votos contra 17.

Graças a uma série de leis, das quais as mais recentes datam de 1840, as Dietas Distritais receberam a atribuição de decidir sobre impostos de efeito obrigatório para os moradores do distrito.

Essas Dietas Distritais são um magnífico exemplo da "representação" velho-prussiana. O conjunto dos grandes camponeses proprietários de terras envia *três* deputados, cada cidade envia regularmente *um;* mas *cada morgado* é um *membro nato da Dieta Distrital.* Os trabalhadores e uma parte da pequena burguesia, nas cidades, e os pequenos proprietários e os habitantes não domiciliados, no campo – em conjunto, a maioria esmagadora –, não são absolutamente representados. Mas essas classes não representadas são, não obstante, taxadas pelos representantes, e nomeadamente pelos senhores "membros natos das Dietas Distritais", e logo veremos como e com quais objetivos.

Essas Dietas Distritais, que além disso podem dispor de modo totalmente autônomo dos recursos do distrito, estão atadas, quanto às decisões sobre os impostos, à aprovação seja do prefeito regional, seja do rei, e ademais, quando se dividem e um estamento vota diferentemente dos outros, à decisão do ministro do Interior. Vê-se quão sagazmente o velho prussianismo soube preservar os "direitos bem-adquiridos" dos grandes proprietários de terras, e ao mesmo tempo também o direito de superintendência da burocracia.

Mas o relatório da Comissão Central reconhece expressamente que esse direito de superintendência da burocracia consiste apenas em evitar eventuais ingerências das Dietas Distritais nos direitos da mesa verde, mas não em proteger os moradores do distrito, e especialmente os desprovidos de qualquer representação, das ingerências dos senhores membros natos.

O relatório termina com a moção de suprimir as leis que concedem às Dietas Distritais o direito de arrecadar impostos.

O sr. *Bucher*, relator, desenvolve a proposta. Justamente as decisões das Dietas Distritais que mais oprimem e amarguram os não representados foram preferencialmente aprovadas pelo governo.

> É justamente uma maldição do Estado policial, que em princípio foi abolido mas que infelizmente ainda subsiste de fato até este momento, que quanto mais alto seja o posto de um funcionário ou uma autoridade no mandarinato, tanto mais acredite compreender melhor tudo, inclusive essas medidas detalhadas, apesar de estar tanto mais distante das necessidades locais.

A proposta é tanto mais recomendável quanto não se pretende construtiva, mas meramente *destruidora*. "Não se pode negar que até agora a assembleia *não foi afortunada* na tentativa de atividade *produtiva* [...] seria por isso de bom alvitre nos dedicarmos provisoriamente mais a uma atividade *destrutiva*." O redator aconselha, portanto, suprimir especificamente as leis reacionárias promulgadas desde 1815.

Isso foi demais. O relator não somente declarara condenáveis o velho prussianismo, a burocracia e as Dietas Distritais, como também lançara uma irônica vista d'olhos aos produtos atuais dos debates ententistas. Para o ministério, a ocasião era propícia. Em todo caso, não se podia admitir, por consideração à corte, que justamente apenas as leis promulgadas sob o rei atual fossem suprimidas.

O sr. *Kühlwetter* se levanta, pois. "As Dietas Distritais estão compostas de tal modo que sem dúvida sua constituição será alterada, uma vez que" a administração estamental transgride totalmente a igualdade perante a lei? Ao contrário! Meramente "uma vez que ainda agora cada morgado é membro nato da Dieta Distrital, mas uma cidade, ainda que encerre em si muitos morgadios, só tem direito a um representante, e as comunidades camponesas são representadas por apenas três deputados".

Passemos os olhos pelos planos secretos do ministério de Ação. Na representação popular nacional, o sistema estamental tinha de ser suprimido, isso não podia ser tergiversado. Mas nas pequenas circunscrições, nos distritos (talvez também nas províncias?), tenta-se *conservar a representação estamental*, eliminando somente as mais grosseiras desvantagens dos cidadãos e camponeses em face da cavalaria. A declaração do sr. Kühlwetter não pode ser interpretada de outro modo, considerando que o relatório da Comissão Central se refere diretamente à aplicação da igualdade perante a lei na representação distrital. Mas o sr. Kühlwetter mantém o mais profundo silêncio sobre esse ponto.

Contra o *conteúdo* da proposta o sr. Kühlwetter nada tem a objetar; questiona apenas se é necessário validar essa proposta pelo "caminho da legislação". "O perigo de as Dietas Distritais abusarem do direito de cobrar impostos *não é de fato tão grande* [...] O direito de fiscalização do governo não é *de modo algum tão ilusório* como foi apresentado; este foi *sempre* meticulosamente exercido e de modo que especialmente 'as classes de níveis de imposto mais baixas fossem liberadas das contribuições sempre que possível'".

É claro! O sr. Kühlwetter foi burocrata sob Bodelschwingh, e mesmo sob risco de comprometer todo o ministério de Ação, as antigas façanhas heroicas da burocracia de Bodelschwingh devem ser defendidas. Observamos que o sr. Hansemann estava ausente quando seu colega Kühlwetter o fez confraternizar desse modo com o sr. Bodelschwingh.

O sr. Kühlwetter declara que já havia instruído todos os governos a não aprovar mais, até nova ordem, quaisquer taxações pelas Dietas Distritais, e com isso o objetivo já tinha sido alcançado.

O sr. *Jentzsch* estraga o jogo do sr. ministro observando que era costume, nas Dietas Distritais, repartir o imposto sobre as estradas, que justamente beneficiam principalmente os morgadios, conforme as *classes de imposto, das quais os morgados são totalmente isentos*.

O sr. *Kühlwetter* e o sr. *von Wangenheim*, que é parte interessada, tentam defender as Dietas Distritais; nomeadamente o sr. von Wangenheim, juiz do Tribunal de Apelação e membro da Dieta Distrital de Saatzig, fez o panegírico dessa gloriosa instituição.

Mas o deputado *Moritz* frustra novamente o efeito. Em que a instrução do sr. Kühlwetter ajuda? Se eventualmente o ministério tivesse de renunciar, os governos deixariam de atender à instrução. Se temos leis tão ruins como essa, não vejo porque não deveríamos suprimi-las. E no que diz respeito aos abusos negados, as Dietas Distritais não somente abusaram da autoridade a elas atribuída de estabelecer impostos permitindo *favoritismos pessoais*, decidindo despesas que não atendiam ao bem comum do distrito, como também decidiram sobre a construção de estradas no interesse de indivíduos de um estamento privilegiado [...] A cidade de Ruppin, capital do distrito, tinha de ser ligada à ferrovia Hamburgo-Berlim. Em vez de construir a estrada passando pela cidade de Wusterhausen, e apesar de esta cidade ter declarado que cobriria os custos extras com seus próprios meios, *o governo negou* a essa cidade pequena e empobrecida que a estrada passasse por ela, e, ao contrário, a fez passar por *três morgadios de um e mesmo morgado*!!

O sr. *Reichenbach* chama a atenção para o fato de que a instrução ministerial não teria qualquer influência sobre a total liberdade das Dietas Distritais de dispor dos recursos do distrito.

O *ministro* respondeu com algumas frases capengas.

O sr. *Bucher* declara considerar que o ministro não está absolutamente *autorizado* a promulgar decretos que *de fato revogam* leis existentes. Estas só poderiam ser aperfeiçoadas pela legislação.

O sr. Kühlwetter balbucia ainda algumas palavras incoerentes para se defender, e então passou-se à votação.

A Assembleia aprova a proposta da Comissão Central de que sejam revogadas as leis pelas quais se concedeu às Dietas Distritais o direito de cobrar impostos e de dispor das receitas do distrito, com o adendo: "sem prejuízo das decisões tomadas pelas Dietas Distritais com base nesses decretos".

Vê-se que as "ações" do ministério de Ação consistem em tentativas de reação policialescas e derrotas parlamentares.

Rompidas as negociações do armistício com a Dinamarca

NGR, n. 58, 28/7/1848

F. ENGELS

Colônia, 27 de julho. Acabamos de receber cartas de *Copenhagen*, segundo as quais as *negociações sobre o armistício foram efetivamente rompidas*. Em 21 de julho, os embaixadores sueco e inglês, assim como os restantes diplomatas que haviam ido ao quartel-general, voltaram para Copenhagen *sem nada ter alcançado*. Apesar de o general Neumann ter transmitido ao general Wrangel a *ordem expressa* do rei da Prússia para assinar o armistício, apesar de o armistício já haver sido ratificado pelas partes prussiana e dinamarquesa, *Wrangel se recusou também expressamente*, e em vez disso apresentou novas condições, que foram firmemente rejeitadas pelos dinamarqueses. Diz-se que ele não concedeu sequer uma audiência aos diplomatas estrangeiros. Os dinamarqueses foram especialmente contrários à exigência de Wrangel de reservar o assentimento final ao *regente imperial*.

Devemos, portanto, somente à firmeza do general Wrangel que dessa vez a Alemanha tenha sido poupada de um dos mais vergonhosos tratados que a história jamais conheceu.

A dissolução da Associação Democrática em Baden

NGR, n. 58, 28/7/1848

F. Engels

Colônia, 27 de julho. As medidas policiais reacionárias contra o direito de associação sucedem-se rapidamente. Primeiro foi abolida a Associação Democrática de Stuttgart, depois a de Heidelberg.[1] O sucesso tornou os senhores da reação atrevidos; agora o governo de Baden aboliu todas as associações democráticas de lá.

Isso aconteceu no mesmo momento em que a *soi-disant*[2] Assembleia Nacional em Frankfurt se ocupa em assegurar para toda a eternidade o direito de associação como um dos "direitos fundamentais do povo alemão".

A condição fundamental do direito de livre associação é que nenhuma associação, nenhuma sociedade possa ser dissolvida ou proibida pela polícia, que isso só possa acontecer por meio de uma sentença judicial que constate a ilegalidade da associação ou de suas ações e objetivos, e penalize os autores dessas ações.

Mas naturalmente este caminho é moroso demais para a impaciência disciplinar do sr. *Mathy*. Exatamente como lhe era tedioso demais obter primeiro uma ordem de prisão ou ao menos esperar ser nomeado como agente especial para só então, por força do gendarme que existe em seu peito, prender o "traidor da pátria" Fickler – também agora o caminho jurídico, legal, lhe parece igualmente desprezível e impraticável.

Os motivos dessa nova violência policial são extremamente edificantes. As associações teriam se afiliado à organização das associações democráticas de toda a Alemanha, emanada do Congresso Democrático de Frankfurt.[3] Este congresso teria posto "como

---

[1] Ver "A supressão dos clubes em Stuttgart e Heidelberg".
[2] Assim-chamada.
[3] O primeiro Congresso Democrático se reuniu de 14 a 17 de junho de 1848, em Frankfurt am Main; participaram dele como delegados representantes de 89 associações democráticas e organizações de trabalhadores de 66 cidades alemãs. Por iniciativa dos delegados trabalhadores, o congresso declarou a república democrática como a única constituição viável para o povo alemão. Foi decidida a união de todas as associações democráticas, a criação de um comitê distrital e um comitê central dirigido por ele, com sede em Berlim. Como membros do comitê central, foram eleitos Fröbel, Rau e Kriege, e como seus substitutos Bairhoffer, Schütte e Anneke. Em função da fraqueza e instabilidade da direção pequeno-burguesa, o movimento democrático permaneceu, na Alemanha, também depois dessa decisão, fragmentado e desorganizado. O trabalho conjunto foi atropelado pela iniciativa pessoal da direção das associações nas cidades e distritos.

objetivo a conquista de uma república democrática" (como se isso fosse proibido!), "e, quanto aos meios cogitados a fim de conquistar esse objetivo, constam entre outros as simpatias pelos insurretos expressas naquelas decisões" (desde quando "simpatias" são "meios" ilegais?), "bem como também que o Comitê Central dessas associações negou até mesmo o ulterior reconhecimento da Assembleia Nacional, e exorta a uma formal separação da minoria com o objetivo de constituir uma nova assembleia nacional por caminho ilegal". Seguem-se então as resoluções do congresso sobre a organização do partido democrático.

Portanto, segundo o sr. Mathy, as associações de Baden são responsáveis pelas decisões do Comitê Central, mesmo se *não as seguem*. Pois se essas associações, em virtude da reivindicação do Comitê de Frankfurt, tivessem efetivamente emitido uma mensagem à esquerda da Assembleia Nacional e a exortado a se desligar, o sr. Mathy não se teria abstido de o mencionar. De resto, não é ao sr. Mathy que cabe decidir se a referida exortação é ou não ilegal, mas sim aos tribunais. E para declarar ilegal a organização do partido em círculos, congressos e comitês centrais – para isso é preciso realmente ser o sr. Mathy! E as associações constitucionalistas e reacionárias[4] não se organizam conforme esse modelo?

Mas claro! "Parece inadmissível e pernicioso que o fundamento da constituição seja minado e, assim, todo o edifício estatal seja abalado pela força das associações."

Justamente para isso, sr. Mathy, existe o direito de associação, para que se possa impunemente "minar" a constituição, na forma legal, por certo! E se a força das associações é maior do que a do Estado, tanto pior para o Estado!

Exortamos mais uma vez a Assembleia Nacional a indiciar imediatamente o sr. Mathy, se não quiser perder totalmente sua reputação.

---

[4] Na Alemanha, os elementos burgueses moderados, adeptos da monarquia constitucional, reuniam-se em associações constitucionais e clubes, à cuja cabeça estava o Clube Constitucional em Berlim, e em associações cívicas. A Associação Prussiana, como também o órgão da contrarrevolução *junker* – a Associação para Proteção da Propriedade e para a Promoção do Bem-estar de todas as classes – defendiam um programa reacionário, impregnado do espírito prussiano. Em uma série de cidades da Renânia existiam organizações católicas – Associações Pio XI, que defendiam um programa constitucional, com acréscimos social-demagógicos.

A *Gazeta de Colônia* e a situação inglesa

NGR, n. 62, 2/8/1848

F. Engels

Colônia, 31 de julho.

> Onde pode ser descoberto, na Inglaterra, *qualquer traço daquele ódio* contra a classe que *na França é chamada de burguesia*? Esse ódio foi *outrora* dirigido contra a aristocracia que, graças ao monopólio dos cereais, cobrava da indústria um imposto pesado e injusto. O burguês *não goza na Inglaterra de qualquer privilégio,* ele é filho de seu esforço; na França sob Luís Filipe ele foi filho do monopólio, do privilégio.

Este parágrafo longo, professoral e veraz encontra-se em um editorial do sr. Wolfer na sempre bem-informada *Gazeta de Colônia*.

É mesmo curioso! Na Inglaterra há o proletariado mais numeroso, mais concentrado, mais clássico, um proletariado que a cada cinco ou seis anos é dizimado pela mais dilacerante miséria de uma crise comercial, pela fome e pelo tifo, que durante a metade de sua vida é supérfluo à indústria e permanece sem pão; na Inglaterra, um em cada dez homens é um miserável, e um terço dos miseráveis é prisioneiro da Bastilha da Lei dos Pobres;[1] na Inglaterra, o custo anual da assistência aos pobres equivale a quase toda a despesa do Estado prussiano; na Inglaterra, a miséria e o pauperismo foram proclamados abertamente como elementos necessário do atual sistema industrial e da riqueza nacional, e apesar disso – onde há, na Inglaterra, qualquer traço de ódio contra a burguesia?

Em nenhum país do mundo a oposição entre proletariado e burguesia alcançou, com um proletariado massivo, um nível tão alto quanto na Inglaterra; nenhum país do mundo mostra contrastes tão gritantes entre a mais profunda pobreza e a mais colossal riqueza, e apesar disso – onde há, na Inglaterra, qualquer traço de ódio contra a burguesia?

Naturalmente! As associações dos trabalhadores, clandestinas até 1825, abertas desde 1825, associações não por *um* dia contra *um* fabricante, mas associações permanentes contra todas as frações de fabricantes, associações de ramos inteiros de trabalho, de cida-

---

[1] Segundo a Lei dos Pobres promulgada na Inglatera em 1834, a única forma de ajuda para os pobres era seu acolhimento nas Casas de Trabalho em regime de prisão; o povo chamava tais casas de "Bastilhas para os pobres".

des inteiras, associações, por fim, de inúmeros trabalhadores por toda a Inglaterra, todas essas associações e suas inúmeras lutas contra os fabricantes, suas greves, que levaram a ações violentas, demolições vingativas, incêndios, ataques armados, assassinatos, tudo isto são outros tantos exemplos do amor do proletariado pela burguesia!

Toda a guerra dos trabalhadores contra os fabricantes durante os últimos 80 anos, que começou com a destruição das máquinas e que, por meio das associações, ataques isolados contra a pessoa e a propriedade dos fabricantes e contra os poucos trabalhadores leais àqueles, por meio de grandes e pequenos levantes, por meio das insurreições de 1839 e 1842,[2] se desenvolveu até a mais avançada luta de classes que o mundo jamais viu; toda essa luta de classes dos cartistas, do partido organizado do proletariado contra o poder estatal organizado da burguesia, uma luta que ainda não levou àquelas terríveis e sangrentas colisões como as Jornadas de Junho em Paris, mas que é conduzida com obstinação muito maior, com massas muito mais numerosas e em um terreno muito mais amplo – para a *Gazeta de Colônia* e seu Wolfer essa guerra civil social é naturalmente apenas uma longa prova do amor do proletariado inglês por seus empregadores burgueses!

Há não muito tempo era moda apresentar a Inglaterra como o país clássico das contradições e lutas sociais e, em comparação com as assim-chamadas "condições não naturais" da Inglaterra, enaltecer alegremente a França com seu rei-cidadão, suas burguesas lutas parlamentares e seus bravos trabalhadores, que se batiam tão corajosamente pela burguesia. Há não muito tempo, a *Gazeta de Colônia* entoava cotidianamente esses salmos e encontrava nas lutas de classes inglesas um motivo para advertir a Alemanha contra o sistema protecionista e a "artificial" indústria de estufa que dele se desenvolve. Mas as Jornadas de Junho mudaram tudo. Os horrores da batalha de junho paralisaram a *Gazeta de Colônia*, e os milhões de cartistas de Londres, Manchester e Glasgow desfizeram-se em nada diante dos 40 mil parisienses insurgentes.

A França se tornou o país clássico do ódio contra a burguesia e, desde 1830, de acordo com as atuais afirmações da *Gazeta de Colônia*. Estranho! Enquanto há mais de dez anos os agitadores ingleses, sob os aplausos de todo o proletariado, não se cansam de exortar ao mais ardente ódio contra a burguesia em comícios, panfletos e jornais, a literatura francesa operária e socialista pregou sempre a conciliação com a burguesia, apoiando-se em que as contradições de classe na França ainda não estariam tão desenvolvidas como na Inglaterra! E justamente as pessoas a cujos meros nomes a *Gazeta de Colônia* se persigna três vezes, um Louis Blanc, um Cabet, um Caussidière, um Ledru-Rolin, pregam anos a fio, antes e depois da revolução de fevereiro, a paz com a burguesia e além do mais o

---

[2] Em 1839, a insurreição preparada pelos cartistas em Wales sofreu uma sangrenta derrota, pois os trabalhadores, por traição, foram obrigados a atacar antecipadamente. Em agosto de 1842, os trabalhadores ingleses, motivados pela crise econômica que se agravava e pela renovada negação de suas reivindicações políticas (Carta do Povo) pelo parlamento, tentaram, em uma série de distritos industriais (Lancashire, Yorkshire etc.), conduzir uma greve geral. No decurso da greve chegou-se em alguns lugares a confrontos armados com tropas e policiais. Mas a greve não se tornou uma ação geral e se encerrou com uma derrota dos trabalhadores. Inúmeros líderes do movimento cartista foram presos.

fizeram *de la meilleure foi du monde*.³ A *Gazeta de Colônia* poderia ler o conjunto dos escritos deles, a *Réforme*, o *Populaire*, poderia ler mesmo os jornais operários dos últimos anos, como a *Union*, a *Ruche populaire*, a *Fraternité*⁴ – mas bastam duas obras que todos conhecem: toda a *História dos dez anos*, de Blanc, especialmente a conclusão, e os dois volumes da *História da Revolução*, do mesmo autor.

Mas a *Gazeta de Colônia* não se limita à mera *afirmação* do fato de que na Inglaterra não existe qualquer ódio contra "a classe que, na França, é chamada de *burguesia*" (também na Inglaterra, bem-informada colega, veja o *Northern Star* dos últimos dois anos) – ela também explica *por que* tem de ser exatamente assim e não de outro modo.

Peel salvou a burguesia do ódio, ao suprimir o monopólio e estabelecer a liberdade de comércio: "Na Inglaterra, a burguesia não goza de nenhum privilégio ou monopólio, na França, ela foi filha do monopólio [...] Foram as medidas de Peel que protegeram a Inglaterra de terríveis subversões".

Ao suprimir o monopólio da *aristocracia*, Peel salvou a *burguesia* do ódio ameaçador do proletariado – fantástica lógica da *Gazeta de Colônia*!

> O povo inglês, dizemos: o povo *inglês* percebe melhor a cada dia que só da *liberdade de comércio* é possível esperar a solução das questões vitais, que englobam todos os seus atuais sofrimentos e preocupações, uma solução que foi buscada, nos últimos tempos, em meio a torrentes de sangue [...] Não nos esqueçamos de que as primeiras ideias de livre comércio provieram do povo *inglês*.

O povo inglês! Mas o "*povo* inglês" combateu os homens do livre comércio desde 1839 em todos os seus comícios e na imprensa; ele os obrigou, quando a Liga Anti-Lei dos Cereais alcançava seu maior prestígio, a se reunir *clandestinamente* e a só admitirem em seus comícios os portadores de um convite; comparou, com a mais amarga ironia, a prática do *freetrader*⁵ com suas belas palavras, identificou completamente burguês e livre-comerciante! O povo inglês foi até mesmo obrigado a recorrer, de tempos em tempos, à ajuda da aristocracia, dos monopolistas, contra a burguesia – por exemplo, na questão das 10 horas⁶ – e este povo, que soube tão bem expulsar o *freetrader* da tribuna de assembleias *públicas*, este "povo inglês" teria sido o primeiro a conceber as ideias do livre

---

3 Da maior boa-fé do mundo.

4 *L'Union*: revista mensal, influenciada pelas ideias de Saint-Simon, editada em Paris por um grupo de trabalhadores de dezembro de 1843 a setembro de 1846. *La Ruche Populaire*: revista mensal para trabalhadores, que representava o socialismo utópico; publicada de dezembro de 1839 a dezembro de 1849 em Paris. *La Fraternité de 1845*: publicação mensal de trabalhadores, de orientação babuvista, editada de janeiro de 1845 a fevereiro de 1848 em Paris.

5 Livre-comerciante.

6 A luta pela limitação legal da jornada de trabalho a 10 horas diárias começou na Inglaterra em fins do século XVIII e envolveu desde os anos 1830 amplas massas proletárias. Uma vez que os representantes da aristocracia feudal estavam empenhados em usar essa solução popular em sua luta contra a burguesia industrial, votaram no parlamento pela lei das 10 horas. Essa lei, que só se estendia a jovens e trabalhadoras, foi promulgada pelo parlamento em 8 de junho de 1847.

comércio? Ingenuidade infantil da *Gazeta de Colônia*, que não só papagueia as ilusões dos grandes capitalistas de Manchester e Leeds, como também acredita piamente em suas mentiras deliberadas!

"Na Inglaterra, a burguesia não goza de nenhum privilégio ou monopólio." Mas, na França, é diferente:

> Para o trabalhador, o burguês foi por muito tempo o monopolista, para quem o camponês pobre pagava 60% de impostos pela relha de sua charrua, que extorquia lucros usurários com seu carvão de pedra, que expunha os vinhateiros de toda a França à morte pela fome, que lhes vendia tudo por preços 20, 40, 50% mais caros [...]

A brava *Gazeta de Colônia* não conhece nenhum outro "monopólio" além do da *alfândega*, que apenas *aparentemente* oprime os trabalhadores, mas na realidade oprime a burguesia, todos aqueles industriais que não lucram com o protecionismo alfandegário. A *Gazeta de Colônia* não conhece nenhum outro monopólio além daquele que, de Adam Smith a Cobden, é combatido pelos senhores do livre comércio, o monopólio local, imposto pela lei.

Mas o *monopólio do capital*, o monopólio que existe sem legislação e frequentemente apesar da legislação, este não existe para os senhores da *Gazeta de Colônia*. E é justamente esse monopólio que oprime direta e implacavelmente os trabalhadores, que gera a luta entre proletariado e burguesia! Justamente esse monopólio é o monopólio *especificamente moderno*, cujo produto são os modernos antagonismos de classe; e a solução justamente desses antagonismos é a tarefa específica do século XIX.

Mas esse *monopólio do capital* se torna mais poderoso, universal e ameaçador *na mesma medida em que os restantes monopólios pequenos e locais desaparecem*.

Quanto mais livre a concorrência pela remoção de todo "monopólio", tanto mais rapidamente se concentra o capital nas mãos de uma feudalidade industrial, tanto mais rapidamente se arruína a pequena burguesia, tanto mais velozmente o país do capital monopolista, a Inglaterra, submete à sua indústria os países vizinhos. Suprima-se o "monopólio" da burguesia francesa, alemã, italiana, e a Alemanha, a França e a Itália decairão a proletários em face da burguesia inglesa, que tudo absorve. A pressão que o burguês individual inglês exerce sobre os proletários individuais ingleses, essa mesma pressão será exercida pelo conjunto da burguesia inglesa sobre a Alemanha, a França e a Itália, e quem a sofrerá especialmente será a pequena burguesia desses países.

Tudo isto são trivialidades que hoje em dia ninguém mais deve explicar se não quiser ofender seu interlocutor – à exceção dos doutos senhores da *Gazeta de Colônia*.

Esses pensadores profundos veem na liberdade de comércio o único meio de salvar a França de uma guerra de aniquilação entre trabalhadores e burgueses.

Na realidade, rebaixar também a burguesia do país ao nível do proletariado, eis um meio de equilibrar os antagonismos de classe digno da *Gazeta de Colônia*!

Debates ententistas sobre o caso Valdenaire

NGR, n. 63, 2/8/1848

F. Engels

Colônia, 1 de agosto. Temos novamente de recuperar algumas sessões ententistas.

Na sessão de 18 de julho, deliberou-se sobre a moção que propunha convocar o deputado Valdenaire. A seção central propôs acolhê-la. Três juristas renanos levantaram-se contra.

Primeiro o sr. *Simons*, de Elberfeld, ex-procurador público. O sr. Simons acredita estar ainda diante do júri ou do Tribunal da Polícia Correcional; apresentou-se como um acusador público e pronunciou uma acusação formal contra o sr. Valdenaire e a favor da justiça. Ele disse: O caso está no Senado de Acusação, e ali será rapidamente resolvido; ou Valdenaire será libertado ou será enviado ao júri. Se ocorrer a última alternativa, "será altamente desejável que o caso não seja desmembrado e que o julgamento não seja retardado". Pois para o sr. Simons o interesse da Justiça, isto é, a comodidade do Senado de Acusação, do procurador público e do tribunal do júri é superior ao interesse da liberdade e da imunidade dos representantes do povo.

Então o sr. Simons põe sob suspeita primeiro as testemunhas de defesa de Valdenaire, e em seguida o próprio Valdenaire. Declara que a Assembleia "não se privaria de um talento" com sua ausência, e então o declara não qualificado para tomar assento na Assembleia enquanto não se tiver purificado de toda suspeita de complô contra o governo ou de rebelião contra as forças armadas. No que se refere ao talento, de acordo com a lógica do sr. Simons nove décimos da louvável assembleia poderiam ser presos, tanto quanto o sr. Valdenaire, sem que ela fosse privada de qualquer talento; e com relação ao segundo argumento, certamente o sr. Simons considera a mais alta honra nunca ter tramado "complôs" contra o absolutismo nem poder ser acusado de "rebelião contra o poder público" nas barricadas de março.

Depois de o sr. *Gräff*, suplente de Valdenaire, demonstrar de modo irrefutável que nem pesava sobre Valdenaire qualquer suspeita, nem a ação em tela era ilegal (pois consistiu em prestar ajuda à *Guarda Cívica legalmente constituída* que, com *anuência da municipalidade*, ocupava as barricadas de Trier no exercício de suas funções), ergueu-se o sr. Bauerband para apoiar o ministério público.

O sr. *Bauerband* também tem um escrúpulo de peso: "A intimação de Valdenaire não prejudicaria o futuro julgamento dos jurados?" Ponderação profunda, que se torna ainda mais insolúvel com a simples observação do sr. *Borchardt*: A *não* intimação de Valdenaire não prejudicaria do mesmo modo os jurados? O dilema é realmente tão profundo que mesmo um pensador de grande força como o sr. Bauerband empregaria em vão anos a fio para sua solução. Talvez apenas *um* homem na Assembleia seja forte o bastante para resolver o desafio: o deputado *Baumstark*.[1]

O sr. Bauerband ainda continua perorando por algum tempo, tão prolixa e confusamente quanto possível. O sr. *Borchardt* lhe responde brevemente. Depois dele, ergue-se o sr. *Stupp* para falar também contra Valdenaire que "nada [!] teria a acrescentar, em qualquer âmbito", aos discursos de Simons e Bauerband. Isto, naturalmente, é motivo suficiente para ele continuar falando até ser interrompido por um apelo ao encerramento do debate. O sr. Reichensperger II e o sr. Wencelius ainda discursam brevemente em favor de Valdenaire e, como se sabe, a Assembleia decide convocá-lo. O sr. Valdenaire pregou à Assembleia a peça de não obedecer a essa convocação.

O sr. *Borchardt* propõe a moção: a fim de impedir a iminente execução da pena de morte até que a assembleia se pronuncie sobre a moção do sr. Lisiecki em favor da abolição da pena de morte, dever-se-ia decidir sobre essa moção dentro de oito dias.

O sr. *Ritz* acha que esse processo apressado não é *parlamentar*.

O sr. *Brill*: Se nós, como eu desejo, decidirmos em curto espaço de tempo abolir a pena de morte, seria certamente muito *não parlamentar* se nesse meio tempo alguém fosse decapitado.

O presidente quer encerrar a discussão, mas o querido sr. *Baumstark* já está na tribuna, olhos flamejantes e faces rubras de nobre indignação:

Meus senhores, permitam-me dizer uma *palavra séria*! O assunto de que se trata aqui não é do tipo que possa ser tratado levianamente desta tribuna, falando-se da decapitação como um tema não parlamentar! [A direita, para quem a decapitação acontece de modo altamente parlamentar, rompe em um estrondoso bravo.] Trata-se de um assunto da maior e mais grave importância [é sabido que o sr. Baumstark diz isso sobre qualquer assunto do qual fale]. Outros parlamentos [...] os maiores homens do direito e da ciência [isto é, 'todos os filósofos políticos, descendo de Platão a Dahlmann'] ocuparam-se eles mesmos desse problema por 200 ou 300 anos [cada um?], e se o senhor quer atrair sobre nós a censura de passar por cima de uma tão importante questão com uma tal ligeireza [...] [Bravo!] A mim nada impele além da consciência [...] mas a questão é séria demais [...] *mais oito dias* não vão *verdadeiramente* mudar nada!

Diante de tão grande e grave significado do assunto, a palavra séria do nobre deputado Baumstark descamba na mais trivial frivolidade. De fato, existe maior frivolidade do que, segundo a aparente intenção do sr. Baumstark, discutir por 200 ou 300 anos

---

[1] Jogo de palavras: Baumstark significa, literalmente, forte como uma árvore.

sobre a supressão da pena de morte e, no entretempo, continuar alegremente a decapitar? "Mais oito dias não vão verdadeiramente mudar nada", assim como algumas cabeças que caiam nesse meio tempo!

De resto, o primeiro-ministro declara que por enquanto não se tencionava executar sentenças de morte.

Depois de alguns sagazes escrúpulos do sr. Schulze, de Delitzsch, relativos ao regulamento, a moção Borchardt foi rejeitada; em contraposição, foi aceita uma emenda do sr. Nethe, que recomendava pressa à Comissão Central.

O deputado *Hildenhagen* propõe a moção: Até a apresentação do respectivo projeto de lei, o presidente deveria encerrar cada sessão com a fórmula solene: "Nós, entretanto, somos da opinião de que o ministério deveria ser mais diligente na apresentação da nova lei municipal".

Mas infelizmente essa sublime proposta não foi feita para nossa época burguesa. "Não somos romanos, nós fumamos tabaco".[2] A tentativa de cinzelar um Appius Claudius a partir da matéria-prima do sr. presidente Grabow e de utilizar a solene *Ceterum censeo*[3] para o ordenamento municipal fracassou sob "imensa gargalhada".

Depois de o deputado *Bredt*, de Barmen, ter feito ainda três interpelações ao ministro do Comércio, em tom bastante suave, sobre a unificação de toda a Alemanha em uma União Aduaneira e em uma Liga de Navegação com impostos de navegação, e finalmente sobre impostos protecionistas provisórios; depois de ter recebido do sr. Milde respostas igualmente suaves, porém também totalmente insuficientes, o sr. *Gladbach* é o último orador da sessão. O sr. *Schütze*, de Lissa, pretendia chamá-lo à ordem em função de sua linguagem enérgica por ocasião do desarmamento dos voluntários,[4] mas retirou a proposta. No entanto, o sr. Gladbach, com a maior sem-cerimônia, desafiou o bravo Schütze e toda a direita contando, para grande aborrecimento dos velhos prussianos, uma divertida anedota sobre um tenente prussiano que, tendo dormido sobre o cavalo, cavalgou para o meio dos voluntários. Estes o saudaram com a canção "Dorme, nenê, dorme", e por essa ofensa deveriam ser levados à corte marcial! O sr. Schütze murmurou algumas palavras tão indignadas quanto sem nexo, e com isso a sessão foi suspensa.

---

[2] Do poema de Heine *Zur Beruhigung* (*Wir sind keine Römer, wir rauchen Tabak*).
[3] Palavras iniciais de um dito de Cato, o Velho, com o qual ele costumava encerrar seus discursos no senado: *"Ceterum censeo, Carthaginem esse delendam"* ("Ademais considero que Cartago deve ser destruída").
[4] Ver "Debates ententistas" (n. 35) e "Debates ententistas em Berlim".

O boletim de Milão

NGR, n. 63, 2/8/1848

F. ENGELS

Na edição de ontem deste jornal, publicamos o boletim da vitória do governo provisório de Milão e em seguida mencionamos o conflitante boletim da vitória de Bolzano, na *Augsburg*,¹ e de Trieste.

Consideramos o primeiro mais confiável, porque a notícia no boletim que nos chegou diretamente de Milão foi confirmada ao mesmo tempo por relatos de duas diferentes cidades da Suíça, Zurique e Basileia, que têm múltiplas ligações comerciais e estão geograficamente mais próximas de Milão. Mas é muito especialmente decisivo para a avaliação da situação que os relatos austríacos da vitória tragam data mais antiga, e falem da batalha de 23 de julho, enquanto o boletim de Milão trata do dia 24 e início do dia 25 de julho.² Essas circunstâncias convergentes não nos deixam duvidar da veracidade da vitória dos italianos. Além do mais, os austríacos já difundiram anteriormente relatos de vitória, por exemplo de uma vitória em Curtatone³ que, conforme se demonstrou depois, foi na verdade uma derrota para os austríacos, e foi a própria *Augsburg* que enalteceu essa suposta vitória. Uma comparação dos relatórios dos dois partidos mostra que os italianos de fato alcançaram uma vitória, que no entanto lhes foi arrebatada pelo avanço de tropas austríacas frescas. Se algo pôde nos ter induzido a erro, foi essa personalidade ambiciosa mas totalmente incompetente, *Carlos Alberto*, sobre o qual já expressamos várias vezes nossa opinião. Apesar de todas as más qualidades dessa "espada da Itália", existia sempre a possibilidade de que ao menos um entre seus generais, favorecido por posições tão

---

¹ Isto é, na *Gazeta Geral de Augsburg*.
² Trata-se da batalha de Custozza, próximo de Verona, entre o exército austríaco, sob o comando de Radetzky, e as tropas do Piemonte, sob o comando do rei Carlos Alberto. A batalha se estendeu por três dias, de 23 a 25 de julho, sem resultar numa vitória decisiva de nenhum dos lados. Finalmente, o comando austríaco reuniu forças superiores e deu um pesado golpe nas tropas piemontesas, que foram em grande parte dispersadas devido ao fraco comando que as condenou à inação no momento decisivo.
³ Na batalha de Curtatone (a cinco quilômetros de Mântua), em 29 de maio de 1848, as tropas austríacas forçaram os corpos toscanos, que lutavam ao lado do exército piemontês, a recuar. A resistência oferecida por esses corpos, no entanto, possibilitou às tropas piemontesas reagrupar suas forças e, no dia 30 de maio, na batalha de Goito, empurrar os austríacos de volta às suas antigas posições. No entanto, o comando piemontês falhou em utilizar esses êxitos.

singularmente vantajosas, pudesse ter tido as habilidades militares para granjear a vitória para a causa italiana. A realidade mostra que isso não aconteceu. Com isso, o destino de Carlos Alberto está selado. Mesmo seu atual trono, para não falar daquele visionário, de toda a Itália, deve desmoronar em breve. Como vencedor, ele poderia esperar satisfazer sua ambição por algum tempo; vencido, será logo posto de lado pelos próprios italianos como uma ferramenta inútil. Certamente a Itália vencerá, após muitos sacrifícios sangrentos, e mostrará que não necessita da miserável pessoa do rei da Sardenha para conquistar sua liberdade e independência nacional.

Debate sobre as leis de remissão atuais

NGR, n. 67, 6/8/1848

F. Engels

Colônia, 4 de agosto. De tempos em tempos a Assembleia de Berlim traz à tona toda sorte de sujeira velho-prussiana, e especialmente agora, quando a cavalaria preta-e-branca torna-se a cada dia mais atrevida, semelhantes revelações são úteis.

Na sessão de 21 de julho, voltaram à baila as obrigações feudais. Acompanhando a moção de um deputado, a Comissão Central propôs suspender, seja de ofício, seja a pedido de um interessado, as negociações e respectivos processos pendentes sobre a remissão e a divisão da propriedade comum.

O deputado Dierschke examinou o atual modo da remissão. Ele expôs, primeiro, como o próprio método de remissão já prejudicava os camponeses.

> Assim, por exemplo, a compensação pela prestação [corveia] foi fixada muito unilateralmente. Não se levou em conta que o salário da prestação, que fora estipulado nos séculos anteriores em 1 ou 2 *groschen* de prata, correspondente ao *preço então em vigor* dos gêneros agrícolas e às condições da época, deveria ser considerado, por consequência, como um equivalente adequado do trabalho realizado, de sorte que nem a nobreza fundiária nem o servo tivessem uma vantagem preponderante. Mas hoje um trabalhador assalariado livre deve receber 5 ou 6, em vez de 2 *groschen* de prata por dia. Assim, se uma das partes interessadas na relação de servidão propõe a remissão, ela terá que pagar, depois de converter os dias de corveia em dias substitutos, uma diferença de ao menos 3 *groschen* de prata por dia, portanto, para 50 dias no ano, uma renda de 4 a 5 táleres, para a qual o proprietário pobre não tem dinheiro suficiente, pois frequentemente mal possui um quarto de *morgen*[1] de terra e não encontra oportunidade suficiente de trabalho em outro lugar.

Essa passagem do discurso do sr. Dierschke levou a diversas considerações, não muito vantajosas para a mui famosa legislação liberal de 1807-1811.[2]

---

[1] Antiga medida de terras alemã, que variava de 0,25 a 1,23 hectares, conforme a região.

[2] De 1807 a 1811 os ministros Stein e Hardenberg começaram a efetivar na Prússia algumas reformas agrárias, pois após o destroçamento do exército prussiano em Jena e Auerstadt (1806) por Napoleão, "o governo prussiano começou a entender vagamente que não se podia vencer os filhos dos camponeses livres proprietários com os filhos de camponeses servos da gleba" (Engels). O resultado foi um edito de 9 de outubro de

Primeiro, decorre daí que a corveia (especialmente na Silésia, da qual o sr. Dierschke fala) não é de modo algum uma renda ou aforamento paga *in natura*, uma compensação pelo uso do solo, mas sim – apesar dos srs. Patow e Gierke – uma pura "emanação da suserania e da servidão hereditária", e que ela, assim, segundo os *próprios princípios* desses grandes estadistas, deveria ser *abolida sem indenização*.

Em que consistia a obrigação do camponês? Em que ele se punha à disposição do senhor feudal durante determinados dias do ano ou para determinados serviços. Mas de modo algum gratuitamente; ele recebia por isso um salário, que de início era exatamente igual ao salário do trabalho livre. A vantagem do senhor consistia, pois, não no trabalho gratuito ou somente barato do camponês, mas sim em que ele tinha trabalhadores à sua disposição pelo salário habitual sempre que deles precisasse, e sem que fosse obrigado a se preocupar com eles quando não os necessitasse. A vantagem do senhor feudal não consistia no valor em dinheiro da prestação *in natura*, mas sim na obrigação dessa prestação *in natura*; não consistia na desvantagem econômica, mas sim na *sujeição* do camponês. E essa obrigação não seria uma "emanação da suserania e da servidão hereditária"?

De acordo com o caráter originário da corveia, não há dúvida de que ela deveria ser abolida *sem indenização*, se Patow, Gierke e companhia pretendessem ser consequentes.

Mas como se apresentam as coisas se consideramos seu caráter *atual*?

Durante séculos as corveias permaneceram as mesmas, e o salário das prestações permaneceu também o mesmo. Mas os preços dos meios de subsistência aumentaram, e com eles o salário para o trabalho livre. A corveia, que no início era igualmente vantajosa para ambas as partes no plano econômico, e mesmo proporcionava com frequência ao camponês trabalho bem pago para seus dias ociosos, tornou-se para ele progressivamente um "encargo real", para usar a linguagem do sr. Gierke, e um direto ganho em dinheiro para os honoráveis senhores de terras. À garantia de que teria sempre um número suficiente de trabalhadores à sua disposição, acrescenta-se ainda a bela redução que ele fazia no salário desses trabalhadores. Mediante uma fraude consistente e mantida por séculos, os camponeses foram, assim, furtados em uma parte sempre crescente de seu salário, de sorte que finalmente recebiam apenas um terço ou mesmo apenas um quarto dele. Suponhamos que uma quinta tenha a obrigação de pôr à disposição somente *um* trabalhador durante 50 dias por ano, e que o salário diário tenha atingido, em média, desde 300 anos, somente 2 *groschen* de prata; o honrado senhor ganhou, então, com este

---

1807 e a ordem do gabinete de 28 de outubro de 1807, que suprimia a servidão na Prússia, mas conservava todos os encargos feudais e prestações de serviços dos camponeses. Mas mesmo essa reforma parcial não foi cumprida pela nobreza. Quando estava iminente a guerra de Napoleão contra a Rússia, o governo prussiano tentou novamente assegurar-se dos camponeses, e promulgou em 14 de setembro de 1811 um "Edito relativo à regulação das relações entre proprietários e camponeses". Essa lei prometia aos camponeses o direito à supressão dos encargos feudais no período de 2 anos sob a condição de que cedessem aos senhores metade de sua terra ou pagassem uma soma correspondente. Depois da vitória sobre Napoleão os camponeses foram novamente defraudados das promessas, e só em 1845 receberam o direito de remir a renda em dinheiro ou cereais mediante o pagamento de uma soma correspondente a 25 prestações.

único trabalhador mil táleres bem contados, assim como, em juros de 500 táleres por 300 anos a 5%, 7.500, ao todo 8.500 táleres, com *um único* trabalhador, e de acordo com uma estimativa que não corresponde nem à metade da realidade!

Qual a consequência disso? Que não é o camponês que deve ressarcir o magnânimo senhor, mas é o magnânimo senhor que deve ressarcir o camponês, não é a quinta que deve pagar uma renda ao domínio senhorial, mas o domínio senhorial que deve pagar uma renda à quinta.

Mas não é assim que julgam os liberais prussianos de 1848. Ao contrário, a consciência jurídica prussiana declara que não é o nobre que deve indenizar o camponês, mas sim o camponês que deve indenizar o nobre pela diferença entre o salário da corveia e o salário do trabalho livre. *Justamente porque* o camponês foi por tanto tempo espoliado da diferença salarial pelo magnânimo senhor, justamente *por isso* ele deve indenizar o magnânimo senhor pela espoliação. Mas a quem tem, a ele será dado, e de quem não tem, dele será tomado o que tem.[3]

A diferença salarial é, portanto, calculada, seu montante anual é visto como renda da terra, e nessa forma ela flui para a bolsa do magnânimo senhor. Se o camponês a quiser remir, ela será capitalizada a 4% (de modo algum a 5%), e esse capital, 25 vezes o montante da renda, reembolsado. Vê-se que se procederá com o camponês de modo inteiramente comercial; nosso precedente cálculo dos lucros da nobreza era, pois, perfeitamente justificado.

Daí decorre, por conseguinte, que os camponeses têm frequentemente de pagar de 4 a 5 táleres de renda por ¼ de *morgen* de terra ruim, enquanto um *morgen* inteiro de boa terra livre de corveia pode ser obtido por 3 táleres de renda anual!

A remissão também pode ser obtida pela cessão de uma parcela de terra de valor igual ao do capital a ser reembolsado. Naturalmente isso só é possível para os grandes camponeses. Nesse caso o senhor feudal recebe um pedaço de terra como prêmio pela habilidade e persistência com que ele e seus antepassados defraudaram os camponeses.

Esta é a teoria da remissão. Ela confirma plenamente o que aconteceu em todos os demais países em que a feudalidade foi abolida gradualmente, em particular na Inglaterra e na Escócia: a transformação da propriedade feudal em burguesa, da suserania em capital é a cada vez um novo e crasso defraudamento do servo em favor do senhor feudal. O servo precisa sempre *comprar* sua liberdade, e comprá-la caro. O Estado burguês procede conforme o ditado: Só a morte é grátis.

Mas essa teoria comprova ainda algo mais.

Como o deputado *Dane* observa, a consequência necessária dessas enormes exigências postas aos camponeses é que eles caem nas mãos dos usurários. O usurário é o acompanhante necessário de uma classe de pequenos camponeses *livres*, como a França, o Palatinado e a Renânia demonstram. A ciência prussiana da remissão conseguiu que os

---

[3] Mateus, 13:12.

pequenos camponeses das velhas províncias participem das alegrias da opressão usurária antes mesmo de serem livres. O governo prussiano, em geral, sempre soube submeter a classe oprimida simultaneamente às relações feudais e às relações burguesas modernas, tornando, assim, o jugo duas vezes mais pesado.

Acrescenta-se a isso ainda um ponto, para o qual o deputado *Dane* também chamou a atenção: os imensos custos, que aumentam tanto mais quanto mais negligente e inapto for o comissário pago a prazo. "A cidade de Lichtenau, na Westfália, pagou 17 mil táleres por 12 mil *morgen* de terra, e *isso não foi suficiente para cobrir os custos* [!!]".

Segue-se a prática da remissão, que confirma ainda mais isso. Os Comissários para a Economia, continua o sr. Dierschke, isto é, os funcionários que preparam a remissão,

> revestem um triplo atributo. Primeiro de *encarregados da instrução*; como tais, interrogam as partes, estabelecem as bases factuais da remissão e estipulam o montante da indenização. Frequentemente realizam sua tarefa de modo muito unilateral, frequentemente não consideram as relações jurídicas existentes, em parte porque lhes faltam conhecimentos jurídicos. Além disso, se apresentam em parte como *especialistas* e *testemunhas*, taxando eles mesmos autonomamente o valor dos objetos a serem remidos. Por fim, eles enviam seu *parecer*, que é quase reconhecido como uma sentença, pois a Comissão Geral deve, via de regra, se apoiar sobre suas opiniões derivadas das condições locais.
>
> Finalmente os Comissários para a Economia não contam com a confiança da população rural, pois frequentemente prejudicam as partes, fazendo-os esperar por horas, enquanto eles se fartam à mesa do senhor [que é ele mesmo uma parte] e desse modo suscitam muito especialmente contra si a desconfiança das partes. Quando finalmente, depois de uma espera de três horas, os homens da gleba[4] são recebidos, muitas vezes os Comissários para a Economia os descompõem aos berros e repelem rudemente suas réplicas. Posso falar aqui por experiência própria, eu assisti, como Comissário da Justiça, os camponeses interessados durante as remissões. Portanto, o poder ditatorial dos Comissários para a Economia deve ser eliminado. A união dos três atributos de instrutor, testemunha e juiz em *uma única pessoa* também não se justifica.

O deputado *Moritz* defende os Comissários para a Economia, o sr. *Dierschke* responde: Posso dizer que há muitos deles que negligenciam os interesses dos camponeses; eu mesmo denunciei alguns para que fossem submetidos a inquérito, e posso, se for necessário, apresentar provas a respeito.

O ministro *Gierke* naturalmente se apresentou de novo como defensor do velho sistema prussiano e das instituições decorrentes dele. Os Comissários para a Economia naturalmente deviam ser mais uma vez louvados: "Mas devo deixar à discrição do sentimento da Assembleia se é justo utilizar a tribuna para tais acusações a que *faltam todas as provas, que são totalmente infundadas*!" E o sr. Dierschke ofereceu provas!

---

[4] Em alemão: *Dreschgärtner*. Chamavam-se assim, em certas regiões da Alemanha, e em particular da Silésia, os camponeses independentes que obtinham do proprietário fundiário uma parcela de terras e uma casinha, mas que deviam realizar por quase nada trabalhos agrícolas, em particular a debulha.

Mas como Sua Excelência Gierke parece ser da opinião de que fatos notórios podem ser contestados por afirmações ministeriais, apresentaremos em breve algumas "provas" de que o sr. Dierschke, longe de exagerar, não censurou de modo severo o bastante o procedimento dos Comissários para a Economia.

Eis o que foi o debate. As emendas aduzidas foram tão numerosas que tiveram de ser reenviadas à Comissão Central, junto ao relatório. Ainda é preciso esperar, portanto, pela decisão definitiva da Assembleia.

Entre essas emendas há uma do sr. *Moritz*, que chama a atenção para outra medida edificante do velho governo. Ela propõe a suspensão de todas as negociações existentes sobre os encargos de moinho.

De fato, quando em 1810 decidiu-se pela abolição das obrigações feudais e banalidades,[5] foi imediatamente nomeada uma comissão para compensar os moleiros por terem sido expostos à livre concorrência. Esta resolução já foi um contrassenso. Os mestres das corporações foram compensados pela abolição de seus privilégios? Mas havia razões específicas nesse caso. Os moleiros pagavam uma prestação extraordinária pelo usufruto das obrigações feudais e banalidades, e em vez de simplesmente as abolir, lhes é dada uma compensação e as prestações são mantidas. A forma é um contrassenso, mas nesse caso resta ao menos uma aparência de direito.

Acontece que, nas províncias retomadas desde 1815,[6] os encargos de moinho subsistiram, as obrigações feudais e banalidades foram abolidas, e, no entanto, não foi oferecida *qualquer compensação*. Eis a igualdade velho-prussiana perante a lei. De fato, a lei industrial aboliu todos os encargos industriais, mas, conforme a ordenação industrial de 1845 e a lei de indenização, em caso de dúvida todos os encargos de moinho devem ser tratados não como encargos industriais, mas sim *fundiários*. Dessa confusão e dessas violações da lei resultaram inúmeros processos, as sentenças dos tribunais contradizem-se mutuamente, e mesmo o Supremo Tribunal pronunciou as mais contraditórias sentenças.

Um caso citado pelo sr. Moritz mostra quais prestações o antigo poder legislativo considerava anteriormente como "prestações fundiárias": um moinho na Saxônia, ao qual pertencia, além do edifício do moinho, apenas a força da água, mas não o solo, foi taxado com um "encargo fundiário" de quatro *wispels*![7]

De fato, pode-se dizer o que for, a Prússia sempre foi o estado mais sábio, mais justo, mais bem-administrado!

---

[5] Direito dos senhores feudais de impor taxas aos camponeses sobre o uso obrigatório de moinhos, prensas de uvas etc. de propriedade dos referidos senhores.
[6] Trata-se da Renânia e de uma parte da Saxônia, anexadas pela Prússia no Congresso de Viena.
[7] Medida para grãos em vigor até 1872 na Alemanha; na Prússia, equivalia a 1.319 litros, ou aproximadamente 36 *bushels*.

Os debates sobre a Polônia em Frankfurt

NGR, n. 70, 9/8/1848

F. Engels

Colônia, 7 de agosto. A Assembleia de Frankfurt, cujos debates, mesmo nos momentos mais exaltados, nunca perdem o caráter de uma autêntica placidez alemã, finalmente se recompôs diante da questão polonesa. Aqui, sobre essa questão preparada previamente pelas granadas prussianas e pelas resoluções submissas da Dieta Federal, aqui ela precisava tomar uma resolução decisiva; aqui não era possível qualquer mediação; ela devia salvar a honra alemã, ou mais uma vez manchá-la. A Assembleia correspondeu a nossas expectativas; sancionou as setes divisões da Polônia, transferiu a vergonha de 1772, 1794 e 1815 dos ombros dos príncipes alemães para os seus próprios.

E mais! A Assembleia de Frankfurt declarou que as sete divisões da Polônia eram outros tantos benefícios prodigalizados aos poloneses. A infiltração violenta da raça teuto-judaica não havia impulsionado a Polônia a um nível cultural, a um patamar da ciência que o país antes nem imaginava? Cega, ingrata Polônia! Se não tivesse sido dividida, você mesma precisaria pedir à Assembleia de Frankfurt o favor de ser dividida!

O padre Bonavita Blank, do mosteiro Paraíso, próximo de Schaffhausen, ensinava pegas e estorninhos a voar e voltar. Ele lhes cortara metade do bico para que não pudessem apanhar seu próprio alimento, e só o pudessem receber de suas mãos. Os filisteus, que viam de longe os pássaros voarem dos ombros do santo e se relacionarem confiantemente com ele, admiravam sua alta cultura e ciência. – Os pássaros, disse um biógrafo, *amavam-no como seu benfeitor.*[1]

E os poloneses escravizados, silenciados, marcados a fogo, não querem amar seus benfeitores prussianos!

Não podemos descrever melhor a benevolência demonstrada aos poloneses pela Prússia do que o relatório apresentado ao Comitê de Direito Internacional pelo erudito historiador sr. *Stenzel*, relatório que constitui o texto-base do debate.[2]

---

[1] Benkert, F. G. *Joseph Bonavita Blanks... kurze Lebensbeschreibung*, Würzburg, 1819 (*Die Vögel liebten ihn wie ihren Wohltäter*).

[2] O relatório Stenzel, em nome do Comitê de Direito Internacional da Assembleia Nacional de Frankfurt, "relativo à incorporação de uma parte do grão-ducado da Posnânia na Confederação Alemã", foi apresentado em

O relatório narra, primeiro, bem no estilo dos mais convencionais documentos diplomáticos, o nascimento do grão-ducado da Posnânia em 1815 por "anexação" e "incorporação". Seguem-se então as promessas feitas ao mesmo tempo por Frederico Guilherme III aos habitantes da Posnânia: preservação da nacionalidade, língua e religião, investidura de um governador nativo, participação na famosa constituição prussiana.[3]

Sabe-se até que ponto tais promessas foram mantidas. A liberdade de trânsito entre os três fragmentos da Polônia, que o Congresso de Viena[4] pôde aprovar tão mais tranquilamente quanto mais inexequível era, naturalmente jamais foi efetivada.

Em seguida vem a composição demográfica. O sr. Stenzel calcula que, em 1843, viviam no grão-ducado 790 mil poloneses, 420 mil alemães e quase 80 mil judeus, no total quase 1,3 milhão de habitantes.

A alegação do sr. Stenzel é contraditada pelas alegações polonesas, entre outras a do arcebispo Przyluski, segundo a qual vivem na Posnânia bem mais de 800 mil poloneses, e, subtraindo os judeus, funcionários e soldados, menos de 250 mil alemães.

Fiquemos, entretanto, com a alegação do sr. Stenzel. Ela é plenamente suficiente para nossos objetivos. Admitamos, para nos poupar de todo o debate decorrente, que vivam na Posnânia 420 mil alemães. Quem são esses alemães, que, incluindo os judeus, chegam a meio milhão?

Os eslavos são um povo predominantemente de agricultores, pouco apto para atividades urbanas, tal como eram possíveis até o momento em países eslavos. O comércio em seu primeiro e mais rude estágio, em que era ainda mero escambo, foi deixado aos mascates *judeus*. Quando a cultura e a população se ampliaram, quando a carência de atividades urbanas e concentração urbana se fez sentir, os *alemães* foram atraídos para as terras eslavas. Os alemães, que em geral alcançaram sua mais alta floração no acanhamento das cidades imperiais da Idade Média, no lento comércio interior realizado por caravanas e no comércio marítimo limitado, nas oficinas artesanais corporativas dos séculos XIV e XV, os alemães demonstraram sua vocação de ser os filisteus da história mundial, notadamente por serem até os dias de hoje o núcleo da pequena burguesia de toda a Europa ocidental e do norte, e mesmo da América. Em Petrogrado, Moscou, Varsóvia e Cracóvia, em Estocolmo e Copenhagen, em Pest, Odessa e Jassy, em Nova York e Filadélfia, os artesãos, retalhistas e pequenos intermediários são em grande parte, frequentemente na maioria, alemães ou descendentes de alemães. Em todas essas cida-

---

24 de julho de 1848 e publicado, com os debates subsequentes, nas "Atas estenográficas sobre as negociações da Assembleia Nacional Constituinte alemã de Frankfurt am Main", vol. 2, Leipzig, 1848.

[3] Engels refere-se à promessa feita várias vezes pelo rei Frederico Guilherme III de introduzir uma constituição na Prússia.

[4] No Congresso de Viena (18 de setembro de 1814 a 9 de junho de 1915), os vencedores de Napoleão I tentaram enriquecer às custas da França. O objetivo do congresso era o restabelecimento do sistema feudal-reacionário existente antes da Revolução Francesa, bem como das fronteiras da França de 1792. A Inglaterra recebeu todas as colônias francesas. A fragmentação da Alemanha, a divisão da Polônia e a submissão da Hungria foram mantidas.

des há bairros em que se fala exclusivamente alemão; algumas delas, como Pest, são até mesmo quase inteiramente alemãs.

Essa imigração alemã, particularmente para os países eslavos, ocorreu quase ininterruptamente desde os séculos XII e XIII. Além disso, desde a Reforma, em decorrência da perseguição às seitas, de tempos em tempos massas de alemães se refugiaram na Polônia, na qual foram recebidos de braços abertos. Em outros países eslavos, na Boêmia, Morávia etc., a população eslava foi dizimada por guerras de conquista alemãs, e a população alemã aumentou graças à invasão.

A situação é mais clara exatamente na Polônia. Os filisteus alemães que residem ali há séculos desde sempre se consideraram politicamente tão pouco alemães quanto os alemães na América do Norte, ou como a "colônia francesa" em Berlim ou os 15 mil franceses de Montevidéu consideram-se franceses. Eles se tornaram poloneses, tanto quanto isso era possível nos tempos descentralizados dos séculos XVII e XVIII, poloneses falantes de alemão, e há muito renunciaram completamente a todo laço com a pátria-mãe.

Mas eles levaram cultura, educação e ciência, comércio e negócios para a Polônia! – Certamente levaram para lá o pequeno comércio e o artesanato gremial; por seu consumo e o limitado intercâmbio que estabeleceram, elevaram em alguma medida a produção. Ainda não se ouvira falar muito de alta cultura e ciência em toda a Polônia até 1772, e desde então também não na Polônia austríaca e russa; da parte prussiana ainda falaremos mais detalhadamente. Em contrapartida, os alemães obstacularizaram a formação, na Polônia, de cidades polonesas com uma burguesia polonesa; dificultaram a centralização, o mais poderoso meio político para o rápido desenvolvimento de um país, graças a suas diferentes línguas, a seu isolamento da população polonesa, graças a seus inúmeros e diversos privilégios e sistemas judiciais municipais. Quase cada cidade tinha seu próprio direito, e nas cidades mistas, inclusive, frequentemente existiam e existem ainda direitos distintos para alemães, poloneses e judeus. Os alemães-poloneses permaneceram no mais baixo estágio da indústria; nem reuniram grandes capitais, nem souberam se apropriar da grande indústria, nem se apoderaram do sistema de comércio extensivo. Foi preciso que o inglês Cockerill viesse a Varsóvia para que a indústria pudesse criar raízes na Polônia. Comércio retalhista, artesanato e no máximo comércio de cereais e manufatura (tecelagem etc.) em escala limitada – eis toda a atividade dos alemães-poloneses. E entre os méritos dos alemães-poloneses não deve ser esquecido que eles importaram para a Polônia o filisteísmo, a estreiteza pequeno-burguesa alemã, e que reúnem em si as piores qualidades de ambas as nações, sem as boas.

O sr. Stenzel busca ativamente conquistar a simpatia dos alemães para os alemães-poloneses:

> Quando os reis [...] especialmente no século XVII se tornaram cada vez mais impotentes e não puderam mais de modo algum proteger os camponeses poloneses nativos contra a mais severa opressão da nobreza, decaíram também as aldeias e cidades alemãs, muitas

das quais passaram a pertencer à nobreza. Só as grandes cidades imperiais salvaram uma parte de sua antiga liberdade [leia-se: privilégios].

Acaso o sr. Stenzel pretende que os poloneses deveriam proteger melhor os "alemães" (leia-se: alemães-poloneses) (de resto também "nativos") do que a si mesmos? É bastante evidente que um estrangeiro emigrado para um país não pode exigir nada além de partilhar bons e maus dias com a população originária!

Tratemos agora dos benefícios que os poloneses têm de agradecer especialmente ao governo prussiano.

Em 1772 o distrito de Netz[5] foi roubado por Frederico II e nos anos seguintes o canal Bromberg foi implementado, possibilitando a navegação interior entre o Oder e o Vístula. "A região que foi disputada pela Polônia e pela Pomerânia durante séculos, largamente desolada por inúmeras devastações e por seus vastos pântanos [...], foi recuperada e povoada por numerosos colonos."

A primeira divisão da Polônia não foi, pois, um roubo. Frederico II apenas se apropriou de uma região "disputada há séculos". Mas desde quando não há mais uma Pomerânia independente, que *poderia* ter disputado essa região? Há quantos séculos de fato não era mais disputada aos poloneses? E de modo geral qual o sentido dessa enferrujada e apodrecida teoria das "disputas" e "exigências", que nos séculos XVII e XVIII era boa o bastante para recobrir a nudez dos interesses comerciais e anexionistas, qual seu sentido em 1848, quando todo direito e não-direito histórico perde o chão sob seus pés?

De resto, o sr. Stenzel deveria ponderar que, segundo essa doutrina exumada do fundo dos tempos, a fronteira renana entre a França e a Alemanha é "disputada há séculos" e as pretensões da Polônia quanto à suserania sobre a província da Prússia e mesmo sobre a Pomerânia poderiam ser válidas!

Basta. O distrito de Netz tornou-se prussiano e com isso deixou de estar "em disputa". Frederico II o fez colonizar por alemães, e desse modo nasceram os "*Irmãos Netz*", assim gloriosamente chamados no âmbito do caso da Posnânia. A germanização pelo Estado começou em 1773.

> *Segundo todos os dados confiáveis*, no grão-ducado os judeus são em geral alemães e *querem* sê-lo [...] A tolerância religiosa, que outrora predominava na Polônia, assim como muitas qualidades que faltam aos poloneses, deram há séculos aos judeus uma esfera de ação que penetrou profundamente na vida polonesa [a saber, na bolsa dos poloneses]. Em geral dominam as duas línguas, apesar de, em família, falarem *alemão*, e também com suas crianças desde a mais tenra idade.

A inesperada simpatia e reconhecimento que os judeus poloneses encontraram na Alemanha nos últimos tempos alcança aqui sua expressão oficial. Estigmatizados, até onde alcança a influência da feira de Leipzig, como a expressão consumada da avareza,

---

[5] Do nome do rio Netz.

da negociata e da sordidez, tornaram-se de repente irmãos alemães; o honesto Michel,[6] entre lágrimas de deleite, estreita-os em seus braços, e o sr. Stenzel, em nome da nação alemã, os reivindica como alemães, o que eles também *querem* ser.

E por que os judeus poloneses não deveriam ser autênticos alemães? "Em família, e também com suas crianças desde a mais tenra idade", eles não falam alemão? E que alemão, ainda por cima!

A propósito, chamamos a atenção do sr. Stenzel para o fato de que, desse modo, ele poderia reivindicar toda a Europa e metade da América, e mesmo uma parte da Ásia. Alemão é sabidamente a língua judaica universal. Em Nova York como em Constantinopla, em Petrogrado como em Paris, "os judeus, em família, falam alemão, e também com suas crianças desde a mais tenra idade", e em parte um alemão ainda mais clássico do que o dos judeus da Posnânia, "parentes" aliados dos Irmãos Netz.

O relatório continua a apresentar as relações de nacionalidade do modo mais vago possível, o mais favorável possível para o suposto meio milhão de alemães constituído por alemães-poloneses, Irmãos Netz e judeus. A propriedade fundiária dos camponeses alemães seria maior do que a dos camponeses poloneses (veremos como isso veio a ocorrer). Desde a primeira divisão da Polônia, o ódio entre poloneses e alemães, especialmente prussianos, teria aumentado até o paroxismo.

> Por meio da introdução de sua ordem política e administrativa regulada de modo especialmente rígido [que estilo!] e de sua aplicação rigorosa, a Prússia perturbou particularmente os velhos costumes e instituições tradicionais dos poloneses do modo mais sensível.

Não somente os poloneses, mas os demais prussianos e muito especialmente nós, renanos, poderíamos contar maravilhas sobre o quanto as medidas "rigidamente reguladas" e "rigorosamente aplicadas" da louvável burocracia prussiana "perturbaram" não somente os antigos costumes e instituições tradicionais, mas sim *toda* a vida *social*, a produção industrial e agrária, o comércio, a mineração, em suma, todas as relações sociais, sem exceção. Mas o sr. Stenzel não fala, aqui, da burocracia de 1807-1848, mas daquela de 1772-1806, dos funcionários do prussianismo obtuso mais autêntico, cuja vulgaridade, corrupção, cupidez e brutalidade vieram à tona tão nitidamente nas traições de 1806. Esses oficiais teriam protegido os camponeses poloneses contra a nobreza, e teriam colhido somente ingratidão; certamente os funcionários devem ter sentido "que nada, nem mesmo bens dados ou impostos, pode compensar a perda da autonomia nacional".

Também nós conhecemos o modo pelo qual os funcionários prussianos, mesmo nos últimos tempos, estavam acostumados a "tudo dar e impor". Não há um renano que não tenha lidado com funcionários velho-prussianos recentemente importados, que não tenha tido a oportunidade de se admirar dessa incomparável e impertinente abstrusão, dessa impudente intrusão, dessa unidade de estreiteza e infalibilidade, dessa grosseria

---

[6] Nome típico do alemão médio.

apodítica! Entre nós, sem dúvida, os senhores velho-prussianos logo perderam suas arestas mais rudes; eles não tinham à sua disposição Irmãos Netz, qualquer Inquisição secreta, nenhum Landrecht e nenhum açoite e, à falta deste, muitos morreram de desgosto. Mas não é preciso que nos descrevam a devastação que puderam fazer justamente na Polônia, onde, a fim de dar uma alegria a seu coração, puderam espancar e inquirir em segredo.

Basta dizer que a arbitrariedade prussiana soube se fazer tão amada que "logo depois da batalha de Jena, o ódio dos poloneses se manifestou em um levante geral e expulsão dos funcionários prussianos". Isto pôs um fim, ao menos provisoriamente, ao reinado do funcionalismo.

Mas em 1815 ele ressurgiu numa figura um tanto modificada. O "excelente" funcionalismo "reformado", "ilustrado", "incorruptível" tentou sua sorte junto a esses refratários poloneses.

> Mesmo a instauração do Grão-Ducado da Posnânia não pôde conduzir a um bom relacionamento, pois [...] à época foi impossível ao rei da Prússia concordar em ter uma província isolada organizada de modo inteiramente autônomo e fazer de seu Estado, em certa medida, um Estado federal.

Portanto, segundo o sr. Stenzel, ao rei da Prússa foi "impossível concordar em" manter suas próprias promessas e o Tratado de Viena!![7]

> Quando, em 1830, as simpatias da nobreza polonesa pela insurreição em Varsóvia[8] causaram preocupação, foram feitos esforços sistemáticos sobretudo para afastar cada vez mais completamente a nobreza polonesa, mediante vários arranjos [!], especificamente mediante a compra, fragmentação e distribuição dos domínios fundiários feudais poloneses aos alemães; desde então, aumentou o ressentimento daqueles contra os prussianos.

"Mediante vários arranjos"! Mediante a proibição de vender a poloneses parcelas de terra levadas em leilão e outras medidas desse tipo, que o sr. Stenzel cobre com o manto do amor.

O que diriam os renanos se o governo prussiano tivesse igualmente proibido, aqui, vender aos renanos parcelas de terra postas à venda por ordem judicial! Haveria pretextos suficientes para isso: amalgamar a população das velhas e novas províncias; permitir que os nativos das velhas províncias partilhassem do bem-estar do parcelamento e da legislação

---

[7] Nos tratados assinados pela Rússia, pela Prússia e pela Áustria em Viena em 3 de maio de 1815, assim como no documento de conclusão do Congresso de Viena, de 9 de junho de 1815, estava incluso o compromisso de criar em todas as províncias polonesas representações populares e instituições estatais nacionais. Na Posnânia foi convocada uma Assembleia estamental, com funções consultivas.

[8] Em novembro de 1830 irrompeu em Varsóvia uma insurreição contra o domínio tsarista que envolveu muitos camponeses, que esperavam alcançar, com a libertação nacional, também a social e econômica. No entanto, a direção da insurreição ficou nas mãos da nobreza polonesa, que não pensava em libertar os camponeses e lhes dar terras, mas sim somente assegurar seus direitos existentes contra o tsar. O campo democrático, sob direção do historiador polonês Joachin Lelewel, era frágil demais para conseguir se impor. "A insurreição de 1830 não foi nem uma revolução nacional (ela excluiu três quartos da Polônia) nem uma revolução social ou política: ela não mudou nada na situação do povo no interior; foi uma revolução conservadora" (Engels). Para esmagar a insurreição, em fins de janeiro de 1831 o tsar Nicolau I começou a guerra contra a Polônia, que terminou em 7 de setembro de 1831 com a queda de Varsóvia. Durante a insurreição, o domínio tsarista se manteve na Polônia e disposto a intervir contra a revolução na Europa ocidental.

prussiana; incentivar os renanos a introduzir sua indústria também nas velhas províncias por meio da migração etc. Motivos suficientes para também agradecermos os "colonos" prussianos! Como consideraríamos uma população que comprasse nossas terras por um preço irrisório, excluída a concorrência, e além disso ainda fosse apoiada pelo Estado; uma população que fosse expressamente imposta a nós com o objetivo de nos aclimatar aos transportes de entusiasmo com Deus, pelo rei e pela Pátria?[9]

E, no entanto, somos alemães, falamos a mesma língua das velhas províncias. Mas na Posnânia esses colonos foram sistematicamente enviados, com inexorável regularidade, aos domínios, às florestas, às propriedades senhoriais parceladas polonesas, a fim de expulsar de sua própria terra os poloneses nativos e sua língua, e formar uma província autenticamente prussiana, que superasse a própria Pomerânia em fanatismo alvinegro.

E para não deixar os camponeses prussianos na Polônia sem superiores naturais, foi-lhes enviada a flor da cavalaria prussiana, um *Tresckow*, um *Lüttichau*, que também compraram ali domínios senhoriais por preços irrisórios e com empréstimos estatais. De fato, depois da insurreição polonesa de 1846 constituiu-se toda uma sociedade por ações em Berlim, sob a honorável proteção de altas, altíssimas e ainda mais altas personalidades, que tinha por objetivo comprar propriedades polonesas para cavaleiros alemães. Os vorazes devoradores da nobreza da Marca e da Pomerânia previram que o processo polonês arruinaria muitos proprietários fundiários poloneses, que logo suas propriedades seriam liquidadas a preços irrisórios. Que pasto encontrado para tantos Dom Ranudo da Uckermark afogados em dívidas! Uma bela propriedade senhorial a preço irrisório, camponeses poloneses para espancar, e ainda por cima o mérito de ter servido ao rei e à pátria – que perspectiva brilhante!

Assim nasceu a terceira imigração alemã para a Polônia: camponeses prussianos e nobreza prussiana que se fixaram por toda parte na Posnânia e que, apoiados pelo governo, vieram com a intenção pública não de germanizar, mas de *pomeronizar*. Os cidadãos alemães-poloneses tinham a desculpa de haver contribuído minimamente para a promoção do comércio, os Irmãos Netz podiam se vangloriar de ter tornado cultiváveis alguns pântanos, mas a essa última invasão prussiana faltava qualquer pretexto. Não introduziram de modo consequente nem sequer o parcelamento; a nobreza prussiana seguiu de perto os passos dos camponeses prussianos.

NGR, n. 73, 12/8/1848

Colônia, 11 de agosto. Investigamos no primeiro artigo os "fundamentos históricos" do relatório de Stenzel, na medida em que ele aborda a situação da Posnânia antes da

---

[9] Num decreto de Frederico Guilherme III, de 17 de março de 1813, sobre a organização da Landwehr constava: "Todo membro da Landwehr será assinalado como tal por meio de uma cruz de metal branco com a inscrição 'Com Deus, pelo rei e pela Pátria'".

revolução. Hoje abordamos a história da revolução e da contrarrevolução na Posnânia apresentada pelo sr. Stenzel.

"O povo alemão, sempre pleno de compaixão por toda infelicidade" (desde que a compaixão nada custe), "sempre sentiu profundamente a grande injustiça que foi cometida por seus príncipes contra a Polônia."

De fato, "profundamente sentida" no tranquilo coração alemão, onde os sentimentos se assentam tão "profundamente" que nunca irrompem em ações! "Compaixão", certamente, manifestada por algumas esmolas em 1831, por banquetes e bailes em apoio aos poloneses, enquanto se tratou de dançar, beber *champagne* e cantar para o bem deles: "A Polônia ainda não está perdida!".[10] Mas quando os alemães se dispuseram a fazer realmente algo sério, a realmente oferecer por uma vez um sacrifício?

"Os alemães estenderam honesta e fraternalmente sua mão, para expiar o que seus príncipes haviam cometido."

Se frases emocionadas e tagarelices indolentes pudessem "expiar" alguma coisa, certamente nenhum povo se manteria tão puro na história como os próprios alemães.

> Mas no mesmo momento em que os poloneses apertavam as mãos [isto é, as mãos fraternalmente oferecidas], também já se separavam os interesses e objetivos de ambas as nações. Os poloneses pensavam apenas no restabelecimento de seu antigo reino, recuperando ao menos as fronteiras anteriores à primeira divisão, em 1772.

Realmente, só o entusiasmo irrefletido, confuso e aéreo, que desde sempre foi um traço central do caráter nacional alemão, pode explicar que os alemães tenham sido surpreendidos pela reivindicação polonesa! Os alemães pretendiam *"expiar"* a injustiça cometida contra os poloneses. O que originou essa injustiça? Para não falar de traições anteriores, com certeza a primeira divisão de 1772. Como esta poderia ser "expiada"? Obviamente só se o *status quo anterior* a 1772 fosse restabelecido, ou ao menos se os alemães restituíssem aos poloneses o que *eles* haviam roubado deles desde 1772. Mas isso contraditava o interesse dos alemães? Bem, se vamos falar de interesses, então não se trata mais absolutamente de sentimentalismos a respeito de "expiação" etc., então falemos a linguagem da fria e insensível práxis e economizemos as frases grandiloquentes e sentimentos magnânimos.

Ademais, em primeiro lugar os poloneses não "pensaram" de modo algum *"apenas"* no restabelecimento da Polônia de 1772. De resto, interessa-nos muito pouco em que os poloneses *"pensaram"*. Eles *reivindicaram* por enquanto apenas a reorganização de *toda* a Posnânia e mencionaram outras eventualidades apenas no caso de uma guerra teuto--polonesa contra a Rússia.

Segundo, "os interesses e objetivos de ambas as nações se separam" somente se os "interesses e objetivos" da Alemanha revolucionada permanecerem exatamente os mes-

---

[10] Verso do hino nacional polonês, composto por Joseph Wybicki em 1797 a partir da Marcha de Dombrowski.

mos, no campo do direito internacional, que os da velha Alemanha absolutista. Se for "interesse e objetivo" da Alemanha a aliança com a Rússia, ao menos a paz a qualquer preço com a Rússia, na Polônia com certeza tudo permanecerá como antes. Mas veremos mais tarde como os *verdadeiros* interesses da Alemanha são idênticos aos da Polônia.

Segue-se uma passagem longa, confusa e desconexa, na qual o sr. Stenzel discorre sobre como os alemães-poloneses tinham razão quando pretendiam decerto fazer justiça à Polônia, mas, ao mesmo tempo, permanecer prussianos e alemães. Que o "decerto" impossibilite o "mas" e o "mas" impossibilite o "decerto" naturalmente não ocorre ao sr. Stenzel.

Em seguida vem uma narrativa histórica igualmente longa e confusa, com a qual o sr. Stenzel procura provar detalhadamente que, dados os "interesses e objetivos divergentes de ambas as nações", dada a sempre crescente hostilidade mútua daí decorrente, um confronto sangrento era *inevitável*. Os alemães se aferravam ao interesse "*nacional*", os poloneses ao interesse meramente "*territorial*". Isto é, os alemães exigiam a divisão do grão-ducado segundo as nacionalidades, os poloneses queriam todo seu antigo território para si.

Novamente, isso não é verdade. Os poloneses exigem a reorganização, mas, ao mesmo tempo, declararam que estariam perfeitamente de acordo com a cessão dos distritos fronteiriços mistos, onde a maioria fosse alemã e *quisesse* ser anexada à Alemanha. Mas os habitantes, entretanto, não deveriam ser considerados alemães ou poloneses conforme o arbítrio dos *funcionários* prussianos, mas conforme sua *própria* vontade.

A missão Willisen, continua o sr. Stenzel, tinha naturalmente de fracassar graças à (suposta, porém inexistente) resistência dos poloneses à cessão dos distritos predominantemente alemães. As declarações de Willisen sobre os poloneses e as dos poloneses sobre Willisen estavam à disposição do sr. Stenzel. Essas declarações *impressas* demonstram o contrário. Mas isso decorre de o sr. Stenzel ser, como ele próprio diz, "um homem que há muitos anos se ocupa com a história e tornou seu dever não dizer nenhuma inverdade e não ocultar nenhuma verdade"!

Com a mesma boa-fé que não oculta nenhuma verdade, o sr. Stenzel omite tranquilamente, sem mencionar uma palavra sequer, o canibalismo perpetrado na Posnânia, a vergonhosa violação da Convenção de Jaroslawiec,[11] a carnificina de Trzemeszno, Miloslaw e Wreschen, a devastadora fúria de uma soldadesca digna da Guerra dos Trinta Anos.[12]

---

[11] A Convenção de Jaroslawiec foi concluída em 11 de abril de 1848 entre o Comitê Posnano e o Comissário Geral prussiano general Willisen. Esse acordo previa o desarmamento e a extinção dos departamentos poloneses insurretos. Em contrapartida foi assegurado aos poloneses a "reorganização nacional" da Posnânia, isto é, a inclusão da Polônia no âmbito administrativo e outros e a incorporação da língua polonesa como língua oficial. No entanto, a Convenção foi traiçoeiramente infringida pelas autoridades prussianas; uma vez efetivada a conciliação com os insurretos, as tropas prussianas acertaram contas cruelmente com o movimento de libertação nacional na Posnânia.

[12] Em uma "Pró-memória sobre a projetada incorporação do grão-ducado da Posnânia à Alemanha, com anexos comprobatórios na Comissão de Direito Internacional da Assembleia Nacional Alemã dos abaixo-assinados

O sr. Stenzel chega agora à recente quarta divisão da Polônia pelo governo prussiano. Primeiro, foram arrebatados o distrito Netz junto de quatro outros distritos (14 de abril); a esses acrescentam-se ainda algumas partes de outros distritos, que, junto a uma população de 593.390 cabeças, foram incorporados à Confederação Alemã (22 de abril). Então adicionou-se a cidade e fortaleza da Posnânia, junto ao resto da margem esquerda do Varta – mais 273.500 almas, portanto um total que é *mais do que o dobro* dos alemães que vivem em toda a Posnânia, mesmo segundo as estimativas *prussianas*. Isso se realizou mediante a ordem ministerial de 26 de abril,[13] e já em 2 de maio foi efetuada a admissão na Confederação Alemã. Agora o sr. Stenzel suplica à Assembleia que é absolutamente necessário que a Posnânia permaneça em mãos alemãs, que a Posnânia é uma fortaleza importante e poderosa, em que vivem mais de 20 mil alemães (a maioria dos quais judeus poloneses), aos quais pertencem ⅔ de todas as propriedades fundiárias etc. Que a Posnânia se localize em meio a terras puramente polonesas, que tenha sido germanizada pela violência e que os judeus poloneses não sejam alemães, isto é totalmente indiferente para quem "nunca relata inverdades e nunca esconde verdades", para historiadores da força de um sr. Stenzel!

Em resumo, por motivos militares não se deveria deixar a Posnânia escapar por entre os dedos. Como se não fosse possível arrasar essa fortaleza que, segundo Willisen, é um dos maiores erros *estratégicos*, e, em contrapartida, fortificar Breslau. Mas foram investidos 10 milhões (o que, diga-se de passagem, mais uma vez não é verdade, no máximo 5 milhões), e é naturalmente mais vantajoso conservar essa cara obra-prima e ainda mais 20-30 milhas quadradas de terras polonesas.

Mas, uma vez garantida a "cidade e fortaleza" da Posnânia, oferece-se a mais natural oportunidade de açambarcar ainda mais. "Mas para defender a fortaleza, será necessário assegurar também os acessos a ela por Glogau, Küstrin e Thorn, bem como um distrito fortificado contra o leste" (que precisa ter somente de 1 a 2 mil passos, como o de Maestricht contra a Bélgica e Limburg). "Desse modo", prossegue sorrindo o sr. Stenzel, "será simultaneamente defendida a posse incontestada do canal Bromberg, mas também

---

legítmos deputados com plenos poderes do Comitê Nacional polonês", constava: "Os grandes proprietários de terras, sacerdotes e professores não estão mais seguros de suas vidas e fogem para o exterior ou se escondem nas florestas; as igrejas católicas são profanadas e saqueadas por rudes excessos de uma soldadesca irada [...] O governo de Bromberg permite, sem levar em conta a pessoa, que os poloneses seriam flagelados com 25-30 pancadas; inúmeras prisões são feitas; segundo o comunicado do general Von Steinnäcker de 31 de maio de 1848, os aprisionados são privados de qualquer assistência de seus familiares, mesmo em comida e roupas. Os soldados surram os poloneses com varas, coronhas e sabres até a morte, saqueiam e destroem suas residências; o comissário real denuncia ao linchamento falsas listas de dirigentes poloneses da insurreição e incita à denúncia com prêmios em dinheiro – os poloneses são, em uma palavra, proscritos na terra de seus ancestrais! Eis a famosa pacificação do grão-ducado da Posnânia; eis o que se considera efetivar a reorganização nacional de nossa pátria!!!" (publicado em Brodowski, Kraszewski, Potworowski. *Zur Beurtheilung der polnischen Frage im Großherzogthum Posen im Jahre 1848*. Berlin, 1848).

[13] Na *Nova Gazeta Renana*, consta equivocadamente 29 de abril.

deverão ser incorporadas à Confederação Alemã numerosas zonas, nas quais predomina a população polonesa."

Por todos esses motivos, portanto, também o conhecido filantropo Pfuel, da pedra infernal, empreendeu duas novas divisões da Polônia que satisfarão todos os desejos do sr. Stenzel e anexarão à Alemanha três quartos de todo o grão-ducado. O sr. Stenzel reconhece esse procedimento com tanto mais gratidão quanto ele, o historiador, pode ver claramente, nessa renovação potencializada da Câmara de Reunião de Luís XIV,[14] que os alemães aprenderam a se valer das lições da história.

Os poloneses, pensa o sr. Stenzel, devem se consolar com o fato de que sua parcela é mais fértil do que a área incorporada, que têm muito menos propriedade territorial do que os alemães e que "nenhum observador imparcial negará que será muito mais tolerável ao agricultor polonês se submeter a um governo alemão do que ao alemão se submeter a um governo polonês"!! A história oferece provas curiosas disso.

Finalmente, o sr. Stenzel assevera aos poloneses que mesmo a pequena parcela que lhes restou lhes será suficiente para, exercitando todas as virtudes burguesas,

> se prepararem dignamente para o momento que o futuro ainda lhes oculta e que eles, de modo bastante desculpável, procuram precipitar talvez por demais impulsivamente. 'Há', assevera muito pertinentemente um de seus mais esclarecidos concidadãos, 'uma coroa que também é digna de estimular vossa ambição, é a *coroa cívica*!' Um alemão poderia acrescentar: Ela não brilha, mas é sólida!

"Ela é sólida!" Mas ainda mais "sólidos" são os verdadeiros motivos da recente quarta divisão da Polônia pelo governo prussiano.

Honrado alemão! Você acredita que as divisões foram consumadas para salvar seus irmãos alemães do domínio polonês? Para lhe assegurar, na fortaleza da Posnânia, um baluarte contra qualquer ataque? Para salvaguardar as estradas de Küstrin, Glogau e Bromberg, e o canal de Netz? Que ilusão!

Você foi vergonhosamente enganado. As novas divisões da Polônia foram feitas por um único motivo: *atulhar os caixas do Estado prussiano*.

As primeiras divisões da Polônia, até 1815, foram anexações territoriais à mão armada, as divisões de 1848 são um *roubo*.

E agora, honrado alemão, veja como te enganaram!

Depois da terceira divisão da Polônia, Frederico Guilherme II confiscou os bens pertencentes aos *starostes*[15] poloneses e ao clero católico em favor do Estado. Os bens da igreja, especialmente, constituíam "uma parte muito considerável de toda a propriedade territorial", como diz a própria Declaração de Apropriação de 28 de julho de 1796. Esses

---

[14] Nos anos 1679 a 1680, tribunal que fundamentava jurídica e historicamente as reivindicações da França sobre essa ou aquela parte dos estados vizinhos, sobretudo na margem esquerda do Reno, e as deveria apresentar como legítimas. Com base no julgamento da Câmara de Reuniões, essas regiões eram ocupadas pelas tropas francesas e anexadas à França.

[15] *Starost* – antigamente, nobre polonês que recebia um feudo da Coroa.

novos domínios foram administrados em favor da contabilidade real ou arrendados e eram tão amplos que, para sua administração, precisaram ser criados 34 departamentos de administração rural e 21 divisões florestais. A esses domínios estavam subordinados muitos povoados; por exemplo, aos dez departamentos do distrito governamental de Bromberg subordinavam-se no total 636, e apenas ao departamento de administração rural de Molgino, 127 povoados.

Além disso, em 1796, Frederico Guilherme II confiscou os bens e florestas do convento de Owinsk e os vendeu ao comerciante von Tresckow (antepassado do valente chefe de gangue Tresckow, da última guerra heroica);[16] esses bens consistiam em 24 povoados com moinhos e 20 mil *morgen* de florestas, no valor de ao menos 1 milhão de táleres.

Além do mais, os departamentos de administração rural de Krotoschin, Rozdrazewo, Orpiszeso e Adelnau, no valor de ao menos 2 milhões de táleres, foram concedidos ao príncipe Thurn und Taxis como compensação pelos privilégios de correio em muitas províncias cedidas à Prússia.[17]

Frederico Guilherme II assumiu todos esses bens sob o pretexto de os administrar melhor. Não obstante esses bens, propriedades da nação polonesa, foram presenteados, cedidos, vendidos, e o dinheiro obtido fluiu para o Tesouro *prussiano*.

Os departamentos de administração rural de Gnesen, Skorzencin e Trzemeszno foram parcelados e alienados.

Ainda restam, portanto, 27 departamentos de administração rural e divisões florestais, valendo no mínimo *20 milhões de táleres*, nas mãos do governo prussiano. Temos condições de demonstrar, com o mapa em mãos, que todos esses domínios e florestas estão – com muito poucas ou mesmo nenhuma exceção – nas partes anexadas da Posnânia. Para salvar esse rico tesouro de qualquer retorno à nação polonesa, ele devia ser incorporado à Confederação Alemã; e como ele não pode vir para a Confederação Alemã, a Confederação Alemã deve ir a ele, e ¾ da Posnânia são anexados.

Eis o verdadeiro motivo das quatro famosas divisões da Polônia em dois meses. Não foram as reclamações desta ou daquela nacionalidade, não foram supostos motivos estratégicos que decidiram: a fronteira foi determinada exclusivamente pela situação dos domínios, pela ganância do governo prussiano.

Enquanto os cidadãos alemães choram lágrimas de sangue pelos sofrimentos inventados de seus pobres irmãos na Posnânia, enquanto se entusiasmam pela segurança da Marca oriental alemã, enquanto se deixam enfurecer contra os poloneses por relatos mentirosos de barbaridades cometidas por eles, o governo prussiano opera em total silêncio e traz suas ovelhas para o redil. O entusiasmo alemão infundado e sem objetivo serviu apenas para acobertar a ação mais repugnante da história moderna.

---

[16] Alusão irônica à Guerra contra a Dinamarca pelo Schleswig-Holstein.

[17] Em 1494 a família de Thurn und Taxis recebeu o direito hereditário de organizar o correio. Ela o exerceu até 1867, data na qual o cedeu definitivamente à Prússia. Por isso os selos alemães com a efígie dessa família.

Assim, honrado alemão, você foi engabelado por seus ministros responsáveis!

Mas, de fato, você devia ter sabido de antemão. Onde o sr. Hansemann está envolvido, jamais se trata de nacionalidade alemã, necessidade militar e outras semelhantes frases vazias, mas sempre de pagamento à vista e lucro líquido.

NGR, n. 81, 20/8/1848

Colônia, 19 de agosto. Examinamos detalhadamente o relatório do sr. Stenzel, a base do debate. Comprovamos como ele falsifica a história antiga e moderna da Polônia e dos alemães na Polônia, como embaralha toda a questão, como o historiador Stenzel se tornou culpado não somente de falsificação intencional, mas também de crassa ignorância.

Antes de entrarmos no próprio debate, precisamos dar mais uma olhada na questão polonesa.

Tomada em si mesma, a questão da Posnânia não tem qualquer sentido, nem possibilidade de solução. Ela é um fragmento da questão polonesa, e somente nesta e com esta pode ser resolvida. A fronteira entre a Alemanha e a Polônia só pode ser determinada se a Polônia voltar a existir.

Mas a Polônia pode e voltará novamente a existir? No debate, isto foi negado.

Um historiador francês disse: *Il y a des peuples nécessaires* – há *povos necessários*. A Polônia faz parte, indubitavelmente, destes povos necessários no século XIX.

Mas a existência nacional da Polônia não é tão necessária a ninguém quanto justamente a nós alemães.

Em que se alicerça em primeiro lugar o poder da reação na Europa desde 1815 e mesmo, em parte, desde a primeira revolução francesa? Na *Santa Aliança* russo-prussiano-austríaca. E o que sustenta essa Santa Aliança? A *divisão da Polônia*, da qual todos os três aliados tiram proveito.

A cisão que os três poderes fazem na Polônia é o elo que os liga uns aos outros: o roubo comum os tornou solidários uns aos outros.

Desde o momento em que foi cometido o primeiro roubo contra os poloneses, a Alemanha caiu sob a dependência da Rússia. A Rússia ordenou à Prússia e à Áustria que permanecessem monarquias absolutas, e a Prússia e a Áustria tiveram de obedecer. Os já antes sonolentos e tímidos esforços, especialmente da burguesia prussiana, de conquistar a dominação fracassaram completamente em face da impossibilidade de se desembaraçar da Rússia, em face do apoio que a Rússia ofereceu às classes feudal-absolutistas na Prússia.

Além disso, desde a primeira tentativa de opressão dos aliados, os poloneses desencadearam não apenas uma luta insurrecional por sua independência, mas ao mesmo tempo *uma ação revolucionária* contra suas próprias condições sociais internas.

A divisão da Polônia foi efetivada por meio da aliança entre a grande aristocracia feudal na Polônia e os três poderes que a dividiram. Ela não foi um progresso, como o ex-poeta sr. Jordan afirma, e sim o último meio para a grande aristocracia se salvar de uma revolução, ela foi inteiramente reacionária.

A consequência perfeitamente natural já da primeira divisão foi uma aliança entre as classes restantes, isto é, a nobreza, a burguesia das cidades e em parte os camponeses, contra os opressores da Polônia e contra a grande aristocracia do próprio país. A Constituição de 1791 demonstra que já então os poloneses entendiam que sua independência em relação ao exterior estava indissoluvelmente ligada à queda da aristocracia e à reforma agrária no interior.[18]

Os grandes países agrários entre o Báltico e o mar Negro só podem se salvar da barbárie patriarcal-feudal com uma revolução agrária que transforme os camponeses servis ou submetidos à corveia em livres proprietários de terras, uma revolução inteiramente similar à Revolução Francesa no campo. A nação polonesa tem o mérito de ter sido a primeira a proclamar isso entre os povos agrários seus vizinhos. A primeira tentativa de reforma foi a constituição de 1791; na insurreição de 1830, Lelewel declarou que a revolução agrária era o único meio para a salvação do país, mas a Dieta só o reconheceu tarde demais; nas insurreições de 1846 e 1848 ela foi abertamente proclamada.

Desde o primeiro dia de sua sujeição, os poloneses se manifestaram revolucionariamente e assim acorrentaram ainda mais solidamente seus opressores à contrarrevolução. Obrigaram seus opressores a sustentar a situação patriarcal-feudal não somente na Polônia como também em todos os seus países. E especialmente desde a insurreição de Cracóvia de 1846, a luta pela independência da Polônia é ao mesmo tempo a luta da *democracia agrária* – a única possível no leste da Europa – contra o *absolutismo patriarcal-feudal*.

Portanto, enquanto ajudarmos a oprimir a Polônia, enquanto anexarmos uma parte da Polônia à Alemanha, enquanto permanecermos encadeados à Rússia e à política russa, não poderemos aniquilar o absolutismo patriarcal-feudal entre nós. A criação de uma Polônia democrática é a condição primordial para a criação de uma Alemanha democrática.

Mas, além de ser necessária, a restauração da Polônia e a regulamentação de sua fronteira com a Alemanha é de longe a mais fácil de resolver entre todas as questões políticas postas desde a revolução no leste da Europa. As lutas por independência dos povos de todas as nacionalidades, que ao sul dos Cárpatos são muito variegadas, custarão

---

[18] A Constituição polonesa de 3 de maio de 1791 exprimiu os esforços da parcela progressista da nobreza polonesa e da burguesia urbana; ela suprimiu o *liberum veto* (o princípio da unanimidade nas decisões do Sejms) e a elegibilidade do rei e introduziu um governo responsável perante o Sejm. A Constituição proclamava a independência das cidades em relação à tutela feudal e a igualdade jurídica do campesinato com todos os demais cidadãos do Estado polonês. A Constituição não trazia a libertação econômica dos camponeses, mas mitigava as relações de servidão ao reconhecer força de lei aos contratos de resgate entre grandes proprietários territoriais e camponeses como incondicionalmente obrigatórios, e ao colocar esses contratos sob o controle do Estado. Aquela constituição limitava muito o poder da aristocracia, se contrapunha à anarquia feudal e consolidava o poder central. Depois da constituição da república francesa, era a mais progressista da Europa. Mas já nos anos 1792-1793 a Constituição polonesa foi novamente eliminada por intervenção de Catarina II da Rússia, aliada à aristocracia polonesa e auxiliada pela Prússia, que assim traiu seus aliados poloneses, com os quais havia concluído um tratado em 1790.

muito mais sangue, confusão e guerra civil do que a luta pela independência da Polônia e a fixação das fronteiras entre a Alemanha e a Polônia.

É evidente que não se trata da criação de uma Polônia fictícia, mas da criação de um Estado sobre fundamentos viáveis. A Polônia precisa ter ao menos a extensão de 1772, precisa possuir não somente os territórios, mas também os estuários de seus grandes rios e precisa ter ao menos uma longa costa no mar Bático.

Tudo isso a Alemanha podia ter-lhe garantido e ainda assim assegurado seus interesses e sua honra se, depois da revolução, tivesse tido a coragem, em seu próprio interesse, de exigir com armas na mão que a Rússia devolvesse a Polônia. Dada a mistura de alemães e poloneses nas regiões fronteiriças e especialmente ao longo da costa, é evidente que ambas as partes teriam de fazer concessões mútuas, que alguns alemães teriam se tornado poloneses e alguns poloneses, alemães, mas isso não teria criado nenhuma dificuldade.

Entretanto, depois da meia-revolução alemã, faltou coragem para atuar tão resolutamente. Ouviram-se discursos pomposos sobre a libertação da Polônia, boas-vindas a poloneses de passagem pelas estações ferroviárias e oferecimento das ardentes simpatias do povo alemão (e a quem elas ainda não foram oferecidas?); mas começar uma guerra contra a Rússia, que colocaria em xeque todo o equilíbrio europeu, e, para completar, abrir mão de alguns pedaços do território roubado – bem, só quem não conhece os alemães esperaria isso!

E o que significava a guerra contra a Rússia? A guerra contra a Rússia significava a efetiva, aberta e consumada ruptura com todo nosso vergonhoso passado, significava a verdadeira libertação e unificação da Alemanha, significava a instauração da democracia sobre os escombros da feudalidade e do breve sonho de domínio da burguesia. A guerra contra a Rússia era o único caminho possível para salvar nossa honra e nossos interesses perante nossos vizinhos eslavos e especialmente perante os poloneses.

Mas nós éramos filisteus e permanecemos filisteus. Fizemos duas dúzias de pequenas e grandes revoluções, diante das quais nos amedrontamos mesmo antes de elas terem se consumado. Depois de termos falado muito, não realizamos absolutamente nada. Em vez de alargar nosso horizonte, a revolução o estreitou. Todas as questões foram tratadas com o filisteísmo mais covarde, mais obtuso, mais mesquinho, e desse modo naturalmente nossos interesses reais foram de novo comprometidos. Do ponto de vista desse filisteísmo tacanho, também foi reduzida a grande questão da emancipação da Polônia à vasqueira frase da reorganização de uma parte da província da Posnânia, e nosso entusiasmo pela Polônia se transformou em granadas e pedra infernal.

A única possibilidade, a única solução que teria salvaguardado a honra da Alemanha e os interesses da Alemanha era, repetimos, a guerra contra a Rússia. Ninguém a ousou, e o inevitável aconteceu: a soldadesca da reação, vencida em Berlim, ergueu novamente a cabeça na Posnânia; sob a aparência de salvar a honra e a nacionalidade alemãs, ela plantou a bandeira da contrarrevolução e esmagou os poloneses revolucionários, nossos aliados – e por um momento a Alemanha enganada aplaudiu jubilosamente seus inimigos vitoriosos. A nova divisão da Polônia foi consumada, e só lhe faltava ainda a sanção da Assembleia Nacional Alemã.

A Assembleia de Frankfurt ainda dispunha de uma via possível para reparar a situação: deveria ter excluído toda a Posnânia da Confederação Alemã e declarado a questão da fronteira em aberto, até que fosse possível tratar *d'égal à égal*[19] com a Polônia reconstituída.

Mas isso teria sido exigir demais de nossos professores, advogados e pastores frankfurtianos da Assembleia Nacional! A tentação era grande demais: eles, cidadãos pacatos, que jamais haviam disparado um só tiro, poderiam, levantando-se ou permanecendo sentados, conquistar para a Alemanha um território de 500 milhas quadradas, anexar 800 mil irmãos Netz, alemães-poloneses, judeus e poloneses, embora às custas da honra e dos interesses reais e permanentes da Alemanha – que tentação! Eles sucumbiram a ela, ratificaram a divisão da Polônia.

Por quais motivos, veremos amanhã.

NGR, n. 82, 22/8/1848

Colônia, 21 de agosto. Deixemos de lado a questão preliminar sobre se os deputados posnanos deveriam participar do debate e votar, e vamos direto ao debate sobre a questão principal.

O sr. *Stenzel*, relator, abriu-o com um discurso assustadoramente confuso e prolixo. Ele se apresenta como historiador e homem meticuloso, fala de fortalezas e trincheiras, céu e inferno, simpatias e corações alemães; volta ao século XI para demonstrar que a nobreza polonesa sempre oprimiu os camponeses; usa uns poucos dados da história polonesa como pretexto para uma torrente sem fim dos mais triviais lugares-comuns sobre nobreza, camponeses, cidades, benefícios da monarquia absoluta etc.; justifica a divisão da Polônia em linguagem rude e embaralhada; expõe as determinações da Constituição de 3 de maio de 1791 de um modo tão confuso que aqueles que até então não a conheciam, agora sabem menos ainda do que se trata; ele pretendia falar ainda do grão-ducado de Varsóvia quando foi interrompido pelo grito de "Isso já é demais!" e pelo presidente.

O grande historiador, lançado em completa confusão, continua com as seguintes palavras tocantes:

> Serei breve. A questão é: o que pretendemos fazer. Essa questão é totalmente natural [*sic!*]. A nobreza pretende restaurar o império. Ela afirma que isso é democrático. Não duvido que pense assim honestamente. Só que, meus senhores, é natural [!] que muitos estamentos acalentem grandes ilusões. Acredito plenamente na sinceridade, mas se príncipes e condes devem se juntar ao povo, não sei como a fusão acontecerá [e em que isso concerne ao sr. Stenzel?]. Na Polônia isso é impossível etc.

---

[19] De igual para igual.

O sr. Stenzel fala como se na Polônia nobreza e aristocracia fossem absolutamente idênticas. A *Histoire de Pologne*, de Lelewel, que ele próprio citou, o *Débat entre la revolution et la contrerevolution en Pologne*, de Mieroslawski, e muitas outras publicações recentes poderiam instruir melhor o "homem que se ocupa da história há anos". A maioria dos "príncipes e condes", dos quais o sr. Stenzel fala, são justamente aqueles contra os quais a própria democracia polonesa combate.

É preciso, portanto, pensa o sr. Stenzel, derrubar a nobreza com suas ilusões e fundar uma Polônia para os camponeses (anexando uma parte após outra da Polônia à Alemanha). "Em vez disso, ofereçam a mão aos camponeses pobres, para que eles prosperem, para que eles talvez [!] consigam instaurar uma Polônia livre, mas não somente instaurar como também sustentar. Este, meus senhores, é o ponto central!"

E sob as jubilosas exclamações de "Bravo!" e "Muito bem!" dos peroradores nacionais do centro,[20] o historiador embriagado pela vitória deixa a tribuna. Descrever a nova divisão da Polônia como um benefício para os camponeses poloneses, essa surpreendente inversão absurda tinha certamente de comover até às lágrimas a massa bondosa e filantropa reunida no centro da Assembleia!

Segue-se o sr. *Goeden*, de *Krotoszyn*, um alemão-polonês da mais pura água. Depois dele se apresenta o sr. *Senff*, de *Inowroclaw*, um belo exemplo de irmão Netz, sem qualquer jaça, que se inscrevera para falar contra a moção do Comitê, mas fala a favor dela, de modo que um orador contrário à moção perdeu sua vez de falar.

O modo como os senhores irmãos Netz se comportam aqui é a mais divertida comédia do mundo, e mostra mais uma vez do que um autêntico prussiano é capaz. Todos sabemos que os intrigantes e gananciosos judeus-prussianos da Posnânia combateram os poloneses na mais íntima harmonia com a burocracia, com os oficiais monarquistas prussianos e com os *junkers* brandenburgueses e pomeranos, em resumo, com tudo o que era reacionário, velho-prussiano. A traição à Polônia foi a primeira sublevação da contrarrevolução e ninguém era mais contrarrevolucionário do que justamente os senhores irmãos Netz.

E agora vejamos como aqui em Frankfurt os prussófilos mestre-escolas e funcionários com deus pelo rei e pela pátria[21] chamam sua traição contrarrevolucionária à democracia polonesa de revolução, de verdadeira e autêntica revolução em nome da soberana fraternidade da Netz, como pisoteiam o direito histórico e vociferam sobre o suposto cadáver da Polônia: Só os vivos têm razão![22]

---

[20] A parte numericamente maior da Assembleia Nacional de Frankfurt, o centro liberal-burguês, dividia-se em duas frações: a centro-direita com Dahlmann, Heinrich Gagern, Bassermann, Mathy, Mevissen, Schmerling entre outros, e a centro-esquerda com Mittermaier, Werner, Raveaux entre outros. Os membros do centro eram adeptos da monarquia constitucional.

[21] Conforme uma ordem do ministro da Guerra Peucker, de 16 de julho de 1848, em 6 de agosto de 1848 as tropas de todos os estados alemães deveriam prestar juramento, em uma parada solene, ao vicário do império, arquiduque Johann. Frederico Guilherme IV, que tinha ele mesmo pretensões ao comando supremo das forças armadas da Confederação Alemã, proibiu a parada agendada para 6 de agosto na Prússia.

[22] Do poema de Schiller, *An die Freude*.

Mas, assim é o prussiano: no Spree fala em direito divino, no Varta em povo soberano; no Spree em rebelião da plebe, no Varta em revolução; no Spree em direito histórico, "que não tem data",[23] no Varta em direito dos fatos vivos, que datam de ontem – e apesar de tudo isso, não há jaça no leal coração prussiano, honrado e bravo!

Ouçamos o sr. Goeden.

> Pela segunda vez temos de defender uma causa que é tão significativa, tão prenhe de consequências para nossa pátria que se ela não se tivesse evidenciado [!] para nós por si mesma como absolutamente justa, *teria sido necessário fazê-la assim* [!!]. Nosso direito tem suas raízes menos no passado do que nas *ardentes vibrações* [e especialmente nas vibrações das coroas] do *presente*.
>
> Graças à ocupação [prussiana], o camponês e o citadino poloneses se sentem num estado de segurança e bem-estar que jamais haviam conhecido antes. [Especialmente não desde a guerra prussiano-polonesa e as divisões da Polônia.]
>
> A infração da justiça que subjaz à divisão da Polônia foi plenamente expiada pelo humanismo de seu povo [do povo alemão] [e especialmente pelas cacetadas dos funcionários prussianos], por sua diligência [na propriedade fundiária polonesa, roubada e distribuída], e em abril deste ano também por seu *sangue*.

O sangue do sr. Goeden von Krotoszyn!

> A *revolução* é direito nosso, e estamos aqui em virtude dela!
>
> A prova de nossa incorporação legítima à Alemanha não consiste de fato em pergaminhos amarelados, não fomos adquiridos por casamento, por herança, por compra ou troca; somos alemães e pertencemos à nossa pátria porque a isso nos impele *uma vontade soberana*, racional e legítima, uma vontade condicionada por nossa situação geográfica, nossa língua e costumes, nosso número [!], nossa propriedade, mas, sobretudo, por nossa mentalidade alemã e nosso amor à pátria.
>
> Nossos direitos são tão seguros, tão profundamente ancorados na *moderna consciência universal*, que não é preciso ter um coração alemão para reconhecê-los.

Viva a vontade soberana da fraternidade judaico-prussiana da Netz, ancorada na moderna consciência universal, apoiada pela revolução das granadas, enraizada nas ardentes vibrações do presente com sua lei marcial! Viva o germanismo dos salários dos burocratas posnanos, da pilhagem dos bens da igreja e dos *starostes* e dos empréstimos *à la* Flottwell!

Ao pomposo cavaleiro do direito superior, segue-se um impudente irmão Netz. Para o sr. Senff, de Inowroclaw, mesmo a moção de Stenzel é ainda amável demais para com os poloneses, e por isso propõe uma versão um tanto mais rude. Com a mesma desfaçatez com que, sob esse pretexto, se inscreveu como orador contra a moção, ele declarou que excluir os posnanos da votação era uma injustiça que clamava aos céus: "Acredito que os deputados posnanos sejam *especialmente* competentes para votar, pois se trata justamente dos direitos mais importantes daqueles que nos foram enviados."

---

[23] Expressão de Lichnowski.

O sr. Senff aborda, então, a história da Polônia desde a primeira divisão e a enriquece com uma série de falsidades deliberadas e inverdades gritantes, diante do que o sr. Stenzel figura como um lamentável incompetente. Tudo o que há de aceitável na Posnânia deve sua origem ao governo prussiano e aos irmãos Netz.

"O Grão-Ducado de Varsóvia nasceu. Os funcionários prussianos foram substituídos por poloneses, e em 1814 quase já não havia qualquer vestígio do benefício que o governo prussiano fez por essas províncias."

O sr. Senff tem razão. "Não havia qualquer vestígio" nem da servidão, nem dos pagamentos regulares dos distritos poloneses às instituições de ensino prussianas, por exemplo à Universidade Halle, nem das extorsões e brutalidades de funcionários prussianos que não falavam polonês. Mas a Polônia ainda não estava perdida, pois graças à Rússia a Prússia floresceu novamente e a Posnânia voltou a ser prussiana.

"Desde então renovaram-se os esforços do governo prussiano, orientados à melhoria das condições da província da Posnânia."

Quem quiser saber mais detalhes sobre isso, leia o memorial de Flottwell de 1841. Até 1830 o governo não fez absolutamente *nada*. Flottwell encontrou apenas *quatro* milhas de estradas em todo o grão-ducado! E precisamos enumerar os benefícios de Flottwell? O sr. Flottwell, um esperto burocrata, tentou subornar os poloneses construindo estradas, tornando rios navegáveis, drenando pântanos etc. etc.; mas ele os subornou não com o dinheiro do governo prussiano, mas *com o próprio dinheiro deles*. Cada uma das melhorias foi feita principalmente com recursos privados ou distritais; e se o governo contribuiu ocasionalmente com algum dinheiro, foi somente uma ínfima parte das somas que ele extraiu como impostos e como rendimento dos domínios nacionais e eclesiásticos poloneses. Além disso, os poloneses devem ao sr. Flottwell não apenas que a eleição dos Conselhos Provinciais pelos distritos continuasse suspensa (desde 1826), mas também especialmente a lenta expropriação dos proprietários de terras poloneses pela compra governamental dos bens senhoriais levados a leilão, os quais só eram revendidos a alemães leais (ordem ministerial de 1833). Um último benefício da administração de Flottwell foi a melhoria do sistema educacional. Mas essa foi igualmente uma medida prussianizante. Professores prussianos deviam prussianizar os jovens nobres e os futuros padres católicos nas escolas superiores, e os camponeses, nas elementares. Num momento de descontrole, o sr. Wallach, chefe do distrito de Bromberg, revelou o que se pretendia com essas instituições de ensino; ele escreveu ao presidente, sr. Beurmann, que a *língua polonesa* era um *obstáculo crucial* à expansão da educação e do bem-estar entre a população rural! O que é certamente correto, se os professores não entendem polonês. – De resto, quem pagava essas escolas eram novamente os próprios poloneses, pois, 1. a maioria dos institutos, e os mais importantes, que não serviam diretamente à prussianização foram fundados e dotados com recursos privados e dos governos provinciais, e 2. mesmo as escolas destinadas à prussianização foram mantidas com os rendimentos dos monastérios secularizados em 31 de março de 1833, e o tesouro estatal concedia apenas 21 mil táleres por ano, durante dez anos. – De resto, o sr. Flottwell confessa que todas as reformas se deveram à iniciativa dos próprios poloneses. Que os grandes benefícios do governo prussiano consistiram na cobrança de vultosas rendas e impostos e no alistamento de jovens no serviço militar prussiano, eis o que o sr. Flottwell silencia, tanto quanto o sr. Senff.

Em resumo, todos os benefícios do governo prussiano se reduzem ao provimento de postos para os suboficiais prussianos na Posnânia, seja como instrutores, mestre-escolas, gendarmes ou coletores de impostos.

Não podemos tratar detalhadamente das demais acusações infundadas aos poloneses, nem dos falsos dados estatísticos do sr. Senff. Basta dizer que o sr. Senff discursou para que a Assembleia passasse a odiar os poloneses.

Segue-se o sr. *Robert Blum*. Como de costume, ele pronuncia um discurso dito *profundo*, isto é, um discurso que contém mais sentimento que argumentos, e mais declamação do que sentimento, e que de resto, como peça de retórica – devemos confessar – não produziu efeito maior do que a moderna consciência universal do sr. Goeden, de Krotoszyn. A Polônia é a muralha contra a barbárie nórdica – se os poloneses têm vícios, é por culpa de seus opressores – o velho Gagern declarou que a divisão da Polônia é o pesadelo que oprime nossa época – os poloneses amam ardentemente sua pátria, e nós poderíamos tomá-los como exemplo – perigos que ameaçam da Rússia – se em Paris a república vermelha vencesse e quisesse libertar os poloneses pela força das armas, e aí, meus senhores? – Sejamos imparciais etc. etc.

Sentimos muito pelo sr. Blum, mas se despojamos todas essas belas frases de suas flores de retórica, não resta nada além da mais trivial tagarelice, ainda que uma tagarelice grandiosa e em estilo elevado – o que concedemos com prazer. Mesmo quando o sr. Blum alega que, para ser consequente, a Assembleia Nacional deveria proceder no Schleswig, na Boêmia, no Tirol italiano, nas províncias russas do mar Báltico e na Alsácia de acordo com os mesmos princípios que na Posnânia, este argumento só se justifica em face das irrefletidas mentiras sobre nacionalidades e da cômoda inconsequência da maioria. E quando ele alega que a Alemanha só poderia negociar de modo decente sobre a Posnânia com uma Polônia já existente, não lhe negaremos isso, mas sim observaremos que este único argumento acertado em seu discurso já foi desenvolvido cem vezes e muito melhor pelos próprios poloneses, ao passo que, no sr. Blum, ele é uma flecha retórica rombuda, infrutiferamente disparada com "moderação e bela suavidade" no peito endurecido da maioria.

O sr. Blum tem razão quando diz que granadas não são argumentos, mas não tem razão – e ele sabe disso – quando adota imparcialmente um "moderado" ponto de vista superior. Pode ser que o sr. Blum não entenda claramente a questão polonesa, mas isso é culpa dele mesmo. Mas é grave para o sr. Blum que ele 1. acredite conseguir persuadir a maioria a ao menos demandar um relatório ao poder central, e 2. imagine que poderia obter mesmo o mais ínfimo resultado graças ao relatório de um ministro do poder central que, por ocasião do 6 de agosto, se dobrou tão vergonhosamente aos desejos de soberania da Prússia. Para se sentar com a "esquerda resoluta", a primeira exigência é deixar de lado todas as indulgentes moderações e renunciar a obter qualquer coisa da maioria, mesmo a mais ínfima.

Em geral, na questão polonesa quase toda a esquerda, como sempre, se perde em declamações ou mesmo em delírios fantásticos, sem examinar sequer longinquamente o material factual, o conteúdo prático da questão. E, no entanto, justamente aqui o material era tão abundante, os fatos tão contundentes. Mas certamente seria preciso estudar a questão, e quem passou pelo purgatório das eleições e não é mais responsável perante ninguém pode se poupar disso.

Voltaremos, no curso do debate, às poucas exceções. Amanhã uma palavrinha com o sr. Wilhelm Jordan, que não é uma exceção, mas que dessa vez, em sentido literal e por bons motivos, segue a multidão.

NGR, n. 86, 26/8/1848

Colônia, 25 de agosto. Finalmente abandonamos, graças a deus, a vulgar planície da tagarelice cotidiana para pisar as elevadas regiões alpinas do grande debate! Finalmente escalamos aqueles picos que fendem as nuvens, onde as águias se aninham, onde o homem se vê face a face com os deuses, de onde olha para baixo com desdém para os pequenos vermes que muito, muito abaixo se debatem com os parcos argumentos do entendimento humano comum! Finalmente, depois das escaramuças de um Blum com um Stenzel, um Goeden, um Senff, de Inowroclaw, abre-se a grande batalha, na qual heróis de Ariosto cobrem o campo de batalha com o brilho das lanças de seu espírito!

As fileiras dos combatentes abrem-se respeitosamente, e com a espada em riste avança o sr. *Wilhelm Jordan*, de Berlim.

Quem é o sr. Wilhelm Jordan, de Berlim?

À época do florescimento do círculo dos literatos alemães, o sr. Wilhelm Jordan, de Berlim, foi um literato em Königsberg. Organizavam-se assembleias semiclandestinas em Böttchershöfchen;[24] o sr. Wilhelm Jordan foi lá, declamou um poema: "O marinheiro e seu deus", e foi expulso.

O sr. Wilhelm Jordan, de Berlim, foi para Berlim. Ali se realizavam assembleias estudantis. O sr. Wilhelm Jordan declamou um poema: "O marinheiro e seu deus", e foi expulso.

O sr. Wilhelm Jordan, de Berlim, foi para Leipzig. Ali também havia algumas reuniões inofensivas. O sr. Wilhelm Jordan leu um poema: "O marinheiro e seu deus", e foi expulso.

---

[24] Nome de uma rua em Königsberg.

O sr. Wilhelm Jordan publicou, além desse, muitos escritos: um poema, "Sino e canhão"; uma coletânea de canções populares lituanas, entre as quais também algumas de sua lavra, especialmente canções polonesas compostas por ele mesmo; traduções de George Sand; uma revista, a incompreensível "Mundo compreendido"[25] etc., a serviço do renomado sr. Otto Wigand, que ainda não tinha chegado tão longe quanto seu original francês, o sr. Pagnerre; ademais, uma tradução da *Histoire de Pologne*, de Lelewel, com um prefácio pleno de entusiasmo pelos poloneses etc.

Veio a revolução. *En un lugar de la Mancha, cuyo nombre no quiero acordarme*[26] – em uma região da Mancha alemã, da Marca Brandenburg, onde crescem os Dom Quixotes, uma região cujo nome eu não gosto de recordar, o sr. Wilhelm Jordan se apresentou como candidato à Assembleia Nacional alemã. Os camponeses dessa região eram gentis constitucionalistas. O sr. Wilhelm Jordan pronunciou muitos discursos convincentes, cheios das mais constitucionalistas gentilezas. Os camponeses, arrebatados, elegeram o grande homem como deputado. Mal chegado a Frankfurt, o nobre irresponsável sentou-se à "resoluta" esquerda, e votou com os republicanos. Os camponeses, que em sua qualidade de eleitores haviam engendrado esse Dom Quixote parlamentar, enviaram-lhe um voto de desconfiança, lembraram-no de suas promessas, chamaram-no à ordem. Mas o sr. Wilhelm Jordan considerava-se tão pouco vinculado a sua palavra quanto um rei e continuou, em cada oportunidade, a ressoar seu "sino e canhão" na Assembleia.

Toda vez que o sr. Wilhelm Jordan subiu ao púlpito da igreja de São Paulo, no fundo apenas declamou um poema: "O marinheiro e seu deus" – o que, no entanto, não significa que ele merecesse ser expulso por isso.

Ouçamos o último badalar do sino e o mais recente troar do canhão do grande Wilhelm Jordan sobre a Polônia.

"Acredito, ao contrário, que devemos nos elevar ao *ponto de vista histórico-universal*, a partir do qual o problema da Posnânia pode ser investigado em seu significado como episódio do grande drama polonês."

De um só golpe, o poderoso sr. Wilhelm Jordan nos ergue bem acima das nuvens, ao Chimborazo elevado e coberto de neve do "ponto de vista histórico-universal", e abre diante de nós a mais ilimitada perspectiva.

Antes, porém, ele se demora ainda um momento no âmbito cotidiano da deliberação "específica", e de fato com muita felicidade. Algumas provas:

"Mais tarde ele" (o distrito Netz) "foi incorporado à Prússia graças ao Tratado de Varsóvia" (isto é, à primeira divisão) "e permaneceu deste então na Prússia, abstraído o curto interlúdio do ducado de Varsóvia."

---

[25] A revista mensal editada por Wilhelm Jordan em 1845-1846 trazia o título *O mundo compreendido. Páginas para conversação científica.*

[26] Palavras iniciais do romance *Dom Quixote de la Mancha*, de Cervantes.

O sr. Jordan fala aqui do distrito Netz em *oposição* ao restante da Posnânia. Qual fonte utiliza aqui, ele, o cavaleiro do ponto de vista histórico-universal, o conhecedor da história polonesa, o tradutor de Lelewel? Nenhuma outra além do discurso do sr. Senff, de Inowroclaw! Tanto o segue, que até mesmo se esqueceu completamente de que em 1794 também a parte restante, grã-polonesa, da Posnânia "foi incorporada à Prússia e permaneceu desde então na Prússia, abstraído o curto interlúdio do ducado de Varsóvia". Mas Senff, o irmão Netz, nunca mencionou isso, e assim o "ponto de vista histórico-universal" sabe apenas que o distrito administrativo da Posnânia só foi "incorporado à Prússa" em 1815.

"Além do mais, desde tempos imemoriais os distritos ocidentais de Birnbaum, Meseritz, Bomst e Fraustadt tornaram-se, considerando a esmagadora maioria de seus habitantes, alemães, como os senhores podem deduzir já do *nome* dessas cidades."

E o distrito de Miedzychod, sr. Jordan, era, "desde tempos imemoriais", considerando a esmagadora maioria de seus habitantes, "polonês", como o sr. pode deduzir já de seu nome, não é, sr. Jordan?

Mas o distrito de Miedzychod não é outro senão o distrito de Birnbaum. Em polonês, a cidade se chama Miedzychod.

Que apoio o germano-cristão sr. Leo poderá dar a essa câmara de reunião etimológica do "ponto de vista histórico-universal" do "mundo compreendido"! Sem falar que Milão, Lüttich, Genf, Copenhagen, "como se pode deduzir já de seus nomes", são "alemãs desde tempos imemoriais"; o "ponto de vista histórico-universal" não depreende também "já dos nomes" a germanidade imemorial de Haimons-Eichicht, Welsch-Leyden, Jenau e Kaltenfelde? O ponto de vista histórico-universal certamente terá dificuldades para encontrar esses imemoriais nomes alemães no mapa e, quando descobrir que se trata de Le Quesnoi, Lyon, Gênova e Campo Freddo, deverá esse embaraço exclusivamente ao sr. Leo, que os fabricou ele mesmo.

O que dirá o ponto de vista histórico-universal se os franceses passarem a reclamar Cologne, Coblence, Mayence e Francfort[27] como territórios franceses imemoriais? Então ai do ponto de vista histórico-universal!

Mas não vamos nos estender mais nessas *petites misères de la vie humaine*,[28] que também afetam os grandes homens. Sigamos o sr. Wilhelm Jordan, de Berlim, em seu voo nas altas esferas. Lá diz ele dos poloneses que "os amamos tanto mais quanto mais distantes deles estamos e quanto menos os conhecemos, e tanto menos quanto mais nos aproximamos deles", e que "esse afeto" repousa "não tanto em uma característica efetiva do caráter polonês, mas num certo *idealismo cosmopolita*".

Mas como o ponto de vista histórico-universal explicará que existe um outro povo que os povos da terra não "amaram" nem quando se "afastaram dele", nem quando dele

---

[27] Nomes franceses para Colônia, Coblença, Mogúncia e Frankfurt.
[28] Pequenas misérias da vida humana.

se "aproximaram", e que, com rara unanimidade, desprezaram, exploraram, escarneceram e pisotearam? Trata-se do povo *alemão*.

O ponto de vista histórico-universal dirá que isso repousa num "*materialismo cosmopolita*", e isso basta para o salvar.

Mas, sem se amofinar com essas objeções miúdas, a águia histórico-universal bate suas asas sempre mais audazmente, sempre mais alto, até que finalmente, no puro éter da ideia em-e-para-si, irrompe no seguinte hino heroico-histórico-universal-hegeliano:

> Mesmo que se possa afinal dar razão à história, que, em seu curso traçado pela necessidade, aniquila sem piedade, com pés de bronze, um povo que já não é forte o suficiente para se manter em pé de igualdade entre as nações, seria entretanto desumano e bárbaro recusar-se a qualquer simpatia diante da longa paixão de tal povo, e eu estou muito distante dessa insensibilidade. [Que Deus lhe pague, nobre Jordan!] Mas uma coisa, no entanto, é ser afetado por uma tragédia, e outra é pretender anular essa tragédia. De fato, só a necessidade férrea, à qual sucumbem os heróis, transforma seu destino em *verdadeira tragédia*, e intervir no curso desse fado, pretender, por simpatias humanistas, parar a roda movente da história, significa expor-se a si mesmo ao perigo de ser esmagado por ela. Querer restaurar a Polônia apenas por que seu naufrágio nos enche de justa tristeza – é o que eu chamo de sentimentalismo tolo!

Que plenitude de pensamentos! Que sabedoria profunda! Que linguagem vigorosa! Assim fala o ponto de vista histórico-universal, depois de ter corrigido seu discurso estenografado.

Os poloneses podem escolher: se quiserem desempenhar uma "verdadeira tragédia", devem humildemente se deixar triturar pelos pés de bronze e pela roda movente da história, e dizer a Nicolau: Senhor, seja feita a tua vontade! Ou, se quiserem se rebelar e tentar ao menos uma vez pisotear seus opressores com os "pés de bronze da história", não desempenharão uma "verdadeira tragédia", e o sr. Wilhelm Jordan, de Berlim, não poderá mais se interessar por eles. Assim fala o ponto de vista histórico-universal, que recebeu sua formação estética do professor Rosenkranz.

Em que consiste a necessidade férrea e inexorável que aniquilou momentaneamente a Polônia? Na ruína da democracia da nobreza, apoiada na servidão, isto é, no desenvolvimento de uma grande aristocracia *no interior* da nobreza. Isso foi um progresso, à medida que era o único caminho para se desvencilhar da arcaica democracia da nobreza. Qual foi a consequência? Que o pé de bronze da história, isto é, os três autocratas do leste destruíram a Polônia. A aristocracia foi obrigada a uma aliança com o estrangeiro para liquidar a democracia da nobreza. A aristocracia polonesa permaneceu até recentemente, e em parte mesmo até hoje, a fiel aliada dos opressores da Polônia.

E em que consiste a férrea e inexorável necessidade de libertar novamente a Polônia? Em que o domínio da aristocracia na Polônia, ininterrupto desde 1815 ao menos na Posnânia e na Galícia, e em parte inclusive na Polônia russa, é hoje tão arcaico e estiolado quanto a democracia da pequena nobreza em 1772; em que a instauração da democracia agrária tornou-se para a Polônia uma questão vital não só política, mas socialmente; em que a fonte da existência do povo polonês, a agricultura, será arruinada se o camponês servo ou obrigado a prestações servis não se tornar um livre proprietário de terras; em que a revolução agrária é impossível sem a simultânea conquista da existência nacional, da posse da costa do mar Báltico e dos estuários dos rios poloneses.

E o sr. Jordan, de Berlim, chama a isso de pretender parar a movente roda da história e fazê-la girar para trás!

Sem dúvida a velha Polônia da democracia da *nobreza* está há muito morta e enterrada, e só o sr. Jordan poderia supor que alguém pudesse anular a "verdadeira tragédia" dessa Polônia; mas esse "herói" do drama gerou um filho robusto, que mais de um dândi literato berlinense tem medo de conhecer mais de perto; e este filho, que só agora se prepara para encenar *seu* drama e impulsionar a "roda movente da história", mas cuja vitória é certa – este filho é a Polônia da democracia camponesa.

Algumas flores de retórica antiquada, um pouco de afetado desprezo pelo mundo – que em Hegel era ousadia, e no sr. Jordan tornou-se uma platitude trivial e barata – em síntese, um pouco de sino e um pouco de canhão, som e fúria[29] expresso em frases toscas, e ainda por cima uma inominável confusão e ignorância das relações históricas básicas – a isso se reduz todo o ponto de vista histórico-universal!

Viva o ponto de vista histórico-universal com seu mundo compreendido!

NGR, n. 90, 31/8/1848

Colônia, 26 de agosto. O segundo dia da batalha ofereceu um quadro ainda mais fantástico do que o primeiro. Certamente nos falta um Wilhelm Jordan, de Berlim, cujos lábios cativam o coração de todos os ouvintes; mas resignemo-nos: um Radowitz, um Wartensleben, um Kerst e um Rodomont-Lichnowski[30] também não são de se desprezar.

O sr. *Radowitz* sobe primeiro à tribuna. O líder da direita fala de modo breve, determinado, calculado. Nenhuma declamação além do estritamente necessário. Falsos pressupostos, mas conclusões concisas estritamente decorrentes desses pressupostos. Apelo ao *medo* da direita. Fria certeza do resultado, apoiado na covardia da maioria. Profundo desprezo por toda a Assembleia, tanto pela direita quanto pela esquerda. Eis os traços principais do curto discurso pronunciado pelo sr. Radowitz, e compreendemos perfeitamente bem o efeito que essas poucas palavras frias e sóbrias devem ter causado numa Assembleia acostumada a ouvir os mais pomposos e vazios exercícios de retórica. O sr. Wilhelm Jordan, de Berlim, se sentiria feliz se, com seu "compreendido" e incompreen-

---

[29] Goethe, *Fausto*, Primeira Parte, "O jardim de Marta".
[30] Rodomont: Engels dá a Lichnowski o nome de um herói do poema de Ariosto *Orlando Furioso*, e assim o designa como um tagarela pretensioso.

dido mundo de imagens, tivesse produzido ao menos a décima parte do efeito causado pelo sr. Radowitz com seu discurso curto e, no fundo, também totalmente superficial.

O sr. Radowitz não é um "caráter", um honrado moralista, mas é uma figura com perfil nítido e definido, e basta ler um único de seus discursos para conhecê-lo plenamente.

Nunca ambicionamos a honra de ser um órgão de alguma esquerda parlamentar. Ao contrário, entre os múltiplos elementos diferentes que constituem o partido democrático na Alemanha, consideramos essencialmente necessário observar mais de perto do que qualquer outro justamente os democratas. E dada a falta de energia, de decisão, de talento e de conhecimentos com que nos deparamos, com muito poucas exceções, nos líderes de todos os partidos, só podemos nos alegrar ao encontrar no sr. Radowitz ao menos um *adversário* à altura.

Depois do sr. Radowitz, o sr. Schuselka. Apesar de todas as advertências anteriores, ainda um comovente apelo ao coração. Um discurso infindavelmente longo, intercalado com raras referências históricas e aqui e ali com algum bom-senso prático austríaco. No geral a impressão é desanimadora.

O sr. Schuselka veio a Viena, onde também foi eleito para a Dieta Federal. Lá ele estava em casa. Se em Frankfurt ele se sentou à esquerda, lá se posicionava no centro; se em Frankfurt pôde desempenhar algum papel, em Viena fracassou já em seu primeiro discurso. Este é o destino de todas essas celebridades beletristas, filosóficas e tagarelas, que usaram a revolução apenas para garantir posições pessoais; basta que se ponham por um momento no verdadeiro terreno revolucionário, e num instante desaparecem.

Segue-se o *ci-devant*[31] conde *von Wartensleben*. O sr. Wartensleben se apresenta como um pacato homem honesto, transbordante de generosidade, conta casos sobre sua marcha como membro da Landwehr na fronteira polonesa em 1830, dá-se ares de Sancho Pança,[32] falando aos poloneses por provérbios: Mais vale um pássaro na mão do que dois voando, e aproveita para contrabandear muito inocentemente a pérfida observação:

> Por qual razão nunca houve funcionários poloneses que quisessem assumir a reorganização na parte a ser cedida? Receio que eles temam a si mesmos, que sintam que ainda não avançaram a ponto de poder calmamente organizar a população, e por isso pretextam que é seu patriotismo polonês que os impede até mesmo de lançar a semente de uma jubilosa ressurreição!

Em outras palavras, os poloneses lutam incessantemente há 80 anos, sacrificando suas vidas e seus bens, por uma causa que eles mesmos consideram impossível e insensata.

Em conclusão, o sr. Wartensleben concorda com o sr. Radowitz.

O sr. Janiszewski, da Posnânia, membro do Comitê Nacional Posnano, sobe à tribuna.

---

[31] Ex.
[32] Personagem do romance de Cervantes, Dom Quixote. Sancho, o fiel escudeiro de Dom Quixote, constantemente utilizava provérbios em suas falas, e assim submetia a paciência de seu senhor a duras provas.

O discurso do sr. Janiszewski é a primeira peça de verdadeira eloquência parlamentar pronunciada da tribuna da igreja de São Paulo. Finalmente nos é dado ouvir um orador que não visa apenas aos aplausos do salão, que fala a linguagem da paixão real e viva, e que exatamente por isso produz um efeito muito diferente do que todos os oradores anteriores. O apelo de Blum à consciência da Assembleia, a ênfase barata de Jordan, a fria lógica de Radowitz, a prolixidade calma de Schuselka desaparecem sem exceção diante desse polonês que defende a existência de sua nação e reivindica seu legítimo direito. O discurso de Janiszewiski é provocador e violento, mas ele não declama, apenas apresenta os fatos com justa indignação, sem a qual é impossível uma explanação correta de tais fatos, e que é duplamente justa depois das desavergonhadas distorções exibidas até então no debate. Seu discurso, que de fato constituiu o centro do debate, refutou todos os ataques anteriores aos poloneses, redimiu todos os erros dos amigos da Polônia, conduziu o debate de volta a seu único terreno prático e correto e privou de antemão os próximos oradores da direita dos argumentos mais altissonantes.

"Vocês engoliram os poloneses, mas, por Deus, não vão conseguir digeri-los!" Esse resumo demolidor do discurso de Janiszewski perdurará, bem como o orgulho com o qual ele declarou, em resposta às choradeiras dos amigos da Polônia: "Não me dirijo a vocês como suplicante, mas sim com meu legítimo direito; não peço simpatia, apenas justiça".

Depois do sr. Janiszewski, o sr. diretor Kerst, da Posnânia. Depois do polonês que luta pela existência, pela liberdade social e política de seu povo, o mestre-escola prussiano que imigrou para a Posnânia e luta por seu salário. Depois da bela paixão indignada do oprimido, a vulgar impudência do burocrata que se nutre da opressão.

A divisão da Polônia, "que hoje se considera uma vergonha", foi em sua época "um *acontecimento totalmente comum*". "O direito dos povos de se separar conforme as nacionalidades é um direito novíssimo e não reconhecido em parte alguma [...] Na política decide somente a *possessão efetiva*." Eis algumas das frases enérgicas em que o sr. Kerst baseia sua argumentação. Então seguem-se as contradições mais gritantes: "Com a Posnânia, foi incorporada à Alemanha uma parcela de território que sem dúvida é predominantemente polonesa" – e não muito depois: "No que se refere à parte polonesa da Posnânia, ela não pediu para ser anexada à Alemanha, e até onde eu sei vocês, meus senhores, não pretendem acolher essa parte contra sua vontade!" A isso são acrescentados dados estatísticos sobre as proporções da população – dados de acordo com a famosa pesquisa dos irmãos Netz, segundo a qual só são considerados poloneses aqueles que não entendem alemão, e são considerados alemães todos aqueles que arranham um pouco essa língua. E finalmente um cálculo completamente artificial, segundo o qual ele atesta que, pela votação da Dieta Provincial posnana, a minoria de 17 contra 26 que votou a favor da anexação à Alemanha era, na verdade, a maioria. "Conforme a lei provincial, seria efetivamente necessária uma maioria de ⅔ para aprovar resoluções. No entanto, é certo que 17 não são ⅔ de 26, mas a fração que falta para isso é tão pequena que, em uma questão tão séria, não pode ser levada em consideração."[!!]

Portanto, se a minoria é ⅔ da maioria, então, "conforme a lei provincial", ela é a maioria! O velho-prussianismo vai coroar o sr. Kerst por essa descoberta. – Mas, de fato, a situação é a seguinte: Para fazer uma *proposta*, é preciso ⅔ dos votos. Admissão na Confederação Alemã é uma proposta desse tipo. A admissão, portanto, só seria legalmente solicitada se ⅔ da Assembleia, ⅔ dos 43 votantes, fossem a favor. Em vez disso, quase ⅔ votaram contra. Mas, que importa? 17 são quase "⅔ de 43"!

É bem compreensível que os poloneses não sejam um povo tão "culto" quanto os cidadãos do "Estado dos intelectuais", já que o Estado dos intelectuais lhes envia um tal especialista em aritmética como professor.

O sr. *Clemens*, de Bonn, faz a correta observação de que o governo prussiano não pretende germanizar a Posnânia, mas *prussianizá-la*, e compara a prussianização pretendida da Posnânia com a tentativa semelhante na Renânia.

O sr. *Ostendorf*, de Soest. O filho da terra vermelha[33] lê um compêndio de platitudes políticas e tagarelices, passeia por possibilidades, probabilidades e conjecturas, pula de um assunto para outro, do sr. Jordan para os franceses, da república vermelha para os peles-vermelhas da América do Norte, e os põe no mesmo patamar dos poloneses, e os irmãos Netz no mesmo patamar dos *yankees*. Audaciosa comparação, digna da terra vermelha! O sr. Kerst, o sr. Senff, o sr. Goeden como pioneiros, com casa de madeira, espingarda e pá – que comédia incomparável!

O sr. *Franz Schmidt*, de Löwenberg, sobe à tribuna. Fala calmamente e sem ênfase, o que é tanto mais notável quanto o sr. Schmidt pertence a uma categoria que ama acima de tudo a declamação, a categoria dos eclesiásticos católicos alemães. O sr. Schmidt, cujo discurso, depois do de Janiszewski, é decerto o melhor em todo o debate, pois é o mais mordaz e bem-informado, o sr. Schmidt demonstra ao comitê que, por trás de sua aparente ostentação de erudição (cujo conteúdo já examinamos), oculta-se a mais ilimitada ignorância sobre as condições efetivamente existentes. O sr. Schmidt viveu muitos anos no grão-ducado da Posnânia, e demonstrou que o comitê cometeu, mesmo em relação a esse pequeno distrito, que ele conhece bem, os erros mais grosseiros. Mostrou que o comitê não esclareceu a Assembleia justamente em todos os pontos decisivos, que de fato a desafiou a decidir aleatoriamente, sem nenhum material, sem qualquer conhecimento de causa. Ele exige antes de mais nada esclarecimento sobre o estado de coisas efetivo. Demonstra como as propostas do comitê estão em contradição com seus próprios pressupostos; cita o memorial de Flottwell e exige que ele, que atualmente é também deputado, se manifeste, caso esse documento não seja autêntico. Finalmente, denuncia ao público que os irmãos Netz tinham procurado Gagern e, mediante falsa notícia sobre um levante na Posnânia, tentaram persuadi-lo a encerrar imediatamente o debate. É certo que Gagern negou, mas o sr. Kerst vangloriou-se disso publicamente.

---

[33] Westfália.

A maioria vingou-se do sr. Schmidt por esse corajoso discurso, assegurando-se de que ele fosse falsificado nas atas estenográficas. Em uma passagem o próprio sr. Schmidt corrigiu três vezes o disparate ali inscrito, e mesmo assim ele permaneceu na impressão. Alarido contra Schlöffel,[34] violência aberta contra Brentano,[35] falsificação contra Schmidt – os senhores da direita são realmente críticos argutos!

O sr. Lichnowski fechou a sessão. Mas reservamos esse amigo para o próximo artigo; um orador do calibre do sr. Lichnowski não pode ser despachado precipitadamente!

NGR, n. 91, 1/9/1848

Colônia, 31 de agosto. Dirige-se à tribuna, com pose de cavaleiro galante e um sorriso de autossatisfação, o *bel-homme*[36] da Assembleia, o Bayard alemão sem medo nem reproche, o ex-príncipe (§6 dos Direitos Fundamentais)[37] *von Lichnowski*. Com o mais puro sotaque de tenente prussiano e uma desdenhosa indiferença, verte os poucos farrapos de pensamento que tem a comunicar à Assembleia.

O belo cavaleiro compõe um momento absolutamente necessário nesse debate. Quem ainda não se convenceu o bastante com os srs. Goeden, Senff e Kerst do valor dos alemães-poloneses, pode ver no cavaleiro Lichnowski que grotesco fenômeno – apesar da figura simpática – é o eslavo prussianizado. O sr. Lichnowski é da mesma estirpe dos alemães-poloneses, ele completa o dossiê por sua mera presença na tribuna. O Slachcic[38] dos polacos d'água[39] convertido em um *junker* provinciano nos oferece um exemplo vivo do que o amável governo prussiano planeja fazer da nobreza posnana. O sr. Lichnowski, malgrado todos os seus protestos, não é um alemão, é um polonês "reorganizado"; ele também não fala alemão, e sim prussiano.

O sr. *Lichnowski* começa asseverando sua mais cavaleiresca simpatia para com os poloneses, saúda o sr. Janiszewski, reivindica para os poloneses "a grande poesia do martírio" e então muda abruptamente: Por que essas simpatias diminuíram? Porque em todas as insurreições e revoluções "os poloneses estavam na linha de frente das barricadas"! O que certamente é um crime que não mais se repetirá tão logo os poloneses forem

---

[34] Ver "A Assembleia de Frankfurt".
[35] Em 7 de agosto de 1848, o deputado Brentano discursou na sessão da Assembleia Nacional de Frankfurt em favor de um decreto de anistia para os participantes da insurreição republicana em Baden e para seu líder Hecker. Os membros da direita da Assembleia interromperam seu discurso e o obrigaram a abandonar a tribuna pela força.
[36] Belo homem.
[37] O artigo II, §6 dos Direitos Fundamentais do Povo Alemão, adotado pela Assembleia Nacional de Frankfurt em 2 de agosto de 1848, previa a supressão de todos os privilégios estamentais e de todos os títulos que não tivessem ligação com os órgãos administrativos.
[38] Nobre polonês.
[39] Designação original dos jangadeiros do Oder, que na maioria eram poloneses da Alta Silésia; mais tarde, apelido costumeiro para os poloneses na Silésia.

"reorganizados"; de resto, podemos oferecer ao sr. Lichnowski a certeza tranquilizadora de que também entre os "emigrados poloneses", também entre os nobres poloneses no exílio, que, segundo ele, desceram tão baixo, há pessoas que se conservaram totalmente imaculadas de qualquer contato com as barricadas.

Segue-se uma cena divertida. *Lichnowski*: Os senhores da esquerda, que pisoteiam os pergaminhos amarelados, evocaram de modo impressionante o direito histórico. Não há direito que justifique reivindicar uma data em vez de outra para os assuntos poloneses. Para o direito histórico existe não qualquer data.⁴⁰ (Grande gargalhada da esquerda.)

Presidente: Meus senhores, permitam que o orador termine sua frase, não o interrompam.

Lichnowski: O direito histórico tem não qualquer data. (Gargalhadas na esquerda.)

Presidente: Peço que o orador não seja interrompido, peço silêncio! (Agitação.)

Lichnowski: Para o direito histórico não há data (Bravos e hilaridade na esquerda.) que, em face de uma data anterior, pudesse reivindicar maior direito!

Não tínhamos razão em dizer que o nobre cavaleiro não fala alemão, mas prussiano? O direito histórico, "que tem não qualquer data", encontra um temível adversário em nosso nobre paladino:

> Se voltarmos atrás na história, encontraremos [na Posnânia] muitos distritos que eram silesianos e alemães; se voltarmos ainda mais, chegaremos à época em que Leipzig e Dresden foram construídas por eslavos, e depois chegaremos a Tacito, e só Deus sabe aonde os senhores nos conduziriam se nos aprofundássemos nesse tema.

O mundo deve estar indo mal. As propriedades da cavalaria prussiana devem estar irremediavelmente hipotecadas, os credores judeus devem estar pressionando terrivelmente, os vencimentos das letras de câmbio devem estar se sucedendo rapidamente, leilões, prisões, exclusão do serviço por endividamento leviano, todos esses horrores da pálida miséria financeira devem estar ameaçando a cavalaria prussiana com a ruína inevitável, para que tenhamos chegado ao ponto de um Lichnowski combater o mesmo direito histórico em defesa do qual ele ganhou suas esporas de cavaleiro na távola redonda de Dom Carlos!⁴¹

Certamente, Deus sabe até onde os senhores oficiais de justiça conduziriam a magra cavalaria⁴² se quiséssemos detalhar o tema do direito histórico da dívida! E, entretanto, as dívidas não são a melhor qualidade do paladino prussiano, e a única que o desculpa?

Passando a seu tema, o *bel-homme* considera que não nos devemos apresentar diante do alemão-polonês "com a imagem vaga de uma Polônia futura [!], imersa na mais remo-

---

⁴⁰ Essa frase gramaticalmente errada de Lichnowski foi usada várias vezes por Engels em diversos artigos.

⁴¹ Dom Carlos se valeu da lei de 1713 sobre a proibição da sucessão do trono por linha feminina quando se apresentou, em 1833, como pretendente ao trono espanhol contra a filha do rei Ferdinando, Isabella. Lichnowski participou de 1838 a 1840 na guerra civil desencadeada por Dom Carlos e alcançou o título de general de brigada.

⁴² Heine, H. *Alemanha. Um conto de inverno*. Cap. VIII.

ta escuridão"; ele considera que os poloneses não se satisfariam com a Posnânia: "Se eu tivesse a *honra* de ser um polonês, eu pensaria dia e noite em restabelecer o velho reino da Polônia." Mas como o sr. Lichnowski não "tem a honra", como é apenas um polaco d'água reorganizado, ele pensa "dia e noite" em coisas bem diferentes e muito pouco patrióticas.

"Para ser honesto, devo dizer que uns 100 mil poloneses devem se tornar alemães, o que, falando sinceramente, não seria uma infelicidade para eles, dadas as atuais condições."

Ao contrário, como seria belo se o governo prussiano cultivasse uma nova plantação para que crescesse mais da madeira de que são talhados os Lichnowskis.

Com a mesma amável *nonchalance*, que no fundo se destina às damas da galeria, mas também é boa o suficiente para a Assembleia, o cavalheiro, cofiando seus bigodes, tagarela ainda mais um pouco e então conclui:

"Nada mais tenho a dizer, decidam agora; acolham 500 mil alemães entre nós, ou os mandem embora [...] mas então revogarão também a canção de nosso antigo cantor popular: 'Tão longe a língua alemã soa, e Deus no céu canções entoa'. Revoguem essa canção!"

É sem dúvida ruim que o velho Arndt não tenha pensado, em sua canção,[43] nos judeus poloneses e seu alemão. Mas, felizmente, temos nosso paladino da Alta Silésia. Quem não conhece as velhas obrigações da nobreza em relação aos judeus, tornadas veneráveis no curso dos séculos? O que o velho plebeu omite, o cavaleiro Lichnowski recorda.

> Tão longe quanto um judeu polonês estropia o alemão,
> Empresta a juros, falsifica moeda e peso –
> a tal distância se estende a pátria do sr. Lichnowski!

NGR, n. 93, 3/9/1848

Colônia, 2 de setembro. No terceiro dia dos debates transparece um esmorecimento geral. Os argumentos se repetem sem se aperfeiçoar, e se o primeiro digno orador, o cidadão *Arnold Ruge*, não nos tivesse brindado com seu rico tesouro de novos argumentos, as atas estenográficas seriam totalmente soporíferas.

Mas o cidadão Ruge também conhece seus méritos melhor do que ninguém. Ele promete: "Empregarei *toda* a *paixão* que tenho, e *todos* os *conhecimentos* que possuo." Ele apresenta uma moção, mas não uma moção comum, uma moção em geral, mas sim a única correta, a *verdadeira* moção, a moção absoluta:

> *Nada além disso pode ser proposto ou admitido.* Pode-se fazer algo diferente, meus senhores, pois é dado ao homem desviar-se do caminho correto. É para se desviar do que é correto que o homem tem livre arbítrio [...] mas nem por isso o correto deixa de ser correto. E

---

[43] Do poema *Des Deutschen Vaterland*, de Ernst Moritz Arndt.

no nosso caso o que eu proponho é a *única coisa correta* que pode ocorrer. [O cidadão Ruge sacrifica, pois, dessa vez seu 'livre arbítrio' ao 'correto'.]

Examinemos mais de perto a paixão, os conhecimentos e a única coisa correta do cidadão Ruge.

> A supressão da Polônia é uma injustiça vergonhosa porque foi aniquilado o precioso desenvolvimento da nação que havia prestado grandes serviços à família europeia de nações e que havia desenvolvido com grande brilho uma fase da existência medieval, a cavalaria. O despotismo impediu a república da nobreza de consumar sua própria supressão interna [!], que teria sido possível pela constituição preparada no período da revolução.

Na Idade Média, a nacionalidade da França meridional e a da França setentrional eram tão pouco próximas quanto o são atualmente a polonesa e a russa. A nação francesa meridional, conhecida como Provença, não somente tinha na Idade Média um "precioso desenvolvimento" como estava de fato na vanguarda do desenvolvimento europeu. Foi a primeira, entre todas as novas nações, a ter uma língua culta. Sua poesia era, para todos os povos românicos, e inclusive para os alemães e ingleses, um modelo então inalcançável. Rivalizava com os castelhanos, os franceses setentrionais e os normandos quanto à perfeição da cavalaria feudal; nada ficava a dever aos italianos quanto à indústria e ao comércio. Não somente desenvolvera "com grande brilho" "uma fase da existência medieval", mas gerara inclusive um reflexo do antigo helenismo em plena Idade Média. A nação francesa meridional, portanto, prestou não apenas grandes, mas imensuráveis "serviços à família europeia de nações". E, no entanto, ela foi, como a Polônia, primeiro dividida entre a França setentrional e a Inglaterra, e mais tarde inteiramente subjugada pelos franceses setentrionais. Desde a guerra dos albingenses[44] até Luís XI, os franceses setentrionais, que culturalmente eram tão inferiores em relação a seus vizinhos do sul quanto os russos em relação aos poloneses, conduziram ininterruptas guerras de conquista contra os franceses meridionais e acabaram submetendo todo o país. "O despotismo" (Luís XI) "impediu a república da nobreza" franco-meridional (a denominação é perfeitamente adequada para o apogeu) de "consumar sua própria supressão interna", que teria sido possibilitada pelo desenvolvimento da burguesia das cidades ao menos tão quanto a dos poloneses pela Constituição de 1791.

Durante séculos os franceses meridionais combateram contra seus opressores. Mas o desenvolvimento histórico foi impiedoso. Depois de três séculos de luta, sua bela língua foi reduzida a um patoá, e eles mesmos se tornaram franceses. Três séculos durou

---

[44] A guerra dos albingenses foi conduzida de 1209 a 1229 pelos senhores feudais do norte da França junto com o papa contra os "hereges" do sul da França, que receberam o nome de albingenses graças à cidade Albi. O movimento albingense foi uma forma específica de oposição da burguesia e da pequena nobreza contra a igreja católica e o Estado feudal. As guerras terminaram em 1229 com a anexação da província do Languedoc à coroa francesa.

o despotismo franco-setentrional sobre a França meridional, e só então os franceses setentrionais se redimiram de sua opressão – aniquilando os últimos restos da autonomia franco-meridional. A Constituinte destroçou as províncias independentes, o punho de aço da Convenção transformou pela primeira vez os habitantes da França meridional em *franceses* e, como compensação por sua nacionalidade, lhes deu a democracia. Mas durante os 300 anos da opressão cabia literalmente para eles o que o cidadão Ruge diz dos poloneses: "O despotismo da Rússia não libertou os poloneses; a aniquilação da nobreza polonesa e o banimento de tantas famílias nobres da Polônia, nada disso fundou na Rússia uma democracia, uma existência humana."

E, no entanto, a opressão da França meridional pelos franceses setentrionais nunca foi chamada de "uma vergonhosa injustiça". Qual a razão disso, cidadão Ruge? Ou a opressão da França meridional é uma vergonhosa injustiça, ou a opressão da Polônia não é uma vergonhosa injustiça. O cidadão Ruge precisa escolher.

Mas em que reside então a diferença entre os poloneses e os franceses meridionais? Por que a França meridional foi arrastada pelos franceses setentrionais como um desamparado peso morto até a completa aniquilação de sua nacionalidade, enquanto a Polônia tem toda a perspectiva de muito rapidamente pôr-se à frente de todos os povos eslavos?

A França meridional foi – graças a relações sociais que não podemos desenvolver aqui – a parte reacionária da França. Sua oposição à França setentrional tornou-se muito cedo uma oposição às classes progressistas de toda a França. Foi o principal sustentáculo do feudalismo e permaneceu até hoje a fortaleza da contrarrevolução francesa.

A Polônia, ao contrário, graças a condições sociais que desenvolvemos acima (n. 81), foi a parte revolucionária da Rússia, Áustria e Prússia. Sua oposição contra seus opressores foi ao mesmo tempo a oposição contra a alta aristocracia na própria Polônia. Mesmo a nobreza, que em parte ainda se apoiava sobre o terreno feudal, se aliou à revolução democrática-agrária com um empenho sem exemplo. A Polônia já se tornara o cadinho da democracia da Europa oriental quando a Alemanha ainda andava às voltas com a mais banal ideologia constitucional e a mais delirante ideologia filosófica.

Aqui, e não no brilhante desenvolvimento da cavalaria, já há muito sepultada, reside a garantia e a inevitabilidade da restauração da Polônia.

Mas o sr. Ruge tem ainda um segundo argumento para a necessidade de uma Polônia independente na "família de nações" europeia:

> A violência que foi exercida sobre a Polônia, essa violência espalhou os poloneses por toda a Europa; com sua cólera pela injustiça sofrida, eles foram dispersados por toda parte [...] o espírito polonês se humanizou e depurou na França e na Alemanha [!?]: a imigração polonesa tornou-se a *propagadora da liberdade* [n. 1]. [...] os eslavos tornaram-se capazes de ingressar na grande família europeia de nações [a 'família' é inevitável!], porque [...] sua imigração desempenha o papel de um verdadeiro *apostolado da liberdade* [n. 2]. [...] Todo o exército russo [!!] foi contaminado com as ideias da nova época pelos poloneses, esses *apóstolos da liberdade* [n. 3]. [...] Respeito a honrada convicção dos poloneses, que a

manifestaram por toda a Europa, de fazer *propaganda* pela *liberdade* com todas as forças [n. 4]. [...] Enquanto soar a voz da história, eles serão honrados por terem sido *pioneiros* [n. 5] *ali onde foram pioneiros* [!!!] [...] Os poloneses são o *elemento da liberdade* [n. 6], lançado no eslavismo; eles *conduziram* o Congresso Eslavo em Praga para a *liberdade* [n. 7], atuaram na França, na Rússia e na Alemanha. Os poloneses são, portanto, ainda um elemento atuante também na cultura atual, sua ação é positiva, e porque é positiva, porque são necessários, eles não estão de modo algum mortos.

O cidadão Ruge devia demonstrar que os poloneses 1º são necessários e 2º não estão mortos. Ele o faz dizendo: "Porque são necessários, eles não estão de modo algum mortos".

Se excluirmos dessa longa passagem, que diz a mesma coisa sete vezes, algumas palavras – poloneses, elemento, liberdade, propaganda, cultura, apostolado – veremos o que resta desse discurso bombástico.

O cidadão Ruge devia demonstrar que a restauração da Polônia é necessária. E o demonstra do seguinte modo: os poloneses não estão mortos, ao contrário, estão bem vivos, eles atuam positivamente, são os apóstolos da liberdade em toda a Europa. Como chegaram a isso? A violência, a vergonhosa injustiça que foi exercida contra eles os dispersou por toda a Europa com sua cólera pela injustiça sofrida, sua justa cólera revolucionária. Esta cólera foi "depurada" no exílio, e essa cólera depurada os capacitou para o apostolado da liberdade e os pôs "sobretudo nas barricadas". O que se segue? Suprima-se a vergonhosa injustiça, a violência exercida, restaure-se a Polônia, e a "cólera" cessará, não poderá mais ser depurada, e os poloneses voltarão para casa e deixarão de ser "apóstolos da liberdade". Se só a "cólera pela injustiça sofrida" os torna revolucionários, a supressão da injustiça os tornará reacionários. Se só a resistência à opressão mantém os poloneses vivos, basta abolir a opressão e eles morrerão.

O cidadão Ruge demonstra, pois, exatamente o contrário do que pretende demonstrar; seus argumentos levam à conclusão de que, no interesse da liberdade e da família europeia de nações, a Polônia *não deve ser restaurada*.

De resto, ao falar dos poloneses, o cidadão Ruge menciona apenas os emigrantes, vê apenas os emigrantes nas barricadas, o que lança uma estranha luz sobre seus "conhecimentos". Longe de nós a intenção de ofender a imigração polonesa, que demonstrou sua energia e coragem no campo de batalha e em dezoito anos de conspiração a favor da Polônia. Mas não podemos negar: quem conhece a emigração polonesa sabe que ela está longe de ser tão apóstolo da liberdade e amante das barricadas como pretende o cidadão Ruge, repetindo de boa-fé o ex-príncipe Lichnowski. A emigração polonesa resistiu estoicamente, sofreu muito e trabalhou muito pelo restabelecimento da Polônia. Mas os poloneses na própria Polônia acaso fizeram menos, não enfrentaram grandes perigos, não se expuseram aos calabouços de Moabit e de Spielberg,[45] ao chicote e às minas da Sibéria, às carnificinas galícias e às granadas prussianas? Mas nada disso existe

---

[45] Montanha com cidadela em Brünn.

para o sr. Ruge. Ele tampouco observou que os poloneses não emigrados incorporaram muito mais a cultura geral europeia, que reconheceram muito melhor as necessidades da Polônia, na qual seguiram vivendo, do que quase toda a emigração, com exceção de Lelewel e Mieroslawski. Para o cidadão Ruge, toda inteligência que existe na Polônia, ou, para falar em sua linguagem, que "se difundiu entre os poloneses e incidiu sobre os poloneses" decorre de sua estadia no exterior. Já demonstramos, no n. 81, que os poloneses não precisavam procurar o reconhecimento das necessidades de seu país nem entre os entusiastas políticos franceses, que desde fevereiro naufragaram em suas próprias frases, nem entre os profundos ideólogos alemães, que ainda não encontraram uma oportunidade para naufragar; que a própria Polônia era a melhor escola para aprender o que a Polônia precisa. O mérito dos poloneses consiste em terem sido os primeiros a reconhecer e divulgar que a democracia agrária é a única forma possível da libertação para todos os povos eslavos, mas não, como imagina o cidadão Ruge, por "ter levado para a Polônia e para a Rússia" frases genéricas tais como "o grande pensamento da liberdade política, que amadureceu na França, e mesmo [!] a filosofia que emergiu na Alemanha" (e submergiu no sr. Ruge).

Que Deus nos proteja de nossos amigos, de nossos inimigos nós mesmos nos protegemos! – poderiam clamar os poloneses depois desse discurso do cidadão Ruge. Mas tem sido sempre a maior infelicidade dos poloneses ser defendidos por seus amigos não poloneses com os piores argumentos do mundo.

Diz muito sobre a esquerda de Frankfurt o fato de ela, com poucas exceções, ter se encantado com o discurso do cidadão Ruge sobre a Polônia, com um discurso no qual é dito que: "Não vamos nos desentender, meus senhores, sobre devermos ter em mente a monarquia democrática, a monarquia democratizada [!] ou a pura democracia, pois *no geral queremos o mesmo*, a liberdade, a liberdade do povo, a soberania do povo!"

E devemos nos entusiasmar por uma esquerda que fica embevecida quando se diz que ela quer "no geral o mesmo" que a direita, que o sr. Radowitz, o sr. Lichnowski, o sr. Vincke e os demais cavaleiros gordos ou magros? Por uma esquerda que, sob encantamento, não reconhece mais a si mesma, que tudo esquece tão logo ouve umas poucas palavras de ordem vazias como "liberdade do povo" e "soberania do povo"?

Mas deixemos de lado a esquerda e voltemos ao cidadão Ruge.

"Ainda não houve na face da Terra revolução maior do que a revolução de 1848."

"Ela é a mais humana em seus princípios" – porque esses princípios resultaram do velamento dos mais contraditórios interesses.

"A mais humana em seus decretos e proclamações" – porque são um compêndio das fantasias filantrópicas e frases sentimentais sobre a fraternidade de todos os cabeças-ocas da Europa.

"A mais humana em sua existência" – isto é, nas carnificinas e barbáries da Posnânia, nos incêndios assassinos de Radetzky, nas atrocidades canibalescas dos vencedores de junho, nas matanças de Cracóvia e Praga, na dominação generalizada da soldadesca, em síntese, em todas as infâmias que hoje, em 1 de setembro de 1848, perfazem a "existência" dessa revolução e que custaram mais sangue em quatro meses do que 1793 e 1794 juntos.

O "humano" cidadão Ruge!

NGR, n. 96, 7/9/1848

Colônia, 6 de setembro. Acompanhamos o "humano" cidadão Ruge no caminho de sua investigação histórica sobre a necessidade da Polônia. Até agora, o cidadão Ruge falou sobre o passado perverso, sobre a era do despotismo, redigiu os *acontecimentos* da *desrazão*; agora chega ao presente, ao glorioso ano de 1848, à revolução, agora ele pisa solo natal, agora ele redige a "*razão* dos acontecimentos".[46]

> Como pode se efetivar a libertação da Polônia? Ela pode se realizar mediante acordos de que participem as duas grandes nações civilizadas da Europa, que devem necessariamente perfazer com a Alemanha, a Alemanha emancipada, uma nova Tríplice Aliança, *uma vez que* pensam do mesmo modo e querem *no geral* o mesmo.

Aí temos, numa *única* frase audaz, toda a razão dos acontecimentos para a política externa. Aliança entre Alemanha, França e Inglaterra, pois todas as três "pensam do mesmo modo e querem no geral o mesmo", uma nova Federação Rütli[47] entre os três suíços modernos, Cavaignac, Leiningen e John Russell!! Certamente nesse meio-tempo a França e a Alemanha, com a ajuda de Deus, terão recuado tanto que seus governos "pensam do mesmo modo", sobre princípios políticos gerais, que a Inglaterra oficial, esse inabalado rochedo contrarrevolucionário no mar.

Mas os países não apenas "pensam" o mesmo, eles "também querem no geral o mesmo". A Alemanha quer o Schleswig, e a Inglaterra não quer cedê-lo; a Alemanha quer impostos protecionistas, e a Inglaterra quer livre-comércio; a Alemanha quer unidade, e a Inglaterra deseja fragmentá-la; a Alemanha quer ser autônoma, e a Inglaterra aspira a subjugá-la industrialmente – mas, o que importa? "No geral", ambas querem de fato "o mesmo"! E a França, a França promulga leis alfandegárias contra a Alemanha, seu ministro Bastide faz troça do mestre-escola Raumer, que representa lá a Alemanha – portanto, ela quer claramente "no geral o mesmo" que a Alemanha! De fato, Inglaterra e França demonstram do modo mais concludente que querem o mesmo que a Alemanha ameaçando-a com a guerra, a Inglaterra por causa do Schleswig, a França por causa da Lombardia!

---

[46] No "Manifesto Eleitoral do partido da reforma radical para a Alemanha" (de abril de 1848) elaborado por Ruge, declarava-se como tarefa principal da Assembleia Nacional a "Redação da razão dos acontecimentos".

[47] Segundo uma lenda suíça, numa reunião noturna no Rütli, um pasto de montanha no lago Urner (lago Lucerna), em 1307, os representantes dos três cantões montanheses Schwyz, Uri e Unterwaiden juraram fidelidade na luta comum contra o domínio dos Habsburgo.

O cidadão Ruge tem a ingenuidade ideológica de acreditar que nações estabeleceriam uma aliança só por terem certas concepções políticas em comum. Em geral o cidadão Ruge tem apenas duas cores em sua paleta política: preto e branco, escravidão e liberdade. O mundo, para ele, se divide em dois grandes campos: povos civilizados e bárbaros, homens livres e servos. A fronteira da liberdade, que há seis meses ficava na outra margem do Reno, coincide agora com a fronteira russa, e esse progresso é chamado de revolução de 1848. É nessa figura confusa que o movimento atual se reflete na cabeça do cidadão Ruge. Eis a tradução pomerana[48] do grito de batalha das barricadas de fevereiro e março.

Traduzindo de volta do pomerano ao alemão, evidencia-se que as três nações civilizadas, os três povos livres, são aqueles em que domina a burguesia, sob diversas formas e patamares de desenvolvimento, enquanto os "escravos e servos" são os povos que permanecem sob o domínio do absolutismo patriarcal-feudal. Por liberdade o farouche republicano e democrata Arnold Ruge entende o mais vulgarmente "insípido" liberalismo, o domínio da burguesia, quando muito com algumas formas aparentemente democráticas – eis o cerne do cão![49]

Uma vez que na França, na Inglaterra e na Alemanha a burguesia domina, elas são aliadas naturais, raciocina o cidadão Ruge. E se os interesses materiais dos três países se contrapõem diretamente uns aos outros, se a liberdade de comércio com a Alemanha e a França é uma condição vital indispensável para a burguesia inglesa, se impostos protecionistas contra a Inglaterra são uma condição vital indispensável para as burguesias francesa e alemã, se em vários aspectos há relações similares entre Alemanha e França, se essa tríplice aliança na prática conduz à subjugação industrial da França e da Alemanha? – "Egoísmo estreito, mesquinha alma de merceeiro", resmunga Ruge, o pensador pomerano, com suas próprias barbas loiras.

Em seu discurso, o sr. Jordan falou da trágica ironia da história mundial. O cidadão Ruge é um convincente exemplo dela. Assim como toda a esquerda mais ou menos ideológica, ele vê suas mais caras fantasias, seus mais elevados *efforts*[50] mentais naufragarem na classe da qual é o representante. Seu projeto filantrópico-cosmopolita naufraga contra as mesquinhas almas de merceeiro, e ele deve representar, mesmo sem saber e sem querer, justamente essas almas de merceeiro, de uma maneira mais ou menos distorcida ideologicamente. O ideólogo põe e o merceeiro dispõe. Trágica ironia da história universal!

O cidadão Ruge expõe, em seguida, que a França "disse que, embora os tratados de 1815 tenham sido de fato rasgados, ela pretenderia reconhecer a divisão territorial tal como é atualmente". "Isso é bastante correto", pois o cidadão Ruge encontrou o que até então ninguém havia procurado no manifesto de Lamartine: o fundamento de um novo direito internacional. Eis como desenvolve isso:

---

[48] Uso de uma expressão de Heine que, num encontro com Ruge em 1843, saudou-o como alguém que "sabe como traduzir Hegel para o pomerano".

[49] Goethe, *Fausto*, Primeira parte, "Gabinete de estudos".

[50] Esforços.

Dessa relação com a França deve emanar o novo direito *histórico* [!] [n. 1]. O direito histórico é o *direito* dos *povos* [! n. 2]. No caso de que falamos [?], é o novo *direito internacional* [! n. 3]. Essa é a única concepção correta do *direito histórico* [! n. 4]. Qualquer outra concepção do *direito histórico* [! n. 5] é absurda. Não há nenhum outro *direito internacional* [! n. 6]. O *direito histórico* [n. 7] é o direito [finalmente!] que a *história produziu* e que o *tempo sancionou*, ao suprimir, rasgar [quem?] os tratados atuais e substituí-los por outros.

Em *uma* palavra: o direito histórico é – a redação da razão dos acontecimentos!

Assim está escrito literalmente na história dos apóstolos da unidade alemã, nas atas estenográficas de Frankfurt, p. 1.186, primeira coluna. E há quem reclame que a *Nova Gazeta Renana* critique o sr. Ruge por meio de pontos de exclamação! Mas, naturalmente, essa vertiginosa ciranda entre direito histórico e direito internacional deve transtornar olhos e ouvidos da honesta esquerda, e ela deve ficar boquiaberta de admiração quando o filósofo da Pomerânia clama em seus ouvidos com certeza apodítica: "O direito histórico é o direito que a história produziu e o tempo sancionou" etc.

De fato, a "história" sempre "produziu" exatamente o contrário daquilo que o "tempo sancionou", e a sanção do "tempo" consiste sempre justamente em anular o que a "história produziu".

Agora o cidadão Ruge apresenta a "única" moção "correta e admissível": "Incumbir o poder central de organizar, em associação com a Inglaterra e a França, um congresso para o restabelecimento de uma Polônia livre e independente, e para o qual todas as potências interessadas seriam convidadas a enviar seus embaixadores".

Que posições corajosas e honestas! Lord John Russell e Eugen Cavaignac devem restabelecer a Polônia; as burguesias inglesa e francesa devem ameaçar a Rússia com uma guerra para garantir a liberdade da Polônia, que nesse momento lhes é absolutamente indiferente! Nessa época de confusão e complicação generalizadas, em que cada notícia tranquilizadora que faz o câmbio subir ⅛ % é novamente frustrada por seis golpes perturbadores, em que a indústria luta contra a lenta bancarrota, em que o comércio está paralisado, em que é preciso auxiliar com somas exorbitantes o proletariado desempregado para evitar que se lance em uma suprema luta final desesperada – nesse momento as burguesias das três nações civilizadas ainda deveriam criar mais uma dificuldade? E que dificuldade! Uma guerra com a Rússia, que desde fevereiro é a mais íntima aliada da Inglaterra! Uma guerra com a Rússia, uma guerra que, como todos sabem, seria a queda das burguesias alemã e francesa! E para obter qual vantagem? Absolutamente nenhuma. De fato, isso é mais do que ingenuidade pomerana!

Mas o cidadão Ruge jura que a "solução pacífica" da questão polonesa seria possível. A coisa fica cada vez melhor! E por quê? Porque agora se trata do seguinte: "O que os tratados de Viena *queriam* deve ser agora realizado e efetivamente executado [...] Os tratados de Viena queriam assegurar o direito de todas as nações contra a *grande* nação francesa, [...] queriam a restauração da nação alemã".

Agora se esclarece por que o sr. Ruge "quer no geral o mesmo" que a direita. A direita também quer a execução dos tratados de Viena. Os tratados de Viena são a síntese da grande vitória da Europa reacionária sobre a França revolucionária. São a forma clássica sob a qual a reação europeia dominou por 15 anos, durante a Restauração. Eles restabeleceram a legitimidade, a monarquia pela graça de Deus, a nobreza feudal, o domínio do clero, a legislação e administração patriarcal. Mas como a vitória foi conquistada com ajuda das *burguesias* inglesa, alemã, italiana, espanhola e especialmente francesa, foi igualmente necessário fazer concessões à burguesia. Enquanto príncipes, nobreza, clero e burocracia dividiam entre si os gordos nacos do botim, a burguesia teve de se contentar com letras de câmbio sacadas sobre o futuro, que jamais foram honradas, e que ninguém tencionava honrar. E em vez de considerar o conteúdo real, prático dos tratados de Viena, o sr. Ruge acredita que essas promessas vazias seriam o conteúdo efetivo deles, enquanto a prática reacionária seria apenas uma abusiva má interpretação!

De fato, é preciso ser de uma natureza extraordinariamente benevolente para, 33 anos depois, depois das revoluções de 1830 e 1848, ainda acreditar no pagamento dessas letras de câmbio, para imaginar que as frases sentimentais nas quais estão envolvidas as promessas ilusórias de Viena ainda tenham algum sentido em 1848!

O cidadão Ruge como Dom Quixote dos Tratados de Viena!

Finalmente, o cidadão Ruge revela para a Assembleia um profundo segredo: as revoluções de 1848 só aconteceram porque os tratados de 1815 foram quebrados em 1846, em Cracóvia. Que sirva de aviso a todos os déspotas!

Em resumo, o cidadão Ruge não mudou nada desde a última vez em que o confrontamos no campo literário. São ainda sempre as mesmas frases, que ele decorou e repetiu desde que se tornou porteiro da filosofia alemã nos *Anais de Halle* e nos *Anais Alemães*;[51] ainda a mesma confusão, a mesma babel na concepção, a mesma carência de pensamentos; o mesmo talento para apresentar pomposamente os pensamentos mais néscios e mais absurdos; a mesma falta de "conhecimentos" e especialmente a mesma ânsia de aplauso do filisteu alemão, que nunca em sua vida ouvira algo semelhante.

Com isso encerramos nosso resumo do debate sobre a Polônia. Abordar o sr. Low, da Posnânia, e os outros grandes espíritos que ainda se seguiram seria pedir demais.

O conjunto do debate deixou uma impressão melancólica. Discursos tão longos e tão pouco conteúdo, tão pouco conhecimento do assunto, tão pouco talento! O pior debate da antiga ou atual Câmara francesa ou da Casa dos Comuns inglesa contém mais espírito, mais conhecimento de causa, mais conteúdo efetivo do que essa conversação de

---

[51] Designação abreviada para uma revista literário-filosófica dos jovens hegelianos que, na forma de folha diária, foi publicada em Leipzig de janeiro de 1838 a junho de 1841 sob o título de *Anais de Halle para a Ciência e a Arte alemãs*, e de julho de 1841 a janeiro de 1843 sob o título de *Anais Alemães para Ciência e Arte*. Até junho de 1831, a revista foi redigida por Ruge e Echtermeyer no Halle, e desde julho de 1841 por Ruge, em Dresden.

três dias sobre um dos mais interessantes temas da política moderna. *Tudo* poderia ser feito, e a Assembleia Nacional se limitou à mera tagarelice.

De fato, nunca e em lugar nenhum já se reuniu uma Assembleia como essa!

As conclusões são conhecidas.[52] Três quartos da Posnânia foram conquistados; não foram conquistados nem pela violência, nem pela "diligência alemã", nem pelo "arado", mas pela tagarelice, falsas estatísticas e resoluções covardes.

"Vocês engoliram os poloneses, mas, por Deus, não vão conseguir digeri-los!"

---

[52] Em 27 de julho de 1848, a Assembleia Nacional de Frankfurt aprovou a decisão já antes assumida pela Dieta Federal de incorporar partes do grão-ducado da Posnânia à Confederação Alemã, sancionou os poderes investidos nos 20 deputados eleitos por essas regiões (embora a população polonesa tivesse se recusado a tomar parte nas eleições para o parlamento de Frankfurt), confirmou a linha de demarcação estabelecida pelo general Pfuel na Posnânia depois de repetidas transferência dessa linha para o leste e obrigou o governo prussiano "a garantir a segurança dos alemães residentes na Posnânia". Essa decisão causou forte indignação nos círculos democráticos da Alemanha. Por exemplo, em 11 de agosto um comício da Associação Democrática de Colônia, presidida por Marx, adotou uma resolução de protesto contra as decisões da Assembleia de Frankfurt sobre a questão polonesa e a enviou à Assembleia.

O armistício dinamarquês e Hansemann

NGR, n. 72, 11/8/1848

F. Engels

Colônia, 10 de agosto. Chamamos a atenção de nossos leitores para nosso artigo sobre a *Dinamarca*. As folhas dinamarquesas nos trazem revelações totalmente novas sobre a conduta do "ministério de Ação" a respeito do problema do armistício.[1] De um modo ou de outro, pois, os pecados secretos do sr. Hansemann vêm à tona.

---

[1] Ver "O armistício com a Dinamarca" e "Rompidas as negociações do armistício com a Dinamarca".

A luta de libertação italiana e a causa de seu atual fracasso

NGR, n. 73, 12/8/1848

F. Engels

Com a mesma celeridade com que foram expulsos da Lombardia em março, os austríacos voltaram agora triunfantes e já entraram em Milão.

O povo italiano não poupou sacrifícios. Ele estava preparado para levar até o fim a obra iniciada e conquistar sua autonomia nacional com seu sangue e suas propriedades.

Mas à coragem, ao entusiasmo, à capacidade de sacrifício não corresponderam em parte alguma os que estavam ao leme. Aberta ou secretamente eles fizeram de tudo para empregar os meios de que dispunham, não para se emancipar da brutal tirania da Áustria, mas sim para tolher a força popular e retornar o mais rápido possível às velhas condições, sem as alterar em nada.

O papa,[1] cada dia mais persuadido e conquistado pela política austríaco-jesuítica, interpôs no caminho do ministério Mamiani todos os obstáculos que, em aliança com os "negros" e os "negro-amarelos",[2] estavam à sua disposição. O próprio ministério fazia discursos muito patrióticos nas duas Câmaras, mas não dispunha da energia necessária para transformar em ato suas boas intenções.

Na Toscana o governo se apresentava decerto com belas palavras, mas com ainda menos ações. No entanto, entre os príncipes locais o inimigo principal da liberdade italiana era e é Carlos Alberto. Os italianos deveriam ter repetido e observado constantemente o provérbio: "Que o céu nos proteja de nossos amigos, que de nossos inimigos nos protegeremos nós mesmos!" De Ferdinand de Bourbon tinham pouco a temer; ele fora há muito desmascarado. Carlos Alberto, ao contrário, se fazia por toda parte aclamar como "la spada d'Italia" (a espada da Itália) e exaltar como o herói cuja espada afiada ofereceria a mais segura garantia da liberdade e independência da Itália.

Seus emissários iam a todas as partes do norte da Itália e o descreviam como o único homem que poderia salvar a pátria, e o faria. Para que pudesse fazê-lo, seria necessária apenas a instituição de um reino do norte da Itália. Só assim ele disporia do poder ne-

---

[1] Pio IX.
[2] Por "negros", Engels refere-se aos monges jesuítas, e por "negro-amarelos", aos austríacos, em função das cores de sua bandeira.

cessário não apenas para se contrapor à Áustria, mas para expulsá-la da Itália. A ambição que o levou anteriormente a uma aliança com os carbonários,[3] que ele mais tarde traiu, essa ambição se inflamou mais fortemente do que nunca, e o levou a sonhar com uma plenitude de poderes e uma magnificência diante das quais o brilho de todos os demais príncipes italianos deveria muito rapidamente empalidecer. Acreditou poder confiscar todo o movimento popular de 1848 para o bem de sua ridícula pessoa. Cheio de ódio e desconfiança de todos os homens verdadeiramente liberais, cercou-se de pessoas que capitulavam em medida maior ou menor ao absolutismo e que se prestavam a encorajar sua ambição monárquica. Pôs à frente do exército aqueles generais de cuja superioridade intelectual ou opiniões políticas nada tinha a temer, mas que não contavam nem com a confiança dos soldados nem com o talento necessário para uma condução bem-sucedida da guerra. Nomeou-se pomposamente o "libertador" da Itália, enquanto impunha seu jugo como condição aos que deviam ser libertados. Raramente as condições foram tão favoráveis a um homem como a ele. Sua avidez de obter o máximo, e se possível tudo, levou-o finalmente a perder também o que já havia conquistado. Enquanto a anexação da Lombardia ao Piemonte não estava completamente decidida, enquanto ainda existia a possibilidade de um governo republicano, ele permaneceu imóvel em suas trincheiras diante da Áustria, apesar da relativa fraqueza desta naquele momento. Permitiu que Radetzky, d'Aspre, Welden etc. conquistassem cidades e fortalezas uma após outra nas províncias venezianas, e não se moveu. Veneza só lhe pareceu digna de ajuda quando buscou refúgio sob sua coroa. O mesmo em relação a Parma e Modena. Nesse meio-tempo Radetzky se fortalecera e tomara todas as medidas para o ataque e, em vista da incapacidade e da cegueira de Carlos Alberto e seus generais, para a vitória decisiva. O resultado é conhecido. Desde então os italianos não podem e não irão mais confiar sua libertação às mãos de um príncipe ou de um rei; para sua salvação precisam, ao contrário, se desvencilhar o mais rápido possível dessa incompetente "spada d'Italia". Se tivessem feito isso antes, se tivessem aposentado o rei e seu sistema junto com todos os seus sequazes e estabelecido entre si uma união democrática, provavelmente agora não haveria mais nenhum austríaco na Itália. Em vez disso, não só suportaram em vão todos os sofrimentos de uma guerra conduzida furiosa e barbaramente por seus inimigos e fizeram em vão os mais pesados sacrifícios, como foram também abandonados indefesos à ávida sede de vingança dos austríacos reacionários de Metternich e sua soldadesca. Quem quer que leia os manifestos dirigidos por Radetzky à população da Lombardia e por Welden às legações romanas vai entender que, para os italianos, Átila e suas hordas hunas devem parecer anjos de bondade. A reação e a restauração se consumaram. O duque de Modena, chamado "*il carnefice*" (o carrasco), que adiantou aos austríacos 1,2 milhão de florins

---

[3] Sociedade política secreta, constituída na Itália, no início do século XIX. Defendia a unidade nacional e a independência italiana e reformas estatais liberais. Os carbonários combateram do modo mais decidido a reação na Itália desde 1815. Em Nápoles, contavam com milhares de membros e desempenharam um papel importante na revolução de 1820.

para a condução da guerra, também voltou. Tão frequentemente os povos cavaram sua própria cova graças a sua generosidade que afinal deveriam tomar juízo e se dispor a aprender um pouco com seus inimigos. Os modenenses deixaram partir tranquilamente o duque que, em seu governo anterior, havia encarcerado, enforcado e fuzilado milhares por suas convicções políticas. E ele voltou para isso, para exercer com redobrado prazer seu sanguinário ofício principesco.

 A reação e a restauração se consumaram. Mas apenas provisoriamente. O espírito revolucionário penetrou fundo demais no povo para poder ser contido por muito tempo. Milão, Brescia e outras regiões mostraram em março de que esse espírito é capaz. O excesso de sofrimento levará a uma nova sublevação. Inspirados pelas amargas experiências dos últimos meses, os italianos saberão evitar novas ilusões e assegurar sua independência sob a bandeira da unidade democrática.

A traição de Carlos Alberto

NGR, n. 77/78, 17/8/1848

F. Engels

Os jornais de Turim, Gênova etc. reclamam em alto e bom som que a causa da liberdade e da independência da Itália acaba de ser traída por este ou por aquele que, até o último momento, repetiam o juramento de vencer ou morrer pela Itália. O que antes era explicitado apenas por poucos – que Carlos Alberto é um traidor –, hoje é repetido diariamente e em voz alta pela massa e por todos os jornais não completamente vendidos ao pérfido rei da Sardenha. Essa percepção trará seus frutos mais tarde; desta vez, entretanto, ela chegou tarde demais. Desde as batalhas de Goito e Mozanbano,[1] ficou cada vez mais claro para muitos que ou o sardo era um traidor, ou era totalmente incapaz de realizar a tarefa que havia assumido. Ele descambou para uma total inação, e o que se passou contrariava todas as regras do bom-senso, da política e da arte da guerra. Há muito se impunham inúmeras perguntas, cujas respostas em parte já foram agora efetivamente dadas, e em parte logo virão à luz. Por exemplo, quem obstruiu continuamente os preparativos para o armamento de todo o povo? Quem distribuiu e dispersou o exército italiano em tantas posições, e negligenciou a constituição de um corpo de reserva, de modo que cada derrota levasse a uma ruína inevitável? Por que Carlos Alberto não avançou sobre Vincenza? Por que faltou pão ao exército em Valleggio? Por que os modenenses desertaram? Como se explica que os voluntários lombardos não tenham encontrado nem um único canhão às margens do Mincio? Como se explica que os projéteis distribuídos durante a batalha a muitos corpos piemonteses eram absolutamente inutilizáveis porque as balas eram grandes demais? E finalmente: como esse Carlos Alberto, que já há muito se decidira pela retirada, ainda ordenou a destruição de grande número de casas nos subúrbios de Milão, no valor de 30 milhões de liras? Só há uma única resposta a essas perguntas, exceto a mais lamentável e mais inacreditável incapacidade, a de que Carlos Alberto agiu em 1848 de modo tão traidor e pérfido como em 1821, quando traiu vergonhosamente seus coconspiradores e ajudou a entregá-los à forca, às galés e ao exílio.

---

[1] A batalha de Goito (30 de maio de 1848) foi parte das hostilidades iniciadas com a batalha de Curtatone entre as forças italianas aliadas e os vassalos da Áustria. A batalha de Mozambano (24 de julho de 1848) foi um episódio da batalha de Custozza entre o Piemonte e os exércitos austríacos. Nos dois casos, o comando piemontês se mostrou incapaz de uma ação enérgica contra o inimigo e de tirar vantagem dos sucessos alcançados em setores separados da frente de batalha.

A *Gazeta de Colônia* sobre a Itália

NGR, n. 87, 27/8/1848

F. Engels

Colônia, 26 de agosto. Ontem fomos condenados a ouvir a tagarelice política de um beletrista, o sr. Wilhelm Jordan, de Berlim,¹ sobre o ponto de vista histórico-universal. O destino nos persegue impiedosamente. Hoje nos cabe um fado semelhante. A principal conquista de março consiste em que os beletristas monopolizaram a política.

O sr. *Levin Schücking*, de Münster, a quarta ou quinta roda no carro de anúncios do sr. Dumont, publicou um artigo na *Gazeta de Colônia* sobre "nossa política na Itália".

E o que diz "meu amigo Levin com olhos de fantasma"?²

> Jamais houve um momento *mais auspicioso* para a Alemanha do que o atual para assentar sua política *vis-à-vis* a Itália em uma base sã, que promete perdurar por séculos. Lavamos gloriosamente [! pela traição de Carlos Alberto] a afronta com a qual nossas bandeiras foram manchadas por um povo facilmente arrogante quando afortunado: à frente de um exército insuperável, admirável não somente na vitória e na luta, mas também pela paciência e perseverança, o *barba bianca*, o *barba branca* fincou a gloriosa [!?] águia alemã de duas cabeças nas ameias da cidade *rebelde*, onde há mais de 600 anos o imperial *barba vermelha* fez tremular a mesma bandeira como *símbolo da soberania da Alemanha sobre a Itália. Essa soberania nos pertence ainda hoje.*

Assim falou o sr. Levin Schücking da *Gazeta de Colônia*.

À época em que os croatas e panduros de Radetzky foram expulsos de Milão por um povo desarmado após uma luta de cinco dias, à época em que o "exército admirável", dispersado em Goito, se retirou para Verona – àquela época a lira política de "meu amigo Levin com olhos de fantasma" silenciou! Mas desde que o exército austríaco fortalecido alcançou uma imerecida vitória, graças à tão covarde quanto desastrada traição de Carlos Alberto – uma traição que predissemos inúmeras vezes –, desde então o publicista vizinho voltou à cena, desde então trombeteia a "afronta lavada", desde então arrisca paralelos entre Frederico Barbarossa e Radetzky Barbabianca, desde então a heroica Milão, que fez a mais gloriosa revolução de todo o ano de 1848, não passa de uma "cidade rebelde",

---

¹ Ver "O debate sobre a Polônia em Frankfurt".
² Do poema *Die Rose*, de Freiligrath.

desde então a "soberania sobre a Itália" pertence a nós alemães, a quem de fato nada jamais pertenceu!

"Nossas bandeiras!" Os trapos negro-amarelos da reação de Metternich, pisoteados em Viena – eis as bandeiras do sr. Schücking da *Gazeta de Colônia*!

"A gloriosa águia alemã de duas cabeças!" O mesmo monstro heráldico que foi depenado pela revolução armada em Jemappes, em Fleurus, em Millesimo, em Rivoli, em Neuwied, em Marengo, em Hohenlinden, em Ulm, em Austerlitz, em Wagram[3] – eis o "glorioso" Cérbero do sr. Schücking da *Gazeta de Colônia*!

Quando os austríacos foram batidos, eles eram separatistas,[4] e praticamente traidores da pátria; desde que Carlos Alberto caiu na armadilha, desde que avançaram sobre Ticino, eles são "alemães", somos "nós" que fizemos tudo. Nada temos a objetar se a *Gazeta de Colônia* conquistou as vitórias de Volta e Custozza e dominou Milão;[5] mas então ela deve assumir também a responsabilidade pelas brutalidades e infâmias, que conhece bem, daquele exército bárbaro "admirável pela paciência e perseverança" – exatamente do mesmo modo como a seu tempo assumiu sua responsabilidade pela carnificina na Galícia.[6]

"Essa soberania nos pertence ainda hoje. Itália e Alemanha são nações entre as quais a natureza e a história ataram um laço, que têm afinidades providenciais, que são aparentadas como ciência e arte, como pensamento e sentimento."

Como o sr. Brüggemann e o sr. Schücking!

E justamente por isso os alemães e os italianos combatem-se constantemente há 2 mil anos, justamente por isso os italianos sempre se livraram uma e outra vez da opressão alemã, justamente por isso o sangue alemão tingiu tão frequentemente as ruas de Milão, para demonstrar que a Alemanha e a Itália "têm afinidades providenciais"!

Exatamente porque Itália e Alemanha "são aparentadas", Radetzky e Welden canhonearam, incendiaram e pilharam todas as cidades venezianas!

Meu amigo Levin com olhos de fantasma exige agora que renunciemos à Lombardia até o rio Etsch,[7] pois supostamente o povo não nos quer, mesmo que alguns "cittadini"

---

[3] Aqui são enumeradas as batalhas dos austríacos contra os franceses de 1792 a 1809, nas quais o exército austríaco sofreu derrotas: em Jemappes, em 6 de novembro de 1792, em Fleurus em 26 de junho de 1794, em Millesimo em 13-14 de abril de 1796, em Rivoli em 14-15 de janeiro de 1797, em Neuwied em 18 de abril de 1797, em Marengo em 14 de junho de 1800, em Hohenlinden em 3 de dezembro de 1800, em Ulm em 17 de outubro de 1895, em Austerlitz em 2 de dezembro de 1805, em Wagram em 5-6 de julho de 1809.

[4] Liga Separatista – liga de sete cantões suíços católicos economicamente atrasados, fundada em 1843 com o fim de se opor às transformações burguesas progressistas na Suíça e defender os privilégios da igreja e dos jesuítas. A decisão da Dieta Federal Suíça em julho de 1847 sobre a dissolução da Liga Separatista serviu de ensejo a esta para, no início de novembro, iniciar ações militares contra os demais cantões. Em 23 de novembro de 1847, o exército da Liga Separatista foi derrotado pelas tropas governamentais.

[5] O exército austríaco, sob Radetzky, derrotou as forças armadas sardenho-lombardas em 25 de julho de 1848 em Custozza e em 27 de julho no Volta; em 6 de agosto de 1848, tomaram Milão.

[6] Durante a insurreição pela libertação nacional na Cracóvia, em 1846, as autoridades austríacas provocaram confrontos na Galícia entre camponeses ucranianos e destacamentos de poloneses insurgentes. Quando a insurreição foi reprimida, os participantes do movimento camponês na Galícia foram severamente perseguidos.

[7] O nome italiano é Adige.

pobres (assim diz o erudito sr. Schücking no lugar de *contadini*, camponeses) tenham recebido jubilosamente os austríacos. Mas se nos comportarmos como um "povo livre", "então eles nos estenderão a mão com prazer, para serem conduzidos *por nós* no caminho ao qual não podem chegar sozinhos, no caminho para a liberdade".

De fato! A Itália, que conquistou liberdade de imprensa, júri, constituição antes que a Alemanha acordasse de sua letargia; a Itália, que em Palermo levou à vitória a primeira revolução deste ano; a Itália, que em Milão venceu sem armas os "insuperáveis" austríacos – a Itália não pode chegar ao caminho da liberdade sem ser conduzida pela Alemanha, quer dizer, por um Radetzky! Francamente, se é preciso uma Assembleia de Frankfurt, um poder central insignificante, 39 ligas separatistas e a *Gazeta de Colônia* para trilhar o caminho para a liberdade...

Basta. A fim de que os italianos "se deixem conduzir para a liberdade" pelos alemães, o sr. Schücking retém o Tirol e a Veneza italianos para investir em sua posse um arquiduque austríaco, e envia "2 mil homens das tropas imperiais do sul da Alemanha a Roma, para que o vigário de Cristo possa restaurar a paz em sua própria casa".

> Mas infelizmente
> A terra pertence aos franceses e russos,
> O mar pertence aos britânicos;
> Mas no etéreo reino dos sonhos
> Possuímos o domínio incontestável.
>
> Ali exercemos a hegemonia,
> Ali somos indestrutíveis;
> Os outros povos se desenvolveram
> Na terra corriqueira.[8]

E lá em cima, no etéreo reino dos sonhos, também nos pertence "a soberania sobre a Itália". Ninguém o sabe melhor do que o sr. Schücking. Depois de ter desenvolvido essa brava política de soberania para o bem do império alemão, ele conclui suspirando: "Uma política grandiosa, magnânima, digna de um poder como o do império alemão foi infelizmente desde sempre tomada entre nós como fantasiosa, *e provavelmente assim será ainda por longo tempo!*"

Recomendamos o sr. Schücking para o cargo de porteiro e guarda-fronteira da honra alemã no alto do Stilfser Joch.[9] De lá o enérgico folhetim da *Gazeta de Colônia* observará a Itália e velará para que não se perca nem uma vírgula da "soberania da Alemanha sobre a Itália", e só então a Alemanha poderá dormir sossegada.

---

[8] Heine, H. *Alemanha. Um conto de inverno*. Cap. VII.
[9] Cume italiano que antes de 1918 ficava na fronteira entre o Tirol e a Itália.

A *Gazeta Mercantil* sobre a Renânia

NGR, n. 87, 27/8/1848

F. Engels

Colônia, 26 de agosto. A *Gazeta Mercantil de Berlim*[1] traz o seguinte artigo:

> Recentemente tivemos ocasião de mencionar que chegou uma época na qual se esvai cada vez mais o espírito que por tanto tempo manteve coeso o velho corpo estatal. Quanto à Áustria, dificilmente alguém duvidaria disso; mas também na Prússia a cada dia mais se acentuam evidentes sinais do tempo, que confirmam nossa observação e diante dos quais não podemos nos manter cegos. Há atualmente apenas um interesse capaz de absorver as províncias dos estados ao Estado prussiano, e é o interesse no desenvolvimento de instituições estatais liberais, o interesse na fundação conjunta e na promoção recíproca de uma nova e livre configuração das relações sociais. A Silésia, que tem feito vigorosos avanços no caminho do progresso político e social, dificilmente se sentirá bem na Prússia se a Prússia, como Estado, não satisfizer plenamente esse interesse. Quanto à província da Saxônia, é bem sabido que ela sempre guardou rancor ao Estado prussiano, desde que foi anexada a ele. E no que se refere à Renânia, todos devem estar bem lembrados das ameaças com as quais seus deputados se apresentaram aqui antes do 18 de março e aceleraram a transformação das coisas. O espírito do estranhamento cresce nessa província. Um panfleto muito difundido atualmente, sem indicação do local de impressão e do impressor, é mais um sinal disso.

O panfleto de que fala a *Gazeta Mercantil* certamente é conhecido de todos os nossos leitores.

Não podemos deixar de nos alegrar com a percepção, que finalmente encontra ao menos *um* representante entre os berlinenses, de que Berlim não é uma Paris nem para a Alemanha nem especialmente para a Renânia. Berlim começa a perceber que não pode nos governar, que não pode granjear a autoridade que corresponde a uma capital. Berlim demonstrou suficientemente sua incompetência na meia Revolução de Março, na tempestade do arsenal e nos últimos levantes.[2] À indecisão com a qual o povo berlinense

---

[1] Diário publicado em Berlim desde 1846 por Gustav Julius; em 1848-1849, foi o órgão da democracia pequeno-burguesa.

[2] Em 21 de agosto de 1848 ocorreram em Berlim assembleias populares e manifestações em protesto contra a agressão a membros do Clube Democrático em Charlottenburg, então subúrbio de Berlim. Os manifestantes,

se manifestou, acrescenta-se ainda a total falta de talentos em todos os partidos. Desde fevereiro, não se destacou ninguém em todo o movimento que estivesse em condições de dirigir seu partido. Nessa capital do "espírito", o espírito é extremamente dócil, mas tão fraco quanto a carne. Mesmo seus Hansemann, seus Camphausen, seus Milde têm de ser importados pelos berlinenses do Reno ou da Silésia. Berlim, muito longe de ser uma Paris alemã, não é sequer uma Viena prussiana. Não é uma capital, é uma "residência da corte".

É preciso reconhecer que mesmo em Berlim se chegou à consciência, há muito amplamente difundida aqui no Reno, de que a unidade alemã *só* pode ser criada *com a derrocada* das assim-chamadas grandes potências alemãs. Nunca fizemos segredo de nossa posição sobre isso. Não nos entusiasmamos nem com a passada glória alemã, nem com a atual, nem pela guerra de libertação nem pela "gloriosa vitória das armas alemãs" na Lombardia e no Schleswig. Mas se em algum momento algo deve vir da Alemanha, é preciso que a Alemanha se centralize, é preciso que se torne *um* império não somente na frase, mas de fato. E para isso certamente é necessário primeiro que não exista mais "nem Áustria, nem Prússia".[3]

De resto, "o espírito" que "por tanto tempo nos manteve coesos" com a velha Prússia era um espírito bem palpável, bem pesado; era o espírito de 15 mil baionetas e outros tantos canhões. Não à toa foi assentada no Reno uma colônia militar de polacos-d'água e cassubes.[4] Não à toa nossos jovens foram enquadrados na Guarda Berlinense. Não foi para nos reconciliar com as demais províncias, foi para açular uma província contra a outra, para explorar o ódio nacional dos alemães e dos eslavos, o ódio local de cada pequena provinciazinha alemã contra todas as províncias vizinhas, no interesse do despotismo patriarcal-feudal. *Divide et impera*![5]

De fato, já é tempo de acabar de uma vez por todas com o falso papel que "as províncias", isto é, os *junkers* de Uckermark e do interior da Pomerânia, estipularam para os berlinenses com suas mensagens apavorantes, e que os berlinenses prontamente assumiram. Berlim não é e nunca será a sede da revolução, a capital da democracia. Só a fantasia dos cavaleiros da Marca, aterrorizada diante da bancarrota, da prisão por dívidas e do enforcamento nos postes, poderia lhe atribuir esse papel, só a vaidade coquete dos berlinenses poderia ver nisso a representação das províncias. Nós reconhecemos a Revo-

---

que reivindicavam a renúncia do ministério Auerswald-Hansemann e a punição dos culpados por aqueles acontecimentos, apedrejaram o edifício em que estavam Auerswald e outros ministros. O Ministério de Ação respondeu com novas represálias. Foi divulgada uma lei sobre tumultos que só permitia assembleias a céu aberto com autorização policial, proibia assembleias armadas e passeatas e autorizava o poder público a usar armas contra vandalismo.

[3] Do poema *Der Freudenklang*, de Ernst Moritz Arndt.
[4] Cassube: população de cerca de 100 mil pessoas, de origem polonesa ou vêndica do nordeste da Pomerânia, estabelecida na Polônia a oeste do Vístula até Kamin e no lago de Zarnow, e na Prússia às margens do lago Léba.
[5] Divide e reina!

lução de Março, mas apenas por aquilo que ela realmente foi, e nada mais. Seu principal defeito consiste em não ter revolucionado os *berlinenses*.

A *Gazeta Mercantil* acredita que seja possível cimentar o esfacelado corpo estatal prussiano com instituições liberais. Ao contrário. Quanto mais liberais as instituições, tanto mais livremente os elementos heterogêneos vão se dissociar uns dos outros, tanto mais evidente será a necessidade da cisão, tanto mais clara se tornará a incapacidade dos políticos berlinenses de todos os partidos.

Repetimos: a Renânia nada tem a opor a permanecer na *Alemanha* junto às velhas províncias prussianas; mas pretender obrigá-la a permanecer eternamente na Prússia, seja uma Prússia absolutista, constitucional ou democrática, significa tornar impossível a unidade da Alemanha, talvez signifique até mesmo – expressamos o estado de espírito geral do povo – perder um grande e belo território para a Alemanha, ao pretender conservá-lo para a Prússia.

Mediação e intervenção. Radetzky e Cavaignac

NGR, n. 91, 1/9/1848

F. Engels

Em cerca de três semanas (21 de setembro) expira o armistício concluído graças à traição[1] de Carlos Alberto. França e Inglaterra ofereceram-se como mediadoras. Pode--se ler no *Spectateur républicain*,[2] o jornal de Cavaignac, que até agora a Áustria ainda não declarou sua aceitação ou recusa. O ditador da França acabou por se irritar com a indelicadeza austríaca e ameaça com intervenção armada se o gabinete vienense não responder até um determinado dia ou se rejeitar a mediação. A Áustria permitirá que um Cavaignac lhe dite a paz, ainda mais agora, depois da vitória sobre a democracia vienense[3] e sobre os "rebeldes" italianos? A Áustria sabe muito bem que a burguesia francesa quer a "paz a qualquer preço", que em geral a liberdade ou servidão da Itália lhe é totalmente indiferente e que ela concederá tudo, desde que não seja humilhada publicamente diante do mundo e não seja, assim, obrigada, contra a sua vontade, a empunhar a espada. Diz--se que Radetzky vai fazer uma curta visita a Viena a fim de proferir a palavra decisiva a respeito da mediação. Para isso ele não precisa viajar a Viena. É a sua política que atualmente prevalece, e sua opinião nada perderá de seu peso por ele permanecer em Milão. Se a Áustria assumir os fundamentos da paz propostos pela Inglaterra e pela França, o fará não por medo da intervenção de Cavaignac, mas por motivos muito mais urgentes e imperiosos.

Os italianos se deixaram ludibriar pelos acontecimentos de março tanto quanto os alemães. Aqueles acreditaram que o domínio estrangeiro fora finalmente liquidado; estes pensaram que o velho sistema fora enterrado de uma vez por todas. Em vez disso, ali o domínio estrangeiro é mais desabrido do que nunca, enquanto na Alemanha o

---

[1] Ver "A luta de libertação italiana e as causas de seu atual fracasso".
[2] Jornal francês publicado em Paris de julho a setembro de 1848.
[3] Em 21 de agosto de 1848, tiveram início tumultos de trabalhadores em Viena, causados pelo aumento do desemprego e pelo decreto governamental que reduzia salários. Em 23 de agosto, as Guardas Nacionais dos bairros burgueses e aristocratas abriram fogo contra trabalhadores desarmados que protestavam contra aquela medida. Os contrarrevolucionários que apoiavam o imperador Ferdinando (que retornara de Innsbruck para Viena em 12 de agosto) e a camarilha da corte, preparando o ataque às conquistas da revolução, tiraram vantagem da situação, que minara a unidade das forças democráticas.

velho sistema se recuperou novamente dos poucos golpes de março e impera com mais ferocidade e sede de vingança do que antes.

Agora o erro dos italianos consiste em esperar a salvação do atual governo da França. Só a queda desse governo poderia salvá-los. Os italianos erram, ademais, ao considerar possível a libertação de seu país enquanto na França, na Alemanha etc. a democracia perde cada vez mais terreno.

A reação, sob cujos golpes a Itália hoje sucumbe, não é uma reação meramente italiana, é um fato europeu. A Itália não pode se libertar sozinha das garras dessa reação, e muito menos apelando à burguesia francesa, que é justamente o verdadeiro pilar da reação em toda a Europa.

Primeiro a reação tem de ser vencida na França, antes de poder ser aniquilada na Itália e na Alemanha. Portanto, primeiro a república democrático-social deve ser proclamada na França, primeiro o proletariado francês tem de subjugar sua burguesia, antes que seja concebível uma vitória duradoura da democracia na Itália, Alemanha, Polônia, Hungria etc.

As condenações à morte na Antuérpia

NGR, n. 93, 3/9/1848

F. ENGELS

Colônia, 2 de setembro. A Bélgica, o Estado-modelo constitucional, nos brindou com uma nova e brilhante prova da excelência de suas instituições. *Dezessete condenações à morte* motivadas pelo ridículo caso Risquons-Tout![1] Dezessete condenações à morte para vingar a vergonha infligida à pudibunda nação belga por alguns insensatos, alguns loucos esperançosos,[2] que tentaram levantar uma pequena ponta de seu manto constitucional! Dezessete condenações à morte – que brutalidade!

A história de Risquons-Tout é conhecida. Trabalhadores belgas se reuniram em Paris para tentar uma invasão republicana em sua pátria. Democratas belgas vieram de Bruxelas e abraçaram o projeto. Ledru-Rollin o apoiou o quanto pôde. Lamartine, o traidor de "coração nobre", que tinha belas palavras e ações lastimáveis tanto para os democratas estrangeiros quanto para os franceses, Lamartine, que se vangloriava de ter conspirado com a anarquia como o para-raios com as nuvens tempestuosas, Lamartine inicialmente apoiou a legião belga, para melhor poder traí-la depois. A legião partiu. Delescluze, comissário do governo no Departamento do Norte, *vendeu* a primeira coluna ao funcionário ferroviário belga; o trem que a conduzia foi traiçoeiramente levado ao território belga, para o meio das baionetas belgas. A segunda coluna, conduzida por três espiões belgas (um membro do governo provisório parisiense nos disse isso, e o processo o confirmou), foi levada por seus líderes traidores a uma floresta em solo belga, onde a esperavam, em segura emboscada, canhões prontos para disparar; ela foi aniquilada e, em sua maior parte, aprisionada.

Este minúsculo episódio das revoluções de 1848, estranho graças às muitas traições e às dimensões que lhe foram atribuídas na Bélgica, serviu ao *Parquet* de Bruxelas como tela para pintar a mais colossal conspiração já ocorrida. O velho general Mellinet, li-

---

[1] O Processo Risquons-Tout, que ocorreu de 9 a 30 de agosto de 1848 em Antuérpia, foi encenado pelo governo do rei belga Leopoldo para liquidar com os democratas. Como pretexto, serviu o confronto da legião republicana belga, que se encontrava no país a caminho da França, com uma divisão de soldados belgas, em 29 de março de 1848, no povoado de Risquons-Tout, próximo à fronteira francesa.

[2] Do poema *Prometeu*, de Goethe.

bertador de Antuérpia, Tedesco, Ballin, em resumo, os mais decididos, os mais ativos democratas de Bruxelas, Liège e Gante foram implicados nela. O sr. Bavay teria incluído até mesmo Jottrand, de Bruxelas, se ele não soubesse coisas e não possuísse documentos cuja publicação comprometeria do modo mais ignominioso todo o governo belga, inclusive o sábio Leopoldo.

E por que essas prisões de democratas, por que todos esses procedimentos monstruosos contra pessoas que eram tão estranhas a todo o caso como os jurados diante dos quais foram levadas? Para amedrontar a burguesia belga e, sob a proteção desse medo, coletar os impostos excessivos e os empréstimos compulsórios que constituem o cimento do glorioso edifício do Estado belga, e cujo pagamento ia muito mal!

Basta. Os acusados foram levados diante dos jurados de Antuérpia, diante da elite daqueles bebedores de faro[3] flamengos, aos quais o vigor do devotamento político francês é tão estranho quanto a tranquila certeza do brilhante materialismo inglês, diante daqueles comerciantes de bacalhau, que vegetam toda a vida no mais filistino utilitarismo, na mais obtusa e acanhada busca de lucro. O grande Bavay conhecia sua gente e apelou a seu medo.

De fato, alguém já vira um republicano na Antuérpia? E agora 32 desses monstros estavam diante dos apavorados antuerpianos; e os trêmulos jurados, junto ao sábio tribunal, entregam 17 dos acusados à misericórdia do artigo 86 e seguintes do *Code Pénal*, isto é, à morte.

No período do Terror de 1793 também ocorreram simulacros de processos, houve condenações fundadas em outros fatos que não os alegados oficialmente; mas nem mesmo o fanático Fouquier-Tinville conduziu um processo caracterizado por uma tão descarada petulância das mentiras, por um ódio partidário tão cego. E acaso campeia na Bélgica a guerra civil, metade da Europa está em suas fronteiras e conspira com os rebeldes, como acontecia na França em 1793? A pátria está em perigo? A coroa foi fendida? – Ao contrário, ninguém pensa em subjugar a Bélgica, e o sábio Leopoldo ainda viaja diariamente sem escolta de Laeken para Bruxelas e de Bruxelas para Laeken!

E o que fizera o velho Mellinet, de 81 anos, para que o júri e o juiz o condenassem à morte? O velho soldado da república francesa salvara em 1831 o último lampejo da honra belga; ele libertara a Antuérpia, e por isso os antuerpianos o condenam à morte! Toda sua culpa consiste em ter defendido um velho amigo, Becker, das suspeitas da imprensa oficial belga, e em não tê-lo excluído de sua amizade mesmo quando ele conspirava em Paris. Mellinet não tinha o menor vínculo com a conspiração. E por isso ele foi condenado à morte sem mais.

E Ballin! Era um amigo de Mellinet, visitava-o frequentemente, e fora visto em uma *estaminet*[4] com Tedesco. Motivo suficiente para condená-lo à morte.

---

[3] Faro é uma cerveja belga.
[4] Pequeno café ou restaurante.

E finalmente Tedesco! Como, ele não visitara a Associação Alemã de Trabalhadores, não estava em conexão com pessoas em quem a polícia de Antuérpia plantara punhais de teatro? Não tinha sido visto em uma *estaminet* com Ballin? O caso estava provado, Tedesco havia provocado a batalha popular de Risquons-Tout – ao cadafalso com ele!

E assim com os outros.

Estamos orgulhosos de poder considerar nossos amigos mais de um desses "conspiradores", que foram condenados à morte exclusivamente por serem democratas. E se a venal imprensa belga os enxovalha, nós queremos ao menos defender sua honra diante da democracia alemã; se sua pátria os renega, nós os acolhemos.

Quando o presidente pronunciou sua sentença de morte, bradaram apaixonadamente: "Viva a república!" Durante todo o processo, assim como no pronunciamento da sentença, eles se comportaram com autêntica firmeza revolucionária.

E agora vejamos, em contrapartida, o que diz a miserável imprensa belga: "O veredito", diz o *Journal d'Anvers*,[5]

> não causou maior sensação na cidade do que todo o processo, que não suscitou quase nenhum interesse. Só na classe trabalhadora [leia-se: lumpemproletariado] se revelou um sentimento hostil contra os paladinos da república; o restante da população quase não atentou para isso; para ela, a tentativa de revolução não deixa de parecer ridícula por causa de uma sentença de morte, em cuja execução, aliás, ninguém acredita.

Naturalmente, se aos antuerpianos fosse dado o interessante espetáculo de ver guilhotinarem 17 republicanos, tendo à frente o velho Mellinet, seu salvador, então sim eles atentariam para o processo! Como se a brutalidade do governo belga, dos jurados e tribunais belgas não consistisse justamente em brincar com sentenças de morte!

"O governo", diz o *Liberal Liegeois*,[6] "pretendia se mostrar *forte*, mas só evidenciou sua *brutalidade*." E sem dúvida este tem sido desde sempre o destino da nação flamenga.

---

[5] *Journal d'AnVers et de la province,* publicado em Antuérpia de 1821 a 1859.
[6] Diário belga de tendência radical publicado em Liège de 1845 a 1848.

O armistício dinamarquês[1]

NGR, n. 97, 8/9/1848

F. ENGELS

Colônia, 7 de setembro. "O que será da Alemanha, se não for mais conduzida pela Prússia, se o exército prussiano não puder mais proteger a honra da Alemanha, se a força e a influência da Prússia como grande potência naufragar no poder fantástico de um imaginário poder central alemão?"

Assim se gaba o partido prussiano, o partido dos heróis com Deus pelo rei e pela Pátria, a cavalaria contrarrevolucionária da Pomerânia profunda e da Uckermark.

Bem – a Prússia *esteve* à frente, a Prússia protegeu a honra da Alemanha – no Schleswig-Holstein.

E qual foi o resultado? Depois de uma série de vitórias fáceis e inglórias sobre um inimigo fraco, depois de uma campanha militar paralisada pela diplomacia mais covarde, depois de uma ignominiosa retirada diante de um exército *vencido*, finalmente – um armistício tão desonroso para a Alemanha que mesmo um general *prussiano* encontrou motivo para não o assinar.

As hostilidades e negociações começaram de novo. O regente imperial[2] concedeu plenos poderes ao governo prussiano para concluir o armistício; esses plenos poderes *não foram endossados por nenhum dos ministros do império*, e, portanto, não têm *absolutamente nenhuma validade*. O primeiro armistício foi reconhecido, mas com as seguintes modificações: 1. já antes da conclusão do armistício os membros do novo governo do Schleswig-Holstein devem "se entender de tal modo que a existência e a exitosa eficácia

---

[1] O armistício entre Prússia e Dinamarca foi concluído em 26 de agosto de 1848 em Malmö (Suécia), depois de sete meses de longos debates. No tratado, foi estipulado que o Schleswig-Holstein receberia um governo provisório nomeado pela Prússia e pela Dinamarca, e as tropas do Schleswig seriam separadas das do Holstein. O armistício aniquilou as conquistas revolucionário-democráticas no Schleswig-Holstein e manteve efetivamente a dominação dinamarquesa no ducado. Assim, a Prússia ignorou as intenções da Confederação Alemã, em cujo nome a guerra fora conduzida. A Assembleia Nacional de Frankfurt, depois de uma recusa inicial, aprovou em 16 de setembro de 1848 os termos desse armistício. A guerra entre a Prússia e a Dinamarca recomeçou em fins de março de 1849 e terminou em 1859 com a vitória da Dinamarca. Schleswig e Holstein permanecem propriedade dinamarquesa.

[2] Arquiduque Johann da Áustria.

do novo governo pareça salvaguardada"; 2. Todas as leis e decretos do governo provisório promulgados até a conclusão do armistício devem conservar plena validade; 3. Todas as tropas que permaneceram no Schleswig-Holstein devem permanecer sob as ordens do comandante-em-chefe alemão.

Comparando-se essas instruções com as cláusulas do primeiro projeto prussiano-dinamarquês, seu objetivo se torna muito claro. Elas certamente não asseguram tudo que a vitoriosa Alemanha poderia exigir; mas, fazendo algumas concessões na forma, salvam muito quanto ao conteúdo.

A primeira condição deveria garantir que, no novo governo, a influência do Schleswig-Holstein (alemã) predomine sobre a dinamarquesa. O que faz a Prússia? Consente que o *chefe do partido dinamarquês* no Schleswig-Holstein, Karl *Moltke*, se torne chefe do novo governo, que a Dinamarca tenha *três* votos contra *dois* do Schleswig-Holstein no governo.

A segunda condição deveria impor o reconhecimento, se não do próprio governo provisório, reconhecido pela Dieta Federal, ao menos de sua atividade até então. Suas decisões deveriam ser acatadas. O que faz a Prússia? Sob o pretexto de que também a Dinamarca renunciou às ilusórias decisões promulgadas por Copenhagen para os ducados – decisões que nunca tiveram nem sombra de força de lei, a não ser na ilha Alsen – sob esse pretexto, a contrarrevolucionária Prússia consentiu em anular todas as decisões do governo provisório.

A terceira condição, por fim, deveria levar ao reconhecimento provisório da unidade do ducado e sua incorporação à Alemanha; deveria frustrar a tentativa dos dinamarqueses de reenviar clandestinamente para o Schleswig os schleswiguianos que serviam no exército dinamarquês, mantendo todas as tropas que permaneceram no Schleswig e no Holstein sob as ordens do comandante-em-chefe alemão. E a Prússia? A Prússia concedeu separar as tropas do Schleswig das do Holstein, subtraí-las ao comando supremo do comandante alemão e simplesmente colocá-las à disposição do novo governo, que é ⅗ dinamarquês.

Ademais, a Prússia fora autorizada a celebrar um armistício de apenas três meses (Art. 1 do esboço original), e concluiu um de sete meses, por sua própria conta; isto é, concedeu aos dinamarqueses um cessar-fogo durante os meses de inverno, quando a principal arma dos dinamarqueses, a frota, fica inutilizada pelo bloqueio das costas alemãs e do Schleswig, e quando o frio permitiria aos alemães cruzar sobre o gelo o Pequeno Belt, conquistar Fünen e reduzir a Dinamarca à Zelândia.

Em síntese, a Prússia espezinhou seus plenos poderes em todos os três pontos. E por que não? Eles *não haviam sido endossados*! E o sr. Camphausen, o enviado prussiano do poder central, em seu comunicado de 2 de setembro[3] a "Sua Excelência" [!!] sr. Heckscher não dissera justamente que o governo prussiano teria se "declarado autorizado *a concluir acordos sem reservas, com base naqueles plenos poderes*"?

---

[3] O comunicado de Camphausen foi emitido em 3 de setembro.

Mas ainda não é tudo. O regente do império enviou "seu" sub-secretário de Estado Max Gagern a Berlim e de lá ao Schleswig para observar as negociações. E lhe outorgou plenos poderes, que mais uma vez *não foram endossados*. O sr. Gagern chega ao ducado – como ele foi tratado em Berlim, não sabemos. Os negociadores prussianos estão em Malmö. Ele não fica sabendo de nada. As ratificações têm lugar em Lübeck. O sr. Gagern é notificado de que foram exitosas e que agora podia voltar tranquilo para casa. O infeliz Gagern, junto com seus plenos poderes não endossados, naturalmente não pode fazer nada além de voltar a Frankfurt e queixar-se do sórdido papel que desempenhou.

Assim nasceu o glorioso armistício que atou as mãos dos alemães durante o melhor período para a guerra, dissolveu o governo revolucionário e a Assembleia Constituinte democrática do Schleswig-Holstein, anulou todos os decretos desse governo reconhecido pela Dieta Federal, entregou os ducados a um governo dinamarquês comandado pelo odiado Moltke, arrancou as tropas do Schleswig de seus regimentos, as subtraiu ao comando alemão e as entregou ao governo dinamarquês, pelo qual podem ser arbitrariamente dissolvidas; que obrigou as tropas alemãs a recuar de Konigsau para Hannover e Mecklenburg e que entregou Lauenburg às mãos do velho governo reacionário dinamarquês.[4]

Não só o Schleswig-Holstein, mas toda a Alemanha, com exceção da velha Prússia, está indignada com esse vergonhoso armistício. E o ministério imperial, informado pelo sr. Camphausen, de fato treme inicialmente, mas no fim acaba assumindo a responsabilidade por ele. E o que mais poderia ter feito? O sr. Camphausen parece ter ameaçado, e para o covarde e contrarrevolucionário ministério imperial a Prússia oficial ainda é uma potência. Mas então era a vez da Assembleia Nacional. Sua anuência era necessária e, por mais edificante que seja essa Assembleia, ainda assim "sua excelência" o sr. Heckscher teve vergonha de se apresentar com esse documento. Com mil mesuras, com os mais humildes pedidos de calma e moderação, ele o leu. Seguiu-se um tumulto geral. Mesmo o centro-direita, e até uma parte da direita, o próprio sr. *Dahlmann*, explodiram na mais violenta fúria. Ordenou-se às comissões que apresentassem relatórios em 24 horas. Decidiu-se, em vista desses relatórios, suspender imediatamente a retirada das tropas. A decisão sobre o próprio armistício ainda não foi tomada.

Finalmente, ao menos por uma vez a Assembleia Nacional tomou uma decisão enérgica, apesar de o ministério ter declarado que renunciaria caso a decisão passasse. Essa decisão não é a supressão, é uma *suspensão* do armistício. Ela vai suscitar nos ducados não apenas agitação, mas resistência aberta ao cumprimento do armistício e ao novo governo, e acarretará novas complicações.

Mas temos pouca esperança de que a Assembleia rejeite o próprio armistício. O sr. Radowitz precisa obter apenas nove votos do centro para ter a maioria. E não conseguirá isso durante os poucos dias em que a situação se apaziguar?

---

[4] Esse truque foi levado a cabo do seguinte modo: o velho governo foi dissolvido; depois a Dinamarca reelegeu o primeiro, a Prússia o segundo, e ambas em conjunto o terceiro membro desse velho governo. (Nota de Engels)

Se a Assembleia decidir manter o armistício, teremos proclamação da república e guerra civil no Schleswig-Holstein, subjugação do poder central pela Prússia, desprezo generalizado de toda a Europa pelo poder central e pela assembleia e ainda complicações tais que bastarão para esmagar qualquer ministério futuro sob dificuldades insolúveis.

Se decide rejeitar o armistício, teremos uma guerra europeia, ruptura entre a Prússia e a Alemanha, novas revoluções, a desagregação da Prússia e a *efetiva unidade da Alemanha*. A Assembleia não se deve deixar intimidar: no mínimo dois terços da Prússia apoiam a Alemanha.

Mas os representantes da burguesia em Frankfurt não preferirão engolir cada ofensa, não preferirão se submeter à servidão prussiana em vez de ousar uma guerra revolucionária europeia, em vez de expor a si mesmos a novas tempestades que ponham em perigo sua própria dominação de classe na Alemanha?

Acreditamos que sim. A covarde natureza burguesa é forte demais. *Não* confiamos em que a Assembleia de Frankfurt possa redimir no Schleswig-Hostein a honra da Alemanha, que ela já sacrificou na Polônia.

Nota editorial ao artigo "O projeto financeiro da esquerda"

NGR, n. 98, 9/9/1848

F. ENGELS

Não entendemos bem por que os deputados da esquerda ainda submetem planos financeiros para prover os fundos necessários ao ministério que pretendem derrubar. A *recusa* de fundos é justamente o principal meio para derrubar um ministério, e no caso do sr. Hansemann talvez seja o único. Se ao menos o plano financeiro ainda contivesse uma reforma – mas não, pretende somente poupar ao governo o expediente odiado do empréstimo compulsório. Mas, o que poderia ser melhor para a oposição do que o ministério se tornar odiado?

Queda do Ministério de Ação

NGR, n. 98, 9/9/1848, suplemento extra e n. 99, 10/9/1848

F. Engels

Colônia, 8 de setembro, 10 horas da noite. O Ministério de Ação caiu. Depois de ter "tropeçado" inúmeras vezes, só se mantinha de pé por sua insolência. As sempre crescentes exigências do ministério finalmente mostraram à Assembleia qual era o segredo de sua existência.

Na sessão de ontem da Assembleia Ententista, a moção Stein[1] foi debatida. A moção diz:

"É dever urgente do ministério publicar sem mais delongas a ordenança aprovada em 9 de agosto, para tranquilizar o país assim como para evitar uma ruptura com a Assembleia."

O ministério declarara que não aceitaria nenhum paliativo, nenhuma mediação.

A esquerda declarara que se retiraria se a Assembleia recuasse de sua decisão de 9 de agosto.

Na sessão de ontem, então, depois de um discurso vazio do primeiro-ministro,[2] o deputado *Unruh* apresentou a seguinte emenda:

> Considerando que a decisão de 9 de agosto não objetivava qualquer investigação de opinião, nenhum constrangimento de consciência, mas sim somente propiciar a concórdia, necessária num estado constitucional, entre o povo e o exército e evitar ambições reacionárias bem como novos conflitos entre os cidadãos pertencentes ao exército e os civis,

---

[1] Em 3 de agosto de 1848, as tropas da fortaleza Schweidnitz atacaram de surpresa a Guarda Civil, e 14 cidadãos foram mortos. Em reação a isso, a Assembleia Nacional aprovou com emendas, em 9 de agosto, uma moção do deputado Stein nos seguintes termos: "O sr. ministro da Guerra deve declarar, em uma ordenança ao exército, que os oficiais permaneçam longe de todas as tentativas reacionárias, não apenas evitando conflitos de todo tipo com os civis, mas sim mostrando, pela aproximação aos cidadãos e união com eles, que querem colaborar com franqueza e abnegação para a efetivação de um Estado de direito constitucional, e que aqueles oficiais cujas convicções políticas não estejam de acordo com isto considerem um dever de honra desligar-se do exército". O ministro da Guerra Schreckenstein ignorou essa resolução. Stein repetiu sua moção na sessão da Assembleia Nacional de 7 de setembro; a maioria intimou o ministério a cumpri-la imediatamente. Diante desta votação, o ministério Auerswald-Hansemann renunciou. Durante o ministério Pfuel, que o sucedeu, a ordenança foi finalmente promulgada, sob forma atenuada, mas ficou só no papel.

[2] Rudolf von Auerswald.

a Assembleia declara *'que o ministério não goza da confiança do país, se hesitar por mais tempo em promulgar ao exército a ordenança correspondente à decisão de 9 de agosto'*.

A esta emenda da *centro-esquerda* o deputado Tamnau opôs uma segunda, da *centro-direita*. Ela diz:

> A Assembleia Nacional gostaria de fazer a seguinte declaração: com sua decisão de 9 de agosto deste ano, a Assembleia Nacional teve a intenção de gerar uma ordenança aos comandantes do exército semelhante à que os ministérios das Finanças e do Interior publicaram sob o 15 de julho aos *chefes de distrito*. Ela não pretende obrigar os oficiais do exército a expor suas ideias políticas ou prescrever ao ministro da Guerra o texto da ordenança. *Ela julga que uma tal ordenança, na qual os oficiais do exército são prevenidos contra ambições reacionárias e republicanas, é necessária no interesse da paz social e do avanço do novo sistema político constitucional.*

Depois de algum tempo de discussão, o "nobre" Schreckenstein, em nome do ministério, se pronunciou *de acordo* com a emenda *Tamnau*. E isto depois da orgulhosa declaração de que não aceitaria qualquer mediação!

Depois de o debate ter continuado ainda por algum tempo, depois de até mesmo o sr. *Milde* ter advertido a Assembleia que não se tornasse uma *Convenção Nacional revolucionária* (o medo do sr. Milde é totalmente supérfluo!), votou-se sob uma gigantesca massa do povo pressionando a sala de sessões:

Resultado da votação:

A *emenda Unruh* foi *rejeitada* por 320 contra 38 votos.

A emenda Tamnau foi *rejeitada* por 210 contra 156 votos.

A moção Stein foi aprovada com 219 contra 152 votos. Maioria contra os ministros: 67 votos.[3]

Um de nossos correspondentes berlinenses relata:

Hoje foi grande a agitação na cidade; milhares de pessoas cercaram o edifício de sessões da Assembleia, de sorte que, quando o presidente leu a mensagem totalmente leal da Guarda Cívica, o sr. Reichensperger apresentou a proposta de que a Assembleia transferisse suas sessões para uma outra cidade, pois Berlim era perigosa.

Quando o povo reunido tomou conhecimento da notícia da queda do ministério, explodiu em indizível júbilo, e quando os deputados da esquerda saíram, foram acompanhados até a Unter den Linden[4] com ininterruptos "Vivas!". Mas quando o deputado Stein (o autor da proposta votada hoje) foi visto, o entusiasmo chegou ao auge. Alguns homens do povo o levantaram imediatamente sobre seus ombros e o levaram assim em cortejo triunfal até seu hotel na rua Tauben. Milhares de homens se juntaram a esse cortejo, e, sob incessantes gritos de Hurra!, a massa atingiu a Praça da Ópera. Nunca se

---

[3] Relendo a ata da sessão da Assembleia Nacional Prussina de 7 de setembro de 1848, o secretário Geßler notou que na publicação do resultado da votação da moção Stein havia sido cometido um erro: haviam votado "não" somente 143 deputados, e não 152, de modo que a *maioria dos votos contra o ministro subia a 76*.

[4] Nome de uma grande avenida de Berlim.

tinha visto aqui tamanha expressão de alegria. Tendo sido enorme a apreensão com o resultado, tanto mais surpreendente é a brilhante vitória.

Votaram contra o ministério: a esquerda, a centro-esquerda (o partido Rodbertus--Berg) e o centro (Unruh, Duncker, Kosch). O presidente[5] votou em todas as três ocasiões a favor do ministério. De acordo com esse resultado, um ministério Waldeck-Rodbertus poderia contar com uma maioria absoluta.

Teremos, pois, o prazer de ver o criador do empréstimo forçado, o ministro da Ação, *"sua excelência"* o sr. Hansemann em poucos dias passar por aqui, reatar com seu "passado burguês" e refletir sobre Duchatel e Pinto.

Camphausen caiu de modo respeitável. O sr. Hansemann, que o levou à queda com suas intrigas, o sr. Hansemann teve um fim realmente triste! Pobre Hansemann-Pinto!

---

[5] Wilhelm Grabow.

Seus sucessores

NGR, n. 99, 10/9/1848

F. Engels

Colônia, 9 de setembro. Fala-se em um ministério Waldeck-Rodbertus. Não acreditamos nisso. O rei dificilmente se submeterá às demandas desses senhores, especialmente desde sua viagem a Colônia.[1] Então não resta outra escolha senão Radowitz e Vincke, ruptura aberta com a Assembleia, ruptura aberta com a revolução – e não é preciso dizer o que se seguirá a isso.

---

[1] Trata-se da visita de Frederico Guilherme IV a Colônia, entre 13 e 15 de agosto de 1848, para as festividades relativas ao sexto centenário do lançamento da pedra fundamental da igreja de São Pedro.

O armistício dinamarquês-prussiano

NGR, n. 99, 10/9/1848

F. Engels

Colônia, 9 de setembro. Retornamos mais uma vez ao armistício dinamarquês – o detalhismo da Assembleia Nacional, que, em vez de decidir rápida e energicamente e *impor* novos ministros, deixa os comitês deliberarem com toda tranquilidade e abandona ao bom Deus a solução da crise ministerial – esse detalhismo, que mal encobre "a falta de coragem de nossos queridos colegas",[1] nos deu tempo para isso.

A guerra na Itália já era impopular no partido democrático e mesmo entre os democratas vienenses se tornara impopular há um bom tempo. O governo prussiano, por meio de falsificações e mentiras, só conseguiu sustar por poucas semanas a tempestade de indignação pública com a guerra de aniquilação na Posnânia. Apesar de todos os esforços da imprensa, o combate de ruas em Praga inspirou ao povo simpatias apenas pelos vencidos, e não pelos vencedores. Mas a guerra no Schleswig-Holstein foi desde o início popular também entre o *povo*. Qual a origem disso?

Enquanto na Itália, na Posnânia e em Praga os alemães *combateram a revolução*, no Schleswig-Holstein eles *apoiaram a revolução*. A guerra dinamarquesa é a primeira *guerra revolucionária* que os alemães conduzem. E por isso nos declaramos, desde o início, *a favor* de uma condução enérgica da guerra dinamarquesa, sem que essa posição tenha o menor parentesco com o entusiasmo alcoólico burguês por regiões marítimas.

É bastante ruim para a Alemanha que sua primeira guerra revolucionária seja a mais ridícula guerra jamais travada!

Aos fatos. Os dinamarqueses são um povo que se encontra na mais ilimitada dependência comercial, industrial, política e literária da Alemanha. É sabido que a capital de fato da Dinamarca não é Copenhagen, mas Hamburgo, que o governo dinamarquês copiou por um ano inteiro todo o experimento prussiano da Dieta Unificada, falecido nas barricadas, que a Dinamarca recebe da Alemanha todos os seus meios de subsistência literários, assim como os materiais, e que a literatura dinamarquesa – com exceção de Holberg – é uma pálida imitação da alemã.

---

[1] Heine, H. *Alemanha. Um Conto de Inverno*. Cap. XIX.

Por mais impotente que a Alemanha sempre tenha sido, ela tem a satisfação de as nações escandinavas, especialmente a Dinamarca, terem caído sob sua tutela, e de que, em face *delas*, é até mesmo revolucionária e progressista.

Querem provas? Leiam a polêmica entre as nações escandinavas desde que surgiu a ideia do escandinavismo. O escandinavismo consiste no entusiasmo pela brutal, sórdida e pirata nacionalidade velho-nórdica, por aquela profunda interioridade que não consegue exprimir seus entusiásticos pensamentos e sentimentos em palavras, mas sim em ações, especificamente em brutalidade contra mulheres, bebedeira permanente e furor guerreiro[2] alternado com sentimentalidade lacrimosa.

O escandinavismo e o parentesco com o Schleswig-Holstein banhado pelo mar apareceram simultaneamente nos territórios do rei da Dinamarca. São interdependentes; se evocaram mutuamente, se combateram e assim se conservaram vivos.

O escandinavismo foi a forma na qual os dinamarqueses apelaram ao apoio da Suécia e da Noruega. Mas como sempre acontece com a nação germano-cristã: logo se levantou a disputa sobre quem seria o autêntico cristão germânico, o verdadeiro escandinavo. A Suécia declarou que os dinamarqueses eram "germanizados" e degenerados, a Noruega declarou o mesmo dos suecos e dinamarqueses, e os islandeses, dos outros três. Naturalmente, quanto mais rude uma nação, quanto mais próximos estivessem seus costumes e modo de vida dos velho-nórdicos, tanto mais "escandinava" ela era.

Temos aqui o *Morgenbladet*,[3] de Christiania, de 18 de novembro de 1846. Esse charmoso jornalzinho traz as seguintes passagens divertidas em um artigo sobre escandinavismo:

Depois de descrever todo o escandinavismo como uma mera tentativa dos dinamarqueses de criar um movimento em seu próprio interesse, diz dos dinamarqueses:

> O que esse povo alegre e vivaz tem a ver com o velho, sombrio e melancólico mundo guerreiro (*med den gamle, alvorlige og vemodsfulde Kjämpeverden*)? Como pode essa nação, com seu caráter dócil e gentil– como mesmo um escritor dinamarquês admitiu –, acreditar ter afinidade espiritual com os homens brutais, robustos e enérgicos da idade antiga? E como podem essas pessoas, com sua suave linguagem sulista, imaginar que falam uma língua nórdica? E, apesar de ser um traço essencial de nossa nação e da sueca, assim como dos antigos habitantes, que os sentimentos se retirem para *o mais íntimo* da alma, sem jamais se *exteriorizar*, ainda assim esses homens sentimentais e cordiais, que é tão fácil impressionar, mover e determinar, cujos sentimentos tão rápida e claramente se exprimem em seu exterior, acreditam que podem tagarelar de forma nórdica, que sua natureza é aparentada à das outras duas nações escandinavas!

O *Morgenbladet* atribui essa degeneração à ligação com a Alemanha e à difusão do modo de ser alemão na Dinamarca. Com efeito, os alemães teriam

---

[2] O termo utilizado por Engels é *Berserkerwut*; *Berserk* refere-se às guerras selvagens das velhas sagas nórdicas.
[3] Jornal norueguês, fundado em 1819 em Christiania (Oslo); nos anos 1830 e 1840 foi o órgão do assim-chamado Partido do Povo.

perdido sua característica mais sagrada, seu caráter nacional; mas, por mais fraca e desfibrada que seja essa nacionalidade alemã, mesmo assim há outra no mundo que é ainda mais fraca e desfibrada, a saber: a dinamarquesa. Enquanto a língua alemã perde terreno na Alsácia, em Vaud e nas fronteiras eslavas [!!] à época os serviços dos Irmãos Netz permaneciam na sombra] ela fez enorme progresso em direção à fronteira dinamarquesa.

Então os dinamarqueses precisavam opor uma nacionalidade aos alemães, e com esse objetivo inventaram o escandinavismo; a nacionalidade dinamarquesa seria incapaz de resistir, "pois a nação dinamarquesa, como já foi dito, apesar de não ter assumido a língua alemã, foi *essencialmente germanizada*. O autor viu mesmo uma folha dinamarquesa reconhecer que a nacionalidade *dinamarquesa não se diferenciava essencialmente da alemã*".

Até aqui, o *Morgenbladet*.

Certamente não se pode negar que os dinamarqueses sejam uma nação semicivilizada. Pobres dinamarqueses!

Com o mesmo direito com que os franceses tomaram Flandres, Lorena e Alsácia e mais cedo ou mais tarde tomarão a Bélgica, com o mesmo direito a Alemanha toma o Schleswig: com o direito da civilização contra a barbárie, do progresso contra a imobilidade. E mesmo se os tratados fossem favoráveis à Dinamarca – o que é muito duvidoso – esse direito vale mais do que todos os tratados, porque é o direito do desenvolvimento histórico.

Enquanto o movimento do Schleswig-Holstein permaneceu uma agitação filistina, burguesa, pacífica e legal, provocou apenas o entusiasmo do pequeno-burguês bem-intencionado. Quando, por isso, depois da revolução de fevereiro o atual rei dinamarquês, ao ascender ao trono, prometeu uma constituição liberal para todos os seus territórios, com igual número de deputados para os ducados e para a Dinamarca, e os ducados se opuseram a isso, o caráter provinciano e pequeno-burguês do movimento do Schleswig-Holstein veio desagradavelmente à tona. Tratava-se à época menos de uma anexação à Alemanha – onde havia então uma Alemanha? – do que de uma separação da Dinamarca e constituição de um pequeno Estado local autônomo.

Mas a revolução irrompeu e deu outro caráter ao movimento. O partido do Schleswig-Holstein deveria ousar ele mesmo uma revolução, ou naufragaria. Ele ousou a revolução, e tinha razão: as promessas dinamarquesas, bastante favoráveis antes da revolução, eram insuficientes depois da revolução; a anexação à Alemanha, antes uma frase, podia agora encerrar um significado; a Alemanha fizera uma revolução e, como sempre, a Dinamarca a copiou, em uma pequena escala provincial.

A revolução do Schleswig-Holstein e o governo provisório resultante dela tinham no início um caráter ainda muito filistino. Mas a guerra rapidamente o obrigou a tomar um rumo democrático. Por meio desse governo, composto por honestos velhos liberais, ex-parentes espirituais de Welcher, Gagern, Camphausen, o Schleswig-Holstein conquistou leis mais democráticas do que qualquer outro estado alemão. De todas as assembleias alemãs, a Assembleia Provincial de Kiel é a única que repousa não somente sobre o sufrágio universal, mas também sobre eleições diretas. O esboço de constituição submetido a ela pelo governo é o mais democrático que jamais foi elaborado em língua alemã. O Schleswig-Holstein, até então politicamente levado a reboque pela Alemanha, chegou subitamente, graças à guerra revolucionária, a instituições mais progressistas do que todo o restante da Alemanha.

A guerra que conduzimos no Schleswig-Holstein é, portanto, uma verdadeira guerra revolucionária.

E quem esteve desde o início ao lado da Dinamarca? Os três poderes contrarrevolucionários da Europa: *Rússia, Inglaterra* e o *governo prussiano*. O governo prussiano conduziu, enquanto pôde, apenas uma *guerra aparente* – pense-se no comunicado de Wildenbruch, na solicitude com a qual ordenou, conforme as representações anglo-russas, a retirada de Jutland, e finalmente nos dois armistícios! Prússia, Inglaterra e Rússia são as três potências que mais têm motivos para temer a revolução alemã e sua primeira consequência, a unidade alemã: Prússia, porque assim ela deixará de existir, Inglaterra, porque assim seria privada da exploração do mercado alemão, Rússia, porque assim a democracia avançaria não apenas até a Vistula mas mesmo até a Dvina e o Dniepr. Prússia, Inglaterra e Rússia conspiraram contra o Schleswig-Holstein, contra a Alemanha e contra a revolução.

A guerra que provavelmente pode resultar agora das decisões de Frankfurt seria uma guerra da Alemanha contra a Prússia, a Inglaterra e a Rússia. E é justamente de uma tal guerra que o sonolento movimento alemão necessita – uma guerra contra as três grandes potências da contrarrevolução, uma guerra que efetivamente dissolva a Prússia na Alemanha, que torne uma necessidade incontornável a aliança com a Polônia, que conduza imediatamente à libertação da Itália, que se dirija diretamente contra os velhos aliados contrarrevolucionários da Alemanha de 1792 a 1815, uma guerra que ponha "a pátria em perigo" e justamente assim a salve, tornando a vitória da *Alemanha* dependente da vitória da democracia.

Os burgueses e *junkers* em Frankfurt não devem absolutamente se iludir: se decidirem rejeitar o armistício, decidirão por sua própria queda, exatamente como os girondinos na primeira revolução, quando tomaram parte no 10 de agosto e votaram a favor da morte do ex-rei, preparando, assim, sua própria queda em 31 de maio.[4] Se, ao contrário, aprovarem o armistício, decidirão igualmente por sua própria queda, se colocarão sob a tutela da Prússia e nada mais terão a dizer. Eles têm de escolher.

Provavelmente a notícia da queda de Hansemann chegou a Frankfurt ainda antes da votação. Talvez ela influencie significativamente a votação, especialmente porque, como é sabido, o esperado ministério Waldeck e Rodbertus reconhece a soberania da Assembleia Nacional.

Veremos. Mas repetimos:[5] a honra da Alemanha está em péssimas mãos!

---

[4] 10 de agosto de 1792 foi o dia da insurreição popular revolucionária em Paris, que teve por consequência a queda da monarquia francesa e a convocação da Convenção Nacional sobre a base do sufrágio universal. Os girondinos, representantes da burguesia comercial e industrial, graças a sua tentativa de encerrar a revolução, foram derrubados entre os dias 31 de maio e 2 de junho de 1793 pela fração revolucionária da burguesia francesa, o partido dos jacobinos.

[5] Ver "O armistício dinamarquês".

Prisões

NGR, n. 100, 12/9/1848

F. Engels

Colônia, 11 de setembro. Endereçamos aos respectivos senhores do Ministério Público a seguinte interpelação:

É verdade que ontem, às 8 horas da noite, os srs. Salget e Blum Júnior, de Colônia, depois de já terem fundado uma Associação de Trabalhadores em Kassel, foram presos em Wesseling, onde também pretendiam fundar uma associação desse tipo, pelo sr. burgomestre von Geier, por instigação dos senhores padres, antes ainda de haverem pronunciado sequer uma palavra em público, antes ainda de a sessão ter-se iniciado?

É verdade que o único motivo para esta prisão, que de resto é um fato, foi a denúncia do sr. pastor de que aqueles dois senhores pretendiam [!] incitar os trabalhadores?

Considerando que são estes os fatos, o Ministério Público intervirá contra uma ilegalidade tão escandalosa ou – no aguardo do ministério Radowitz e da rápida supressão do direito de livre associação, dará um voto de agradecimento ao sr. Geier?

Ordem do exército, candidatos eleitorais, comentários semioficiais sobre a ambiguidade prussiana

NGR, n. 103, 15/9/1848

F. Engels

Recebemos os jornais dinamarqueses até 9 de setembro. Uma ordem do exército de 4 de setembro dá as seguintes diretrizes: o general *Krogh* assume o comando na Jutlândia, quartel-general Viborg. Durante o armistício, a guarnição de Alsen tem um comando especial. Os corpos que estão no campo se acantonam, tanto quanto possível, nos distritos em que foram recrutados, e, portanto, distribuem-se pela Jutlândia e as ilhas. Permanecem em armas 40 a 50 homens por companhia, os demais são enviados em licença para casa, os comandantes de brigada são encarregados de inspecionar frequentemente suas tropas e preparar tudo para uma nova campanha. Como, no entanto, o rei[1] quer ainda inspecionar pessoalmente as tropas antes de sua licença, estas determinações provisoriamente não serão executadas, até segunda ordem. Assim, é provável que não o sejam, pois, como anuncia o pós-escrito do *Fädreland* do dia 9, a decisão da Assembleia Nacional sobre a suspensão da retirada acabou de chegar, por cartas privadas, a Copenhagen.

Os dinamarqueses podem sem dúvida contar firmemente com suas tropas recrutadas no norte do Schleswig, como se conclui de ter sido justamente essa parte do exército que foi movida para a fronteira do Schelswig ou para Alsen.

O partido liberal de Copenhagen apresentou sua lista de candidatos para as próximas eleições. Os representantes da burguesia, os redatores do *Fädreland* e outros "homens do povo" da "monarquia constitucional erigida sobre fundamentos democráticos" (quão exatamente os dinamarqueses imitam os alemães) se reuniram e compuseram a lista. São um diretor de banco, um diretor de um instituto de seguros de vida, dois mestres-escolas, um procurador, um coronel, um oficial naval, dois artesãos e um *"vistoriador"* [!]. Pode-se ver que tipo de forças intelectuais estão à disposição da *"Hovestad"*.[2]

O governo prussiano não tem sorte. Ele se prestou a dar à Prússia, também no caso dinamarquês, uma reputação de ambiguidade que toca as raias de uma traição aos dois lados. Essa ambiguidade sempre foi um traço bem conhecido da política prussiana; basta

---

[1] Frederik VII.
[2] Capital.

pensar na traição da Polônia pelo "grande" príncipe eleitor, quando ele repentinamente se passou à Suécia, na Paz de Basileia, em 1805, e mais recentemente na ambiguidade com a qual o ministério atraiu os poloneses para a emboscada.[3] E agora, no caso dinamarquês, o governo prussiano lesou os interesses do povo alemão, e nem por isso recebeu agradecimentos da Dinamarca. Leiamos o que diz o *Fädreland*:

> De acordo com a nota do primeiro-ministro prussiano Auerswald (ao governo provisório de Rendsburg), que transcrevemos abaixo, fica claro que a Prússia desempenha um papel muito ambíguo. Primeiro, é bastante surpreendente que o governo prussiano mantenha quaisquer relações com o governo rebelde nos ducados. Ademais, o sr. Auerswald distorceu totalmente, em mais de um sentido, o significado dos termos do armistício. Apesar de o armistício não pretender, de nenhuma maneira, oferecer uma base para a paz final, o sr. Auerswald diz, todavia, que com ele se estariam preparando as condições que conduziriam a uma solução final favorável. Ele fala, ademais, da relevância dos seguintes pontos: que as tropas federais permaneçam no Schleswig e que os corpos de exército do Schleswig-Holstein mantenham sua atual magnitude, apesar de o armistício determinar que as tropas do Schleswig e do Holstein sejam separadas e que as tropas federais permaneçam em Altona. Finalmente, ele aduz outra inverdade semelhante ao dizer que o Estado de Direito deve ser mantido nos ducados em suas bases atuais, quando de fato o armistício reza: os decretos promulgados desde 17 de março tanto pelo rei da Dinamarca quanto pelo governo provisório devem ser revogados. O governo central, por sua parte, demonstrou uma tal falta de firmeza diante da Assembleia nas negociações sobre Limburg que desse lado pode-se realmente esperar qualquer coisa.

---

[3] Em 1648, Frederico Guilherme, o Eleitor de Brandenburg, apoiou a candidatura de John Casimir para o trono polonês; em 1656, depois de ter-se aproveitado da difícil situação do rei da Polônia, concluiu um pacto militar com Carlos Gustavo, rei da Suécia, e apoiou suas reivindicações à coroa polonesa. Na Guerra de 1655-1660 entre a Suécia e a Polônia, ele manobrou entre ambas e assim assegurou a incorporação final do leste da Prússia ao Brandenburgo. Em 5 de abril de 1795, na Basileia, a Prússia concluiu um tratado de paz em separado com a França, já tendo começado a se desintegrar a primeira coalizão anti-França. Em novembro de 1805, a Russia e a Prússia concluíram uma convenção em Potsdam para uma ação conjunta contra a França napoleônica. O governo prussiano comprometeu-se a aderir à terceira coalizão anti-França (Grã-Bretanha, Áustria, Rússia e Nápoles), mas, depois da derrota sofrida pela Rússia e pela Áustria em Austerlitz, renunciou a suas obrigações.

A ratificação do armistício

NGR, n. 107, 20/9/1848

F. Engels

Colônia, 19 de setembro. A Assembleia Nacional alemã ratificou o armistício. Não nos enganamos:[1] "A honra da Alemanha está em péssimas mãos".

A votação ocorreu sob a afluência de estrangeiros, diplomatas etc. aos bancos dos deputados, no tumulto e em total escuridão. Uma maioria de dois forçou a Assembleia a votar simultaneamente sobre dois pontos muito diferentes. Com uma maioria de 21 votos, o armistício foi aprovado, o Schleswig-Holstein sacrificado, a "honra da Alemanha" pisoteada, e decidida a *dissolução da Alemanha na Prússia*.

Em nenhuma questão o voto popular se pronunciou tão decididamente. Em nenhuma questão os senhores da direita haviam admitido tão abertamente que se manifestavam a favor de uma causa tão *indefensável*. Em nenhuma questão os interesses da Alemanha eram tão indubitáveis, tão claros como nessa. A Assembleia Nacional decidiu: pronunciou uma *sentença de morte* para si e para o assim-chamado poder central, criado por ela. Se a Alemanha tivesse um Cromwell, ele viria rapidamente dizer: "Vós não sois um parlamento! Em nome de Deus, retirai-vos!"[2]

Diz-se que a esquerda se retirou. Se ela tivesse coragem, essa pobre, escarnecida esquerda, agredida aos socos pela maioria, e ainda por cima chamada à ordem pelo nobre Gagern! Nunca uma minoria foi maltratada com tamanha insolência e consequência como a esquerda de Frankfurt pelo nobre Gagern e seus 250 heróis da maioria! Se ela ao menos tivesse coragem!

A falta de coragem arruína todo o movimento alemão. À contrarrevolução também falta coragem para os golpes decisivos, assim como ao partido revolucionário. Toda a Alemanha, seja a direita seja a esquerda, sabe agora que o atual movimento deve levar a conflitos terríveis, a combates sangrentos, ou para efetivá-lo ou para reprimi-lo. E, em vez de encarar corajosamente essas batalhas inevitáveis, em vez de acelerar seu fim com alguns golpes rápidos e decididos, os dois partidos, o da contrarrevolução e o do movimento,

---

[1] Ver "O armistício prussiano-dinamarquês".
[2] Palavras de Cromwell quando ele dispersou os restos do Parlamento Longo, em 20 de abril de 1653.

conspiram formalmente para adiá-lo tanto quanto possível. E justamente esses eternos expedientezinhos, essas concessõezinhas e paliativos, essas tentativas de mediação são os culpados de que a situação política intolerável e incerta tenha levado por toda parte a inúmeros levantes isolados, que só podem ser liquidados com sangue e redução dos direitos conquistados. Justamente esse medo da batalha provoca milhares de pequenas batalhas, confere inaudito caráter sangrento ao ano de 1848 e complica de tal maneira toda a posição dos partidos em luta que a batalha decisiva só pode se tornar muito mais violenta, muito mais devastadora. Mas "a falta de coragem de nossos caros colegas"![3]

Essa batalha decisiva pela centralização e organização democrática da Alemanha não pode de modo algum ser evitada. Apesar de todas as contemporizações e mediações, ela se aproxima cada dia mais. As complicações em Viena, em Berlim e mesmo em Frankfurt impelem a uma decisão; e se tudo fracassar graças à pusilanimidade e indecisão alemãs, então a França nos salvará. Em Paris amadurecem já os frutos da vitória de junho: Cavaignac e seus "republicanos puros" foram sobrepujados pelos monarquistas na Assembleia Nacional, na imprensa, nos clubes; o sul legitimista ameaça um levante geral; Cavaignac precisa recorrer ao meio revolucionário de Ledru-Rollin, aos comissários departamentais com plenos poderes extraordinários; só com muita dificuldade conseguiu sustentar a si e a seu governo na Câmara, no sábado. Mais uma votação dessas, e Thiers, Barrot e consortes, as pessoas a cujo interesse serviu a vitória de junho, terão a maioria, Cavaignac se jogará nos braços da república vermelha, e se desencadeará a luta pela existência da república.

Se a Alemanha persistir em sua indecisão, essa nova fase da revolução francesa será também o sinal para a retomada da luta aberta na Alemanha, que, esperamos, nos fará avançar um pouco e ao menos libertará a Alemanha dos tradicionais grilhões do passado.

---

[3] Heine, H. *Alemanha. Um Conto de Inverno*. Cap. XIX.

A insurreição em Frankfurt

NGR, n. 107, 20/9/1848, Suplemento

F. Engels

Colônia, 19 de setembro, 7 horas da noite. O armistício teuto-dinamarquês desencadeou a tempestade. A insurreição mais sangrenta irrompeu em Frankfurt; a honra da Alemanha, traída pela Assembleia Nacional a um ministério prussiano que renunciou desprezível e ignominiosamente, foi defendida com a vida pelos trabalhadores de Frankfurt, Offenbach e Hanaus, e pelos camponeses da região.[1]

O resultado da luta ainda é incerto. Desde ontem à noite, os soldados parecem ter feito poucos progressos. Em Frankfurt, com exceção do Zeil[2] e talvez de algumas outras ruas e praças, a artilharia é de pouca utilidade, e a cavalaria de nenhuma. Por esse lado, as chances são favoráveis para o povo. Os habitantes de Hanau, armados graças ao assalto ao Arsenal, vieram em auxílio, assim como os camponeses de inúmeras localidades da região. Até ontem à noite, os militares deviam contar com cerca de 10 mil homens e pouca artilharia. O afluxo de camponeses durante a noite deve ter sido muito grande, e o de soldados já menor; as regiões próximas estavam desguarnecidas de tropas. O espírito revolucionário dos camponeses de Odenwald, Nassau e do Eleitorado de Hesse não permitiu remeter nada mais; as comunicações devem ter sido interrompidas. Se a insurreição conseguiu resistir até hoje, toda a Odenwald, Nassau, Eleitorado de Hesse e Hesse Renana, toda a população entre Fulda, Coblença, Mannheim e Aschaffenburg estará armada e não há tropas suficientes para reprimir a insurreição. E quem responde por Mogúncia, Mannheim, Marburg, Kassel, Wiesbaden – cidades nas quais o ódio

---

[1] O armistício entre Prússia e Dinamarca foi concluído em 26 de agosto de 1848 em Malmö (Suécia), depois de sete meses de longos debates. No tratado, foi estipulado que o Schleswig-Holstein receberia um governo provisório nomeado pela Prússia e pela Dinamarca, e as tropas do Schleswig seriam separadas das do Holstein. O armistício aniquilou as conquistas revolucionário-democráticas no Schleswig-Holstein e manteve efetivamente a dominação dinamarquesa no ducado. Assim, a Prússia ignorou as intenções da Confederação Alemã, em cujo nome a guerra fora conduzida. A Assembleia Nacional de Frankfurt, depois de uma recusa inicial, aprovou em 16 de setembro de 1848 os termos desse armistício. A guerra entre a Prússia e a Dinamarca recomeçou em fins de março de 1849 e terminou em 1859 com a vitória da Dinamarca. Schleswig e Holstein permanecem propriedade dinamarquesa.

[2] Grande avenida de Frankfurt.

contra a soldadesca alcançou o mais alto grau graças aos excessos sanguinários das assim-chamadas "tropas imperiais"? Quem responde pelos camponeses no Reno, que podem facilmente cercear o envio de tropas por água?

E, no entanto, confessamos que temos pouca esperança na vitória dos bravos insurgentes. Frankfurt é uma cidade pequena demais, a força desproporcional das tropas e as conhecidas simpatias contrarrevolucionárias dos pequeno-burgueses frankfurtianos são por demais preeminentes para que possamos manter excessivas esperanças.

Mesmo que os insurgentes sucumbam, nada estará decidido ainda. A contrarrevolução se tornará insolente, nos subjugará por um momento com estado de sítio, supressão da liberdade de imprensa, dos clubes e das assembleias populares; mas não demorará muito e o canto do galo gaulês[3] anunciará a hora da libertação, a hora da vingança.

NGR, n. 108, 21/9/1848

Colônia, 20 de setembro. As notícias de Frankfurt começaram gradualmente a confirmar nossos receios de ontem. Parece certo que os insurgentes foram expulsos de Frankfurt e só ocupam ainda Sachsenhausen,[4] onde dizem que estão fortemente entrincheirados. Foi declarado o estado de sítio em Frankfurt; quem for apanhado com armas nas mãos ou resistindo ao "poder imperial" será submetido a uma corte marcial.

Os senhores na igreja de São Paulo estão agora, portanto, no mesmo pé de seus colegas em Paris; podem, com toda tranquilidade e sob o domínio do estado de sítio, reduzir a um "mínimo" os direitos fundamentais do povo alemão.

A ferrovia para Mogúncia está avariada em vários lugares, e o correio chega muito atrasado ou não chega.

Parece que a artilharia decidiu a luta nas ruas mais largas e abriu um caminho para os militares na retaguarda dos combatentes das barricadas. O entusiasmo com que a pequena burguesia frankfurtiana abriu suas casas aos soldados e entregou assim nas mãos deles todas as vantagens da luta de rua, a superioridade numérica das tropas que chegavam rapidamente de trem, em comparação com o lento afluxo dos camponeses, que vinham a pé, fez o resto.

Mas ainda que a luta não tenha se renovado em Frankfurt mesmo, a insurreição não está de modo algum esmagada. Os camponeses encolerizados não vão depor as armas assim sem mais. Se não podem explodir a Assembleia Nacional, não lhes falta de que se desembaraçar em casa. A tempestade desencadeada pela igreja de São Paulo pode se espalhar por seis ou oito residenciazinhas principescas, por centenas de morgadios; a

---

[3] Na Introdução redigida por Heinrich Heine em março de 1831 ao texto "Kahldorf sobre a nobreza, em cartas ao conde M. von Moltke", consta, em referência à revolução francesa de 1830: "O galo gaulês cantou agora pela segunda vez, e também na Alemanha fez-se dia".

[4] Subúrbio de Frankfurt situado, em relação à cidade, do outro lado do Main.

guerra dos camponeses iniciada nesta primavera não chegará a seu fim enquanto não alcançar sua finalidade, a libertação dos camponeses do feudalismo.

De onde vem a contínua vitória da "ordem" por toda a Europa, de onde vem a série de inumeráveis, sempre recorrentes derrotas dos partidos revolucionários desde Nápoles, Praga, Paris até Milão, Viena e Frankfurt?

Porque os partidos sabem que a luta que se prepara em todos os países civilizados é uma luta muito diferente, uma luta infinitamente mais importante do que todas as revoluções até hoje; porque em Viena como em Paris, em Berlim como em Frankfurt, em Londres como em Milão trata-se da *queda do domínio político da burguesia*, uma reviravolta cujas consequências imediatas bastam para encher de pavor os burgueses pacatos e especuladores.

Há ainda algum centro revolucionário no mundo em que a bandeira vermelha, o símbolo da luta do proletariado europeu unido, não tenha sido desfraldada sobre as barricadas dos últimos cinco meses?

Também em Frankfurt o parlamento dos *junkers* e burgueses unidos foi combatido sob a bandeira vermelha.

Derivam daí todas essas derrotas, de que agora toda insurreição que irrompe ameaça a burguesia diretamente em sua existência política, e indiretamente em sua existência social. O povo, em geral desarmado, tem de lutar não somente contra o poder do stado burocrático e militar organizado, assumido pela burguesia, tem de lutar também contra a própria burguesia armada. Diante do povo desorganizado e mal armado erguem-se todas as classes restantes da sociedade bem organizadas e plenamente armadas. E por essa razão o povo foi abatido até agora, e será abatido até que seu inimigo se enfraqueça – seja pelo engajamento das tropas numa guerra, seja por uma cisão interna – ou até que algum grande acontecimento impulsione o povo a uma luta desesperada e desmoralize seu inimigo.

E um grande acontecimento desse tipo se prepara na França.

Por isso não precisamos nos desesperar se há quatro meses as metralhas vencem as barricadas em toda parte. Ao contrário – cada vitória de nossos inimigos foi ao mesmo tempo uma derrota para eles; ela os dividiu, no final em cada caso ela garantiu a dominação não aos partidos conservadores vencedores de fevereiro e março, mas *àqueles* partidos que foram *derrotados* em fevereiro e março. A vitória de junho em Paris só levou ao domínio da pequena burguesia, dos republicanos *puros*, no início; ainda não haviam decorrido três meses e a grande burguesia, o partido constitucionalista, ameaça derrubar Cavaignac e lançar os "puros" nos braços dos "vermelhos". O mesmo acontecerá em Frankfurt: a vitória não favorecerá os honestos senhores do centro, ela favorecerá a *direita*; a burguesia vai assegurar a primazia aos senhores do Estado militar-burocrático-*junker* e muito em breve deverá provar os amargos frutos de sua vitória.

Que faça bom proveito! Enquanto isso, esperamos pelo momento em que a hora da libertação da Europa soará em Paris.

O *Fädreland* sobre o armistício

NGR, n. 109, 22/9/1848

F. Engels

Colônia, 21 de setembro. É sabido que a assim-chamada Assembleia Nacional em Frankfurt aprovou o armistício sob a garantia da Prússia de que o governo dinamarquês teria *oficialmente comunicado* que estaria disposto a introduzir *modificações*.

Mas são conhecidas as intrigas havidas quando da votação das questões preliminares. As intrigas sobre as questões principais ocorreram *fora* da Assembleia.

Ouçamos o que diz o *Fädreland* de 16 de setembro:

Depois de explanar as desvantagens do armistício efetivamente concluído em relação ao primeiro esboço, passa às vantagens para a Dinamarca. A Inglaterra e a Rússia interviriam quando a guerra irrompesse novamente; a unidade alemã, conservada com dificuldade pela guerra dinamarquesa, rapidamente se desintegraria; a população da Jutlândia poderia ser treinada como Landwehr, e o exército, duplicado: "e 60 mil homens na estreita península, apoiados pela frota, são uma *Dannevirke*,[1] que a grande e unificada Alemanha vai pensar muito antes de atacar".

> Mas qualquer que seja o armistício, é certo que, depois de ter sido concluído, ratificado e garantido, seria irresponsável se nós mesmos deixássemos de cumprir seus termos ou tolerássemos que fossem transgredidos por nossos inimigos. Isto nosso governo não fará de modo algum, nisto podemos e devemos confiar, e, portanto, não devemos nos inquietar com todos esses boatos sobre *modificações nos termos acordados* difundidos pelos jornais do Schleswig-Holstein. Sabemos muito bem que os generais e funcionários prussianos e alemães em geral, com algumas honrosas exceções, não levam muito a sério seus compromissos e promessas, sua boa-fé; acreditamos de bom grado que seja verdade que o general Wrangel tenha tido a petulância de aconselhar o comissário dinamarquês, sr. Reedtz, a quebrar os termos para torná-los mais aceitáveis a seus amigos do Schleswig-Holstein; acreditamos de bom grado que tanto a Assembleia de Frankfurt quanto o ministério prussiano tenham considerado perfeitamente adequado obter de nós modificações arbitrárias no que já fora acordado e selado em boa forma. Mas também acreditamos que o pior que nosso governo poderia fazer seria permitir a modificação

---

[1] Sistema dinamarquês de fortificações no Schleswig-Holstein, cuja construção foi iniciada antes de 500 a.C. e expandida várias vezes posteriormente; estende-se por 30 km, e consiste de vários muros e trincheiras.

mesmo que do mais ínfimo inciso do tratado, pois senão a "honestidade alemã" não se envergonharia de o pisotear inteiramente. Se Karl Moltke não puder encontrar nenhum corregente, já está determinado como este deve ser nomeado, o governo dinamarquês pode de fato escolher dois cujo consentimento está garantido de antemão, e então *caberá à Prússia encontrar seus próprios dois*. Se a população do Schleswig-Holstein não quiser obedecer, *caberá à Prússia obrigá-la*. E se na última data fixada, isto é, amanhã, 17 de setembro, faltar algo essencial à execução do tratado, desde que, de nossa parte, tivermos cumprido conscienciosamente todas as obrigações, *caberá ao governo dinamarquês* estabelecer um prazo limite, e se este também expirar em vão, será *seu direito e seu dever mover o exército dinamarquês para o Schleswig e ocupá-lo*. Então veremos o que a Europa dirá, e o que significam garantias e obrigações. Não temos efetivamente nada a temer das consequências; quaisquer que sejam, será preferível arrostá-las do que aviltar-nos a nossos próprios olhos e aos do mundo todo, do que nos deixarmos tratar como o servo (*Traet*) submisso da arrogância alemã e da improbidade alemã.

Nesse momento em que depomos a pena, alegra-nos poder dar a *certeza positiva* de que, *da parte do governo dinamarquês, é impossível qualquer modificação* no tratado do armistício já concluído.

Eis o que diz o órgão semioficial do gabinete dinamarquês.

E agora? Quem é o enganador, quem o enganado, quem é o *enganador enganado*?[2]

---

[2] G. E. Lessing, *Nathan, o Sábio,* Ato III, Cena 7.

O ex-principado[1]

NGR, n. 140, 11/11/1848

F. ENGELS

Da República de Neuchâtel, 7 de novembro. Decerto interessará a vocês ouvir algo sobre um pequeno país que ainda há pouco gozava das bênçãos do domínio prussiano, mas antes de todos os países submetidos à coroa prussiana hasteou a bandeira da revolução e abateu o paternal governo prussiano. Falo do antigo "Principado de Neuenburg e Vallendis",[2] no qual o sr. Pfuel, o atual primeiro-ministro, fez seus primeiros estudos administrativos como governador, tendo sido deposto pelo povo em maio deste ano, ainda antes de conseguir seus louros na Posnânia e colher votos de desconfiança em Berlim como *premier*. O pequeno país adotou agora o orgulhoso nome de "República e Cantão de Neuchâtel" e não deve estar longe o tempo em que o último guarda de Neuchâtel escovará sua farda verde em Berlim. Devo confessar que me causa um agradável sentimento de satisfação poder circular sem ser molestado, cinco semanas após minha fuga da Sagrada Hermandad prussiana, em um território que *de jure* ainda é prussiano.

A República e Cantão Neuchâtel encontra-se, de resto, em uma situação claramente bem mais satisfatória do que antes como principado Neuenburg e Vallendis; pois nas recentes eleições para o Conselho Nacional[3] suíço os candidatos republicanos recebe-

---

[1] Este artigo e a série de artigos que se seguem foram escritos por Engels durante sua estada forçada na Suíça. Em 26 de setembro de 1848 foi decretado do estado de sítio em Colônia, e foi dada a ordem de prender alguns redatores da *Nova Gazeta Renana*, entre eles Engels. Este emigrou para a Bélgica; a polícia de Bruxelas o prendeu em 4 de outubro e o expulsou do país. No dia seguinte, Engels chegou em Paris, e, após uma estadia muito curta, passou para a Suíça a pé. Chegou em Berna por volta de 9 de novembro, e ali permaneceu até janeiro de 1849. Durante esse período, enviou regularmente artigos e uma série de informações à *Nova Gazeta Renana*.

[2] Entre 1707-1806, o principado de Neuenburg e Vallendis (nomes alemães para Neuchâtel e Valangin) era um Estado gêmeo sob o domínio da Prússia. Em 1806, durante as guerras napoleônicas, Neuchâtel foi cedido à França. Em 1815, por decisão do Congresso de Viena, foi incorporado à Confederação Suíça como seu 21º cantão, mas ao mesmo tempo foi mantida sua dependência como vassalo da Prússia. Em 29 de fevereiro de 1848, uma revolução burguesa em Neuchâtel pôs fim ao domínio prussiano e foi proclamada a república. No entanto, até 1857 a Prússia continuou reivindicando Neuchâtel, e só foi forçada a renunciar oficialmente a ele sob pressão da França.

[3] Conforme a Constituição de 12 de setembro de 1848, o Conselho Nacional é constituído de deputados eleitos a cada três anos por sufrágio universal; o Conselho dos Estados se compõe de dois deputados de cada cantão. Ambos formam, como Assembleia Federal, o mais alto poder da Confederação.

ram mais de 6 mil votos, enquanto os candidatos dos monarquistas, os *bédouins*,[4] como são chamados aqui, mal alcançaram 900. Também no Grande Conselho quase só há republicanos, e apenas Les Ponts, um pequeno povoado montanhês dominado pelos aristocratas, enviou a Neuchâtel, como seu representante, Calame, o ex-conselheiro realista-prussiano-principesco de Neuenburg, e há alguns dias ele teve de prestar o juramento de fidelidade à república. Em vez do velho e monarquista *Constitutionnel Neuchâtelois*, agora é publicado – em La Chaux-de-Fonds, a maior, mais industrializada e mais republicana região do Cantão – um *Republicain Neuchâtelois*,[5] é verdade que redigido num mau francês suíço do Jura, mas fora isso não de todo mal editado.

A indústria relojoeira do Jura e a manufatura de rendas do Vale de Travers, as principais fontes de subsistência do pequeno país, começaram também a prosperar novamente, e os *montagnards*[6] retomam pouco a pouco sua antiga alegria, apesar da neve alta que já recobre o chão. Enquanto isso os *bedouins* erram melancolicamente de um lado para o outro, ostentam inutilmente calça, blusa e barrete nas cores prussianas e suspiram em vão pela volta do honrado Pfuel e dos decretos que começam por: "Nous, Frederic-Guillaume par la Grace de Dieu". Lá no alto no Jura, 3.500 pés acima do nível do mar, as cores prussianas, barretes negros com bordas brancas, também estão abatidas, também provocam um sorriso ambíguo como entre nós, no Reno; – se não víssemos a bandeira suíça e os grandes cartazes: "Republique et Canton de Neuchâtel", acreditaríamos estar em casa. Ademais, me alegra poder dizer que os *trabalhadores alemães* desempenharam na revolução de Neuchâtel, como em todas as revoluções de 1848, um papel decisivo e muito honrado. Por isso o ódio dos aristocratas também recai plenamente sobre eles.

---

[4] Beduínos. Aqui no sentido de pregadores ambulantes no deserto.
[5] *Le Constitutionnel Neuchâtelois*: jornal representante da tendência monárquico-constitucional, publicado em Neuchâtel de 1831 a fevereiro de 1848. *Le Républicain Neuchâtelois*: jornal republicano burguês, editado de março de 1848 a outubro de 1849 em Chaux-de-Fonds, e de novembro de 1849 a 1856 em Neuchâtel.
[6] Aqui os trabalhadores em relojoaria revolucionários de Neuchâtel. Eram chamados *montagnards*, na Convenção (a Assembleia Nacional da Revolução Francesa), os jacobinos que constituíam a ala esquerda, porque se sentavam nos lugares mais altos do salão de sessões. Nos anos 1848-1851, o partido dos republicanos democratas pequeno-burgueses assumiu essa designação na Assembleia Nacional Francesa constituinte e legislativa, embora não passassem de uma paródia da Montanha de 1792-1793.

As novas autoridades – progressos na Suíça

NGR, n. 143, 15/11/1848

F. Engels

Berna, 9 de novembro. Desde anteontem estão aqui reunidos os novos legislativos federais, o Conselho Nacional e o Conselho dos Estados.[1] A cidade de Berna fez tudo o que pôde para os receber do modo mais brilhante e sedutor possível. Música, cortejos, salvas de canhão, repique de sinos, iluminação, nada faltou. As sessões foram abertas anteontem. O Conselho Nacional, eleito por sufrágio universal e de acordo com o número de habitantes (Berna enviou 20 deputados, Zurique, 12, os cantões menores, de dois a três), se compõe, em sua esmagadora maioria, de liberais tingidos de radicalismo. O partido resolutamente radical está muito fortemente representado, o conservador tem apenas seis ou sete votos em mais de 100. O Conselho dos Estados, composto de dois deputados por cantão e um por cada meio cantão, assemelha-se, em geral, à última Dieta helvética[2] em composição e caráter. Os cantões originários[3] enviaram outra vez alguns autênticos adeptos da Liga Separatista, e, graças à eleição indireta, o elemento reacionário, embora ainda em decidida minoria, já está entretanto mais fortemente representado no Conselho dos Estados do que no Conselho Nacional. O Conselho dos Estados é, de fato, a Dieta

---

[1] A Constituição da República Suíça adotada em 12 de setembro de 1848 legalizou os resultados da vitória das forças progressistas sobre a Liga Separatista e transformou a Suíça, de uma união de cantões separados, em um estado federativo unificado. No lugar da antiga Dieta Suíça, cujos membros eram representantes dos cantões, foi criada uma Assembleia Federal de toda a Suíça, que era constituída por duas câmaras – o Conselho Nacional e o Conselho dos Estados. O poder executivo cabia ao Conselho Federal (o governo da Suíça) e o presidente do Conselho Federal era o presidente da república. A constituição estipulava a organização de um único departamento de correios e uma única alfândega, a introdução de um sistema monetário, bem como de pesos e medidas, unificado. Ao mesmo tempo, os cantões retinham certa autonomia.

[2] Na Confederação Suíça, se compunha dos enviados dos cantões e era a mais alta instância de decisão. Em 1848, aprovou a nova constituição e a Assembleia Federal assumiu seu lugar.

[3] Trata-se dos cantões florestais da região de Uri e de Lucerna, que constituíram o núcleo da nação suíça. Quando os Habsburgos ascenderam ao trono imperial da Alemanha, ameaçaram a liberdade dos cantões, isto é, o direito que os homens livres tinham de se reunir em assembleia (*Landgemeinde*). Em 1291, os cantões florestais – Uri, Schwyz e Unterwald – assinaram em Brunne, às margens do lago dos Quatro-Cantões, um tratado de defesa mútua que foi a origem da Confederação Helvética.

rejuvenescida pela supressão do mandato imperativo[4] e pela invalidação dos meios votos, e posta em segundo plano pela criação do Conselho Nacional. Ele desempenha o ingrato papel do Senado ou da Câmara dos Pares, o entrave ao supostamente excessivo desejo de renovação do Conselho Nacional, o herdeiro da madura sabedoria e escrupuloso discernimento dos antepassados. Esta autoridade digna e moderada partilha já agora o destino de suas irmãs na Inglaterra e América e antigamente na França; ainda antes de ter dado qualquer sinal de vida, é vista desdenhosamente pela imprensa e ofuscada pelo Conselho Nacional. Quase ninguém fala dela, e se quiser fazer falar de si, será ainda pior para ela.

O Conselho Nacional, embora devesse representar toda a "nação" suíça, já em sua primeira sessão deu uma prova, se não exatamente de espírito de cantão, ao menos de autêntica desunião e mesquinharia suíças. Para eleger um presidente, foi preciso votar três vezes, embora somente três candidatos, e ainda por cima todos os três de Berna, fossem seriamente considerados. Eram os senhores Ochsenbein, Funk e Neuhaus; os dois primeiros representantes dos velhos radicais de Berna, o terceiro representante do velho partido liberal, semiconservador. Finalmente foi eleito o sr. Ochsenbein, com 50 de 93 votos, portanto por uma pequena maioria. É compreensível que os de Zurique e outros Moderados[5] tenham oposto ao sr. Ochsenbein o mais culto e experiente Neuhaus; mas que o sr. Funk, que tem exatamente a mesma cor política que o sr. Ochsenbein, tenha concorrido com ele e recebido apoio em duas votações demonstra como os partidos ainda são desorganizados e indisciplinados. Em todo caso, com a eleição de Ochsenbein, os radicais colheram a vitória no primeiro torneio entre os partidos. Na subsequente eleição do vice-presidente, só depois da quinta votação foi obtida uma maioria absoluta! Em contrapartida, o sensato e experiente Conselho dos Estados elegeu já na primeira votação, quase por unanimidade, o Moderado de Zurique Furrer como seu presidente. Essas duas eleições já delineiam suficientemente o quão diferente é o espírito das duas câmaras e quão rapidamente elas vão se separar e entrar em conflito.

O próximo tema interessante do debate será a escolha da capital federal. Interessante para os suíços, pois muitos deles têm aí interesses materiais, e para o exterior, porque justamente esse debate mostrará do modo mais claro em que medida o velho patriotismo local, a estreiteza cantonal está desgastada. A concorrência é mais intensa entre Berna, Zurique e Lucerna. Berna gostaria que Zurique se conformasse com a universidade federal e Lucerna com a corte federal, mas em vão. De todo modo, Berna é a única cidade apropriada – como ponto de transição da Suíça alemã para a Suíça francesa, como capital do maior cantão, como centro emergente para todo o movimento suíço. No entanto, para se tornar significativa, Berna precisa ter também a universidade e a corte federal.

---

[4] Os deputados da Dieta estavam vinculados às instruções dos governos de seus cantões. Desse modo, a execução de medidas progressistas foi extraordinariamente dificultada.

[5] Moderados (em espanhol no original): partido dos liberais moderados na Espanha, que surgiu durante a revolução burguesa de 1820 a 1823, com a cisão do partido dos liberais em uma ala direita (moderados) e uma esquerda (exaltados). Aqui, Engels designa com esse termo os liberais moderados da Suíça.

Mas vá alguém explicar isso para os suíços fanáticos pela capital de seu cantão! É muito possível que o Conselho Nacional, mais radical, vote a favor da mais radical Berna, que o Conselho dos Estados, mais ponderado, vote a favor da ponderada, sábia e prudente Zurique. Então será extremamente difícil encontrar uma solução.

Há três semanas parece haver grande agitação em *Genebra*. Nas eleições para o Conselho Nacional, os patrícios e burgueses reacionários, que de suas vilas mantêm os vilarejos em torno de Genebra numa dependência quase feudal, impuseram, com seus camponeses, todos os três candidatos. Mas o comitê cassou as eleições, porque havia mais cédulas de votação do que as que foram distribuídas. Só essa cassação tranquilizou os trabalhadores revolucionários de Saint-Gervais, que já saíam às ruas em grupos e gritavam: *"Aux armes!"*[6] A atitude dos trabalhadores durante os oito dias seguintes era tão ameaçadora que os burgueses preferiram simplesmente não votar do que provocar uma revolução com as obrigatórias cenas de terror já esperadas. E tanto mais que o governo ameaçou apresentar sua renúncia se os candidatos reacionários fossem eleitos mais uma vez. Enquanto isso, os radicais modificaram sua lista de candidatos, incluíram nomes menos provocativos, recuperaram o atraso na propaganda e conseguiram, nas novas eleições, entre 5 mil e 5.500 votos, quase mil votos mais do que os reacionários haviam alcançado na anterior. Os três candidatos reacionários não obtiveram quase nenhum voto; o mais votado, general Dufour, recebeu 1.500 votos. Oito dias depois ocorreram as eleições para o Grande Conselho. A cidade elegeu 44 radicais, o interior, que tem de eleger 46 conselheiros, escolheu quase só reacionários. A *Revue de Genéve*[7] ainda discute com as folhas burguesas se esses 46 são todos reacionários ou se uma meia dúzia votará a favor do governo radical. Logo isso ficará claro. A confusão em Genebra pode aumentar; pois se o governo que foi eleito diretamente pelo povo tiver de renunciar, poderia facilmente acontecer com as novas eleições o que ocorreu na segunda eleição para o Conselho Nacional, e um governo radical confrontaria uma maioria reacionária no Grande Conselho. A propósito, é sabido que os trabalhadores genebrinos só esperam por uma oportunidade para assegurar, por uma nova revolução, as ameaçadas conquistas de 1847.

Tudo considerado, a Suíça fez progressos significativos em comparação com os últimos 40 anos. Mas em nenhuma classe esse progresso é tão considerável como entre os trabalhadores. Enquanto na burguesia, e especialmente nas velhas famílias patrícias, o velho e estreito espírito provinciano ainda domina por toda parte, e no máximo assumiu formas mais modernas, os trabalhadores suíços se desenvolveram extraordinariamente. Antes eles se consideravam separados dos alemães, e se vangloriavam do mais absurdo orgulho nacional de "suíços livres", questionavam os *"chaibe* estrangeiros"[8] e se abstiveram de participar em todo o movimento contemporâneo. Agora isso mudou. Desde que as

---

[6] Às armas!

[7] *Revue de Geneve et Journal Suisse:* órgão do partido radical, publicado em Genf desde 1842. O jornal foi editado sob esse título até 1861.

[8] Canalhas estrangeiros.

condições de trabalho pioraram, desde que a Suíça se democratizou, mas especialmente desde que os golpetes foram substituídos pelas revoluções europeias e batalhas como a de junho em Paris e a de outubro em Viena – desde então os trabalhadores suíços vêm participando cada vez mais do movimento político e socialista, irmanaram-se com os trabalhadores estrangeiros, particularmente com os alemães, e aposentaram seu "*fryes Schwyzerthum*".[9] Na Suíça francesa e em muitas regiões da alemã, alemães e suíços alemães são membros, sem nenhuma distinção, das mesmas associações de trabalhadores, e associações compostas em sua maioria de suíços decidiram se afiliar à projetada e em parte efetivada organização das associações democráticas alemãs. Enquanto os mais radicalizados radicais da Suíça oficial sonham no máximo com uma república helvética una e indivisível,[10] não é raro ouvir-se de trabalhadores suíços a opinião de que toda a independência da pequena Suíça será logo mandada ao diabo na tempestade europeia que se prepara. E dizem isso com toda a frieza e indiferença, sem um lamento, esses proletários traidores da pátria! A simpatia pelos vienenses era grande em todos os suíços que eu vi, mas entre os trabalhadores ela ascendia a verdadeiro fanatismo. Não se ouvia nem uma palavra sobre Conselho Nacional, Conselho dos Estados, sobre o golpe clerical de Friburgo;[11] mas Viena, Viena estava na boca de todos, da manhã até à noite. Era como se os suíços considerassem novamente Viena como sua capital, como no tempo de Guilherme Tell, como se fossem novamente austríacos. Centenas de boatos foram difundidos, discutidos, refutados, admitidos, novamente impugnados, todos os aspectos possíveis foram debatidos; e quando por fim se confirmou definitivamente, a notícia do esmagamento dos heroicos trabalhadores e estudantes vienenses pela superioridade numérica e pela barbárie de Windischgrätz causou uma tal impressão nesses trabalhadores suíços, como se em Viena se decidisse seu próprio destino, como se a causa de seu próprio país tivesse sucumbido. Certamente esse estado de ânimo ainda não é generalizado, mas ele se propaga cada dia entre os proletários suíços, e é um gigantesco progresso para um país como a Suíça que ele já exista em muitos lugares.

---

[9] Livre helvetismo.
[10] Depois do colapso da velha Confederação Suíça aristocrática pela invasão das tropas francesas em 1798, foi fundada, apoiada no modelo da república francesa, a "República Helvética una e indivisível", que existiu até 1803. A República Helvética introduziu a igualdade jurídica burguesa e a liberdade econômica e patrocinou a ciência e a cultura. Esses avanços foram mantidos mesmo com o posterior restabelecimento parcial do federalismo.
[11] Em 24 de outubro de 1848 ocorreu em Friburgo uma sublevação organizada do clero católico, sob a direção do bispo Marilley, que tinha como objetivo derrubar o governo democrático constituído nesse cantão depois do aniquilamento da Liga Separatista. A sublevação foi rapidamente esmagada.

Sessão das câmaras suíças

NGR, n. 147, 19/11/1848, segunda edição

F. Engels

Berna, 12 de novembro. Até agora, ainda não foi debatida nenhuma das questões importantes nas sessões das duas câmaras suíças. Os principais assuntos da semana passada foram a constituição dos dois conselhos, o debate sobre a publicação das atas (abandonado provisoriamente, como é sabido, sem qualquer resultado), a rejeição dos deputados eleitos com reservas em face da nova constituição. Na sessão de ontem, foi redigido o juramento para as autoridades federais e foram fixados os salários do Conselho Federal[1] (6 mil francos suíços para o presidente, 5 mil para cada conselheiro, e 4 mil mais moradia gratuita para o chanceler). Agora a escolha da capital federal e a nomeação do Conselho Federal não poderão mais ser adiados. O Vorort[2] também informou ontem aos dois conselhos as medidas tomadas em relação a Tessinoo. Tessinoo apelou contra o Vorort às novas autoridades federais; entretanto, não é de se esperar que estas modifiquem ou, menos ainda, revoguem as decisões de seus predecessores.

---

[1] O mais alto poder executivo da Confederação Suíça. O Conselho Federal contava com sete membros, que eram eleitos para a Assembleia Federal, a cada três anos por todos os cidadãos suíços, que eram elegíveis para o Conselho Nacional.

[2] Berna. O Vorort era, na Confederação Suíça, a designação para um cantão no qual a Dieta Federal realizava suas sessões e que, quando esta não estava reunida, dirigia os assuntos da federação. O Vorort se revezava em geral entre Berna, Lucerna e Zurique. Com a Constituição Federal de 1848, essa instituição foi suprimida.

Eleições para a corte federal – diversos

NGR, n. 150, 23/11/1848

F. ENGELS

Berna, 18 de novembro. Ontem lhes dei os nomes dos primeiros oito juízes federais eleitos.[1] Durante a sessão geral de ontem foram ainda nomeados: *Folly*, de Friburgo (um dos membros do Conselho Nacional local, cuja eleição foi cassada), dr. Karl *Brenner*, red[ator] da *Gazeta Nacional Suíça*[2] da Basileia, e o adv[ogado] *Jauch*, de Uri, com os quais a Corte Federal chegou ao número completo de 11 juízes. Para presidente, foi nomeado *Kern*, e para vice-presidente, dr. K. *Pfuffer*.

Como sabem, o Conselho Nac[ional] cassou as eleições do cantão de Friburgo, porque só puderam votar aqueles eleitores que já tivessem jurado a nova Constituição Federal. No dia seguinte, confirmou seu voto, rejeitando quase por unanimidade (73 a 13) a moção Funk, de que o assunto fosse resolvido por *ambos* os conselhos. Abstraindo o falatório local que essa decisão provocou em Berna, ela deu margem a discussões muito amargas entre os radicais da Suíça alemã e francesa. A questão é a seguinte: a constituição federal determina que o primeiro Conselho Nacional seja eleito por todos os suíços maiores de 20 anos e que também sejam eleitores em seus cantões. O restante, todo o ordenamento, regulamento e demais determinações são deixados aos cantões singulares. O juramento exigido pelo governo de Friburgo é uma condição do direito de voto também em vários outros cantões; nestes cantões, cada cidadão suíço que exerce pela primeira vez seu direito de voto deve jurar a constituição cantonal. É evidente que a *intenção* dos autores da nova constituição era assegurar o sufrágio universal nas eleições; mas conforme a *letra* o governo de Friburgo tem razão, e naquelas circunstâncias, em que ele se encontrava em face de uma compacta maioria hostil, dominada pelo clero, ou ele exigia o juramento ou

---

[1] Essa informação não aparece na *Nova Gazeta Renana*. De acordo com a constituição suíça adotada em 12 de setembro de 1848, foram eleitos os membros da Corte Federal na assembleia conjunta das duas câmaras da Assembleia federal – o Conselho Nacional e o Conselho dos Estados. Os primeiros oito juízes federais eleitos são: D. Kerns, de Thurgau, D. Kasimir Pfyffer, de Lucerna, Migy, de Berna, Rüttimann, de Zurique, Brosi, de Graubünden, Zenrufinen, de Wallis, Favre, de Neuenburg e Blumer, de Glarus. A Corte Federal deveria resolver em curto prazo litígios com que anteriormente a Dieta Helvética se ocupava durante anos, e punir ações que permaneciam até então impunes, as assim-chamadas traição à pátria e alta traição.

[2] *Gazeta Nacional Suíça* – diário publicado desde 1842 na Basileia.

abdicava. Os radicais alemães se aferraram à intenção do legislador, os franceses, com Waadt à frente, se apoiaram na letra da constituição para salvar o governo de Friburgo e os cinco votos radicais que eles tanto desejam ter no Conselho Nacional. Declararam que a decisão do Conselho Nacional era uma aprovação indireta da rebelião dos bispos de Friburgo, o que é inteiramente correto; isso poderia acarretar a queda do governo radical de Friburgo e o estabelecimento de um governo da Liga Separatista nesse cantão. Chamaram os radicais de Berna e os demais radicais alemães de "teóricos", "fabricantes de abstrações ocas", "doutrinários" etc. É verdade que os radicais teuto-suíços, na maioria advogados, frequentemente acentuam demais sua posição jurídica, enquanto os de Waadt e genebrinos, formados na escola revolucionária francesa, são melhores políticos e às vezes tratam com ligeireza o direito.

O mais decidido jornal dessa tendência franco-suíça é o *Nouvelliste Vaudois*,[3] de Lausanne, o "órgão da revolução declarada permanente", como a designam os conservadores e mesmo os liberais sensatos. Essa folha, de resto redigida não sem espírito e leveza, levanta sem rodeios a bandeira da república vermelha, declara-se a favor dos insurgentes de junho em Paris, considera a morte de Latour em Viena "um ato violento de justiça popular soberana" e escarnece com amarga ironia o pietista-reacionário *Courrier Suisse*,[4] que uiva e revira os olhos diante de tal abominação. E ainda assim esse *Nouvelliste* é o órgão de um poderoso partido no governo de Waadt, e quase se pode mesmo dizer que é o órgão da maioria desse governo; e no entanto tudo corre em perfeita ordem em Waadt, o povo está tranquilo e apoia entusiasticamente seu governo, como acabaram de provar mais uma vez as eleições para o Conselho Nacional.

Segundo um comunicado semioficial da *Revue de Genève*, Genebra vai ratificar, com algumas poucas reservas condicionadas por velhos acordos, as decisões da conferência diocesana a respeito do bispo de Friburgo (que vocês conhecem há muito).[5] Os demais cantões da diocese já ratificaram. Logo que forem recebidas todas as ratificações, prossegue o relato, o bispo Marilley será libertado, pois o cantão de Friburgo declarou pretender encerrar o inquérito criminal conduzido contra ele por participação na última tentativa de insurreição.

Espera-se com ansiedade a escolha da capital. Se Berna não for escolhida, e o fato de ninguém de Berna ter sido nomeado nem para presidente nem para vice-presidente do Conselho Federal parece indicar isso, se desencadeará aqui um movimento que terá por consequência a queda de Ochsenbein, uma maioria da tendência radical (Stämpfli,

---

[3] Gazeta suíça, publicada de 1798 a 1804 e de 1824 a 1914 em Lausanne; nos anos 1840, representava concepções radical-democratas.
[4] Gazeta suíça reacionária, editada em Lausanne de 1840 a 1853.
[5] Em 25 de outubro de 1848, o bispo Marilley foi preso. Em 30 de outubro, ocorreu em Friburgo uma conferência dos representantes governamentais dos cantões que pertenciam à diocese (Friburgo, Berna, Vaud, Neuchâtel e Genf). Na conferência, foi decidido libertar o bispo, mas não lhe foi permitido permanecer no território dos cinco cantões e ali atuar. Em 13 de dezembro, Marilley foi expulso do país e viveu desterrado até 1856.

Niggeler, Stockmar etc.) e a revisão da constituição federal recém-adotada. Efetivamente, de acordo com a constituição, os dois conselhos devem ser dissolvidos e outros devem ser eleitos para a revisão da constituição se 50 mil cidadãos suíços aptos a votar o exigirem. Berna sozinha reúne facilmente esse número de assinaturas, sem contar as massas, que viriam dos cantões romandos avançados, estimuladas pela perspectiva de um sistema unicameral e maior centralização. Mas todas as suposições sobre o voto dos conselhos suíços são vãs; a ilimitada fragmentação, essa consequência necessária da histórica república federativa, a indescritível confusão de interesses e a inconcebível barafunda de motivos determinantes tornam fútil toda tagarelice sobre probabilidade e possibilidade.

Notícias da Suíça

NGR, n. 151, 24/11/1848, suplemento

F. Engels

Berna, 20 de novembro. Acabo de ouvir de funcionários do Departamento Federal de Guerra que *o poder central alemão teria declarado guerra à Suíça*. O correio teria chegado ontem à noite, e às 11 horas o Vorort teria realizado uma sessão. Já teriam sido tomadas sérias medidas de defesa. Diz-se, ademais, que *50 mil homens das tropas federais estariam concentrados na fronteira suíça*, para dar início às hostilidades.

Repasso-lhes essa notícia tal como a ouvi. Eu mesmo não acredito nela, apesar de a fonte ser confiável. Creio que nem mesmo o ministério imperial seria capaz de uma *tal* insensatez.

Resultado das eleições para o Conselho Nacional

NGR, n. 152, 25/11/1848

F. ENGELS

Berna, 21 de novembro. Resultado das eleições de anteontem para o Conselho Nacional: Fischer, ex-membro do Grande Conselho (conservador): 1.793 votos, eleito; Weingart, 1.315, Matthys, 1.266, Blösch (conservador), 1.256 votos. Como nenhum desses três teve maioria absoluta, os dois radicais Weingart e Matthys permanecem na eleição, e provavelmente Weingart será eleito. O fato de os radicais terem conseguido impor ao menos um candidato deve-se à participação do batalhão da milícia de Berna, que atualmente está a serviço em Friburgo, e que votou como um só homem nos radicais.

O poder central alemão e a Suíça

NGR, n. 153, 26/11/1848

F. Engels

Colônia, 24 de novembro. Nas comédias do século passado, especialmente nas francesas, nunca falta um criado que diverte o público recebendo a todo momento pancadas, empurrões e, nas cenas de grande efeito, até mesmo pontapés. Certamente o papel desse criado é ingrato, mas ainda assim é invejável comparado com um papel continuamente desempenhado em nosso teatro imperial de Frankfurt: comparado com o papel de ministro das Relações Exteriores. No espetáculo cômico, os criados têm ao menos um meio de se vingar – têm a chacota. Mas os ministros!

Sejamos justos. O ano de 1848 não trouxe rosas a nenhum ministro das Relações Exteriores. Palmerston e Nesselrode são felizes por terem sido deixados em paz até agora. O eloquente Lamartine, que com seus manifestos levava às lágrimas mesmo as velhas donzelas e viúvas alemãs, teve de se esgueirar envergonhado, com asas quebradas e desplumadas. Seu sucessor, Bastide, que ainda um ano antes, no *National* e na obscura *Revue nationale*,[1] como trombeteiro de guerra oficial, vertia a mais virtuosa indignação com a covarde política de Guizot, derrama agora todas as noites silenciosas lágrimas à leitura de suas *œuvres complétes de la veille*[2] e ao amargo pensamento de que cada dia mais ele se degrada ao nível do Guizot da honesta república. Entretanto, todos esses ministros têm um consolo: se no atacado tudo lhes saiu mal, puderam ter sua revanche no varejo, nas questões dinamarquesa, siciliana, argentina, valáquia e outros assuntos remotos. Mesmo o ministro prussiano do Exterior, o sr. Arnim, quando assinou o desagradável armistício dinamarquês, teve a satisfação de não ser meramente o enganado, mas também enganar alguém, e esse alguém era o ministro imperial!

De fato, o ministro do Exterior é o único dentre todos que desempenhou um papel puramente passivo, que recebeu empurrões, mas não desferiu um único sequer. Desde o primeiro dia de sua nomeação, foi eleito o cordeiro expiatório, no qual todos os colegas

---

[1] Revista francesa de orientação democrata-cristã, editada em Paris até julho de 1848 por Philippe Buchez e Jules Bastide.
[2] Obras completas da véspera (da revolução).

dos estados vizinhos derramavam seu fel, sobre quem tomavam todas as vinganças pelos pequenos sofrimentos da vida diplomática, dos quais também eles tinham que arcar com sua parte. Embora fosse espancado e martirizado, não abria sua boca, como um cordeiro conduzido ao abatedouro. Onde haverá alguém que possa dizer que o ministro tocou em um único fio de seu cabelo? Realmente, a nação alemã jamais esquecerá o sr. Schmerling, que com tal determinação e consequência ousou retomar as tradições do antigo e sagrado império romano.

É preciso ainda constatar o espírito de sacrifício revelado pelo sr. von Schmerling com um registro de seus sucessos diplomáticos? É preciso retornar à viagem do sr. Max Gagern de Frankfurt para o Schleswig, esse digno par da antiga *Viagem de Sophie de Memel à Saxônia*?[3] É preciso resgatar novamente toda a edificante história do armistício dinamarquês? É preciso entrar nos pormenores da infeliz oferta de mediação no Piemonte e da viagem de estudos diplomática do sr. Heckscher às expensas do reino? Não é necessário. Os fatos são por demais recentes e repisados, basta apenas mencioná-los.

Mas tudo tem limite, e no fim das contas mesmo o mais paciente precisa mostrar que tem dentes e garras, diz o filisteu alemão. Fiel a essa máxima de uma classe que nossos senhores estadistas declaram ser a grande maioria bem-pensante na Alemanha, finalmente o sr. von Schmerling também sentiu a necessidade de mostrar que tem dentes e garras. O cordeiro expiatório procurou um bode expiatório e finalmente acreditou tê-lo encontrado na Suíça. À Suíça – que mal chega a 2,5 milhões de habitantes, republicanos ainda por cima, lugar de refúgio, a partir do qual Hecker e Struve invadiram a Alemanha[4] e que alarmou seriamente o novo sacro império romano – seria possível encontrar uma oportunidade melhor e ao mesmo tempo menos perigosa para provar que a "grande Alemanha" tem dentes e garras?

Imediatamente um comunicado "enérgico" foi dirigido ao Vorort de Berna relativo às intrigas dos refugiados. No entanto o Vorort de Berna, cônscio de seus direitos, respondeu à "grande Alemanha" em nome da "pequena Suíça" de modo igualmente enérgico. Mas isso não intimidou de modo algum o sr. Schmerling. Suas garras e dentes se aguçaram com surpreendente rapidez, e já em 23 de outubro foi elaborado um novo e ainda "mais enérgico" comunicado, enviado ao Vorort em 2 de novembro. Aqui o sr. Schmerling ameaçava a mal-educada Suíça com a vara. O Vorort, ainda mais rápido do que o ministro, respondeu já dois dias depois, com a mesma calma e determinação de

---

[3] A viagem de Maximilian von Gagern para Berlim e Schleswig, empreendida por ordem do ministério imperial de Frankfurt, a fim de participar das negociações sobre o armistício com a Dinamarca, terminou em completo fracasso, pois a Prússia e a Dinamarca ignoraram completamente o representante do impotente poder central. Engels compara essa viagem infrutífera com o destino da heroína do romance *A Viagem de Sophia de Memel à Saxônia*, de Johann Timotheus Hermes, bastante difundido em fins do século XVIII e inícios do XIX; ela perambula por longo tempo, sem jamais alcançar sua meta.

[4] Em 12 de abril de 1848 teve início em Baden uma insurreição republicana com a invasão de republicanos armados da Suíça. Dirigida pelos democratas pequeno-burgueses Hecker e Struve, a insurreição foi desde o início mal preparada e organizada e foi derrotada já no final de abril.

antes, e, portanto, o sr. Schmerling agora pretende colocar em vigor suas "providências e medidas" contra a Suíça. Ele já está se dedicando diligentemente a isso, como declarou na Assembleia de Frankfurt.

Se essa ameaça fosse uma farsa imperial habitual, como tantas que já vimos nesse ano, não desperdiçaríamos uma palavra a respeito. Mas como jamais é suficiente a irracionalidade que se pode atribuir ao nosso Dom Quixote imperial, ou melhor, Sancho imperial, na administração do ministério do Exterior de sua ilha Barataria,[5] pode facilmente acontecer que essa querela suíça nos leve a toda sorte de novas complicações. *Quidquid delirant reges* etc.[6]

Vejamos, pois, mais de perto o comunicado imperial enviado à Suíça.

É sabido que os suíços falam mal o alemão e não o escrevem muito melhor. Mas o comunicado de resposta do Diretório Executivo é, quanto ao estilo, uma obra-prima digna de Goethe em comparação com o alemão escolar, inepto, sempre incapaz de encontrar a expressão adequada do ministro imperial. O diplomata suíço (ou seja, o chanceler Schieß) parece ter mantido sua linguagem deliberadamente pura, fluente e refinada a fim de já nesse âmbito estabelecer um contraste irônico com o comunicado do regente imperial, que certamente não teria sido redigida em estilo pior por um dos mantos vermelhos[7] de Jellachich. Há no comunicado imperial frases totalmente incompreensíveis, e outras que são de uma confusão atroz, como veremos logo abaixo. Mas estas frases não são justamente escritas "na *linguagem da precisão*, que o governo do regente imperial sempre considerou de seu dever usar em relações internacionais"?

Quanto ao conteúdo, o sr. Schmerling não se sai melhor. Já no primeiro parágrafo ele se lembra "do fato de que se discutiu na Dieta sobre o comunicado alemão de 30 de junho p.p. por muitas semanas, antes de que qualquer resposta se seguisse, em um tom que teria tornado impossível naquele período a estadia de um representante da Alemanha na Suíça". (Eis aqui já uma amostra do estilo.)

O Diretório Executivo é indulgente o bastante para demonstrar ao "governo do regente imperial", com base nas atas da Dieta, que estes debates de "muitas semanas" se limitaram a uma única e breve discussão em *um único* dia. Vê-se que nosso ministro, em vez de consultar as atas, prefere confiar no tesouro de suas confusas memórias. Ainda encontraremos mais provas disso.

O governo do regente imperial pode, de resto, encontrar nessa solicitude do Vorort, na presteza com que ele vem em socorro de sua fraca memória, uma prova dos "senti-

---

[5] Ilha imaginária no romance de Cervantes, *Dom Quixote*, da qual Sancho Pança foi nomeado governador.

[6] *Quidquid delirant reges, plectuntur Achivi* (Todos os delírios dos príncipes, os gregos devem expiar) – extraído de Quintus Horatius Flaccus, *Epistolae*, Liber primus, Epistola II (*Epístolas*, Livro Primeiro, Epístola II).

[7] Mantos vermelhos ou Sereschaner: desde 1700 o regimento de fronteira austríaco agregado às tropas especiais de cavalaria para reconhecimento e defesa de ataques turcos. Vestiam-se com mantos e gorros vermelhos e se destacaram por crueldade excepcional. Em 1848, fizeram parte do exército contrarrevolucionário do croata *ban* Jellachich, empregado na repressão às insurreições de Viena e da Hungria. Depois de 1871, desempenharam a função de gendarmaria na fronteira sérvio-austríaca.

mentos de boa-vizinhança" da Suíça. Realmente, se ele se tivesse permitido falar desse modo em um comunicado sobre os debates parlamentares ingleses, a seca insolência de Palmerston lhe mostraria a porta de modo bem diferente! Os embaixadores prussiano e austríaco em Londres poderiam lhe contar o que se discute publicamente sobre seus respectivos Estados e comunicados, sem que a ninguém ocorresse que com isso sua estada em Londres se tornara impossível. Esses escolares querem ensinar direito internacional à Suíça, mas sequer sabem que dos debates de assembleias soberanas só lhes diz respeito o que é decidido, mas não o que é dito! Esses lógicos afirmam no mesmo comunicado que "a Suíça saberá que ataques à liberdade de imprensa não poderiam provir da Alemanha" (imprimir essas linhas na N[ova] G[azeta] R[enana] já é suficiente para ironizá-las amargamente) – e pretendem se imiscuir até mesmo na liberdade de debate das então mais altas autoridades suíças!

> Não há uma disputa sobre princípios. Não se trata do direito de asilo, nem da liberdade de imprensa. A Suíça saberá que ataques a esses direitos não poderiam provir da Alemanha. Ela declarou repetidamente que não tolerará o abuso desses direitos, ela reconheceu que o direito de asilo não poderia se tornar um negócio para a Suíça [o que significa isso?], um estado de guerra para a Alemanha [o direito de asilo um estado de guerra, que alemão!], que deveria haver uma diferença entre um teto para perseguidos e um esconderijo para salteadores de estrada.

"Esconderijo para salteadores de estrada!" Rinaldo Rinaldini[8] e todos os chefes de ladrões que apareceram com Gottfried Basse em Quedlinburg desceram com seus bandos dos Abruzos para o Reno, para, no momento oportuno, saquear as Terras Altas de Baden? Karl Moor está vindo das florestas da Boêmia? Schinderhannes acaso deixou um filho de seu irmão, que como "sobrinho de seu tio"[9] pretenda dar continuidade à dinastia da Suíça? Longe disso! Struve, que está na prisão de Baden, a sra. Struve e alguns trabalhadores que cruzaram a fronteira *desarmados*, eis os "salteadores de estrada" que supostamente tinham ou ainda terão seu "esconderijo" na Suíça. O poder imperial, não satisfeito com os prisioneiros, nos quais pode se vingar, se despoja de tal modo de qualquer decoro que prorrompe em injúrias por sobre o Reno contra os felizardos que conseguiram escapar.

> A Suíça sabe que não se exige dela qualquer perseguição à imprensa, que não se trata dos jornais e panfletos, mas de seus autores, que exatamente na fronteira travam dia e noite contra a Alemanha uma vil guerra de contrabando pela massiva inoculação de escritos incendiários.

---

[8] Herói do romance de mesmo nome de Christian August Vulpius. O romance foi publicado em fins do século XVIII e faz parte dos assim-chamados "romances de salteadores". Um dos principais editores desses populares romances de cavalaria e de salteadores era Gottfried Basse, em Quedlinburg.

[9] Referência a Luís Bonaparte, que especulava ser aparentado com Napoleão I.

"Inoculação"! "Escritos incendiários"! "Vil guerra de contrabando"! As expressões tornam-se cada vez mais refinadas, mais diplomáticas – mas o governo do regente imperial não "considerou seu dever usar a linguagem da precisão"?

E, de fato, sua linguagem é de uma curiosa "precisão"! Ele não exige da Suíça nenhuma perseguição à imprensa; não fala de "jornais e panfletos", mas de "seus *autores*". O ofício destes deve ser impedido. Mas, honrado "governo do regente imperial", quando na Alemanha se processa um jornal, por exemplo a *Nova Gazeta R[enana]*, trata-se aí da folha que está nas mãos do mundo inteiro e cuja circulação não pode mais ser impedida, ou dos "autores", que se pode deter e levar ao tribunal? Esse bravo governo não exige nenhuma perseguição contra a imprensa, só contra os *autores* da imprensa. Que bem-intencionados! Maravilhosa "linguagem da precisão"!

Esses autores "travam contra a Alemanha uma vil guerra de contrabando pela massiva inoculação de escritos incendiários". Esse crime dos "salteadores de estrada" é realmente imperdoável, tanto mais que acontece "dia e noite", e que os suíços o tolerem é uma violação do direito internacional que clama aos céus.

Por Gibraltar, navios inteiros de mercadorias inglesas são contrabandeados para a Espanha, e os padres espanhóis declaram que os ingleses travam de lá uma vil guerra de contrabando contra a igreja católica "por inoculação de escritos evangélicos incendiários", por exemplo Bíblias da Sociedade Bíblica. Os fabricantes de Barcelona praguejam igualmente contra a vil guerra de contrabando que é travada de lá contra a indústria espanhola pela inoculação de chita inglesa. Mas, se o embaixador espanhol alguma vez reclamasse disso, Palmerston lhe responderia: *Thou blockhead*,[10] justamente para isso tomamos Gibraltar! Todos os outros governos mostraram até agora suficiente tato, gosto e discernimento para não se queixar do contrabando em comunicados. Mas o ingênuo governo do regente imperial fala tanto a "linguagem da precisão" que afirma com a máxima credulidade que a Suíça viola o direito internacional se os guardas de fronteira de Baden não vigiam com a devida atenção.

"Finalmente, a Suíça também não pode ignorar que o direito do estrangeiro de resistir a tal iniquidade não pode depender da falta de poder ou de vontade das autoridades suíças de a evitar."

O governo do regente imperial parece "ignorar" completamente "que o direito" da Suíça de deixar em paz todo aquele que se submete às leis nacionais, ainda que ele também trave uma vil guerra de contrabando etc. por inoculação etc., "não pode depender da falta de poder ou de vontade das autoridades *alemãs*" de "evitar" esse contrabando. Ao governo do regente imperial cabe a resposta de Heine ao hamburguês que se queixava a ele de um grande incêndio:
Criai melhores leis,

---

[10] Seu otário.

E melhores extintores de incêndio[11]

e não terão mais necessidade de continuar se tornando ridículos pela precisão de sua linguagem.

"Só há disputa sobre os fatos", diz em seguida, e vamos, portanto, finalmente ouvir falar de alguns outros fatos significativos, além da vil guerra de contrabando. Estamos ansiosos.

"O eminente Vorort exige, alegando seu desconhecimento, acesso às provas específicas dos incidentes que possam confirmar as acusações levantadas contra as autoridades suíças."

Aparentemente uma exigência muito razoável da parte do eminente Vorort. E o governo do regente imperial atenderá de boa vontade a essa justa exigência?

De modo algum. Ouçamos:

"Mas um procedimento contraditório entre governos sobre assuntos amplamente conhecidos não é habitual entre as nações."

Eis uma rude lição de direito internacional à arrogante e pequena Suíça, que acredita poder tratar o governo do regente imperial da grande Alemanha de modo tão insolente quanto antes a pequena Dinamarca. Ela deveria tomar como exemplo o armistício dinamarquês e tornar-se mais humilde. Poderia acontecer o mesmo com ela.

Quando a extradição de um criminoso comum é solicitada por um Estado vizinho, entra-se em um procedimento contraditório, por mais "amplamente conhecido" que o criminoso seja. Mas o procedimento contraditório, ou melhor, a simples prova da culpa que a Suíça exige antes de tomar medidas – não contra criminosos comuns transgressores, também não contra refugiados, não, contra seus *próprios funcionários*, eleitos por voto popular democrático –, essa prova "não é habitual entre as nações"! Realmente, a "linguagem da precisão" não nega a si mesma nem por um momento. É impossível uma confissão *mais direta* de que não há nenhuma prova a ser entregue.

E então se segue uma chuva de perguntas, na qual todos esses fatos amplamente conhecidos são enumerados.

"Alguém duvida da atividade de agitadores alemães na Suíça?"

Certamente ninguém, tanto quanto da atividade do sr. Schmerling em Frankfurt. Que a maioria dos refugiados alemães na Suíça realizam alguma "atividade", é evidente. A questão é somente *que* atividade é essa, e isso aparentemente o próprio sr. Schmerling não sabe, senão ele teria dito.

"Alguém duvida da imprensa dos refugiados?"

Certamente ninguém. Mas o próprio sr. Schmerling declara que da Alemanha não poderiam provir ataques contra a liberdade de imprensa. E se viessem, a Suíça saberia repudiá-los. O que significa então essa pergunta? Se a traduzirmos da "linguagem da

---

[11] Heine, H. *Alemanha. Um Conto de Inverno.* Cap. XXI.

precisão" para o alemão, ela significa apenas que: a Suíça deveria suprimir a liberdade de imprensa para os refugiados. *A un autre, monsieur de Schmerling!*[12]

"A Alemanha deve demonstrar à Europa a peregrinação para Muttenz?"

Certamente não, oh sagaz "governo do regente imperial". Mas demonstrar que essa peregrinação tenha sido a causa da invasão de Struve, ou porventura de qualquer outro empreendimento que dê mais fundamento à queixa contra a Suíça, não envergonharia o governo do regente imperial, mas seria muito difícil.

Mais uma vez o Vorort é amável o suficiente para fazer mais do que "é habitual entre as nações", lembrando o sr. Schmerling de que as peregrinações para Muttenz dizem respeito diretamente a *Hecker*, que Hecker foi *contra* a segunda invasão, que ele, para eliminar qualquer dúvida sobre seus propósitos, até mesmo foi para a América, que entre os peregrinos havia membros proeminentes da Assembleia Nacional alemã. O Vorort é até delicado o bastante para não mencionar, mesmo diante do indelicado comunicado do sr. Schmerling, o último e mais contundente argumento: a saber, que afinal os "peregrinos" voltaram para a Alemanha e ali poderiam ser chamados a qualquer momento pelo governo do regente imperial para prestar contas de qualquer ação repreensível, de toda sua "atividade" em Muttenz. Que isto não tenha acontecido é a melhor prova de que o governo do regente imperial não tem nenhum dado que incrimine os peregrinos, que, portanto, ele tem ainda menos razão para censurar as autoridades suíças a esse respeito.

"Ou as assembleias em Birsfelden?"

A "linguagem da precisão" é uma coisa fascinante. Quem, como o governo do regente imperial, "tornou de seu dever" usar essa linguagem "nas relações internacionais", precisa apenas comprovar que ocorreram em Birsfelden assembleias em geral, ou mesmo assembleias de refugiados, para poder acusar as autoridades suíças de grave violação do direito internacional. Os simples mortais deveriam primeiro, é óbvio, provar o que houve de prejudicial ao direito internacional nessas assembleias. Mas estes são, é claro, "fatos amplamente conhecidos", tão amplamente conhecidos que não há, aposto, nem três leitores da *N[ova] G[azeta] R[enana]* que façam alguma ideia de quais assembleias fala o sr. Schmerling.

"Ou o armamento dos malfeitores, que podem se dedicar a suas atividades ao longo da fronteira, em Rheinfelden, Zurzach, Gottlieben e Laufen?"

Louvado seja Deus! Finalmente aprendemos algo mais específico sobre a "atividade" dos refugiados. Estávamos errados sobre o sr. Schmerling quando pensamos que ele não sabia o que os refugiados fazem. Ele sabe não só *o que* eles fazem, como sabe também *onde* eles agem. *Onde* eles agem? Em Rheinfelden, Zurzach, Gottlieben e Laufen, ao longo da fronteira. *O que* eles fazem? "Suas atividades"!

---

[12] Vá dizer isso a outro, sr. Schmerling!

"Eles se dedicam a suas atividades!" Monstruosa violação de todo direito internacional – suas atividades! E o que faz o governo do regente imperial para não violar o direito internacional – talvez "suas desordens"?

Mas o sr. Schmerling fala de "armamento". E como entre as cidades onde os refugiados, para horror de todo o império, se dedicam a suas atividades há muitas que pertencem ao cantão Aargau, o Vorort o toma como exemplo. Ele novamente faz mais do que o necessário, mais uma vez faz mais do que "é habitual entre as nações", e se oferece para demonstrar, por meio de um "procedimento contraditório", que à época viviam no cantão de Aargau apenas 25 refugiados, dos quais apenas 10 haviam participado da segunda expedição de voluntários de Struve e que mesmo estes atravessaram para a Alemanha *desarmados*. Eis todo o "armamento". Mas, o que isso significa? Os 15 restantes, que ficaram para trás, eram justamente os mais perigosos. Obviamente eles só ficaram para trás para continuar a "se dedicar" ininterruptamente a "suas atividades"!

Eis as pesadas acusações do "governo do regente imperial" contra a Suíça. Mais do que isso ele não sabe aduzir, e também não precisa, pois isso "não é habitual no direito internacional" etc. Se a Suíça for impudente o bastante para ainda não ser fulminada por essa acusação, as "resoluções" e "medidas" do governo do regente imperial não falharão em seu efeito fulminador. O mundo está curioso para saber em que consistirão essas resoluções e medidas, tão mais curioso quanto o sr. Schmerling as mantém sob o maior segredo e não quer compartilhar nada mais específico nem sequer com a Assembleia de Frankfurt. A imprensa suíça, contudo, já demonstrou que todas as represálias que o sr. Schmerling possa adotar deverão ser muito mais prejudiciais à Alemanha do que à Suíça, e segundo todos os relatos os suíços aguardam as "medidas e resoluções" do governo do regente imperial com a maior serenidade. Será preciso esperar para ver se os senhores ministros em Frankfurt mostrarão a mesma serenidade, especialmente se intervierem comunicados ingleses e franceses. Só uma coisa é certa: a questão terminará como a guerra dinamarquesa – com uma nova humilhação, que dessa vez, no entanto, só recairá sobre a Alemanha *oficial*.

Eleições – Sidow

NGR, n. 153, 26/11/1848, suplemento

F. ENGELS

Berna, 21 de novembro. Em sua sessão de ontem, a *Assembleia Federal* (os dois conselhos reunidos) tratou das eleições em Friburgo.[1] Antes o Vorort anunciara que estaria em condições de chegar a um acordo com Tessinoo, e por isso gostaria que as tropas enviadas para lá fossem retiradas.[2] Ademais, o Vorort gostaria que a Dieta Federal se constituísse o mais rápido possível (por causa das complicações com o governo federal). – O sr. Escher solicitou sua exoneração como representante da Confederação em Tessinoo. – O sr. Furrer declarou que aceitava provisoriamente, até a próxima sessão, o posto de conselheiro federal e presidente federal. Desse modo, quatro membros estavam presentes (Furrer, Ochsenbein, Frei-Herose e Näff); o sr. Ochsenbein declarou o Conselho Federal constituído, deixou a presidência à Assembleia, que o sr. Escher assumiu, e os quatro conselheiros federais fizeram o juramento.[3]

---

[1] Ver "Eleições para a corte federal – Diversos".

[2] Sob pressão de Radetzky, comandante-chefe do exército austríaco no norte da Itália, o Vorort de Berna enviou seus representantes e um destacamento militar para Tessinoo, um cantão fronteiriço à Itália, onde refugiados italianos que apoiaram o movimento insurgente contra a Áustria tinham encontrado asilo. Os representantes exigiram que todos os italianos refugiados fossem deportados de Tessinoo para o interior do país. O governo de Tessinoo se recusou a cumprir essa exigência e concordou em deportar somente aqueles que haviam participado diretamente no movimento insurgente. O conflito foi discutido nas colunas da *Nova Gazeta Renana* por vários meses. Engels deu detalhes sobre o debate a esse respeito na nova Assembleia Federal Suíça em seu artigo "O Conselho Nacional".

[3] Poucos dias antes, a *Nova Gazeta Renana* n. 198, de 21 de novembro de 1848, trouxe o seguinte relato: "*Berna*, 16 de novembro. Apresso-me a informá-los sobre os resultados das eleições para o Conselho Federal realizadas na sessão conjunta de hoje do Conselho Nacional e do Conselho dos Estados. Foram eleitos: Presidente: burgomestre Furrer, de Zurique; Vice-presidente: Conselheiro dos Estados Druey, de Waadt; Membros: coronel Ochsenbein, de Berna; coronel Franscini, de Tessinoo; sr. Munzinger, de Solothurn; sr. Näff, de St. Gallen; sr. Steiger, de Lucerna. O partido moderado, que tem uma esmagadora maioria nos dois conselhos, também teve seus candidatos eleitos contra os candidatos do partido radical: Eytel, Stämpfli, Luvini etc." Essa informação, provavelmente disponibilizada por Engels, contém imprecisões que podem ser explicadas pelo fato de que o Conselho Federal ainda não se constituíra inteiramente à época. Em vez de Ochsenbein, Steiger foi eleito presidente do Conselho Nacional; e o sétimo membro do Conselho Federal foi Frey-Hérosé, de Aargau. Para mais detalhes, ver o artigo de Engels "Personalidades do Conselho Federal". O Conselho Federal era o corpo executivo supremo da República Suíça. O presidente da república, eleito entre os membros do conselho, era também presidente do Conselho Federal.

Passando à ordem do dia, o sr. Bruggissen propôs, em nome da maioria da respectiva comissão, uma moção em favor da revogação da decisão do Conselho Nacional que anulou as eleições de Friburgo.[4] A minoria exige ratificação da decisão do Conselho Nacional. Os srs. Kopp, Anton Schnyder, Pottier, Eytel, Pittet, Castella (Friburgo), Weder (St. Gallen), Ochsenbein e Fazy falam a favor da moção da maioria, os srs. Tanner, Trog, Escher, Frei, Streng e Imobersteg em favor da minoria. Os argumentos foram, em sua maior parte, de natureza jurídica; no entanto, entre os defensores das eleições de Friburgo, desempenhou um papel muito significativo a necessidade política de apoiar o governo de lá, e evitar expor novamente o cantão às intrigas do clero. A moção da maioria da comissão foi finalmente elevada à decisão por 68 votos contra 53, e, assim, a decisão do Conselho Nacional, que anulava as eleições de Friburgo, foi revogada.

O *Suíço*[5] e o *Amigo da Constituição*[6] celebraram, pois esta decisão assegura-lhes cinco sufrágios, que votarão a favor de Berna como capital federal. O *Nouvelliste Vaudois* também celebrará, pois por enquanto estão assegurados o governo radical em Friburgo e os cinco votos radicais no Conselho Federal. A *Gazeta de Berna*,[7] embora por seus princípios esteja muito mais próxima do *Nouvelliste* do que das duas folhas de Ochsenbein mencionadas acima, declarou, entretanto, que a decisão da Assembleia Federal foi a primeira vitória da soberania cantonal na nova Confederação. Consideramos que o jornal bernês se engana. As questões de princípio que vieram à tona nesse debate certamente foram levadas a sério por poucos oradores da maioria, e menos ainda pelo sr. Eytel, que chegou mesmo ao ponto de falar contra o partido da unidade. Para eles, tratou-se de interesses muito práticos, como podem mostrar as mencionadas folhas, que prestam homenagens a partidos opostos, e cujos partidários, no entanto, esgrimem os mesmos argumentos em favor do mesmo lado da causa. Ao contrário, a maioria dos membros da minoria, e especialmente os radicais de Berna, leva a sério as questões de princípio. Mas permanece em aberto se esses senhores não se deixaram levar longe demais por sua consciência jurídica.

Para surpresa geral, anteontem também veio novamente para cá Sua Excelência o sr. von Sydow, enviado prussiano, depois de um ano de ausência. Sabe-se que, desde a guerra da Liga Separatista, ele assentou sua residência na piedosa Basileia – farinhas do mesmo saco etc. Ainda não se sabe o significado de sua repentina vinda. Provavelmente

---

[4] Em Friburgo e outros cantões suíços, o governo tornou o reconhecimento da constituição cantonal uma das condições para votar nas eleições para a Assembleia Federal. Em Friburgo, essa medida era dirigida contra os clérigos que tentavam enviar seus deputados eleitos para o Conselho Nacional. Muitos membros do Conselho Nacional, no entanto, viram isso como uma violação do sufrágio universal introduzido pela constituição de 1848 e manobraram para que as eleições em Friburgo fossem anuladas. Posteriormente essa decisão foi revista e a anulação das eleições de Friburgo foi revertida.

[5] Diário suíço editado em Berna de 1847 a 1860.

[6] *Amigo da Constituição de Berna* – diário liberal suíço, publicado de 1836 a 1849.

[7] Jornal democrático suíço, publicado em Berna de 1845 até 1872.

nenhum. Ao menos ele não fez qualquer comunicação no Vorort, nem no Conselho Federal. E toda sua chancelaria permanece por enquanto ainda na Basileia.

Minha notícia de ontem[8] sobre desacordos com o império tinha, pois, de fato algo de verdadeiro. É certo que não é o caso de declaração de guerra, nem chegou nenhum novo comunicado imperial. Mas a notícia de que tropas imperiais de 50 mil homens se concentrariam na fronteira da Suíça e formariam um cordão de Konstanz até a Basileia foi sem dúvida recebida anteontem à noite pelo Vorort, e por isso ele entrou em sessão ainda nessa mesma noite, como lhes escrevi. Logo saberemos quais contramedidas foram deliberadas por ele e pelo agora constituído Conselho Federal.

Anteontem ocorreram no distrito de Mittelland (Berna e arredores) as eleições para dois membros do Conselho Nacional, no lugar de Dufour, que foi eleito em três distritos eleitorais e optou por Seeland, e Ochsenbein, que, por sua eleição para o Conselho Federal, perdeu a condição de membro do Conselho Nacional. Os candidatos conservadores (isto é, reacionários) Fischer e Blösch receberam, respectivamente, 1.039 e 893 votos na cidade. Os dois radicais, Weingart e Matthys, 559 e 540.[9] A eleição de Fischer é certa, a de Blösch, que tem contra si grandes antipatias, nem tanto. A significativa maioria dos conservadores na cidade de Berna deriva principalmente da influência que as ricas e antigas famílias patrícias exercem aqui sobre as eleições. De longe, a grande maioria dos eleitores depende delas e só se livram de sua tutela em momentos de crise, ou quando se apresenta como candidato uma personalidade como Ochsenbein, que tem antecedentes populares e alcançou uma posição prestigiosa na Suíça. Aqui, como na maioria das regiões da Suíça, as forças populares realmente revolucionárias se encontram entre os trabalhadores suíços e alemães, que no entanto não têm domicílio fixo na cidade, e por isso só muito raramente têm direito de voto, mesmo quando são cidadãos do cantão. Essa circunstância, bem como o fato de que a influência do patriciado se expande novamente tão logo a situação se acalma, explica as eleições conservadoras, que sobrevêm infalivelmente poucos anos depois de cada revolução liberal ou radical.

Na sessão alemã do Conselho Nacional foi eleito presidente, no lugar de Ochsenbein, o dr. Steiger, de Lucerna. A assembleia debateu o caso de Tessinoo. Pioda (tessinês), em um discurso longo e, para um italiano, muito apagado, amontoou numerosas acusações contra os representantes e tropas federais em Tessinoo. Mas Escher, de Zurique, esforçou-se em refutar essas acusações. Quando possível, ainda complementarei o resultado da sessão.[10] Com base na comunicação de ontem do Vorort (ver acima) de que tudo já foi decidido, pode-se prever uma aprovação plena do Vorort e dos representantes, e no melhor dos casos uma simples ordem do dia.

---

[8] Ver "Manteuffel e o poder central".
[9] Ver "Drigalski, o legislador, cidadão e comunista". A diferença no número de votos é explicada pelo fato de que Engels cita os resultados preliminares da votação.
[10] Ver "O Conselho Nacional".

Em seguida, ainda falaram muitos oradores, e por fim o coronel Ziegler, que complementou as medidas das moções da maioria aprovadas pelo Vorort com a moção de condenar o governo de Tessinoo a pagar ao menos uma parte dos custos e de votar o reconhecimento dos representantes. Por moção do presidente, a discussão foi adiada para amanhã.

[Debate no Conselho Nacional]

NGR, n. 153, 26/11/1848, segunda edição

F. ENGELS

Berna, 22 de novembro. Na sessão de hoje do Conselho Nacional, depois de um longo debate, no qual o general Dufour pronunciou um notável discurso em favor de Tessinoo, enquanto todos os outros militares da assembleia (Ziegler, Michel, Benz etc.) manifestaram grande animosidade contra Tessinoo, e depois de uma primorosa réplica de Pioda a todos os ataques, foi rejeitada, em votação nominal, por 62 votos contra 31, a proposta da minoria da comissão, de "internar os refugiados italianos que tomaram parte na última insurreição, e deixar ao governo de Tessinoo a execução dessa decisão".

Ao contrário, foram aprovadas por 62 votos contra 31, e por 50 votos contra 46, respectivamente, as moções da maioria:

"1) desterrar *todos* os refugiados italianos do cantão de Tessinoo para o interior da Suíça, respeitadas as considerações humanitárias, sobre as quais cabe aos representantes da confederação decidir", e

"2) proibir, até nova ordem, que o cantão de Tessinoo permita a permanência de refugiados italianos".

Os dois representantes de Zurique, Escher e Furrer, decidiram a questão exercendo habilidosa influência sobre os suíços alemães; o último colocou na balança todo seu peso como presidente do Conselho Federal contra o nobre cavalheirismo de Dufour e quase apresentou uma questão de gabinete. Os 31 votos a favor de Tessinoo foram claramente de suíços franceses, com 5 ou 6 exceções. Na votação nominal, ouviu-se somente *"oui"* e *"nein"*, nem um único *"non"*, e somente 5 ou 6 *"ja"*. Os suíços românicos foram subjugados pelos alemães.

Os pontos restantes da moção da maioria, com os quais também a minoria (sr. Pioda) concordou, foram igualmente aprovados. A sessão e o correio fecham no mesmo horário. Mais detalhes sobre esse interessante debate amanhã.

[A renúncia de Raveaux – violação do território suíço]

NGR, *n*. 154, 28/11/1848, suplemento

F. ENGELS

Berna, 23 de novembro. A renúncia de Raveaux de seu posto na embaixada[1] causou aqui a maior sensação, e foi unanimemente aprovada. – Ao contrário, a violação do território por tropas alemãs, em Sulgen, provocou grande indignação, e ainda mais as desculpas arrogantes do comandante. Como! Trinta e cinco soldados penetram, com armas na mão, território suíço, invadem um povoado, cercam uma casa pré-selecionada, onde um pré-selecionado refugiado, o sr. Weizshaar, estaria escondido, fazem de conta que estão procurando, insistem em seu propósito apesar dos repetidos avisos de que estavam em solo suíço, ameaçam usar a força e só são afugentados pelos porretes e pedras atiradas pelos camponeses, e apesar de todas essas circunstâncias irrefutáveis, que demonstram incontestavelmente que se tratou de uma invasão premeditada, o comandante afirma que as tropas não sabiam que estavam em solo suíço? Por que então a estranha circunstância de que um destacamento tão numeroso estivesse comandado somente por um sub-oficial, e não ao menos por um tenente, como costuma ser sempre o caso, e especialmente numa Alemanha abarrotada de tenentes, por que isso, senão porque incluir um oficial, que *deve* conhecer suficientemente geografia, teria sido por demais comprometedor? De fato, o governo suíço não se dará por satisfeito com desculpas tão arrogantemente atiradas depois de uma ofensa tão levianamente cometida. As autoridades de Zurique já instauraram um inquérito e provavelmente o caso terminará não com a Suíça pedindo perdão ao reino de Barataria, mas com o reino de Barataria pedindo perdão à Suíça.

---

[1] Comissário imperial na Suíça.

Sessões do Conselho Nacional e do Conselho dos Estados

NGR, n. 155, 29/11/1848

F. ENGELS

Berna, 25 de novembro. A sessão de ontem do Conselho Nacional não chegou mais perto de solucionar a questão da capital federal, antes se distanciou mais dela. Contra a maioria, decidiu-se que a capital federal não será escolhida por voto secreto, em uma reunião conjunta dos dois conselhos, mas por uma lei a ser deliberada pelos conselhos separadamente. Como eu já supunha antes,[1] nesse caso haverá conflito; o Conselho Nacional escolherá Berna, o Conselho dos Estados escolherá Zurique. Os próprios membros dos dois conselhos o dizem. Se o Conselho dos Estados não revogar essa decisão, não é possível prever como o conflito se resolverá. Ademais, a capital federal a ser escolhida será obrigada a prover e mobiliar os necessários locais para as assembleias federais legislativas, bem como para o governo central, e também estabelecer uma casa da moeda. Para isso, foi concedido ao Conselho Federal crédito ilimitado, com grande maioria de votos. O mesmo crédito foi aberto simultaneamente pelo Conselho dos Estados, e tem, portanto, força de lei.

Hoje houve primeiro a sessão do Conselho dos Estados, depois dos dois conselhos reunidos, e em seguida do Conselho Nacional. Na sessão conjunta, Druey e Francini prestaram juramento como conselheiros federais. Outros desdobramentos importantes serão comunicados amanhã, pois eu estava impedido de assistir às sessões.

---

[1] Ver "Eleições para a Corte Federal – Diversos".

As personalidades do Conselho Federal

NGR, n. 155, 29/11/1848

F. Engels

Berna, 24 de novembro. Não será desagradável aos leitores da *N[ova] G[azeta] R[enana]* conhecer alguns detalhes sobre as personalidades que foram nomeadas para reger a Suíça sob controle dos dois conselhos, e que acabaram de entrar em atividade. Cinco membros do Conselho Federal aceitaram sua eleição incondicionalmente, um, o sr. Furrer, provisoriamente até a primavera, e quanto à anuência do sétimo (Munzinger) não pode haver qualquer dúvida.

O presidente do Conselho Federal, o sr. *Furrer*, é o autêntico tipo de Zurique. Ele tem, como se diria na França, *l'air éminemment bourgeois*.[1] Roupas, postura, traços do rosto, até os óculos prateados traem à primeira vista o "cidadão de uma cidade livre do império", que como presidente do Vorort e respectivamente da Dieta de fato se civilizou um pouco, mas apesar disso permaneceu "um provinciano de cabo a rabo".[2] O sr. Furrer, um dos mais hábeis advogados da "Atenas suíça" (os filisteus de Zurique adoram chamar assim sua cidadezinha de 10 mil habitantes), tem por mérito principal ter derrubado, por seus esforços consequentes e seu liberalismo moderado, o regime de setembro[3] em Zurique e retomado o cantão para o partido do movimento. Como presidente da Dieta manteve-se fiel a seus princípios. Progresso moderado no interior, estrita neutralidade no exterior, eis a política que seguiu. Que agora ele tenha se tornado presidente do Conselho Federal foi mais acaso do que intenção. Teria sido preferível alguém de Berna; mas aí restava somente a escolha entre Ochsenbein, contra o qual impera uma grande antipatia, e Neuhaus, que é atualmente, em 1848, tão conservador quanto há cinco ou seis anos atrás, e que por isso mesmo sequer foi eleito para o Conselho Federal. Nesse embaraço, optou-se por alguém de Zurique, e nesse caso Furrer era decerto o mais aceitável. Furrer

---

[1] Ar eminentemente burguês.
[2] Citação modificada de *rei Lear*, de Shakespeare, Ato IV, Cena 6; ali se diz: "um rei de cabo a rabo".
[3] Em 6 de setembro de 1839, o governo de Zurique, eleito sobre a base da Constituição de 1831, foi derrubado por um golpe dos conservadores e clericalistas. Com sua vitória eleitoral em 1845, os liberais voltaram novamente ao poder.

não representa, portanto, de modo algum exatamente a maioria da Assembleia Federal, mas representa ao menos a maioria da Suíça alemã.

O vice-presidente Druey é, em todos os aspectos, o oposto de Furrer, e o melhor representante que a Suíça francesa podia enviar. Se para a maioria e mais ainda para a minoria radical Furrer é moderado demais, Druey é radical demais para a maior parte. Se Furrer é um sensato liberal burguês, Druey é um decidido partidário da república vermelha. É conhecido o proeminente papel que Druey desempenhou na última revolução em seu cantão; menos conhecidos, mas tanto maiores são os diversos serviços que prestou a seu cantão (Waadt). Druey, o democrata socialista da cor de Louis Blanc, o grande especialista em direito público e o mais rápido e diligente trabalhador de toda Suíça, é um elemento no Conselho Federal que com o tempo deverá exercer cada vez mais influência e com os mais benéficos efeitos.

Ochsenbein, o chefe dos voluntários contra Lucerna, o presidente da Dieta que decidiu a guerra da Liga Separatista, o coronel dos reservistas de Berna nessa campanha, se tornou conhecido e popular por seus antecedentes não só na Suíça, mas em toda a Europa. Mas é menos conhecida sua conduta desde a revolução de fevereiro. O caráter parcialmente socialista dessa revolução, as medidas do governo prov[isório] na França e todo o movimento do proletariado fr[ancês] não o amedrontou pouco, a ele, o *démocrate pur*,[4] que os franceses podiam considerar do partido do *National*. Ele se aproximou gradualmente da tendência moderada. Especialmente na política exterior, na qual mostrara tanta energia antes e durante a guerra da Liga Separatista, inclinou-se cada vez mais para o velho sistema da assim-chamada neutralidade estrita, que na realidade nada mais é do que a política do conservadorismo e da conivência com a reação. Assim, como presidente do Diretório Executivo, ele hesitou em reconhecer a república fr[ancesa] e se conduziu no mínimo ambiguamente na questão italiana. Acrescente-se a isso que a impetuosa paixão com a qual presidiu a Dieta e que frequentemente o impeliu a uma atitude tendenciosa diante dos radicais, lhe angariou muitos inimigos entre estes e especialmente entre os suíços fr[anceses]. Se para eleger um membro de Berna tivesse havido outra escolha do que entre ele e Neuhaus, Ochsenbein teria obtido muito menos votos.

O coronel *Frey-Hérosé*, de Aargau, é considerado uma das grandes capacidades militares da Suíça. Foi chefe do Estado-Maior na campanha contra a Liga Separatista. Como a maioria dos oficiais do Estado-Maior, também ele já há muito tempo desempenhava em seu cantão um papel político, e assim se familiarizara também com a administração civil. Em todo caso, em sua nova posição fará um bom trabalho para o departamento militar. Quanto à sua coloração política, pertence aos mais resolutos liberais de seu cantão.

O conselheiro de Estado *Franscini*, de Tessinoo, é certamente uma das mais respeitadas figuras públicas de toda a Suíça. Trabalhou incansavelmente em seu cantão por muitos anos. Foi sobretudo ele que, em 1830, já *antes* da Revolução de Julho, conseguiu

---

[4] Democrata puro.

que a desprezada Tessinoo, vista politicamente como imatura, fosse a primeira em toda a Suíça, e sem revolução, a substituir a velha constituição oligárquica por uma democrática; foi mais uma vez ele que esteve à cabeça da revolução de 1840, que derrubou pela segunda vez o domínio sub-reptício dos padres e oligarcas. Franscini foi, ademais, quem, depois dessa revolução, reorganizou a administração que caíra em completa desordem nas mãos dos reacionários, pôs cobro aos inúmeros casos de roubo, fraude, corrupção e dilapidação e finalmente, tanto quanto o permitiram os meios dessa pobre região montanhesa, reorganizou o ensino, que se havia arruinado inteiramente sob a direção dos monges. Desse modo, privou o clero de um importante meio de influenciar o povo, e em consequência aumentou ano a ano a confiança da população de Tessinoo em seu governo. Além disso, Franscini é considerado o melhor economista da Suíça e é o autor das melhores estatísticas suíças (*Statistica della Svizzera*, Lugano, 1827, *Nuova Stat[istica] della Sviz[zera]*, 1848). É um radical resoluto e, no Conselho Federal, estará mais ao lado de Druey do que de Ochsenbein e Furrer. A população de Tessinoo o valoriza, ao chefe de seu governo por tantos anos, especialmente por sua "pobreza honrosa".

O conselheiro governamental *Munzinger*, de Solothurn, é o homem mais influente de seu cantão, que representou na Dieta desde 1830 quase sem interrupção e que governa de fato há anos. Conforme diz um jornal semirradical da Suíça francesa, a *Gazette de Lausanne*,[5] ele *parece cacher sous les apparences de la bonhommie un esprit fin et pénétrant*,[6] o que significa que possui, escondida sob uma aparência de bonomia filistina, aquela mesquinha astúcia que, nas cidades imperiais, passa por diplomacia. De resto, é um progressista moderado *à la* Furrer, e postula que a Suíça deveria se ocupar apenas com seus próprios assuntos e abandonar a grande política europeia nas mãos de Deus e de *lord* Palmerston. Por isso fala de modo absolutamente desfavorável dos refugiados estrangeiros, que até agora só teriam trazido embaraços à Suíça. Junto ao ateniense suíço dr. Escher, deu recentemente novas provas, em Tessinoo, de suas convicções a esse respeito. Em geral, Furrer e Munzinger representam perfeitamente no Conselho Federal os preconceitos e tacanhices da Suíça alemã "esclarecida".

Finalmente, o sr. *Näff*, de St. Gallen, de quem não tenho muito a dizer. Diz-se que contribuiu principalmente para o alavancamento da administração em seu cantão e também se distinguiu em outros âmbitos. Como se lê nos jornais suíços, o cantão de St. Gallen é o dos homens mais ricos e mais capazes, mas esses homens capazes têm a infelicidade de que não se ouve falar muito deles, e em todo caso parece lhes faltar iniciativa. No entanto não deve faltar mérito ao sr. Näff na especialidade de administrador. Quanto a sua orientação política, está entre Furrer e Ochsenbein; mais resoluto que estes, não vai tão longe quanto, por seus antecedentes, poderia ainda ser esperado dele.

---

[5] *Gazette de Lausanne et Journal Suisse*: jornal burguês suíço, fundado em Lausanne em 1804.
[6] Esconder um espírito fino e penetrante sob a aparência de bonomia.

De acordo com essa composição do Conselho Federal, é indubitável a política que a Suíça seguirá doravante. É a mesma seguida pela velha Dieta e pelo Vorort sob a direção de Ochsenbein e mais tarde Funk (que sem Ochsenbein não é nada). Internamente, estrita observância da nova constituição federal, que ainda deixa espaço demais para a soberania cantonal; externamente, estrita neutralidade, naturalmente mais estrita ou mais flexível conforme as circunstâncias, estrita especialmente em face da Áustria. O partido moderado tem seguramente a supremacia, e é provável que na maioria das questões o sr. Ochsenbein vote com ele.

Mas para entender como, sob tais circunstâncias, uma minoria, como Druey e Franscini, pôde aceitar a eleição e se expor à prospectiva de ser continuamente derrotada, como um tal colegiado possa governar em conjunto, para entender isso é preciso ser suíço ou ter visto como a Suíça é governada. Aqui, onde todas as autoridades executivas deliberam colegiadamente, segue-se o princípio: assuma a posição, hoje sem dúvida você está em minoria, mas talvez ainda assim possa ser útil, e quem sabe se, em um ou dois anos, graças a mortes, abdicações etc. você não poderá estar em maioria. Isso é a consequência natural da constituição de colegiados governantes por eleição. Cada partido procura, então, como nas assembleias legislativas, ao menos se consolidar pela entrada de um ou mais candidatos no colégio, assegurar-se uma minoria, enquanto não puder alcançar uma maioria. Não aprovariam se seus candidatos, como certamente aconteceria em países grandes, pretendessem recusar a eleição. Mas o Conselho Federal não é uma *commission du pouvoir exécutif*,[7] e a posição de Druey está infinitamente distante da de Ledru-Rollin.

A imprensa suíça em geral afirma que o Conselho Federal está constituído por capacidades de alto nível. Mas eu duvido que, com exceção de Druey e Franscini, um único membro pudesse desempenhar um papel eminente em um país maior, e que, com exceção de Frey-Hérosé e Ochsenbein, um dos outros três pudesse assumir até mesmo um papel *secundário* significativo.

---

[7] Comissão do poder executivo.

Sessão conjunta dos Conselhos – o Conselho Federal

NGR, n. 156, 30/11/1848

F. ENGELS

Berna, 26 de novembro. Ontem, na sessão conjunta dos conselhos,[1] em vez de os dois conselheiros federais, Druey e Francini, prestarem juramento, como era a intenção e propósito declarado, apenas o primeiro o fez. Franscini não chegou, pois a diligência ficou presa em São Gotthard, graças ao excesso de neve. Ademais, foram conferidos plenos poderes ao Conselho Federal para juramentar os conselheiros e juízes federais que só chegarem depois do eventual adiamento dos dois conselhos legislativos. – Antes ocorrera uma sessão do Conselho dos Estados para deliberar sobre o projeto de lei acerca da capital federal aprovado anteontem pelo Conselho Nacional. A questão, posta já de modo difícil pelo Conselho Nacional, tornou-se aqui ainda mais difícil. Fazy, de Gênova, apresentou a moção de manter provisoriamente a capital federal em Berna, por um ano, e nesse meio-tempo elaborar uma lei detalhada, na qual também fossem incluídos os deveres a serem impostos aos cantões com relação à segurança das autoridades federais. A questão foi tratada com muita ligeireza. Antes deveria ser dada também ao povo suíço a oportunidade de expressar sua vontade. Briatte, de Waadt, presidente do Conselho dos Estados, assumiu essa opinião. Outros membros apresentaram novas emendas: a capital federal deveria ser estabelecida por eleição em reunião conjunta; mais: tal como o antigo Vorort, a capital federal deveria ser mudada, mas de seis em seis anos, ao menos até que a universidade federal fosse estabelecida etc. O debate teve de ser interrompido em função da hora fixada para a sessão conjunta e será retomado hoje. Rüttimann (Zurique) propôs reenviar o projeto, com as emendas, à Comissão. – Depois da sessão conjunta, o Conselho Nacional permaneceu reunido, para deliberar sobre o projeto de lei apresentado pelo Conselho Federal a respeito da assunção de todos os estabelecimentos postais suíços pela Confederação a partir de 1 de janeiro de 1849, conservando-se temporariamente a administração pelos cantões até a regulamentação definitiva do sistema postal, tendo o poder federal, no entanto, plenos poderes para alterar o curso etc. etc. O projeto foi

---

[1] Ver "Sessões do Conselho Federal e do Conselho dos Estados".

aprovado *séance tenante*² com pequenas alterações de Druey e outros. Hoje o Conselho Nacional delibera sobre a lei de responsabilidade para os funcionários executivos federais suíços proposta pelo radical dr. Emil Frei (Basileia-Campo) e, se houver tempo, sobre o projeto de lei apresentado por Ochsenbein sobre a fundação de uma universidade federal.

O Conselho Federal, a autoridade executiva, já se reuniu muitas vezes. Provisoriamente, Furrer assumiu os negócios exteriores, Ochsenbein o sistema militar, Frei-Herose as finanças. Por conseguinte, as atividades do Conselho de Guerra Federal foram suspensas, com os devidos agradecimentos. Ademais, o Conselho Federal decidiu anunciar sua constituição aos cantões, aos agentes diplomáticos externos da Suíça e aos poderes estrangeiros. Decidiu também enviar uma reclamação ao governo imperial pela violação de território no cantão de Zurique,³ e ao mesmo tempo recolher informações nos cantões relevantes sobre o comportamento dos refugiados e sobre a veracidade dos fatos publicados pelo poder imperial na *Gazeta do Correio Central*.⁴

---

[2] Imediatamente.
[3] Ver "A Renúncia de Raveaux – Violação do território suíço".
[4] Referência aos documentos relativas às atividades dos alemães refugiados nos cantões fronteiriços da Suíça, publicados na *Gazeta do Correio Central* n. 301 (suplemento especial), de 9 de novembro de 1848.

Sessão do Conselho Nacional

NGR, n. 157, 1/12/1848, suplemento

F. ENGELS

Berna, 27 de novembro. Na sessão de hoje do Conselho Nacional foi retomada a questão relativa à publicação de um boletim das sessões, mas como havia muito poucos presentes à assembleia, foi logo adiada para amanhã.

Sessão do Conselho Nacional – O Conselho dos Estados – Protesto do papa – Embargo imperial de cereais – O grande conselho valáquio

NGR, n. 157, 1/12/1848, suplemento

F. Engels

Berna, 26 de novembro. Na sessão de ontem, o Conselho Nacional despachou os dois itens da ordem do dia (a moção de Emil Frei sobre a lei de responsabilidade e a de Ochsenbein sobre a universidade federal), transferindo-os para o Conselho Federal. Na discussão sobre a universidade, houve algumas manifestações excêntricas. Luffer, de Uri, viu no projeto a ruína das finanças de seu cantão. Hungerbühler, de Berna, por razões semelhantes, resistiu com todas as forças contra a universidade: seria uma despesa de luxo, e já teríamos suficientes pessoas de cabeça virada de tanto estudar. Também o Alcibíades, da Atenas suíça, o sr. Escher, de Zurique, considera que deveríamos primeiro obter o dinheiro. Alcibíades tinha bons motivos para insistir na simples ordem do dia; ele sabia muito bem que os deputados de Berna pretendiam tomar para si a capital federal, e depois compensar Lucerna com o Tribunal Federal e Zurique com a "Escola Superior" federal. Mas a ambição dos atenienses da Suíça vai muito além disso, e, com exceção de dois, todos eles votaram, embora em vão, pela simples ordem do dia.

No Conselho dos Estados, a lei sobre a capital federal foi aprovada na redação proposta pelo Conselho Nacional, e só foi adicionado por Rüttimann um parágrafo, relativo à segurança das autoridades federais. Decidiu-se, portanto, que a capital federal será definida separadamente pelos dois conselhos, e não por eleição, mas sim pelo processo de votação usual. Veremos o que resultará disso.

Há alguns dias, houve uma grande confusão no cantão de Neuchâtel. Chegou aqui a notícia de que todos os conselheiros de Estado, com exceção de um (sr. Steck), apresentaram sua renúncia. Todos os membros locais do Conselho Nacional e do Conselho dos Estados da república foram para casa, em grande consternação. Pelo que ouvimos, a desavença, causada por uma violenta agressão por parte do sr. Steck, foi remetida a uma comissão do Grande Conselho, nomeada para esse fim, e na sessão de anteontem os membros do Conselho de Estado retiraram sua renúncia, o que foi acolhido pelo Grande Conselho com o grito de *vive la republique*.[1]

---

[1] Viva a república.

O papa[2] protestou contra as deliberações dos cinco cantões da diocese de Friburgo, que destituíram o bispo Marilley de suas funções episcopais e dispuseram medidas para a administração provisória do bispado. Ele ameaçou, se essas medidas não fossem revogadas, com "outras disposições às quais o obrigaria sua consciência, em face do mundo católico". O *Observador Suíço*,[3] a folha reacionária local, consolou-se anteontem à noite com a esperança de que, uma vez que agora a república fora proclamada em Roma (é no que tinham feito o bravo jornal acreditar), o papado teria acabado[4] e o mundo católico teria recuperado sua liberdade, com o que também seria solucionada a confusão de Friburgo!

As notícias da fronteira alemã sobre a introdução ou não do embargo de grãos são contraditórias. Até onde se sabe com certeza, no máximo já foi introduzido no Lago de Constança; pois mesmo no dia 24, anteontem, ainda chegaram ao mercado de Zurique tantos produtores de grãos suábios quanto antes.

O Grande Conselho valáquio tomou a decisão de fazer recair os impostos da guerra da Liga Separatista não sobre os imensamente ricos mosteiros, como ocorreu alhures, mas sim sobre as comunidades. A parcela que os valáquios têm de pagar monta a 1,6 milhão de francos suíços. Em vez dos monges, os verdadeiros provocadores de toda a insurreição, será, pois, o povo pobre do cantão que deverá pagar esses impostos. Enquanto isso, os veneráveis padres carregam mais e mais sua propriedade para Piemonte, como os *patres* do grande São Bernardo já fizeram. Estes padrecos, tão famosos nos livros escolares e histórias sentimentais graças a seus cães e sua suposta devoção a caminhantes enregelados, mas na realidade imensamente ricos e vivendo muito confortavelmente, levaram toda a sua riqueza, seu gado, seu dinheiro, seus apetrechos para Aosta, onde também se domiciliaram e compartilham calorosamente o vinho piemontês. Quando Radetzky marchou sobre Milão,[5] esses filantropos celebraram o feliz evento com banquetes e salvas de canhão, e por isso foram acusados diante dos tribunais piemonteses. Essa *ecclesia pressa*[6] não deixou nada para trás em seus mosteiros de inverno, a não ser um pouco de pão e toucinho, com os quais uns poucos servos recebiam os viajantes. De resto, o *Suisse* duvida que a dita decisão seja efetivada, apesar de ter sido impressa no *Journal du Valais*.[7]

---

[2] Pio IX.
[3] Jornal reacionário suíço, publicado em Berna de 1833 a 1850.
[4] Temeroso do crescimento do movimento revolucionário em Roma, Pio IX fugiu da cidade na noite de 24 de novembro de 1848, e passou a residir na fortaleza napolitana de Gaeta. Nesse meio-tempo, irrompeu um combate no Estado papal entre os democratas revolucionários, que reivindicavam a proclamação da república, e os liberais, que buscavam trazer o papa de volta a Roma e obter sua sanção para certas concessões constitucionais. No curso desse combate, os liberais foram derrotados e, em 9 de fevereiro de 1849, foi fundada a República Romana.
[5] Em 6 de agosto de 1848.
[6] Igreja perseguida.
[7] Jornal liberal suíço publicado no cantão de Sion, Valais, de 1848 a 1857.

Berna declarada capital federal – Franscini

NGR, n. 158, 2/12/1848

F. ENGELS

Berna, 28 de novembro. Na sessão de hoje do Conselho Nacional, *Berna foi declarada capital federal* por 58 votos contra 42. Agora falta somente a ratificação do Conselho dos Estados, com a qual o público de Berna certamente conta. O Conselho dos Estados se reunirá hoje à tarde, às 4 horas, e tomará sua decisão sobre o caso; como o correio sai às 4h30min, me será impossível relatar o resultado dessa sessão ainda hoje.

Em sua sessão de ontem, o Conselho dos Estados ratificou sem alterações a decisão do Conselho Nacional sobre o caso de Tessinoo,[1] e, portanto, esta tem força de lei. No debate, que se prolongou bastante, destacou-se particularmente o conselheiro federal Franscini, chegado no dia anterior, com um discurso a favor dos Tessinooenses. Carteret, de Genebra, falou também com grande energia em favor dos refugiados italianos e protestou contra sua designação como "culpados" naquela assembleia, enquanto mereceram a simpatia de todos os suíços por suas aspirações e suas lutas. Foi justamente por demonstrar-lhes uma tão viva simpatia que os Tessinooenses teriam provado que são autênticos suíços. Apesar destes e de muitos outros protestos resolutos, particularmente contra o Art. 2, que priva Tessinoo do direito de asilo, a decisão do Conselho Nacional passou integralmente, como dissemos, por grande maioria. Os cantões alemães foram decisivos também aqui, embora alguns deputados alemães tenham apoiado os Tessinooenses também no Conselho dos Estados.

---

[1] Ver "O debate no Conselho Nacional".

[Notícias da Suíça]

NGR, n. 159, 3/12/1848, segunda edição

F. Engels

Berna, 29 de novembro. Na sessão de ontem do Conselho dos Estados, a lei sobre a centralização dos correios nas mãos do governo federal a partir de 1 de novembro, já aprovada pelo Conselho Nacional, foi debatida e ratificada sem alterações. Constava na ordem do dia a decisão sobre a capital federal. Mas como o Conselho Nacional tratava simultaneamente desta questão e já havia tomado a iniciativa, a sessão foi adiada para as 4 horas. Às 4 horas o Conselho passou à votação. Na primeira votação, Berna obteve 21 votos, Zurique, 13, e Lucerna, 3, maioria absoluta para Berna. *Berna é, pois, definitivamente a sede das autoridades federais suíças.*

Hoje pela manhã houve reunião conjunta dos dois conselhos para tomar o juramento do conselheiro federal Franscini. Franscini pronunciou um longo discurso em italiano, que foi recebido com aplausos gerais. Em seguida, a Assembleia Federal suspendeu-se por prazo indeterminado, cedendo ao Conselho Federal a incumbência de convocá-la novamente no momento apropriado.

O Conselho Federal dividiu internamente os diversos departamentos da seguinte maneira: Furrer, como presidente, Relações Exteriores e condução geral da política federal; Druey, Justiça e polícia; Ochsenbein, Guerra; Franscini, Interior; Munzinger, Finanças; Frey-Herose, Comércio e pedágios (*péages*); Näff, Correios e obras públicas.

As duas últimas eleições para o Conselho Nacional em Berna deram a vitória aos liberais; em Mittelland foi eleito Weingart, em Emmenthal o representante governamental Karrer.

Nem é preciso dizer que Berna está exultante por ter sido elevada a capital federal da Suíça. Ontem à noite houve um sem-número de procissões com archotes e serenatas. Além disso, as inevitáveis salvas de canhão; o repicar dos sinos parece ter sido deixado ao "poder imperial". Diante do Erlacher Hof foi naturalmente entoada uma expressiva serenata; o Conselho Nacional realizou ali sua sessão e Steiger e Furrer discursaram.

Acabo de ouvir que Luvini duelou com o coronel Berg, por causa das observações provocadoras deste na discussão sobre Tessinoo. Parece que ninguém se feriu; mas ainda não tenho informação segura sobre isso.

Duelo entre Berg e Luvini

NGR, n. 160, 5/12/1848

F. Engels

Berna, 30 de novembro. No duelo de ontem entre os srs. Berg e Luvini, o sr. Berg foi muito gravemente ferido no braço e no lado. A arma escolhida foi o sabre de oficial (*briquet d'ordonnance*). Quando o sr. Berg partiu, ontem, teve de ser carregado até a carruagem.

O fechamento da fronteira alemã – O império – O Conselho de Guerra

NGR, n. 160, 5/12/1848

F. ENGELS

Berna, 1 de dezembro. Graças a Deus! Finalmente *parece* ter chegado ao Conselho Federal a notícia oficial do fechamento da fronteira alemã, e, portanto, agora ficaremos sabendo em que pé estamos. Já é tempo, depois de o mui louvável poder central ter escarnecido de nós suíços e nos ter feito de tolos por tanto tempo. O Conselho Federal parece ter decidido não colocar em campo sequer uma companhia de tropas suíças contra toda a poderosa formação de tropas imperiais de 50 mil homens. O poder imperial pode julgar a partir disso o quanto se teme, aqui na Suíça, suas deliberações, medidas preventivas, ameaças e formações de tropas. Certamente o "império" não tem a mesma organização militar da Suíça que, sem manter um único homem como tropa permanente, pode arregimentar, em oito dias, 150 mil soldados treinados e prontos para a batalha –, portanto, proporcionalmente duas vezes mais do que a clássica terra das paradas militares com sua célebre organização militar *scharnhostiana*.[1]

Conquanto agora o material extraído dos rumores contraditórios sobre o fechamento ameace se esgotar como fonte de alegria para os suíços, o "império" ainda continua nos oferecendo algo de que rir. Ontem, as folhas imperiais alemãs, e especialmente frankfurtianas, nos trouxeram, com a cara mais séria do mundo, outra mentira grossa: a recente invasão de Lörrach pelos refugiados, ou melhor, bandidos, e a batalha na qual quatro dragões de Baden em pessoa sucumbiram! Nem preciso lhes dizer que toda essa história ridícula, que provocou aqui a maior hilaridade, é uma grande mistificação. Mas posso lhes dizer que o medo dos cidadãos do império do punhado de voluntários que ainda possam estar perambulando pela fronteira causa em todo suíço a mais cômica impressão do mundo. Já se criou aqui um novo dito: "apavorado como seis cidadãos do império diante de um voluntário". O novo artigo da *Gazeta da Agência Geral dos Correios de Frankfurt* sobre as contínuas atividades subversivas dos refugiados na fronteira não contribuiu menos para entreter esse divertimento à custa do império. Que revelações contundentes não

---

[1] Gerhard Johann David von Scharnhorst foi general e chefe do Estado-Maior prussiano, notável por seus escritos, reformas no exército e liderança durante as guerras napoleônicas.

devem ter feito os espiões do sr. Schmerling! Metternich está em Muttenz e foi visto em Birsfeld, onde Neff também está e escreve e recebe muitas cartas; Siegel e Katzenmaier têm permanecido em Emmishofen, e dizem que o império não precisa tremer! E o que é mais assustador: em Dornach, quase na fronteira alemã, em Dornach o governo suíço tolera – "alguns *taberneiros dispersos* de Lörrach e vizinhança"[!!!] Além disso, "domina em toda parte a convicção" de que novas "incursões predatórias" teriam ocorrido *se* etc. etc. Sim, e não houve ataques através do Reno a Groß-Laufenburg? – É claro que a gazeta imperial nem imagina por parte de quem, quando e como. Em resumo, se o império está tão mal construído que treme nas bases se Metternich é visto em Birsfeld e alguns taberneiros dispersos se afligem em Dornach, realmente a Suíça não vai se dispor a servir de escora a esse edifício apodrecido! E ainda por cima esses relatos confusamente agrupados dos *mouchards*[2] imperiais se contradizem a cada linha: assim, diz-se que Metternich seria o único refugiado em Muttenz, e três linhas depois, "diz-se em Muttenz que eles [!!] estão se armando novamente lá"[!!] Eles – isto é, Metternich sozinho! E para isso, para se tornar ridículo aos olhos do mundo inteiro graças a tais contradições destrambelhadas, para isso o poder imperial paga seus *mouchards* na Suíça! *Trema Bisanzio*, Metternich foi visto em Birsfeld e "muitos taberneiros dispersos" juraram destruí-la!

Mas deixemos o império de lado. O Conselho de Guerra federal foi dissolvido *pro forma*, mas imediatamente restaurado como Comissão Militar, cuja presidência foi assumida pelo sr. Ochsenbein, como chefe do Departamento Federal de Guerra. A *Gazeta de Berna* criticou acerbamente essa restauração ou continuidade da peça mais pesada e dispendiosa do velho governo federal. O Conselho de Guerra não fora jamais capaz de fazer nada, exceto nomear alguns oficiais aristocratas e elaborar um regulamento federal das polainas, trazido finalmente ao mundo depois de longas dores de parto, que custou tão caro que, pelo mesmo preço, seria possível equipar todo o exército com polainas e botas. De resto, ele teria se limitado a receber seus 16 francos diários por cabeça e, diante de tantas dificuldades e bagatelas, teria há muito renunciado a realizar alguma coisa.

Além do duelo entre Luvini e Berg, havia ainda a expectativa de um segundo, em decorrência do debate sobre Tessinoo – entre Pioda e Michel, de Graubünden. O coronel Michel havia se expressado de modo muito impertinente e por fim declarou, colérico, que o sr. Pioda era um completo mentiroso. Pioda respondeu de modo extremamente calmo e conveniente, mas depois pediu contas ao espadão federal. O sr. Michel ofereceu alguns esclarecimentos que satisfizeram plenamente o sr. Pioda e seus amigos, e com isso o assunto se encerrou.

---

[2] Espiões.

Testemunho suíço das façanhas heróicas do exército austríaco em Viena

NGR, n. 161, 6/12/1848

F. Engels

Colônia, 5 de dezembro. Enquanto a *G[azeta] G[eral de] A[ugsburg]* e outros jornais elevam aos céus um Windischgrätz e um Jellachich por terem restaurado a ordem, cumulam de louros as bravas tropas austríacas e não se cansam de contar as atrocidades do reino democrático do terror, surgiu repentinamente na imprensa suíça uma nova fonte de materiais para a historiografia dos últimos acontecimentos em Viena. São os suíços que, com dificuldade e sob risco de vida e de maus-tratos, escaparam dos esbirros da "ordem" e que, de volta a sua terra natal, publicaram suas experiências durante os "dias de terror" e a "guerra da ordem". E não se trata de "proletários" irados, mas de grandes capitalistas, pessoas que possuíam enormes fábricas em Viena, burgueses totalmente insuspeitos com concepções conservadoras – e um suíço conservador é sabidamente um "resmungão" alemão elevado à segunda potência –, e seus relatos não apareceram em jornais sensacionalistas radicais, mas em folhas conservadoras extremamente sérias. Extraímos os seguintes detalhes de uma tal narração da *Folha da Inteligência da Basileia:*[1]

O sr. *Specker*, de St. Gallen, era diretor de uma grande fábrica de máquinas, que ficava em local muito isolado, em Tabor, no limiar da divisa aduaneira de Viena. Ele e seus trabalhadores e contramestres, todos suíços, nem tomaram parte na luta, nem mantinham armas em casa. Permaneciam apenas 15 trabalhadores na fábrica, a serviço da bomba de incêndios colocada no pátio. Quando os militares se aproximaram, o general *Wyss*, patrício de Berna e chefe do quartel-general austríaco, deu ao sr. Specker sua palavra de honra de que, se ele não tivesse armas e ninguém disparasse de sua fábrica, nada ocorreria com o prédio. A casa foi revistada pelas tropas, e nada foi encontrado. Apesar disso, outra divisão de caçadores afirmou que tiros haviam sido disparados da casa (muito compreensível, pois lhes é permitido saquear toda casa da qual se dispare). Os "cães suíços", que haviam confiado tanto na palavra de seu compatriota, o general Wyss, que haviam mesmo deixado na fábrica suas mulheres e filhos, foram maltratados por esses caçadores da maneira mais brutal, e só foram salvos pela intervenção de outro

---

[1] Jornal conservador suíço publicado de 1845 a 1856.

oficial. Este os levou para a guarita. Um vizinho apontou para um trabalhador entre os que marchavam e disse: "Esse estava também na derrubada da ponte em Tabor". Imediatamente, sem lhe permitir uma palavra, foi posto contra o muro e fuzilado. Na guarita, várias vezes foram apontadas espingardas contra os "cães suíços", e só a pistola carregada exibida pelo oficial deteve os soldados. O diretor Specker foi posto contra a parede, três caçadores apontaram para ele, um pôs o cano da espingarda em sua boca, e brincou de apertar o gatilho. Um oficial mostrou o relógio e disse: Você ainda tem 15 minutos, seu cão suíço, e então será fuzilado; portanto, reze! Antes do término desse prazo, o oficial que já o tinha salvo uma vez voltou, e levou o sr. Specker para o general Wyss, que o repreendeu por ter "faltado à sua palavra"! Ele afirmou obstinada e rigidamente que haviam disparado da fábrica, apesar de o sr. Specker ter-lhe demonstrado a impossibilidade física disso. Finalmente, ele obteve um salvo-conduto para si e seu pessoal até Florisdorf. Ao retornar à fábrica, encontrou tudo arruinado, demolido e saqueado. A família do sr. Specker havia sido caçada a tiros de espingarda em torno da casa, o contador, um suíço, varado por muitas balas, jazia agonizante no jardim e todos os que se aproximavam dele levavam tiros, de sorte que o infeliz foi deixado ali até muito tarde da noite e morreu. Ele se chamava *Kunz*. Finalmente os sobreviventes conseguiram chegar a salvo em Florisdorf.

O fabricante de máquinas Bollinger, também um suíço, que se tornara célebre por seu trabalho na torre de Santo Estêvão, conseguiu proteger sua fábrica do incêndio com bombas d'água. Mas também aqui os austríacos invadiram sob o falso pretexto de que teria havido disparos de dentro da fábrica, saquearam e demoliram todo o edifício, incendiaram-no e apunhalaram o irmão de Bollinger quando este tentava se salvar das chamas. Outra suíça residente em Viena, madame Bodener, teve seu filho fuzilado em seus braços pelos croatas.

O relato promete ainda novos esclarecimentos sobre as heroicas façanhas do bravo exército austríaco, assim que outros suíços retornem. Mas ao mesmo tempo descreve com as mais comoventes expressões a segurança, a tranquilidade e a conduta amável e decente dos proletários armados, que encantaram os suíços durante o assim-chamado reino do terror do proletariado e dos estudantes vienenses.

Repetimos: os autores desses relatos não são radicais, proletários e descontentes, e sim grandes capitalistas e autênticos aristocratas suíços puro-sangue. A *G[azeta] G[eral] de] A[ugsburg]* não poderia fazer seus diversos correspondentes em Viena τρ, MW, #, Δ e outros – verificar se essas informações não são verdadeiras palavra por palavra? Demos os nomes, locais e todos os detalhes tão exatamente quanto ela poderia querer. Mas ela vai se guardar bem disso.

O Conselho Federal e os embaixadores estrangeiros – o Conselho Federal em Tessinoo – Centralização dos correios – Apologia do comando militar alemão

NGR, n. 161, 6/12/1848

F. ENGELS

Berna, 2 de dezembro. Ao anunciar a constituição das novas autoridades federais e a simultânea expiração do tratado de 1815,¹ o Conselho Federal já recebeu de todos os embaixadores a garantia de que eles acreditavam poder assegurar de antemão o reconhecimento das novas autoridades e da nova constituição por parte de seus governos. Só o embaixador inglês, *Master*² Peel, não aludiu ao reconhecimento e apenas declarou muito secamente ter comunicado o anúncio a seu governo. Como a Rússia não tem nenhum representante aqui, naturalmente não houve qualquer declaração por parte dessa potência. – O Conselho Federal nomeou como representantes federais em Tessinoo o coronel Stehlin, da Basileia, e o coronel Briatte, de Waadt, ambos membros do Conselho do Estados, e o último seu presidente. Espera-se que o radical Briatte proceda de modo diferente dos srs. Escher e Munzinger. A propósito, todos os refugiados italianos militarmente aptos já foram transferidos de Tessinoo para o interior da Suíça. – Ademais, o Conselho Federal passou imediatamente a aplicar a lei sobre a centralização dos correios; o sr. Laroche-Stehelin, da Basileia, foi nomeado provisoriamente diretor geral dos correios da Suíça, e foram instituídas duas comissões, uma para a taxação dos materiais remetidos pelos cantões e por indivíduos privados, a segunda para esboçar uma lei sobre a organização dos correios suíços. – Em uma carta ao Conselho Federal, o respectivo comandante das tropas imperiais alemãs apresentou as devidas desculpas a este Conselho;³ ele se declarou disposto a dar a satisfação exigida e informou que os implicados já haviam sido submetidos à punição.

---

1   Referência ao tratado (elaborado pela Dieta suíça em 1814 e aprovado pelo Congresso de Viena em 1815) que reconheceu a permanente neutralidade da Suíça. Segundo esse tratado, a Confederação Suíça era definida como uma federação de 22 cantões. Quando foi introduzida uma constituição em 1848, o tratado expirou.
2   Mestre.
3   Ver "A renúncia de Raveaux. – Violação do território suíço" e "Sessão conjunta dos Conselhos. – O Conselho Federal".

Medidas para os refugiados alemães

NGR, n. 165, 10/12/1848

F. ENGELS

Berna, 5 de dezembro. O Conselho Federal também tomou providências relativas aos refugiados alemães, em parte para privar o poder imperial de qualquer pretexto para medidas hostis, em parte para mostrar sua imparcialidade em relação a Tessinoo e para pôr em prática também nos cantões do norte a política de estrita neutralidade, triunfo conquistado no debate sobre Tessinoo.[1] A política Furrer-Munzinger-Ochsenbein é imposta em toda parte. Uma circular do Conselho Federal aos cantões de fronteira envolvidos repete os princípios expressos pelo Vorort e insiste mais uma vez na internação de todos os refugiados que participaram na campanha de Struve, e o presidente da Assembleia Federal, dr. Steiger, partiu já ontem para os cantões do norte, como representante da confederação, a fim de enfatizar essa exigência.

Não há nada a opor à medida em si mesma. Ninguém pode censurar a Suíça por não querer se expor a embaraços por causa de alguns voluntários sedentos de aventura e que se aborreciam cordialmente em seu exílio. Mas então porque esse ousado discurso anterior contra a Alemanha, essa asseveração positiva de que tinha cumprido seu dever, se admite agora indiretamente não o ter cumprido, se só agora procura verificar se e em que medida os cantões seguiram as prescrições do Vorort? Não se pode negar que essa decisão do Conselho Federal, um ato de justiça em relação a Tessinoo, é um completo desmentido do último ato oficial do Vorort, e tendo o comunicado[2] recebido aplausos unânimes, esse início de negação do comunicado causará bem pouca satisfação.

Não se ouve mais nada sobre o fechamento da fronteira alemã, exceto que toda a Suábia protestou contra isso. Se ele se efetivará ou não, ficou novamente nas mãos de Deus. Em todo caso, o Conselho Federal decidiu de antemão não dispor tropas contra a divisão imperial.

---

[1] Ver "Debate no Conselho Nacional" e "Berna declarada capital federal – Franscini".
[2] Enviado ao governo imperial em 4 de novembro de 1848. Ver "O poder central alemão e a Suíça".

O Conselho Federal de Guerra já resolveu seus assuntos correntes, e foi agora definitivamente dissolvido. Em seu lugar, haverá uma Secretaria de Guerra que Ochsenbein, como chefe do Departamento Militar, deverá organizar e dirigir.

O novo embaixador espanhol, sr. Zayas, que chegou aqui há alguns dias com credenciais para o Vorort, foi apresentado agora por este ao vice-presidente do Conselho Federal, sr. Druey, e posto assim imediatamente em contato com as novas autoridades.

A imprensa está muito irritada com o comportamento dos suíços em Viena, do qual eu lhes dei recentemente algumas provas.[3] Ela exige que o Conselho Federal peça satisfação e reparação à Áustria. Especialmente a conduta do general Wyss, de Berna, provocou indignação geral aqui. O irmão desse general é construtor aqui em Berna.

---

[3] Ver "Testemunho suíço das façanhas heróicas do exército austríaco em Viena".

O Conselho Nacional

NGR, n. 165, 10/12/1848

F. Engels

Berna, 6 de dezembro. Nessa época de tempestades europeias, quem se preocupa com a Suíça? Com certeza simplesmente ninguém, exceto o poder imperial, que fareja um voluntário emboscado por trás de cada arbusto da margem esquerda do Reno, de Constança até a Basileia. E, no entanto, a Suíça é um vizinho importante para nós. Hoje a Bélgica constitucional é o Estado-modelo oficial;[1] mas, nesses tempos tempestuosos que vivemos, quem nos garante que amanhã a Suíça republicana não se tornará o Estado--modelo oficial? Além do mais, eu conheço mais de um republicano *farouche*[2] que não deseja nada menos do que trazer para o outro lado do Reno as condições políticas suíças com grandes e pequenos conselhos federal, nacional, dos estados e outros, transformar a Alemanha numa Suíça em tamanho grande e então levar uma vida calma e tranquila, com toda devoção e honradez, como senhor grande conselheiro ou presidente do cantão de Baden, Hessen ou Nassau.

Portanto, a Suíça certamente concerne a nós, alemães, e o que os suíços pensam, dizem, fazem e desenvolvem pode muito em breve nos ser apresentado como exemplo. Por isso não será de modo algum prejudicial que já de antemão nos familiarizemos em alguma medida com os costumes e pessoas que os 22 cantões da "confederação" forjaram em sua república federativa.

É justo que abordemos primeiro a nata da sociedade suíça, os homens que o próprio povo suíço nomeou como seus representantes, a saber, o Conselho Nacional, que se reúne em Berna, na prefeitura.

Quem observa a tribuna do Conselho Nacional necessariamente se admira com a variedade das figuras que o povo suíço enviou a Berna para deliberar sobre seus assuntos comuns. Quem nunca tenha visto antes uma boa parte da Suíça mal compreende como é possível que um pequeno país, com poucas centenas de milhas quadradas e nem 2,5 milhões de habitantes, tenha podido gerar uma tão variegada assembleia. E no entanto

---

[1] Ver "A Bélgica, "Estado-modelo" e "O Estado constitucional modelo".
[2] Selvagem.

não é de se admirar; a Suíça é um país no qual são faladas quatro diferentes línguas, alemão, francês, italiano (ou melhor, lombardo) e romanche, e que reúne em si todos os diferentes estágios de cultura, da mais avançada indústria até a mais genuína vida rural. E o Conselho Nacional suíço reúne a nata de todas essas nacionalidades e níveis culturais e por isso não parece nada menos do que nacional.

Nesta assembleia semipatriarcal, não há lugares determinados, partidos específicos. Os radicais fizeram uma débil tentativa de se sentar na extrema esquerda, mas parece que não foi bem-sucedida. Cada um se senta onde quer, e frequentemente troca de lugar três ou quatro vezes em uma única sessão. Contudo a maioria dos membros prefere determinados lugares, que no final sempre voltam a ocupar, e, assim, no fim das contas, a assembleia se divide em duas partes separadas de modo razoavelmente nítido. Nos três bancos semicirculares da frente veem-se fisionomias nitidamente marcadas, em geral muita barba, cabelos cuidadosamente penteados, roupas modernas de corte parisiense; ali se sentam os representantes da Suíça francesa e italiana, ou, como se diz aqui, os "Welsch",[3] e desses bancos raramente se ouve falar outro idioma que não o francês. Mas atrás dos Welsch senta-se um grupo curiosamente misto. De fato não se vê nenhum camponês com os trajes suíços nacionais, ao contrário, somente pessoas cuja indumentária denota certo grau de civilização; aqui e ali até mesmo um costume mais ou menos moderno, ao qual de ordinário também se agrega um rosto respeitável; depois, uma meia dúzia de tipos de oficiais suíços à paisana, muito parecidos uns com os outros, mais solenes do que belicosos, um tanto desatualizados nos rostos e nas roupas, e lembrando um pouco o Ajax de *Troilus e Cressida*;[4] e finalmente a maioria, constituída de senhores mais ou menos idosos e antiquados, de fisionomias e trajes indescritíveis, cada um sendo um tipo em si mesmo, e a maioria também um tipo para uma caricatura. Todas as diferentes variedades do pequeno-burguês, do *campagnard endimanché*[5] e dos oligarcas cantoneses estão aqui representados, mas todos igualmente homens de bem, todos terrivelmente sérios, com os mesmos pesados óculos de prata. São os representantes da Suíça alemã, e essa maioria da agremiação foi enviada pelos cantões menores e pelas mais remotas áreas dos maiores.

Diante dessa assembleia, assume a cadeira de presidente o conhecido dr. Robert Steiger, de Lucerna, ainda há poucos anos sentenciado à morte sob a administração de Siegwart-Müller, agora presidente da Assembleia Federal suíça. Steiger é um homem baixo e atarracado com traços faciais pronunciados, aos quais o cabelo branco, o bigode castanho e mesmo os inevitáveis óculos prateados dão um realce nada desagradável. De resto, desempenha suas funções com grande tranquilidade e uma moderação talvez um tanto excessiva.

---

[3] Termo pejorativo com o qual os alemães se referiam aos povos latinos.
[4] Ajax: personagem da obra de Shakespeare *Troilus e Cressida*, tipo de guerreiro grosseiro e presunçoso.
[5] Caipira endomingado.

À fisionomia corresponde a discussão. Os Welsch são os únicos, e nem todos entre eles, que se valem de uma linguagem plenamente civilizada, oratória. Os de Berna, que entre os suíços alemães assumiram em sua maioria costumes welsch, aproximam-se mais deles. Entre eles ainda se encontra ao menos algum ardor. Os de Zurique, esses filhos da Atenas suíça, falam com a sensatez e a correção próprios de algo entre um professor e um mestre de guilda, mas sempre "culto". Os oficiais falam com solene lentidão, com pouca habilidade e conteúdo, mas, em contrapartida, com uma tal determinação, como se seu batalhão estivesse atrás deles pronto para a batalha. O grosso da agremiação, finalmente, fornece oradores mais ou menos bem-intencionados, escrupulosos, conscienciosos, ponderando à direita e à esquerda, mas, no final, sempre se pondo ao lado de seus interesses cantonais, e que de resto falam quase todos uma linguagem áspera e às vezes de acordo com seus próprios princípios gramaticais. Se a questão dos custos vem à tona, são sempre eles que a trazem, especialmente os dos cantões originários. Quanto a isso, o cantão Uri já granjeou nos dois conselhos uma reputação bem merecida.

Em consequência, a discussão é no geral frouxa, calma, medíocre. Oradores talentosos, que mesmo nas grandes assembleias alcançariam êxito, são muito pouco numerosos no Conselho Nacional; conheço até agora só dois, Luvini e Dufour, e talvez Eytel. É verdade que ainda não ouvi muitos dos membros mais influentes; mas nem seu êxito na assembleia nem a exposição de seus discursos nos jornais autorizam nutrir expectativas muito brilhantes. Só Neuhaus parece que falaria com brilho. E como poderiam se desenvolver talentos oratórios em assembleias que representam no máximo algumas centenas de milhares de pessoas e que têm de se ocupar com os mais mesquinhos interesses locais? A finada Dieta foi, além disso, mais uma assembleia diplomática do que legislativa; com ela podia-se aprender como distorcer instruções e a tornar plausível uma saída, mas não a arrebatar e dominar uma assembleia. Os discursos dos membros do Conselho Nacional se limitam, assim, na maioria dos casos, a declarações de voto, nas quais cada orador expõe o fato que o impeliu a votar dessa ou daquela maneira, e depois, com a maior naturalidade, repete calmamente tudo o que já fora repetido *ad nauseam* antes dele. Os discursos da maioria têm em especial essa franqueza patriarcal. E quando um desses senhores toma a palavra, já se sabe que aproveitará a oportunidade para revelar também sua opinião sobre todos os aspectos secundários da discussão, ainda que tenham sido postos de lado há muito. Em meio a essa conversação familiar dos homens de bem, alguns discursos importantes retomam com esforço o fio do debate, e quando a sessão finda confessamos que raramente tínhamos ouvido algo mais tedioso. O filisteísmo, que confere à *physique*[6] da assembleia alguma originalidade, porque é raramente visto nessa forma clássica, também aqui não deixa de ser *au moral*[7] raso e enfadonho. Há pouca paixão, e nenhum espírito; Luvini é o único que fala com paixão viva e arrebatadora, Dufour o único que se impõe pela

---

[6] Aparência.
[7] Na essência.

autêntica clareza e precisão francesas. Frey, da Basileia, representa o humor, pelo qual também o coronel Bernold se empenha, com algum sucesso. Falta completamente aos suíços franceses o espírito francês. Desde que os Alpes e o Jura existem, ainda não se elaborou nenhum trocadilho aceitável, não se ouviu nenhuma réplica rápida e mordaz. O suíço francês não é apenas *sérieux*,[8] é *grave*.[9]

O debate que quero descrever aqui mais detalhadamente é aquele sobre os acontecimentos de Tessinoo e os refugiados italianos em Tessinoo.[10] O caso é conhecido; as assim-chamadas atividades dos refugiados italianos em Tessinoo deram a Radetzky o pretexto para medidas desagradáveis; o Vorort de Berna enviou a Tessinoo representantes da confederação com plenos poderes ampliados e simultaneamente uma brigada de tropas; a insurreição em Veltlin e no Valle Intelvi induziu numerosos refugiados a voltarem para a Lombardia, o que conseguiram, apesar da vigilância dos postos de fronteira suíços; embora desarmados, eles cruzaram a fronteira, tomaram parte na insurreição, depois da derrota dos insurgentes voltaram de Valle Intelvi, sempre desarmados, para o território de Tessinoo, e foram expulsos pelo governo de Tessinoo. Nesse meio tempo, Radetzky intensificou suas represálias na fronteira e redobrou seus protestos junto aos representantes da confederação.

Estes exigiram a expulsão de todos os refugiados, sem distinção; o governo de Tessinoo recusou; o Vorort confirmou as medidas dos representantes; o governo de Tessinoo apelou à Assembleia Federal, que se reunira nesse meio tempo. O Conselho Nacional tem de decidir sobre esse apelo e sobre as alegações efetivamente apresentadas pelas duas partes, que se referem principalmente ao comportamento dos habitantes de Tessinoo contra os representantes e as tropas suíças.

A maioria da comissão nomeada para essa finalidade propôs expulsar de Tessinoo *todos* os refugiados italianos, interná-los no interior da Suíça, proibir a permanência de novos refugiados em Tessinoo e em geral confirmar e sustentar as medidas tomadas pelo Vorort. Seu relator era o sr. Kasimir Pfyffer, de Lucerna. Mas, bem antes de eu ter conseguido chegar à galeria pública através da cerrada massa de ouvintes, o sr. Pfyffer já terminara há muito seu relatório, bastante seco, e o sr. Pioda tinha a palavra.

NGR, n. 165, 10/12/1848, segunda edição

O sr. Pioda, secretário de Estado em Tessinoo, que compusera sozinho a minoria da comissão, apresentou sua proposta de expulsar apenas aqueles refugiados que haviam participado da última insurreição e contra quem, pois, havia um motivo positivo para

---

[8] Sério.
[9] Sisudo.
[10] Engels relata o debate do Conselho Nacional suíço sobre os refugiados italianos no cantão de Tessinoo por tê-lo assistido pessoalmente.

tal medida. O sr. Pioda, major e comandante de batalhão na guerra da Liga Separatista, apesar de sua aparência loira e meiga, teve naquela ocasião, em Airolo, um comportamento muito corajoso, e sustentou seu posto durante uma semana diante de tropas mais numerosas, melhor treinadas e melhor armadas que as suas, e que além disso ocupavam uma posição muito vantajosa. Pioda falou de modo tão doce e sensível quanto sua aparência. Como ele fala francês perfeitamente, tanto no que se refere ao sotaque quanto ao domínio da língua, eu o tomei inicialmente por um suíço francês, e fiquei espantado ao ouvir que era italiano. Mas, quando ele passou a falar das acusações feitas aos habitantes de Tessinoo, quando, em contraposição, descreveu o comportamento das tropas suíças, que agiram quase como se estivessem em um país inimigo, quando se tornou ardoroso, ele desenvolveu, senão de fato uma paixão, aquela viva eloquência, cada vez mais italiana, que emprega ora as antigas formas, ora uma certa oratória pomposa moderna, às vezes exagerada. Devo dizer em sua honra que, quanto a isto, ele soube manter a medida e que essas passagens de seu desenvolvimento surtiram muito bom efeito. Mas, no geral, sua moção foi longa demais e sentimental demais. Os suíços alemães possuem a *aes triplex* de Horácio,[11] e todas as belas frases, todos os nobres sentimentos do bom Pioda reverberam em vão em seus peitos tão inflexíveis quanto largos.

Depois dele ergueu-se o sr. dr. Alfred Escher, de Zurique. *À la bonne heure,*[12] eis um homem *comme il en faut pour la Suisse!*[13] O sr. dr. Escher, representante confederado em Tessinoo, vice-presidente do Conselho Nacional, filho – se não me engano – do conhecido mecânico e engenheiro Escher, que canalizou o Linth e fundou uma imensa fábrica de máquinas. O sr. dr. Escher não é tanto um zuriquense como um "ateniense suíço". Sua casaca, seu colete foram confeccionados pelo melhor *marchand tailleur*[14] de Zurique, é visível o louvável e parcialmente bem-sucedido esforço de seguir os requisitos dos magazines de moda parisienses, mas também é visível o pecado original das cidades imperiais, que sempre leva a mão do costureiro de volta aos velhos trilhos pequeno-burgueses habituais. Tal a casaca, assim o homem. Os cabelos loiros são cortados muito cuidadosamente, mas de um corte terrivelmente burguês, e do mesmo modo a barba – pois nosso Alcibíades suíço naturalmente também usa sua barba, um capricho que, num zuriquês de "boa família", lembra muito o primeiro Alcibíades. Quando o sr. dr. Escher ascendeu à cadeira presidencial, para substituir Steiger por um instante, ele consumou essa manobra com um misto de dignidade e elegante *nonchalance* que faria inveja ao sr. Marrast. Vê-se claramente como ele utilizou esses momentos para repousar suas costas, fatigadas pela dureza do banco, nas macias almofadas da poltrona. Em síntese, o sr. Escher é tão elegante como só se pode ser na Atenas suíça, e ademais é rico, bonito, de

---

[11] Tripla armadura de bronze. Ver Horácio, *Carminum*, Ode III.
[12] Em boa hora.
[13] Tal qual a Suíça precisa.
[14] Alfaiate sob medida.

constituição sólida e não passa dos 33 anos. As damas de Berna que se cuidem desse perigoso Alcibíades de Zurique.

Além disso, o sr. Escher fala um alemão tão bom e fluente como só a um ateniense suíço é possível: idioma ático com sotaque dórico, mas sem erros gramaticais, e nem todo conselheiro da Suíça alemã é capaz disso; como todo suíço, ele fala com a mais assombrosa solenidade. Se tivesse seus 70 anos, o sr. Escher não poderia adotar um tom mais solene do que antes de ontem – e ele é um dos mais jovens na assembleia. Além do mais ele tem ainda outra peculiaridade que não é suíça. Todo suíço alemão tem, com efeito, para todos os seus discursos, em todas as oportunidades, durante toda a sua vida, um único gesto. O sr. dr. Kern, por exemplo, estende o braço direito lateralmente, em ângulo reto com seu corpo; os diferentes oficiais fazem exatamente o mesmo gesto, com a diferença de que elevam o braço adiante de si e não lateralmente; o sr. Tanner, de Aarau, faz uma reverência a cada três palavras; o sr. Furrer alterna entre ficar de frente, virar-se um pouco para a direita e um pouco para a esquerda; em resumo, tomando em conjunto a totalidade dos oradores alemães no Conselho Nacional, obtém-se um telegrafo assaz completo. O gesto do sr. Escher consiste em estender a mão diretamente diante de si e fazer com ela o movimento que imita perfeitamente o de um êmbolo.

Quanto ao conteúdo do discurso do sr. dr. Escher, é tanto menos necessário que eu repita a enumeração das queixas dos representantes quanto estas queixas passaram quase todas para os jornais alemães por meio da *Nova Gazeta de Zurique*.[15] Não havia absolutamente nada de novo no discurso.

Depois da solenidade de Zurique, a paixão italiana: depois do sr. dr. Escher, o coronel Luvini. Luvini, um insigne soldado, a quem o cantão de Tessinoo deve toda a sua organização militar, que dirigiu a revolução de 1840 como chefe militar, que, em agosto de 1841, quando os oligarcas e padres derrubados atacaram e tentaram uma contrarrevolução a partir do Piemonte, abafou em um dia essa tentativa, graças a sua rapidez e energia, e que foi o único prisioneiro na guerra da Liga Separatista somente porque os federados o abandonaram – Luvini precipitou-se com grande rapidez para defender seus compatriotas contra Escher. O fato de as acusações do sr. Escher terem sido expostas na linguagem pomposa, mas aparentemente calma de um mestre-escola não lhes tirou nada de seu azedume; ao contrário, todos sabem que a sapiência doutrinária em si é já suficientemente insuportável e ofensiva.

Luvini respondeu com toda a paixão do velho soldado e do tessinoês que é suíço por acaso, mas italiano por natureza:

> Na verdade, não se fez aqui uma censura ao povo de Tessinoo por sua 'simpatia pela liberdade italiana'? Sim, é verdade, os tessinoeses simpatizam com os italianos, e tenho

---

[15] Diário suíço de orientação liberal, publicado desde 1780 em Zurique. Até 1821, se intitulava *Gazeta de Zurique*.

> orgulho de que seja assim, e nunca cessarei de pedir a Deus, de manhã e à noite, pela libertação desse país de seus opressores. Sim, apesar do sr. Escher, os tessinoeses são um povo tranquilo e pacífico; entretanto, se diariamente e a todas as horas eles são obrigados a ver como os soldados suíços confraternizam com os austríacos, com os esbirros de um homem cujo nome eu nunca posso pronunciar sem uma amargura que vem do mais fundo da alma, com os mercenários de Radetzky, eles não deveriam se exasperar, eles, diante de cujos olhos, por assim dizer, os croatas cometeram as mais horripilantes crueldades? Sim, os tessinoeses são um povo tranquilo e pacífico, mas quando lhes são enviados soldados suíços que tomam o partido da Áustria, que se comportam por vezes como os croatas, então eles certamente não o são! [Segue-se uma enumeração de fatos sobre o comportamento das tropas suíças em Tessinoo.] Já é suficientemente duro e triste quando se é subjugado e escravizado por estranhos, mas isso é suportado na esperança do dia em que os estrangeiros serão expulsos – mas que meus próprios irmãos e confederados me escravizem, que por assim dizer coloquem a corda em meu pescoço, realmente [...]

A sineta do presidente interrompeu o orador. Luvini foi chamado à ordem. Ele ainda disse algumas frases e terminou de modo bastante abrupto e contrariado.

Ao ardoroso Luvini seguiu-se o coronel Michel, de Grisões. Os grisões sempre foram, com exceção dos habitantes de Mesolcina, péssimos vizinhos dos tessinoeses, e o sr. Michel permaneceu fiel a suas tradições pátrias. Num tom altamente solene de homem honesto, tentou pôr sob suspeita as alegações dos Tessinoeses, lançou-se numa longa série de despropositadas invectivas e maledicências contra o povo de Tessinoo e foi até mesmo inepto e indelicado o bastante para censurar esse povo por ter responsabilizado (com razão) os conterrâneos dele, de Michel, os grisões, por sua derrota em Airolo. Finalizou com a amável proposta de impor ao governo de Tessinoo uma parte dos custos de ocupação da fronteira.

Por proposta de Steiger, o debate foi então suspenso.

Na manhã seguinte, o sr. coronel Berg, de Zurique, foi o primeiro a tomar a palavra. O sr. coronel Berg – não falo de sua aparência exterior, pois, como se diz, todos os oficiais alemão-suíços se parecem –, o sr. Berg é comandante do batalhão estacionado em Tessinoo, de cujo comportamento insolente Luvini dera inúmeros exemplos. Naturalmente o sr. Berg tinha de defender seu batalhão, e como ele logo encerrou as alegações efetivamente apresentadas nesse sentido, lançou-se numa série de exorbitantes ataques pessoais contra Luvini. "Luvini", disse ele,

> deveria se envergonhar de tratar da disciplina das tropas e principalmente de suspeitar da disciplina de um dos melhores e mais metódicos batalhões. Pois se houvesse acontecido comigo o que aconteceu com o sr. Luvini, eu teria há muito apresentado minha demissão. Aconteceu com o sr. Luvini que, na guerra da Liga Separatista, ele foi derrotado com um exército superior e, à ordem de avançar, replicou que seria impossível, que suas tropas seriam desmoralizadas etc. De resto eu gostaria de trocar com o sr. Luvini uma palavrinha sobre esse assunto, mas não aqui, e sim em outro lugar; eu adoraria ficar face a face com meu adversário.

Todas estas e inúmeras outras provocações e ofensas foram lançadas pelo sr. Berg em um tom meio austero, meio raivoso. Obviamente ele pretendia imitar a retórica *fougueuse*[16] de Luvini, mas só alcançou um completo fiasco.

Como a história de Airolo já aflorou duas vezes em meu relato e aflora novamente, quero relembrar brevemente as circunstâncias principais. O plano de Dufour na guerra da Liga Separatista era: enquanto o grosso do exército ataca Friburgo e Lucerna, os Tessinoeses deveriam avançar por Gotthard, e os grisões pelo Oberalp, para o vale de Reuss, libertar e armar a população liberal de lá e, com essa manobra diversionista, separar Valais dos cantões originários e obrigar o exército principal da Liga Separatista de Lucerna a se dividir. O plano foi frustrado, primeiro pela tomada de Gothard pelos homens de Uri e do Valais ainda antes da abertura das hostilidades, e segundo pela tibieza dos grisões. Os grisões absolutamente não mobilizaram as milícias católicas, e mesmo as tropas mobilizadas foram impedidas de avançar mais pela população católica de Disentis.[17] Tessinoo ficou, portanto, totalmente isolado, e quando se pondera que a organização militar desse cantão ainda é muito recente, que todo o exército de Tessinoo totaliza somente 3 mil homens, compreende-se sua fraqueza diante da Liga Separatista. Os cantões de Uri, Valais e Unterwald haviam, nesse entretempo, se reforçado com mais de 2 mil homens com artilharia, e em 17 de novembro de 1847 desceram por Gothard com toda sua força e invadiram Tessinoo. As tropas de Tessinoo estavam escalonadas ao longo do vale de Leventina, de Bellinzona a Airolo; suas reservas estavam em Lugano. Os federados separatistas, encobertos por uma densa neblina, tomaram todas as colinas em Airolo, e quando a neblina se dissipou Luvini viu que a posição fora perdida sem que se disparasse um único tiro. Apesar disso, ele se dispôs a resistir, e depois de um combate de várias horas, em que os homens de Tessinoo se bateram com a maior coragem, suas tropas foram subjugadas pelo inimigo numericamente superior. De início, o recuo foi coberto por parte das tropas; mas os recrutas de Tessinoo, assaltados pelos flancos de cima das colinas, alvejados pela artilharia, logo caíram na maior desordem e só foi possível detê-los a 8 horas de Airolo, atrás do Moesa. Quem passou pela estrada de Gothard compreende a enorme vantagem que tem o exército que avança a partir de cima, especialmente se possui artilharia, e compreende a impossibilidade, para um exército que foge morro abaixo, de parar novamente em algum lugar e dispor suas forças no estreito vale. De resto, os tessinoeses que realmente entraram em combate não eram de modo algum numericamente superiores aos separatistas, mas sim o contrário. A culpa por essa derrota, que ademais não teve nenhuma outra consequência, não recai, pois, sobre Luvini, mas sim, primeiro, sobre suas reduzidas e destreinadas tropas; segundo, sobre o terreno desfavorável; e por fim, e principalmente, sobre a ausência dos grisões, que permaneceram em Disentis saboreando o vinho de Veltline, em vez de estar no

---

[16] Ardente.
[17] Disentis é um burgo dos Grisões, no Reno.

Oberalp, e que finalmente vieram, *post festum*, em ajuda de Tessinoo com dois batalhões, franqueando o São Bernardo. E essa vitória da Liga Separatista no único lugar em que tinha superioridade numérica é censurada aos tessinoeses abandonados por aqueles que vergonhosamente os abandonaram, ou por aqueles que ganharam coroas de louro baratas lutando em três contra um em Friburgo e Lucerna!

Como sabem, a essa deblateração de Berg contra Luvini seguiu-se um duelo no qual o Welsch pôs brutalmente o de Zurique fora de combate.[18]

Mas voltemos ao debate. O sr. dr. Kern, da Turgóvia, se levantou para apoiar as propostas da maioria. O sr. Kern é um tipo suíço alto, de ombros largos, com um rosto expressivo e não desagradável e cabelo um tanto teatral, um pouco como um honesto suíço imaginaria o do Júpiter olímpico, vestido meio como erudito, e de inabalável determinação no olhar, no tom, na postura. O sr. Kern é considerado como um dos mais hábeis e sagazes juristas da Suíça; "com a lógica que lhe é peculiar" e um estilo altamente assertivo, o presidente do Tribunal Federal abordou a questão de Tessinoo, mas logo me soou tão tedioso que preferi ir ao Café Italien[19] e tomar uma taça de vinho de Valais.

Quando retornei, haviam falado, depois de Kern, Almeras, de Genebra, Homberger, Blanchenay, de Waadt, e Castoldi, de Genebra, figuras locais mais ou menos importantes cuja fama na confederação ainda está no nascedouro. Eytel, de Waadt, estava com a palavra.

Na Suíça, onde os homens são tão grandes quanto o gado ordinário, o sr. Eytel pode ser considerado um homem de constituição delicada, embora na França pudesse passar por um *jeune homme fort robuste*.[20] Tem um rosto belo e delicado, com bigode loiro e cabelos loiros cacheados, e lembra, como em geral os habitantes de Waadt, mais um francês do que os suíços *welsch*. Não preciso dizer que ele é um dos principais adeptos dos ultrarradicais, dos republicanos vermelhos de Waadt. Ademais, ainda é jovem, e certamente não é mais velho do que Escher. O sr. Eytel falou com grande veemência contra os representantes federais.

> Eles se comportaram em Tessinoo como se Tessinoo não fosse um Estado soberano, mas uma província que eles, como pró-cônsules, tivessem de administrar; realmente, se esses senhores tivessem se conduzido assim em um cantão francês, sua permanência ali não teria sido longa! E esses senhores, em vez de agradecer a Deus que os tessinoeses tenham suportado tão calmamente todas as suas fantasias e desejos de dominação, ainda reclamam de ser mal recebidos!

O sr. Eytel fala muito bem, mas é um tanto prolixo demais. Acontece com ele o mesmo que com todos os suíços franceses: o ponto central fica perdido.

---

[18] Ver "Notícias da Suíça"
[19] Café italiano.
[20] Um jovem bastante robusto.

Da cadeira presidencial, o velho Steiger também diz algumas palavras a favor das propostas da maioria, e então se levanta pela segunda vez nosso Alcibíades Escher, para contar pela segunda vez sua história já contada antes. Mas desta vez ele buscou um fecho retórico, no qual se reconhece um exercício escolar a três milhas de distância. "Ou somos neutros, ou não somos, mas aquilo que somos, devemos ser inteiramente; e a antiga lealdade suíça exige que mantenhamos nossa palavra, mesmo que tenha sido dada a um déspota." Desta nova e convincente ideia, o incansável braço do sr. Escher bombeou a corrente de uma solene peroração, e, quando ela terminou, Alcibíades sentou-se de novo, visivelmente satisfeito.

O sr. Tanner, de Argóvia, presidente da Suprema Corte, que então se ergueu, é um homenzinho de altura mediana, magro, que fala muito alto sobre coisas muito indiferentes. Seu discurso não foi, no fundo, nada mais do que a centésima repetição de um único erro gramatical.

A ele se seguiu o sr. Maurice Barman, do Valais francês. Nada em sua aparência evidencia que ele tenha se batido tão corajosamente em 1844, em Pont-de-Trient, quando os do Alto Valais, sob a direção de Kalbermatten, de Riedmatten e outros Matten[21] fizeram a contrarrevolução no cantão.[22] O sr. Barman tem uma aparência burguesa tranquila, mas de modo algum desagradável; ele fala de maneira ponderada e um tanto desarticulada. Repudia o ataque pessoal de Berg contra Luvini e apoia Pioda.

O sr. Battaglini, de Tessinoo, que tem uma aparência um tanto burguesa e poderia lembrar, a um observador perspicaz, o dottore Bartolo, do *Figaro*,[23] leu um longo tratado francês sobre neutralidade em favor de seu cantão, que decerto continha princípios totalmente corretos, mas foi ouvido muito superficialmente.

De repente cessaram as conversas e a movimentação na assembleia. Fez-se o maior silêncio, e todos os olhares se dirigiram a um homem velho, glabro, careca, com um nariz grande e aquilino, que começou a falar em francês. Este homem pequeno e velho, que, com sua simples roupa preta e sua aparência totalmente burguesa, parecia antes um erudito do que qualquer outra coisa, e que só chamava a atenção por um rosto expressivo e um olhar móvel e penetrante, era o general *Dufour*, o mesmo cuja prudente estratégia sufocou quase sem derramamento de sangue a Liga Separatista. Que diferença dos oficiais alemão-suíços da assembleia! Esses Michel, Ziegles, Berg etc., esses espadões filistinos, esses bigodes pedantes faziam uma figura muito característica diante do pequeno, despretensioso Dufour. Percebia-se à primeira vista que Dufour era a cabeça que conduzira

---

[21] Jogo de palavras – *matt* significa débil, indolente.
[22] Referência ao golpe de Estado anticonstitucional no cantão de Valais, em maio de 1844, quando os oponentes daquele cantão às reformas burguesas, instigados pelos jesuítas e pelo clero, derrubaram o governo liberal e anularam a constituição cantonal de 1840. Numa batalha em Pont-de-Trient, em 21 de maio, 1.500 homens do Baixo Valais, liderados por Maurice Barman, foram derrotados pelo exército de 8 mil homens do general Kalbermatten. Com a mudança de governo, o cantão de Valais se juntou à Liga Separatista em junho de 1844.
[23] Dottore Bartholo: personagem da comédia de Beaumarchais *As Bodas de Fígaro*.

toda a guerra da Liga Separatista, e que esses Ajax cheios de dignidade não passavam dos punhos que ele usava para executar suas decisões. A Dieta tinha realmente escolhido de modo correto e encontrado o homem necessário.

Mas quando ouvimos Dufour falar, ficamos realmente admirados. Este velho oficial de engenharia, que por toda sua vida somente organizou escolas de artilharia, elaborou regulamentos e inspecionou baterias, que nunca se envolveu em negociações parlamentares, nunca falou em público, se apresentou com uma segurança, falou com uma fluência, elegância, precisão e uma clareza admiráveis e únicas no Conselho Nacional suíço. Esse *maidenspeech*[24] de Dufour sobre os acontecimentos em Tessinoo teria causado grande sensação em uma câmara francesa, seja quanto à forma seja quanto ao conteúdo, e superou de longe, em todos os aspectos, o discurso de três horas com o qual Cavaignac se tornou o primeiro advogado de Paris – a julgar pelo texto publicado no *Moniteur*. Mas em um genebrino a beleza da linguagem deve ser duplamente apreciada. A língua nacional de Genebra é um francês calvinisticamente reformado, frouxo, raso, pobre, monótono e descorado. Mas Dufour não fala genebrino, e sim o verdadeiro, autêntico francês. E ademais as posições que ele manifestou eram tão nobres, tão militares no *bom* sentido da palavra, que fizeram sobressair cruamente as tacanhas invejas profissionais, as mesquinhas limitações cantonais dos oficiais da Suíça alemã.

"Fico feliz de que a neutralidade esteja na boca de todos", disse Dufour.

> Mas em que consiste a neutralidade? Consiste em não fazermos nem permitir que seja feito nada que ponha em perigo a paz entre a Suíça e os Estados vizinhos. Nada menos, mas também nada mais. Temos, pois, o direito de conceder asilo a refugiados estrangeiros, é um direito do qual nos orgulhamos. Nós o consideramos como um dever, uma obrigação diante da infelicidade. Mas sob uma condição: que o refugiado se submeta a nossas leis, que ele nada faça que ponha em perigo nossa segurança interna e externa. Que um patriota perseguido pela tirania se esforce, também a partir de nosso território, por reconquistar a liberdade de sua pátria, considero compreensível, não lhe faço qualquer censura, mas então nós também temos de ver o que é preciso fazer. Assim, se o refugiado afia sua pena ou toma seu fuzil contra o governo vizinho, muito bem, não o expulsaremos, isso seria injusto, mas o afastaremos da fronteira, o internalizaremos. Isso é o que exige nossa própria segurança, nossa consideração para com os Estados vizinhos; nada menos, mas também *nada mais*. Se, ao contrário, tomarmos medidas não somente contra os voluntários que invadiram território estrangeiro, mas sim também contra o irmão, o pai do voluntário, contra aqueles que permaneceram pacíficos, faremos mais do que devemos, não seremos mais apartidários, tomaremos o partido do governo estrangeiro, do despotismo, contra suas vítimas. [Bravo! generalizado.]
>
> E justamente agora quando Radetzky, um homem com quem certamente ninguém nessa assembleia simpatiza, já nos exigiu esse injusto afastamento de todos os refugiados da fronteira, quando ele apoiou sua exigência com ameaças, e mesmo com medidas hostis, justamente agora não nos convém de modo algum satisfazer a injusta exigência de um

---

[24] Discurso de debutante.

adversário mais forte, porque pareceríamos ter cedido à superioridade, termos tomado essa decisão porque alguém mais forte o exigiu de nós. [Bravo!]

Lamento não poder dizer mais nada sobre esse discurso nem trazer trechos literais. Mas aqui não há estenógrafas, e eu tenho de escrever de memória. Basta dizer que Dufour maravilhou toda a assemblcia tanto pela eloquência e modéstia de sua exposição quanto pelos argumentos convincentes que apresentou, e sentou-se com a declaração de voto a favor de Pioda, sob aplausos gerais. Até então nunca tinha ouvido manifestações de aplauso no Conselho Nacional durante a discussão. A questão estava decidida, depois do discurso de Dufour nada mais havia a dizer, e a moção Pioda foi aprovada.

Mas os cavaleiros cantonais, estremecidos em sua consciência, não estavam satisfeitos, e ao chamado para encerramento responderam com 48 votos a favor da continuidade dos debates. Apenas 42 votaram pelo encerramento; a discussão, pois, continuou. O sr. Veillon, de Waadt, propôs transferir toda a questão para o Conselho Federal. O sr. Pittet, de Waadt, um belo homem com traços franceses, falou a favor de Pioda, de modo fluente, mas prolixo e doutrinário, e o debate parecia se entorpecer quando finalmente o sr. Furrer, presidente da Confederação, se ergueu.

O sr. Furrer é um homem na flor da idade, o par de Alcibíades Escher. Se este representa a Atenas suíça, o sr. Furrer representa Zurique. Assim como Escher tem inclinação para professor, Furrer tem inclinação para mestre de corporação. Juntos, são a completa representação de Zurique.

O sr. Furrer é, naturalmente, um homem da neutralidade incondicional, e quando viu seu sistema seriamente ameaçado pelo discurso de Dufour, precisou lançar mão dos meios mais extremos para assegurar para si a maioria. É certo que o sr. Furrer era presidente da Confederação há apenas três dias, mas demonstrou, todavia, que entendia a política das questões de confiança apesar de Duchatel e apesar de Hansemann. Ele declarou que o Conselho Federal estava extremamente ansioso pela decisão do Conselho Nacional, pois essa decisão causaria uma virada decisiva em toda a política da Suíça etc., e depois de alguns adornos dessa *captatio benevolentiae*,[25] passou gradualmente a argumentar qual era sua opinião e a opinião da maioria do Conselho Federal, a saber, que já se tratara o suficiente da política de neutralidade e que a posição da maioria da comissão também era a da maioria do Conselho Federal. E disse tudo isso com tão solene dignidade, e num tom tão insistente, que a questão do voto de confiança era visível em cada sílaba de seu discurso. Ora, é preciso saber que, na Suíça, o poder executivo não é, como nas monarquias constitucionais ou na nova constituição francesa, um poder independente ao lado do legislativo, mas apenas uma ramificação ou um braço do poder legislativo. É preciso saber que aqui não é absolutamente usual que o poder executivo renuncie quando a assembleia legislativa decide algo diferente do que ele desejava; ao contrário, costuma executar obedientemente essa decisão e esperar por melhores tempos. E como

---

[25] Propaganda pela benevolência do ouvinte.

o poder executivo é igualmente constituído por um conselho eleito, e também comporta diferentes matizes, não tem mesmo muita importância se em muitas questões a minoria no conselho executivo tem a maioria no conselho legislativo. E aqui havia ao menos dois membros do Conselho Federal, Druey e Franscini, a favor de Pioda e contra Furrer. Esse apelo de Furrer à assembleia era, portanto, de acordo com os costumes e concepções da Suíça, totalmente antiparlamentar. Mas tanto faz! O tom grave do sr. presidente da Confederação renovou a coragem dos cavaleiros cantonais, e quando ele se sentou, eles tentaram até mesmo um Bravo, em vão, e exigiram o encerramento.

Mas o velho Steiger foi justo o bastante para antes ainda dar a palavra ao sr. Pioda, como relator da minoria. Pioda falou com a mesma calma e a mesma compostura de antes. Refutou mais uma vez todas as acusações, resumindo brevemente o debate. Defendeu calorosamente seu amigo Luvini, cuja eloquência *fougueuse*[26] talvez o tenha levado longe demais aqui, mas que, num momento anterior – e isso não deveria ser esquecido – havia salvo seu cantão para a Suíça. Finalmente, voltou a falar de Airolo e lamentou que essa palavra tivesse sido pronunciada aqui, e ainda por cima pelo lado do qual ele menos esperava isso.

"É verdade", disse,

> nós sofremos uma derrota em Airolo. Mas, como isso veio a ocorrer? Estávamos sozinhos ali, nosso pequeno, pouco povoado cantão contra todo o peso dos cantões originários e de Valais, que se lançaram contra nós e, depois de nos termos defendido bravamente, nos esmagaram. É verdade, fomos derrotados. Mas convém aos senhores [dirigido a Michel] nos censurar por isso? Vocês, meus senhores, vocês são culpados de termos sido derrotados. Vocês deveriam estar no Oberalp e atacar os separatistas pelo flanco, e quem não estava lá, quem nos abandonou, foram vocês e por isso fomos derrotados. Sim, vocês vieram, meus senhores, mas quando era tarde demais, quando tudo já estava terminado – então finalmente vocês vieram!

Furioso e vermelho como um camarão, o coronel Michel se ergueu de um salto e declarou que isso era uma mentira e uma calúnia. Chamado à ordem por vivos protestos e pela sineta do presidente, ele continuou um pouco mais calmo. Disse que não sabia nada disso, de que ele deveria estar no Oberalp. Sabia apenas que, quando fora chamado, fora em auxílio dos Tessinoeses, e de fato antes de todos.

Pioda revidou tão calmo quanto antes: não havia tido a intenção de agredir pessoalmente o sr. Michel, falara somente dos grisões em geral, e sem dúvida se tratava de um fato que eles deveriam ter apoiado os Tessinoeses descendo o Oberalp. Era facilmente explicável que o sr. Michel não soubesse disso, pois à época ele apenas comandava um batalhão e, portanto, as disposições gerais da campanha poderiam ter permanecido totalmente desconhecidas dele.

---

[26] Ardente.

Com esse *intermezzo*, que levou ainda a diversas discussões privadas entre esses senhores fora da sala da assembleia, e que finalmente foi concluído por declarações mutuamente satisfatórias, encerrou-se o debate. A votação se realizou por chamada nominal. Os franceses e quatro ou cinco alemães votaram com os tessinoeses; a massa dos suíços alemães votou contra; Tessinoo foi despojado do direito de asilo, as exigências de Radetzky foram acatadas, a neutralidade a qualquer custo foi proclamada, e o sr. Furrer pôde se sentir satisfeito consigo mesmo e com o Conselho Nacional.

Eis o Conselho Nacional suíço, a flor dos estadistas suíços. Acho que eles só se distinguem de outros legisladores por uma virtude: por uma grande *paciência*.

O Convento Ursuline – Recrutamento para o rei-metralha – A "comuna dos cidadãos" – Comissão para uma tarifa alfandegária geral

NGR, n. 168, 14/12/1848

F. Engels

Berna, 9 de dezembro. O último convento no cantão de Berna, o das ursulinas em Pruntrut, no Jura, se aproxima de seu fim. O Conselho Governamental[1] decidiu propor ao Grande Conselho a extinção dele, cumprindo decisão dos representantes dos cantões, que expulsa da Suíça todas as ordens afiliadas aos jesuítas (entre as quais se inclui também a das ursulinas).

Depois de Radetzky ter novamente permitido a passagem dos recrutas napolitanos-suíços pela Lombardia, o rei Ferdinand solicitou de imediato mais uma vez a permissão do alistamento na Suíça. Lucerna e os cantões originários naturalmente se apressaram em permitir o alistamento; o governo de Berna, para quem, de todo modo, os acordos de alistamento eram um espinho no olho, felizmente encontrou um pretexto para o interditar de antemão. Ele declarou expressamente que, conforme o acordo de alistamento (que é uma herança do louvável governo do sr. Neuhaus), os recrutas deveriam ir por Gênova, cujo caminho ainda lhes estaria interditado; e além disso o governo napolitano deveria previamente indenizar os suíços em Nápoles que, em 15 de maio,[2] sofreram danos por pilhagens etc. Naturalmente o devoto *Observador*[3] mais uma vez se escandalizou muitíssimo com esta quebra da inquebrantável lealdade suíça, que além do mais ainda fechava a uma massa de bravos cidadãos jovens dos cantões uma gloriosa carreira [!], comprometia o futuro dos soldados de Berna em Nápoles, abandonava à fome os suboficiais atualmente alistados em Berna, e reduzia os lucros dos estalajadeiros, em cujos estabelecimentos, do contrário, deveriam ser dissipados os proventos dos militares. É com argumentos desse tipo que a imprensa suíça reacionária combate!

Os conservadores patrícios locais sofreram um duro golpe. Aqui existe uma assim-chamada Comuna dos Cidadãos no interior da comuna propriamente dita. Essa Comuna

---

[1] Trata-se do governo do cantão.
[2] A guarda real, composta por mercenários suíços e *lazzaroni* (ver nota {25}), tomou parte ativa na supressão do levante popular em Nápoles em 15 de maio de 1848. *Lazzaroni* e soldados invadiram as casas dos moradores de Nápoles, incluindo estrangeiros, pilhando-os e cometendo violências.
[3] *Observador Suíço*.

dos Cidadãos, cujo núcleo é formado pelo patriciado, assegurou, apesar de todas as revoluções, que os antigos bens conventuais e outras propriedades estatais ou municipais que lhes cabiam como o antigo suporte da soberania, permanecessem dela como propriedade coletiva, e não fossem transferidos, com a soberania, ao Estado ou à cidade. Apenas uma pequena parte desses vultosos bens, dos quais os patrícios ainda se fartam, caberia à cidade; mas os "cidadãos" continuam se recusando a restituí-la. Agora, finalmente, graças à nomeação de Berna como capital federal e o necessário aumento significativo das despesas municipais daí decorrentes, a Comuna dos Cidadãos foi obrigada a restituir sua cota à comuna municipal, à assim-chamada Comuna dos Moradores,[4] e além disso a oferecer uma "considerável" contribuição para os custos da capital federal. Os patrícios declararam Sião em perigo, e com razão, pois a capital federal ameaça muito seriamente sua bolsa.

O Conselho Federal constituiu uma comissão, sob a presidência do chefe do departamento do Comércio e da Alfândega, o sr. Näff, que deverá preparar a supressão dos impostos alfandegários cantonais e o estabelecimento de uma tarifa alfandegária suíça, e propor as necessárias regulamentações. A Suíça também passará a ter agora impostos protecionistas, que não serão muito altos, mas, dado o nível avançado atingido pela maioria dos ramos industriais e os baixos salários, alcançarão plenamente seus objetivos. Quem sofrerá mais com isso serão a Inglaterra, Paris, Mühlhausen e Lyon.

---

[4] A Comuna dos Cidadãos (*Bürgergemeinden*) passou a existir no final da Idade Média. Ela garantia a seus membros certos privilégios econômicos e políticos, incluindo isenção de certos impostos e taxas, o direito de usar a propriedade comunal e vantagens no preenchimento de postos governamentais lucrativos. Era possível se tornar membro da comuna seja por nascimento seja por viver num determinado local por um certo período de tempo, e por possuir propriedade imóvel, ou pagando uma taxa de admissão. Com o tempo, foi se tornando cada vez mais difícil entrar na comuna, o que levou à divisão da população suíça em cidadãos (*Bürger*) e moradores (*Einwohner*), sendo os últimos privados dos citados privilégios. A Comuna dos Cidadãos se tornou uma corporação cada vez mais fechada de representantes das velhas famílias patrícias que, de fato, detinham o monopólio da maior parte dos postos governamentais. A abolição dos privilégios da Comuna dos Cidadãos começou durante a República Helvética de 1798-1799, quando todos os suíços foram declarados iguais em direitos e o poder político foi transferido para a Comuna dos Moradores (*Einwohnergemeinde*), declarada a detentora da soberania em nome de toda a nação. A Constituição Federal adotada em 1848 ampliou ainda mais os direitos da Comuna dos Moradores, enquanto a Comuna dos Cidadãos só reteve funções filantrópicas e poder sobre sua própria propriedade.

Medidas contra refugiados alemães – Retorno das tropas de Tessinoo – A Comuna Patrícia

NGR, n. 180, 28/12/1848, suplemento

F. Engels

Berna, 24 de dezembro. As novas medidas do Conselho Federal, que foram reconhecidas tão gratamente pelo império, não consistem somente na circular e na viagem de inspeção de Steiger;[1] consistem especificamente na expulsão da Suíça de três refugiados totalmente inofensivos, que publicaram uma brochura totalmente inocente, meramente informativa, sobre a última insurreição em Baden, e, ademais, na intervenção contra a revista *A Revolução* e contra a assim-chamada "Associação Militar de Autoajuda".[2]

O chefe dos voluntários, J. Ph. Becker, de Biel, há um ano cidadão do cantão de Berna, lidera uma associação militar com o nome mencionado, que afirma ter o objetivo de organizar em uma legião alemã todos os voluntários alemães presentes na Suíça. A coisa parece perigosa, mas não o é de modo algum. A legião só existia no papel; não havia armamento, e muito menos treinamento. Seu objetivo era somente impedir outras campanhas voluntárias apressadas e não planejadas, e como toda campanha voluntária é necessariamente apressada e não planejada (como demonstraram as duas de Lucerna, as duas de Baden e a de Val d'Intelvi),[3] a "Associação Militar" só podia conduzir ao

---

[1] Ver "Novo aliado da contrarrevolução".

[2] Referência à tentativa de Gustav Struve e outros refugiados políticos de organizar uma insurreição em Baden em setembro de 1848. A Associação Militar de Auto-ajuda foi fundada no outono de 1848 por Johann Philipp Becker, líder do movimento democrático e da classe trabalhadora. Com seu Comitê Central em Biel (cantão de Berna), reunia associações principalmente de artesãos de várias cidades da Suíça. Essa associação defendia uma política democrática e objetivava unir todas as unidades de voluntários alemães na Suíça com o propósito de estabelecer a república na Alemanha. Foi organizada como uma sociedade conspirativa secreta, na linha das que havia na França e na Itália. As autoridades suíças, sob pressão dos círculos contrarrevolucionários alemães e especialmente do governo imperial, abriu processos contra Becker e outros. Becker foi sentenciado à expulsão de Berna por 12 meses.

[3] Sobre a insurreição em Val d'Intelvi (Lombardia) e o papel desempenhado nela pelos refugiados que viviam na Suíça, ver o artigo de Engels "O Conselho Nacional". As campanhas de Lucerna foram organizadas em resposta à decisão adotada pelo reacionário Grande Conselho do cantão de Lucerna em outubro de 1844, garantindo poderes ilimitados à Ordem dos Jesuítas em matéria de religião e educação pública. Os círculos liberais do cantão tentaram derrubar o governo, organizando, em 8 de dezembro, uma campanha de destacamentos voluntários contra Lucerna. Os insurgentes foram dispersados pelas tropas governamentais. A segunda campanha, organizada com o mesmo propósito a partir do território dos cantões vizinhos em 31 de março de 1845, também fracassou.

impedimento de *toda e qualquer* campanha voluntária. Por esse motivo, nem o governo de Baden nem o da Suíça tinham nada a ver com isso, e como os chefes da associação davam pretexto à intervenção graças a toda sorte de amadas reminiscências de todas as sociedades secretas, assim como graças a comportamentos mais ou menos provocadores, e como ademais todo o plano incorria na lei bernesa sobre os voluntários, apresentava-se a melhor oportunidade para ver aqui uma conspiração profundamente disseminada e preparativos para um novo ataque iminente a Baden. Acrescentou-se a isso a imprudência de Becker de anunciar sua revista semanal, a *Revolução*, com o subtítulo de "Órgão da Associação Militar Democrática de Auto-ajuda". Foi o que bastou para o sr. Ochsenbein, que casual ou intencionalmente fora a Biel, promover a intervenção do poder público. Um exemplar da *Revolução* foi confiscado, um dos redatores, Michel, foi expulso do cantão, e a casa de Becker foi revistada. Depois disso, houve ponderações. O ataque à liberdade de imprensa foi provocador demais. O confisco foi suspenso e a *Revolução* voltou a ser publicada;[4] mas foi iniciada uma investigação judicial contra Becker e provavelmente será o fim da Associação Militar de Auto-ajuda. Os filisteus do império alemão podem voltar a dormir sossegados.

Em Tessinoo, todas as tropas foram dispensadas. O perfeito entendimento em que o batalhão de Berna mandado para cá vive com a população evidencia o quanto os tessinoeses são caluniados pelos suíços orientais. Sem dúvida também é verdade que esse batalhão começou por se comportar de modo muito diferente do de Zurique ou de Appenzell. Em um dos banquetes oferecidos ao corpo de oficiais, o coronel Seiler, de Berna, declarou que a neutralidade era um mal necessário e ansiava pela época em que a Suíça, livre desses grilhões, poderia lutar pela liberdade nas fileiras dos outros povos. O batalhão coletou o pagamento de um dia como contribuição para os refugiados italianos. Se os senhores de Zurique e Appenzell tivessem se comportado assim, em vez de desempenhar com prazer as funções de uma odiosa polícia e confraternizar com oficiais austríacos, os tessinoeses os receberiam de modo muito diferente.

Há alguns dias houve aqui em Berna uma assembleia de filisteus muito divertida. A Comuna de Moradores se reuniu para decidir se queria ou não arcar com os ônus de capital federal. Os patrícios, derrotados na última reunião da Comuna dos Cidadãos,[5] e tendo diante dos olhos o verdadeiro início da disputa sobre as propriedades entre cidadãos e moradores, queriam tomar aqui sua desforra. Com a efetiva transferência das propriedades da Comuna dos Moradores, a cidade se tornava independente do patriciado, este perdeu uma massa de postos rentáveis e os principais sustentáculos de sua influência predominante no Conselho Comunitário, para não falar das significativas perdas financeiras diretas. Eles mobilizaram, assim, todas as suas intrigas para tirar de Berna novamente a

---

[4] Posteriormente, passou a se denominar *A evolução*.
[5] Ver "O convento Ursuline – Recrutamento para o rei-metralha – A 'Comuna dos Cidadãos' – Comissão para uma tarifa alfandegária geral".

condição de capital federal! Declararam que os custos de ser capital federal haviam sido informados tão vagamente que havia o risco de serem vergonhosamente logrados pelo Conselho Federal; ademais, o Estado, e não a cidade, deveria arcar com a maior parte dos custos e, sob esse pretexto, propuseram conceder míseros 300 mil francos, mas não mais. No entanto, a lei sobre a capital federal exigia aceitação incondicional das condições no prazo de um mês, e esse mês terminava no dia 28. A aprovação da proposta do patriciado equivalia, pois, a recusar a condição de capital federal. As plausíveis propostas dos patrícios para a economia e a segurança encontram enorme apoio entre os filisteus, de sorte que os radicais, que queriam manter a capital federal *à tout prix*,[6] quase desesperaram de ganhar sua causa. Discutiu-se durante o dia todo e só no final da tarde os radicais alcançaram 419 votos contra 314, decidindo a aceitação incondicional das obrigações postas pela Assembleia Federal. Aí temos um exemplo do estreito provincianismo que pode ousar dar a última palavra mesmo na capital da Suíça!

---

[6] A qualquer custo.

A batalha magiar

NGR, n. 194, 13/1/1849

F. Engels

Colônia, janeiro. Enquanto na Itália já se desencadeia o primeiro contragolpe em oposição à contrarrevolução do último verão e outono,[1] nas planícies húngaras consuma-se a última luta repressiva contra o movimento oriundo diretamente da revolução de fevereiro. O novo movimento italiano é o prólogo do movimento de 1849, a guerra contra os magiares o epílogo do movimento de 1848. Provavelmente esse epílogo ainda vai se interligar com o novo drama que se prepara silenciosamente.

O epílogo também é heroico como as primeiras cenas da tragédia da revolução de 1848, que se sucederam rapidamente, como a queda de Paris e Viena, agradavelmente heroico depois das cenas intermediárias, em parte inexpressivas, em parte mesquinhas, do período entre junho e outubro. O último ato de 1848 invade o primeiro de 1849 por meio do *terrorismo*.

Pela primeira vez no movimento revolucionário de 1848, pela primeira vez desde 1793, uma nação cercada pelas potências contrarrevolucionárias ousa contrapor a paixão revolucionária à covarde fúria contrarrevolucionária, o *terreur rouge* ao *terreur blanche*.[2] Pela primeira vez desde muito tempo encontramos uma verdadeira personalidade revolucionária, um homem que ousa aceitar o desafio de uma luta desesperada em nome de seu povo, que é, para sua nação, Danton e Carnot em uma única pessoa – *Lajos Kossuth*.

A superioridade é tremenda. Toda a Áustria, 16 milhões de eslavos fanatizados, contra 4 milhões de magiares.

A insurreição em massa, a fabricação nacional de armas, a emissão de *assignats*, o processo sumário contra todo aquele que obstrua o movimento revolucionário, a revolução permanente, em resumo, todas as características principais do glorioso ano de 1793 estão mais uma vez presentes na Hungria armada, organizada e arrebatada por Kossuth. Essa organização revolucionária, que teve, por assim dizer, de ser ultimada em 24 horas sob

---

[1] Ver "O movimento revolucionário na Itália".
[2] O terror vermelho ao terror branco.

pena de fracasso, faltou em Viena, caso contrário Windischgrätz jamais teria entrado. Veremos se ele entrará na Hungria apesar dessa organização revolucionária.

Vejamos mais de perto a batalha e os partidos em luta.

A monarquia austríaca resultou da tentativa de unificar a Alemanha sob uma única monarquia, assim como os reis franceses até Luís XI haviam feito na França. A tentativa malogrou diante da tacanhez provinciana tanto dos alemães como dos austríacos e do correspondente espírito de pequeno lojista da casa Habsburgo. Em vez de toda a Alemanha, os Habsburgo receberam somente aquelas regiões do sul da Alemanha que estavam em luta direta com tribos eslavas isoladas ou nas quais uma nobreza feudal alemã e uma burguesia alemã dominavam em conjunto tribos eslavas subjugadas. Em ambos os casos, os alemães de cada província precisavam de apoio externo. Esse apoio foi recebido por meio da associação contra os eslavos, e essa associação veio a existir pela união das províncias em questão sob o cetro habsburguês.

Assim nasceu a Áustria alemã. Basta ler em qualquer manual como a monarquia austríaca veio a existir, se dividiu outra vez e novamente se reunificou, tudo em luta contra os eslavos, para ver que esta exposição é correta.

Contígua à Áustria alemã está a Hungria. Na Hungria, os magiares conduziram a mesma luta que os alemães na Áustria alemã. À cunha alemã introduzida entre os bárbaros eslavos nos arquiducados da Áustria e da Estíria corresponde a cunha magiar igualmente introduzida entre os bárbaros eslavos ao longo do Leitha. Assim como no sul e no norte, na Boêmia, Morávia, Caríntia e Carniola a nobreza alemã dominou, germanizou e, desse modo, envolveu tribos eslavas no movimento europeu, assim também a nobreza magiar dominou tribos eslavas no sul e no norte, na Croácia, Eslavônia e nos territórios dos Cárpatos. Os interesses de ambas eram os mesmos, os inimigos de ambas estavam naturalmente coligados. A aliança entre os magiares e os alemães austríacos era uma necessidade. Faltava somente um grande acontecimento, um ataque violento a ambos, para tornar essa aliança indissolúvel. Esse acontecimento se apresentou com a conquista do reino bizantino pelos turcos. Os turcos ameaçavam a Hungria e em segundo plano Viena, e a Hungria se vinculou indissoluvelmente por séculos à casa Habsburgo.

Mas os inimigos comuns de ambas enfraqueceram-se gradualmente. O império turco tornou-se impotente, e os eslavos perderam a força de se revoltar contra os magiares e os alemães. Ademais, uma parte da nobreza alemã e magiar dominante nos territórios eslavos assumiu nacionalidade eslava, e com isso as próprias nações eslavas passaram a se interessar pela preservação de uma monarquia que protegesse mais a nobreza contra a burguesia alemã e magiar em desenvolvimento. As contradições nacionais desapareceram, e a casa Habsburgo adotou outra política. A mesma casa Habsburgo que ascendera ao trono imperial alemão sobre os ombros da pequena-burguesia alemã tornou-se, mais resolutamente do que qualquer outra dinastia, a representante da nobreza feudal contra a burguesia.

Foi nesse espírito que a Áustria tomou parte na divisão da Polônia.³ Os grandes estarostes e voivodas galícios, os Potockis, Lubomirsckis e Czartoryskis traíram a Polônia para a Áustria e foram os mais fiéis sustentáculos da casa Habsburgo que, em troca, lhes garantiu a propriedade contra os ataques da pequena nobreza e da burguesia.

Mas a burguesia das cidades ganhava cada vez mais riqueza e influência, e o progresso da agricultura, simultâneo ao da indústria, modificava a posição dos camponeses em face dos senhores de terras. O movimento dos burgueses e camponeses contra a nobreza tornou-se cada vez mais ameaçador. E como o movimento dos camponeses, que em toda parte são os portadores da tacanhice nacional e local, é necessariamente um movimento local e nacional, ao mesmo tempo reapareceram com ele as velhas lutas nacionais.

Nesse estado de coisas, Metternich executou seu golpe de mestre. Com exceção dos todo-poderosos barões feudais, despojou o restante da nobreza de toda influência sobre a condução do Estado. Despojou a burguesia de sua força conquistando para si os mais poderosos barões das finanças – foi compelido a isso, as finanças o obrigavam. Assim apoiado na alta feudalidade e na alta finança, bem como na burocracia e no exército, alcançou de modo mais pleno do que todos os seus rivais o ideal da monarquia absoluta. Ele mantém sob controle os burgueses e camponeses de cada nação por meio da nobreza da mesma nação e dos camponeses das demais nações, e a nobreza de cada nação por meio do medo dos burgueses e camponeses de sua nação. Os diferentes interesses de classes, tacanhices nacionais e preconceitos locais, por mais complexos que fossem, mantinham uns aos outros completamente em xeque e permitiam ao velho vigarista Metternich movimentar-se livremente. Quão longe ele foi nesse incitamento de um povo contra o outro o demonstram as cenas de assassinato galícias,⁴ quando Metternich esmagou o movimento polonês democrático, iniciado no interesse dos camponeses, por meio dos próprios camponeses rutenos,⁵ fanatizados pela religião e pelo nacionalismo.

O ano de 1848 trouxe, primeiro, o mais espantoso caos para a Áustria, ao liberar por um momento todas essas nacionalidades, até então escravizadas umas às outras graças a Metternich. Alemães, magiares, tchecos, poloneses, morávios, eslovacos, croatas, rutênios, romenos, ilírios, sérvios entraram em conflito uns com os outros, enquanto em

---

³ Referência à participação da Áustria – junto à Prússia e a Rússia – na primeira (1772) e na terceira (1795) divisões da Polônia. A terceira divisão levou à liquidação do Estado polonês. O império austríaco anexou uma parte considerável do sul da Polônia e do oeste da Ucrânia (Galícia), até então pertencente à Polônia.

⁴ Em fevereiro de 1846 começou, no território polonês, uma insurreição pela libertação nacional da Polônia. Em Cracóvia, os insurretos alcançaram temporariamente a vitória. Ao mesmo tempo eclodiu na Galícia uma insurreição de camponeses. As autoridades austríacas, que alimentavam demagogicamente o ódio dos camponeses servis ucranianos contra os poloneses, conseguiu em muitos casos açular os camponeses insurretos contra as tropas polonesas insurretas. Depois da derrota da insurreição em Cracóvia, também o movimento camponês na Galícia foi cruelmente reprimido.

⁵ Rutenos: designação introduzida e difundida no século XIX por etnógrafos e historiadores burgueses para a população ucraniana da Galícia, do território dos Cárpatos e da Bucovina, que foram separados pela força do povo ucraniano; a reunificação definitiva do povo ucraniano se consumou depois da vitória da URSS na Segunda Guerra Mundial.

cada uma dessas nações as diferentes classes também se combatiam. Mas logo se impôs a ordem nessa barafunda. Os combatentes se dividiram em dois grandes campos armados; do lado da revolução, os alemães, poloneses e magiares; do lado da contrarrevolução, os restantes, o conjunto dos eslavos com exceção dos poloneses, dos romenos e dos saxões da Transilvânia.

Donde provém esse divórcio entre as nações, sobre quais fatos se funda?

Esse divórcio condiz com toda a história anterior das nacionalidades em questão. É o início da decisão entre a vida e a morte de todas essas grandes e pequenas nações.

Toda a história anterior da Áustria até hoje o demonstra, e o ano de 1848 o confirmou. Entre todas as grandes e pequenas nações da Áustria, há somente três que eram portadoras do progresso, que intervieram ativamente na história, que ainda agora são viáveis – os *alemães*, os *poloneses*, os *magiares*. Por isso são hoje revolucionários.

Todas as outras grandes e pequenas nacionalidades e povos têm sobretudo a missão de perecer na tempestade revolucionária mundial. Por isso são hoje contrarrevolucionárias.

No que concerne aos *poloneses*, remetemos a nosso artigo sobre os debates a respeito da Polônia em Frankfurt.[6] Para domar seu espírito revolucionário, Metternich já apelou aos rutenos, uma nacionalidade distinta dos poloneses por um dialeto um pouco diferente e especialmente pela religião grega, e que pertencera desde sempre à Polônia e só com Metternich aprendeu que seus opressores eram os poloneses. Como se na velha Polônia os próprios poloneses não tivessem sido oprimidos, do mesmo modo que os rutenos, como se sob o domínio austríaco Metternich não fosse seu opressor comum!

Eis o que basta dizer sobre os poloneses e rutenos, que de resto, por sua história e situação geográfica, estão tão claramente separados da Áustria propriamente dita que antes de tudo era preciso nos desembaraçarmos deles para deslindar o caos dos outros povos.

Todavia, observemos antes ainda que os poloneses revelaram grande sabedoria política e autêntico senso revolucionário ao aliar-se agora com seus antigos inimigos, os alemães e os magiares, em oposição à contrarrevolução pan-eslava. Um povo eslavo para quem a liberdade é preferível ao eslavismo demonstra só por isso sua vitalidade, já assegura, assim, seu futuro.

Passemos agora à Áustria propriamente dita.

Situada ao sul dos Sudetos e dos Cárpatos, no vale superior do Elba e na região do médio Danúbio, a Áustria constituiu, na alta Idade Média, um país habitado exclusivamente por eslavos. Por sua língua e costumes, esses eslavos pertenciam à mesma tribo dos eslavos da Turquia, os eslavos sérvios, bósnios, búlgaros e trácios e macedônicos, a tribo dos assim-chamados eslavos do sul, em oposição aos poloneses e russos. Além dessas tribos eslavas aparentadas, a imensa região que vai do mar Negro à floresta da Boêmia e aos Alpes do Tirol só era habitada por alguns gregos, ao sul dos Bálcãs, e por valáquios dispersos, falantes de romanche, na região do baixo Danúbio.

---

[6] Ver "O debate sobre a Polônia em Frankfurt".

Nessa compacta massa de eslavos penetraram como uma cunha os alemães, pelo oeste, e os magiares, pelo leste. O elemento alemão conquistou a parte ocidental da Boêmia e avançou sobre o Leitha pelas duas margens do Danúbio. O arquiducado da Áustria, uma parte da Morávia e a maior parte da Estíria foram germanizadas e separaram-se, assim, os tchecos e morávios dos habitantes da Caríntia e da Carníola. Também a Transilvânia e o centro da Hungria até a fronteira alemã foram totalmente limpos de eslavos e tomados pelos magiares, que ali separaram os eslovacos e algumas regiões rutenas dos sérvios, croatas e eslavos, e submeteram todos esses povos. Finalmente os turcos, seguindo o exemplo dos bizantinos, subjugaram os eslavos ao sul do Danúbio e do Sava, e o papel histórico dos eslavos do sul terminou para sempre.

A última tentativa dos eslavos do sul de intervir autonomamente na história foi a guerra dos hussitas, uma guerra camponesa nacional tcheca, sob bandeira religiosa, contra a nobreza alemã e a dominação imperial alemã. A tentativa fracassou, e os tchecos permaneceram desde então ininterruptamente a reboque do império alemão.

Seus vencedores, os alemães e magiares, ao contrário, assumiram a iniciativa histórica na região do Danúbio. Sem os alemães, e especialmente sem os magiares, os eslavos do sul teriam se tornado turcos, como uma parte de fato se tornou – maometanos, como são ainda hoje os bósnios eslavos. E os eslavos austríacos do sul não pagaram caro demais por esse serviço trocando sua nacionalidade pela alemã ou magiar.

A invasão turca dos séculos XV e XVI foi a segunda edição da invasão árabe do século VIII. Mas a vitória de Charles Martell[7] se repetiu mais uma vez sob os muros de Viena e no território húngaro. Como antes em Poitier, como depois em Wahlstatt[8] quando da incursão dos mongóis, aqui novamente todo o desenvolvimento europeu estava ameaçado. E onde se tratava de salvá-lo, deveríamos depender de algumas nacionalidades há muito desagregadas e tornadas impotentes, como os eslavos austríacos, que, além do mais, foram eles mesmos salvos?

A situação no interior era tal como no exterior. A classe propulsora, portadora do movimento, a burguesia, era em todo lugar alemã ou magiar. Os eslavos mal chegaram a se constituir em uma burguesia nacional, e os eslavos do sul só em pontos isolados. E, com a burguesia, o poder industrial, o capital estava em mãos alemãs ou magiares, a cultura alemã se desenvolveu, e também intelectualmente os eslavos se tornaram tributários dos alemães, e isso até a Croácia. O mesmo aconteceu, embora mais tarde e por isso em menor medida, na Hungria, onde os magiares, junto aos alemães, assumiram a direção intelectual e comercial. Mas, apesar de conservarem a língua alemã, os alemães húngaros se tornaram, por seu sentimento, caráter e costumes, autênticos magiares. Só constituem exceção os colonos camponeses recém-estabelecidos, os judeus e os saxões

---

[7] Em 732, os francos, sob a liderança de Charles Martell, venceram os árabes na batalha de Poitier.
[8] Na batalha de Wahlstatt (Silésia), os exércitos alemão e eslavo detiveram o avanço dos mongóis em direção ao ocidente. Os mongóis se retiraram para sudeste, em direção à Hungria.

na Transilvânia, que se petrificam na conservação de uma absurda nacionalidade em meio a um país estrangeiro.

E se em civilização os magiares ficaram um pouco atrás dos austríacos alemães, na época atual eles se recuperaram brilhantemente, graças a sua atividade política. De 1830 a 1848, só na Hungria existia mais vida política do que em toda a Alemanha, as formas feudais da velha constituição húngara foram mais bem exploradas no interesse da democracia do que as formas modernas da constituição do sul da Alemanha. E quem está aqui à cabeça do movimento? Os magiares. Quem apoia a reação austríaca? Os croatas e eslovenos.

Em face desse movimento magiar, assim como do redesperto movimento na Alemanha, os eslavos austríacos fundaram uma Liga Separatista: o *pan-eslavismo*.[9]

O pan-eslavismo não nasceu na Rússia ou na Polônia, mas em Praga e no Zagreb. O pan-eslavismo é a aliança de todas as pequenas nações e nacionalidades eslavas da Áustria e, em segundo plano, da Turquia em luta contra os alemães austríacos, os magiares e eventualmente os turcos. Os turcos só entraram por acaso e, como nação também em plena decadência, podem ser totalmente desconsiderados. Em sua tendência fundamental, o pan-eslavismo se volta contra os elementos revolucionários da Áustria e é, por conseguinte, reacionário desde o princípio.

O pan-eslavismo logo demonstrou essa tendência reacionária por uma dupla traição: sacrificando a suas pequenas mesquinharias nacionais a única nação eslava que se conduziu revolucionariamente até o momento, a *Polônia*, e *vendendo* a si próprio e a Polônia *ao tsar russo*.

O objetivo direto do pan-eslavismo é a fundação de um império eslavo, sob tutela russa, da Hercínia e dos Cárpatos até os mares Negro, Egeu e Adriático, um império que reuniria, além das línguas alemã, italiana, magiar, valáquia, turca, grega e albanesa, mais cerca de uma dúzia de línguas e dialetos eslavos. O todo seria aglutinado não pelos elementos que até agora mantiveram a Áustria coesa e a desenvolveram, mas sim pela abstrata natureza do eslavismo e pela assim-chamada língua eslava, que certamente é comum à maioria dos habitantes. Mas, onde existe esse eslavismo, senão nas cabeças de

---

[9] O Congresso Eslavo se reuniu em 2 de junho de 1848 em Praga. No congresso, evidenciou-se a luta entre duas orientações no movimento nacional dos povos eslavos, reprimidos no império Habsburgo. A direita, de orientação liberal-moderada, à qual pertenciam os líderes do congresso Palacky e Safari'k, tentava resolver a questão nacional pelo caminho da conservação e consolidação da monarquia Habsburgo, por sua transformação numa federação de nacionalidades iguais. A esquerda, de orientação democrática (Sabina, Fric, Libelt, entre outros), se opunha decididamente a isso e buscava uma ação conjunta com o movimento democrático-revolucionário na Alemanha e na Hungria. Uma vez que a maioria dos participantes do congresso defendia a teoria austro-eslava, tomou uma posição hostil ao movimento revolucionário europeu, pois a aniquilação do reino Habsburgo era uma das questões centrais do movimento democrático. A política da burguesia tcheca obteve a vitória no congresso e, com Palacky à frente, enveredou pelo caminho de uma aliança aberta com a nobreza e os Habsburgo contra o movimento revolucionário. Os delegados do congresso pertencentes à ala radical-democrata tomaram parte ativa na insurreição de Praga e foram submetidos a cruéis represálias. Os representantes da ala liberal moderada que permaneceram em Praga declararam em 16 de junho de 1848 o adiamento por tempo indeterminado das sessões do congresso.

alguns ideólogos, onde existe a "língua eslava" senão na fantasia dos srs. Palacky, Gaj e consortes e até certo ponto nas litanias eslavas antigas da igreja russa, que mais nenhum eslavo entende? Na realidade, todos esses povos têm diferentes níveis de civilização, desde a cultura e a indústria moderna da Boêmia, desenvolvida (graças à *Alemanha*) em grau relativamente alto, até a barbárie quase nômade dos croatas e búlgaros, e na realidade todas essas nações têm, por isso, os mais contraditórios interesses. Na realidade, a língua eslava dessas dez ou 12 nações consiste em outros tantos dialetos, a maior parte incompreensível para os demais, que podem ser reduzidos a diferentes troncos (tchecos, ilírios, sérvios, búlgaros) e que, graças ao desprezo por toda literatura e à rudeza da maioria desses povos, tornaram-se um mero patoá e que, com poucas exceções, sempre tiveram como língua escrita uma língua estrangeira, não eslava. A unidade pan-eslava é, pois, ou um puro delírio ou *o knut*[10] russo.

E quais nações estariam à cabeça desse grande império eslavo? Justamente as mesmas que, divididas e estilhaçadas há milhares de anos, receberam *à força* de outros povos não eslavos o aporte de elementos capazes de vida e desenvolvimento, que foram salvas pelas armas vitoriosas de povos não eslavos de submergir na barbárie turca, nacionalidades pequenas, em toda parte separadas entre si, impotentes, despojadas de sua força nacional, indo de alguns milhares a menos de 2 milhões de habitantes! Tornaram-se tão fracas que, por exemplo, o povo que na Idade Média foi o mais forte e temível, os búlgaros, agora só são reconhecidos na Turquia por sua afabilidade e fraqueza de caráter e consideram uma glória serem chamados *dobre chrisztian*, bons cristãos! Acaso há uma única entre essas nacionalidades, sem excetuar os tchecos e sérvios, que possua uma tradição histórica nacional viva em seu povo e que ultrapasse as mesquinhas escaramuças locais?

A época do pan-eslavismo foi nos séculos VIII e IX, quando os eslavos do sul ainda dominavam toda a Hungria e a Áustria e ameaçavam Bizâncio. Se então eles não puderam se opor à invasão alemã e magiar, se não puderam conquistar a independência e constituir um império estável, mesmo quando seus dois inimigos, os magiares e os alemães, se dilaceravam mutuamente, como podem pretendê-lo agora, depois de um milênio de sujeição e desnacionalização?

Não há um único país na Europa que não contenha, em algum canto, restos de um ou mais povos, sobrevivências de uma população anterior, reprimida e submetida pela nação que se tornaria mais tarde portadora do desenvolvimento histórico. Esses restos de uma nação impiedosamente esmagada pelas engrenagens da história, como diz Hegel,[11] esses *resíduos de povos* sempre são, e permanecem até sua completa supressão ou desnacionalização, os portadores fanáticos da contrarrevolução, assim como toda sua existência já é em geral um protesto contra uma grande revolução histórica.

Assim foram os galeses na Escócia, sustentáculos dos Stuarts de 1640 até 1800.

---

[10] Açoite de tiras de couro com arame ou bolas de metal nas extremidades.
[11] Ver Hegel, G. W. F. *Lições sobre a filosofia da história. Introdução.*

Assim foram os bretões na França, sustentáculos dos Bourbon de 1792 a 1800.

Assim foram os bascos na Espanha, sustentáculos de Dom Carlos.

Assim são na Áustria os eslavos do sul pan-eslavistas, que nada mais são do que o resíduo de povos resultante de um *desenvolvimento milenar* extremamente confuso. Que este também extremamente confuso resíduo de povos só veja sua salvação numa reviravolta de todo o movimento europeu que, segundo eles, não deveria ir do Ocidente para o Oriente, mas sim do Oriente para o Ocidente, que a arma libertadora, o laço da unidade seja para ele o *knut* russo – é a coisa mais natural do mundo.

Os eslavos do sul já haviam, pois, manifestado claramente seu caráter reacionário antes de 1848. O ano de 1848 o expôs abertamente à luz do dia.

Quando a tempestade de fevereiro irrompeu, quem fez a revolução austríaca? Viena ou Praga? Budapeste ou Zagreb? Os alemães e magiares ou os eslavos?

É verdade: entre os eslavos do sul mais cultos existe um pequeno partido democrático, que certamente não renuncia a sua nacionalidade, mas que pretende, entretanto, colocá-la a serviço da liberdade. Essa ilusão, que despertou simpatias também entre os democratas europeus ocidentais, simpatias que eram plenamente legítimas enquanto os democratas eslavos participaram da luta contra o inimigo comum – essa ilusão foi despedaçada pelo bombardeio de Praga. Desde esse acontecimento, o conjunto dos povos eslavos, segundo o procedimento dos croatas, puseram-se a serviço da reação austríaca. Aqueles chefes do movimento austro-eslavo que ainda continuaram devaneando com a igualdade de direitos das nações, com uma Áustria democrática etc. ou são sonhadores inveterados, como por exemplo muitos jornalistas, ou velhacos, como Jellachich. Suas alegações democráticas não significam nada além das alegações democráticas da contrarrevolução austríaca oficial. Basta, na prática o restabelecimento da nacionalidade eslava do sul começou com a mais brutal fúria contra a revolução austríaca e magiar, com o primeiro grande serviço prestado ao tsar russo.

Para além da alta nobreza, da burocracia e da soldadesca, a camarilha austríaca só encontra apoio entre os eslavos. Os eslavos decidiram a queda da Itália, os eslavos atacaram Viena, são os eslavos que, agora, caem sobre os magiares de todos os lados. À sua cabeça, como porta-vozes os tchecos sob Palacký, como porta-espadas os croatas sob Jellachich.

Eis o agradecimento recebido pela imprensa democrática alemã por ter em junho simpatizado em toda parte com os democratas tchecos, quando foram abatidos a metralha por Windischgrätz, pelo mesmo Windischgrätz que agora é seu herói.

Em resumo:

Na Áustria, exceturados os poloneses e os italianos, em 1848 os alemães e os magiares assumiram a iniciativa histórica, como já há um milênio. Eles representam a *revolução*.

Os eslavos do sul, há um milênio a reboque de alemães e magiares, só se sublevaram em 1848 pelo estabelecimento de sua independência nacional a fim de aniquilar a revolução alemã-magiar. Eles representam a *contrarrevolução*. Ligaram-se a eles duas nações também há muito decadentes, sem qualquer capacidade de ação histórica: os saxões e os romenos da Transilvânia.

A casa Habsburgo, que alicerçou seu poder na unificação dos alemães e magiares em luta contra os eslavos do sul, agora prolonga os últimos momentos de sua existência graças à unificação dos eslavos do sul em luta contra os alemães e magiares.

Eis o lado político da questão. Vejamos agora o militar.

O território povoado exclusivamente por magiares não constitui nem a terceira parte de toda a Hungria e Transilvânia. De Presburg, ao norte do Danúbio e do Tisza, até o dorso dos Cárpatos, moram milhões de eslovacos e alguns rutenos. No sul, entre o Sava, o Danúbio e o Drava, moram croatas e eslavônios; mais ao oeste, ao longo do Danúbio, há uma colônia sérvia com mais de meio milhão de habitantes. Esses dois enclaves eslavos estão ligados pelos valáquios e os saxões da Transilvânia.

Os magiares estão, portanto, cercados por três lados por seus inimigos naturais. Se fossem menos indiferentes, os eslovacos, que dominam os desfiladeiros, seriam inimigos perigosos, graças a sua região perfeita para a guerra de guerrilha.

Mas assim os magiares têm apenas de resistir, pelo norte, ao ataque dos exércitos invasores da Galícia e da Morávia. A leste, em contrapartida, levantaram-se em massa os romenos e saxões e reuniram-se ao corpo de exército austríaco de lá. Sua posição é perfeita em parte graças à natureza montanhosa da região, em parte porque dominam a maioria das cidades e fortalezas.

Ao sul, finalmente, estão os sérvios do Banato, apoiados por colonos alemães, por valáquios e também por um corpo austríaco, protegidos pelo imenso pântano de Alibunar, quase inatacáveis.

Os croatas estão cobertos pelo Drava e pelo Danúbio, e como têm à disposição um forte exército austríaco com todos os recursos auxiliares, já antes de outubro avançaram sobre o território magiar e sustentam agora quase sem esforço sua linha de defesa no baixo Drava.

E finalmente, pelo quarto lado, pela Áustria, avançam agora Windischgrätz e Jellachich em colunas cerradas. Os magiares estão cercados por todos os lados, cercados por forças de superioridade esmagadora.

O combate lembra o combate contra a França em 1793. Com a única diferença de que o país dos magiares, pouco povoado e apenas semicivilizado, não dispõe nem de longe dos recursos de que a república francesa então dispunha.

As armas e munições fabricadas na Hungria têm de ser necessariamente de qualidade muito baixa; é especialmente impossível que a fabricação da artilharia seja mais rápida. O país não é nem de longe tão grande quanto a França, e cada polegada de terreno perdido é, por isso, uma perda muito grande. Nada resta aos magiares além de seu ardor revolucionário, sua coragem e a organização enérgica e rápida que Kossuth lhe pode dar.

Mas apesar disso a Áustria ainda não ganhou. "Se não batermos as forças imperiais no Leitha, as bateremos no Rabnitz; se não no Rabnitz, as bateremos em Pest; se não em Pest, as bateremos no Tisza, mas de todo modo as bateremos."

Assim falou Kossuth, e ele faz o melhor que pode para manter sua palavra.

Mesmo com a queda de Budapeste ainda resta aos magiares a grande estepe da baixa Hungria, um terreno que parece ter sido feito para uma guerra de guerrilhas da cavalaria, e que oferece numerosos pontos quase inexpugnáveis entre os pântanos, onde os magiares podem se fixar. E os magiares, que são quase todos cavaleiros, dispõem de todas as qualidades para conduzir essa guerra. Se o exército imperial ousar entrar nessa região deserta, na qual precisará trazer da Galícia ou da Áustria todas as suas provisões, porque não encontrará nada, absolutamente nada, não é possível ver como ele poderia se manter. Em corpos cerrados ele não chegará a nada, e se se dispersa em grupos móveis, estará perdido. Sua lentidão o entregaria sem salvação às mãos da rápida cavalaria magiar, sem possibilidade sequer de perseguição mesmo se pudesse vencer; e cada soldado imperial isolado encontraria em cada camponês, em cada pastor um inimigo mortal. A guerra nessas estepes se assemelha à guerra argelina, e o lerdo exército austríaco levaria anos para encerrá-la. E os magiares estariam salvos se conseguissem resistir por apenas alguns meses.

A situação dos magiares está longe de ser tão ruim como quer fazer crer o entusiasmo mercenário negro e amarelo. Eles ainda não foram vencidos. Mas se caírem, cairão honrosamente, como os últimos heróis da revolução de 1848, e só por pouco tempo. Então, por um momento, a contrarrevolução eslava inundará a monarquia austríaca com toda sua barbárie, e a camarilha verá de que laia são seus aliados. Mas com a primeira insurreição vitoriosa do proletariado francês, que Luís Napoleão trata de provocar com toda violência, os alemães austríacos e os magiares se libertarão, e tomarão uma vingança sangrenta dos bárbaros eslavos. A guerra geral, que então irromperá, vai despedaçar essa Liga Separatista eslava e aniquilar todas essas pequenas nações obstinadas até a extinção mesmo de seus nomes.

A próxima guerra mundial fará desaparecer da face da terra não só as classes e dinastias reacionárias, como também todos os povos reacionários. E isto também é um progresso.

O Sr. Müller – Intrigas de Radetzky contra Tessinoo – O Conselho Federal – Lohbauer

NGR, n. 194, 13/1/1849

F. Engels

Berna, 8 de janeiro. O governo napolitano, que fica cada vez mais preocupado com os recrutas suíços ausentes, enviou agora para cá um de seus oficiais do Estado-Maior, o sr. Tobias Müller, para conferenciar com o Conselho Federal sobre a alteração da rota de viagem dos recrutas, dado que o porto de embarque estipulado, Gênova, está fechado. Este sr. Müller é altamente capacitado para uma tal missão. Ele não somente tem lutado na Itália há muitos anos contra a liberdade, como já em 1831 pegou em armas em sua terra natal (Friburgo) contra a revolução. Radetzky, que conhece seu pessoal, o recebeu com distinção, acolheu-o em seu Estado-Maior e elogiou entusiasticamente a ele e a todos os suíços em Nápoles por sua "lealdade a seu *rei*" [!] e sua valentia a serviço de seu "rei". Provavelmente, contudo, o sr. Müller vai esbarrar com dificuldades; mesmo o liberalismo dominante no Conselho Federal não é amigo de acordos de alistamento, assim como os governos liberais de Berna e Lucerna.

Enquanto Radetzky confraterniza com os suíços em Nápoles, recomeçam de novo suas intrigas contra Tessinoo. Ele denunciou ao governo de lá que Mazzini continua escondido no cantão e informou inclusive seu esconderijo. Ademais, se queixou de que haveria um contínuo contrabando de armas para a Lombardia. O governo decidiu investigar o primeiro ponto e expulsar Mazzini caso ele de fato estivesse novamente no cantão; quanto ao segundo ponto, foi para a ordem do dia, pois não era problema seu servir de guarda de fronteira para Áustria. A propósito, Radetzky ameaçou impor novamente o fechamento da fronteira caso o contrabando de armas não cessasse.

O Conselho Federal está ocupado com os projetos de lei a serem apresentados na próxima Assembleia Federal. Entre estes, inclui-se a lei aduaneira, a organização dos correios, as propostas de organização militar etc. É preciso admitir: enquanto a mui louvável Assembleia de Frankfurt, em sua exuberante impotência e impotente exuberância, não produziu nada até agora além de sua própria *misère*,[1] as autoridades suíças perfazem com toda calma, passo a passo, a centralização burguesa. Um conjunto de leis centra-

---

[1] Miséria.

lizadoras serão apresentadas aos conselhos em março, debatidas e aprovadas em maio e junho, e postas em vigor em junho. Para tais pequenas reformas detalhadas a geração liberal atualmente dominante de políticos suíços (não se pode falar em estadistas) tem um incontestável talento. Em poucos anos a centralização da Suíça estará consumada, tanto quanto o permite a constituição, e então essa mesma constituição se tornará um entrave para o subsequente desenvolvimento do país e uma república una e indivisível se tornará uma necessidade. Tudo isso considerando o pressuposto – impossível – de que a tempestade europeia que se prepara deixe a Suíça tão neutra como em 1848.

Mas realmente, que nação é essa que, numa época de revoluções como a atual, não aspira a nada mais além de suprimir os impostos alfandegários cantonais, os correios cantonais e outras instituições cantonais que há muitos, muitos anos já se tornaram pesadamente opressivas! Que em meio às dores do parto de uma nova época histórica põe seu mais alto objetivo numa edição aperfeiçoada da historicamente datada república federativa e nos *primeiros passos* da centralização burguesa, tornados já necessários pela guerra da Liga Separatista! Que insignificância em meio ao mais grandioso movimento europeu!

Aliás, o Conselho Federal deu um passo bastante insólito. Ele nomeou outra vez o conhecido sr. Lohbauer, de Berlim, como professor de ciências militares. O sr. Lohbauer, refugiado de 1830, radical, depois renegado, foi sabidamente chamado a Berlim pela facção de Eichhorn, nos anos 40, onde colaborou com a *Gazeta Estatal*,[2] o *Janus*[3] e outros órgãos ultrarreacionários e pietistas. Ou muito nos enganamos, ou o sr. Lohbauer é o autor daquele pontapé serviçal no folhetim da *Gazeta Estatal* com o qual o sr. Herwegh foi, à época, chutado para fora dos estados monárquicos depois de sua carta a Sua Majestade.[4] O sr. Lohbauer nunca foi soldado, e, no entanto, aqui ele dará aulas de ciências militares. Só o sr. Ochsenbein, que o chamou, pode saber o que isso significa.

Na maioria dos cantões, estão reunidos agora os Grandes Conselhos, e se enfrentam com os interesses mais estritamente locais. Os habitantes de Zurique elegeram para burgomestre (*id est*, chefe do poder executivo) nosso amigo, o dr. Alcibíades Escher. O Grande Conselho de Berna se reúne no dia 15.

---

[2] *Gazeta Estatal Geral Prussiana.*
[3] *Janus. Anuário alemão de opinião, cultura e ação*: anuário pietista publicado em Berlim de 1845 a 1848.
[4] Em 19 de novembro de 1842, o poeta democrata Georg Herwegh foi recebido por Frederico Guilherme IV. Desapontado com o resultado da audiência, Herwegh escreveu uma carta ao rei acusando-o de violar sua promessa de introduzir liberdade de imprensa. A carta foi publicada na *Gazeta Geral de Leipzig* em 24 de dezembro de 1842, e mais tarde em outros jornais alemães e estrangeiros. Para neutralizar a influência dessa carta na opinião pública, Frederico Guilherme IV ordenou aos jornais semioficiais que publicassem artigos desacreditando Herwegh. Depois da publicação desse artigo de Engels na *Nova Gazeta Renana*, Lohbauer enviou uma declaração a seu conselho editorial, na qual negava a sugestão de seu envolvimento na publicação de folhetins contra Herwegh, argumentando que antes de sua chegada a Berlim ele servira em Württemberg e nada tivera a ver com a expulsão de Herwegh. Essa declaração foi publicada no suplemento da *Nova Gazeta Renana* n. 199, de 19 de janeiro de 1849.

Os últimos insurgentes voluntários

NGR, n. 195, 14/1/1849

F. ENGELS

Berna, 8 de janeiro. O Tribunal Superior local condenou, em segunda instância, os senhores J. Ph. Becker e H. Hattemer, em Biel, o primeiro a um ano, o segundo a seis meses de exílio do cantão por terem fundado a Associação Militar de Auto-ajuda. Os outros acusados foram inocentados. Assim chegou ao fim a famosa história da muito falada terceira campanha dos voluntários, e o poder central pode novamente devotar todo o seu precioso tempo à questão imperial alemã e à frota imperial. Deus abençoe seus acerbos esforços para a salvação de "toda a pátria".

A rebelião dos padres

NGR, n. 195, 14/1/1849

F. ENGELS

Neuchâtel, 9 de janeiro. Agora temos aqui uma rebelião dos padres. A *vénérable compagnie des pasteurs*,[1] que sob o pio regime pela graça de Deus levava uma vida esplêndida – cada pastor era o Eichhorn de sua comunidade –, sofreu um duro golpe com a república. A saber, os senhores pastores devem, no futuro, ser eleitos pela própria comunidade, e só por um *período determinado*. Imagine-se o pânico! A palavra de Deus não mais outorgada por uma autoridade investida por Deus, mas alugada, alugada diretamente por hora por dinheiro à vista, como se aluga um asno ou um diarista! Não é mais a vontade abençoada por Deus do governo monárquico quem decide, mas a profana livre concorrência; o padre decai a um trabalhador assalariado ordinário, o rebanho se torna um profano "empregador", e pode demitir seu trabalhador se ele não fizer o trabalho satisfatoriamente. A indignação da venerável companhia ultrapassou todos os limites. Ela divulgou imediatamente uma proclamação em que se queixa contra essa profanação do sagrado nos termos mais deploráveis e patéticos. Naturalmente só provocou gargalhadas gerais. Mas esses senhores, os velhos amigos dos jesuítas e da Liga Separatista, intrigam em silêncio contra a república e conspiram para restaurar Frederico Guilherme, pela graça de Deus. O governo é magnânimo o bastante para provisoriamente deixar prosseguir essas maquinações impotentes. As associações patrióticas devem bastar para contrabalançar as ambições dos padres. Atualmente, essas associações patrióticas estão se formando por toda parte. Nascidas nas montanhas, em La Chaux-de-Fonds, em Locle e no Vale do Travers, terra natal de nossa revolução,[2] estão se espalhando por todo o cantão. Até a vila monárquica Les Ponts já tem a sua. Essa organização da democracia pelo próprio povo será o melhor meio para frustrar a conspiração de todos os *bédouins*[3] e padres.

---

[1] Venerável companhia dos pastores.
[2] Referência à revolução burguesa em Neuchâtel (principado de Neuenburg), em fevereiro de 1848, que pôs fim a sua dependência do rei da Prússia e proclamou a república em Neuchâtel.
[3] Apelido local dos candidatos monarquistas à eleição para o Conselho Nacional suíço (ver "O ex-principado").

A imprensa suíça

NGR, n. 197, 17/1/1849

F. Engels

Berna, 11 de janeiro. A cada ano a imprensa política suíça amplia sua atividade. Além de algumas revistas literárias, existem atualmente 98 jornais políticos nos 22 cantões. Mas não devemos imaginar entre essas publicações algum jornal em formato grande, como os alemães ou mesmo os franceses. São pequenos jornaizinhos, todos, com exceção de algumas folhas de Vaud, publicados apenas em meio caderno e formato *in quarto*, dos quais nem uma dúzia são diários, alguns são publicados cinco vezes, a maioria três vezes, muitos apenas uma vez por semana, e, com poucas exceções, são dirigidos e escritos de modo deplorável. É natural, pois como podem se formar talentos jornalísticos significativos no terreno acanhado das relações cantonais locais e das polêmicas mais mesquinhas, as únicas possíveis ali, e que talento real se deixaria restringir a essas diminutas relações e ao âmbito de um jornalzinho *in quarto* publicado três vezes por semana?

A melhor qualidade da imprensa suíça é seu atrevimento. Aqui se diz publicamente uns aos outros nos jornais tais coisas, faz-se despudoradamente ataques pessoais tão insolentes, que um procurador renano, para quem o artigo 367[1] do *Code Pénal* é sagrado, não conseguiria ficar mais do que três dias em tal país.

Mas também isso é tudo. Abstraída essa insolência, de resto explorada sem qualquer humor, não resta quase nada além da mais servil subserviência diante da mais repugnante mediocridade de um povo pequeno – e, ademais de sua pequenez, ainda dividido e ilimitadamente cheio de si – de antediluvianos pastores alpinos, camponeses obtusos e repulsivos filisteus. Que nos países grandes um jornal se conduza de acordo com seu partido, que não assuma nada contra o interesse de seu partido, é compreensível e pouco fere a liberdade de discussão, porque toda tendência, mesmo a mais avançada, tem seu órgão de imprensa. Mas, nas relações limitadas da Suíça, os partidos mesmos são limitados, e a imprensa é tão limitada quanto os partidos. Daí os pontos de vista tacanhos a partir dos quais tudo é avaliado, daí a falta de qualquer órgão para tendências que são de fato avançadas, mas que mesmo na Alemanha estão há muito na ordem do dia, daí

---

[1] Na *Nova Gazeta Renana*: 270.

o medo, mesmo dos mais radicais, de divergir sequer uma vírgula do tacanho programa de seu partido, dirigido apenas ao mais imediato, de atacar mesmo a mais mesquinha das mesquinharias nacionais suíças. Uma patriarcal justiça do linchamento castigaria imediatamente aquele que blasfemasse contra o santuário nacional. Para o que mais serviriam os punhos aos honestos suíços?

Esse é o nível médio da imprensa suíça. Acima dessa média estão os melhores órgãos da Suíça *welsch* e de Berna; abaixo dela, a grande massa dos jornais da Suíça oriental.

Comecemos com a imprensa da capital suíça. Em Berna já se desenvolve certa centralização da imprensa suíça. A imprensa do cantão já está centralizada aqui e já começa a ganhar alguma influência própria de uma capital.

O partido reacionário, ou, como se diz aqui, aristocrático, tem como órgão principal o *Observador Suíço*, o *Moniteur* dos oficiais suíços a serviço no exterior, como o chama corretamente a *Gazeta de Berna*. Essa folha singela (editada três vezes por semana) enaltece as façanhas dos croatas suíços na Itália, ataca os radicais com as armas mais sujas, defende os acordos de alistamento, bajula os patrícios, canta loas a Radetzky e Windischgrätz, defende o assassinato de Robert Blum, calunia a revolução em todos os países e denuncia os refugiados ao governo. A nobre folha não tem efetivamente nenhum redator, é composta de várias remessas e comentários de desocupados filhos de patrícios e caçadores de postos no Conselho Municipal. É digna de figurar ao lado dele a *Folha da Inteligência*, um órgão no qual na primeira página só se encontram anúncios, e nas demais a bajulação do pietismo e da busca de lucro dos proprietários patrícios. *A Abelha* deve desempenhar o papel de *Charivari*[2] desse partido. Mas como atualmente os senhores patrícios têm em geral mais motivo para chorar do que para rir, o humor dessa *Abelha* tende a ser terrivelmente grosseiro e capenga.

O partido moderado ou liberal, o partido de Ochsenbein, tem como seu principal órgão de imprensa o *Amigo da Constituição*. Essa folha, redigida pelo dr. e ex-professor Karl Herzog, é vista claramente como o jornal semioficial de Ochsenbein. Redigido com experiência, mas sem nenhum talento, limita-se à apologia dos atos do governo e do Conselho Federal à medida que estes emanem do partido de Ochsenbein. Nos cantões orientais, especialmente nos cantões originários, é terrivelmente liberal, é claro, e também em matéria de política externa entoa às vezes uma retumbante fanfarra para, sob o tom belicoso, contrabandear a mais descorada neutralidade. Uma mais ou menos obscura *Gazeta Federal* navega mais ou menos nas mesmas águas, assim como a folha francesa *La Suisse*, redigida em mau francês pelo piemontês Bassi. Ligada menos diretamente ao governo do que o *Amigo da Constituição*, não incensa menos a maioria liberal governante e ataca com grande perseverança, mas menos sucesso, a imprensa revolucionária da Suíça francesa, especialmente o *Nouvelliste Vaudois*. Comporta-se mais decentemente

---

2   Diário satírico francês de orientação republicano-burguesa, publicado de 1832 em Paris. Durante a monarquia de julho, *Le Charivari* dirigiu ataques mordazes ao governo; em 1848, apoiou o governo republicano-burguês e a ditadura de Cavaignac.

quanto à questão italiana, da qual seu redator participa diretamente. – Essas três folhas são publicadas diariamente.

O partido radical tem a maioria dos jornais. Na vanguarda está a *Gazeta de Berna*, cujo editor-chefe é o advogado Niggeler, vice-presidente do Grande Conselho e membro do Conselho dos Estados. Ela é o órgão do partido resolutamente radical da parte alemã do cantão, representado no Conselho Governamental pelo diretor de Finanças Stämpfli. Implementação da democracia na legislação e na administração do cantão, onde há ainda muito entulho para remover, máxima centralização de toda a Suíça, abandono da política de neutralidade na próxima oportunidade, eis os princípios centrais segundo os quais esse jornal é redigido.

Os mais eminentes representantes do radicalismo bernês colaboram nele, e por isso não é de se admirar que a *Gazeta de Berna* seja o jornal mais bem redigido do cantão, e mesmo de toda a Suíça alemã. Se os redatores e colaboradores pudessem escrever de modo plenamente livre, seria muito melhor ainda; a República Helvética una e indivisível viria à tona, e até mesmo com cor bem vermelha; mas isso é simplesmente impossível, o partido ainda não o tolera. Ao lado da *Gazeta de Berna* é publicado também diariamente desde primeiro de janeiro *L'Helvétie fédérale*,[3] sucessor do *Helvétie*, publicado anteriormente em Pruntrut, no Jura, órgão dos radicais do Jura e seu chefe, coronel Stockmar, membro do Conselho Governamental. O velho *Helvétie* se mostrava decididamente vermelho; do mesmo modo o novo, ainda mais resolutamente.

A *Gazeta Suíça* (anteriormente *A Suíça Livre*)[4] representa também o radicalismo, mas exclusivamente burguês, e por isso se limita estritamente à reivindicação das reformas econômicas vantajosas para a classe dominante, proprietária. De resto, no entanto, esse jornal também vai além da habitual mediocridade cantonal suíça (neutralidade, soberania dos cantões etc.). Além desses três jornais diários, o radicalismo bernês conta ainda com uma folha humorística, e de fato a única boa da Suíça, a *Câmara Escura*,[5] de Jenni. A *Câmara Escura* (semanal) limita-se apenas aos interesses cantonais suíços e especialmente berneses, mas, justamente por isso, conseguiu se tornar uma potência no Estado, potência que contribuiu fielmente com sua parte para a queda do governo Neuhaus e que agora se ocupa novamente de que o partido de Ochsenbein não permaneça muito tempo ao leme. O humor impiedoso com o qual Jenni se esforça por despir do halo de popularidade todas as personalidades governantes, inclusive o próprio Ochsenbein, lhe rendeu, sob Neuhaus, inúmeros processos e chicanas e mais tarde cartas ameaçadoras e brutalidades, mas tudo em vão, e a cada sábado os senhores altamente colocados de Berna aguardam com intranquilidade cada vez maior o novo número da *Câmara Escura*.

---

[3] Jornal radical suíço, editado em Pruntrut de 1832 a 1850; de janeiro a novembro de 1849 foi publicado com o título de *L'Helvétie Fédérale*, em Berna.
[4] Diário radical publicado em Berna em 1848 e 1849; em 1849 passou a se intitular *Gazeta Suíça*.
[5] Semanário político humorístico suíço de cores radicais, publicado sob a redação de Freidrich Jenni de 1840 até fins de 1849.

Quando Blum foi executado, a *Câmara Escura* trouxe, como charge semanal, um cepo com um machado, circundado por uma massa de coroas quebradas e com a legenda: "O único meio". Como os cidadãos bem-postos de Berna se horrorizaram com isso, seguiu-se na outra semana um poste de luz com uma coroa dependurada e a inscrição: "*Suaviter in modo, fortiter in re*[6] – à memória de Messenhauser!"

Desde o início do ano, a *Folha Zeelandesa*, editada por J. A. Weingart, membro do Conselho Nacional e do Grande Conselho, é a única representante do socialismo. A *Folha Zeelandesa* preconiza uma curiosa mescla de socialismo sentimental, choroso e filantrópico com revolução vermelha. O primeiro para o cantão de Berna, a última tão logo fale do exterior. Quanto à forma, esta folha hebdomadária é uma das mais mal redigidas do cantão. De resto, o sr. Weingart, apesar das ternas efusões cristãs de sua alma, na política é um partidário do mais resoluto radicalismo. Desde o início do ano, a *Folha Zeelandesa* ganhou um concorrente no também hebdomadário *Independente*,[7] que se pôs a tarefa, sem dúvida algo impensável, de encontrar nas condições do cantão de Berna e da Suíça em geral pontos de apoio para a propaganda dos rudimentos do socialismo e propor medidas para remediar ao menos os infortúnios mais gritantes. De todo modo, esse pequeno jornal é o único em toda Suíça que enveredou pelo caminho certo, para ganhar terreno aqui no país para sua tendência; e se suas chances de sucesso estão em relação com a fúria que ele já desencadeou entre as altas e altíssimas autoridades, então suas expectativas não são de modo algum tão ruins.

Dos jornais publicados fora da cidade, menciono apenas um: o *Evolution*,[8] como Becker, o líder do corpo de voluntários, rebatizou agora seu *Revolution*. Esse jornal, o mais resoluto de todos os publicados na Suíça, apela única e exclusivamente por uma nova revolução europeia e busca, em seu círculo, conquistar combatentes para isso. Em agradecimento, é abominado pelos pacíficos cidadãos e encontra pouco público além dos refugiados alemães na Suíça, Besançon e Alsácia.

Num próximo artigo examinarei com mais detalhe a imprensa de fora de Berna.[9]

---

[6] Suave na forma, radical no conteúdo.

[7] *O independente. Folha popular suíça*, publicado em 1848-1849.

[8] Semanário democrático-revolucionário, órgão dos emigrantes alemães na Suíça. Publicado em 1848-1849 em Biel (cantão de Berna). Sob a redação de Joh. Phil. Becker. O número inicial, de 1 de dezembro de 1848, foi publicado sob o título *Revolution*.

[9] Engels não escreveu a continuação do artigo, pois em meados de janeiro de 1849 voltou para Colônia.

Agitação protecionista – Recrutamento para o exército napolitano

NGR, n. 197, 17/1/1849

F. ENGELS

Berna, 12 de janeiro. A agitação em favor de tarifas protecionistas na Suíça se torna cada vez mais animada, e também, na mesma medida, o movimento em prol da continuidade do atual sistema de livre comércio. As razões de ambos os lados são igualmente excelentes, e nesse momento é difícil prever como a Suíça vai sair desse dilema. O partido protecionista aponta para a pressão, crescente ano a ano, da concorrência estrangeira sobre a indústria nacional, e para a redução proporcional da perspectiva de empregar a crescente população sem pão. Os partidários do livre comércio sustentam, em contraposição, o encarecimento dos produtos industriais para a maioria agricultora do povo, e a impossibilidade, para um povo de 2 milhões, de proteger uma fronteira tão ampla e tão favorável para o contrabando, como a suíça, sem ruinosas despesas. Ambos os partidos têm toda razão: sem proteção aduaneira, um ramo após outro da indústria suíça vai afundar; com proteção aduaneira, as finanças federais vão afundar. Para uni-los, o *Amigo da Constituição de Berna* propõe uma tarifa *juste-milieu*,[1] que arruinaria a ambos em conjunto. Em março, o Conselho Federal poderá quebrar os dentes na solução impossível desse problema.

Em Genebra, oficiais recrutadores napolitanos são vistos há algum tempo engajando recrutas para o serviço de Sua Majestade Bomba.[2] Ferdinand deve ter muita necessidade dos sólidos suíços se ele recruta mesmo nos cantões com os quais não concluiu nenhum acordo de alistamento. Mas o governo de Gênova pôs logo um fim a essa atividade. Ele declarou nulos e sem efeito todos os engajamentos já efetivados, proibiu qualquer recrutamento e ameaçou os oficiais recrutadores com pesadas sanções. Os mercenários da hiena napolitana se retiraram o mais depressa possível do território genebrino.

---

[1] Justo meio.
[2] Ferdinando II, de Nápoles, ganhou o apelido sarcástico de "rei Bomba" depois de ter ordenado o selvagem bombardeamento de Messina (Sicília), em setembro de 1848.

Müller – O governo de Friburgo – Ochsenbein

NGR, n. 197, 17/1/1849

F. Engels

Berna, 13 de janeiro. O grande sr. Tobias Müller chegou finalmente ao cantão Uri e exigiu do governo que o armazém dos recrutas napolitanos, que antes ficava em Gênova, fosse transferido para Altorf, de onde ele então o enviará por um ou outro caminho para Nápoles. Não se sabe se o governo vai aquiescer; mas mesmo que sim, resta ainda saber se os outros governos vinculados aos acordos de alistamento ficarão satisfeitos com essa transferência. – Diz-se que uma tropa de recrutas de Lucerna deve ser despachada de Trieste para Nápoles, para escândalo de todo o mundo civilizado.

O governo de Friburgo, que em geral é culpado de estranhas arbitrariedades, de novo expulsou policialmente um cidadão do cantão de Schwyz, apesar da nova constituição federal. Já antes havia expulsado igualmente sem pudor o sr. Siebert, de Zurique, redator do *Guardião de Murten*[1] e atualmente corredator da *Gazeta de Berna*. Ambos os casos serão levados à Assembleia Federal, que, espera-se, saberá fazer respeitar a constituição.

Aconteceu um milagre: o órgão do neutro sr. Ochsenbein, o *Amigo da Constituição*, reconheceu arrependido que os tessinoeses não estavam tão errados assim em sua disputa com Radetzky e as tropas suíço-orientais.[2] Ele balbuciou o seu *pater pecavi*[3] e tentou escamotear o assunto com um *Iliacos intra peccatur muros et extra*.[4] E no entanto os conselheiros governamentais de Tessinoo são os mais notórios antineutralistas que possa haver, e partidários do que Ochsenbein, com um odioso apelo à mediocridade nacional suíça, chama de política exterior. Mas os tessinoeses se tornaram muito populares em Berna, graças aos relatos das tropas bernesas, e o sr. Ochsenbein precisa continuar popular em Berna, e finalmente, eis o cerne do cão, sem nenhum motivo o Conselho Federal recentemente *responsabilizou* o cantão de Tessinoo por todas as subsequentes complicações com Radetzky. Mas toda vez que o sr. Ochsenbein comete praticamente uma infâmia no Conselho Federal, o *Amigo da Constituição* deve manter, na teoria, uma linguagem nobre e magnânima. Assim são governados os estúpidos camponeses nesse país. Oh, democracia!

---

[1] Jornal radical suíço publicado em Murten (cantão de Friburgo) desde janeiro de 1848.
[2] Ver "Medidas para os refugiados alemães".
[3] Pai, eu pequei.
[4] Pecados foram cometidos dentro e fora dos muros de Ilion.

Resposta do Coronel Engels

NGR, n. 205, 26/1/1849, suplemento

F. Engels

Colônia. Recebemos do coronel Engels a seguinte resposta a nossa interpelação de anteontem:

À inserção no n. 203 da *Nova Gazeta Renana* a resposta é não.
Somente cidadãos se permitiram a manifestação, ilegal segundo minha convicção, de que os soldados estiveram longe de fazer o suficiente a essas casas.

Colônia, 24 de janeiro de 1849.
Coronel Engels
2º Comandante.
À estimada redação da *Nova Gazeta Renana.*

Por estes dias provavelmente teremos novas indagações a fazer ao sr. Engels, especificamente em função das eleições.

Mandado de prisão prussiano contra Kossuth

NGR, n. 207, 28/1/1849

F. ENGELS

Colônia, 21 de janeiro. Acabamos de receber o seguinte documento edificante, impresso na *Folha Distrital de Opole*:

> *Mandado de prisão*. Segundo uma comunicação da real imperial Comissão Governamental austríaca em Cracóvia, foram encontrados na Hungria preparativos tais que possibilitariam a Kossuth passar, sob um nome falso, de Breslau para Hamburg, e supomos que ele tomaria o caminho de Myslowitz, Gleiwitz e Kosel.
>
> Por determinação do sr. presidente da província da Silésia, ordeno, pois, às autoridades policiais, tribunais locais e gendarmes que vigiem estritamente Kossuth, cuja descrição é dada abaixo, detenham-no caso apareça e enviem-no a mim em segurança, para as providências subsequentes.

(Segue-se a isso a descrição de Kossuth, tal como já a publicamos.) Todo o edificante documento está assinado:

> Opole, 17 de janeiro de 1849,
> O conselheiro provincial real Hoffmann.

O que os leitores nos dizem disso? Os Manteuffel, pela graça de Deus da Alta Silésia, gostariam muito de prender o grande agitador Kossuth, caso ele fosse derrotado e conseguisse cruzar a fronteira, e enviá-lo a seus carrascos para o mais rápido perdão com pólvora e chumbo. Essa entrega, caso realmente viesse a se efetivar, seria a *mais abjeta traição, a mais infame violação do direito internacional* que a história conhece.

Sem dúvida, segundo o velho direito federal, a Prússia era obrigada a entregar à Áustria alemã, por exigência desta, os refugiados políticos incriminados por ações cometidas *no território da Confederação Germânica*. A revolução revogou o velho direito federal, e *mesmo sob Pfuel os refugiados vienenses estavam* seguros em Berlim. Mas, em relação à *Hungria*, a Prússia não tem qualquer obrigação semelhante. A Hungria é um Estado independente, e se a Prússia extradita refugiados húngaros que só podem ser incriminados por atos cometidos em solo húngaro, ela comete a mesma *infâmia ignominiosa* que cometeria se extraditasse refugiados russos ou poloneses para a Rússia.

Mesmo sob o regime de Bodelschwingh não se ousou extraditar para a Áustria os refugiados da Galícia e da Cracóvia que haviam cruzado a fronteira. Mas, é claro, naquela época estávamos sob uma monarquia absoluta, e hoje somos um Estado constitucional!

E tem mais. Kossuth, ainda que entre em território prussiano, não é um refugiado político, mas sim um *partido beligerante que cruzou por um território neutro.*

A Áustria alemã, uma confederação independente de Estados, conduz uma guerra contra a Hungria, um Estado independente; por qual motivo, não concerne à Prússia. E mesmo em 1831 não se ousou extraditar para a Rússia os poloneses que cruzaram a fronteira; mas naquela época estávamos sob uma monarquia absoluta, e hoje somos um Estado constitucional!

Assinalamos à opinião pública os desígnios bem-intencionados do governo prussiano em relação a Kossuth. Estamos convencidos que isso bastará para suscitar uma tal tempestade de simpatia pelo maior homem do ano de 1848 e de indignação contra o governo, que mesmo um Manteuffel não ousará afrontá-la.

Mas, evidentemente, por enquanto Kossuth ainda governa em Debreczin cercado pelo entusiasmo de todo o povo magiar, seus valentes hussardos ainda percorrem a *puszta* húngara,[1] Windischgrätz ainda está parado perplexo diante dos pântanos de Tizsa, e nosso mandado de prisão é mais risível que temível!

---

[1] As planícies húngaras entre o Danúbio e o Tisza.

A batalha na Hungria[1]

NGR, n. 212, 3/2/1849

F. Engels

Colônia, 2 de fevereiro. A guerra na Hungria está chegando ao fim. *"Parturiunt montes, nascetur riduculus mus."*[2]

Assim dizia a *Gazeta de Colônia* há alguns dias. Ela se deixou informar por Welden de que a Dieta Federal em Debreczin teria dissolvido a si mesma e ao exército e Kossuth estava a ponto de fugir, com o resto de seus correligionários, para Großwardein.

Dessa vez, a montanha parturiente não era outra senão a própria *Gazeta de Colônia*.

O 17º Boletim do Exército, ao qual Welden imputou a mencionada mentira, informava duas novas operações dos imperiais: primeiro, a partida de um corpo de Pest, via Gyöngyös, para Miskolcz, e segundo, o plano de Schlick de operar em duas colunas

---

[1] Com este artigo, Engels inicia uma série de relatos sobre a revolução húngara contra a monarquia austríaca. Ele se vale, como fonte principal, dos boletins militares do comando austríaco publicados na oficial *Gazeta de Viena* e outros jornais austríacos. Apesar do caráter tendencioso e fragmentário das informações que eles trazem, o que Engels, mais tarde, enfatizou em sua carta a Marx de 3 de abril de 1851, ele era capaz de dar um quadro geral exato dos desenvolvimentos militares. "À época", escreveu nessa conexão com Marx em 6 de julho de 1852, "apresentamos o curso da guerra húngara na *Nova Gazeta Renana* com impressionante correção com base nos relatos *austríacos*, e fizemos brilhantes, embora cautelosas, previsões". Engels também escreveu sobre seus relatos a respeito da guerra húngara em sua carta a H. G. Lincoln, editor do *Daily News*, em 30 de março de 1854, oferecendo seus serviços como correspondente de guerra. No início dos anos 1850, Engels fez estudos sistemáticos sobre ciência militar e a arte da guerra e começou a coletar material adicional sobre a guerra húngara (*Memórias* de Görgey, comandante-chefe do exército húngaro, biografias de genearais húngaros, periódicos oficiais do governo de Kossuth etc.), com a intenção de escrever uma obra específica sobre a história das guerras revolucionárias na Hungria e na Itália, mas esse plano não se efetivou. Engels começou seus relatos sobre os eventos húngaros quando a situação na Hungria revolucionária era extremamente grave. Em 16 de dezembro, o exército contrarrevolucionário de Windischgrätz marchou para o sul, na direção de Buda e Pest (à época, duas cidades vizinhas), e as capturou no início de janeiro de 1849. O governo revolucionário húngaro (Comitê de Defesa Nacional), liderado por Kossuth e pelo parlamento, mudou-se para Debreczin. Ao mesmo tempo, tropas contrarrevolucionárias avançaram da Galícia (corpo do general Schlick), Silésia, Banato e outras regiões. Os periódicos alemães reacionários exageravam os sucessos do exército austríaco e anunciavam uma rápida e definitiva derrota da Hungria. Engels, por seu lado, salientava que a Hungria tinha reservas defensivas e a possibilidade de efetivar uma virada radical na sorte da guerra, o que de fato ocorreu posteriormente.

[2] "A montanha pariu, e nasceu um ridículo rato." (Horácio, *De Arte Poetica*, 139.)

contra Tokaj, uma por Kaschau, outra por Janosfalva e Baranya. Ambos movimentos concêntricos contra o Tisza, atrás do qual os magiares haviam tomado posição.

Desde a fronteira da Transilvânia até Szegedin, o Tisza descreve um semicírculo, cujo centro é Großwardein: esse semicírculo forma a linha de defesa dos magiares. Ela está coberta no alto Tisza pelas fortalezas de Sziget e Munkács, no médio Tisza pelos intransitáveis pântanos, que começam a poucas milhas de Munkács, acompanham o Tisza, nas duas margens, até sua foz, e tornam muito difícil o ataque pelo norte e pelo oeste. Ao sul, o Körös e seus afluentes oferecem uma linha de defesa igualmente protegida por pântanos ininterruptos e ademais pela fortaleza avançada de Temesvár. Portanto, defendida em três lados por pântanos e rios, a charneca de Debreczin se estende até as terras altas da Transilvânia, e oferece aos magiares um excelente local para a concentração de seus exércitos; tão mais excelente por Bem ter liberado sua retaguarda ao submeter a Transilvânia.

Enquanto os magiares se mantiverem no Drava e no Banato, o centro de suas operações, Debreczin, só poderá ser atacado pelo norte (Schlick) e pelo oeste (Windischgrätz), e os dois movimentos mencionados acima parecem ser o início desse ataque.

Miskolcz e Tokaj, as duas cidades para as quais os imperiais estão marchando agora, ficam a no máximo 6 milhas[3] uma da outra. Tokaj é um dos mais favoráveis pontos para cruzar o Tisza; Miskolcz fica perto o bastante para permitir às tropas enviadas para lá, conforme as circunstâncias, ou se unirem ao corpo de Schlick, ou então cruzar sozinhas o Tisza um pouco mais abaixo e, se forem bem-sucedidas, avançar contra Debreczin.

Mas esse plano dos imperiais, trombeteado ao mundo pelo 17º Boletim com tão grande pompa, não é, assim, tão fácil de executar. De Pest a Miskolcz são mais de 30 milhas por uma charneca desolada, quase desabitada ou só habitada por inimigos. De Eperies a Tokaj são mais 30 milhas por região também resolutamente hostil e pobre. Só o aprovisionamento dos dois corpos que avançam retardaria muito sua marcha; e além do mais os caminhos ruins, que no atual período de degelo se tornam completamente intransitáveis, lhes impossibilitariam chegar a seu destino em menos de 14 dias. E quando tiverem chegado lá, se encontrarão diante do exército magiar, no cruzamento do Tisza, entrincheirado entre pântanos, em posições com flancos cobertos, onde os imperais não poderão se valer de sua superioridade, onde, ao contrário, alguns regimentos podem resistir a todo um exército. E mesmo considerando que eles até consigam forçar a passagem pelo Tisza, a artilharia austríaca e a cavalaria pesada estariam completamente perdidas entre os pântanos, em um terreno lamacento, no qual atolariam a todo momento.

O fato de o 18º Boletim do Exército, que divulgamos ontem,[4] *silenciar* completamente sobre essas duas colunas evidencia quão maravilhosos resultados elas devem ter

---

[3] Uma milha alemã equivale a 4,7 milhas inglesas, aproximadamente 7,5 km.
[4] *Nova Gazeta Renana* n. 211, de 2 de fevereiro de 1849 (uma reportagem de Viena com a reprodução do 18º Boletim do Exército, publicado no n. 24 da *Gazeta de Viena*, de 28 de janeiro de 1849).

alcançado até agora. Onde elas estão, até onde avançaram, quais resultados alcançaram, sobre isso Welden não diz *sequer uma sílaba* – e por bons motivos.

Mas, diz Welden, "de acordo com as comunicações recebidas da Hungria, por toda parte nossas armas lograram um *brilhante sucesso*" – e a *Gazeta de Colônia* acredita no sr. Welden.

Vejamos um pouco mais de perto esse "brilhante sucesso".

Foram relatados quatro "sucessos". Destes, três em regiões nas quais não foi travada nenhuma batalha decisiva, mas onde os magiares apenas pretendiam ocupar os imperais em pontos secundários, e, assim, dividi-los. Só o quarto "sucesso" ocorreu no Tisza, ali onde está se decidindo o destino da Hungria.

No noroeste, entre o Váh e o Gran, no sudoeste, entre o Drava e o Danúbio, e no sul, no Banato, três corpos húngaros mantêm até agora ocupadas uma parte considerável das forças imperiais e desse modo impedem que Windischgrätz, com massas significativas, avance para o Tisza. Contra esses três corpos os imperiais alcançaram, nas palavras deles, "brilhantes sucessos". *Voyons*.[5]

Primeiro sucesso. No noroeste, onde agora está localizada a "Eslováquia",[6] o barão Csorich bateu o general Görgey em Schemnitz e a tomou. Quando se considera que o corpo de Görgey é um mero posto avançado perdido, que sustentou sua posição na retaguarda do exército imperial pelo maior tempo possível, quando se considera que Görgey não operava em solo magiar, mas sim apenas em solo eslovaco, vê-se que esse sucesso já não é tão "brilhante" assim.

Além do mais, Csorich deveria ter sido apoiado pelas colunas de Götz e Sossay. Mas Sossay foi chamado com urgência a Neutra para "ali colaborar com a pacificação de uma parte *já ocupada* do país" (um comitato[7] *puramente eslavo*), e Götz estava com as mãos ocupadíssimas "defendendo sua posição em Mossocz e protegendo o comitato Turócz dos insurgentes *batidos e dispersados* [!!] pelo marechal de campo tenente Csorich!"

> A tomada de Leopoldstadt e a ocupação de Neuhäusel que *finalmente esperamos* (que, portanto, ainda jaz na distância) [...] *devem* ser suficientes para fortalecer o bom espírito que *começa* [!] a se desenvolver por toda parte no comitato de Trentschin [...] e contribuir para o restabelecimento da ordem legal.

Que brilhante sucesso! A tomada que finalmente se espera de uma fortaleza ainda não tomada enseja a esperança de que o bom espírito esperado de um território há muito ocupado oxalá não permaneça para sempre um desejo piedoso e de que ao menos em parte possa se aproximar a efetivação da ordem legal!

---

5 Vejamos.
6 Referência ao corpo eslovaco formado em 1848 por L. Stúr e J. Urbann, sob o controle de oficiais austríacos. O corpo consistia em eslovacos e em parte de estudantes tchecos. Em 1848-49, tomou parte na guerra contra a Hungria revolucionária. O corpo não tinha a simpatia do povo eslovaco.
7 Um comitato é um município húngaro.

Uma fortaleza não tomada, um exército batido, que no entanto ameaça todo um comitato e põe em xeque vários corpos de exército, um bom espírito esperado aqui, um mau espírito simplesmente muito real ali, insurreições ameaçadoras por toda parte e tudo isso em território eslovaco, não magiar – eis o primeiro "sucesso brilhante"!

Segundo "sucesso brilhante". Há um segundo posto avançado perdido dos magiares no sudoeste, entre o Danúbio e o Drava, sob o chefe guerrilheiro Damjanich. Aqui o sucesso brilhante consiste em que o conde Nugent ordenou a ocupação de Kaposvár para atingir o flanco de seu inimigo. Até agora não é claro que brilhante sucesso haveria nisso. É verdade que a ocupação de Eszék pelos imperiais foi anunciada por diversos jornais, mas o 18º Boletim não diz nada a respeito e nem sequer espera por ela.

Terceiro "sucesso brilhante". No Banato, o general Todorovich tomou Werschetz e "perseguiu energicamente" os magiares até Moravicza.

De Werschetz a Moravicza são exatamente *três milhas* e a posição de Moravicza entre o pântano de Alibunar e a montanha é muito mais vantajosa do que a de Werschetz.

Sabe-se, de resto, que o Banato está tão longe do centro das operações e que ali os ataques aos magiares têm sido tão esporádicos, que mesmo o mais brilhante sucesso dos imperiais não teria absolutamente nenhuma importância.

Quarto "sucesso brilhante". Até aqui vimos, de fato, as armas imperiais operando em terreno bem pouco decisivo, mas as vimos, no entanto, operarem com alguma aparência de sucesso. Agora finalmente chegamos a um terreno decisivo – e aqui o sucesso consiste em uma *derrota* dos imperiais.

O general Ottinger avançara de Pest até o Tisza, até Szolnok. O caminho estava bastante bom; de Pest a Szolnok há uma ferrovia, e tudo o que se precisava fazer era seguir os trilhos. A vanguarda imperial já havia ocupado a ponte em Szolnok. O cruzamento do Tisza parecia ser seguro para a ala direita dos imperiais. A ala esquerda operando de Tokaj sob Schlick, o centro de Miskolcz, a ala direita de Szolnok sob Ottinger deveriam forçar a travessia do Tisza e marchar concentricamente sobre Debreczin. Mas os senhores imperiais fizeram as contas sem considerar o anfitrião. Os magiares passaram pelo rio congelado, forçaram Ottinger a recuar até Czegléd, a quatro milhas de distância, e só abandonaram a perseguição quando Ottinger obteve reforços em Czegléd e conquistou uma posição forte. É verdade que, como relata o Boletim, os magiares teriam cruzado de volta o Tisza, mas em todo caso agora eles dominam a travessia e o sr. Ottinger, que recuou tão precipitadamente, dificilmente a forçará tão cedo.

Eis os "brilhantes sucessos" das forças imperiais contra o exército destroçado, desmoralizado, disperso dos rebeldes de Kossuth. Uma espiada no mapa mostra que os magiares não perderam nada desde que decidiram recuar para trás do Tisza. Eles estão em Miskolcz, como os mais recentes relatos austríacos *não oficiais* informam, e esperam o ataque de Schlick e Windischgrätz. Aqui eles também não vão aceitar qualquer batalha, mas sim se retirar para trás do Tisza. A batalha decisiva será travada no cruzamento desse rio, ou, se este for forçado, na charneca de Debreczin. E mesmo se os magiares forem desbaratados aqui, a guerra de guerrilhas começaria nas charnecas e pântanos da baixa Hungria e nas montanhas da Transilvânia, exatamente do mesmo modo como ela já começou, para grande tristeza do 18º Boletim, nas "partes já ocupadas do país". O que uma tal guerra pode conseguir em um país pouco povoado e em um terreno adequado foi demonstrado pelos bandos carlistas na Espanha, e está sendo demonstrado novamente agora por Cabrera.[8]

Mas Kossuth ainda não chegou a isso. Apesar de a *Gazeta de Colônia*, em sua ingenuidade infantil, tê-lo aprisionado ontem, ele no entanto ainda está livre e dispõe de um exército considerável. Para ele não se trata mais agora de se defender por meses a fio; ele só precisa oferecer resistência por mais três ou quatro semanas. Em no máximo três a quatro semanas haverá uma reviravolta em Paris: ou triunfa a restauração por enquanto, e então a Hungria pode cair também, de modo que a contrarrevolução se tornaria totalmente arrogante; ou triunfa a revolução, e então os senhores austríacos marcharão a toda pressa para o Reno e para a Itália, para ali serem acossados de volta para a Hungria pelos calças-vermelhas.[9]

Que se note, por fim, o mais brilhante sucesso das forças imperiais: os boletins do sr. Welden finalmente encontraram um crente, que jura por eles – e este único crente é a *Gazeta de Colônia*.

---

[8] Referência à guerra civil na Espanha de 1833-1840, que foi desencadeada por círculos clericais e feudais lidarados por Dom Carlos, pretendente ao trono. As forças carlistas, comandadas por Zumalacarregni e Cabrera-y-Grifio, operavam na Catalunha e nas províncias bascas, usando métodos de guerrilha. Depois que o exército carlista de 14 mil homens falhou em tomar Madri em 1837, o movimento carlista declinou e foi derrotado em 1840. Em 1848, Cabrera tentou reativá-lo organizando uma revolta na Catalunha, mas foi seriamente ferido e fugiu para a França.

[9] O exército francês.

Do Banato

NGR, n. 213, 4/2/1849, segundo suplemento.

F. Engels

Do Banato. Mal os sérvios, austríacos, banato-alemães, croatas, ciganos e sérvios turcos conseguiram repelir um pouco os magiares, irromperam as mais ásperas dissensões na recém-fabricada nação banato-sérvia. Stratimirovich se apresentou por conta própria como candidato à dignidade de voivoda,[1] e com isso incorreu em tal inimizade com o patriarca Rajachich que este emitiu ordem para prender e entregar o mais popular líder sérvio onde quer que fosse encontrado.

Até o momento, os sérvios turcos supriram os sérvios do Banato com 20 mil homens em tropas auxiliares. É difícil dizer quantos russos há entre eles. Ainda em 19 de janeiro 700 sérvios e 400 ciganos armados foram a Boljevcze e Pancsova, cruzando o Danúbio, em auxílio dos sérvios. Assim se mantém viva a monarquia unificada austríaca!

O poder da insurreição húngara não está de modo algum aniquilado, ao contrário, permanece ainda muito considerável, pois continuamente afluem aos destacamentos magiares numerosos voluntários de todas as partes do país. A causa magiar ainda tem quatro fortes corpos de exército no campo, a saber, na Alta Hungria sob Görgey, no Tisza sob Kossuth, no Banato contra os sérvios e na Transilvânia sob Bem, que ainda podem se bater por alguns meses, se souberem evitar cuidadosamente qualquer derrota significativa. A luta já dura seis semanas inteiras, e, no entanto, o número dos combatentes magiares antes aumentou do que diminuiu.

Se conseguirem, como tencionam, prolongar a guerra até a irrupção da guerra na Alta Itália, a causa não está de modo algum perdida. Até no comitato de Ödenburg, justamente na fronteira com a Áustria, há entre a população rural a mais viva simpatia por Kossuth, enquanto ainda recentemente, num povoado, depois de um sermão negro-e-amarelo, os

---

[1] Voivoda: designava o principal comandante de uma força militar eslava; posteriormente, passou a se referir ao governador de uma província; o território governado ou administrado por um voivoda é conhecido por Voivodia. O título polonês é algumas vezes traduzido em português como palatino ou conde palatino, com relação a um palatinato. Na terminologia eslava, o título de nobreza de um voivoda é em alguns casos considerado igual ao de um duque alemão.

camponeses gritaram vivas ao ditador,[2] e em consequência uma divisão militar apareceu, prendeu as sete pessoas mais respeitadas do lugar e foi embora, de modo que até agora ainda não se sabe o que aconteceu com elas.

---

[2] Em 22 de setembro de 1848, depois que o croata Jellachich iniciou a intervenção contra a Hungria revolucionária, o *sejm* húngaro constituiu o Comitê de Defesa Nacional, liderado por Kossuth, para controlar o governo liberal do conde Batthyány. Em 8 de outubro, depois que Jellachich foi derrotado e o governo Batthyány renunciou, o Comitê de Defesa Nacional assumiu funções governamentais e Kossuth foi revestido de extensos poderes, correspondentes a uma situação de guerra.

Comentários ao 19º Boletim do Exército

NGR, n. 214, 6/2/1849.

F. ENGELS

O 19º Boletim do Exército foi publicado. Mesmo se dermos crédito a esse documento, as vantagens conquistadas pelos imperiais nos últimos tempos não são dignas de menção.

Não temos qualquer informação sobre o corpo de exército nos comitatos eslovacos (noroeste). Evidentemente esse corpo ainda não tem mãos a medir com a "pacificação das partes já ocupadas do país".

Das tropas enviadas de Pest para Miskolcz – que deveriam estabelecer a ligação entre Windischgrätz e Schlick, e a quem nós, como será bem lembrado, profetizamos uma viagem bastante longa–,[1] destas tropas – cujos postos avançados deveriam estar já em Miskolcz, segundo cartas supostamente enviadas do acampamento de Schlick – também não temos nenhuma notícia. Prova de que elas ainda não chegaram muito longe.

Também nada sabemos dos bandos de ciganos do Banato.

E finalmente, sobre as tropas enviadas contra Bem, não ouvimos absolutamente nada. Em geral, há algum tempo não apenas os boletins oficiais, como também os sempre tão pedantes relatos mentirosos não oficiais mantêm absoluto silêncio sobre Bem. Prova suficiente de que, em relação a ele, os imperiais também não colheram quaisquer louros. Como, por conseguinte, não temos absolutamente nenhuma notícia de Bem, não deveremos de modo algum nos surpreender se ele em breve aparecer de repente nas costas ou nos flancos de Schlick, subvertendo, assim, todo o plano de guerra imperial.

Nem é preciso mencionar que o boletim também não traz nem uma palavra sobre a queda de Leopoldstadt, já seis vezes inventada pelos jornais-lei marcial e seis vezes acreditada por Mama Dumont.[2] A tomada dessa fortaleza permanece ainda, pois, "esperada".

Portanto, o boletim nada diz sobre tudo isso. O que diz, então?

Ele informa sobre três locais: a fronteira eslavônia, Szolnok e o alto Tisza. Sobre esses três lugares anuncia mais uma vez, naturalmente, "sucessos brilhantes".

Primeiro:

---

[1] Ver "A batalha na Hungria".
[2] A *Gazeta de Colônia*.

O tenente-general conde Nugent, que se pusera em marcha em 25 de janeiro a partir de Kanizsa para expulsar os rebeldes amotinados em Fünfkirchen, havia, em 29 de janeiro, transferido seu quartel-general para Fünfkirchen, cidade que os rebeldes, com uma força de 4 mil homens e 10 canhões, abandonaram em 26 de janeiro, tendo provavelmente partido na direção de Esseg para se reunir sob a proteção da fortaleza ocupada pelos rebeldes, o que, no entanto, não conseguiram, pois essa fortaleza estava cercada pela brigada do coronel Van der Nüll, do regimento de fronteira de Gradiskan, e o tenente-general conde Nugent também os seguirá nessa direção. O aparecimento do exército imperial real nos comitatos de Baranya e Tolna aniquilou completamente os elementos hostis ao governo.

Observe-se primeiro que, de acordo com isso, a fortaleza de Esseg, no Drava, não foi tomada, como afirmaram os boatos-lei marcial, mas sim está apenas "cercada", um cercamento que será tanto mais facilmente quebrado por "4 mil homens com 10 canhões" quanto é *absolutamente impossível* mantê-lo na margem esquerda do Drava por causa dos extensos pântanos.

O sucesso seguinte consiste em que Nugent avançou até Fünfkirchen. Como, segundo o 18º Boletim, Kaposvár já fora ocupada pelos imperiais, toda a vantagem consiste em que o exército avançou sua posição em cerca de 10 milhas paralelas ao Drava. Com isso nada foi ganho além de mais dificuldade no aprovisionamento, que aumenta na mesma medida em que o exército se aproxima do coração da Hungria. Aliás, os magiares evidentemente seguem aqui a mesma tática de Görgey em território eslovaco: eles defendem as cidades por tanto tempo quanto possível e então começam a guerra de guerrilhas no campo. O que é dito sobre a pacificação dos comitatos de Baranya e Tolna lembra muito a pacificação da Eslováquia. Logo ouviremos que também aqui o exército não foi capaz de avançar porque teve primeiro que restabelecer a paz e a ordem nos comitatos já conquistados.

Segundo:

> Como já fora dito no 18º Boletim, a brigada de cavalaria de Ottinger, reforçada com 3 batalhões de infantaria e 2 baterias de artilharia a pé, tomou posição em Czegléd. Diante da notícia de que os rebeldes pretendiam atacá-la, o marechal de campo príncipe Windischgrätz determinou ir ao encontro deles com todas as tropas disponíveis, esperando que os rebeldes aceitassem o combate. Só que também desta vez eles não ousaram se arriscar a um recontro decisivo, e quando viram esses reforços avançarem, se retiraram apressadamente cruzando o Tisza, perseguidos pela brigada Grammont.

Muito bem! Que o próprio Windischgrätz tenha ido a Czegléd "com todas as tropas disponíveis" prova que o sr. Ottinger deve ter sofrido ali um severo revés. Mesmo os reforços de "3 batalhões e 2 baterias" não deram nenhum resultado! A vantagem se limita a que os austríacos estão em Szolnok, portanto novamente no Tisza.

Estranha é a irritação de Windischgrätz pelo fato de os rebeldes mais uma vez não terem aceitado o *combate*. Como se este não fosse o plano desde o início, evitar o máximo possível, por enquanto, todas as batalhas decisivas, atrair tanto quanto possível os imperiais para o interior da Hungria, e organizar às suas costas guerras camponesas e guerrilhas! No devido tempo eles irão "se arriscar a um recontro decisivo".

Terceiro:

> Depois da limpeza do Zips,[3] o tenente-marechal de campo conde Schlick liberou agora dos rebeldes o comitato de Zemplin e neste momento está avançando contra Tokaj, onde se reuniram correligionários de Kossuth de todas as partes. Em 19 de janeiro, a vanguarda do tenente-marechal de campo Schlick, sob o major Piatolli, se deparou com o inimigo em Szanto e o fez retroceder para Tokaj. Em 21 de janeiro, um reconhecimento realizado mostrou que o adversário teria se retirado e tomado uma posição bastante vantajosa em Tokaj, Tarczal e Keresztúr. Em 22 de janeiro, o tenente-marechal de campo conde Schlick empreendeu um ataque geral a essa posição. O major Herczmanovsky conduziu contra Keresztúr seu bravo batalhão Stephan, ao lado de um esquadrão imperial de cavalaria ligeira e quatro canhões, enquanto o tenente-marechal de campo conde Schlick avançou com a coluna principal, via Tallya e Mad, contra Tarczal. A batalha terminou com a vitória das tropas imperiais. O inimigo sofreu perdas consideráveis, especialmente em mortos da legião polonesa.[4]

Essa vantagem é totalmente inesperada. Schlick fez os postos avançados dos húngaros recuarem algumas milhas e se baterem com ele em Tallya e Keresztúr. "A batalha terminou com a vitória das tropas imperiais", segundo o lacônico relato sobre o acontecimento. Não há nenhuma palavra sobre se Tallya e Keresztúr foram tomadas, se os magiares recuaram cruzando o Tisza. Poderá ocorrer com essa batalha vitoriosa e pobre em resultado o mesmo que ocorreu com a última vitória de Ottinger, que afinal se transformou em uma derrota. A "limpeza do Zips" não é nenhuma obra-prima, pois o Zips é habitado majoritariamente por alemães. O comitato de Zemplim é habitado por rutenos, que por enquanto ainda são amigos dos imperiais, e também aqui soa estranho ouvir falar em "limpeza".

O resultado principal do boletim é que os imperiais estão em dois pontos do Tisza muito distantes entre si. Não há conexão entre os dois corpos. Agora muito em breve Kossuth ousará a batalha decisiva: ou se lançar com toda a força contra cada um dos dois corpos isolados, ou irromper por entre eles, marchar sobre Pest e, assim, atacar os austríacos pela retaguarda.

E enquanto as coisas estão nesse pé, enquanto os imperiais, apesar de sua superioridade, só avançam de modo muito hesitante e cauteloso, deixam todas as suas colunas operarem isoladamente, sem pensar em concentração, enquanto os magiares se mantêm armados do outro lado do Tisza, a imprensa-lei marcial noticia: Kossuth teria sido aprisionado no distrito de Stry, na Galícia. E os jornais alemães reimprimem isso.

---

[3] Zips ou Szepes, antigo comitato da Áustria-Hungria (Hungria), limitado ao norte pela província da Galícia. Com uma superfície de 3.620 km² e uma população de 118 mil habitantes, na grande maioria eslovacos, foi incorporado à Tchecoslováquia em 1920.

[4] Essa legião compunha-se de perto de 3 mil homens e lutava contra as tropas imperiais desde dezembro de 1848.

Guerra – Desavença entre o governo e os eslavos do sul

NGR, n. 219, 11/2/1849

F. Engels

A *Gazeta de Colônia*, que sabidamente apoia Windischgrätz contra os magiares, qualificou hoje os relatos da reacionária *Gazeta de Breslau*, inimiga dos magiares, sobre a vitória destes como "fanfarronice indizivelmente ridícula". Divulgamos esses relatos, e certamente vamos esperar por outras notícias antes de tratar deles mais detalhamente. Mas é certo que os imperiais devem ter encontrado obstáculos inesperados no Tisza, caso contrário já o teriam cruzado há muito; conforme os "confiáveis" relatórios austríacos, Schlick já marchou uma dúzia de vezes sobre Debreczin, enquanto por ora ele sequer atravessou o Tisza!

Entrementes, para edificação do confiável Schwanbeck, queremos divulgar algumas pequenas notícias extraídas do jornal imperial real de Augsburg,[1] que é certamente confiável. Recorde-se que já há algum tempo chamamos a atenção para a assim-chamada fração democrática dos eslavos austríacos[2] e para o conflito com o governo de Olmütz em que esses entusiastas necessariamente teriam de se envolver. Retratamos Jellachich como o primeiro, e Stratimirovich como o segundo representante dessa tendência.[3] Esta fração, cujo órgão em Zagreb é a *Gazeta Austro-eslava*,[4] ganhou terreno também na própria Croácia, como testemunha o seguinte artigo da *Gazeta Geral de Augsburg*:

> Como eu lhes informei, as maquinações do general sérvio Stratimirovich ganharam em importância, pois ele conta com muitos partidários entre os sérvios e parece exercer uma

---

[1] A *Gazeta Geral de Augsburg*.
[2] Ver "A batalha magiar".
[3] Referência ao governo do império austríaco. Durante o levante popular em Viena em outubro de 1848, o imperador e sua corte deixaram a capital em 7 de outubro e se mudaram para a cidade provinciana de Olmütz, na Morávia. Olmütz se tornou o centro das forças contrarrevolucionárias. Logo depois da queda de Viena em novembro de 1848, foi constituído um novo governo de representantes da aristocracia fundiária e da burguesia contrarrevolucionária, liderado pelo príncipe Schwarzenberg. Ferdinando II abdicou e seu sobrinho Franz Joseph subiu ao trono em 2 de dezembro de 1848.
[4] *Südslavische Zeitung*, diário croata, publicado em alemão em Zagreb de 1849 a 1852; em 1849, era órgão dos círculos austro-eslavos monarquistas liberais.

especial influência entre os *tchaikistas*.[5] Não duvidamos de que a raiz de sua tentativa de motim contra o patriarca Rajachich, como se assegura por toda parte, não seja um acordo com os magiares, mas sim meras pretensões ambiciosas; mas como é triste quando se vê que o elemento eslavo, ao qual a Áustria devia e precisava se agarrar na tempestade, está ele mesmo abandonado às tempestades do facciosismo egoísta! Stratimirovich está ofendido porque se viu fraudado em sua expectativa de assumir a posição de voivoda após a morte do general Šuplikac, e trama vingança. Pouco importa se às custas da tão necessária harmonia entre o povo e às custas do bem da própria pátria. Stratimirovich teve a sorte de se destacar no início da guerra magiar com uma pequena tropa de sérvios vitoriosos,[6] e igualmente de se tornar indispensável, e particularmente de se desempenhar melhor em St. Tomas e nas trincheiras romanas[7] do que muitos outros generais com tropas regulares. Foi rapidamente promovido do posto de primeiro-tenente ao de general. Incluído na delegação de seu país enviada a Olmütz, conseguiu levar ali a efeito os mais caros desejos dos sérvios em relação a sua nacionalidade e independência, e quando, logo depois, sobreveio a repentina morte do voivoda Šuplikac, que mal havia sido nomeado, a vontade das tropas e do país o designou como o provável sucessor. Assim estão as coisas por esse lado. Mas *também na Croácia* as coisas *não se afiguram tão tranquilas* como se costuma superficialmente relatar. Pessoas confiáveis, vindas daquele país, asseguram que a ausência prolongada do Ban[8] é vista com muito desagrado e que sua popularidade estaria em perigo, pois os croatas querem ver nele o seu *ban* e *não apenas um tenente-marechal de campo austríaco*. Do mesmo modo, a nomeação do barão Kulmer como ministro não deve encontrar no país aquele apoio inicialmente esperado, pois ele é geralmente considerado como um instrumento da corte. Parece que a notícia de sua nomeação deu até mesmo ocasião a uma demonstração de hostilidade, *ateando--se fogo* a uma parte das florestas que ele possui na Croácia. Resulta de tudo isso, bem como da irritação diariamente crescente da linguagem dos jornais zagrebinos, que não será de modo algum tão fácil enfrentar os eslavos.

---

[5] Infantaria austro-húngara que servia em pequenos navios e barcos a remo (*tchaikas*) na Fronteira Militar, fazendo pontes levadiças e transportando tropas pelo Danúbio, Tisza e Sava. Eram recrutados principalmente entre os sérvios que habitavam a região Tchaikash na Eslavônia. Desde 1764, formavam um batalhão especial.

[6] A guerra entre os sérvios e os magiares começou em maio de 1848 durante o conflito entre o governo húngaro e o movimento nacional sérvio, que reivindicava autonomia para a Voivodia. O movimento não era homogêneo em sua composição social e tendências políticas. Burgueses liberais (Stratimirovich e outros) e proprietários de terras mais reacionários prevaleciam nele, o que tornou possível aos círculos governamentais da Áustria usá-lo contra a revolução húngara. Por outro lado, os revolucionários húngaros, recusando a incluir as demandas nacionais dos sérvios e outras nacionalidades eslavas incorporadas ao Estado húngaro, contribuíram para que eles se pusessem ao lado dos Habsburgo. Somente em 28 de julho de 1849, isto é, na véspera de sua queda, a República Húngara proclamou oficialmente a igualdade de todas as nacionalidades ali existentes. Tendo consolidado sua dominação com a ajuda dos croatas, sérvios da Voivodia etc., as classes dominantes do império austríaco, longe de cumprir suas promessas e garantir autonomia aos eslavos e outros povos do Estado multinacional, seguiu uma rígida política de centralização, abolindo todos os vestígios de autogoverno.

[7] Parece referir-se às *Limes Romanus*, um sistema de fortificações ao longo das fronteiras do império romano, especialmente durante o governo do imperador Adriano (117-138). Ainda há remanescentes do *Limes Romanus*. Parte dele passa pela Hungria ocidental e as regiões da fronteira austro-eslava do império austríaco.

[8] O governador ou regente, isto é, Jellachich.

Em contrapartida, o mesmo jornal confirma a chegada de Dembiński a Debreczin. Ele informa, de Pest:

> O general Dembiński está efetivamente em Debreczin. Membros da Casa dos Representantes da Hungria também estão lá em grande número, em contrapartida os insurgentes contam apenas 11 magnatas entre eles. Na Transilvânia, a sorte parece ter virado as costas ao chefe dos rebeldes, Bem; ao menos, apesar de suas mensagens arrogantes, refugiados procurando ajuda chegam continuamente ao Parlamento Rump.[9] Segundo um decreto do *Közlöny* de Debreczin, o *Moniteur* magiar, Mészáros, o ministro da Guerra, apresentou sua renúncia por motivo de doença e foi substituído pelo general Vetter.

Sobre o próprio Dembiński, há a seguinte nota:

> Viena, 3 de fevereiro. Os fanáticos magiares esperam o mais favorável êxito do talento do conhecido general polonês Dembiński, que, segundo se diz, assumiu o comando supremo de todas as tropas magiares. Dembiński, nascido em 1791, entrou em 1807 na Academia de Engenharia de Viena, fugiu de lá secretamente em 1809, e aos 18 anos entrou como soldado raso no Quinto Regimento de Caçadores Montados polonês. Combateu contra os russos e, na campanha de 1812, se destacou de tal modo na batalha de Smolensk que foi promovido por Napoleão a capitão ainda no campo de batalha. Orgulhoso demais para se pôr a serviço dos russos, viveu então muitos anos em calmo retiro, até que, na revolução polonesa de 1830, teve a oportunidade de se distinguir como coronel, com sua brigada de cavalaria de 4 mil homens, retardando durante um dia inteiro, na batalha de Grokhov,[10] todo o poderio russo de 60 mil homens sob o marechal Diebtisch.

---

[9] Nome dado ao Parlamento Longo depois do expurgo realizado sob comando do coronel Thomas Pride em dezembro de 1648, em que os deputados que buscavam um acordo com o rei Charles I foram expulsos pelo exército.

[10] Na batalha de Grokhow, em 25 de fevereiro de 1831, as tropas polonesas insurgentes detiveram a ofensiva do exército tsarista comandado por Diebitsch, que havia sido enviado para reprimir a insurreição polonesa de 1830-1831.

A guerra na Hungria

NGR, n. 219, 11/2/1849, segunda edição.

F. ENGELS

Finalmente chegaram novamente relatos oficiais austríacos sobre a Transilvânia. Eles confirmam o rápido avanço de Bem até as vizinhanças de Hermannstadt, que foi severamente ameaçada por ele, e informa sobre uma batalha ocorrida em 21 de janeiro entre Hermannstadt e Mediasch (Medgyes), na qual os magiares teriam sido vencidos. Eles teriam sido perseguidos, diz-se, até Stolzenburg, e uma parte deles teria já tomado a estrada para Turda (Torenburg, na direção de Klausenburg). Cinco canhões e quatro carros de munições teriam caído em mãos dos austríacos, sob Puchner. A resistência dos magiares foi descrita como muito tenaz. Vamos esperar outros relatórios para confirmar se essa "vitória" foi realmente tão "brilhante". Os austríacos contam suas próprias perdas em 60-70 mortos e 98 feridos.

Documentos da Transilvânia publicados nesta oportunidade na *Gazeta de Viena*[1] ilustram o quão confiáveis parecem ser os relatórios austríacos em geral.

Em uma alocução de 29 de janeiro à Guarda Cívica de Hermannstadt, o exército de Bem foi designado como "as tropas húngaras repelidas na Hungria pelo exército vitorioso e obrigadas a fugir para a Transilvânia". Também Puchner se vangloria, em sua ordem do dia, das descomunais vitórias na Hungria, que para nós, entretanto, já foram há muito reduzidas a seu verdadeiro valor pelas notícias posteriores. Os romenos teriam conduzido 25 mil homens da Landsturm[2] para Hermannstadt. Em contrapartida, os

---

[1] Diário austríaco, órgão oficial do governo, publicado em Viena de 1780 a 1931. Tinha diversos suplementos.

[2] O termo Landsturm foi historicamente usado para referir unidades de milícia ou militares compostas de tropas de qualidade inferior. A Landsturm austro-húngara era uma força de reserva que consistia de homens com idade entre 34 e 55 anos. O objetivo era fornecer substitutos para as unidades da linha de frente e uma milícia para a defesa local. Foi dividida na Landsturm austríaco imperial-real e na Landsturm húngaro real. Na Prússia, após o édito da Landsturm de 21 de abril de 1813, toda a população masculina de 15 a 60 anos de idade capaz de prestar serviço militar e que não estava no exército permanente ou na Landwehr ficou sob as ordens da Landsturm. Esta efetivamente formava a última reserva militar nacional. O rei Frederico Guilherme III da Prússia estabeleceu a Landsturm prussiana como força militar irregular em 21 de abril de 1813 por um decreto real; este apareceu no Código de Direito da Prússia. O édito de 1813 pedia resistência "por qualquer meio" contra a invasão napoleônica. De acordo com ele, todos os cidadãos prussianos eram obrigados a se opor à invasão inimiga usando quaisquer armas disponíveis, como machados, forcados, foices ou espingardas. Todos os prus-

sículos³ e os húngaros da Transilvânia são pouco confiáveis; Puchner, em sua ordem do dia, e os jornais transilvanos concordam que entre eles o espírito imperial real negro-e-amarelo não encontra absolutamente qualquer terreno, e que em toda parte em que Bem aparece eles se unem ao movimento.

Na própria Hungria, os levantes camponeses à retaguarda dos imperiais começam a assumir um caráter sério. *Gran*, no Danúbio, acima de Pest, ocupada e submetida em 15 de janeiro pelos imperiais, foi novamente desocupada por eles em 26 de janeiro. Eles se retiraram para Ofen, porque Windischgrätz necessitava urgentemente deles depois da batalha de Szolnok. Imediatamente as bandeiras e águias imperiais reais foram arriadas, cartazes insurrecionais de Madarasz⁴ foram colados, e gritou-se *Eljen*⁵ Kossuth. Os camponeses da margem esquerda do Danúbio, que ainda não haviam deposto suas armas, foram para a cidade, fuzilaram Kooler, juiz da Corte Suprema, arrastaram o tribunal do júri para Komorn,⁶ aboliram a jurisdição dos comitatos e nomearam o notário-chefe Palkovicz como prefeito. Os imperiais enviaram a ordem para erguer a ponte levadiça; Simunich queria cruzar o Danúbio aqui e, por ordem de Wrbna, marchar imediatamente para Pest. Mas quando ao mesmo tempo chegou uma carta do Comitê de Defesa Nacional de Debreczin que ordenava organizar a Landsturm, cortar ou destruir o abastecimento do inimigo etc., foi decidido não erguer a ponte e seguir as ordens de Debreczin. O comitato se transferiu para Batorkesz, onde estava protegido de Komorn. Ademais, teriam sido enviadas tropas de Ofen para Gran. Estas notícias constam na oficial *Gazeta de Viena*.

---

sianos foram encorajados a não obedecer às ordens do inimigo, mas sim a resistir às tropas napoleônicas tanto quanto possível. Esta foi uma clara saída do ordinário *jus in bello* (lei de guerra), segundo a qual a população civil deveria obedecer às ordens da potência ocupante, e as forças policiais deveriam ajudar a potência ocupante a esmagar qualquer revolta, não qualificada como insurgência, mas simplesmente como atividade criminosa. O decreto da Landsturm declarou explicitamente que era preferível correr o risco causado pela fúria de uma população armada do que permitir que o inimigo controlasse a situação. A legítima defesa justificava o uso de todos os meios. O decreto foi modificado menos de três meses depois, em 17 de julho de 1813, sendo purificado de seu conteúdo subversivo em relação à lei da guerra.

3 Grupo étnico de húngaros, parte da minoria nacional húngara na atual República Popular da Romênia [Rumänischen]. No século XIII, seus antepassados foram enviados pelos reis húngaros para as regiões montanhosas da Transilvânia para proteger as fronteiras. A região habitada por eles era usualmente chamada de País Sículo. A maioria dos sículos, em geral camponeses livres, se posicionou a favor da revolução húngara. Sua origem é controversa. Muito provavelmente são descendentes de húngaros que, antes do surgimento da sociedade feudal, vieram de diferentes partes do país para a região periférica. Conservaram por muito tempo a velha organização tribal húngara e sua cultura (por exemplo, escrita cuneiforme, organização militar).

4 Provável referência ao chamamento de Josef Madarasz, da ala esquerda na Assembleia Estatal da República Húngara em Debreczin, publicado no jornal *Debreczenski Lapok*. Ele convocava o povo a lutar não somente contra os austríacos, mas também contra os conciliadores na Assembleia, reivindicando a dissolução dela e novas eleições, e indicando a necessidade de organizar um movimento insurrecional e prestar toda ajuda possível ao exército revolucionário húngaro.

5 Viva!

6 Campo e fortaleza no noroeste da Hungria, permaneceu nas mãos dos húngaros na retaguarda do exército austríaco durante sua ofensiva em fins de 1848 e inícios de 1849. Posteriormente a fortaleza resistiu contra inúmeros sítios das forças austríacas e desempenhou um importante papel nas operações do exército revolucionário húngaro.

Ademais, o fato de os austríacos não terem absolutamente nenhuma notícia nova sobre o Tisza oferece uma certa confirmação, pela negativa, dos relatos de vitória dos magiares. Em contrapartida, o correspondente *magiar* da *Gazeta de Breslau* relata novamente uma série de fatos interessantes e absolutamente prováveis. O coronel imperial real Montecuccoli teria sido feito prisioneiro pelos magiares em Gyöngyös. Kövesd (a cinco milhas deste lado do Miskolcz) e Keresztur (ao norte de Tokaj) estariam nas mãos dos magiares. Os imperiais que investiram a partir de Temesvár teriam sido quase totalmente aniquilados pelos húngaros que acorreram de Szegedin. Então o jornal acrescenta:

> Causou grande irritação em Ofen o fato de o louvável poeta e padre católico *Czuczar* ter sido levado agrilhoado a uma detenção por seis anos em uma fortaleza por ter composto uma inspirada canção de guerra. Em geral se observa que, desde as últimas derrotas das forças austríacas, o regime militar é exercido aqui de modo muito rigoroso. Prisões pelas mais simples manifestações estão na ordem do dia. Todos os estrangeiros que chegam de Debreczin e seus entornos são imediatamente levados à polícia, severamente interrogados e despedidos com a proibição de contar qualquer coisa. No entanto, a curiosidade ultrapassa todos os obstáculos, e o povo aqui está razoavelmente informado. Acredita-se que o exército húngaro no Tisza renovará já por esses dias seu ataque aos imperiais em Szolnok. Informam de Debreczin que o general húngaro Mór Perczel foi nomeado comandante na Transilvânia. Bem encabeçará o exército do Banato na Hungria.
>
> As forças húngaras regulares contam com 160 mil homens, e quando se considera que essas forças são comandadas agora por dois generais mundialmente conhecidos, Dembiński e Bem, que além das defesas naturais da Transilvânia e da grande região do Tisza também a maior parte das fortalezas e as mais importantes delas estão em poder dos húngaros, parece mais do que ridículo emitir mandados de prisão contra Kossuth em Viena. É preciso supor que o público seja totalmente cego para ser enganado com tais embustes.

Nesse meio tempo, nas pequenas nações libertadas da assim-chamada opressão magiar eclodem diariamente novas dissensões, em parte de umas contra as outras, em parte contra o governo austríaco. A *Folha Constitucional da Boêmia*[7] diz:

> Teria chegado a Olmütz uma representação dos romenos para prestar queixa a respeito da intrusão dos sérvios no Banato. – Na Ístria, cuja língua e costumes são predominantemente italianos, o povo rechaça intensamente o propósito de incorporar essa província à Croácia, e foram divulgados e publicados protestos contra isso.

Na Voivodia, o governo Karlowitz se pronunciou a favor de Stratimirovich e anulou a ordem de prisão emitida pelo patriarca Rajachich contra ele. O patriarca não quer saber de um voivoda; antes de ser constituída a Voivodia, os distritos de Kikinda e Becse, de Bács e Baranya deveriam ser unificados a ela. Para isso seria preciso agir, e em contrapartida se resguardar das maquinações e intrigas de gente ambiciosa, "para que o exército imperial *não trate os sérvios do mesmo modo como tratou os rebeldes magiares!*" A *Gazeta*

---

[7] Diário publicado em alemão em Praga, de 1848 a 1849, contrário à revolução húngara.

Austro-Eslava já começou a se queixar seriamente, mas decerto esses sonhadores só vão abrir os olhos quando for tarde demais e a dominação militar já estiver estabelecida na província. De resto, é claro para qualquer um que todas essas desavenças só podem ser extremamente vantajosas para a causa magiar.

Eis aqui somente uma amostra de como esses sérvios fazem a guerra, comprovada por dois jornais austro-eslavos, o *Vestnik*[8] e o *Napredak*[9] de 27 de janeiro. Weisskirchen, no Banato, quer se render e para esse fim envia uma representação ao general Todorovich. Todorovich já ouvira antes que a população de Weisskirchen havia matado todos os sérvios de sua cidade e perguntou à representação: "Quem entre os senhores, deputados, é sérvio?" Os alemães deram de ombros. "Vão", replicou Todorovich, "com os senhores eu não admito qualquer negociação". O exército sérvio atacou depois Weisskirchen e a tomou. Foram encontrados somente dois sérvios na cidade, e ambos tiveram seus olhos arrancados. Segundo relatos de viajantes, Todorovich fez escolher, então, 50 culpados principais e enforcou todos os 50. Colocou os restantes em uma fileira e fuzilou cada quinto homem. Desse modo, diz-se, 400 foram fuzilados.

Eis os valentes heróis com os quais a *Gazeta de Colônia* simpatiza!

---

[8] Jornal sérvio publicado em Pest em 1848 e 1849, e mais tarde em Neusatz e Karlowitz.
[9] Jornal sérvio publicado em Karlowitz em 1848-1849.

Do teatro da guerra

NGR, n. 220, 13/2/1849

F. Engels

Publicamos abaixo o 5º Relatório do Corpo de Exército galício. De acordo com ele, os *relatos de vitória dos magiares* são parcialmente *confirmados*. É claro que Schlick sofreu uma derrota diante do Tisza, em Tarczal e Tokaj, senão ele não teria recuado até Boldogköváralya, a 5 milhas do campo de batalha. A descrição do combate também é significativamente incerta. Só é certo que Schlick, depois de uma violenta batalha, *se retirou* do Tisza. Que mais tarde ele teria feito os húngaros retroceder cruzando o Tisza não passa de boato-lei marcial.

Da Transilvânia chegam notícias bem diferentes das que seriam de se esperar de acordo com os últimos relatos de vitória de Puchner. Em vez de fugir para Thornburg depois da batalha de Hermannstadt, Bem *ameaçou mais uma vez* essa cidade em 26 de janeiro. Puchner, apesar de ter recebido reforços, foi obrigado a recuar com todas as suas tropas e se concentrar diante de Hermannstadt. Isto dá a impressão de que a batalha de Hermannstadt e todos os combates posteriores foram apenas o prólogo e a luta decisiva só agora seria travada. Também em Bucovina já se treme diante de uma nova invasão de Bem, que, segundo os próprios relatos austríacos, teria com ele 40 mil homens.

No sul, segundo cartas de Zagreb publicadas na *Folha Constitucional da Boêmia*, hostil aos magiares, a cidade de Esseg teria sido invadida pelos imperiais. Por enquanto, a guarnição magiar ainda se defende na fortaleza. As desavenças entre Stratimirovich e Rajachich persistem.

O primeiro processo de imprensa da *Nova Gazeta Renana*

NGR, n. 221, 14/2/1849

DISCURSO DE DEFESA DE FRIEDRICH ENGELS

Meus senhores jurados! O orador precedente tratou principalmente da acusação de ofensa ao procurador geral, sr. Zweiffel; permitam-me agora dirigir-lhes a atenção para a incriminação de calúnia contra os gendarmes. Trata-se sobretudo dos artigos de lei sobre os quais a acusação se apoia.

O art. 367 do Código Penal diz:

> É culpado do crime de calúnia aquele que, em local público ou em assembleias públicas ou em um documento autêntico e público ou em um *escrito impresso* ou não impresso, que tenha sido afixado, *vendido* ou distribuído, acuse alguém de fatos tais que, se fossem verdadeiros, exporiam aquele que fosse considerado culpado deles a um processo criminal ou correcional ou mesmo apenas ao *desprezo* ou ao *ódio dos cidadãos*.

O art. 370 acrescenta: "Se o fato constitutivo do objeto da acusação for legalmente *provado como verdadeiro*, o autor da acusação estará livre de qualquer penalidade [...] *Somente* será admitida como *prova legal* aquela resultante de um *julgamento* ou de algum outro *documento autêntico*."

Meus senhores! O Ministério Público lhes deu a interpretação *dele* dessas passagens da lei e, por conseguinte, os instou a nos declarar culpados. Já lhes foi chamada a atenção para o fato de que essas leis foram promulgadas em uma época em que a imprensa estava sob censura, em que existiam relações políticas muito diferentes das atuais; e, apoiado nisso, meu advogado[1] expressou a opinião de que essas leis obsoletas não deveriam mais ser reconhecidas como obrigatórias. O Ministério Público concordou com essa opinião, ao menos quanto ao art. 370. Ele se expressou nos seguintes termos: "Aos senhores, meus senhores jurados, cabe fundamentalmente decidir se a verdade dos fatos em questão foi *provada*" – e agradeço ao Ministério Público por tê-lo admitido.

Mas mesmo que os senhores não compartilhem essa opinião de que ao menos o art. 370, em sua limitação da prova da verdade, é obsoleto, certamente concordarão com a opinião de que deve haver uma outra interpretação dos artigos citados, diferente

---

[1] Schneider II.

daquela que o Ministério Público tentou oferecer-lhes. É justamente o privilégio dos jurados interpretar as leis conforme lhes indica seu bom-senso e sua consciência, independente de toda prática judicial tradicional. Somos acusados, sob o art. 367, de termos imputado aos gendarmes em questão ações que, se fossem verdadeiras, os exporiam ao desprezo e ao ódio dos cidadãos. Se os senhores tomarem essas expressões "ódio e desprezo" no sentido que o Ministério Público pretende lhes dar, então, enquanto as determinações do art. 370 estiverem em vigor, toda a liberdade de imprensa será suprimida. Como a imprensa poderia, nesse caso, cumprir seu primeiro dever, o dever de proteger os cidadãos dos abusos dos funcionários? Assim que ela denunciar um tal abuso à opinião pública, ela será levada ao tribunal e – se tudo ocorrer conforme o desejo do Ministério Público – condenada à prisão, multa e perda dos direitos civis; a não ser que ela apresente uma sentença judicial, isto é, que ela só torne pública a denúncia quando esta não tiver mais absolutamente nenhum propósito!

A comparação com o art. 369 demonstra o quão pouco adequadas a nossas atuais relações são as passagens da lei em questão, ao menos na interpretação que o Ministério Público quer lhes dar. Eis o que este diz:

"Por calúnias que tenham se tornado conhecidas por meio de *jornais estrangeiros* podem ser processados aqueles que enviaram o artigo [...] ou os que contribuíram para *introduzir e distribuir* esses jornais no país."

De acordo com esse artigo, meus senhores, seria dever do Ministério Público tomar medidas diariamente e hora a hora contra os funcionários do correio real prussiano. Pois há sequer um único entre os 365 dias do ano em que o correio prussiano não contribua "para introduzir e distribuir" calúnias, no sentido do Ministério Público, ao transportar e entregar este ou aquele jornal estrangeiro? E, no entanto, não ocorre ao Ministério Público processar o correio.

Tenham em mente também, meus senhores, que esses artigos foram elaborados em uma época em que, graças à censura, *era impossível* caluniar *funcionários* pela imprensa. Esses artigos só podem, portanto, conforme a intenção do legislador, ter o objetivo de proteger contra calúnias *pessoas privadas*, mas não *funcionários*, e só assim eles têm sentido. Mas desde que, com a conquista da liberdade de imprensa, também as ações dos funcionários puderam ser trazidas ao fórum da opinião pública, essa posição se modificou essencialmente. E é justamente aqui, em tais contradições entre uma velha legislação e uma nova condição política e social, é justamente aqui que os jurados têm de intervir e adequar a velha lei às novas condições por meio de uma nova interpretação.

Mas, como já foi dito: o próprio Ministério Público reconheceu que cabe fundamentalmente a vocês, meus senhores, decidir sobre a prova da verdade. Por isso ele tentou invalidar a prova da verdade que lhes apresentamos por meio de testemunhas. Vejamos, pois, o artigo jornalístico em questão,[2] para verificar se as acusações efeti-

---

[2] Ver "Prisões".

vamente foram provadas e, ao mesmo tempo, se constituem realmente uma calúnia. O início do artigo diz:

"De manhã entre 6 e 7 horas, seis ou sete gendarmes entraram no apartamento de Anneke, maltrataram imediatamente a empregada" etc.

Meus senhores, vocês ouviram o depoimento de Anneke sobre esse ponto. Os senhores se lembram que eu pretendia dirigir mais uma vez às testemunhas de Anneke a pergunta sobre os maus-tratos à empregada, e que o sr. presidente declarou que a pergunta era supérflua, porque o assunto fora suficientemente estabelecido. Caluniamos os gendarmes quanto a esse ponto?

Continuando: "Na antessala, essa pressão transformou-se em violência, durante a qual um dos gendarmes reduziu a cacos a porta de vidro. Anneke foi empurrado escada abaixo". Meus senhores, vocês ouviram o depoimento da testemunha de Anneke; os senhores se lembram o que a testemunha de Esser disse, que os gendarmes saíram da casa com Anneke "a todo vapor" e também o *empurraram* para dentro do carro; eu lhes pergunto mais uma vez, meus senhores, aqui nós caluniamos?

Finalmente, há uma passagem no artigo cuja veracidade não foi provada *literalmente*. É a seguinte: "Desses quatro pilares da justiça, um estava meio vacilante, a essa hora da manhã já pleno de 'espírito', da água da verdadeira vida, a aguardente".

Eu admito, meus senhores, que as palavras expressas de Anneke só permitem constatar o seguinte: "a julgar por seu comportamento, os gendarmes poderiam muito bem estar bêbados", o que só constata que os gendarmes se *comportaram* como bêbados. Mas, meus senhores, comparem com o que dissemos dois dias mais tarde, em resposta à réplica do sr. procurador público Hecker:

> A ofensa só poderia se aplicar a um dos senhores gendarmes, sobre quem foi assegurado que em hora matutina '*vacilava*' por motivos mais ou menos espirituais ou espirituosos. Mas se a investigação, como não duvidamos nem por um momento, expuser com exatidão os fatos – as brutalidades cometidas pelos senhores agentes do poder público –, então acreditamos ter apenas salientado cuidadosamente, com toda a imparcialidade que convém à imprensa, a única '*circunstância atenuante*', no próprio interesse dos senhores por nós acusados; e o *Parquet* transformou a informação altruísta da única circunstância atenuante em uma ofensa!

Por aí podem ver, meus senhores, como nós mesmos incentivamos uma investigação dos fatos em questão. Não é nossa culpa que a investigação não tenha ocorrido. De resto, quanto à imputação de bebedeira, pergunto-lhes o que há de tão importante para um gendarme real prussiano quando se diz dele que tomou uma dose a mais? Quanto a isso poder ser considerado uma calúnia, apelo à opinião pública de toda a Renânia.

E como o Ministério Público pode falar em calúnia, se os supostamente caluniados não são nomeados, nem sequer precisamente indicados? Fala-se de "seis-sete gendarmes". Quem são eles? Chegou a seus ouvidos, meus senhores, que algum gendarme *determinado* tenha sido exposto, por esse artigo, "ao ódio e ao desprezo dos cidadãos"? A lei requer expressamente que o indivíduo caluniado seja explicitamente indicado; pois bem, no trecho em questão nenhum gendarme determinado poderia encontrar um insulto, no máximo só a gendarmeria real-prussiana como um todo poderia se considerar insultada. Ela poderia sentir-se caluniada por ter sido publicado que ilegalidades e brutalidades foram cometidas impunemente por membros dessa corporação. Mas, meus senhores, não é um crime acusar de brutalidades a gendarmeria real-prussiana em geral. Desafio o Ministério Público a mostrar a passagem da lei segundo a qual seria passível de punição ofender, insultar ou caluniar a corporação policial real-prussiana, se é que se pode falar aqui de calúnia.

O Ministério Público só viu, de fato, no artigo em questão uma prova de desenfreada mania de difamação. Meus senhores, o artigo lhes foi lido. Os senhores constataram nele que nós consideramos isoladamente as ilegalidades mais ou menos insignificantes ocorridas então em Colônia, que as exploramos e difundimos no interesse de nosso suposto rancor contra funcionários de baixo escalão? Ou, ao contrário, que apresentamos esses fatos como um elo na grande corrente dos atentados da reação, que se verificavam à época em toda a Alemanha? Detivemo-nos nos gendarmes e no Ministério Público em Colônia, ou levamos o assunto adiante até o fundo e seguimos suas causas até o ministério secreto em Berlim?[3] Mas, sem dúvida, é menos perigoso atacar o grande ministério secreto em Berlim do que o pequeno Ministério Público em Colônia – e a prova disso é estarmos hoje aqui diante dos senhores.

Considerem o final do artigo. Ali consta: "Eis, portanto, as ações do Ministério de Ação, do ministério da centro-esquerda, do ministério de transição para um ministério da velha nobreza, da velha burocracia, da velha Prússia. Assim que o sr. Hansemann cumprir sua tarefa transitória, será demitido".

Meus senhores, os senhores se lembram do que aconteceu em setembro[4] do ano passado: como Hansemann foi "demitido" como supérfluo, certamente sob a forma mais decente da renúncia voluntária, e como foi sucedido pelo ministério Pfuel-Eichmann--Kisker-Ladenberg, literalmente um "ministério da velha nobreza, da velha burocracia, da velha Prússia".

O artigo continua:

> Mas a esquerda de Berlim precisa entender que o velho poder pode tranquilamente lhe conceder pequenas vitórias parlamentares e grandes projetos de constituição desde que, nesse meio tempo, ele se apodere de todas as posições realmente decisivas. Pode tranquilamente reconhecer a revolução de 19 de março na Câmara, desde que seja desarmada fora da Câmara.

---

[3] Em 8 de fevereiro de 1849, compareceram diante do tribunal do júri em Colônia Karl Marx, Karl Schapper e o advogado Schneider II; foram acusados de incitação à insurreição em função do apelo do Comitê de 18 de novembro de 1848 sobre a negação dos impostos. O júri os declarou inocentes.

[4] Na *NGR*: agosto.

Certamente não preciso dizer quão correta era essa avaliação. Os senhores mesmos sabem que exatamente na mesma proporção em que o poder da esquerda crescia na Câmara, o poder do partido do povo foi aniquilado *fora* da Câmara. É preciso que eu lhes enumere as brutalidades impunes da soldadesca prussiana em inúmeras cidades, o florescimento dos estados de sítio, o desarmamento de tantas milícias cívicas – e por fim a marcha heroica de Wrangel sobre Berlim – para mostrar que a revolução foi realmente desarmada, que o velho poder se apoderou de fato de todas as posições decisivas?

E, por fim, a notável profecia: "Em uma bela manhã, a esquerda poderá se dar conta de que *suas vitórias parlamentares e sua derrota efetiva coincidem*".

Quão literalmente isso se confirmou! O mesmo dia em que a esquerda se tornou majoritária na Câmara foi o dia de sua derrota efetiva. Exatamente a vitória parlamentar da esquerda conduziu ao golpe de Estado de 9 de novembro, à transferência e adiamento da Assembleia Nacional e finalmente a sua dissolução e à outorga da constituição. A vitória parlamentar da esquerda coincidiu diretamente com sua completa derrota fora do parlamento.

Essa previsão política tão literalmente confirmada, meus senhores, é, portanto, o resultado, o corolário, a conclusão que nós tiramos dos atos de violência sucedidos em toda a Alemanha, inclusive em Colônia. E fala-se em cega mania de difamação. De fato, não parece que hoje nós nos apresentamos diante de vocês, meus senhores, para responder pelo crime de ter divulgado corretamente fatos corretos e tirado deles consequências corretas?

Em resumo: Vocês, meus senhores jurados, devem decidir nesse momento sobre a liberdade de imprensa na Renânia. Se deve ser vedado à imprensa noticiar o que acontece sob seus olhos, se diante de cada fato embaraçoso ela deve esperar até haver uma sentença judicial, se diante de cada funcionário, do ministro ao gendarme, ela deve primeiro questionar se ele poderia sentir-se ofendido em sua honra ou delicadeza pelos fatos citados, independentemente de serem os fatos verdadeiros ou não; se a imprensa é posta diante da alternativa de falsificar os acontecimentos ou calar-se totalmente – então, meus senhores, a liberdade de imprensa é suprimida, e se é isso que os senhores querem, então que nos declarem *"culpados"*!

O pan-eslavismo democrático

NGR, n. 222, 15/2/1849

F. ENGELS

Colônia, 14 de fevereiro. Indicamos com bastante frequência que os doces sonhos desabrochados depois das revoluções de fevereiro e março, que as fantasias ardentes sobre a fraternidade universal dos povos, a república federativa europeia e a paz mundial eterna não passavam, no fundo, de velamento da ilimitada perplexidade e inatividade dos porta-vozes de então. Não se via, ou não se queria ver, o que tinha de ser feito para salvaguardar a revolução; não se podia ou não se pretendia impor nenhuma medida realmente revolucionária; a tacanhice de uns, as intrigas contrarrevolucionárias de outros convergiram para que ao povo só chegassem frases sentimentais em vez de ações revolucionárias. Lamartine, o velhaco eloquente, foi o *herói* clássico dessa época de traição do povo encoberta sob as flores da poesia e as lantejoulas da retórica.

Os povos que fizeram a revolução sabem o quão caro tiveram de pagar por terem então, em sua generosidade, acreditado nas grandes palavras e garantias pomposas. Em vez da salvaguarda da revolução – câmaras reacionárias por toda parte, que minaram a revolução; em vez de realização das promessas feitas nas barricadas –, as contrarrevoluções de Nápoles, Paris, Viena, Berlim, a queda de Milão, a guerra contra a Hungria; em vez da confraternização dos povos, a renovação da Santa Aliança sobre fundamentos mais amplos, sob o patronato da Inglaterra e da Rússia. E os mesmos homens que ainda em abril e maio aclamavam as frases altissonantes da época coram só ao pensar em como se deixaram então enganar por idiotas e velhacos.

Uma dolorosa experiência ensinou que a "confraternização europeia entre os povos" não pode se realizar por meio de meras frases e votos piedosos, mas somente por meio de revoluções profundas e lutas sangrentas; que não se trata de uma confraternização de todos os povos europeus sob uma bandeira republicana, mas da aliança dos povos revolucionários em oposição aos contrarrevolucionários, uma aliança que não se efetiva no *papel*, e sim somente no *campo de batalha*.

Em toda a Europa ocidental essas experiências amargas, mas necessárias, despojaram as frases de Lamartine de todo crédito. No leste, por outro lado, ainda há frações, frações supostamente democráticas, revolucionárias, que não se cansaram de servir de eco a essas frases e sentimentalismos e de pregar o evangelho da confraternização europeia dos povos.

Essas frações – abstraímos de alguns ignorantes entusiastas de língua alemã, como o sr. Ruge etc. – são os pan-eslavistas democráticos dos diversos povos eslavos.

Temos diante de nós o programa do pan-eslavismo democrático, numa brochura: "*Conclamação aos eslavos*. Por um patriota russo, Michael *Bakunin*, membro do Congresso Eslavo em Praga". Köthen, 1848.

Bakunin é nosso amigo. Isso não nos impedirá de submeter sua brochura à crítica.

Ouçamos como Bakunin, já no início de sua conclamação, se vincula às ilusões de março e abril passados:

> Já o primeiro sinal de vida da revolução foi um grito de ódio contra a velha opressão, um grito de simpatia e de amor por todas as nacionalidades oprimidas. Os povos [...] sentiram finalmente a ignomínia com a qual a velha diplomacia sobrecarregou a humanidade, e reconheceram que jamais o bem-estar das nações está assegurado enquanto em qualquer lugar da Europa um único povo ainda viver sob opressão [...] Abaixo os opressores, ressoou como uma só voz; viva os oprimidos, os poloneses, os italianos e todos! Nenhuma guerra de conquista mais, mas ainda uma última guerra combatida até o fim, o bom combate da revolução pela libertação final de todos os povos! Abaixo as barreiras artificiais que foram violentamente erguidas por congressos despóticos[1] de acordo com as assim-chamadas necessidades históricas, geográficas, comerciais e estratégicas! Não deve haver nenhuma outra linha de demarcação além daquelas fronteiras correspondentes à natureza, estabelecidas pela justiça e no sentido da democracia, traçadas pela vontade soberana dos povos mesmos, sobre a base de suas características nacionais. Eis o clamor emanado de todos os povos. (p. 6-7).

Reencontramos já nessa passagem todo o entusiasmo delirante dos primeiros meses posteriores à revolução. Não há uma única palavra sobre os obstáculos para uma tal libertação geral existentes na realidade, sobre os níveis de civilização tão completamente diferentes de cada um dos povos e as igualmente diferentes necessidades políticas, condicionadas por eles. A palavra "liberdade" substitui tudo isso. Não há qualquer palavra sobre a realidade, ou, na medida em que chega a ser considerada, é descrita como absolutamente repudiável, criação arbitrária de "congressos despóticos" e "diplomatas". A esta perversa realidade contrapõe-se a pretensa vontade popular com seu imperativo categórico, com sua exigência absoluta de "liberdade" simplesmente.

Já vimos quem foi o mais forte. A pretensa vontade do povo foi ludibriada de modo tão vergonhoso justamente porque consentiu numa tão fantástica abstração das relações efetivamente existentes.

> Por seus plenos poderes, a revolução declarou dissolvidos os Estados despóticos, dissolvido o império prussiano [...] a Áustria [...] o império turco [...] dissolvido, por fim, o último consolo dos déspotas, o império russo [...] e como objetivo final de tudo – a federação geral das repúblicas europeias. (p. 8)

---

[1] Referência ao Congresso de Viena de 1814-1815.

De fato, para nós no Ocidente deve parecer estranho que todos esses belos planos ainda possam ser vistos como meritórios e grandiosos depois de terem fracassado em sua *primeira* tentativa de realização. Com efeito, o mais grave foi justamente que a revolução tenha "por seus plenos poderes declarado dissolvido", mas ao mesmo tempo não tenha movido um dedo, "por seus plenos poderes", para consumar seu decreto.

À época o Congresso Eslavo foi convocado. O Congresso Eslavo adotou exatamente o ponto de vista dessas ilusões. Ouçamos:

> Com um vivo senso dos laços comuns da história [?] e do sangue, juramos não deixar que nossos destinos se separassem novamente uns dos outros. Amaldiçoando a política, cujas vítimas fomos por tanto tempo, *instituímos nós mesmos* nosso direito a uma completa *independência* e *nos prometemos* que doravante esta deve ser *comum* a *todos os povos* eslavos. Reconhecemos a independência da Boêmia e da Morávia [...] estendemos nossa mão fraterna ao povo alemão, à Alemanha democrática. Em nome daqueles de nós que vivem na Hungria, oferecemos aos magiares, os furiosos inimigos de nossa raça [...] uma aliança fraterna. Também não esquecemos, em nossa liga da libertação, daqueles nossos irmãos que suspiram sob o jugo dos turcos. Amaldiçoamos solenemente a política criminosa que por três vezes dilacerou a Polônia [...] Tudo isso proclamamos e reivindicamos, com todos os democratas de todos os povos [?]: liberdade, igualdade, fraternidade entre todas as nações. (p. 10)

Atualmente o pan-eslavismo democrático ainda postula essas reivindicações:

> Naquela época sentíamo-nos seguros de nossa causa [...] a justiça e a humanidade estavam totalmente de nosso lado, e do lado de nossos inimigos nada além de injustiça e barbárie. Não eram quimeras vazias aquelas às quais nos dedicávamos, eram as ideias da única política verdadeira e necessária, a política da revolução.

"Justiça", "humanidade", "liberdade", "igualdade", "fraternidade", "independência" – até agora não encontramos nada mais no manifesto pan-eslavista do que essas categorias mais ou menos morais, que por certo soam muito bem, mas que, em questões históricas e políticas, *não provam absolutamente nada*. A "justiça", a "humanidade", a "liberdade" etc. podem ser exigidas mil vezes por este ou aquele; mas se a coisa for impossível, ela não se realiza e permanece, apesar de tudo, uma "quimera vazia". Os pan-eslavistas deveriam ter sido esclarecidos sobre suas ilusões pelo papel que a massa dos eslavos desempenhou desde o Congresso de Praga, deveriam ser capazes de perceber que todos os votos piedosos e belos sonhos nada podem contra a férrea realidade, que sua política, tanto quanto a da república francesa, nunca foi a "política da revolução". E, no entanto, eles ainda vêm a nós hoje, em janeiro de 1849, com as mesmas velhas frases, sobre cujo conteúdo a Europa ocidental foi desiludida pela mais sangrenta contrarrevolução!

Só uma palavra sobre a "fraternidade universal entre os povos" e o desenho de "fronteiras, traçadas pela vontade soberana dos povos mesmos, sobre a base de suas características nacionais". Os Estados Unidos e o México são duas repúblicas, em ambas o povo é soberano.

Como é que entre essas duas repúblicas, que de acordo com a *teoria moral* deveriam ser "fraternas" e "federadas", irrompeu uma guerra por causa do Texas,[2] como é que a "vontade soberana" do povo americano, apoiada na bravura dos voluntários americanos, desviou em algumas centenas de milhas, por "necessidades geográficas, comerciais e estratégicas", as fronteiras traçadas pela natureza? E Bakunin vai censurar os americanos por uma "guerra de conquista", que certamente é um sério golpe em sua teoria apoiada na "justiça e humanidade", mas que, no entanto, foi conduzida única e exclusivamente no interesse da civilização? Ou por acaso é uma infelicidade que a esplêndida Califórnia tenha sido arrancada dos preguiçosos mexicanos, que não sabiam o que fazer com ela? Que os enérgicos *yankees*, pela rápida exploração de suas minas de ouro, aumentem os meios de circulação, concentrem em poucos anos, na costa do oceano Pacífico, uma densa população e um amplo comércio, criem grandes cidades, estabeleçam comunicações por vapor, construam uma ferrovia de Nova York a São Francisco, abram realmente pela primeira vez o Oceano Pacífico para a civilização, e, pela terceira vez na história, deem ao comércio mundial uma nova direção? A "independência" de alguns californianos e texanos espanhóis pode sofrer com isso, a "justiça" e outros princípios morais podem ser violados aqui e ali; mas, o que é isso diante de fatos de tal significado histórico-mundial?

Observamos, a propósito, que essa teoria da fraternidade universal dos povos, que nada mais pretende além da mera confraternização, sem consideração pela posição histórica, pelo nível de desenvolvimento social de cada povo, já fora combatida pelos redatores da *N[ova] G[azeta] R[enana]* muito antes da revolução, e à época inclusive contra seus melhores amigos, os democratas ingleses e franceses. Os jornais democráticos ingleses, franceses e belgas daquela época o comprovam.

No que se refere especificamente ao pan-eslavismo, expusemos no número 194 da *NGR*[3] como este, abstraídas as autoilusões bem-intencionadas dos pan-eslavistas democratas, não tem na realidade outro objetivo do que dar aos eslavos austríacos, fragmentados, dependentes histórica, literária, política, comercial e industrialmente dos alemães e magiares, um ponto de apoio, de um lado na Rússia, de outro lado na monarquia unificada austríaca, dominada pela maioria eslava e dependente da Rússia. Expusemos como tais pequenos povos, arrastados há séculos pela história contra sua

---

[2] Referência à Guerra de 1846-1848 entre os Estados Unidos da América e o México, como resultado da qual os EUA se apoderaram de quase metade do território do México, incluindo todo o Texas, a Alta Califórnia, o Novo México e outras regiões. Avaliando esses eventos no artigo, Engels segue a concepção geral de que era um progresso para países patriarcais e feudais ser atraído para a órbita das relações burguesas porque, pensava ele, isso aceleraria a criação de pré-condições para uma revolução proletária. Nos anos subsequentes, no entanto, ele e Marx entenderam as deploráveis consequências das conquistas coloniais e a submissão dos países atrasados por grandes Estados. Particularmente, tendo feito um estudo minucioso sobre a história da agressão estadunidense ao México e outros países do continente americano, Marx, em seu artigo "A Guerra Civil na América do Norte" (1861), descreveu-a como expansão no interesse da oligarquia proprietária de escravos, dominante nos estados do sul, e de elementos burgueses no norte, que a apoiou, como uma política que objetivava se apoderar de novos territórios para disseminar a escravidão.

[3] Ver "A batalha magiar".

própria vontade, necessariamente tinham de ser contrarrevolucionários, e como toda sua posição na revolução de 1848 realmente foi contrarrevolucionária. Diante do manifesto democrata-pan-eslavista, que reivindica a independência de todos os eslavos sem distinção, precisamos voltar a esse ponto.

Observamos, primeiro, que o romantismo e sentimentalismo político dos democratas do Congresso Eslavo é perfeitamente desculpável. Com exceção dos poloneses – os poloneses não são pan-eslavistas, por razões bem óbvias –, pertencem todos a povos que ou são necessariamente contrarrevolucionários, como os eslavos do sul, por toda sua posição histórica, ou que, como os russos, estão ainda muito longe de uma revolução, e por isso, ao menos por enquanto, ainda são contrarrevolucionários. Essas frações, democratas graças à sua formação obtida no exterior, procuram harmonizar sua concepção democrática com seu sentimento nacional, que é sabidamente muito acentuado entre os eslavos; e como o mundo positivo, as reais condições de seu país não oferecem nenhum, ou apenas fictícios pontos de partida para essa reconciliação, não lhes resta nada mais do que o transmundano "reino aéreo dos sonhos",[4] o reino dos votos piedosos, a política da fantasia. Como seria belo se croatas, panduros e cossacos constituíssem a vanguarda da democracia europeia, se o embaixador da república da Sibéria apresentasse suas credenciais em Paris! Perspectivas muito agradáveis, por certo; no entanto, nem o mais entusiasmado pan-eslavista exige que a democracia europeia deva esperar por sua realização – e por enquanto justamente as nações cuja específica independência o manifesto exige são os específicos inimigos da democracia.

Repetimos: exceto os poloneses, os russos e no máximo os eslavos da Turquia, nenhum povo eslavo tem um futuro, pela simples razão de que faltam a todos os demais eslavos as mais básicas condições históricas, geográficas, políticas e industriais da independência e viabilidade.

Povos que nunca tiveram uma história própria, que desde o momento em que alcançaram o primeiro, o mais elementar nível de civilização, já caíram sob tutela estrangeira ou que só atingiram o primeiro nível da civilização *forçados* por um jugo estrangeiro, não têm qualquer viabilidade, jamais poderão alcançar qualquer independência.

E este foi o destino dos eslavos austríacos. Os tchecos, entre os quais contamos também os morávios e eslovacos, apesar de serem distintos linguística e historicamente, nunca tiveram uma história. Desde Carlos, o Grande, a Boêmia foi acorrentada à Alemanha. Por um momento o povo tcheco se emancipou e formou o reino da Grande Morávia, para rapidamente ser de novo subjugado e durante cinco séculos ser jogado de um lado para o outro como uma bola entre Alemanha, Hungria e Polônia. Então a Boêmia e a Morávia passaram definitivamente para a Alemanha, e as regiões eslovacas permaneceram com a Hungria. E estas "nações" por completo inexistentes historicamente reivindicam independência?

---

[4] Heine, H. *Alemanha. Um Conto de Inverno*. Cap. VII.

Do mesmo modo os assim-chamados eslavos do sul propriamente ditos. Onde está a história dos eslovenos da Ilíria, da Dalmácia, dos croatas e *schokazes*?⁵ Desde o século XI eles perderam a última aparência de independência política e caíram sob o domínio em parte dos alemães, em parte dos venezianos, em parte dos magiares. E com retalhos fragmentados pretende-se alinhavar uma nação forte, independente e viável?

E tem mais. Se os eslavos austríacos constituíssem uma massa compacta como os poloneses, os magiares, os italianos, se fossem capazes de se reunir em um Estado de 12-20 milhões de habitantes, suas reivindicações ainda teriam um caráter sério. Mas ocorre exatamente o contrário. Os alemães e magiares penetraram como uma larga cunha entre eles até a extremidade dos Cárpatos, quase até o mar Negro, separaram os tchecos, morávios e eslovacos dos eslavos do sul por uma larga faixa de 60-80 milhas. Ao norte da faixa, 5,5 milhões de eslavos, ao sul 5,5 milhões, separados por uma compacta massa de 10-11 milhões de alemães e magiares, que são aliados pela história e pela necessidade.

Mas por que os 5,5 milhões de tchecos, morávios e eslovacos não poderiam formar um reino, e os 5,5 milhões de eslavos do sul, junto aos eslavos turcos, formar outro reino?

Observe-se em qualquer bom mapa linguístico a distribuição dos tchecos e seus vizinhos linguisticamente afins. Como uma cunha, eles estão inseridos na Alemanha, mas corroídos e reprimidos dos dois lados pelo elemento alemão. Um terço dos boêmios fala alemão; para cada 24 tchecos da Boêmia há 17 alemães. E justamente os tchecos devem constituir o núcleo do pretendido reino eslavo; pois em todo caso os morávios estão fortemente misturados com os alemães, os eslovacos com alemães e magiares, e ademais completamente desmoralizados do ponto de vista nacional. E que reino eslavo, em que, no fim das contas, a *burguesia urbana* alemã *dominaria*!

O mesmo quanto aos eslavos do sul. Os eslovenos e croatas isolam a Alemanha e a Hungria do mar Adriático; e a Alemanha e a Hungria não *podem* se deixar isolar do mar Adriático, por "necessidades geográficas e comerciais", que para a fantasia de Bakunin não são, *é verdade*, um obstáculo, mas que, no entanto, efetivamente existem e são questões vitais para a Alemanha e para a Hungria tanto quanto, por exemplo, a costa do mar Báltico de Danzig até Riga para os poloneses. E quando se trata da existência, do livre desenvolvimento de todos os recursos das grandes nações, um tal sentimentalismo como a consideração por alguns alemães ou eslavos dispersos nada decidirá! E isso abstraindo de que esses eslavos do sul estão por toda parte igualmente misturados com elementos alemães, magiares e italianos, de que também aqui uma espiada no mapa linguístico desagrega o projetado reino eslavo do sul em retalhos desconexos, e que no melhor dos casos todo o reino seria entregue nas mãos dos burgueses italianos de Trieste, Fiume e Zara e dos burgueses alemães de Zagreb, Laibach, Karlstadt, Semlin, Pancsova e Weisskirchen!

---

⁵ Os *schokazes* são um povo austro-eslavo, de confissão católica romana, estabelecido no sul da Hungria e no norte da Iugoslávia. Eles fugiram da Bósnia no século XVIII diante do avanço turco.

Mas os eslavos do sul austríacos não poderiam se vincular aos sérvios, bósnios, morlacos[6] e búlgaros? Certamente, se além das dificuldades citadas também não existisse o ódio imemorial dos austríacos fronteiriços pelos eslavos turcos do outro lado do Sava e do Unna; mas essas pessoas, que há séculos se conhecem mutuamente como velhacos e bandidos, odeiam-se infinitamente mais, apesar de toda a afinidade racial, do que eslavos e magiares.

De fato, a posição dos alemães e magiares seria extremamente confortável se os eslavos austríacos recebessem ajuda para obter seus assim-chamados "direitos"! Um Estado boêmio-morávio independente encaixado entre a Silésia e a Áustria, a Áustria e a Estíria isoladas, pela "república dos eslavos do sul", de seu *débouché*[7] natural, o Adriático e o Mediterrâneo, o leste da Alemanha esfrangalhado como um pão roído por ratos! E tudo isso em agradecimento pelos esforços que os alemães se deram de civilizar os teimosos tchecos e eslovenos, de introduzir entre eles comércio, indústria, agricultura rentável e cultura!

Mas justamente esse jugo imposto aos eslavos sob o pretexto da civilização constitui de fato um dos maiores crimes dos alemães, bem como dos magiares! Senão, vejamos:

"Com razão vocês se zangam, com razão clamam por vingança contra a *execrável política alemã*, que não pensou em nada além de sua ruína, que *os escravizou por séculos* [...]". p. 5

"Os *magiares*, os *furiosos inimigos* de sua raça, que, quase não chegando a 4 milhões, atrevem-se a pretender pôr sob seu jugo 8 milhões de eslavos [...]". p. 9

"O que os magiares fizeram contra nossos irmãos eslavos, o que cometeram contra nossa nacionalidade, como pisotearam nossa língua e nossa independência, tudo isso eu sei." p. 30

Quais são, pois, os grandes, terríveis crimes dos alemães e magiares contra a nacionalidade eslava? Não falamos aqui da divisão da Polônia, que não é nosso tema no momento, falamos dos "séculos de injustiça" que supostamente foi infligida aos eslavos.

Ao norte, os alemães reconquistaram aos eslavos a região do Elba, antigamente alemã, mais tarde eslava; uma conquista que foi determinada por "necessidades geográficas e estratégicas", resultantes da divisão do império carolíngeo. Essas parcelas eslavas do território são totalmente germanizadas; a coisa está feita e não pode ser desfeita, a não ser que os pan-eslavistas redescubram as desaparecidas línguas sorábias, védicas e obotrítias[8]

---

[6] Parte da população das montanhas da Dalmácia (Iugoslávia). Os morlacos vivem na região de Zadar e Split (norte da Dalmácia) e no sul da Ístria. São descendentes da antiga população ilíria romanizada, que nos últimos séculos se misturou com a população sérvia da região. Hoje falam sérvio, mas ainda nos séculos XVI/XVII se encontravam entre eles meios de expressão romanos.

[7] Caminho comercial.

[8] Línguas de tribos eslavas ocidentais, que, depois da migração, aproximadamente desde o século V, vivem na região entre o Elba, Saale e Oder. O nome védico era originariamente um termo genérico alemão para vários povos eslavos e mais tarde passou a se referir somente aos sorábios da Lusácia. Obotritas: designação para muitas tribos eslavas da margem direita do baixo Elba e do oeste de Mecklenburg. No século XII, os obotritas

e as imponham aos habitantes de Leipzig, Berlim e Stettin. Mas até hoje ainda não foi contestado que essa conquista favoreceu a civilização.

No sul, os povos eslavos já estavam dispersos. Os ávaros não eslavos[9] tinham se dedicado a ocupar o território que mais tarde seria dominado pelos magiares. Os alemães submeteram a tributos esses eslavos e travaram muitas batalhas contra eles. Travaram as mesmas batalhas com os ávaros e os magiares, dos quais tomaram todo o território desde o Sem até Leitha. Enquanto essa região foi germanizada pela violência, a germanização das terras eslavas prosseguiu por si de modo pacífico, por imigração, pela influência da nação mais desenvolvida sobre a não desenvolvida. Indústria alemã, comércio alemão, cultura alemã introduziram por si mesmos a língua alemã no país. Quanto à "opressão", os eslavos não foram mais oprimidos pelos alemães do que a própria massa dos alemães.

Em relação aos magiares, há por certo também muitos alemães na Hungria, e nunca os magiares tiveram do que reclamar da "nefasta política alemã", apesar de serem "quase 4 milhões"! E se os "8 milhões de eslavos" tiveram de se submeter durante *oito séculos* ao jugo imposto a eles pelos 4 milhões de magiares, só isso basta para demonstrar quem é mais viável e vigoroso, os muitos eslavos ou os poucos magiares!

Mas o maior "crime" dos alemães e magiares é, sem dúvida, terem impedido esses 12 milhões de eslavos de se tornarem *turcos*! O que teria sido dessas pequenas naçõezinhas fragmentadas, que desempenharam um papel tão lamentável na história, o que teria sido delas se não tivessem sido aglutinadas por magiares e alemães e conduzidas contra os exércitos de Mohammed e Suleiman, se seus assim-chamados "opressores" não tivessem decidido as batalhas que foram travadas em defesa desses povos fracos! A sina dos "12 milhões de eslavos, valáquios e gregos", que "foram pisoteados por setecentos mil otomanos" até os dias de hoje, não é eloquente o bastante?

E, por fim, à época em que em toda a Europa as grandes monarquias eram uma "necessidade histórica", foi um "crime", foi uma "política nefasta" os alemães e os magiares terem reunido todas essas pequenas naçõezinhas estioladas, impotentes em um grande império, e, assim, as terem capacitado a participar de um desenvolvimento histórico que lhes teria sido totalmente estranho se fossem deixadas a si mesmas? Certamente algo assim não se leva a cabo sem esmagar violentamente algumas frágeis florações nacionais. Mas nada se consuma na história sem violência e sem implacável brutalidade, e se Alexandre, César e Napoleão tivessem tido a sentimentalidade à qual agora o pan-eslavismo apela em favor de seus clientes arruinados,[10] o que teria sido

---

foram submetidos pelos senhores feudais alemães e germanizados pela cruz e pela espada. Os sorábios da Lusácia estiveram entregues à opressão e à germanização até 1945.

[9] Povo turco-tártaro, proveniente da Ásia, que, no século VI, avançou até a Europa Central e se fixou no leste da Europa Central e nos Bálcãs. Dos séculos VII a IX, foram vencidos pelos turcos, eslavos, alemães e húngaros e finalmente desapareceram do registro histórico.

[10] Os clientes eram os plebeus que, em Roma, se punham sob a proteção de um patrício. Esse termo designa qualquer pessoa que se põe sob proteção.

da história? E os persas, celtas e germanos cristãos têm menos valor do que tchecos, ogulinos e mantos-vermelhos?

Mas *agora*, graças ao poderoso progresso da indústria, do comércio, das comunicações, a centralização política tornou-se uma necessidade ainda mais urgente do que nos séculos XV e XVI. O que ainda tem de ser centralizado, centraliza-se. E *agora* vêm os pan-eslavistas e nos exigem "libertar" esses eslavos semigermanizados, suprimir uma centralização imposta a esses eslavos por todos os seus interesses materiais!

Em resumo, é patente que esses "crimes" dos alemães e magiares contra os eslavos em questão estão entre as melhores e mais louváveis ações de que nosso povo e o povo magiar podem se vangloriar na história.

Ademais, quanto aos magiares, é preciso ainda notar especialmente que, sobretudo desde a revolução, eles vêm se comportando de modo complacente e fraco demais em relação aos pedantes croatas. É notório que Kossuth lhes fez todas as concessões possíveis, exceto que seus deputados pudessem falar em croata na Dieta Federal. E essa complacência para com uma nação por natureza contrarrevolucionária é a única coisa que se pode reprovar nos magiares.

NGR, n. 223, 16/2/1849

Colônia, 15 de fevereiro. Encerramos ontem com a demonstração de que os eslavos austríacos nunca tiveram uma história própria, que dependem histórica, literária, política, comercial e industrialmente dos alemães e magiares, que estão parcialmente germanizados, magiarizados, italianizados, que, se constituíssem Estados autônomos, não eles, mas sim a burguesia alemã e italiana dominariam as cidades desses Estados, e que, por fim, nem a Hungria nem a Alemanha podem tolerar a separação e constituição independente desses pequenos e inviáveis Estados intercalados.

Entretanto, tudo isso ainda não seria decisivo. Se, em alguma época durante sua opressão, os eslavos tivessem iniciado uma *nova história revolucionária*, teriam por isso mesmo demonstrado sua viabilidade. Desde esse momento a revolução teria interesse em sua emancipação, e o interesse particular dos alemães e magiares se desvaneceria diante do interesse maior da revolução europeia.

Mas precisamente nunca foi esse o caso. Os eslavos – lembrando mais uma vez que sempre excetuamos aqui os poloneses – foram sempre justamente os *principais instrumentos dos contrarrevolucionários*. Oprimidos em casa, no exterior foram os *opressores de todas as nações revolucionárias*, até onde se estendeu a influência eslava.

Não se diga que falamos aqui no interesse dos preconceitos nacionais alemães. Os jornais alemães, franceses, belgas e ingleses comprovam que justamente os redatores da *Nova Gazeta Renana* já se contrapunham do modo mais resoluto, muito *antes* da revolução, a todas as mesquinharias nacionais alemãs. Por certo, eles não insultaram os alemães aleatoriamente e só por ouvir dizer, como muitos outros; ao contrário, comprovaram historicamente e revelaram implacavelmente o papel sórdido que a Alemanha sem dúvida desempenhou na história, graças a sua nobreza e a sua burguesia, graças a seu atrofiado desenvolvimento industrial; sempre reconheceram, diante dos retardatários alemães, a superioridade das grandes nações históricas do ocidente, dos ingleses e dos franceses. Mas exatamente por isso nos permitimos não compartilhar as ardentes ilusões dos eslavos, e julgar outros povos tão severamente quanto julgamos nossa própria nação.

Até agora sempre se disse que os *alemães* eram os lansquenetes do despotismo em toda a Europa. Estamos muito longe de negar a vergonhosa participação dos alemães na ignominiosa guerra contra a Revolução Francesa de 1792 a 1815, na opressão dos italianos desde 1815 e dos poloneses desde 1772; mas quem esteve por trás dos alemães, quem os usou como seus mercenários ou sua vanguarda? A Inglaterra e a *Rússia*. De fato, os russos se vangloriam até os dias de hoje de haver decidido a queda de Napoleão com seus inumeráveis exércitos, o que de fato é correto em grande medida. Ao menos é certo que, dos exércitos que repeliram Napoleão do Oder até Paris por sua superioridade numérica, três quartos eram formados por eslavos, russos ou eslavos austríacos.

E quanto à opressão dos italianos e poloneses pelos alemães? Para a divisão da Polônia contribuíram um poder totalmente eslavo e um meio eslavo; os exércitos que esmagaram Kosciuszko eram em sua maior parte *eslavos*; os exércitos de Dibich e Paskevich eram exclusivamente *eslavos*. E na Itália os *tedeschi*[11] carregaram sozinhos por muitos anos a vergonha de serem considerados opressores; mas, mais uma vez, quem compunha os exércitos que melhor se deixaram usar para a opressão e por cujas brutalidades os alemães foram responsabilizados? Novamente os *eslavos*. Quem for à Itália e perguntar quem aniquilou a revolução milanesa, não mais ouvirá: os *tedeschi* – desde que os *tedeschi* fizeram uma revolução em Viena, não são mais odiados –, mas sim: os *croati*. Eis a palavra que para os italianos resume agora todo o exército austríaco, isto é, tudo que odeiam mais profundamente: *i croati*!

E, no entanto, essas acusações seriam supérfluas e injustas se em algum lugar os eslavos tivessem participado seriamente do movimento de 1848, se tivessem se apressado em se alistar nas fileiras dos povos revolucionários. Uma única tentativa corajosa de revolução democrática, mesmo se é sufocada, apaga na memória dos povos todos os séculos de infâmia e covardia, reabilita imediatamente uma nação, mesmo a mais profundamente desprezada. Os alemães vivenciaram isso no ano passado. Mas enquanto franceses, alemães, italianos, poloneses, magiares hastearam a bandeira da revolução, os *eslavos*, como *um só* homem, se puseram sob a bandeira da *contrarrevolução*. Primeiro os eslavos do sul, que já há longos anos defendiam suas intenções separatistas contrarrevolucionárias em oposição aos magiares; depois os tchecos, e atrás deles, preparados para a guerra e para aparecer no campo de batalha justo no momento decisivo – os *russos*.

---

[11] Alemães.

Sabe-se que na Itália os hussardos magiares se passaram em massa para os italianos, que na Hungria batalhões italianos inteiros se puseram à disposição do governo magiar revolucionário e ainda lutam sob a bandeira magiar; sabe-se que em Viena os regimentos alemães simpatizaram com o povo, e mesmo na Galícia não eram absolutamente de confiança; sabe-se que poloneses austríacos e não austríacos lutaram em massa na Itália, em Viena, na Hungria contra os exércitos austríacos e ainda lutam nos Cárpatos; mas, onde jamais se ouviu que tropas tchecas ou de eslavos do sul teriam se rebelado contra a bandeira negra e amarela?

Ao contrário, até agora só se sabe que a Áustria, abalada em seus alicerces, foi mantida viva e por um momento novamente salva pelo entusiasmo negro-e-amarelo dos eslavos; que foram justamente os croatas, eslovenos, dalmácios, tchecos, morávios e rutenos que puseram seus contingentes à disposição de um Windischgrätz e de um Jellachich para o aniquilamento da revolução em Viena, Cracóvia, Lemberg, Hungria, e agora ainda aprendemos com Bakunin que o *Congresso Eslavo* de Praga *foi dissolvido* não por alemães, mas sim por *eslavos* galícios, tchecos e eslovacos e *"ninguém mais a não ser eslavos"* (p. 33)!

A revolução de 1848 obrigou todos os povos europeus a se declarar a favor ou contra ela. Em um mês todos os povos maduros para a revolução tinham feito sua revolução, todos os povos imaturos tinham se aliado contra a revolução. À época isso significou desembaraçar a confusão de povos da Europa oriental. Tratava-se de qual nação tomaria aqui a iniciativa revolucionária, qual desenvolveria a maior energia revolucionária e desse modo asseguraria seu futuro. Os eslavos permaneceram mudos, os alemães e magiares, fiéis a sua posição histórica anterior, se puseram à frente. E, assim, os eslavos foram atirados completamente nos braços da contrarrevolução.

Mas e o Congresso Eslavo em Praga?

Repetimos: os assim-chamados democratas entre os eslavos austríacos são ou velhacos ou sonhadores, e os sonhadores, que não encontram solo em seu povo para as ideias introduzidas do exterior, são continuamente levados pelo nariz pelos velhacos. No Congresso Eslavo de Praga, os sonhadores prevaleciam. Como a fantasia parecia ameaçadora aos pan-eslavistas *aristocratas*, aos senhores conde Thun, Palacky e consortes, eles traíram os sonhadores para Windischgrätz e a contrarrevolução negra-e-amarela. Que ironia amarga e contundente que esse congresso de entusiastas, defendido pela entusiasta juventude de Praga, tenha sido dispersado por soldados de sua própria nação, como se ao sonhador Congresso Eslavo tivesse se contraposto um Congresso Eslavo militar! O exército austríaco, que tomou Praga, Viena, Lemberg, Cracóvia, Milão e Budapest, eis o verdadeiro, o ativo Congresso Eslavo!

Os frutos do Congresso Eslavo comprovam quão infundada e confusa era sua fantasia. O bombardeamento de uma cidade como Praga teria cumulado qualquer outra nação com o mais inextinguível ódio aos opressores. O que fizeram os tchecos? Beijaram o látego com que foram açoitados até sangrar, juraram entusiasmados a bandeira sob a qual seus irmãos foram massacrados, suas mulheres violadas. O combate de rua de Praga foi o ponto de virada para os pan-eslavistas democratas austríacos. Pela perspectiva de sua miserável "autonomia nacional", venderam a democracia, a revolução à monarquia unificada austríaca, ao "centro", "à realização sistemática do despotismo no coração da Europa", como o próprio Bakunin diz à p. 29. E por essa mesquinha e covarde traição à revolução em algum momento nos vingaremos sangrentamente dos eslavos.

Finalmente ficou claro a esses traidores que, apesar de tudo, eles foram enganados pela contrarrevolução, que é impensável tanto uma "Áustria eslava" quanto um "Estado federativo de nações com iguais direitos", e menos ainda instituições democráticas para os eslavos austríacos. Jellachich, que não é mais velhaco do que a maioria dos restantes democratas entre os eslavos austríacos, arrepende-se amargamente do modo como foi explorado; e Stratimirovich, para não se deixar explorar por mais tempo, proclamou a insurreição aberta contra a Áustria. As Associações Slovanská-Lípa[12] novamente se contrapõem em toda parte ao governo e colhem diariamente novas experiências dolorosas sobre a armadilha para a qual se deixaram atrair. Mas agora é tarde demais: sem poder em sua própria pátria contra a soldadesca austríaca reorganizada por elas mesmas, repelidas pelos alemães e magiares que traíram, repelidas pela Europa revolucionária, terão de suportar o mesmo despotismo militar que ajudaram a infligir aos vienenses e magiares. "Sêde submissos ao imperador, para que as tropas imperiais não vos tratem como se fôsseis magiares rebeldes" – com essas palavras o patriarca Rajachich expressou o que elas têm a esperar no futuro próximo.

De que modo totalmente diferente agiram os *poloneses*! Há 80 anos oprimidos, escravizados, espoliados, sempre se posicionaram do lado da revolução, declararam indissociáveis o revolucionamento da Polônia e a independência da Polônia. Em Paris, em Viena, em Berlim, na Itália, na Hungria os poloneses se juntaram ao combate em todas as revoluções e guerras revolucionárias, independentemente de serem travadas contra alemães, contra eslavos, contra magiares, ou mesmo contra *poloneses*. Os poloneses são o único povo eslavo que está livre de aspirações pan-eslavas. Mas eles têm muito bons motivos para isso: foram subjugados principalmente *por seus próprios* supostos *irmãos eslavos*, e entre os poloneses o ódio aos russos precede mesmo o ódio aos alemães, e com toda razão. Mas por isso, porque a libertação da Polônia é inseparável da revolução, porque polonês e revolucionário se tornaram palavras idênticas, por isso a simpatia de toda a Europa pelos poloneses e a restauração de sua nacionalidade é tão certa quanto o ódio de toda a Europa pelos tchecos, croatas e russos e a mais sangrenta guerra revolucionária de todo o ocidente contra eles.

Os pan-eslavistas austríacos deviam entender que todos os seus desejos, na medida em que são factíveis, se realizam com a constituição da "monarquia austríaca uni-

---

[12] Associação nacional tcheca, fundada em abril de 1848. Em Praga, sua direção estava nas mãos dos liberais (Safarik, Gaue) que, depois da insurreição de Praga, passaram-se para o campo da contrarrevolução, enquanto nas filiais das províncias, naquele momento, desempenhavam papel dirigente principalmente representantes da burguesia tcheca radical.

ficada" sob proteção russa. Se a Áustria desmoronar, terão diante de si o terrorismo revolucionário dos alemães e magiares, mas de modo algum, como eles imaginam, a libertação de todas as nações escravizadas sob o cetro da Áustria. Em decorrência, eles têm de desejar que a Áustria se mantenha, e de fato que a Galícia permaneça com a Áustria, de modo que os eslavos conservem a maioria no Estado. Os interesses *pan-eslavistas* são, pois, aqui *diretamente opostos* à restauração da Polônia; pois uma Polônia sem a Galícia, uma Polônia que não vá do mar Báltico até os Cárpatos, não é uma Polônia. Mas por isso mesmo uma "Áustria eslava" não passa de mero sonho; pois sem a supremacia dos alemães e magiares, sem os dois centros – Viena e Budapest –, a Áustria se desintegra novamente, como prova toda a sua história até os últimos meses. A realização do pan-eslavismo teria de ser, por conseguinte, limitada ao patronato russo sobre a Áustria. Os pan-eslavistas abertamente reacionários tinham, assim, toda razão quando se aferravam à preservação da monarquia unificada; era o único meio de salvar alguma coisa. Mas os pan-eslavistas supostamente democráticos estavam num áspero dilema: ou renúncia à revolução e salvação ao menos parcial da nacionalidade pela monarquia unificada, ou renúncia à nacionalidade e salvação da revolução pelo colapso da monarquia unificada. À época o destino da revolução na Europa oriental dependia da posição dos tchecos e eslavos do sul; nós nunca esqueceremos que, no momento decisivo, em prol de suas mesquinhas esperanças nacionais, eles traíram a revolução para Petrogrado e Olmütz!

O que diríamos se o partido democrático na Alemanha abrisse seu programa com a reivindicação de retorno da Alsacia, da Lorena e da Bélgica, que a todos os títulos pertencem à França, sob o pretexto de que ali a maioria da população é alemã? Quão ridículos se tornariam os democratas alemães se pretendessem estabelecer uma aliança pan-germânica teuto-dinamarquesa-sueca-inglesa-holandesa para a "libertação" de todos os países falantes de alemão! Felizmente a democracia alemã está acima de tais fantasias. Os estudantes alemães de 1817 e 1830 estavam impregnados com entusiasmos reacionários desse tipo e hoje toda a Alemanha está lhes dando o que merecem. A revolução alemã só aconteceu, a nação alemã só começou a se tornar alguma coisa quando as pessoas se livraram completamente dessas futilidades.

Mas o pan-eslavismo também é tão infantil e reacionário quanto o pan-germanismo. Consultando a história do movimento pan-eslavista da última primavera em Praga, pensaríamos ter retrocedido 30 anos: faixas tricolores, velhos trajes franconios, velhas feiras eslavas, completa restauração da época e dos costumes das florestas primevas; a Svornost – uma réplica completa da Liga Estudantil[13] –, o Congresso Eslavo – uma nova edição

---

[13] Svornorst: organização nacional tcheca, principalmente estudantil, surgida na Boêmia em março de 1848. Liga Estudantil: organização estudantil alemã, nascida sob a influência da guerra de libertação contra Napoleão; defendia a unificação alemã. Ao lado de ideias progressistas, também eram muito difundidas na Liga Estudantil concepções nacionalistas extremadas.

do Festival de Wartburg;[14] as mesmas frases, o mesmo entusiasmo, os mesmos lamentos subsequentes: "Nós teríamos construído uma casa majestosa"[15] etc. Quem quiser ler essa famosa canção traduzida em prosa eslava, leia a brochura de Bakunin.

Exatamente como, ao longo do tempo, se destacaram nas Ligas Estudantis alemãs a mais decidida posição contrarrevolucionária, o mais raivoso ódio aos franceses e o mais mesquinho sentimento nacional, e como mais tarde todas se tornaram traidoras das causas pelas quais fingiram antes se entusiasmar – exatamente assim, só que mais rápido, pois o ano de 1848 foi um ano de revolução, entre os pan-eslavistas democráticos a aparência democrática muito depressa se converteu em ódio fanático aos alemães e magiares, em oposição indireta contra a restauração da Polônia (Lubomirski) e em adesão direta à contrarrevolução.

E se alguns democratas eslavos sinceros conclamam agora os eslavos austríacos a se vincular à revolução, enxergar a monarquia unificada como seu inimigo principal e de fato se pôr ao lado dos magiares no interesse da revolução, eles lembram a galinha que corre de um lado para o outro à beira do lago, desesperada pelos patinhos que ela mesma chocou e que de repente escapam para um elemento absolutamente estranho, para onde não pode segui-los.

Aliás, não nos iludamos. Para todos os pan-eslavistas, a nacionalidade, isto é, a fantástica nacionalidade eslava universal, *tem precedência diante da revolução*. Os pan--eslavistas querem se juntar à revolução sob a condição de lhes ser permitido constituir todos os eslavos sem exceção, sem consideração pelas necessidades materiais, em um Estado eslavo independente. Se nós, alemães, pretendêssemos estipular as mesmas condições fantásticas, teríamos ido longe em março! Mas a revolução não permite que se lhe imponha qualquer condição. Ou somos revolucionários e aceitamos as consequências da revolução, sejam elas quais forem, ou seremos atirados nos braços da contrarrevolução e um belo dia nos encontraremos, talvez completamente sem saber nem querer, ombro a ombro com Nicolau e Windischgrätz.

Nós e os magiares devemos garantir aos eslavos austríacos sua independência – é o que Bakunin exige, e pessoas do calibre de um Ruge são capazes de lhes ter feito tais promessas em segredo. Exige-se de nós e das demais nações revolucionárias da Europa que devemos garantir à horda da contrarrevolução, rente à nossa porta, uma existência desimpedida e o livre direito de conspirar e se armar contra a revolução; devemos constituir no coração da Alemanha um reino tcheco contrarrevolucionário, quebrar a força das revoluções alemã, polonesa e magiar interpondo entre elas postos avançados russos no Elba, nos Cárpatos e no Danúbio!

---

[14] O Festival de Wartburg foi organizado pelos estudantes em 18 de outubro de 1817, por ocasião do 300º aniversário da Reforma e do 4º aniversário da batalha de Leipzig. Esse festival, no qual pairava uma atmosfera nacionalista, tornou-se uma manifestação da oposição estudantil contra o regime de Metternich.

[15] Canção de August Daniel Binzer, composta em 1819 por ocasião da dissolução da Liga Estudantil de Jena.

Nem pensamos nisso. Às frases sentimentais sobre a fraternidade, que nos são aqui oferecidas em nome das nações mais contrarrevolucionárias da Europa, respondemos que o ódio aos russos era e ainda é a *primeira paixão revolucionária* dos alemães; que desde a revolução aflorou o ódio aos tchecos e croatas e que nós, em conjunto com poloneses e magiares, só podemos salvaguardar a revolução recorrendo ao mais resoluto terrorismo contra os povos eslavos. Sabemos agora onde estão concentrados os inimigos da revolução: na Rússia e nas regiões eslavas austríacas; e nenhuma frase, nenhuma alusão a um indeterminado futuro democrático desses países vai nos impedir de tratar nossos inimigos como inimigos.

E se Bakunin por fim exclama:

> Realmente, o eslavo não deve *perder* nada, deve ganhar! Realmente, deve viver! E nós viveremos. *Enquanto* nos for negada *a menor parte* de nossos direitos, enquanto *um único membro for mantido separado ou arrancado de nosso corpo íntegro*, travaremos *até o fim*, impiedosamente, uma *luta de vida ou morte* até que afinal o eslavismo grande, livre e independente encontre um lugar no mundo

– se o pan-eslavismo revolucionário leva a sério essa passagem e, quando se trata da nacionalidade eslava fantasiosa, deixa a revolução totalmente de lado, então também sabemos o que temos de fazer.

Então luta, "impiedosa luta de vida ou morte" contra o eslavismo traidor da revolução; luta de aniquilação e terrorismo implacável – não no interesse da Alemanha, mas no interesse da revolução!

O correspondente vienense da *Gazeta de Colônia*

NGR, n. 225, 18/2/1849

F. Engels

Colônia, 17 de fevereiro. Um enigma a menos na história mundial! O sr. Schwanbeck, redator da *Gazeta de Colônia* sob o sinal Δ, que ao mesmo tempo escreve para a mesma *Gazeta de Colônia* como correspondente em Viena sob o sinal Δ Δ, sabidamente caluniou os magiares enquanto foi possível sob as duas firmas, acusando-os de covardia e infâmia, e não apenas os venceu, mas repetidamente os aniquilou, e compôs ditirambos para a entrada do conjunto do exército com suas cortes marciais em diversas cidades e comitatos da Hungria.

O próprio sr. Schwanbeck resolveu agora o enigma; como Aquiles, só nosso Schwanbeck mesmo pode curar as feridas que ele causou.

E qual é a solução do enigma? – *O medo de Welden*. Daí o aviltamento dos vienenses e magiares, as lastimáveis mentiras sobre os sucessos militares austríacos, as bajulações e flertes com croatas e panduros.

Pois, diz o famoso Schwanbeck, pois, diz ele:

"Até agora, de fato, quem ousou duvidar do vitorioso avanço do exército imperial em *todos* os pontos da monarquia foi formalmente punido por mentir e foi agraciado pelo governador barão Welden com o honroso título de *moleque malicioso*" (n. 41[1] da *G*[*azeta de*] *C*[*olônia*]).

Por respeito a Welden, durante dois meses os leitores da *Gazeta de Colônia* tiveram de ser enganados e ludibriados pelo correspondente vienense Δ Δ sobre a guerra húngara.

Goethe disse de *Pustkuchen*: "Se mesmo a baleia tem seu piolho, também eu devo ter o meu."[2]

Kossuth pode dizer o mesmo de *Schwanbeck*.

---

[1] Na *NGR*: n. 40.
[2] Goethe, W. *Zahme Xenien*, V.

A *Gazeta de Colônia* sobre a luta magiar

NGR, n. 225, 18/2/1849

F. Engels

Colônia, 17 de fevereiro.
"Encontrei finalmente o terreno
Onde fundear para sempre minha âncora" –
canta o valente Schwanbeck com o hinário protestante. Apesar do "comunicado austríaco" e do "sentimento de profunda indignação", este indignado campeão da virtude finalmente também se manifesta a favor de Windischgrätz na *primeira página* da *Gazeta de Colônia.*
Ouçamos:

> No conflito austríaco-húngaro, a assim-chamada imprensa democrática da Alemanha tomou partido a favor dos magiares [...] Bastante estranho, de fato! Os democratas alemães do lado daquela casta aristocrática para a qual seu próprio povo, apesar do século XIX, nunca deixou de ser a *misera contribuens plebs,*[1] os democratas alemães do lado dos mais insolentes opressores do povo!

Não nos recordamos se já chamamos a atenção do público para uma característica peculiar do bravo Schwanbeck, qual seja, a de que ele está habituado a apresentar altissonantes conclusões sem premissas. O trecho acima é uma dessas conclusões cuja premissa nunca viu a luz do dia.

E se os magiares fossem uma "casta aristocrática" dos "mais insolentes opressores do povo", o que isso prova? Windischgrätz, o assassino de Robert Blum, seria por isso um fio de cabelo melhor? Os cavaleiros da "monarquia unificada", os inimigos especiais da Alemanha e amigos de Schwanbeck, os Windischgrätz, Jellachich, Schlick etc. pretendem acaso *reprimir* a "casta aristocrática" e introduzir a liberdade da propriedade rural camponesa? Acaso os croatas e tchecos lutam pelo parcelamento renano da terra e pelo Code Napoléon?

Quando, em 1830, os poloneses se insurgiram contra a Rússia, a questão era se apenas uma "casta aristocrática" estava à frente? Tratava-se, à época, em primeiro lugar de

---

[1] Pobre plebe pagadora de impostos (sobretudo camponeses).

expulsar os estrangeiros. Toda a Europa simpatizou com a "casta aristocrática", que com efeito iniciara o movimento; pois a república da nobreza polonesa era de todo modo um enorme progresso comparada com o despotismo russo. E o sufrágio censitário francês de 1830, monopólio de 250 mil eleitores, não era em si uma sujeição política tão grande da *misera contribuens plebs* quanto o domínio da nobreza polonesa?

Suponhamos que a Revolução de Março húngara tenha sido uma mera revolução da nobreza. A monarquia "unificada" austríaca tem por isso o direito de oprimir a nobreza húngara e por seu intermédio os camponeses húngaros do mesmo modo que ela oprimiu a nobreza galícia e *por meio dela* os camponeses galícios (conf. Os Debates da Dieta de Lemberger de 1818)? Mas, sem dúvida, o grande Schwanbeck não é obrigado a saber que a maior parte da nobreza húngara, exatamente como a maior parte da nobreza polonesa, é constituída de meros proletários, cujos privilégios aristocráticos se limitam a não poderem ser submetidos a bastonadas.

Mas o grande Schwanbeck é ainda menos obrigado a saber que a Hungria é o único país no qual desde a Revolução de Março as obrigações feudais dos camponeses cessaram completamente de existir de direito e de fato. O grande Schwanbeck qualifica os magiares como uma "casta aristocrática", como "insolentes opressores do povo", como "aristocratas" – e o mesmo grande Schwanbeck não sabe ou não quer saber que desde o início da guerra os *magnatas* magiares, os Esterhazys etc., desertaram e foram para Olmütz[2] prestar homenagem e que justamente os oficiais "aristocratas" do exército magiar desde o início da luta até hoje cometeram diariamente novas traições à causa de sua nação! Senão, por que a maioria da Câmara dos Deputados ainda hoje está com Kossuth em Debreczin, enquanto há ali apenas 11 magnatas?[3]

Eis o Schwanbeck da *primeira* página, o Schwanbeck ditirâmbico do editorial. Mas o homem da terceira página, o homem que atacou Leopoldstadt seis vezes, tomou Eszek quatro vezes e que cruzou o Tisza várias vezes, o Schwanbeck estrategista tinha, afinal, de tomar sua revanche.

> Mas agora a guerra tomou um curso patético, verdadeiramente lamentável. Ininterruptamente, quase sem luta, os magiares recuaram de todas as suas posições; sem resistência, evacuaram mesmo sua cidade imperial fortificada, e diante dos croatas de Jellachich recuaram para o outro lado do Tisza.

"Quase sem luta" – isto é, depois de terem *detido* os austríacos *por dois meses inteiros* do Leitha até o Tisza, eles recuaram "quase sem luta". Esse bom Schwanbeck, que julga a grandeza de um general não conforme seus resultados *materiais*, mas sim de acordo com o número de homens que perdeu!

---

[2] Em 7 de outubro de 1848, depois de a revolução ter vencido em Viena, o imperador austríaco Ferdinando I e seus adeptos reacionários fugiram pela segunda vez de Viena, para Olmütz.

[3] Referência à Assembleia Estatal Húngara, que foi transferida de Pest para Debreczin durante o avanço do exército austríaco em dezembro de 1848. Alguns deputados da direita ficaram com Windischgrätz.

"Sem resistência, evacuaram mesmo sua cidade imperial fortificada"! Mas é preciso saber que *Ofen* foi de fato fortificada do lado ocidental, mas do oriental não. O Danúbio estava congelado, de modo que os austríacos puderam cruzá-lo com cavalos e carros, tomar Pest e a partir desta bombardear a indefesa Ofen.

Se Deutz não estivesse fortificada e o Reno estivesse congelado, se, em vista disso, um exército francês marchasse sobre o Reno por Wesseling e Worringen e dispusesse em Deutz 100 canhões contra Colônia, então o destemido Schwanbeck decerto aconselharia o coronel Engels a defender Colônia até o último homem. Bravo Schwanbeck!

Os magiares, "diante dos croatas de Jellachich, recuaram para o outro lado do Tisza". E o grande Schwanbeck vai negar que esses "croatas" totalizavam 250 a 300 mil homens, incluídos os corpos de Windischgrätz, Jellachich, Götz, Csorich, Simunich, Nugent, Todorovich, Puchner etc. etc., as tropas irregulares no Drava e no Banato? E todos esses eram os "croatas de Jellachich"? De resto, é fácil de compreender que um Schwanbeck, que é ele mesmo aparentado aos croatas e que não se sente à vontade com a história e a geografia, se entusiasme pelos croatas.

Mas por certo: "[...] também nós estamos longe de considerar os relatos oficiais do quartel-general austríaco *propriamente como um evangelho*". Ao contrário, de tempos em tempos Schwanbeck encontra, por exemplo, nos relatórios de Schlick

> uma *lacuna* que deve ser preenchida pelos leitores por todo tipo de suposições, e *no final não é de se admirar* [!!] que essas suposições se tornem *mais inquietantes do que deveriam* [!!!]. Suspeitamos de que também Puchner dê *um tom um tanto róseo demais* a seus boletins. Segundo estes, ele estaria marchando triunfalmente contra o 'general rebelde'. Então de repente, *para nosso grande espanto* [!], lemos uma conclamação dele na qual apela aos saxônios e valáquios, por tudo nesse mundo, a manter a coragem, e ali descobrimos de súbito que o derrotado Bem está diante de Hermannstadt, em plena Saxônia, e os pobres alemães [!!] finalmente não atinam com nenhum outro recurso senão procurar proteção junto aos russos. *Eis aqui* um *pequeno conflito entre os relatórios oficiais* e *os acontecimentos*, que só pode ser atribuído à *inexatidão* [!!] dos primeiros.

O cidadão Schwanbeck confessa que os boletins austríacos, e com eles a *Gazeta de Colônia*, mentiram desavergonhadamente sobre os supostos avanços austríacos; depois, quando a mentira não pode mais ser negada, Schwanbeck, o amigo da verdade, a chama de "um pequeno conflito entre os relatórios oficiais e os acontecimentos"!

"Mas se não consideramos de modo algum os relatórios militares austríacos como um oráculo, a nossos olhos" (ocupados com os citados "pequenos conflitos") "os boletins vitoriosos dos magiares ainda não ganharam nada. São ditados pela *imaginação*, e certamente seriam lidos com prazer se ao menos não fossem tão *terrivelmente ridículos*".

Esses "boletins" são tão "terrivelmente ridículos" que até agora não afirmaram nada que, considerando os fatos, o próprio grande Schwanbeck não tivesse de admitir. Ou Tokaj está nas mãos de Schlick? Um único austríaco cruzou o Tisza em Szolnok? Nos últimos 14 dias os imperiais avançaram ao menos um passo?

O 22º boletim austríaco, que acabamos de receber (ver abaixo),[4] economizará ao cidadão Schwanbeck o esforço de responder. Ele nos esclarece que os austríacos não foram mais longe do que os boletins 20 e 21 afirmavam.

"Assim estão as coisas: a guerra na Hungria caminha com passos gigantescos para seu final." Isso é claro. Schwanbeck já o dissera há 14 dias: "A guerra na Hungria se aproxima do fim. *Parturiunt montes, nascetur ridiculus mus*".[5] Isso foi no mesmo dia em que, pela primeira vez, ele fez os austríacos entrarem triunfalmente em Debreczin. Desde então se passaram 14 dias, e embora os magiares tenham "exagerado terrivelmente", os austríacos ainda nem cruzaram o Tisza, para não falar de Debreczin.

"Que as escassas forças armadas imperiais na Transilvânia não estejam à altura das hostes de Bem, engrossadas até formar um exército por bandos de fugitivos vindos de todas as partes da Hungria, eis o que ninguém deve estranhar."

Definitivamente não. Mas podemos estranhar que se trate de "bandos de fugitivos vindos de todas as partes da Hungria", uma vez que os húngaros ocuparam a linha do Tisza e do Mures e o cidadão Schwanbeck, apesar de suas ardentes preces, não conseguiu contrabandear para lá um único soldado imperial; e mais, que "bandos de fugitivos" de repente formem um exército, sem que os exércitos que os perseguem não sejam ao mesmo tempo capazes de os repelir de suas novas posições. Mas sem dúvida o grande Schwanbeck acredita que os húngaros, uma vez vencidos em sua nebulosa imaginação, correriam imediatamente do Danúbio até o Olt, sem olhar para trás para ver se estavam ou não sendo perseguidos.

O cidadão Schwanbeck se transformou no Carnot do século XIX ao descobrir a nova manobra com a qual *bandos fugitivos* vindos de todas as partes podem repentinamente formar um *exército vitorioso*.

Esse novo exército vitorioso poderia, é certo, causar sérias complicações. Entretanto, diz Schwanbeck:

"Veremos *de que modo a Rússia pronunciará aqui seu veto.*"

O bravo Schwanbeck que aqui apela à Rússia contra os magiares é o mesmo Schwanbeck que em 22 de março do ano passado publicou um artigo cheio de indignação moral contra o imperador da Rússia e declarou, à época, que se a Rússia se imiscuísse em nossos assuntos (e o assunto magiar é com certeza o nosso), ele, Schwanbeck, lançaria um apelo que *faria tremer o trono do tsar*! É o mesmo Schwanbeck que desde o início teve a função, na *Gazeta de Colônia*, de salvar a reputação liberal do jornal nos países europeus orientais não perigosos por meio de ódio aos russos oportunamente manifestado e de expressão hábil de livre-pensamento. Mas as complicações da Europa oriental parecem entediá-lo e, a fim de poder se abandonar plenamente a seu "sentimento de profunda

---

[4] Ver "Boletim n. 22".
[5] A montanha pariu, e nasceu um ridículo rato.

indignação" provocada pelo comunicado austríaco,[6] apela aos russos para encerrar a luta na Transilvânia.

A melhor resposta para esse artigo moralista-windischgrätziano-raivoso é o boletim do exército n. 22, que os leitores encontram abaixo. Juntamos a ele um comentário para que Schwanbeck entenda do que se trata, uma vez que até a última frase de seu artigo mostra ser, em geografia e estratégia, em parte ilimitadamente ignorante, em parte dependente da *Nova Gazeta Renana*.

---

[6] Referência ao comunicado do primeiro-ministro austríaco príncipe Schwarzenberg, de 4 de fevereiro de 1849, dirigido à Assembleia Nacional de Frankfurt, no qual, em nome de seu governo, ele se opôs à constituição de um Estado alemão unificado. O comunicado foi publicado na *Gazeta de Viena* n. 39, de 15 de fevereiro de 1849.

Boletim n. 22

NGR, n. 225, 18/2/1849, suplemento

F. ENGELS

O Boletim n. 22, o "boletim da vitória" dos imperiais, foi publicado. É o mais engraçado de todos os divulgados até agora.

> Em função da grande distância do teatro da guerra, que, graças ao recuo dos rebeldes para a outra margem do Tisza, foi estendido agora até a Transilvânia, só agora estamos novamente em condições de dar algumas notícias sobre os progressos do exército de Sua Alteza o marechal de campo príncipe Windischgrätz.

Do Tisza até a Transilvânia ainda são 40 milhas ou mais. Por enquanto, nenhum austríaco cruzou o Tisza. Se Schlick está em Hernath e Windischgrätz em Szolnok, sem poderem dar um passo adiante, isto é expresso assim na rodamontada linguagem imperial real: o teatro da guerra se estendeu até a Transilvânia.

E quais são os "progressos do exército de Sua Alteza o príncipe Windischgrätz"?

Primeiro "progresso":

> Depois da retirada de Pest, uma parte dos rebeldes foi na direção de Großwardein e Debreczin, a outra, sob Görgey, foi para Schemnitz e, depois de ter saqueado as cidades montanhesas, se voltou de início para Rosenberg, via Neusohl, mas ali, em consequência da recente ocupação dos desfiladeiros de St. Marton e Turany pelas tropas do sr. major-general von Götz, se dirigiu para o Zips, onde se deparou com um batalhão de infantaria de Nugent, sob o major von Reisewetter, com o qual houve combates em Kirchdorf e Hertnek em 3 e 4 de fevereiro.
>
> Enquanto isso, graças a reforços enviados de Eperies pelo tenente-marechal de campo conde Schlick, foi imediatamente reforçada a ocupação do desfiladeiro de Braniszka, e como outra coluna da brigada Deym avançou de Kaschau via Margitfalva, o sempre ativo major-general von Götz, com a brigada do príncipe Jablonowsky, que alcançara Telgarth via Brisen no dia 8 deste mês, foi também imediatamente destacado contra Leutschau; então os rebeldes, ameaçados por todos os lados em Zips, deveriam estar tanto mais cercados quanto, desde Tarnow, sob o tenente-marechal de campo Vogel, todas as estradas ao longo da fronteira galícia, desde Neumarkt, Kroscienko, Piwniczna, Tylicz, até Duckla, foram ao mesmo tempo fortemente ocupadas, e a Landsturm foi mobilizada em toda essa extensão.

A "direção de Großwardein e Debreczin" não passa de um eufemismo exagerado do sr. Welden para o fato de que os húngaros foram para o *Tisza*. Do mesmo modo ele poderia ter dito: eles recuaram "na direção" do mar Negro.

Em seguida, Welden nos relata que Görgey, "depois da retirada de Pest, foi para Schemnitz". Isto sabíamos há muito, e o sr. Welden devia justamente nos informar como ele teria sido *expulso* de lá. Já antes se haviam vangloriado de que Görgey teria retrocedido na direção do Tisza, e teria sido mesmo quase aniquilado. Agora repentinamente o boletim da vitória nos confessa que ele ocupou o *Zips*, já várias vezes "limpo" por Schlick, e opera *na retaguarda de Schlick*. A pressa com que lhe foram enviados reforços mostra o quanto Görgey, nessa posição, ameaça os imperiais. O corpo de *Götz* não poderia empreender nada contra ele (o corpo de Csorich desapareceu do campo de batalha, os "ridiculamente presunçosos" magiares devem, pois, estar totalmente corretos quando dizem que Windischgrätz o chamou apressadamente para Pest); Schlick mandou uma coluna "de Eperies" (isto é, há 4 semanas) para o desfiladeiro de Braniszka contra Görgey; ademais, uma segunda coluna foi destacada contra ele, "de Kaschau", portanto também do corpo Schlick; e apesar de todos esses reforços Görgey, nos Cárpatos, é tão ameaçador para os austríacos que Vogel, na *Galícia*, desde Tarnow, reforçou todas as posições num trecho de 20 milhas e *mobilizou a Landsturm*!

Em outras palavras: Görgey, em vez de estar "ameaçado no Zips por todos os lados", *ameaça ele mesmo* não só a posição de Schlick em Hernath, como também a *Galícia*. E isto é justamente o pior para os imperiais. Uma invasão nesta parte puramente polonesa da Galícia pode ter consequências muito desagradáveis para os austríacos, graças à desilusão dos camponeses com as promessas imperiais reais.

Segundo "progresso":

> A forte deriva do gelo no Tisza dificultou até agora a travessia, tanto em Tokaj quanto em Szolnok, da coluna do primeiro corpo de exército que avançou até a margem direita. Isso deu tempo ao inimigo para se voltar mais para a Transilvânia, depois de uma inútil tentativa em Arad, a fim de se unir ali com aquela coluna comandada pelo chefe rebelde Bem, o qual, como já dissemos anteriormente, obrigado a se retirar de Bukowina, marchou via Bistritz e Maros-Vásárhely para Hermannstadt, e ali foi muito vigorosamente repelido pelo general comandante barão Puchner.
>
> A coluna dos rebeldes que foi de Großwardein para Klausenburg voltou-se para Karlsburg, onde tentou ocupar Mühlenbach no dia 5. Nessa região, entre Deva, Hatzeg e Szászváros, há um destacamento de 3 mil romenos, sob as ordens do capitão Czernovich, que protege esse setor contra os rebeldes – também o castelo fortificado de Deva está bem guarnecido.
>
> Entrementes, o general comandante no Banato, tenente-marechal de campo barão Rukavina, com unidades do corpo de Todorovich formou uma divisão, sob o tenente-marechal de campo von Gläser e o major-general barão Mengen, que deve operar no vale do Mures contra a Transilvânia e ao mesmo tempo ameaçar Großwardein.

Portanto, os austríacos *ainda não cruzaram o Tisza*; o progresso consiste em que aqui, no centro decisivo da guerra, há três semanas eles não conseguem dar *sequer um passo* adiante.

A "deriva de gelo" parece ter permitido aos magiares se voltar "mais" contra a Transilvânia. Maravilhoso "mais"! Se os magiares puderam destacar uma coluna de Debreczin contra Arad e Klausenburg, isso é a prova de que eles têm *mais tropas* do que é preciso para defender a linha do Tisza. Ou Welden quer nos fazer crer que os magiares iriam utilizar uma deriva de gelo, que pode terminar em 8 dias, para expor a mais importante posição e enviar as tropas urgentemente necessárias no Tisza a um passeio na Transilvânia, que levaria no mínimo quatro a cinco semanas, entre ida e volta?

Segundo um boletim anterior, a coluna húngara que abriu fogo sobre Arad veio do Banato. Além dela, portanto, uma segunda coluna foi "de Großwardein" para a Transilvânia. Depois desses reforços, logo ouviremos falar de Bem.

E como estão as coisas na Transilvânia? Os reforços magiares avançaram até Karlsburg e Müllenbach. Mas ninguém deve temer que a situação esteja indo mal para os imperiais! Pois há 3 mil romenos em Deva, Hatzeg e Szászváros "que protegem esse setor contra os rebeldes".

Qual "setor"? Bem, o setor de Hatzeg etc., ou seja, um "setor" que fica *muito ao largo* da rota dos magiares, e por onde nunca lhes ocorrerá marchar! A coluna magiar marcha de Karlsburg para Hermannstadt para se unir a Bem, portanto em direção ao leste; os 3 mil romenos estão a sudoeste, na ponta mais extrema da Transilvânia, e muito provavelmente permanecerão ali até que a segunda coluna magiar avance de Arad para Mures e os disperse.

Mas além disso a nova divisão Gläser, formada no Banato, teria de "operar no vale do Mures contra a Transilvânia e *ao mesmo tempo* ameaçar Großwardein".

"Ao mesmo tempo"!!

Para "ameaçar Großwardein", essa divisão – pressupondo que já estivesse no Mures, ao passo que ela não está além do Temes – precisa percorrer a distância de 20 milhas (em linha reta) *ao norte*, cruzando o Mures, o Körös Branco, o Negro e o Torrencial e uma tripla linha de pântanos. Para operar contra a Transilvânia no vale do Mures, essa mesma divisão deve marchar por 30 milhas *a leste*. Esses dois movimentos, ao norte e ao leste, deveriam ser realizados por ela *"ao mesmo tempo"*!!

Terceiro progresso:

> As duas brigadas do major-general Ditrich e do conde Pallfy, pertencentes ao corpo do tenente-general conde Nugent, avançaram, uma à esquerda, via Boly para Mohács, a outra via Siklos-Baranyavar em direção a Esseg, cuja fortaleza está cercada pelas tropas imperiais reais até o sopé do talude de proteção, e já fez propostas de capitulação.

Significativo progresso, já dado por consumado pelo próprio Nugent há 14 dias, e agora ainda não consumado, já que "as duas brigadas" ainda não estão em Esseg!

Quarto progresso:

> Em Mohács os insurgentes, sob Nemegey, cruzaram o Danúbio, mas ali no desfiladeiro entre Bezdán e Zombor caíram nas mãos dos sérvios que lá se encontravam, havendo

avançado da trincheira romana ao longo da margem esquerda do Danúbio, e nessa ocasião a maior parte foi massacrada e dispersada pelos sérvios.

Supondo que isso seja verdade, só poderia se tratar de uma pequena escaramuça de guerrilha. Os austríacos já haviam trombeteado há muito que os magiares expulsos do Drava teriam recuado até Szegedin, isto é, até o Tisza!

Quinto e último "progresso":

> Depois da rendição de Leopoldstadt, a divisão do tenente-marechal de campo von Simunich recebeu do sr. marechal de campo[1] a ordem de avançar para Komorn ao longo do Váh para apertar o cerco dessa fortaleza. – Nesse avanço, ocorreu em 8 deste mês, perto de Neuhäusel, um combate com um destacamento dos rebeldes que, de Komorn, cruzou o Neutra em Naszvad para saquear a região e principalmente para levar à fortaleza sal, que ali faltava, e onde as doenças já estão muito disseminadas. – Neste combate, quatro companhias de infantaria do arquiduque Wilhelm e um esquadrão Banderial[2] de hussardos atacaram tão corajosamente um forte destacamento inimigo de 1.200 homens que seu comandante, um oficial e 90 *honvéds*[3] foram aprisionados, e um número considerável de mortos e feridos ficou no campo de batalha.

Aqui o "progresso" consiste em que Simunich, numa região já três ou quatro vezes "pacificada", "higienizada" e "purificada", na qual um "bom espírito" já começou a germinar de novo, conseguiu avançar exatamente sete milhas em mais de 14 dias – meia milha por dia; acrescente-se constantes combates, e ficará claro porque o herói Simunich ainda não cobriu as dez milhas restantes de Leopoldstadt até Komorn.

Eis os "progressos de Sua Alteza o príncipe Windischgrätz": repetição pomposa de boletins anteriores, alegações jactanciosas sobre o que deverá acontecer, e o resultado disso tudo é que na realidade *nada aconteceu*. Acontece com os boletins o mesmo que com o grande Schwanbeck com relação à Câmara prussiana: entre um "passado consumado" e um "futuro longínquo, talvez inalcançável", eles "perdem o presente".[4]

---

[1] Windischgrätz.
[2] Milícia liderada por nobres ricos.
[3] *Honvéd*: Literalmente defensor da pátria; nome dado ao exército revolucionário húngaro de 1848-1849, que foi organizado por decisão do governo revolucionário 7 de maio de 1848.
[4] Ver "A divisão do trabalho na *Gazeta de Colônia*".

Croatas e eslovacos na Hungria

NGR, n. 226, 19/2/1849

F. Engels

Colônia, 18 de fevereiro. Enquanto há alguns dias as folhas austríacas fantasiam sobre uma vitória de Ottinger sobre Dembiński – em Debreczin!! –, nas províncias eslavas da Hungria concentram-se nuvens de tempestade cada vez mais densas sobre a monarquia unificada imperial real. Já chamamos a atenção há muito tempo – desde o assalto de Viena, de fato[1] – para a inevitabilidade de uma ruptura entre o governo austríaco e os eslavos.[2] Essa ruptura é agora um fato.

Comecemos com os sérvios. Na *Gazeta de Graz*[3] foi publicada a seguinte notícia, vinda de Temesvár, e pró-austríaca:

> No Banato se iniciam invasões sérvias, as quais, se todos os indícios não mentem, com o tempo exigirão também uma *intervenção armada*, especialmente graças a uma parte dos sérvios, ainda mais presunçosos do que os próprios magiarizadores,[4] que procuram oprimir todas as restantes nacionalidades na Voivodia, e por isso os romenos e alemães ali se armam para a resistência aberta. A cisão entre as altas autoridades militares e a Voivodia *já é quase aberta*, e lhes asseguro que devemos nos preparar para uma *luta contra os sérvios*. Em todo caso, agora ficou claro para nós que a suposta simpatia pela causa austríaca não é neles pura como a dos croatas. Em breve as coisas chegarão a um ponto decisivo.

É sabido que Karlowitz, a sede do governo do Banato, isto é, do comitê central sérvio,[5] cujo presidente é o "rebelde" Stratimirovich, já se declarou em estado de sítio.

---

[1] Desde 1 de novembro de 1848.

[2] Ver "Guerra – Desavença entre o governo e os eslavos do sul".

[3] Diário austríaco fundado em Graz em 1785.

[4] Grupo de influentes proprietários de terras aristocratas da Croácia, Eslavônia, Voivodia sérvia e outras regiões étnicas que defendia a magiarização da população dessas áreas. Os tacanhos interesses egoístas desse grupo nada tinham em comum com a revolução húngara. Eles foram a causa dos erros do governo nacionalista húngaro.

[5] Referência ao comitê central que governava a Voivodia sérvia, ou Odbor Central – um corpo executivo formado em maio de 1848 pela Assembleia (*Skupstina*) de representantes das comunidades sérvias nas regiões austro-eslavas fronteiriças ao império austríaco. A assembleia proclamou a Voivodia uma região autônoma dentro do império. O comitê central foi cenário da luta entre o grupo liberal, liderado por Stratimirovich,

Mas e quanto à "pureza" da "simpatia" dos croatas? Vejamos:

> Praga, 13 de fevereiro. Os acontecimentos na Croácia causaram grande alarde nos círculos tchecos. Agora é preciso decidir, dizem eles, se Jellachich fica com seu país ou com sua dinastia. *Os oficiais já dizem explicitamente que, quando tivermos terminado com a Hungria, marcharemos para a Croácia.*

Assim fala a *G[azeta] G[eral] A[lemã]*. E a eslava *F[olha] Const[itucional] da Boêmia* fala de modo igualmente claro: de Kremsier, em 11 de fevereiro, chega a informação de que há cada vez mais relatos escritos sobre o clima de insatisfação entre os eslovacos e croatas. Os comissários do governo austríaco recém-empossados nos comitatos eslovacos seriam todos magiares, seus decretos seriam editados em húngaro e eles "ameaçam com a morte" caso seus comunicados oficiais não sejam aceitos. Também é dito que Jellachich estaria extremamente insatisfeito por pretenderem dividir suas tropas e colocar parte delas a serviço da guarnição, enquanto outras tropas seriam postas sob seu comando. O ardil é bom; Jellachich, já suspeito há 6-8 semanas e vigiado pelos agentes de Windischgrätz, se tornaria, assim, inofensivo. E aqui a *F[olha] C[onstitucional] da B[oêmia]* acrescenta:

> O que Jellachich irá dizer do estado de sítio em Karlowitz? Não lhe poderá ocorrer que: hoje eu, amanhã você? Pois, para consumar a igualdade de direitos das nacionalidades, falta agora apenas o Zagreb e os croatas – pois os alemães, os húngaros, os poloneses, os italianos e sobretudo os tchecos já conheceram a igualdade de direitos posta pelo estado de sítio.

De resto, já se sabe que Windischigrätz estabeleceu uma nova comissão governamental húngara em Pest, que, para grande consternação dos croatas, reivindicou todos os direitos do antigo governo húngaro, e, assim, reduziu a nada o pretendido império austro-eslavo. Os croatas já sonhavam com sua independência da Hungria, quando de repente chega um rescrito de Pest para o governo provincial croata e exige submissão, e ainda por cima – escrito em *húngaro*, sem tradução para o croata! O *Slavenski Jug*[6] imediatamente o imprime no original, e não consegue conter sua indignação.[7] Os croatas espumam;

---

que foi eleito presidente, e o grupo clerical-feudal, que professava lealdade aos Habsburgo e se opunha às reformas liberais. No início de 1849 o segundo grupo, liderado pelo patriarca Rajachich, prevaleceu. Ele encaminhou o movimento nacional da Voivodia sérvia na direção de uma colaboração ainda mais estreita com o governo contrarrevolucionário austríaco. Este, no entanto, depois de usar os sérvios para combater a Hungria revolucionária, quebrou suas promessas e recusou, em março de 1849, a lhes garantir autonomia.

[6] Jornal croata publicado em Zagreb de 1848 a 1850.

[7] Referência ao decreto enviado à Croácia pelo conde Moritz Almasy, líder da Câmara Financeira Provisória Húngara formada sob os auspícios de Windischträtz em Pest, depois de o exército revolucionário húngaro ter deixado a cidade. A *Gazeta Geral Alemã* n. 45, de 14 de fevereiro de 1849, reproduziu a seguinte nota ao texto desse decreto, do jornal do Zagreb *Slavenski jug*: "Publicamos esse novo ato da política austríaca sem comentários. Os croatas, que aprenderam que a lealdade a nosso imperador e rei e a nossa Casa Real Habsburgo-Lotaríngea é paga com sangue e dinheiro, deve agora também aprender a entender tais decretos em magiar".

eles serão tratados exatamente como o eram sob Kossuth! E essa é a recompensa por seus leais serviços para a salvação da monarquia unificada!

Quem quiser saber como essas questões se relacionam, leia a *Presse* vienense. Há ali um artigo em que o príncipe Windischgrätz é abertamente censurado porque já se teria deixado seduzir pela *aristocracia húngara*, porque permitiria que muitos magnatas magiares, em parte prisioneiros, em parte vira-casacas, andassem livremente por Pest, e lhes teria até mesmo conferido distinções etc.

É claro que o aristocrata Windischgrätz sabe muito bem que seu objetivo, a preservação do domínio da nobreza na Hungria, só pode ser alcançado mediante a preservação do domínio da nobreza *magiar*. Daí a proteção e a preferência que concedeu aos magnatas magiares. Se os croatas e os eslovacos sofrem com isso, é-lhe indiferente: assim que houver pacificado e aristocratizado a Hungria, ele acertará contas com os eslavos, dispersos e impotentes sem a liderança austríaca – basta pensar em Praga![8]

E o grande Schwanbeck procura a aristocracia não no campo de *Windischgrätz*, mas no de *Kossuth*! *Voila ce que c'est que d'être um savant sérieux*![9]

---

[8] Referência à cruel supressão pelos reacionários austríacos, sob a liderança de Windischgrätz, da insurreição popular em Praga, em junho de 1848.

[9] Eis o que é ser um sábio sério!

A arte militar do exército imperial real

NGR, n. 226, 19/2/1849

F. Engels

Colônia, 18 de fevereiro. Windischgrätz é especialmente azarado. Ele poderia ter se tornado um dos maiores generais deste século se não lhe ocorressem sempre os acidentes mais imprevisíveis. Schwanbeck já demonstrou que teria cometido façanhas heroicas inigualáveis se os húngaros tivessem ao menos defendido sua posição. Mas o pior que aconteceu ao grande Windischgrätz só foi revelado agora, por uma correspondência imperial real semioficial da *G[azeta] G[eral de] A[ugsburg]*. No suplemento desse jornal de 15 de fevereiro deste ano consta literalmente o seguinte:

> Em relação às operações do príncipe Windischgrätz no mês de janeiro, devo lembrar que, em meados de dezembro, oito colunas do exército deveriam marchar para o interior da Hungria e àquela época se encontravam a dez ou 12 dias de marcha de Buda-Pest. Essa disposição do marechal de campo foi tomada *na suposição de uma condução racional da guerra*. Os magiares *frustraram* essa suposição dispondo uma fabulosa superioridade de forças *por toda parte, exceto lá* onde poderia dar o resultado mais favorável – se de todo modo isso fosse possível. Das colunas que Windischgrätz havia determinado que se encontrassem diante da capital húngara, só puderam cumprir as ordens as do *ban*,[1] do tenente-marechal de campo Wbrna e o corpo de reserva liderado pelo marechal de campo; a superioridade magiar impediu que os outros destacamentos as cumprissem.

Windischgrätz havia contado com que os magiares adotariam uma "*condução racional da guerra*". Se eles tivessem adotado essa condução racional da guerra, Windischgrätz os teria vencido retumbantemente. Mas então eles dispuseram "*uma fabulosa superioridade de forças por toda parte, exceto lá onde*" ela pudesse ser de algum modo útil. E em consequência dessa ilimitada irracionalidade, todas as disposições do grande Windischgrätz naufragaram.

Justamente porque os magiares cometem uma tolice atrás da outra, e porque contra a estupidez os próprios deuses lutam em vão, até as mais sábias combinações de Windischgrätz fracassam contra sua ignorância estratégica!

---

[1] Jellachich.

Jamais a um homem tal azar se passou
Como do burgomestre Tschech se apossou[2]
e do marechal de campo Windischgrätz, que só não conseguiu derrotar seus inimigos porque eles eram *estúpidos demais* para ele!?

---

[2] De uma canção popular sobre o atentado do burgomestre Tschech contra Frederico Guilherme IV, de 26 de julho de 1844 (*Hätte je ein Mann so'n Pech/Wie der Bürgermeister Tschech*).

Windischgrätz – Judeus e austro-eslavos

NGR, n. 228, 22/2/1849

F. Engels

Como se sabe, os judeus são os enganadores enganados por toda parte, mas especialmente na Áustria. Eles exploraram a revolução, e agora estão sendo punidos por isso por Windischgrätz. Aliás, quem sabe que potência são os judeus na Áustria poderá julgar que inimigos Windischgrätz atraiu com a seguinte proclamação:

> *Pest*, 13 de fevereiro. (*Gazeta de Viena* oficial, suplemento da tarde.) Proclamação. Em minhas proclamações de 13 de novembro e 13 de dezembro do ano passado e de 7 de janeiro deste ano, dei a conhecer a todos os habitantes da Hungria a tarefa que devo desempenhar, a saber, o restabelecimento da paz, da ordem e da legalidade. Com satisfação pude também apreciar o efeito causado por essas proclamações, evidente por toda parte. Só localidades isoladas, seduzidas por infames agitadores, ainda tentam perturbar a necessária tranquilidade e ordem divulgando as conclamações, ordens e decisões de Kossuth. Habitantes da Hungria! Vós vistes o quanto fui misericordioso – no pressuposto de que a maioria seria mais desorientada e seduzida do que efetivamente rebelde; no entanto, quem ainda estiver tentando fazer causa comum com o partido da rebelião de Debreczin, aceitar ordens dele, difundi-las, ou manter com ele qualquer tipo de conexão, ou incitar a comunidade, não pode mais esperar qualquer tolerância, e deve ser punido por alta traição.
>
> Enviei tropas em diversas direções, cujos comandantes estarão munidos do *Jus Gladii*;[1] qualquer um encontrado com uma *conclamação* de Kossuth ou qualquer tipo de *escrito, carta, jornal etc.* proveniente de seu partido será submetido inexoravelmente *à lei marcial*, assim como aquele que esconder armas ou incitar a população à desobediência. – Todo carteiro ou funcionário do correio que aceitar tais escritos, cartas, proclamações etc. provenientes da região de Debreczin, ou bem os expedir, será enforcado. – Finalmente, quero advertir os judeus de Ofen e Pest, mas especialmente da Velha Ofen, para abster-se de qualquer acordo, sob qualquer nome que seja, com o alto traidor Kossuth, com o assim-chamado *honvédmi bizotmány*[2] e com a Dieta rebelde, pois chegou a meu conhecimento que justamente sobretudo os israelitas se deixaram usar como espiões e fornecedores dos rebeldes, assim como também assumiram como sua a tarefa de di-

---

[1] O direito da espada.
[2] Comitê de Defesa.

vulgar infaustas e falsas notícias sobre supostas vitórias dos rebeldes, a fim de provocar medo e desconfiança; portanto, para cada israelita que for julgado, pelos delitos acima mencionados, pela corte marcial ou militar, a comunidade judaica à qual ele pertencer deverá pagar 20 mil florins C. M.[3] Quartel-general de Ofen, em 11 de fevereiro de 1849. Alfred, príncipe de Windischgräz *m. p.*,[4] marechal de campo imperial real.

Esta proclamação deixa claro que as coisas estão indo muito mal para o "cidadão e comunista" Windischgrätz.[5]

Aliás, para voltar aos judeus, a tentativa de Windischgrätz de lhes extorquir dinheiro já começou a "ser posta em execução", como diz o *Code Napoléon*. A *Folha Constitucional da Boêmia* informa, de fato, o seguinte:

> Os judeus devem pagar o montante fixo de 1,2 milhão de fl. a título de remissão do imposto de tolerância abolido, e isso em cinco anos, mas não abateram nem as cotas vencidas no ano passado nem neste ano. As somas atrasadas foram agora cobradas. – O impressor *Eisenfels* foi preso ontem.

É impagável que os judeus tenham ainda de pagar por sua emancipação. Em prussiano, isso é chamado de "remissão dos encargos feudais".

Em contrapartida, não há nada a informar da Hungria, a não ser que em Pest, em 8 de fevereiro, o expedidor Franz Förster foi fuzilado pela lei marcial por ter participado da revolta que tentou tomar o navio a vapor Hermine, em Gran.

Sobre as complicações cada vez mais cômicas entre os eslavos, a *Gazeta de Leipzig*[6] informa o seguinte (a *NGR* sabia disso há muito tempo, é claro):

> *Viena*, 14 de fevereiro. De várias províncias da monarquia ouviu-se a obstinada recusa em enviar os recrutas requisitados. No distrito de Praschin, na Boêmia, os camponeses se recusam sob o pretexto de que a Dieta Imperial não sancionara o novo recrutamento prescrito em tão gigantesca medida. Uma notável fermentação se revela mais ainda no interior do que na capital, Praga. Se em breve, como se assegura, o governo se apresentar com a proposta de indenização relativa aos encargos abolidos sobre a terra cultivável,[7] vai se acrescentar um novo e mais crítico abalo aos inúmeros e aparentemente intermináveis

---

[3] Abreviação de *Conventionsmünze* (moeda convencional). De acordo com a convenção de 1753, o 20-florins ou sistema convencional de circulação monetária foi introduzido na Áustria e na Baviera: 20 florins deveriam ser cunhados como um marco de Colônia de prata pura (aproximadamente 234g). Desde então moeda de prata e de ouro passaram a ser chamadas de Moeda Convencional (C.M.). No início do século XIX, o dinheiro de metal foi praticamente substituído pelo papel-dinheiro, chamado "moeda de Viena", e a cunhagem de dinheiro de metal quase cessou. Mas o sistema convencional ainda foi preservado. Como a quantidade de papel-moeda em circulação cresceu, especialmente durante a revolução de 1848-1849, a taxa da moeda convencional subiu constantemente, o que levou a população a acumular moedas de ouro e prata.

[4] *Manu própria*: próprio punho.

[5] Engels faz um paralelo com o "cidadão e comunista" Drigalski (ver "Drigalski, o legislador, cidadão e comunista").

[6] Jornal alemão conservador publicado sob esse título em Leipzig desde 1810.

[7] Encargos Urbar: encargos dos camponeses servis registrados nos Urbars, inventários de posses de terras feudais. Teve início no século XIII, e incluía também taxas e outras rendas concedidas por lei.

abalos de nossa vida política. Nas regiões austro-eslavas cresce a confusão; mas também se prepara manifestamente uma tempestade muito mais perigosa, cujo fim e objetivo ainda não é perceptível. O general Todorovich declarou Karlowitz, a sede do Comitê Nacional sérvio, em estado de sítio. O caos dos assuntos sérvios aumenta mais graças aos esforços especificamente austríacos do cônsul Mayerhofer. Os austro-eslavos gritam com mal contida fúria: Traição! Eles afirmam que *todas as medidas tomadas nos últimos tempos pelo governo na Hungria levaram ao restabelecimento do ultramagiarismo, muito embora envolvido nas velhas roupagens aristocráticas*. No Zagreb a agitação atingiu um grau muito significativo. – Jellachich está em Szolnok. O seguinte é um fato confiável: ele protestou contra a separação e desmembramento de suas tropas. Teve de fazê-lo para não pôr em jogo sua excepcional popularidade no mundo eslavo. Na Croácia, pressiona-se energicamente pela convocação da Dieta. Com ela, encontrará fim a ditadura com a qual Jellachich foi em parte investido no verão.[8]

---

[8] Em junho de 1848, à época do conflito entre os nacionalistas croatas e o governo austríaco, que se recusou a atender suas demandas, a Sabor (Dieta) reunida em Zagreb investiu o *ban* croata Jellachich com poderes ditatoriais. No entanto, Jellachich, que representava a nobreza croata, logo entrou em acordo com a corte austríaca e usou sua ditadura para reprimir o movimento camponês na Croácia. O governo austríaco, que havia destituído Jellachich do posto de *ban* durante o conflito, o reintegrou no início de setembro de 1848, e o nomeou comandante das tropas imperiais na Hungria. Pondo as formações croatas a serviço da reação austríaca, Jellachich tomou parte na campanha contrarrevolucionária contra a Hungria e na repressão do levante popular em Viena.

Boletim n. 23 – Do teatro da guerra

NGR, n. 230, 24/2/1849

F. Engels

O 23º Boletim do Exército foi publicado. Diz ele:

> Simultaneamente às já conhecidas vantagens que nosso bravo exército, sob o coronel Urban, alcançou sobre os insurgentes no norte da Transilvânia, apesar do frio e da forte nevasca, congratulamo-nos com um sucesso semelhante e não menos brilhante das tropas do tenente-marechal de campo Gläser em Arad, que, conforme as ordens recebidas, está encarregado de operar no vale do Mures contra a Transilvânia com sua divisão constituída de unidades do corpo de Todorovich.
>
> Os insurgentes tentaram, com uma forte coluna, cruzar em Szadorlak, ameaçando assim nosso flanco esquerdo. Diante disto, o tenente-marechal de campo Gläser, com dois batalhões de fronteira de Peterwardein,[1] tomou as primeiras casas do Velho Arad e avançou para o assalto com um batalhão de Leiningen, e em seguida um batalhão de ilírios do Banato.
>
> Depois de um combate tenaz e sangrento, o inimigo foi rechaçado e todas as baterias dirigidas pelos insurgentes desde a margem direita do Mures contra a fortaleza foram destruídas, e todos os canhões que as equipavam, em número de 23, foram capturados; destes, 11 de grosso calibre foram levados para a fortaleza, 3 afundados no Mures, 3 encravados,[2] 2 foram postos à disposição do corpo de exército imperial real austríaco-sérvio e 4 foram desmontados pela brava artilharia de Temesvár; 3 carroças de munição inimigas foram conquistadas e, além disso, em vários lugares foram explodidas munições inimigas.

---

[1] Guardas de fronteira de Peterwardein, como *sereschaner*, *otocaner* e outras formações militares austro-eslavas protegiam a fronteira austríaco-turca (a assim-chamada Área Militar de Fronteira). Eram nomeados segundo os respectivos distritos ou comunidades de seus regimentos ou companhias. A Área Militar de Fronteira, isto é, a região da fronteira sul do império austríaco, sob administração militar, incluía parte da Croácia e do sul da Hungria; sua população era constituída por sérvios e croatas que recebiam terras em troca de serviço militar, cumprimento de obrigações estatais e pagamento de dívidas. Frequentemente se revoltavam contra esse sistema de opressão militar-feudal.

[2] O *ouvido* é um pequeno orifício através do qual é inserida uma espoleta, que fica em contato com a carga de pólvora, para posterior ignição, no caso de armas de carregar pela culatra. Se um canhão estivesse em perigo de ser capturado pelo inimigo, aquele era encravado com um prego, com o intuito de o inutilizar. Caso fosse uma peça capturada ao inimigo mas impossível de ser transportada, também se encravava o ouvido.

Por causa da perfídia demonstrada por seus habitantes, o Velho Arad foi submetido a um ataque de granadas a partir da fortaleza, incendiado em muitos lugares, e esse fogo ardeu a noite inteira. – Durante o combate também foram feitos 40 prisioneiros.

Segundo uma comunicação recém-recebida pelo tenente-general conde Nugent, datada de Esseg, 13 de fevereiro, a fortaleza de Esseg se rendeu no mesmo dia, sem esperar ser atacada.

Três portas foram imediatamente ocupadas pelas tropas sitiantes, e no dia 14 de manhã a guarnição depôs suas armas no glacis.[3]

No dia 13, chegaram notícias de Berthodfalva, a algumas horas de Eperies, sobre a coluna do sr. general Götz, que, como já havíamos dito antes, se unira à brigada do general príncipe Jablonowsky em Tyrnau, e perseguia, em direção a Leutschau, o corpo de rebeldes fugitivos sob Görgey.

Elas provam que a coluna inimiga, certamente forte, acompanhada de um forte trem de artilharia e carros, depois de ter atravessado o Zips, do qual destruíra todas as pontes e estradas, tomara a estrada de Eperies para Kaschau a fim de buscar conectar-se com as outras hordas rebeldes na região do Tisza.

Em Torna, o sr. tenente-marechal de campo conde Schlick, com suas três brigadas, tomou posição no flanco dessa coluna inimiga que se movia penosamente e tudo devastava, para deste modo atacá-la melhor, assim que tivesse se vinculado à coluna do general Götz, o que ocorreu agora via Margitfalva, Einsiedl e Schmöllnitz.

Em Margitfalva, o general Götz se envolveu em um confronto com um corpo de batalha dos rebeldes, no qual foram aprisionados muitos hussardos, que deram informações precisas sobre a situação e as intenções do inimigo.

Como ao mesmo tempo um grande destacamento tomou posição em Miskolcz sob o tenente-marechal de campo Schulzig, em breve estaremos em condições de apresentar um relato preciso sobre os acontecimentos nessa região.

Viena, 17 de fevereiro de 1849.

Desse boletim da vitória decorre, pois, que Esseg realmente capitulou, e que Arad foi rendida pelos imperiais; resta ver se seu sucesso no Mures tem a importância que o boletim gostaria de lhe atribuir.

Em contrapartida, a situação está muito ruim para os imperiais no alto Tisza. O último boletim deixou Schlick atirando sobre o Tisza nos húngaros posicionados na outra margem, e hoje o encontramos batendo em apressada retirada em direção ao noroeste para escapar do perigo de ser atacado pela retaguarda por Görgey e ficar entre dois fogos.

A manobra de Görgey é realmente brilhante. Penetrando no comitato de Sâros pelo Zips, ocupando Eperies e descendo a partir daí o rio Hernath, tomando exatamente o mesmo caminho que Schlick tomara, atingiu-o em cheio pelas costas e o obrigou a recuar *mais de doze milhas*, de Tokaj até o comitato de Torna e assim tomar uma posição entre Götz (no Zips) e Schulzig (em Miskolcz). Desse modo, Görgey se pôs em condições de avançar diretamente para o Tisza e com toda a sua *"certamente forte coluna"*, que, como

---

[3] Declive artificial, que podia ser construído de terra como uma estrutura temporária ou de pedra em estrutura mais permanente.

o próprio boletim diz, está bem provida de artilharia, *reforçar o exército magiar principal*. Talvez na passagem ele ainda troque algumas palavras com Schlick.

Outras notícias não oficiais sobre a Hungria que circulam em Viena são as seguintes:

Viena, 18 de fevereiro. Segundo os mais recentes relatos vindos de Pest no dia 18, pode-se esperar, para breve, notícias decisivas sobre a região do Tisza. Após o recebimento da notícia de que Szegedin se rendera e enviara uma delegação aos sérvios que avançavam, o *ban* da Croácia estabeleceu seu quartel-general em Szolnok e todos se preparam para uma grande batalha. Aos habitantes de Szegedin, que se haviam oferecido para entregar gado e meios de subsistência para o exército imperial, foi imposta uma contribuição de meio milhão de florins. Sabidamente, os habitantes de Szegedin foram até agora os mais dedicados seguidores de Kossuth. Eles abasteceram o exército deste com todo o necessário. – De Debreczin, relatos até o dia 12 chegaram a Pest por meio de refugiados. Mészáros continua sendo ministro da Guerra e Kossuth é mais fanático do que nunca. O primeiro escreveu ao príncipe Windischgrätz que, com os seus, se defenderia até o último homem, e que preferiria sucumbir a se render. Essa linguagem, em meio às sombrias notícias da Transilvânia, onde Bem parece ser o mestre, é muito compreensível. Segundo os relatórios de guerra da fração de Kossuth em Debreczin, Kronstadt teria sido conquistada pelos sículos depois de uma batalha de rua etc. Outros boatos, ao contrário, pretendem que os russos teriam vindo em auxílio e salvado tudo.

A *Gazeta de Breslau* traz uma correspondência da fronteira húngara que no geral é favorável aos austríacos, mas, apesar disso, é obrigada a admitir que os boletins de guerra austríacos dão apenas um quadro muito incompleto das lutas na Transilvânia e no outro lado do Tisza, porque destacam sempre somente as vantagens alcançadas pelas tropas imperiais reais, mas não fazem qualquer menção aos caminhos espinhosos por meio dos quais foram alcançadas, pois todos os relatórios imediatos do teatro da guerra concordam em que há algumas semanas os magiares se defendem como desesperados e infligem severos danos ao exército imperial real. Os regimentos sob Schlick, Ottinger e Götz já sofreram perdas significativas, e entre os croatas, que já anelam por sua terra natal e entre os quais domina sempre um respeito profundamente enraizado pela cavalaria húngara, há um clima que dá muito o que pensar a seu *ban*. Diz-se até que alguns destacamentos dos batalhões croatas teriam se passado para os magiares, mas isso eu não posso garantir. O que causa mais dificuldades ao príncipe Windischgrätz é o estado lastimável de todas as estradas e caminhos, devido ao atual degelo, especialmente entre o Danúbio e o Tisza, que torna francamente impossível o deslocamento da pesada artilharia de campo; com muito esforço e em carroças de aros com sapatas largas é possível transportar canhões de 3 e 6 libras. Baterias de 12 libras, nas quais de fato se baseia a supremacia da artilharia austríaca, são completamente intransportáveis, do que decorre sem dúvida uma equalização dos meios de combate de ambos os lados, o que necessariamente vai prolongar a luta. Mesmo que o fim dela não seja duvidoso [!], muitos dias ainda deverão correr antes que Windischgrätz possa relatar para Olmütz: o país está calmo! Por fim, a força militar magiar, que ainda conta com 60 a 70 mil homens, poderia se concentrar na Transilvânia, onde *Bem é senhor absoluto* e onde a natureza do país favorece extraordinariamente uma defesa obstinada.

Também o *Lloyd*[4] vienense diz que Pest está se armando fortemente: "Desde ontem (14) saem continuamente reforços para o exército do Tisza. Por estes dias deverá ser travada lá uma batalha decisiva. Essas novas forças militares conduzidas para o Tisza podem chegar a até 11 mil homens".

O *C[orrespondente] Austríaco* fala em uma vitória dos sérvios sobre uma força muito superior dos magiares em Szento. Infelizmente o tão onisciente boletim nada diz sobre isso.

Uma coisa é certa: por enquanto "a guerra na Hungria" ainda não está "chegando ao fim".

---

[4] Jornal austríaco conservador, publicado duas vezes por dia em Viena de 1848 a 1854.

Últimas notícias sobre os magiares – Vitória no Tisza – Brutalidade dos austríacos – Situação geral da guerra

NGR, n. 231, 25/2/1849

F. Engels

A *G[azeta] G[eral do] O[der]* relata, entre outras coisas, o seguinte, a partir do relato de um húngaro que deixou Pest no dia 17:

> Quando o exército magiar se retirou de Pest para a outra margem do Tisza, a consternação dos habitantes de ambas as cidades[1] foi extraordinária, particularmente do lado dos magiares, que viram naufragar sua última esperança de liberdade e lamentaram que o exército, abandonando a cidade, se cobrira de vergonha perante toda a Europa. No entanto, a política do governo húngaro foi bem calculada, pois ele *sabia muito bem* que os habitantes das duas cidades, *na ânsia de salvar suas terras*, teriam estendido ao inimigo uma mão amiga. Mais tarde, decerto, quando percebessem que o governo austríaco não poupou nenhum partido, essas pessoas também veriam que teriam de lidar com um inimigo irreconciliável. As infâmias que as tropas austríacas cometeram nas proximidades de Buda-Pest ultrapassam qualquer medida. Nisto os croatas excederam todos os demais. O que não podiam usufruir, destruíram. Dois dias depois de os húngaros terem recuado cruzando o Tisza, um corpo de exército de 20 mil homens, sob *Ottinger*, ocupou a fortaleza Szolnok, com a retaguarda em *Abony*. Nessa posição, os austríacos foram atacados por um corpo húngaro de cerca de 12 mil homens, sob Perczel, e teriam sido completamente aniquilados se um destacamento do exército húngaro, sob o brigadeiro *Kasinsky*, não tivesse chegado atrasado. No entanto os austríacos se viram obrigados a fugir, para o que buscaram a ajuda da noite, e só puderam se reunir novamente em *Czegléd*. Foi estranho ver o pavor de que estavam acometidos, especialmente a cavalaria e os oficiais, e como gritavam continuamente: 'Adiante! Adiante! Os cães carniceiros (como chamam os hussardos húngaros) estão em nossos calcanhares!'
>
> No dia 21, os húngaros chegaram a Abony, e dessa vez com 22 mil homens. O general *Dembiński* estava lá, sem que houvesse, no entanto, assumido já o comando. Na manhã seguinte à batalha, em Szolnok, uma divisão austríaca de couraceiros[2] avançou até St. Marton, onde estavam os postos avançados húngaros, e ali aconteceu o inacreditável: eles foram atacados por seis hussardos húngaros, os quais mataram 20 pessoas e fizeram alguns prisioneiros.

---

[1] Buda (Ofen) e Pest, que eram, à época, duas cidades independentes.

[2] Unidades de cavalaria no exército austríaco incluíam não somente esquadrões mas grandes formações táticas, divisões que usualmente eram formadas por dois esquadrões.

Ao raiar do dia 23, os húngaros alcançaram Czegléd, onde os austríacos haviam tomado uma posição muito vantajosa. Os húngaros atacaram, derrotaram os austríacos e os perseguiram pela cidade até os vinhedos de Alberty. Ali ficaram sabendo que um corpo de exército austríaco considerável marchava via Alau contra *Debreczin*, e essa notícia os obrigou a abandonar a perseguição; no entanto, o general Dembiński expressou sua insatisfação com todo o andamento desse ataque que, segundo sua afirmação, deveria levar ao completo aniquilamento do destacamento austríaco.

De resto, a notícia da derrota do corpo de Ottinger foi imediatamente difundida em Pest, e os habitantes sacaram novamente suas plumas vermelhas, mas suas esperanças foram frustradas. Os húngaros cruzaram o Tisza e queimaram a ponte em Szolnok. Os austríacos serviram-se disso como pretexto para se gabar de vitória e o medo de sua brutalidade impediu a contestação. Foi uma situação triste para os moradores do local, que haviam tido a esperança de já se verem livres do jugo austríaco. Os austríacos vieram em número maior e com exigências mais duras do que nunca.

Houve casas que tiveram de alojar de 30 a 40 soldados, e os oficiais foram cruéis o bastante para arrastar mesmo idosos para fora de sua cama e se deitarem nela, dizendo: vocês, húngaros, podem dormir no chão. Isso é bom o bastante para vocês, cães.

Daremos continuidade a estas notícias.[3]

A *Gaz[eta da] Sil[ésia]*, uma folha tão reacionária quanto a *Gazeta de Breslau*, traz, por seu lado, a seguinte exposição sobre o estado das coisas na Hungria:

> *Pest*, 12 de fevereiro. A guerra se prolonga mais do que se teria acreditado, o que decorre sobretudo de os magiares terem encontrado um poderoso aliado no inverno ameno. O transbordamento dos rios, assim como os caminhos quase completamente impraticáveis, contrapuseram ao exército austríaco obstáculos quase insuperáveis. O Tisza é agora a linha de separação entre os dois exércitos inimigos. De Tokaj a Szegedin, uma distância de mais de 40 milhas, travam-se combates ora num ponto, ora noutro. Szolnok é o ponto central dessa linha. Já houve violentos combates nesse ponto, mas *os magiares continuam controlando a área*. Ela é importante porque se situa no centro da batalha.
>
> No alto Tisza, i.e., na região de Tokaj, *os magiares se levantam em massa*, porque a população foi impelida ao desespero pela crueldade da guerra. A população está extremamente exaltada em Miskolcz e seu entorno, assim como em todo o comitato de Borsod. As vantagens que os austríacos haviam conquistado aqui sempre lhes foram logo arrebatadas de novo. De Szolnok para baixo, e de fato também num largo trecho dali para cima, a terra está tão alagada nas duas margens do Tisza que *em vários lugares a área sob a água alcança, nas duas margens, uma milha de largura, o que costuma perdurar até abril*. Só os habitantes locais dominam esse terreno. Um destacamento militar estrangeiro que vá para lá pode ser facilmente impelido para os pântanos ou para a enchente.
>
> Mais abaixo em Csongrad e Szantó os caminhos estão no momento absolutamente intransitáveis para um corpo de exército, pois a artilharia afundaria nas estradas lamacentas. É o caso da estrada para Szegedin e Arad. O exército austríaco, particularmente o croata, tentou avançar aqui, mas se convenceu da impossibilidade. Há boatos de que por essa razão o príncipe Windischgrätz teria se desentendido com Jellachich. O último

---

[3] Ver "A invasão russa. – Sérvios. – Perspectivas para os austríacos. – Do teatro da guerra".

teria chegado até as estepes de Keczkemet, mas teria sido novamente repelido. Nessa região vivem os cumanos e os jáziges,[4] uma raça extremamente poderosa, em que todos são nobres e que só reconhecem o palatino imperial como seu supremo ispan.[5] São magiares ardentes.

Entre o Tisza e as fronteiras da Transilvânia, os povoados ficam, de fato, distantes entre si, mas são excepcionalmente populosos. Assim, por exemplo, o mercado de Csoba conta com 24 mil, e Gozula com cerca de 18 mil habitantes. Todos são magiares entusiastas.

Mais abaixo, no Banato, os sérvios pressionam, mas apesar disso os magiares ainda dominam boa parte do terreno.

Se for exitoso o plano que o general Bem parece ter agora, de ir de Hermannstadt (na Transilvânia) via Szászváros e Deva, através dos desfiladeiros, para a Hungria e se unir ali com os magiares locais, sua causa tomará um rumo favorável. E não há nenhum obstáculo grande demais em seu caminho. Pois a *Transilvânia está quase completamente conquistada*, e os valáquios já estavam vencidos quando Bem se voltou contra a Saxônia. Diz-se que muitos destes teriam se juntado a ele na região de Kronstadt, sem dúvida só porque não lhes restaria nenhuma outra saída. Só a fortaleza de Karlsburg (entre Klausenburg e Mühlenbach) teria podido manter alguma resistência, mas ela já estaria nas mãos dos húngaros.

Na margem direita do Danúbio, assim como nos Cárpatos, a luta se limita mais a escaramuças. Em toda a extensão desde as fronteiras da Estíria até o Danúbio formaram-se patrulhas que mantêm ocupado o exército austríaco, sob o general Nugent. Muitas delas são lideradas por húngaros respeitados. As surtidas ocasionais feitas a partir de Komorn servem de proteção a essas guerrilhas. Também essa fortaleza virgem teria caído se o inverno tivesse durado mais um mês, porque então teria sido possível se aproximar dela através dos rios congelados. De um lado, correm dois braços do Danúbio; do outro lado, correm o Váh e o Neutra. A fortaleza mesma se ergue a escassos 50 passos na planície, mas a partir desta é completamente inacessível. Projéteis quase não a alcançam, ao passo que os sitiados podem causar grandes danos aos sitiadores. Quando Napoleão, na guerra contra a Áustria, não muito antes da paz de Pressburg,[6] enviou o marechal Duroc para um reconhecimento em Komorn, ele voltou com a lacônica informação: 'Sire! Imprenable.'[7]

---

[4] Cumanos: descendentes dos *polovetsi*, uma nacionalidade turca. Apareceram no território da Hungria no século IX, junto com os magiares, mas a maioria se estabeleceu ali no século XIII, fugindo do jugo mongol depois da batalha do rio Kalka. Jáziges: descendentes de tribos sármatas. Apareceram primeiro no território da Hungria cerca do século XI. Cumanos e jáziges, que tinham território garantido pelos reis húngaros, formavam dois distritos independentes entre o Tisza, o Danúbio e o Gran. Por seus serviços especiais à coroa húngara, grande parte da população foi nobilitada. Palatino, o governador imperial na Hungria, era seu juiz supremo e governante.

[5] *Zhupan* nos países eslavos do sul, *ispan* na Hungria, *Gespan* em alemão, eram chefes hereditários ou nomeados por reis e voivodas de *zhupas*, regiões equivalentes a condados na Europa ocidental. Geralmente traduzido como conde, mas um *ispan* poderia ser administrador de várias *zhupas*, e uma *zhupa* poderia ter vários *ispans*, geralmente irmãos.

[6] O Tratado de Pressburg (Bratislava), assinado em 26 de dezembro de 1805 entre a Áustria e a França napoleônica, encerrou a guerra da monarquia austríaca contra Napoleão, dentro da terceira coalizão anti-França (Grã-Bretanha, Áustria, Rússia e Suécia). A assinatura do tratado foi precedida pela capitulação do exército austríaco em Ulm (17-20 de outubro) e pela derrota das forças austríacas e russas em Austerlitz (2 de dezembro).

[7] "Majestade! Inexpugnável!"

Também nos Cárpatos os magiares continuam tendo apoio, e também ali não faltam patrulhas, particularmente nos comitatos de Trenčin, Honth e Abaujvár.

De tudo isso decorre que a guerra está ainda longe do fim e que a Áustria ainda precisará mobilizar grandes forças militares antes de vencer o inimigo, *cuja coragem aumenta agora a cada dia* e que está atualmente mais bem liderado do que no início, em parte por oficiais franceses e poloneses.

[Mais notícias sobre os magiares]

NGR, n. 231, 25/2/1849, suplemento

F. Engels

Nenhuma notícia nova diretamente do teatro da guerra. A *G[azeta] G[eral do] O[der]* continua com as "Reportagens de um húngaro"; por falta de espaço, temos de deixá-las para o próximo número. Uma carta de *Pest*, de 10 de fevereiro, mostra como Görgey se conduz em Kaschau e quanto medo inspira aos austríacos:

> Acaba de ser divulgada a notícia de que o general *Görgey* ocupou a cidade de *Kaschau*. Sua primeira medida foi depor todo o Conselho Municipal, todos os funcionários imperiais alfandegários e do Departamento do Sal,[1] e foi infligido à municipalidade um imposto desmesurado. Hoje de manhã bem cedo partiu daqui uma brigada completamente armada (1 batalhão de caçadores, 2 divisões de cavalaria ligeira, 4 batalhões de infantaria e 2 batalhões de cavalaria), com todos as necessárias carroças de munição, pólvora e equipamentos de campo, e marchou na direção de Waitzen.

Ademais, várias fontes da Transilvânia estão falando novamente na invasão dos russos, enquanto os relatos oficiais continuam silenciando a esse respeito. Assim, chegaram relatos de Bucareste, do dia 9, que noticiam a invasão dos russos ocorrida a pedido dos cidadãos de Hermannstadt e Kronstadt e acrescentam que, em seu avanço, os russos logo teriam se deparado com um destacamento de sículos e lhes teriam infligido uma valente derrota. Só que o recém-chegado correio do dia 8 enviado de Hermannstadt pelo tenente-marechal de campo Puchner, que informa o aniquilamento do exército de Bem em Salzburg, nada diz sobre a invasão dos russos, e mesmo o relatório oficial de Puchner silencia sobre esse ponto.

Em Pressburg, J. Csenckly, de Hetye, na Hungria, foi sentenciado a 4 anos de prisão por ocultação de armas.

Na Croácia, o conflito dos austro-eslavos nacionalistas com as autoridades imperiais reais torna-se cada vez mais violento. Assim escreve a *F[olha] Const[itucional da] B[oêmia]*, de Zagreb, 15 de fevereiro:

---

[1] O Departamento do Sal era uma autoridade comum na Idade Média, que controlava a extração de sal, bem como seu comércio e abastecimento. O comércio de sal era um importante monopólio do soberano.

A exasperação contra o ministério cresce aqui dia a dia, e também chegam quase a cada hora notícias que demonstram com muita clareza que o governo trata pouco seriamente a efetivação das promessas feitas aos croatas, e que, ao contrário, de fato se encaminha entusiasticamente para o restabelecimento do velho sistema de opressão húngaro. A agitação dos ânimos causada pela carta oficial magiar, recentemente mencionada, do conde Almâsy[2] ainda não tinha arrefecido quando chegou aqui uma nova ordem magiar do Departamento de Obras de Ofen estipulando ao engenheiro responsável na Croácia que se dirigisse doravante à autoridade central húngara, pois todos os obstáculos que até então obstruíam o velho [pré-março] trâmite administrativo haviam sido totalmente eliminados. A essa ordem oficial magiar, que provocou irritação por toda parte, seguiu-se então outra determinação alemã do ministério do Comércio de Viena, por meio da qual o engenheiro chefe, Vauthier-Rauchefort, um dos mais incansáveis partidários dos magiares, contra quem há repetidas queixas de que manteria relações secretas com Kossuth, é chamado ao escritório do ministro de Obras Públicas e nomeado conselheiro ministerial.

Em consequência disso, o Conselho dos Bans em Zagreb[3] promulgou uma proibição oficial a todas as autoridades de pôr em vigor as determinações emanadas da "insolência magiar", instruindo-as, ao contrário, a enviar tais comunicados ilegais ao Conselho dos Bans, que saberia usá-los como provas da violação de sua autoridade. Ao mesmo tempo, foi esclarecido nesse decreto que, além de não haver qualquer administração magiar nos três reinos unificados,[4] não seria tolerada sua influência nos assuntos oficiais.

Ao mesmo tempo, aumenta na Boêmia a recusa ao recrutamento. Hoje soubemos que:

A maioria das comunidades no distrito de Prachin se recusou a fazer o recrutamento, porque lhes foi informado que a ordem teria emanado do ministério e não da Dieta Imperial. Receia-se que o comportamento agitado dos camponeses nessa região em breve se dissemine por todo o país. Em resumo, apesar de todos os esforços, a cada dia a velha Áustria se desintegra mais. Um abalo revolucionário da Itália ou da França, e ela terá acabado.

---

[2] Ver "Croatas e eslovacos na Hungria".
[3] Isto é, o governo da Croácia durante a revolução de 1848-1849.
[4] Croácia, Eslavônia e Dalmácia.

Os russos na Transilvânia

NGR, n. 232, 27/2/1849, suplemento

F. ENGELS

Colônia, 26 de fevereiro. *Dez mil russos estão na Transilvânia.*

Não pode mais ser negado; todas as dissimulações e encobrimentos se tornaram impossíveis; o fato está aí, e a *oficial Gazeta de Viena mesma* o admite.

Estas foram, portanto, as contundentes vitórias dos servos mercenários imperiais, este o resultado de todos os pomposos boletins de Weiden, Windischgrätz, Schlick, Puchner: que a todo-poderosa Áustria *teve de pedir ajuda aos russos* para acabar com 4,5 milhões de magiares!

Nesta nova virada da questão húngara, vejamos mais uma vez o estado da guerra tal como as mais recentes notícias o descrevem.

O território ocupado nesse momento pelos magiares, sob comando de Kossuth, forma um grande quadrilátero de 70 a 90 milhas de comprimento por 30 a 40 milhas de largura, limitado ao norte e a oeste pelo Tisza, a leste pelos Cárpatos, ao sul pelo Mures. Em uma área de 2.500 milhas quadradas, abrange a planície da Hungria central e as terras montanhosas da Transilvânia. Além disso, também Komorn, no alto Danúbio, está nas mãos dos húngaros.

No *sul*, onde os magiares foram sempre mais fracos, os austríacos, eslavônios e sérvios austríacos conseguiram, com ajuda dos sérvios turcos e russos disfarçados,[1] empurrar os magiares para trás do Mures. Aqui teve lugar, próximo de Arad, um combate no qual os austríacos avançaram para a margem norte (direita) do Mures, obtiveram uma vitória e, segundo sua própria declaração, conquistaram 15 peças de artilharia de sítio fixadas próximo de Arad, mas, também de acordo com seu próprio testemunho, recuaram novamente cruzando o Mures. Tanto quanto sabemos agora, ainda não conseguiram transpor a linha do Mures, e enquanto isso não acontecer não se pode falar da grande expedição que Rukavina supostamente fará contra Großwardein e a Transilvânia.

No *oeste* e no *noroeste*, o Tisza, com suas águas transbordantes e pântanos imprevisíveis, constitui para os magiares uma linha de cobertura quase inexpugnável. Este foi

---

[1] Trata-se de um erro de Engels; os russos não participaram da batalha de Arad.

até agora, enquanto os russos ainda não tomavam parte da luta, o centro decisivo do teatro da guerra. Desde que Windischgrätz estivesse em Debreczin, a guerra se dissolveria numa mera guerra de guerrilhas. Os magiares sabiam disso, e por essa razão seu exército principal não ofereceu resistência séria em nenhuma parte até o Tisza. Tratava-se para eles apenas de manter sua posição até que houvesse passado o frio, que permitia aos imperiais atravessar todos os rios e pântanos como se fossem terra firme, e que entregava em suas mãos, quase sem possibilidade de resistência, Pest e Ofen. Enquanto, pois, o exército principal lentamente se retirava, os dois flancos permaneciam em posições avançadas, ao norte nos comitatos eslovacos, ao sul entre o Drava e o Danúbio, defendiam-se tanto quanto podiam, obrigavam o exército inimigo a se dividir e finalmente a recuar, um pelos Cárpatos em direção ao Tisza, outro através do Danúbio em direção ao exército do Banato.

Só a estúpida ignorância dos jornalistas alemães vendidos à Áustria, que jamais tiveram um mapa em mãos ou acompanharam uma operação estratégica, poderia ver, nesse plano magistral e assentado num preciso conhecimento e numa visão panorâmica do terreno, nada além de – covardia, pura covardia dos magiares. Gente com algum senso e conhecimento teria ao menos inventado e se gabado de algo menos absurdo do que a massa de mentirosos comuns alemães, tornados cinzentos sob censura, corrupção e crassa ignorância.

O sucesso mostrou quão habilmente os magiares operaram. Passaram-se seis semanas até que os primeiros imperiais do exército principal começassem a ver o Tisza, e se à época o rio ainda estava congelado, as batalhas de Szolnok, Czegléd, Tarczal e Tokaj mostraram aos austríacos como os húngaros se batem quando oferecem resistência séria. Ottinger recuado para além de Czegléd, Schlick até Boldogköváralya, e um lamento generalizado sobre a repentina, inesperada resistência dos magiares por parte de todas as folhas-lei marcial, até então tão embriagadas da vitória – estes foram os primeiros resultados do "vitorioso" avanço dos austríacos até o Tisza. Então chegou o degelo, os magiares recuaram através do Tisza e o rompimento do gelo impediu os imperiais de os seguirem. O degelo terminou, mas não as inundações e o lodaçal ao longo de muitas milhas em ambas as margens. Os imperiais estavam parados desorientados diante dos pântanos e do rio torrencial, e ninguém ousava cruzá-lo, embora Windischgrätz enviasse de Pest reforços atrás de reforços. Mas, os *magiares ousaram cruzá-lo*, pois há pouco ouvimos repentinamente que Miskolcz, a quatro milhas deste lado do Tisza, está novamente nas mãos deles e, como mais tarde veremos, os relatórios oficiais imperiais reais fizeram mais do que confirmar isto.

Enquanto, pois, Windischgrätz, Jellachich e Schlick estavam felizes em conseguir assegurar suas posições, Nugent, no sul, dava combate a Damjanich, e Götz, Simunich e Csorich, no norte, a Görgey. No sul, onde o exército húngaro do Banato já havia sido obrigado a recuar, os austríacos conseguiram dissolver o corpo de Damjanich, isolado, em guerrilhas que ainda mantêm em xeque um significativo corpo de tropas entre o Drava, o Danúbio e a floresta de Bakony. No norte, ao contrário, Görgey, um dos mais audaciosos e rápidos líderes insurgentes, defendeu os comitatos eslovacos durante dois meses completos, mediante uma audaciosa guerra de guerrilhas em larga escala e uma série de ações brilhantes, contra três corpos de exércitos inteiros. Enquanto os boletins imperiais reais o aniquilavam inúmeras vezes, ele sempre reaparecia no campo de batalha, repelia um general austríaco após outro, obstruía sua unificação com rápidas marchas e ataques constantemente repetidos, e só a queda de Leopoldstadt decidiu sua retirada diante de uma força três ou quatro vezes superior. Ele se retirou para os Altos Cárpatos, e com isso apavorou de tal modo os imperiais que toda a Galícia foi armada, se lançou para o Zips e de lá para Eperies e Kaschau. Ali estava na retaguarda de Schlick. Este, separado de Windischgrätz pelo corpo magiar que avançara para Miskolcz, e que agora corria o risco de ser cercado completamente por três lados, retirou-se apressadamente em direção ao noroeste, com a intenção de se reunir em Leutschau com Götz e consortes. Então repentinamente apareceram "poderosos destacamentos inimigos" em Polgár e Tiszafüred cruzando o Tisza, uniram-se com a coluna de Miskolcz e avançaram para Rimaszombat, isto é, entre Windischgrätz e Schlick. Por conseguinte, este foi obrigado a modificar todo o seu plano, abandonar Götz a seu destino nos Cárpatos e antecipar-se à coluna principal dos magiares mediante uma rápida marcha, na direção do sudoeste, para Rimaszombat.

Graças a essas magistrais manobras combinadas dos magiares, Schlick foi empurrado de volta para a Eslováquia, Götz foi isolado nos Altos Cárpatos, a união de Görgey com o exército principal magiar foi assegurada, e toda a parte noroeste da Hungria foi libertada dos imperiais.

Todos esses acontecimentos, que tiveram lugar entre 10 e 14 de fevereiro, foram admitidos mesmo pela oficial *Gazeta de Viena*. Também em outros órgãos resmungões da imprensa austríaca e alemã pôde ser recentemente observada uma curiosa redução do tom. Para nem falar da tristeza de nossa vizinha mais próxima, a *Gazeta Geral de Augsburg* teve de confessar hoje: "A luta pode ainda se prolongar um pouco; o país é grande demais e os insurgentes têm bons líderes entre os poloneses".

E agora até mesmo a *F[olha] Const[itucional] da Boêmia*: "As notícias da Hungria que nos chegaram até hoje têm as mais diversas naturezas. As do sul são decididamente favoráveis para nossas forças, as do norte *decididamente desfavoráveis*".

E em outro artigo: "Se observamos o panorama dos mais recentes fatos da Hungria oferecido pelos diferentes jornais de cores decididamente conservadoras, quer nos parecer que haveria um *leve movimento de altos e baixos* nos sucessos do exército imperial".

"A tomada de Kaschau por Görgey é igualmente insuficiente para nos fazer crer na dissolução do exército magiar, em sua aniquilação e dispersão e no encerramento da guerra, que no início deste ano fora visto como iminente."

Continua

> sempre difícil de explicar que por combinações bem ordenadas e manobras geograficamente corretas, que tínhamos o direito de esperar de um exército tão perfeitamente organizado e liderado, se tornou possível a corpos isolados de tropas magiares se movimentar na linha de operações, e mesmo por detrás delas, com forças não insignificantes,

e se concentrar novamente em pontos dos quais acreditávamos terem sido expulsas por toda a duração da campanha.

Assim estão as coisas no noroeste. Não se trata mais da defesa da linha do Tisza contra os austríacos, trata-se de os austríacos não se deixarem empurrar para a Eslováquia e para trás do Danúbio. Não os austríacos, e sim os húngaros *se tornaram*, há uma semana, *os atacantes*.

E no *sudoeste*, afinal, na Transilvânia? Aqui os boletins alegam seguidas vezes a derrota de Bem por Puchner; aqui os "rebeldes" parecem estar completamente arruinados. Mas de repente a *Gazeta de Viena* traz o seguinte lamento oficial:

> Desde a sangrenta vitória que o general comandante barão von Puchner conquistou em 21 de janeiro, em Hermannstadt, sobre um inimigo três vezes mais forte, as tropas retidas para a proteção dessa mesma cidade *infelizmente não puderam impedir* que sua ligação com *o Banato e com Karlsburg fosse interrompida pelo inimigo*, que devastou toda a região como vândalos, confiscou todas as provisões de víveres e gado de corte e, junto com outros objetos roubados, as transportou para o depósito de Klausenburg.
>
> Com a carência que assim se gerou do nosso lado, as queixas e pedidos das florescentes cidades principais da leal região da Saxônia, Kronstadt e Hermannstadt, se tornaram cada vez mais sérias e urgentes. Já antes essas cidades, *ameaçadas pelas hordas predadoras e desleais de sículos*, haviam, em sua aflição, apelado ao general comandante russo na Valáquia, von Lüders, por uma possível ajuda. Agora, quando com a *interrupção de todas as ligações com o exército principal imperial operando na Hungria* desaparece *toda perspectiva de chegada rápida* de reforços, quando o inimigo *atrai diariamente novos grupos de rebeldes*, e quando conseguem, com suas imposturas mentirosas, *incitar de novo todo o povo szeckler à traição e ao levante armado*, agora o tenente-marechal de campo von Puchner é importunado de todos os lados com pedidos para invocar o apoio dos russos, a fim de que a parte mais abastada da fiel região da Saxônia não seja também abandonada à ruína e à fúria destrutiva das hordas de ladrões sedentos de sangue.
>
> Movido pela necessidade de atacar o chefe rebelde Bem antes que se tornasse excessivamente forte graças aos grupos de rebeldes que afluem para ele de todas as partes e, por outro lado, impossibilitado de, com suas fracas forças militares, ao mesmo tempo fazer frente ao inimigo e proteger a Saxônia da devastação dos sículos, o tenente-marechal de campo von Puchner acreditou dever dar ouvidos à voz da humanidade e levar em consideração os pedidos conjuntos dos romenos e saxões de buscar ajuda russa, embora não estivesse autorizado a isso pelo governo imperial. Com esse fim, ele reuniu em 1 de fevereiro, em Hermannstadt, um Conselho de Guerra. Justamente no encerramento dessa assembleia, um correio de Kronstadt transmitiu a notícia oficial de que as hordas armadas de sículos, em número de 15 mil, haviam fechado as fronteiras de seu território e que, por conseguinte, para o rico centro comercial de Kronstadt, agora ameaçado por esses bandos com a destruição inevitável, o maior perigo seria a demora.

Haveria muito o que dizer sobre esse *miserere* imperial real. Mas não é necessário; de cada linha emana a consciência derrotada, a vergonha de não poder continuar mentindo e ter de desmentir todas as anteriores bravatas.

Eis, pois, o cerne dos boletins oficiais e dos "exageros" magiares"! No Tisza os magiares atacando e avançando, no Mures os austríacos bloqueados, a Transilvânia irremediavelmente perdida para a causa imperial, a não ser que os *russos* intervenham!

E há na Alemanha um lumpemproletariado literário, almas covardemente mentirosas e vulgares que ousam insultar esses magiares de covardes, esse povo heroico de alguns milhões que encurrala de tal modo toda a grande Áustria, toda a orgulhosa "monarquia unificada", que sem os russos a Áustria está perdida!

"Essa circunstância", continua o envergonhado relato oficial,

> essa circunstância influenciou decisivamente a decisão do Conselho de Guerra, que deliberou por *apelar à ajuda russa para a proteção de Hermannstadt e Kronstadt*. Em consequência desse apelo feito pelo tenente-marechal de campo von Puchner, *em 1 de fevereiro entraram em Kronstadt 6 mil homens das tropas imperiais russas, e em 4 de fevereiro 4 mil homens em Hermannstadt, para o período do perigo ameaçador.*

Para saber quantos russos tomam parte na luta contra os magiares, preferimos esperar os próximos "exageros magiares". Os sucessos ulteriormente relatados de Puchner, por mais insignificantes que sejam, jamais teriam acontecido sem os russos, a julgar por tudo o que houve até agora.

Vimos e não nos esquecemos de que o 24º Boletim, publicado na tarde anterior, apresentava as vantagens conquistadas entre os dias 4 e 7 como devidas exclusivamente aos esforços dos imperiais, e não dizia uma palavra sobre a entrada dos russos!

Como é sabido, Bem está em Stolzenburg. Dali Puchner o empurrou no dia 4 para Mühlenbach (onde ele pretende ter conquistado 16 canhões), no dia 6 para Szászváros, no dia 7 para Deva. Bem ainda está ali.

Pressupondo que isso seja verdade, Puchner jamais teria conseguido repelir por 12 milhas, em 4 dias, um comandante como Bem, que com a maior rapidez percorreu várias vezes a Transilvânia de uma ponta a outra e que era muito superior aos sempre derrotados austríacos, a não ser com esmagadora superioridade numérica, com tropas auxiliares russas e altos oficiais russos, que em todo caso são melhores do que esses austríacos antiquados.

Se Bem estiver de fato em Deva, seu plano é claro. Ele se retirou de Mühlenbach para o Mures, pretende abandonar provisoriamente a Transilvânia aos austríacos, que estão bastante ocupados com os grupos guerrilheiros sículos, e pensa em descer o Mures na direção de Arad, empurrar os sérvios de volta ao Banato e avançar para o flanco direito de Kossuth. Por enquanto está fora de questão que Puchner o persiga. Em contrapartida, muito em breve Gläser, em Arad, e Rukovina, em Temesvár, terão notícias de Bem, e antes de oito dias provavelmente ouviremos que a infatigável Polônia opera contra Szegedin e o flanco direito de Windischgrätz. Ao menos não é possível tirar outras conclusões da direção em que ele enveredou.

Sem os russos Puchner estaria aniquilado, e a Transilvânia submetida em poucos dias. Os sículos e os magiares da própria região bastariam para refrear os saxões e os valáquios. Bem poderia ter seguido como vencedor a direção em que agora enveredou em sua retirada, se unido com Kossuth e Dembiński e assim ter decidido a campanha. A vitória estaria assegurada a suas forças unificadas, Pest seria tomada em poucos dias e – *em 15 de março Dembiński estaria certamente em Viena.*

Então os russos entram e jogam na balança o peso do império tsarista em favor da Áustria – e isto naturalmente é decisivo.

Eis, pois, os feitos heroicos desses bravos cavaleiros da lei marcial, os Windischgrätz, Jellachich, Nugent, Schlick! Invadir por oito lados, com todo o poder da Áustria, um pequeno povo de 4,5 milhões, chamar em auxílio croatas turcos, bósnios e sérvios, e no final, tão logo o pequeno povo havia reunido suas forças e banido os traidores de seu próprio campo, no final ainda serem derrotados em todos os pontos!

Gloriosos louros, de fato, os que o insuperável Windischgrätz conquistou, com a ajuda do reforço russo! Magnífica vitória, a que a aliança dos bárbaros europeus unidos alcançou contra o posto avançado mais vanguardista da civilização europeia!

Decerto ninguém poderia supor que o aspecto mais sagaz do grandioso plano de campanha de Windischgrätz, que o último trunfo estratégico do grande comandante – fosse o apelo aos russos! E no entanto, deveríamos saber: alguma vez os austríacos venceram de outro modo?

Mas os magiares, os últimos combatentes indomados da revolução de 1848, talvez caiam como os heróis de junho de Paris, como os combatentes de outubro em Viena, caiam esmagados pela superioridade numérica que agora novamente os cerca por todos os lados. Dependerá da maior ou menor participação dos russos se a guerra contra eles chegará ao fim rápida ou lentamente. E se nesse meio-tempo nós, europeus ocidentais, perseverarmos em nosso silêncio apático, se opusermos apenas resistência passiva e suspiros impotentes à ignominiosa traição com a qual os russos atacam nossos irmãos magiares, então os magiares estarão perdidos e – *em seguida será a nossa vez*!

E de fato a invasão dos russos na Transilvânia é a mais infame traição, a mais abjeta quebra do direito internacional de toda a história. O que é a coalizão aberta dos déspotas de 1792,[2] o que é a silenciosa conivência das potências alemãs com a Rússia na guerra da Polônia, o que é a própria divisão da Polônia diante desse covarde, traiçoeiro estrangulamento de um pequeno povo heroico, executado pelas costas com autêntica perfídia russa, o que são todas as precedentes infâmias das políticas inglesa, russa e austríaca diante dessa inominável abjeção?

A *Áustria* conduz uma guerra de opressão contra os magiares, a *Rússia* os ataca pelas costas, e a *Prússia* fica na fronteira, com os mandados de prisão nas mãos, para aprisionar

---

[2] Depois de concordarem com a possibilidade de uma ação conjunta contra a França republicana em julho de 1791, Áustria e Prússia assinaram um tratado, em fevereiro de 1792. A aliança austríaca-prussiana encorajada pela Rússia tsarista se tornou o coração da primeira coalizão anti-França, à qual, em março de 1793, se uniram a Grã-Bretanha, a Rússia, a Sardenha, Nápoles, a Espanha, a Holanda e alguns principados alemães. Em 1795, a coalizão se encerrou.

os refugiados e os enviar a seus carrascos. Um ano depois das revoluções europeias, em 21 de fevereiro de 1849, eis diante de nós a Sagrada Aliança ressurecta em todo banditismo--lei marcial e vileza policialesca!

Sem dúvida chegamos a esse ponto. Ousam-se tais coisas em toda a Europa, e toda Europa não ousa sequer mover um dedo. A república francesa oficial alegra-se em silêncio, e desejaria também fazer fronteira com a Rússia para melhor exterminar os anarquistas. Por que também nós, na França como na Alemanha, demonstramos depois da revolução tanta generosidade, magnanimidade, consideração e bondade se não queríamos que a burguesia mais uma vez erguesse sua cabeça e nos traísse e que a deliberada contrarrevolução pusesse o pé em nosso pescoço?

Mas sejamos pacientes! A "hidra da revolução" ainda não está sufocada – veja-se a Itália –, a violência das baionetas mercenárias ainda não é o último poder decisivo da história! Sejamos pacientes! Dia virá, e virá logo, em que uma nova revolução fará sua ronda sangrenta pela Europa, uma revolução que, em vez de ajoelhar-se em adoração diante da mera frase da república, ou regatear por lastimáveis "conquistas de março", não deporá a espada até ter-se vingado de todas as traições e todas as infâmias dos últimos nove meses. Então exigiremos as contas a todos aqueles que permitiram e apoiaram essa infamante traição a nossos co-combatentes magiares, e então, apesar dos russos, desvencilharemos a Hungria e a Polônia de seus grilhões!

A invasão russa – Sérvios – Perspectivas para os austríacos – Do teatro da guerra

NGR, n. 233, 28/2/1849

F. Engels

Não há quaisquer novas notícias do teatro da guerra. Em contrapartida chegam de todos os lados relatos que confirmam nossa descrição de ontem da difícil situação enfrentada pelos imperiais em toda parte, exceto na Transilvânia liberada com ajuda russa.[1] Como prova, publicamos abaixo uma correspondência de Pressburg da *Gazeta de Breslau* e a conclusão dos "Relatos de um húngaro", da *Gazeta G[eral do] Oder*.

Sem dúvida só relutantemente os austríacos se decidiram a apelar aos russos. É claro como o dia que a invasão russa dará um grande impulso ao movimento pan-eslavista dos tchecos e austro-eslavos. Essas nacionalidades, há muito acostumadas a enxergar o tsar como seu protetor natural e libertador final, dispõem agora de uma prova esmagadora de que a Áustria não tem força nem vontade de lhes assegurar o desenvolvimento nacional; e agora, pela primeira vez, o tsar russo[2] entra num momento decisivo agindo em favor deles e confirma pela ação as esperanças nele depositadas. Como antes diante dos sérvios alemães, agora o tsar russo aparece também para os sérvios austríacos, croatas, tchecos etc. como o protetor supremo da nacionalidade eslava. E vimos repetidas vezes que justamente as aspirações nacionais eslavas são tão perigosas para a "monarquia unificada" austríaca quanto a resistência armada dos magiares.

Com a invasão russa da Transilvânia, o tsar deu mais um passo para a realização do pan-eslavismo; ele proclamou a aliança entre os russos e os eslavos austríacos e se tornou o soberano de fato também dos últimos. Os outros, aliás, já estavam todos sob sua tutela; os poloneses são seus servos, os eslavos turcos seus vassalos; agora ele se apresenta também como protetor dos eslavos austríacos. Mais um passo e a Áustria cai completamente sob sua suserania, exatamente como os turcos. A esse preço a "monarquia unificada" se salva por alguns meses de ser destruída pela revolução!

Em uma assembleia popular em Mitrowitz, no Banato, os sérvios declararam o patriarca[3] como chefe de sua nação e Stratimirovich como rebelde, e proclamaram a lei

---

[1] Ver "Os russos na Transilvânia" e "Do teatro da guerra na Transilvânia e na Hungria".
[2] Nicolau I.
[3] Rajachich.

marcial contra todos os inimigos do imperador. O patriarca que, junto com Todorovich e os deputados sérvios, organizava em Temesvár os assuntos da Voivodia, teria confirmado essas decisões. No combate de Arad, o major sérvio Jovanovich, muito popular, caiu nas mãos dos magiares. Nesse combate os magiares não foram de modo algum tão decisivamente batidos quanto os boletins afirmam, como prova o seguinte: o patriarca propôs ao general magiar Damjanich (que, portanto, como nós soubemos casualmente, conseguiu alcançar o exército do Banato através do Danúbio e do Tisza) a troca de Jovanovich por 200 magiares. Damjanich respondeu: até onde sabia, não havia de modo algum 200 magiares nas mãos dos sérvios! De resto, os sérvios se armam significativamente tanto na Sérvia como no Banato, e no principado sérvio foi convocada uma convenção nacional que deliberou a mobilização de tropas auxiliares de mil homens em cada um dos 18 distritos do país.

De resto, para que se veja o que é a nova Voivodia sérvia para um paisinho pequeno e de população mista, e quão absurdas são as pretensões dos pan-eslavistas de criar pequenos estados eslavos em cada canto da Hungria, publicamos as seguintes notas estatísticas do *Serbske Noviny*,[4] de Belgrado:

> A Voivodia abrange territorialmente: 1) o comitato da Sírmia;[5] 2) o regimento de Peterwardein; 3) o comitato de Bács; 4) o batalhão dos tchaikistas; 5) o comitato de Torontal; 6) o antigo regimento banato-alemão (agora chamado Pancsova); 7) o antigo regimento ilírio-banato (agora chamado Weisskirchen) e o comitato de Temesvár. A área totaliza 719 milhas quadradas, com 75 cidades e vilas, 706 povoados, 221.182 casas e 1.605.808 habitantes. Os habitantes dividem-se, conforme a origem étnica, em 917.916 sérvios, 26.200 eslovacos, 13 mil búlgaros, 283 mil valáquios, 278.400 alemães, 6.160 franceses e 81.132 magiares. Destes, 877.620 adotam o culto grego-ortodoxo, 627.994 o católico-romano; 12.494 são católicos unidos, 46.311 luteranos, 30.642 calvinistas, 16 arianos[6] e 10.730 judeus. No número de 917.916 sérvios estão incluídos também os austro-eslavos católicos. O antigo regimento de fronteira valáquio-banato fica fora do âmbito da Voivodia, e será incorporado aos transilvanos-romenos (valáquios).

Este assim-chamado paisinho nacional sérvio conta, portanto, com 700 mil alemães, valáquios, magiares etc. contra 900 mil sérvios. E os 900 mil sérvios não são todos sérvios, mas incluem ainda os "austro-eslavos católicos", isto é, os schokazes da Sírmia e o comitato de Bács, que não são absolutamente sérvios! E isto pretende ser uma nação, com necessidades nacionais, e sobretudo com a necessidade de se separar da Hungria!

Segue-se agora o relato da *Gazeta de Breslau*:

> *Pressburg*, 18 de fevereiro. O clima chuvoso e tempestuoso tornou as famigeradas estradas de nosso país tão intransitáveis que grandes corpos de exército só avançam com indizíveis

---

[4] Órgão oficial do governo sérvio, publicado em Belgrado desde 1835.
[5] Esse comitato, como o distrito regimental de Peterwardein, era parte da Área Militar de Fronteira.
[6] Uma tendência na religião cristã que era muito disseminada entre várias tribos germânicas nos séculos IV e V. A heresia ariana foi condenada pela igreja oficial em 381.

dificuldades, e a artilharia pesada e outros veículos pesados efetivamente atolam. Sob essas circunstâncias, as muitas patrulhas húngaras alcançam uma vantagem atrás da outra, e o exército austríaco é ludibriado de muitas maneiras. Seu generalíssimo[7] parece pouco a pouco se impacientar e gostaria muito de conduzir um grande ataque, para cujo fim enviou grandes destacamentos na direção de Szolnok. Em consequência disso corre o boato de que teria ocorrido ali um sério embate e os magiares teriam sido empurrados de volta para trás do Tisza. – Mas pode-se nutrir certa dúvida quanto a essa notícia; pois atualmente os húngaros são *bem comandados demais* para não aproveitar a grande vantagem de atrair o inimigo aos pântanos do Tisza e destruí-lo sem maiores dificuldades. As muitas patrulhas que *parecem brotar da terra* na baixa Hungria não falhariam, caso se aventurasse longe demais, em assediá-lo por todos os lados, cortar os suprimentos e cercar e aniquilar qualquer tropa que se distanciasse do exército principal. De certo modo, a guerra na baixa Hungria pode ser *comparada com a campanha de Napoleão na Rússia* e, caso avançasse demais, o exército austríaco poderia experimentar um destino semelhante ao dos franceses àquela época. – Sob essas circunstâncias, Windischgrätz ficará numa *posição difícil*. Agir rapidamente e, com um golpe decisivo, provocar uma virada favorável para sua causa é francamente impossível; mas, se hesitar, o poder dos magiares aumentará cada vez mais. Parece que foi oferecida a capitulação, mas os magiares orgulhosamente a recusaram. – Observando um mapa, vemos que o exército austríaco, apesar de seus progressos e apesar de seus relatos de vitória, *está cercado por grandes e pequenos destacamentos magiares como por uma rede*. Das fronteiras da Estíria, descendo pelo lago Balaton até Esseg, na Croácia, o território está de fato aparentemente submetido, mas por toda parte há patrulhas que assediam seriamente os austríacos.

Do outro lado, isto é, do Danúbio até os Cárpatos, a situação não é melhor, do que nos convencemos lendo nos relatórios que lá os austríacos são constantemente impelidos de um lado para o outro por embates. E ali as patrulhas húngaras encontram um terreno muito especialmente favorável, e a maioria dos habitantes está secretamente de seu lado, *mesmo a maioria dos eslovacos*. Só assim é possível explicar que os magiares possam sistematicamente fazer suas incursões contra a Galícia até regiões tão distantes quase impunemente. Ao leste, o Tisza é a grande barreira que protege os magiares, e até agora onde quer que os austríacos tenham tentado ultrapassá-la tiveram de retroceder com perdas.

Caso venha a ocorrer uma batalha decisiva, e caso os austríacos a percam, o que não seria impossível, sua retirada seria muito perigosa, porquanto seria de se temer que o povo se insurgiria por toda parte. Parece que o generalíssimo não dissimula a adversidade de sua situação.

Segue-se a conclusão dos "Relatos de um húngaro", da *G[azeta] G[eral] do Oder*.[8] Ela também pode servir para comprovar quão pouco os relatos magiares "exageram".

Graças às inteligentes medidas tomadas por Kossuth, toda a juventude de Pest foi atraída para Debreczin. Pessoas que têm conhecimento preciso dos acontecimentos no outro lado do Tisza afirmam que o exército húngaro conta com 120 a 150 mil homens, comandados por três hábeis generais poloneses, apoiado por um considerável parque

---

[7] Windischgrätz.
[8] Ver "Últimas notícias sobre os magiares – Vitória no Tisza – Brutalidade dos austríacos – Situação geral da guerra".

de artilharia e que, em caso de necessidade, pode ser reforçado com 100 mil homens da Landsturm. O conhecido Rosa mantém ocupada, com seus bandos, a floresta de Bakony.

Os austríacos destruíram três pontes: uma perto de Szolnok, uma perto de Tiszafüred e outra perto de Zibok, de que os magiares se serviram para cruzar o Tisza e para derrotar o inimigo no dia 11 do corrente.

Em todo o exército húngaro dominam ordem e a mais estrita disciplina, particularmente desde que os generais poloneses assumiram o comando supremo. Os comitatos do outro lado do Tisza decidiram se defender até o último homem, e a maioria dos jovens que, com a invasão de Pest pelos austríacos, fugiram de lá para Debreczin entraram no exército húngaro, cujos soldados têm de 17 a 40 anos, e alguns têm até 60 anos, todos inflamados de amor à pátria.

Kossuth, conforme soube por fontes confiáveis, pronunciou recentemente em Debreczin um discurso como nunca se ouvira antes.

O salão estava lotado de deputados e outras pessoas, as galerias com senhoras; ele fez os deputados e os demais presentes jurarem permanecer a seu lado na luta contra a Áustria; todas as mãos se ergueram para jurar. Um longo silêncio seguiu-se a essa prestação de juramento, e então ele pronunciou com voz forte apenas as palavras: *'Agora a pátria está salva!'*.

A maior parte das tropas imperiais reais que estavam em Pest e Buda recuaram em direção a Erlau e Czegléd, e só cerca de 4 mil permaneceram lá; fala-se até mesmo que o quartel-general do príncipe Windischgrätz teria sido transferido para Erlau. Apesar da grande vitória que os austríacos pretendem ter conquistado, mas que foram os húngaros que conquistaram, eles não deixaram, entretanto, de voltar os canhões da fortaleza de Buda contra a cidade de Pest; uma ordem aos moradores da fortaleza exige deles até mesmo que se abasteçam de provisões para três meses. Aqueles que não estiverem em condições de fazê-lo deveriam abandonar suas moradias.

Para que todas essas preparações preocupantemente traidoras, em completa contradição com as absurdas notícias segundo as quais o exército austríaco opera já perto de Debreczin, já na Transilvânia? Os próprios soldados estão desmoralizados. Oficiais e soldados queixam-se em voz alta de que foram obrigados a pegar em armas contra os húngaros, que não lhes fizeram nada. *Os mais estúpidos e ao mesmo tempo os mais cruéis são os da Boêmia.*

O ex-primeiro-ministro conde Louis Batthyány, interrogado 14 vezes, negou-se 14 vezes a dar qualquer resposta a seus juízes improvisados dizendo: 'Eu era ministro e, portanto, só responderei quando for submetido a um tribunal de magnatas húngaros'. Os generais Moga e Hrabovsky, dois idosos cujas vidas foram impecáveis, foram condenados a 20 anos de confinamento em uma fortaleza; o genro do general Moga, conde Lazar, coronel do Honvéd, deveria ser executado, mas o magnânimo príncipe Windischgrätz comutou sua pena para *10 anos de aprisionamento com grilhões*, perda de seu título de nobreza e exoneração com desonra!

Do teatro da guerra na Transilvânia e na Hungria

NGR, n. 235, 2/3/1849

F. Engels

Continuamos sem nenhuma notícia recente do teatro da guerra. O que sabemos quase não passa de detalhes complementares sobre acontecimentos já conhecidos.

No alto Tisza os magiares estão nas duas margens do rio. Mediante uma manobra inteligente de Görgey, "levada a cabo com uma agilidade inesperada nele" (*F[olha] C[onstitucional] da B[oêmia]*), todo o território a leste do Tisza e de Hernath foi expurgado do inimigo. Mediante o simultâneo avanço de Dembiński transpondo o Tisza, toda a ala esquerda e o centro das tropas imperiais foram repelidos e só estão ainda no Tisza abaixo de Szolnok. Logo, quando as folhas austríacas informam que Schlick teria se "reunido com o exército principal" ou que ele "teria alcançado a cabeça do exército principal", isso não quer dizer nada além de que os remanescentes das quatro brigadas comandadas por ele, em vez de defender o flanco esquerdo, *foram repelidas* até as tropas de Windischgrätz.

Nessa ocasião, como informa o correspondente magiar da *G[azeta] de Breslau*, "a maior parte do regimento polonês de Rothkirch passou para o lado dos húngaros e entrou em Debreczin em triunfo. Entre os prisioneiros há também dois generais. *Assim, graças à completa derrota e expulsão dos imperiais, agora os comitados de Zips, Sáros, Abaujvár, Zemplin, Unghvar e Heves estão novamente em poder dos húngaros*".

A *F[olha] Const[itucional] da B[oêmia]* confirma, em duas correspondências de Pest, datadas do dia 20, a reunião de Görgey com o exército magiar principal, bem como que este exército "reassumiu uma posição ameaçadora" e "parece ter decidido dar combate".

O mencionado correspondente magiar relata ademais que:

> De Kaschau chegaram a Pest muitos refugiados. O conde Szirmay, um dos mais ricos magnatas húngaros, foi morto pelo povo encolerizado da maneira mais cruel. Ele havia se tornado odioso porque, graças a sua traição, Schlick tomara Kaschau. Ele também havia tentado recrutar um batalhão de voluntários para os imperiais. Era major no exército imperial.

Os reforços continuamente enviados ao flanco esquerdo dos austríacos demonstram o quão perigosa está atualmente a situação ali para eles. Quase diariamente o *ban* Jellachich inspeciona em Pest as novas tropas enviadas para lá. Assim informa o correspondente magiar no dia 22:

> No dia 20, uma brigada com muitos canhões partiu de Pest na direção de Hatvan. Consistia, em sua maioria, de croatas. O *ban* tenente-marechal de campo Jellachich passou em revista a brigada e lhe fez um discurso. O público presente observava friamente. Então um general chegou a galope e gritou: 'Tirem os chapéus quando o imperador é aclamado!' Mas o público se virou como um só homem e saiu. Isso permite perceber o clima, que se torna dia a dia mais amargo.

Os reforços que Görgey trouxe ao exército magiar principal consistiria, segundo a *F[olha] Const[itucional] da B[oêmia]*, de 9 mil homens, entre os quais 1 batalhão de granadeiros, 1 batalhão de infantaria estoniana, 2 batalhões de Wasa, 8 divisões (16 esquadrões) de hussardos, 30 canhões e 12 obuses. As convicções do jornal de onde foram extraídos atesta que estes dados estão antes abaixo do que acima da verdade.

No centro e no flanco direito de Windischgrätz houve pouca alteração. Szolnok no Tisza ainda está nas mãos dos austríacos, enquanto os magiares dominam a margem oposta. Enquanto os primeiros cavam trincheiras perto de Szolnok, os dois lados se canhoneiam sobre o Danúbio.

Szegedin, bem abaixo no Tisza, que já teria sido tomada três ou quatro vezes pelos austríacos, foi novamente tomada, de acordo com os relatos de hoje. Desta vez foram as tropas destacadas de Pest que, diante de Szegedin, se reuniram com os sérvios que se avizinharam pelo sul para tomar este ponto importante, que domina o estuário do Mures no Tisza. *Se non è vero, è ben trovato.*[1]

> Em contrapartida, o correspondente austríaco informa, a partir de uma carta privada, que *Arad*, logo depois de ter sido capturada, foi novamente arrebatada dos austríacos, uma vez que parte dos últimos se espalhou rápido demais pelas casas da cidade a fim de encontrar víveres, e disso os insurgentes se valeram para se reunir rapidamente e rechaçar nossas tropas. Os comandantes não deveriam ser responsabilizados, dado que não puderam impedir aqueles soldados esgotados, supostamente da Sérvia e de Peterwardein, de procurar alívio.

As façanhas do exército sérvio ali estacionado consistem principalmente em destruir e incendiar, pilhar, queimar pessoas, assassinar e estuprar. As localidades em torno de Szegedin, assim como Maria-Theresienstadt, Zombor e outras foram tratadas da forma mais perversa por esses bárbaros turcos e quase aniquiladas. Basta ver o que diz a *F[olha] Const[itucional] da B[oêmia]*, pró-tchecos:

---

[1] Se não é verdade, é bem pensado.

No Banato os sérvios avançam vitoriosamente, no entanto saque e incêndio marcam sua passagem e muitas localidades húngaras e alemãs tiveram de pagar um preço terrível por ousarem mostrar claramente simpatia pela causa húngara. Zombor, uma importante cidade comercial, foi parcialmente consumida pelas chamas, pois os sérvios incendiaram todas as casas cujos proprietários haviam antes participado na imposição da lei marcial aplicada contra os sérvios pelos húngaros. – Ontem e hoje fala-se aqui por toda parte que finalmente os sérvios conseguiram tomar Szegedin; nesse caso, só podemos lamentar os inúmeros húngaros que ali vivem, pois os sérvios dificilmente os tratarão com indulgência.

Mais para trás, no Drava e Danúbio, o exército de Nugent concentra-se em torno de *Peterwardein*, cuja rendição, para falar com um boletim recente, "é de se esperar". Seu exército se distingue igualmente pela mais abjeta barbárie. Os habitantes de Siklosz teriam sido fuzilados pelos imperiais, depois de os terem recebido antes de braços abertos. O que fez Nugent? Imediatamente cercou o local, levou canhões carregados com metralhas para todas as portas e então ateou fogo ao lugar. Quem se salvava das chamas, caía sob as metralhas. A *Gazeta de Colônia* considerou isso "estranho".

Resumindo todas essas operações, teremos de concordar com o seguinte julgamento, emprestado da *Gazeta de Leipzig*: "Militares informados asseguram que foram cometidos muitos erros nas operações na Hungria, e que o príncipe Windischgrätz *não se confirmou absolutamente como um eminente comandante de exército*". Um resultado ao qual sem dúvida fomos conduzidos já há muito tempo quase diariamente.

Por fim, vejamos agora os relatos das folhas locais da *Transilvânia* sobre a invasão dos russos. Em Kronstadt esse acontecimento foi precedido pela proclamação da lei marcial. Dessa cidade, relata o local *Satélite*[2] de 2 de fevereiro:

> Para evitar o ameaçado assalto de Kronstadt pelos sículos, entraram ontem e hoje em Kronstadt, sob o comando do general imperial russo von Engelhardt, fortes destacamentos de cossacos, caçadores russos, granadeiros e todo um parque de artilharia com o pessoal correspondente, e foram alojados com os cidadãos. Para amanhã é esperado ainda um batalhão de infantaria russo. Os canhões foram assentados entre a Promenade e a Schlossberg e adequadamente supridos para ação imediata. São vigiados dia e noite por um forte contingente de cossacos e granadeiros, enquanto caçadores russos vigiam as fortificações.

Ademais, datado de 6 de fevereiro, um relato sobre o combate entre Engelhardt e os sículos:

> O dia 4 de fevereiro foi um dia quente para nossa região. De manhã cedo o major-general russo Engelhardt partiu para um reconhecimento em Honigberg com 1 batalhão de infantaria russa, 170 cossacos, 2 peças de artilharia de campo e três companhias do 1º Regimento de Fronteira Romeno. Na metade do caminho ele notou numerosos grupos de sículos movendo-se na neblina em direção a Petersberg, provavelmente para de lá

---

[2] Suplemento da *Gazeta de Kronstadt* (jornal transilvânio pró-Áustria).

assaltar Kronstadt. Os russos avançaram contra eles e os sículos abriram fogo de canhões. Como o inimigo era numericamente superior, o general russo enviou imediatamente à cidade pelo restante de suas tropas que ali haviam ficado, as quais chegaram com 84 dragões austríacos e 45 hussardos mais de duas horas depois, durante as quais Engelhardt ocupou os sículos com ataques de cossacos, escaramuças e canhoneio. Então o general Engelhardt atacou seriamente o inimigo quatro vezes [!] mais forte [!], empurrou-os das montanhas entre Petersberg e Honigberg e, depois de 5 horas e meia de luta, os pôs em fuga. Do lado russo, caíram 1 oficial e 2 praças, do lado austríaco, 1 oficial e 3 praças; (participaram da luta 2.400 russos e cerca de 500 austríacos); entre mortos e feridos, o inimigo perdeu 150 homens, e fugiu perdendo canhões, armas, munições etc.

Kronstadt (S[emanário] da Transilvânia).[3] O general russo promulgou a seguinte proclamação aos cidadãos de Kronstadt:

> Aos cidadãos de Kronstadt! Alguns cidadãos mal-intencionados de Kronstadt difundiram o falso boato de que eu teria me incompatibilizado com o general austríaco imperial real von Schurter e teria a intenção de deixar a cidade com minhas tropas! Ao contrário, encontrei no sr. general von Schurter um bravo camarada e pretendo doravante continuar estimando-o e honrando-o como tal. Se enviei meus carros de bagagem de volta para a Valáquia foi única e exclusivamente no interesse dos habitantes locais, para lhes proporcionar um alívio, pois lhes deve ser pesado, além de atender aos mencionados carros de bagagem, fornecer também provisões aos 700 ulanos que chegaram hoje. Todo o conteúdo dos carros de bagagem, que consiste em biscoitos, permanece na cidade, e só os carros vazios foram despachados. Aquele boato é, portanto, uma mentira infame e tola; pois mesmo que eu não tivesse me entendido com o general von Schurter, ainda assim permaneceria aqui para proteger esta cidade, como é a suprema vontade de meu imperador e senhor.[4]
>
> Kronstadt, 29 de janeiro (10 de fevereiro) de 1849.
Major-general von Engelhardt.

Kronstadt, 10 de fevereiro. Ontem à tarde chegaram aqui os esperados ulanos russos. Os sículos, que no dia 4 deste mês receberam uma tão grande lição [!] do general imperial russo von Engelhardt, não obstante voltaram novamente para perto de Hidveg cruzando o rio Alt e entraram em Marienburg, de onde assediaram ontem outra vez a comunidade de Heldsdorf e requisitaram uma quantidade de pão, feno e aveia.

(S[emanário] da Transilvânia)

---

[3] Semanário publicado em Kronstadt.
[4] Nicolau I.

[Guerra europeia inevitável]

NGR, n. 235, 2/3/1849, suplemento extraordinário

F. Engels

Colônia, 2 de março. A segunda sessão da II Câmara teve dois resultados não desprovidos de interesse: primeiro, o fato de que a direita até agora supera a esquerda não por dez, como escrevemos ontem, mas por *21* votos; e segundo, o *anúncio oficial da rescisão do armistício de Malmö*.[1] O último acontecimento naturalmente dá motivo para mil e uma especulações diplomáticas; assim, o gabinete russo teria celebrado, sob determinadas contingências, uma aliança defensiva e ofensiva com a Dinamarca; um mensageiro russo teria enviado a Berlim a ordem de resistir incondicionalmente a todas as eventuais exigências da Câmara etc. Amanhã traremos o que for imprescindível desses rumores.

Da *Itália*, ficamos sabendo que em *Turin* Gioberti foi definitivamente *deposto* e *Chiodo* é definitivamente primeiro-ministro. A Câmara sancionou a troca de ministros e, em concordância com eles, decidiu pela *imediata retomada da guerra contra a Áustria*.[2] A expedição austríaca contra Ferrara deu plenos motivos para isso.

---

[1] Tirando vantagem da iminente expiração do armistício de sete meses assinado pela Dinamarca e pela Prússia em Malmö, os círculos dirigentes da Prússia recusaram-se a prolongá-lo com o objetivo de aumentar o prestígio da monarquia prussiana fazendo a guerra, que era muito popular na Alemanha, e concretizando seus planos agressivos. As operações militares foram retomadas em março de 1849 e avançaram com sucesso variável. Finalmente, sob pressão das grandes potências, a Prússia renunciou a suas demandas pelo Schleswig e Holstein e traiçoeiramente abandonou as populações desses ducados, que tiveram de continuar a guerra sozinhas. As tropas do Schleswig-Holstein foram derrotadas e obrigadas a não mais resistir. Como resultado, ambos os ducados continuaram pertencendo ao reino da Dinamarca.

[2] O liberal moderado Gioberti, que liderava o governo do Piemonte, tentou usar o movimento por uma Assembleia Constituinte de toda a Itália e pela unificação do país por via democrática, para executar o plano de estabelecer uma federação de Estados italianos, o que era do interesse da dinastia de Savoy. Após a proclamação da república em Roma, em 9 de fevereiro de 1849, e o começo da campanha para a república na Toscana, Gioberti fez esforços para restaurar o poder de Pio IX e do grão-duque Leopoldo II, com a ajuda militar do Piemonte. Essa política e sua recusa em realizar reformas progressistas tornou Gioberti extremamente impopular e o levou a renunciar em 21 de fevereiro de 1849. Sob pressão popular e apreensivos com o futuro da dinastia de Savoy na iminente crise na Itália, os círculos dominantes do Piemonte foram obrigados a declarar, em 12 de março de 1849, a retomada da guerra contra a Áustria. No entanto, o exército piemontês, que estava mal preparado para a guerra e liderado por generais monarquistas que tinham medo de imprimir um caráter realmente popular à guerra, foi logo derrotado pelos austríacos. Em 26 de março, o novo rei da Sardenha, Victor Emmanuel, foi obrigado a assinar um armistício com a Áustria em termos mais onerosos do que o de agosto de 1848.

Em *Toscana*, a tentativa de reação de Laugier parece ter fracassado completamente.³ O grão-duque,⁴ desesperando de sua sorte, já teria também embarcado para seu Santo Padre⁵ em Gaeta.

Da *República Romana* não há novidades além da suposta retirada dos austríacos de Ferrara (já relatada ontem pela *Gazeta de Viena*).

A *Sicília*, segundo o *Moniteur du Soir*,⁶ teria proclamado a república.⁷

Da Hungria chegaram *notícias favoráveis além de toda expectativa*. De acordo tanto com os relatos *imperiais* quanto com os magiares, *os magiares alcançaram Hatvan, a três estações de Pest*. Esse avanço vitorioso é o primeiro resultado da ação conjunta de Görgey com o exército magiar principal. Os austríacos enviaram apressadamente todas as suas tropas para Hatvan. Em alguns dias será travada ali uma *batalha decisiva*.⁸

Este é o conteúdo condensado das notícias recebidas hoje à tarde. Guerra na Dinamarca, guerra na Itália, e mais guerra do que nunca na Hungria – eventos que poderiam, cada um por si, nessa época tão desastrosa para todos os poderes existentes, provocar uma *guerra europeia*. Essa guerra virá, tem de vir. Ela cindirá a Europa em dois campos armados, não conforme as nações ou simpatias étnicas, mas conforme os níveis de civilização: de um lado a revolução, do outro a coalizão de todas as classes estamentais e interesses moribundos; de um lado a civilização, de outro a barbárie. A vitória pode tardar, mas não pode ser posta em dúvida.

Noticiamos agora os relatos sobre os debates nas Câmaras de Berlim e Turim.

---

3   Referência ao fracasso do contrarrevolucionário general Laugier, apoiado pelos círculos dominantes piemonteses e pelos austríacos, em sua tentativa de inteferir no desenvolvimento da revolução na Toscana, impedindo a abdicação do grão-duque Leopoldo II e a proclamação da república. Em 30 de janeiro de 1849, o grão-duque fugiu para Siena, e depois para Gaeta, a residência de Pio IX. Em 18 de fevereiro, a república foi proclamada em um comício popular, mas sua oficialização foi adiada até a convocação de uma Assembleia Constituinte, que nunca ocorreu devido à sabotagem da ala moderada do movimento.

4   Leopoldo II.

5   Pio IX.

6   Diário francês publicado em Paris desde 1831, órgão dos apoiadores da monarquia de julho até 1848, e depois dos bonapartistas.

7   A informação, reproduzida de um jornal francês, não estava inteiramente correta. No entanto, os acontecimentos que marcaram o começo do estágio culminante do combate entre o movimento revolucionário na Sicília e o governo do rei Ferdinando de Nápoles embasavam rumores sobre a proclamação da república. Em 25 de fevereiro de 1849, Ferdinando enviou um *ultimatum* aos sicilianos. Embora prometendo sancionar a restauração da constituição de 1812, ele exigia o desarmamento e consentimento para ocupação da maior parte da ilha pelas tropas napolitanas. A recusa dos sicilianos levou a uma luta feroz: apesar de as forças napolitanas serem superiores em número e armamento, os sicilianos ofereceram resistência até o início de maio de 1849.

8   A contraofensiva geral do exército revolucionário húngaro foi desencadeada na mencionada região nos inícios de abril de 1849. Em 2 de abril, o exército revolucionário conquistou uma grande vitória em Hatvan, seguida por uma série de fortes golpes no inimigo. As previsões de Engels se mostraram corretas não só quanto ao tempo da ofensiva, mas também a respeito do local de concentração das forças principais húngaras para um golpe decisivo, e sua direção.

Do teatro da guerra

NGR, n. 236, 3/3/1849

F. Engels

Nenhuma outra circunstância evidencia melhor como estão as coisas para os imperiais do que o silêncio dos comunicados oficiais. É fato que hoje não recebemos nossas cartas e jornais de Viena, mas as folhas vespertinas de Berlim, que costumam trazer aqui, simultaneamente à *Gazeta de Viena*, as notícias vienenses, também não contêm nada. Silêncio profundo do sempre tão loquaz comando militar vienense sobre as operações no Tisza, no Mures e na Transilvânia.

Compensam-nos disso os relatos não oficiais. As correspondências de Viena favoráveis aos imperiais e a correspondência magiar da *Gazeta de Breslau* convergem em um fato: *o exército magiar está em Hatvan, a seis milhas de Pest*, onde se prepara uma batalha decisiva.

As primeiras dizem: os insurgentes foram *rechaçados* por Schlick, Schulzig e Götz para aquela região; a outra afirma: os vitoriosos magiares *avançaram* até essa região.

Quem tem razão?

Uma olhada no mapa decide. Görgey avançou, segundo as últimas notícias, de Kaschau, descendo ao longo do Hernath, para se unir a Dembiński. Dembiński, por seu lado, transpôs o Tisza abaixo da foz do Hernath e avançou em direção ao noroeste por Miskolcz. Desse modo, o flanco esquerdo (Schlick, Schulzig e Götz, que se dirigira para os altos Cárpatos) foi ameaçado em sua ligação com o exército principal, e ao mesmo tempo atacado no flanco direito por Dembiński e no esquerdo por Görgey. Por isso o corpo Schlick-Schulzig se retirou imediatamente de Torna para Rimaszombat. Em Rimaszombat, conforme as últimas notícias (oficiais imperiais reais) os dois exércitos se confrontaram.

Agora repentinamente encontramos a posição totalmente modificada. Os magiares foram de Rimaszombat, a mais de 20 milhas de Pest, para Hatvan, a 6 milhas de Pest, e espera-se ali uma *batalha decisiva*.

Se Schlick tivesse derrotado os magiares, a linha de retirada destes não seria pelo Danúbio, onde deparariam com o centro do exército inimigo, mas sim pelo Tisza e Hernath, onde todo o território está sob domínio magiar. Mas se os magiares mantiveram o predomínio, eles não poderiam, de sua posição no alto Tisza e Hernath, avançar em *absolutamente nenhuma outra direção* para chegar a Pest a não ser na direção de *Hatvan*. O caminho de Kaschau a Pest passa em linha reta por Rimaszombat e Hatvan! As estradas de Miskolcz para Pest e de Polgár e Tiszafüred para Pest (os dois pontos de passagem do exército principal magiar através do Tisza), passam também igualmente por Hatvan!

Se, portanto, como dizem os relatos vienenses, "os insurgentes, sob Görgey e Dembiński, perseguidos pelos generais Schlick, Schulzig e Götz foram rechaçados para a região de Hatvan", eles terão sido rechaçados diretamente em direção ao ponto *para o qual teriam mesmo de ir se fossem vitoriosos*, que era o ponto de concentração de todos os corpos magiares em marcha contra Pest!

Portanto: ou os generais austríacos são tão tolos que suas vitórias levam o inimigo exatamente *ao mesmo resultado* que suas derrotas, e eles prestam um serviço melhor ao inimigo quando o derrotam do que quando são derrotados – ou os relatos imperiais mentiram descaradamente mais uma vez.

Que seja este o caso – sem que, contudo, pretendamos reduzir de algum modo a inabilidade dos generais imperiais reais –, que mais uma vez se tenha tentado encobrir uma vergonhosa derrota com pomposas alegações de vitória, prova-o a frase final: "por conseguinte, é de se esperar que nos próximos dias tenha lugar uma batalha decisiva contra eles (os insurgentes)".

Ou em Hatvan está apenas um corpo magiar, ou todo um exército. No primeiro caso, não se pode falar de uma "batalha decisiva"; no segundo caso, deve-se acreditar que os três corpos do flanco esquerdo imperial real, que nunca puderam dar conta de Görgey sozinho, teriam derrotado e "perseguido" um exército inteiro, do qual as tropas de Görgey constituem apenas uma pequena parte.

E mesmo se o exército principal húngaro tivesse sido "rechaçado" para Hatvan, ele iria esperar ali até que todo o exército de Windischgrätz viesse em socorro do corpo austríaco "rechaçador" para empreender uma "batalha decisiva", ou iria marchar rapidamente de volta para o Tisza, em cuja direção ninguém o obstaculizava, pois tinha a retaguarda totalmente livre?

É claro como o dia: desde a unificação de Görgey com o exército principal húngaro, os austríacos foram rechaçados em todos os pontos de sua ala esquerda e centro. Por onde Schlick e consortes estão vagando, ninguém nos diz.

Mas a atual posição dos magiares, a nordeste do Tisza, fala mais claro do que todos os comunicados. Para que os magiares pudessem marchar de Rimaszombat para Hatvan, Schlick teria de ser antes neutralizado, isto é, ser perseguido por 10 milhas de distância de volta para as cidades montanhesas eslovacas, onde, separado do exército principal pela curva do Danúbio, ele fica totalmente isolado e impotente. Então a vanguarda do exército principal imperial real, ou o exército principal mesmo, deveria ser rechaçada por cinco a sete milhas de distância; pois não faz muito tempo que Windischgrätz ocupava todo o território até Erlau e pretendia até mesmo transferir seu quartel-general para essa cidade! E ambos os movimentos devem ter de fato acontecido, ou senão como um exército magiar teria chegado a seis milhas de Pest?

Até que cheguem relatos mais precisos, não nos restará outra alternativa a não ser dar crédito aos "exageros" magiares da *Gazeta de Breslau*, evidentemente redigidos em Pest, tanto mais que tais "exageros" trazem consigo todos os sinais internos e externos da maior veracidade. Eles relatam que os magiares estacionados em Hatvan pertencem ao *exército setentrional* húngaro. (Görgey, que aliás foi claramente reforçado com um corpo do exército do Tisza.) Lemos ali:

> Tal como em 27 de janeiro, quando o *exército* húngaro do *Tisza* derrotou duas vezes os imperiais, em Szolnok e em Czegléd, assim também agora, em decorrência das repetidas vitórias do *exército setentrional* sobre o tenente-marechal de campo imperial conde Schlick, em Pest tudo está sendo evacuado e preparado para a retirada. Todas as chancelarias militares, fardos de provisões etc. foram transportados para Raab desde anteontem. Conforme depoimentos unânimes de viajantes, *o vitorioso exército húngaro setentrional*, que pode estender a mão ao exército húngaro do Tisza, teria ontem *seu posto avançado* a três estações de Pest, especificamente em *Hatvan*. São comandados pelo general polonês *Klapka* e pelo exímio general húngaro *Görgey*, mas ambos os generais estão sob o *comando supremo de Dembiński*. Como em 27 de janeiro, ontem foi publicada uma proclamação assinada pelo comandante conde Wrbna, na qual os habitantes das duas cidades são informados de que os rebeldes se preparam para avançar para Pest, e que por isso uma parte da guarnição foi ao encontro do inimigo. Os habitantes são por consequência particularmente advertidos de que qualquer tentativa de insurreição poderia dar início imediato ao bombardeamento a partir da fortaleza de Ofen. *Há em Pest a expectativa de uma grande batalha nos próximos dias.*
> P.S.: Um correio recém-chegado de Pest trouxe a notícia de que muita artilharia foi retirada de Ofen sob a cobertura de granadeiros, e que devemos estar preparados para uma batalha nas proximidades de Pest entre hoje e amanhã. A guarnição de Komorn repeliu os imperiais do Velho Szony.

De resto, Kossuth demonstrou recentemente, de modo muito palpável, que de modo algum teve em mente tolerar que os austríacos se comportassem como autênticos bárbaros naquelas partes do território que, por considerações estratégicas, teve de abandonar. Ele se valeu do único meio que ajuda nesses casos: pagar com a mesma moeda. O correspondente magiar (*G[azeta] de Br[eslau]*) escreve:

> Em represália pelo fuzilamento, em Ofen, do major húngaro Spöll, contrário a todo direito internacional, o coronel imperial Fligely teria sido igualmente fuzilado em Debreczin. – Pela boca de um oficial austríaco fomos informados ao mesmo tempo de que uma carta do governo húngaro chegou a Windischgrätz, segundo a qual a cada repetição de uma execução de prisioneiros húngaros se seguiria imediatamente a represália. Também 73 oficiais imperiais de alta patente, que são mantidos presos em Debreczin, dirigiram uma carta a Windischgrätz, na qual lhe imploravam que, para poupar suas próprias vidas, desistisse de outras ações contra prisioneiros de guerra húngaros. Nessa oportunidade, nos foram dados os nomes de 5 generais imperiais que estão presos em Debreczin. Essas duas cartas influíram mais em Windischgrätz do que todas as mensagens e interpelações alemãs relativas à execução de Blum, e desde então não houve mais qualquer execução em Ofen, mas é preciso notar que também os julgamentos foram

adiados, provavelmente para tempos mais favoráveis. Ontem algumas damas da alta sociedade foram detidas. As mulheres húngaras nada ficam a dever às polonesas em entusiasmo patriótico e sacrifício.

Dos demais setores do teatro da guerra temos apenas notícias austríacas muito incompletas. No sudoeste o general imperial real Dietrich entrou em Sexard (comitato de Torna) no dia 14, expulsou os hussardos de Kossuth e voltou a Pest no dia 19. Portanto, também aqui, na margem direita do Danúbio, há ainda hussardos de Kossuth e até dominam cidades!

Da Transilvânia, um correspondente da *G[azeta] G[eral] do Oder* relata que *Bem*, que os imperiais alegavam já ter matado ou prendido, repeliu o sr. Puchner no Banato, até onde este o tinha perseguido, marchou para Klausenburg, atraiu para si muitos grupos de húngaros e sículos e agora mais uma vez *assumiu a ofensiva* na Saxônia[1] contra os austríacos e russos unidos. Em que medida essa notícia seria verdadeira, preferimos deixar em aberto. Em parte, contudo, ela é confirmada pela reportagem da *Gazeta de Graz*, de Temesvár: que os destacamentos de insurgentes repelidos para a Transilvânia tentaram entrar novamente no Banato em Facset-Lugos e por isso foi necessário aos imperiais sair rapidamente de Arad, para não ficarem isolados.

Essas notícias provam o quão corretamente compreendemos a posição dos partidos em guerra. Uma vitória decisiva sobre os imperiais antes de Pest, a irrupção da guerra na Itália, e apesar de todas as intervenções russas a Áustria será destruída!

---

[1] A maior parte da população urbana da Transilvânia era composta de alemães (saxãos), que representavam cerca de 16% da população total da região.

A guerra na Hungria

NGR, n. 237, 4/3/1849

F. Engels

Colônia, 3 de março. As notícias de hoje do teatro húngaro da guerra limitam-se à confirmação e em parte ao detalhamento das de ontem. Sem dúvida seria o próprio Dembiński que estaria em Hatvan, enquanto *dois generais franceses* estariam em Gyöngyös, algumas milhas mais atrás, com um corpo magiar. O contínuo envio de tropas de Pest para o Tisza prova quão grande é o perigo.

De acordo com outros relatos de Pest, também imperiais, datados do dia 25, *Windischgrätz* teria transferido seu quartel-general para Gödöllö, quase a meio caminho entre Pest e Hatvan, e sua vanguarda, sob o general *Zeisberg*, já estaria novamente em *Gyöngyös*. "Os rebeldes", dizem,

> se retiraram novamente, como antes, para Szolnok, mas desta vez eles dificilmente escaparão sem derramamento de sangue, pois o general *Götz* opera a partir das cidades montanhesas e o tenente-marechal de campo Schlick *novamente* assumiu a ofensiva e por conseguinte haverá ações articuladas de todos os lados.

Aprendemos aqui várias coisas novas. Primeiro, reaparece o grande comandante *Götz*, que perdêramos na fronteira galícia depois de sua derrota por Görgey nos Cárpatos. Ele aparece – nas cidades montanhesas, 15 a 20 milhas a sudoeste de sua última posição. O suposto "perseguidor" de Görgey perfez, pois, durante os oito dias em que esteve desaparecido, um *recuo* muito considerável.

Ouvimos, ademais, que Schlick *reassumiu* a ofensiva. Portanto, ele a perdera por algum tempo. Em vez de "rechaçar" os magiares para Hatvan, como se dizia ontem, era ele, pois, o "rechaçado". Hoje se admite, portanto, indiretamente que Schlick sofrera um revés. Onde, não é dito. Onde ele está agora, também não é dito. Presumivelmente Görgey o fez retroceder de Rimaszombat, por Lasoncz, na direção de Ipolyság e agora ele tenta avançar novamente pelas montanhas.

Por fim, diz-se que os magiares se retiraram novamente, e Gyöngyös foi outra vez ocupada por eles. Em que medida essa notícia é verdadeira, vamos deixar em aberto. Mas, se for correta, permanece a questão de se apenas a vanguarda magiar retrocedeu para o exército principal, se o movimento retroativo é um movimento de *concentração*, ou se é uma retirada. No primeiro caso, ele seria apenas o precursor de uma batalha decisiva. No outro caso, se mais uma vez os magiares forem cruzar de novo o Tisza sem aceitar uma batalha decisiva, isso também não provaria absolutamente nada favorável aos imperiais. Daí só se poderia tirar a conclusão de que os magiares consideraram necessária a demonstração às portas de Pest, para encorajar seus seguidores, treinar seus jovens soldados ainda pouco acostumados à luta aberta, e talvez também para buscar recrutas nos distritos de Jazyg e Kuman, enquanto ao mesmo tempo ainda não estavam suficientemente avançados em sua organização militar para poder ousar com segurança uma batalha decisiva.

Ouvimos de todos os lados que os magiares não se limitam a defender sua posição com as forças militares agora unidas, que, ao contrário, utilizam sua posição inatacável atrás do Tisza para os mais grandiosos preparativos. Os próprios relatos austríacos admitem: "as forças húngaras ganharam tempo para se organizarem, e agora *se tornaram portentosas*". E a correspondência magiar da *Gazeta de Breslau* relata, de Debreczin:

> As *tropas magiares* realizaram nos últimos tempos *frequentes exercícios militares*, especificamente *grandes manobras de batalha sob fogo*, nas quais a *sra. Kossuth* sempre aparecia em uma carruagem de seis cavalos e procurava elevar o moral dos soldados com gentileza e elogio. A esposa de Kossuth é decerto uma mulher extraordinária, cheia de ambição e patriotismo, que gosta de partilhar todos os perigos com seu marido, e uma das mais grosseiras calúnias que o partido austríaco tentou desde o início disseminar para desencorajar os patriotas húngaros e torná-los desconfiados foi anunciar que Kossuth já teria mandado sua mulher e toda sua família para Hamburg, para precedê-lo na América do Norte.

As negociações com Debreczin, sempre reatadas apesar das hostilidades, provam que o governo imperial real se torna cada vez mais desconfiado de um desfecho rápido e feliz da guerra húngara. Mas elas se quebram contra duas exigências austríacas: *indenização dos custos da guerra* para a Áustria e *extradição de todos os principais líderes*.

Enquanto o exército magiar principal ocupava Hatvan, a ala esquerda magiar atacou Szolnok, onde os austríacos haviam cavado trincheiras e, segundo um relato, até mesmo lançado uma ponte sobre o Tisza. Os honvéds atravessaram, atacaram os austríacos e os teriam expulsado de Szolnok.

No sul, a tomada de Szegedin pelos austríacos continua questionável. Hoje a *F[olha] C[constitucional] da B[oêmia]* declara de novo que Szegedin ainda estaria nas mãos dos magiares, que teriam repelido duas investidas dos sérvios. Em contrapartida, Kničanin teria aniquilado uma parte da guarnição em uma sortida.

De um relato de Rukavina extraído da *Gazeta de Graz* depreende-se que o sítio à fortaleza de Arad de modo algum foi levantado pela entrada dos sérvios e austríacos, mas sim que, ao contrário, os austríacos se retiraram novamente sem ter conseguido nada e entregaram outra vez o Velho e o Novo Arad aos magiares (corrigir o 23º Boletim quanto a isso).¹ Ali se diz, depois de descrever o curso do combate de modo semelhante ao do Boletim:

> *Já que não era o momento* nem havia a intenção de ocupar o Velho Arad para outras operações, nossas bravas tropas se retiraram ainda no mesmo dia, depois de terem plenamente alcançado seus propósitos [!], para o Novo Arad e no dia 9, sob muito pequenos combates avançados, voltou para *suas posições previamente determinadas*. As perdas do inimigo foram significativas. Nós lamentamos, ao lado de 80 homens, 3 oficiais mortos e 5 feridos. Temesvár, em 10 de fevereiro de 1849. barão *Rukavina*, tenente-marechal de campo.

Da Transilvânia a correspondência magiar (*G[azeta] de Br[eslau]*) informa que estão na Transilvânia não 10, mas sim 20 mil russos, e descaradamente tomam parte na luta contra os magiares e os sículos. Não obstante, os *sículos* já teriam *retomado a ofensiva*, cruzado o Aluta em Marienburg e ocupado Heldsdorf, próximo de Kronstadt. Aliás, novamente o correio da Transilvânia não chega a Viena já há vários dias. Em relação à intervenção russa, a *Gaz[eta] de Br[eslau]* escreve, "da Hungria":

> A entrada dos russos na Transilvânia gerou uma exasperação sem fim não somente entre os húngaros, mas também entre os austríacos, até porque já há várias semanas não é mais segredo que os primeiros ofereceram sua ajuda sob a condição de que a *Áustria* desse seu *consentimento* à *incorporação dos principados do Danúbio à Rússia*, pretendida há muito pelos russos. *Esse consentimento foi plenamente assegurado.*

Posteriormente soubemos, pela *F[olha] C[onstitucional] da B[oêmia]*, que uma parte do corpo de Görgey realmente *avançara* através dos *Cárpatos até Sandec, na Galícia*. Tropas e mais tropas foram enviadas de Zymiec, e os magiares afinal se retiraram novamente, sem dúvida motivados pela mudança de planos de Görgey.

O governo austríaco finalmente percebeu que, no estado atual da guerra, estará totalmente perdido na Hungria se não ceder às exigências dos austro-eslavos. Percebeu, ademais, que não pode opor aos húngaros guerreiros e orgulhosos da liberdade, uma vez que tenham sido subjugados, nenhuma barreira melhor do que uma série de pequenos Estados eslavos separados da Hungria, que cerceiem por todos os lados o elemento magiar. Ele impôs, por conseguinte, a "reorganização" da Hungria por Windischgrätz. Croácia, Eslavônia, as Voivodias sérvias e a Transilvânia serão separadas da Hungria, constituídas como três províncias autônomas e acorrentadas, com a Galícia e a Dalmácia, aos "domínios hereditários alemães". A comissão do Conselho dos Bans enviada de Zagreb à Câmara da Corte húngara em Pest obteve de Windischgrätz a ordem de que a Câmara da Corte pagasse as finanças croatas administradas por ela até o momento. A autoridade central húngara em Ofen foi instruída a, no futuro, não mais considerar como pertencentes a seu âmbito a Croácia, a Eslavônia, a Voivodia e a Transilvânia. Os eslovacos parecem,

---

¹ Ver "Boletim n. 23 – Do Teatro da Guerra".

por enquanto, pretender se contentar com a ordem de que os comissários imperiais reais encaminhem sua correspondência no idioma eslovaco. De resto, os eslovacos, apesar de todos os esforços imperiais reais, não estão absolutamente inclinados ao menor fanatismo nacional. Só eles, entre todos os povos eslavos, têm resolutas simpatias magiares.

Apesar disso, as simpatias dos croatas para com o governo austríaco ainda não estão asseguradas. As tropas imperiais reais dominam no país; um sacerdote de Zagreb, que declarou que os eslavos seriam os salvadores do imperador e da monarquia unificada, levou seu povoado momentaneamente ao estado de sítio e angariou para si o título de "traidor do imperador". Em Zagreb reclama-se continuamente das "intrigas" do *partido magiar*, de modo que o Comitê de Segurança ameaçou os difusores de boatos maliciosos com a corte marcial.

Fechamos nosso relato de hoje sobre a Hungria com uma história cômica que aconteceu em Zagreb: o bispo Haulik destituiu o vice-arcipreste Stoos, um dos "mais respeitados patriotas croatas", por causa de um texto contra o celibato dos padres. Além disso, ele se recusou a rezar uma missa de réquiem para o voivoda Šuplikac porque este seria um herege e não acreditava que o espírito santo proviria tanto do pai quanto do filho. O homem também publicava todos os seus textos em latim. Agora toda a tempestade do patriotismo croata-pan-eslavo se ergue contra o bispo Haulik, e o pobre bispo tem de sentir que seus croatas creem ainda mais no *ban* Jellachich do que no espírito santo.

Do teatro húngaro da guerra

NGR, n. 237, 4/3/1849, segunda edição

F. Engels

As notícias diretas do teatro da guerra são hoje novamente muito escassas. De Pest ouve-se que os magiares, depois de terem infligido um susto salutar aos austríacos com seu repentino avanço, retiraram-se novamente para o Tisza. Segundo o *Lloyd*, os imperiais teriam tomado as linhas de Waitzen para Consencz [?] e de Hatvan para Szolnok. Windischgrätz realmente se abalou de Pest para a região de Gyöngyös.

Em contrapartida, confirmou-se hoje que, na Transilvânia, Bem *derrotou implacavelmente* mais uma vez o heroico Puchner. Bem reunira suas tropas em Deva, naquele estreito desfiladeiro no qual as folhas-lei marcial já esperaram que Puchner e Rukovina o encurralariam e o obrigariam a capitular. Segundo um boletim anterior, também já estavam lá 3 mil romenos, que barravam todas as saídas. Mas, para grande espanto de todos os crentes em boletins, de repente estão lá, em vez de 3 mil romenos, 4 mil magiares com oito canhões, com os quais Bem se reuniu. Em 9 de fevereiro, ele atacou os austríacos que avançavam, bateu-os depois de 14 horas de combate, aniquilou muitos regimentos inteiros e impeliu o exército imperial real fugitivo *de volta a Hermannstadt*, onde este se reuniu novamente só no dia 12. A ala direita dos austríacos tentou se manter em Alvinz, no Mures, mas foi repelida para Karlsburg.

Desse modo, Bem é novamente senhor da metade ocidental da Transilvânia. Na *metade oriental*, os sículos estão atrás do Aluta, a duas horas de Kronstadt. Segue-se o relato oficial do combate nesse último local:

> Em Burzenland, o avanço inimigo dos sículos, que se tornaram repetidamente perjuros [!], motivou o general russo Engelhardt a realizar no dia 4 deste mês às 7 horas da manhã, com um batalhão russo, 150 cossacos e dois canhões, um reconhecimento forçado em direção de Petersberg, o qual foi apoiado por um batalhão do 1º Regimento de Romenos. A menos de uma hora de distância de Kronstadt o reconhecimento já deparou com o inimigo, que se movia em fortes colunas de Honigberg para Petersberg e, notando a fraqueza de nossas tropas, atacou-as com uma força dez vezes superior, sem, no entanto, levá-las a se render.
>
> Durante o árduo combate, a guarnição em Kronstadt foi alertada, todos os militares marcharam ao encontro do reconhecimento, e dois batalhões russos com seis canhões, depois um esquadrão de dragões da Savoia entraram na linha de batalha em duas colunas.

Apesar de violentamente alvejada por um bem mantido canhoneio desde posição coberta, a artilharia russa levou, no entanto, o centro do inimigo a se render, enquanto um segundo destacamento de tropas russas tomou as montanhas bem ocupadas pelo inimigo em Petersberg, e, assim, tornou geral o recuo do inimigo. – Ele se retirou através de Honigberg cruzando a Ponte Velha, que destruiu atrás de si, tomou posição novamente do outro lado, mas foi, entretanto, obrigado também a um novo recuo dali, e com isso o combate iniciado às 6 horas da manhã terminou às 2 horas da tarde.

O recuo do inimigo pelo Alt foi tão rápido que só foi possível fazer três prisioneiros. Suas forças consistiam em 8 a 9 mil homens na infantaria, 500 cavaleiros, todos bem armados, e seis canhões. Uma forte coluna inimiga, de aproximadamente 1.200 homens, que se movia de Marienburg para Szunyogszeg, retornou para Heldsdorf no começo do canhoneio.

Segundo esse relato, os sículos são senhores da metade oriental do país, e, apesar dos 20 mil russos que foram para as principais cidades da Saxônia, *toda a Transilvânia*, com exceção de Kronstadt e Hermannstadt, está *nas mãos dos magiares*. Do fato seguinte aflora o reconhecimento que os embrutecidos flamengos[1] da Transilvânia, nossos parentes, concedem a nós, alemães:

"Kronstadt, 5 de fevereiro. O Conselho Municipal local endereçou ao general von *Lüders*, comandante das tropas russas nos principados do Danúbio, uma *mensagem de agradecimento*."

Na fronteira da Bucovina os senhores imperiais também não chegaram longe. Eles afirmam ter ido até Bistritz, mas isso ainda é duvidoso. Veja-se a F[olha] C[onstitucional] da B[oêmia]:

> Do lado de Bucovina, o coronel Urban já avançou até Bistritz, na Transilvânia, também o tenente-marechal de campo Malkovisky estava já a duas milhas de Bistritz, em Maroszeny, onde fazia um reconhecimento e no segundo dia regressou a seu quartel-general em Dorna para obter reforços e, assim, imediatamente avançar.

"A duas horas" de uma cidade que foi ocupada, os ocupantes não "reconhecem" mais. Portanto, Bistritz ainda é magiar e Malkovisky se retirou para Watra Dorna, na região de Bucovina.

Para encerrar, incluímos ainda a seguinte correspondência da *F[olha] C[onstitucional] da B[oêmia]*, de Pest, 23 de fevereiro:

> No teatro da guerra em nossa vizinhança parece que será travada em breve uma batalha decisiva. Já há dois dias impera no quartel-general aquela animada atividade que costuma preceder ações significativas. Hoje, como informou uma fonte muito confiável, o próprio príncipe[2] deve aparecer e mover seu quartel-general para diante, para Gödöllö, antiga estância de Grassalkovich, a quatro horas de viagem daqui. Segundo afirmações de alguns oficiais, as forças militares húngaras estão de tal modo cercadas [!] que só

---

[1] Referência aos saxões da Transilvânia.
[2] Windischgrätz.

podem esperar uma completa derrota, caso [!] não encontrem mais uma vez uma portinha traseira aberta [!!]. Anteontem partiu um comboio com mais de 300 prisioneiros, e de fato das áreas mencionadas.

O comboio consistia de diversos batalhões de honvéds, tropas de linha desertoras, hussardos e dois carros de prisioneiros civis. Causou a maior sensação uma dama que ia à frente de um carro coberta até o nariz com capa e lenço. A multidão crédula tomou-a pela esposa do general Görgey, mais tarde foi considerada uma amante dele. Ela fora presa porque seus cabelos curtos e cacheados e seus traços fortes e algo não femininos provocaram a suspeita de que se trataria de um homem disfarçado de mulher. Na investigação verificou-se que ela realmente vestia saias, mas em seu *Cul de Paris*[3] foram também encontrados um maço de cartas cujo conteúdo indicava alta traição e 2 mil florins em cédulas húngaras.

---

[3] *Cul de Paris* designa uma silhueta de moda feminina que se distinguia por uma forte ênfase da parte traseira do vestido. Não é clara de onde vem a referência a Paris; talvez pretendesse indicar satiricamente que apenas habitantes das grandes cidades poderiam chegar a tais extremos, muitas vezes percebidos como ridículos pelos contemporâneos.

Vitória magiar

NGR, n. 238, 6/3/1849

F. ENGELS

Colônia, 5 de março. Segundo a *Gazeta de Colônia*, os relatos magiares sobre a guerra na Hungria são puras "fantasias" e "bravatas ridículas". Tanto mais espantoso que até agora a brava *colonesa não tenha comprovado nem uma única bravata* desses relatórios. Mas, também, como poderia? Até agora as afirmações das notícias magiares confirmaram-se sempre três dias depois!

Nós não procedemos como a *Gazeta de Colônia*. Desde o início, tomamos partido resolutamente a favor dos magiares. Mas jamais permitimos que nosso partidarismo influísse em nosso julgamento dos relatos magiares. Não consideramos esses relatos nem como bravatas nem como evangelho, nós os confrontamos com as demais notícias e *estabelecemos criticamente* sua credibilidade. E assim sempre constatamos, entretanto, que, quanto às questões principais, eles sempre contêm informações corretas, que poucos dias depois são sempre confirmadas – direta ou indiretamente – pelos boletins austríacos.

Isto posto, abrimos nossos relatos húngaros de hoje com a notícia de que, segundo a correspondência magiar (G[azeta de] Br[eslau]), *Bem conquistou uma brilhante vitória sobre Puchner e em 15 de fevereiro tomou Hermannstadt de assalto*. Esta notícia foi extraída do *Moniteur oficial húngaro (Közlöny)*[1] de 21 de fevereiro. Em Debreczin essa vitória foi comemorada no dia 20 com salvas de canhão e *Te-Deum*. Durante a batalha, Bem recebeu dois tiros na mão esquerda, e em consequência precisou amputar três dedos. *"Não há mais qualquer vestígio dos russos na Transilvânia."* Puchner teria fugido para Temesvár.

Vê-se que essa notícia traz a marca da mais plena credibilidade. As notícias da Transilvânia sobre Bem recebidas ontem vão até o dia 12, dia em que Puchner tentava reunir, em Hermannstadt, suas tropas em fuga selvagem de Deva para Szászváros, de Szászváros para Mühlenbach, de Mühlenbach para Hermannstadt. Na própria Hermannstadt

---

[1] *Közlöny, hivatalos lap:* diário, órgão do governo revolucionário da Hungria, publicado em Pest e Debreczin em 1848 e 1849 e em Szegedin desde julho de 1849.

ele encontrou, como se sabe, apenas 4 mil russos como seus reforços, que, no entanto, claramente não eram suficientes para, junto com os restos de seu exército, fazer frente ao exército de Bem. Que, portanto, em Hermannstadt Bem – "infelizmente um bom soldado", como diz a *G[azeta] G[eral] de A[ugsburgo]* – deu o último golpe decisivo no reconhecidamente incapaz Puchner, é absolutamente digno de crédito.

Com esta vitória, Bem é novamente *senhor de toda a Transilvânia*. Só Kronstadt, situada no extremo limite sudoeste, e os entornos de Bistritz, no extremo noroeste, são ainda imperiais. Na região de Bistritz, Malkovsky fez uma incursão a partir de Bucovina. Sabe-se que esse nobre herói toda vez evacua e se retira até perto da fronteira russa, mal Bem aparece ao longe. Agora que Bem está a 30-40 milhas de distância, o valente Malkovsky retomou a ofensiva, e opera há três semanas nos Cárpatos. O resultado desse audaz empreendimento é que Malkovski ocupou Bistritz – uma cidade *saxã* – e com isso em três semanas ocupou exatas *cinco milhas* do território da Transilvânia. O recém-recebido 25º *Boletim do Exército* (ver abaixo) relata que suas tropas "mais uma vez travaram um combate muito bem-sucedido", tão bem-sucedido que, depois da batalha, eles "retornaram a suas posições em Bistritz", isto é, *não defenderam o campo de batalha*. Muito bem-sucedido, de fato!

No *sul*, segundo o mesmo correspondente magiar, os húngaros também teriam conquistado, em Arad, uma *vitória significativa*, na qual 300 homens do regimento Leiningen passaram-se para seu lado.

Sobre o *Tisza* as notícias recentes são as seguintes. Windischgrätz, conforme o Boletim, transferiu no dia 24 seu quartel-general para Hatvan, e no dia 25 para Gyöngyös, o que, entretanto, não quer dizer que ele estava em Gyöngyös no dia 25. Sobre isso diz o correspondente magiar, que está novamente um dia à frente das notícias austríacas:

> De Pest, fomos informados por fonte confiável que no dia 26 Windischgrätz foi derrotado em Zibakhaza, e que, em consequência disso, em Ofen tudo foi já preparado para a retirada. Os equipamentos de pontão já foram enviados para Raab. Mas o parque de artilharia foi levado dos campos gerais para a própria fortaleza em Ofen. Entre os croatas, 2 mil homens teriam se passado para os húngaros. Causou grande sensação em Pest a prisão do sr. A. Wodjaner, o filho do banqueiro mais rico da Hungria.

Sobre essa prisão, que provocou o maior escândalo em Pest, e que provou à burguesia húngara o que ela pode esperar dos imperiais, outro relatório diz o seguinte:

> Kossuth fundou uma fábrica de tecidos por ações, sem participar ele próprio dela. Wodjaner foi nomeado seu diretor. A fábrica foi dotada de um capital de giro de 60 mil florins. Quando Pest foi ocupada pelos imperiais, foram requisitados dela 20 mil florins, desconsiderando a explicação de que a empresa era uma indústria privada. Em 25 de fevereiro, apesar dessa oposição e sem considerar o pagamento de 20 mil florins já feito, lhe foi apresentada a exigência de entregar a totalidade dos 60 mil florins. Quando o sócio Albert Wodjaner se opôs a esse disparate, foi preso publicamente em 26 de fevereiro, o que provocou muito escândalo. Diante disso os 60 mil florins foram pagos, e no dia seguinte ele foi libertado de sua prisão.

Confirma-se a divisão da Hungria no interesse dos austro-eslavos. O *Correio de Pest*[2] informa o seguinte:

> Pest, 22 de fevereiro. Ontem foi publicado pelo comitato de Pest um manifesto de Sua Majestade, o imperador, segundo cujas determinações no futuro as terras senhoriais da Croácia,[3] da Voivodia sérvia, assim como dos comitatos de Bács, Torontal, Temes e Csanád e da Transilvânia deveriam ser administradas separadamente das outras terras senhoriais pertencentes à coroa húngara. Segundo determinação do mesmo manifesto, no futuro os passaportes devem ser redigidos em língua alemã, assim como deve cessar a atividade das alfândegas húngaras antes existentes nas fronteiras.

Para complementar as notícias acima, reproduzimos ainda primeiro os restantes relatos do correspondente magiar, que permitem perceber quão pouco se pensa em sucumbir em Debreczin:

> Posso lhes relatar, de fonte confiável, que o segundo ajudante do príncipe Windischgrätz, o conde Erbach, foi preso e levado para Debreczin. No *Moniteur* publicado em Debreczin (*Közlöny*) em 13 de fevereiro, Ernst Kiss foi nomeado marechal de campo e residente em Debreczin. A *Gazeta de Viena* já há muito alegou que esse herói húngaro se passara para os imperiais. O general L. Mészáros é novamente ministro da Guerra. O mesmo número traz também os debates da Casa dos Representantes[4] de 12 de fevereiro, na qual uma passagem do discurso de Kossuth é muito relevante por alegar que a corte em Olmüz, ao que parece pelas costas de Windischgrätz, estaria envolvida em negociações de paz. Na noite de 25 para 26 de fevereiro, chegaram de Szolnok muitos vagões com feridos. Windischgrätz está agora em Gödöllö, perto de Pest, mas Jellachich continua em Pest. No lugar do general Ottinger, assumiu o comando do exército imperial em Szolnok o tenente-marechal de campo conde Schlick, cujos antigos corpos de exército haviam sido quase destruídos em Tokaj e no Zips.

Divulgamos ademais um relato da *F[olha] Const[itucional] da Boêmia* sobre a condução da guerra no sul que é tanto mais digno de crédito quanto está em uma folha redigida no interesse dos eslavos:

> Conforme relatos autênticos, Szegedin está nas mãos dos sérvios, que impuseram à pobre cidade um saque de 500 mil florins C.M.; mas é de se temer que a imposição dessa soma significativa para Szegedin não é o único golpe que irá atingir os moradores. Os sérvios têm muito de que se vingar, e não temos qualquer motivo para acreditar que eles serão generosos ao exercer sua vingança. Muitos refugiados da região do Banato já chegaram aqui e seus relatos só confirmam amplamente essas tristes suposições. As ruas estão por toda parte abarrotadas com seus pobres camaradas de infortúnio, que, não sabendo para

---

[2] Órgão da administração austríaca em Pest, em 1848-1849.
[3] Propriedades territoriais que passam a ser propriedade da coroa depois da morte do último descendente de uma família feudal, terras confiscadas etc. Tais terras dão também ao proprietário o direito de cobrar taxas e outros privilégios, e eram geridas por uma administração especial diretamente subordinada à Chancelaria Real Húngara em Ofen.
[4] Assembleia Estadual.

onde dirigir seus passos, vagueiam famintos e desesperados, sem teto, pois seus lares, onde até ontem dormiam tranquilos e despreocupados, se tornaram montes de entulhos! Eu conversei com um desses refugiados, que me contou, com uma viva descrição, os tormentos que sofreu na fuga, que ele, enquanto quase não escapou da morte certa em um lugar, em outro quase teve sua mão amputada quando alguns sérvios, que caíram sobre ele com fúria rapace, pretendiam decepar sua mão, porque – não conseguiam tirar o anel de selo de seu dedo com suficiente rapidez. Mas eu não quis importuná-lo mais com a narração de semelhantes crueldades e atrocidades.

E finalmente o próprio 25º Boletim oficial, que nos informa apenas que Götz e Jablonowsky ocuparam novamente as cidades de Eperies e Kaschau, abandonadas pelo general Görgey quando ele seguiu adiante:

> Sua Excelência o marechal de campo príncipe Windischgrätz partiu de Ofen em 24 deste mês e transferiu seu quartel-general no mesmo dia para Hatvan, e no dia 25 para Gyöngyös. Desse modo, estabeleceu a ligação com o corpo do tenente-marechal de campo conde Schlick. Segundo relatos chegados da Transilvânia, o extremamente ativo e circunspecto coronel Urban mais uma vez travou um combate muito bem-sucedido contra os insurgentes em Baiersdorf, nas proximidades de Bistritz. Para obter uma informação precisa sobre a posição dos insurgentes, o coronel Urban saiu de Jád no dia 18 deste mês, marchou através de Bistritz via Heidendorf até a junção das estradas que vão para Baiersdorf e Szeretfalva, de onde enviou uma coluna de flanqueamento, sob o major Wieser, na direção de Szeretfalva. Com a força principal, ele avançou contra Baiersdorf, deparou com a legião polonesa e assaltou esse local com baionetas. Depois de um combate exacerbado e vitorioso, o inimigo foi repelido em direção a Magyaros. Ali foram aprisionados o coronel insurgente Riczko, seriamente ferido, dois oficiais e 200 homens, e foram capturados três canhões, um carro, uma bandeira imperial e uma insurgente, munições e bagagens. Infelizmente lamentamos também, de nosso lado, a perda do primeiro-tenente conde Baudissin, dos dragões de Savoy, que encontrou a morte dos heróis pelo imperador e pela pátria. Depois que o objetivo desse empreendimento fora alcançado, o coronel Urban voltou para sua posição em Bistritz. O coronel Urban falou muito elogiosamente sobre a valentia e a persistência de toda a sua tropa, assim como do galício batalhão Cordon, do regimento de infantaria Karl Ferdinand e dos dragões da Savoia, vem como dos auxiliares romenos. Na Alta Hungria, a divisão do barão Ramberg, composta pelas brigadas de Götz e Jablonowsky, ocupou Eperies e Kaschau no dia 21 deste mês.

Do teatro da guerra

NGR, n. 239, 7/3/1849

F. ENGELS

À notícia da vitória magiar de ontem[1] segue-se hoje uma alegação de vitória austríaca. O *Correspondente Austríaco* de Olmütz relata:

"Acabou de chegar em Olmütz o seguinte despacho telegráfico: O marechal de campo príncipe *Windischgrätz* derrotou os insurgentes em Kapolna, em 26 e 27 de fevereiro.[2] O inimigo fugiu em duas direções. Um batalhão inteiro foi aprisionado."

O comentário a essa notícia figura nas linhas subsequentes, confirmadas também por outras fontes: "Em Viena, no dia 2 de março, a notícia da vitória imperial era conhecida apenas como boato da Bolsa; *as cartas que haviam chegado nesse dia com o correio de Pest não foram divulgadas*".

Vê-se que a notícia da vitória imperial tem todos os sinais de um triunfo de Windischgrätz: as cartas que a deviam confirmar *foram retidas pelo correio* em Viena. Esta é a primeira vez que o governo de Viena recorre a tais meios. Portanto, a vitória deve ter sido brilhante!

Da Transilvânia, ainda não há qualquer notícia sobre a batalha do dia 15 entre Bem e Puchner.[3] Os últimos relatos chegam até o dia 14, mas deixam entrever a vitória magiar do dia seguinte. Uma publicação da *Corresp[ondência] Lit[ografada]* de Viena escreve:

---

[1] Ver Engels, "Vitória Magiar".

[2] Em 26 e 27 de fevereiro de 1849, ocorreu em Kapolna (na Hungria central, entre Pest e Debreczin), uma batalha entre o exército revolucionário húngaro e tropas austríacas na qual, apesar da retirada das tropas húngaras para trás do Tisza, nenhum dos lados obteve a vitória. Tendo recebido um relato de Windischgrätz sobre a vitória em Kapolna, Francisco José revogou a autonomia da Hungria, que àquela altura havia sido reconhecida pelos círculos dominantes austríacos, e incorporou-a às "terras do Império Austríaco", pelo Manifesto de Olmütz de 4 de março de 1849 (Olmütz era a sede da corte austríaca desde a insurreição popular de Viena de outubro de 1848).

[3] O combate entre forças revolucionárias e contrarrevolucionárias em 1848-1849 foi acompanhado por uma exacerbação das contradições nacionais na Transilvânia e em outros distritos administrativamente pertencentes à Hungria, mas habitados por outras nacionalidades. A maior parte da heterogênea população da região (romenos [*romanians*], húngaros e sículos, que eram um de seus ramos, e alemães, na maior parte colonos da Saxônia) consistia em camponeses romenos [*romanians*], explorados pelos proprietários de terras húngaros e oficiais austríacos. Embora os setores avançados da burguesia e da *intelligentsia* romena [*romanian*] saudassem a revolução húngara de 1848, a política errônea do governo húngaro na questão nacional permitiu

Finalmente recebemos de novo cartas diretas de Hermannstadt até o dia 14, que, entretanto, não são nem um pouco tranquilizadoras.

O tenente-marechal de campo Puchner *ainda é claramente fraco demais* para assumir a ofensiva contra os bandos fanáticos dos sículos e as hordas de Bem. Parece que, por motivos políticos, não se pretende utilizar tanto a ajuda russa quanto as tristes circunstâncias do grão-ducado exigem. As cartas comerciais de Hermannstadt e Kronstadt soam muito deploráveis. De Temesvar foi informado a Hermannstadt *que os sérvios se negaram a vir em ajuda da Transilvânia*. Isso se depreende já dos movimentos hesitantes dos generais Rukovina, Gläser e Todorovich.

Os austríacos sofreram uma nova derrota às mãos de Kossuth, não no campo de batalha, mas no balcão dos merceeiros e nos tabuleiros dos mascates judeus. Kossuth notou que os imperiais eram obrigados a resgatar suas notas de um e dois florins, e então imediatamente mandou fabricar notas de 15 e 30 cruzados.[4] Windischgrätz, indignado com essa alta traição ao erário imperial real, editou a seguinte proclamação:

> Os rebeldes fugidos para Debreczin, não contentes em perturbar ainda mais as relações já tão severamente desorganizadas do país, também produziram, além das cédulas emitidas sem qualquer direito, notas de 30 e 15 cruzados, que já foram postas em circulação. Esse dinheiro de papel chega principalmente às mãos das classes pobres de artesãos e moradores do campo, que, quase absolutamente sem nenhum poder aquisitivo, já são severamente pressionadas, e devem ser especialmente resguardadas de prejuízos. Assim, provisoriamente, até que também seja tomada uma medida sobre as cédulas húngaras, declaro inválidas e sem valor essas notas totalmente ilegais de 30 e 15 cruzados, e proibida sua aceitação tanto nos caixas públicos quanto no comércio privado.

---

aos círculos feudais e clericais usar os antagonismos social e nacional para incitar os romenos [*romanians*] à revolta contra a Hungria, em setembro de 1848. As legiões romenas [*romanian*] comandadas pelo coronel Urban, auxiliadas pelas tropas austríacas sob comando do barão Puchner, combateram contra os húngaros. No entanto, o imigrante polonês Bem, que fora nomeado comandante do exército húngaro na Transilvânia em dezembro de 1848, conseguiu impedir Puchner de invadir a Hungria pela Transilvânia e assestou golpes esmagadores nas forças contrarrevolucionárias durante os meses de janeiro-março de 1849. Um pequeno destacamento de tropas húngaras enviado em auxílio de Pucher por Lüders, comandante do corpo expedicionário tsarista na Valáquia, não pôde impedir o avanço de Bem e no fim de março este havia expulso praticamente todas as tropas inimigas da Transilvânia. Bem deveu seu sucesso à política de reconciliação das contradições nacionais entre húngaros e romenos [*romanians*], a despeito da resistência dos representantes do governo húngaro, porta-vozes da nobreza húngara. Apelos a ações conjuntas de romenos [*romanians*] e húngaros contra os Habsburgo também foram emitidos por Balcescu, um democrata romeno [*romanian*]; Janku, o líder do movimento de guerrilha dos camponeses romenos [*romanians*] pobres, apoiou essa ideia. Os revolucionários húngaros oriundos da burguesia e da nobreza, no entanto, só muito tarde perceberam a necessidade de cooperação com as nacionalidades oprimidas e isso possibilitou aos círculos dominantes austríacos em geral usar o movimento nacional romeno [*romanian*] na Transilvânia, liderado pelos estratos aristocratas clericais, como uma ferramenta na luta contra a Hungria revolucionária. Depois da derrota da revolução húngara, os austríacos estabeleceram um governo de brutal opressão nacional na Transilvânia, apesar de suas promessas demagógicas em contrário.

4   Referência ao papel-moeda impresso em 1848-1849 pelo governo revolucionário húngaro. As notas começaram a ser impressas em maio de 1848. Apesar de as autoridades austríacas constantemente chamá-las de "notas de Kossuth", o papel-moeda húngaro era um sério competidor da moeda austríaca, não somente na Hungria, mas também na Áustria. As "notas de Kossuth" circularam até quase o final de 1849.

Como se o sr. Windischgrätz pudesse obstruir a circulação das cédulas magiares enquanto a Áustria não puder pôr em circulação dinheiro vivo e especialmente trocado!

Görgey, que a F[olha] C[onstitucional] da B[oêmia] chama de um homem "sem talento para comandante" [!!], teria, segundo relatos austríacos, renunciado ao comando. Não precisamos chamar a atenção para a absurdidade desses boatos. Por enquanto, damos o seguinte relato, extraído do *Lloyd* austríaco, sobre as últimas operações desse hábil insurreto no Zips:

> Até o dia 18 deste mês, o tenente-marechal de campo Ramberg, que comandava as duas brigadas das tropas imperiais reais comandados pelo general Götz e o príncipe Jablanowsky no Zips, travou contínuas escaramuças com o corpo de insurgentes de Görgey. Görgey havia, de fato, enviado seus carros de bagagem de Kaschau, de cujos entornos as tropas imperiais reais haviam se retirado, para o Tisza na direção de Debreczin, com uma pequena cobertura, e, para assegurar esse transporte, empregou toda sua força para barrar as tropas que o perseguiam, e por isso mal permaneceram em Kaschau dois esquadrões de hussardos; e depois que sua retaguarda fora repelida de Wallendorf para Margitfalva, onde os caçadores imperiais reais haviam conquistado cinco canhões [!], concentrou sua força principal nessa estrada, que, formando um estreito desfiladeiro no vale do rio Hernat, restringia muito o avanço das tropas imperiais reais. Na estrada para Eperies, o pequeno corpo dos húngaros recuou rapidamente, temendo ser cortado, na estrada da montanha, pela antiga guarnição de Kaschau. *A infantaria* dos húngaros é em geral pavorosamente ruim, não apenas por que não é nem treinada nem disciplinada – pois essa falha seria em alguma medida compensada *na batalha pela habilidade corporal própria dos magiares e pelo comprovado desprezo pela morte –*, mas principalmente porque eles *têm oficiais* incompetentes, covardes, *recrutados de todos os cantos do mundo*, que não inspiram confiança a seus homens. Os hussardos, ao contrário, conservam sua bravura inata, apesar de a maioria dos que são promovidos a suboficiais serem oficiais ignorantes, mas ao menos corajosos; aqui entre as montanhas pouco podem ser utilizados, no entanto frequentemente desmontam seus cavalos para cobrir os canhões e inspirar coragem aos demais; servindo nos postos avançados, são audaciosos e dão muito que fazer às tropas imperiais reais.
>
> Os combates dos insurgentes com as tropas imperiais reais limitaram-se nessa região a escaramuças com atiradores e salvas de artilharia; como os batalhões se aproximavam mais, os insurgentes se retiraram, se reuniram no dia 19 deste mês em Kaschau e tentaram ir de lá para o Tisza em marcha forçada, ou para se unir a Dembiński ou para *fugir* [!] para Debreczin.
>
> A cidade de Kaschau foi iluminada para receber os insurgentes, recebeu Görgey com um cortejo com archotes, e assim se salvou de uma tributação que foi infligida a Eperies. Agora os desagradáveis hóspedes fugiram, e no dia 19 Eperies, e anteontem Kaschau, foram novamente ocupadas pelas tropas imperiais reais. No povoado de Petrovian, entre Eperies e Kaschau, onde os camponeses haviam aprisionado alguns hussardos e os levado pelas montanhas às tropas imperiais reais, os rebeldes fuzilaram o juiz local e alguns jurados como punição. Nós, de Zips, escapamos por um triz; apenas as localidades na estrada montanhesa de Kaschau sofreram grandes prejuízos nas diversas escaramuças; a cidade de Neudorf pagou sua infidelidade com o antes mencionado ataque do major

imperial Kiesewetter e agora está ocupada por quatro companhias da Landsturm eslovaca, sob o comando de Stur, que naturalmente não é comparável à afabilidade de uma guarnição das tropas imperiais; *no entanto ainda nos amedronta a todos a presença de uma força rebelde comandada pelo coronel insurgente Aulich em Lublau, que aparentemente pretende operar na retaguarda do exército imperial,* pois alega-se ter visto hussardos ora aqui, ora ali; enquanto isso, para nosso consolo, o general Vogel avançou da Galícia via Bartfeld com 4 mil homens, e provavelmente banirá muito em breve essas hordas das montanhas fronteiriças [?].

Em contrapartida, damos aqui o seguinte relatório zagrebino, da *F[olha] C[onstitucional] da B[oêmia]*, sobre as confusões austro-eslavas:

> *Zagreb, 25 de fevereiro.* Em seu último número, o *Napredak* aborda as causas do estado de sítio imposto sobre Karlowitz; ele defende a opinião de que a atividade do Comitê Central teria dado causa a essa medida militar. O *Napredak* exime o patriarca,[5] por ordem do qual o estado de guerra foi proclamado em Karlowitz; a mencionada folha relata, ademais, que atualmente o patriarca governa sozinho, enquanto o Odbor (Comitê Central) renunciou a suas funções e se abstém de qualquer interferência pública na administração da Voivodia. As diferenças entre Rajachich e Stratimirovich não foram de modo algum resolvidas, a julgar pela mencionada folha. Isso foi assegurado também por um membro da comissão constitucional sérvia recém-chegado aqui, que me descreveu a situação da Voivodia como não sendo das melhores. Graças à informação desse membro, estou em condições de lhes relatar algo sobre o estado das coisas lá. O povo é, *em sua maioria, a favor de Stratimirovich*, se opondo a ele só a Sírmia e a fronteira de Peterwardein, onde Radosavljevich, eleito comandante de regimento e confirmado pelo patriarca, paralisou completamente os esforços de Stratimirovich. O patriarca teria sido nomeado governador civil e, o que soa um tanto estranho, também chefe militar da Voivodia. Afirma-se que Rajachich *teve vários conflitos com o comandante em Temesvar*, com o qual ele costumava manter relações amigáveis. O último estaria trabalhando com todas as forças para submeter a si a fronteira do Banato, e para *reintroduzir ali a velha ordem militar*. Em geral muitos altos oficiais teriam se juntado, *dirigindo* seus esforços *unicamente a colocar por toda parte obstáculos no caminho dos sérvios*. Rukavina e Todorovich estariam à frente dessa *cotterie* antissérvia. O último teria perdido todas as simpatias graças a sua conduta rude e ofensiva e a suas inclinações demasiado 'preto-e-amarelas'; sua intolerância com tudo que não traz o *port d'epée*[6] imperial real chegaria tão longe que ele pretenderia pagar aos oficiais sérvios só salários de cabos. – A comissão constitucional sérvia começou seu trabalho há pouco; o primeiro resultado de seus debates é uma lei eleitoral para a Voivodia, cujo esboço já está completo.

A "monarquia unificada" ainda passará por estranhas experiências se essa balbúrdia pan-eslava,[7] que agora fermenta por toda a Áustria eslava, irromper algum dia!

---

[5] Rajachich.

[6] Porte de espada.

[7] Alusão à nova Constituição da monarquia austríaca unificada, introduzida por Francisco José em 4 de março de 1849. De acordo com a constituição, o imperador e seus ministros tinham plena autoridade executiva e era implementada uma centralização burocrática estrita na administração do império. Lombardia, Veneza,

Hungria e Boêmia foram proclamadas terras da coroa austríaca, e foram abolidas as instituições estatais autônomas que existiam em algumas regiões nacionais antes da revolução de 1848. Croácia, a Voivodia sérvia e a Transilvância também não receberam autonomia, não obstante as repetidas promessas: foram separadas administrativamente da Hungria e foi estabelecido ali um sistema administrativo similar ao criado em outras terras da coroa. A Constituição de 4 de março de 1849 foi um passo em direção ao restabelecimento do absolutismo (que foi finalmente reposto pela patente imperial de 31 de dezembro de 1851, que revogou a norma constitucional) e era impopular mesmo entre os membros de direita do movimento nacional eslavo na Áustria, que acalentavam a esperança de que os Habsburgo satisfariam suas demandas nacionais.

Os relatos militares da *Gazeta de Colônia*

NGR, n. 240, 8/3/1849

F. Engels

A *Gazeta de Colônia* celebrou ontem um dia jubiloso, infelizmente empalidecido por alguma indignação moral. O júbilo foi propiciado pelo despacho telegráfico de Olmütz sobre a suposta vitória de Windischgrätz; a culpa da indignação moral recai naturalmente de novo sobre ninguém mais do que nós, com nossas observações sobre a maior ou menor credibilidade dos relatos magiares. Como! Esse jornal deplorável, a *N[ova] G[azeta] R[enana]*, atreve-se a afirmar que a *Gaz[eta de] Col[ônia]* não teria "até agora *comprovado nem uma única bravata* desses relatórios", enquanto ela própria, a *N[ova] G[azeta] R[enana]*, teria "estabelecido criticamente a credibilidade desses relatos"! E então três pontos de exclamação, cada um mais zangado e indignado do que o outro.

Deixemos em paz o sagrado entusiasmo com que o publicista vizinho luta pela verdade, pelo direito e por Windischgrätz. Contentemo-nos por hoje – já que as notícias da Hungria são muito ralas – em "estabelecer criticamente" a "credibilidade" dos relatos de ontem da *Gaz[eta de] Col[ônia]*.

A *Gaz[eta de] Col[ônia]* começa já com uma importante consideração: "Hoje estamos em condições de dar notícias *mais determinadas* sobre ambos os teatros da guerra". Quais sejam: "O longo relato da vitória magiar da *Gaz[eta de]Br[eslau]* parece-nos hoje o que esses relatos regularmente nos parecem: temos novamente de afirmar que ele não passa de uma *ridícula bravata*. A suposta *derrota* de Windischgrätz transforma-se em uma *vitória* deste; e sobre a *tomada de Hermannstadt* por Bem *não há sequer uma palavra de verdade*".

Isso soa grandioso o bastante. De um só golpe o publicista vizinho teria aqui constatado – perdão, compartilhado ulteriormente com seus leitores a partir das folhas austríacas – duas gordas "bravatas" do relatório magiar.

Mas vejamos as coisas com mais detalhe.

Primeiro, o conhecido despacho telegráfico de Olmütz foi impresso e apresentado como uma autoridade acima de qualquer suspeita. Mas, por que, perguntamos, a triunfante colonesa não considerou adequado publicar uma notícia que colocaria esse despacho sob uma luz surpreendente? No mesmo dia em que o governo vienense difundiu em Viena a notícia da suposta vitória de Windischgrätz, *todas as cartas e jornais provenientes de Pest foram retidos no correio*. Provavelmente por alegria pela poderosa vitória das armas pátrias. A *Gaz[eta de] Col[ônia]*, assim como nós, deve ter lido essa notícia em ao menos meia dúzia de jornais alemães orientais. Mas, para não perturbar a alegria de seus leitores com a vitória das "armas alemãs", ela fez como o governo austríaco, e reteve essa notícia. Eis uma prova de como a *Gaz[eta de] Col[ônia]* "estabelece criticamente" a "credibilidade" dos despachos de vitória austríacos.

Mas isso não é tudo. Os magiares teriam sido derrotados em Kapolna. Isto é "significativo"; "Kapolna está situada mais a leste de Gyöngyös; os húngaros estavam, pois, em pleno movimento de *retirada*". Quando se está "em movimento de retirada", pensa a brava colonesa, não se pode senão ser derrotado! O publicista vizinho finalmente resolveu dar uma olhada no mapa, e descobriu que os magiares tinham de ser derrotados em Kapolna porque "Kapolna se situa ainda mais a leste de Gyöngyös"! De fato, muito "significativo"!

Continuando:

> A *Gaz[eta] da Sil[ésia]*, cujos repórteres, aliás, ainda nada sabem da batalha ocorrida, *informa a respeito* [!], de Viena: 'Os húngaros novamente se retiraram de todas as partes, o príncipe Windischgrätz vai ocupar o Tisza e marchar para *Debreczin*. Em breve deverá ser travada a grande batalha, ou [!] Debreczin estará perdida, o Parlamento Rump[1] dissolvido e, com isso, toda a insurreição liquidada'.

"O príncipe Windischgrätz *vai* ocupar o Tisza e marchar para Debreczin." O príncipe Windischgrätz o disse, e é dever de todo homem honesto acreditar na palavra dele. "O príncipe Windischgrätz *vai*"! Graças aos céus, já faz seis semanas que o "príncipe Windischgrätz *vai* ocupar o Tisza" e "*marchar* para Debreczin", e ele ainda está no mesmo lugar. Mas, quando se sabe, como o publicista vizinho, distinguir "notícias mais determinadas" de "bravatas ridículas", toda a guerra húngara vai chegar a seu fim com a assertiva do "príncipe Windischgrätz" de que ele "*vai* ocupar o Tisza" e "*marchar* para Debreczin". "Debreczin estará perdida, o Parlamento Rump dissolvido e, com isso, toda a insurreição liquidada". Tudo se resolve num piscar de olhos. O publicista vizinho, que já tantas vezes "ocupou" o Tisza e conquistou Debreczin, segundo cujos relatos já morreram mais magiares do que o número total de habitantes da Hungria, e que já se regozijou há quatro semanas: "A guerra na Hungria caminha para seu fim" – o mesmo publicista de repente se regalvaniza depois de um longo período de abatimento e clama novamente: "a guerra caminha para seu fim, *parturiunt montes*"[2] etc., e isto não é uma "bravata ridícula", são "notícias mais determinadas"!

Nessa maneira de fazer os austríacos conquistarem vitórias, a *F[olha] C[onstitucional] da B[oêmia]* faz séria concorrência à *Gaz[eta de] Col[ônia]*. Assim diz ela hoje, de Pest:

---

[1] Referência à Assembleia Nacional Húngara, que transferiu sua sede para Debreczin no início de janeiro de 1849, por causa do avanço das tropas austríacas em Pest. Alguns dos deputados da direita se recusaram a ir para Debreczin e ficaram do lado de Windischgrätz, que capturara a capital da Hungria.

[2] As montanhas partejam.

"Um revés infligido na Transilvânia, mediante vergonhosa traição, às tropas imperiais reais *será compensado, por outro lado, pelo fato de que Komorn será agora seriamente atacada*,[3] e já houve um bombardeio."

"O mesmo quanto ao teatro principal da guerra. A guerra húngara entra aqui, com a *renovada ofensiva* dos austríacos, em seu *segundo estágio*."

É completamente indiferente em quantos "estágios" nosso vizinho faça entrar a guerra húngara. Mais interessante seria a resposta à pergunta: em qual "estágio" entrou a reportagem da *Gaz[eta de] Col[ônia]* sobre a guerra húngara?

Logo no início da guerra, quando os austríacos ainda não estavam em Pest, chamamos a atenção para o fato de que a efetiva frente de guerra começava atrás de Pest, entre o Tisza e o Danúbio, e que o teatro da decisão final se situava no próprio Tisza, talvez mesmo no outro lado do Tisza. Já àquela época indicamos que a habilidade militar específica dos magiares, a deficiência característica dos austríacos, a dificuldade de aprovisionamento e toda a natureza do terreno encaminhavam os magiares para essa região.[4] Apontamos diversas vezes, e de novo há poucos dias, que todo o "movimento de recuo" dos húngaros para o Tisza não era absolutamente decisivo, pois justamente o Tisza é sua linha defensiva natural, atrás da qual eles ainda são por enquanto quase inexpugnáveis. Repetimos: quanto mais Windischgrätz avança, tanto mais perigosa se torna sua posição, tanto mais fraco seu exército, tanto maior a chance de vitória para os magiares. Acresce que quanto mais a decisão é adiada, tanto mais tempo têm os magiares para armar, organizar e fortalecer seu jovem exército, enquanto a posição dos imperiais se torna antes pior do que melhor.

Supondo, portanto, que a notícia magiar sobre a derrota dos austríacos fosse realmente falsa, a "vitória" destes se limitaria, de fato, a combates muito insignificantes com a retaguarda dos magiares, que deveria cobrir o recuo do exército principal na direção do Tisza e do Hernath. Um comandante como Dembiński não aceitará nenhuma batalha decisiva *diante* de um rio quando *atrás* desse rio ele pode combater muito melhor, a menos que esteja *totalmente seguro* de sua situação.

Mas, como já dito, até hoje não temos nenhuma notícia, e nem o relatório magiar, nem o despacho telegráfico receberam qualquer confirmação. As cartas e jornais vienenses não chegaram até nós, as folhas de Breslau estão igualmente ausentes porque não são publicadas às segundas-feiras, os jornais de Berlim não trazem nada de novo, os de Leipzig e Praga, que dão as notícias com um dia de atraso, contêm somente correspondências de Pest do dia 27, que ainda nada sabem das lutas iniciadas no dia 26, e tampouco reproduzem o despacho de vitória de Olmütz, o que sem dúvida chama a atenção.

Continuando agora: "Da Transilvânia nos *faltam* notícias mais detalhadas".

---

[3] A fortaleza de Komorn, no noroeste húngaro, permaneceu nas mãos dos húngaros na retaguarda do exército austríaco durante sua ofensiva nos fins de 1848 e inícios de 1849. Posteriormente a fortaleza, várias vezes sitiada pelas tropas húngaras, desempenhou um papel importante nas operações do exército revolucionário húngaro.

[4] Ver "A luta na Hungria".

Esta notícia de que faltam notícias é certamente muito "mais determinada"! Excelente modo de refutar as "ridículas bravatas" dos magiares!

"A *Gaz[eta de] Br[eslau]*, que não é absolutamente apartidária" (ingênua observação na boca da vizinha devoradora de magiares), "descreve a situação dos austríacos, *de todo modo muito desafortunada* antes, mas nos últimos tempos *decerto* melhorada, como *por demais desesperada*". "Por demais"! "Posição *decerto* melhorada dos austríacos"! "Descrita como *por demais* desesperada"! Notícias notavelmente "mais determinadas", nas quais nada é "determinado" a não ser o choroso reconhecimento de que a situação dos austríacos era "*de todo modo muito desafortunada* antes"!

> A história da tomada de assalto de Hermannstadt é uma invenção magiar; esta teria acontecido especificamente em 15 de fevereiro, e no entanto o *Lloyd* vienense traz em suas colunas uma carta de Hermannstadt, de 16 de fevereiro, na qual o remetente nada diz sobre o suposto assalto, ao contrário etc.

E essa carta de Hermannstadt, supostamente datada de 16 de fevereiro, não sabe absolutamente nada sobre o destino do derrotado Puchner, que no dia 12 reuniu novamente suas tropas em Hermannstadt, nada sabe sobre a posição de Bem, que avançava via Mühlbach, mas diz disparates sobre incursões dos sículos, sobre os poucos dias que ainda se teria de resistir até que "o poder das tropas imperiais reais, se aproximando e estreitando cada vez mais de todos os lados" (desde onde?), afastaria o perigo etc. etc. Em suma, essa carta não diz efetivamente nada além do que já se sabe há muito, e apresenta todos os sinais de ser um texto fabricado em Viena mesmo. Por que, pois, não há ali nenhum relato oficial ou semioficial, se jornais privados têm notícias sobre Hermannstadt do dia 16? E sobre um tal documento fictício a *Gazeta de Colônia* constrói suas sólidas crenças! Por meio desses dados ela "estabelece criticamente" as "bravatas ridículas" dos relatos magiares!

Além disso, a colonesa traz ainda algumas tagarelices caricatas sobre o teatro amador dos oficiais em Komorn, sobre a suposta renúncia de Görgey, sobre as "intenções" de Nugent etc., e conclui, como sempre, com "uma *série de notáveis julgamentos* da imprensa austríaca sobre a intervenção dos russos". Quando o próprio juízo desses senhores se enfraquece, essa série de julgamentos notáveis sempre comparece no momento certo para ser impressa por quem quiser.

Assim são os senhores da *Gazeta de Colônia*. Covardes demais para entrar em qualquer polêmica que revelaria completamente sua vacuidade, ignorância e irreflexão, esse lumpemproletariado literário tenta, a cada golpe que recebe, despejar sua ira sobre o pequeno povo dos magiares, que luta contra a mais colossal superioridade de forças. Que esse pequeno povo de 5 milhões, que ademais só teve traidores por oficiais, tenha de se defender contra todo o poder da Áustria e da Rússia, contra nações inteiras *fanatizadas*, que eles assumiram uma luta desigual, em comparação com a qual a revolução francesa foi uma brincadeira de criança – o que interessa isso à *Gaz[eta de] Col[ônia]*? Primeiro ela insulta os magiares chamando-os de "covardes", "fanfarrões" etc., e quando finalmente esses covardes se equiparam a toda a poderosa Áustria, quando a obrigam, tal qual um pequeno paisinho de sexta classe, a humildemente implorar a ajuda russa contra os poucos milhões de magiares, quando 20 mil russos jogam na balança seu peso em favor da Áustria, esse honrado jornaleco não consegue conter seu júbilo! E ainda agora, assim que chega a menor notícia de algum modo favorável aos assassinos imperiais, impera a alegria nas colunas da *Gaz[eta de] Col[ônia]*, ela exulta com a vitória da mais esmagadora superioridade de forças, deleita-se com a luta desesperada de uma heroica nação pequena contra duas das maiores potências europeias!

Quando ainda havia censura, em 1831, nenhum jornal alemão ousava aclamar os russos, que apertavam cada vez mais o cerco a Varsóvia.[5] Então todos simpatizavam com os poloneses, e quem não concordava ao menos se calava. Mas hoje temos liberdade de imprensa, e a *Gaz[eta de] Colônia* pode, sem restrições, lançar ao rosto dos magiares toda a sua vulgar estupidez da maneira mais brutal.

---

[5] Referência ao estágio final da repressão do levante pela libertação nacional da Polônia de 1830-1831 pelas tropas tsaristas apoiadas pela Prússia e pela Áustria. Depois de Varsóvia ser flanqueada pelo oeste e, em 6 de setembro, seu subúrbio ocidental ser tomado, o comando tsarista conseguiu forçar a cidade a capitular na noite de 7 de setembro de 1831. No início de outubro, o exército insurgente polonês remanescente cruzou a fronteira para a Prússia e a Áustria, onde foi mantido.

[O 26º Boletim do exército austríaco]

NGR, n. 240, 8/3/1849

F. Engels

Acabamos de receber, depois de o artigo anterior já ter sido escrito, o seguinte 26º Boletim, no qual o valente Windischgrätz finalmente nos esclarece sobre sua brilhante vitória em Kapolna, divulgada por telégrafo:

> O marechal de campo Windischgrätz ordenou, em Gyöngyös, ao tenente-marechal de campo Schlick que em 26 de fevereiro fosse de Petervasara, via Verpeleth, se reunir com o exército principal, a fim de atacar os insurgentes com forças unificadas. Em 26 de fevereiro, diante de Kapolna, os corpos do tenente-marechal de campo Wrbna e do tenente-marechal de campo Schwarzenberg se depararam com o inimigo. Este mostrou de início a intenção de ameaçar nosso flanco esquerdo ocupando com dois batalhões uma elevação enflorestada. Mas foi expulso de lá com um ataque de baionetas. Em seguida, tentou romper nosso centro com sua cavalaria, mas também aqui foi rechaçado, e se retirou de todos os pontos em direção a Kapolna e Kaal. O cair da noite pôs fim aos combates desse dia. No dia 27 cedo o marechal de campo Windischgrätz ordenou continuar o ataque, depois de ter sido informado do atraso na chegada do tenente-marechal de campo Schlick, retardado no estreito desfiladeiro de Sirok, ocupado pelo inimigo, e que só caiu em seu poder depois de uma luta renhida. Ele pressionou o inimigo até Verpeleth, onde este se fixou, só abandonando esse lugar depois de uma luta violenta. O inimigo tentou novamente tomar Kapolna, e fez um duplo ataque com várias peças de artilharia, que, no entanto, fracassou. Depois de se ter lutado durante todo o dia, os insurgentes se retiraram e tomaram posição em Maklar. Na tomada de Kapolna, o batalhão Zanini, que defendia a igreja, foi aprisionado. No lado inimigo, as perdas foram de 200 a 300 mortos e de 900 a mil presos; as das tropas imperiais reais foram menores, não obstante não tenham sido precisamente informadas até agora.

Deste boletim decorre que:

1) Sem dúvida no dia 26, como a "bravata" magiar *muito corretamente* observa, *os húngaros conquistaram vantagens sobre Windischgrätz*. Pois se fosse verdade que no dia 26 os imperiais saíram vitoriosos, como o boletim afirma, então no dia seguinte, quando estavam reforçados com o corpo Schlick-Schulzig, estariam em condições infligir aos magiares um golpe severo.

2) A "*vitória*" de Windischgrätz se limita a um combate extremamente insignificante, como demonstra o pequeno número de baixas do lado dos magiares. Trezentos homens em dois dias de batalha! No que se refere ao batalhão aprisionado, isso diz muito pouco.

No exército magiar ainda há entre os oficiais aristocratas traidores, que só esperam pela oportunidade de posicionar suas tropas de tal modo que possam ser capturadas com decência. A coragem dos soldados magiares, que despreza a morte, favorece inclusive esse tipo de traição.

3) Que os imperiais conheçam as perdas dos *húngaros* tão precisamente, enquanto *as suas próprias*, ao contrário, ainda não tenham sido apuradas, é de todo modo muito "significativo".

4) Finalmente, no que se refere às vantagens positivamente conquistadas pelos imperiais, limitam-se a *exatamente uma milha de terreno conquistado*. Os húngaros aceitaram a luta em Kapolna e Verpeleth, e estão agora em Maklar, que se situa a uma milha a leste. Erlau, uma milha ao norte de Maklar, ainda está claramente em poder dos magiares, e protege sua ala direita; senão o boletim já teria alardeado a retomada dessa importante cidade com o devido júbilo.

5) *Summa Summarum*:[1] depois que o objetivo de sua expedição às portas de Pest foi alcançado, os húngaros se retiraram sem aceitar uma batalha decisiva em um terreno menos favorável para eles. Só combateram à medida que isso era necessário para cobrir sua retirada até o Tisza e o Hernath e para manter os imperiais a uma distância respeitável. Esse objetivo foi *plenamente alcançado*.

Prova-o todo o tom do boletim e o fato de que os imperiais, conforme sua própria declaração, só avançaram uma milha. O resultado do avanço húngaro até a 6 milhas de Pest, abstraído o impacto moral, é que: Görgey está reunido com o exército principal, os comitatos entre o Hernath, o Tisza e os Cárpatos foram expurgados dos austríacos. Os magiares podem apoiar sua ala direita nos Cárpatos e entrar em contato direto com os revolucionários galícios;[2] eles rechaçaram Schlick de sua base de operações (Galícia), e assim obrigaram os austríacos a mudar todo seu plano de campanha.

A *Gaz[eta de] Col[ônia]*, que sabidamente tem notícias da Transilvânia do dia 16, poderia nos contar por que o boletim não diz sequer uma palavra sobre os eventos ocorridos em Hermannstadt até o dia 16.

---

[1] Em suma.
[2] No outono de 1845, desencadeou-se um movimento democrático pela população polonesa da Galícia, que objetivava preparar uma insurreição nacional e se juntar à Hungria revolucionária. No entanto, os revolucionários poloneses não conseguiram reunir forças suficientes para uma insurreição. Com as vitórias dos húngaros comandados por Bem na Transilvânia nos primeiros meses de 1849, especialmente sua marcha em 5 de janeiro para o sul de Bucovina, disseminaram-se na Galícia rumores de um iminente avanço do exército revolucionário húngaro e da legião polonesa pelos Cárpatos, e isso intensificou o fermento revolucionário entre os poloneses. Muitos jovens democratas poloneses foram clandestinamente para a Hungria a fim de se engajar na legião polonesa.

Do teatro da guerra

NGR, n. 241, 9/3/1849

F. ENGELS

Já divulgamos ontem um excerto do último (26º) Boletim do Exército, publicado na *Correspondência Litografada*,[1] de Viena. Hoje temos em mãos o boletim completo.

Quanto mais Windischgrätz se esforça para dar ao combate ocorrido em Kapolna o caráter de uma grande batalha, quanto mais violentamente se lança a ataques de baionetas, cargas de cavalaria, canhoneios etc., tanto mais se volta contra ele o número de mortos e presos dado por ele mesmo. 200-300 mortos do lado dos magiares, em uma grande batalha de dois dias, na qual "tivemos de lidar em todos os pontos com a *força principal do inimigo*"! Vê-se que, do lado dos magiares, tomaram parte no combate apenas alguns corpos, os quais, como já dissemos ontem, no máximo tinham de cobrir a retirada do exército principal e manter os austríacos a uma distância respeitável. Pois uma batalha entre dois grandes exércitos, e mais ainda quando dura dois dias, ocasiona perdas muito diferentes do que poucas centenas de homens.

Mas Windischgrätz gaba-se de modo ainda mais ridículo quando fala de "*superioridade numérica*" dos magiares. A guerra na Hungria teria terminado há muito se o pequeno povo magiar pudesse chegar ao menos à *igualdade "numérica"* com os imperiais; mas *superioridade* numérica! Superioridade de 5 milhões sobre 31!!

Uma correspondência chega até mesmo ao ponto de afirmar que em Kapolna 27 mil austríacos venceram o dobro de magiares! Mas, além disso, esse relatório é tão notavelmente habilidoso e redigido de modo tão digno de crédito que no mesmo fôlego relata que os magiares que recuavam para Erlau teriam sido recebidos ali por *Götz*. Mas sabe-se que Götz está vagueando a cerca de 30 milhas de lá, nas proximidades de Kaschau e Eperies, e agora de repente ele teria marchado até Erlau!

De resto, o boletim não contém nada de novo e podemos tranquilamente deixá-lo de lado.

Agora sobre a Transilvânia. Ali decerto Bem não tomou Hermannstadt, e de fato por razões muito simples. Depois de ter integrado a coluna de 4 mil homens vinda da

---

[1] Ver "O 26º Boletim do exército austríaco".

Hungria, ele marchou ao longo do Mures acima *para se reunir com a Landsturm dos sículos*. Enquanto avançava de Mühlbach por Mediasch, os sículos vieram a seu encontro pelo outro lado e, com 7 mil homens, tomaram Schässburg, no dia 16. A guarnição e uma parte da Guarda Cívica de lá escaparam para Hermannstadt; Bem as perseguiu e está novamente nas proximidades dessa cidade, como diz uma carta de Hermannstadt do dia 18. Segundo um relato, ela teria sido já evacuada por Puchner.

Depreende-se daí que Bem executou mais uma vez uma daquelas incursões vitoriosas pela Transilvânia, nas quais já se destacou tanto muitas vezes. Ameaçadas por um momento por Puchner e pelos russos, suas ligações com os destemidos sículos, que vivem perto da fronteira moldava, estão restabelecidas; a Saxônia está sobremodo ameaçada, *"as chaves da Saxônia estão agora em suas mãos"*.

De resto, os saxãos queixam-se da falta de boa direção de cima e de coragem entre os romenos. Estes teriam se mostrado muito covardes. Um relato diz:

> Só falta uma boa direção de cima, e coragem e persistência por parte das tropas valáquias. Todos os combates malsucedidos foram até agora perdidos por culpa dos valáquios. Em Salzburg as tropas valáquias regulares se jogaram no chão aos primeiros tiros de canhão, e em Kronstadt foi preciso que os russos se posicionassem atrás dos valáquios para que estes não fugissem. Mas, se a batalha era ganha, eram sempre os primeiros e mais cruéis na pilhagem, e não poupavam nem o inimigo nem os amigos feridos, caídos no campo de batalha.

Vê-se que bandos de marginais o regime imperial real emprega para a sustentação de sua autoridade. De resto, o *Mensageiro da Transilvânia*[2] espera pelas seguintes tropas auxiliares imperiais reais:

> Segundo notícias recebidas, os corpos definidos para a Transilvânia sob o comando dos generais Gläser, Todorovich e Mengen consistem nas seguintes tropas: oito batalhões de infantaria de Leiningen, Rukavina, homens de Peterwardein, da Romênia, Ilíria e da fronteira Alemanha-Banato; cinco esquadrões de ulanos, 300 cavaleiros sérvios, 80 sereschaner, uma bateria de obuses, uma bateria de pé montada, duas baterias de pé ordinárias, cinco canhões sérvios. No total, 15 mil homens.

Os flamengos da Transilvânia ainda terão de rezar muitos pai-nossos antes que esses supostos 15 mil homens cheguem. Damjanich e Vetter, no baixo Mures, infelizmente ainda lhes dão muito o que fazer, razão pela qual abandonam a Transilvânia aos russos.

Do teatro da guerra do Banato há poucas novidades. Os sérvios se vangloriam das seguintes novas façanhas:

"Theresiopol foi tomada pelos sérvios, e no dia 25 foi informado pela Sava que em Futtak houve combate entre o batalhão provincial da Sírmia e a guarnição magiar de Neusatz, em consequência do qual aquela localidade foi reduzida a cinza pelos últimos."

---

[2] *Der Siebenbürger Bote* (*O Mensageiro da Transilvânia*), publicado em alemão em Hermannstadt, Transilvânia, entre 1836 e 1847, e, posteriormente, entre 1853 e 1854.

Não há como saber o quanto de verdade há nisso. Ao mesmo tempo tomamos conhecimento de que o grande herói Nugent, que há muito supúnhamos no baixo Tisza ou na região de Peterwardein, ainda nem sequer transpôs o Danúbio, mas *só agora* está "pensando em atravessar" esse rio "perto de Mohacs"!!

E enquanto ele se entretém com esses pensamentos, os magiares se permitem as maiores insolências em suas proximidades, no comitato de Tolna, na margem *direita* do Danúbio, na retaguarda de Ofen. Aqui, numa região que foi "limpa" tantas vezes pelas tropas imperiais reais, aparece repentinamente Perczel, há tanto tempo desaparecido, como chefe de guerrilha e põe todo o entorno em movimento. Vejamos:

> Em Battaszek, um oficial imperial foi preso por causa dessa agitação, em Paks um correio imperial foi detido e sua escolta de dois homens, desarmada. No distrito de Dombovarer, todo o gado pertencente ao príncipe Esterhazy foi abatido. Também em Laczhaza, logo quando o mercado se realizava, apareceram 50 insurgentes de Duna Vecse e Solt, com seus chicotes com taxas de chumbo, e sequestraram todas as vacas postas ali à venda.

Essas são as notícias de hoje. A vitória de Windischgrätz reduzida a um ataque inútil e sem resultado, as operações de Bem na Transilvânia tão hábeis quanto bem-sucedidas, os sérvios no Banato ainda parados, desorientados, às margens do Mures, Nugent ainda sem condições de avançar para o Banato cruzando o Danúbio, a região entre o Drava e o Danúbio se preparando para um levante contra os imperiais – eis a síntese da posição dos partidos em guerra de acordo com os últimos relatórios.

O 27º Boletim – Relatórios militares

NGR, n. 242, 10/3/1849

F. Engels

Temos hoje um novo boletim austríaco. Mas, antes de o examinarmos, queremos voltar brevemente ao combate de Kapolna, e abordar algumas observações extraídas da *Gazeta de Augsburg*, de Metternich, as quais, na boca *dessa folha*, são sem dúvida extremamente "significativas". Essa folha, sempre tão entusiasta do preto-e-amarelo, assim se lamenta:

> Infelizmente, mais uma vez faltam no relatório militar publicado sobre isso [ver abaixo], como na maioria desses relatórios sobre a campanha húngara, elementos muito importantes: não são informados o contingente das forças militares que se contrapõem na luta, os movimentos precedentes do inimigo, nem os destacamentos que o constituem, nem os nomes de seus líderes, nem sequer o nome de seu comandante supremo. E no entanto o relatório contém muitos detalhes, em parte insignificantes.

E continua:

> É igualmente digno de nota que também o boletim sobre a batalha de Kapolna fale da superioridade numérica do inimigo, apesar de ali terem lutado os corpos unificados de Windischgrätz e de Schlick. O marechal de campo provavelmente tem não menos de 100 mil até 120 mil homens na Hungria sob seu comando. Certamente estes se distribuem amplamente pelo país, e Windischgrätz tem de procurar, por meio dos diversos corpos de exército, cercar o inimigo em um grande arco. Mas também os magiares não podem, a partir de um ponto central, atuar com a força reunida; ora defendem Komorn, Peterwardein, Szegedin etc., ora batem-se no Banato, na Transilvânia e às margens do Tisza. Procuramos *em vão* nos jornais de Viena, Zagreb e Temesvar por informes sobre as questões que se impõem nesse contexto.

Em face dessas dúvidas da *Gazeta G[eral]* da lei marcial *de A[ugsburg]*, qualquer comentário de nossa parte seria supérfluo. Agora passemos ao 27º Boletim do Exército:

> Em 26 e 27 de fevereiro, as cabeças da coluna do exército principal que avançava sob Sua Excelência o marechal de campo príncipe de Windischgrätz atacaram e rechaçaram os rebeldes de sua posição atrás do Torna, entre Kapolna e Kaal. As colunas do tenente-marechal de campo Schlick, que avançavam na direção de Verpeleth e Erlau,

investiram contra o flanco inimigo e, por esse movimento bem-sucedido, ameaçaram sua linha de retirada em direção a Miskolcz e Tokaj. No dia 28, o marechal de campo avançou por toda a linha e nesse dia transferiu seu quartel-general para Maklar, depois de o inimigo a ter abandonado e se retirado em direção a Mezö-Kövesd. – Seguindo rapidamente a apressada retirada do inimigo, o regimento de couraceiros do príncipe Karl da Prússia se deparou, próximo de Mezö-Kövesd, com a retaguarda do inimigo, concentrada ali, onde ocorreu um implacável combate de cavalaria, apoiado pelas brigadas Wyss e Montenuovo, que avançavam. Nesse primeiro combate, o major príncipe Holstein e dois oficiais foram feridos. Em 1 de março, o marechal de campo empreendeu, ao longo de toda a linha, um grande reconhecimento por toda a planície que se estendia de Mezö-Kövesd, via István, até o Tisza, o qual, no entanto, graças à forte neblina e à neve, não deu os resultados necessários. – Nesse meio-tempo, o corpo do tenente-marechal de campo Schlick manobrava sempre no flanco direito do inimigo que, por isso, precisou ainda durante o dia evacuar Mezö-Kövesd e se retirar em direção a Poroszlo, via Szemere e Eger Farmos. A brigada Denin, do corpo do tenente-marechal de campo Schlick, ocupou Mezö-Kövesd. – Por volta de meio-dia, quando a neblina se diluiu um pouco, a vanguarda que fazia o reconhecimento informou que o inimigo se movera na direção do Tisza e de seu ponto de travessia em Tisza-Füred. O marechal de campo dispôs imediatamente três brigadas na linha de retirada do inimigo, cuja retaguarda foi alcançada em Szemere. – Em Eger Farmos, o inimigo tentou novamente oferecer resistência, mas foi repelido, e à tarde essa localidade foi ocupada por nossas tropas vitoriosas. Ao mesmo tempo, o marechal de campo enviara de Besenyö à estrada para Poroszlo uma brigada do primeiro corpo de exército, sob direção do major-general Ziesberg, e na manhã do dia 2, data dos últimos relatos do quartel-general em Maklar, todo o exército estava avançando para o Tisza.

Como previsto, os magiares se retiraram novamente para o outro lado do Tisza. Já o dissemos centenas de vezes: teria sido uma leviandade irresponsável de sua parte se tivessem aceitado uma batalha decisiva na margem direita do Tisza sem ter *absoluta certeza* de sua vitória. A superioridade austríaca era ainda grande demais, como comprova o supracitado relato da G[azeta] G[eral] de A[ugsburg]. Os austríacos podiam concentrar suas forças principais, enquanto os magiares tiveram de deixar para trás, em Debreczin e em geral do outro lado do Tisza, uma forte reserva e especialmente uma grande parte de suas tropas jovens. Eles mostraram aos austríacos que estes não estavam diante nem de "covardes" nem de uma "corja" amotinada, e fizeram *muito bem* de se retirar novamente para o outro lado do Tisza, a fim de atingir seu objetivo.

O respeito que Windischgrätz tem agora em geral pelo exército húngaro depreende-se de todas as suas operações. No dia 28 ele ocupa Maklar, isto é, avança por apenas *uma hora*. No dia 1 ele está em Mezö-Kövesd, isto é, mais uma vez uma milha adiante. Lá ele empreende – não algo como um ataque geral, mas um mero "grande reconhecimento"!! Vê-se que, depois de sua contundente vitória em Kapolna, Windischgrätz perseguiu tão vivamente os magiares que duas ou três milhas depois ele *já perdera seus rastros* e precisou primeiro reconhecer para descobrir onde eles estavam!

Nesse meio-tempo Schlick manobrava "sempre no flanco direito do inimigo", e alcançou assim – o grande resultado de que o "inimigo" se retirou justamente para o mesmo ponto para o qual teria se retirado mesmo *sem* essa famosa manobra, a saber, para seu principal ponto de travessia do Tisza, para Tisza-Füred. Em geral, com seu movimento pelo flanco, que, aliás, no mapa parece bastante esquisito, Schlick se comportou claramente de modo tão respeitoso diante do exército magiar em retirada quanto Windischgrätz no *front*. Enfim, no dia 2 o quartel-general do bravo Windischgrätz estava ainda em Maklar, isto é, exatamente *uma* milha adiante da posição em que Windischgrätz estava no dia 26, seis dias antes de sua grande vitória de dois dias!

Dali, então, no dia 2 todo o exército estava "avançando em direção ao Tisza". Sabe-se que esta é a terceira vez que os imperiais "avançam em direção ao Tisza", e desta vez provavelmente atingiram, como antes, o mesmo resultado, a saber, permanecer às margens do Tisza e ter de se limitar a lançar olhares ansiosos à inalcançável encosta de Debreczin.

Do norte, ouvimos: "A divisão do tenente-marechal de campo *Ramberg* já moveu sua vanguarda de Kaschau pela estrada que se bifurca em Hidas-Nemethy, levando à esquerda para *Tokay* e à direita para *Miskolcz*".

Traduzindo: a mencionada divisão moveu sua vanguarda exatas *quatro milhas* adiante, e além do mais numa estrada pela qual não rondam grandes corpos inimigos, mas, no máximo, guerrilhas inimigas, hussardos de Kossuth. Gigantesco progresso, executado com notável ousadia!

Ademais, o boletim relata diversos combates diante de Komorn, que demonstram menos os progressos dos austríacos do que a bela coragem da guarnição de Komorn. Os leitores devem se lembrar de que a *Gazeta de Colônia* já em janeiro fez os habitantes de Komorn levantar a bandeira branca ao menos dez vezes. Também quanto ao suposto "primeiro bombardeio" de Komorn, que já teria acontecido, esclarece-se agora que não foram os austríacos que lançaram bombas em Komorn, mas, ao contrário, granadas de Komorn foram lançadas contra os austríacos. Diz o boletim:

> Em Komorn, na margem direita do Danúbio, já ocorreram muitos combates entre os insurgentes e as tropas da brigada Lederer – assim, a guarnição de Komorn fez já em 17 de fevereiro uma incursão com nove companhias, dois canhões e meio esquadrão, e se lançou, protegida por um vivo canhoneio, à cabeça-de-ponte no flanco esquerdo do destacamento de infantaria que ocupa O-Szöny, sob comando do major Kellner, da infantaria Khevenhüller. O major Kellner atacou e rechaçou os insurgentes, que perderam 17 homens. – A guarnição tentou uma incursão semelhante em 24 de fevereiro, com dois batalhões de infantaria, meio esquadrão de hussardos e três canhões. O inimigo abriu um intenso fogo de artilharia contra a posição do major Kellner, o qual mantinha O-Szöny ocupada com o 2º batalhão de Khevenhüller, meio esquadrão de dragões de Fiquelmonte e meia bateria de 12 libras. Quarenta granadas caíram no local e explodiram em cinco lugares, nos quais muitas casas queimaram inteiramente. Graças às adequadas disposições do major Kellner e à determinação de suas tropas o fogo foi contido, e quando depois a ofensiva foi retomada, com a ativa colaboração da divisão do mesmo

regimento, comandada pelo capitão Schmutz, enviada com dois canhões para o flanco direito do inimigo, esse bravo batalhão rechaçou os insurgentes, que sofreram a perda de 50 homens, para a região dos canhões da fortaleza, e repeliu vitoriosamente também essa incursão. – Agora a divisão do tenente-marechal de campo Simunich chegou lá na margem esquerda do Danúbio. A brigada Veigl, que faz parte dessa divisão, está na margem esquerda do Váh. A brigada Sossay, que chegou já há vários dias em N. Tany, mantém a ilha Schutt ocupada, e em Gönyö estão empenhados em construir uma ponte pênsil, a fim de estabelecer uma ligação entre as duas margens do Danúbio para as tropas sitiantes, e como o armamento para o cerco vindo de Leopoldstadt também chegou em Komorn, o bombardeio da fortaleza começará nos próximos dias.

Finalmente, nos inteiramos do seguinte, e muito nos espantou encontrar isso em um Boletim do *Exército* imperial real:

> Notícias oficiais de Cracóvia, datadas de 3 de março, dizem que 600 cossacos ocuparam a fronteira russa em seu próprio território de Michalovice até Weichsel, e dali até Pilica. Cracóvia, que, segundo outras notícias, teria sido bombardeada e até mesmo ocupada pelos russos, estava calma, embora numerosos emissários e contrabandistas de armas estejam se esforçando em perturbar a paz. O tenente-marechal de campo Legeditsch estava ali plenamente preparado para qualquer eventualidade.

Portanto, *Cracóvia* agora também faz parte do teatro da guerra. Se os próprios boletins oficiais imperiais reais o declaram, somos obrigados a extrair daí estranhas conclusões!

Até aqui, as notícias oficiais. Das não oficiais, transmitimos as seguintes.

Do Banato, informa o *Napredak*, de Karlowitz:

> Subotica (Theresiopel) foi tomada pelos sérvios. A luta foi violenta. As tropas compunham-se de divisões do corpo de Todorovich e uma parte do corpo auxiliar sérvio sob Kničanin. Os sérvios perderam 144 homens, o número de magiares mortos ainda é desconhecido. Os magiares sofreram aqui a mais importante derrota.

Da Transilvânia chegou somente um relato de Malkowsky sobre as curiosas operações em Bistriz. Como já o examinamos antes,[1] hoje não precisamos voltar mais a isso. A única coisa interessante é o seguinte aforismo ingênuo da *G[azeta] G[eral] de A[ugsburg]* sobre o espanto dos alemães com o avanço dos russos:

> O exército austríaco quer certamente decidir essa luta sem auxílio estrangeiro, mas os exércitos austríaco e russo são velhos companheiros de guerra, e estiveram incontáveis vezes unidos no campo de batalha alemão; os que falam em termos tão exagerados do apoio russo parecem querer esquecer completamente disso!!?

Finalmente, para diversão de nossos leitores, damos a carta que o Vladika[2] de Montenegro escreveu ao chefe sérvio Kničanin, acompanhando o adorno enviado a ele:

---

[1] Ver "Do teatro húngaro da guerra" e "Vitória magiar".
[2] Governador e metropolita.

> Ao ilustre senhor Stephan Kničanin!
>
> Oh glória de nossa nação! Você justificou plenamente a reputação dos heróis de Dushan e Karageorge. Eu, e todo autêntico sérvio, lhe devemos a mais profunda gratidão. Só por nobre coragem você se sacrificou por sua nação e correu em ajuda de seus irmãos sofredores. Por isso o amarei e estimarei eternamente, e por pura gratidão por seu incansável esforço envio-lhe essa imagem do imortal Obilich. Ela vai ornar adequadamente o busto do vencedor de Tomasevec e do salvador de Pancsova. Receba-a, pois, jovem rebento heroico de seus heroicos antepassados, receba-a com aquela franqueza e arrebatamento com a qual é enviada, com fraternais saudações. Cetinje, 28 de janeiro (9 de fevereiro) de 1849. Vladika de Montenegro, *P. Petrovic Njegoš* m. p.[3]

De resto, a seguinte "proclamação" mostra quão perto da bancarrota Kossuth levou os austríacos:

> Uma vez que se difundiu para o público a notícia de que as cédulas húngaras foram postas fora de circulação na Áustria e deveriam ser confiscadas, damos aqui a conhecer, para tranquilização deste, *que a retirada de circulação ou confiscação das cédulas húngaras não se aplica a transações privadas*. Ofen, 2 de março de 1849. Do Comando Geral do Exército imperial real.

Summa Summarum:[4] Windischgrätz está, quando muito, no Tisza, os sérvios no Mures, Malkowsky em Bistritz. – Todos exatamente no mesmo lugar em que estavam há quatro semanas. Este é o "segundo estágio" em que entrou a guerra húngara, segundo a *Gazeta de Colônia* de ontem.[5]

---

[3] M.p. – abreviação de *manu própria*: de próprio punho.
[4] Em suma.
[5] Ver "Os relatos militares da *Gazeta de Colônia*".

Do teatro da guerra

NGR, n. 243, 11/3/1849, suplemento

F. ENGELS

Não temos hoje qualquer notícia do teatro da guerra. A única coisa interessante em relação às últimas operações de guerra austríacas é novamente um artigo da *Gazeta G[eral] Lei-marcial de A[ugsburg]*, que demonstra, antes de mais nada, quão baixo desceu nosso publicista vizinho. A *Gazeta de Colônia* se entusiasma por Windischgrätz e no máximo deplora que ele não saiba escrever em alemão – como se seu estilo intencionalmente inábil não fosse dez vezes mais hábil do que a linguagem dos profundamente pensados artigos de fundo da *Gaz[eta de] Col[ônia]*! Quando Windischgrätz é "confuso" e "ambíguo" em seus relatórios, ele o é apenas porque os redigiu de modo intencionalmente confuso e ambíguo, seja para encobrir uma derrota, seja para fazer uma "vantagem" insignificante, outorgada voluntariamente a ele pelos magiares, parecer uma brilhante vitória. Mas a *Gaz[eta de] Col[ônia]* não é tão tola quanto parece. Ela acredita que os relatos de Windischgrätz se contradizem ou que são ambíguos e confusos. E o que conclui disso? Não que Windischgrätz seja um mau comandante, mas sim que é um mau – estilista!

Se a *Gaz[eta de] Col[ônia]* é paga pela Áustria, não sabemos. Mas sabemos que a *Gaz[eta de] Aug[sburgo]* sim, é paga pela Áustria. E no entanto a *Gaz[eta de] Aug[sburgo]* é mil vezes mais honesta do que a *Gaz[eta de] Colônia*.

Compare-se, por exemplo, o artigo de ontem dessa íntegra folha com as seguintes linhas da augsburguesa, sabidamente sem princípios:

> As complicações na guerra revolucionária húngara *infelizmente continuam aumentando*. Até alguns dias atrás, quando transferiu seu quartel-general para Gyöngyös, o marechal de campo príncipe Windischgrätz permanecia na defensiva com a força principal do exército, enquanto os rebeldes conseguem se lançar com toda força nos pontos mais fracos de nossa linha, acossar nossos destacamentos isolados e frequentemente expô-los a grande perigo. Os sérvios, em vez de operarem de modo convergente com o restante do exército, conquistam para si, enquanto aquele está estacionado, a Voivodia e ainda algo mais. Na Transilvânia, de todo negligenciada estrategicamente, Puchner, abandonado às inteligentes operações de Bem, precisou, no último momento de extrema necessidade, apelar à ajuda russa para proteger as cidades saxãs, as únicas a permanecer imperiais, e todas as vitórias dos velhos guerreiros, toda a bravura de suas tropas não é capaz de

expulsar das fronteiras desse país infeliz os chefes rebeldes, que hora a hora conseguem atrair como reforços os insurgentes desnecessários na Hungria.

Também do seguinte fato se depreende o quanto os relatos magiares se reduzem a meras "bravatas ridículas". O aprisionamento de Erbach pelos magiares foi anunciado por eles, e prudentemente silenciado pelos austríacos. Agora a *Gazeta Alemã* escreve de Frankfurt, em 6 de março:

> O conde Erbach, que fora enviado pelo general Schlick ao marechal de campo Windischgrätz acompanhado somente por um dragão, foi atacado e aprisionado por um destacamento de insurgentes magiares. Foi levado a Debreczin e de lá escreveu várias cartas para cá. Ele foi muito bem tratado, muitos velhos camaradas o receberam amigavelmente, e suas cartas foram capazes de nos dar uma ideia mais favorável das atividades dos magiares do que usualmente se extrai de relatórios indiretos.

A seguinte correspondência de Viena, publicada pela *G[azeta] G[eral] A[lemã]*, resume as demais notícias da Hungria:

> Os líderes da comunidade israelita de Pest procuraram o acampamento do marechal de campo reclamando por ter sido exigido o pagamento da taxa de tolerância,[1] no valor de 110 mil florins, em moedas de 20 florins, e de que fora imposta a todas as comunidades israelitas húngaras a responsabilidade coletiva por crimes individuais de alta traição. O príncipe rejeitou as reclamações com palavras muito impiedosas, entre as quais haveria expressões particularmente violentas contra os deputados Fischhof e Goldmark. – O exército posto em pé de guerra, que chegou a contar com 700 mil homens, custa tão caro que se poderia facilmente ser acusado de exagero ao conferir os números; mas certamente ele custa muito mais do que os recursos do país poderiam dispor sem esforços extraordinários. Daí que só a classe dos camponeses parece estar saudável, graças à liberação das obrigações pessoais e territoriais; todas as outras classes, sem exceção, estão doentes e definhando. Uma nova imposição de encargos tornaria a patente de 7 de setembro de 1848[2] uma ilusão para os lavradores, por isso por enquanto só resta recorrer aos empréstimos e, segundo os atuais indícios, mais ainda ao papel-moeda. Os grandes banqueiros continuam comprando ouro e prata, no entanto dão preferência em primeiro lugar a ducados serrilhados[3] e soberanos de ouro. A crise húngara das cédulas não reduziu de

---

[1] A taxa de tolerância foi imposta à população judia do reino da Hungria em 1749. Os atrasos aumentaram ano após ano, e os anos 1840 viram a intensificação da luta pela abolição desse imposto humilhante. Em junho de 1846 ele foi revogado, sob a condição de que todos os atrasos, que totalizavam 1,2 milhão de florins, fossem pagos durante os próximos cinco anos. Essa medida foi um passo parcial em direção à emancipação dos judeus do país.

[2] A Dieta Imperial aboliu a servidão pessoal dos camponeses e sujeitou a indenização o trabalho e outros serviços vinculados à posse da terra. O montante da indenização foi fixado em 20 vezes a soma das taxas a serem anualmente pagas pelos camponeses. Dois terços disso deveria ser pago pelos camponeses, e um terço pelo Estado (receita dos impostos). Apesar do caráter reformista dessa reforma agrária, e de os camponeses terem continuado a lutar pela abolição das obrigações feudais sem indenização, ela abriu o caminho para o desenvolvimento das relações capitalistas na agricultura.

[3] Ducados serrilhados (*Randdukaten*): ducados que foram gravados desde o século XVIII com várias saliências destinadas a proteger as moedas de ouro de serem aparadas e afiadas na borda. Os vários ornamentos de borda foram aplicados às moedas por meio de um mecanismo de recartilhamento. Devido a isso, o ducado

modo algum o valor desse papel, ao contrário, ontem teriam sido fechadas em Viena e Pressburg transações em notas de 5 e 100 florins a 86 e 90. Um comunicado ontem em Pest [ver abaixo] tranquilizou a esse respeito, bem como reanimou as transações de produtos agrários, que se realizam quase que exclusivamente em cédulas húngaras; dado que ainda não foi instituído um controle das cédulas já emitidas, permanece de certo modo aberto o caminho para a fabricação delas por Kossuth. Parece certo que deve haver bons motivos para o príncipe Windischgrätz concordar com tal indulgência e discrição na Hungria, em comparação com o procedimento nas províncias austríacas.

De resto, agora é mais evidente do que nunca que o nobre Windischgrätz e os aristocratas magiares tais como os Josikas, os Széchenyis, os Esterházys etc. são farinha do mesmo saco. Eis os seus "bons motivos". E a *Gaz[eta de] Col[ônia]* procurava ainda, há 14 dias, a "alta nobreza" no campo de Debreczin. *Voila ce qui s'apelle des savans sérieux!*[4]

Do novo Estado-modelo imperial real, chamado Serbska Voivodina, ouvimos as seguintes novidades:

> Semlin, 24 de fevereiro. Em uma assembleia geral realizada em Temesvar no dia 15 deste mês, a administração interna da Voivodia sérvia foi organizada do seguinte modo: administrador e presidente da Voivodia: patriarca Joseph Rajachich; vice-presidentes: Joseph Rudics, Basil Fogarassy e Stretko Michailovich; chefes das seções: 1) assuntos religiosos: S. Kačanski, abade, com quatro conselheiros; 2) culto: Eugen Gjurkovich, com quatro conselheiros; 3) assuntos diplomáticos: Jacob Zivanovich, com quatro conselheiros; 4) questões políticas: Marcus Popovich, com 5 conselheiros; 5) assuntos econômicos e financeiros: Johann Šuplikac, com cinco conselheiros; 6) justiça: Thodor Radosavljević, com três conselheiros. – secretário nacional e diretor da chancelaria: Johann Stankovich. Secretário do voivoda: Alex Stojacković. – para a uprema Corte, presidente Carl Latinovich, vice-presidente Joseph Mathich, com 12 membros. Departamento econômico-financeiro: presidente Georg Warsan; Joseph Jovanovich, tesoureiro; Franz, vice-controler; Kolarovich, contador-chefe, com quatro conselheiros. Primeiro Comissário Nacional, Michael[5] Krestić. Agentes: Kosta Jovanovich, Svetozazhulitich. – Esta eleição imparcial permite perceber que os deputados sérvios, dignos representantes de seus comitatos, deixando de lado qualquer ódio nacional e diferenças religiosas – pois Rudics, Fogarassy, Stein, Stminger e Wachtler não são sérvios e são católicos –, levaram estritamente em conta apenas a qualificação dos eleitos para ocupar os departamentos a eles confiados, e se esforçaram para estabelecer a igualdade de direitos de cada nacionalidade na Voivodia. Além dos chefes de seção nomeados, também os deputados de todas as comunidades sérvias foram convocados para Kikinda, onde eles, '*sub Praesidio Patriarchae*',[6] estabelecerão o fundamento da constituição da Voivodia sérvia, delinearão seus direitos fundamentais, e a apresentarão ao ministério austríaco para homologação. (*Lloyd*)

---

era imediatamente identificado como uma moeda de pleno direito. Como os ducados serrilhados também eram ponderados em relação às peças desleixadas, a maioria dos comerciantes exigia a liquidação de débitos em ducados serrilhados.

[4] Eis os que são chamados de sábios sérios! (Paul de Kock, *L'amant de la lune*).
[5] O nome está incorreto; deve ser "Nicolá".
[6] Sob a presidência do patriarca.

Zagreb. Com grande espanto lemos num jornal sérvio de Belgrado[7] uma correspondência de Constantinopla, na qual se relata que em 7 de fevereiro o internúncio[8] austríaco, conde Stürmer, teve uma conferência com o ministro dos Assuntos Exteriores[9] da Porta e lhe perguntou: 'Qual posição a Porta pensa em assumir se os eslavos austríacos se insurgirem contra o governo imperial?' A resposta foi que a Porta se manteria neutra, mas a questão nos despertou reflexões mais amplamente variadas do que a resposta. Acaso as massas de tropas russas nos principados do Danúbio também estariam vinculadas a uma questão semelhante do governo imperial real?

---

[7] *Serbske Novine.*
[8] Título dos representantes diplomatas em Istambul de 1678 a 1856.
[9] Ali Mehemet Pasa.

Uma reportagem austríaca publicada na *Gazeta Geral de Augsburg*

NGR, n. 245, 14/3/1849

F. ENGELS

Faltam relatos diretos. O correio de Viena que deveria ter chegado ontem não chegou sequer a Breslau e Berlim, e o esperado para hoje falhou mais uma vez, com todas as postagens de Berlim. Por isso, trazemos hoje algumas posições extraídas de um artigo da *G[azeta] G[eral de] A[ugsburg]*, capaz de lançar alguma luz sobre a fanfarronice preto- -e-amarela de certas folhas alemãs:

> Depois da reduzida resistência que as tropas imperiais encontraram na Hungria até Pest, foi totalmente inesperada a notícia da batalha de dois dias em Kapolna, que, depois de uma luta obstinada, se encerrou *sem resultado decisivo*. Foi a primeira luta significativa com os insurgentes, que ali, pela primeira vez, levaram suas tropas regulares ao combate, cuja *reconhecida bravura*, sob o comando de um líder habilidoso como Perczel, aumentou ainda mais com o *fanatismo dos hussardos*; a batalha provou que os magiares, se estão mais treinados e disciplinados, *lutam com uma coragem e um desprezo pela morte* que caracteriza esse povo há séculos. No entanto, fora essa prova, a batalha não resultou em *qualquer reviravolta*, pois, conforme relatos de 2 de março, os insurgentes se retiraram em 29 de fevereiro, em filas *ordenadas*, de Maklar para Mezö-Kövesd, e de lá pela estrada para Poroszlo e Tisza-Füred, mas com a intenção de cruzar o Tisza; sua retaguarda lutou em Kövesd e depois mais tarde em dois lugares com as tropas imperiais, para cobrir a retirada. O príncipe Windischgrätz conduziu seu quartel-general até Mezö-Kövesd, e enviou o general Zeisberg para Tisza-Füred, via Bessenyö, para, se possível, cortar a retirada dos insurgentes pela ponte dali; se essa manobra fosse bem-sucedida, seu líder, o general Dembiński, teria de aceitar uma segunda batalha geral para forçar a travessia do Tisza, caso contrário eles poderiam cruzar o rio livremente, se unir aos corpos insurgentes que, em Szolnok, engajavam-se continuamente em escaramuças com a brigada imperial Ottinger, e opor ao marechal de campo uma resistência renovada. Para quem associou as amargas lutas atuais com as alusões no jornal de Kossuth de novembro, leu suas advertências de que, caso ocorresse uma retirada do exército húngaro para o interior do país, esta deveria ser considerada não uma fuga, mas sim um plano estratégico, suas proclamações aos camponeses, para se armarem às costas das tropas imperiais, cortar todas as provisões, atacar destacamentos isolados, suas instruções para a condução de uma guerra de guerrilha etc., as causas do rápido avanço até Pest e da notória circunstância de só ter sido contraposto ao príncipe Windischgrätz um corpo de 24 mil insurgentes, sob comando de Görgey, não pode ser um segredo. Os insurgentes construíram abatises e trincheiras em

Pressburg, Wieselburg e Raab, no pressuposto de que esses preparativos de defesa induziriam o exército imperial à aquisição de um grande parque de artilharia e dos cavalos necessários, mas eles ganhariam tempo para receber seus recrutas dos comitatos eslavos da região do Tisza e as armas encomendadas à Bélgica, e para treinar o seu exército; os insurgentes se retiraram até Pest quase sem luta porque pretendiam mobilizar uma *Landsturm* na retaguarda das tropas imperiais e enfraquecer a força destas pelas guarnições deixadas para trás em Pressburg, Odenburg, Raab e pelo cerco de Komorn.

A *G[azeta] G[eral de] A[ugsburg]* passa então a um panorama, decerto unilateralmente austríaco, dos acontecimentos da guerra, e continua:

> Enquanto isso, oito brigadas das tropas imperiais se reuniram em Rimaszombat, e avançaram contra os insurgentes reunidos em Mezö-Kövesd e Kapolna, 50 mil homens com 120 canhões. O príncipe Windischgrätz veio com vários regimentos de cavalaria de Pest para Gyöngyös e, com uma tropa imperial de aproximadamente 40 mil homens e, ao que se diz, 140 canhões, assumiu a direção do ataque aos insurgentes, estacionados em uma posição vantajosa. Os hussardos combateram com tenacidade e destemor, e foram eles que, por algum tempo, mantiveram em suspenso a vitória do exército imperial; a infantaria regular, que mal alcançava 8 mil homens, combateu com coragem e obstinação, a Landsturm se manteve firme por mais tempo do que o usual, no entanto logo foi abandonada por seus ignorantes e covardes oficiais; o batalhão italiano Zanini, que passara para o outro lado, foi aprisionado em Kapolna pelos imperiais, de modo que os insurgentes regulares que perseveravam no combate não podiam mais rivalizar com as colunas imperiais que se apinhavam, e só podiam cobrir a retirada de todo o corpo de insurgentes, evitando assim a dispersão. A infantaria húngara na Itália, que incontestavelmente constitui a parte mais corajosa do exército austríaco, mostrou do que essas tropas seriam capazes sob oficiais hábeis e corajosos; é lastimável que, em sua cegueira, ela lute aqui por uma revolta que, quanto mais dure, tanto mais desastrosa será para a Hungria. O barão Jellachich está em Temesvar para assumir o comando supremo das tropas imperiais e sérvias; sua autoridade e energia conseguirá refrear os sérvios, que pretendem considerar como sua propriedade os distritos ocupados com ajuda do exército imperial, e impor limites a sua arbitrariedade. Os sérvios comandados por Kničanin estão diante de Szegedin, dois repetidos ataques foram rechaçados pelos magiares, que estão em inferioridade numérica; na Transilvânia Bem parece ter novamente se recuperado e avançado para Hermannstadt, entretanto o tenente-marechal de campo Gläser estaria se aproximando dele, caso em que seu corpo não poderia escapar do aprisionamento[!].

Para complementar as notícias, divulgamos ainda o seguinte:

> *Pest*, 3 de março. O distrito de Solt recebeu de Debreczin a ordem de que todos os homens de 18 a 30 anos deveriam tomar armas e marchar contra os ráscios.[1] – Alguns oficiais honvéds libertados da fortaleza de Esseg, que haviam dado sua palavra de que não mais tomariam armas contra as tropas imperiais, estariam engajados justamente em organizar a insurreição popular. (*Lloyd*)

---

[1] Designação dos sérvios de confissão ortodoxa, frequentemente usada para se referir aos sérvios em geral; deriva provavelmente da antiga cidade de Rassa, o centro do distrito de Raschka, onde os primeiros sérvios se estabeleceram.

[Do teatro da guerra]

NGR, n. 245, 14/3/1849, segundo suplemento

F. Engels

O correio de Berlim, que acabou de chegar, e que já deveria ter chegado ontem à tarde, novamente não traz quaisquer cartas ou jornais de Viena. Também não foram recebidas em Breslau. Só há notícias diretas de Berlim até o dia 8, e estas trazem *só boatos* do teatro da guerra. Conforme uma edição da *Correspondência Litografada*, Windischgrätz teria cruzado o Tisza em Tisza-Füred com seus corpos. Segundo a *Gazeta Geral*, ele teria sido totalmente vencido logo em seguida em uma grande batalha. – Da Transilvânia, todas as notícias concordam que Bem e os sículos são senhores de todo o país, com exceção de Kronstadt e Hermannstadt. Schässburg ainda está ocupada pelos sículos. Bem teria sido convocado pelo exército principal em Debreczin e outro polonês audacioso, Budinski, teria assumido o comando na Transilvânia. Não é possível dizer se há alguma verdade nesses boatos. De todo modo, o total silêncio de todos os jornais oficiais não é um sinal muito auspicioso para a sorte das armas imperiais reais.

Está confirmado que Perczel não está nem preso, nem na Suíça, mas sim *agitando o comitato de Tolna às costas dos imperiais*. Em Pest ele teve ainda tempo suficiente para fazer algumas visitas corteses e, assim que as autoridades militares começaram a procurá-lo, fugiu para Tolna.

Enquanto isso, no *sudoeste* o povo se subleva às costas dos austríacos, e o mesmo acontece no *noroeste*. Aqui, onde Görgey manteve por tanto tempo três corpos inteiros de exército, está novamente estacionado, como várias fontes relatam, um corpo de 10 a 12 mil homens, que opera contra as cidades montanhesas eslovacas e destruiu completamente os corpos voluntários tcheco-morávio-eslovacos comandados por Stúr e Urban. O líder do corpo magiar-eslovaco (pois a maioria dos eslovacos simpatiza com os magiares, e é impossível reunir um corpo de exército sem eles nesta região habitada quase que só por eslovacos e alemães) seria um certo *Clouth*. Alguns refugiados que chegaram a Miava, na fronteira moravia, informaram isso à Slovanská-Lípa em Praga.

A seguinte notícia, extraída do *Mensageiro da Transilvânia*, também é divertida; ela dá uma amostra das "bravatas ridículas" dos imperiais na Transilvânia, e agora circula em todos os jornais alemães. Durante o período em que os imperiais apressadamente se retiraram para Pest e Losoncz, o *M[ensageiro da] T[ransilvânia]*, cujos relatos militares sabidamente "têm caráter oficial", fê-los conquistar a seguinte vitória gloriosa:

> *Hermannstadt*, 23 de fevereiro. Anteontem à tarde chegou a notícia de que os corpos de tropas unificados dos tenentes-marechais de campo Schlick e Schulzig teriam travado, de 10 a 12 de fevereiro, uma batalha mortal com os rebeldes magiares e *tomado Großwardein. Toda a linha de batalha de Debreczin a Großwardein estava densamente coberta com os inúmeros cadáveres dos caídos, empilhados aos montes.* Recebemos a mesma notícia no dia seguinte de três outros lugares. [!!]

[Derrotas austríacas]

NGR, n. 245, 14/3/1849, segundo suplemento

F. Engels

Acabaram de chegar as mais recentes cartas e jornais de Viena e da Boêmia. Continua o silêncio oficial. Em contrapartida, dos relatos não oficiais resulta:

1) que os imperiais foram *derrotados* em Szolnok. Uma parte do exército principal húngaro, em vez de ir para Poroszlo cruzando o Tisza, desceu ao longo do Tisza e atacou pela retaguarda, junto com outras colunas magiares, as tropas imperiais reais estacionadas em Szolnok. Ao mesmo tempo, os magiares estacionados na margem direita do Tisza pressionaram cruzando o rio. Os imperiais foram totalmente derrotados, a ferrovia de Szolnok para Abony foi destruída e toda a região ocupada pelos magiares. Szolnok foi, portanto, arrebatada *pela segunda vez* aos imperiais.

2) que a situação dos imperiais não deve ser das melhores em seu centro e em sua ala direita: em 5 de março chegou de Kapolna a *Pest uma quantidade enorme de canhões, baterias de foguetes e parelhas de carroceiros* e foram transportados para a fortaleza de Ofen. E o grande comandante Windischgrätz – *levemente ferido*, ao que se diz – *transladou seu quartel-general de volta para Ofen*. Ele transferiu o comando ao tenente-marechal de campo Schlick, mas com a ordem de avançar agora imediatamente através do Tisza, tomar Debreczin de assalto e pôr um fim nesse assunto!

Em resumo: os imperiais foram derrotados mais uma vez em Szolnok e expulsos de Szolnok; Windischgrätz voltou para Ofen, seguido por sua artilharia e sua equipagem; também ali, pois, os imperiais devem ter sido derrotados.

Uma derrota dos austríacos é certa, uma segunda é provável – *Finis Hungariae!*[1]

---

[1] Fim da Hungria.

Do teatro da guerra

NGR, n. 246, 15/3/1849

F. Engels

Temos pouco a acrescentar aos relatórios publicados hoje pela manhã. Os relatos sobre a batalha de Szolnok são extremamente vagos; mas parece que a brigada imperial Karger, estacionada ali, foi empurrada pelos magiares, que atacaram sua retaguarda em Abony, para a outra margem (esquerda) do Tisza, que ainda está inteiramente nas mãos dos magiares. Se isto for verdade, eles estão perdidos, e nenhum homem poderá escapar da morte ou da prisão. Foram enviados três batalhões de Pest para Abony, que entretanto naturalmente chegaram tarde demais; justamente quando partiram de trem, chegou a Pest, de Szolnok, o derrotado general Zeisberg. Ele tivera de vir de carruagem até Abony, pois a ferrovia já fora destruída.

Em Budapest, novas fortificações foram erguidas. "Os fortins nas duas cabeças de ponte da ponte pênsil", escreve a *F[olha] Const[itucional] da B[oêmia]*,

> deverão estar concluídos em breve, e oferecem um baluarte sólido contra ataques, difícil de tomar. – Apesar do anúncio de que na Hungria, no comércio privado, as cédulas húngaras não seriam postas fora de circulação nem confiscadas, há um pesado ágio na compra de cédulas austríacas com papel-moeda húngaro, e a taxa de câmbio deste último estaria caindo mais a cada dia, pois os comerciantes da praça local tiveram de fazer muito mais pagamentos de somas consideráveis para os demais domínios patrimoniais, especialmente para Viena, do que os auferidos de lá. Os israelitas da capital receberam a renovada ordem de pagar a conhecida parcela vencida da remissão do imposto de tolerância em moedas de prata de 20, mas foi concedido à comunidade um prazo de 14 dias ou, conforme outra fonte, de 18 dias.

Sobre o comitato de *Tolna*, a mesma folha informa:

> O comitato de Tolna, apesar de suas declarações de lealdade, está *em plena insurreição*. Os discursos que Moritz Perczel em pessoa pronunciou recentemente em assembleias populares semearam a má semente, e as autoridades militares foram advertidas tarde demais quando ele, há alguns dias, esteve incógnito no solar de seu pai. Só sua equipagem e seu inocente camareiro caíram nas mãos dos imperiais.

Também no *sul* a situação não parece muito brilhante para as armas imperiais. Vejamos novamente a F[olha] Const[itucional] da B[oêmia]:

> A tomada do Velho Arad encontra um forte obstáculo. O general Todorovich pretendia deixar todo seu corpo como guarnição, mas alguns oficiais consideraram que três batalhões bastariam. Assim ocorreu que, quando a tropa principal dos sérvios ocupou seu campo, os derrotados magiares voltaram cruzando o Mures, e em decorrência dois batalhões foram expulsos e um foi em parte aprisionado, em parte abatido.

Quando os imperiais tomaram Esseg, acreditaram que a guarnição local se apressaria a se pôr a seu serviço. Das quatro companhias de tropas regulares ex-imperiais *nem um só homem* foi recrutado, e de todos os honvéds somente *16*.

Da Croácia, cuja independência foi imposta, há a seguinte notícia. A *Gazeta do Zagreb* escreve: "Ficamos sabendo, por fonte segura, que o ministério do Comércio tem a séria intenção de empreender em breve a regulação do rio Sava acima até Sissek e em seguida a construção de uma ferrovia de Sissek a Zagreb e de lá a Karlstadt e Steinbrück".

Perfeitamente em ordem. O governo imperial real tornaria os rios navegáveis, implantaria ferrovias, traria comércio e indústrias para o país, e verá por quanto tempo ainda poderá contar com seus croatas. Logo que o croata trocar o manto vermelho pelo fraque cessará por si mesmo o entusiasmo pelo imperador-lei marcial.[1]

O *ban* Jellachich anunciou ao Conselho do Banato que havia concedido anistia aos croatas simpáticos aos magiares – que fugiram para a Hungria e haviam sido banidos quando não retornaram após terem sido intimados três vezes –, inclusive para seis líderes partidários.[2]

Da fronteira turca, finalmente, temos o seguinte relato:

---

[1] Francisco José.
[2] Referência ao assim-chamado partido dos magiarizadores, ou partido croata-húngaro, formado em 1841 e que consistia principalmente de nobres e grandes proprietários de terras croatas eslavônios. O partido objetivava a completa fusão da Croácia e da Eslavônia (que administrativamente formava parte do reino húngaro, dentro do império austríaco) com a Hungria, como meio de neutralizar as reformas burguesas e manter privilégios sociais e políticos. Seus membros travaram uma luta cruel contra os representantes do "ilirismo", uma tendência nacional dominada principalmente por proprietários de terras liberais e pela burguesia comercial. Os ilírios objetivavam unificar os povos austro-eslavos e lhes assegurar amplos direitos de autonomia nos quadros do império austríaco, em base federativa. Durante a revolução de 1848 e o crescentemente agudo conflito nacional, muitos magiarizadores fugiram para a Hungria. Em 5 de junho de 1848, foram abertas em Zagreb as sessões do Sabor dos eslavos do sul. Representantes dos proprietários de terras liberais e os estratos mais altos da burguesia comercial da Croácia e da Eslavônia, que predominavam no Sabor (deste também participavam delegados dos sérvios da Voivodia e dos tchecos), declararam lealdade aos Habsburgo e restringiram o programa nacional à demanda de autonomia para os territórios eslavos unidos no interior do império austríaco. O general Jellachich, que fechara com a ala direita dos ilírios, foi nomeado *ban* da Croácia em março de 1848. Após um breve conflito com o governo austríaco, que levou a sua exoneração, foi reintegrado em setembro de 1848. Colocando as unidades militares croatas e ilírias a serviço da reação austríaca Jellachich tomou parte na campanha contra a Hungria e na supressão da insurreição popular em Viena. Conselho do Banato: um corpo administrativo, liderado pelo ban, que exerça as funções de governo da Croácia.

Na Turquia há um grande movimento. Na Bósnia, grandes massas de tropas foram armadas e concentradas em Travnik. Os batedores informam, entretanto, que às vezes se ouvem ameaças proferidas contra os guarda-fronteiras, mas provavelmente esses preparativos estejam conectados com as intrigas políticas tecidas por Palmerston em Constantinopla em relação às províncias do Danúbio, que não têm nenhuma tendência a expulsar os russos da Moldávia e da Valáquia e descobrir o flanco austríaco do lado do Oriente. A Áustria pode se preparar para um enérgico comunicado relativo à tropa de proteção de 10 mil russos na Transilvânia.

A república modelo[1]

NGR, n. 246, 15/3/1849

F. ENGELS

Berna, 10 de março. Assim como a Bélgica é o "Estado-modelo"[2] dos constitucionalistas, a Suíça é sabidamente o ideal dos burgueses e ideólogos republicanos. Na Suíça não domina um rei, não existe nobreza, os impostos são moderados, o país goza da maior tranquilidade; – a única coisa que há para lamentar são histórias desprezadas, jesuítas e separatismos. E recentemente até mesmo uma folha radical, a *Nova Alemã*,[3] invejou a paz e o contentamento da Suíça. Dói-nos ter de perturbar essa visão idílica da felicidade e bem-estar dos cidadãos suíços, ter de apontar feias manchas no "mais fiel dos espelhos, aquele que reflete a liberdade". Primeiro queremos passar em revista algumas assembleias populares. Em 5 de março houve em Schönbuhl, cantão de Berna, uma assim-chamada assembleia comunista, à qual o proletariado acorreu em grande número. A assistência aos pobres e a questão da imigração foram objeto dos debates. As descrições que os oradores fizeram das condições da população trabalhadora na Suíça demonstram a necessidade de soluções imediatas e drásticas. Mas, o modo como isso foi discutido, traiu um grande desamparo e mostrou que, apesar de todas as instituições republicanas, o proletariado ainda tem muito pouca clareza sobre sua própria posição e sobre os meios para sua salvação. Os conservadores conseguem explorar a seu favor o movimento social. Foram lançadas as mais violentas acusações contra o governo radical de Berna e especialmente contra a autoridade financeira e só parcialmente os defensores do governo existente conseguiram justificá-lo. Como meio para a solução, foi decidida

---

[1] Esse artigo complementa a série de artigos e relatos sobre a Suíça escritos por Engels durante sua estada forçada ali (graças à ordem de prisão contra ele emitida pelas autoridades de Colônia) de novembro de 1848 a janeiro de 1849. A série começa com o artigo "O ex-principado" e termina com dois relatos sobre a política externa dos círculos dominantes suíços. Engels encerrou seus artigos sobre as questões suíças em meados de janeiro de 1849, quando retornou para a Alemanha. Mais tarde, no entanto, ele escreveu ocasionalmente sobre o tema, como esse artigo mostra. Está baseado em dados de jornais suíços e alemães.

[2] Ver "A Bélgica, 'Estado-modelo'".

[3] *Nova Gazeta Alemã. Órgão da Democracia*: diário democrático publicado de 1848 a 1850, desde 1 de abril de 1849 em Darmstadt, e depois em Frankfurt. Era editado por Otto Liining e, a partir de 1 de outubro de 1849, também por Joseph Weydemeyer.

uma *revisão da constituição*,[4] no entanto muitos oradores declararam que só seguiriam o caminho legal provisoriamente e a título experimental. Como a revisão constitucional é a alavanca com a qual os conservadores, e especialmente os patrícios de Berna, pretendem derrubar o governo existente, o plano deles de sublevar o proletariado contra o governo foi, pois, provisoriamente bem-sucedido. Essa tendência autenticamente jesuíta se mostrou ainda mais claramente na sessão do Comitê Central da Sociedade de Imigração do cantão de Berna, que teve lugar recentemente em Klösterly, em Berna. Reuniram-se deputados de 25 distritos administrativos, em número de mil, aproximadamente, para examinar o modo pelo qual a questão da imigração poderia ser regulamentada em favor de muitos milhares de cidadãos sem renda e famintos. Como o Grande Conselho,[5] segundo o relato do conselheiro de governo Schneider, não havia assumido essa questão com a necessária energia e dedicação, também aqui foi perspectivada uma revisão da constituição, sem ponderar que destituir o atual governo radical só tornaria possível o retorno das figuras do velho sistema.

Para esse fim, uma petição teria circulado em todos os departamentos, e logo que for alcançado o número de 8 mil assinaturas requerido pela constituição, serão feitos os preparativos necessários para a solução dessa tarefa. Uma vez que a questão da imigração vem sendo examinada e discutida por toda parte, graças ao desemprego e à falta de alimentos que crescem diariamente, especialmente nos Alpes berneses, não é improvável que as assinaturas buscadas sejam obtidas, e então terá sido lançada uma grande pedra no caminho do atual governo.

Também em St. Gallen o movimento dos trabalhadores faz progressos. "Enquanto os *trabalhadores*", diz o *Guardião*, "fazem experiências teóricas sobre o social-comunismo, puseram-no em prática em Gasterland, sob a presidência de Hofstitter; eles pretendem baixar a taxa de juros para 2% etc."

De fato os radicais, onde estão agora governando, devem se guardar de virar os trabalhadores contra eles por indiferença. O proletariado suíço ainda é em grande parte o assim-chamado lumpemproletariado, que se vende a qualquer um que lhe *prometer* mundos e fundos. Os padres e os aristocratas naturalmente não lembram ao povo faminto do tempo em que os camponeses tinham de pagar o dízimo ao clero e aos senhores de terra; eles apenas perguntam: o que o governo atual faz por vocês? E a isto os mais fiéis defensores dele nada podem responder. Se o proletariado da Suíça fosse forte e educado o bastante para ser um partido independente, a oposição ao atual radicalismo seria certamente justificável; mas, sob as atuais relações, toda luta contra os políticos radicais é uma concessão feita aos conservadores.

Os radicais em geral deveriam se manifestar de modo mais calmo e atuante. Não basta atacar personalidades reacionárias e fazer piadas inconvenientes sobre religião; o

---

[4] Referência à Constituição da República Suíça adotada em 12 de setembro de 1848.
[5] Órgão supremo da administração cantonal.

partido da política externa deveria empregar contra os políticos pró-neutralidade a mesma energia que o sr. Ochsenbein e companhia mostraram em relação aos jesuítas e à Liga Separatista. Agora mais do que nunca o adiamento é perigoso. A questão dos acordos de alistamento, que é decidida por nove décimos do povo suíço em contraposição à interpretação doutrinária-covarde do Conselho Federal, municia os radicais com uma arma capaz de pôr um rápido fim na miséria existente. O relatório do departamento político (de Furrer) para o Conselho Federal suíço sobre a questão dos tratados de alistamento, que foi enaltecido pela maioria dos jornais e especialmente pela *Nova Gazeta de Zurique* como o *non plus ultra*[6] da sabedoria política, nos permitiu observar profundamente a mentalidade de merceeiro do Conselho Federal, que regula sua política externa segundo alguns centavos e os princípios do direito civil: "De onde", pergunta Furrer, "deve vir o dinheiro para pagar a indenização? É absolutamente impossível cobrir qualquer parte considerável dessa soma com o Tesouro Federal. – Os cantões devem, portanto, arcar com essa soma. Mas, se avaliarmos as condições de modo tranquilo e imparcial, e não nos deixamos arrebatar cegamente pelo entusiasmo, nos convenceremos de que a requisição dessa soma é em todo caso uma impossibilidade, especialmente no futuro, mesmo se pretendêssemos reconhecer que o presente exerce uma influência tão estimulante". – Em outra passagem: "Uma tão grande nação que não possa controlar alguns regimentos dificilmente estará em condições de assegurar duradouramente sua independência e liberdade política". As repúblicas italianas vão um dia certamente prestar os devidos agradecimentos à república suíça vizinha por essa declaração oficial de seu mais alto funcionário. A *Nova Gazeta de Zurique*, o órgão semioficial do presidente federal, declarara que o Conselho Federal tomara por unanimidade a decisão de que a revogação dos tratados de alistamento existentes pertencia ao âmbito da soberania cantonal. Isso é incorreto. O italiano Franscini não estava presente, e o homem da "revolução permanente", Druey, pretendeu fazer propostas à Assembleia Federal no sentido de "revogar os tratados de alistamento quando a situação da Itália e da Suíça o exigisse". Ademais, ele solicitou que o recrutamento para os regimentos napolitanos fosse suspenso até que a questão fosse decidida, e este é o ponto central.

O sr. Ochsenbein, o Napoleão da guerra da Liga Separatista, pretende introduzir não somente o Lohbauer[7] prussiano, como também o uniforme prussiano. Mas o propósito louvável se choca com o problema dos custos.

A sugestão de alguns franceses de instituir um cassino na Suíça provocou grande indignação moral nos virtuosos republicanos. Os arrendatários de cassinos da Alemanha devem ter ficado bem assustados com a decisão da venerável Assembleia Nacional de Frankfurt, senão não teriam posto os senhores governadores dos cantões separatistas na

---

[6] Limite inultrapassável.

[7] Alusão ao convite para ir a Berna, feito pelo Conselho Federal, ao prof. de ciências militares Rudolf Lohbauer, anteriormente um jornalista radical que contribuía para os periódicos governamentais prussianos. Ver "O sr. Müller – As chicanas de Radetzky contra Tessinoo – O Conselho Federal – Lohbauer".

difícil posição de ter de escolher entre grandes vantagens monetárias e a moral tradicional. Em Lucerna o Grande Conselho rejeitou, por 79 contra 67 votos, uma sugestão nessa linha de um sr. Bias; a seção da Associação Popular de lá também endereçou às autoridades federais uma petição redigida no mesmo sentido; diante disso, os empresários se dirigiram a Schwyz (Stanz) e St. Gallen (Rapperschwyl), sem, no entanto, terem seus desejos satisfeitos. Agora os senhores certamente terão de se haver com a vitalidade do arrendatário de cassino de Homburg, que declarou que seu cassino subsistirá por mais tempo do que todos os parlamentos de Frankfurt.

O Grande Conselho,[8] que há alguns dias está novamente reunido, e que agora como antes é presidido pelo sr. von Tillier – embora recaia sobre ele a suspeita de traição nacional –, debate, artigo por artigo, a lei trabalhista, sobre a qual não encontramos nada para destacar aqui além da determinação de que refugiados políticos poderiam exercer qualquer profissão sem qualquer prova de reciprocidade. Além disso, o departamento do Interior requereu uma soma de 8 mil francos para despender com ciência, artes etc.

---

[8] Do cantão de Berna.

Do teatro da guerra

NGR, n. 246, 15/3/1849, segundo suplemento

F. Engels

Não temos quaisquer notícias do teatro da guerra, exceto a correspondência magiar da *Gazeta de Breslau*. Ela mostra que na batalha de Szolnok os austríacos foram de fato decididamente derrotados e obrigados a se retirar para Pest. *Kecskemét* teria sido novamente ocupada pelos magiares. O coronel sereschaner Albert Jellachich, o major príncipe Holstein e mesmo o general imperial real Ottinger teriam sido mortos.

A correspondência magiar afirma que Stuhlweissenburg (na margem direita do Danúbio, próximo de Viena) foi ocupada pelos magiares e que, em decorrência dos novos progressos destes, o príncipe Lobkowitz viajou para Debreczin, para fazer *propostas de mediação* aos magiares. *Mais detalhes amanhã.*

Do teatro da guerra

NGR, n. 247, 16/3/1849

F. Engels

A *Gazeta de Breslau* traz hoje duas correspondências magiares, de 6 e 7 de março, que desta vez, excepcionalmente, estão redigidas de modo um tanto confuso. Observa-se nelas a enorme impressão que o repentino e apressado recuo dos austríacos causou em Pest, os milhares de boatos que gerou, misturando fatos e exageros.

Em *Mezö-Kövesd*, uma milha após Maklar e duas após Kapolna, teria havido em 3 de março uma grande batalha, na qual Dembiński, com um uso magistral do terreno e hábeis manobras estratégicas, teria *derrotado totalmente os imperiais*. Estes teriam perdido 7 mil homens e 60 canhões.

Não há dúvida de que os húngaros não se retiraram de modo algum para o outro lado do Tisza, como as folhas austríacas alardearam ao mundo, mas sim alguma coisa deve ter acontecido deste lado do Tisza que se assemelha a uma derrota dos imperiais (mesmo que as informações acima sejam exageradas). Windischgrätz não recuou à toa.

A correspondência magiar de 6 de março confirma, como supúnhamos, que os imperiais foram derrotados também em Szolnok, e que seus corpos de exército posicionados ali foram aprisionados:

> Mas ontem às 7 horas da manhã o exército imperial recebeu mais um golpe decisivo. Os 5 mil homens da brigada Grammont, em Szolnok, às margens do Tisza, foram cercados por um exército húngaro, que cruzou o Tisza em Czibakháza, e foram aprisionados junto com o tenente-marechal de campo *Grammont*, depois de uma terrível carnificina. O general de cavalaria *Ottinger* recebeu ali um ferimento mortal, em razão do qual faleceu ontem em Ofen.

Ademais, os húngaros não pararam aí. Segundo a correspondência magiar, avançaram até *Szegléd* e lá, no dia 5, *derrotaram os imperiais* (provavelmente os três batalhões de reforço levados de Pest por Zeisberg) em um combate sangrento. Também reocuparam Kecskemét, uma cidade muito importante situada entre o Tisza e o Danúbio. Em consequência dessas derrotas, Jellachich teria seguido o príncipe Windischgrätz e teria igualmente *abandonado Pest*. As fortificações construídas em torno de Pest já teriam sido destruídas novamente pelos próprios imperiais; elas não deveriam, portanto, defender a própria Pest, mas sim apenas dominá-la desde Ofen mediante canhões. A fortaleza de Ofen foi amplamente abastecida, entretanto também de lá foram retirados canhões de grosso calibre, o que sugere que não se pensa em uma defesa muito prolongada.

Eis o que soa como *provável* nos relatos da correspondência magiar. O que se segue parece improvável:

Görgey teria avançado com um corpo de exército para Raab e cortado a retirada dos imperiais – não é dito se esse avanço teria ocorrido para o norte ou para o sul do Danúbio.

Os magiares teriam cruzado o Danúbio abaixo de Pest e ocupado *Stuhlweißenburg* (às costas de Pest), para cortar a retirada por *Fleischhackerstrasse*.

Não é possível determinar em que medida esses dois boatos são verdadeiros. Em todo caso, eles parecem exagerados.

Ademais, a correspondência magiar informa sobre o campo húngaro:

> Viajantes de Debreczin contam que, por proposta de Kossuth, a Assembleia Nacional magiar decretou a instituição de uma Landsturm para apoiar o exército. A maioria dos representantes foi encarregada, como comissários do governo, da organização da Landsturm. Essa medida extraordinária parece ter sido tomada em decorrência da notícia da intervenção russa na Transilvânia. Os mesmos viajantes também contam que o ministro da Polícia Ladislaus Madarász renunciou ao governo provisório de Debreczin.

Além disso, relata-se de Viena, com data de 9 de março:

> Confirma-se o que lhes informei em minha comunicação de ontem sobre a batalha em Szolnok. *Os húngaros foram brilhantemente vitoriosos*, e pouco faltou para que tomassem o quartel-general. O próprio príncipe Windischgrätz foi gravemente ferido em um braço. *Ainda não se sabe absolutamente nada* sobre o destino da brigada Zeisberg e diz-se que teria sido *totalmente aniquilada*. A brigada Karger *foi rechaçada para o Tisza e só poucos escaparam*. O próprio general Karger só se salvou graças à dedicação de três dragões que abriram caminho com ele. Em resumo, *a derrota dos imperiais foi geral*, e mesmo o inimigo reconhece que os comandantes do exército húngaro provaram ter um extraordinário gênio estratégico. Além dos nomes recentemente informados desses generais, também os generais Duchatel (provavelmente se chame Duhamel), francês, Guyon (inglês) e o príncipe Czartorisky (filho de Adam Czartorisky) merecem louvor; eles permaneceram corajosamente ao lado do general Dembiński, que assumiu o comando supremo.

Kossuth *nomeou* o comandante sérvio *Stratimirovich como ban da Croácia e voivoda da Sérvia*, uma escolha que encontrou aprovação geral, uma vez que tanto os sérvios como os croatas têm em alta estima esse homem jovem, belo e bravo.

> Pós-escrito. 3 horas da tarde. Um viajante vindo de Pest, que saiu de lá no dia 9 [?] relata que, quando viajou, havia *grande agitação* na cidade; em *Ofen*, foram tomadas *amplas medidas de defesa* e em ambas as cidades uma multidão de soldados vagueia em confusão; os magiares, ao contrário, *esperavam a qualquer hora a entrada dos seus* e em muitos lugares o entusiasmo nacional se expandia em ardentes exclamações, apesar da legião de militares que, de resto, tinha outras preocupações.

Outras fontes também escreveram de Viena:

> *A tática do príncipe Windischgrätz* em relação aos ardentes magiares e poloneses encontrou muita reprovação no próprio exército, que parece desmoralizado por ela. Os numerosos generais que comandam os húngaros recebem cada vez mais reforços, e sem traição de um lado ou consideráveis reforços do outro *não há perspectiva de um rápido desfecho.*

De resto, Windischgrätz declarou que *se ele não receber mais reforços de 50 mil homens, não dará conta dos magiares*!

A *Gazeta de Colônia* bem poderia dizer agora em qual "estágio" a guerra húngara entrou com as novas vitórias dos magiares e essa declaração de Windischgrätz.[1]

---
[1] Ver "Os relatos militares da *Gazeta de Colônia*" e "O 27º Boletim – Relatórios militares".

[O esboço de mensagem da Segunda Câmara]

NGR, n. 247, 16/3/1849, suplemento extraordinário

F. Engels

Colônia, 16 de março. Compartilhamos abaixo com nossos leitores o *Esboço de Mensagem da Segunda Câmara*, uma pálida e servil cópia da fala do trono.[1] Seu redator é o famigerado cavaleiro da terra vermelha,[2] o bravo [!] von *Vincke*.

A Comissão da Mensagem *"reconhece penhorada"* (estilo do Velho Testamento) o "estabelecimento" da "ordem legal pela constituição de 5 de dezembro p.p.". E *comete* inclusive esse penhor em nome do *"povo alemão"*. E por que o povo agradece à Comissão da Mensagem pela constituição de dezembro outorgada pelo sabre? Porque ela está *"imbuída* da exigência de retorno de uma *ordem legal pública"*. Pobre cavaleiro Vincke! Ele devia se afirmar como o homem do *"terreno do direito"*, que é sua "especialidade". E como reconhecer o "terreno do direito" em face do ministério Brandenburg, que fez voar pelos ares justamente esse terreno do direito ao rasgar as leis de 6 e de 8 de abril de 1848? Nada mais fácil! O ministério outorgou um *novo* terreno do direito, a *lei marcial*, e ao mesmo tempo a *Charte*, o código e a filosofia da *lei marcial*, a constituição de 5 de dezembro. Primeiro o ministério suprime a "ordem legal pública". Depois o governo proclama outra, a primeira "ordem legal pública" croata que lhe aparece, um terreno do direito *quelconque*.[3] E a Comissão da Mensagem em nome do povo prussiano e Vincke em nome da Comissão da Mensagem prussiana não têm nada mais urgente a saudar do que o retorno de *uma* (qualquer uma, a primeira que aparecer) "ordem legal pública"! O terreno do direito está morto! Viva o terreno do direito! Se o governo prussiano cair amanhã, se for proclamado em Berlim um *comité du salut public*,[4] entre os primeiros a oferecer congratulações, entre os convidados para a boda, haverá indefectivelmente um "homem do terreno do direito", um Vincke qualquer, para reconhecer comovido o "retorno" de *uma* qualquer "ordem legal pública".

---

[1] Ver "A Fala do Trono".
[2] Westfália.
[3] Qualquer.
[4] Comitê de Salvação Pública.

A Comissão da Mensagem e a morte vêm a cavalo.[5] Primeiro, "agradecer" (segundo o preceito da *Nova Gazeta Prussiana*) pelo golpe de Estado de 5 de dezembro! Depois proclamar a constituição da lei marcial como "lei fundamental do Estado prussiano doravante em vigor"! Finalmente, fazer votos de consumar a *"revisão* com total respeito e lealdade a sua real majestade", isto é, *revisar no sentido do outorgante*. É de se esperar que, nesse caminho, recuaremos ainda *mais para trás* da Dieta Unificada!

Quanto ao *"estado de sítio" em Berlim*, a Comissão da Mensagem se deixa dominar exclusivamente pelo lugar comum de que a "verdadeira liberdade não pode existir *sem ordem legal*". Desde os acontecimentos de Varsóvia[6] conhece-se o grito de guerra da *"ordem legal!"* Ah, se a Prússia pudesse existir sem dinheiro e pudesse obter dinheiro sem esses impertinentes tagarelas parlamentares! Quanto aos esporádicos estados de sítio "fora da cidade de Berlim", a Comissão da Mensagem considera adequado "aguardar um novo comunicado do governo de nossa majestade real". Enquanto isso, Erfurt e os distritos da Silésia postos sob estado de sítio ficam a ver navios. Vincke está *satisfait*,[7] desde que a censura militar de Erfurt e Rosenberg[8] não "corte" seu esboço de mensagem. Não há perigo!

Em seguida Vincke promete em nome da Comissão da Mensagem, e a Comissão da Mensagem promete em nome da Segunda Câmara, e a Segunda Câmara promete em nome do povo se desincumbir, "com exaustiva atividade" e da maneira mais satisfatória possível, das incumbências que foram impostas pelo governo real prussiano à "assim-chamada representação do povo". Boa sorte!

"Reconhecemos também com alegria que o exército prussiano sustentou nos dias de luta sua glória militar e, em severas provas, sua lealdade."

A campanha dinamarquesa do Tribunal Superior Imperial![9] Batalha de Miloslaw e Wreschen![10] Vitórias em Anhalt, em Mogúncia, em Frankfurt am Main![11] Mais! Vincke reconhece alegremente a fidelidade com a qual "meu glorioso exército" acossou os predecessores de Vincke e pôs fogo nos documentos da velha Assembleia Nacional. Vincke tem toda razão. Sem a "lealdade" do "exército prussiano em severas provas" nosso Vincke nunca teria tido ocasião de se tornar imortal com esse esboço de mensagem redigido por ele mesmo. De resto, observamos a propósito que também nesse caso a Comissão

---

[5] A morte vem a cavalo (*die Toten reiten schnell*): da balada *Lenore*, de Gottfried August Bürger.
[6] Alusão à derrota pelas tropas tsaristas da insurreição polonesa de 1830-1831 em setembro de 1831.
[7] Satisfeito.
[8] Ver "Censura".
[9] Engels usa essa expressão para designar a condução prussiana da guerra na guerra prussiano-dinamarquesa pelo Schleswig-Holstein em 1848. O Tribunal Superior Imperial era a mais alta corte alemã de 1495 até a dissolução do assim-chamado Sagrado Império Romano da Nação Alemã (1806). Eram notórias sua inacreditável burocracia, lentidão e venalidade.
[10] Ver "Uma Felicitação de Ano Novo".
[11] Como "vitória" do exército prussiano, Engels indica ironicamente a sangrenta repressão do movimento popular e, Anhalt em março de 1849, em Mogúncia em maio de 1848 e em Frankfurt am Main em setembro de 1848.

da Mensagem copia como um escolar as prescrições do plano de reforma geral de Hohenzollern, publicadas pela *N[ova] G[azeta] P[russiana]*.[12]

E a *questão alemã*?

A "Prússia" não deve temer "nenhum sacrifício" para se apoderar da Pequena Alemanha[13] por um caminho diferente daquele pelo qual Frederico, o Grande, se apoderou da Silésia. Em relação às "conquistas", a moderna Prússia rende homenagem ao progresso "pacífico". Ademais, a Comissão da Mensagem "espera" um *entendimento* de todos os governos alemães com a Assembleia Nacional alemã". *Nós* esperamos que os governos alemães não façam muito caso desse seminário imperial de professores.

A Comissão da Mensagem também deseja que não haja "perturbação da paz" pela "rescisão do armistício por parte da coroa da Dinamarca". Vincke sabe muito bem que essa rescisão do armistício pela Dinamarca não deve ser levada mais a sério do que a guerra prussiano-dinamarquesa. As tropas prussianas como tropas imperiais no Schleswig-Holstein, as tropas do Schleswig-Hosltein como tropas imperiais no sul da Alemanha, ambas proclamando a lei marcial, umas aqui, outras ali!

Condolências pela morte do príncipe Waldemar, protestos de auto-sacrifício com o qual os von Bodelschwingh, os Riedel, von Seckendorf, Arnim, Harkort, conde Renard, Camphausen, Vincke, os Grün e canalhas semelhantes se rebaixam a Licurgos e Solons prussianos; devoção a Deus, respeito à lei, espírito público, justiça, providência, os corações dos reis e o futuro da Prússia "e com ela da Alemanha", tudo isso foi servido como sobremesa pela Comissão da Mensagem mediante os bons ofícios de Vincke!

É preciso que a *idiotice* tenha direito de cidadania numa representação do povo e num povo que ousa permitir a um von Vincke, em nome de uma Comissão da Mensagem, em nome de uma Câmara, em nome do próprio povo, torná-lo ridículo diante da galeria europeia com uma tal grosseria sórdida.

---

[12] Ver "O Plano de Reforma Geral de Hohenzollern".
[13] Isto é, toda a Alemanha com exceção da Áustria.

Do teatro da guerra

NGR, n. 247, 16/3/1849, suplemento extraordinário

F. Engels

Novamente não chegaram hoje à tarde nossas cartas e jornais de Viena e Praga. Mas também nas folhas de Breslau e Leipzig não há sequer uma palavra, por parte dos austríacos, sobre as operações de guerra. Em contrapartida, a correspondência magiar da *Gaz[eta de] Br[eslau]* fala de novas lutas na região de Szegléd, de grandes massas de feridos levados para Pest, de preparativos para a retirada. No entanto também ela não informa nada decisivo.

O que mais chama a atenção no silêncio austríaco é que não há notícia de *nenhum lugar*. Antes, no entanto, havia sempre algum pequeno recanto sobre o qual os imperiais relatavam alguma vantagem miúda. Mas agora também isso cessou. Os magiares parecem ter de repente desenvolvido em todos os pontos uma energia totalmente inesperada e ter contraposto obstáculos completamente imprevisíveis ao avanço de 250 mil imperiais.

Desde 16 ou 17 de fevereiro, isto é, há quatro semanas, não há qualquer notícia da Transilvânia. Nenhuma palavra sobre o avanço das tropas de Götz, Ramberg e Jablonowsky para Tokaj. Nenhuma palavra sobre as operações de Nugent na Sírmia. Nem uma sílaba sobre as ações de Rukavina, Todorovich e Gläser no Banato. Se ouvimos alguma coisa aqui e ali, é de vagos boatos não oficiais.

Em resumo, o silêncio dos relatórios oficiais se torna cada vez mais estranho, e o conteúdo dos relatos não oficiais se torna cada vez mais ameaçador para a Áustria. Mais detalhes sobre isso amanhã.

Segundo uma correspondência da *Gazeta Geral do Oder*, os austríacos se preparam para permitir a *entrada dos russos em Cracóvia*, tal como na Transilvânia.

Do teatro da guerra

NGR, n. 248, 17/3/1849

F. Engels

Damos agora, conforme o resumo divulgado no suplemento extra de hoje,[1] os relatos detalhados do teatro de guerra húngaro.

Primeiro sobre as operações em *Pest*. O combate parece se concentrar na região de Szegléd, de sorte que tanto as tropas húngaras quanto as imperiais devem ter se movido significativamente para o sul. Ao menos não se sabe mais nada sobre a luta na região de Erlau, Kapolna e Mezö-Kövesd. Diz-se que Jellachich se moveu também para Szegléd. Foi confirmado que Windischgrätz, aborrecido por seus maus resultados, transferiu seu quartel-general de volta para Ofen e assim se retirou do comando ativo. Que ele tenha sido ferido foi, ao contrário, desmentido. O grande general vencido convoca agora todas as tropas de algum modo disponíveis, mesmo os corpos do cerco de Komorn e da Cracóvia, apenas para manter de algum modo sua posição. – Sobre as últimas operações militares o correspondente magiar da *Gazeta de Breslau* de 9 de março informa:

> Ontem deve ter havido uma batalha na direção de Szolnok. Pois durante a noite foram trazidos muitos carros com feridos. A circunstância de ainda não ter sido publicado qualquer boletim, bem como que, por ordem do comando militar, todo o *front* da linha do Danúbio diante das fortificações da cabeça-de-ponte de Pest ter sido repentinamente evacuado e ocupado por militares, indica uma nova derrota. Pois estas últimas medidas só podem ter sido tomadas para cobrir uma retirada apressada. Ademais, os altos oficiais da guarnição da fortaleza de Ofen mandaram embora hoje suas esposas. Não temos quaisquer notícias diretas, porque nenhum viajante retornando da região baixa pôde se aproximar de Pest. Hoje também deve ocorrer uma batalha, caso a forte chuva que cai continuamente não a impeça. Caso a batalha ainda assim aconteça, a retirada acarretará pesadas perdas para a parte vencida, pois ali as estradas estarão intransitáveis graças à chuva e o transporte dos canhões e da bagagem será impensável. Em Pest, a carne subiu para 2 coroas por libra porque *um corpo de patrulha húngaro levou um grande carregamento de bois de Gödöllö, a 3 horas daqui*. De *Debreczin* nos informam que o príncipe-primaz da Hungria, Johann Hám, e mais dois outros altos prelados que permaneceram em Pest foram destituídos pelo governo húngaro como traidores da pátria.

---

[1] Ver "[Do teatro da guerra]".

O brilhante e liberal historiador húngaro Horvath Michaly, antes cônego, depois bispo de Ghanad foi nomeado príncipe-primaz. (Confirmado também por outras fontes.) Quando, ontem à tarde, ao recolherem-se os feridos, muitos observadores se reuniram, foram dispersados por uma forte patrulha enviada para esse fim. A propósito, todos os hospitais e casernas estão tão superlotados de feridos que os recém-chegados tiveram de ser postos nas escadas e nos átrios.

De resto, que a causa dos imperiais está estranha deduz-se também de uma proclamação do príncipe Windischgrätz datada do quartel-general de Ofen, 8 de março, que proíbe toda conexão direta e indireta com os rebeldes e os moradores das regiões ocupadas por eles enquanto permanecer o estado de sítio. Todo vínculo comercial está igualmente suspenso. Todo aquele que agir contra essas proibições será submetido à lei marcial, assim como todos os que o favorecerem. Os bens serão confiscados e vendidos em benefício do erário.

Na retaguarda dos imperiais a situação está igualmente animadora. O seguinte comunicado do ministerial *Lloyd*, de Pressburg, mostra a que ponto chegaram esses senhores de Komorn e que ilusões tentam difundir:

> Enquanto o exército principal comandado pelo príncipe marechal Windischgrätz, perseguindo incansavelmente o inimigo, já está ativo no outro lado do Tisza [!], o segundo corpo de exército opera em Komorn, onde, conforme relatos confiáveis, ocorrerá uma grande ofensiva no dia 15 deste mês [!]. Para esse fim foram expedidos de Viena, Ofen e Esseg para lá *vários* navios a vapor com *muitos* morteiros de *todos* os calibres e *uma quádrupla* provisão de pólvora. Em nossa margem do Danúbio há alguns rebocadores equipados com canhões e bombas, ao modo dos navios de guerra, destinados ao transporte principal das reservas. *Provavelmente* bastarão alguns pequenos exercícios de lançamento de foguetes para trazer à razão a guarnição de Komorn e levar à rendição da fortaleza e à reabertura da hidrovia entre Viena, aqui e Pest.

O mesmo artigo que começa com essa ridícula fanfarronada confessa logo em seguida que os camponeses eslovacos não querem nem ouvir falar de uma ocupação imperial. Além de outras detenções, "na semana passada 12 camponeses de aldeias eslovacas próximas foram aprisionados e trazidos para cá, por ocultação de armas com más intenções e, de acordo com seus crimes, condenados a 2, 3 ou 4 anos de prisão."

Os eslovacos, que já foram incitados em vão muitas vezes, permanecem tão fiéis aos magiares que só 1.400 homens, entre os 2 a 3 milhões, foram recrutados para a Áustria. Leiamos o seguinte relato de Leutschau (Zips), que ao mesmo tempo confirma que os imperiais ainda estão onde estavam desde que Görgey se moveu para o Tisza:

> Leutschau, 1 de março. A Landsturm eslovaca compõe-se até agora de 15 companhias, cada uma com 90 homens. Três companhias estão, como guarnição, em Leutschau, cinco em Eperies; as demais movem-se para Kaschau. Ontem o general Ramberg impôs a essa cidade um imposto de guerra de 20 mil florins. Mais de 500 pessoas fugiram de Eperies por medo de Görgey, muitos dos quais até para Pest.

Do sul ouvimos somente que Szegedin ainda está nas mãos de 40 mil magiares, e que 30 mil sérvios estão estacionados ali para tomar a cidade.

Finalmente chegaram alguns relatos da Transilvânia, mas estranhamente ainda não vão além de 16-17 de fevereiro. Segundo um deles (saxão), Bem estaria gravemente doente graças à ferida em sua mão; o outro, um relato sobre a tomada de Schässburg pelos sículos, é interessante pelos detalhes que dá sobre a força dos sículos em um único ponto. Em 16 de fevereiro avançaram simultaneamente para Schässburg cerca de 8 mil homens e 12 canhões de Mediasch, 5 mil homens e 5 canhões de Udvarhely e 3 mil homens de Maros--Vásárhely. Essas forças de combate obrigaram as corajosas tropas austríaco-russas, sob comando do major von der Heydt, assim como a honrada Guarda Cívica da cidade, a se retirar sem combate para Hermannstadt e abandonar mulheres, crianças e proprietários à mercê dos bandos de ladrões sículos. Diz-se que estes imediatamente impuseram um tributo de 30 mil florins à cidade;

> uma soma muito mais elevada foi levantada pelas administrações locais. O inimigo procurava chumbo e estanho, tanto quanto fosse possível encontrar; também retirava os cartuchos que haviam sido lançados aos poços, e secava a pólvora ao sol para torná-la novamente utilizável.

Finalmente, divulgamos ainda as seguintes notícias interessantes da *Cracóvia*. Vê-se por elas quão plenamente tramado está o complô entre a Rússia e a Áustria.

> *Cracóvia*, 12 de março. O general imperial-real *Legeditsch*, no comando aqui, mandou ontem chamar o príncipe Stanislaus Jablonowsky e lhe comunicou bruscamente que a autoridade municipal deveria enviar um requerimento ao governo provincial *exigindo que as tropas russas estacionadas na fronteira entrassem em Cracóvia para manter a paz, pois ele (Legeditsch) deveria marchar para a Hungria com todos os militares austríacos*. Mas o príncipe replicou ao general imperial-real que *os cracovianos certamente jamais fariam tal requisição*, e que caso a cidade fosse totalmente privada de tropas os cidadãos garantiriam a manutenção da ordem legal. Vocês estarão lembrados de que o general Puchner, na Transilvânia, antes da invasão dos russos, fez indiretamente exigência semelhante às cidades de Kronstadt e Hermannstadt para que pedissem ajuda russa.

No que diz respeito, por fim, à questão das cédulas húngaras, aqui o despotismo do sabre teve de se curvar à *necessitas rerum*,[2] à falta de crédito do Estado imperial-real. Uma parte das cédulas de Kossuth já foi posta fora de circulação, apesar dos uivos e ranger de dentes da pequena burguesia de Pest.

> O marechal de campo Windischgrätz publicou em 9 deste mês, em Pest, um édito segundo o qual é proibida a aceitação nas caixas públicas das notas húngaras de 100 e de 5 florins. Só este anúncio provocou uma extraordinária conturbação e neste momento todo comércio está completamente interrompido.

---

[2] Necessidade.

A feira de Pest, que de todo modo é pouco frequentada, não vai, por conseguinte, conseguir se manter de jeito nenhum. Dificilmente as notas húngaras de 1 ou 2 florins terão outro destino.

Do teatro da guerra

NGR, n. 249, 18/3/1849

F. ENGELS

Como mais uma vez o correio de Viena não veio, continuam nos faltando quaisquer notícias diretas da Hungria. O que nos chegou de Praga e Augsburg contém pouca novidade.

A *Gaz[eta] G[eral] de A[ugsburg]* divulga relato de Pest, do dia 8, de que Szolnok teria sido novamente ocupada pelos imperiais. Notícias posteriores, como veremos, dizem coisa muito diferente. De resto, a *Gaz[eta] de A[ugsburg]* admite que em Szolnok os imperiais sofreram "um forte revés", com o qual, "de duas companhias, mal foram salvos 40 homens". Sobre o combate, a mesma folha divulga o seguinte de *Abony*, próximo a Szolnok:

> Depois do dia de Kopolna, avançamos até cerca de Kövesd, depois até Poroszlo. Como ali a cavalaria não podia operar por causa da natureza encharcada do solo, recebemos ordem de ir para Szolnok. Chegamos justamente no momento exato para pôr fim ao combate que 15 mil húngaros, com 40 canhões, haviam começado contra duas brigadas, e que muito nos custou, pois a brigada Karger foi expulsa de Szolnok. No momento estão chegando reforços de Pest, e nós os enfrentaremos com 15 mil homens e 36 a 40 canhões, mas não há dúvida de que, quando eles virem um significativo incremento de forças, se retirarão. A bravura de nossas tropas é famosa. *É verdade que Szolnok passou ontem para as mãos dos húngaros*, mas até hoje à noite nós certamente a retomaremos.

O que se pode pensar sobre essa fanfarronada da retomada de Szolnok está explicitado em uma matéria de Pest publicada na *F[olha] C[onstitucional] da B[oêmia]*. Eis o que diz:

> De fato, ontem o *ban* partiu de Pest, e já às 4 horas da manhã. Infelizmente não temos a menor informação sobre os eventos no teatro da guerra na nossa vizinhança – entre Szegléd e Abony, segundo dizem. Os agitadores clandestinos locais contam maravilhas sobre a potência do exército rebelde, e que se levaria seis horas para cruzar seu acampamento. Esses boatos são evidentemente muito exagerados, sem dúvida, mas não é possível negar que agora, já pela segunda vez, um *considerável exército insurgente esteja avançando* pela estrada de Szolnok *até mais perto da capital do que seria desejável*. Cresceu ainda mais a apreensão dos bem-intencionados quanto às medidas indubitavelmente necessárias para a segurança da comunicação entre a fortaleza de Ofen e o Novo Edifício, esta nova e única cidadela de Pest. Ontem à tarde foram apressadamente feitas seteiras nesse edifício,

e os moradores das casas vizinhas receberam ordem estrita de se manterem prontos para marchar, pois deveriam estar em condições de evacuar seu bairro com armas e bagagens em no máximo seis horas depois de recebido o aviso. Ontem também foram demolidas apressadamente todas as obras, oficinas etc. da companhia construtora da ponte pênsil próximas aos fortins da ponte pênsil em ambas as margens do Danúbio. Reina por isso uma atmosfera lúgubre entre os poucos moradores locais leais, enquanto o partido contrário só a muito custo consegue esconder sua secreta alegria.

O fato de que Windischgrätz, com o fim de cortar as comunicações dos magiares, tenha proibido estritamente todo tráfego e comércio com as regiões ocupadas por eles já evidencia como vão as coisas em geral para os imperiais. Todos os indivíduos que comerciarem ali devem ser presos e suas mercadorias, confiscadas. Para a próxima Feira de Pest foram igualmente ordenadas medidas policiais extraordinárias contra estrangeiros.

Do flanco esquerdo do exército principal (Schlick) ainda não há a menor informação. A *Gaz[eta] G[eral] de A[ugsburg]* afirma, entretanto, que ele estaria já há oito horas em Debreczin e que ainda não se sabe se voltou novamente. Mas isto é a mais impudente mentira; Maklar, onde os imperiais estão estacionados, segundo seus próprios relatórios, se localiza a 15 milhas alemãs de Debreczin, e entre ambas, a 10 milhas de Debreczin, está o Tisza, com seu cinturão de várias milhas de pântano. À falta de fatos, eis como bravateia a *F[olha] C[onstitucional] da B[oêmia]*:

"Espera-se [!] com confiança belos resultados das operações do tenente-marechal de campo conde Schlick, e em geral podemos sustentar com orgulho [!] que o conde Schlick, mesmo em seus apuros depois do recontro em Tokaj, afirmou-se como um exímio general!"

A *F[olha] C[onstitucional] da B[oêmia]* confirma igualmente que os magiares ocuparam a parte sul do comitato de Pest em *Kecskemét*. Eles avançaram inclusive até o Danúbio, e estão em contato com os insurgentes da margem oposta (comitato de Tolna):

> Um dos focos principais de atuação dos insurgentes é Kalocsa; eles sublevam toda a região, especialmente o comitato de Tolna, situado na outra margem do Danúbio. Os próprios revoltosos são tão ousados que afundam todo navio que atravessa o Danúbio. Notabilizam-se nisso especialmente os camponeses de Földvar e Duna Vecse. Eles não temem absolutamente os militares imperiais reais, imaginando que 12 mil honvéds estão em Kalocsa. São continuamente fanatizados por cartazes de Debreczin.

Decorre daí que em todo o trecho de Duna Vecse até Tolna (9-10 milhas em linha reta) as duas margens do Danúbio estão nas mãos dos magiares e a navegação está seriamente ameaçada.

O seguinte comunicado mostra como a guerra está sendo conduzida nessa região, e quão poucas expectativas os desajeitados austríacos têm de liquidar esses inatingíveis bandos de rebeldes:

> O destacamento de tropas que seguiu por vapor há alguns dias para Duna Földvar (comitato de Tolna) a fim de reprimir a mais recente revolta jamais encontrou o inimigo frente a frente. Apesar de o rebocador ter sido bombardeado assim que atracou, os

amotinados se dispersaram como folhas aos quatro ventos ainda antes do desembarque. Uma autêntica guerra de guerrilha! Corre o boato de que a brigada Simunich ocupou um campo fortificado na herdade de Bicske, no condado de Kasimir Batthyány, a quatro horas de Ofen, para garantir a manutenção da segurança e a continuidade da nova ordem das coisas além do Danúbio.

Sobre a Transilvânia, nem uma palavra.

Do Banato, "*espera-se* que simultaneamente à entrada do *ban* (na campanha contra Szolnok) a longa linha das tropas austríaco-sérvias, que se estende de Baja a Temesvar, *se ponha* em movimento" (*F[olha] C[onstitucional] da B[oêmia]*). De fato! Finalmente ficamos sabendo, portanto, que a famosa divisão do tenente-marechal de campo Gläser, constituída, sob tantas fanfarras jornalísticas, pelas tropas de Rukavina, Todorovich e outros generais, que deveria conquistar a Transilvânia e Großwardein, sequer manteve sua posição no Mures, e sim recuou para Temesvar! Os relatos magiares certamente já há muito nos informaram disso, mas é claro que a eles não se deve dar qualquer crédito!

E em outro artigo da mesma folha diz-se:

> Até o dia de ontem (7 de março), não haviam sido tomadas nem Szegedin nem Theresiopel (Subotica), em cujas imediações, como já relatei, os sérvios conquistaram uma brilhante vitória e literalmente fizeram picadinho dos magiares, e um corpo magiar está avançando nessa direção. É o que contam viajantes que chegaram hoje dessa região.

Mas aqui há uma circunstância muito específica. Os sérvios estão extremamente insatisfeitos com seus chefes. O patriarca Rajachich se torna a cada dia mais impopular por seu decreto de expulsão de Stratimirovich, sua intervenção contra o Comitê Nacional,[1] que ele agora dissolveu, reconstituiu e transferiu para Becskerek, e outros ataques arbitrários. Stratimirovich desapareceu, e parece ter se passado para os magiares. Rukavina e Todorovich são certamente sérvios, mas sobretudo generais imperiais-reais que não reconhecem nenhuma nacionalidade exceto a austríaca. Acresce que há uma tensão significativa entre as tropas regulares e os guarda-fronteiras e voluntários sérvios.

"Os sérvios reclamam da falta da cavalaria, e ademais as tropas imperiais não se apressam em acorrer em ajuda dos 'rascios' – denominação que voltou a ser popular entre os militares" (*F[olha] C[onstitucional] da B[oêmia]*). Em resumo, desde que Stratimirovich se afastou, os sérvios estão irascíveis e, como as próprias folhas de Viena informam, estão até mesmo *negociando com os magiares*. Temos de esperar para ver qual será o efeito da nomeação de Stratimirovich para *ban* e voivoda por Kossuth.

Um novo golpe se prepara aqui para os austríacos com a *chamada de volta dos sérvios turcos da Hungria*. A *F[olha] C[onstitucional] da B[oêmia]* informa:

> Os sérvios que combatem em território austríaco foram chamados de volta mediante um decreto principesco de Belgrado. Não sabemos se o corpo Knićanin também está

---

[1] A referência parece ser ao Odbor.

incluído, pois a ordem se exprime em termos gerais. Nossos sérvios consideram esse passo suspeito e alegam saber que a Corte de Ölmutz trabalhou por esse decreto por vias diplomáticas. Outros vêm aí uma mera questão de organização e conscrição, enquanto nós nos inclinamos a vinculá-lo ao armamento dos turcos. O certo é que os sérvios irregulares nunca souberam fazer nada melhor do que roubar, assassinar e incendiar, e que eles eram a ralé da Sérvia. Sua rapacidade foi indiscriminada. Ousadamente, carregaram seu botim cruzando o rio Sava, e por todos os lados onde essas hordas irromperam ressoaram as queixas: os céus nos protejam desses amigos, já bastam nossos inimigos.

A mesma folha escreve em outro artigo sobre esse assunto:

> Outra circunstância ambígua, que nos enche de sombrios pressentimentos, é a convocação das tropas do Principado Sérvio da Voivodia. Não conseguimos penetrar no segredo dessa política. Diz-se que a Porta, a Inglaterra e a França exigiram a convocação dessas tropas. Não acreditamos nisso; ao menos não têm direito a isso; pois essas tropas, que vieram do principado para ajudar, não são um exército regular, do qual o governo dali pode dispor à sua vontade, são voluntários que vieram para participar da luta de libertação de seus compatriotas. Mas os sérvios têm direito de participar dessa luta, pois a Sérvia é um país constitucional, seu povo é um povo livre. Não há fim nas confusões austro-eslavas, de fato elas se acumulam mais a cada dia.

De resto, a seguinte declaração do patriarca, datada de Groß-Kikinda, 24 de fevereiro, comprova que a pilhagem dos sérvios deve ser terrível:

> Como os saques aumentaram tanto por parte das tropas auxiliares como também por parte de nossas tropas, vi-me na obrigação de ordenar: 1) que ninguém ouse comprar uma rês ou outros bens que tenham sido tomados como botim; 2) em caso de violação, o comprador perde tanto o bem adquirido quanto o dinheiro usado para a compra; 3) todos os objetos pilhados devem ser confiscados ali onde forem encontrados, e um relatório a respeito deve ser enviado a mim por meio das autoridades competentes.

Mas o que mais irrita os sérvios que afinal travam uma luta nacional é a conduta no interesse da *germanização* do nobre *ban* Jellachich, que, como ban, é também chefe da Área Militar de Fronteira. A F[olha] C[onstitucional] traz o seguinte relato datado de Sava, 1 de março:

> O *ban* Jellachich se tornou o assunto principal de todas as conversas; sua última ação está envolta na mais secreta escuridão, e os eslavos do sul o observam com desconfiança. Aqui foi muito malvista sua ordem ao patriarca anunciando que a *língua alemã* deveria ser novamente introduzida na Área Militar de Fronteira local. Na verdade, o *ban* Jellachich não mediu o alcance desse pronunciamento. Os sérvios travaram a guerra nacional só para se livrar da supremacia de um povo estrangeiro, para salvar do naufrágio sua literatura [!], sua arte [!], suas canções, todo seu patrimônio nacional, aos quais se apegam com coração fiel – os sérvios não se submeterão de boa vontade a essa ordem. De resto, seja o que for que tenha levado a isso o mui venerado ban, não duvidamos nem por um momento que o patriarca rejeitará essa ordem.

O nobre e cavalheiresco *ban* desempenha claramente um papel muito lastimável. Enviado por um tempo a Pest, sob suspeita, ele serviu ao governo cobrindo com seu nome e sua responsabilidade todos os atos adversos aos eslavos. O nobre senhor se deixou envolver com os austríacos e rompeu em definitivo com os magiares. Agora, tarde demais, ele percebe ter sido vergonhosamente enganado pelos imperiais, apesar de sua esperteza eslava, e não pode sequer se recusar a assinar uma declaração tão infamante como a última sobre sua suposta desavença com Windischgrätz. Ele bem o mereceu.

Peterwardein está cercada. Diz-se que a guarnição aprisionou todos os oficiais como desleais e traidores.

Recebemos informações pormenorizadas sobre a batalha na Eslováquia contra os voluntários tcheco-eslovacos. O combate aconteceu em Turan, no Váh (ao pé do desfiladeiro de Jablunka, já uma vez tão nefasto para os srs. Stúr e Urban). O corpo magiar-eslovaco, que venceu ali, conseguiu, com 12 mil homens, ocupar os Altos Cárpatos, e parece estar sob o comando de Klapka e Aulich.

Diz-se que o governo austríaco desautorizou o apelo de Puchner aos russos para que entrassem na Transilvânia e insiste em que eles se retirem tão logo os 15 mil homens de reforço das tropas do Banato tenham entrado na Transilvânia. Mas como os sérvios se recusam a marchar, certamente o corpo russo vai ficar por enquanto.

De Debreczin relata-se em Pest o seguinte, conforme a *F[olha] C[onstitucional] da B[oêmia]*:

Um deputado propôs que a Assembleia do Império deveria reconhecer o imperador Francisco José como legítimo rei da Hungria. Nyáry apoiou primeiro essa proposta de pacificação, e mesmo Kossuth pronunciou um brilhante discurso a favor da moção, que foi então aprovada por unanimidade.

Uma correspondência de Pest do dia seguinte acrescenta:

A notícia de Debreczin divulgada ontem parece ter sido confirmada, e parece que a Assembleia do Império de fato reconheceu o imperador Francisco José como legítimo rei da Hungria. Mas esse reconhecimento baseia-se na sanção pragmática,[2] e já sabemos, pela última Dieta Imperial, qual exigência o partido de Kossuth estabelece sobre essa base. Conforme o relato recebido, também foi expressamente acrescentado que esse passo foi

---

[2] Antes da revolução de 1848 no Império Austríaco, a assembleia, na qual predominava a nobreza liberal, apresentou a reivindicação de uma constituição. Depois das manifestações revolucionárias em Pest em 15 de março de 1848, a assembleia introduziu um sistema parlamentar. O poder executivo passou ao governo húngaro, mas os dois Estados – Hungria e Áustria – continuaram monarquias sob uma única coroa. O governo imperial teve, inicialmente, de reconhecer esse *status* da Hungria, mas depois, como resultado do agravamento dos conflitos, tentou derrubá-lo por meio da intervenção armada. Ao mesmo tempo, na Assembleia Nacional Húngara, que se reunia em Debreczin, havia o "partido da pacificação", formado principalmente por aristocratas, e que buscava um compromisso com os Habsburgo, bem como assegurar o reconhecimento do novo imperador Francisco José como rei da Hungria. Ao "partido da pacificação" se opunham os radicais liderados por Kossuth, que defendia ações mais resolutas contra a monarquia austríaca. A Sanção Pragmática foi um decreto real com força de lei fundamental quanto à sucessão do trono. Adotada no império austríaco em 1713, estabelecia o princípio da indivisibilidade das terras da coroa Habsburgo e a possibilidade de sucessão pelo lado materno se o imperador não tivesse filhos.

motivado sobretudo pelo desejo de demonstrar às monarquias europeias, especialmente às grandes potências da vizinhança imediata, que não havia a menor intenção de fundar uma república sarmato-magiar unificada, grande e talvez mesmo vermelha. Isso não pode, portanto, ser visto como um passo para uma autêntica pacificação.

Se os magiares de fato tomaram essa decisão, tal manobra teria no fundo pouco sentido. Se eles venceram e estão às portas de Viena, o "legítimo rei da Hungria" logo encontrará seu fim.

Ademais, outra correspondência do Drava diz:

> Em Debreczin e região tudo parece extraordinariamente bélico e marcial. Um oficial imperial que, por não querer combater contra seus irmãos, foi exonerado sob declaração nos deu informações das quais destacamos como notável o seguinte: 'O exército de Kossuth', diz ele, 'deve ascender a 100 mil homens, e a artilharia a 400 [?] canhões. Foguetes de todo tipo estão preparados. Também a infantaria regular está disponível, e sete regimentos de hussardos do velho estilo, além dos quais outros 7 regimentos foram criados, os hussardos de Kossuth, Mészáros, Batthyány, Madarász, Hunyadi etc. Há muitas manobras, e a até seis milhas antes de Debreczin os vilarejos estão fortemente defendidos, e erra muito quem pensa que a vitória sobre esses rebeldes será fácil e rápida'; até aqui as manifestações de nosso informante. Até onde alcança nosso conhecimento dos movimentos no Tisza, acreditamos que nossas operações exigem a maior seriedade e toda prudência, pois ali podem ser necessárias hábeis manobras e continuam ainda nos parecendo *insuficientes* as tropas na Hungria, ao menos no atual momento decisivo. Não se trata de ser pessimista. Vemos muita energia nos rebeldes, e nas massas da Romênia[3] e seu entorno um verdadeiro fanatismo, e por essa razão lamentamos o atraso no recrutamento nas províncias setentrionais, pois isso retarda o combate do governo aos magiares.

Com essa informação certamente muito agradável para o publicista vizinho[4] encerramos por hoje, ainda esperando pela *"finem Hungariae"*.[5]

---

[3] Alusão à Transilvânia.
[4] Referência irônica ao jornalista que escreveu sobre a guerra da Hungria para a *Gazeta de Colônia* (ver "Os relatos militares da *Gazeta de Colônia*").
[5] Fim da Hungria.

[Do teatro da guerra]

NGR, n. 249, 18/3/1849, segunda edição

F. ENGELS

Os jornais de Viena novamente não chegaram hoje à tarde. Confessamos que não sabemos explicar essa desorganização ilimitada, que piora a cada dia.

Sobre Breslau, recebemos notícias de Pest até 11 de março. Nem uma palavra oficial sobre o teatro da guerra; em contrapartida, relatos magiares e austríacos não oficiais concordam *plenamente* quanto aos pontos principais.

Torna-se dia a dia mais evidente que os imperiais vêm sofrendo uma derrota após a outra há 14 dias. Pelo menos metade dos generais austríacos imperiais-reais mostraram ser meros patetas, e agora o não menos inepto Windischgrätz os afastou do comando. *Zeisberg* desapareceu completamente, *Karger* e *Deym*, que haviam se comprometido em Szolnok, estão sob investigação; Wrbna, que, segundo o correspondente magiar, foi o principal culpado pela derrota dos austríacos em Mezö-Kövesd, deve estar igualmente sob investigação e, como se escreve de todas as partes, "caiu em desgraça" e deverá "de todo modo ser aposentado".

A seguinte notícia da *Correspondência Litografada*, de Viena, demonstra como a suposta vitória de Kapolna foi alcançada:

"Segundo o relato do notário de Kapolna, que teve de se ocupar com o enterro dos caídos na batalha que ocorreu ali, o número de mortos entre os húngaros ascendeu a *1.500, e entre os imperiais, a 4 mil*."

Ademais, dos relatos austríacos depreende-se que *Schlick* participa de um *Conselho de Guerra em Ofen* e que ele assumiu o comando do Exército do Norte, e o *ban Jellachich* o do Exército do Sul, e que o marechal-de-campo *Windischgrätz* deve permanecer em Ofen. Parece que não se está completamente satisfeito com a manutenção das capitais unificadas.[1]

---

[1] Referência às cidades de Buda (Ofen) e Pest, que à época eram virtualmente capitais gêmeas da Hungria. Depois de um bem-sucedido contra-ataque do exército revolucionário húngaro e da libertação das duas cidades dos invasores austríacos, em 24 de junho de 1849, as autoridades húngaras anunciaram a unificação de Buda e Pest em uma única cidade. No entanto, posteriormente os acontecimentos impediram que esse decreto fosse implementado. A unificação oficial de Pest e Buda e a formação de uma única cidade, Budapest, só ocorreu em 1 de janeiro de 1873.

As seguintes informações do correspondente magiar (*Gaz[eta] de Br[eslau]*) evidenciam qual foi a impressão causada em Pest pelas últimas medidas de Windischgrätz sobre as cédulas húngaras:

> Os comerciantes de Pest pretendiam convocar uma assembleia para debater essa medida, mas o príncipe Windischgrätz não autorizou essa assembleia. A agitação em Pest foi tamanha que o príncipe se viu obrigado a enviar 40 mil florins em cédulas austríacas pequenas para o pagamento dos trabalhadores. – Também o Banco Comercial de Pest pretendia veicular uma circular dizendo que as cédulas húngaras seriam aceitas agora como antes, mas Windischgrätz proibiu também a ele a aceitação delas. De resto, o Mercado Josephi, atualmente em Pest, virtualmente não existe graças à confusão com as cédulas, e no final das contas os mais atingidos são os comerciantes austríacos, uma vez que não podem nem vender nem cobrar.

Uma nova evidência das medidas totalmente extraordinárias que os imperiais se veem obrigados a tomar apenas para se manter onde já estão pode ser encontrada num decreto de Windischgrätz, datado de Ofen, 10 de março, que impõe à nobreza e aos cidadãos, portanto às cidades e comunidades, que se juntarem à rebelião os custos das requisições militares sem direito de indenização; em seguida, as categorias entre a nobreza e a burguesia que se mostrarem inativas para a causa imperial serão forçadas a arcar com os custos de alimentação dos militares; mas, nesse caso, as requisições se farão contra recibo, reservando-se o direito de compensação. Terão direito à plena compensação especialmente os moradores fiéis e leais; os causadores de prejuízos estarão sujeitos ao confisco dos bens.

O correspondente magiar informa dos comitatos de Tolna e Baranya:

> O correio de Mohac retornou ontem; Mohac e Fünfkirchen foram ocupadas pelos húngaros. O general húngaro Perczel entrou com 10 mil homens em Pontale, na margem de Ofen do Danúbio. Pontale dista cerca de 8 milhas de Ofen. De Földvar, no Danúbio, 400 soldados imperiais foram expulsos pelos camponeses locais. Do lado de Pest as operações seguem lentamente, e parece que a força principal dos húngaros cruzou para a margem de Ofen do Danúbio. Os húngaros devem estar muito empenhados em proteger Pest de um bombardeio, e para isso devem dirigir seu ataque principal a Ofen, depois de cuja tomada Pest cai por si mesma.

Em todo caso, que *Fünfkirchen* esteja nas mãos dos magiares, bem como que um forte corpo magiar tenha cruzado para a margem direita do Danúbio, são notícias que carecem de confirmação.

De Komorn, há a seguinte notícia (austríaca):

> Para o bombardeio de Komorn foram usadas 6 mil bombas de 60 libras; em torno da fortaleza, trincheiras foram cavadas e preenchidas com água, para inundar as estruturas subterrâneas da fortaleza [!]. A guarnição é composta de 10 batalhões. Os moradores devem fornecer os meios de subsistência praticamente de graça, pois não podem trocar as cédulas de 100 florins de Kossuth, com as quais os homens pagam.

As "trincheiras" por meio das quais se "inundaram as estruturas subterrâneas" eram até agora desconhecidas e devem ser uma descoberta inteiramente nova dos austríacos imperiais-reais, exatamente como os famosos balões de ar, que deveriam bombardear Veneza.

Da Transilvânia ouvimos a seguinte notícia, certamente muito dolorosa para o publicista russófilo vizinho:

> Da Transilvânia chegaram relatos, por atalhos, até 4 deste mês. As cidades de Kronstadt e Hermannstadt *pagaram diariamente uma soma de 1.000 florins para o alojamento russo*, razão pela qual já encaminharam queixas ao general comandante. Bem ainda está em Mediasch e Puchner está limitado por suas forças atuais. *Sem significativo apoio russo* [?] ou uma manobra diversionista do Banato [!], a pacificação da infeliz Transilvânia é impensável.

Uma manobra diversionista do Banato! Como se os sérvios não se negassem há seis semanas a deixar sua pátria para salvar os regateadores judeus flamengos na Saxônia[2] da Transilvânia! E mesmo se eles quisessem – como se 40 mil magiares no Mures não lhes criassem problemas mais do que suficientes!

De acordo com o *Correio Alemão Oriental*,[3] Dembiński teria renunciado por desentendimentos com Görgey, e Görgey teria se tornado comandante-em-chefe no Tisza. Essa notícia, que pode ter sido enviada de Pest no máximo no dia 10, parece mero boato-lei marcial, e não foi confirmada nem de longe por nenhuma parte. Nós a informamos apenas em nome da completude.

---

[2] Uma parte considerável da população da Transilvânia (mais de 200 mil) era de colonos alemães que vieram da Saxônia, Flandres e da Renânia (conhecidos como teutões, flamingos, saxões, mais tarde todos os colonos alemães vieram a ser conhecidos como saxões); foram fixados ali pelos reis húngaros e imperadores austríacos.

[3] Diário austríaco dos liberais moderados, publicado em Viena de 1848 a 1866.

Relatórios militares da Hungria

NGR, n. 250, 20/3/1849

F. Engels

Colônia, 19 de março. Finalmente temos de novo um boletim, o 28º. Mas em vão procuramos neste documento, impresso na *Gazeta de Viena* de 15 de março, por relatos sobre o Tisza, o principal teatro da guerra; em vão perguntamos onde ficaram Jablonowski, Götz e consortes; justamente sobre as questões mais importantes o boletim oficial mantém um silêncio ensurdecedor. Em contrapartida, relata os seguintes imensos progressos dos imperiais:

1. Da Transilvânia:

> Para pôr termo à devastação do inimigo, que ameaça reduzir os distritos saxões à completa ruína pelas mais opressivas requisições em dinheiro e mantimentos, assim como para poder ganhar a linha do Kokel e de lá penetrar adiante em direção a Maros-Vásárhely e conseguir a ligação com o corpo do sr. tenente-marechal de campo von Malkowsky, que avançara em direção a Bistritz, o general comandante, tenente-marechal de campo Puchner, ordenou à brigada van der Nüll avançar, em 28 do mês passado, para Stolzenburg, em 1 de março para Markt-Schelken, em 2 para Arbegyen e Frauendorf, para onde seguiu no dia 3 o corpo principal, composto das duas brigadas Stutterheim e Kalliani. Após as primeiras brigadas travarem, em 2 de março, um combate de vanguarda vitorioso, no dia seguinte, quando da reunião das três brigadas, o inimigo foi gradualmente repelido das três posições que os insurgentes haviam tomado: diante de Kopisch, na estalagem de Grossprobsdorf e no Mediasch, com uma perda de 300 homens, entre mortos e feridos, e 85 prisioneiros. Os insurgentes se retiraram apressadamente para Maros-Vásárhely, onde foram perseguidos por uma divisão de cavalaria e um batalhão de infantaria e dois canhões sob o tenente-coronel Bussek, depois de uma bem-sucedida ocupação de Mediasch. Por meio da ocupação, preparada desde então, de Maros-Vásárhely, será novamente restabelecida a ligação com o corpo de Malkowsky e com o coronel Urban, assim como com Bucovina.

Mesmo se tudo for verdade, isso prova apenas que os imperiais – evidentemente *reforçados pelos russos* – tomaram Mediasch, enquanto Bem estava impedido de assumir o comando por seu ferimento. Desse modo, os imperiais ganharam algumas milhas de terreno. Se o boletim se gaba da "preparada" ocupação de Maros-Vásárhely e do esperado restabelecimento da ligação com o corpo de Malkowsky em Bucovina, deve-se considerar que Puchner está em Mediasch, e Malkowsky no máximo em Bistritz, que entre os dois lugares estendem-se de 20 a 25 milhas de região de altas montanhas, e que a fanfarronada sobre a "preparada" ligação significa aproximadamente o mesmo que se os italianos tivessem afirmado que, anunciando o armistício piemontês, eles teriam "preparado" sua "ligação" com os magiares.

De resto, o seguinte comunicado prova que Bem está seriamente doente e que os sículos (com toda razão) efetivamente impõem aos filisteus saxões contribuições substanciais como pagamento por seu entusiasmo negro-dourado:

> Hermannstadt, 26 de fevereiro. No dia 23, Bem dirigiu-se doente para Maros-Vásárhely; seu braço corre sério risco, em decorrência da amputação de um dedo. – Schatzburg teve de pagar aos sículos um tributo de 30 mil florins C.M. e recentemente de novo foram exigidos deles e das administrações locais 100 mil florins C.M. – Todos os jornais falam dos 195 mil homens da Landsturm romena; posso lhes assegurar que esse número só existe no papel.

2) Sobre *Komorn*, o boletim informa:

> Segundo relatos do comando do bloqueio de Komorn, a ponte de barcas entre Acs e Gönyö está pronta, e com isso o cerco mais rígido de Komorn foi completado. Em 11 deste mês, a guarnição da cabeça-de-ponte do Váh fez uma sortida contra Hetény, que foi, entretanto, repelida pela brigada Veigl.

Duroc declarou a Napoleão que Komorn era "*impregnable*".[1] Portanto, sem traição os imperiais não entrarão ali, e os magiares já tomaram medidas enérgicas para se defender de uma traição.

3) Do Banato:

> Depois de, no mês de fevereiro, toda a margem esquerda do Mures, desde a fronteira da Transilvânia até o Tisza, ter sido liberada de inimigos pelas operações do corpo de exército imperial austríaco-sérvio e das tropas do tenente-marechal de campo barão Rukavina, comandante-geral no Banato, e assegurada por uma bem planejada colocação de nossas tropas, combinada com as duas fortalezas de Arad e Temesvar, *pareceu não ser mais necessária uma longa permanência do corpo auxiliar sérvio* no Banato e no comitato de Bacska, e o general Todorovich *estava em condições* de aceder ao desejo já antes expresso pelo governo imperial sérvio ao liberar esse bravo corpo auxiliar para voltar para casa, para suas ocupações pacíficas. Nos primeiros dias deste mês, o corpo auxiliar voltou para Belgrado em dois vapores, pelo Tisza e pelo Danúbio. No dia 1 de março o general Todorovich tinha seu quartel-general em Türkisch-Kanizsa, no Tisza, a três horas de Szegedin e Theresiopel, em cuja direção as tropas de vanguarda avançaram nas duas margens do Tisza até o imediato entorno da cidade.

Pois sim! O corpo auxiliar sérvio não era mais necessário! E que fim levou a poderosa expedição à Transilvânia e contra Großwardein, anunciada com tanta pompa no antepe-

---

[1] Inconquistável, invencível.

núltimo boletim? Depois que a margem esquerda do Mures foi liberada, os imperiais se limitaram repentinamente à defensiva, em vez de continuar avançando! Mas há motivos para isso, sobre os quais certamente não se deve indagar aos boletins imperiais-reais. Em contrapartida, o órgão dos eslavos, a *F[olha] C[onstitucional da] B[oêmia]*, nos esclarece. Eis o que traz essa folha, *de Sava*, 9 de março:

> A cada dia crescem as desavenças entre nós, a cada dia nossa situação é mais opressiva e aprendemos por experiência que, nesta grande luta entre povos, nós *ajudamos a encenar* a fábula extraordinariamente instrutiva *do limão espremido*. Ainda não nos restabelecemos do golpe desferido sobre nós pelo último decreto do *ban* Jellachich relativo à introdução da língua alemã; ainda não esquecemos a profunda dor que sentimos quando foi dito que todos os voluntários do principado sérvio poderiam ser mandados de volta para a terra natal, e golpe após golpe despejam novas infelicidades sobre nós. Assim, neste dia o príncipe Windischgrätz envia ao patriarca Rajachich e ao general Todorovich a ordem para *dissolver todos os departamentos nacionais* que existem ali desde a conquista da Voivodia, e igualmente para *suprimir todas as guarnições, exceto as imperiais*, e para que o *antigo comando-geral* e regimentos retornem a sua anterior atividade. Esse decreto do marechal de campo suscitou grande desconfiança e descontentamento, e todos esperavam ansiosamente pela resposta do patriarca, a qual, quando apareceu, reanimou os semblantes abatidos e deu margem a esperanças. Ela diz: 'Enquanto for administrador deste país, não quero e não vou conceder essa dissolução; isso não deve e não pode acontecer. Mas, se o senhor persiste em vossa ordem, dissolvo tudo, mas então não me responsabilizo pelo que a nação dirá a respeito.' Não menos satisfatória foi a resposta do general Todorovich. A notícia da dissolução da Dieta Imperial em Kremsier e da constituição outorgada causou *uma impressão muito desagradável*.

E se o boletim nos informa o seguinte sobre o cerco de Peterwardein:

> O próprio tenente-general conde Nugent conduz as negociações sobre a rendição da importante fortaleza Peterwardein, onde entre a maior parte das tropas e da população se mostrou uma propensão tão significativa a retornar a seu dever que temos, assim, uma grande esperança de que em poucos dias esta importante região militar, tal como a fortaleza de Esseg, possa ser vista novamente adornada com a bandeira imperial-real,

a *F[olha] C[onstitucional da] B[oêmia]* replica com o seguinte *Miserere* austro-eslavo:

> *Do Drava*, 9 de março. Nugent transferiu seu quartel-general de Dalja para Čerevič, na Sírmia, mas Dalja deve permanecer ocupada, porque pode servir de base para um ataque-surpresa. Podemos ver, em parte, o quão deficiente é a força de nossas tropas pelo fato de que frequentemente divisões militares são enviadas para dois diferentes pontos e se evidencia que essas ordens contraditórias são dadas nas circunstâncias mais apremiantes. – Em Theresiopel, no comitato de Bacska, apenas 3 batalhões faceavam as tropas magiares mencionadas ontem, e tiveram de retroceder diante da imensa superioridade de forças. – As operações contra Peterwardein avançam rápido. De Esseg partem diariamente nessa direção transportes de canhões para o cerco e *não há*, pois, *uma palavra de verdade nos rumores sobre a iminente rendição da fortaleza*. Tudo se apoia em ilusões entusiásticas, conforme as quais o que ainda não aconteceu

se seguirá sem dúvida [!] provavelmente [!!] logo [!!!]. Para os sérvios austríacos, que estão muito desgostosos com a chamada dos irmãos do outro lado, não é inclusive correto que as tropas imperiais operem contra Peterwardein; pois eles consideram essa fortaleza como sua propriedade, e reivindicam a tomada dela por suas próprias tropas nacionais. Isto, em conjunto com as intenções reservadas de Stratimirovich, aponta para um determinado estado de ânimo que agora também vem se acumulando nas massas e na classe média, sob a forma de uma admissão de que se pretende ver se serão os magiares, os suábios ou os sérvios que dominarão aqui. Vê-se que também aqui os interesses particulares prevalecem, e que parece se tratar mais de alcançá-los do que da preservação do Estado federal.

É perceptível que na Voivodia sérvia se acumulam nuvens de tempestade para a naufragante monarquia unificada austríaca, e que tínhamos razão quando já há algum tempo indicávamos quão pouco a camarilha ainda podia fiar-se nos sérvios. As linhas seguintes, porém, demonstram que isso não se limita meramente aos sérvios, mas que *todos os austro-eslavos* compartilham o mesmo descontentamento contra a renovada perfídia austríaca:

> Jornais de Zagreb do dia 9 trazem já a constituição outorgada[2] e a dissolução da Dieta Imperial. Procuramos em vão por efusões de alegria nessas folhas; ao contrário, o *Slavenski jug* do dia 10 exprime um claro ressentimento, e a *Gazeta Austro-Eslava* do dia 9 contém só umas poucas linhas deplorando essa ocorrência.

Ademais, a oficial *Gazeta de Viena* contém o seguinte, de Zagreb:

> Há alguns dias vêm chegando guardas nacionais móveis, que abandonaram arbitrariamente seus postos nas fileiras porque há algumas semanas não recebem nem salário nem pão. Não sabemos se a situação é efetivamente esta, e se for assim, quem é culpado por ela; de todo modo, temos de lamentar o retorno de nossos guardas que, contra a expectativa, se dedicam tão solicitamente ao serviço nas fileiras, porque a desconfiança gerada entre os guardas pela eventual privação dos honorários pode ter incalculáveis más consequências. Mas, em todo caso, seria desejável que o digno Conselho do Banato levantasse as causas desse arbitrário retorno e as trouxesse a público, e também finalmente que os culpados fossem rigorosamente punidos.

---

[2] A Dieta Austríaca foi aberta em 22 de julho de 1848 em Viena. Sob a pressão das ações revolucionárias de 15 de maio de 1848, ela teve de declarar o governo uma Assembleia Constitucional. Na Dieta Imperial, os burgueses liberais e os latifundiários liberais preponderavam. Por medo do movimento revolucionário das massas, eles se esforçaram para sufocar a revolução. Em consequência dos acontecimentos revolucionários de outubro em Viena, em 22 de outubro a Dieta Federal transferiu suas sessões para Kremsier (Boêmia). Sua tarefa era elaborar e aprovar uma constituição para a Áustria; para esta finalidade foi eleita, em 1 de agosto de 1848, uma Comissão Constitucional de 30 membros. Depois de meses de deliberações, em 4 de março de 1849 foi finalizado um "Esboço de Documento Constitucional". Esse esboço, no entanto, não chegou à Dieta para deliberação, pois no mesmo dia o imperador e a camarilha austríaca deram um golpe de Estado e outorgaram ao país uma nova e antidemocrática "Constituição para o Império Austríaco", com um sistema bicameral. Em 7 de março de 1849, a Dieta Federal foi dispersada em Kremsier e entrou em vigor a constituição imperial de 4 de março.

Portanto, do sul eslavo foi suprimido todo perigo para os magiares, tanto mais que Kničanin, o mais querido dirigente sérvio depois de Stratimirovich, também voltou para sua pátria (Sérvia turca).

4) Repentinamente o boletim admite, do modo mais ingênuo, que, como o corresp[ondente] mag[iar] informou muito corretamente, as guerrilhas húngaras voltaram a avançar até o Danúbio, à retaguarda dos austríacos. Eis o que diz:

> Ao longo do Danúbio, a ligação por água foi interrompida por bandos armados da Landsturm, que se agruparam com inimigos fanáticos na região de Kalocsa, Pataj e Solt, e com os quais tentaram amotinar mesmo a já totalmente pacificada margem direita do Danúbio em Paks e Földvar. Um reforço adequado, que a guarnição de Fünfkirchen obteve da Eslavônia sob o coronel Império e, uma expedição que chegou há três dias, em 15 rebocadores, na região conturbada das duas margens do Danúbio, por ordem de Sua Alteza Sereníssima o marechal de campo príncipe Windischgrätz, e as operações das tropas do corpo de exército do tenente-general conde Nugent, que estavam estacionadas em Szekszard e Mohacs sob comando do coronel barão Lederer, já puseram um fim a esse vão intento das dispersas hordas inimigas e *tornaram* duradouramente *seguras* as regiões ameaçadas.

"Tornaram duradouramente seguras"! Que os boletins imperiais-reais nunca falem de ações realmente completas, mas sempre de ações ainda por consumar, está se tornando por demais repetitivo. Se Welden não renunciar a essa mania, provavelmente se tornará impossível até mesmo à *Gaz[eta de] Col[ônia]* continuar a defender seus boletins.

Basta: que os camponeses *se insurgiram* é um fato, e que os austríacos irão pacificá-los, é uma *futuração*.

Isto é tudo que o boletim informa. Felizmente o silêncio desse documento oficial não impede de haver outras notícias do Tisza. Uma correspondência afirma que Szolnok teria sido novamente limpa dos magiares. Que isso é uma mentira, comprova-o o silêncio do boletim austríaco. Ao contrário, ali as coisas estão muito ruins para os imperiais. A *F[olha] C[onstitucional da] B[oêmia]* lamenta-se de Pest, 10 de março:

> Se só um centésimo do que dizem os boletins orais magiares for crível, teremos os húngaros o mais tardar em 15 de março em Pest-Ofen. Eu, de minha parte, confio ainda esperançosamente na vitória das armas imperiais. Segundo fontes muito confiáveis, o exército austríaco estaria ainda ontem em Abany; mas, segundo os relatos dos descontentes locais, os imperiais teriam recuado para trás de Szegléd, e os húngaros teriam tomado esse lugar com baionetas caladas. Hoje deve ser travada a batalha decisiva. Que o deus das vitórias esteja com a bandeira imperial. Não costumo ver fantasmas e não acredito em pressentimentos, mas meu coração baterá mais tranquilo quando o 15 de março tiver passado auspiciosamente. Com essa data, segundo minha fé cega, se apaga a última centelha de perigo para Pest-Ofen. Diz-se que os húngaros estão firmemente determinados a comemorar essa data com um imenso feito de armas.

Portanto, ainda há perigo para Budapeste! – Ademais, escreve a *Correspondência Litografada de Viena*:

Por outro lado, há concordância entre os relatos sobre a tenaz resistência oposta ao exército imperial-real. Este chegou, com efeito, a 148 mil homens; mas só um terço deles é utilizado pelo exército em operação. A coragem e a ousadia dos hussardos húngaros é descrita como excelente e em especial o regimento de couraceiros Wallmoden teria sofrido muito com eles. A natureza inóspita da região onde as tropas imperiais-reais estão agora acampadas também contribui muito para dificultar a campanha.

Maklar, o mais remoto dos povoados ocupados pelos imperiais, segundo notícias autênticas, foi *incendiado* por eles porque ali cinco carros de munição caíram nas mãos dos magiares. Os supostos culpados, em número de cinco, foram executados sumariamente. Eis a condução civilizada da guerra, pela qual o nobre Windischgrätz tenta assegurar a vitória, que até o momento escapa à sua bandeira. Assim ele editou a seguinte proclamação, cujo conteúdo já assinalamos ontem:[3]

Pest.

> Pelo presente decreta-se:
>
> 1) Todas as requisições serão suportadas pelos nobres e cidadãos que tomaram parte na insurreição na Hungria, sem direito a qualquer indenização ou reparação.
>
> 2) Todas as cidades e comunidades que se uniram à insurreição ou sob qualquer pretexto se deixaram recrutar para a Landsturm incluem-se igualmente nessa categoria.
>
> 3) Todos os dirigentes de comitatos, distritos, cidades e comunidades, assim como todos os funcionários públicos e proprietários rurais que, à aproximação das tropas imperiais-reais, abandonaram seus postos ou domicílios, e desse modo não somente dificultaram o aprovisionamento do exército, mas também causaram a opressão das pobres e inocentes classes populares, terão todos os seus bens móveis e imóveis arrolados e sequestrados, mas os produtos naturais encontrados e o gado serão imediatamente utilizados para o abastecimento das tropas imperiais-reais. Na mesma categoria incluem-se todos aqueles indivíduos e funcionários que, com más intenções, causaram dano ao erário imperial, tornaram súditos leais a Sua Majestade objeto de perseguição, ou que, havendo possibilidade, não o impediram com todas as suas forças.
>
> 4) As demais necessidades de aprovisionamento das tropas imperiais-reais serão cobradas daqueles estratos ricos da nobreza e da burguesia que se provaram inativos para a causa sagrada e justa de Sua Majestade nosso gracioso imperador e rei.[4] No entanto, essas requisições serão feitas contra recibo, e reserva-se seu direito de reparação.
>
> 5) Os camponeses são obrigados, com efeito, a fornecer imediatamente e sem discussão os objetos requisitados pelos comandantes das tropas imperiais-reais; mas lhes será assegurada a plena reparação com os bens dos referidos nas categorias 1, 2 e 3.
>
> 6) Todos aqueles que foram ou vierem a ser prejudicados pelos rebeldes por terem se mostrado inabalavelmente fiéis a Sua Majestade têm também especial direito à plena reparação por danos sofridos.
>
> 7) Se a reparação assegurada nos §5 e 6 com os bens das mencionadas três categorias não for suficiente, o prejuízo dos referidos será escrupulosamente avaliado por uma

---

[3] Ver "[Do teatro de guerra]".
[4] Francisco José I.

comissão imparcial e, conforme as circunstâncias, será rateado para o comitato ou para todo o país de acordo com princípios justos.

>Quartel-general de Ofen, em 10 de março de 1849.
>Alfred, príncipe de Windischgrätz
>Marechal de campo imperial-real.

Também os fuzilamentos recomeçaram. Assim escreve a *Gazeta de Breslau*:

"Segundo relatos de Pest, do dia 13, o major do perjuro regimento de infantaria Zanini, aprisionado em Kapolna, foi fuzilado em virtude de um julgamento sumário."

Esperemos que Kossuth não se omita em tomar a vingança apropriada a esse infame assassinato.

Essas medidas, somadas ao persistente silêncio do "sr. príncipe" Windischgrätz, demonstram mais do que qualquer outra coisa quão brilhante está a situação no Tisza para o todo-poderoso exército imperial-real, e quão rapidamente "a guerra na Hungria chegará ao fim".

Finalmente, dos Cárpatos recebemos agora a seguinte breve nota, que apenas prova quão poucos progressos os imperiais fizeram ali em cima e com que relutância os habitantes do Zips veem a assim-chamada Landsturm eslovaca, composta exclusivamente pelo lumpesinato. A massa do povo eslovaco apoia os magiares, como já dissemos várias vezes. O artigo diz:

> *Kaschau*, 3 de março. O marechal de campo Ramberg editou uma proclamação, por força da qual se recomenda à população dedicar à Landsturm eslovaca o mesmo respeito que às tropas imperiais. Ao mesmo tempo, de acordo com a proclamação do príncipe Windischgrätz de 1 de janeiro deste ano, dá plenos poderes aos dirigentes da mencionada Landsturm para *deitar por terra* toda localidade que ousar atacá-la. – Amanhã Urban, Stúr e outros homens de confiança [!] eleitos [!] do povo eslovaco dirigem-se para Olmütz, para expor ao imperador os justos desejos e queixas [!] de seu povo.

Os senhores Stúr e Urban são tão "homens de confiança" dos eslovacos que já foram muitas vezes expulsos pelos mesmos eslovacos do desfiladeiro de Jablunka para a Morávia!

Finalmente, chamamos a atenção para uma proclamação de Windischgrätz do dia 11, na qual ele comprova quão pouco nacional é a causa defendida pelos insurgentes, pois para cada 100 prisioneiros há ao menos 60 indivíduos de diferentes nacionalidades.

Quod erat demonstrandum![5] Os magiares são sempre censurados justamente por ser a luta magiar uma *luta nacional*, e não uma luta de libertação! Efetivamente ninguém é mais esperto que um marechal de campo austríaco! Na mesma proclamação *o angustiado Windischgrätz solicita corpos de voluntários contra os magiares*.

Bela oportunidade para nossos vizinhos, os senhores da *Gazeta de Colônia*!

---

[5] O que era necessário demonstrar.

Do teatro da guerra

NGR, n. 251, 21/3/1849

F. Engels

O seguinte relato de Viena oferece um notável testemunho da situação dos imperiais:
"A alegação de muitos jornais de que *havia se produzido uma reviravolta crítica no cenário da Hungria* foi *oficialmente desmentida*. No entanto, nota-se essa opinião no público."

Portanto, no dia seguinte à publicação de um boletim oficial, Welden teve ainda de assegurar especialmente ao povo que o cenário húngaro não havia sofrido "uma reviravolta crítica"! Como se tal fato não fosse plenamente suficiente!

Em Viena, ademais, foi difundido o seguinte boato-lei marcial:

> O exército operante na *Hungria* detém as seguintes posições: *Tokaj* está ocupada pela brigada Götz, *Miskolcz* pela brigada Jablonowsky; o tenente-marechal de campo Schlick está em *Erlau* com seu corpo de exército, e de lá para baixo até Szolnok está concentrado o grosso do exército; o *ban* tem seu quartel-general em *Szegléd*, o príncipe marechal de campo em *Ofen*.

Que Schlick esteja em Erlau e Jellachich em Szegléd é difícil de contestar, pois há oito dias já ocupavam essas posições situadas bem atrás na retaguarda. Mas que Jablonowsky esteja em Miskolcz, e mais ainda que Götz esteja em Tokaj, é uma evidente mentira. O boletim de ontem certamente já saberia disso.

A *Gaz[eta] de Br[eslau]* traz a seguinte correspondência magiar, que desta vez, excepcionalmente, temos de considerar muito dúbia, e ao menos sua primeira metade como puro boato de Pest:

> Os *ráscios* foram mais uma vez *duramente golpeados pelos húngaros* em Theresiopel. Em consequência, o comandante imperial da fortaleza de Temesvar, general Rukavina, enviou um correio para Windischgrätz, em Pest, com a solicitação de ajuda imediata, caso contrário ele teria de se render. *O general húngaro Görgey levantou o sítio da fortaleza de Komorn, que já havia sido bombardeada pelo tenente-marechal de campo Simunich. Simunich recuou para Leopoldstadt, deixando para trás muita bagagem*. O tenente-marechal de campo Schlick, a quem Windischgrätz confiou a condução da retirada, *chegou a Pest* ontem. Em um círculo privado, ele manifestou a maior admiração por *Dembiński*. – Em consequência dos novos bloqueios extremamente severos, estamos sem notícias seguras

sobre a atual posição do exército húngaro, mas o contínuo retorno de canhões e munição indicam claramente o avanço dos húngaros. Ontem uma *patrulha húngara* entrou em *Promontor*, a uma hora e meia de Ofen, o que provocou o maior alarme naquela fortaleza. Mas, a maioria dos atacadistas vienenses, que estão no mercado Josephi, que acontece nesse momento em Pest, empacotaram suas mercadorias e as enviaram a Viena.

Da Transilvânia, recebemos por correspondência austríaca os seguintes relatos, que igualmente só divulgamos com todas as reservas, pois são partidários sem limites dos austríacos:

Kronstadt, 22 de fevereiro. O magistrado saxão local, que primeiro abordou o general Lübers buscando ajuda russa, já agora parece não estar muito satisfeito com seu passo. Efetivamente os russos se comportaram aqui de um modo surpreendente. Ouve-se pormenores que, se forem suficientemente confirmados, *certamente tornariam desejável a rápida remoção das tropas auxiliares russas*. Foi lançado aqui sobre os moradores uma espécie de imposto de renda para a manutenção das tropas russas; ao passo que antes pensávamos que de modo algum esse ônus nos seria imposto. – *Fala-se de massivas tropas turcas vindo para cá através da Valáquia; esperam-se também aqui novas tropas russas.*

Hermannstadt, 20 de fevereiro. Circulam aqui todo tipo de boatos sobre *Bem*, uma prova de que não há informação precisa sobre seus movimentos. Hoje se disse aqui que ele teria morrido [!] em consequência de sua amputação, no que ainda não acredito. Mas, é verdade, entretanto, que ele sofre de falta de munição. Como [!] ele está esperando reforços e munição da Hungria, através de Klausenburg, dirige suas forças contra Maros--Vásárhely; pois [!], apesar de o coronel Urban operar somente com quatro batalhões de militares regulares, Bem no entanto teme esse herói muito mais que todos os comandantes de corpos junto com os cossacos russos. Depois de permanecerem aqui duas semanas inativas, hoje as tropas começaram a se mover. Nesse momento duas brigadas se puseram em movimento, uma marchando para Schässburg, outra, por Mediasch, para Blasendorf. Também o prefeito romeno, A. Severu, que se postara em Resinari com 400 homens da Landsturm, recebeu ordem de marchar para Blasendorf. A ajuda do Banato ainda não chegou; em contrapartida, fala-se que novas tropas russas estariam vindo para cá. Nisso não posso acreditar, tanto mais que todas as notícias do país vizinho concordam em que *grandes massas de tropas turcas estariam se movendo em direção à Valáquia.*

Do teatro da guerra

NGR, n. 252, 22/3/1849

F. Engels

Desde a segunda tentativa falhada dos imperiais de cruzar o Tisza, sobreveio novamente uma paralisação nas operações militares. Windischgrätz está em Ofen, supostamente para resolver assuntos administrativos; Schlick e Jellachich realizaram um Conselho de Guerra com ele, no qual o plano de operações foi essencialmente modificado. Schlick permaneceu comandante do exército setentrional; Jellachich renunciará totalmente a cruzar o Tisza por Szolnok, como vinha tentando em vão há meses, e se moverá em direção ao sul, para Theresiopel, para se reunir com os sérvios e tropas de fronteira situados em Szegedin, e provavelmente tentar tomar Szegedin, e então atravessar ali o Tisza e operar contra Debreczin na margem esquerda desse rio. Os magiares saberão recebê-lo adequadamente. Nada garante que ele conseguirá convencer a Landsturm sérvia, que compõe a massa das tropas situadas ali, a se unir a seu exército.

No Banato de Temesvar nada se move. Os sérvios, dos quais emana diariamente uma grande luz sobre a perfídia austríaca, pela qual eles são enganados, não atacam em parte alguma. Mas sem os sérvios os imperiais estacionados ali nada têm que fazer. A *Gazeta Austro-eslava* informa:

> Os insurgentes concentraram novamente massas significativas no Velho Arad, sob comando do general insurgente Damjanich (antes capitão no regimento Rukovina), do general Vetter (antes major no regimento Dom Miguel) e do coronel Gaal (tenente--coronel imperial-real reformado), que dirige o sítio da fortaleza.

A insurreição torna-se mais ameaçadora a cada dia nos comitatos de Tolna e Baranya. Todas as tropas disponíveis foram enviadas para lá. Chama a atenção que o comitato de Baranya, o coração da insurreição, é povoado na maior parte por *eslavos*, sérvios e eslavônios.

Na Transilvânia, durante a doença de Bem, um oficial francês estaria no comando. Também em Szolnok um francês, chamado Duchatel, estaria dirigindo as operações.

Voltaremos a tratar pormenorizadamente[1] das "confusões" eslavas, sempre configuradas de modo edificante.

---

[1] Ver "Do teatro da guerra" e "Do teatro da guerra".

Do teatro da guerra

NGR, n. 253, 23/3/1849, suplemento

F. Engels

As notícias do teatro da guerra não são muito significativas hoje. Jellachich voltou para Pest, depois de, como afirma o corresp[ondente] mag[iar], ter sido batido em Faszo pelos magiares. Diz-se que mil feridos chegaram a Ofen. Schlick também está agora em Ofen. O corresp[ondente] mag[iar] afirma continuamente que Görgey teria invadido a Eslováquia com 30 mil homens e ocupado as cidades montanhesas (o que nós, entretanto, consideramos ainda como uma fantasia de Pest). – Nas cercanias de Földvar estavam 2 mil honvéds e 6 mil camponeses insurretos. Mas os navios enviados para lá com tropas voltaram já no dia seguinte sem nada terem feito. Mesmo na vizinhança de Pest pululam bandos de insurgentes montados (*F[olha] Const[itucional] da] B[oêmia]*). – Diz-se que o ministro austríaco Schwarzenberg e o ex-ministro das Finanças, Rübeck, estão em Pest para regularizar o problema das cédulas húngaras (Corresp[ondente] mag[iar]). – A notícia de uma vitória dos sérvios diante de Theresiopel e da tomada dessa cidade transformou-se neste momento na *derrota dos sérvios* e na confissão de que os magiares, além de Szegedin, *também ocupam agora Theresiopel*. Reina grande agitação na Sírmia, assim como entre todos os austro-eslavos.

[Do teatro da guerra]

NGR, n. 254, 24/3/1849

F. ENGELS

De acordo com cartas da fronteira moldávia, de 6 de março, não só os russos estacionados na Transilvânia receberam um reforço de 8 mil homens, como também há um corpo russo estabelecido na fronteira de Bucovina aguardando a ordem de invadi-la. *Bem reuniu reforços significativos e ameaça Hermannstadt pela terceira vez.* O corpo Malkowsky (comandado por Urban) teve de fazer um *movimento de retirada* – até a fronteira de Bucovina, e teve de *ceder mais uma vez a cidade de Bistritz aos húngaros.*

Do teatro da guerra. A confusa situação na Sérvia

NGR, n. 256, 27/3/1849

F. Engels

Hoje temos de iniciar nossos relatos sobre a Hungria com uma notícia de vitória que, se fosse verdadeira, irradiaria a maior alegria entre os democratas alemães.

Escrevem-nos de Breslau:

> *Breslau,* 23 de março. Acabamos de receber de Ratibor a notícia de que *Dembiński teria tomado Pest de assalto. Görgey,* que antes já ocupara as terras altas de Raab com seu exército, marcha como vanguarda para Viena, que Dembiński pensa em ocupar em breve.
>
> Na *Boêmia,* espera-se a eclosão de uma terrível revolução a qualquer momento, que alcançará principalmente a oprimida população rural, e se tornará uma verdadeira guerra civil. O ódio nacional entre alemães e tchecos praticamente desapareceu; os velhos deputados tchecos Palacky e consortes foram vaiados, enquanto a esquerda alemã e seu presidente boêmio Borrosch receberam uma ovação após a outra. *De resto, Praga já foi posta sob estado de sítio.*

A mesma notícia chegou a nós por meio do coresp[ondente] democrático de Berlim. Segundo este, um deputado recebeu o seguinte:

> *Ratibor,* 23 de março. Logo depois de vencer uma batalha principal e de muitas vitórias significativas anteriores, Dembiński *tomou Pest de assalto.* Görgey, que já antes havia ocupado as terras altas de *Raab* com seu corpo de exército – para, em caso de fuga, cortar a retirada do exército austríaco –, marcha como vanguarda para *Viena,* onde *Dembiński* provavelmente vai interromper a cerimônia pascal do lava-pés e tomar na Áustria aquela vingança que ele amplamente merece.
>
> *Praga* está sob estado de sítio com os indispensáveis 26 canhões voltados contra a cidade. É verdade que ali ainda não eclodiu nenhuma revolução, mas ela é esperada, e é provável que, desse modo, será provocada. E quando isso acontecer, quando a Boêmia se sublevar contra o gabinete – os cavalos de posta ficarão mais caros em Olmütz.

Essa notícia foi comunicada ao ministro *Manteuffel,* que respondeu, bastante alarmado, que o ministério ainda não recebera nenhum despacho a respeito.

Mas infelizmente, na formulação em que estão disponíveis, essas notícias são claramente falsas e no mínimo prematuras. A posição dos exércitos, como se verifica de acordo com os últimos relatos, não permite até agora a possibilidade da tomada de Pest pelos húngaros.

Temos notícias de Pest até o dia 18. Os últimos jornais de Viena, que poderiam tê-las até o dia 19, ainda não nos chegaram. A *Gazeta de Breslau* tem uma corresp[ondência] magiar de 18, que de fato fala de uma vitória dos magiares sobre Jellachich em Izsak e Alpar. Esses dois locais situam-se à direita e à esquerda da estrada que conduz de Pest, por Kecskemét para Szegedin, aproximadamente na altura de Felegyhaza, onde, como se sabe, Jellachich já teria sido uma vez batido; não é possível avaliar se se trata da mesma batalha, ou de um novo combate. Em todo caso, como escreve o corresp[ondente] magiar, a notícia dessa vitória dos húngaros se refletiu sobre a Bolsa de Pest *majorando as cédulas magiares em 20%*. Também se diz que corpos dispersos, assim como massas de feridos, chegaram a Pest. De resto, diz-se em seguida na mesma correspondência que a guerra dos magiares não parece ser apoiada na mesma medida em que se acredita na Bolsa. Sobre as relações monetárias em Pest, o correspondente magiar diz o seguinte:

> Em Pest não há uma Bolsa, e as transações monetárias correntes, que só emergiram ali em grande escala desde a proibição das cédulas húngaras, são provisoriamente concluídas em um café. Mas ontem as autoridades militares locais mandaram prender um importante cambista, provocando, com esse *argumentum ad hominem*,[1] certa paralisação no câmbio de cédulas, mas ainda assim as cédulas húngaras mantiveram a cotação de ontem, apesar de muitos quererem ver, na mencionada prisão, um antecedente de uma completa anulação das cédulas húngaras também no comércio privado.

"A contribuição que Pest deveria saldar só em maio deve ser paga, por ordem de Sua Alteza Sereníssima o príncipe von Windischgrätz, dentro de 24 horas. A partir de agora, o Departamento do Sal imperial só vende a dinheiro sonante."

Ademais, fala-se aí de uma aliança dos magiares com os turcos, em consequência da qual as operações magiares foram dirigidas não contra Pest, mas contra o Banato e a fronteira turca. Entretanto, essa notícia soa um tanto fictícia. – Em vez de Palóczy, que renunciou por idade avançada, Paul Almasy deve se tornar presidente da Assembleia Nacional húngara em Debreczin.

Segundo outros relatos, austríacos, em contrapartida Jellachich teria alcançado uma vitória em Szegedin (ou em Felegyhasa) sobre os magiares. Trata-se claramente da ação já mencionada acima. Mas enquanto os boletins austríacos não quebrarem seu persistente silêncio sobre as operações no Tisza, e enquanto seus supostos relatos de vitórias não forem confirmados por outras notícias, imparciais, enquanto isso nós acreditaremos no corresp[ondente] mag[iar] quando diz que Jellachich sofreu uma bem-vinda derrota em Felegyhaza.

O que fortalece essa nossa crença é a seguinte notícia da *Correspondência Litografada de Viena*, publicada *sob a supervisão da lei marcial*:

---

[1] Argumento contra a pessoa.

"As notícias da Hungria ainda estão muito longe de ser satisfatórias; *sabe-se que reveses consideráveis tiveram lugar ali* e mesmo oficiais superiores de alta patente foram apontados como responsáveis. Cita-se entre eles até mesmo o conde Wrbna."

Hoje não há nem uma palavra do Banato. Sequer uma palavra sobre Jablonowsky, Götz e os restantes corpos desaparecidos do exército austríaco.

Da Transilvânia, em contrapartida, só ouvimos hoje *elogios para Bem*. Eis o que escreve a *G[azeta] G[eral] A[lemã]*:

"Os relatos do campo concordam, no entanto, em que no último recontro em Mediasch Bem comprovou mais uma vez sua habilidade assumindo posições tão vantajosas que, durante todo o embate, teria manobrado muito mais do que combatido."

E até mesmo o *Mensageiro da Transilvânia*, cujos relatos militares são sabidamente oficiais, diz:

> Quem não viu pessoalmente a postura imponente de Bem, sua tenacidade no campo de batalha, não pode fazer uma ideia correta da habilidade desse general. Enquanto sua posição permanece encoberta como por um véu, ele só abandona o terreno com movimentos bruscos – e se tivesse tropas tão confiáveis quanto ele entende a arte de oferecer combate em posições nas quais, por assim dizer, parece mostrar sempre o mais íntimo nexo, nós teríamos de travar batalhas não somente interessantes, mas sim brilhantes. Bem combateu com sua vigorosa força de 5 a 6 mil homens das 9 horas da manhã até as 6 horas da tarde em três posições com uma perseverança que caracteriza o que ele pode fazer não só agora, mas também no futuro.

O governo imperial reconheceu, a propósito, que os sérvios não são de brincadeira. O *Napridak* ("Avante"), de Karlowitz, escreve, com data de 13 de março, que tarde da noite de 8 de março chegou em Becskerek uma carta do ministro Stadion para o patriarca, na qual o ministério confirma o governo regional sérvio provisório e ao mesmo tempo exprime o desejo de que os jornais sérvios se manifestem sobre qual governo, segundo o desejo do povo, deveria ser estabelecido na "Voivodia". Ademais, o ministro Stadion exige dois representantes da Voivodia; e, em conformidade com isso, além de Bogdanovich, também Paskowich, Zivanovich e Šuplikac foram enviados a Viena. A comissão em Becskerek já começou as negociações sobre a constituição da Dieta sérvia. A maior parte dos deputados é a favor de que em breve se reúna uma Assembleia Nacional e ali seja eleito o voivoda.

Dos ulanos que recentemente dispersaram o Conselho Distrital em Hatzfeld vieram muitos mais para Kécsa, e tomaram as armas aos sérvios. Depois cavalgaram para a Crnja sérvia e pretenderam suspender o Tribunal Distrital, mas os sérvios declararam que não obedeceriam ao comando militar e defenderiam seus direitos até a última gota de sangue. Se os ulanos tivessem tentado o menor ataque, teria corrido sangue. Também em Kómlos e Masdorf os ulanos quiseram suspender os Conselhos, mas os romenos locais e os alemães imediatamente o denunciaram, de modo que isso chegou ao conhecimento do patriarca. Assim, Rukavina pretendia suspender os Tribunais Distritais e as repartições nacionais em toda a região. Por sorte ele não foi adiante; se os ulanos tivessem continuado a achacar os povoados sérvios, nem um único teria mantido a cabeça sobre os ombros. À notícia do confisco das armas, o patriarca se enfureceu. Agora ouvimos que Rukavina cedeu, e os ulanos (Schwarzenberg) passaram ao comando de Todorovich.

É preciso esperar para ver se esse é o fim da confusão sérvia. Em todo caso, Windischgrätz e Jellachich foram comprometidos e renegados pelo governo, o que nos alegra, especialmente quanto ao fanático Jellachich.

A guerra na Itália e na Hungria

NGR, n. 257, 28/3/1849

F. Engels

Colônia, 27 de março. A guerra na Itália começou. Com ela, a monarquia habsburguesa arcou com um peso ao qual provavelmente sucumbirá.

Enquanto a Hungria ainda não estava em guerra aberta com a monarquia unificada, mas apenas num oscilante estado de guerra contra os eslavos do sul, não era preciso muito esforço da Áustria para lidar com os italianos apenas semirrevolucionados, estilhaçados, paralisados por uma tripla traição dos príncipes. E ainda assim, quanto esforço lhe custou! Antes de que Radetzky pudesse conquistar suas vitórias em Mincio,[1] foi preciso primeiro que o papa[2] e o grão-duque toscano[3] retirassem suas tropas – direta ou indiretamente – do Vêneto, foi preciso primeiro que Carlos Alberto e seus generais, em parte incompetentes, em parte vendidos, cometessem traição direta à causa italiana, sobretudo foi preciso, com uma política de duplicidade e concessões aparentes, primeiro induzir tanto os magiares quanto os eslavos do sul, a levar suas tropas a se posicionar na Itália. Sabe-se que só os regimentos de fronteira dos eslavos do sul enviados massivamente para a Itália tornaram o desorganizado exército austríaco novamente capaz de combater.

Enquanto durou o armistício com o Piemonte, enquanto foi suficiente à Áustria manter seu exército italiano no patamar em que estava até então, sem precisar reforçá-lo extraordinariamente, ela pôde dirigir o corpo principal de seus 600 mil soldados contra a Hungria, pôde repelir os magiares de uma posição para a outra, e finalmente conseguiu

---

[1] Referência à batalha principal do primeiro estágio da guerra ítalo-austríaca (que eclodiu em 25 de março de 1848, como resultado da insurreição para a libertação nacional da Lombardia e de Veneza contra o domínio austríaco): a batalha de Custozza (no rio Mincio), de 25 e 26 de julho de 1848, na qual o exército austríaco, sob o comando de Radetzky, derrotou as tropas piemontesas. Em 6 de agosto, os austríacos tomaram Milão e em 9 de agosto de 1848 foi concluído um armistício entre a Áustria e o reino da Sardenha, conforme o qual o último retirou suas tropas das cidades e fortalezas da Lombardia e de Veneza e as cedeu aos austríacos. No início, algumas cidades do sul e do centro da Itália (incluindo o reino de Nápoles, Roma e a Toscana) foram forçadas pelos patriotas a tomar parte na guerra contra a Áustria, mas logo os círculos dominantes contrarrevolucionários sabotaram o envio de destacamentos do exército para a frente e logo manobraram seja para chamar de volta as tropas, seja para fazê-las render-se aos austríacos.

[2] Pio IX.

[3] Leopoldo II.

inclusive, graças a reforços que chegavam diariamente, esmagar a potência magiar. Ao longo do tempo, Kossuth, assim como Napoleão, teria sucumbido à superioridade numérica.

Mas a guerra na Itália muda muito o estado de coisas. Desde o momento em que se confirmou o fim do armistício, a Áustria foi obrigada a duplicar o envio de tropas à Itália, foi obrigada a dividir seus recrutas recém-engajados entre Windischgrätz e Radetzky. Desse modo, é de se esperar que nenhum deles receba o suficiente.

Enquanto, pois, para os magiares e italianos se trata somente de ganhar tempo – tempo para receber e fabricar armas, tempo para treinar a Landwehr e os guardas nacionais e torná-los soldados capazes de travar batalhas, tempo para efetivar a revolução do país – a Áustria perde força a cada dia em relação a seus opositores.

Enquanto Roma, Toscana e o próprio Piemonte são precipitados cada vez mais profundamente na revolução, obrigados a uma energia revolucionária a cada dia maior, enquanto podem esperar pela crise que se avizinha a passos rápidos na França, enquanto isso na Áustria o terceiro elemento desorganizador, a *oposição eslava*, ganha mais terreno a cada dia e se organiza melhor a cada dia. A constituição outorgada que, em agradecimento por terem salvado a Áustria, empurrou os eslavos para aquém de março, e as muitas ofensas aos eslavos por excessos burocráticos e militares são fatos consumados, que em nada podem ser mudados.

É compreensível que sob essas circunstâncias a *Gazeta de Colônia* tenha a máxima pressa em fazer com que os imperiais encerrem a desagradável guerra húngara. Em conformidade com isso, ontem fê-los cruzar o Tisza em três colunas – uma notícia que é tão mais inverossímil por não ter sido até agora confirmada por um boletim. Outras fontes relatam que, bem ao contrário, o exército magiar avança em marcha forçada contra Pest e evidentemente pretende socorrer Komorn. Komorn, apesar de violentamente bombardeada, resiste corajosamente. Durante o bombardeio não dispararam um único tiro; mas quando os austríacos tentaram um assalto, foram repelidos, com grandes perdas, por um mortal fogo de metralhas. Diz-se que o regimento polonês de ulanos duque Coburg passou para o lado dos magiares quando Dembiński esperava calmamente seu ataque e fazia cantar a melodia "Polônia ainda não está perdida".

Eis todas as notícias sobre o teatro da guerra húngara que podemos dar hoje. O correio de Viena de 23 de março não chegou.

Voltemo-nos agora para o teatro da guerra italiana. Aqui o exército piemontês está disposto em um largo arco ao longo do Ticino e do Pó. Sua primeira linha se estende de Arona, passando por Novara, Vigevano Voghera até Castel San Giovanni, diante de Piacenza. Suas reservas estão algumas milhas mais atrás, ao longo dos rios Sesia e Bormida, em Verzelli, Trinio e Alessandria. Na extremidade de seu flanco direito, em Sarzana, na fronteira entre Toscana e Modena, há um corpo destacado sob o comando de La Marmora, preparado para invadir Parma e Modena pelo desfiladeiro de Lunigiane, a fim de se conectar, à esquerda, com o flanco direito do exército principal, à direita com o exército toscano e romano, conforme as circunstâncias cruzar o Pó e o Adige e operar no Vêneto.

Em frente, na margem direita do Ticino e do Pó, estaciona Radetzky. Seu exército está, sabidamente, dividido em dois corpos, um dos quais ocupa a Lombardia, o outro o Vêneto. Enquanto dessa última província não foi reportado nenhum deslocamento de tropas, ouvimos de todos os lados que na Lombardia Radetzky concentrou todo o seu exército no Ticino. Ele retirou a totalidade de suas tropas de Parma e deixou em Modena apenas poucas centenas de homens na cidadela. Varese, Como, Val d'Intelvi e Valtellina foram completamente desguarnecidas, e mesmo os fiscais da aduana desapareceram.

Toda a força de combate disponível de Radetzky, atingindo 50 mil homens, está disposta de Magenta até Pávia, ao longo do Ticino, de Pávia até Piacenza ao longo do Pó.

Diz-se que o próprio Radetzky tem o temerário plano de cruzar rapidamente o Ticino e, protegido pela inevitável confusão dos italianos, marchar diretamente sobre Turin. Lembramo-nos ainda como no ano passado mais de uma vez Radetzky nutriu as mesmas aspirações napoleônicas e como se saiu à época. Dessa vez, no entanto, todo o Conselho de Guerra se opôs, e foi decidido recuar sem batalha decisiva até o Adda, o Oglio e, em caso de necessidade, mesmo o Chiese, para ali se aproximar dos reforços venezianos e ilírios.

Dependerá das manobras dos piemonteses e do ardor combativo dos lombardos se essa retirada se fará sem perda e se os austríacos conseguirão conter por muito tempo os piemonteses. A vertente sul dos Alpes, especificamente as regiões de Como, Brianza, Bergamasco, Valtellina e Brescia, que em grande parte agora já foram abandonadas pela Áustria, são extremamente adequadas para uma guerra nacional de guerrilha. Os austríacos concentrados no entorno deverão liberar as montanhas. Aqui os piemonteses, por meio de rápidos assaltos, com tropas ligeiras, no flanco direito dos austríacos, podem rapidamente organizar destacamentos guerrilheiros que ameacem o flanco e, em caso de derrota de um corpo isolado, a retaguarda dos imperiais, cortando-lhes os suprimentos e propagando a insurreição até os Alpes Tridentinos. Garibaldi estaria aqui em seu elemento. Mas não lhe ocorrerá servir mais uma vez sob o traidor Carlos Alberto.[4]

O exército toscano-romano, apoiado por La Marmora, terá que ocupar a linha do Pó desde Piacenza a Ferrara, atravessar o mais depressa possível o Pó e, em segunda linha, o Adige, separar Radetzky do corpo austríaco-veneziano e operar em seu flanco esquerdo ou em sua retaguarda. No entanto, dificilmente ele chegará rápido o bastante para influenciar nas primeiras operações militares.

Mas a conduta dos piemonteses é mais decisiva do que tudo isto. O exército é bom e disposto à luta; mas se for novamente traído, como no ano passado, será inevitavelmente

---

[4] No verão de 1848, durante a revolução no norte da Itália, o democrata-revolucionário italiano Giuseppe Garibaldi ofereceu ajuda ao rei da Sardenha e do Piemonte, Carlos Alberto. O rei recusou, Garibaldi foi para a Lombardia e organizou uma tropa de voluntários. Mas, como o governo provisório da Lombardia compactuou com Carlos Alberto, os voluntários de Garibaldi se viram sem provisões e quase sem armas e equipamentos. Também quando da conclusão do armistício concluído em 9 de agosto de 1848 com a Áustria, os voluntários de Garibaldi opuseram ao exército austríaco uma corajosa resistência, mas tiveram de se vergar à superioridade e se retirar para a Suíça.

derrotado. Os lombardos clamam por armas para se bater contra esses opressores; mas se novamente, como no ano passado, um governo burguês vacilante paralisar a insurreição em massa, então Radetzky conseguirá novamente entrar em Milão.

Contra a traição e covardia do governo só há um meio: a revolução. E talvez seja necessário justamente um novo perjúrio de Carlos Alberto, uma nova deslealdade da nobreza e da burguesia lombardas para levar à revolução italiana e, com ela, ao mesmo tempo, à guerra de independência italiana. Mas então, ai dos traidores!

Do teatro da guerra

NGR, n. 258, 29/3/1849, suplemento

F. Engels

A estrela da sorte continua se recusando a brilhar para os imperiais, apesar de todos os reforços obtidos, apesar de toda a superioridade. O *Correio Alemão Oriental* traz o seguinte, em uma correspondência [?] de Pest, de 20 de março:

> O barão Hammerstein já *deve* ter cruzado o Tisza e avançado até Nyiregyhaza, a 8 horas de Debreczin. Do outro lado, Puchner teria de estar já nas proximidades de Großwardein, e igualmente *se difunde o boato* de que Szegedin teria sido tomada sem combate.

"Deve" – "teria" – "se difunde o boato" – eis as notícias confiáveis do teatro da guerra que o *Correio Alemão Oriental* envia para o mundo, e que a fidedigna e experiente *Gazeta de Colônia*, "dotada de visão crítica", divulgou a seus leitores hoje de manhã, em sua segunda edição, sem qualquer comentário.

Ademais, relata o *Correio Alemão Oriental*, e com ele a *Gazeta de Colônia*:
"Segundo relatos *muito confiáveis*, os sérvios de Szegedin receberam ordem de se reunir ao exército imperial estacionado à margem do Tisza. Então o *ban* assumiu o comando supremo de ambos os corpos unificados e com eles *se pôs em* marcha para Debreczin." [!!!]

Essa suposta correspondência de Pest não é nada mais do que a conhecida fofoca-lei marcial, em que não há sequer uma palavra verdadeira. A *Gazeta de Colônia* deveria saber disso; primeiro, não havia nenhum boletim, que teria sido publicado caso houvesse qualquer êxito, por menor que fosse; segundo, poderia ler, reproduzida no *C[orreio] Al[emão] Or[iental]* e na *F[olha] Const[itucional da] B[oêmia]*, uma efetiva correspondência de Pest, do dia 20, que *não menciona nem uma palavra* sobre as "notícias confiáveis" "teuto-orientais". E a digna colonesa ainda ousa acusar a *Gazeta de Breslau*, que não tem qualquer pretensão à crítica, de falta de crítica em relação às correspondências magiares!

De fato, a *F[olha] Const[itucional da] B[oêmia]* noticia, no dia 20, exatamente o oposto:

> A queda de Szegedin *não se confirmou*, ao contrário, diz-se que os imperiais evacuaram *Kecskemét* por *razões estratégicas*. O inimigo parece ter concentrado toda sua força naquele ponto e considerar Szegedin como a chave para os atuais planos operacionais austríacos. Também do nosso lado partiram ontem pela ferrovia reforços para o teatro de guerra.

Isso é tudo que esta correspondência, efetivamente escrita em Pest, relata sobre o teatro da guerra.

É certo que o barão Hammerstein se deslocou da Galícia com reforços – ao que se diz, com dez batalhões – para Tokaj, descendo o Hernad. Mas ele nunca chegaria aqui cruzando o Tisza sem um embate duro e vitorioso – e os imperiais não propagariam imediatamente, por boletins, uma vitória tão importante? De Tokaj até Nyiregyhaza são boas quatro milhas, isto é, para um exército regular, nessa região pantanosa e nesse período chuvoso do ano, dois a três bons dias de marcha. E Hammerstein teria avançado até Nyiregyhaza sem que tivessem chegado a Viena as notícias oficiais de sua travessia do Tisza, ocorrida vários dias antes!

Mesmo se Hammerstein houvesse chegado só até Tokaj, teríamos recebido boletim atrás de boletim repletos de cânticos triunfantes. Saberíamos onde Götz está estacionado, onde Jablonowsky, Csorich e Schlick estão estacionados. Não sabemos nem uma palavra sobre tudo isso. Desde 26 de fevereiro, quando se deu a ambígua batalha de Kapolna, portanto *há quase quatro semanas*, não ouvimos *nenhuma palavra oficial* sobre o Tisza; e as notícias não oficiais que ouvimos se contradizem diariamente.

A primeira das três colunas à cuja cabeça a *Gazeta de Colônia* cruzou o Tisza só existe, portanto, na fantasia.

A segunda deveria ser a de Schlick. Mas no dia 17 ou 18 Schlick ainda estava em Szegléd, como também relatou a F[olha] Const[itucional da] B[oêmia]. Em Szolnok, o ponto de travessia mais próximo, não se poderia falar de cruzamento do Tisza. Aqui fracassou até mesmo a astúcia do nobre *ban* e chefe de ladrões, Jellachich, e toda tentativa de passagem por ali foi abandonada. Mas se ele tivesse cruzado o Tisza em Tisza-Füred, o único ponto de passagem nos arredores, haveria primeiro de ter ido para lá, concentrado lá suas forças e travado uma batalha. Tudo isso deveria ter ocorrido no curto período entre os dias 18 e 20, e isso, por razões cronológicas evidentes, é impossível. A presença de Schlick em Szegléd, vinculada com outros relatos, longe de autorizar deduzir que houve uma apressada travessia do Tisza, permite, ao contrário, deduzir que Schlick só está presente aqui, onde o flanco direito de suas tropas estabeleceu a conexão com o extremo flanco esquerdo do corpo de Jellachich, com a finalidade de uma inspeção.

A terceira coluna seria naturalmente a de Jellachich. Mas, de acordo com as únicas notícias diretas de Pest que temos, esta recuou, "por razões estratégicas" (como dizem os imperiais sempre que são vencidos) para trás inclusive de Kecskemét. Mas Kecskemét se situa a 12 milhas de Szegedin, o único ponto de travessia do Tisza possível ali e notório fulcro das operações de Jellachich. O que nos ajuda agora se os sérvios "receberam ordem" de se "reunir" a ele, que está estacionado a 14 milhas de distância, e qual o sentido do ridículo acréscimo de que em seguida a esse mero *projeto* de unificação o *ban* teria diretamente "marchado para Debreczin", situada a 25 milhas de distância de Szegedin, da ainda não conquistada Szegedin!

Puchner, continua fantasiando o *Correio Al[emão] Oriental*, deveria estar agora já próximo de Großwardein. Certamente, se as coisas decorressem conforme os desejos dos imperiais, ele estaria lá há muito. Mas até agora sabemos apenas que, enquanto os 30 mil russos que estão na Transilvânia refreiam os sículos, ele opera não na direção de Großwardein, mas sim na direção oposta, de Schässburg e Maros-Vásárhely.

De resto, o seguinte trecho da *F[olha] Const[itucional da] B[oêmia]* demonstra o que significa expulsar os magiares de sua valiosa posição por trás do Tisza e conquistar Debreczin, especialmente agora, com a proximidade da época de chuvas:

> Seria sem dúvida mais vantajoso para as operações militares nas estradas e campos barrentos no Tisza e desse lado dele se o *habitual período de chuvas* começasse algumas semanas mais tarde. Durante a mencionada estação, *Debreczin se torna uma ilha*, para a qual, mesmo em tempos de paz, *só com grande dificuldade conseguimos abrir caminho*. Pode-se deduzir daí os obstáculos do terreno com os quais nossas bravas tropas têm de lutar antes de alcançar o núcleo da rebelião. Também há no caminho para Debreczin estepes de tamanha extensão que é preciso cavalgar quase *um dia* para alcançar *a única fonte* que forneça água para os corcéis. E nessas planícies a cavalaria austríaca deve combater um inimigo que está ali em sua casa e cujo pequeno e infatigável cavalo pode ser chamado o camelo da estepe.

Portanto, primeiro os pântanos do Tisza e de Körös, que formam uma trincheira natural para a charneca de Debreczin, e então o Sahara da própria Debreczin, onde os couraceiros e ulanos austríacos têm de aceitar a mesma batalha com os leves hussardos húngaros que, nos primeiros anos da guerra argelina, a pesada cavalaria francesa teve de conduzir contra os cavaleiros árabes.

Do Banato ficamos sabendo que às confusões sérvias acrescentou-se mais uma. Os romenos foram incitados contra os sérvios – não sabemos se a favor ou contra os imperiais. Provavelmente há intrigas imperiais ocultas por trás disso.

A fortaleza Temesvar foi fortemente armada, não contra os magiares, mas contra – os sérvios. Vê-se que a animosidade dos sérvios deve estar crescendo.

Quanto à tomada de Peterwardein, várias vezes "esperada" desde algum tempo, mais uma vez se dissolve no pó. Ouçamos a *F[olha] Const[itucional da] B[oêmia]*:

> *De Drava*, 18 de março. Lia-se há algum tempo nas folhas vienenses que a fortaleza de Peterwardein teria sido invadida pelas tropas imperiais. Mas Peterwardein não pode ser invadida, a não ser que se quisesse deixar massacrar 20 ou 30 mil homens. Quem é militar e conhece a fortaleza concordará conosco. Se a própria fortaleza não se render, ela só pode ser derrotada pela fome. Infelizmente nossas esperanças de uma rápida rendição, que inicialmente tivemos mediante os negociadores da paz, toldam-se cada vez mais, e os oficiais recentemente escapados de lá não nos abrem qualquer perspectiva animadora, pois particularmente os soldados comuns e os honvéds se comportam como terroristas.

Às costas dos imperiais é "esperada" uma nova insurreição. O regimento dos Dragões, que mantém ocupada a floresta Bakony, foi chamado a Pest e chegou lá. As guerrilhas honvéds, que ali vagueiam em grande número, organizarão imediatamente uma nova insurreição, e se vincularão aos insurgentes do comitato de Tolna.

Do teatro da guerra[1] (Itália)

NGR, n. 258, 29/3/1849, suplemento

F. Engels

As operações bélicas começam a assumir contornos definidos. Enquanto os piemonteses atravessaram o Ticino em Buffalora, Radetzky o cruzou em Pávia e está na região piemontesa entre o Ticino e o Pó.

Ainda não está claro se esse ataque é mero diversionismo ou se Radetzky realmente pensa em avançar para Turim. A última alternativa seria possível, se é correto o que traz o *Journal des Débats*, de Turim, de 21 de fevereiro: que seu exército, recorrendo às guarnições de Parma e Modena, teria sido ampliado para 60 mil a 70 mil homens, com 120 canhões, ao qual os piemonteses até agora só teriam como contrapor de 55 mil a 65 mil homens com 100 a 110 canhões. Mas esses dados são necessariamente falsos, ao menos no que se refere ao exército piemontês. O corpo de La Marmora, que avançou até Parma, obrigará Radetzky a novos desmembramentos.

Em resumo, Radetzky está em território piemontês. A culpa por isso recai sobre a negligência ou a traição do conhecido Ramorino, que desempenhou um papel ambíguo já em 1831, na Polônia, e em 1834, na campanha da Savoia. Graças a ele os austríacos conseguiram se introduzir ao longo do Pó, entre sua divisão e a divisão Durando. Ramorino foi imediatamente destituído e chamado a prestar contas.

Chrzanowski opõe à manobra de Radetzky as seguintes disposições: Durando, desde Stradella, Fanti, que substitui Ramorino no comando, e uma divisão que se dirige do quartel-general Bigevano para o Pó vão atacar os austríacos pela frente, enquanto a divisão do duque de Gênova, que, constituída de 20 mil homens, atravessou o Ticino em Buffalora, marcha descendo pela margem lombarda até Pávia, e cortará a retirada dos austríacos.

---

[1] Muitos textos escritos por Engels sobre a guerra no norte da Itália foram publicados na *Nova Gazeta Renana* sob o título "Do Teatro da Guerra", que encabeça a maioria dos relatos sobre a guerra revolucionária na Hungria. No entanto, os primeiros foram impressos na seção intitulada "Itália", e os últimos na seção "Hungria". Para distinguir os relatos italianos dos húngaros, os primeiros são publicados aqui com o subtítulo "Itália", acrescentado pelos editores da edição inglesa.

Se Radetzky não dispuser de forças suficientes para resistir aos piemonteses, pode bem acontecer que a velha raposa caia numa armadilha, seja encurralada e aniquilada. Mas, de todo modo, com seu avanço ele provocou uma batalha decisiva, da qual deveremos ter notícias hoje ou o mais tardar amanhã.

De resto, o plano de guerra de Chrzanowski está totalmente de acordo com aquele que descrevemos ontem[2] como o mais provável. Enquanto La Marmora subleva o ducado[3] e, pela ala esquerda extrema dos piemonteses, avança até o Pó ou o cruza, a divisão Favorola penetrou, por Varese, até as montanhas lombardas. Um comitê insurrecional lombardo o acompanha. A insurreição se propaga a passos rápidos. No dia 20 os insurgentes da fronteira piemontesa se encontraram em Como com os de Veltlin e da Alta-Comasca. Assim que os austríacos abandonam uma região, a insurreição é organizada. Todos marcham para Milão; destacamentos austríacos isolados já teriam sido atacados e aniquilados. No dia 21, a insurreição geral deve ter irrompido em toda a Lombardia. Conforme a *Patrie*,[4] o levante já teria estalado em Milão, mas é sabido que a *Patrie* mente. Em todo caso, foram feitos preparativos em Milão que atestam o medo dos comandantes austríacos de uma insurreição e de reforços do campo.

Talvez as folhas suíças de hoje à tarde tragam novidades importantes, que divulgaremos como as "últimas notícias".

---

[2] Ver "A guerra na Itália e na Hungria".
[3] Parma e Modena.
[4] *La Patrie. Journal du commerce, de l'agriculture, de l'industrie, de la littérature, des sciences et des arts*: diário publicado em Paris de 1841 a 1871; durante a revolução de 1848, foi porta-voz dos monarquistas burgueses contrarrevolucionários (o assim-chamado partido da ordem) e posteriormente dos bonapartistas.

O debate sobre a mensagem em Berlim

NGR, n. 259, 30/3/1849

F. Engels

Colônia, 25 de março. Confessamos a nossos leitores que foi com relutância que decidimos tratar mais detalhadamente dos debates da assim-chamada Segunda Câmara berlinense. Os debates da dissolvida Assembleia Ententista, por mais insignificantes e apáticos que fossem, ainda tinham ao menos o interesse da atualidade; tratavam de temas que não exerciam nenhuma influência sobre a história da Europa, de leis que estavam desde o início fadadas a não durar; mas, de todo modo tratavam de nossos interesses mais próximos, ofereciam um reflexo fiel da escalada da reação na Prússia. Os debates da atual Câmara, ao contrário, não têm outro objetivo senão legalizar a contrarrevolução já consumada. Não se trata do presente – ele foi excluído interditando-se as interpelações –, trata-se do passado, do interregno provisório entre 5 de dezembro e 22 de fevereiro,[1] e se a Câmara não reconhecer incondicionalmente esse interregno, será dissolvida e sua atividade terá sido mais uma vez em vão.

E deveríamos nos interessar por tais deliberações, enquanto na Hungria e na Itália a revolução e a contrarrevolução se enfrentam de armas na mão, enquanto os russos estão estacionados na fronteira oriental e a França se prepara para uma nova revolução que abalará o mundo?

O debate sobre a mensagem está seguramente entre os mais maçantes de que nos lembramos de já ter lido. Naturalmente todo o debate gira em torno somente do reconhecimento ou não reconhecimento da assim-chamada constituição outorgada. E que diferença faz que essa Câmara, eleita sob o estado de sítio e os demolidores efeitos de uma bem-sucedida contrarrevolução, reunida em um canto de Berlim sob o estado de sítio, que não pode protestar se não quiser ser dissolvida – que uma tal assembleia reconheça ou não esse documento? Como se o reconhecimento ou não reconhecimento pudesse alterar ainda que minimamente o curso da revolução europeia, que reduzirá a pó todas as constituições atualmente em vigor, outorgadas ou não outorgadas!

---

[1] Em 5 de dezembro de 1848 o governo contrarrevolucionário Brandenburg-Manteuffel dissolveu a Assembleia Nacional Prussiana, publicou a assim-chamada Constituição outorgada e fixou o prazo de 26 de fevereiro de 1849 para a convocação das Câmaras.

O único aspecto que interessa em todo o debate é a arrogância pueril da direita e o colapso covarde da esquerda.

Os senhores monarquistas são incorrigíveis. Mal seus assuntos melhoram de novo momentaneamente graças à ajuda da subserviente soldadesca, acreditam ter voltado à velha terra prometida e adotam um tom que ultrapassa em impudência tudo o que um estado policial jamais exibiu.

Os senhores da esquerda, em contrapartida, atenuam suas exigências na mesma medida em que a direita exacerba as dela. Discernimos em todos os seus discursos aquele desalento que é a consequência de amargas desilusões, aquela prostração de ex-membro da mesma assembleia que primeiro deixou a revolução naufragar e depois, atolado no pântano criado por ela mesma, perece com o grito doloroso: o povo ainda não está maduro!

Mesmo os mais resolutos membros da esquerda, em vez de se contrapor diretamente a toda a assembleia, não perdem a esperança de ainda alcançar algum resultado na Câmara e por meio da Câmara e conquistar uma maioria para a esquerda. Em vez de assumir uma posição extra-parlamentar no parlamento, a única que seria honrosa em tal Câmara, fazem uma concessão após outra em prol da oportunidade parlamentar; em vez de ignorar tanto quanto possível o ponto de vista constitucional, procuram escrupulosamente a oportunidade de coquetear com ele, por amor à paz.

Todo o debate gira em torno do reconhecimento ou não reconhecimento da assim-chamada constituição. A esquerda, que via a si mesma como a continuação da maioria que negara os impostos da ex-Assembleia Ententista, deveria começar com o mais resoluto protesto contra o golpe de Estado de 5 de dezembro. E o que ela fez? Declarou-se disposta a reconhecer a dissolução da Assembleia Nacional como um fato que não mais poderia ser alterado, a desistir da luta de princípio sobre a legitimidade da bastarda outorgada, a cobrir todos os pontapés e ofensas com o manto do amor e passar imediatamente à revisão!

A direita naturalmente recusou esse covarde oferecimento com o devido desprezo e obrigou a esquerda a travar a luta de princípios.

Bem feito para a esquerda. Por que esses senhores imaginaram que deveriam obter alguma coisa, quando não havia nada a obter? Por que se convenceram de que haviam sido convocados para conquistar de modo parlamentar o que só poderá ser conquistado revolucionariamente, com a força das armas? Mas por certo os senhores *"chegaram, graças à vida parlamentar, às alturas"*, sobre as quais o dep[utado] Waldeck tem coisas tão belas a nos dizer, as alturas onde o *esprit de corps*[2] começa e a energia revolucionária – *s'il y en avait*[3] – se evapora.

O primeiro orador do partido variegado, que é chamado de esquerda, é o sr. *von Berg*. Mas não se creia que reencontraremos o alegre pequeno abade do ano passado, que sabia

---

[2] Corporativismo.
[3] Caso existisse.

tão bem aborrecer os senhores da direita com todo tipo de piadinhas. O sr. Berg não se apresenta mais como *abade*, se apresenta como pastor.

Ele pensa que teria sido desejável redigir o esboço de mensagem de tal modo que "uma maioria a mais ampla possível pudesse se declarar a favor". A Câmara deveria ter mostrado ao país que seus representantes estavam decididos a não sacrificar o bem do país a *meras lutas de princípio*". Em conclusão, o sr. Berg sentiu falta no esboço "do *espírito de conciliação, de que nós* [?] *estamos imbuídos*", da aspiração ao "entendimento". Ele profetizou à Câmara que, com o debate sobre a mensagem, ela não "fundaria na pátria a *paz, a esperança em um futuro melhor*".

De fato! Os eleitores de Jülich e Düren enviaram o sr. Berg a Berlim para que ele declarasse a luta pelo direito do povo de dar a si próprio sua constituição como uma mera "luta de princípios", para que preconizasse a "conciliação" e o "entendimento" em tom de pregador, para que divagasse sobre a paz, quando se trata de *guerra*?

O senhor, capelão Berg, foi eleito, não por ser pregador, mas porque apoiava a *negação dos impostos*. Sua eleição não aconteceu no interesse da *paz*, ela foi desde o início uma *declaração de guerra* contra o golpe de Estado. O senhor foi enviado a Berlim não para oferecer conciliação e entendimento, mas para *protestar*. E agora, quando o senhor é deputado, agora o senhor declara que a luta entre a soberania do povo e a "onipotência da coroa" é uma mera luta infrutífera de princípios!

A maioria dos que negaram os impostos foram reeleitos não porque seu desempenho de maio a novembro de 1848 satisfizesse os eleitores, mas porque, com a decisão de negar os impostos,[4] se puseram no terreno revolucionário, porque se esperava que os pontapés que o governo lhes aplicou lhes teriam finalmente aberto os olhos para o modo como deveriam se portar com relação à coroa e ao governo a fim de conquistar alguma coisa. Esperava-se que cada um dos deles tivesse avançado ao menos um passo para a esquerda.

Em vez disso evidencia-se que o castigo de novembro frutificou. Em vez de avançar para a esquerda, os senhores se moveram para a direita. Com o mais bem-intencionado *pathos*[5] resmungão, pregam conciliação e entendimento. Declaram querer esquecer e perdoar os maus-tratos recebidos, oferecem paz. É bem feito para eles que sejam recusados com risos irônicos.

Segue-se o sr. conde *Renard*, senhor feudal na Silésia.

O sr. Renard imagina que em março nada foi derrubado, e sim apenas foi acrescentado um novo momento. A coroa teria continuado a coroa, apenas se acrescentara como "momento determinante" a representação *estamental* [!] com voto *consultivo* do povo. Fora isso, tudo teria continuado como antes. (De fato, é justamente isso o que nos deve ser outorgado e revisado com Deus pelo rei e pela pátria.) O deputado deveria

---

[4] Ver "Nenhum Imposto Mais!".
[5] Paixão.

"representar a constituição do povo em sua totalidade, portanto o povo *com* o príncipe, mas não o povo *contra* o príncipe". (Para que então ainda serve o príncipe, se de todo modo os deputados já o "representam"?) Depois dessa nova teoria política, o sr. Renard declara ainda o seguinte à Câmara: ela não existe de modo algum "para *mercadejar* e *barganhar* com a coroa" – isto é, conciliar – "para brigar a respeito de palavras ou, *a meu ver, também sobre direitos*"; governo e Câmara não são de modo algum "advogados de dois partidos litigantes". Quem entenda seu mandato de outro modo, "conduz uma guerra civil na teoria".

O sr. Renard falou de modo claro o bastante. Nos estados constitucionais profanos, a Câmara governa por meio de seu comitê, o ministério, e o rei não tem nenhum outro direito além de dizer sim e amém e assinar embaixo. Assim era também entre nós na época das tribulações, a época de Camphausen, Hansemann e Pfuel. Mas na monarquia constitucional imperial prussiana pela graça de Deus é exatamente o inverso: a coroa governa por meio de seus ministros, e ai da Câmara se tenta fazer algo diferente do que dizer sim e amém às efusões de direito divino!

"A prova mais clara", continua o sr. Renard,

> de que não há nenhuma fissura entre a coroa e o povo é o momento presente, no qual a *questão alemã* ressoa com entusiasmo geral em todas as províncias [...] O entusiasmo [...] refere-se para muitos em grande parte à dignidade, à grandeza de nossa casa real hereditária pela graça de Deus, da dinastia *cavaleiresca* e [especialmente na Champagne, em Jena e em 18 de março][6] *vitoriosa* dos Zollern (aplausos e bravos).

Testemunha esse entusiasmo o grito de *Pereat*[7] lançado ao imperador, vindo de cinco mil gargantas, no Gürzenich, no mesmo 19 de março em que o sr. Renard pronunciou essas palavras, testemunha-o, poucos dias depois, o repúdio da monarquia hereditária prussiana em Frankfurt, testemunha-o, antes de ontem, a miserável maioria frankfurtiana de quatro votos inteiros a favor de um imperador hereditário em geral.[8]

---

[6] Em 1792, 40 mil soldados prussianos e 15 mil austríacos, sob o comando do duque de Braunschweig, foram engajados em uma batalha contra a França revolucionária. Invadiram a Champagne, mas, depois do canhoneio inútil de Valmy, foram logo obrigados a uma retirada vergonhosa e com muitas perdas. A derrota aniquiladora do exército prussiano em Jena em 14 de outubro de 1806 expôs a corrupção da monarquia feudal dos Hohenzollern e levou à capitulação da Prússia à França napoleônica.

[7] Morra.

[8] A questão da eleição do rei da Prússia para o trono do Império Germânico foi discutida na Assembleia Nacional de Frankfurt no âmbito da elaboração de um esboço de constituição imperial que, apesar de proclamar algumas liberdades civis e introduzir instituições centrais para toda a Alemanha, atribuía ao Estado alemão unificado a forma de monarquia. Os deputados liberais da assembleia que defendiam posições pró-prussianas insistiram particularmente em entregar a coroa imperial aos Hohenzollern. A ala democrática se opunha a eles, mas as tendências pró-prussianas assumiram a preponderância como resultado do compromisso entre os democratas moderados e os liberais. Em 27 de março de 1849, a constituição imperial foi aprovada. Em 28 de março, a Assembleia de Frankfurt elegeu o rei prussiano Frederico Guilherme IV "Imperador dos Alemães". Frederico Guilherme IV, no entanto, rejeitou a coroa imperial. Sobre as causas dessa recusa, ver "A comédia da coroa imperial".

Não, exclama finalmente Renard, que de resto não é absolutamente uma raposa:[9] "ninguém deve ou irá matar, com um veneno cáustico, a jovem vida da ferida aspirando à cicatrização, e nem vai transfigurar a fenda de todo modo gerada" (existe, então!) "em um abismo intransponível!"

Digníssimo Renard! Tomara que os mal-intencionados jamais tivessem conseguido "matar, com um veneno ácido", a "jovem vida" da ferida ministrada na primavera do ano passado à sua bolsa repleta de privilégios feudais, ferida que agora, graças ao retorno da graça de Deus, "aspira à cicatrização", e nem conseguissem "transfigurar em um abismo intransponível a fenda de todo modo gerada" entre tuas receitas e despesas!

O sr. Jacoby subiu à tribuna. Também o sr. Jacoby, embora tenha se manifestado mais resolutamente do que Berg e sido mais claro e preciso em seu raciocínio, não pôde, entretanto, abandonar a diplomacia. A mensagem não era o *lugar* apropriado para o reconhecimento da constituição, porque ele não deveria parecer arbitrário, e o *momento* era inadequado, porque a constituição ainda não fora revista, sancionada definitivamente e jurada. Como se jamais pudesse haver um lugar e momento adequados para o reconhecimento de uma tal constituição!

Também ele "não quer renovar a velha disputa" sobre a dissolução da Assembleia Ententista; se foi uma ação salvadora ou finalidade e objetivo de uma conspiração diplomática, ele pretende "deixar à história imparcial". A "história imparcial" registrará que as pessoas que falavam tão alto quanto tinham a maioria se expressam agora, quando estão em minoria, com a humildade de escolares castigados.

"No que se refere ao reconhecimento da constituição pelo povo, devo objetar que essa nossa assembleia é o único órgão legítimo, o único autorizado para tal reconhecimento."

Não, sr. Jacoby, sua assembleia não o é absolutamente. Sua assembleia nada mais é do que o órgão que deve sua existência fundamentalmente a manobras governamentais, de delegados eleitos graças à famosa "independência" sobre a base da assim-chamada lei eleitoral outorgada. Sua assembleia pode reconhecer a constituição, mas isso será apenas o reconhecimento da constituição outorgada pela própria constituição outorgada. O povo pouco se preocupará com isso, e a "história imparcial" logo registrará que essa assim-chamada constituição, apesar de seu reconhecimento – se se chegar a isso – foi aniquilada no curso da revolução europeia e desapareceu, não se sabe como.

O sr. Jacoby provavelmente sabe disso tão bem quanto nós; a direita da Câmara também sabe que ele sabe; para que, então, todos esses disparates sobre o terreno do direito, ainda mais se se pretende pôr em dúvida o terreno do direito da assembleia dissolvida!

O sr. Scherer, advogado e deputado de Düsseldorf-Elberfeld, ficou muito horrorizado com o esboço de mensagem de d'Ester. Ele pensa que a delegação que enviasse ao rei tal mensagem deveria "ter por cortejo a insurreição armada". Quando se tem a insurreição armada por cortejo, sr. Scherer, fala-se com o rei de modo totalmente diferente!

---

[9] Jogo de palavras: raposa, em francês, é *renard*.

Esse esboço "atira a tocha incandescente no país"; mas o sr. Scherer acredita "que ela não incendiará, mas *ferirá apenas seus portadores*"!

Não se poderia falar mais claro. O sr. Scherer dá à esquerda o conselho bem-intencionado de retirar o esboço, senão um belo dia eles serão presos, apesar dos parágrafos sobre imunidade.[10] Muito filantrópico, sr. Scherer!

Levanta-se agora o sr. *Waldeck*. Reencontramo-lo tal como sempre foi: à esquerda, mas não muito à esquerda, como convém quando se pretende conservar-se *possível*. Waldeck inicia expressando seu dissabor pelo fato de a direita sempre pretender culpá-lo pela fatal polêmica sobre o golpe de Estado de novembro. O sr. Waldeck e "seu partido" já "declarou de modo bastante claro que essa luta de princípios não deveria absolutamente ter sido suscitada". A seu ver, "a Assembleia está de acordo" (grave o suficiente!) "sobre o que deve fazer com a constituição" – a saber, revisá-la. Em seguida o sr. Waldeck expõe mais uma vez porque a luta de princípios seria supérflua, e apela novamente aos melhores sentimentos da direita: "Nesse meio tempo, os senhores não poderiam muito bem deixar essa questão em paz? [...] De seu ponto de vista, os senhores não perdem nada; mas *tenham consideração pelo ponto de vista de outros*!"

Digno discurso de um "representante do povo" cassado para a mesma maioria que esfrega as mãos de contentamento quando pensa na bem-sucedida dissolução.

"Mas tenham consideração pelo ponto de vista de outros!" O grande homem suplica por *consideração*!

Mas então, quando o trabalho constitucional estiver terminado, o ministro do futuro "espera" que "então essa assembleia *realmente* terá chegado, *graças à vida parlamentar*, *à altura* necessária para *reconhecer plenamente* as *consequências* de uma tal declaração" (sobre a validade da constituição)!!

Deveras! Nossos implumes cavaleiros da tribuna, que mal têm sete meses de práxis parlamentar atrás de si, não agem já tão esperta e sabiamente como se tivessem frequentado os bancos de St. Stephens por 50 anos e passado por todas as câmaras parisienses, desde a Introuvable de 1815 até a Introuvable de 24 de fevereiro?[11]

Mas é verdade. Nossos cavaleiros da tribuna, em sua curta carreira, engoliram tanta auto-moderação, foram tão despidos de toda energia revolucionária – *si jamais il y en avait*[12] – como se tivessem envelhecido no *pathos* do parlamento.

---

[10] O artigo 83 da "Constituição para o Estado Prussiano de 5 de Dezembro de 1848" diz: os membros das duas câmaras "não têm de prestar contas nem de suas votações na Câmara, nem de suas convicções assim expressas".

[11] *St. Stephen:* Parte do Palácio de Westminster, em Londres, onde se reunia a Câmara Baixa do século XVI ao XIX. *Chambre introuvable:* Câmara dos deputados francesa de 1815-1816, cuja composição era extremamente reacionária. *Chambre introuvable de 24 de fevereiro de 1848*: câmara dos deputados francesa, que se opunha à revolução e procurava consolidar a monarquia, depois de Luís Filipe ter renunciado ao trono, em 24 de fevereiro de 1848, em favor de seu sobrinho, o conde de Paris.

[12] Se alguma vez a tiveram.

Depois do sr. Waldeck, comparece Sua outrora Excelência, o dantes onipotente sr. von *Bodelschwingh*.

Exatamente como o sr. Manteuffel, também o seu ex-superior se tornou constitucionalista "por ordem de Sua Majestade". É muito divertido ouvir o último premier do absolutismo defender a monarquia constitucional.

Antes de fevereiro, o sr. Bodelschwingh passava por ser o melhor orador do ministério de então. Na Dieta Unificada ele ainda se impunha como o mais habilidoso. Mas, quando se lê seu discurso atual, nos alarmamos, no interesse dele mesmo, com a tolice e a insipidez dessa estranha exposição. O sr. Bodelschwingh se tornou constitucionalista seguindo ordens; mas, abstraindo dessa palavra, permaneceu, como sabemos, com ordens ou sem ordens, exatamente como antes. Ele se desculpa dizendo que teria vivido em "rústica reclusão"; mas poder-se-ia de fato pensar que teria se deixado *enterrar* durante todo o ano.

Ele confessa que, graças ao extremamente inocente esboço de mensagem da esquerda, "fora esclarecido sobre as opiniões daquela de um modo e em uma proporção de que *não tinha a menor ideia* antes de sua manifestação na Câmara".

Quel bonhomme![13] Quando o sr. Bodelschwingh ainda governava a Prússia, seus numerosos espiões devem ter-lhe passado informações singularmente ruins por nosso dinheiro, se hoje ele pode acreditar que desde então aquelas opiniões brotaram repentinamente da terra!

A esquerda declarara que estava ali não sobre a base da carta-lei marcial, mas sobre a base do sufrágio universal. O que o sr. Bodelschwingh responde? "Se derivamos nosso assento do sufrágio universal, não são necessárias todas as formalidades" (a prova do voto).

> Precisamos apenas nos apresentar no mercado e dizer: Eleja-me! Eu não sei quantas partículas do sufrágio universal os senhores consideram indispensáveis para pleitear a entrada nessa casa. Sejam quantas os senhores quiserem, será fácil arranjar votos suficientes por esse meio; com o reconhecimento desse direito o recinto dessa casa rapidamente se abarrotaria tanto que nossa permanência seria impossível; de minha parte, ao menos, renunciaria a meu assento, e quanto mais rápido, melhor.

Se um camponês vestfaliano ou se o sr. von Bodelschwingh, à época em que ainda era ministro, tivesse trazido à tona esse pensamento profundo sobre o direito de sufrágio universal, não nos admiraríamos. Nesse sentido, o interessante na passagem acima é provar que é possível ser *premier* prussiano e dirigir toda a burocracia examinada sem "ter a menor ideia" dos mais imediatos problemas de interesse europeu. Mas, para que alguém possa se sair com fantasias tão fantásticas sobre o direito de sufrágio universal depois que na França o sufrágio universal foi exercido *duas vezes*, depois que o que a *esquerda* chama de sufrágio universal foi exercido na Prússia duas vezes e até mesmo outorgou ao próprio sr. Bodelschwingh seu assento na Câmara – para isso é preciso ter sido ministro prussiano antediluviano! Mas não devemos nos esquecer de que o sr. Bodelschwingh fora enterrado e só ressuscitou para se apresentar na Câmara "por ordem de Sua Majestade"!

---

[13] Que simplório!

E ele continua:

> Embora não sejamos de modo algum da opinião de que essa constituição só terá validade depois da revisão, *confiamos*, no entanto, plenamente em que a coroa [...] não negará sua sanção aos *desejos* [!] [...] da Câmara [...] com a *consciência* de que não precisamos macular o governo nem polemizar com ele, como se estivéssemos diante de inimigos, mas com a convicção de estarmos diante da Coroa, que, como nós, *só tem em vista o bem da pátria* [...] em bons e maus dias firmemente unidos com nossos príncipes [...] fundamentos do temor a Deus, do respeito à lei, do espírito público etc.

O sr. Bodelschwingh supunha estar falando ainda na Dieta Unificada. Antes como depois, ele se apoia no *terreno da confiança*. Mas o homem tem mesmo razão! O direito chamado pela esquerda de sufrágio universal, graças aos parágrafos sobre independência, eleição indireta e manobras de Manteuffel, deu de fato origem a uma Câmara que não precisaria se envergonhar de ser tratada como "Alta Dieta Unificada".

Depois de um insignificante discurso do dep[utado] Schulze-Delitzsch, levantou-se Sua outrora Excelência o sr. conde Arnim. No último ano o sr. Arnim *não* dormiu como o sr. Bodelschwingh. Ele sabe o que quer.

O motivo pelo qual pretendemos reconhecer a constituição imediatamente e em bloco, diz ele, é claro.

> É, pois, tão seguro *que o negócio* da revisão *conduzirá a um resultado*? Mas como? O que então vigora como lei fundamental? Portanto, justamente porque estamos na situação em que um consenso entre os três poderes sobre os pontos da revisão é incerto, justamente *por isso* é importante para nós que também para *esse caso o povo tenha uma constituição*.

Está claro? Esta é já a segunda sutil alusão nessa única sessão.

O deputado d'Ester fala ainda contra o esboço da comissão. O discurso de d'Ester é de longe o melhor entre os pronunciados pela esquerda nesse debate geral. A audácia e vivacidade com que o deputado de Mayen atacou os senhores da direita provocou uma impressão agradável em meio a esse debate insípido e tedioso. Mas mesmo d'Ester não consegue falar sem concessões diplomáticas e rodeios parlamentares. Ele diz, por exemplo, que também concorda plenamente que a revolução deveria ser encerrada. Se estas palavras talvez pudessem ser desculpadas ao deputado por considerações parlamentares, o membro do Comitê Central democrático jamais poderia ter se expressado desse modo, o homem que logo depois começou o debate com Vincke sobre os respectivos "níveis de cultura" não poderia se permitir sequer dar a impressão de ser capaz de tais disparates. Ademais, ninguém acredita mesmo nisso.

No final, o dep[utado] *Riedel* ainda entoou um hino triunfal, dizendo que "*a coroa*" havia "*retomado para si o direito de legislar*". Um irônico Bravo lhe fez notar que fora indiscreto. Ele estremeceu e completou: "Provisoriamente, é claro!"

Terceira sutil alusão para os senhores deputados.

Passou-se ao debate específico. Vamos reservá-lo para amanhã.

Do teatro da guerra

NGR, n. 259, 30/3/1849

F. Engels

A *Gazeta de Colônia* terá de cruzar de volta novamente o Tisza com suas "três colunas";[1] a campanha toma um rumo cada vez mais infeliz para os imperiais.

Mas deixemos a *Gaz[eta de] Colônia* com seu justificado sofrimento. Voltemo-nos logo para a *Transilvânia*.

Hermannstadt foi tomada por Bem. Não há qualquer dúvida: a folha dos barões da Bolsa vienenses, a lei-marcial *Lloyd*, dá a notícia a partir de duas fontes diferentes. Se não fosse verdadeira, a publicação da notícia teria levado os redatores sob lei marcial a vários meses de "escavação de trincheiras com grilhões leves".

Bem deixou calmamente o bravo Puchner, que o igualmente bravo *Correio Alemão Oriental* fez avançar já ontem até as proximidades de Großwardein, marchar contra os szekler nos montes Cárpatos, e só contrapôs a ele, em apoio da Landsturm dos sículos, cerca de metade de seu corpo. Como relata o *Lloyd*, ele mesmo marchou rapidamente com 12 mil homens para Hermannstadt, atacou os russos e os derrotou. O *Lloyd* afirma que só havia lá 3 mil russos, o que dificilmente é possível, pois havia lá mais do dobro desse número; a menos que o restante tenha marchado com Puchner contra os sículos, o que certamente é possível. – Em Hermannstadt, diz-se que as tropas de Bem causaram "grande devastação", o que nada mais seria do que uma represália adequada à barbárie dos imperiais e convocação dos russos. Depois de algumas horas, Bem teria abandonado novamente a cidade; naturalmente, depois de ter punido duramente os filisteus saxões, ele nada mais tinha a fazer ali.

O objetivo estratégico da jogada é claramente isolar novamente Puchner e expulsar os imperiais que marcham do Banato ao longo do Mures. Logo ouviremos como os incansáveis poloneses jogaram com ele, talvez como ele os perseguiu bem adentro do Banato e ali atraiu reforços para si.

Enquanto Puchner e os russos combatem contra as guerrilhas sículas adentrando fundo nas montanhas, Malkowsky e o herói cavaleiro Urban, o "Jellachich da Bucovina",

---

[1] Ver "A guerra na Itália e na Hungria" e "Do teatro da guerra".

foram completamente batidos no norte da Transilvânia. Conforme o último boletim, Urban ainda ocupava Bistritz; de Bistritz ele foi repelido para Watra Dorna, de Watra Dorna para o interior da Bucovina. O quartel-general de Malkowsky, o comandante--chefe, já foi transferido novamente para Ober-Wikow, a 20 milhas completas de Bistritz, e a apenas 8 milhas de Czernowitz, na fronteira russa. Assim informa o correspondente austríaco. Na própria Czernowitz, continua ele, reina a maior preocupação; as precauções dos imperiais – abatis, ocupação das passagens, mobilização da Landsturm etc. –, mostram que o perigo está próximo. Mas os húngaros vão tomar cuidado ao penetrar novamente em Bucovina apenas o necessário para a segurança das fronteiras. Eles sabem muito bem que os russos só esperam pelo sinal para invadir. Em Novoseliza, justo na fronteira entre Bucovina e Rússia, estacionam 10 mil russos, e toda a extensão da fronteira com a Moldávia está guarnecida com russos.

O importante nesse assunto é simplesmente o seguinte:
1) que Bem, com uma parte de suas tropas, pode operar autonomamente descendo o Mures, enquanto o resto de seu corpo, ao lado dos sículos, basta para manter ocupados Puchner e os russos;
2) que no norte, de onde antes o próprio Bem sempre teve de expulsar os imperiais, a insurreição se propagou tanto que, mesmo sem Bem, ela dará conta de Malkowsky e Urban;
3) que, assim, Bem não operou apenas como um excelente general, mas também, ao mesmo tempo, organizou a insurreição na Transilvânia e a tornou mais temível do que nunca;
4) que os romenos, a maioria da população da Transilvânia, que de início se comportaram tão fanaticamente contra os magiares e os sículos, ou perderam toda vontade de continuar lutando graças ao sucesso dos últimos, ou, impelidos pela odiada invasão russa, devem ter se juntado a eles. Sem isso, os últimos sucessos de Bem teriam sido simplesmente impossíveis.

Finalmente temos algumas notícias sobre a posição dos imperiais no *Tisza*. O *Lloyd* do dia 20 informa, de Pest, que Götz está em Tokaj, *Jablonowsky* em Miskolcz, *Schlick* em Erlau e *Jellachich* em – Szegléd.

Ou seja: neste setor, os imperiais estão em *20 de março* exatamente na mesma posição em que estavam em *20 de janeiro*. Comparem com o 19º Boletim do Exército e nossas respectivas glosas, no número 214 da *NGR*.

Portanto, durante dois meses os imperiais perambularam entre o Danúbio, os Cárpatos e o Tisza, com sorte variável. Quando o Tisza congelou, estacionaram diante dele e tentaram avançar sobre o gelo; os magiares os repeliram com perdas. Isto significou que a deriva do gelo os impediu de passar para o outro lado. Não impediu os magiares de seguir os imperiais na margem direita. Depois Görgey impeliu Schlick de volta para o exército principal, se reuniu com Dembiński e ambos penetraram até a poucas milhas de Pest. Isso foi há quatro semanas. Eles retrocederam novamente, os imperiais os seguiram, e desde a gloriosa "vitória" de Kapolna ainda não avançaram sequer um passo; o quartel-general de Schlick, Erlau, está, por assim dizer, *no campo de batalha de Kapolna*.

Se Götz está de fato em Tokaj ou apenas próximo de lá, é uma questão em aberto. O que soubemos hoje de positivo sobre essa região, pela *Correspondência Litografada* lei-marcial do dia 24, é o seguinte: o general *Hammerstein*, cujo deslocamento da Galícia para a Hungria com 10 batalhões fora comunicado com tanta certeza pelas folhas vienenses e correspondentes de Pest, *ainda não avançou absolutamente para a Hungria*!

Em suas atuais posições, Schlick e Jablonowsky são temporariamente inofensivos. O primeiro teria já se posto em movimento; mas em que isso ajuda no "lamacento clima de neve presente" e no vindouro período de chuvas de primavera, do qual falávamos hoje pela manhã?

E ainda por cima o *ban*, o cavaleiro, o invencível *ban* Jellachich! Ele marchou contra Szegedin, ocupou Keckskemét, dispôs seu quartel-general em Felegyhaza, quatro milhas adiante, e teria subjugado de tal modo os magiares diante de Szegedin que a cidade teria se rendido; o cortejo dos moradores para o *ban*, com moças vestidas de branco, coroas, bandeiras, música e adornos, já foi descrito. E veja-se, o Dom Quixote austro-eslavo de repente está novamente ali de onde ele saiu, no mesmo local onde reuniu novamente suas tropas derrotadas em Szolnok – em Szegléd, no comitato de Pest!

De resto, o governo de Olmütz parece estar farto da inapta condução da guerra por Windischgrätz. *Diz-se que Windischgrätz será destituído*, e que o *tenente-coronel D'Aspre* assumirá em seu lugar o comando do exército do Tisza. Certamente D'Aspre incendiou e saqueou o suficiente no ano passado, na Itália, para poder aparecer como um general competente para um ministério Schwartzenberg-Stadion.

Aliás, supõe-se que os 50 mil homens de reforço que Windischigrätz reclamou para que pudesse dar cabo dos magiares foram efetivamente enviados. De Viena, escreve a *G[azeta] G[eral de] A[ugsburg]*, 50 mil homens teriam marchado de Viena, Morávia, Boêmia e Galícia para o teatro da guerra, dos quais 10 mil homens foram designados apenas para reforço do exército de sítio de Komorn. Há alguns dias também foram expedidas de Olmütz para lá 6 baterias de artilharia pesada. De onde teriam vindo todas essas tropas, só os deuses sabem. Seria milagroso se o ministério, além das tropas que já combatem na Hungria e na Itália (cerca de 350 mil homens), ainda conseguisse aliciar mais 50 mil homens das províncias alemãs e eslavas encolerizadas pela constituição outorgada.

Na Bolsa de Viena corre o boato de que *Komorn*, violentamente bombardeada por três dias, *teria capitulado*. Se fosse esse o caso, nós o teríamos sabido antes por relatos oficiais, tal como a "vitória" de Kapolna, e não por uma bravata da Bolsa.

Do *Banato* sabemos somente o que as folhas de Viena e Olmütz informaram, que Baja, no Danúbio, foi ocupada por 4 mil magiares no dia 18. Baja está situada no comitato de Bacska, portanto na pretensa Voivodia sérvia, na mesma altura de Theresieopel (Subotica), da qual dista cerca de 8 milhas. A guarnição cruzou o Danúbio, isto é, para o insurgente comitato de Tolna, com a intenção de se contrapor ao coronel Horváth, que vem chegando com navios a vapor e rebocadores, pretendendo livrar o Danúbio das guerrilhas. Mas nunca mais ouviremos falar nada deles, pois os insurgentes há muito já os fizeram em pedaços.

Das montanhas eslovacas, ouve-se que *Perczel* está agora à frente das guerrilhas organizadas ali, das quais já tratamos várias vezes. Um correspondente escreve à *Gazeta da Silésia* do dia 22, de Viena, que ele recentemente estava em Tyrnau, a 5 milhas de Pressburg e 11 de Viena, e ameaçava a primeira. Todavia, de lá retornou para Neutra, e se move em direção à fronteira da Morávia, para ameaçar Olmütz. Por toda parte ele subleva os eslovacos, arma e organiza guerrilhas. Impôs contribuições a todos os povoados e vilas que disponibilizaram recrutas para o exército imperial-real; todos os sacerdotes que estiveram anteriormente em acordo com Urban foram enforcados.

Vê-se quão pouco a assim-chamada delegação eslovaca que, com Urban à frente, esteve recentemente em Olmütz,[2] representa os eslovacos, e o quanto estes preferem se associar aos magiares. Dentro em pouco Perczel poderá concentrar aqui o mesmo terrível poder com o qual Görgey conduziu sua genial campanha.

Em uma palavra: os imperiais sofrem derrotas em toda parte, e o que lhes falta para esmagar a revolução magiar não é nada mais do que – 50 a 60 mil *russos*!

Mas, afora o movimento eslavo, afora a guerra italiana, o que pode dar outra guinada a toda a guerra revolucionária húngara e transformá-la em uma guerra europeia é a questão turca. A Turquia é o ponto mais sensível da Europa; movimentos na Turquia levam imediatamente a Inglaterra e a França à colisão com a Rússia. E em todo caso a Turquia parece pretender se pôr em movimento contra o ataque russo aos romenos e as intrigas russas nas províncias eslavas do Danubio. Um correspondente escreve de Czernowitz (Bucovina), em 16 de março:

"Cartas de Jassy nos trazem a notícia de que os turcos em *Galatz*, bem como na *Valáquia*, puseram-se em marcha com força significativa – fala-se de 100 mil homens –, *para protestar à mão armada contra a ocupação dos principados do Danúbio pelos russos.*"

E ademais escreve o correspondente austríaco de *Zara*, na Dalmácia, em 13 de março, que na vizinha Mostar há 14 dias são feitos significativos preparos militares e todos os homens da região capazes de tomar armas foram convocados. Em abril todos os homens de 16 a 40 anos devem ser recrutados, e em cada família deve ficar somente um homem como arrimo. Em Zara não se sabe o que pensar disso.

Confirma-se o que também as folhas francesas noticiam há algum tempo, que finalmente a Porta pretende seriamente se manifestar contra a Rússia, portanto eis aí um

---

[2] Em 20 de março de 1848, a delegação eslovaca composta principalmente de líderes da direita do movimento nacional eslovaco foi recebida pelo imperador Francisco José. A visita a Olmütz foi requerida pelo fato de que a Eslováquia estava ainda privada de igualdade linguística e outros direitos nacionais, mesmo depois da constituição outorgada em 4 de março de 1849. A delegação eslovaca reivindicava novamente a separação da Eslováquia da Hungria e autonomia nos quadros do império austríaco. A corte austríaca deliberadamente adotou uma política dilatória com o objetivo de usar os eslovacos para lutar contra a revolução húngara. No entanto, todas as suas demandas nacionais foram posteriormente rejeitadas.

novo e dificilmente evitável incentivo para a guerra europeia. E essa guerra virá mais cedo do que se pensa, e trará consigo a revolução europeia.

Pós-escrito: Em Hochwiesen (a 2 milhas de Schemnitz), uma força guerrilheira que avançava de Komorn sob a direção de Ernst Simonyi recuou, como informa a *Gazeta de Viena*. Isto e alguns incêndios é tudo que essa folha oficial sabe da Hungria!

No dia 20, um correspondente escreve de Pest que a ofensiva geral deve ter começado. Artilharia pesada veio em apoio de Schlick. Theresiopel ainda não foi tomada, apesar de Todorovich ter sido reforçado ali por 5 mil voluntários sérvios. Em contrapartida, diz-se que os honvéds foram novamente expulsos de Baja.

Do teatro da guerra [Itália]

NGR, n. 259, 30/3/1849, suplemento

F. Engels

Como já ontem pudemos compartilhar com a maior parte de nossos leitores,[1] aconteceram em Vigevano e Mortara duas batalhas ao mesmo tempo, em uma das quais os austríacos conquistaram vantagens, e na outra os piemonteses foram vitoriosos.

Hoje temos notícias mais precisas. Faremos o relato em ordem cronológica.

Que Ramorino traiu é indubitável, segundo uma correspondência do *Constitutionel*. Ele tinha a missão, com a divisão lombarda, de impedir que os austríacos cruzassem o Ticino em Vigevano. Ele enviou um batalhão de atiradores, que ocupou o rio. Um regimento austríaco se apresentou no dia 20 pela manhã e foi detido por cinco horas, das 5 às 10 da manhã. Nesse entretempo, em vez do regimento, chegou a Ticino toda uma brigada imperial. O comandante do batalhão lombardo, Manara, admirado de continuar ainda sem apoio, retirou-se para Vigevano, quartel-general da divisão. Vigevano foi abandonada pelas tropas de Ramorino. Os lombardos continuaram recuando cada vez mais, e finalmente se depararam com um corpo piemontês, com o qual puderam se juntar. Durante esse tempo, Ramorino fez sua divisão empreender marchas que estavam em gritante contradição com as ordens que recebera. Todavia ele foi preso ainda nesse mesmo dia e esperamos que seja fuzilado.

Graças à traição de Ramorino, os austríacos conseguiram concentrar sua principal força em Lomellina, entre o Pó e o Ticino, e se imiscuir entre o exército piemontês. Durando e todo o corpo estacionado ao sul do Pó foi separado do exército principal.

Então no dia 21 Radetzky marchou em duas colunas para o norte contra Vigevano e Mortara, pela estrada para Bercelli. Diante de Vigevano, uma das colunas foi detida pelos piemonteses. Por quatro horas eles se bateram em Sforzesca e Gambolo contra a superioridade numérica dos imperiais, sem retroceder. Finalmente, por volta das quatro horas, chegou a brigada Savona e *fez os austríacos recuarem com perdas*. Teriam caído nas mãos dos piemonteses 1.500 prisioneiros.

---

[1] Ver "Do teatro da guerra [Itália]".

Logo depois, às 6 horas, Mortara foi atacada pelos imperiais; os piemonteses se defenderam bravamente, e finalmente se retiraram para aquele ponto sob a proteção da divisão de reserva.

Esta sustentou a luta pela noite adentro e só então Mortara caiu nas mãos dos inimigos.

Até aqui há certeza. Daqui em diante as notícias se contradizem. De acordo com uma, no dia 22 o duque de Savoia retomou a ofensiva e pôs em fuga dois regimentos austríacos; segundo outra, Radetzky avançou pela estrada de Bercelli.

Em Paris falava-se, no dia 26, de um despacho telegráfico segundo o qual Radetzky estaria a apenas 4 milhas de Turim. O próprio *Journal des Débats*, pró-austríaco, teve de admitir que esta notícia é infundada e seria impossível ter sido recebida em Paris no dia 26. Ele se deu até mesmo ao trabalho de provar isso pela combinação das datas e distâncias.

Ele reconhece, ademais, que Radetzky ousou entrar em uma posição na qual uma derrota acabará com ele. "Se o exército piemontês tiver tempo para se concentrar na retaguarda de Radetzky, poderá colocá-lo em uma das mais difíceis situações."

Mas justamente disso o *Journal des Débats* duvida. Primeiro, o exército piemontês teria se estendido em uma linha longa demais, tendo se disposto de Novara até Castel San Giovanni, e teria mesmo destacado um corpo até Arona e Sarzana, ou agora em Parma; e segundo, seria preciso pressupor que Radetzky, quando tomou a decisão de cruzar o Ticino, teria levado consigo toda sua força disponível, 70 mil homens com 120 canhões.

Primeiro, o exército piemontês está de todo modo tão fragmentado desde o dia 21 que, *isolado*, o corpo que Radetzky tem diretamente diante de si seria fraco demais para se contrapor a ele. Esta é a consequência da traição de Ramorino. Mas não se trata disso. No flanco direito dos austríacos opera o duque de Gênova, no esquerdo estão as reservas piemontesas em Casale e Alexandria, e às suas costas está Durando em Strabella. Radetzky está verdadeiramente cercado, e sua retirada, em caso de uma derrota, está de todo impedida. É uma estranha pressuposição a de que estes vários corpos piemonteses não atuariam em conjunto (e para isso o duque de Gênova e o corpo de reserva do exército principal estão perto o suficiente). Ramorino pôde, com sua traição, colocar os piemonteses momentaneamente em desvantagem, mas não pode *decidir* a campanha com isso.

Segundo, o exército austríaco entre Ticino e o Pó não tem de modo algum 70 mil homens. O *Journal des Débats* raciocina de fato muito ingenuamente quando afirma: como supostamente Radestky tinha entre Adda e Ticino 70 mil homens à sua disposição, teria dirigido o mesmo número agora cruzando o Ticino. É evidente que ele teve de deixar para trás uma quantidade significativa na margem lombarda do Pó e em Pávia, assim como em Lambro e Adda, para cobrir sua base de operações. De acordo com uma notícia da *Gazeta da Basileia*[2] (entusiasmada pelos imperiais), os austríacos tinham em Gallerate 8 mil homens, em Magenta 20 mil, em Pávia 25 mil, em Piacenza 25 mil. Só os três primeiros corpos, que contam juntos entre 50 a 53 mil homens, poderiam, em

---

[2] Diário conservador suíço publicado na Basileia de 1831 a 1859.

caso de necessidade extrema, ser levados a cruzar o Ticino; o corpo de Piacenza mal seria suficiente para cobrir o Pó de Piacenza até Pávia.

O exército piemontês provavelmente será, por conseguinte, plenamente suficiente para assumir posição contra Radetzky, mesmo sem os corpos periféricos destacados por Arona para Como e por Sarzana para Parma.

De resto, que Radetzky despojou completamente a Lombardia de combatentes depreende-se já da apressada transferência de tropas da região de Veneza, de Verona para a Lombardia, de Pádua para Verona. No Tirol, um corpo de 7 mil atiradores teria sido mobilizado. Desse modo, Veneza foi amplamente desguarnecida e o cerco por terra será levantado rapidamente por si mesmo.[3]

No dia 27, foi difundido em Paris o boato de que o duque de Gênova teria derrotado os austríacos. 12 mil austríacos, cercados por três divisões piemontesas, teriam deposto as armas. Consideramos esse boato tão pouco crível como aquele difundido no dia 26 sobre a derrota dos piemonteses.

De Parma escreve-se que 7 mil toscanos e 8 mil romanos se juntaram a La Marmora.

O general romano Zambeccari dispersou um corpo austríaco na fronteira Modena-Bolonha.

---

[3] A "República de São Marcos" desde março de 1848 tomou parte ativa na luta por libertação nacional contra o domínio austríaco. Os venezianos continuaram a oferecer resistência aos austríacos mesmo depois do armistício concluído em 9 de agosto de 1848 entre a Áustria e o Piemonte, e suportaram por vários meses um severo bloqueio por terra e mar. Depois de terem obtido mais uma vitória sobre o exército piemontês em março de 1849, os austríacos reforçaram suas tropas vencendo Veneza, que foi finalmente forçada a se render. Em 22 de agosto de 1849, a República de Veneza, o último bastião da revolução na Itália, caiu.

[Últimas notícias da Hungria]

NGR, n. 259, 30/3/1849, suplemento

F. ENGELS

Um correspondente escreve para a *Gazeta Geral de Augsburg,* de Pest, em 21 de março:
"Parece certo que *Kaschau e algumas outras regiões do norte da Hungria estão novamente em poder dos húngaros,* ao menos o correio de ontem enviado a Kaschau não chegou até Gyöngyös, e foi reenviado para cá."

Gyöngyös situa-se na retaguarda da posição de Schlick em Erlau, e a cerca de 11 milhas de Pest.

A derrota dos piemonteses

NGR, n. 260, 31/3/1849

F. Engels

Colônia, 30 de março. A traição de Ramorino gerou seus frutos. O exército piemontês foi *totalmente batido* em Novara e repelido para Borgomanero, aos pés dos Alpes. Os austríacos ocuparam Novara, Vercelli e Trino, e a estrada para Turim está aberta para eles.

Até agora faltam quaisquer informações detalhadas. Mas é certo que, sem Ramorino, que permitiu aos austríacos penetrar por entre as diversas divisões piemontesas e isolar parte delas, a vitória seria impossível.

Não pode haver dúvida de que Carlos Alberto igualmente traiu. Mas só mais tarde saberemos se o fez apenas por intermédio de Ramorino ou também de algum outro modo.

Ramorino é o mesmo aventureiro que, depois de uma carreira mais do que duvidosa na guerra polonesa de 1830-1831, desapareceu, na campanha de Savoia, em 1834,[1] com todo o caixa da guerra, no mesmo dia em que a situação assumia um caráter sério, e que mais tarde, em Londres, elaborou para o ex-duque von Braunschweig, por 1.200 libras esterlinas, um plano para a conquista da Alemanha.

Só o fato de que um tal empreendedor pudesse ser contratado prova o quanto Carlos Alberto, que teme mais os republicanos de Gênova e Turim do que os austríacos, já pensava em traição desde o início.

Que depois dessa derrota seja esperada uma revolução e a proclamação da república em Turim se evidencia da tentativa de evitá-la por meio da abdicação de Carlos Alberto em favor de seu filho mais velho.[2]

A derrota dos piemonteses é mais importante do que todas as farsas imperiais alemãs juntas. É a derrota de toda a revolução italiana. Depois da vitória sobre Piemonte, será a vez de Roma e Florença.[3]

---

[1] Campanha militar dos emigrantes revolucionários italianos e voluntários alemães e poloneses, organizada pelo democrata-burguês e revolucionário Giuseppe Mazzini. Os revolucionários avançaram da Suíça para a Savoia, mas foram derrotados pelas tropas piemontesas e desarmados na Suíça.

[2] Victor Emanuel II.

[3] Como Engels esperava, a derrota de Novara e a conclusão de um novo armistício entre a Áustria e o Piemonte mudou muito a correlação de forças na Itália a favor dos contrarrevolucionários internos e externos. Em Florença, os acontecimentos revolucionários de janeiro e fevereiro de 1849 levaram à derrubada do grão-

Mas se todos os sinais não mentirem, justamente essa derrota da revolução italiana será o sinal para a deflagração da revolução europeia. O povo francês percebe que, na mesma medida em que é cada vez mais subjugado no interior do país pela própria contrarrevolução, mais a contrarrevolução armada do exterior se aproxima de suas fronteiras. À derrota de junho e à ditadura de Cavaignac em Paris correspondeu a vitoriosa marcha de Radetzky até o Mincio; à presidência de Bonaparte, Barrot e à lei dos clubes[4] corresponde a vitória em Novara e a marcha dos austríacos aos Alpes. Paris está madura para uma nova revolução. A Savoia, que vem preparando há um ano sua separação do Piemonte e sua anexação à França, que relutou em participar da guerra, a Savoia vai querer se lançar nos braços da França; Barrot e Bonaparte terão de recusar isso. Gênova, talvez Turim, se ainda estiver em tempo, proclamarão a república e pedirão a ajuda da França; e Odilon Barrot dará solenemente a resposta de que ele saberá proteger a integridade da Sardenha.

Mas se o ministério não quer saber, o povo de Paris sabe que a França não pode tolerar os austríacos em Turim e Gênova. E o povo de Paris não os tolerará ali. Ele responderá aos italianos com uma insurreição vitoriosa, e o exército francês, o único da Europa que, desde o 24 de fevereiro, não esteve num campo de batalha aberto, se juntará a ele.

O exército francês arde de desejo de cruzar os Alpes e se medir com os austríacos. Ele não está acostumado a se contrapor a uma revolução que lhe promete maior fama e novos louros, que se apresenta com a bandeira da guerra contra a coalizão. O exército francês não é "Meu glorioso exército".

A derrota dos italianos é amarga. Exceto os poloneses, nenhum povo foi tão ignominiosamente oprimido pela violência de vizinhos mais poderosos, nenhum tentou tão frequente e tão corajosamente sacudir esse jugo. E toda vez esse povo infeliz teve de sucumbir novamente a seus opressores; o resultado de todos os esforços, de todas as lutas, nada mais foi do que novas derrotas! Mas se essa derrota tiver por consequência uma revolução em Paris e levar à deflagração da guerra europeia, cujos sinais são visíveis por toda parte; se ela for o estopim para um novo movimento em todo o continente, um

---

-duque Leopoldo II e à proclamação da república da Toscana (que não se oficializou graças à sabotagem dos liberais moderados). Em 11 de abril, houve um golpe de Estado contrarrevolucionário, o governo provisório democrático de Guerazzi foi deposto, e o grão-duque voltou ao poder, entrando na cidade em 25 de maio de 1849, junto com as tropas austríacas. A República Romana, proclamada em 9 de fevereiro de 1849, teve de travar uma terrível guerra contra os insurgentes contrarrevolucionários instigados pelo clero católico, contra as tropas napolitanas, austríacas e o corpo expedicionário francês enviado para a Itália em 6 de abril de 1849 para restaurar o poder do papa Pio IX sobre Roma. Em 3 de julho de 1849, a república caiu sob os golpes dos intervencionistas estrangeiros.

4 Em 26 de janeiro de 1849, o ministro Faucher apresentou à Assembleia Nacional Constituinte francesa uma lei sobre o direito de associação cujo primeiro parágrafo dizia: "Os clubes são proibidos". Ele propôs a moção de que esse projeto de lei foi levado imediatamente à discussão como urgente. A Assembleia Nacional rejeitou a moção de urgência, e em 27 de janeiro Ledru-Rollin propôs uma moção assinada por 230 deputados pondo sob acusação o ministério por violação da constituição. Em 21 de março de 1849 o projeto de lei do governo sobre o direito de associação foi aprovado pela maioria da Assembleia Nacional e, assim, os trabalhadores foram privados da liberdade de reunião e de associação.

movimento que, dessa vez, terá um caráter diferente daquele do ano passado – então os próprios italianos terão motivo para se congratular por isso.

NGR, n. 261, 1/4/1849, segunda edição

Colônia, 1 de abril. Segundo os novos relatos que chegaram da Itália, a derrota dos piemonteses em Novara não é tão decisiva quanto os despachos telegráficos enviados a Paris haviam relatado.

Os piemonteses foram batidos, foram isolados de Turim e empurrados para as montanhas. Isso é tudo.

Se o Piemonte fosse uma república, se o governo de Turim fosse revolucionário e tivesse coragem de lançar mão de meios revolucionários – nada estaria perdido. Mas a independência italiana está sendo perdida – não pela invencibilidade das armas austríacas, mas pela covardia da monarquia piemontesa.

Por que os austríacos venceram? Porque, graças à traição de Ramorino, duas das divisões do exército piemontês foram separadas das outras três e essas três isoladas foram batidas pela superioridade numérica austríaca. Essas três divisões estão agora recuadas no sopé dos Alpes de Valais.

Foi desde o início um enorme erro os piemonteses terem contraposto aos austríacos apenas um exército regular, terem pretendido conduzir, com ele, uma guerra usual, burguesa, honesta. Um povo que quer conquistar sua independência não pode se limitar aos meios de guerra *usuais*. Rebelião em massa, guerra revolucionária, guerrilhas por toda parte, eis o único meio com o qual um povo pequeno pode ultrapassar um grande, com o qual um exército menos forte pode ser posto em condições de resistir a um mais forte e melhor organizado.

Os espanhóis o comprovaram em 1807-1812,[5] os húngaros o comprovam ainda agora.

Chrzanowski foi batido em Novara e isolado de Turim; Radetzky está a 9 milhas de Turim. Desse modo, em uma *monarquia*, como Piemonte, ainda que constitucional, a batalha está decidida; foi solicitada a paz a Radetzky. Mas em uma república *absolutamente nada estaria decidido*. Se não fosse a inevitável covardia da monarquia, que nunca tem coragem de lançar mão de meios revolucionários extremos, se essa covardia não os tivesse impedido, a derrota de Chrzanowski poderia ter sido uma sorte para a Itália.

Se Piemonte fosse uma república que não tivesse de tomar em consideração tradições monárquicas, ele teria um caminho aberto para encerrar a campanha de modo muito diferente.

Chrzanowski foi repelido para Biella e Borgomanero. Ali, onde os Alpes suíços impedem qualquer outro recuo, onde dois ou três estreitos vales fluviais tornam praticamente

---

[5] Na guerra de libertação do povo espanhol contra o domínio napoleônico as guerrilhas desempenharam um importante papel depois do esmagamento do exército regular.

impossível qualquer dispersão do exército, ali era fácil concentrar o exército e tornar infrutífera a vitória de Radetzky mediante um destemido avanço.

Se os chefes do exército piemontês tivessem coragem revolucionária, se soubessem que em Turim havia um governo revolucionário, pronto para tudo, sua atuação seria muito fácil.

Depois da batalha de Novara, estacionavam no Lago Maggiore tropas piemontesas com 30 mil a 40 mil homens. Esse corpo, concentrado em dois dias, poderia ser lançado contra a Lombardia, onde mal havia 12 mil austríacos; poderia ocupar Milão, Brescia, Cremona, organizar a insurreição geral, bater um a um os corpos austríacos que chegavam do Vêneto e, desse modo, reduzir a pó toda a base de operações de Radetzky.

Radetzky, em vez de marchar sobre Turim, seria obrigado a dar imediatamente meia-volta e regressar para a Lombardia, perseguido pelo levante em massa dos piemonteses, que naturalmente deveriam apoiar a insurreição lombarda.

Essa *verdadeira* guerra nacional, uma guerra como a que os lombardos conduziram em março de 1848 e por meio da qual acossaram Radetzky para trás do Oglio e do Mincio, essa guerra teria arrastado toda a Itália para a luta e insuflado uma energia muito diferente nos romanos e toscanos.

Enquanto Radetzky ainda estivesse entre o Pó e o Ticino, ponderando se deveria avançar ou recuar, os piemonteses e lombardos poderiam marchar até Veneza, libertar Veneza, atrair La Marmora e as tropas romanas, importunar e enfraquecer o marechal de campo austríaco por meio de inúmeros destacamentos de guerrilha, estilhaçar suas tropas e finalmente batê-lo. A Lombardia só aguardava o avanço dos piemonteses; ela já se insurgiu, sem esperar por ele. Só as cidadelas austríacas refreavam as cidades lombardas. Dez mil homens piemonteses já estavam na Lombardia; se mais 20 ou 30 mil tivessem marchado para lá, a retirada de Radetzky seria impossível.

Mas o levante em massa, a insurreição geral do povo, são meios diante de cujo emprego a monarquia recua horrorizada. São meios que só a república emprega – 1793 o comprova. São meios cuja *aplicação* pressupõe o *terrorismo revolucionário*, e onde existiu um monarca que pôde se decidir por isso?

Portanto, o que arruína os italianos não é a derrota de Novara e Vigevano, é a covardia e moderação às quais a monarquia os forçou. A batalha perdida de Novara resultou apenas numa desvantagem *estratégica*: eles foram isolados de Turim, enquanto aos austríacos o caminho para lá estava aberto. Essa desvantagem seria totalmente insignificante se a batalha perdida fosse seguida de perto pela *verdadeira guerra revolucionária*, se o restante do exército italiano se proclamasse imediatamente como o núcleo da sublevação em massa nacional, se a honesta guerra estratégica *militar* tivesse se transformado em uma guerra *popular*, como a conduzida pelos franceses em 1793.

Mas, é claro! Guerra revolucionária, sublevação em massa e terrorismo – a monarquia jamais se prestaria a isso. Preferiria fazer a paz com seu inimigo mais amargo, porém da mesma classe, do que se aliar ao povo.

Carlos Alberto poderia ou não ser traidor – a *coroa* de Carlos Alberto, a *monarquia* apenas teria bastado para arruinar os italianos.

Mas Carlos Alberto é traidor. De todas as folhas francesas chega a notícia do grande complô europeu contrarrevolucionário entre todas as grandes potências, do plano de campanha da contrarrevolução para a repressão final de todos os povos europeus. Rússia e Inglaterra, Prússia e Áustria, França e Sardenha firmaram essa nova Santa Aliança.

Carlos Alberto tinha ordem de começar a guerra com a Áustria, deixar-se derrotar e assim dar à Áustria a oportunidade de restabelecer a "paz" no Piemonte, em Florença, em Roma, e fazer outorgar por toda parte constituições-lei marcial. Em troca, Carlos Alberto receberia Parma e Piacenza, os russos pacificariam a Hungria; a França deveria se tornar um império, e assim se restabeleceria a paz na Europa. Eis, segundo as folhas francesas, o grande plano da contrarrevolução; e esse plano explica a traição de Ramorino e a derrota dos italianos.

Mas com a vitória de Radetzky a monarquia recebeu um novo golpe. A batalha de Novara e a consequente paralisação dos piemonteses comprova que um povo, em casos extremos, em que precisa de toda a sua energia para se salvar, não é bloqueado por nada além da monarquia. Se a Itália não quiser perecer com a monarquia, é preciso antes de mais nada que a monarquia pereça na Itália.

NGR, n. 263, 4/4/1849

Agora finalmente os acontecimentos da campanha piemontesa até a vitória dos austríacos em Novara estão perfeitamente claros para nós.

Enquanto Radetzky difundiu deliberadamente o falso rumor de que teria sido posto na defensiva e recuado para o Adda, ele concentrou secretamente todas as suas tropas em Santo Angelo e Pávia. Graças à traição do partido austríaco-reacionário em Turim, ele foi posto *integralmente* a par dos planos e disposições de Chrzanowski, e de toda a posição de seu exército, e por outro lado conseguiu enganar completamente o exército piemontês sobre os seus próprios planos. Daí a disposição do exército piemontês nas duas margens do Pó, que só pode ter sido concebida para avançar simultaneamente pelos dois lados, em um movimento concêntrico, contra Milão e Lodi.

Entretanto, uma resistência séria no centro do exército piemontês tornaria impensável o êxito rápido que agora Radetzky alcançou. Se o corpo de Ramorino em Pávia lhe atravessasse o caminho, restaria tempo suficiente para lhe impedir a passagem pelo Ticino até que chegassem reforços. Nesse meio tempo, as divisões estacionadas na margem direita do Pó e em Arona poderiam igualmente se apresentar; o exército piemontês, posicionado paralelamente ao Ticino, cobriria Turim e seria mais do que suficiente para chamar à razão o exército de Radetzky. Naturalmente teria sido preciso contar com que Ramorino cumprisse seu dever.

Mas ele não o cumpriu. Permitiu a Radetzky cruzar o Ticino, e, assim, o centro piemontês foi quebrado, as divisões estacionadas além do Pó foram isoladas. Com isso a campanha já estava virtualmente decidida.

Então Radetzky dispôs toda a sua força de 60-70 mil homens, com 120 canhões, entre o Ticino e o Agogna e atingiu pelo flanco as cinco divisões piemontesas dispostas ao longo do Ticino. Com sua colossal superioridade de forças, no dia 21 repeliu as quatro seguintes estacionadas em Mortara, Garlasco e Vigevano, tomou Mortara, obrigou desse modo os piemonteses a recuar para Novara, e ameaçou a única rota que ainda lhes restava para Turim, a que segue de Novara por Vercelli e Chivasso.

Mas essa rota já estava perdida para os piemonteses. Para concentrar suas tropas e especialmente para poder juntar a elas a divisão Solaroli, estacionada na extremidade do flanco esquerdo em Arona, tiveram de fazer de Novara o ponto nodal de suas operações, enquanto, se não fosse isso, poderiam ocupar uma nova posição atrás do Sesia.

Desse modo, já totalmente isolados de Turim, não lhes restava nada além de aceitar uma batalha em Novara ou se lançar à Lombardia, organizar a guerra popular e abandonar Turim a seu destino, a seus reservistas e à Guarda Nacional. Nesse caso, Radetzky teria se guardado de continuar avançando.

Mas esse caso pressupunha que no próprio Piemonte a *insurreição em massa* fosse preparada, e justamente não era esse o caso. A Guarda Nacional burguesa estava armada; mas a massa do povo estava desarmada, por mais que tenha exigido aos brados as armas estocadas no Arsenal.

A monarquia não ousara apelar à mesma força irresistível que salvara a França em 1793.

Portanto, os piemonteses tiveram de aceitar a batalha de Novara, não obstante sua posição tão desfavorável e a esmagadora superioridade de forças do inimigo.

Quarenta mil piemonteses (dez brigadas), com artilharia relativamente fraca, enfrentavam todo o exército austríaco, de ao menos 60 mil homens com 120 canhões.

O exército piemontês estava disposto dos dois lados da estrada de Mortara, sob os muros de Novara.

O flanco esquerdo, duas brigadas comandadas por Durando, apoiava-se em uma posição bastante forte, La Bicocca.

O centro, três brigadas sob comando de Bès, se sustentava em uma quinta, La Cittadella.

O flanco direito, duas brigadas sob comando de Perrot, sustentava-se no *plateau* da Cortenova (estrada de Vercelli).

Dois corpos de reserva, um de duas brigadas comandadas pelo duque de Gênova, estacionado no flanco esquerdo, o segundo de uma brigada e os guardas, no flanco direito, sob comando do duque de Savoia, o atual rei.

A disposição dos austríacos, considerando seu boletim, é menos clara.

O segundo corpo austríaco, comandado por d'Aspre, atacou primeiro o flanco esquerdo dos piemonteses, enquanto atrás dele avançava o terceiro corpo, sob comando de Appel, assim como o corpo de reserva e o quarto corpo. Os austríacos conseguiram estabelecer plenamente sua linha de batalha e simultaneamente conduzir um ataque concêntrico a todos os pontos da formação de batalha piemontesa com tal superioridade de forças, que os piemonteses foram esmagados.

A chave da posição piemontesa era a Bicocca; se os austríacos tivessem se apoderado dela, o centro e o flanco esquerdo dos piemonteses seriam confinados entre a cidade (não fortificada) e o canal, e poderiam ter sido destroçados ou obrigados a depor as armas.

Por isso, o ataque principal dirigiu-se contra o flanco esquerdo piemontês, cujo apoio principal era Bicocca. Lutou-se ali com grande violência, no entanto sem resultado por muito tempo.

O centro também foi intensamente atacado. A Cittadella foi várias vezes perdida, e várias vezes retomada por Bès.

Quando os austríacos viram que ali se deparavam com uma resistência forte demais, redirecionaram suas forças principais contra o flanco esquerdo piemontês. As duas divisões piemontesas foram rechaçadas de volta para Bicocca e finalmente a própria Bicocca foi tomada de assalto. O duque de Savoia lançou-se com as reservas sobre os austríacos; em vão. A superioridade dos imperiais era grande demais, a posição foi perdida, e com isso decidiu-se a batalha. O único recuo que restara aos piemonteses era em direção aos Alpes, por Biella e Borgomanero.

E a essa batalha, preparada por traição e ganha pela superioridade de forças, a *Gazeta de Colônia*, que há muito suspirava por uma vitória dos austríacos, chama de

> uma batalha que irá *brilhar por todos os tempos* [!] na história das guerras, pois a vitória que o velho Radetzky alcançou é o resultado de movimentos *tão habilmente combinados* e de *valentia tão verdadeiramente magnífica*, que *nada semelhante ocorrera desde os dias de Napoleão, o grande demônio das batalhas* [!!!].

Admitimos que Radetzky, ou melhor, Heß, seu chefe de Estado-Maior, conduziu muito bem seu complô com Ramorino. Também é verdade, certamente, que desde a traição de Grouchy, em Waterloo, não ocorrera uma infâmia tão terrível como a de Romarino. Mas Radetzky não pertence à mesma classe do "demônio das batalhas" [!] Napoleão, mas sim à de *Wellington*: as vitórias de ambos custaram-lhes mais *dinheiro à vista* do que valentia e habilidade.

Não falaremos de modo algum sobre as restantes mentiras difundidas ontem à noite pela *Gaz[eta] de Col[ônia]*, como a de que os deputados democratas fugiram de Turim, como a de que os lombardos teriam "se comportado como turba covarde" etc. Os últimos acontecimentos já as desmentiram. Essas mentiras só constatam a alegria da *Gazeta de Colônia* com o fato de que a grande Áustria, e ainda por cima com ajuda da traição, aniquilou o pequeno Piemonte.

Do teatro da guerra – Mais tropas russas

NGR, n. 260, 31/3/1849

F. Engels

Em decorrência da vitória de Bem, outros *20 mil russos marcharam para a Transilvânia*.

As mais recentes notícias da Transilvânia trazem a confirmação da vitória dos magiares. Em Hermannstadt, Bem pôs abaixo o edifício do comando geral, bem como a residência do conde saxão, em seguida atacou e escorraçou a Guarda Nacional com metralhas, e então saqueou a cidade durante duas horas. A seguir se retirou para Schässburg, onde provocou ainda maiores estragos. Kaschau está novamente ocupada por uma patrulha magiar e em Schemnitz também se apresentaram novamente *honvéds*.

[Do teatro da guerra]

NGR, n. 261, 1/4/1849

F. Engels

Não há quaisquer notícias recentes do teatro da guerra. Estão disponíveis apenas detalhes pontuais sobre acontecimentos já conhecidos. Damos em seguida os mais importantes deles.

O tenente-marechal de campo *Schulzig* foi chamado de volta por sua péssima condução da guerra na Hungria e transferido para a Estíria como comandante. O primeiro dos mui famosos generais austríacos imperiais-reais usado para servir de exemplo. Há outros em perspectiva.

Jellachich estaria em Felegyhaza e seu posto avançado a 4 horas de Szegedin, a qual estaria cercada e sem acesso aos suprimentos do Banato. Observando-se num mapa de larga escala a situação dos pântanos em torno de Szegedin, vemos que essa notícia é uma miserável bazófia.

Cerca de 2.500 insurgentes húngaros tentaram invadir a Galícia no distrito de Stryj, mas foram rechaçados com perdas. – Informa-se que em geral os *quadros dos batalhões húngaros da Landwehr são formados por soldados poloneses veteranos*. – O mais novo decreto do marechal de campo Windischgrätz, de que ninguém *pode ser obrigado* [!!] a aceitar cédulas húngaras, não teve qualquer efeito em Pest.

Outra edição da *Correspondência Litografada*, de Viena, diz:

> Os húngaros avançam cada vez mais para Pest, e mobilizarão tudo para poder levantar o sítio de Arad, Komorn e Peterwardein, o que devem conseguir, pois a força militar húngara se torna a cada dia maior e mais entusiasta, enquanto as tropas imperiais se reduzem numericamente e também se desalentam graças a marchas fatigantes, má alimentação e contínuas escaramuças. Recentemente ocorreu em Török Szent Miklos um combate muito violento, no qual ambas as partes sofreram pesadas perdas, mas os húngaros mantiveram o domínio do campo de batalha. Em Szegedin espera-se para esses dias um forte confronto do exército húngaro do sul, sob comando de Vetter e Damjanich, com o corpo de exército sérvio. Os sérvios efetivamente voltaram para a Sérvia com toda a carga, com armas e bagagens, e essa forte tropa de 8 mil homens fará muita falta aos generais imperiais. Peterwardein permanece ainda ocupada por tropas húngaras e, como eu soube ontem, a tropa decidiu, depois de ter arrojado nas casamatas

todos os oficiais suspeitos, antes explodir todas as velhas rochas de Peterwardein do que se render. A navegação do Danúbio talvez esteja, pois, desse modo, aberta desde Karlowitz, mas não acima desse ponto, pois qualquer embarcação que pretendesse se aproximar de Peterwardein, que domina plenamente todo o Danúbio, seria posta a pique. Komorn vem sendo bombardeada desde 17 de março sem qualquer sucesso; artilharia pesada para sítio vem sendo trazida diariamente para Komorn em navios a vapor. Bem conquistou Hermannstadt e expulsou os 3 mil russos e 2 mil austríacos que compunham sua guarnição.

Sobre a tomada de Hermannstadt por Bem escreve um correspondente vienense do *Eco da Bolsa*:

> Uma olhadela no mapa mostra com que ousadia o chefe dos insurgentes executou esse golpe, pois, como as notícias informam, realizou uma marcha forçada de 26 horas com 12 mil homens de Vásárhely e antes do raiar do dia atacou Hermannstadt, surpreendeu a guarnição russa de lá em parte ainda na caserna, a desarmou e dizem que se apossou de muitos de seus canhões. Segundo um relato, também teriam sido enforcados muitos russos. A proteção russa, que fora prometida com a entrada das forças auxiliares russas, trouxe portanto muito poucos frutos aos infelizes habitantes de Hermannstadt.

Um correspondente entusiasmado pelos imperiais-reais escreve o seguinte na *Gazeta de Breslau*, da fronteira húngara:

> O boato sobre a renúncia do príncipe Windischgrätz torna-se a cada dia mais rumoroso, uma vez que não só estaria desgostoso com a insatisfatória condução da guerra, que ele põe na conta do frequentemente solicitado e nunca atendido reforço das tropas, como estaria especialmente ofendido com a tutela que recentemente o ministério houve por bem exercer sobre ele em relação à administração civil do país. A história das cédulas abriu a primeira fenda na *entente cordiale*[1] entre Windischgrätz e o ministério, e o envio do barão Rübel para Ofen para supervisionar as finanças húngaras também não foi propício para restabelecer novamente a harmonia rompida. Afirma-se que o barão Welden, recentemente promovido em Viena a tenente-coronel, estaria determinado a substituir o rígido marechal na Hungria, e no lugar de Welden, o tenente-coronel conde Nugent se tornaria governador da capital do império, pois os conhecidos incidentes em Friuli na primavera do ano passado[2] teriam tornado impossível a permanência desse general no campo. – Sobre o terrível destino de *Maklar* pairam ainda trevas não esclarecidas; depois da batalha de Kapolna, essa bela povoação foi severamente prejudicada, uma vez que o príncipe Windischgrätz a submeteu a uma indenização de mil florins; mais tarde, a cidade teria sido arrasada até os alicerces porque supostamente detivera cinco

---

[1] Entente cordial.
[2] Referência à marcha do exército auxiliar austríaco, sob comando do general Nugent, de Trieste, para ajudar as tropas comandadas pelo marechal de campo Radetzky, que estava em posição difícil, como resultado do levante popular na Lombardia e em Veneza contra o domínio austríaco, em março de 1848. O exército de Nugent deixou Trieste na segunda metade de abril de 1848. Movendo-se através da região do Vêneto, particularmente o distrito montanhoso de Friuli, e só encontrando resistência de fracos destacamentos de voluntários, ele saqueou tudo em seu caminho. Em 21 de abril, Nugent bombardeou barbaramente Udine, a principal cidade de Friuli. No fim de maio, seu exército se juntou às tropas de Radetzky em Verona.

carros de munição imperiais-reais. No entanto, essa alegação foi contestada nas folhas húngaras publicadas em Pest, sob os olhos do marechal de campo, enquanto o fato da destruição aparece como irrefutavelmente estabelecido.

O mesmo correspondente relata sobre Komorn os seguintes detalhes, dos quais se depreende que é impensável uma ocupação da fortaleza. Um "assalto" a uma fortaleza, especialmente quando é tão inatacável como Komorn, um assalto que deveria ocorrer antes de abrir uma brecha, seria simples loucura. Apesar disso, o correspondente profetiza o assalto. Vê-se como os oficiais austríacos fazem os jornalistas engolir as maiores maluquices.

Percebemos ademais que a assim-chamada linha do Palatino, que teria sido tomada há muito pelos imperiais, continua sendo húngara, e que só agora as baterias de demolição[3] foram postas em ação contra ela. Portanto, ainda não se trata absolutamente da tomada desse baluarte.

Diz o correspondente:

> A fortaleza de Komorn vem sendo assiduamente bombardeada desde o dia 20 deste mês, mas até agora com pouco resultado. Duas mil bombas estão destinadas a serem lançadas na área da fortaleza, e se as tropas ainda assim não se renderem se ousará um assalto geral, pois as tropas imperiais esperam com impaciência, uma vez que o bivaque, a uma temperatura de 12 graus de frio, não é muito convidativo, e ainda por cima as localidades em toda a região foram de tal maneira empobrecidas e saqueadas que os moradores virão implorando para o campo dos austríacos e pagarão com prazer 30 coroas por um pedaço de pão da tropa só para poder acalmar sua fome. As baterias trazidas para Sandberg, próxima do Danúbio, estão destinadas à limpeza da ilha e ao desmantelamento da artilharia inimiga das obras exteriores da linha do Palatinado, uma outra bateria cobre a estrada que passa pela cabeça-de-ponte e conduz a Neu-Szöny; morteiros de longa distância e baterias de foguetes, sob o comando do primeiro-tenente Jäger, bem conhecido da Itália, fecham a lista. A guarnição é corajosa até a morte, pois o comandante da fortaleza, Mek, um jovem que há nove meses ascendeu de sargento de artilharia[4] a coronel, vê o patíbulo diante de si e venderá caro sua vida. – Em Debreczin, os oficiais insurgentes levam uma vida extremamente folgada, pois ali há dinheiro sobrando à disposição; um copo de punch custa 1 florin C.M. e relógios cilíndricos[5] bem comuns, que na Alemanha custam 35 florins, são pagos aqui a 200 florins. Na

---

[3] Baterias de demolição: voltadas para demolir armazéns de armas e armas em fortalezas sitiadas. Linha do Palatino (Palatino: título húngaro para o representante do imperador): terraplanagem exterior a noroeste da fortaleza de Komorn, entre o Váh e o Danúbio: essa construção começou em 1809 por ordem do Palatino húngaro, arquiduque Joseph, e continuou até 1848.

[4] A palavra alemã usada é *Feuerwerker*: uma patente na artilharia correspondente ao oficial não comissionado em outras armas.

[5] Este tipo de relógio de bolso recebe o nome da parte essencial do seu dispositivo de escape, que consiste de um pequeno cilindro oco recortado, após o qual os dentes da roda dentada permanecem no exterior e no interior durante o período de agitação. O curso de cilindro pertence à classe de restrições com atrito e foi inventado por volta do ano 1720 pelo famoso relojoeiro inglês Graham. O relógio do cilindro fornece os melhores serviços para uso civil e, portanto, generalizou e suplantou completamente seu antecessor, o relógio do fuso.

sede da Junta húngara, ouro e prata também desaparecem da circulação, que agora só se movimenta por cédulas, não porque ao governo húngaro faltem táleres e ducados, de modo algum, mas só porque guarda o dinheiro vivo a sete chaves, não apenas para aumentar os embaraços da Áustria, mas também para ter à disposição moeda sonante para quaisquer eventualidades. É sabido que a esperteza do agitador Kossuth conseguiu, por meio de seus emissários, difundir por toda a parte a lenda de que o Banco Nacional de Viena teria perdido todo seu crédito e suspendido seus pagamentos. *Mesmo em Pest a manobra foi bem-sucedida*, e o príncipe Windischgrätz *não está pouco irritado* com esse estratagema do inimigo.

[Do teatro da guerra]

NGR, n. 261, 1/4/1849, segunda edição

F. ENGELS

.Sobre a Transilvânia, a *F[olha] Const[itucional da] B[oêmia]* traz uma correspondência de Czernowitz (Bucovina), segundo a qual *toda a Transilvânia, com a exceção de Kronstadt, estava nas mãos dos magiares*, e Bem se preparava para entrar também nessa cidade. "Acredita-se" que Malkowsky irá avançar para a Transilvânia, depois de ter acabado de ser expulso! Diz-se que 30 mil russos entrariam imediatamente.

De resto, que a Hungria *só pode ser subjugada pelos russos* é algo claramente *admitido* pelos ministros austríacos. Temos de esperar para ver se haverá coragem suficiente para deixar os russos virem.

No Banato, a situação é ruim. Sobre a batalha de Szolnok, tomamos de uma folha eslava, a *Morawské Nowiny (Gazeta Morávia)*,[1] a seguinte correspondência de Kecskemét, de 15 de março:

> Em 5 de março, às 8 horas da manhã, desenrolou-se uma grande batalha. De nosso lado havia dois batalhões de infantaria, meio regimento de cavalaria e três baterias; mas a massa do exército inimigo era descomunal. Assim que nos contrapusemos a ele no campo, caíram de assalto sobre nós tanto com canhões como também com toda a infantaria. Quando vimos que não seria mais possível contê-los, recuamos. Então o inimigo começou a investir sobre nós agressivamente por dois lados, até que ficamos entre as estreitas margens dos rios Zagyva e Tisza, que se unem em Szolnok. Só então a coisa esquentou: os hussardos nos atacaram e nos caíram em cima tão terrivelmente que muitos saltaram na água e se afogaram. Quando vimos o grande perigo, opusemos resistência e disparamos sobre o inimigo. Por sorte miramos tão bem que os hussardos literalmente caíram dos cavalos e foram obrigados a recuar. Mas, felizmente, conseguimos atravessar essa estreita área entre as margens, onde certamente já teríamos sido capturados. Foi terrível ver como soldados e cavalos se afogavam e como os nossos e os magiares jaziam no sangue. Dos nossos, de uma companhia de 380, mal restaram 34 depois dessa batalha. E apesar de muito enfraquecidos, ainda assim seguimos adiante. Em Szolnok jogamos fora nossas mochilas e alcançamos Kecskemét via Körös, onde esperamos o inimigo a qualquer momento, pois Kossuth está distante de nós apenas três horas.

---

[1] Diário tcheco publicado em Brno desde 1 de novembro de 1848.

Sobre o combate de Theresiopel, o *Lloyd* informa o seguinte:

> *Semlin*, 19 de março. Depois da conquista de Zombor, os sérvios, embriagados pela vitória, comandados por Dragich e Stein, e o corpo auxiliar sérvio, chefiado por Milija Stanojevich, puseram-se a caminho de Maria-Theresiopel, via Bajmok e Pacs. Mas os sérvios do principado sérvio, que se preparavam, junto com os sérvios austríacos, para invadir Theresiopel, receberam repentinamente a ordem de retornar a sua terra natal, ordem que cumpriram incondicionalmente. Quando os magiares ficaram sabendo dessa convocação dos sérvios, investiram sobre Theresiopel, que ainda não estava isolada de Szegedin, da qual receberam significativo reforço, e caíram sobre a reduzida tropa sérvia, sob o grito encorajador de 'Avante! Nada tema, pois os ráscios turcos não estão mais aqui!' A batalha durou três horas completas. Os nossos tinham dois canhões próprios, um 18 libras de Kničanin e um Racksa 12 libras, e se bateram corajosamente. O inimigo simulou a retirada. Os sérvios, enganados, abandonando sua posição favorável, perseguiram impetuosamente o inimigo, que inesperadamente fez meia-volta, bateu os sérvios e os perseguiu no rio, e capturou os mencionados canhões. Nessa batalha, sofreram principalmente os chaikistas, dos quais 200 perderam a vida no campo de batalha.

De resto, a seguinte proclamação do tenente-marechal de campo Rukavina mostra o espírito que reina entre os sérvios:

> Há algum tempo emergem opiniões entre a população local, e praticamente em todas as hospedarias e cafés fazem-se abertamente comentários que mostram uma animosidade que não pode mais ser tolerada. Nesse sentido, a honorável prefeitura pretende, com todo o rigor que lhe cabe como autoridade policial civil, iniciar a vigilância que dará plena atenção às hospedarias e cafés, nos quais não será tolerado nada que se dirija contra a pessoa do monarca, o governo e principalmente contra as relações existentes, e eliminará qualquer provocação por palavras ou ações. Desse modo, todos os proprietários de hospedarias e cafés se tornam responsáveis por denunciar imediatamente ao respectivo comando local e pertinentes autoridades civis todos aqueles que se permitirem qualquer coisa desse tipo, para que a prisão deles possa ser efetivada a tempo. Todo aquele que se omita em fazer uma denúncia desse gênero será, na primeira vez, penalizado com prisão e multa de 100 florins C.M., na segunda vez com prisão agravada e multa em dobro, mas, em caso de reincidência, será levado à corte marcial e penalizado com o encerramento do negócio; do mesmo modo, será submetido à lei marcial todo habitante que, tendo conhecimento de tais provocações de alta traição, se omita em denunciá-las, e isso chegar ao conhecimento das autoridades locais. Ademais, a honorável prefeitura não pretende adotar somente ela mesma as necessárias medidas no interior da fortaleza, como também instruir plenamente os tribunais de primeira instância sobre o conteúdo dessa proclamação, e exigir sua estrita aplicação.

Além disso, a *Gazeta Austro-Eslava* informa sobre as divergências entre o patriarca Rajachich e o tenente-marechal de campo Rukavina:

> *Becskerek*, 13 de março. O Comitê Central sérvio e o Comitê Constitucional apresentaram ontem ao patriarca, por meio de uma delegação, o pedido para que ele convocasse o quanto antes uma Assembleia Nacional. O patriarca replicou que não poderia conceder

imediatamente esse pedido, pois muitas áreas do Banato ainda estavam sob a autoridade de Rukavina, nomeadamente o comitato de Krasso e o regimento valáquio-ilírico. Em conversação privada, o patriarca declarou que a Assembleia Nacional provavelmente seria convocada após a Páscoa. – Em alguns distritos foram assinadas petições ao patriarca por uma rápida convocação de uma Assembleia Nacional.

Do teatro da guerra

NGR, n. 262, 3/4/1849

F. Engels

As últimas notícias confirmam plenamente nosso relato de ontem[1] de que os magiares avançaram até o entorno de Neograd. Na região de Miskolcz, Görgey rompeu as formações do exército imperial, e desse modo – assim informa a *Correspondência Litografada*, de Viena, baseada em um comunicado de Pest, do dia 26 – obrigou o tenente-marechal de campo Ramberg *a recuar* até *Waitzen*, no Danúbio, 20 a 25 milhas atrás de Miskolcz.

Por meio dessa notícia finalmente ficamos sabendo alguma coisa sobre os corpos de Götz e Jablonowsky, por tanto tempo perdidos, pois justamente essas duas brigadas são as que Ramberg comanda. Elas se moveram, portanto, via Kaschau, para o Tisza, e ali os magiares as fizeram recuar cruzando o Hernath. Enquanto em Viena se divulgava que eles estavam em Tokaj, eles tiveram de recuar para Miskolcz, distante quatro milhas a oeste, para não perderem sua ligação com o exército principal. E aqui, de Miskolcz, foram repentinamente repelidos mais 20 a 25 milhas por uma nova marcha arrojada de Görgey. Em vez de avançar ao longo do Tisza, não lhes restou nada mais do que tentar cortar a marcha dos magiares para Komorn, na curva onde o Danúbio abandona a direção leste e vira para o sul.

É um destino peculiar de todos os corpos imperiais que marcham dos Altos Cárpatos ao Tisza serem afastados de sua linha de operação previamente traçada e reconduzidos ao exército principal que opera a partir de Pest. Schlick foi o primeiro que marchou Hernath abaixo para Tokaj. Mal chegou ali, foi expulso por Görgey, que, com sua brilhante retirada, ou melhor, marcha triunfal pela Alta Hungria, o apanhou pela retaguarda; nada mais restou ao tenente-marechal de campo Schlick do que se retirar descendo o Tisza, se reunir a Windischgrätz e ceder aos magiares a Alta Hungria ocidental. Depois Ramberg veio descendo o Hernath, e vimos que teve o mesmo destino.

A grande vantagem estratégica que os magiares conquistaram assim mais uma vez é a libertação da maior parte, de longe, da Alta Hungria até as cidades montanhosas e Jablunka, a aproximação de sua ala direita aos Cárpatos, a ligação restabelecida com

---

[1] Ver "[Do teatro da guerra]".

os corpos voluntários no noroeste eslovaco e a abertura de um caminho para socorrer Komorn. Mesmo que não tenham podido conquistar tudo isso sem ao mesmo tempo concentrar mais o exército imperial, dificilmente trata-se de uma desvantagem para eles em um país como a Hungria onde, graças a seu terreno, tanto nas montanhas quanto na planície, tudo depende muito mais de combinações estratégicas e do sucesso de guerrilhas do que de grandes batalhas. Justamente a expansão do exército imperial por uma longa linha de batalha que flanqueia os magiares é o perigo aqui, e justamente essa expansão vai arruinar sempre os imperiais; de fato, a situação agora é tal que os magiares ameaçam flanquear os imperiais.

Aqui, de uma vez por todas, nada pode ajudar os imperiais, a não ser um forte reforço da Galícia, que esteja em condições de defender o alto Tisza. E isso só pode ser providenciado pelos *russos*, seja ocupando a Galícia e deixando assim as tropas imperiais-reais de lá com as mãos livres, seja participando eles próprios na marcha para a Hungria. Lembremos que Hammerstein, com 12 mil austríacos, teria atravessado os Cárpatos e avançado até o alto Tisza,[2] e que esse boato provou ser falso. Agora ele se repete, e de fato em edição corrigida.

Os próprios *russos* estariam a caminho da Hungria. O correspondente austríaco escreve de Pest:

"Um viajante que chegou aqui por trem nos garantiu que teria chegado a seu conhecimento, por fonte fidedigna, *que os russos teriam entrado na Galícia a fim de marchar imediatamente dali para a Hungria.*"

Isto pode ajudar, nada mais ajudaria tão facilmente. Seja verdadeiro ou não, de todo modo esse boato demonstra a importância que os generais imperiais atribuem à posse da Alta Hungria.

Nesta nova expedição de Görgey, os bens de muitos magnatas húngaros, entre outros as propriedades de Pallavicini e do conde Szirmay, foram totalmente devastados. Esses senhores haviam traído seus conterrâneos e pretendiam organizar voluntários contra os magiares.

Diz-se que *60 mil russos* teriam invadido a Transilvânia.

Em Pest, foi dito no dia 25 que a *fortaleza Arad* teria sido tomada de assalto pelos magiares, comandados pelo francês Duchatel. Teriam permanecido lá 3 mil magiares.

Ademais, circulam em Viena e Pest um sem-número de boatos inspirados na lei marcial. Bem teria morrido, Dembiński teria perdido seu braço direito etc.

Da *F[olha] Const[itucional da] B[oêmia]*, que novamente só chegou aqui hoje pela manhã, extraímos ainda o seguinte: No dia 25, não havia em Pest a mais mínima notícia nem sobre Schlick, nem sobre Jellachich. Supunha-se que eles se mantinham inativos e esperavam reforços. "As condições climáticas atuais são, além disso, muito adversas para empreender uma campanha pelo mar de lama das *pusztas* húngaras. Antes de ontem

---

[2] Ver "Do teatro da guerra".

nevou ininterruptamente, enquanto ontem e hoje cai uma chuva fina e constante com persistência tenaz. Já ontem o correio se atrasou 10 horas."

Em contrapartida, a navegação do Danúbio de Pest a Esseg teria sido restabelecida – por quanto tempo, não se sabe. Em todo caso, a marcha de Jellachich para Kecskemét teve por consequência que os insurgentes do comitato de Tolna foram separados da força magiar principal e que o pretendido movimento dos magiares de Szegedin para o Danúbio foi aparentemente frustrado. Esse movimento visava o mesmo flanqueamento da ala direita dos imperiais que Görgey tão bem executou na esquerda.

Komorn continua sendo bombardeada sem sucesso. Na própria fortaleza houve uma luta; o partido disposto à rendição sucumbiu, e os magiares revolucionários instituíram então o terrorismo, e fuzilaram todos os traidores. As tropas austríacas de sítio suportaram as maiores fadigas, neve e chuva. Em 24 de março a neve alcançava 4 pés de altura.

A *Gazeta Geral de Augsburg* traz um artigo, "Três meses da guerra húngara", que contém confissões tão mais importantes por ser o autor negro-e-amarelo. Voltaremos a ele.

Do teatro da guerra

NGR, n. 263, 4/4/1849

F. Engels

De todas as partes recebemos hoje a notícia de que os húngaros avançaram por Gyöngyös até as proximidades de Waitzen, a cinco horas de Pest. Agora ninguém mais ousa duvidar; a *Gazeta de Colônia*, a *Gazeta Geral de Augsburg* e a *Folha Constitucional da Boêmia* concordam todas com isso. Os austríacos tiveram de se retirar a toda pressa de Hatvan e Gödöllö pela péssima via terrestre em direção a Waitzen. Foram ameaçados em seu flanco pelos húngaros, os quais ao mesmo tempo se tornam perigosos para a área do sítio de Komorn.

Em consequência desse avanço dos húngaros, a coragem dos habitantes de Pest voltou a crescer. Ali, foram disseminadas em grande quantidade proclamações de Madarász, o ministro de Polícia de Debreczin, nas quais os moradores de ambas as capitais[1] são exortados a resistir, pois sua libertação estaria próxima.

O corpo magiar que avançou está sob o comando supremo de Görgey. Repete-se o boato sobre a renúncia de Dembiński por suas discordâncias com Görgey. *Vetter*, aquele que formulou os planos originais de campanha com Bem, teria assumido o comando em seu lugar.

Uma notícia sobre a qual também não pairam dúvidas é a da entrada *na Transilvânia de 30 mil homens de novas tropas russas auxiliares*. O *Lloyd* e várias publicações da *Correspondência Litografada*, de Viena, o anunciaram unânime e simultaneamente, bem como que *Bucovina também foi ocupada pelos russos.*

De resto, o *Lloyd* relata ainda, ademais, que Bem teria sido *completamente derrotado* pelos russos e *obrigado a recuar para a Valáquia*. Não podemos julgar se a primeira parte dessa notícia é verdadeira; mas é praticamente fora de dúvida que sua segunda parte é totalmente falsa. Bem perseguiu os russos até o desfiladeiro de Roterturm, mas não pôde penetrar nesse desfiladeiro. Se ele foi derrotado, só pôde sê-lo pelos recém-chegados russos, e a estes, que eram necessários justamente em Hermannstadt, não restava aberto nenhum outro caminho para entrar senão o do desfiladeiro Roterturm. Portanto, Bem

---

[1] Referência a Pest e Buda.

não pode de modo algum ter sido repelido para o território da Valáquia por esse desfiladeiro. À direita do desfiladeiro Roterturm há ainda três desfiladeiros que conduzem à Valáquia; mas, para conseguir passar por eles, Bem teria primeiro que tomar Kronstadt, ocupada por imperiais e russos, que ademais está ainda coberta por Puchner, que tomou posição em Küküllo (Kokel). Portanto, também por aqui Bem não conseguiria atravessar. Por fim, o quinto dos desfiladeiros transilvânio-valáquios, o desfiladeiro Sill, fica à esquerda de Hermannstadt. Se Bem tivesse utilizado esse desfiladeiro, teria agido como um alucinado. Se ele foi derrotado em Hermannstadt, lhe restariam as seguintes vias: 1) a estrada ao longo do Mures para a Hungria; 2) aquela para Klausenburg; 3) a para Maros-Vásárhely. Em todos os três casos, ele poderia permanecer no campo de batalha e retroceder até os corpos magiares, para se fortalecer. Em contrapartida, para passar pelo desfiladeiro Sill, ele teria de pisotear as mais simples normas estratégicas, se desconectar voluntariamente de sua base de operações, o Mures, e cruzar a fronteira por tédio da vida, por assim dizer. Portanto, enquanto não ouvirmos que o até agora desconhecido e inaudito avanço dos imperiais tenha lhe cortado uma retirada de outro modo segura, podemos no máximo acreditar em sua derrota pela supremacia numérica russa, mas não em sua travessia para o território valáquio.

Não soubemos nada sobre a tomada da *cidadela Arad* pelos magiares. Em contrapartida, mesmo as folhas negro-amarelas admitem que um significativo exército húngaro está concentrado no Velho Arad, essa "Saragoza magiar",[2] e em seu entorno e que evidentemente ali se preparam batalhas importantes.

De resto, na Transilvânia Bem exerceu contra os russos o mesmo saudável terrorismo exercido contra os saxões e romenos. Assim, entre outras coisas, ele teria mandado enforcar 300 cossacos que haviam sido aprisionados por suas tropas quando do ataque a Hermannstadt, e teria dito que essa ação fora para ele uma das mais satisfatórias de sua vida.

Como punição para esta e outras infâmias, diz o *Lloyd*, os russos, depois da batalha supostamente ganha, teriam enforcado seis oficiais do Estado-Maior de Bem.

A imprensa imperial-real espera para breve a rendição de Komorn e Peterwardein. Sabemos quão frequentemente e desde quanto tempo esses fatos tão desejáveis para os imperiais já foram "esperados". O tempo chuvoso ainda persiste, as estradas se transformam cada vez mais em atoleiros, o correio chega diariamente atrasado, e mesmo as operações militares têm de ser por ora restringidas.

Em síntese, a situação da causa imperial-real na Hungria é tal que o governo de Olmütz pensa seriamente em negociar. Em Miskolcz dizem que irá ocorrer um Congresso de Paz. Sobre isso escreve o *Correio da Alemanha Oriental*:

---

[2] Alusão ao papel importante desempenhado por Saragoza na guerra nacional de libertação espanhola contra o domínio napoleônico, quando a cidade foi sitiada duas vezes pelos franceses (em junho-agosto de 1808 e em dezembro-fevereiro de 1809) e ganhou fama por sua defesa heroica.

"O governo parece ter tomado novas decisões sobre a Hungria. Uma delas seria a repetida exortação para depor as armas, ao lado da promessa de completa imunidade (anistia) para todas as tropas e oficiais que voltarem à obediência."

Os sérvios estão cada vez mais sérios. Resulta da seguinte correspondência do *Lloyd* que eles demandam mais do que meras frases sobre a independência:

> *Semlin*, 21 de março. Além dos deputados que o Congresso Nacional sérvio enviou a Viena por exigência do governo, sobre os quais os informei em meu despacho de ontem, mais dois deputados eleitos, Alexander Kostich e Georg Stojakovich, partiram para Ofen, para trazer de lá para o palácio do governo todos os documentos que se referem à nação sérvia, assim como os fundos nacionais sérvios e outros institutos.

Em resumo, se não fossem os russos, nós poderíamos gritar "*Finis Austriae!*"[3] muito antes do que "*Finis Hungariae!*".[4] Agora finalmente até mesmo o publicista vizinho[5] vê isso.

---

[3] Fim da Áustria.
[4] Fim da Hungria.
[5] Alusão ao jornalista Schwanbeck escrevendo sobre a guerra húngara para a *Gazeta de Colônia*.

A comédia da coroa imperial

NGR, n. 263, 4/4/1849, suplemento extraordinário

F. Engels

Colônia, 3 de abril. O sr. Brandenburg comunicou ontem à Segunda Câmara o que o rei fará quanto à "questão alemã". A tentação era grande demais; os "fiéis Eckarts" da *N[ova] G[azeta] Pr[ussiana]* foram deixados de lado com todas as suas precauções. *O rei da Prússia vai aceitar a coroa oferecida*, e em breve poderíamos, portanto, aguardar pela entrada solene de Sua Majestade real imperial germano-cristã na sede do "governo imperial".

Mas enquanto aceita a coroa imperial das mãos do plebeu parlamento de Frankfurt, Frederico Guilherme ao mesmo tempo dá nesse mesmo parlamento e na ilusão de Sua Soberania um sutil pontapé.

O primeiro-ministro

> reconhece que a decisão da Assembleia de Frankfurt é um *grande passo adiante* para a consecução da unidade alemã. Mas ele precisa também tomar em consideração os direitos do governo. Ele é da opinião de que *a decisão só será válida com o livre consentimento dos príncipes e só é mandatória para aqueles estados alemães cujos príncipes derem esse livre consentimento*. Mas o governo prussiano envidará todos os esforços para efetivar essa livre unificação.

Muito esperto! A coroa imperial é sempre aceitável, particularmente se ela é um objetivo de vida esperado longamente em vão – veja-se a conhecida brochura de Radowitz: Como Frederico Guilherme IV *não* se tornou imperador alemão.[1] Mas à coroa oferecida pelo parlamento de Frankfurt adere muita poeira plebeia, muita lembrança desagradável dos infaustos dias do domínio do povo soberano, para que um rei pela graça de Deus, e ainda por cima um reabilitado, pudesse cingi-la sobre sua cabeça assim sem mais.

Só quando os demais príncipes, igualmente coroados pela graça de Deus, tiverem dado seu consentimento, só então a nova coroa será purificada de todas as máculas pecaminosas dos acontecimentos de março e consagrada pela graça de Deus; só então o

---

[1] Radowitz, *A Alemanha e Frederico Guilherme IV*.

escolhido dos 290 professores e conselheiros áulicos a tomará e dirá, como outrora em Berlim: "Pela graça de Deus eu tenho essa coroa, e ai de quem a tocar!"[2]

Deixamos à sabedoria da *Gazeta de Colônia* determinar em que novo estágio da trapalhada imperial alemã entraremos graças à comédia imperial e especialmente graças ao respectivo reconhecimento ou não reconhecimento dos governos singulares.

---

[2] Do discurso de Frederico Guilherme IV de 15 de outubro de 1840 em Berlim, por ocasião das festividades da coroação.

Os eslavos do sul e a monarquia austríaca

NGR, n. 264, 5/4/1849, suplemento

F. Engels

Nem uma palavra sobre o teatro da guerra. Nem uma sílaba para confirmar a fantástica notícia da travessia de Bem para a Valáquia, que agora podemos ver como mero boato-lei marcial, pois não foi publicado nenhum boletim desde o suposto "correio".

Em contrapartida, há notícias interessantes sobre os eslavos austríacos. Entre os citadinos e camponeses tchecos, relata a *Gaz[eta] G[eral] de Augsburg*, o nome de Kossuth é reverenciado e admirado como o de Napoleão, e em Praga pessoas foram presas por terem dado vivas a Kossuth. A *Gazeta Austro-Eslava* escreve de Vinkovci, em 24 de março:

"Viajantes nos trouxeram hoje a notícia de que em Semlin reina uma agitação extraordinária. Cortejos de rua em trajes húngaros, canções de liberdade húngaras, *Eljens* e *Zivios*[1] para Kossuth ressoam pela cidade."

Todorovich retrocedeu de Kanizsa para Kikinda (entre o Tisza e o Mures), portanto de modo algum se reuniu a Jellachich. Szegedin e Theresiopel estão, assim, *plenamente desbloqueadas*. Evidentemente essa retirada ocorreu em consequência do descontentamento dos sérvios.

A causa desse arrefecimento do fanatismo dos sérvios pela pilhagem é a oscilante política da Áustria, que hoje faz promessas aos sérvios, amanhã aos magiares, e que vê na rica aristocracia húngara, que pode ser facilmente restaurada de novo em seu poder e influência depois de uma vitória austríaca, uma aliada melhor, a longo prazo, do que a confusão de classes, interesses e condições dos eslavos do sul e particularmente das províncias sérvias.

Para divertimento, compartilhamos o seguinte novo boato-lei marcial:

Kossuth estaria negociando com o governo, e colocando as seguintes condições para a plena e imediata submissão dos húngaros: a aceitação da Constituição elaborada pela Dieta Imperial para toda a monarquia e sua nomeação para governador da Hungria!!!

Baja ainda *não* foi retomada, Nugent a bombardeou em vão.

Bem impôs a Hermannstadt uma contribuição de 100 mil florins. Os romenos estão muito desanimados; não é mais possível criar uma Landsturm.

---

[1] Vida longa, em húngaro e servo-croata.

A guerra na Hungria

NGR, n. 265, 6/4/1849

F. Engels

Colônia, 5 de abril. É um fato que os austríacos, onde quer que vençam na Hungria, vençam somente graças ao longo e regular treinamento de seus soldados; não vencem graças a seus generais, mas sim *apesar de seus generais*. O minucioso treinamento, a *massa compacta* coesa que daí resulta é seu único poder. Desde o início da guerra até agora essa compacta massa militar foi empregada pelos generais com uma mediocridade, uma falta de talento inigualáveis. Não há nenhum plano grandioso, nenhuma audácia, nenhuma destreza nas manobras, nem sombra de coordenação, nenhuma tentativa de surpreender o inimigo ou se impor a ele. Com uma trivialidade de cálculo que nunca vai além dos quatro fundamentos da estratégia (*s'il y en a*),[1] os exércitos austríacos marcham tão conscienciosamente quanto possível em linha reta ao ponto a ser conquistado, despreocupados do que avança à direita ou à esquerda, e quando um movimento inesperado dos magiares os arremessa para fora dessa linha eles ficam perplexos e imprestáveis, até que encontrem outra linha reta para o objetivo pré-determinado. Nada causa uma impressão tão fatal do que quando se vê que mesmo as mais inesperadas e geniais manobras dos generais húngaros não são capazes de suscitar nos pesados corpos militares austríacos nem sequer o menor pensamento animador, de provocar neles uma mínima ideia sagaz. É toda a velha, honesta e simples estratégia de outrora dos Koburgs, Clerfayts, Wurmsers e consortes, que, graças a Deus, nos últimos 100 anos vêm repisando o velho axioma segundo o qual a linha reta é a menor distância entre dois pontos.

Assim, enquanto os austríacos avançam lenta, mas de modo algum seguramente, e mostram uma pobreza de pensamento estratégico ímpar, encontramos à cabeça do exército magiar uma assombrosa riqueza de gênio estratégico. Toda a campanha é conduzida segundo um plano, cuja maestria se evidencia mais a cada dia; entre os elementos individuais desse grande plano, há uma série de episódios, cada um mais genialmente planejado, cada um mais surpreendente e habilmente executado do que

---

[1] Se é que há alguma.

os outros. Os magiares, por mais mal treinados e armados que sejam, confrontam por toda parte a massa dos exércitos austríacos, inerte, obtusa, mas unida, com o cálculo mais sutil, com a mais magistral utilização do terreno, com a mais segura visão geral e a mais ousada e rápida execução. A superioridade do gênio luta aqui contra a superioridade numérica, o armamento e o treinamento. Considerando a ousada e rápida marcha dos corpos magiares, mal compreendemos como um exército quase sem qualquer treinamento, mal armado e mal equipado pode empreender tais manobras e consumá-las. Basta lembrar a brilhante marcha de Görgey desde Pest, pelas cidades montanhosas eslovacas, ladeando os Cárpatos via Zips para o Tisza e de lá novamente até a seis milhas de Pest, e as repetidas campanhas-relâmpago triunfantes de Bem pela Transilvânia.

Os relatos de hoje do Tisza, certamente não oficiais, mas confirmados por diversas fontes, e que assim são tão indubitáveis como todos os boletins-lei marcial, finalmente nos possibilitam um julgamento seguro sobre os últimos movimentos entre o Tisza e o Danúbio.

Mais uma vez esses movimentos formam uma das mais brilhantes e geniais manobras que talvez jamais tenham sido realizadas na história das guerras. Por meio de manobras tão ousadas e superiores quanto rápida como um relâmpago foi sua condução, os dois comandantes magiares, Görgey e Dembiński (este movimento é a melhor prova de que ele ainda comanda), desconcertaram completamente um exército que, em batalha campal regular e aberta, seria incondicionalmente superior a eles, e o fizeram recuar 20 milhas, frustraram todos os seus planos e até mesmo ameaçaram sua linha de retirada.

É conhecida a última disposição dos dois exércitos:

Os magiares no Tisza e atrás dele: Görgey em Tokaj, Dembiński em Polgar e Tisza-Füred, Vetter em Szolnok, Damjanich em Szegedin.

Os imperiais na margem oposta: Ramberg ao longo do Hernath até Miskolcz, Schlick de Miskolcz até Szegléd, Jellachich de Szegléd até Kecskemét e Felegyhaza.

Repentinamente, Görgey partiu do Tisza, marchou fazendo um desvio (claramente pelo comitato de Zemplen) para o norte em direção a Kaschau e expulsou a divisão Ramberg (as brigadas Götz e Jablonowsky) do Sáros e do comitato de Aba Ujvar. Götz e Jablonowsky mantiveram – ao menos é o que diz a *Gaz[eta] G[eral] de Augsburg* – Speries e Kaschau, em contrapartida o território aberto foi por toda parte liberado dos imperiais. Sem se deter por muito tempo, Görgey se moveu novamente ao longo do Hernath em direção ao sul, tendo os remanescentes das tropas de Ramberg sempre diante de si, tomou Misckolcz e se deslocou então para oeste; pela via de Rimaszombat, ele foi para Losoncz e assumiu posição no Ipoly (Eipel), entre Losoncz e Balassa-Gyarmath. Sua vanguarda teria avançado até Neograd.

O heroico Ramberg recuou em apressada fuga por Hatvan, pelas piores estradas, para *Waitzen*, no Danúbio, a *quatro milhas acima de Pest*. Ali imediatamente construiu um pontilhão para levar suas tropas para a margem direita do Danúbio e, assim, pôr o rio entre ele e Görgey.

Enquanto Görgey avançava para Miskolcz, Dembiński cruzava o Tisza em Czibakháza, desbaratava com 30 mil homens a formação de Schlick em seu ponto mais fraco, entre Jasz-Berény e o campo de batalha de Kapolna, marchava por dentro da terra ocupada pelo inimigo e se reunia com Görgey deste lado das montanhas Mátra.

Schlick deixou para trás, para cobrir Pest, uma parte de suas tropas em Hatvan (o mesmo local a que os magiares fizeram uma visita em fevereiro). Com a outra ele "perseguiu", como se diz, o exército de Dembiński. O que se deve entender por essa "perseguição" é absolutamente imcompreensível, a não ser que ele queira ser separado e empurrado em direção ao Hernath para território puramente magiar.

Ao mesmo tempo o exército de Jellachich era forçado por Damjanich a recuar de Szegedin, e Vetter, de Szolnok. Como se sabe, Jellachich havia ocupado Kecskemét e estabelecido seu quartel-general quatro milhas à frente, em Felegyhaza. Damjanich o expulsou de lá, obrigou-o a deixar Kecskemét, derrotou-o em Nagy-Körös e o repeliu até Szegléd. De acordo com as últimas notícias, Jellachich teria deixado também esse local e recuado seu quartel-general para Pilis, *a quatro milhas de Pest*.

Portanto, os austríacos foram repelidos em todos os pontos, e o teatro da luta está novamente situado a poucas milhas de Pest.

Mas desta vez os magiares atuaram com forças muito diferentes e assumiram uma disposição totalmente distinta daquela de seis semanas atrás, quando estavam em Hatvan.

Naquela ocasião estavam em uma linha orientada à direita pelas montanhas Mátra e à esquerda pelo Tisza. Eles tinham, primeiro, apenas o objetivo de ameaçar Pest.

Desta vez as coisas são diferentes. Trata-se de libertar Komorn e apoiar a insurreição na margem direita do Danúbio, às costas dos imperiais. Daí a muito maior ousadia, a perícia muito maior na combinação de movimentos.

Os magiares estão posicionados em duas longas linhas curvas, dispostas uma a nordeste, outra a sudeste de Pest. A primeira estende-se de Erlau e Gyöngyös, que Dembiński ocupa, até Balassa-Gyarmath e Neograd, onde está Görgey. Enquanto Dembiński mantém Schlick em xeque e ameaça Pest, Görgey empurrou Ramberg para o Danúbio e ameaça tão seriamente a região sitiada de Komorn, distante meros dois dias de marcha, que tropas de lá já foram enviadas contra ele e a fortaleza só está muito frouxamente defendida. Ao mesmo tempo, ele está em condições de sublevar novamente os comitatos magiares vizinhos no Danúbio, especialmente Gran, de interromper a comunicação por navio entre Pest e o exército de sítio, e despertar um inimigo às costas dos austríacos, que no mínimo os obrigará a enfraquecer o exército principal. No caso de uma derrota, estará novamente aberta para ele a retirada para as montanhas eslovacas.

O segundo exército magiar está posicionado a sudeste de Pest, um flanco margeando o Danúbio, outro margeando o Tisza, o centro em Kecskemét, Nagy-Körös, ou agora talvez já em Szegléd. Essa tropa ameaça Pest desde o outro lado, e está igualmente em condições de expedir tropas auxiliares cruzando o Danúbio para Stuhlweißenburg e para o comitato de Tolna, para apoiar também aí a insurreição. Bastariam apenas alguns milhares de honvéds com artilharia leve e alguns hussardos para, às costas do exército austríaco principal, sublevar toda a floresta Bakony, desde o Danúbio até Raab, para isolar os sitiantes de Komorn e tornar necessário o destacamento de todo um corpo de exército contra os rebeldes. O exército austríaco, assim enfraquecido, não poderia opor muita resistência aos exércitos magiares unificados.

E os húngaros empreendem essas rápidas e arrojadas marchas em um período em que o exército austríaco, graças ao mau tempo e às estradas lamacentas, não podem dar nenhum passo adiante, e sim somente passos para trás!

De resto, depreende-se do conjunto do plano que dessa vez pretende-se algo mais sério do que da última. Antes eram corpos isolados, agora é todo o exército principal austríaco que foi pressionado a recuar para o interior dos muros de Pest. Evidentemente, é a própria Pest o objetivo. Sabe-se muito bem disto nessa cidade. As cédulas húngaras *subiram novamente*. As reservas foram levadas de volta de Gödöllö (a três milhas de distância) para Pest, e sua bagagem foi transportada pelo Danúbio para Ofen. A guarnição de Pest e Ofen foi confinada durante todo o dia na cidadela e nas casernas.

Em resumo: os austríacos empurrados de todos os lados para Pest, o exército magiar mais concentrado do que nunca, Szegedin libertada, a união de Jellachich com os sérvios malograda, a região do cerco de Komorn rompida, as cidades montanhesas ameaçadas, as guerrilhas na Eslováquia e na margem direita do Danúbio apoiadas, e Pest ameaçada mais perigosamente do que nunca – eis os resultados imediatos deste movimento concêntrico dos quatro corpos magiares no Tisza, tão audaz e habilmente calculado como precisa e rapidamente executado.

Na *Transilvânia* a situação de Bem começa do mesmo modo a se esclarecer. Bem primeiro venceu Puchner e o empurrou para Hermmanstadt. Em 10 de março, enviou a ele um representante e reivindicou que se rendesse. Em vez de qualquer resposta, o general russo mandou açoitar o representante. Então, no dia 11, Bem atacou e tomou a cidade. Os russos não foram perdoados, um comitê revolucionário foi estabelecido e muitos cossacos foram enforcados. Puchner fugiu para a Valáquia, o general russo teria ficado. No dia 14, Bem marchou contra Kronstadt. Nesse meio tempo, 40 a 50 mil russos entraram pelos desfiladeiros de Roterturm e Törzburg (próximo de Kronstadt), atacaram Bem e o derrotaram graças a sua dupla superioridade numérica. Bem recuou para o País dos sículos. A história dos cinco oficiais poloneses enforcados se confirma; chamavam-se Bilski, príncipe Woroniecki, Dumanski, Podalecki e Wronski. Ademais, teriam sido enforcados pelos russos outros 70 oficiais e sub-oficiais. O boato de que Bem fora repelido para a Valáquia mal foi mencionado; quase tão extravagante soa outro, segundo o qual ele teria fugido para o exército magiar do Tisza. O pavor que o nome de Bem inspira aos imperiais é tão grande que já afirmam que teria sido ele a planejar e comandar o audacioso movimento de cruzamento do Tisza.

Do Banato, nada de novo, a não ser que Rukavina *concedeu* ao patriarca[2] *todas as suas reivindicações acerca da nacionalidade sérvia.*

Komorn e Peterwardein se mantêm. Welden em pessoa saiu para a primeira fortaleza. *Nous verrons!*[3]

---

[2] Rajachich.
[3] Veremos!

Do teatro da guerra

NGR, n. 266, 7/4/1849

F. Engels

Não chegou absolutamente nenhuma notícia nova do teatro da guerra. Apenas da Transilvânia temos hoje dois boletins magiares, assinados pelo próprio Bem, publicados pelo órgão oficial de Debreczin, *Közlöny*:

1. Quartel-general Hermannstadt, 15 de março. Em meu relato do dia 13 deste mês, tive a felicidade de comunicar que enviei um corpo contra o desfiladeiro de Roterturm (Vöröstorony), para cortar, tanto quanto possível, a comunicação com a Valáquia. Esse corpo de exército, entretanto, não pôde avançar muito, uma vez que todo o exército austríaco está em Freck, e, portanto, só estava separado do desfiladeiro por um cume de montanha, e, assim, o flanco de minhas tropas que avançavam estava ameaçado. Entretanto, me apropriei desse desfiladeiro por um desvio, e não apenas o manterei, como também ao mesmo tempo empurrarei o inimigo na direção de Kronstadt, de onde só com grande esforço ele poderia cruzar os Cárpatos, isto é, se pretendesse fugir para a Valáquia. Começarei ainda hoje essas operações militares. – Ontem novamente os nossos capturaram um alto oficial, o coronel Kopet. Os dois outros altos oficiais capturados antes se chamam barão Berger (tenente-coronel) e Teichbert (major). – A tomada de Hermannstadt foi para nós de inestimável valor, de todos os lados nos coube uma grande quantidade de armas, enquanto o nervo vital do inimigo foi cortado.
2. Quartel-general de Roterturm (Vöröstorony), 16 de março. Minhas operações de ontem visando a expulsão dos russos do desfiladeiro de Roterturm foram coroadas de tão feliz sucesso que na mesma noite, às 11 horas, repelimos os russos dessa forte posição. O "15 de março", o aniversário da libertação dos povos, não pôde, no entanto, ser comemorado dignamente.[1] Hoje à tarde, às 5 horas,

---

[1] Em 15 de março de 1848, uma insurreição popular eclodiu em Pest. No meio do dia, os insurgentes – artesãos, trabalhadores, estudantes e camponeses que tinham vindo para a feira – tomaram a cidade, cruzaram o Danúbio pela ponte e entraram em Buda, onde libertaram prisioneiros políticos. A guarnição austríaca ficou paralisada. Os insurgentes elegeram um Comitê de Salvação Pública que provisoriamente concentrou poderes em suas mãos. Uma assembleia popular adotou os "12 pontos" elaborados pela oposição radical e

os russos empreenderam a mais selvagem e precipitada fuga. Quatro generais austríacos – Puchner, Pfersmann, Gräser e Jovich – escaparam com cerca de três companhias para a Valáquia. Eu mesmo inspecionei o desfiladeiro de Roterturm tão cuidadosamente e fiz tais preparativos, que aqui os russos dificilmente invadirão com intenções inimigas. Enviei uma outra parte de meu exército à perseguição dos austríacos, os quais, conforme declaração de prisioneiros de guerra, estão desmoralizados e se dirigem desordenadamente para Kronstadt. Sua força principal está em Fogaras, mas a retaguarda acabou de deixar Frek. Os inimigos destruíram atrás de si a ponte sobre o Olt, o que entravou por algum tempo a resoluta perseguição deles. Agora, depois da reconstrução da ponte, continuei a perseguição com todo o vigor. Espero tomar Kronstadt dentro de 3 a 4 dias, com o que o exército imperial austríaco será em parte aniquilado, em parte dispersado, mas em todo caso se tornará inofensivo para a paz interna desse país. E será então tanto mais fácil reduzir também à obediência os bandos valáquios isolados que ainda operam. *Pós-escrito*: Depois da tomada de Kronstadt partirei imediatamente para a Hungria com um corpo de exército.

(Como nossos leitores já sabem, o general Bem não foi bem-sucedido na tomada de Kronstadt.)

A seguinte correspondência da *Gazeta Geral Alemã* mostra o quanto os revolucionários de Pest foram encorajados pelos recentes avanços do exército magiar.

Pest, 30 de março. Parece que existe aqui um comitê secreto que está *vinculado ao governo revolucionário de Debreczin*. De fato, é encontrada diariamente em todas as ruas uma grande quantidade de cartazes impressos em húngaro, contendo em parte boletins de guerra do governo de Debreczin, mas em parte também ordens e decretos daquele. A tomada de Hermannstadt por Bem já era conhecida aqui em 22 de março por meio desses cartazes. A polícia *ainda não conseguiu* rastrear esse centro de informações. Se se deve dar crédito a tal cartaz, do qual incontáveis exemplares foram distribuídos ontem, então o *tenente-coronel húngaro Gaal tomou de assalto a fortaleza Arad em 23 de março*. No entanto, o comandante imperial da fortaleza, tenente-marechal de campo barão Berger, teria conseguido escapar com sucesso. – O *ban*, tenente-coronel barão Jellachich, *está aqui novamente*. O plano de avançar até *Szegedin foi abandonado*. O teatro da guerra foi *deslocado* para cerca de *40 milhas mais próximo da fronteira austríaca*, e graças a isso uma área de cerca de 300 milhas quadradas foi abandonada aos magiares. Nesse momento o exército imperial está em princípio *limitado à defensiva*. Também se manifesta generalizadamente entre os oficiais a convicção de que, *sem reforços significativos, é praticamente impensável uma vitória decisiva*. – A comunidade judaica local teve de pagar ontem uma multa de 40 mil florins porque dois judeus locais foram condenados por fornecimentos feitos a Debreczin. – O coronel Horvath avançou para Baja, que os insurgentes ocuparam com 4 mil homens. Sua tarefa é limpar a linha do Danúbio e aniquilar os navios dos insurgentes.

---

reivindicou administração pelo parlamento e liberdades civis. Os eventos de 15 de março deram início à revolução na Hungria contra o sistema feudal e pela independência nacional.

Portanto, de acordo com isso, Jellachich, depois de três ou quatro tentativas contra o Tisza, voltou pela quinta vez a Pest; e, assim, como antes percebeu-se que o Tisza não poderia ser travessado em Szolnok para marchar contra Szegedin, agora percebe-se que Szegedin não pode ser tomada. Esses repetidos recuos são os "louros" do "cavalheiresco *ban* Jellachich!" "Pobre Jellachich! Pobre *Gazeta de Colônia*!"

O sr. Welden editou uma assustadora proclamação para a guarnição de Komorn, que, depois de muitas palavras grandiloquentes, continha de positivo o seguinte:

> Por conseguinte, dou o prazo de 12 horas para que cada um possa retornar à bandeira imperial-real. Mas, decorrido esse prazo, continuarei a destruição de Komorn enquanto tiver ainda um bravo soldado e meus canhões tiverem munição. Que Deus nos ajude! Diante de Komorn, 26 de março de 1849.

O boato de que os russos entraram na Galícia foi seguramente desmentido.

Relatórios-lei marcial informam: Continuam nos faltando notícias *consoladoras* [!!!] da Hungria.

Cartas de Jaffy informam que, na Moldávia, foram feitos grandes preparativos para alguma guerra, especialmente tropas russas entraram ali em grande número por todos os lados, e o general Paskevich é esperado a qualquer dia.

A *Nova Gazeta do Oder* traz hoje um documento do ex-palatino da Hungria, arquiduque *Stephan*,[2] do qual se depreende como a traição praticamente efetivada agora contra a Hungria já fora tencionada e planejada em março do ano passado. O documento diz o seguinte:

> *Sua Majestade*, a situação da Hungria nesse momento é de tal modo crítica que é de se esperar a qualquer dia a mais violenta irrupção. Em Pest reina a anarquia. As autoridades foram afastadas de suas áreas de atuação por comitês de segurança pública e – enquanto o conselho de governo, sob a vigorosa direção do conde Zichy, assegura ao menos a reputação exterior – as Finanças foram reduzidas a praticamente quase nada. A nobreza (parece se depreender do contexto subsequente que se tem em mente a população rural, especialmente porque a nobreza já goza de direitos) se rebelou em muitos locais para conquistar efetivamente direitos para si.
>
> Nessa situação anômala e perigosa, cada um espera sua salvação da iminente formação do ministério responsável.[3]

---

[2] O arquiduque austríaco Stephan foi nomeado Palatino da Hungria em 1847. Desde os primeiros dias da revolução húngara ele lutou para restaurar o domínio dos Habsburgo, dissimulando seus objetivos contrarrevolucionários por concessões ao movimento de libertação nacional húngaro, e conspirando com os magnatas húngaros. Em setembro de 1848, quando o *ban* Jellachich, inspirado pela corte austríaca, entrou na Hungria causando uma crise governamental, Setphan fez uma mal-sucedida tentativa de tomar o poder. Por proposta dos líderes húngaros da direita, a Assembleia Nacional o nomeou comandante-chefe das tropas húngaras. No entanto, o arquiduque Stephan retardou a ação militar e tentou entrar em acordo com o *ban* croata. Logo depois, sentindo-se inseguro, fugiu para a Hungria. Em 29 de setembro de 1848, as tropas revolucionárias húngaras derrotaram o exército de Jellachich.

[3] Referência ao "governo independente e responsável" formado na Hungria como resultado da insurreição de março de 1848 e liderado pelo conde Batthyâny. O governo era dominado por representantes da aristocracia

Ainda que consideremos esse plano como uma calamidade, põe-se a seguinte questão: qual é a menor calamidade?

Quero agora tentar apresentar resumidamente os três *únicos* meios pelos quais espero poder ainda alcançar alguma coisa na Hungria. O primeiro meio seria retirar todo o poder armado do país, e abandoná-lo à total depredação; assistir passivamente à devastação, ao incêndio – e também à luta da nobreza contra os camponeses.

O segundo seria negociar com o conde Batthyány (que nesse momento é o único herói do povo; – se hesitarmos, também sua estrela poderia cair) para salvar tudo o que ainda é possível salvar. Mas é preciso saber de antemão o que fazer se, no caso de sua insatisfação, ele pretender talvez renunciar.

Finalmente, o terceiro meio seria licenciar imediatamente o palatino e enviar para Pressburg um comissário real investido de poderes extraordinários e acompanhado de uma considerável força militar, o qual, depois de dissolver a Dieta de lá, parta para Pest e ali possa, com mão de ferro, dar continuidade ao governo por tanto tempo quanto as circunstâncias o requeiram.

Diante do primeiro meio, confesso-o publicamente, eu mesmo me horrorizo. É imoral, e talvez seja mesmo indecoroso para um governo que ele abandone totalmente seus súditos, entre os quais ao menos uma parte lhe é favorável, e os sacrifique como oferendas a toda a crueldade de uma insurreição [!]. Ademais, o exemplo dado às turbulentas massas rudes produziria nas demais províncias a mais daninha influência.

O segundo meio, ao contrário, é bom, e apesar de à primeira vista ter a aparência de uma divisão, ele no entanto é, no presente, o único meio para conservar essa província; contanto que os novos senhores a serem nomeados sejam capazes de exercer total influência sobre o movimento interno – o que agora decerto não pode mais ser afirmado previamente com plena certeza. Com o início de um período mais propício, pode-se organizar de modo diferente muita coisa que agora poderia causar uma separação. Eu não sei se, por meio de sérias negociações com Batthyány e Deák, se poderia alcançar algo – mas também só por meio deles – pois, se eles deliberarem em Pressburg,[4] deve-se temer tudo. No entanto nesta ocasião, como um funcionário leal do Estado, sou suficientemente livre para chamar a atenção de Vossa Majestade para uma circunstância de grande importância: o que aconteceria se Batthyány, no caso de negociações malsucedidas, pusesse tudo em jogo e estivesse pronto a renunciar?

Aqui considero como meu dever não exagerar, mas levar em conta, conforme a verdade, que se deveria, nesse caso, estar preparado para poder enfrentar com força armada as demonstrações que sem dúvida serão promovidas pela juventude de Pressburg e por uma parte da nobreza ao longo do Danúbio e na estrada de Pressburg a Viena. Nesse

---

rural e da nobreza, que receavam a continuidade da revolução, e buscaram um compromisso com os círculos dominantes austríacos. Os radicais eram representados no governo por Lajos Kossuth (ministro das Finanças) e Bertalan Szemere (ministro do Interior). O governo Batthyány manteve o poder até 1 de outubro de 1848. No início daquele mês, a Assembleia Nacional transferiu as funções governamentais para o Conselho de Defesa, liderado por Kossuth.

4   Alusão ao debate sobre uma série de leis na Assembleia Nacional (Dieta), que se reunia em Pressburg, sobre a abolição do trabalho compulsório etc. Em 18 de março de 1848, a assembleia promulgou uma lei agrária anulando alguns dos encargos feudais dos camponeses, e aprovou leis sobre a representação popular, independência nacional, imprensa etc. Essas leis foram propostas sob o impacto do crescimento do movimento revolucionário no campo.

caso ainda restaria, decerto, o terceiro meio, supondo que para sua utilização não falte nem a vontade nem a possibilidade. Esse terceiro meio deveria ser empregado muito rapidamente. Mas aqui surgem quatro questões:

a) não falta dinheiro suficiente? Não é, portanto, impossível enviar para a Hungria uma grande força militar, no meu entender de ao menos 40 a 50 mil homens? Ou

b) essa força está à mão, e pode ser concentrada rapidamente? Ademais,

c) está disponível um comissário real que esteja inclinado e seja capaz de assumir essa empreitada? E, finalmente,

d) não há nenhuma dúvida de que esse meio baste para a consecução do objetivo desejado? E se mais tarde, no inverno, não tiver lugar um acordo, será que, pela percepção deste, as restantes províncias hereditárias permanecerão calmas? Não será necessário ter uma grande força militar na Galícia, na Itália?

Se a todas essas questões, que eu, a partir de minha própria posição, não consigo avaliar, for possível dar uma resposta favorável segundo a qual a execução seja possível sem ilusão e sem que mais tarde porventura os cálculos se mostrem incorretos, então não tenho nenhuma outra observação a acrescentar contra sua consumação, pressupondo que seja tentado o acordo com o conde Batthyány e além disso sejam consultados os dignitários rurais que em todo caso devem ser convocados.

Admito abertamente que, no atual estado de coisas, deveria me pronunciar pelo segundo tipo, e não duvido que também as dignidades do país – apesar de eu não ter ainda falado com elas – são da mesma opinião. Só tenho conhecimento efetivo das opiniões do supremo juiz regional de Mailatt.

Se, no entanto, Vossa Majestade, segundo seu sábio juízo, julgar o primeiro ou o terceiro meio mais conveniente, então sua Alteza sem dúvida mo ordenará, conforme as leis existentes e os usos atuais, se neste caso devo permanecer à época em Viena ou se devo viajar para outro lugar.

De Vossa Majestade o súdito mais lealmente obediente
Stephan m. p.[5]
Viena, 24 de março de 1848.

Abstemo-nos de qualquer outro comentário sobre esse documento de fato por si mesmo revelador. Encontram-se na margem do documento original observações de próprio punho do arquiduque Stephan e nota de expedição: Stephanus, 23 de março de 1848, e "Kiads Marcz 24èn 1848" (isto é, expedir em 24 de março de 1848).

Dos jornais chegados hoje pela manhã extraímos ainda o seguinte:

O povoado de Aszod, na estrada para Hatvan, a 4 milhas de Pest, foi tomado pelos magiares. No entanto, eles o abandonaram novamente já no dia seguinte, para continuar avançando na direção de Neograd e do Váh. As guerrilhas eslovacas foram mais uma vez tão encorajadas pelo súbito aparecimento de Görgey no Eipel que lutaram até as fronteiras da Morávia.

---

[5] *Manu própria* – de próprio punho.

Götz e Jablonowsky estão em Waitzen. A notícia de que eles teriam sustentado Eperies e Kaschau contra Görgey era, portanto, *falsa*. Todo o Zips, e de fato *toda* a *Alta Hungria* estão, portanto, novamente nas mãos dos magiares, e os imperiais só ocupam ainda apenas as fronteiras oeste e sul, bem como o território entre o Danúbio e o Drava, e o entorno próximo de Pest.

"O *ban* Jellachich", diz o *Observador de Pest* (*Figyelmezö*),

> é não só um herói, como também um *profundo diplomata*. Ele fez furor em Kecskemét. Intimou os bandos de ciganos de Körös e Kecskemét que viessem a ele, percorreu a cidade acompanhado de melodias húngaras originais e animou de tal modo toda a população com sua conduta magiar que ela declarou: Mesmo que ele fosse nos levar para o meio do Tisza, nós o seguiríamos!!

O *ban* Jellachich se revela cada dia mais como bufão e Dom Quixote.

A *Gazeta Geral de Augsburg* noticia o seguinte fato, que pode novamente valer como prova do autêntico caráter revolucionário da guerra húngara:

> Enquanto o jovem conde Esterhazy tem um comando na fortaleza de Komorn, e caso seja invadida provavelmente será executado por alta traição, o velho conde Esterhazy, pai dele, acabou de presentear as tropas de ocupação diante de Komorn com 160 barris de vinho, para os encorajar a invadir a fortaleza!

Do teatro da guerra

NGR, n. 267, 8/4/1849

F. Engels

Temos hoje notícias gratificantes. *O boletim de Bem*, que divulgamos ontem,[1] foi *confirmado até a última sílaba*.

Bem levou as tropas de ocupação russa de Hermannstadt para fora da Transilvânia, aniquilou o exército austríaco e avançou para Kronstadt. Puchner e seus generais fugiram para a Valáquia.

No dia 11, Bem conquistara Hermannstadt e deu cabo dos russos de tal modo que apenas 2 mil deles acharam o caminho pelo desfiladeiro de Roterturm para a Valáquia. O restante, entre 2 e 6 mil homens (as notícias se contradizem), foram em parte abatidos, em parte aprisionados. Nos dias 12 e 13, Bem os perseguiu pelo desfiladeiro.

Nesse meio tempo o infeliz velho Puchner pôs-se a caminho de Mediasch para perseguir Bem. Ele chegou exatas 15 horas atrasado em Hermannstadt e estacionou suas tropas em Frek, no Aluta, lateralmente a Hermannstadt e ao Roterturm. Agora em 15 de março Bem expeliu os russos completamente para fora do desfiladeiro, e no dia 16 aniquilou o exército austríaco. O velho e pueril Puchner, assim como seus generais Pfärsmann, Gedeon e Schurtter, com três companhias, escaparam igualmente para a Valáquia. O comando sobre o corpo batido foi assumido pelo major-general Kalliani; ele fugiu com seus homens em grande desordem até Fogaras, no Aluta, a oito-dez milhas de Hermannstadt.

Bem fortificou de tal modo o desfiladeiro de Roterturm que, como ele assegura, os russos não poderão mais passar por ali. Em seguida, virou imediatamente para Kronstadt e espera conquistá-la dentro de 3 a 4 dias. Os russos, que imediatamente dirigiram tropas significativas (fala-se de 20 mil homens com 50 canhões) contra a Transilvânia, provavelmente chegarão tarde demais graças ao desvio pela Valáquia, e talvez Bem ainda consiga ocupar e fortificar os desfiladeiros de Törzburg, Tömös e Boha (2 a 3 milhas de Kronstadt) antes de os russos chegarem lá. Que eles contam aqui com uma resistência

---

[1] Ver "Do teatro da guerra" (n. 266).

significativa e sucessos apenas muito incertos, já se depreende de estarem enviando um segundo corpo de ocupação contra a Transilvânia, por Bucovina.

Para Bem, a tomada de Hermannstadt foi de importância incalculável. Ali estavam os depósitos de armas, munições e provisões do exército de Puchner. Todo este material caiu em suas mãos, e um general da insurreição tão hábil e ativo como Bem, que sabe com facilidade arranjar soldados, saberá fazer excelente uso justamente dessas armas.

Com a tomada de Kronstadt, Bem completou a conquista da Transilvânia. Ele prometeu que, tão logo obtivesse sucesso nesse empreendimento, se dirigiria com um exército para a Hungria. Mesmo que os russos, que mobilizam tudo para se vingar do amargo fracasso, não lhe permitam chegar até o Tisza, ainda assim seria possível para o veloz Bem criar uma diversão marchando para o Banato, e justamente ali sua presença pode ser decisiva.[2]

A fim de evitar a eventual suspeita de que sejam falsas essas notícias que, a propósito, nos *chegaram de todas as partes simultaneamente*, damos as poucas tristes linhas nas quais a própria *oficial Gazeta de Viena* as divulga:

> Segundo notícias de Bucarest, o tenente-coronel Puchner estava, em 10 de março, em Rimnik (Valáquia). Bem ocupou Roterturm, os russos a quarentena.[3] Um correio vindo de Kronstadt trouxe para Czernowitz, em 26 de março, a notícia de que as tropas imperiais reais da Transilvânia, depois de terem chegado tarde demais para socorrer Hermannstadt, teriam se retirado para Kronstadt, para cobrir essa cidade. Em função de uma doença, o tenente-coronel Puchner passou o comando desse corpo ao major-general Calliani e ele mesmo se retirou com o comando geral para Rimnik.

Os relatórios-lei marcial sobre a entrada de duas colunas russas pelos desfiladeiros de Roterturm e de Törzburg eram, portanto, *totalmente falsos*. Para a infelicidade da *Gazeta de Colônia*, elas não foram divulgadas pelos magiares, mas sim pela autêntica folha imperial. A "bravata magiar", ao contrário, desta vez foi confirmada palavra por palavra.

Deixemos a Transilvânia e nos voltemos para o *Banato*. Ali os magiares de Szegedin e Theresiopel infligiram sérias derrotas aos sérvios em Kanizsa, no Tisza, nos dias 16 e 18. Depois disso, teriam adentrado no Banato até Zenta e teriam causado grandes devastações. Em consequência dessa derrota, o patriarca[4] teria convocado novamente, em toda a Voivodia, a Landsturm. As últimas notícias dessa região (Semlin, dia 28) falam,

---

[2] A marcha do exército de Bem para o Banato (distrito na Voivodia sérvia, administrativamente incluído na Hungria) ocorreu em abril de 1849 depois de suas tropas terem derrotado o exército austríaco e os destacamentos auxiliares russos e de ter ocupado quase toda a Transilvânia. No Banato, as tropas comandadas por Bem e pelo general húngaro Perczel infringiram várias derrotas aos austríacos e sérvios da Voivodia, que o governo austríaco e os círculos da nobreza sérvia pró-Áustria haviam envolvido na guerra contra a Hungria revolucionária; mas eles eram incapazes de obter êxitos decisivos. No final de junho de 1849, grandes contingentes militares da Rússia tsarista entraram na Transilvânia para auxiliar a contrarrevolução austríaca e isto tornou a presença das tropas de Bem novamente necessária nessa frente da guerra. Dessa vez, ele foi derrotado pela superioridade das tropas russas.

[3] Ver "Do teatro da guerra" (n. 273).

[4] Rajachich.

contudo, de uma nova vitória dos sérvios sobre os húngaros, com a qual os primeiros teriam reconquistado sua anterior posição vantajosa.

Baja, no baixo Danúbio, continua ocupada por um bando de insurgentes. O coronel Horvath recebeu ordem de os expulsar de lá, limpar completamente a linha do Danúbio e para esse efeito aniquilar os navios insurgentes. Essas bandeiras piratas parecem ser a causa principal de ter sido recusada a solicitação da agência local da Sociedade de Navegação a Vapor de permitir a navegação no trecho do Danúbio até Esseg.

Mas Horvath voltou sem ter cumprido sua missão. Parece que não foi mais além de Kis-Körös (8 a 10 milhas antes de Baja).

Sobre o *Tisza*, soubemos hoje muito pouco. Uma coluna austríaca que se atrevera a avançar até Losoncz foi atacada de surpresa pelos honvéds e totalmente aniquilada. Numa loja de pães em Gödöllö (a 3 milhas de Pest), estoques significativos foram inutilizados pela chuva. A situação ali pode ser julgada pela seguinte lamúria de um correspondente vienense da *Folha Constitucional da Boêmia*:

> Eu temo muito pela causa húngara, e se fosse ministro não poderia dormir sossegado. Os senhores considerariam inacreditável se lhes dissesse que *Windischgrätz efetivamente foi destituído do comando*? As coisas foram tão longe a ponto de *os planos da batalha de Kapolna terem sido enviados* ao imperador, *em Olmütz, para mostrar claramente a incompetência do marechal*. Os oficiais diante de Komorn realizaram um Conselho de Guerra próprio, e foi precisa a energia de Welden e a comprovada confiança da tropa nele para solucionar tantas diferenças. Welden é novamente esperado para hoje à noite, e amanhã à tarde já poderemos, pois, ler um relatório sobre as operações em Komorn; anseio que seja favorável, mas não ouso esperá-lo.

Uma publicação da *Correspondência Litografada* de Viena informa que Dembiński *cruzou o Danúbio* abaixo de Pest com um corpo de exército e *ameaça Stuhlweißenburg*. Isso ainda precisa ser comprovado. Que os corpos magiares nessa região iriam cruzar o Danúbio, já o dissemos há vários dias; que eles ameacem Weißenburg, é bem possível; mas ainda não está claro se se trata de meras guerrilhas ou de significativos corpos de exército. Em todo caso, é admissível que Dembiński não os comande; segundo as últimas notícias, ele está estacionado com suas tropas consideravelmente mais ao norte, em Zagyva e nas montanhas Mátra.

Do campo de Komorn, o sr. Welden encaminhou um longo relatório sobre as operações contra essa fortaleza, o qual, apesar de todas as frases e confusões intencionais, não é de modo algum consolador para os imperiais. Não há traço de perspectiva de captura. Só meras enumerações secas dos acontecimentos até o momento. Eis um excerto dele:

> No verão de 1848 o armamento de Komorn foi renovado com cerca de 300 peças de artilharia e provisões suficientes para ao menos um ano; em setembro, os magiares hastearam lá a bandeira vermelha-verde-branca[5] e entregaram o comando supremo

---
[5] As cores nacionais da Hungria.

ao barão Jessenak. Ainda agora a guarnição da fortaleza se constitui das seguintes unidades militares: seis companhias do regimento de Alexandre,[6] duas companhias de infantaria prussiana, oito batalhões de honvéds, 700 homens de artilharia honvéd e dois esquadrões de hussardos austríacos que mudaram de lado. Todas as tentativas de ataque ao forte pelas descomunais massas de tropas sob Windischgrätz fracassaram; o cerco iniciado em janeiro quando do avanço contra Leopoldstadt foi abandonado como inútil, e só por volta de 10 de março os austríacos fizeram um ataque sério. De Viena, enviaram para lá artefatos bélicos, canhões e destacamentos técnicos; mas em vão, as más condições climáticas, os caminhos intransitáveis obstacularizaram tanto o transporte como a instalação dos canhões. Em 24 de março, 42 canhões de 12 e 18 libras, morteiros e obuses abriram um fogo mortal, de Sandberg, contra a fortaleza. Os sitiados responderam igualmente com um fogo pesado e em 31 de março tentaram especificamente obstacularizar a construção das baterias; nesse dia os sitiadores destruíram uma ponte sobre o Danúbio em Nemes-Oers. O tenente-marechal de campo austríaco Simunich começou, no mencionado dia, o estreito cerco de Komorn; ele fez as tropas marcharem, em parte, ao longo do Váh, e, depois de terem ocupado o posto avançado dos sitiados, causaram significativos danos especialmente à brigada Soffay com um forte fogo de armas leves. Os danos infligidos pelos húngaros ao destacamento inimigo que cruzou o Danúbio, pelo fogo sustentado das 10 horas da manhã até as 4 horas da tarde, foram naturalmente dados como muito reduzidos pelos órgãos oficiais. Ao mesmo tempo, também a brigada Veigl avançou contra a cabeça-de-ponte do Váh em três destacamentos, enquanto a patrulha comandada por Cremeville formava a reserva. O primeiro destacamento avançou contra Batfoldre, que os húngaros haviam incendiado, o segundo contra a muralha fortificada, o terceiro pelo caminho de Lisza, na margem esquerda do Danúbio, contra a torre de pólvora, onde o fogo era mais intenso. Nesta operação, as perdas do lado austríaco foram muito significativas. – Assim, os lados oeste, norte e leste de Komorn foram cercados por uma linha de fogo; finalmente, de Sandberg 42 canhões bombardearam a fortaleza e a cabeça-de-ponte do Danúbio. À noite, quatro canhões de 24 libras forçaram a cabeça-de-ponte e bombardearam o forte com balas de canhão incandescentes. No decorrer do dia 1 de abril chegaram mais 12 canhões pesados e dois morteiros de 60 libras e foram desembarcados diante de Nemes-Oers.

A única coisa positiva que resulta desse relatório é que o *reduto palatino*, cuja conquista é tão frequentemente alegada pelos imperiais, *ainda continua nas mãos dos húngaros*, assim como também a *cabeça-de-ponte do Danúbio*, e que não se pode falar ainda de baterias de demolição e muito menos de brecha.[7]

---

[6] Até 1868, regimentos e outras unidades militares independentes no exército imperial austríaco eram nomeadas a partir de seus "patronos" ou chefes. Esse costume remontava aos exércitos mercenários cujos comandantes mantinham os regimentos a sua própria custa e por isso tinham o direito de nomear oficiais. Mais tarde os comandantes mantiveram o direito de dar seus nomes aos regimentos, mas o Estado assumiu a responsabilidade de os manter.

[7] Baterias de brecha eram instaladas nos estágios conclusivos do sítio, para destruir os bastiões e outras fortificações de fortalezas sitiadas.

Em *Debreczin* todos estão muito alegres e com bom ânimo. Bem enviou para lá sete canhões conquistados aos russos, que foram adornados e expostos publicamente. Diz-se que o parlamento de Debreczin *foi convocado para 15 de abril, em Pest*.[8]

Chegou uma notícia da Croácia que trata de uma repentina e curiosa indulgência do governo imperial para com os eslavos. É sabido que os eslavos do sul protestaram contra a continuidade da ditadura militar nas fronteiras militares. A constituição outorgada declarava que nas fronteiras tudo devia continuar como antes. Daí particularmente a insatisfação dos croatas e sérvios, que viam seu país ser assim dividido em duas metades opostas uma à outra. Agora, quando os eslavos são mais necessários do que nunca, repentinamente foi afixado em Zagreb, em 30 de março, o seguinte cartaz:

> Tomamos conhecimento, de fonte segura, que *todas as decisões de nossa Dieta histórico--mundial* do ano de 1848, e especificamente o *artigo 26*, relativo à futura condição das *fronteiras militares*, foram *ratificadas* por Sua Majestade nosso jovem imperador e rei Francisco José. Mas, o próprio coração de cada verdadeiro patriota adivinhará a quem, ao lado da clemência do imperador, devemos agradecer por essa guinada favorável das coisas. Eslavos do sul! Caros irmãos! Não desanimem! Teremos decerto uma pátria e assim amaremos novamente a Áustria; então as feridas abertas de nosso povo, infligidas na luta em tantos campos de batalha pelo poder e pela glória da Áustria, cicatrizarão. Então, irmãos, será nossa glória termos contribuído tão corajosamente para a reconstrução no sul da Europa, na qual, como membros da livre residência de tantas nações, também tomaremos o devido lugar e, esquecidas as dores e tribulações do passado, poderemos exclamar de coração: Viva o rei e imperador constitucional Francisco José! Viva o predileto da nação, o bravo *ban* Jellachich!

Esse cartaz não trazia qualquer assinatura, mas foi considerado como proveniente do ministro Kulmer e como semioficial. As decisões de 1848 em questão exigiam: subordinação da administração civil das fronteiras militares aos correspondentes ministérios, de modo que só a organização militar deveria permanecer com o ministério da Guerra, e a limitação do dever de servir dos fronteiriços ao serviço no estrangeiro, estipulando-se um determinado contingente em proporção às restantes monarquias. Até o momento, também a administração civil das fronteiras foi transferida às autoridades militares, e todos os fronteiriços entre 16 e 60 anos podiam ser convocados para o serviço ativo no exterior. Justamente os fronteiriços assim recrutados foram aqueles cuja massa decidiu a guerra em favor da Áustria em agosto, na Itália, e em outubro do ano passado na Hungria, no Drava e no Banato. Se o cartaz de Zagreb não for uma mera impostura austríaca imperial-real, então o artifício de extrair soldados da terra chegou a seu fim com ele.

---

[8] Essa sessão da Assembleia Nacional foi realizada em Debreczin porque só em 24 de abril de 1849 as tropas húngaras libertaram Pest.

[Do teatro da guerra]

NGR, n. 267, 8/4/1849, segunda edição

F. Engels

O correspondente magiar da *Gazeta de Breslau* informa hoje que Bem tomou *Kronstadt* em 20 de março, e de fato sem muita luta. O resto dos austríacos e russos teriam se retirado para a Valáquia. Tanto Hermannstadt como Kronstadt teriam tido de pagar cada uma diariamente mil florins em dinheiro aos russos e além disso teriam sido expostas às mais vergonhosas requisições e roubos. Bem teria anunciado nas duas cidades uma anistia geral. Os saxãos devem logo ter declarado publicamente que teriam sido *obrigados* pelos austríacos a convocar os russos (o que em todo caso não é verdade). – No dia 29 os imperiais, sob comando de Welden, teriam tentado um assalto a Komorn [?] e teriam sido de tal modo vencidos que desistiram do cerco àquela fortaleza. Apenas um corpo de observação[1] ainda permaneceria em Gönyö. O batalhão italiano Wimpfen teria passado para os húngaros. Damos essas notícias sob todas as reservas, apesar de, nos últimos tempos, as informações essenciais do correspondente magiar terem sido regularmente confirmadas.

Em *Debreczin* continuam sendo impressas cédulas, pois chegaram aos magiares, por contrabando, uma nova quantidade significativa de papel-moeda.

> Em 15 de março, aniversário da insurreição húngara, foi realizada uma grande festa popular nos arredores de Debreczin, na qual se reuniu uma grande massa de povo. Foram assados dois grandes bois, muitos porcos e cordeiros, não faltou vinho, ciganos entoavam canções e marchas húngaras, foram feitos discursos – e propostos brindes com o indispensável *Eljen*.[2] Em Debreczin não há tropas, e os guardas nacionais foram liberados do serviço. Estes últimos traziam faixas vermelho-brilhantes em suas barretinas e chapéus. A propósito, sempre a metade de cada batalhão em todo o país deve estar em campo para facear o inimigo e é rendida no curso de três meses pelas três outras companhias que permaneceram em casa. Isso explica a pujança das forças militares rebeldes, e porque seus batalhões não conseguem resistir a nenhum ataque de baionetas dos imperiais. (Folha Constitucional da Boêmia)

---

[1] Corpos de observação eram designados para observar o inimigo nos flancos do teatro principal das operações militares.

[2] Viva!

Schlick e Jellachich estão novamente (pela décima vez) em um Conselho de Guerra em Pest. O general Jablonowsky deve ter avançado contra Losoncz, segundo relatórios austríacos.

> Uma nova atmosfera de medo foi provocada por cartas de negócios enviadas de Lemberg em 31 de março. As primeiras casas de comércio informam de lá que toda a guarnição de Lemberg teria marchado para a Hungria, e que depois dessa retirada temia-se um movimento ou diversão revolucionária em favor dos magiares. (*Correspondência Litografada*)

O cartaz de Zagreb anunciando as concessões[3] dissolveu-se no ar. Até agora ninguém se apresentou para defendê-lo, e acredita-se generalizadamente que se trata de uma impostura.

---

[3] Ver "Do teatro da guerra" (n. 267).

Lamentações austríacas

NGR, n. 268, 9/4/1849

F. ENGELS

Nem a mínima notícia nova de qualquer parte, ainda mais porque os jornais de Breslau, os melhor informados, faltaram hoje graças ao recente feriado.

De Komorn, a *Gazeta de Viena* informa oficialmente o seguinte fato insignificante:

> Em relação às conhecidas operações e acontecimentos de 3 de abril em Komorn, as últimas notícias nos dizem o seguinte:
>
> O estreito cerco começou em 2 de abril, os canhões pesados ainda restantes foram inseridos na noite de 1 para 2 de abril na bateria n. 8, e ao raiar do dia começou, desta bateria muito adequadamente localizada, o fogo de 24 libras com balas incandescentes contra a velha fortaleza. O inimigo respondeu ao fogo apenas moderadamente da linha do Palatinado, da velha fortaleza e da cabeça-de-ponte.

Agora até a *Folha Constitucional da Boêmia* tem de admitir que o exército do Tisza foi consideravelmente dizimado pela febre. "Diz-se que a morbidade nos arredores inundados do Tisza é terrível."

Na mesma folha escreve-se, "de Drava, 30 de março", que no Banato as coisas começam igualmente a tomar uma direção muito inconveniente para a Áustria. Ouçamos o lamento do correspondente-lei marcial imperial real sobre essa "confluência" de circunstâncias demasiado indesejável:

> O terreno de operações apresenta dificuldades características, e ademais o exército também conta entre as tropas de fronteira com poucas equipes treinadas, e se debilitou com as tropas de ocupação. Também é preciso considerar e levar em conta o tamanho da área da Hungria e da Transilvânia. Em contrapartida, os rebeldes estão mais concentrados e abrem caminho para o Banato. Por consequência, o corpo imperial sérvio do general-major Todorovich, que, como informei da última vez, marchou da região de Theresiopel em direção a Kikinda, está com *sérios problemas*, ou mesmo, se a notícia sobre Karlowitz não mente, foi dispersado.
>
> O corpo de sítio de Peterwardein obteve reforços de três batalhões e está trabalhando firme nas trincheiras. Se [!] Komorn cair [!], certamente uma grande massa de tropas será mobilizada para este ponto, pois perto da *Transilvânia nenhuma região precisa de reforço tão urgentemente quanto esta*, não só por causa da fortaleza, mas também por causa da

probabilidade de uma pressão inimiga. Os ânimos na Voivodia estão muito sombrios, mas não nas camadas baixas, e sim nos estratos médios e altos da sociedade. Pode-se depreender o quanto eles se impuseram em Mitrowic Odbor[1] e sua atmosfera do fato de que o tenente-coronel Puffer, que, como capitão, se fez notar por sua determinação no conhecido escândalo de Reichenberg, não pode, *como alemão*, ser considerado para assumir o comando do regimento de Peterwardein, não obstante uma fração do regimento ter peticionado por sua nomeação como coronel.

E, para concluir, lemos o seguinte apelo dorido de um correspondente vienense do mesmo jornal, que finalmente viu um lampejo de luz e já pressente do que se trata:

> Agora chega o chumbo grosso da Hungria! O que aqui se murmurava no silêncio está agora impresso com palavras secas na edição vespertina da *Gazeta de Viena*, o corajoso Puchner foi empurrado para a Valáquia – ele teria não somente reunido todo o seu corpo, como também teria podido se afirmar no desfiladeiro de Roterturm. *Onde estão nossos amigos, os russos*? E por que não trazem nossas tropas da Hungria para a Transilvânia? Diz-se que a região do Tisza é totalmente intransitável – *mas por que os magiares ainda assim encontraram um caminho na região do Tisza e cruzando-o?* Em Szegedin o pão está muito caro e em Komorn seria muito ruim – até ai nós já o tínhamos publicado, *mas os honvéds os conseguem sempre baratos, em grande quantidade e, ao que parece, de qualidade tolerável.* 'Oh senhor dos céus, pasme!' Se isso continua assim, então – ah, bem, *não devemos profetizar*!

Eis

a velha Áustria,
Rica em honra e vitórias![2]

---

[1] Referência evidentemente ao Odbor cuja sessão ocorria na cidade de Karlowitz.
[2] Do poema de Ernst Moritz Arndt "Des Teutschen Vaterland" (música de Gustav Reichardt) (*Das ist "das alte Österreich,/An Ehren und an Siegen reich!"*).

Do teatro da guerra

NGR, n. 269, 11/4/1849

F. Engels

Não há mais qualquer dúvida de que Bem é o senhor de toda a Transilvânia. Os austríacos, que apressadamente se retiraram de Hermannstadt para Kronstadt, e as tropas de ocupação russas de lá não ofereceram qualquer resistência. Supostamente "por falta de munição", abandonaram também Kronstadt sem luta e se retiraram para o território valáquio. Ali estariam estacionados seus 22 mil homens, 3 mil cavalos e 50 canhões, além de 8 mil russos, e, na fronteira bessarábica-moldávia, ainda um corpo de 15 mil homens, que já recebeu a ordem de cruzar o Prut. É o que informa a *Gazeta de Viena*.

Não é certo se essas afirmações da *Gaz[eta de] Viena* são corretas ou não. Mas é certo que, *se* elas estão corretas, as forças militares de Bem devem ter aumentado enormemente, para que ele possa ter expulsado 25 mil austríacos com 50 canhões e de 6 a 10 mil russos de uma região tão rica em posições vantajosas como os entornos de Kronstadt. Portanto, apesar dos russos podemos estar descansados quanto ao destino da Transilvânia. Pois ninguém se deixará enganar pela alegação de que os imperiais tiveram de fugir "por falta de munição", apesar de Kronstadt ser seu segundo depósito principal, ao lado de Hermannstadt.

Decorre de todos os relatórios recebidos até agora que o número das tropas *russas* na Valáquia foi reduzido a um quinto pela *Gazeta de Viena*.

O correspondente magiar da *Nova Gazeta do Oder* confirma o que a *Gazeta de Breslau* já informara sobre a tomada de Hermannstadt, conforme o relato de uma testemunha ocular, um saxão daquela cidade. Bem teria impedido todos os excessos de suas tropas e prometido anistia geral, com exceção dos que haviam convocado os russos. Mas estes já teriam fugido.

Segundo um correspondente de Cracóvia do mesmo jornal, as "notícias deprimentes" que o cônsul imperial-real em Belgrado, sr. Mayerhofer, traz a Viena dizem que o governo turco teria protestado contra a intervenção russa na Transilvânia, que ocorreu a partir do território turco, reiterando seu direito exclusivo de intervir a partir de seu território.

Aliás, os próprios relatórios-lei marcial admitem que Bem, muito longe de estar ameaçado em sua posição, *ameaça* ele mesmo *a Valáquia e Bucarest*. Se as circunstâncias indicassem como apropriada uma invasão ali, ele apelaria para a revolução valáquia reprimida[1] e para a ambição dos turcos, ferida pela invasão russa. O apetite russo pelas províncias do Danúbio e a aliança dos austríacos com os russos teriam de todo modo despertado vivamente nos turcos uma significativa simpatia pela causa magiar.

No *Tisza* não sobreveio nenhuma mudança na posição de ambos os exércitos desde as notícias de ontem. Ainda assim se acumulam os lamentos dos austríacos, e sua situação parece se tornar a cada dia mais desanimadora. Em Pest haveria 13 mil feridos e doentes, e o exército ativo do Tisza se teria reduzido a 45 mil homens. Windischgrätz teria cedido o comando a Jellachich. Em contrapartida, cresce diariamente a coragem e o poder dos magiares. Eles estão estacionados em um grande semicírculo em torno de Pest, de Waitzen até Szegléd; suas unidades móveis combatem até diante de Komorn e nas fronteiras da Morávia. Kossuth emitiu mais 15 milhões de florins em cédulas, e assim cobriu os custos de seu exército por mais seis meses.

Os imperiais mobilizam tudo para melhorar a situação do exército do Tisza. De Komorn (onde 5 mil austríacos já teriam morrido por doenças ou em combate), um corpo avançou contra Pest, e desistiu do cerco estrito; três batalhões se puseram em marcha de Viena, e de Olmütz dois esquadrões de couraçados, um regimento e um batalhão de infantaria. Além disso, foram feitos consideráveis preparativos armamentistas na Morávia e na Galícia. Pretende-se convocar 10 mil russos a Lemberg, para que finalmente Hammerstein possa marchar para a Hungria com toda a guarnição austríaca (veja-se a rubrica Polônia).[2] Os melhores oficiais do exército de Radetzky, o tenente-marechal de campo barão Hetz, os generais Benedek e Mayerhofer, foram chamados à Hungria; e apesar de tudo isso, a esperança dos austríacos no sucesso é tão escassa que eles pretendem "começar seriamente as operações na Hungria apenas em maio"!

No *sul* as coisas também estão desagradáveis para os imperiais. Fala-se, de fato, novamente da vitória dos sérvios em Zenta e das crueldades que eles necessariamente

---

[1] No verão de 1848, o movimento antifeudal e a luta pela completa libertação do jugo do sultão turco ganharam força nos principados do Danúbio (Moldávia e Valáquia), que formalmente ainda eram possessões autônomas da Turquia. O movimento na Valáquia transformou-se em uma revolução burguesa. Em junho, foi proclamada uma constituição e formado um governo provisório liberal; George Bibesco, príncipe da Valáquia, abdicou e fugiu do país. Em 28 de junho, um corpo de exército russo de 12 mil homens invadiu a Moldávia, seguido, em julho, de tropas turcas. Em setembro, o exército turco, apoiado pelo governo tsarista, ocupou a Valáquia e perpetrou um massacre em Bucareste. Uma proclamação do comissário governamental turco Fuad-Effendi declarou a necessidade de estabelecer "a lei e a ordem" e "eliminar qualquer traço da revolução". A intervenção da Rússia e da Turquia levou à restauração do sistema feudal nos principados do Danúbio e à derrota da revolução burguesa na Valáquia. A fim de suprimir completamente o movimento revolucionário, os dois governos, apesar das agudas contradições entre eles, concluíram uma convenção em Balta-Liman em 1 de maio de 1849, que cancelou as eleições e outras reformas progressistas introduzidas em 1848, e sancionou a ocupação dos territórios dos principados por tropas turcas e russas. Essa ocupação militar perdurou até 1851.

[2] Referência a uma reportagem de Lemberg (Lvov), publicada na seção "Polônia" dessa mesma edição da *Nova Gazeta Renana*.

cometerão depois. Em contrapartida, os laços entre os sérvios e os austríacos estão agora de tal modo dissolvidos que os últimos devem temer o pior.

> O tenente-marechal de campo Rukavina declarou recentemente de modo categórico que os três regimentos de fronteira do Banato, e, no que concerne à administração interna, também os três comitatos de Temes, Krassova e Torontal devem obedecer incondicionalmente a suas ordens, do contrário ele seria obrigado a tomar as mais severas medidas contra os infratores. Essa declaração e a ação irresoluta do Estado-Maior suscitou grande animosidade na população, e o patriarca,[3] depois de esforços infrutíferos para ganhar novamente Rukavina para a causa nacional, foi obrigado a despachar ontem o mensageiro Jovan Nedeljkovich para Sua Alteza Sereníssima príncipe von Windischgrätz com a solicitação de lhe enviar 20 mil armas para o armamento dos sérvios aptos a servir, e de instruir os generais Rukavina e Todorovich a atuar francamente em favor da causa nacional sérvia, do contrário ele se veria na mais desagradável posição para tratar com os magiares. O futuro é aguardado com apreensão.

Assim escrevem jornais austríacos de Semlin.

Os magiares também fizeram outra incursão na *Galícia*. A *Gaz[eta] de Viena* escreve:

> Um bando de insurgentes húngaros de 800 homens atacou o povoado de Brzywka, do distrito de Sambor, situado rigorosamente na fronteira húngara, roubaram todo o gado, e novamente se retiraram de lá. O sacristão, que pretendia dar sinal de alarme tocando o sino, foi fuzilado pelos insurgentes.

---

[3] Rajachich.

Do teatro da guerra

NGR, n. 270, 12/4/1849

F. Engels

Nada aconteceu no teatro da guerra. Os imperiais realizaram em Pest um grande Conselho de Guerra e decidiram se limitar à defensiva durante as próximas quatro semanas, e nesse meio tempo obter reforços (fala-se em 50 mil homens!). Os magiares, contudo, estão agindo de modo tão desafiador que, apesar dessa decisão, Windischgrätz não pode deixar de lhes mostrar mais uma vez os já frouxos dentes. Em 4 de abril, ele avançou para Gödöllö, a 3 milhas de Pest, e estabeleceu ali seu quartel-general. O *Correio Alemão Oriental* deduz daí uma batalha próxima. Em Hatvan, assim como em Szegléd, dizem que foram ouvidos tiros de canhão, mas se desconhece completamente o que ocorreu.[1]

Em razão de uma comunicação difundida recentemente pelos insurgentes de que o papel-moeda de Kossuth deveria ser considerado como dinheiro e aceito sob pena de submissão à lei marcial, o governo reiterou novamente a não validade e o desvalor dessas unidades monetárias, e advertiu ainda especialmente quanto à aceitação das notas de 10 florins recentemente emitidas por Kossuth, pois não só estarão sujeitas à confiscação, como aqueles com quem forem encontradas estarão também sujeitos a uma multa.

---

[1] O bombardeio de Hatvan em 2 de abril de 1849 abriu um novo patamar na ofensiva húngara contra as tropas austríacas. Ele foi preparado por bem-sucedidos movimentos no centro das operações militares no Tisza, pelas vitórias de Bem na Transilvânia, pelas guerrilhas em áreas ocupadas pelos austríacos e por medidas vigorosas tomadas pelo governo de Kossuth (o Conselho de Defesa) para consolidar o exército e mobilizar todos os seus recursos para o combate contra o inimigo. Quando Engels escreveu esse relato ele ainda não tinha recebido as notícias da batalha de Hatvan. Entretanto, a vitória obtida pelo exército húngaro ali e os subsequentes golpes infringidos aos austríacos em Tapio-Bicske (4 de abril), Isaczeg e Gödöllö (5-7 de abril), Waitzen (10 de abril) etc. provocaram uma mudança radical na guerra em favor da Hungria revolucionária. Em 19 de abril de 1849, os húngaros derrotaram os austríacos numa batalha decisiva em Nagy-Sallo, avançaram, libertaram Komorn em 22 de abril e Pest em 24 de abril. O derrotado exército austríaco se retirou para a fronteira ocidental. O comando húngaro enfrentou a perspectiva de dividir o exército revolucionário nos territórios alemão e austríaco. No entanto, graças ao sentimento contrarrevolucionário de diversos membros do alto comando, em particular Görgey, e o medo de complicações diplomáticas, foi decidido cessar a perseguição dos austríacos e retornar com as forças principais para a fortaleza de Buda, que ainda estava nas mãos da guarnição austríaca. O cerco de Buda consumiu tempo (ela só foi tomada em 21 de maio) e isso deu aos austríacos condições para obter novas reservas e completar suas conversações com a Rússia tsarista sobre a ajuda para reprimir a Hungria revolucionária (o acordo final foi alcançado no encontro entre Francisco José e Nicolau I em Varsóvia, em 21 de maio). Tudo isso teve consequências fatais para a revolução húngara.

Baja, que por um momento caíra nas mãos dos imperiais, foi retomada novamente pelos magiares. Em geral, eles parecem fazer significativos progressos no Banato. Os austríacos podem disseminar quantos boatos-lei marcial quiserem, como o de que Szegedin teria sido conquistada e estaria ardendo em chamas, mas seus próprios jornais têm de desmenti-los e admitir que os magiares fizeram significativos progressos em Bacska (entre o Danúbio e o Tisza).

Komorn foi intensamente bombardeada, mas o que isso ajuda em uma fortaleza em que *cada edifício é à prova de bombas*? Recentemente, para testemunhar seu desprezo pelos canhões imperiais, a guarnição mandou um homem de roupão e touca de dormir branca andar pelo muro e espaná-lo muito cuidadosamente com um lenço branco. As balas de canhões imperiais assobiaram de todos os lados, mas o tranquilo húngaro não se deixou perturbar por elas em sua absorvente ocupação.

Da Transilvânia não há nada de novo. Um relatório-lei marcial afirma que os russos teriam invadido com superioridade numérica e teriam novamente tomado aos magiares as posições recentemente conquistadas. Raramente foram ditas mentiras tão descaradas. Outro afirma, ao contrário, que Bem já teria chegado ao Tisza e teria dito que a Transilvânia está garantida, que ele deixara ali 20 mil homens para ocupar o país e os desfiladeiros. Um é tão falso quanto o outro. Bem tem toda a Transilvânia e está ainda lá, e em alguns dias talvez ele tenha todo o país até o Danúbio e o Pruth.

Do teatro da guerra – a marinha alemã

NGR, n. 271, 13/4/1849

F. Engels

Schleswig-Holstein. Os dinamarqueses saíram de Hadersleben e essa cidade foi novamente ocupada pelo exército imperial.[1] Sobre o combate na região de Sündewitt chegaram alguns detalhes, segundo os quais as perdas de ambos os lados foram relativamente consideráveis. O exército imperial fez diversos prisioneiros. – Os jornais do norte da Alemanha continuam se ocupando principalmente com o estranho golpe de sorte no porto de Eckernförde.[2] Esse acontecimento característico e totalmente imprevisto provavelmente figurará até a próxima revolução alemã como a maior façanha militar imperial. Fica claro que os dinamarqueses tinham a ordem determinada de executar a insana tentativa contra Eckernförde. É evidente que, nas circunstâncias prevalecentes, eles tinham de sofrer uma tal derrota. Depreende-se, ademais, de todo o caso quão curioso instituto é a frota alemã. Pois a frota alemã, que apesar de todo o dinheiro, brincos, pulseiras e joias falsas enviados a Frankfurt continua a existir somente no papel, tem finalmente de se tornar uma realidade. Ela tem de ser constituída – dos escombros do navio dinamarquês *Christian den ottende* reduzido a pedaços! Não estamos brincando. Todo o Eckernförde, além das tropas imperiais vitoriosas estabelecidas ali, ocupa-se em apanhar todos os fragmentos, carretas, barris d'água, estais etc. empurrados para a margem e em armazená-los para a construção da frota alemã. O *Eco da Bolsa* de Hamburgo informa tudo isso com a devida seriedade. Por nossa parte, antevemos que o gloriosamente conquistado "Gefion" será retomado com brilho pelos dinamarqueses assim que aparecer em alto-mar.

---

[1] A guerra com a Dinamarca em torno dos ducados do Schleswig e Holstein, renovada pela Prússia no final de março de 1849, foi travada em nome de todos os estados da Confederação Alemã. Graças a isso, contingents militares e navais do Schleswig-Holstein eram vistos como o núcleo de um exército e marinha imperiais de toda a Alemanha, sendo sua formação estipulada pela constituição imperial redigida pela Assembleia Nacional de Frankfurt.

[2] Em 5 de abril de 1849, uma bateria costeira alemã abriu fogo contra o esquadrão dinamarquês no porto de Eckernförde (Schleswig); dois navios dinamarqueses avariados foram capturados. Essa ocorrência, que não fez diferença significativa no curso da guerra com a Dinamarca, foi aclamada pela imprensa prussiana oficial como uma importante vitória.

No Elba já estão novamente quatro navios de bloqueio, três fragatas e uma corveta. No Oder está a fragata "Havfruen". Aqui haveria oportunidade para a frota alemã se mostrar, mas ela vai se intimidar. Toda a frota alemã não serviu para nada além de muita gabolice e excelentes lucros para companhias de navegação hamburgesas, americanas e inglesas, que por muito dinheiro penduraram na impotência imperial de Frankfurt seus navios inativos. Toda a flotilha estacionada no Elba, que já pode ser vista em litografias em todas as lojas de gravuras, não tem condições de navegar no mar, e menos ainda podem os ex-navios mercantes e ex-navios a vapor de Weser, fragilmente constituídos e promovidos a navios de guerra, suportar o peso dos canhões ou aguentar o impacto dos disparos. E não pretendemos absolutamente mencionar os elegantemente equipados barcos a vapor, outrora transatlânticos e há pouco brilhantemente encalhados, localizados no Weser.

Toda a história da frota alemã é um mero plágio, *já aconteceu*. Há muitos anos o Estado-modelo belga (também em águas alemãs um Estado-modelo) comprou da companhia naval de Liverpool o navio a vapor A Rainha Britânica por 1,2 milhão de francos, para abrir uma linha de navegação de Antuérpia a Nova York. Também no mastro desse navio ondeou a bandeira rubro-negro-dourada, que a pátria alemã também tinha em comum com o Estado-modelo.[3] Mas o que aconteceu: já na primeira viagem se evidenciou que o Rainha Britânica não podia navegar, e desde então ele, o descartado navio de Liverpool, permaneceu na doca de Antuérpia, até que finalmente, há algum tempo, foi novamente vendido sob a rubrica "madeira velha".

Eis a frota alemã! Quando em breve os dinamarqueses tomarem um navio alemão, vão também leiloá-lo em Copenhagen como "madeira velha".

Que os alemães jamais se tornarão uma potência marítima, decorre de sua situação geográfica. Mas eles poderiam ter uma marinha que ao menos protegesse suas costas e dominasse no Báltico, apesar dos dinamarqueses e dos russos. Mas não chegarão sequer a isso enquanto durar a tralha imperial rubro-negro-dourada e preto-e-branca.[4] Só será possível uma frota alemã quando a bandeira vermelha ondear nos mastros.

---

[3] Combinação simbólica de cores significando a unidade da Alemanha. A bandeira belga, introduzida durante a revolução de 1830-1831, depois da separação da Bélgica em relação à Holanda, tinha as mesmas cores, mas arranjadas de modo diverso (listras verticais preta, amarela e vermelha).

[4] Alusão irônica às tentativas da maioria liberal da Assembleia de Frankfurt de colocar o rei da Prússia (preto-e-branco: as cores da monarquia prussiana) à cabeça da Alemanha unificada (rubro-negro-dourada, símbolo da unidade) como "imperador dos alemães".

Do teatro da guerra – Comentários de Windischgrätz sobre a constituição outorgada

NGR, n. 271, 13/4/1849

F. Engels

Como as cartas e jornais de Breslau e Viena não chegaram hoje à tarde, temos hoje pouco material disponível sobre os acontecimentos militares húngaros. Os imperiais falam novamente em vitórias que pretendem ter conquistado contra os húngaros. Em Szegléd, Jellachich teria tomado 17 canhões aos magiares, Jablonowsky teria avançado novamente até Losoncz, em Hatvan Schlick teria rechaçado os magiares ao longo de toda a linha etc. Assim escreve de Pest, em 4 de abril, a *Gazeta Geral de Augsburg*. Outras correspondências da mesma data nada sabem a esse respeito e afirmam que o exército austríaco continuaria ainda em plena retirada, e os magiares de Pest não teriam estado nunca tão animados como justamente agora. É certo que o decidido avanço dos magiares frustrou brilhantemente o bem-intencionado plano de Windischgrätz de conceder aos húngaros quatro semanas de trégua enquanto ele obtinha reforços de 50 mil homens. Windischgrätz se dá conta de que deve aceitar já agora uma batalha decisiva, decisiva para os imperiais se eles forem derrotados, mas de modo algum decisiva se os magiares forem derrotados. Aos húngaros resta sempre a retirada pelos pântanos e *pusztas* do Tisza, atrás dos quais estão entrincheirados como na mais poderosa fortaleza; os imperiais, que não têm qualquer base de operações, atrás dos quais se estendem 60 milhas de território inimigo, têm de, em caso de uma derrota, retirar-se em fuga desabalada para Viena, como outrora Napoleão depois da batalha de Leipzig para o Reno. Poucos escapariam, e os que escaparem não constituirão mais um exército. A única vantagem positiva que os imperiais alcançaram graças a sua concentração diante de Pest parece ser, de resto, a de que Görgey renunciou a seu plano de avançar para Komorn contornando as montanhas, depois que Klapka e seu corpo, até então vagueando na Eslováquia, se uniram a ele. Ele se moveu um pouco para o sul a fim de confrontar o corpo de Schlick em conjunto com a força principal dos magiares, estacionada em Hatvan e Gyöngyös. A vitória dos magiares nessa região é naturalmente muito mais importante do que uma incursão temporária, por mais bem-sucedida que fosse, contra as forças sitiantes de Komorn.

No *sul*, os magiares conquistaram vantagens decisivas no ponto onde ainda se luta, a saber, em Bacska. A suposta vitória dos sérvios em Zenta desintegrou-se nas brumas-lei marcial. Ademais ouvimos agora que os magiares, com força irresistível, estão avançando de Theresiopel e Szegedin para o sul empurrando os sérvios à sua frente, ocuparam Zombor e Verbasz, conquistaram toda Bacska etc. e ameaçam a área de cerco em Peterwardein. De fato, Verbasz se situa a apenas algumas milhas de Peterwardein e dentro de pouco tempo ouviremos notícias importantes dessa região. Foi o corpo Vetter-Damjanich que realizou essa marcha surpreendentemente rápida, deixando para trás uma brigada de observação contra Jellachich, que se retirava em direção ao norte. Essa marcha é da maior importância, não apenas pelo levantamento do sítio de Peterwardein, mas especialmente por causa dos sérvios. Estes sabidamente já estão muito tensos com os imperiais, e já ameaçaram mais de uma vez negociar com os magiares. Mas nada seria mais oportuno para conduzir essas negociações a uma rápida conclusão do que justamente uma súbita e surpreendente exibição da potência dos magiares na Voivodia.

No *norte*, o general Hammerstein, que está no comando em Lemberg, teria partido com 15 batalhões para a Hungria. Lembremo-nos de que a notícia de sua partida já apareceu uma vez em todos os jornais; ele teria já cruzado o Tisza e avançado até Nyiregyhaza, a oito milhas de Debreczin, e não há sequer uma palavra verdadeira nisso. Remetemos à nossa correspondência de Lemberg de anteontem, que não indicava de modo algum uma saída tão rápida.

De acordo com o *Lloyd* de 7 de abril, 20 mil russos partiram para a *Transilvânia*, e o general Murawiev vem para cá apressadamente da Bessarábia com um corpo de 20 mil homens. Também os turcos marcharam para as fronteiras para escudar a Valáquia. As tropas turcas, de cerca de 6 mil homens, até agora aquarteladas em Galatz e Ibrail, dirigiram-se em 21 de março para Bucarest, e dentro de alguns dias são esperadas em Galatz novas guarnições turcas.

Desnecessário acrescentar que essas notícias são, mais uma vez, meros boatos-lei marcial.

De Bucovina ficamos sabendo que Malkowsky, que diversos jornais-lei marcial já diziam estar entre Bistritz e Maros-Vásárhely, não está de modo algum em território da Transilvânia. Em vez de avançar, ele, ao contrário, teve de enviar uma parte considerável de suas tropas da Bucovina para a Galícia. Estas estão agora em Delatyn, a cerca de 15 milhas da fronteira de Bucovina, onde se teme uma invasão dos magiares.

Concluímos com um documento que o *Figyelmező*, de Pest, publica com a seguinte observação introdutória: "A exposição que se segue sobre a Carta Constitucional austríaca[1] com referência às condições húngaras foi publicada. Embora ela não seja ainda oficial, foi no entanto comunicada aos comissários imperiais para divulgação no país, razão pela qual não hesitamos em difundi-la".

O próprio documento diz:

---

[1] Referência à constituição imposta por Francisco José em 4 de março de 1849.

Por ordem de Sua Majestade nosso imperador e rei Francisco José I, eu, como plenipotenciário de Sua Majestade, dou os seguintes esclarecimentos e explicações em relação à Carta constitucional em vigor em 4 de março para todo o reino, na medida em que a Carta concerne às condições húngaras. Sua Majestade, nosso gracioso imperador e rei, dignou-se promulgar e publicar para a monarquia única e indivisível uma Carta constitucional que une intimamente todo o reino numa mútua conexão, que outorga unidade ao todo, preservando a autonomia e capacidade de desenvolvimento de cada parte e ao mesmo tempo garantindo direitos iguais a cada nacionalidade. Sua Majestade quer que esse documento, acompanhado do Manifesto a seus povos promulgado por Sua Alteza, seja sem demora difundido também aos habitantes do reino da Hungria em sua língua. Sua Majestade está plenamente confiante na crença de que os povos da Hungria reconhecerão a ampliação e garantia de seus direitos políticos que lhes foram assegurados por essa Carta, conforme os quais são chamados a tomar parte constitucionalmente nos assuntos comuns do reino, que no futuro atarão com o laço dos direitos comuns os povos unidos sob um único governante pela Sanção Pragmática. Sua Majestade espera que seus povos verão nessa Carta uma vigorosa garantia de sua permanência, de seu bem-estar e de um futuro constitucional e saibam ser dignos dos frutos benéficos que deverão brotar da fusão entre os interesses materiais e o interesse comum das verdadeiras instituições políticas liberais. Para a realização dessa grande obra, que se tornou a missão de sua vida, o imperador envidou esforços para considerar devidamente as condições húngaras; é seu supremo desejo e vontade que esta grande obra de unificação, recomendada a todos esses povos para seu próprio bem, venha a existir com justa consideração das condições existentes e cuidadosa preservação daquelas instituições que o tempo e a experiência provou serem de utilidade pública e vitalmente necessárias; que então a liberdade de crença religiosa legalmente garantida será mantida, enquanto aquele livre âmbito de ação da legislação nacional húngara permaneça intacto, somente restringido pelo poder necessário, no espírito constitucional, para manter a unidade do reino e seu vigoroso governo; um âmbito de ação que torna necessária a realização de uma reforma nacional interna observando as concessões que nosso ilustre antecessor no governo[2] fez à classe agrícola na primavera de 1848. Tão logo a paz e a ordem sejam restabelecidas e o levante armado, infelizmente ainda existente no momento em uma parte do reino, for combatido, Sua Majestade indicará à legislação nacional húngara seu âmbito de ação legal. Depende da colaboração de seus povos amantes da ordem e da paz com Sua Majestade e suas tropas o rápido estabelecimento da situação desejada; até lá Sua Majestade considerará como seu dever e direito empregar todos os meios com cuja ajuda possa alcançar a ordem, a paz e uma administração regrada, que curem as numerosas feridas infligidas ao infeliz país e tornem impossível a renovação das aventuras revolucionárias. Sua Majestade saberá viver com seus direitos e corresponder a seu cargo, e espera com confiança que todos os homens bem-intencionados se empenharão em apoiá-lo nisso, de modo que ele e seus concidadãos possam participar dos benefícios que ele necessariamente estenderá a todos, por meio do renascimento de um grande reino e da unificação de todas as forças em direção a um grande objetivo.

        Dado em meu quartel-general em Ofen, 20 de março de 1849.
        Príncipe *Windischgrätz*, marechal de campo.

---

[2] Ferdinand I.

[Rumores sobre o extermínio dos rebeldes]

NGR, n. 271, 13/4/1849

F. Engels

As folhas que nos chegaram pela manhã de Viena nos trouxeram finalmente outra vez um sinal de vida oficial dos imperiais. Em Pest e Ofen foi afixado o seguinte cartaz:

> Uma brigada do corpo de Sua Excelência o *ban* encontrou ontem, no caminho de Jasz-Bereny, com um destacamento inimigo. Apesar de o inimigo ser numericamente superior a nossas tropas, foi imediatamente atacado, dispersado e dele foram tomados 17 canhões, Eis o *início das operações* que devem terminar com o extermínio dos rebeldes. [!!]
>
> Ofen, 5 de abril de 1849.
> conde Lad. Wbrna
> Tenente-marechal de campo e comandante do 2º Corpo de Exército

O *Correio A[lemão] Oriental*, numa correspondência de Pest, datada também do dia 5, nos dá um comentário sobre esse boletim; lê-se ali:

> Ontem teve lugar uma batalha. O ar estava prenhe de rumores. O movimento cresceu, até que às 7 da noite os pontões foram trazidos de volta, seguidos de carros de munição, vagões de armas e pequenos grupos isolados de soldados. Ao mesmo tempo, foi dada ordem aos moradores das casas da margem fortificada do Danúbio próxima da ponte pênsil para estarem preparados para evacuar os bairros. Ontem chegaram carros com feridos, e se difundiu o boato de que o *ban* sofrera um revés e que os insurgentes se aproximavam da cidade de Szegléd. Os soldados que chegaram eram de seu corpo.

Isso se parece mais com uma derrota do que com uma vitória, e o *Correio Alemão Oriental* não é de modo algum, como se sabe, favorável aos magiares.

Eis, portanto, como diz o sr. Wbrna, "o início das operações que devem terminar com o extermínio dos rebeldes". Temos, assim, toda a perspectiva de que em breve ouviremos falar de batalhas mais sérias. De resto, quanto à "aniquilação dos rebeldes", nem mesmo a *Gazeta de Colônia* acredita mais no sr. Wbrna.

Parece que os senhores do Conselho de Guerra de Pest estão ofendidos porque, para mitigar sua incapacidade, pretende-se trazer oficiais italianos supostamente mais capazes.

Eles pretendem *à tout prix*¹ "aniquilar os rebeldes" antes que cheguem os vencedores de Novara. *Nous verrons.*²

---
1 A qualquer custo.
2 Veremos.

[Uma vitória magiar]

NGR, n. 271, 13/4/1849, segunda edição

F. ENGELS

Colônia, 12 de abril. Publicamos hoje uma segunda edição não para compartilhar com nossos leitores os debates de ontem de Frankfurt, no fundo totalmente indiferentes, mas sim para informá-los, o que é muito mais importante, que *os magiares alcançaram uma vitória significativa sobre os imperiais e que o exército imperial, derrotado em toda linha, se retirou para o interior dos muros de Pest.* (Ver a rubrica Hungria).[1]

---

[1] Ver "[Uma vitória magiar]" (n. 271, segunda edição).

[Extradição dos refugiados políticos]

NGR, n. 271, 13/4/1849, segunda edição

F. Engels

Colônia, 12 de abril. Com a emissão de mandados de prisão contra os assim-chamados criminosos políticos austríacos, alemães e não alemães, especificamente contra Kossuth, Bem, Perczel e outros heróis húngaros, o governo prussiano já demonstrou o nexo preciso existente entre a liberdade constitucional prussiana e a lei marcial imperial-real banhada em sangue. A *entente cordiale*[1] entre Potsdam e Olmütz, apesar da questão imperial, da questão alemã, da questão do Schleswig-Holstein e outras questões, era um fato cuja existência só as toupeiras literárias metidas a diplomatas da *Gazeta de Colônia* e de outros órgãos astutos podiam negligenciar. Mas que essa *entente cordiale* pudesse descer até à última baixeza, até a infâmia da *extradição de refugiados políticos* para a Áustria, isso o nosso glorioso ministério ainda reservava para nós.

Se Robert Blum tivesse escapado de Viena para a Prússia, o governo prussiano o teria extraditado a seus carrascos.

Em 4 de abril deste ano, ele *extraditou aos cães sanguinários da lei marcial austríaca* um dos companheiros de luta de Robert Blum, o cadete vienense *Höcke*. Leiamos o seguinte relato da *Locomotiva da Alta Silésia*,[2] de *Ratibor*, datado de 4 de abril:

> Ontem ao meio-dia, em transporte especial sob cobertura policial, o cadete vienense *Höcke*, de Breslau, chegou aqui, de onde havia fugido há algum tempo, acusado de alta traição por ter participado da revolução vienense de outubro. Em uma carta aos seus, em Viena, Höcke havia dado seu endereço em Breslau. Essa carta deve ter compartilhado o destino de muitas outras, isto é, ter sido aberta em algum posto de correio austríaco. Pois pouco depois as autoridades policiais em Breslau receberam a ordem, por requisição, de prender em sua casa e extraditar o supracitado Höcke.
>
> Em conformidade com isso, ontem ao meio-dia o preso chegou aqui sob escolta, onde uma doença muito grave, da qual já está acometido há muito tempo, atrasou a continuação de sua viagem ao encontro da lei marcial. Foi encarcerado na prisão municipal, sob estrita vigilância militar, mas já hoje cedo às 5 horas, sob acompanhamento de dois

---

[1] Acordo cordial.
[2] Jornal alemão publicado em 1849 em Ratibor.

vigilantes municipais e um gendarme, fizeram-no cruzar novamente a fronteira. Nessa última viagem de três horas e meia de duração o tão célebre humanitarismo prussiano não lhe permitiu nem uma única vez abandonar o carro, o que sua doença exigia, e nem sequer tomar os refrescos necessários. Por fim, não havia dinheiro disponível, apesar de, quando de sua prisão em Breslau, haverem sido tomados do preso (conforme sua declaração) 80 táleres, e os custos do transporte, como sabemos muito bem, terem importado em apenas [!] 30 táleres.

É o mais urgente dever dos jornais alemães chamar expressamente a atenção dos refugiados austríacos para os perigos aos quais estão expostos por sua permanência em solo prussiano, especialmente silésio. A velha convenção do cartel perdura em toda a sua glória. O grande direito fundamental alemão, chamado lei marcial, é reconhecido igualmente na Prússia como na Áustria e posto em vigor com volúpia.

Não será em vão que os heróis da lei marcial dos diferentes países declarados em estado de sítio têm nos dado exemplos semelhantes. Assim como eles agora se solidarizam, também os democratas se solidarizarão, quando raiar o dia da vingança.

A escória real e ministerial de meia Europa encontrou no ano passado um refúgio seguro na Inglaterra.

Asseguramos aos senhores Manteuffel, Brandenburg e consortes que na próxima revolução, que eles mesmos estão tão ocupados em acelerar, não haverá nenhum obstáculo no caminho da extradição *deles* da Inglaterra para o povo alemão vitorioso e sedento de vingança. Já estão sendo tomadas todas as disposições para isso.

[Uma vitória magiar]

NGR, n. 271, 13/4/1849, segunda edição

F. Engels

Depois de longa depressão existencial, subitamente a *Gazeta de Colônia* reergue sua cabeça esperta e diz:

"Depois de longa pausa, os austríacos recomeçaram suas operações, e o golpe que está prestes a ser dado *será provavelmente decisivo*."

Portanto, a *Gazeta de Colônia* fala com gratidão a respeito dos 40 mil russos e 50 mil austríacos que foram recentemente mobilizados contra a Hungria, e que foram especialmente chamados para remover a *Gazeta de Colônia* da complicada situação em que ela havia se envolvido graças a suas violentas operações militares na Hungria.

Mas a *Gazeta de Colônia* põe, e Dembiński dispõe!

Poucas horas depois de a brava folha vizinha ter atribuído ao ataque austríaco tal "decisivo" poder miraculoso, em estranho desdém pela infertilidade de suas três arremetidas vitoriosas contra Debreczin, circula aqui em Colônia a notícia de "*que Dembiński bateu os austríacos em toda a linha e os fez recuar para o interior dos muros de Pest.*"

"De fato é assim! É realmente assim! Eu vi isso por escrito!"

O próprio Windischgrätz não o desmente. O 34º Boletim está circulando; Windischgrätz lamenta-se da superioridade do inimigo, especialmente da cavalaria ligeira, que é decisiva na planície húngara, bem como dos "numerosos canhões" dos magiares, e declara que *pretende esperar reforços de Pest*. Diz o boletim:

> *Viena*, 9 de abril. Comunicações de Sua Alteza o sr. marechal de campo príncipe Windischgrätz de Pest, da tarde do dia 7, apresentam os resultados do já antes mencionado grande reconhecimento que o marechal de campo em pessoa realizara, nos dias 4 e 5 deste mês, contra as tropas inimigas. – É que estas, supostamente com 50 mil homens, com artilharia significativa e *excepcionalmente fortes na cavalaria*, se moveram, sob comando de Görgey e Klapka, de Miskolcz, via Mezö-Kövesd, para Gyöngyös, enquanto sua vanguarda, sob Dembiński, avançara até Hatvan. – Foi esta que, no dia 2 deste mês, foi atacada pelo sr. tenente-marechal de campo conde Schlick e, com consideráveis perdas em canhões e prisioneiros, recuara para Hort. – Um outro bando de insurgentes está na margem direita do Tisza, entre Szolnok e Jasz-Apáti, movendo-se em direção ao tenente-coronel barão Jellachich.

> O 3º corpo do tenente-marechal de campo conde Schlick estabeleceu sua posição atrás do Zagyva, enquanto o primeiro estava em Tapio-Bicske. Nesta situação, o marechal de campo pretendia ele mesmo estimar a posição e forças do inimigo, e por isso chegou a Gödöllö no dia 4, para onde uma parte do 2º corpo de exército foi igualmente enviado, enquanto seu flanco esquerdo permanecia estacionado em Balassa-Gyarmat e Vadkert.
>
> O reconhecimento executado mostrou toda a força do inimigo que, antevendo um ataque, direcionou suas forças principais de início contra o terceiro, e depois contra o primeiro corpo de exército. – Seriam aproximadamente *quatro corpos inimigos*, que agora se unificaram próximo de Gyöngyös e Szolnok, e fizeram a tentativa de atacar nosso centro em Tot-Almas. – Um movimento com o terceiro corpo, no flanco direito do inimigo, um célebre combate que, como já informado, o tenente-coronel barão Jellachich manteve em Tapio-Bicske, *demonstraram* ao marechal de campo *a superioridade do inimigo, especialmente na cavalaria ligeira*, em uma região totalmente aberta, e por conseguinte, a fim de aproximar suas reservas vindas de todos os lados, ele emitiu a ordem de que o primeiro e o terceiro corpos, bem como o segundo, que até então se mantinha na reserva entre Waitzen e Pest, se unificassem numa longa posição concentrada diante de Pest, de tal modo que essa cidade permaneça cercada por um grande arco que se estenda de Pallota e Keresztúr até Soroksar.
>
> Com esse movimento, que *o inimigo seguiu com grande pressa* e lançou seu ataque especialmente contra o primeiro corpo de exército estacionado em Izaczeg, enquanto supunha ocupar-se do terceiro corpo de exército estacionado próximo de Gödöllö, chegou-se a um combate no dia 6, cerca de meio-dia, no qual a brigada Fiedler, reforçada com um destacamento da divisão Lobkowicz, forçou o inimigo a empreender a retirada, que ele mais tarde tentou cobrir por meio de um grande ataque da cavalaria, com 12 esquadrões, o qual, no entanto, foi também frustrado por um ataque de flanco realizado por dois esquadrões da cavalaria ligeira de Kress e um esquadrão de couraçados de Max Auersperg, oportunidade em que outros seis canhões foram tomados ao inimigo, e ele deixou muitos mortos no campo de batalha, pois o fogo bem direcionado de nossa artilharia surtiu um efeito devastador em suas fileiras. Também o tenente-coronel barão Jellachich atacou o inimigo vigorosamente, e então tomou a posição determinada para ele.
>
> Sua Alteza o sr. marechal de campo *está decidido a esperar ali aqueles reforços* que nesse momento avançam de todos os lados contra a Hungria, e como seu exército está totalmente concentrado, isso o torna apto a operar em todas as direções com a força que os acontecimentos possam requerer.

Infelizmente, por falta de espaço, temos de adiar para amanhã o comentário sobre este edificante e, esperamos, último boletim dos imperiais.

Por hoje podemos apenas acrescentar que, segundo relato da *Gazeta de Breslau*, o exército magiar comandado por *Dembiński separou* parcialmente o corpo de Jellachich do exército principal, e teria ocorrido o mesmo com uma parte do corpo de Schilick. Amanhã cedo saberemos em que medida essas notícias se confirmam. Mas podemos afirmar que, desde o início da campanha, os imperiais não tinham sofrido dois fracassos tais como os infligidos por Bem na Transilvânia e por Dembiński em Gödöllö. Que lhes seja de bom proveito!

Uma derrota austríaca

NGR, n. 272, 14/4/1849

F. Engels

Voltemos aos dois boletins militares de Windischgrätz.
Assim começa o 33º:

> Sua Alteza o marechal de campo príncipe de Windischgrätz *aprendera* que consideráveis forças militares dos rebeldes se concentram entre Gyöngyös e Hatvan, e por isso o tenente-marechal de campo conde Schlick deu ordem de realizar ali um reconhecimento.

"Aprendera"! Certamente, no combate que obrigou suas tropas a recuar de Kaschau até Waitzen e de Felegyhaza até Pilis, uma distância de 20 a 30 milhas, diante dos vitoriosos magiares, Windischgrätz "aprendeu" isso de um modo bem amargo!

Mas vamos ao ponto.

Com esse "reconhecimento", Schilick começou, em 2 de abril, a série de batalhas que duraram cinco dias e terminaram com a retirada geral dos imperiais para o interior dos muros de Pest. Tentemos descrever o curso dessas batalhas conforme o material reconhecidamente muito insatisfatório e especialmente conforme os próprios boletins imperiais, para não atribuirmos aos húngaros uma vantagem muito grande.

De acordo com o 34º Boletim,[1] a posição dos imperiais era a seguinte:

O exército austríaco se estendia por uma longa linha de Balassa-Gyarmat, passando por Waitzen e Aszod até Szegléd. O flanco esquerdo era constituído pelo segundo corpo de exército, sob Ramberg, cujas mais avançadas brigadas (Götz e Jablonowsky) não estacionavam em Losoncz, como fora antes bravateado, mas sim a seis milhas mais atrás, em Balassa-Gyarmat, Vadkert e Waitzen. No centro, estava Schlick com o terceiro corpo, que tomara posição nas proximidades de Hatvan e Aszod, atrás do Zagyva. O flanco direito era constituído por Jellachich, com o primeiro corpo, que se estendia de Szegléd até próximo de Jasz-Bereny, igualmente atrás do Zagyva, mas um pouco mais para trás.

Assim estavam posicionados os imperiais de acordo com o boletim.

---

[1] Ver "[Uma vitória magiar]" (n. 271, segunda edição).

Confrontando-os estavam dois grupos principais de magiares. O corpo do norte, sob o comando de Dembiński, Görgey e Klapka, avançou contra Schlick a partir de Gyöngyös. Um segundo corpo, cujo chefe não foi nomeado, confrontava Jellachich e estava a poucas milhas de suas forças principais, de Jasz Apáti até Szolnok. O Zagyva separava os corpos inimigos ao longo de toda a linha.

Em 2 de abril Schlick partiu e cruzou o Zagyva em Hatvan. Mas ele encontrou, como diz o 33º Boletim,

> *as forças do adversário tão superiores às suas* que preferiu tomar uma posição forte em Gödöllö até que chegassem outros reforços. Durante essa retirada, o capitão da infantaria Prohaska, von Kalchberg, recebeu ordem de destruir a ponte atrás de Hatvan.
>
> O capitão Kalchberg empreendeu essa destruição com sua muito valente companhia sob o violento fogo de canhão e de armas pequenas com modelar persistência, e desse modo deteve o inimigo de tal modo que ele mal pôde molestar a retirada do corpo.

Portanto, um combate perdido pelos austríacos e um recuo até meio-caminho de Pest. Tudo o que pôde ser obtido limitou-se a que "a retirada *mal pôde ser molestada*".

Em Hatvan, o Zagyva é um riozinho pequeno e estreito, a quase sete milhas de sua fonte. A demolição da ponte poderia no máximo retardar a perseguição com artilharia, talvez também com infantaria, mas de modo algum deter os hussardos. E justamente a perseguição com cavalaria ligeira é o mais desagradável para um exército em retirada nesse terreno ondulado passando para plano.

Esse primeiro fracasso dos austríacos já se transmudou em uma vitória no 34º Boletim. "Foi esta (a vanguarda magiar comandada por Dembiński) que, no dia 2 deste mês, foi atacada pelo sr. tenente-marechal de campo Schlick e, com consideráveis perdas [!] em canhões e prisioneiros [!!], recuou para Hort [!!!!]"

Windischgrätz julga que seus leitores tenham uma memória tão curta que exige deles que em 9 de abril já tenham esquecido o que ele imprimiu no dia 7.

Se essa passagem tem afinal algum sentido, é o de que as "consideráveis perdas em canhões e prisioneiros" não se referem aos magiares e sim aos *imperiais*.

Em consequência desse fracasso, Windischgrätz teve de concentrar mais suas tropas. Do flanco esquerdo (2º corpo), a divisão Csorich foi chamada o mais rápido possível de Waitzen para Gödöllö. Jellachich recebeu a ordem de avançar e manter ligação com Schlick. O próprio Windischgrätz foi, no dia 3, para Gödöllö, e no dia 4 para Aszod. (Assim diz o 33º Boletim. Segundo o 34º, Windischgrätz chegou em Gödöllö apenas no dia 4. Eis como esses boletins concordam entre si!)

Jellachich levou seu corpo em direção ao noroeste, de Szegléd até próximo de Gödöllö. Durante esse movimento, foi atacado no dia 4 em Tapio-Bicske. O boletim diz agora:

> O general-major Rastic passou rapidamente à ofensiva, atacou as forças inimigas superiores que avançavam com a baioneta e as repeliu, oportunidade na qual 12 canhões foram tomados aos insurretos, dos quais quatro foram atrelados e trazidos imediatamente

em segurança, e outros oito foram encravados. Fizemos ainda muitos prisioneiros, no entanto lamentamos também a perda do bravo major barão Riedefel e do capitão de cavalaria Gyurkovics, do Banderial hussardo.[2]

Primeiro eram 17 os canhões conquistados; depois 14, e finalmente eram 12; mas eles foram atrelados e trazidos em segurança. Agora finalmente admite-se que de fato 12 canhões *foram* conquistados, mas, infelizmente, oito deles tiveram de permanecer ali. No entanto eles foram, diz-se, encravados. Também sobre isso não é dito grande coisa. Mas justamente do fato de que oito canhões conquistados tiveram de ser deixados para trás, justamente desse fato depreende-se quão vitoriosa foi a batalha em Tapio-Bicske. Quem vence, torna-se senhor do campo de batalha, e quem é senhor do campo de batalha é também senhor dos canhões desatrelados encontrados ali.

O "célebre combate" de Tapio-Bicske é, portanto, no fundo, mais uma vez um fracasso, o segundo que os imperiais sofrem em seu "grande reconhecimento".

Mas agora o próprio Windischgrätz assumiu a direção do exército e alcançou as seguintes vantagens:

> Em 5 deste mês o marechal de campo empreendeu um ataque ao inimigo posicionado em Hatvan, oportunidade na qual uma divisão de ulanos de Civalart[3] e três esquadrões de cavalaria ligeira de Kress atacaram com rara bravura quatro divisões de hussardos inimigas, e com uma pequena perda de dois mortos e dez feridos conquistaram um brilhante sucesso. Sessenta hussardos mortos, entre os quais dois oficiais, cobriam o campo de batalha; ademais, 40 dos insurgentes foram feridos e 32 foram aprisionados, entre os quais um oficial.

Windischgrätz nos relata que "nessa oportunidade" alguns esquadrões da cavalaria imperial chegaram a realizar atos de heroísmo; mas ficamos sem saber qual foi o resultado de todo o "ataque". Portanto, aqui manifestamente foi de novo extraído, de um combate no geral desafortunado, um episódio isolado, momentaneamente favorável, a fim de dissimular o mau resultado do conjunto.

O resultado dessa batalha foi – a retirada dos imperiais para dentro dos muros de Pest. Esta batalha, relata Windischgrätz, demonstrou-lhe "a superioridade do inimigo, especialmente da cavalaria ligeira, em um terreno totalmente aberto", e, assim, ele considerou necessário concentrar rapidamente todos os três corpos de exército nas proximidades imediatas de Pest.

---

[2] Originalmente, na história militar húngara, a expressão insurreição era usada para identificar a convocação pelo rei de seus súditos para se levantar (do latim: *insurgere* = montar a cavalo) para defender seu país. Nessa ordem (inicialmente distribuída por brasões mostrando uma espada ensanguentada), todo homem livre (considerado como nobre e, portanto, um guerreiro treinado) deveria reunir, montar, armar e equipar guerreiros para cumprir seu dever. Esses guerreiros normalmente eram agrupados sob bandeiras (do latim: *banderium*) e o nome Banderial era também usado para a unidade que cavalgava sob essa bandeira. Nobres que podiam reunir mais de 50 guerreiros lideravam seu próprio banderial; os pequenos nobres eram designados para outros banderiais.

[3] Unidades de cavalaria do exército austríaco que incluíam não somente esquadrões mas também formações táticas mais amplas – divisões, que usualmente consistiam em dois esquadrões.

Esse movimento foi, de resto, muito menos o resultado de um cálculo estratégico do que da necessidade premente. Windischgrätz admite que o inimigo o *"seguiu a toda a pressa* e lançou-se especificamente contra o primeiro corpo de exército, estacionado em Isaczeg, enquanto supunha que ele estava engajando o 3º corpo de exército, estacionado próximo a Gödöllö". Nessa retirada fortemente pressionada, Windischgrätz teve, pois, unicamente a satisfação de que os magiares venceram um outro corpo, e não o que eles pensavam vencer!

No dia 6, durante essa retirada, deu-se novamente um combate,

> no qual a brigada Fiedler, reforçada com um destacamento da divisão Lobkowitz, forçou o inimigo a empreender a retirada, que ele mais tarde tentou cobrir com um grande ataque da cavalaria, com 12 esquadrões, que, no entanto, foi igualmente frustrada por um ataque de flanco realizado por dois esquadrões da cavalaria ligeira de Kress e um esquadrão de couraçados de Max Auersperg, oportunidade na qual outros seis canhões foram tomados ao inimigo, e ele deixou muitos mortos no campo de batalha, pois o fogo bem direcionado de nossa artilharia surtiu um efeito devastador em suas fileiras.

Nem mesmo a *Gazeta de Colônia* jamais escreveu tão colossal disparate em matéria de estratégia. Uma brigada reforçada por um destacamento de uma divisão forçou os magiares, vencedores e em superioridade, à retirada! A fim de cobrir essa retirada, estes realizam um grande ataque com 12 esquadrões de hussardos – contra uma força de infantaria tão pequena! Mas fica ainda melhor. Os *12* esquadrões magiares foram postos em fuga por *três* esquadrões imperiais, e finalmente seis canhões foram capturados!! Vê-se que Windischgrätz, habituado à vitória, teve mais uma vez necessidade de extrair momentos isolados favoráveis de um combate eminentemente desfavorável em seu conjunto, e, assim, apresentar um relato histórico que, em seu caráter fantástico, ultrapassa todas as fábulas do mundo de Münchhausen.

Para o bravo *ban* Jellachich as coisas não vão melhor. "Também ele atacou o inimigo vigorosamente, e então tomou a posição determinada para ele." Estas poucas palavras demonstram suficientemente que Jellachich, a fim de poder se retirar para Pest, teve de suportar um sério combate e precisou lutar durante seu percurso. Com que perdas, logo ficaremos sabendo.

Nessa posição diante de Pest, Windischgrätz está agora "decidido a esperar ali aqueles reforços que nesse momento avançam de todos os lados contra a Hungria, e como seu exército está totalmente concentrado, isso o torna apto a operar em todas as direções com a força que os acontecimentos possam requerer."

Görgey e Dembiński já devem ter reduzido a nada esse bem-intencionado plano do nobre marechal de campo, assim como sua ridícula bazófia final.

Tomados os dois boletins em conjunto, evidencia-se que os imperiais recuaram em toda a linha e se limitam à defesa de Pest. Certamente saberemos muito em breve do ataque de Dembiński a Pest, ou de suas medidas tomadas às costas dos imperiais.

Todos os relatos não oficiais informam que a derrota dos imperiais é muito mais significativa do que os boletins admitem. Desde o dia 2 ouve-se em Pest ininterruptamente canhoneios em toda a linha. Desde os dias 3 e 4 começou a retirada pelas estradas de Pest. Carretas de munição e bagagem, carros-reserva de armas, carros com feridos, homens isolados desarmados, não feridos, alternam-se. Em toda a cidade foram tomadas medidas de defesa, em diversos pontos foram requisitadas casas para os militares, o pessoal se mantém pronto para desmantelar as pontes levadiças imediatamente.

Em Pest, as cédulas húngaras se valorizam, em Breslau caem os papéis austríacos, seguindo cartas privadas de Pressburg, que falam de uma *decisiva vitória dos magiares em Gödöllö*. Por enquanto ainda não pretendemos de modo algum levar em consideração a notícia da *Gazeta de Breslau* de que Jellachich teria sido separado e o mesmo destino estaria ameaçando Schlick, pois as vantagens dos húngaros *admitidas* pelos imperiais já são suficientes.

A *Gazeta de Colônia* ameaça com 30 mil homens da Itália, que dentro de 12 dias estariam em território húngaro!! Amanhã trataremos disso. Ademais, ela ameaça com 40 mil russos, que avançam para a Transilvânia, e finalmente com 18 batalhões, sob o comando de Hammerstein, que assaltariam cruzando o Zips. Os russos ainda não estão aqui, e até agora Hammerstein apenas deu a *ordem* de reunir um corpo em Dukla, na fronteira galício-húngara. Até que ele esteja pronto, os magiares podem estar longe!

Do teatro da guerra

NGR, n. 273, 15/4/1849

F. Engels

Hoje ainda não chegou nenhuma notícia específica de Pest. Apesar disso, a *Correspondência Litografada de Viena* relata que o exército austríaco teria evacuado Pest totalmente e ido para a margem direita do Danúbio, e os generais húngaros teriam, na tarde do dia 7, entrado em Pest, sendo recebidos com uma passeata e júbilo geral. Essa notícia é, no entanto, certamente prematura. A batalha diante de Pest, que começara no dia 2 e que nos dias 5 e 6 era travada bem sob os muros de Pest, continuava ainda no dia 7 e, se podemos confiar em um relato isolado, prosseguia ainda no dia 8. Não é difícil de perceber que a vitória em Pest não é nenhuma bagatela, como muitos gostariam de acreditar. Os imperiais têm duas vantagens. Primeiro, têm a retaguarda coberta pelo Danúbio, pela fortaleza de Ofen e pela própria cidade, cujos acessos fortificados bastam, no caso de uma retirada, para retardar o inimigo durante a travessia do rio pelos imperiais vencidos. Segundo, a concentração de seu posicionamento supera a dos magiares. Eles formam um semicírculo em torno de Pest, e os magiares formam, por sua vez, um semicírculo em torno dos imperiais. Acrescenta-se a isso que o caráter pesado, lento, mas obstinado e obediente do exército austríaco torna-o capacitado preferencialmente a uma posição defensiva. É, pois, pelo menos plausível que os imperiais tenham se batido ainda por dois dias diante de Pest.[1] Mas, é indubitável, conforme os relatos recebidos de toda parte sobre a inesperada força e a inaudita bravura do exército magiar, que eles finalmente foram esfacelados e escorraçados para a outra margem do Danúbio. A retirada da bagagem imperial por Pest e cruzando o Danúbio continua ininterruptamente há 48 horas. Continua a ressoar o canhoneio diante das portas da cidade.

Deste relato parece, em todo caso, resultar que os magiares não pretendem obrigar os imperiais a deixar sua posição em Pest por meio de manobras estratégicas, mas sim

---

[1] As batalhas por Pest foram travadas de 6 a 25 de abril de 1849. E continuaram depois de as principais forças austríacas, vencidas pelas tropas revolucionárias húngaras, terem sido obrigadas a se retirar para noroeste, em direção às fronteiras da Áustria. Depois que Pest foi libertada, a guarnição austríaca ainda se manteve na fortaleza de Buda, que foi sitiada pelos húngaros de 4 a 21 de maio de 1849.

travar a batalha decisiva sob os próprios muros de Pest. A nosso ver, e segundo as atuais notícias, o sucesso é indubitável.

Em Viena diz-se que *Kossuth* estaria com o exército magiar, que Klapka estaria gravemente ferido; segundo outros, teria sido aprisionado em Jasz-Bereny etc. Se essa última notícia fosse verdadeira, já a teríamos lido nos boletins.

Aproveitamos a oportunidade para dar algumas notícias sobre o próprio Klapka. Ele não é polonês, como se afirma aqui e ali, mas sim húngaro, um eslavo magiar de Temesvar, onde seu pai, como prefeito, foi presidente da Câmara Municipal por vários anos. Na juventude, sua tendência à aventura o levou a tornar-se soldado no exército. Ele se distinguiu amplamente em matemática e ciências militares na Escola do Corpo de Bombardeiros em Viena e em 1841 foi incorporado à Guarda Nobre húngara. Os costumes e o espírito dessa corporação não eram capazes de lhe tornar agradável uma guarnição de paz nas fronteiras da monarquia – para onde foi transferido seis anos depois –, e ele renunciou a seu posto de primeiro-tenente. Mais tarde o encontramos em Bucarest, oferecendo ao Hospodar[2] seus serviços como organizador da artilharia. Mesmo uma viagem à Índia foi para ele algo natural. No entanto, chegou março de 1848 e em abril já o víamos em Pest, estreitamente vinculado ao partido radical. Ele agora cresce; pois era um ardente magiar e, depois de Görgey, o mais importante talento entre os nacionais no exército da insurreição.

De resto, os magiares parecem repentinamente estar desbordando de todos os lados. Todas as massas de tropas de reserva entre o Tisza e o Mures, que Kossuth treinou para se tornarem eficientes soldados, aparecem repentinamente no campo de batalha. Não somente na Transilvânia, não somente diante de Pest, mas também no Banato *os húngaros vencem e se apresentam com inaudita rapidez*. Já informamos ontem que este, bem como todo o Bacska, foi ocupado por eles; não quisemos informar que um corpo magiar sob Perczel tenha tido de combater durante o trajeto pela Áustria sitiada até Peterwardein, porque nos pareceu por demais inacreditável. E no entanto parece estar fora de dúvida; a *Gazeta de Zagreb*,[3] o órgão do governo croata, traz ela própria o mesmo informe. Perczel e Batthyány (ex-comandante de Peterwardein) romperam o cordão de bloqueio e entraram na fortaleza com tropas frescas. O sítio parece ter sido completamente abandonado; Nugent se dirigiu outra vez para oeste, em direção a Zombor, onde os magiares ocuparam a cidade e os arredores. Tudo o que é imperial se retirou de Peterwardein e seus arredores para a Sírmia e a Eslavônia.

Graças a esse novo avanço dos magiares, *os sérvios no Banato estão totalmente isolados*, como anteriormente Puchner foi isolado na Transilvânia. É evidente que esse isolamento só pode ser vantajoso para as negociações que ainda perduram entre sérvios e magiares.

---

[2] Príncipe, George Bibescu.
[3] Diário da administração austríaca na Croácia, publicado em Zagreb desde 1826.

Na *Transilvânia* as conquistas de Bem parecem finalmente asseguradas. Os austríacos fugidos para a Valáquia, de cujo número acabamos de ser oficialmente informados, *renunciaram a toda tentativa de retornar para a Transilvânia*. Eles vão se pôr a caminho do Banato, por via da Valáquia. Boa viagem!

Segue-se o relato oficial a respeito, que a própria *Gazeta de Viena* traz:

> As recentes notícias da Transilvânia trazem comunicados segundo os quais as tropas imperiais-reais chegaram em 13 de março às proximidades de Hermannstadt e tomaram uma posição em Geroldsau, a fim de se conectar com os russos que controlam a posição Falmatsch. No dia 15, as tropas imperiais-reais saíram em direção a Kronstadt e os russos se entrincheiraram, conforme a quarentena imperial-real, na fronteira mais extrema. O comando-geral da Transilvânia, o tenente-marechal de campo von Puchner e vários generais imperiais-reais, assim como 1.200 homens da infantaria, que também haviam se retirado para a Valáquia, partiram para Rimnik. No dia 18, o corpo de exército imperial-real da Transilvânia alcançou Kronstadt, com a intenção de salvaguardar esta cidade ocupada pelos russos, sob comando do general Engelhardt. Os rebeldes, sob o comando de Bem, entraram igualmente em Kronstadt. Nesse meio-tempo, entretanto, o general Lübers deu ordem de evacuar Kronstadt. Isto e a circunstância de que as tropas imperiais-reais não tinham munição, e além disso sofriam a carência de muito do que era necessário e estavam esgotadas, determinou o general imperial-real von Kalliani, comandante das tropas imperiais-reais, a evacuar Kronstadt e, em 20 de março, marchar para a Valáquia junto com os russos. O corpo de exército compõe-se de 8.140 homens da infantaria e da artilharia, 900 homens da cavalaria e 42 canhões. O major imperial-real barão Hayde, que comandava 1.200 homens da infantaria e 240 da cavalaria, moveu-se para Törzburg e era esperado no dia 21 em Campulung, em território valáquio. Assim, estão em território valáquio cerca de 12 mil homens das tropas imperiais-reais. O corpo principal, sob o general Kalliani, está estacionado em Campina, Ploesti e Konkurrenz, e deve descansar por 10 ou 12 dias. O governo do país colaborou tanto quanto possível no que se refere à alimentação. Em Hermannstadt, o ex-ministro da Guerra húngaro comandaria e Bem estaria à cabeça dos rebeldes em Kronstadt, de onde, como se acredita, ele pretende marchar para Bucovina. O número de fugitivos que deixaram a Transilvânia para procurar proteção na Valáquia é muito grande. Em 27 de março, o ajudante do Comando Geral, o major imperial-real von Reichetzer, chegou de Craiova a Bucarest para dar início à marcha das tropas imperiais-reais de Campina, por via de Craiova e Orsova, para o Banato.

Daí segue-se: 1) que Bem deve ter um exército muito considerável, se ele pôde bater mais de 12 mil austríacos e de 10 a 15 mil russos; 2) que também os russos não têm nenhuma vontade, por enquanto, de ir novamente para a Transilvânia, e, assim, finalmente a Transilvânia está *segura*, e com a Transilvânia a retaguarda do exército revolucionário húngaro.

Assim, os 40 mil russos parecem não pretender vir em ajuda da *Gazeta de Colônia*.[4] Mas ainda lhe restam os 15 batalhões de Hammerstein e os 30 mil homens de Haynau.

---

4   Ver "Uma derrota austríaca".

Eh bien! Segundo os últimos relatos diretos, Schlick estava ainda em Lemberg, e tentava induzir os cidadãos a dirigir-lhe uma petição para convocar os russos. Ao mesmo tempo, ele deu a ordem para reunir um corpo de exército em Dukla, a 25 milhas de Lemberg. Até que esse corpo se concentre no devido lugar e esteja provido de munição, provisões, meios de transporte etc., terão se passado ao menos de 3 a 4 semanas, e quem sabe onde estarão então os magiares!

No que concerne aos 30 mil homens de Haynau, que estariam dentro de 12 dias [!] em solo húngaro, são ainda mais inofensivos. Haynau teve de abandonar o bloqueio de Veneza e avançar para a Lombardia. Sabemos como os brescianos mantiveram-no ocupado em 31 de março e 1 de abril.[5] Sabemos que ele não pode abandonar sua posição até que seja substituído por Radetzky – e Radetzky ainda não está em condições de fazer isso. E quando finalmente for substituído, terá de percorrer cerca de 150 a 170 milhas alemãs até chegar em Pest. É certo que uma parte do caminho pode ser feita por trem, mas quando se trata de expedir 30 mil homens com as respectivas artilharia, cavalaria, bagagens etc., a ferrovia acelera só um pouco a marcha. Por consequência, os "doze dias" podem se transformar facilmente em seis semanas, e até lá os magiares têm tempo de dar algumas lições muito sérias ao exército de Windischgrätz. Quem sabe – talvez os magiares venham a encontrar o sr. Haynau no meio do caminho!

---

[5] Em março de 1849, a guerra entre o Piemonte e a Áustria foi retomada e isso deu novo ímpeto ao movimento de libertação nacional na Lombardia, na retaguarda do exército austríaco. Uma ampla insurreição popular contra o domínio austríaco teve lugar em 20 de março, na Brescia. A guarnição austríaca foi encurralada na Fortaleza. As tropas austríacas enviadas contra Brescia eram em parte constituídas de homens que haviam participado nas operações contra a república de Veneza. Eles estavam sob o comando do general Nugent, que mais tarde foi substituído pelo tenente-coronel Haynau. A cidade insurgente foi severamente bombardeada, mas continuou a resistir mesmo depois de ter sido assinado o cessar-fogo entre o rei do Piemonte e a Áustria. Brescia só foi tomada por um feroz assalto em 31 de março e 1 de abril. Haynau desencadeou uma brutal represália contra os insurgentes.

[Do teatro da guerra]

NGR, n. 273, 15/4/1849, segunda edição

F. Engels

Os imperiais foram cada vez mais repelidos; os magiares estão na planície de Rakos,[1] o velho local de eleição do rei húngaro, a meia hora de Pest, e oferecem batalha.

Estas são as últimas notícias do dia 8, de Pest. O que foi comunicado além disso é menos certo. Assim, escreve a *Gazeta de Breslau* que Windischgrätz teria recusado a batalha, e já teria se retirado com suas tropas para Pest. Os simpatizantes dos imperiais acreditam que os magiares não ousariam atacar Pest, de um lado por causa das sólidas fortificações levantadas, de outro para não expor sua capital à destruição. Nesse entretempo as coisas parecem piorar em Pest. Windischgrätz primeiro retornou para Pest, depois para Ofen, mas sem ter dado nenhuma indicação sobre as possibilidades do combate. Isso naturalmente magoou muito os "súditos fiéis" e alegrou bastante os magiares.

Ao mesmo tempo a seguinte proclamação foi afixada no dia 7 deste mês pelo sr. Wrbna:

> As cidades de Ofen e Pest estão em estado de sítio, por isso assembleias nas praças e ruas estão proibidas; mas como, no entanto, há alguns dias essa ordem não é observada, vejo-me obrigado a lembrar por meio desta que os moradores devem permanecer em suas casas, bem como abster-se de deslocamentos inúteis; as patrulhas estão autorizadas a *intervir* em qualquer motim *com o pleno uso das armas. A consequência seguinte de qualquer movimento sedicioso seria o imediato bombardeio da cidade*, para o que tudo já está preparado.

Muitos súditos fiéis de Sua apostólica Majestade, os quais, entretanto, não mais se sentem seguros em Pest, já se mudaram para a fortaleza de Ofen, e mesmo em Viena já chegaram fugitivos de Pest. Os magiares de Pest se rejubilam; os austríacos, ao contrário, ameaçam. Do lado de Ofen, há nas pontes levadiças dois canhões de doze-libras prontos a explodir, das muralhas da cidadela de Ofen há numerosas armas pesadas apontadas para Pest, enfatizando a ameaça de Welden.

---

[1] Distrito da margem esquerda do Danúbio onde, até o século XVI, ocorriam as assembleias húngaras dos estados, e os reis húngaros eram coroados. Hoje pertence à cidade de Budapest.

A intensidade do ataque magiar deve ter superado todas as expectativas dos austríacos. Há cinco dias, especificamente, os incontáveis hussardos magiares não dão paz aos imperiais nem de dia nem de noite, e a audácia desses husssardos excede todos os cálculos austríacos.

De resto, os imperiais mobilizaram tudo para se manter. As guarnições de Waitzen e Vesprim avançam para Pest. De Komorn, Viena etc. avançam reforços em marcha forçada, mas em todo caso chegam tarde demais para a batalha decisiva.

Em 11 de abril, foi difundida na Bolsa de Viena a notícia de que os húngaros teriam sido repelidos de Pest. Consideramos esse boato como um mero blefe da Bolsa. Aliás, não é mais digno de crédito o outro boato de que Görgey ocupou Komorn com um corpo de magiares, e o exército de sítio teria sido obrigado a marchar contra ele e liberar a fortaleza. É muito provável que voluntários magiares ou eslovacos, nos comitatos Neutra, Gran e Neograd, tenham combatido e inquietado o corpo de sítio de Komorn; mas não é crível que o exército principal magiar tenha enviado Görgey com um corpo considerável, enquanto diante de Pest ele ousa a batalha decisiva.

Sobre a vitória de Jellachich, anunciada no 33º Boletim, o qual depois "assumiu a posição determinada para ele", como o cômico produtor de cartazes Welden se exprime no 34º Boletim, o *Lloyd*, informando de Pest, revela também que ali as pessoas pensavam que o *ban* fora preso e estavam muito surpresas por receber outras notícias dele.

Temos ainda outros detalhes sobre o exército magiar. Klapka *não* está preso, como algumas folhas afirmam, mas sim comanda um destacamento no centro dos magiares. O flanco esquerdo do exército húngaro é dirigido por Damjanich, um sérvio do Banato, que já comandou um corpo de exército contra Nugent e Dahlen no comitato de Baranya, depois em Bacska e em Szegedin. Trata-se de uma mentira tão ridícula quanto miserável a de que ele teria *agora* se vendido aos magiares [!], como dizem folhas-lei marcial isoladas. Os boletins austríacos anteriores estão aí para provar o contrário.

A batalha decisiva teria ocorrido no dia 8. Que houve combate, e combate muito violento, nós sabemos; mas sobre o resultado da luta temos apenas os supracitados boatos.

Se Windischgrätz foi empurrado para a margem direita do Danúbio, ele pode retirar suas tropas imediatamente para trás do Raab e liberar Komorn. Até o Leitha não lhe resta nem uma só linha de defesa, e mesmo a possibilidade de ele mantê-la continua dependendo do moral de suas tropas derrotadas. Em todo caso, com a derrota de Windischgrätz, a Hungria está temporariamente liberada dos imperiais, enquanto repelir o ataque magiar não levaria os austríacos mais além do Tisza. No Tisza, o velho jogo de artimanhas recomeçará temporariamente, até que cheguem os 50-60 mil homens de reforços imperiais-reais.

No Banato, confirma-se que os magiares conquistaram toda a *Bacska* e libertaram Peterwardein. Os Nugent, *père et fils*,[2] fizeram mais uma vez má figura nessa oportunidade.

---

[2] Pai e filho.

Para concluir, damos os seguintes detalhes, de acordo com uma *Correspondência Litografada* de Viena, sobre alguns generais húngaros e sobre o exército húngaro:

> Entre os generais húngaros, *Görgey* merece ser especialmente destacado. Ele ainda é muito jovem, mas muito talentoso e extremamente ativo, incansável e pessoalmente corajoso; é descrito, talvez não sem razão, como a alma de todas as operações militares, pois Kossuth sabidamente em sua carreira como advogado teve pouca oportunidade de se distinguir nas ciências militares. Entre os estrangeiros, destaca-se o inglês *Guyon*. Sua audácia não conhece limites. Assim, à frente de sua coluna e com perda de 400 homens, há pouco ele tomou de assalto uma montanha para a qual só conduzia um caminho em sete voltas e que estava amplamente ocupada por tropas e canhões austríacos, apesar de haver a possibilidade de contorná-la, mas com considerável perda de tempo.
>
> O bravo Guyon não se intimida diante de nenhum obstáculo, e tem tanto sangue-frio quanto intrepidez, um dos mais ousados partidários dessa campanha única em seu gênero. Os *honvéds*, que inicialmente apareciam apenas pobremente vestidos e mal-alimentados, encontram-se atualmente em uma situação melhor. No inverno não era incomum encontrar alguns honvéds malvestidos morrendo de frio nas ruas. Eles aprenderam a padecer as fadigas da campanha e bater-se com a coragem de tropas disciplinadas. A calma que Windischgrätz garantiu inicialmente aos húngaros foi utilizada da melhor maneira por estes, e progrediram especialmente com a organização dos honvéds empregando-os em pequenas escaramuças para acostumá-los gradualmente à guerra.
>
> Nesse meio-tempo sua formação militar foi consumada tanto quanto possível. Atualmente os honvéds estão progredindo consideravelmente em seu desenvolvimento e já se destacam em embates singulares. A força principal do exército húngaro consiste, como se sabe, em sua excelente cavalaria, que a cada dia infunde mais respeito à cavalaria austríaca; mesmo os couraçados de Wallmoden, conhecidos por sua coragem, tiveram frequentemente ocasião de conhecer a força dos hussardos húngaros e mais de uma vez sucumbiram a seu impetuoso ataque.

Do teatro da guerra

NGR, n. 274, 17/4/1849

F. Engels

Ainda não há nenhuma notícia decisiva do campo de Rakos. Parece que no dia 8 combateu-se pouco; a batalha principal era esperada para o dia 9. Em Viena circulam os mais contraditórios boatos; segundo um deles, os húngaros entraram vitoriosamente em Pest; segundo outro, eles foram derrotados e Schlick teria cercado e aprisionado 5 mil honvéds. Certo é que não há nem um boletim, nem um despacho telegráfico, nem sequer qualquer notícia oficial, e isto é provisoriamente uma prova suficiente de que as coisas não estão indo muito bem para os imperiais. Ademais, Windischgrätz teria enviado a Olmütz sua renúncia, por intermédio de seu filho. A Hess, assim como a Welden, foi oferecido o comando supremo na Hungria, mas ambos o recusaram, uma vez que não lhes quiseram deixar as mãos plenamente livres.

Os negro-amarelos em Pest confiam em que os húngaros não vão expor sua própria capital ao bombardeio e às chamas. Também Dembiński teria se declarado contra isso, como dizem, afirmando que em 1831 a Polônia só foi vencida porque ali se teria atribuído uma excessiva importância estratégica à capital, Varsóvia.

Em Bacska, os magiares avançam irresistivelmente. Confirma-se que Perczel e Batthyány entraram em Neusatz. Neusatz localiza-se exatamente diante de Peterwardein, na outra margem (esquerda) do Danúbio e foi ocupada, como a própria Peterwardein, pelos magiares. As fortificações de Sanft Thomas, tão tenazmente defendidas pelos sérvios no ano passado, foram invadidas pelos magiares, e do mesmo modo Zombor e Becse (Base) estão em suas mãos. Eles ameaçam a margem esquerda do Tisza; o patriarca Rajachich teve de abandonar Becskerek e está marchando por Pancsova para Semlin; Kničanin apareceu repentinamente no campo de batalha para auxiliar os austríacos em seus apuros.

A Transilvânia está segura. A *Folha Constitucional da Boêmia* relata o seguinte, de Czernowitz:

> *Czernowitz*, 5 de abril. Foi decidido que 60 mil russos ocupem a Galícia e permaneçam ali como guarnição; o tenente-marechal de campo barão von Hammerstein está indo para a Hungria com 25 batalhões e um número correspondente de canhões. Hoje o tenente-marechal de campo von Malkowsky partiu para substituir o adoentado

tenente-marechal de campo Puchner. Toda a Transilvânia está coberta de barricadas. Bem comanda um exército de 100 mil homens, dos quais 10 mil pertencem à legião polonesa, uma legião de acadêmicos[1] e proletários vienenses. A Bucovina teme agora novamente a invasão dos húngaros, os quais, como viajantes recentes informam, teriam uma simpatia especial pela região. Também é verdade que a partida do 4º Batalhão do regimento do barão Sivkovich foi interrompida *ad ínterim*, porque parece haver, afinal, uma inclinação para a resistência.

Bem está, pois, recrutando muito ativamente entre os valáquios e saxões da Transilvânia. Todos os capazes de tomar armas são incluídos entre os honvéds, treinados e utilizados contra os austríacos. Vê-se que Bem toma uma boa desforra do sistema de recrutamento austríaco, que obriga os prisioneiros vienenses a lutar contra os magiares, e os prisioneiros magiares contra os italianos. Em Hermannstadt ocorreu um grande banquete para comemorar a fraternidade entre valáquios e magiares.

Em decorrência das notícias húngaras, todos os ministros foram chamados por telégrafo a Olmütz.

O *Lloyd da tarde* de ontem relata como autêntico que o tenente-marechal de campo Wohlgemuth teria assumido o comando do corpo de exército concentrado em Komorn.

---

[1] Referência aos homens da Guarda Móvel de Viena e à Legião Acadêmica, que sobreviveram depois da tomada de Viena pelas tropas contrarrevolucionárias (1 de novembro de 1848) e que, como parte do exército de Bem, participaram da guerra revolucionária da Hungria. A Guarda Móvel de Viena foi formada por Bem durante a insurreição de outubro. Era composta principalmente de artesãos e trabalhadores e mostrou ser a mais disciplinada, eficiente e audaciosa seção das forças militares insurgentes. A Legião Acadêmica era uma organização estudantil militarizada fundada em março de 1848 em Viena. Também incluía professores universitários e outros intelectuais. A Legião desempenhou um papel significativo no movimento austríaco revolucionário em 1848. Foi dissolvida quando a insurreição de outubro naquela cidade foi reprimida.

Do teatro da guerra – Guerra camponesa na Bucovina

NGR, n. 275, 18/4/1849

F. Engels

Repentinamente, os magiares interromperam a luta diante de Pest e marcharam para Waitzen deixando para trás seus postos avançados. Waitzen se localiza ao norte de Pest, no Danúbio, justamente no ângulo em que este abandona a direção oeste e vira-se para o sul. *Waitzen, a chave do caminho para Komorn, foi tomada pelos húngaros.* Jellachich permanece na *margem direita do Danúbio* em Szent Endré!

Essas notícias eram conhecidas em Viena desde o meio-dia do dia 13 e causaram "uma impressão deprimente". Welden teria ido já no dia 14 para o exército húngaro.

Ainda nos faltam detalhes pormenorizados sobre essa nova virada da luta e este sucesso estrategicamente muito importante dos húngaros. Portanto, não podemos saber se o exército húngaro realmente marchou para Komorn para socorrê-la, ou se apenas pretende atrair os imperiais de sua posição fortificada em Pest e combatê-los em campo aberto, sem expor a própria Pest ao perigo de um bombardeio.

As demais notícias são extremamente contraditórias. Não se sabe nada nem da posição do exército magiar nas recentes batalhas em Pest, nem dos detalhes da luta mesma. Windischgrätz não permitiu que ninguém saísse da linha de Pest. Sabemos apenas que no dia 8 (domingo de Páscoa) nada ocorreu além de algumas escaramuças em postos avançados. Também no dia 9 não houve canhoneios. Foi esse o dia em que a força principal dos magiares parece ter partido para Waitzen. Duas brigadas austríacas se moveram na mesma direção.

Ao sul de Pest, em Raczkeve, os magiares, comandados por Vetter, teriam tentado lançar uma ponte sobre o Danúbio, mas teriam sido impedidos.

De resto, circulam os boatos mais fantasiosos e contraditórios. O medo dos negro-amarelos permitiu a Bem chegar à Transilvânia com 20 mil homens e operar contra Kalocsa no Danúbio (nas fronteiras de Bacska) a fim de ir dali para a margem direita e avançar às costas dos austríacos. Nessa região, de resto, Perczel arranca aos sérvios uma posição após outra. A outrora sitiada Peterwardein constitui agora o principal ponto de suporte de suas operações.

Outro boato nascido do medo dos austríacos coloca Görgey já em Bruck, no Leitha, a poucas horas de Viena!

Aliás, o ministério finalmente prometeu à Voivodia sérvia que ela faria parte do grupo das terras autônomas da coroa. Mas é duvidoso se isso tornará o ânimo dos sérvios, que a cada dia se inclinam mais a uma união com os magiares, mais favorável para o ministério. Os sérvios não confiam mais no governo que tão frequentemente tentou traí-los. O correspondente da *Folha Constitucional da Boêmia* informa de Drava: "Talvez logo eu lhes escreva *em fuga*!"

Nenhuma palavra da Transilvânia. Também nada da Galícia sobre a suposta marcha dos russos. Em contrapartida reapareceu na Bucovina a nação há muito perdida dos huzuls,[1] com seu rei-camponês Kobylica à cabeça. Aqui, nesse recanto mais longínquo da monarquia unificada, trava-se a luta entre camponeses e nobreza que a aplicação das leis de remissão outorgadas[2] deve provocar em toda a Áustria. Kobylica *liga-se diretamente com os magiares*. Vejamos o que escreve a respeito a *Bucovina*[3] de 4 de abril, editada em Czernowitz:

> O notório Kobylica, com seu perigoso agente Birla Mironiuk, apareceu novamente nas montanhas entre os huzuls (rutenos) e está iludindo perigosamente os povoados; ele os incita a invadir as florestas e prados, e manter, assim, uma postura rebelde: ele viria em breve em sua ajuda com *um exército húngaro*. O espírito de rebelião assim conclamado tornou-se preocupante especialmente nas proximidades de Berhometh, razão pela qual a administração local se viu obrigada a enviar uma companhia completa para essa região e a tomar outras medidas enérgicas. A companhia, conforme as instruções da administração local, estacionou em Berhometh e entorno. O comissário distrital Wex comanda as ações locais, que devem se estender a impedir invasões nas florestas e prados senhoriais, à investigação e estrita punição dos criminosos, à instrução e vigilância dos povoados, ao mais estrito e rigoroso tratamento de todos os perturbadores da paz e agitadores, à vigilância e controle da população rural, e a capturar Kobylica e seu agente Birla Mironiuk. – Essas medidas enérgicas devem finalmente conseguir um apaziguamento definitivo dos povoados rutenos montanheses.

Boa sorte à guerra camponesa austríaca!

---

[1] Ucranianos que viviam nos montes Cárpatos e formavam parte da Hungria austríaca. Na primeira metade do século XIX, até 1848, foram súditos do império Habsburgo.

[2] Sob o impacto da Revolução de Março de 1848, a luta camponesa antifeudal assumiu largas proporções no império austríaco e se juntou ao movimento de libertação nacional nas regiões de fronteira. Agitações entre os camponeses ucranianos da Bucovina começaram na primavera de 1848 e se tornaram especialmente intensas quando, em 17 de abril de 1848, foi promulgada uma lei na vizinha Galícia abolindo as obrigações feudais. Essa lei não se aplicava à Bucovina, embora ela fosse administrativamente parte da Galícia. O camponês ucraniano huzul Lucian Kobylica tinha projeção especial entre os líderes camponeses. Pertencia à ala democrática radical da Dieta Constituinte Imperial austríaca, para a qual foi eleito em 1848. Ele ajudou os camponeses a apresentar suas petições e queixas e fez o possível para que as terras tomadas pelos latifundiários retornassem aos camponeses. Por isso, Kobylica foi privado de seus direitos como deputado. Na primavera de 1849, o movimento camponês na Bucovina foi reavivado. Formaram-se destacamentos camponeses, propriedades de latifundiários foram tomadas e suas florestas frequentemente abatidas. Lucian Kobylica (que deve ter estado em contato direto com emissários húngaros) e Birla Mironiuk convocaram os camponeses a estocar provisões e forragem para as tropas húngaras e a se juntar a elas, caso entrassem na Bucovina. Essas agitações camponesas foram reprimidas pelas forças imperiais. A lei de reimissão outorgada referida por Engels foi adotada pela Dieta Imperial austríaca em 7 de setembro de 1848.

[3] *Bucovina. Gazeta romaneasca pentru Politicâ, Religie si Literaturâ*: jornal publicado em Czernowitz em 1849, em romanês e alemão.

Ekelmann

NGR, n. 276, 19/4/1849

F. Engels

Colônia, 18 de abril. Ontem em Berlim a Segunda Câmara votou se toda a lei para a supressão do direito de associação, que o sr. Manteuffel apresentou, deveria ser rejeitada pura e simplesmente ou não. Essa rejeição da lei caiu por 137 votos contra 141. A esquerda ficou, portanto, em minoria por somente quatro votos. Entre esses quatro votos, que pertencem todos ao centro-esquerda, estava o do sr. pastor *Ekelmann*, de *Worringen*, deputado pelos *distritos rurais de Colônia e Mülheim*. Perguntamos a seus eleitores e eleitores primários se eles elegeram o sr. pastor, que antes se mostrava tão extremamente liberal, para que ele ajudasse a privá-los dos poucos direitos civis ainda remanescentes.

Do teatro da guerra

NGR, n. 276, 19/4/1849

F. Engels

O plano de operações dos húngaros, depois que eles arduamente empurraram Windischgrätz para o Danúbio, está agora bastante claro para nós. Enquanto Dembiński mantinha "plenamente ocupado" (*G[azeta] G[eral de] A[ugsburg]*) o centro austríaco, sob comando de Schlick, Görgey se voltou, com uma força consideravelmente ampliada, para o flanco esquerdo dos imperiais em Waitzen, comandado pelo próprio Windischgrätz, repeliu-o e tomou Waitzen. Em quase todos os relatos domina um completo silêncio sobre o que houve com Jellachich e o flanco direito austríaco. Um relato o coloca, como já noticiamos ontem, em Szent Endré, entre Ofen e Waitzen, na margem direita do Danúbio. Isso foi confirmado hoje diretamente de Pest. Ele só pode ter marchado para lá, abandonando sua anterior posição no flanco direito, para cobrir o flanco esquerdo ameaçado. Além da grande pujança dos húngaros em Waitzen, também pode servir para esclarecer esse movimento, de outro modo totalmente incompreensível, a circunstância de que os croatas não se deixam mais levar à linha de fogo pelo "cavalheiresco" *ban,* e têm um respeito diariamente crescente pelos hussardos húngaros. Em contrapartida, eles saquearam e estupraram tão energicamente em Pest e região que o Dom Quixote croata se viu obrigado a mandar fuzilar sumariamente um certo número dos mais ávidos por saque. Também ainda se ouve falar de deserções entre os croatas. Evidentemente, por isso esse mais gentil de todos os corpos reunidos em Pest só pode ser usado como reserva. Também o confirma uma correspondência vienense da *Gazeta Geral Alemã*, segundo a qual teriam sido enviados a Pest entre 5 mil a 6 mil croatas como reserva.

Por seu lado, os magiares não deixaram de modo algum inativo seu flanco esquerdo, posicionado à direita dos austríacos. Não há dúvida de que já cruzaram o Danúbio ao menos em um ponto abaixo de Pest, e de fato sem encontrar nenhuma resistência significativa, pois todas as tropas imperiais dessa região subiram para Pest. Vetter, que comanda aqui (ele foi anteriormente major no 37º regimento de infantaria imperial), opera contra Pentele e Földvar, e, segundo rumores consistentes, está já em marcha para Stuhlweissenburg. Também em Bacska a força principal de Batthyány e Perczel parece avançar para o Danúbio e o Drava para cortar a ligação direta de Nugent e os sérvios com o exército principal austríaco, ou para obrigar Nugent a uma retirada apressada para Esseg ou Zagreb.

Assim, Windischgrätz está ameaçado por todos os lados, e encurralado tanto pela direita quanto pela esquerda. Hoje à noite deveremos receber a informação segura de que Görgey está em Gran e Vetter em Stuhlweissenburg. Só os deuses sabem o que será dos imperiais se eles forem assim apartados de ambas as suas linhas de retirada.

Sobre como os magiares combatem agora, depois de terem tido tempo de treinar, os imperiais são uníssonos. O *Correio Alemão Oriental* diz:

"O fanatismo de nossos inimigos, o dinheiro que aparentemente está à sua disposição, leva a eles massas, onde nós temos apenas fileiras. Como uma impetuosa torrente montanhosa, rompem o sólido muro que se contraponha a eles". E a *Gazeta Geral de Augsburg*: "Os hussardos se batem com uma bravura que torna impossível qualquer avanço do exército imperial sem consideráveis reforços. Esses magiares não são piemonteses [!]; mesmo para todo o exército de Radetzky o jogo aqui seria difícil".

Ao contrário disso, os negro-amarelos em Pest estão totalmente desmoralizados. Fogem em massa de Pest, parte para Ofen, parte na direção do Gran, ou até mesmo para Raab.

Benedek chegou a Viena. Ele deve comandar a vanguarda do corpo de Hammerstein que, conforme os boatos-lei marcial austríacos, estaria já em Kaschau! O corpo de Haynau *não* irá para a Hungria. Já dissemos que não se pode prescindir dele na Itália.[1]

O sr. Welden, lembrado como incendiário assassino, o homem que pretendia tomar de assalto Komorn, como uma aldeia italiana, estaria agora ajudando os imperiais em apuros. Ele partiu para o teatro da guerra.

No Banato e em Bacska a situação está também cada vez pior para os imperiais. A *Gazeta Austro-eslava* lamenta pela queda de Szent Thomas, batizada pelos sérvios Serbobran (Baluarte Sérvio), como teatro de suas façanhas do ano passado. Bacska foi inteiramente abandonada pelos imperiais, Nugent está na defensiva atrás do Danúbio, e ficará feliz se puder manter a Sírmia. O ânimo dos sérvios está cada vez mais "sinistro"; se antes eles odiavam os magiares, agora isso deu lugar ao *ódio aos alemães*. A virada negativa da guerra é atribuída diretamente a um abandono intencional, planejado dos sérvios pelos oficiais austríacos. Knićanin é novamente esperado com suas tropas auxiliares sérvias, segundo outros elas seriam comandadas pelo conhecido Vučić. De resto, o governo austríaco finalmente chamou de volta o general Rukavina e o aposentou, e, assim, deu início a uma série de concessões para os sérvios.

Nenhuma palavra da Transilvânia. Ontem a *Gazeta de Colônia* pôs novamente em marcha os russos e Puchner. A notícia era da *Gazeta de Bucarest*,[2] desta chegou à *Gazeta de Viena* e, finalmente, à de Colônia. Mas ela informa somente as posições que Puchner e

---

[1] Ver "Do teatro da guerra" (n. 273).
[2] *Gazeta Alemã de Bucarest*: jornal romeno publicado desde 1845, em alemão.

os russos ocuparam depois da tomada de Hermannstadt por Bem, antes de fugirem pelo desfiladeiro de Roterturm. A *Gazeta de Colônia* poderia saber disso tão bem quanto nós; mas em sua satisfação de finalmente ver os imperiais avançarem novamente em algum ponto, caiu na armadilha e reproduziu como certa essa velhíssima notícia, *propositalmente* impressa na *Gazeta de Viena* para desorientar os leitores. Assim se faz a história.

A sessão da Segunda Câmara em Berlim de 13 de abril

NGR, n. 277, 20/4/1849

F. Engels

Colônia, 19 de abril. Para variar, voltemos mais uma vez à nossa querida Segunda Câmara berlinense. Ela averiguou eleições, emitiu mensagens, fabricou um regulamento e tratou com raro interesse particular uma questão que sabidamente pertence ao folhetim da *Nova Gazeta Renana*: a questão imperial alemã.[1] Tudo isso passou totalmente desapercebido sob os estrondos dos canhoneios de Novara e Pest, e mesmo a "batalha naval" em Eckernförde e o assalto às fortificações de Düppel[2] produziram mais impacto do que todos os discursos da direita e da esquerda da representação do povo prussiana.

Mas agora que a honrada câmara se ocupa com as três leis da mordaça,[3] com a lei dos cartazes, a lei dos clubes e a lei de imprensa, que já regulamentou uma delas, a lei dos cartazes, agora sim o assunto nos diz mais respeito, agora será mais interessante ver como nossos senhores deputados fazem todo o possível para complementar a constituição outorgada.

Tomemos o relato estenográfico da 26ª sessão, de 13 de abril.

Primeiro o deputado Lisiecki interpela o ministério sobre o emprego da Landwehr polonesa na guerra dinamarquesa.

---

[1] A *Nova Gazeta Renana* publicou, nos números 265, 266, 267, 269 e 271, de 6, 7, 8, 11 e 13 de abril de 1849, um folhetim de Georg Weerth, que satirizava a decisão da Assembleia Nacional de Frankfurt sobre a eleição do rei prussiano Frederico Guilherme IV para imperador alemão.

[2] Na batalha de Novara (norte da Itália) de 23 de março de 1849, as tropas austríacas, comandadas por Radetzky, infligiram aos piemonteses uma derrota decisiva (ver "A Derrota dos Piemonteses"). O bem-sucedido ataque do exército húngaro no início de abril de 1849 obrigou o exército austríaco a recuar, em fins desse mês, para Pest, mas pôde manter sua guarnição na fortaleza de Buda. O sítio de Buda prolongou-se por muito tempo; a fortaleza só foi tomada pelos húngaros em 21 de maio. A batalha naval em Eckernförde é como Engels chama ironicamente o bombardeio de um navio de guerra dinamarquês por uma bateria costeira e a conquista de dois desses navios em 5 de abril de 1849 no porto de Eckernförde (Schleswig). Esse acontecimento, que não teve qualquer influência significativa no curso da guerra contra a Dinamarca, foi propagado pela imprensa oficial prussiana como uma importante vitória das tropas prussianas. Em 13 de abril de 1849, as assim-chamadas Tropas Federais alemãs tomaram de assalto as fortificações dinamarquesas na vila Düppel (Schleswig).

[3] Nome dado às seis leis excepcionais aprovadas na Inglaterra em 1819 depois de "Peterloo" – quando participantes de uma manifestação de massa pelas reformas eleitorais em St. Peter's Field, perto de Manchester, foram fuzilados pela polícia e tropas; as leis limitavam a liberdade de reunião e de imprensa.

Segundo o §61 da Lei da Landwehr, esta só pode ser mobilizada em caso de ataques inimigos inesperados ao país. Toda a sua organização está fundada no fato de que em geral ela só será utilizada se o exército permanente e as reservas forem insuficientes. E agora, na guerra contra a pequena Dinamarca, com a qual as tropas de linha de um único corpo de exército poderiam lidar, a Landwehr é mobilizada!

E isso não é tudo. Apesar de a Posnânia supostamente alemã só ter sido incorporada à socapa à Confederação Alemã graças ao perjúrio e à violência brutal, apesar de a parte localizada além da famosa linha de demarcação não ter absolutamente nada a ver, segundo todos os tratados, com a Confederação Alemã, uma parte da Landwehr enviada da Posnânia ao Schleswig foi recrutada dos dois lados da linha de demarcação.

Essa Landwehr, de nacionalidade *puramente polonesa*, metade da qual de modo algum pertencente à Confederação Alemã, foi enviada para o Schleswig para ali se deixar matar com o penacho imperial *alemão* negro-rubro-dourado, como tropas imperiais *alemãs*, para grande honra da *Alemanha*!

A "guerra *alemã*" na Lombardia foi decidida pelos croatas; o combate "alemão" contra Viena foi decidido pelos tchecos, rutenos e, novamente, os croatas; na guerra "alemã" no Schleswig, os *poloneses* serão decisivos. É com tais soldados que hoje em dia são conquistadas as "vitórias das armas alemãs"!

É assim que um rei mantém a palavra que deu aos poloneses em 11 de abril, por intermédio de seu comissário plenipotenciário:[4]

> Por conseguinte, nenhum recruta nascido no grão-ducado da Posnânia deverá ser incorporado em um regimento silesiano ou outro regimento alemão, e vice-versa, nenhum recruta alemão deverá ser incorporado em um regimento polonês. As tropas devem ser treinadas e comandadas em seu idioma [...] o exército polonês também deverá ser, em todas as armas, um *todo plenamente existente por si* etc.

Lisiecki expôs esses diversos pontos em uma linguagem calma, mas resoluta, e concluiu chamando ainda a atenção para a especial malícia existente no fato de se recrutar três batalhões da Landwehr justamente na única província que, no ano passado, mais gravemente sofrera com uma guerra civil imposta pela Prússia.

O sr. Strotha, ministro da Guerra, ergue-se.

O sr. ministro pronuncia à Assembleia um discurso dos mais extensos, dizendo que "toda a organização do exército prussiano está baseada na combinação entre as tropas de linha e a Landwehr, combinação que se estende na guerra desde a composição de corpos

---

[4] Em 11 de abril de 1848 foi assinada, pelo Comitê da Posnânia e pelo comissário prussiano general Willisen, a Convenção de Jaroslawiec. Esse pacto previa o desarmamento e dissolução das divisões rebeldes polonesas. Em contrapartida, seria assegurada aos poloneses a "reorganização nacional" da Posnânia, isto é, o estabelecimento de tropas polonesas, a investidura da Polônia em órgãos administrativos e outros, e a introdução da língua polonesa como língua administrativa. Engels se apoia nos relatórios estenográficos da Segunda Câmara e utiliza um extrato do discurso do deputado Lisiecki, que, segundo suas palavras, refere textualmente uma passagem dessa convenção.

e divisões até a composição de brigadas", que o destacamento "meramente das tropas de linha sem a Landwehr para um teatro de guerra distante obstaculiza essencialmente o elo orgânico entre muitas partes da tropa e gera diversos inconvenientes significativos em uma mobilização das partes remanescentes" etc. Tudo muito apropriado para iluminar com uma curiosa luz a organização de "Meu magnífico exército" aos pequeno-burgueses e funcionários civis da Câmara.

Pode ser. É possível que "Meu magnífico exército, tropas de linha" não possa ter êxito sem "Meu magnífico exército, Landwehr". Pode ser que a perigosa guerra das batatas dinamarquesa[5] obrigue o governo a pôr em prática todas as chicanas da gloriosa organização militar prussiana. Mas, por que justamente os *poloneses* foram sacrificados a este destino fundado na gloriosa organização militar prussiana?

Porque – bem, "porque *as circunstâncias atuais o justificam*!"

Isso é tudo que aprendemos. É assim que um ministro da Guerra prussiano responde a interpelações.

Resta ainda responder à questão legal: não devem ser empregadas tropas alemãs para guerras imperiais alemãs? A respeito disso o sr. Strotha esclarece:

1. "O grão-ducado da Posnânia, com exceção de uma pequena parte, pertence [...] à Alemanha."

Eis a tradução prussiana das frases do ano passado sobre a Posnânia dever permanecer polonesa, "com exclusão de uma pequena parte" da fronteira, que deveria ser alemã. Agora as coisas foram longe o bastante para que se possa dispensar as frases e admitir com palavras secas a fraude perpetrada.

2. Na divisão dos distritos militares de todo o grão-ducado da Posnânia não foi efetuada qualquer mudança até agora. Portanto [!], por consequência [!], aproximadamente metade dos três batalhões arregimentados compõem-se de moradores de um lado, e metade de moradores do outro lado da linha de demarcação.

Traduzindo: toda a impostura da linha de demarcação serviu apenas para que ⅔ da Posnânia fossem incorporados diretamente à Alemanha, e o terço restante indiretamente. Mas para que os poloneses finalmente percam a ilusão de que essa linha teria algum sentido na prática, recrutamos agora nossas tropas imperiais justamente nos distritos que são divididos por ela.

3. "No emprego de tropas de linha extraídas do grão-ducado da Posnânia, nada mais foi considerado até agora senão as exigências das *finalidades políticas*."

E se foram pisoteadas as promessas solenes de março e abril de 1848 quanto às tropas de linha, por que não pisotear também as relativas à Landwehr? Um polonês da Landwehr não pode ser um membro tão bom das "tropas imperiais" quanto um soldado de linha polonês?

---

[5] Designação irônica da assim-chamada guerra da sucessão na Baviera, travada em 1778-1779 entre prussianos e saxões, de um lado, e austríacos, do outro. As ações militares limitaram-se de fato a um deslocamento de tropas e disputas dos soldados sobre batatas. Aqui está sendo referida a guerra prussiano-dinamarquesa de 1848.

Nada mais foi considerado senão as exigências das "finalidades políticas"!

E quais são essas "finalidades políticas"?

São evidentes. Pretende-se afastar de sua terra natal a população capaz de pegar em armas e com treinamento militar daquelas regiões que ainda não se fundiram o bastante com a "pátria prussiana". Pretende-se punir os eleitores primários malvistos, que não votaram prussianamente. Pretende-se ensinar a esses eleitores primários um conceito melhor dos deveres do cidadão, fazendo-os frequentar um curso suplementar na escola de "Meu magnífico exército". Pretende-se provocar, mediante tratamento prussiano, alguns eleitores odiados à insubordinação para então, com a maior *nonchalance*,[6] poder agraciá-los, sob a lei marcial, com 15 anos de confinamento a ferros, talvez mesmo à pólvora e chumbo.

Por isso a Landwehr foi recrutada na Posnânia e numa parte da Renânia e da Westfália. O sr. Strotha não mencionou a Renânia, e, no entanto, o batalhão Clever já foi enviado à Silésia. Ou o sr. Strotha pretende estabelecer também na Renânia uma linha de demarcação, e então declarar: a Renânia, "com exclusão de uma pequena parte", pertence à Westfália?

Mas o que ainda não é, pode vir a ser. Se até agora a maior parte da Renânia ainda foi poupada do recrutamento, sabemos muito bem, apesar de todos os desmentidos, que *sem dúvida mantém-se a intenção* de mobilizar também a Landwehr do *oitavo* corpo, isto é, da Renânia. Já foram tomadas as disposições para isso, e a ordem não se fará esperar muito mais.

Naturalmente, tudo isso é exigido pelas "finalidades políticas" e justificado pelas "circunstâncias atuais".

E se os deputados renanos o interpelarem, o sr. Strotha lhes responderá como respondeu agora ao sr. Lisiecki: o assunto "já está efetivamente resolvido, pois a divisão renana já está concentrada em Flensburg"!

Depois que o sr. Strotha concluiu, o sr. Lisiecki queria fazer uma retificação factual. Mas o regulamento proíbe retificações factuais às respostas dos ministros. E o regulamento tem razão. Que insolência não prussiana, pressupor que uma resposta ministerial pudesse ser suscetível de uma retificação factual!

---

[6] Indiferença.

Os eslovacos – O assim-chamado boletim Dembiński

NGR, n. 277, 20/4/1849

F. Engels

Como o trem de Berlim não chegou, ficamos sem qualquer nova notícia sobre o teatro da guerra. A *Gazeta Geral de Augsburg*, que agora traz todas as notícias de Viena e da Hungria com um dia de atraso, naturalmente também não tem nada de novo. O relato de seu correspondente vienense "de confiança" sobre os últimos acontecimentos militares só contém disparates e está na mais gritante contradição com a geografia. Assim, ele atribui aos insurgentes a pretensão de erguer uma ponte "em Szent Endré", apesar de haver entre Szent Endré e os magiares dois braços do Danúbio e uma ilha de 4 milhas de comprimento por ½ milha de largura etc.

A *Folha Constitucional da Boêmia* continha ontem um longo artigo oriundo "da Eslováquia", que em última análise se reduz a um doloroso lamento sobre por que o governo austríaco nada faz para fomentar o sentimento de separação pan-eslavo existente entre os eslovacos contra a Hungria. Transparece a cada linha o desgosto pelo fato de os eslovacos não serem de modo algum incitados ao ódio pan-eslavo aos magiares, de os camponeses eslovacos fecharem sobretudo com o partido que lhes assegura a libertação definitiva dos encargos feudais, de a nobreza magiar sentir-se naturalmente magiar e de a burguesia alemã das cidades também se inclinar a favor dos magiares. A famosa basófia da corte de Olmütz sobre os "representantes eslovacos confiáveis"[1] é desautorizada mesmo aqui:

> Sobre a eleição 'dos representantes confiáveis eslovacos' o povo comum naturalmente sabe pouco ou nada; os eslovacos educados desdenham um erro que dificilmente poderia ser mais grave. Kollár, o único poeta, é um nome popular e estimado em toda parte; os demais são advogados que nenhuma alma na Eslováquia conhece, que nunca moveram sequer uma pena em favor dos eslovacos, que nunca deram um passo nem pronunciaram uma palavra que os tivesse qualificado ao honroso título de representantes confiáveis de uma nação, mesmo se, quanto a outros aspectos, seu caráter privado honroso não seja de forma alguma contestado. Na Eslováquia eles são – à exceção de Kollár – 'representantes suspeitos'. Transformar um advogado húngaro em administrador dos eslovacos é uma

---

[1] Referência à delegação dos representantes da direita do movimento nacional eslovaco para as negociações com os círculos dominantes austríacos em Olmütz, em março de 1849.

ideia infeliz. Talvez por isso o *Slovenski pozornik* (*Observador Eslovaco*),[2] quando tratou, em seu primeiro número, dos representantes de confiança, nem uma única vez tenha se dado ao trabalho de mencionar os nomes, novamente exceto Kollár, a quem se deveria prestar a devida atenção.

Desde ontem à noite circula aqui em Colônia um suposto "27º Relatório de batalha do general Dembiński para Kossuth", datado de Gödöllö, 7 de abril. Esse relato foi impresso em Frankfurt, de onde já veio mais de uma falsa notícia sobre a Áustria. De todo modo, mesmo não sendo autêntico, trata-se de uma boa imitação do material existente. Datas e posições dos exércitos coincidem em geral suficientemente com os boletins austríacos; o boletim só traz novidades sobre o combate ocorrido antes de 2 de abril. O conteúdo principal é o seguinte:

Dembiński, que aqui se apresenta como comandante do centro e general-em-chefe (o flanco direito é comandado por Vetter, o esquerdo por Görgey), primeiro derrotou completamente um corpo inimigo em Erlau e empurrou novamente a retaguarda para Gyöngyös. Neste segundo combate, os húngaros teriam tomado 16 canhões e feito 1.200 prisioneiros, o que, todavia, é um tanto exagerado.

No dia 5, os austríacos foram impelidos de Hatvan para Gödöllö, onde, no dia 6, ocorreu uma grande batalha. Ali os húngaros venceram em toda linha. Tomaram 26 canhões, sete bandeiras, 38 carros de munição e fizeram 3.200 prisioneiros, e empurraram os austríacos de volta aos muros de Pest. Os imperiais teriam perdido 6 mil homens, entre mortos e feridos, e os húngaros, 2 mil.

Vê-se que o boletim não traz nada de novo além dos dados numéricos, e estes, mesmo se autênticos, não devem ser totalmente corretos. No primeiro momento da vitória as perdas inimigas costumam ser exageradas.

No fundo é indiferente se o boletim é autêntico ou uma mera contrafação, já que só informa *resultados* conhecidos.

Mas o que põe muito em dúvida sua autenticidade é a data. Um boletim de Gödöllö datado do dia 7 não poderia retornar no dia 10 impresso em Debreczin. Se tivesse sido impresso pelo exército e distribuído em Pest ou Ofen, teríamos já recebido por outros caminhos a informação contida nele. Ademais, o panfleto menciona sua fonte com as meras palavras: "traduzido do húngaro". Não é dito nem onde o original foi impresso, nem de onde veio. Portanto, ainda que o conteúdo possa ser aceito como autêntico, a forma é de todo modo muito suspeita. Mas, como dissemos, é indiferente se o folhetinho é autêntico ou fabricado, pois ele não informa absolutamente nada novo.

---

[2] Jornal eslovaco publicado em 1849.

[Do teatro da guerra]

NGR, n. 277, 20/4/1849, segunda edição

F. Engels

De acordo com as cartas e jornais da Alemanha oriental recebidos somente hoje (terça-feira) à noite, os húngaros são senhores da margem esquerda do Danúbio até o Gran, que, vindo do norte, deságua no Danúbio cinco milhas abaixo de Komorn. No dia 12 Pest estava ainda sitiada por um corpo húngaro, que podia ser claramente observado dos telhados a olho nu e que teria ocupado a estação ferroviária de Pest. A cidade mesma não foi atacada, para não a expor a um bombardeio e porque dali, sob os canhões de Ofen, não seria possível cruzar o Danúbio.

Sobre a batalha em Waitzen correm os mais contraditórios rumores, os quais, no entanto, concordam em que o flanco esquerdo dos austríacos sofreu a mais completa derrota. Götz estaria, como afirma um dos lados, não morto, mas sim nas mãos dos húngaros, gravemente ferido. Depois da derrota, parte dos corpos austríacos reunidos em Waitzen se retirou cruzando o Danúbio, e parte, composta de duas brigadas, recuou para trás do Gran. Ali estariam estacionadas há um bom tempo [!] cinco brigadas vindas da Áustria etc. como reforços, que o *Caminhante*[1] estimou em 25 mil homens! Essas cinco brigadas provavelmente não passam de alguns regimentos que marcharam do antigo corpo de sítio de Komorn, pois se cinco brigadas estivessem estacionadas às margens do Gran, a quatro milhas de Waitzen, elas certamente não teriam permanecido estacionadas enquanto os canhões húngaros troavam em Waitzen!

Esse *Caminhante* é, afinal, um mero jornaleco-lei marcial de apaziguamento. Ele precisa noticiar que Waitzen teria sido tomada sem luta pelos magiares, estaria estacionado ali somente um corpo de voluntários, enquanto todas as outras folhas falam de uma luta renhida e é certo que Götz, Jablonowsky e Csorich se encontravam lá, sem contar as tropas que Windischgrätz trouxera consigo quando lá esteve pessoalmente. Ele considera, ademais, que Pest não estaria de modo algum ameaçada [!!], senão os imperiais certamente teriam removido seus feridos e construído uma segunda ponte levadiça. Mas os generais imperiais nunca se importaram muito com seus feridos, e aquilo que

---

[1] Diário dos monarquistas constitucionalistas austríacos, publicado em Viena de 1809 a 1866.

lhes importa, a bagagem, a munição e sobretudo o dinheiro, foi expedido há muito para Ofen. Eles até mesmo *roubaram as reservas em ouro e prata do Banco Nacional húngaro*, 1,7 milhão de florins C.M., que foram mantidos como garantia para as notas de 1 e 2 florins, e as incorporaram ao erário estatal em Ofen. No que diz respeito à segunda ponte, é evidente que os austríacos têm mais necessidade de suas pontes ao longo da linha de batalha de Pest a Waitzen do que em Pest, que agora não é mais seu centro, mas sim seu flanco esquerdo.

Esse *Caminhante* também precisa agora, repentinamente, atribuir ao exército imperial 100 mil homens; a saber, 50 mil homens em Pest, mais os acima não existentes 25 mil homens em Gran, 10 mil homens de apoio da Galícia sob comando de Vogel, mais as tropas de Nugent, no total 100 mil homens; isto deveria ser tranquilizador. Gostaríamos de acreditar que Windischgrätz tinha 50 mil homens antes das últimas batalhas, e que agora ainda tem 40 mil. Mas os 25 mil homens em Gran se reduzem a no máximo 10 mil, que estão dispersos nas duas margens do Danúbio, de Raab e Gran até Neuhäusel, remanescente do corpo de sítio de Komorn, reforçado por tropas recém-engajadas; Vogel ainda está na Galícia, e Nugent está fortemente pressionado na Sírmia. Certamente no início da guerra as forças dos imperiais ultrapassavam 200 mil homens, mas os húngaros fizeram uma boa limpeza e dispersaram os imperiais por todos os lados. Puchner está na Valáquia, Kničanin voltou para a Sérvia, os voluntários do Banato voltaram para casa, massas de croatas debandaram, e de todo o exército talvez ainda restem no máximo 120 mil soldados capazes de lutar dispersos por todo o território húngaro, e destes talvez 50 mil a 55 mil enfrentem o exército magiar principal.

Persistem os rumores de que um corpo magiar teria cruzado o Danúbio ao sul de Pest, na região de Bacska, e marcharia para Stuhlweißenburg; no entanto ainda não se sabe nada positivo sobre a posição desse corpo.

Komorn já está praticamente liberada. A área de sítio foi consideravelmente reduzida pelo avanço dos magiares; depois de uma grande parte das tropas de Windischgrätz já terem sido anteriormente empurradas para Pest, os últimos remanescentes tiveram evidentemente de marchar para Gran a fim de fazer frente aos magiares que afluíam por aquele lado. Já antes disso a guarnição teria feito uma investida contra os fracos sitiantes, os teria dispersado e apreendido toda a artilharia de sítio. Como escreve agora o *Correio Alemão Oriental*, Komorn dispõe, ademais, de provisões *para dois anos* e a guarnição está unida e determinada a defender a cidade até o fim.

Na pequena parte da Alta Hungria que os imperiais ainda mantêm ocupada, o fim de sua dominação também já está se aproximando. Segundo o *Correspondente Austríaco*,[2] uma coluna magiar supostamente composta de 800 homens na infantaria, 200 na cavalaria e cinco canhões, sob o comando de um oficial polonês, Bernicki, marchou no

---

[2] Diário do governo austríaco publicado em 1848 e 1849 em Viena (de novembro de 1848 a abril de 1849, em Olmütz).

dia 4 deste mês para Leutschau, no dia 5 para Neudorf, no dia 6 para Rosenau. Um dos batalhões de Welden, aquartelado nas proximidades, foi chamado para Eperies, ameaçada com este movimento, mas, apesar disso, o corpo magiar conquistou Eperies e empurrou Cárpatos adentro, para a fronteira Galícia, as tropas imperiais-reais, junto com a famosa Landsturm eslovaca.

Agora o nome de *Bem*, que num momento estaria em Debreczin, noutro já em Kalocsa, paira como um espectro no *Banato*. De Alt-Orsova relata-se, no dia 2 deste mês, que Bem estaria preparando uma expedição de 100 mil homens contra o Banato. A propósito, aqui Rukavina não foi aposentado, mas sim apenas dispensado da administração civil, que foi transferida ao patriarca.[3] Ele mantém o comando da área de fronteira militar do Banato, e o major-general Mayerhofer, subordinado a ele, assumirá o comando da fronteira da Sírmia.

Aliás, os magiares não se contentaram com a Bacska. Eles cruzaram o Tisza e ocuparam os distritos de Kikinda e Neu-Becse.

Nesse momento da maior dificuldade, não resta aos imperiais qualquer outra possibilidade a não ser um tratamento radical. A notícia oficial da destituição de Windischgrätz e nomeação de Welden para o supremo comando na Hungria finalmente chegou. Ao mesmo tempo, Wohlgemuth viajou com Welden (que substitui *Böhm* em Viena) para a Hungria, onde deve comandar um corpo de seis brigadas. Benedek foi para a Galícia, a fim de assumir o comando de 10 batalhões no corpo de Vogel, que estaria avançando para Eperies. Wbrna teria sido aposentado.

Mas não se limita a isso essa revolução no exército.

Eles perceberam que *sem os russos não darão conta dos magiares*. Assim, a *ajuda dos russos foi diretamente solicitada. 30 mil russos são esperados na Hungria, via Cracóvia*.

Também no Banato o ameaçado slogan *scoboda a slavjanstvo* (liberdade e eslavismo) será mantido por meio da *ajuda russa*. Falou-se já da marcha de tropas russas, e para agilizar as coisas deputados foram enviados de uma assembleia reunida no dia 5 em Semlin para Duhamel, em Bucarest.

Esperemos que os russos cheguem tarde demais em qualquer parte e encontrem a guerra já tão consideravelmente decidida que no máximo ainda possam perceber como os bravos magiares e os vienenses, que logo podem reaparecer no teatro da guerra, preparam um ignominioso fim para a "velha Áustria, rica em honra e vitórias".

Hoje novamente não chegaram as mais recentes folhas de Viena e Breslau.

---

[3] Rajachich.

["Bravata magiar" da *Gazeta de Colônia*]

NGR, n. 278, 21/4/1849

F. Engels

Como fomos informados, nenhuma das folhas correntes de Viena e Breslau chegou ontem à tarde com o último trem de Berlim. Se, pois, a *Gazeta de Colônia* afirma ter, no entanto, recebido essas folhas vienenses, isto é justamente uma "bravata magiar".

O novo Estado ladrão croata-eslavo-dalmácio

NGR, n. 278, 21/4/1849

F. ENGELS

Zagreb. Enquanto na própria Hungria a monarquia unificada imperial-real está sendo abalada em seus alicerces pelas vitoriosas armas magiares, nos países austro-eslavos o movimento separatista cria continuamente novas dificuldades ao governo austríaco. Os croatas inventaram agora a ideia de um triplo reino croata-eslavo-dalmácio, que serviria de centro de gravidade às aspirações pan-eslavas no sul. Essa trindade de panduros, sereschaner e heiduques, esse reino dos mantos-vermelhos foi imediatamente "atacado", para usar o palavreado alemão-croata austríaco, pelo comitê da Dieta croato-eslava, e já está disponível, impresso, o respectivo projeto de lei elaborado pelo comitê.[1] O documento é curioso. Não há ali qualquer vestígio do ódio aos magiares e das medidas de precaução contra ataques *magiares*, mas traz, sim, o selo do *ódio ao alemão*, a salvaguarda contra ataques *alemães*, e a aliança pan-eslava *contra os alemães*. Isso é o que nossos resmungões constitucional-patriotas do sagrado império romano ganham por se entusiasmar pelos croatas.[2] Já advertimos anteriormente que na Voivodia sérvia prevalece o mesmo ódio e a mesma desconfiança contra os alemães.

---

[1] A fundação de um reino croata-eslavônio-dalmácio foi discutida no Sabor croata já no verão de 1848. O esquema considerado reflete o desejo da alta burguesia e dos proprietários de terras austro-eslavos por autonomia dentro da monarquia austríaca e uma constituição moderada. O esquema era visto como parte de um programa mais amplo de integração dos países austro-eslavos ao império austríaco. A constituição centralizadora imposta em março de 1849 foi um sério golpe na direita do movimento nacional austro-eslavo. Os círculos dominantes austríacos, no entanto, precisavam dos eslavos do sul para a luta contra a Hungria e a Itália revolucionárias, e por isso mantiveram a ilusão de que tal esquema de autonomia poderia ser posto em prática. O Sabor croata, em particular, foi autorizado a negociar a unidade com representantes da Dalmácia. Quando as insurreições na Hungria e na Itália foram reprimidas, as autoridades austríacas combateram toda tentativa por parte dos defensores da autonomia austro-eslava de implementar seus planos. Engels chama o recém-concebido Estado de Estado-ladrão pensando tanto num Estado que rouba quanto num Estado minúsculo, dependente.

[2] Alusão aos constitucionalistas moderados, incluindo membros do parlamento de Frankfurt, defensores da unidade alemã sob a forma de império alemão. Engels compara ironicamente o Estado que planejam instaurar com o Sagrado Império da Nação Alemã (962-1806), que incluía, em períodos diferentes, territórios alemães, italianos, austríacos, húngaros e boêmios, a Suíça e os Países Baixos, e que era uma confederação heterogênea de reinos feudais, terras da igreja e cidades livres com diferentes estruturas políticas, estatutos legais e costumes.

A existência da trindade dos mantos-vermelhos cortadores de cabeça começa imediatamente com conquistas. Abstraindo de que separa totalmente a Croácia e a Eslavônia da Hungria, ela reivindica a ilha Mur, isto é, o recanto do comitato de Zala situado entre o Drava e o Mur, e as ilhas Quarnero, do distrito de Ístria e Trieste, isto é, além de um fragmento da Hungria, também um fragmento da *Alemanha*.

Ademais, ela exige o direito de: 1) que as relações internas croato-eslavônias com a Dalmácia sejam normatizadas pelas respectivas Dietas; 2) que suas relações com a Voivodia sérvia sejam normatizadas mediante acordo mútuo; 3) "estabelecer também estreito laço político com as restantes províncias *eslavas* vizinhas do estado imperial austríaco com base em acordo mútuo", isto é, constituir uma *Liga Separatista pan-eslava*[3] *contra alemães e magiares* no interior da monarquia unificada imperial-real. E este direito de separatismo é, segundo o modo de pensar panduro-sereschaner, o primeiro dos direitos humanos: "este direito *natural* [!] de associação não pode sob qualquer pretexto ser negado ou restringido nem ao reino trinitário nem a qualquer região austríaco-eslava que, por motivo (alemão croata!) de nacionalidade igual ou nacionalidade afim, queira se unir àquele". Isto é, nosso primeiro e "natural" direito humano é ressuscitar o Congresso Eslavo de Praga como *autoridade legislativa*. Ingênua exigência para apresentar a um ministério Schwarzenberg-Stadion!

A essas conquistas e alianças pan-eslavas segue-se uma solene declaração:

> O reino trinitário jamais foi um país alemão [*Dieu merci*!][4] nem pretende se tornar tal ou sequer parte ou membro do império alemão; e por isso o reino trinitário não pode também no futuro, sem consentimento expresso, entrar em qualquer associação que a Áustria venha a estabelecer com a Alemanha no presente ou no futuro.

Tais declarações solenes são entendidas como urgentemente necessárias em face dos *alemães*, não obstante, ao que se saiba, ninguém jamais tenha considerado a Croácia, bem como as restantes áreas de cortadores de cabeça, um "país alemão" e não obstante a Alemanha não ter no momento o menor desejo de incorporar os senhores otocaner e sereschaner ao império alemão.

E nem uma palavra em todo o documento a respeito dos *magiares*, nem um único parágrafo relativo à defesa do desejado Estado-ladrão trinitário contra a muito lamentada opressão magiar!

Mas é evidente a finalidade da coisa toda: a Áustria unificada e centralizada, desejada pelo ministério, na qual com o tempo certamente a Alemanha, como a nação mais civilizada, predominaria moralmente provoca mil vezes mais medo a essa tríade pan-eslava do que os magiares, considerados derrotados. É evidente, ademais, que o ódio dessas naçõezinhas ladras aos alemães ultrapassa em muito o ódio aos magiares. E, no entanto, essas naçõezinhas ladras são as aliadas da patriota alemã, da *Gazeta de Colônia*!

---

[3] Comparação irônica com a Liga Separatista suíça.
[4] Graças a Deus!

Segue-se, então, a esses princípios gerais uma longa série de estipulações, mediante as quais os Estados ladrões austro-eslavos pretendem assegurar-se contra a centralização austríaca, isto é, contra a opressão alemã.

Portanto, isso significa que todas as questões não submetidas expressamente por essa lei ao governo central permanecem reservadas ao governo provincial. Mas a autoridade do governo central só é reconhecida: 1) sobre as relações exteriores, com exceção das acima ressalvadas relações com a Alemanha, que só podem ser alteradas por uma maioria de ⅔ da Dieta; 2) sobre a administração financeira, na medida em que isso for absolutamente necessário; 3) sobre os assuntos militares, mas somente no que diz respeito ao exército permanente; 4) sobre os assuntos comerciais; 5) sobre as rodovias e hidrovias.

Ademais, a tríade de Estados-ladrões exige, além de representação na Dieta Imperial, ainda "consideração pelos filhos do triplo reino por meio da nomeação para postos relativos ao governo central, com base na proporção da população e necessárias qualificações" (mais uma vez o belo alemão croata!), correspondência com o governo central na linguagem oficial, um específico ministro do Estado-ladrão no governo central e em cada respectivo ministério um departamento administrativo específico para os Estados-ladrões.

Além disso, os Estados-ladrões serão regidos por um "conselho de Estado do triplo reino", e o poder armado, o exército e as unidades banderiais, insurreição em massa e a Guarda Nacional, estarão sob as ordens do ban. Mas ele poderá comandar só o exército sob as ordens do poder central; quanto à condução das restantes forças armadas, será responsável "perante a nação".

Quanto às relações internas, são exigidas as seguintes alterações: 1. o triplo Estado--ladrão não mais fornece contingentes militares proporcionalmente ao tamanho de sua população, como qualquer outra província austríaca; e 2. quanto às questões civis, a fronteira militar está submetida à administração e jurisdição civil comum; a administração militar e a jurisdição militar operam somente naquelas fronteiras que efetivamente estão sob armas. Mas com isso acaba por si mesma toda a fronteira militar imperial-real. Voltaremos a isso.

Eis o projeto para o novo Estado-ladrão otocaner-panduro-croata, que se pretende colocar na fronteira sudeste da Alemanha, se a revolução e os magiares o permitirem.

Os russos

NGR, n. 279, 22/4/1849

F. Engels

Colônia, 21 de abril. Quando há aproximadamente 11 meses a *Nova Gazeta Renana* começou a ser publicada, ela foi a primeira folha que alertou para a concentração de tropas russas em nossa fronteira oriental. À época, muitos cidadãos virtuosos falaram em exagero, em alarmismo desnecessário etc.

Ficou provado se tínhamos ou não exagerado. Os russos, que inicialmente apenas cobriam suas fronteiras, passaram à ofensiva na mesma medida em que a contrarrevolução triunfava. A vitória de junho em Paris os levou a Jassy e Bucareste; a queda de Viena e Pest, a Herrmannstadt e Kronstadt.

Há um ano a Rússia estava despreparada; naquela época, no primeiro terror pânico diante da onipotência da revolução totalmente inesperada, seria fácil expulsar os 30 a 40 mil russos da Polônia e fundar uma Polônia livre. Esse era o desafio, mas não se quis aceitá-lo. Deixou-se aos russos tempo para se armarem, e agora – um exército russo de 500 a 600 mil homens nos circunda de Niémen até o Danúbio e Aluta. Segundo a *Gazeta do Báltico*,[1] ao longo da fronteira prussiana estão estacionados apenas 150 mil homens; o resto está no interior, na fronteira galícia, na Moldávia e na Valáquia, na Lituânia, Podolia e Volhynia, nas fortalezas de Novo-Georgiewsk (Modlin), Brest-Litovski, Demblin e Zamose, que, segundo a *G[azeta do] B[áltico]*, dispõem de armas e provisões para 250 mil homens.

O mesmo jornal escreve:

> A instalação de armazéns para víveres é realizada por meio de bônus obrigatórios, pelos quais cada proprietário de terras tem de entregar uma quantidade determinada de produtos, que devem servir à alimentação do exército. Nos próximos anos, esses bônus serão aceitos como pagamento de impostos. Daí, pois, a notícia divulgada há algum tempo de que o governo russo teria recolhido os impostos na Polônia com um ano de adiantamento.

Outras fontes nos informam em que pé está a aceitação desses bônus:

---

[1] *Gazeta do Báltico e Noticiário da Bolsa do Báltico*: diário alemão publicado em Stettin desde 1835.

Os proprietários fundiários da Polônia tiveram de fazer entregas imensas no final do ano passado e começo deste, mas foram contadas como impostos; acreditava-se que assim tudo estava acertado, mas agora os impostos devem ser pagos adiantados até o final deste ano.

Vê-se já por esse método de aprovisionamento *par force*[2] que temíveis massas de tropas russas devem estar concentradas na Polônia.

Uma outra folha, a posnana *G[azeta] do Leste*,[3] noticia da Posnânia, em 13 de abril:

> Eis o número das tropas russas no ocidente: no reino, estaciona o corpo de Rüdiger – a metade do quarto corpo de Rüdiger mais reservas, no total cerca de 120 mil homens. Na Lituânia está o assim-chamado corpo de Grenadier (antes Shakhovskoy) e uma parte do primeiro corpo. Mais tarde devem chegar os guardas – fala-se já há meses de sua vinda. Em Volínia, onde fica o quartel-general, em Dubno, está o restante do quarto regimento de Chegodayev. Em Kiev há um segundo corpo auxiliar, em Krzemieniec um corpo móvel (Pavlov), com cerca de 6 a 8 mil homens, finalmente na Moldávia e na Valáquia encontra-se o corpo de Lüder, que chega a 65 mil homens.

O que estas tropas têm a fazer ali, elas mesmas confessam muito ingenuamente:

> Os simples soldados russos, bem como os oficiais, são pouco reservados em suas conversas. É notável que, à pergunta sobre o motivo de estarem na fronteira, todos deem sempre uma e a mesma resposta, a saber: Nosso imperador é o cunhado do rei prussiano. Depois que os franceses foram vencidos pelos russos na grande guerra, todas as terras até Paris pertencem ao imperador; ele transferiu a administração a diversos pequenos *knyases*[4] (príncipes) alemães e designou como supremo governador militar seu cunhado, o *knyaz* da Prússia. Então os franceses e os alemães se rebelaram, e aí os *knyases* alemães, assim como o governador supremo, pediram ajuda ao imperador, e por isso estacionamos aqui na fronteira; se a paz não se restabelecer logo, cruzaremos a fronteira e restauraremos a ordem.

E isso não é tudo. O imperador Nicolau ordenou que ocorra um novo alistamento de recrutas, na região oeste do reino, de 8 homens para cada mil. Segue-se uma lista, segundo a qual os recrutas devem ser alistados em 21 províncias.

Assim estão as coisas além da fronteira. Meio milhão de bárbaros armados e organizados só esperam pela oportunidade de atirar-se sobre a Alemanha e nos tornar servos do tsar pravoslavny, do tsar ortodoxo.

Assim como a Transilvânia já foi anteriormente ocupada pelos russos, como agora é diretamente exigida a incursão de 30 mil homens justamente ali e de outros 30 mil russos na Galícia, justamente como os sérvios banatos imploram também o auxílio do tsar pravoslavny, justamente assim será aqui. Ainda chegaremos ao ponto em que o governo

---

[2] A força.
[3] Diário democrático, editado na Posnânia em 1849 por W. Stefansky, membro do movimento de libertação nacional polonês e do Comitê Nacional da Posnânia.
[4] Aqui e em outros lugares Engels usa a palavra russa *knyaz*.

e a burguesia *apelarão aos russos para que entrem no país*, tal como ocorreu há pouco na Transilvânia. E é o que deverá acontecer conosco. A vitória da contrarrevolução em Viena e Berlim ainda não foi o bastante para nós. Mas, assim que a Alemanha sentir o açoite russo, certamente vai se comportar de modo um tanto diferente.

Os russos são os verdadeiros libertadores da Alemanha, dissemos em junho do ano passado.[5] Repetimos isso hoje de novo, e hoje não somos mais os únicos que o dizem!

---

[5] Ver "A Assembleia Ententista de 15 de junho".

Do teatro da guerra

NGR, n. 279, 22/4/1849, suplemento

F. Engels

A *Gazeta de Viena* que não chegou ontem à tarde e, com ela, todas as folhas vespertinas de Viena informam:

> O plano dos insurgentes húngaros de libertar Komorn foi completamente frustrado. A vantagem conquistada por eles com a temporária ocupação de Waitzen foi-lhes também novamente arrebatada pela divisão do tenente-marechal de campo Csorich, que expulsou outra vez os insurgentes dessa posição. Os impressionantes reforços para o exército imperial-real que assomam de todos os lados já permitem prever para o futuro próximo a mais bem-sucedida retomada da ofensiva por parte das tropas imperiais-reais.

Mas, como já se pode afirmar agora quase com certeza, essa notícia-lei marcial imperial-real é uma *pura mentira*. Se houvesse algo assim, o mais tardar nas 24 horas seguintes teria sido publicado um boletim, e isso não ocorreu. Além disso, todas as demais notícias contradizem essa alegação apresentada sem data e sem qualquer detalhe.

Não pretendemos repetir os muitos rumores que circulam em Viena e em Breslau de que Komorn teria sido libertada, Görgey estaria marchando para Viena, Dembiński e Vetter teriam ultrapassado o exército imperial e cortado sua retirada para Viena, que a Landsturm teria se sublevado em todos os comitatos nos dois lados do Danúbio etc. Enquanto a ligação por correio entre Pest e Viena ainda não estiver interrompida, deve ser dado pouco crédito a tais rumores.

Até o dia 18 não foi mencionado que o correio de Pest deixasse de chegar a Viena. Tivemos notícias de Pest até a tarde do dia 14. Estas não dizem uma palavra sobre a retomada de Waitzen.

Lembremo-nos de que o *Correio Alemão Oriental* já falava há vários dias de uma retomada de Waitzen. É muito possível que tenha sido necessário tomar Waitzen duas vezes, e que os imperiais a tenham momentaneamente retomado uma vez, até terem sido definitivamente expulsos de lá. Que o jornal apaziguador oficial, em um momento de grande perigo, publique essa momentânea reocupação com reserva jesuítica está inteiramente de acordo com a anterior prática dos boletins.

Em Pest não se sabia nada, no dia 14, sobre a suposta tomada de Waitzen. Ao contrário, nesta data o *Lloyd* escreveu:

> No momento os húngaros se comportam em Waitzen de modo bastante arrogante, e remetem cartas e encomendas que viajam para cá sem perigo, apenas são antes abertas, revistadas e disponibilizadas com o selo oficial do Comitê de Defesa Nacional. Sob tal cobertura, chegou aqui ontem um despacho com a notícia de que o major-general Götz foi ontem enterrado com todas as honras no campo húngaro. Doze batalhões teriam feito uma parada para esta solenidade.

Todas as demais notícias de Pest desta mesma data dão somente novas provas do medo dos austríacos locais. No *Espelho*[1] escreveu-se:

> Escrevo-lhes justamente no momento em que ponho minha família em segurança. Na noite passada, diz-se, todos os alemães teriam sido assassinados [!]; este e outros rumores semelhantes se acumulam em ritmo frenético; o fanatismo dos magiares ameaça irromper a qualquer momento.

A visita ao acampamento está interditada, os campanários estão ocupados; diz-se que os magiares em Pest teriam a intenção de soar o alarme ao primeiro ataque externo. Fora da própria Pest, pouco aconteceu desde o dia 11. No dia 14 ao meio-dia houve algumas escaramuças, quando os postos avançados húngaros se revelaram nas proximidades. Pretendeu-se também ter ouvido o troar dos canhões.

As finanças imperiais-reais também parecem ir mal. Windischgrätz fez saber no dia 10 que os *imperiais* emitem *agora papel-moeda húngaro*, ordens de pagamento sobre a receita nacional húngara, com *curso obrigatório*, de cinco, dez, cem e mil florins. Com esses pedaços de papel o exército imperial-real pagará os fornecimentos que lhe foram feitos e desse modo, antes de sua retirada, roubará milhões da Hungria. Não há precedentes para um sistema de roubo tão sujo como praticam esses honestos amigos da *Gazeta de Colônia*, um sistema composto de todos os graus de civilização, dos saques dos nômades croata-tártaros até as mais modernas falcatruas com papel-moeda e negociatas fraudulentas.

E enquanto mesmo as cédulas austríacas estão sujeitas às flutuações da Bolsa, essas ordens de pagamento devem ser aceitas no comércio privado por seu valor nominal cheio!

Todas essas notícias confirmam muito mais a expectativa de uma iminente retirada dos austríacos de Pest do que a afirmação de que Waitzen teria sido tomada.

Mas a tomada de Waitzen é também praticamente impossível por motivos estratégicos. Segundo todos os relatos, os imperiais foram por toda parte impelidos a cruzar o Danúbio e o Gran, sendo Pest o único ponto que eles mantêm ocupado na margem esquerda. Pest não pode ser exposta. Por isso, o ataque só podia ocorrer a partir da margem direita; os imperiais precisariam atravessar o Danúbio sob o fogo da superior artilharia

---

[1] *O Espelho. Revista para o mundo elegante. Moda, literatura, arte, teatro*: jornal austríaco publicado em Pest desde 1828.

húngara, e então expulsar de Waitzen um exército superior. Tudo isso era praticamente impossível, e mesmo se fosse possível, não teria podido ocorrer sem uma grande batalha. Mas ninguém sabe nada sobre uma tal batalha, nem mesmo a *Gazeta de Viena*. A divisão Csorich teria feito tudo isso. *Uma* divisão!

Felizmente Windischgrätz está em Olmütz. Welden ainda não está com o exército, mas, em compensação, enviou antecipadamente um pedante comunicado a seus soldados, "esses heróis [!] admirados por meio mundo" [!!], um comunicado que a *Gazeta de Colônia* poderia ter escrito nos áureos tempos de suas manobras no Tisza. Ele declara seus inimigos como "bandidos insanos", que teriam feito da Hungria um "instrumento da venal Polônia", ameaça-os com o aniquilamento, e acrescenta: "Mas mais uma vez oferecemos a mão conciliadora aos nossos irmãos conduzidos ao erro!" O sr. Welden *quer, portanto, negociar*. Os magiares ficarão agradecidos.

Sobre os reforços que os austríacos já teriam recebido, pouco se sabe. Em Neuhäusel sobre o Váh estariam estacionados oito batalhões [?]; portanto as cinco brigadas no Gran já diminuíram a esse ponto.

De Viena 6 batalhões estariam em marcha, e a rua Fleischhacker estaria coberta de carros trazendo os reforços.

Um campo de reserva de 25 mil homens *supostamente* estaria sendo criado próximo de Viena, em Marchfeld, outro de 15 mil homens em Petan (Steyermark), um terceiro de 20 a 30 mil homens em Tabor e Budweiss – tudo devendo ficar pronto até 10 de maio! De onde essas tropas viriam?! O corpo de Haynau *não* vem, Radetzky não o pode dispensar. Em vez disso ele enviou toda a sua cavalaria ligeira. Finalmente, Vogel estaria esperando em Eperies.

Adiamos as notícias do Banato e da Transilvânia para a segunda edição, pois não são urgentes.

O debate sobre a lei dos cartazes

NGR, n. 279, 22/4/1849, segunda edição

F. Engels

Colônia, 21 de abril. Voltamos à sessão de 13 de abril.¹ À resposta à interpelação do deputado Lisiecki seguiu-se o debate da *lei dos cartazes*.

Depois da leitura do relatório do Comitê Central pelo sr. Rohrscheidt, o sr. Wesendonck apresentou a emenda de rejeitar *en bloc*² o projeto do governo.

O sr. Arnim (conde) se ergueu. A emenda seria inadmissível. Equivaleria a uma proposta de ordem do dia. Não seria admissível, contudo, passar para a ordem do dia ignorando propostas do governo. Assim estipularia o regulamento.

Só agora os senhores da esquerda perceberam o que a direita pretendia com o §53 do regimento. Não se pode decidir a ordem do dia quando se trata de projetos governamentais. Mas esta frase aparentemente inocente não quer dizer nem mais nem menos do que: não lhes é permitido rejeitar qualquer proposta do governo *en bloc*, mas são obrigados a debater cada um de seus parágrafos, ainda que sejam mil.

Mas isso era demais mesmo para o centro. Depois de um longo debate, durante o qual os dois lados mobilizaram toda a sagacidade exegética possível, finalmente o presidente encerrou o assunto declarando admissível a emenda de Wesendonck.

Com a palavra o sr. Rupp, o grande Rupp, suspenso, perseguido, outrora excluído de todos os jornais, expulso da Associação Gustav Adolf,³ de saudosa memória. O sr. Rupp pronunciou um discurso depois do qual, na opinião da berlinense *Gazeta Nacional*, não menos grande e amiga da luz,⁴ pouco restou à esquerda para dizer, não só no debate ge-

---

1   Ver "A sessão da Segunda Câmara em Berlim de 13 de abril".
2   Completamente.
3   Organização de auxílio religiosa fundada em 1832 para a comunidade protestante nas regiões católicas da Alemanha e de outros países. Rupp, que era pastor em Königsberg e fora demitido de seu cargo, porque criticara a dogmática da igreja, foi excluído dessa associação em 1846.
4   Os Amigos da Luz foram uma corrente religiosa cuja origem remonta a 1841. Voltava-se contra o pietismo que reinava então na igreja protestante oficial e contra a falsa devoção que o caracterizava. Tratava-se do descontentamento da burguesia no curso dos anos 1840 e seguintes com o sistema reacionário estabelecido nos diferentes estados alemães. Em 1846 e 1847, o movimento dos Amigos da Luz provocou a criação das assim-chamadas "Comunidades livres", que se separaram da igreja protestante e obtiveram, em 30 de março de 1847, o direito de exercer livremente o culto.

ral, como também no específico. Examinemos, pois, segundo a razão pura esse discurso minucioso do amigo da luz Rupp.

Esse minucioso discurso é sem dúvida um autêntico produto do espírito *amigo da luz*, do espírito das "comunidades livres", isto é, ele não exaure nada mais do que os lugares-comuns que podem ser ditos a respeito dos cartazes.

O sr. Rupp começa chamando a atenção para as diferentes justificativas da lei dos cartazes pelo governo e pelo Comitê Central. O governo teria apresentado a lei como uma mera medida policial no interesse do trânsito nas ruas e da estética; o Comitê Central, afastando esse pesado artifício prussiano, teria colocado em primeiro plano os motivos políticos. Com isso, abriu as portas de par em par para as pregações desse amigo da luz:

> Desse modo, esse projeto de lei entra incontestavelmente na série dos mais contundentes objetos para as deliberações dessa assembleia. Então não pretenderemos dizer [não pretenderemos dizer!] que é para nós tão [!] indiferente se há alguns cartazes a mais ou a menos no mundo, pois [!] o *elevado* caráter do direito e da liberdade repousa justamente em que mesmo o que parece mais insignificante, quando vinculado a eles, assume mesmo de imediato um *alto significado* [!!]

Depois de o sr. Rupp ter assegurado, com essa introdução pastoral, o "elevado caráter" e o "alto significado" dos cartazes, e de ter predisposto à devoção a alma de seus ouvintes, pode tranquilamente dar livre curso ao fluxo "límpido como o eterno, puro como um espelho e uniforme" de sua razão pura.

Primeiro o sr. Rupp faz a observação extraordinariamente perspicaz "de que muito frequentemente foram tomadas medidas contra perigos imaginários, que então geraram perigos reais".

Esse lugar-comum foi imediatamente ovacionado pela esquerda com um embevecido Bravo.

Depois disso, o sr. Rupp indica, com igual profundidade de espírito, que o projeto estaria em contradição com – a constituição outorgada, que o sr. Rupp não reconhece absolutamente!

Insólita política da esquerda, apelar à constituição outorgada e citar os pontapés já recebidos em novembro como argumento contra novos pontapés!

Se o governo considera, continua o sr. Rupp, que esse projeto de lei não concerne à liberdade de imprensa, mas sim somente à utilização das ruas e praças para a difusão dos produtos da imprensa, poder-se-ia dizer do mesmo modo que também sob a censura a liberdade de imprensa teria vigorado, pois teria sido submetida ao controle não a utilização da imprensa, mas sim somente a difusão de seus produtos.

É preciso ter vivido sob a censura em Berlim para avaliar toda a novidade dessas frases já há anos postas em circulação por todos os liberais enrustidos, mas não obstante recebidas outra vez pela esquerda com Bravos e risadas.

O sr. Rupp cita, então, os artigos sobre liberdade de imprensa da outorgada e mostra em detalhes que o projeto de lei de Manteuffel está em gritante contradição com a constituição de Manteuffel.

Mas meu caro sr. Rupp, *tout bonhomme que vous êtes*,[5] o senhor ainda não sabia que Manteuffel só outorgou a constituição para ulteriormente suprimir de novo as poucas frases liberais que ela contém, seja conservando as velhas leis da mordaça, seja introduzindo novas?

Sim, o sr. Rupp chega ao ponto de explicar à direita, com uma certa profundidade, que talvez mais tarde, com a revisão da constituição, a lei dos cartazes poderia ser incluída nela, mas agora seria preciso rejeitá-la, porque ela se anteciparia à revisão da constituição!

Como se para os senhores da direita se tratasse de consistência e não, na verdade, de dar cabo o mais rápido possível da má imprensa, dos clubes, da agitação, da desconfiança comercial e outras conquistas mais ou menos revolucionárias!

Em seguida, o sr. Rupp liga ainda a esses contundentes argumentos os seguintes lugares-comuns:

1) Os cartazes foram condenados porque difundem a *agitação*. Mas a prevenção da agitação não tem lugar num Estado de direito, e sim num Estado policial.
2) Eu quero um governo forte. Mas um governo que não pode suportar a agitação e os cartazes não é um governo forte.
3) O alemão gosta de seguir um líder.
4) A ausência dos cartazes não evitou o 18 de março. (Nem cavalo, nem cavaleiro etc.)[6]
5) As revoluções são resultado do despotismo.

Daí o sr. Rupp extrai a conclusão de que a lei dos cartazes deveria ser rejeitada no interesse de Manteuffel. "Protejam, meus senhores", clama suplicante, "o governo do autoengano a que essa lei, como toda lei de um Estado policial, o conduz!"

Segundo o sr. Rupp, a rejeição do projeto de Manteuffel não seria um voto de *des*confiança em Manteuffel, mas sim, ao contrário, um *voto de confiança*. O sr. Rupp deseja que Manteuffel seja o almejado "governo forte", e por isso não quer enfraquecê-lo com a lei dos cartazes. Pensam que o sr. Rupp está zombando? Ele nem pensa nisso. O sr. Rupp é um amigo da luz, e um amigo da luz não zomba. Os amigos da luz também não podem suportar o riso, assim como seu digno primo Atta Troll.[7]

Mas o último trunfo jogado pelo sr. Rupp coroa todo o seu discurso:

"A rejeição dessa lei vai contribuir não pouco para *tranquilizar* aquela parte da população que não pôde se declarar de acordo com o reconhecimento da constituição *antes* da revisão."

O sr. Rupp se interessa pela "tranquilização da parte da população" que ainda não alcançou o nível de Manteuffel!

---

[5] Por mais ingenuamente crédulo que possa ser.
[6] Palavras da *Canção para o súdito dinamarquês*, do pároco Heinrich Harries, elaborada a partir da canção de Balthasar Gerhard Schumacher, *Salve a Coroa do Vencedor*, mais tarde considerada o "hino nacional prussiano".
[7] Um urso, herói do poema de mesmo nome de Heinrich Heine. Alguns versos do poema, especialmente no cap. VII, tratam do ódio do urso pelo riso dos homens.

Mas assim são os senhores da esquerda! Estão fartos do movimento turbulento, e uma vez que são deputados e percebem que nada podem contra a ditadura do sabre, nada mais desejam do que finalmente deixar de lado as enfadonhas questões de princípio, revisar pro forma a constituição e jurá-la, a fim de declarar sua validade, e "encerrar a revolução". Então começará para eles a pacata vida da rotina constitucional, das declamações de nada sobre nada para nada, das intrigas, protecionismos, mudanças de ministérios etc.; essa olímpica vida de delícias que os franceses Odilon,[8] Thiers e Molé levaram por 18 anos em Paris e que Guizot gostava tanto de chamar de "*jogo* das instituições constitucionais". Bastaria apenas que o incômodo movimento revolucionário se dissipasse, e um ministério Waldeck deixaria efetivamente de ser uma impossibilidade! E de fato o povo ainda não está maduro para a república!

Depois do discurso do sr. Rupp, precisamente *tudo* ainda estava por dizer. Tratava-se, em primeiro lugar, não da restrição da liberdade de imprensa *em geral*, tratava-se sobretudo da restrição da liberdade de imprensa nos *cartazes*. Era preciso examinar as repercussões dos cartazes, defender a "literatura das ruas" e apoiar muito particularmente o direito dos *trabalhadores* à *literatura gratuita* representada pelos cartazes. Tratava-se não de dissimular o direito à agitação pelos cartazes, mas sim de *defendê-lo abertamente*. Mas, sobre isso, o sr. Rupp não diz uma palavra. As velhas frases sobre liberdade de imprensa que, durante 33 anos de censura, tivemos suficiente oportunidade de elucidar pelo direito e pelo avesso, essas velhas frases são repisadas mais uma vez em tom árido e solene, e como ele disse tudo o que os senhores da *Gazeta Nacional* sabem sobre o tema, a *Gazeta Nacional* acredita que ele esgotou o tema!

Depois de Rupp, o "amigo da luz", levanta-se Riedel, o "obscurantista". Mas o discurso do sr. Riedel é belo demais para ser tratado apressadamente. *A demain donc, citoyen Riedel!*[9]

NGR, n. 283, 27/4/1849

Colônia, 23 de abril. (*O debate sobre a lei dos cartazes. Conclusão.*)
O deputado *Riedel* pronunciou indubitavelmente o mais clássico discurso em todo o debate. Enquanto ainda são tomadas algumas precauções pela bancada dos ministros, enquanto mesmo Manteuffel ainda se vale de certas locuções pseudo-constitucionais e quando muito o inepto *parvenu*[10] von der Heydt sai às vezes de seu papel constitucional, o sr. Riedel, de Barnim-Angermünde, não se envergonha nem um pouco de se apresentar

---

[8] Barrot.
[9] Até amanhã então, cidadão Riedel!
[10] Arrivista.

como um autêntico filho da Uckermark.[11] Nunca um distrito eleitoral havia sido tão bem representado como o do sr. Riedel.

O sr. Ridel pergunta, primeiro: o que são cartazes? E dá a seguinte resposta: "Cartazes, no sentido literal da palavra, são declarações públicas por meio das quais se atua *de modo tranquilizador* sobre os espíritos".

Eis, segundo a etimologia do sr. Riedel, a "definição" dos cartazes. No momento não pretendemos discutir com o sr. Riedel sobre a árvore genealógica da palavra "cartaz". Apenas chamamos a atenção para o fato de que ele poderia ter economizado todo o seu esforço etimológico se tivesse lido o projeto de lei. Este não trata apenas de "cartazes", mas sim de *"papéis colados"*, e estes de fato não têm, "no sentido literal da palavra", nenhuma outra "definição" do que serem colados.

Em vez disso, o sr. Riedel se derrama em justa indignação pelo mais escandaloso abuso da palavra cartaz:

> Em regra, os cartazes servem apenas para inflamar as *paixões* e para acender a *impura chama do ódio* ou da *vingança*, particularmente contra as autoridades [...] Os cartazes são, pois, em regra, justamente o contrário do que seu nome indica. O uso dos cartazes é, pois, comumente, abuso [a saber, do *nome*], e por isso se pergunta: as autoridades policiais locais devem favorecer essa desordem dos cartazes [a saber, esse abuso do nome cartaz]? A polícia deve se tornar em certa medida cúmplice da desordem provocada pelo abuso [do nome] dos cartazes [para papéis colados que não são absolutamente cartazes, isto é, papéis tranquilizadores]?

Em uma palavra, no futuro os cartazes devem ser utilizados "conforme sua definição" (isto é, conforme a definição da palavra cartaz) ou não?

Como Manteuffel se enganou ao imputar à lei dos cartazes motivos policiais e de embelezamento das ruas! Como o Comitê Central se equivocou quando justificou a lei por razões políticas! A lei é necessária – por razões etimológicas, e deveria ser mais propriamente intitulada: Lei para retomar o uso da palavra cartaz conforme seu "sentido literal".

Mas aqui o sólido sr. Riedel cometeu uma sólida asneira. Se quiséssemos, correndo o risco de aborrecer mortalmente nossos leitores, nos envolver em uma polêmica etimológica com o sr. Riedel, poderíamos lhe provar, com a gramática de Diez nas mãos, que a palavra cartaz de modo algum se origina do latim *placare*,[12] mas que é apenas uma distorção do francês *placard*,[13] que se vincula com *plaque*,[14] que é, por sua vez, de origem alemã. Desse modo, pois, toda a teoria da tranquilização do sr. Riedel vai por água abaixo.

Naturalmente isso é indiferente para o sr. Riedel, e com razão. Pois toda a teoria da tranquilização não passa de uma escolar *captatio benevolentiae*,[15] atrás da qual segue um claro apelo ao medo das classes proprietárias.

---

[11] Parte norte da província prussiana de Brandenburg, um bastião dos *junkers* reacionários.
[12] Aplacar.
[13] Afixado, colado.
[14] Folha, fatia.
[15] Apelo à benevolência dos ouvintes.

Os cartazes "inflamam paixões", "acendem a impura chama do ódio ou da vingança, particularmente contra as autoridades", eles "servem como conclamação às *massas insensatas* para manifestações que ferem ameaçadoramente [!] a ordem e ultrapassam as fronteiras da liberdade legítima". E por isso os cartazes devem ser aniquilados.

Em outras palavras: os senhores feudais, burocratas e burgueses unidos impuseram com sucesso, pela força das armas, seu golpe de Estado do último outono e agora querem, por meio das Câmaras, nos outorgar aquelas leis complementares que ainda são necessárias para que os senhores possam gozar sua vitória em paz. Eles estão cordialmente fartos das "paixões", empregarão todos os meios para aniquilar a "impura chama do ódio e da vingança contra a autoridade", aquela que para eles é sem dúvida a mais desejada autoridade do mundo, para restabelecer a "ordem" e para conduzir a "liberdade legítima" à medida confortável para eles. E pode-se depreender qual é essa medida da descrição da grande maioria do povo pelo sr. Riedel como *"massa insensata"*.

O sr. Riedel não consegue falar mal o bastante dessa "massa insensata". Ele continua:

> Essa comunicação [feita pelos cartazes] chamará a atenção, na maioria das vezes, justamente daquelas classes do povo que estão menos acostumadas a comunicações escritas, a pôr à prova e ponderar a credibilidade de comunicações escritas com a cautela e a desconfiança das quais certamente dispõe o público acostumado à leitura, escolado nos engodos da imprensa [...]

Quem, pois, constitui essa massa insensata, essa classe que é a menos acostumada às comunicações escritas? São os camponeses da Uckermark? De modo algum; pois, primeiro, eles são o "cerne da nação", segundo, eles não leem cartazes, e terceiro, elegeram o sr. Riedel. O sr. Riedel tem em mente ninguém mais do que os *trabalhadores das cidades*, o proletariado. Os cartazes são um meio fundamental para influir sobre o proletariado; o proletariado, por toda sua posição, é revolucionário, o proletariado, a classe oprimida tanto sob o regime constitucional quanto sob o absolutista, está preparado para pegar em armas mais uma vez; justamente do lado do proletariado ameaça o perigo principal e, por isso, fora com tudo que possa manter vivas no proletariado as paixões revolucionárias!

E o que contribui mais para manter viva entre os trabalhadores a paixão revolucionária do que justamente os cartazes, que, em cada esquina, transformam-se em um grande jornal, no qual os trabalhadores que passam por ali encontram registrados e glosados os acontecimentos do dia, expostas e debatidas as diversas posições, onde encontram reunidas ao mesmo tempo pessoas de todas as classes e opiniões, com as quais podem discutir os cartazes, em resumo, onde encontram a um tempo um jornal e um clube, e tudo isso sem que tenham de desembolsar nem um centavo.

Mas é justamente isso que os senhores da direita não querem. E têm razão. Do lado do proletariado ameaça-os o maior, de fato o único perigo – por que não deveriam, eles que têm o poder nas mãos, aspirar a destruir esse perigo com todos os meios?

A isso ninguém poderia ter nada a objetar. Vivemos agora, com a ajuda de Deus, já há seis meses sob a ditadura do sabre. Não temos a menor ilusão sobre a situação de guerra aberta com nossos inimigos em que estamos, ou sobre os únicos meios com os quais nosso partido pode chegar à dominação. Não vamos nos rebaixar a ponto de fazer recriminações morais à tríplice aliança entre *junkers*, burocratas e burgueses, hoje dominante, por pretenderem nos subjugar a qualquer custo. Se o tom de pregação moral grandiloquente, a patética indignação moral dos resmungões já não nos repugnasse de antemão, nos guardaríamos desse oco fraseado polêmico porque ainda pensamos em nos vingar de nossos inimigos.

Mas o que achamos estranho é que esses senhores, que hoje compõem o governo e a maioria oficial, não falem tão abertamente quanto nós. O sr. Riedel, por exemplo, é um homem da Uckermark tão autêntico quanto se poderia desejar, e, entretanto, ele não é capaz de evitar asseverar ao final: "Certamente não é de modo algum minha intenção que seja de qualquer modo tolhida a *livre manifestação do pensamento*. Considero a luta espiritual [...] pela verdade como um bem sagrado dos povos livres, que ninguém pode violar". E, em outra passagem, o sr. Riedel quer "liberar a difusão dos cartazes nas formas sob as quais possam ser divulgados produtos literários em geral".

O que podem ainda significar essas frases, depois de todas as explanações precedentes? O governo existente e a monarquia constitucional em geral não pode se manter hoje em dia, nos países civilizados, se a imprensa é livre. A liberdade de imprensa, a livre concorrência das opiniões, é a liberação da luta de classes no âmbito da imprensa. E a tão desejada ordem é o estrangulamento da luta de classes, o amordaçamento das classes oprimidas. Por isso o partido da paz e da ordem precisa abolir a livre concorrência das opiniões na imprensa, precisa assegurar ao máximo o monopólio do mercado por meio de leis de imprensa, proibições etc., precisa em especial aniquilar diretamente sempre que possível a literatura gratuita dos cartazes e panfletos grátis. Esses senhores sabem de tudo isso, por que não o dizem francamente?

Na verdade, sr. Riedel, por que não propõe logo a restauração imediata da censura? Não há meio melhor para reprimir "paixões", coibir "a impura chama do ódio e da vingança contra as autoridades" e assegurar as "fronteiras da liberdade legítima"! *Voyons, citoyen Riedel, soyons francs*![16] No final das contas, é disso que se trata!

O sr. Riedel se retira. O ministro da Justiça, o conselheiro de Justiça *Simons*, de Elberfeld, rebento de uma família burguesa de Wuppertal do mesmo nível da família von der Heydt, tem a palavra.

O sr. Simons procede com uma vigorosa profundidade. Percebe-se que ele ainda é novo no ministério da Justiça.

Cartazes são afixados em ruas e praças públicas, diz o sr. ministro da Justiça. Portanto – "é preciso retomar a *definição de ruas e praças públicas*"[!!]

---

[16] Vamos, cidadão Riedel, seja franco!

O sr. Riedel estabeleceu a "definição" e o "sentido literal da palavra" cartaz de modo louvável. Mas não se trata absolutamente disso. Trata-se, ao contrário, da "definição de ruas e praças públicas". E aqui o ministro da Justiça obteve louros imortais.

Pode-se pensar em uma escola primária melhor do que esta câmara, na qual são debatidos seriamente a definição de ruas e praças, pontos elementares de gramática e coisas semelhantes?

Qual é, pois, a "definição de ruas e praças públicas"?

É que as ruas etc. *não* "podem ser expostas a um uso arbitrário e público", pois "uma tal definição das ruas etc. *não pode ser comprovada*"!!

Para isso, portanto, temos um suposto ministro da Justiça, para que nos dê tais profundos esclarecimentos. Na verdade, compreende-se agora por que o sr. Simons se envergonha de ser apresentado à Câmara.

Naturalmente, diante desse esplêndido desempenho, todo o restante conteúdo do discurso do ministro não é absolutamente digno de menção. Sob a aparência de notável erudição em jurisprudência francesa, o sr. Simons traz à tona algumas reminiscências esquecidas de sua antiga prática como representante do ministério público. Então seguem-se frases como a seguinte:

"Essa questão de necessidade, no entanto, deve *incondicionalmente* [!] ser respondida afirmativamente, *ao menos* [!!] é essa *minha* opinião [!!!], *considerando as dúvidas* [!!!!] que foram levantadas [!!!!!]".

E finalmente o sr. Simons quer "sancionar o fundamento legal da limitação dos cartazes".

Sancionar um *fundamento*! Onde aprendeu essa linguagem, sr. Simons?

Depois de tais proezas oratórias, como as dos senhores Riedel e Simons, naturalmente não podemos nos estender sobre o discurso do sr. Berends, que se seguiu àqueles. O sr. Berends tem o instinto correto de que a proibição dos cartazes é diretamente dirigida contra o proletariado, mas expõe frouxamente seu tema.

O debate geral se encerrou. A rejeição *en bloc* foi aceita por 152, e negada por 152 votos. Da esquerda esteve ausente, entre outros, *sem ser autorizado*, o sr. *Kyll*, de Colônia. Se o sr. Kyll estivesse presente, a lei dos cartazes teria sido rejeitada sem mais. Ao sr. *Kyll* devemos, pois, que ela tenha sido parcialmente adotada.

Não nos estenderemos sobre o debate específico. O resultado é conhecido: os livreiros ambulantes foram postos sob vigilância policial.

Eles podem agradecer ao sr. Kyll por isso!

[Do teatro da guerra]

NGR, n. 279, 22/4/1849, segunda edição

F. ENGELS

O correio de Viena não chegou. Por isso, sobre o teatro da guerra no Alto Danúbio só levantamos, aqui e ali, por vias indiretas, detalhes isolados. O "mais bem informado" correspondente-Δ de Viena da *Gazeta Geral de Augsburg* afirma igualmente que Waitzen teria sido reocupada pelos imperiais, e que só se teria encontrado ali um batalhão de magiares, porque – o grosso das tropas sob Görgey *já teria marchado para Komorn*! Desse modo, a coisa de fato se esclarece, e uma tal ocupação de Waitzen é não somente possível, como até mesmo um erro dos austríacos agora ameaçados na retaguarda. Welden não foi para Pest, e sim para Neuhäusel, no Váh, onde, aliás, alguma retaguarda austríaco-morávia parece estar estacionada. Dali ele marcha contra os magiares que em *Gran* atacam violentamente os imperiais em retirada. Ainda não se conhece o resultado do combate.

A seguinte correspondência da *Folha Constitucional da Boêmia* demonstra também que covil de leões é a Hungria, na qual muitas pegadas corajosas de guerreiros entram, mas poucas saem:

> Se as coisas se estendem até o verão, os kossuthianos ganharão um aliado na febre, que pode ser muito mais perigosa para as tropas austríacas não acostumadas ao clima do que os russos, cuja marcha às costas do inimigo é esperada, para seus adversários. Contra a febre, toda a comprovada bravura de nossas tropas de nada ajuda e a guerra vai se deslocar justamente para as regiões onde a febre assola mais violentamente tão logo os insurgentes sejam empurrados de Pest de volta para o leste.

No Banato reina a maior consternação. Enquanto Perczel, a partir de Peterwardein, espalha o terror por toda parte e já ameaça a Eslavônia, enquanto a navegação pelo Danúbio entre Pest e Mohacs permanece interrompida, ouve-se recentemente sobre o avanço de Bem contra Temesvar com grande número de tropas. Diz-se que ele exigiu que Temesvar e Arad se rendam no prazo de oito dias. A Voivodia sérvia está nos últimos suspiros; Kničanin pretende retornar com 8 a 10 mil homens, mas primeiro Todorovich, Albert Nugent, Vosnich etc. teriam de ser destituídos; Nugent sênior já foi destituído, e

Castiglione, o bombardeador de Cracóvia,[1] foi nomeado como seu sucessor, e delegações após delegações partem para Bucarest para obter a ajuda russa. Também Puchner marcha em direção ao Banato.

A *Transilvânia* continua ainda inteiramente nas mãos de Bem. Os russos foram totalmente expulsos de suas últimas posições no desfiladeiro de Roterturm. O partido magiar entre os romenos da Transilvânia agita intensamente em favor de Bem e apoia seu recrutamento no país. A organização do exército segue com admirável rapidez. Ademais, Bem também capturou 21 canhões com 6 mil cartuchos e 5 mil rifles com um milhão de balas em Hermmanstadt. Anunciando anistia geral e ao mesmo tempo ameaçando todos os que ficassem para trás com confiscação de seus bens, conseguiu persuadir a maioria dos refugiados transilvanos em Bucarest a retornar.

Da *Galícia*, tomamos conhecimento (em 12 de abril) de que os húngaros continuam avançando para os Cárpatos, enquanto nada se ouve sobre o suposto avanço de Vogel contra a Hungria. A guarnição de Cracóvia marchou quase toda para a Hungria. Espera-se que os *russos a substituam*.

O fato de os erários terem sido transferidos de Chemnitz para Troppau indica que os imperiais não mais se acreditam seguros na Eslováquia.

Finalmente um relato (magiar) da *Nova Gazeta do Oder* sobre a potência do exército magiar:

> O exército húngaro torna-se dia a dia mais numeroso, dia a dia mais organizado e disciplinado; segundo documentos autênticos, ele conta, incluindo os exércitos do Banato e da Transilvânia e as guarnições de Peterwardein e Komorn, com 32 batalhões regulares de infantaria e sículos, 23 regimentos de cavalaria (hussardos, hulanos, couraceiros), 105 batalhões de honvéds, 15 mil homens da cavalaria nacional, portanto no total 197 mil homens na infantaria, 30 mil homens na cavalaria regular, excluídas a cavalaria nacional, a Guarda Nacional e a Landsturm.

---

[1] Castiglioni era comandante militar da fortaleza de Cracóvia quando os austríacos a bombardearam pesadamente durante a insurreição pela libertação nacional, em abril de 1848.

Do teatro da guerra

NGR, n. 280, 24/4/1849

F. ENGELS

Entre os muitos boatos contraditórios e em parte claramente inventados pelos imperiais, somente dois fatos nos aparecem como estabelecidos: primeiro, que os magiares cruzaram o Gran e, na margem esquerda do Danúbio, em Parkány, situado em frente ao Gran, derrotaram os corpos ali reunidos sob o comando de Simunich, e, segundo, que pela segunda vez eles desapareceram de Pest, e ninguém sabe dizer para onde foram.

Por isso, não é possível dizer muito sobre sua atual posição e suas intenções. O mais provável é que irão se estabelecer na margem esquerda do Danúbio, de Waitzen até Komorn, para, depois de socorrer Komorn com sucesso, cruzar o Danúbio sob a proteção dos canhões dessa fortaleza e cortar a retirada do exército principal imperial.

O corpo derrotado em Parkány se compunha dos remanescentes da brigada Götz, da divisão Simunich e das tropas dispensáveis do corpo de sítio de Komorn levadas para lá.

Segundo manifestações dos oficiais austríacos em Pest, é mais duvidoso do que nunca que Waitzen tenha sido retomada pelos imperiais.

Os imperiais divulgam o boato de que Jellachich teria derrotado os magiares próximos a Pest e os forçado a recuar até Gödöllö. Esse boato perde todo significado diante da notícia simultânea e muito melhor atestada de que à noite os magiares se afastaram de Pest, enquanto os camponeses das redondezas sustentavam o fogo de bivaque até a aurora, para iludir os austríacos.

Uma parte do exército magiar teria se movido de Parkány em direção ao norte, via Ipolyság, para, em conexão com os voluntários mobilizados em toda a Alta Hungria, impedir a marcha do corpo de Vogel. Conforme relatos vindos de Pest e Pressburg, Vogel estaria em Zboró (a 6 milhas de Eperies); relatos diretos vindos da Cracóvia e os jornais boêmios e magiares mais bem-informados dessa região nada sabem sobre isso até agora. A marcha de Vogel foi tão frequentemente noticiada em toda parte que por fim ninguém mais acredita absolutamente nela. Os imperiais divulgam em Pest e Ofen, assim como entre as tropas, o boato de que Kossuth teria renunciado a sua posição de presidente do Comitê de Defesa Nacional e adotado a fuga, para não ficar no caminho das negociações que agora deviam ser travadas (lembremo-nos da proclamação de Welden).

Há dois dias dizia-se que um atirador imperial em patrulha o teria fuzilado no campo húngaro. Esse boato parece não ter alcançado qualquer credibilidade, daí essa nova invenção.

Os magiares tomarão cuidado para não desperdiçar tempo valioso com negociações, de sorte que os derrotados e enfraquecidos austríacos recebam com toda tranquilidade seus reforços e, apoiados por 50-60 mil russos, possam forçar novamente seus adversários para trás do Tisza!

Conforme Böhm publicou em Viena, Komorn continua ainda sitiada e até mesmo a ponte entre a cidadela e a cabeça-de-ponte na margem direita do Danúbio foi destruída pela artilharia imperial-real. O que há de verdadeiro nisso ainda precisa ser averiguado.

A Transilvânia ainda está nas mãos dos magiares. Sob a direção de Bem, ela foi transformada em uma fortaleza colossal, inatacável pela fronteira moldávio-valáquio--bucovina. A partir dela os magiares fazem incursões em Bucovina. Foi assim em 9 de abril, quando eles, com uma força de seis companhias de sículos e dois canhões, avançaram até Pojana-Stampi, derrotaram os austríacos, capturaram 14 bois e alguns cavalos e retornaram com eles pela fronteira. É evidente que essas invasões mantêm muito vivo o movimento entre os camponeses do local. Kobylica prometeu entrar no dia 12 com um exército húngaro e fazer dos camponeses os senhores de todo o país.

Não cessam os avanços de Perczel na Bacska. Ele invadiu o território do batalhão chaikista, ocupou Gospodincze e está em Tschurug no Tisza, a maior base do batalhão. O território dos chaikistas ocupa o ângulo extremo entre o Danúbio e o Tisza a leste de Peterwardein.

Puchner, assim como os russos, teria chegado a Orsova, na fronteira do Banato; são esperados 10 mil russos. Até Stratimirovich apareceu novamente, e reúne voluntários contra os húngaros no batalhão Chaikist.

Por outro lado, escreve-se de Semlim, em 13 de abril:

> Ontem, a chegada do vapor de passageiros apresentou um triste espetáculo. Todo o pessoal do comando-geral da Transilvânia, entre eles o general Fersmann e o general Appel, desembarcou. Seus péssimos trajes, a palidez de seus rostos traía sua infelicidade. Depois de uma hora de descanso, reencetaram sua viagem a Viena, via Zagreb. Levavam consigo o significativo caixa de guerra e os arquivos.

Na Voivodia, Rajachich vai assumir a administração civil e Mayerhofer, a militar. Os sérvios pretendem reunir, em 20 de maio, uma grande assembleia nacional e eleger um novo voivoda. Knićanin tem as melhores chances. Temos diante de nós o projeto de constituição da Voivodia; ele vai provocar caras estranhas em Olmütz. Voltaremos a isso.

Acabamos de receber uma carta vinda de Lemberg, de 16 de abril, que não diz uma única palavra sobre a marcha de Vogel na Alta Hungria.

Do teatro da guerra

NGR, n. 281, 25/4/1849

F. Engels

No dia 16 os húngaros fizeram um reconhecimento em toda a linha do exército imperial estacionado em Pest. O ataque só ocorreu à tarde, às 4 horas; o canhoneio durou até por volta das 6 horas. Não se chegou à troca de tiros de fuzil; as perdas de ambos os lados foram poucas. O ataque começou com os hussardos húngaros surpreendendo os imperiais cozinhando, provocando grande confusão, e quando os austríacos ganharam tempo de dirigir contra eles sua artilharia, desapareceram de modo igualmente rápido. Ainda não está claro o que os húngaros pretendiam com este ataque. Supõe-se que, enquanto se combatia diante de Pest, os húngaros cruzaram o Danúbio, e o correspondente magiar da *Gazeta de Breslau* pretende de fato saber que essa transposição foi bem-sucedida. Mas talvez os húngaros pretendessem somente, com seu repentino reaparecimento diante de Pest, obstacularizar a movimentação de grandes seções de tropas imperiais para Gran e para a estrada de Komorn. Apesar disso, Welden, que no dia 17 viajara novamente para Pressburg, teria mandado, no dia 18, 10 mil homens de Ofen para Gran.

A fortificação de Ofen com sacos de lã ainda continua.

Não há nenhuma outra notícia específica sobre o teatro da guerra em Waitzen e Gran. Ainda não se sabe em quais mãos está Waitzen. Mas provavelmente ainda continua ocupada pelos magiares.

Sobre o recontro em Gran, as correspondências-lei marcial divulgam agora novamente o boato de que os magiares teriam sido derrotados ali e 2 mil teriam sido feitos prisioneiros. Naturalmente não há nisso nem um traço de verdade. No máximo os imperiais podem ter conseguido manter Gran.

Naturalmente a história da suposta fuga de Kossuth[1] dissolve-se de novo em pura fábula. Enquanto os oficiais austríacos falam em negociações, os magiares atacam, e Kossuth anuncia um novo recrutamento de 50 mil homens (a correspondência magiar cita mesmo a cifra de 200 mil homens). Por toda a parte a Landsturm é convocada, e

---

[1] Ver "Do teatro da guerra" (n. 280).

muitos milhares de homens armados de forcados e foices estariam marchando atrás do exército regular. Este contaria agora já com 35 regimentos de hussardos.

Do Banato, tomamos conhecimento de que no dia 13 Perczel, na região do batalhão chaikista, teria sido repelido por Stratimirovich para Titel e Wilowa; Todorovich teria igualmente enviado dois batalhões para lá. – A revista *Bucovina* delineia um quadro das condições da província homônima de cortar o coração. Carência e miséria predominam ali em tão alto grau que em certas localidades existem pessoas que há semanas vêm vivendo de palha picada ou bolota moída misturada com farinha de milho.

A guerra húngara

NGR, n. 282, 26/4/1849

F. Engels

Colônia, 25 de abril. Hoje não temos novas notícias sobre o teatro da guerra. A notícia já dada por nós ontem da *partida* de um corpo considerável *de Pest para Gran*[1] foi plenamente confirmada, e isto é o mais importante. Este é evidentemente *o primeiro passo para o abandono de Pest*.

Não sabemos qual a magnitude do corpo que partiu, e quantos homens ainda permanecem em Pest. Alguns jornais falam que teriam partido 10 mil homens; de acordo com isso, só poderiam ter ficado no máximo de 5 a 7 mil homens em Pest. O *Caminhante*, uma folha-lei marcial *pur sang*[2] que tem ligações no acampamento, fala de uma "partida de *todo o acampamento*" para Gran, que teria ocorrido durante a noite, depois de Welden supostamente ter permanecido várias horas em Pest e então voltado para Gran. O *Caminhante* relata:

> Às 4 horas da madrugada começou a marcha na direção de Waitzen e arredores. Todo o exército estacionado na margem do Danúbio de Ofen até Komorn cruzou-o e investiu hoje contra os insurgentes em todos os pontos, enquanto Schlick e o *ban*,[3] operando acima de Waitzen, os ataca pela retaguarda e pelos flancos. Já ontem se ouvia no quartel-general que são esperados resultados decisivos dentro de três dias.

A razão estratégica dada pelo *Caminhante* para o recuo austríaco é mais do que ridícula. Segundo ele, o exército principal imperial pretende cruzar o Danúbio entre Komorn (a tal ponto, portanto, já se recuou!) e Gran e derrotar os magiares no *front*, enquanto Jellachich *e* Schlick (isto é, dois de três corpos de exército!) se transferem para Waitzen e lhes cortam a retirada.

Mas se os imperiais chegaram a tal ponto que já podem pensar em uma tal manobra decisiva, por que então não ficam em Pest, onde dominam plenamente a passagem do Danúbio, na margem esquerda do rio, e marcham para cima em direção a Waitzen e

---

[1] Ver "Do teatro da guerra" (n. 281).
[2] Puro-sangue.
[3] Jellachich.

Balassa-Gyarmat? Assim eles poderiam, com ajuda de "Schlick e Jellachich", separar completamente os húngaros de sua base de operações e, depois de ganhar uma batalha, aniquilá-los completamente, enquanto, em caso de uma derrota, sua própria retirada para Pest não poderia ser cortada.

Mas o envernizamento do *Caminhante* é decerto tão pura frase quanto os poucos reforços chegados nos últimos dias para os imperiais não permitem pensar nem remotamente numa retomada da ofensiva.

É claro como o dia: trata-se de que *os imperiais estão se retirando de Pest* e assumindo novas posições na região de Komorn a Gran e Szent Endré ao longo da margem direita do Danúbio e do Gran, para se contrapor à pressão magiar em Komorn. De resto, esse movimento de retirada muito "apressadamente" realizado é o melhor comentário à suposta vitória imperial em Parkány no Gran.

Parece decorrer dessas manobras que Welden, em seu brutal modo de guerrear, pretende conduzir uma batalha decisiva a qualquer custo e o mais rápido possível. Seu apressamento provavelmente vai ser prejudicial para ele.

O "mais bem-informado" correspondente Δ da *Gazeta Geral de Augsburg*, um funcionário negro-amarelo e uma autoridade para a *Gazeta de Colônia*, mas, de fato, um fanfarrão desavergonhado e extremamente ignorante em geografia, mente outra vez com rara insolência sobre *dois* corpos magiares que avançariam a toda pressa para Kaschau a fim de encontrar o tenente-marechal de campo Vogel. Um desses corpos se constituiria de 30 mil homens, o outro estaria sob as ordens de Görgey [!] – mas o tenente-marechal de campo Wohlgemuth estaria em seus calcanhares, e se ele chegar antes deles em Miskolcz [agora os austríacos marcham para Miskolcz!!!], os magiares teriam de recuar cruzando o Tisza!! Um brilhante estrategista, esse "mais bem-informado" correspondente da mais bem-informada *Gazeta Geral de Augsburg*.

Vê-se por essas mentiras a que meios os imperiais têm de recorrer para ao menos manter em alguma medida o moral de suas tropas.

Também tentam tomar de modo similar Komorn, que não puderam tomar com a força das armas. Fazem com que espiões divulguem o boato de que Debreczin teria sido tomada há muito pelos imperiais; Mack já estaria inclinado a capitular, mas Esterházy não. Ali interveio felizmente um espião magiar e trouxe a notícia das últimas vitórias dos magiares.

No Banato, os magiares já começam a cercar Temesvar.

Da Galícia, continuamos sem nada saber sobre a tão grandiosamente difundida entrada de Vogel e seus fictícios 12 batalhões na Hungria. Ao que parece, foram tão frequentemente alteradas as respectivas disposições porque nunca se confiou na calmaria da Galícia, de modo que as próprias tropas em questão ainda agora sequer foram concentradas na fronteira.

Da Transilvânia não há nada de novo. Damos somente um extrato de um relato da *Gazeta Geral de Augsburg*, da fronteira valáquia, sobre Bem. Essas confissões da boca da

Gazeta Geral de Augsburg são a mais contundente confirmação do que nós tão frequentemente dissemos sobre Bem:

> *Toda a Transilvânia* obedece nesse momento à irresistível autoridade de Bem, do tão *audaz* quanto feliz líder, cujo *gênio e rara energia aniquilou e expulsou do país as melhores tropas de dois imperadores*. Com forças relativamente pequenas e na maior parte inexperientes, esse homem extraordinário soube reduzir a nada tanto o imenso sacrifício que custou essa mais amarga das lutas, quanto as mais brilhantes façanhas militares das tropas austríacas, e até mesmo a tão geralmente temida intervenção russa. O sucesso de Bem é tão mais *admirável* quanto ele conseguiu conquistar um país no qual a maior parte dos moradores, e especialmente os saxãos e romenos, sem exceção, permaneceu fiel a seu imperador e alegremente faria os mais severos sacrifícios. Em face de um tão triste desenlace de uma igualmente tão morosa quanto devastadora luta, todo sacrifício feito até aqui, e até mesmo o pedido de ajuda estrangeira, aparece como puro desperdício, enquanto a reconquista do país exige novos e tão mais severos sacrifícios quanto o incansável Bem *reduplicou seu poder* por meio de rápido recrutamento de soldados e tributações. Só os moradores de Hermannstadt teriam sido castigados com um tributo, a ser pago dentro de três dias, de 4 milhões de florins C.M. Mas, o que é igualmente triste, é a circunstância de que esse tão deplorável infortúnio, que com prudência e medidas de força poderia ter sido evitado, levou a uma extraordinária retirada das tão calorosas simpatias das mesmas populações abandonadas pelo governo, enquanto a constituição outorgada abatia sua coragem e paralisava sua energia. Isto é também muito natural quando se leva em conta a enorme distância entre as exigências dos romenos e do saxões nas conhecidas petições e os direitos concedidos na constituição de 4 de março, e a persistência com a qual o ministério vienense recusou as concessões prometidas em Olmütz à delegação romena. O bom-senso do povo considerou que no fundo seria indiferente se seus direitos fossem recusados ou restringidos pela arrogância dos húngaros ou por um ministério todo-poderoso.

Lassalle

NGR, n. 283, 27/4/1849

F. ENGELS

Colônia, 26 de abril. Temos de noticiar um fato que mostra que, *en fait de justice,*[1] nada mais é impossível. O sr. procurador-geral Nicolovius está quase a ponto de granjear mais louros do que os conquistados pelo sr. Hecker em seu tempo.

Por nossas informações anteriores, os leitores se lembram de que, no processo criminal contra Lassalle, o procurador-geral adjunto em Düsseldorf, von Ammon I, manteve em sua mesa durante três semanas, oculta do juiz de instrução, uma carta daquele, na qual requeria de um lavrador de Schönstein que, em caso de batalha, enviasse para Düsseldorf um reforço de algumas centenas de homens, e só a entregou quando o juiz o informou de que a investigação estava encerrada. Os leitores se lembram de que então, graças a essa carta – que, de resto, estava tão longe de conter uma exortação direta à insurreição que nem a Câmara do Conselho nem a Corte de Acusação a incluíram entre os fundamentos da acusação – a investigação teve de ser reiniciada de novo, razão pela qual o processo de Lassalle não foi encerrado já na última sessão do tribunal do júri.

Pois bem, à época Lassalle denunciou ao procurador-geral essa procrastinação intencional do sr. von Ammon I.

O procurador geral, em vez de dar alguma resposta a Lassalle, enviou a denúncia ao Parquet de Düsseldorf, com a ordem de instaurar uma investigação contra Lassalle sobre a base do art. 222[2] em função dessa denúncia, porque nela o sr. von Ammon teria sido *ofendido*!

Pend-tois, Figaro, tu n'aurais pás invente cela![3]

Uma carta ao sr. Nicolovius constituiria uma ofensa ao sr. von Ammon no sentido do art. 222! Por ocasião de um processo de imprensa que tivemos o prazer de conduzir contra os senhores Zweiffel e Hecker, já evidenciamos que o próprio art. 222 não é apli-

---

[1] No que se refere à justiça.
[2] Trata-se, aqui e em outros momentos desse texto, de artigo do *Code Pénal*.
[3] Enforca-te, Fígaro! Tu não terias inventado essa! Citação adaptada de *O Casamento de Fígaro*, de Beaumarchais, Ato V, Cena 8.

cável a ofensas públicas pela imprensa, mas somente àquelas ofensas que são lançadas em rosto dos senhores funcionários em sua presença pessoal.[4]

Mas mesmo se o art. 222 fosse aplicável a ofensas por escritos *públicos*, certamente ainda não ocorreu a ninguém afirmar que uma carta para uma terceira pessoa possa constituir uma ofensa a um funcionário. De acordo com a prática correcional atual, sempre foi exigido que o texto ofensivo fosse dirigido diretamente ao insultado ou fosse divulgado publicamente. O sr. Nicolovius descobriu agora que seria uma ofensa a funcionário quando se escreve a um *terceiro* com expressões ofensivas a um funcionário. Guardemo-nos, pois, de falar de funcionários em tom grosseiro em nossas cartas privadas!

O fato de a carta de Lassalle ter sido dirigida a uma *autoridade superior* ao sr. von Ammon e ser, portanto, uma *queixa*, uma *denúncia*, torna a coisa ainda mais impossível.

Pois a lei estabelece inclusive como dever enviar denúncias por ações ilegais a autoridades superiores. Se, por conseguinte, a denúncia fosse verdadeira, ela estaria perfeitamente em ordem; se fosse inverídica, o procurador-geral poderia instaurar um processo sobre a base do art. 373 – em razão de uma *denúncia caluniosa*. Mas, então, teria sido a coisa mais fácil do mundo para Lassalle provar, pelos documentos, a verdade da denúncia, enquanto não compete a ele oferecer essa prova diante do Tribunal Correcional pela acusação de ofensa a funcionário.

O assunto foi levado à Câmara do Conselho em Düsseldorf. Mas também esta considerou que uma ofensa ou deveria ocorrer publicamente ou na presença do ofendido, e encerrou o caso. O Ministério Público se opôs e nossa Corte de Acusação local, de Colônia, já frequentemente testada e que sempre se provou confiável, decidiu efetivamente processar Lassalle sobre a base do art. 222, e agora, por felicidade, ele está às voltas com um processo correcional!

Continuando por esse caminho, o que mais não se poderá extrair do art. 222?

A propósito, o processo Lassalle será levado diante do júri em 3 de maio.

---

[4] Ver "O primeiro processo de imprensa da *Nova Gazeta Renana*".

Do teatro da guerra

NGR, n. 283, 26/4/1849, suplemento

F. ENGELS

Começamos nossas informações de hoje com a seguinte notícia da *Gazeta do Oder*:

> Por via privada, recebemos a importante novidade de que nos dias 20 e 21, entre Gran e Komorn, foi travada uma grande batalha. Welden estava à frente de um corpo de reserva e ocupou os outeiros localizados nas proximidades de Gran. A maior parte das tropas imperiais-reais, inclusive as brigadas de Jablonowsky e Simunich, se espalharam pela planície entre Gran e Komorn. Os magiares atacaram todas as posições dos imperiais com tal ímpeto que já no início do combate os últimos ficaram desnorteados. Apesar da brava resistência dos soldados, Welden teve de empreender a retirada. Além de uma grande perda, entre mortos e feridos, sofrida pelo exército imperial-real, 20 canhões e 2 mil prisioneiros caíram em mãos dos insurgentes.
>
> Segundo outro informe, que em geral confirma a notícia acima da vitória dos húngaros, *a libertação de Komorn foi a consequência imediata dessa vitória*.

O Conselho de Governo de Festenburg, que acompanhou o coronel Welden à Hungria, chegou a Viena com o correio na noite de 21 para 22, e até a saída do correio no dia 22 à noite sequer uma sílaba transpirou, seja sobre as causas de sua chegada, seja sobre o despacho que trouxe consigo, do que se deduz que nos altos círculos a má nova já deve ser conhecida.

Temos ainda de esperar a confirmação dessa notícia, por mais provável que ela seja. As correspondências de Breslau chegam até dia 23 à noite; até então a notícia da vitória magiar conquistada em Komorn no dia 21 mal poderia ter chegado a Breslau. Por outro lado, uma correspondência de Breslau de outra fonte também diz que o trem que chegou ali no dia 23 pela manhã trouxe a notícia *da tomada de Gran pelos magiares*.

Julgamos o açougueiro Welden de modo inteiramente correto. Era-lhe imperioso assinalar sem demora sua chegada ao exército com uma grande batalha e trombetear sua fama por todo o mundo. Nos dias 20 e 21, segundo todas as notícias de Viena, essa batalha efetivamente foi travada.

Todos os jornais agora reconhecem que a partida da força imperial principal de Pest *efetivamente foi o início da retirada* desta cidade. Parece até mesmo que se teriam convencido da impossibilidade de manter Ofen, e pretenderiam renunciar também a ela. Todos os sacos de lã requeridos para o entrincheiramento foram de novo postos à disposição dos proprietários e também foi encerrado o empilhamento de sacos de areia nas trincheiras. Segundo o correspondente magiar da *Gazeta de Breslau*, os magiares já teriam ocupado Neu-Pest (o primeiro subúrbio). Aliás, não há muitos deles mais; o corpo principal, como se sabe, partiu há muito, a Landsturm não montada foi em sua maior parte dissolvida e somente os homens montados e armados com *fokos* (um forte bastão com uma espécie de pequeno metal em uma ponta), bem como alguns honvéds e uns poucos canhões permanecem ainda em Pest.

Segundo o "mais bem-informado" Δ da *Gazeta Geral de Augsburg*, que, por sinal, não escreve corretamente nenhum nome magiar ou sérvio, os magiares não estão mais estacionados ao longo do Danúbio, e sim ao longo do Gran, abaixo do Leva até a confluência do Gran com o Danúbio. Sua força principal estaria em Ipolyság (algumas milhas atrás). Wohlgemuth, com 5 mil homens, estaria em face de seu flanco direito.

Segundo notícias recentes, esse flanco direito fez uma conversão, cruzou de volta o Gran e avançou até Neutra, para onde obrigou Wohlgemuth a recuar. Mesmo o *Lloyd* dá essa informação. Sobre a posição dos imperiais não há qualquer notícia específica. As folhas vienenses e a *Correspondência Litografada* consideram ainda que "Schlick e Jellachich operam além de Waitzen, à retaguarda dos insurgentes", como se não fosse primeiro preciso "entrar" em Waitzen para depois ir "além" dela! E Waitzen está e permanece nas mãos dos magiares, apesar de todas as mentiras-lei marcial da imprensa negro-amarela.

O açougueiro Welden arruína a si mesmo com sua brutal impaciência em atacar. Se permanecesse na defensiva, atrás do Danúbio e do Gran, mantendo sua força principal unida com o corpo de sítio de Komorn, talvez conseguisse se manter até a chegada dos reforços. Mas ele queria ter a fama de sufocar sozinho a revolução dos magiares, e por isso agora vai provavelmente naufragar, junto com todo o exército.

Há pouco finalmente tomamos conhecimento de algo definido sobre os reforços galícios. Uma parte está concentrada em Jablunka. Benedek estaria chefiando essa parte e avançando rapidamente para as cidades montanhesas. A outra parte – 8 batalhões, 1.200 cavaleiros e 15 canhões – teria partido de Lemberg por volta do dia 16, e seis batalhões, 800 cavaleiros e nove canhões estaria seguindo como reserva. Essas tropas, cujos números são obviamente muito exagerados, estariam cruzando os Cárpatos em três colunas, e operariam diretamente contra o exército principal húngaro, e não em direção ao Tisza. Mas reina ainda uma notável obscuridade sobre quando elas chegarão lá.

Portanto, é falsa uma notícia de Breslau de que Vogel teria sido cercado nas montanhas em Munkács e todo seu corpo destruído. Munkács situa-se muito a leste da linha de operações de Vogel. É possível, no entanto, que uma coluna austríaca tenha invadido ali a partir da Galícia e tenha sido derrotada.

Acerca de Komorn, os imperiais têm igualmente intenções muito filantrópicas: diz-se que o brigadeiro do corpo de sapadores e engenheiros, major-general von Zitta, construtor da fortaleza de Komorn, faria a última tentativa para forçar a capitulação da fortaleza que, segundo sua declaração, não pode ser retomada de assalto. Ele pretende, conforme se relata, inundar as casamatas, a fim de expulsar a guarnição desse refúgio à prova de bombas e os constranger à alternativa de ou ceder Komorn ou enfrentar nas ruínas da cidade a devastadora chuva de balas de canhão.

A efetivação dessa adorável intenção provavelmente terá sido frustrada pelos últimos acontecimentos.

No sul, conforme comunicado oficialmente agora, Nugent foi chamado muito educada mas firmemente. Seu filho, que abandonou Zombor à Landsturm magiar sem luta, teria sido submetido à corte marcial. Farsa! A vitória de Stratimirovich não impediu os magiares de manter a ocupação de Bacska; continua a fuga dos sérvios pelo Danúbio e pelo Tisza. No lugar de Nugent, agora comanda Mayerhofer; mas ele quase não tem mais tropas, pois quase todas foram enviadas para Ofen.

Confirma-se que Bem está no Banato. Com os arsenais de Hermannstadt e Kronstadt, ele armou bem a Landsturm sícula e, deixando a eles a proteção do país, marchou adiante, com 30 a 40 mil de seus melhores homens, tendo reforçado seu exército com recrutas valáquios e saxãos. Afirma-se que Temesvar já teria sido tomada por ele.

As novas cédulas húngaras planejadas por Windischgrätz foram agora emitidas. Mas ninguém as aceita. Todas as lojas e casas de câmbio estão fechadas. O correspondente magiar escreve sobre isso:

> Apesar da ameaça-lei marcial, todos os banqueiros e negociantes se negaram a aceitá-las. Nas proximidades do exército húngaro, as autoridades militares imperiais não consideram aconselhável empregar a força e as demais emissões das cédulas foram proteladas para dias melhores. Mas já circula aqui um decreto do governo húngaro que declara tais cédulas 'notas falsas, produzidas com más intenções', e adverte a todos contra sua aceitação. Em uma outra proclamação de Kossuth, são declarados fora da lei todos os comissários nomeados por Windischgrätz, que ousou reintroduzir parcialmente o trabalho compulsório abolido pela Dieta de 1848. Os camponeses de Duna Vecse, alemães, já fizeram uso da declaração e assassinaram um desses comissários.

Um novo apoio aos magiares, que justamente agora, às vésperas de sua provável vitória, é do mais alto significado, é o da *insurreição do campesinato polonês* que está acontecendo na Galícia. A *Correspondência Litografada* de Viena escreve sobre esse movimento, que a folha-lei marcial *Czas (O Tempo)*,[1] da Cracóvia, procura ocultar o máximo possível:

> Nos arredores da *Cracóvia* evidenciam-se sérios movimentos por causa do recrutamento forçado. *Três mil camponeses se deslocaram para a grande floresta próxima a Chrzanov e acamparam ali*. Tentou-se persuadi-los por bem, mas eles só responderam: 'Preferimos morrer aqui do que na Hungria, o que os húngaros fariam conosco?' Muitos jovens, que também não querem servir contra os húngaros, fugiram de Cracóvia para lá, e teme-se

---

[1] Jornal da administração austríaca publicado em polonês em Cracóvia desde fins de 1848.

que esse exemplo seja contagioso e se desenvolva um *levante generalizado*. Sabe-se que a Cracóvia está quase totalmente desprovida de tropas.

Nesse momento, fala-se mais do que nunca da ajuda russa. Os boatos a esse respeito se contradizem. Mas é fato que 200 mil russos já estão estacionados de Kalisch até Bucarest e prontos para invadir a Galícia e a Hungria, assim que o tsar ortodoxo ordene. Estão em Cracóvia 40 mil, 50 mil em Brody (Radzimilow), o restante em parte mais atrás, em parte mais ao sul na Podolia, Bessarábia e nos principados do Danúbio.

Quase íamos esquecendo de informar que chegou *a confirmação da primeira derrota dos austríacos no Gran*. Wohlgemuth, que comandava ali, não tomou 2 mil prisioneiros húngaros, mas sim os perdeu ele mesmo. Daí sua posição em Leva e mais tarde em Neutra, de outro modo inexplicável.

[Vitórias húngaras]

NGR, n. 283, 27/4/1849, suplemento extraordinário

F. Engels

Colônia, 26 de abril. Das confusas notícias que nos chegaram hoje de Berlim e Breslau sobre o teatro de guerra húngaro destacam-se clara, distinta e inegavelmente três fatos:
1) Os imperiais evacuaram Pest e Ofen.
2) Os húngaros conquistaram uma vitória entre o Gran e o Váh.
3) Komorn foi liberada.

A própria batalha ocorreu entre o Leva e o Neutra, e de fato foi Wohlgemuth quem sofreu ali uma derrota completa. Ele teve de recuar cinco milhas. Görgey avançou em seguida com todo seu exército para Komorn e, segundo as últimas notícias, alcançou Neuhäusel e St. Peter sobre o Váh, a uma hora de Komorn.

Não merece qualquer crédito um relato-lei marcial que informa o restabelecimento da área de sítio de Komorn.

O posto avançado da vanguarda magiar estaria já em *Tyrnau, a cinco milhas de Pressburg*. Segundo outro relato, estaria já a *duas milhas* de Pressburg, e pretende-se mesmo que tenha sido visto em March, a poucas horas de Viena!

A completa evacuação de Ofen e Pest ocorreu nos dias 21 e 22. O quartel-general imperial estava ultimamente em *Gran*. De lá foi provavelmente transferido para Raab.

No sul, os magiares se expandem cada vez mais. Mesmo *Semlin*, na fronteira turca, está *ameaçada* – é o que informa a *Gazeta de Viena*.

Da Transilvânia, os húngaros teriam invadido a Valáquia e derrotado os russos.

Em síntese, o exército revolucionário magiar avança vitoriosamente em todos os pontos. Contra a audácia e o entusiasmo de um pequeno povo que mal conta 5 milhões naufragou todo o poder dos 36 milhões de austríacos, naufragou o vitorioso exército "admirado por metade da Europa", como diz Welden. As mesmas lições que há 50 anos os imperiais aprenderam em Jemappes e Fleurus,[1] aprendem hoje novamente na Hungria: contra a revolução não se deve guerrear!

---

[1] São mencionadas aqui duas grandes batalhas travadas pela França revolucionária contra a primeira coalizão anti-França de Estados europeus contrarrevolucionários: Áustria, Prússia, Inglaterra, Rússia e outros. Em Jemappes (Bélgica), em 6 de novembro de 1792, o exército francês derrotou as tropas

---

austríacas. Em Fleurus (Bélgica), em 26 de junho de 1794, as tropas francesas derrotaram o exército austríaco comandado pelo duque de Coburg. Essa vitória permitiu ao exército francês revolucionário entrar na Bélgica e ocupá-la.

Do teatro da guerra

NGR, n. 284, 28/4/1849

F. Engels

Complementamos aqui rapidamente as notícias que divulgamos hoje pela manhã em edição extraordinária.

Segundo a *Gazeta de Viena*, quando Welden entrou em Gran, onde assentou seu quartel-general, ele tomou as seguintes disposições: Wohlgemuth deveria, com suas supostas "cinco brigadas" – na verdade apenas 16 mil homens – deter, nos arredores de Neutra, os magiares que avançam via Leva para Komorn. Mais ao sul, entre o Danúbio e o Gran, a brigada Veigl deveria apoiar o corpo de sítio de Komorn. O grosso dos imperiais, concentrados em Gran e Szent Endré, deveria tentar tomar Waitzen e desse modo chegar aos magiares pelas costas. O jornal oficial admite a superioridade dos húngaros, especialmente na cavalaria ligeira e na artilharia.

Ao mesmo tempo, admite-se que 2 mil húngaros cruzaram o Danúbio para Duna Földvar e incitaram aquela região ao levante. De Földvar até a ponta leste do Plattensee há cerca de dez milhas de terreno majoritariamente pantanoso; se os magiares ocuparam essa região fácil de defender, têm seu flanco direito coberto por toda a extensão do Plattensee (de 10 a 12 milhas de comprimento) e podem organizar calmamente a revolução por trás dessa trincheira natural. A brigada imperial Burits e a coluna volante Horvath, que foram enviadas contra eles para Stuhlweissenburg, pouco prejuízo lhes poderá causar.

Depois da derrota de Wohlgemuth no Gran (na qual Welden parece ter permanecido bem sossegado em Gran com o grosso das tropas como "reserva") e depois da evacuação de Komorn, que agora oferece aos húngaros um ponto de apoio inestimável, Welden tem de renunciar a sua posição no Gran, e talvez tenha primeiro de travar uma batalha sangrenta para poder se retirar para Raab, que está sob o fogo dos canhões da cabeça-de-ponte de Komorn. Raab, entroncamento das duas estradas que conduzem a Pest, e o curso do rio Raab constituem ainda a única posição ao sul do Danúbio que talvez ainda seja viável para os imperiais. Mas também aqui a proximidade de Komorn e o terreno fragmentado em diversas ilhas pelos inúmeros braços do Danúbio dificulta a ligação regular entre o grosso das tropas e o corpo de Wohlgemuth. Não resta outra posição defensável além da linha do March e do Leitha, *isto é, o recuo para território austríaco.*

Durante a partida de Pest e Ofen reinou a maior confusão. Os "bem-intencionados" lamentam; a *impressão moral* da ocupação das *duas cidades* pelas tropas revolucionárias é *gigantesca*.

Em toda parte, os camponeses e judeus caíram nos braços dos magiares graças ao período de tirania de Windischgrätz. Os camponeses eslovacos, que devem a Kossuth sua libertação das obrigações feudais, e aos quais Windischgrätz pretendia impor novamente o trabalho compulsório, entusiasmam-se pelos magiares, e os ajudam em toda parte por meio de relatos, sinais de fogo etc.

O Comitê Nacional sérvio em Semlim solicitou proteção *aos cônsules das três grandes potências* em Belgrado. O cônsul inglês recusou, pois o comitê não é uma autoridade legal regular. Mayerhofer foi apressadamente para Belgrado. Quão baixo caiu a "venerável" Áustria!

[Avanços húngaros. Agitação em Viena]

NGR, n. 284, 28/4/1849, suplemento extraordinário

F. ENGELS

Colônia, 27 de abril. Hoje é *aniversário de Kossuth*; o chefe da revolução húngara faz hoje 43 anos.[1]

O que hoje de manhã informamos sobre os avanços dos húngaros: que Wohlgemuth foi derrotado, Pest e Ofen foram tomadas e Komorn foi evacuada, já é hoje *confirmado* por um *boletim oficial* imperial real (o 35º). É agora certo que não somente o Gran e o Neutra, mas mesmo o *Váh* foram cruzados pelos húngaros, e que Wohlgemuth *recuou para Tyrnau*, a cinco milhas de Pressburg. Em geral *somente quatro comitatos* da Hungria *ainda* estão nas mãos dos imperiais, e por todos os lados se admite que *não lhes resta mais nenhuma posição defensável em solo húngaro*.

Em *Viena* domina *grande agitação*. O povo aglomera-se nas ruas tal como nas jornadas revolucionárias do ano passado. Os militares, antes tão insolentes, tornaram-se outra vez notavelmente cautelosos. Viena espera que os húngaros cruzem o Leitha para fazer sua *quinta revolução*,[2] uma revolução que não será meramente austríaca, mas sim europeia. *Eljen Kossuth! Eljenek a Magyarak!*[3]

---

[1] Evidentemente os editores da *Nova Gazeta Renana* não tinham dados biográficos exatos sobre Kossuth, e assim disponibilizaram as informações correntes na imprensa. De fato, Kossuth nasceu em 19 de setembro de 1802.

[2] Engels tinha em mente os quatro eventos revolucionários na capital austríaca em 1848, a saber: o levante popular de 13 de março, que deu início à revolução na Áustria; levantes armados de trabalhadores, artesãos e estudantes em 15 e 26 de maio, que obrigou o governo a fazer novas concessões ao movimento democrático (extensão do sufrágio, assentimento a uma Dieta Imperial Constituinte unicameral, anulação das ordens de dissolução do Comitê Central da Guarda Nacional e da Legião Acadêmica etc.); agitações de trabalhadores em 23 de agosto, levando a colisões entre destacamentos de trabalhadores e de burgueses da Guarda Nacional; e a revolta popular de 6 a 31 de outubro, o ponto culminante da revolução na Áustria e na Alemanha.

[3] Viva Kossuth! Viva os magiares!

Avanços magiares

NGR, n. 285, 29/4/1849

F. Engels

Colônia, 28 de abril. O 35º Boletim do Exército dos imperiais, cujo conteúdo principal já informamos hoje pela manhã, dispensa comentários. Ele diz o seguinte:

> Sobre o que houve com o exército na Hungria. Depois do movimento de retrocesso a Pest que o exército austríaco fez nos primeiros dias deste mês, para assumir ali uma posição concentrada a fim de proteger as duas cidades, o inimigo empreendeu quase diariamente tentativas de ataque à mesma, as quais, embora sem qualquer resultado, no entanto lhes deram provas de que nossas forças principais estariam reunidas em Ofen e Pest. Logo depois ele atacou Waitzen, onde estavam duas brigadas sob comando do general Götz, que encontrou ali morte heroica, e avançou subindo o Danúbio via Leléd e Kemend; quando nos considerava suficientemente ocupados em Pest, marchou com duas fortes colunas, uma pela margem esquerda do Gran, outra por Ipolyság, diretamente para Leva. Ali foram reunidos no dia 18 cerca de 30 mil de seus melhores homens, com os quais cruzou o Gran em três colunas por Kalna, Bars e Sz. Benedek.
>
> O tenente-marechal de campo von Wohlgemuth, comandante de cinco brigadas, com cerca de 15 mil homens da Morávia e da Áustria, que estava estacionado como reserva atrás do Gran – posto a par desse movimento, partiu de Kemend na noite do dia 18 para o 19, a fim de encontrar o inimigo entre Malas e Bese.
>
> Nesse meio tempo, este estava com toda sua força – que era o dobro da nossa – formada em ordem de batalha entre Verebely e Nagy Sallo. Um ataque da brigada do príncipe Jablonovsky a Nagy Sallo foi plenamente bem-sucedido, uma coluna já chegara ao local mas, uma vez que a cidade já fora incendiada, teve de renunciar a entrar. O inimigo utilizou essa circunstância para cercar nosso flanco direito entre o Gran e Nagy Sallo, enquanto tentava uma manobra semelhante contra nosso flanco esquerdo por Verebely. O obstinado combate durou de manhã cedo até à tarde; o tenente-marechal de campo Wohlgemuth, com sua experiente prudência, conduziu suas tropas exaustas, em uma combativa retirada, de uma posição para outra; o inimigo, ao contrário, expandiu seu próprio entorno até Neutra.
>
> Já antes havia sido dada ao tenente-marechal de campo Wohlgemuth a ordem de, em caso de uma situação desfavorável, continuar em sua retirada até cruzar de volta o Neutra e mesmo até cruzar de volta o Váh, para cobrir tanto o vale do Váh quanto Pressburg e, atrás do Váh, restabelecer a ligação, por meio da ilha Schütt, com o corpo de sítio de Komorn, onde nesse ínterim o bombardeio continuava muito intenso.

O general comandante, coronel barão Welden, que chegara ao Gran no dia 17, convencido de que a força principal do inimigo podia ter rodeado a montanha para socorrer Komorn, incumbiu imediatamente o *ban* de, com toda a sua força, irromper de Pest e atacar o inimigo, mas não perseguir vantagens rápido demais. No dia 19, o *ban* avançou em todas as direções [!!!], mas o inimigo retirou-se tão rapidamente que não pôde ser alcançado sequer com nossas balas de canhão [!].

No dia 20 outra coluna inimiga, que até então permanecia *en reserve*[1] em Paszto, no rio Ipoly, avançou com o flanco esquerdo inimigo descendo pela margem esquerda do Gran em direção a Kemend e Gran, e imediatamente atacou a reserva estacionada ali, a divisão Csorich, que, devido a nesse dia o tenente-marechal de campo Wohlgemuth já ter passado por Neuhäusel, se retirara lutando em direção ao Gran e destruíra a ponte levadiça de lá, a fim de defender esse ponto o mais fortemente possível. No dia 20, o general comandante entrou em Ofen.

Nesta configuração da situação militar, pareceu ao general comandante que continuar conservando Pest e Ofen redundaria em grandes desvantagens para as demais operações militares, especialmente porque o Danúbio estava tomado pelo inimigo de Komorn a Waitzen, e nenhuma das duas cidades constituía um pivô útil para as operações. Por isso, o coronel se dispôs a concentrar as tropas em uma posição segura, e está convencido de que, com os reforços postos à sua disposição, que estavam a caminho, rapidamente estará em condições de reassumir com sucesso a ofensiva.

Notícias de Pest do dia 21 deste mês informam que nesse dia o inimigo empreendeu um ataque em Czinkota e, depois de um combate pouco intenso, foi obrigado a recuar por nossas tropas que avançaram contra ele.

Segundo notícias recém-recebidas do tenente-general conde Nugent, de Semlim, dia 17 deste mês, o estado das coisas no baixo Danúbio mostrava-se cada vez mais favorável: o inimigo evacuou novamente a área chaikista, a posição em Peterwardein foi muito reforçada pelas trincheiras convenientemente construídas sob a direção enérgica do coronel Mamula e, graças aos reforços de tropas vindos de todos os lados, o corpo que está ali se formando logo estará em condições favoráveis para reassumir a ofensiva e avançar para Szegedin.

Esse boletim confirma tudo o que já havíamos informado sobre o teatro da guerra, e no geral está redigido de forma mais clara do que as anteriores proclamações dissimuladas dos imperiais.

Em Komorn, para onde os húngaros trouxeram tropas descansadas e carne fresca, os imperiais deixaram para trás muitas peças de artilharia que, embora em parte encravadas, caíram nas mãos dos húngaros. Todos os jornais se lamentam agora, 24 horas depois de o termos reportado em nossa gazeta, de que as tropas imperiais não conservam mais nenhuma posição na Hungria, e foram obrigadas a se retirar para trás do Leitha e do March.

A tentativa dos imperiais de emitir novas cédulas húngaras, *alias*[2] "falsas letras de câmbio", fracassou estrondosamente. O *Correio Alemão Oriental* conta a seguinte história:

---

[1] Na reserva.
[2] Diga-se.

Um oficial de alta patente do Estado-Maior entrou outro dia no escritório de um cambista, exigiu a troca de 2 mil florins das novas cédulas por cédulas austríacas e solicitou também um ágio. O cambista recusou, sob o pretexto de que não possuía cédulas austríacas, com exceção de umas poucas. No entanto ele podia trocar uns 100 florins, mas sem ágio. O oficial replicou: O senhor é cambista, por isso *deve* ter, ou se o senhor não trocar, mandarei fechar seu negócio. Depois de uma curta troca de palavras, seguiu-se também a troca das notas. No dia seguinte, a esposa do cambista recebeu daquele oficial do Estado-Maior um macinho de 5 florins nas novas cédulas húngaras. A esposa declarou não poder trocar. Logo depois o próprio oficial apareceu, acompanhado de um assistente. Nesse meio-tempo, o cambista também chegou e se declarou disposto a trocar o dinheiro em prata e os ducados, mas não as cédulas, pois, argumentou ele, não sem lógica, *se as cédulas fossem válidas, o sr. general não precisaria trocá-las*, então ele não as poderia usar. Ele tinha pagamentos a fazer em Viena, e até o momento não lhe chegara ao conhecimento que ali as novas cédulas tivessem sido aceitas em pagamentos. Se ele as trocasse agora para o senhor general, no momento seguinte centenas viriam com pedido semelhante, sem que ele pudesse satisfazê-los. O general replicou que estaria abaixo de sua dignidade [!!!] responder-lhe, ordenou que trouxessem o prefeito, mas no lugar deste apareceu um conselheiro municipal e, por ordem do general, fechou o escritório.

As notícias da Hungria tiveram um gigantesco efeito em Viena:

Como nos dias das barricadas do ano passado, multidões vagam pelas ruas. Um estrangeiro poderia considerar que o enxame de pessoas que dava voltas como um formigueiro o faria graças ao calor do dia primaveril, mas a quem está ao menos moderadamente familiarizado com a fisionomia dos residentes ficaria claro que a poderosa alavanca da curiosidade, da esperança, da ansiedade febril deve ter agitado os vienenses, incitando-os, apesar das baionetas caladas presentes por toda parte, apesar da vigilância das tropas de segurança, a um gênero de resistência passiva manifestada em motins nas esquinas, altas e destemidas conversas políticas e mil outras nuances. *Ex-legionários*[3] marchavam com audacioso olhar desafiador, em filas de quatro ou cinco, em passo militar, diante das sentinelas, antigos *guardas nacionais* apertavam-se as mãos como perguntando: 'e então, vai começar logo?', enquanto os adeptos da 'paz a qualquer preço' desanimavam e medrosamente se arrastavam encostados às casas, como se Kossuth estivesse às portas de Viena. – Os 'bem-intencionados' têm a consciência pesada; ontem isso se mostrou clara e evidentemente. Nos hotéis e cafés já são dados *Eljen*[4] a Kossuth. 'Espero meu momento, e ele virá', disse Percival à rainha. – Hoje a agitação parece ter-se reduzido um pouco, ao menos a pateada e o zumbido não estão tão audíveis quanto ontem.

Outra correspondência de Viena relata o seguinte:

A reviravolta dos acontecimentos húngaros provocou aqui na maioria dos habitantes (isto é, na burguesia) um desalento indescritível. Os inúmeros fugitivos de Pest, que chegam aqui a toda hora, aumentam as apreensões e só agora irrompeu a execração geral de Windischgrätz [!]. Já se ouvem gritos de traição [!!]. Entretanto a cidade está calma. Ontem

---

[3] Referência aos ex-soldados da Legião Acadêmica.
[4] Viva!

e hoje mais uma vez partiram daqui tropas de reforço para o teatro da guerra. Por outro lado, espera-se aqui ainda por tropas frescas, das quais desde ontem já chegaram dois batalhões. – Hoje o carro do correio com a mala postal de Pest já não chegou, e agora devemos estar preparados mais uma vez para um bloqueio desta cidade por Kossuth.

Um terceiro correspondente, que já vê meio passo adiante, pensa o seguinte:

"Uma crise ministerial é inevitável, Schwartzenberg tem de seguir de perto Windischgrätz, a opinião pública precisa ter suas vítimas, senão – certamente não preciso lhes dizer mais nada."

É claro que agora se trata de uma crise totalmente diferente de uma crise ministerial!

Do sul, chegaram notícias importantes:

Vetter avançou com uma coluna magiar em direção a Stuhlweißenburg e Plattensee.

Perczel também cruzou o Danúbio, mais ao sul, e *retomou* Vukovar, na estrada para Fünfkirchen.

Karlowitz, na Sírmia, foi atacada e *bombardeada* pelos magiares.

Ouvimos de diversos lados que *Bem* invadiu a Valáquia e impeliu os russos de volta até Rimnik Vatitza, a 3 ½ milhas da fronteira.

Em uma palavra: os magiares avançam vitoriosamente em todos os pontos e, se nenhum milagre ocorrer, a "monarquia unificada" austríaca, o centro da contrarrevolução europeia, estará aniquilada dentro de 14 dias.

Mas das ruínas da "monarquia unificada" se erguerá novamente a revolução europeia.

[Dissolução da Segunda Câmara]

NGR, n. 285, 29/4/1849, segunda edição

F. Engels

Colônia, 28 de abril. O boato que já corria hoje de manhã pela cidade confirmou-se à tarde: o rei e seu ministério-lei marcial *dissolveram a Segunda Câmara*.[1]

Os detalhes podem ser encontrados abaixo, *de dato* Berlim.[2]

Com isso, o rei e os ministros-lei marcial mais uma vez *quebraram sua palavra*. Conforme a Carta-lei marcial outorgada de 5 de dezembro, as câmaras foram expressamente convocadas "para revisar a constituição". Só depois que as primeiras câmaras, reunidas sob essa constituição, houvessem concluído a revisão dessa obra capenga é que ela conquistaria validade plena e definitiva. Assim foi outorgado em dezembro do ano passado.

As câmaras tinham, portanto, um *mandato* ao menos *parcialmente constituinte*. *Portanto*, enquanto não tivessem cumprido esse mandato, enquanto não tivessem revisado a constituição em acordo com a coroa, *não poderiam ser dissolvidas*, assim como a saudosa assembleia reunida para acordar uma constituição prussiana.

E, no entanto, ela foi dispersada – essa Segunda Câmara miserável, reunida sob a ditadura do sabre e a pressão das baionetas, pela corrupção, a intimidação e a impostura!

E isso se denomina "honra prussiana", "lealdade prussiana"!

Se os ministros tivessem esperado mais algumas semanas – talvez a revolução húngaro-austríaca lhes tivesse poupado o esforço e derrubado as duas câmaras.

De resto, o sentido desse novo golpe de Estado é óbvio. Nos fará sentir o *domínio do sabre elevado à segunda potência*; serão gentilmente outorgadas leis de imprensa, leis dos clubes, leis contra tumultos, leis dos cartazes etc. que encherão os olhos dos filisteus alemães. Haverá perseguições, punições disciplinares, prisões; o estado de sítio se generalizará, e finalmente, para coroar tudo, será introduzida uma nova constituição, uma lei eleitoral censitária e com Casa dos Lordes, na qual a atual Primeira Câmara figurará como *segunda*.

---

[1] Em 27 de abril de 1849, o governo prussiano dissolveu a Segunda Câmara, a pretexto de esta haver adotado, em 21 de abril, a Constituição do Reino Alemão aprovada pela Assembleia Nacional de Frankfurt em 28 de março de 1849.

[2] Referência à notícia publicada no mesmo número da *Nova Gazeta Renana* sob a rubrica "Berlim, 28 de abril".

Em síntese, as coisas serão levadas tão longe quanto a coragem prussiana permitir.

De nossa parte, desejamos somente que o sr. Manteuffel convoque novamente a saudosa Dieta Unificada.

[Posnânia]

NGR, n. 285, 29/4/1849, segunda edição

F. Engels

Colônia, 28 de abril. Nossos leitores nos agradecerão por abordarmos de vez em quando o "esplendor e o poder" de nossa casa real Hohenzollern e a maravilhosa prosperidade simultânea do pilar principal de seu nobre trono, a sórdida cavalaria da Marca, transplantada para todas as províncias.

Nessa instrutiva pesquisa, nos voltamos hoje para a parte polonesa de nossa pátria em sentido estrito. Já no verão passado, por ocasião da gloriosa pacificação e reorganização da Polônia com granadas e pedra infernal, examinamos as mentiras germano-judaicas sobre "população alemã predominante" nas cidades, "grandes proprietários fundiários alemães" no campo e o mérito monárquico-prussiano pelo crescimento do bem-estar geral. Os leitores da *N[ova] G[azeta] R[enana]* lembram-se[1] que aprendemos, com os recenseamentos oficiais e a documentação apresentada pelo arcebispo de Gniezno e Posnânia ao ministro burguês de transição Camphausen,[2] que as partes do território incluídas na linha de demarcação prussiana não eram povoadas por alemães em cerca de metade, mas sim no máximo em um sexto, enquanto as estatísticas mentirosas do governo prussiano aumentavam paulatinamente a suposta população alemã quanto mais a marcha da contrarrevolução parecia tornar possível uma nova divisão e uma nova redução da parte polonesa; que os tolos nacionalistas e fazedores de dinheiro alemães do pântano parlamentar de Frankfurt incluíam cada vez mais nessas estatísticas os judeus poloneses como alemães, embora essa raça, a mais suja de todas, não pudesse ter relação de parentesco com Frankfurt nem por seu jargão, nem por sua ascendência, mas no máximo por sua fúria de lucros; que certamente um número relativamente muito reduzido de pequenos proprietários fundiários alemães estavam aninhados em distritos isolados, e só em consequência de pérfida especulação prussiana com a miséria polonesa, pois, conforme a Ordem

---

[1] Ver "O debate sobre a Polônia em Frankfurt".
[2] A correspondência do arcebispo de Gniezno e da Posnânia, Przyluski, com o gabinete berlinense sob Camphausen foi pubicada em Brodowski, Kraszewski, Potworowski. *Zur Beurtheilung der polnischen Frage im Grossherzogthum Posen im Jahre 1848*.

Ministerial de 1833, todas as propriedades fundiárias *levadas a leilão* só podiam ser vendidas aos junkers dos grotões prussianos, aos quais o governo adiantou o dinheiro para esse fim; que, finalmente, os benefícios e serviços do paternalismo hohenzolleriano consistiam nas melhores promessas de uma "reorganização nacional" feitas, por covardia, depois de Revolução de Março, e então, com o crescimento da contrarrevolução, em apertar cada vez mais o pescoço do país com uma divisão repetida cinco vezes e cada vez maior, além disso tornar a reorganização dependente da "pacificação", da deposição das armas, e por último, quando isso foi alcançado, em lançar "Meu glorioso exército" sobre o país desarmado e confiante para, em aliança com os judeus, saquear igrejas, incendiar aldeias, espancar os poloneses até a morte, em praça pública, com a coronha do fuzil ou queimá-los com pedra infernal e, depois da vingança tomada pela crença nas "promessas de março", proclamar, nesse campo de cadáveres, a glória de Deus e de Sua Majestade germano-cristã.

Essa foi a obra de caridade da "reorganização" prussiana na Posnânia. Voltemo-nos agora também à origem da grande propriedade fundiária prussiana, dos domínios e dos bens senhoriais. Sua história não nos instruirá menos sobre o "esplendor e o poder" casa Hohenzollern e sobre o valor de sua amada cavalaria bandoleira.

Em 1793, os três ladrões coroados dividiram entre si o botim polonês com o mesmo direito pelo qual três salteadores dividem entre si o botim de um caminhante desarmado. À época, a Posnânia e a Prússia meridional receberam os Hohenzollern como soberanos *hereditários* exatamente da mesma maneira pela qual a Renânia os recebeu como soberanos hereditários em 1815: conforme o direito do tráfico de homens e do comércio de almas. Tão logo esse direito do tráfico de homens e do comércio de almas for abolido, os poloneses, assim como os renanos, cancelarão com um risco *vermelho* o título de propriedade de seu grão-duque Hohenzollern *hereditário*.

O primeiro ato com o qual o Hohenzollern pai do povo revelou sua benevolência prussiana na Polônia roubada foi a confiscação dos bens pertencentes outrora à coroa polonesa e à igreja. Não fazemos em geral sequer a menor oposição a tal confisco, ao contrário, esperamos que logo chegará a vez de *outros* bens monárquicos. Só questionamos, no entanto, para que fins os bens confiscados foram utilizados: no interesse do "bem-estar geral" do país, com o qual o paternalismo brandenburguês tão benevolentemente se preocupou na obra de pacificação e reorganização de 1848? No interesse do povo, de cujo suor e sangue resultaram esses bens? Vejamos.

O então ministro Hoym, que durante 20 anos administrou a província da Silésia totalmente independente de qualquer supervisão, e que utilizou esse poder para a mais junkeriana impostura e extorsão, foi agraciado também com a administração da Prússia meridional, como recompensa pelos serviços prestados a Deus, ao rei e à pátria. Hoym propôs a seu senhor e mestre, no interesse do "esplendor e poder" da casa e para fundar uma classe a ela dedicada de esplêndidos e poderosos junkers dos grotões, presentear os assim-chamados *"homens de mérito"* com a maior parte possível dos bens confiscados ao clero e aos estarostes.[3] E assim foi feito. Um bando de cavaleiros-salteadores, favoritos de amantes reais, criaturas dos ministros, cúmplices cuja boca se pretendia calar foram presenteados com as melhores e mais ricas propriedades roubadas ao país, e assim foram encravados entre os poloneses os "interesses alemães" e a "grande propriedade predominantemente alemã".

Para não excitar a cobiça real, Hoym tomou o cuidado de declarar ao rei essas propriedades por apenas um quarto ou um sexto do valor, e às vezes ainda menos; ele temia, e provavelmente não sem razão, que o rei, se soubesse o verdadeiro valor dos bens, pensaria antes em sua própria bolsa de pai do povo do que em qualquer outra coisa. Durante os quatro anos de administração de Hoym depois da "pacificação", de 1794 a 1798, foram presenteadas desse modo: no distrito administrativo da Posnânia, 22, no distrito de Kalisch, anteriormente Petrikau, 19, no distrito de Varsóvia, 11, no total 52 grandes e pequenas parcelas de terra, que continham em conjunto não menos do que *241* propriedades distintas. O valor delas declarado ao rei foi de 3,5 milhões de táleres, mas seu verdadeiro valor atingia mais de *20 milhões de táleres*.

Os poloneses saberão, na próxima revolução, de quem haverão de extrair esses 20 milhões de táleres, o bilhão polonês, roubados deles em nome do direito do tráfico de homens!

Só no distrito de Kalisch os domínios presenteados atingiam, em extensão, *mais do que a terça parte de todas as propriedades da coroa e do clero*, e só suas rendas, mesmo segundo as miseráveis avaliações dos presentes feitas em 1799, alcançavam 247 mil táleres anuais.

No distrito administrativo da Posnânia, o domínio Owinsk, com suas extensas matas, foi presenteado ao comerciante de miudezas Tresckow, enquanto a estarostia[4] de Szrin, que fica ao lado e não tinha uma única árvore, foi declarada domínio estatal, e sua madeira tinha de ser comprada, às custas do Estado, das florestas de Tresckow.

Em outros distritos, finalmente, o documento oficial de doação exonerava expressamente os bens dos impostos habituais, e o fazia *"por toda a eternidade"*, de sorte que nenhum rei prussiano pudesse jamais ter o direito de emitir novos impostos.

Veremos agora de que maneira e para quais *"homens de mérito"* as propriedades roubadas foram presenteadas. A extensão dos méritos desses junkers dos grotões nos obriga, contudo, em nome da coesão, a tratar desse capítulo em um artigo específico.[5]

---

[3] Antigamente, na Polônia, senhor possuidor de um feudo que fazia parte dos antigos domínios da Polônia.
[4] Circunscrição administrativa polonesa.
[5] Não foi publicada a continuação desse artigo.

[Do teatro da guerra]

NGR, n. 285, 29/4/1849, segunda edição

F. Engels

O exército imperial *está se desintegrando*. Os croatas se rebelaram abertamente e obrigaram seu *ban* Jellachich a descer o Danúbio, de navio a vapor, de Pest para o sul, provavelmente para proteger sua terra natal. Jellachich teve de ceder, e assim todo o I corpo de exército se encontra em marcha para o sul.

Welden com certeza transferiu seu quartel-general de volta para Raab. Ele por certo afirma que Ofen teria ainda algumas guarnições (fala-se de 6 mil homens sob comando de Schlick), no entanto isso é bastante duvidoso.

Segundo outro boato, que todavia é ao mesmo tempo negado por outra fonte, o já derrotado Wohlgemuth teria agora derrotado Görgey!!

O correio de Pest do dia 22 chegou com 24 horas de atraso em Viena.

De Pressburg, escreve-se no dia 24 para Breslau: "que a artilharia de sítio de Komorn acabou de chegar pelo Danúbio e as tropas austríacas recuaram para Pressburg". Por último, o correspondente manifesta o receio de que provavelmente muito em breve toda a correspondência seja interrompida. O último correio também não chegou a Pressburg.

A mencionada proclamação de Welden diz:

> Para a tranquilização de todos, dá-se a conhecer por meio desta que, segundo as notícias que acabam de chegar do quartel-general do tenente-marechal de campo barão Welden, Ofen permanece ocupada com uma adequada quantidade de tropas, e o exército principal, que segue continuamente os movimentos do inimigo na margem direita do Danúbio, se encontra em processo de concentração. Ao mesmo tempo, comunica-se que Komorn ainda continua sob fogo e mantida em observação por nossas tropas. A divisão Csorich mantém Gran igualmente ocupada, e cobre a travessia do Danúbio. O general comandante e representante do governador barão von Böhm, tenente-marechal de campo.

O recuo dos austríacos para Viena agora se chama concentração.

O jornal-lei marcial *Imprensa*[1] informa o seguinte sobre as últimas operações:

---

[1] Diário liberal publicado em Viena de julho de 1848 a 1896. Em 1861 e 1862, quando defendia uma concepção antibonapartista, imprimiu diversos artigos de Marx.

Os húngaros estavam ocupados sobretudo em conseguir conquistar a margem esquerda do Danúbio acima de Waitzen, por um rápido movimento por trás das montanhas que lhes davam cobertura. Com isso, foi alcançado um duplo objetivo, a insurreição ganhou em extensão e força, e por esse caminho pôde-se esperar conquistar Komorn, a chave do Danúbio. Por meio de ataques aparentes de algumas brigadas a nossas tropas, a execução desse plano foi ocultada ao general austríaco e, como este se deixou enganar, foi na maior parte bem-sucedida. Os insurgentes cruzaram o Eipel e Gran, podendo assim contornar o general Wohlgemuth, que estava em Kemend com 15 mil homens. Esse contorno foi realizado por massas amplamente superiores de insurgentes, sem que pudessem ser obstadas nem mesmo pela mais corajosa e devotada resistência de Wohlgemuth. Os magiares estenderam a linha de contorno até Neutra, e enquanto seu flanco direito alcançou o flanco das tropas imperiais-reais entre Sarlo e o rio Gran, seu flanco esquerdo ameaçava a retaguarda delas. Assim, pareceu ao general Wohlgemuth ter-se tornado impossível, como era sua intenção, se retirar cruzando o Váh de modo a cobrir Pressburg e ocupar a ilha Schütt em conjunto com o corpo de sítio de Komorn, e então ele retrocedeu para Neuhäusel.

Diz-se que o regimento Mazzuchelli (italiano) teria se passado para os húngaros.

Em Pest, o comissário real Havas, em um comunicado, advertiu os moradores contra atentados às tropas imperiais-reais em retirada, pois a isso se seguiria a aniquilação da cidade; ele os aconselhou a não pôr nenhum obstáculo no caminho da retirada. – Os hospitais militares foram postos sob a proteção da cidade. Os canhões das muralhas de Ofen desapareceram. A situação deve estar ruim para os imperiais, se eles já apelam a tais proclamações.

As cédulas húngaras permanecem – al pari;[2] as austríacas caíram significativamente.

A *Gazeta de Pest*[3] nomeou um redator magiar; o *Figyelmezö* deixou de ser publicado.

Diz-se que a retirada de Pest teria resultado em um armistício de 48 horas concedido pelas forças magiares de fora de Pest aos imperiais.

A *Nova Gazeta do Oder* escreve:

> O exército dos magiares, incluída a Landsturm, ascenderia a 200 mil homens; na parte do país recentemente ocupada, Kossuth também mobilizou a Landsturm, de modo que suas forças de combate chegaram quase a 300 mil homens etc. É fato que desde o 4 de março decrescem as energias das tropas croatas, e Jellachich teve de apelar a todo seu prestígio para mantê-las sob controle.

O general da cavalaria, Hammerstein, até hoje ainda não deixou Lemberg, e o 1º batalhão Deutschmeister[4] marchou somente no dia 14 deste mês para Stryj, para substituir um batalhão ali estacionado, destinado à Hungria. Assim, a notícia de que o tenente-marechal de campo Vogl pertenceria ao corpo que, com 20 mil homens, já

---

[2] No mesmo nível.
[3] Diário pró-Áustria publicado em alemão, em Pest, durante os anos 1840 e início da década de 1850.
[4] O regimento Deutschmeister do exército imperial austríaco foi constituído em 1695 e se originou da ordem religiosa militar "Hoch und Deutschmeister". O mestre da ordem era o chefe do regimento.

estaria em solo húngaro mostra-se falsa. A totalidade das tropas a caminho da Hungria provavelmente consiste em 53 companhias de infantaria, seis esquadrões de cavalaria e quatro baterias de artilharia, e deve estar formada em três colunas, das quais uma é comandada pelo major-general Barko, a segunda pelo major-general Benedek e a terceira pelo coronel Ludwig. O tenente-marechal de campo Vogl dirige as operações.

Por precaução, o tenente-marechal de campo Simunich enviara artilharia para Viena, mas a mesma foi expedida de volta para a Hungria por navio já ontem.

Desde o dia 25 estão chegando a Viena novas tropas descansadas, e outras estão a caminho. Os círculos do comércio e da Bolsa recuperaram-se um pouco de seu pânico. Nos subúrbios, especificamente em Josefstadt e Wieden, reina considerável agitação e especialmente na primeira, na noite passada, bebeu-se além da conta em todas as estalagens, e de fato melodias húngaras foram pedidas e cantadas.

Dois dias antes, foram enviados emissários ao depósito de transportes de Josefstadt para trabalhar uma divisão do regimento de infantaria húngaro Alexander, incluído na reorganização. Mas o batalhão foi rapidamente mandado embora e alguns desses "agitadores" foram detidos. Hoje ocorreu o primeiro recrutamento por sorteio, e até agora vem decorrendo calmamente, apesar de nos subúrbios os responsáveis pelas conscrições terem sido habilmente instigados. O governo tomou duras medidas policiais para restringir a aglomeração dos "agitadores" e para expulsar os estrangeiros. Foram lidas aqui as proclamações de Kossuth para a nação-irmã em Viena, nas quais conclama a última a colaborar para repor no trono o legítimo imperador Ferdinand. Também se difundiu o boato de que um conselho de ministros teria se decidido ontem a rejeitar uma intervenção russa na questão austríaco-húngara.

Apesar de certo atraso, compartilhamos ainda assim uma correspondência de Pressburg, na *Folha Constitucional da Boêmia*, porque seu conteúdo é interessante:

> Já na semana passada as diligências daqui para os Altos Comitatos foram suspensas, logo depois também o correio passou a ser enviado só até Neutra – e ontem pela manhã já foi relatado que os húngaros teriam entrado em Neuhäusel (3 a 4 horas de Komorn). No decorrer do dia, um viajante chegado de Tyrnau me mostrou um comunicado do comandante militar de lá que refutava o boato de que os húngaros teriam entrado também em Neutra, mas redigido de tal modo que das poucas linhas também se poderia inferir o contrário. Ontem à tarde essa dúvida foi esclarecida pelo fato de que uma divisão da guarnição local, munida de artilharia, foi enviada a Tyrnau pela ferrovia. Tarde da noite fiquei sabendo por um conhecido chegado no mesmo dia de Neuhäusel que essa cidade já fora ocupada por um destacamento de insurgentes de cerca de 40 a 45 mil homens com quantidade considerável de canhões, e que as tropas imperiais-reais, cerca de 12 a 15 mil homens, se retiraram para Sellye (duas horas rio acima na direção de Pressburg) devido à grande superioridade numérica do inimigo. Ainda não queria considerar inteiramente crível essa estranha notícia, quando ouvi a confirmação desse triste fato por um sargento imperial. Ambos concordam que as tropas ficaram sem munição e já por essa razão tiveram de recuar. Uma observação que infelizmente, desde o início da infeliz guerra civil na Hungria, tivemos de ouvir já mais de uma vez. – Mas, não menos

surpresos ficaram nossos comerciantes locais quando quiseram hoje pela manhã ir ao mercado em Tyrnau por trem, e descobriram que as viagens ali estavam suspensas. Como resposta às perguntas feitas a respeito, foi-lhes informado que ontem à noite quase toda nossa guarnição, junto com a artilharia, fora apressadamente enviada para Tyrnau, para o que todos os vagões haviam sido requisitados. – Como se alega, teria ocorrido em Neuhäusel um confronto muito violento entre nossas tropas e o exército inimigo, ocasião em que o regimento de infantaria Nassau teria sofrido pesadas baixas. Também se diz que os vagões de trem de Tyrnau que partiram ontem à noite trarão hoje para cá uma grande quantidade de tropas imperiais-reais.

Fora do perímetro da cidade seria organizado por esses dias um campo de cerca de 18 a 20 batalhões. Certo é que o proprietário da agora fortemente entrincheirada fortaleza Schlossberg recebeu do comandante militar local já na semana passada a instrução específica de se prover de tudo o que for necessário para 3 a 4 semanas, e que a guarnição local espera receber a qualquer momento a ordem de se transferir com armas e bagagens para essa fortaleza. – A anunciada emissão dos novos papéis compulsórios não gerou qualquer alento positivo. Eis as questões que se apresentam sobre isso: 1) até que soma atingirão as emissões desses papéis compulsórios? 2) os industriais boêmios, silesianos e austríacos aceitarão esses papéis por seu valor cheio?

Pós-escrito. Ouvimos agora mesmo que os postos avançados húngaros já estão em Szered.

A mesma folha escreve, de Viena, sobre os acontecimentos na Transilvânia:

Numerosos refugiados da Transilvânia chegaram aqui recentemente. Muitos, que vêm diretamente de Hermannstadt – diretamente significa agora pelo caminho através da Valáquia e Esseg – narram os acontecimentos de lá em termos quase idênticos. As histórias de assassinato são em grande parte mentirosas, os saqueadores foram fuzilados, e a mais estrita disciplina foi logo estabelecida. Bem pôs em leilão público todos os haveres deixados para trás pelos oficiais; só ao general Puchner enviou de volta seus bens e correspondência, com uma carta amável, por meio de alguns honvéds. No entanto, foram interceptados pelos russos e nenhum dos refugiados soube dizer mais nada sobre o que foi feito deles e dos papéis. De resto, eles descrevem a situação do país como desoladora, o comportamento dos russos em relação aos refugiados como realmente chocante, mas todos concordam que se comoveram com a amabilidade e a cortesia dos turcos.

Os planos contrarrevolucionários em Berlim

NGR, n. 286, 1º/5/1849

F. Engels

Colônia, 30 de abril. Os planos de nosso governo contrarrevolucionário vêm gradualmente à tona.

Planeja-se datar de 27 de abril um novo estágio da contrarrevolução prussiana. Pretende-se provocar o povo berlinense para uma luta de rua, talvez permitir que a insurreição "ganhe dimensões", *a la* Cavaignac, esmagá-la, então, com meios como os de Cavaignac e superioridade de forças como a de Cavaignac, proclamar a lei marcial, agraciar alguns deputados e um bom número de agitadores com pólvora e chumbo e finalmente, mediante novas outorgas, livrar-se das últimas peias que mesmo a Carta-lei marcial de 5 de dezembro ainda impôs a nossa contrarrevolução.

A insurreição provocada serviria, de fato, como pretexto suficiente para afirmar que o povo "ainda não está maduro" para a liberdade graciosamente concedida, que com uma tal lei eleitoral,[1] com uma tal constituição não é possível governar. "Para evitar derramamento de sangue", portanto no interesse do próprio povo, seria preciso aniquilar também os últimos restos de liberdade. "Para evitar derramamento de sangue", seria preciso declarar todo o país em estado de sítio, com exceção da Pomerânia profunda! Tudo isso só poderá ser afirmado depois de ter havido uma revolta de razoável amplitude em Berlim, com os obrigatórios distúrbios em Breslau, Magdeburg, Colônia etc., e de ter sido reprimida com êxito pela metralha.

Daí a brutalidade da polícia contra a esquerda reunida na Konversationshalle; daí o cerco militar da praça Dönhoff por todos os lados; daí a rápida fuzilaria sobre uma massa popular desarmada e pacífica, que não *podia* se distanciar, porque todas as ruas estavam bloqueadas para ela.[2]

---

[1] A "Lei eleitoral para a Segunda Câmara", de 6 de dezembro de 1848, editada sobre a base da constituição outorgada, garantia o direito de voto apenas aos "prussianos autônomos". Por meio dessa formulação vaga, as autoridades podiam restringir à vontade o círculo de eleitores.

[2] Na Konversationshalle, um salão na praça Dönhoff, em Berlim, os deputados da esquerda reuniram-se em 27 de abril, depois da dissolução da Segunda Câmara. Com ajuda da polícia e de militares, a reunião foi dispersada. Ao mesmo tempo, as tropas atiraram na população que se reunia diante daquele salão.

A conduta pacífica do povo apesar de todas as provocações liquidou os cálculos dos contrarrevolucionários. Eles não têm qualquer pretexto para outorgar, e *precisam* outorgar. Talvez já hoje à tarde descubramos por qual nova reviravolta esses senhores se decidiram.

A extensão desses planos ressalta de todas as circunstâncias. Primeiro, da simultânea dissolução da Câmara em Hannover, segundo e muito particularmente, da viagem do sr. Radowitz a Berlim.

O sr. Radowitz é a alma da contrarrevolução prussiana. O sr. Radowitz delineou o plano para a contrarrevolução de novembro, mas ele mesmo se manteve atrás dos bastidores, e intrigou em Frankfurt em favor do império hereditário. *Desta vez* o próprio Radowitz foi a Berlim, como se diz, para finalmente se apresentar publicamente e se tornar *primeiro-ministro*. Um *ministério Radowitz* – eis o cerne do cão![3]

Conhecemos positivamente, ademais, os seguintes fatos:

1) Já durante a *semana passada* os prefeitos regionais enviaram a *todos os prefeitos* uma mensagem na qual lhes era comunicado que *a dissolução da Câmara era iminente*, com a indicação de que tomassem todas as medidas de precaução necessárias.
2) Foi emitido um rescrito ministerial a todos os governos, no qual se lê:
1. Que *todos os burgomestres* seriam encarregados de elaborar diariamente um relatório a seus respectivos governos sobre a impressão causada pelo ato de dissolução da Câmara. Os governos, por seu lado, deveriam enviar ao ministério *relatórios coletivos* sobre isso.
2. *Por enquanto ainda* não *haveria novas eleições*, ao contrário, *seriam tomadas medidas* contra *muitos membros da "assim-chamada" esquerda*.
3. Que fossem tomadas *todas as medidas de precaução* para reprimir qualquer tentativa de sublevação.

O rescrito está assinado: *Manteuffel*.

O sr. Manteuffel, ou melhor, o sr. Radowitz, seu superior, não poderia encontrar um servidor melhor da revolução *húngara-polonesa-alemã* em desenvolvimento do que justamente agora vir a público abertamente com seus planos para a restauração do absolutismo.

---

[3] Goethe, W. *Fausto*. Primeira Parte, "Quarto de estudos".

Do teatro da guerra

NGR, n. 286, 1/5/1849

F. ENGELS

Nenhuma notícia de novas vitórias. Em contrapartida, ouvimos como os austríacos se retiram de todos os lados em grande confusão.

O brutal carniceiro Welden meteu-se numa bela situação. Ele foi praticamente separado de Viena, e só continua aberta para ele a retirada para a Estíria via Vesprin, ao longo do Plattensee, através da intransitável montanha.

Wohlgemuth, completamente separado do grosso do exército, está numa posição totalmente insustentável entre Sellye no Váh e Bös no Danúbio, na ilha Schütt. Para o flanco direito de Kaplas, que o faceia ali, está aberto o caminho para Pressburg.

Pest está agora (na noite do dia 23) realmente ocupada pelos húngaros. Concedeu-se aos imperiais tempo para se retirarem, sob a condição de que prometessem não bombardear Pest. Não significa nada a pretensão dos imperiais de quererem defender Ofen. Ofen só pode ser mantida sob a ameaça de bombardear Pest.

Welden estava novamente em Ofen. Ele obviamente não sabe para onde deve ir.

Os croatas de Jellachich devem ter voltado; o Danúbio abaixo de Pest foi ocupado pelos húngaros com artilharia. Entretanto eles ainda tentarão transpassar para a Croácia.

Jablonowski já passou com sua brigada por *Raab*. Ele vai para Oedenburg.

Em Viena há grande agitação. Os trabalhadores vibram. Há três dias os correios não partem mais para a Hungria.

Teria sido dada ordem de partida para a Transilvânia a 50 mil russos do norte e do sul. O ministério Ölmutz *com certeza* requisitou agora *a intervenção russa também na Hungria*.

A *Gazeta Nacional de Berlim* publicou as seguintes supostas condições, sob as quais os húngaros pretendem concluir a paz:

1) Reconhecimento do reino da Hungria em suas antigas fronteiras, portanto com a incorporação da Croácia, Eslavônia e das Fronteiras Militares.
2) União com a Transilvânia, como as próprias Dietas Federais da Transilvânia e da Hungria haviam decidido e determinado no ano passado.[1]

---

[1] Referência às decisões tomadas pelas Assembleias Nacionais (Dietas) da Hungria e da Transilvânia depois da Revolução de Março de 1848 para estabelecer a união entre os dois países e para introduzir um sistema

3) Anistia geral para toda a Áustria; imediata libertação de todos os prisioneiros de outubro[2] e indenização para as famílias dos assassinados.
4) Desmobilização para a Hungria dos regimentos húngaros ainda em serviço na Itália e nas demais localidades do império.
5) Reconhecimento da constituição húngara de 1848.[3]
6) Permanência da Hungria sob o governo de um Poder Executivo provisório, proveniente da Dieta Federal, até que a sucessão do trono seja legalmente estabelecida, e o rei a ser eleito seja coroado em Buda-Pest e jure a constituição.
7) Que a Galícia entre na mesma relação com a união de estados austríaca na qual a Hungria está e ficará, sob o nome de Reino Polonês da Galícia; portanto, estará vinculada com a Áustria somente por meio de união pessoal, e terá seu próprio exército e sua própria finança.
8) A Dieta Federal húngara decidirá, por maioria simples, sobre a parte da Hungria na dívida pública da Áustria.

---

administrativo único. Na Transilvânia, a decisão sobre a união foi adotada em 30 de maio pela assembleia em Cluj, que foi eleita de acordo com o princípio de representação estamental, assegurando o predomínio aos latifundiários. Essa decisão anexava um caráter unilateral à união, mantinha o privilégio da minoria húngara na administração local e em questões educacionais e proclamava o húngaro como a única língua oficial. Foi rejeitada a concepção dos democratas romenos e húngaros, que viam essa união como a formação de um Estado húngaro-transilvano baseado na igualdade das nações. Esse fato foi usado pela direita do movimento nacional romeno da Transilvânia, que objetivava uma união com os Habsburgo e os apoiava usando os romenos na luta contra a Hungria revolucionária.

[2] Os indivíduos presos quando o levante de outubro de 1848 foi esmagado.

[3] A Constituição húngara de 1848 consistia em um conjunto de leis promulgadas na segunda metade de março daquele ano pela Assembleia Nacional concernentes à organização política do país. Essas leis proclamavam a independência da Hungria em relação ao império austríaco quanto aos assuntos financeiros e militares; concentravam o Poder Legislativo na Assembleia Nacional eleita; e estabeleciam a responsabilidade do Poder Executivo – o Conselho de Ministros – perante a Assembleia. No entanto, a Hungria permanecia ligada ao império pelo imperador da dinastia Habsburgo, e o sufrágio era censitário. Apesar de preservar muitos privilégios da nobreza, tratou-se de um importante passo na direção da transformação burguesa da organização política húngara.

Lassalle

NGR, n. 287, 2/5/1849

F. Engels

Colônia, 1 de maio. Depois de amanhã será levada ao júri de Düsseldorf a acusação contra *Lassalle* de incitação direta ao armamento contra o poder monárquico.

Lembremo-nos de que Lassalle, Cantador (chefe da Guarda Cívica de Düsseldorf) e o ambulante Weyers foram presos em novembro passado quando da declaração do estado de sítio em Düsseldorf e foi aberto contra eles um inquérito relativo aos citados "crimes contra os art. 87 e 102 do *Code Pénal*".[1]

O inquérito foi conduzido o mais lentamente possível. Enquanto o processo por negação dos impostos, instaurado naquele mesmo momento contra o Comitê Distrital Renano dos Democratas, teve lugar já em 8 de fevereiro, em Colônia, sucederam-se várias sessões do júri em Düsseldorf antes de que o Senado de Acusação de Colônia ao menos remetesse o caso aos jurados. Mas Marx, Schneider e Schapper estão em liberdade, e Lassalle permanece na Casa de Detenção de Düsseldorf, e, entretanto, o *Code d'instruction criminelle*[2] prescreve que o caso de um preso deve ser considerado *prioritariamente*!!

Na prisão, Lassalle foi tratado com deferência muito particular. A *N[ova] G[azeta] R[enana]* teve muito frequentemente oportunidade de publicar provas do carinho com o qual os esbirros da justiça real prussiana cuidam dos seus.[3] Enquanto a Cantador eram concedidas todas as regalias possíveis – pois Cantador tinha, apesar de sua posição política, muitos amigos entre a burguesia de Düsseldorf – Lassalle precisou experimentar mais uma vez[4] a que tirânica arbitrariedade está exposto um prisioneiro real-prussiano sob inquérito. Lembramos apenas o sr. Ebermeyer (que agora temos a sorte de ter aqui em Colônia), para não falar das pequenas chicanas, das brutalidades com que o sr. Morret, o diretor da prisão, se permitiu tratá-lo na presença do juiz de instrução. Lassalle apresentou

---

[1] Código Penal. Ver "Lassalle" (n. 237).
[2] Código de instrução criminal.
[3] Ver "Lassalle" (n. 219).
[4] Lassalle ficou preso pela primeira vez entre fevereiro e agosto de 1848; foi acusado de ter incitado ao roubo de documentos, para usá-los como advogado no processo de divórcio da condessa Hatzfeld, conduzido por ele de 1846 a 1854.

uma queixa ao Parquet; o procurador-geral, sr. Nicolovius, decidiu: a ação em questão não encerra *nem um crime nem um delito* e, portanto, não pode ser objeto de processo!

Lembramos, ainda, os passeios considerados pelo médico necessários à saúde de Lassalle, para os quais o procurador deu sua anuência, *enquanto o governo os recusou*, embora, segundo a lei, um prisioneiro sob inquérito não esteja subordinado ao governo, mas única e exclusivamente ao procurador.

As dificuldades envolvidas em conseguir acesso a Lassalle na prisão, as evasivas, o jogo de esconde-esconde etc. são conhecidos de todos que tentaram alguma vez penetrar no interior da "instituição" de Düsseldorf.

Finalmente o inquérito foi encerrado e o caso deveria ser enviado à Câmara do Conselho. À época ainda dava tempo de levar o processo à última sessão do júri, que teria lugar em fevereiro e março. Mas isso devia ser evitado a qualquer preço. Quando os autos foram apresentados ao procurador-geral interino, o "misericordioso" sr. von Ammon I, para elaboração de sua conclusão, o sr. Ammon sacou repentinamente uma carta de Lassalle a um certo Stangier, lavrador no distrito de Altenkirchen,[5] para fundamentar nela uma nova acusação. Mas essa carta descansava havia já muitas semanas na escrivaninha do sr. Ammon, sem que lhe tivesse ocorrido incluí-la nos autos como novo quesito de acusação. Agora, quando tudo estava pronto e o júri estava à porta, agora ele aparece com a carta. Então naturalmente foi preciso realizar novas audiências de testemunhas, o caso foi adiado por várias semanas, e esse período foi suficiente para *tornar impossível* apresentar o processo de Lassalle *à sessão do júri que era então iminente*.

A carta que o sr. Ammon, *como ele mesmo admitiu*, conservava já há tanto tempo na escrivaninha, era ademais tão insignificante que nem a Câmara do Conselho nem o Senado de Acusação a levaram em consideração ou a arrolaram como evidência de acusação!

Fora o bastante, o júri havia sido contornado e o próximo só começaria em maio. Uma deputação após a outra foi ao procurador geral sr. Nicolovius e solicitou a aceleração do caso ou a convocação de um júri extraordinário. O sr. Nicolovius prometeu fazer todo o possível, e declarou que Lassalle não ficaria de modo algum preso por seis meses. Pois bem! Mal faltam 14 dias para os seis meses.

A Câmara do Conselho finalmente decidiu. Todos os três acusados seriam remetidos ao Senado de Acusação. Mas aí surgiu uma dificuldade: havia a convicção de que não se encontraria em todo o Tribunal Regional do distrito de Düsseldorf um júri que condenasse o sr. Cantador. E, portanto, para libertar Cantador, Lassalle também seria considerado inocente mesmo por pessoas que, do contrário, o teriam condenado. E justamente pela condenação de Lassalle estavam empenhados o governo de Düsseldorf, o ministério e mesmo a alta e altíssima camarilha. A hostilidade a Lassalle "não cessa nem diante do trono".

---

[5] Ver "Lassalle" (n. 283).

O que aconteceu: "O Senado de Acusação retirou o processo contra Cantador e o pôs em liberdade, enquanto Lassalle e Weyers permanecem presos e serão enviados ao júri".

E, no entanto, as acusações contra Cantador são exatamente as mesmas que contra Lassalle, com exceção de um único discurso que Lassalle pronunciou em Neuss.

E justamente esse discurso em Neuss foi destacado, e por ele Lassalle foi encaminhado ao júri.

Relembremos sinteticamente a sequência dos acontecimentos.

Quando a luta aberta entre a saudosa Assembleia Nacional e a coroa podia irromper a qualquer dia, Düsseldorf era sabidamente uma das mais agitadoras cidades da Renânia. Aqui a Guarda Cívica estava inteiramente a favor da Assembleia Nacional e, além disso, era dirigida por um democrata. Ela estava preparada para transformar a resistência passiva em ativa, assim que Berlim desse o sinal para isso. Armas e munições estavam disponíveis. Lassalle e Cantador estavam à cabeça de todo o movimento. Eles não apenas incitavam os cidadãos a se armar contra o ministério Manteuffel, eles efetivamente os armavam. *Aqui em Düsseldorf* estava o centro de sua atividade. Se efetivamente existiu um crime, *esse crime deve ter acontecido aqui*. E onde ele supostamente aconteceu? Não em Düsseldorf, mas – em Neuss!

Lassalle esteve em uma assembleia em Neuss e reivindicou reforços armados para Düsseldorf. Essa reivindicação jamais teve resultado, pois nunca se chegou à luta. E nisso supostamente consiste o crime de Lassalle!

Portanto, Lassalle é posto diante dos jurados não por sua atividade principal, não por ter *realmente* distribuído armas, não pela insurreição *real* que esteve a ponto de irromper em Düsseldorf: aí não há qualquer "crime". O próprio Senado de Acusação, por mais decrépito que seja, teve de admiti-lo. O suposto crime consiste em uma ação totalmente *ocasional, incidental, completamente dependente* da ação principal em Düsseldorf *e totalmente sem sentido* separada dela, não em *organizar* uma força armada contra o governo em Düsseldorf, mas em exortar a população de Neuss a apoiá-la!

Mas é claro, Cantador não estava em Neuss quando Lassalle pronunciou esse terrível discurso; Cantador não *incitou* os moradores de Neuss à resistência armada, Cantador só – organizou a resistência armada em Düsseldorf e incitou a *Guarda Cívica* de lá, *que é ela mesma uma parte da força armada do governo*, à resistência contra o governo. Eis aí a diferença, e graças a ela Cantador foi libertado e Lassalle mantido na prisão até o atual júri.

Melhor ainda. Lassalle também apelou diretamente ao lavrador Stangier por reforços armados para Düsseldorf. A carta está inclusa nos autos e é citada textualmente no auto de acusação. (Ver o n. 277, segunda edição, da *N[ova] G[azeta] R[enana].*) O auto de acusação encontrou aí uma razão para levar Lassalle ao júri? Isso não lhe ocorreu. Nem mesmo a Câmara do Conselho, que entretanto apontou *nove* quesitos de acusação contra Lassalle, dos quais o Senado de Acusação rejeitou oito, pensou em acolher essa carta entre os quesitos de acusação. E todavia essa carta contém *exatamente o mesmo* suposto "crime" cometido por Lassalle em Neuss.

Dificilmente terá sido fabricado algo mais inconsequente, contraditório, incompreensível do que essa decisão do Senado de Acusação de enviar o caso a julgamento.

Mas em tudo isso vale certamente atentar para o seguinte: de acordo com a sentença do próprio Senado de Colônia, em toda a agitação desenvolvida em Düsseldorf em novembro passado, no apelo direto à resistência contra o ministério, no armamento, no fornecimento de munição, na oposição direta e aberta da Guarda Cívica contra o governo, no juramento prestado pela Guarda Cívica de lutar com armas na mão contra o governo e a favor da Assembleia Nacional – *em tudo isso não há qualquer crime*. O Senado de Acusação de Colônia o disse.

E de fato nisso ele concorda com a Câmara do Conselho de Colônia, e mesmo com o Parquet de Colônia. No inquérito contra o Comitê Distrital Renano ambos ignoraram solenemente o apelo ao armamento contra o "inimigo", deixaram de lado o caso criminal e se limitaram apenas ao fato correcional da rebelião, que só foi levado aos jurados porque passou pela imprensa.

Mas Lassalle foi tratado de modo muito mais ardiloso. Primeiro foi instruído um processo criminal, e o correcional foi reservado. Ou seja, no caso de Lassalle ser considerado inocente quanto ao discurso de Neuss, ele seria enviado ao tribunal da polícia correcional por incitamento à resistência aos funcionários (rebelião), supostamente contida em dois discursos de Düsseldorf.

Precisamos aqui apenas nos lembrar dos trâmites no processo contra o Comitê Distrital Renano. O caso é totalmente análogo. Lá se debateu se se tratava de um *crime* (o mesmo do qual Lassalle é acusado) ou não; que não se podia incitar à resistência armada contra o governo sem incitar também à resistência contra todos os funcionários singulares que são o governo. Os jurados declararam inocência.

Se Lassalle for enviado ao tribunal correcional depois de sua indubitável libertação pelos jurados, ele estará na mesma situação. Mas, nesse meio tempo, há um pretexto para o prolongamento de sua detenção e, ademais, o tribunal correcional não é tão inflexível quanto os jurados!

Amanhã trataremos do próprio auto de acusação e também assim comprovaremos a absurdidade de todo esse processo.

Pontapé prussiano nos frankfurtianos

NGR, n. 287, 2/5/1849

F. ENGELS

Colônia, 1 de maio. Mais uma peça nova na história da contrarrevolução prussiana. O rei deu um pontapé definitivo na Assembleia de Frankfurt e lhe lançou em rosto com desprezo a coroa de papel dourado de um império imaginário, que ela lhe oferecera.[1]

Se no momento certo a Assembleia de Frankfurt tivesse se comportado energicamente, ela poderia agora mandar *prender* esse Hohenzollern embriagado de arrogância e levá-lo diante dos jurados por "ofensa à Assembleia Nacional" (lei de setembro de 1848, promulgada também na Prússia).[2] Até o momento não existe nenhuma lei "imperial" que declare os senhores príncipes individuais irresponsáveis também diante do "império"; e a irresponsabilidade imperial foi afastada de si pelo Hohenzollern.

O novo comunicado "imperial" prussiano de 28 de abril suaviza o pontapé "imperial" com algumas benevolentes observações sobre a assim-chamada constituição imperial alemã. Essa inocente obra disforme é apresentada como o paradigma de tudo o que há de ruim e como produto extremo da revolução e do cripto-republicanismo que "derruba todas as barreiras".

---

[1] Depois da dissolução da Segunda Câmara, o governo prussiano publicou um comunicado em 28 de abril de 1849, assinado pelo primeiro-ministro Brandenburg e dirigido à Assembleia Nacional de Frankfurt e aos governos alemães. No comunicado, Frederico Guilherme IV recusava definitivamente a coroa imperial oferecida pela assembleia, motivado pelo fato de que a origem revolucionária e o conteúdo da constituição imperial faziam-na inaceitável pelo rei. Ao mesmo tempo, o comunicado enfatizava que o rei prussiano certamente não se recusaria a cumprir a missão de unificar os estados alemães, em colaboração com outros monarcas alemães. Sugeria-se que a Assembleia de Frankfurt deveria renunciar à constituição imperial e promover esses planos dinásticos. Simultaneamente com esse comunicado, o governo prussiano fez preparativos militares a fim de abater o crescente movimento popular alemão em defesa da constituição imperial.

[2] Trata-se da "Lei referente à proteção da Assembleia Constituinte e dos funcionários do poder central", discutida em setembro na Assembleia Nacional de Frankfurt e proclamada em 10 de outubro de 1848, cujo artigo V dizia: "Ofensas públicas à Assembleia, mesmo perpetradas fora do local das sessões, estão sujeitas a prisão de até dois anos". Sob o título "Patente sobre a publicação da lei de proteção da Assembleia Legislativa e dos funcionários do governo central provisório", de 17 de outubro de 1848, foi publicada na *Coletânea de Leis do Estado Real Prussiano de 1848*.

A igreja de São Paulo, um covil de bandidos carbonários! Welcher e Gagern, cripto-republicanos, "Möros, o punhal sob a capa"!³ Bassermann, o homem que vê espectros, transformado ele mesmo em um "espectro à la Bassermann"!⁴ Isso naturalmente adula os honestos frankfurtianos, depois de todo o escárnio com que foram tratados pelo povo, depois de todas as maldições que os aniquilados combatentes das barricadas de Frankfurt e Viena acumularam sobre eles; e há pessoas de todas as cores, descendo até o sr. Vogt, que são capazes de acreditar realmente em tais sandices.

O comunicado prussiano é a última ameaça à Assembleia de Frankfurt ainda antes de ser efetivamente dissolvida. Mais uma vez o obstinado Hohenzollern oferece a mão para a "conciliação". E de fato – a assembleia, depois de ter ido tão *longe*, poderia efetivamente dar ainda mais esse pequeno passo e se tornar *plenamente* um instrumento prussiano.

Enquanto isso, entretanto, uma parte do povo e particularmente os camponeses e pequenos-burgueses dos Estados saqueadores do sul da Alemanha aferram-se à assembleia e à assim-chamada constituição do império. Os militares inclinam-se a favor da constituição do império. O povo vê em cada passo, por mais miserável, em direção à unificação da Alemanha um passo em direção à eliminação dos pequenos príncipes e à libertação da opressiva carga de impostos. Também o ódio à Prússia contribui com sua parte para isso. Os suábios fizeram até mesmo uma revolução em prol da assim-chamada constituição do império; naturalmente uma tempestade num copo d'água, mas ainda assim alguma coisa.

A Assembleia de Frankfurt não poderia, portanto, ser dissolvida sem o uso da força se os honestos frankfurtianos tivessem um mínimo de coragem. Eles teriam agora a última oportunidade de purgar ao menos uma pequena parte dos pesados pecados cometidos. Frankfurt e o sul da Alemanha, sublevando-se ostensivamente em favor da constituição do império, poderiam, junto com a vitória dos húngaros, com a desagregação da Áustria, com a cólera do povo na Prússia contra as traições de Hohenzollern-Radowitz-Manteuffel, constituir um centro momentâneo para um novo levante revolucionário, apoiado na Hungria.

Mas então esses senhores também não poderiam ter receio de *proclamar a guerra civil* e, em último caso, se chegasse o momento dessa decisão, *preferir uma república alemã una e indivisível à restauração da Dieta Federal alemã*.

Mas quem exige *isso* dos frankfurtianos engana-se redondamente. Os senhores vão fazer algum barulho, relutar um pouco, o bastante para ao menos manter de algum

---

³ Da balada de Schiller *Die Bürgschaft*.
⁴ Alusão a uma declaração do deputado da Assembleia Nacional de Frankfurt, Bassermann, em um relato sobre uma viagem a Berlim na audiência da Assembleia Nacional em 18 de novembro de 1848: "Cheguei mais tarde, mas, ainda atravessando as ruas, devo confessar que a população que eu avistava nas ruas, e especialmente perto do local da sessão, me amedrontou; vi aqui espectros povoando as ruas, que não posso descrever" (ver *Atas Estenográficas das sessões da Assembleia Nacional Constituinte em Frankfurt am Main*, vol. 5).

modo a compostura, e então decidirão tudo que o obstinado Hohenzollern lhes ditar. Talvez o povo construa barricadas aqui e ali e – será traído como em 18 de setembro.[5]

Com isso chegaria ao fim a famosa grande ação estatal imperial, se dependesse dos *senhores de Frankfurt*. Mas talvez os hussardos húngaros, os lanceiros poloneses e o proletariado vienense tenham uma palavra a dizer, e então as coisas poderão tomar outro rumo.

---

[5] Em 18 de setembro de 1848 eclodiu em Frankfurt uma insurreição popular, dirigida contra a ratificação do armistício com a Dinamarca pela Assembleia Nacional de Frankfurt. Ainda no mesmo dia a insurreição foi derrotada com ajuda de tropas prussianas e austríacas. Os dirigentes pequeno-burgueses da esquerda da Assembleia Nacional contribuíram, com sua postura covarde, para a derrota do levante.

[Dissolução]

NGR, n. 287, 2/5/1849

F. ENGELS

Colônia, 1 de maio. Deputados de Berlim que chegaram aqui ontem relataram que *as Câmaras foram dissolvidas* também *em Dresden*.[1]

Hannover, Berlim, Dresden – em Munique houve até agora apenas um adiamento – honesto cidadão alemão, vê agora com que música pretende-se fazê-lo dançar?

No ano passado, quando a Assembleia de Frankfurt foi convocada, a Prússia ordenou a todos os estados saqueadores que *convocassem* suas Câmaras. Agora, exatamente um ano depois, a Prússia ordenou a *dissolução* de todas as Câmaras. Antes Camphausen, agora Manteuffel. Nas duas ocasiões o mesmo objetivo, a mesma intenção. Apesar de toda a retórica, Camphausen e Manteuffel andam de braços dados.

E ainda há na Alemanha quem defenda os príncipes!

---

[1] A dissolução da Segunda Câmara na Prússia, em 27 de abril de 1849, foi seguida pela dissolução das câmaras correspondentes em Hannover e na Saxônia, pois os círculos dominantes desses estados se recusaram a reconhecer a constituição imperial aprovada pela maioria dos deputados. Na Saxônia, a Dieta Provincial foi dissolvida por ordem do rei Frederico Augusto II já em 28 de abril de 1849. Esse ato e outras medidas governamentais contrarrevolucionárias desencadearam a insurreição em Dresden em 3 de maio. Esta iniciou a luta armada em defesa da constituição imperial em várias regiões da Alemanha.

Do teatro da guerra

NGR, n. 287, 2/5/1849, suplemento extraordinário

F. Engels

Colônia, noite de 1 de maio. Os relatos recém-chegados de Berlim e Viena confirmam o contínuo recuo dos imperiais. Em Pressburg, onde no dia 27 ainda não se sabia nada sobre ataques dos húngaros, há contínua agitação, desordem, retirada.

Em Komorn houve um combate. Comandados por Schlick, os imperiais, com duas divisões, expulsaram os húngaros de Sandberg, próximo de Acs, e apresentam isso como uma vitória. Porém, quando vemos no mapa que Acs se localiza *a uma milha de Komorn, na margem direita do Danúbio*, evidencia-se que, mesmo segundo esse relatório oficial, *os húngaros cruzaram o Danúbio em Komorn e dominam as estradas de Gran para Pressburg*. E Schlick ainda fala das tropas imperiais-reais cercando [!] Komorn [!!]

O quartel-general de Welden, transferido de Pest para Kapolna, de Kapolna para Raab, move-se agora ainda mais para trás para *Oedenburg*, quase na fronteira da Estíria e ao sul de Viena.

Jellachich de fato recebeu ordem de atravessar para a Croácia e angariar o máximo possível de homens para acompanhá-lo.

Ao norte do Danúbio, Wohlgemuth temporariamente desapareceu. Foi expulso de Schütt (a grande ilha do Danúbio), e os Csikos (Landsturm montada) patrulhavam impunemente desde Komorn até Szerdahely, a meio caminho de Pressburg. Wohlgemuth teve de se mover na direção de Pressburg e do March.

Multidões de negro-amarelos fogem já de Pressburg e Viena, parte Danúbio acima, parte para Praga.

A intervenção russa é dada como iminente. Um jornal afirma até mesmo que ela está em Lundenburg, na fronteira austríaco-morávio-húngara, o que obviamente é pura invenção. Como na Transilvânia, elas devem servir como reserva e guarnição das cidades, e desse modo liberar todas as tropas austríacas para se concentrar nos húngaros. *Diz-se que viriam para Viena 15 mil russos como guarnição.*

Um oficial do Estado-Maior prussiano também chegou a Ölmutz "para auxiliar no acordo com o governo austríaco". Os boêmios logo vão aprender, com a marcha de "meu glorioso exército", o que significa esse "acordo"!

Amanhã à tarde provavelmente teremos notícias dos subsequentes sucessos decisivos dos magiares.

Lassalle

NGR, n. 288, 3/5/1849

F. Engels

Colônia, 2 de maio. Ontem prometemos voltar ao auto de acusação contra Lassalle. Lassalle é acusado de um "crime contra os art. 87 e 102 do Código Penal".

O art. 87 é dirigido contra o "atentado ou complô, cuja finalidade é incitar (*exciter*) os cidadãos ou moradores ao armamento contra o poder imperial".

O art. 102 submete às penalidades (na maior parte, penas de morte) estabelecidas na sessão precedente (da qual também faz parte o art. 87) todos os que, por discursos em lugares públicos e em assembleias públicas ou por cartazes afixados, incitem (*excitent*) a cometer esses crimes. Só no caso de que a incitação reste sem sucesso a pena será reduzida para exílio.

De que, então, Lassalle é acusado?

Uma vez que ele supostamente pecou de um só fôlego contra o art. 87 e *ao mesmo tempo* contra o art. 102, ele só pode ser acusado:

de ter incitado ao cometimento dos crimes do art. 87 ao modo do art. 102, isto é: ter incitado os cidadãos a realizar um atentado ou complô, cujo objetivo seria incitar ao armamento contra a autoridade monárquica, isto é:

ter *incitado* os cidadãos a *incitar* ao armamento!

Para o bom senso comum, isto é um evidente absurdo. Mas o Ministério Público e o Senado de Acusação assim o quiseram.

Com efeito, o art. 102, que equipara a incitação aos crimes dos art. 86-101 ao cometimento desses crimes caso a incitação tenha sucesso, condiz perfeitamente bem com todos esses artigos. Ele condiz inclusive com os restantes pontos do art. 87. É que todos esses artigos são dirigidos contra *ações determinadas*, para as quais *pode-se* ser provocado. Por exemplo, o art. 87, dirigido contra atentado e complô, fala também de atentado e complô contra a vida e a pessoa do imperador, de atentado e complô cuja finalidade seja modificar ou destruir a forma de governo ou a ordem de sucessão do trono. Para todas essas coisas pode-se ser "incitado". A incitação ao assassínio do rei, à revolução, é um fato possível; a incitação ao complô cuja finalidade seja o assassinato do rei ou a revolução, pode igualmente vir a ocorrer. Mas a "*incitação* ao preparo de um atentado ou complô para *incitar* ao armamento contra a autoridade monárquica", em uma palavra, *a incitação à incitação*, é um crime tão impossível, tão absurdo quanto a "*tentativa* de uma futura *tentativa* de alta traição", que, nos velhos e bons tempos do Landrecht, custou a mais de um pobre diabo da associação estudantil dez anos de prisão em fortaleza, ou quanto a famosa *suspect de suspicion d'incivisme* (suspeita de suspeição de incivismo), que os óculos legitimistas pretendem ter encontrado nos registros prisionais do período do terror de 1793.

Ou então: se a "incitação à incitação ao armamento" fosse realmente um crime lógica e juridicamente possível, então, para ser submetido simultaneamente à passagem em questão do art. 87 e ao art. 102, Lassalle deveria ser acusado não pelo discurso em Neuss, mas pela mensagem à Assembleia Nacional, que diz: "Clamamos à Assembleia Nacional: lancem o chamamento às armas!"[1]

Aqui há "incitação à incitação ao armamento". Mas mesmo a esse auto de acusação *non plus ultra*[2] não ocorreu ver um crime nessas palavras.

Mas como aconteceu de o Ministério Público selecionar e vincular ao art. 102, da longa série de artigos da referida seção, justamente aquela passagem *que absolutamente não condiz* com o art. 102?

Muito simples. Para o crime contra o art. 87 pede-se *pena de morte*. E para ajudar a condenar Lassalle à morte *não se encontraria nenhum júri em toda a Renânia*. Preferiu--se, pois, acrescentar o art. 102, que, no *caso* de a incitação ao "crime" não ter sucesso, prescreve a redução da pena para *exílio*. E acreditou-se que assim seria possível encontrar um júri disposto a isso.

Portanto, para se desembaraçar de Lassalle, o Ministério Público inventou um *crime impossível*, acoplou duas passagens da lei que, nessa combinação, não têm outro sentido além do *puro sem-sentido*.

Portanto: ou Lassalle é *culpado* de violar o art. 87, e então haveria de ter coragem de condená-lo diretamente à *morte*; ou não é culpado de violar o art. 87, e então também não violou o art. 102, e deve ser incondicionalmente considerado *inocente*. Mas violar o art. 87 na passagem indicada *e* ao mesmo tempo violar o art. 102 é uma impossibilidade.

Observe-se a astúcia do Ministério Público. A acusação contra Lassalle cai realmente sob o art. 87 (pena de morte). Não se ousa acusá-lo disso: é acusado pelo art. 87 em ligação com o art. 102 (*exílio*); e se isso não ajudar, se os jurados o inocentarem, ele é levado ao Tribunal Correcional e acusado pelos art. 209 e 217 (*seis dias a um ano de prisão*). E tudo isso por um e mesmo fato, por sua atividade como agitador durante o movimento pela negação dos impostos!

Examinemos agora o efetivo *corpus delicti*, o discurso em Neuss de 21 de novembro.

Lassalle é acusado de ter incitado diretamente ao armamento contra o poder monárquico.

---

[1] Essa mensagem foi elaborada por Lassalle em 19 de novembro de 1848 e enviada na tarde do mesmo dia à Assembleia Nacional de Frankfurt em nome da Guarda Cívica. Foi publicada na *Nova Gazeta Renana* n. 149, de 22 de novembro de 1848.

[2] Insuperável.

Segundo os três depoimentos de testemunhas referidos no auto de acusação, sem dúvida Lassalle incitou diretamente os habitantes de Neuss a se *armar,* prover munição, garantir a liberdade conquistada com a força das armas, apoiar a Assembleia Nacional com ações efetivas etc. No entanto, a *incitação ao armamento em geral* não é de modo algum uma ofensa ou muito menos um crime, ao menos desde a revolução e a lei de 6 de abril de 1848, que assegura a todo prussiano o direito de portar armas. Segundo o *Code*, a incitação ao armamento só é passível de punição se o armamento se volta contra funcionários individuais (rebelião) ou contra o poder monárquico, ou contra outra parte dos cidadãos (insurreição). Aqui se trata especificamente de incitação, e mais, de incitação *direta* ao armamento contra o poder monárquico.

Mas em todos os três depoimentos de testemunhas não há *nem uma palavra* sobre armamento contra o poder monárquico; trata-se somente de armamento para *proteger a Assembleia Nacional*. E a Assembleia Nacional era um órgão legalmente convocado, legalmente existente, uma parte essencial do Poder Legislativo, e de fato inclusive do poder *constituinte*. Exatamente como o poder constituinte está acima do executivo, exatamente assim a Assembleia Nacional estava acima do "governo monárquico". Provocar um armamento geral do povo para proteger esta que é a suprema autoridade legal do país ao lado do rei é considerado por nosso Parquet como um crime grave!

A única passagem em que um fino faro de procurador poderia descobrir uma longínqua relação com o "governo monárquico" seria aquela sobre as baterias em Neuss. Mas Lassalle incitou os de Neuss, e porventura ele os incitou "diretamente", como afirma o auto de acusação em seu *résumé*[3] e como é necessário para uma condenação, a se armarem e tomar as baterias da margem esquerda do Reno?

Ao contrário! Ele não os incitou nem indireta nem "diretamente" a isso. Ele apenas disse que em Düsseldorf *esperava-se* que o povo de Neuss tomasse essas baterias. E a mera expressão dessa "expectativa" é, segundo o mui louvável Parquet, uma *excitation directe*, uma *incitação direta* ao armamento contra o poder monárquico!

Portanto, em todo o armamento *efetivamente* organizado de *Düsseldorf*, abertamente voltado para a proteção da Assembleia Nacional mas dirigido contra ninguém mais do que as tropas prussianas, isto é, contra o governo monárquico (*le gouvernement de l'empereur*), não há qualquer crime, há apenas o delito de resistência a funcionários individuais; e naquela mera expressão, naquelas quatro palavras, há uma grave infração criminal!

Não se ousa acusar Lassalle pelo que ele *fez*; mas o que ele *falou* é supostamente um crime grave. E o que ele disse? Que se esperava que a população de Neuss tomaria as baterias. E quem, disse ele, esperava isso – acaso ele mesmo, Lassalle? Ao contrário, a população de Düsseldorf!

---

[3] Currículo.

Lassalle disse: terceiras pessoas esperam que vocês façam isso ou aquilo, e, conforme a lógica do Ministério Público, isso é uma "incitação direta" a que vocês façam realmente o que se espera.

Agora, em Berlim, os ministros dissolveram a Câmara e se preparam para novas outorgas. Suponhamos que hoje o sufrágio universal fosse abolido pela força, o direito de associação suprimido, a liberdade de imprensa aniquilada. Aí dizemos: esperamos que o povo responda a essa vergonhosa traição com barricadas – então desse modo nós, diz o Parquet, "incitamos diretamente" os cidadãos berlinenses a se armar contra o poder monárquico e, de acordo com o desejo do Parquet, seremos condenados, dependendo das circunstâncias, à morte ou ao exílio!

O segredo de todo o processo contra Lassalle é o processo tendencioso contra o agitador indesejável. É um processo oculto por "instigação ao descontentamento",[4] tal como nós tivemos a satisfação de desfrutar, até março, também aqui no Reno. Do mesmo modo, o processo contra Weyers também é um processo oculto por lesa-majestade. Weyers disse: "Morte ao rei" e: "Não devemos deixar a coroa ao rei nem por mais 15 minutos"; e essas poucas palavras, muito inocentes segundo os conceitos do *Code Pénal*, supostamente também conteriam "incitação direta ao armamento"!

E ainda que Lassalle tivesse realmente incitado ao armamento contra o poder monárquico, e daí? Ponhamo-nos na posição constitucional, falemos conforme os conceitos constitucionais. À época, em novembro, não era dever de todo cidadão não apenas "incitar ao armamento", como *armar-se* ele mesmo para proteger a representação popular constitucional contra um "governo monárquico" perjuro, que caçou com soldados a assembleia dos representantes do povo de um local a outro, dissolveu suas sessões, abandonou seus documentos para os soldados usarem como mecha para acender charutos e fogões, e por fim os caçou em suas casas? Conforme as decisões da Dieta Unificada, conforme o famoso terreno do direito do sr. Camphausen, para não falar das conquistas do 19 de março, a Assembleia não era uma "parte contratante em igualdade jurídica" com a coroa? E uma tal Assembleia não poderia ser defendida contra usurpações do assim-chamado "poder monárquico"?

Ademais, já vimos que se tornou uma segunda natureza do "governo monárquico" tratar os representantes do povo a pontapés. As câmaras outorgadas mal se reuniam há dois meses e, à primeira decisão inconveniente, esse governo monárquico já as dissolveu – as mesmas câmaras que supostamente deveriam revisar a constituição! Agora as câmaras reconheceram a validade da constituição outorgada, e agora ficamos sem saber se temos ou não uma constituição. Quem sabe o que será outorgado amanhã!

E as pessoas que previram tudo isso e agiram de acordo, que pretenderam se opor energicamente a essa atitude violenta de uma camarilha arrogante, que, segundo as

---

[4] Trata-se dos processos que se apoiam no § 151 e seguintes do Título 20, da Parte 2 do *Allgemeinen Landrechts für die Preußischen Staaten*.

concepções de *todos os países constitucionais*, e particularmente da *Inglaterra*, estavam *inteiramente no terreno do direito*, essas pessoas foram, por ordem de Manteuffel, Simons e companhia, presas, mantidas seis meses na prisão e finalmente levadas ao tribunal, acusadas de *instigação à insurreição*!

Proibição da assembleia dos conselhos municipais renanos

NGR, n. 288, 3/5/1849

F. ENGELS

Colônia, 2 de maio. Para nossa especial satisfação, comunicamos a nossos leitores que a assembleia de representantes dos conselhos municipais da Renânia, anunciada pelo mui louvável Conselho Municipal local, foi *proibida* por simples ordem governamental.[1] Os "bons cidadãos" que, em setembro, quando da proibição das assembleias democráticas,[2] se sentiram tão "confortáveis" podem agradecer agora a seus senhores e mestres. Em setembro de 1848 o direito de associação dos democratas ao menos foi aniquilado pelo *honette*[3] poder do estado de sítio; em contrapartida, o direito de associação do Conselho Municipal de Colônia morreu *de um pontapé* em meio à mais bela floração do terreno do direito.

---

[1] Em 1 de maio de 1849, os diários de Colônia trouxeram uma conclamação do Conselho Municipal de Colônia "A todos os municípios da Renânia", convidando-os para "uma reunião geral de todos os municípios da Renânia", em 5 de maio de 1849. O governo prussiano proibiu essa reunião, e a *Gazeta de Colônia* publicou essa decisão no n. 104, de 2 de maio de 1849, segunda edição. Então o Conselho Municipal de Colônia se reuniu novamente e decidiu por unanimidade desconsiderar a proibição. Ao mesmo tempo, divulgou um novo convite, no qual convocava a todos a se reunirem em 8 de maio de 1849 no grande Salão do Cassino em Colônia. No dia marcado apareceram cerca de 500 conselheiros municipais de perto de 300 municípios e decidiram se manifestar a favor da Constituição imperial alemã de 28 de março de 1849, pela convocação das Câmaras e contra o governo Brandenburg-Manteuffel. Ademais, em caso de desconsideração das reivindicações dos conselheiros municipais renanos, a decisão ameaçava com a separação da Renânia em relação à Prússia, ameaça que, entretanto, em face da consolidação crescente da reação na Prússia e na Alemanha, era totalmente irreal.

[2] Em 26 de setembro de 1848, as autoridades de Colônia, por medo do avanço do movimento democrático--revolucionário, impuseram o estado de sítio "para proteção da pessoa e da propriedade". Uma ordem do comando militar proibiu a realização de assembleias e a atividade de qualquer associação "por objetivos políticos e sociais"; a Guarda Cívica foi dissolvida e devia depor as armas; cortes marciais foram instituídas e foi interditada a publicação da *Nova Gazeta Renana* e de outros jornais democráticos.

[3] Honesto.

[Do teatro da guerra]

NGR, n. 288, 3/5/1849, suplemento extraordinário

F. ENGELS

Colônia, noite de 2 de maio. Os húngaros aproveitam o apressado recuo e a confusão dos austríacos para, de um lado, avançar rapidamente para Viena e, de outro, ocupar toda a Alta Hungria até o desfiladeiro de Jablunka e a fronteira com a Morávia. As cidades *montanhesas eslovacas* estão em suas mãos, e dali eles avançaram até o Jablunka. Mesmo esse desfiladeiro parece já ter sido tomado por eles, pois em Neutitschein (próxima a Teschen) já se ouviu o troar de canhões, pelo que, portanto, também *deste lado* dos Cárpatos houve um combate.

Por meio dessa rápida operação, a Eslováquia foi inteiramente liberada dos imperiais e, assim, foi conquistado um terreno de 300 a 350 milhas quadradas com mais de 2 milhões de habitantes, fonte de recrutamento para o exército húngaro. Os eslovacos, antes em parte indiferentes, em parte inimigos dos magiares, estão agora decididamente ao lado deles, desde que os magiares aboliram os encargos feudais dos camponeses eslovacos e fizeram várias concessões relativas à língua e à nacionalidade.

Espera-se que os magiares ultrapassarão os pequenos Cárpatos (montanhas fronteiriças entre a Morávia e a Hungria) e farão uma cabeça-de-ponte para Ölmutz. Ao mesmo tempo eles podem, destacando um corpo através do Jablunka, destruir a ferrovia para Viena e assim retardar bastante a marcha dos russos para essa cidade. Quase todos os soldados foram removidos da Morávia; por toda a parte é a Guarda Nacional que os substitui.

Pelo outro flanco, os magiares operam diretamente na direção de Viena e, como informa nosso correspondente de Breslau, já *ocuparam Raab*. O quartel-general austríaco foi transferido para Oedenburg, e o Serviço de Abastecimento, de Pressburg para Hainburg (a 6 milhas de Viena). Espera-se que aqui os austríacos oferecerão batalha novamente. De fato, essa posição, entre o Danúbio e o lago Neusiedler e atrás do Leitha, é a única ainda possível antes de Viena.

O posicionamento dos austríacos, no qual eles procuram se reunir para uma nova batalha, é, portanto, o seguinte: o flanco direito concentra-se em Oedenburg, do extremo sul do lago Neusiedler até Güns e as montanhas da Estíria, que ele toca à direita; o centro, do extremo norte do lago Neusidler até próximo do Danúbio em Hainburg, bloqueando a estrada para Viena; o flanco esquerdo, o corpo Wohlgemuth, do outro lado do Danúbio em Pressburg, onde lhe é impossível se sustentar e certamente terá de cruzar o March. Com isso, pois, a guerra será levada para o território austríaco e Kossuth a seguirá também ali. *Kossuth declarou que pretende se antecipar aos russos que se aproximam e alcançar Viena no dia 10 de maio.* E ele provou que sabe como manter a palavra. Ele pretendia estar em Pest em 24 de abril, e entrou lá nesse mesmo dia.

Sobre o que foi feito de Jellachich paira uma completa obscuridade. Alguns pretendem que esteja em Mohacs, próximo da fronteira eslavônia (o que é impossível, pois a distância de Pest a Mohacs é muito grande). Boatos negro-amarelos informam que ele teria conquistado novamente sua posição na planície de Rakos, próximo a Pest!! Isto é naturalmente ainda mais falso do que o anterior.

Do sul ainda não chegou nenhuma confirmação direta da conquista de Semlin pelos magiares. As demais notícias dessa região são contraditórias; assim também as referentes à entrada dos russos. Só é certo que as tropas russas acampadas na fronteira da Cracóvia se concentraram e estão a ponto de marchar para a Áustria.

O congresso das cidades renanas

NGR, n. 289, 4/5/1849

F. Engels

Colônia, 3 de maio. O congresso dos conselhos municipais renanos, numa forma menos oficial, vai, pois, enfim acontecer, e só na próxima *terça-feira*.

É evidente que não esperamos *absolutamente nada* dessa assembleia de burgueses, eleitos segundo três classes censitárias, e de cuja eleição a massa do povo foi excluída. Será enviada uma deputação a Berlim, que *não será de modo algum recebida* pelo sr. von Hohenzollern.

Mas talvez o congresso nem sequer venha a ocorrer. No domingo vários congressos de partidos se reunirão aqui em Colônia.[1] O governo tenta provocar *a qualquer custo* um conflito entre o povo e os militares, para poder subjugar a nós, renanos, do mesmo modo como os berlinenses foram subjugados.

Depende dos *trabalhadores de Colônia* frustrar esse sutil esqueminha prussiano. Os trabalhadores, com um comportamento tranquilo, com indiferença inabalável diante de todas as provocações dos militares, podem privar o governo de qualquer pretexto para ações violentas.

São iminentes acontecimentos decisivos. Viena, Boêmia, o sul da Alemanha, Berlim refervem e esperam o momento adequado. Colônia pode participar, participar de modo muito vigoroso, mas não pode *iniciar* nenhum golpe decisivo.

Que os trabalhadores de Colônia, particularmente no próximo domingo, tenham em mente que todas as provocações do governo objetivam apenas uma explosão *tal* que ocorra em um *momento desfavorável para nós* e *favorável para o governo*.

As revoluções só podem ser feitas com grandes acontecimentos; mas se aceitarmos as provocações do governo, chegaremos no máximo à revolta.

Trabalhadores de Colônia, lembrem-se do 25 de setembro![2]

---

[1] No domingo, 6 de maio de 1849, ocorreram em Colônia três congressos das organizações da Renânia e da Westfália; um Congresso da Associação dos Trabalhadores, um Congresso das Associações Democráticas e, em Deutz (um Vorort colonês), um Congresso da "Associação dos Cidadãos" monarquistas-constitucionais.

[2] Em 25 de setembro de 1848, as autoridades de Colônia provocaram, pela prisão de alguns líderes da Associação dos Trabalhadores, uma ação prematura, que começou com a construção de barricadas. No dia seguinte, Colônia foi posta em estado de sítio, sob o pretexto de proteção à "pessoa e à propriedade".

[O terceiro na aliança]

NGR, n. 289, 4/5/1849, suplemento

F. Engels

Colônia, 3 de maio. Alertamos uma centena de vezes para o fato de que o sr. von Hohenzollern e seu ministério eram "o terceiro na aliança"[1] na coalizão entre Rússia e Áustria. Uma centena de vezes o honesto cidadão alemão rejeitou com indignação esse alerta.

Pois bem: afirma-se agora que, entre os motivos secretos da dissolução das câmaras, também se encontra o de que, conforme um acordo secreto entre o *knyaz* de Olmütz[2] e o Altíssimo Tsar *prawoslawny*,[3] o sub-*knyaz* russo em Sanssouci[4] *se comprometeu* a enviar *40 mil prussianos à Boêmia* para reprimir o povo e como reserva contra os húngaros. Mesmo na igreja de São Paulo falou-se abertamente disso. Em Berlim não foi possível persuadir nem mesmo o centro e uma parte da direita a calar sobre esse assunto. Foram, portanto, dispersados.

Mas isso não é tudo: a *Gazeta Nacional* berlinense escreve de Berlim em 1 de maio:

> Agora mesmo ficamos sabendo, de uma fonte segura: *'Ontem de manhã a direção da Estrada de Ferro da Alta-Silésia recebeu um despacho telegráfico do ministro do Interior, de que 30 mil soldados russos seriam transportados de Cracóvia pela ferrovia da Alta-Silésia (portanto de Cracóvia por Mislowitz, Kosel, Ratibor, Oderberg) para a Áustria.* A direção da ferrovia da Alta-Silésia foi informada *de que o governo real prussiano nada tinha a objetar a isso* e esperava que a direção da ferrovia não obstaculizasse em nada esse transporte.'

Assinava o despacho: *v. Manteuffel*.

Portanto, chegamos ao seguinte ponto: o governo do sub-*knyaz* imperial russo de Potsdam não apenas emite *mandados de prisão* contra Kossuth, Bem e Görgey,[5] como permite que sejam transportados pela estrada de ferro 30 mil esbirros russos *através do*

---

[1] Da balada de Schiller *Die Bürgschaft*.
[2] Francisco José I.
[3] Nicolau I.
[4] Frederico Guilherme IV.
[5] Ver "Mandado de prisão prussiano contra Kossuth" e "Extradição de refugiados políticos".

território prussiano para a Hungria – ainda mais, ele envia 40 mil soldados prussianos para a Boêmia para manter subjugado um povo vilmente pisoteado e sedento de vingança!

Ouça, renano! Para isso, pois, nos foi infligida a *tirania russo-prussiana*, para que nossos filhos e irmãos, renanos como nós, sejam enviados à Boêmia e talvez à Hungria para, *a serviço do tsar russo*, ajudar a esmagar o último povo que defende a revolução de 1848 de armas em punho!

Para isso nos traíram para a Prússia em 1815, para que também sobre nós recaia a vergonha de termos tolerado que, passando por *nosso* território, atravessando um país ligado *conosco* ao mesmo estado, os russos marchassem com fanfarras e bandeiras desfraldadas contra o exército revolucionário magiar.

Só nos tornamos *súditos* prussianos e permanecemos *súditos* pela *força*. *Nunca fomos prussianos*. Mas agora que somos dirigidos contra os húngaros, que corjas de bandoleiros russos marcham sobre o território prussiano, agora nos sentimos como prussianos, *sim, sentimos quão vergonhoso é carregar o nome de prussiano!*

[Do teatro da guerra]

NGR, n. 289, 4/5/1849, suplemento

F. Engels

Colônia, noite de 3 de maio. Quanto mais selvagem se torna a fuga dos imperiais da Hungria e mais implacável a perseguição pelos magiares, tanto mais confusos e contraditórios se tornam também os relatos sobre os acontecimentos do teatro da guerra. Eles só concordam entre si em um ponto: os imperiais sofrem a cada dia novas derrotas.

Contudo, os seguintes fatos são praticamente certos:

Primeiro: o combate em *Acs*, que os imperiais apresentaram como uma vitória, foi uma *derrota*. Isto se conclui do fato de Schlick, que pretende ter vencido ali, logo depois ter se retirado para Raab. A *Correspondência Litografada* também informa que o recontro em Acs resultou desvantajoso para os imperiais e que o regimento Zanini, à exceção de poucos oficiais, teria se passado para os húngaros.

Segundo: nas proximidades do Altenburg húngaro (a meio caminho entre Raab e Pressburg), em 28 de abril, os *austríacos foram mais uma vez derrotados*. Diversos relatos coincidem nessa informação. Muitos feridos foram transportados através do Leitha, e toda a região ficou repleta deles. Nos dias 29 e 30, 2 mil teriam sido levados para a própria Viena. Segundo alguns, o quartel-general de Welden estaria em Pressburg, segundo outros, em Bruck no Leitha (em território austríaco). Também em Raab, onde Schilick supostamente estaria no dia 27, diz-se que os húngaros em perseguição o teriam engajado em um combate mortal.

Com isto, o grosso do exército austríaco já teria sido expulso da Hungria. É indubitável que em sua maior parte ele já está em solo austríaco, e que na Hungria ainda mantenha ocupadas somente Pressburg e Oedenburg. Ademais, agora se confirma o que predissemos, que os húngaros cruzaram o Danúbio em Komorn e avançam para Viena nas duas margens desse rio, em movimento concêntrico. A limpeza da Eslováquia pelos húngaros é agora confirmada igualmente pela *Gazeta de Viena*.

Terceiro: é praticamente certo que Jellachich foi também *completamente derrotado*. Como informa a *Gazeta de Viena*, ele próprio já chegou em Esseg, e, portanto, uma vez que só deixou Pest no dia 23 ou 24 e no dia 26 já estava em Esseg, fez em todo caso uma viagem muito mais rápida do que seu corpo. Diz-se que este foi *totalmente aniquilado* e a maior parte dos sobreviventes teriam se passado para os magiares. Um relato diz que a batalha aconteceu em Kis-Bér, o que, entretanto, é impossível, pois essa localidade, situada a poucas milhas ao sul de Komorn, fica completamente fora da rota de Jellachich. Este relato contém várias outras impossibilidades além desta. Mas a notícia de sua derrota aparece em todas as folhas e correspondências.

Um manifesto de Kossuth declara a independência da Hungria e seus territórios vizinhos e a separação desses países da dinastia Habsburgo-Lotríngia, por ter conduzido uma guerra tão nefasta contra a Hungria.[1]

Do *sul* não há qualquer notícia sobre os avanços subsequentes dos magiares. Perczel teria se dirigido com seu exército principal para Pest. Rukavina requisitou ajuda dos sérvios para fortificar Temesvar, mas os sérvios a negaram. Eles exigiram, ao contrário, a imediata convocação da Assembleia Nacional sérvia para eleger o voivoda e constituir a Voivodia.

Os húngaros teriam obtido 80 mil rifles da Inglaterra via Turquia. A fábrica de Grosswardein lhes entrega diariamente 300 peças.

Nesse meio tempo, em Viena reinam alegria e agitação entre o povo, e perplexidade no governo. No dia 30, manifestou-se na *Bolsa um indescritível desânimo*. Dos subúrbios chegam pequenos comerciantes e falam de uma *crescente intranquilidade*. Nas ruas foram observadas, à tarde, conhecidas figuras das barricadas.

O ministério está em plena dissolução. Não somente Stadion renunciou, mas já chegou a vez de *Schwarzenberg*, que substituiria Colloredo-Waldsee.

Os russos chegam. O general russo von Berg já viajou para Viena via Cracóvia. De 12 mil a 15 mil russos de todas as armas, entre os quais quatro esquadrões de cavalaria e duas baterias de artilharia, são *esperados em Cracóvia* em 1 e 2 de maio. O próprio tsar ortodoxo *viria para as proximidades* para supervisionar as operações.

Os russos já marcharam para a Bucovina, como informa uma correspondência de Czernowitz de 28 de abril.

(Não recebemos hoje à tarde os jornais de Viena e de Praga.)

---

[1] No auge da ofensiva vitoriosa das tropas revolucionárias húngaras, a Assembleia Nacional, em seu grande comício em Debreczin em 14 de abril de 1849, adotou, por iniciativa de Kossuth, a Declaração da Independência da Hungria. A dinastia Habsburgo foi destronada e Kossuth eleito chefe de Estado. De fato, foi estabelecida uma ordem republicana na Hungria, apesar de, por considerações de política externa, o nome "república da Hungria" não ter sido oficialmente usado em documentos oficiais. A *Nova Gazeta Renana* n. 291, de 6 de maio de 1849, publicou a minuta da sessão da Assembleia Nacional Húngara de 14 de abril de 1849 e o texto da Declaração de Independência adotado nela. Também reproduziu o respectivo artigo da *Nova Gazeta do Oder*, complementando-o com a seguinte nota introdutória (provavelmente escrita por Engels): "Colônia, 5 de maio. A *Nova Gazeta do Oder* traz a minuta da sessão da Assembleia Nacional Húngara que ocorreu em Debreczin, em 14 de abril, que decretou a separação da Áustria e a derrubada da dinastia Habsburgo, e nomeou Kossuth presidente do Estado. Apesar da pobre tradução alemã, reproduzimos abaixo todo o artigo, palavra por palavra".

[Notícias do sul da Alemanha]

NGR, n. 289, 4/5/1849, suplemento

F. ENGELS

Colônia, 3 de maio. Hoje recebemos várias correspondências de diversos lugares do sul da Alemanha, que concordam todas com a gratificante informação de que por toda parte o povo espera impaciente para enfim se contrapor com uma efetiva revolução – portanto não com uma Revolução de Março – à impudente contrarrevolução dos senhores "pela graça de deus" e seus dignos correligionários e se vingar das violências e infâmias já exercidas por tempo demais, dia após dia, contra os direitos do povo. Por toda parte o povo se organiza em companhias, elege seu chefe, supre-se de armas e munições etc. Mas, é muito especialmente animador o fato de dominar ali entre a maioria dos militares um espírito que tornará impossível atiçar novamente os soldados, como cães assassinos e bestas selvagens, contra seus irmãos e enfurecê-los contra sua própria carne e sangue.

A justa cólera do povo atingiu uma dimensão que não deixa dúvidas sobre sua iminente irrupção. Mas, oxalá, desta vez a tempestade venha a bramir tão violentamente por toda a Alemanha que finalmente todo o bando de defensores da lei marcial, cavaleiros ladrões e traidores do povo pela graça de deus sejam arrancados para sempre e até suas últimas raízes do solo alemão.

Ânsia de estado de sítio

NGR, n. 291, 6/5/1849

F. Engels

Colônia, 5 de maio. Continua o boato de que no domingo, por ocasião dos congressos distritais dos diversos partidos, pretende-se outorgar o *estado de sítio* à boa cidade de Colônia.

Percebe-se por todos os pequenos arranjos das autoridades militares que elas sem dúvida se preparam para qualquer eventualidade. E não é tudo. Foram tomadas medidas que têm toda a aparência de que se pretende provocar distúrbios.

Caso contrário, porque repentinamente, e para grande espanto dos próprios soldados, se permite agora a "Meu magnífico exército" permanecer fora da caserna até às *10 horas* da noite, em vez de até às 9 horas?

Fala-se também novamente em *prisões*. Acreditamos nisso de muito bom grado. Vontade para isso existe há muito. Sabe-se, além disso, que o plano de provocar distúrbios por meio de tais prisões já foi bem-sucedido uma vez.

Repetimos. É da maior importância que os democratas e especialmente os *trabalhadores* de Colônia façam todo o possível para que amanhã não seja dado aos poderes viciados em estado de sítio *nem sequer o menor pretexto* sob o qual possam mascarar seus atos de violência.

A *burguesia* foi a primeira a ser posta em perigo pelos últimos golpes contrarrevolucionários. A burguesia convocou o congresso dos municípios. Deixemos *à burguesia a honra da primeira palavra*. Esperemos o que esses senhores vão decidir na terça-feira. Somos testemunhas de que mais de um honesto democrata ficará muito surpreso com o resultado desse pomposo "congresso das cidades".[1]

Uma coisa é certa: Se o estado de sítio se efetivar antes de terça-feira, o congresso das cidades não acontecerá, e ninguém se alegrará mais com isso do que justamente os senhores *que o convocaram*.

Se amanhã os trabalhadores se deixarem arrastar para tumultos, apenas *tirarão as castanhas do fogo* para a *burguesia* e ao mesmo tempo *para o governo*. A questão é se eles pretendem se deixar usar para isso em um período em que a *guerra civil* está às portas em toda a Alemanha e em que talvez logo lhes seja dada a oportunidade de *virem a público com suas próprias reivindicações*.

---

[1] Ver "Do teatro da guerra" (n. 276).

Notícias da Hungria

NGR, n. 291, 6/5/1849

F. Engels

Colônia, 4 de maio. Recebemos de Viena, datadas de 1 de maio, as seguintes informações:

> Nos últimos dias do mês passado, mas especialmente ontem, 30 de abril, observou-se um movimento incomum nas ruas da capital. Todos estavam agitados com as notícias difundidas sobre o movimento de recuo das tropas na fronteira húngara. Servia como prova das grandes perdas e derrotas das forças austríacas o contínuo transporte de mutilados e feridos, que há dois dias são levados em centenas de carros para os hospitais militares de Viena, os quais já estão tão cheios que todos os corredores e passagens entre as camas estão sendo usados para acomodar pacientes. Os militares trazidos de volta desse modo estão em condições deploráveis, lembrando involuntariamente a retirada de Napoleão da Rússia – pálidos, emaciados, esfarrapados, os ferimentos mal cobertos com ataduras de trapos, jazem nos duros bancos de madeira das carroças; não se pode ver esse quadro de sofrimentos sem lágrimas de compaixão; a maioria dos feridos recebeu ferimentos incuráveis, mortais, durante o ataque da cavalaria húngara, faltando-lhes o nariz ou o queixo; em resumo, é impossível descrever o quão terrivelmente esses pobres-diabos foram lesados. Ademais, chegaram aqui ontem dez carros com capacetes de todas as armas, assim como arreios de cavalaria, seguidos de cerca de 500 cavalos não montados, que perderam seus cavaleiros na batalha.
>
> De todo modo, as coisas vão muito mal para a Áustria na Hungria; há oito dias as tropas imperiais-reais ainda estavam em Pest, e agora o quartel-general já está há alguns dias em Oedenburg, e o exército austríaco não está mais em retirada, e sim em plena fuga; agora mesmo chegou o trem de Oedenburg com soldados de todas as armas e bagagens militares. Encontrei um conhecido, primeiro-sargento de um regimento da alta Áustria antes estacionado em Viena; segundo seu relato, não há qualquer dúvida sobre a vitória dos húngaros, pois valeram-se da total confusão das tropas austríacas, não lhes dando tempo de se recuperar, arremetendo continuamente com forças novas e frescas, e repelindo-as. O exército húngaro é seis vezes superior e fanaticamente devotado a sua causa, enquanto os austríacos, devido a marchas exaustivas e sem finalidade, devido a perdas e desvantagens desencorajadoras, devido a maus comandos, e a terem sido abandonados em momentos decisivos pelos oficiais, naturalmente não lutam com a necessária coragem pela causa da dinastia. A ignorância dos generais e oficiais imperiais-reais, para cuja formação, no período pré-março, tantos recursos foram ilimitadamente empregados, deve ser ímpar; eles conduziram as tropas diretamente para o matadouro.

Cinco generais já estão sob investigação. *Praticamente todo o regimento Hranbowski* (Alta Áustria), que chegou recentemente da Itália, *mudou de lado*, assim como o *regimento Hess*, da Baixa Áustria; em geral, diz-se que *as tropas alemãs não seriam tão úteis para os objetivos da dinastia quanto as eslavas*. No total, *cinco regimentos* já mudaram de lado, fora os inúmeros croatas. *Campeia no exército uma inaudita e inacreditável desmoralização*. A guerra na Hungria vem sendo conduzida pelo general polonês Dembiński. Os poloneses consistem em dez legiões, contando no total com 36 mil homens, e cerca de 25 generais; a eles são atribuídas as mais inigualáveis façanhas, e as tropas imperiais-reais os temem acima de tudo.

No domingo, 29 de abril, houve uma importante batalha em Wieselburg, na qual os austríacos perderam 6 mil homens entre mortos e feridos, o que permite supor uma grave derrota, bem como de onde vem o transporte.

O corpo de exército do *ban* teria sido totalmente destroçado.

Os insurgentes húngaros entraram pelo noroeste no comitato de Turocz com uma força de 15 mil homens e 30 peças de artilharia e por enquanto ocuparam a cidade do comitato St. Marton, bem como Mossocz. Dizem que têm a intenção de atravessar o Váh, ocupar o vale de Kisuca e bloquear os acessos para a Silésia e a Galícia.

Em St. Marton, de cuja cidade a Landsturm eslovaca recebeu muitos voluntários, o medo da vingança dos insurgentes seria muito grande. Parece que também a Eslováquia caiu bastante sob a influência magiar.

Em Pressburg, no dia 29, o correio de Pest não chegou pelo quarto dia consecutivo. Nas charnecas dos arrabaldes da cidade foram erguidas trincheiras e baluartes.

[A situação na Hungria]

NGR, n. 291, 6/5/1849, suplemento

F. Engels

Além das notícias contidas em nossa correspondência de Viena (ver a rubrica Colônia),[1] faltam quaisquer informações específicas sobre os acontecimentos no teatro da guerra. Por isso, nos limitamos hoje a alguns informes sobre a fronteira húngaro-morávia, que trazem claramente estampada a marca do medo dos magiares.

A *F[olha] C[onstitucional] da B[oêmia]* escreve:

> Da fronteira galício-silésia, 28 de abril. Em consequência do combate em Neutra, os magiares penetraram tanto no Zips como no sopé noroeste dos Cárpatos. Neumarkt, Budatin e Sillein estão em suas mãos. Já há alguns dias, eles ameaçam os desfiladeiros de Csacze e Jablunka, para onde o corpo de observação imperial se retirara. Para impedir uma invasão da Silésia pelos magiares, uma divisão de infantaria foi enviada para Csacze, e a divisão de infantaria que desde janeiro deste ano estava em Bielitz como guarnição foi mandada para Jablunka, e finalmente um batalhão foi tirado de Troppau e estacionado no entorno de Friedek. – Desde anteontem eslovacos em fuga passam por Saybusch e Andrichau; o comissário imperial de Sillein já está há quatro ou cinco dias em Teschen. Anteontem (dia 26) ouviu-se em Saybusch um intenso canhoneio, que durou até as 6 da tarde, vindo da região de Sillein ou Teplitz. – Entretanto, somente aqueles que veem os últimos incidentes em Cracóvia[2] e a simultânea penetração de Görgey como um plano coordenado pensam em uma visita dos magiares à Galícia.

Em outra correspondência da mesma folha, da Silésia, lemos:

> Da cidadezinha prussiana de Karwin, distante cerca de 2 horas de Troppau, relatou-se que teriam sido observados da torre do castelo, no dia 24, vários sinais de fogo vindos dos Cárpatos, aos quais se atribuiu a finalidade de mobilizar a Landsturm na Galícia.

---

[1] Ver "Notícias da Hungria".

[2] O autor do relato citado por Engels está se referindo à agitação revolucionária entre camponeses e citadinos na Galícia (subordinada à Áustria), causada por rumores difundidos na primavera de 1849 sobre a iminente invasão, por trás dos Cárpatos, do exército húngaro e de legiões polonesas lutando em suas bases. Em abril de 1849, um grande grupo de recrutas camponeses escapou de Chrzanov (próximo de Cracóvia) e tentou chegar à Hungria. Alguns foram capturados pelas autoridades austríacas; quatro foram fuzilados em Cracóvia.

Um bando de insurgentes, em sua maior parte pastores de cavalos, gado bovino e suíno, recrutados de suas *pusztas* para a guerra, em número de cerca de 15 mil e com alguns canhões, teriam penetrado já em St. Martin e na tarde do mesmo dia inclusive até Sillein (cerca de 2½ estações de posta de Jablunka). Os comissários reais condes Pongrácz e Révay fugiram, para evitar perder suas vidas nas mãos dos magiares; o major Wenk cruzou para este lado do Váh, e chamou todas as tropas de ocupação imperiais estacionadas na Eslováquia para certos pontos de fronteira, a fim de permanecer em contato com a Morávia e a Silésia.

As fronteiras foram ocupadas e foram conscritos todos os homens capazes das cidades e povoações, os quais, no caso de uma invasão magiar, deverão agir como Landsturm sob o Conselheiro de Justiça arquiduque Peter. – Os seguidores de Kossuth fazem de tudo para os eslovacos vacilarem. Assim, circula uma canção na qual todo eslovaco leal ao rei, um 'forasteiro alemão', é chamado de traidor de sua pátria; infelizmente, muitos se deixam cegar por isso e são ludibriados. Eis os amargos frutos da política equivocada de um chefe militar[3] que se deixou seduzir pela pérfida *nobreza magiar* e oprimiu com medidas antinacionais um povo que estava pronto a tudo sacrificar para humilhar os magiares. [!?!]

De Ofen somos informados de que a guarnição ali deixada pelos imperiais se compõe de quatro batalhões de infantaria, dois ou três esquadrões de cavalaria e 83 peças de artilharia bem servidas. A fortaleza tem provisões para seis semanas.

---

[3] Windischgrätz.

[Do teatro da guerra]

NGR, n. 291, 6/5/1849, segunda edição

F. Engels

Os húngaros continuam avançando. Já se fala que teriam feito incursões na Estíria (perto de Fürstenfeld, no Raab), na Morávia (próximo de Friedland, no Jablunka) e na Galícia (próximo de Raycza, na fronteira morávia). No dia 29, Raab estava novamente nas mãos dos imperiais; mas, desde então, eles a teriam abandonado. Pressburg foi fortificada pelos imperiais; segundo alguns relatos, essa cidade já teria sido evacuada.

No sul, as coisas devem estar ruins para os imperiais. Eles teriam *desocupado Fünfkirchen*, entre o Danúbio e o Drava. O corpo de Jellachich, conforme se ouve agora, está totalmente disperso, e *dois regimentos de croatas foram aprisionados* e postos sob comando dos honvéds. Um relato fala também do cerco e aprisionamento de Simunich.

As tropas de Bem estão de fato no Banato, nas proximidades de Lugo e Karánsebes, e ameaçam as fortalezas de Arad e Temesvar.

Os boatos sobre a expansão do exército magiar começam a assumir proporções fantásticas. Haveria 250 mil magiares armados. Enquanto Görgey combate Wohlgemuth com 45 mil homens, 18 batalhões atacam Jellachich, e além disso o corpo de Dembiński, o mais forte de todos, não entrou em combate desde a batalha de Kapolna. Em Raab, comandam agora Guyon e Klapka. A Dieta Federal húngara *foi convocada* para o dia 10 de maio, *em Pest*. Os russos teriam entrado na Cracóvia, com 8 mil homens.

[Proclamação de Kossuth]

NGR, n. 292, 8/5/1849

F. Engels

Publicamos as seguintes passagens de uma proclamação de Kossuth, datada de Gödöllö, 7 de abril, extraídas da *Gazeta do Oder*:

> O bravo exército do país expulsou esse inimigo, cujos comissários traidores da pátria já recomeçaram, em Nograd e Somogy, a *submeter o povo ao jugo da corveia, que foi abolida por lei e que nós nunca mais vamos permitir que vos seja infligida*. Ele persegue o inimigo que no mês passado promulgou uma ordem imperial segundo a qual onde a foragem foi abolida, *o súdito tem de pagar a metade do valor da corveia abolida e o décimo de sua própria bolsa, embora a lei húngara*, que é nosso firme propósito manter, para proteção de vossa liberdade, *já vos tenha exonerado desse pagamento*.
>
> Nosso bravo exército está expulsando de nossas fronteiras aquele inimigo cujo imperador[1] ousou declarar: 'A Hungria não existe, e nunca mais existirá', e ousou separar de nós nossos irmãos da Transilvânia, arrebatar a Croácia da Hungria, dividir nossa própria pátria e transformar nossas regiões mais frutíferas em um reino ráscio especial,[2] em benefício daqueles ladrões ráscios com os quais não teve escrúpulos de se unir para exterminar a nação húngara.
>
> Nosso bravo exército está escorraçando de nossas fronteiras aquele inimigo que, para onde quer que se dirigisse em sua fuga, roubava como roubam salteadores, que não contente com o que roubou e pilhou, com o que pôde comer e beber, destruiu e devastou o que não era capaz de consumir, a fim de deixar-vos famintos; e ainda mais, com inumana selvageria, por puro instinto rapace e maligno, arrebatou os travesseiros de sob a cabeça de suas crianças, espalhando as penas ao vento. Não poupou sequer vossas igrejas, arrancou os mármores dos altares, incendiou os telhados das capelas, enquanto alguns de seus *oficiais meteram no bolso as colheres de prata* dos que os hospedaram; assim é o inimigo que o imperador austríaco enviou a nosso país para o aniquilar, exterminar nossa nação e transformar o povo em escravos e mendigos!
>
> Eu vos profetizei há meses que da tirania do imperador austríaco floresceria a liberdade, a independência e a autonomia da Hungria.

---

[1] Francisco José I.

[2] Referência ao esquema para um Estado croata-eslavônio-dalmácio, sob os auspícios dos Habsburgo, levado adiante pelos líderes de direita do movimento nacional austro-eslavo.

E, graças a Deus, assim é! Louvado seja por isso o santo nome do Senhor, mas abençoado seja também e receba o eterno agradecimento da nação o bravo exército húngaro, que sacrificou com alegria sua vida e seu sangue pela pátria, com audaciosa coragem derrotou todas as forças do inimigo, e com contínuas vitórias perseguiu o glorioso objetivo de tornar-te, oh povo húngaro, livre e feliz, ao preço de seu heroico sangue! O inimigo vangloriou-se com falsas vitórias, a fim de enganar o povo húngaro, de mergulhá-lo no desespero.

Isto é uma enorme covardia, pois só o covarde é capaz de mentir. Ele te enganou com relatos mentirosos de que derrotara nossas tropas na Transilvânia, de que Szegedin fora tomada de assalto por Jellachich, embora ele nunca tenha chegado perto dali.

Sim, o que é mais – agora que ele foi derrotado quatro vezes no intervalo de cinco dias, que foi desalojado de sua mais forte posição, que Windischgrätz, Schlick, Jellachich, com todo seu exército, estão em fuga de Poroszlo, Pest e Waizen, agora, enquanto eu escrevo isso em Gödöllö, no mesmo quarto em que, 24 horas antes, Windischgrätz ousava sonhar com a subjugação da Hungria, agora mesmo, enquanto todo seu derrotado exército foge, e nós arrebatamos das garras da tirania toda a Transilvânia e dois terços da Hungria, ainda agora ele não se envergonha de difundir, nos jornais vendidos de Pest, a mentira de que teria vencido em Jasz-Bereny. A essa dúvida eu lhes dou, meus irmãos! meus amigos!, a tranquilizadora resposta de que eu e os excelentes chefes de nossos heróis estamos com nosso exército em Gödöllö, onde nossos destemidos honvéds abriram caminho a ponta de baioneta. Em Gödöllö, de cujos arredores nossos artilheiros enviados para o combate expulsaram a tiros o arrogante inimigo, em Gödöllö, de cujos arredores nossos hussardos perseguiram os fugitivos até o Danúbio em Pest. – E ali na Transilvânia não há mais nenhum inimigo imperial. Esse imperador enviou os selvagens moscovitas contra nós, mas Bem e nosso exército húngaro na Transilvânia expulsaram o inimigo do solo sagrado da Transilvânia até o último homem, junto com seus protetores moscovitas.

E abaixo, no Bacska, Perczel tomou St. Thomas, cuja conquista já custou tanto desperdício de sangue. E libertou Peterwardein, que havia sido envolta pela traição austríaca, e limpou dos ladrões ráscios o afortunado Alföld. Mas aqui em cima, onde a força principal do inimigo pretendia subjugar a Hungria, o comandante-em-chefe Görgey, e sob seu comando os generais Damjanich, Aulich, Klapka e Gaspar, derrotaram Schlick em Hatvan, Jellachich em Tapio-Bicske, Windischgrätz e Schlick, novamente reunidos com Jellachich, em Isaczeg, e, depois de terem tomado Gödöllö com nossas tropas vitoriosas, já estão em Rakos. Mais alguns dias e a Hungria será livre, e nenhum inimigo ultrajante violará o solo de nossa pátria.

Eis a jubilosa notícia que vos dou, meus irmãos! Viva a pátria húngara livre!

Do teatro da guerra

NGR, n. 292, 8/5/1849

F. Engels

O exército austríaco continua sua retirada. Em 28 de abril, Raab foi evacuada; em 29, os postos avançados húngaros estavam em Hochstraß, a 2 milhas de Wieselburg. Na outra margem do Danúbio, o corpo austríaco que estava estacionado em Dioszeg recuou igualmente para Lanschütz (a 4 horas de Pressburg). No dia 30, não se podia ir, por Pressburg, além de Karlstadt (a 1½ milha de Pressburg, na margem sul).

O comando geral austríaco está em Laxenburg, a uma hora e meia de Viena.

A Eslováquia está agora inteiramente nas mãos dos húngaros, recebidos de braços abertos pelos moradores. Aqueles encontraram ali uma grande quantidade de armas, pois Windischgrätz desarmou a população rural e as carabinas foram armazenadas nas cidades dos comitatos. Não há qualquer rastro da Landsturm eslovaca; Bloudek desapareceu, o chefe da guerrilha Janiczek passou-se para os magiares. Da Eslováquia, os húngaros ameaçam a Morávia, a Silésia austríaca e a Galícia. Fala-se de um corpo de invasão de 40 a 60 mil homens, que levaria a guerra até a Polônia russa e prussiana. Deve-se certamente esperar um ataque surpresa a Prerau, o entroncamento da ferrovia polonesa-silésia-austríaca.

Sobre a repentina hesitação na marcha dos russos, remetemos a nosso correspondente de Breslau.[1] Ainda se sonha com grandes corpos russos que estariam marchando para a Transilvânia; por enquanto todas essas notícias não merecem qualquer crédito.

No sul, como agora está confirmado, Bem invadiu o Banato com forças consideráveis, ocupou o desfiladeiro entre o Mures e o Danúbio, tomou Lugos e teria inclusive conquistado *Temesvar*. Com isso e com o avanço de parte do corpo de Perczel sobre o Tisza em direção ao distrito de Kikinda, a Voivodia sérvia se desfez em pó.

Jellachich, cuja derrota se confirma repetidamente, foi nomeado chefe, com plenos poderes, do exército do sul (croata-eslavo-banato) em formação.

Esse "exército do sul" compõe-se, no papel, de 30 mil homens; na verdade, conta no máximo com 8 mil, além de alguns milhares oriundos de bandos de ladrões sérvios.

---

[1] "Breslau, 4 de maio", *Nova Gazeta Renana* n. 292, de 8 de maio de 1849.

[O exército prussiano e o levante popular revolucionário]

NGR, n. 292, 8/5/1849, suplemento extraordinário

F. ENGELS

Colônia, 7 de maio. Os elementos em fermentação na Alemanha se especificam a cada dia mais; a situação ganha contornos mais nítidos.

Enquanto um dos centros da contrarrevolução alemã, a Áustria, está mais do que sobrecarregada com os húngaros, o outro, a Prússia, envia suas hordas armadas a todas as direções contra o levante popular revolucionário.

Em *Dresden*, a magnânima cidade da arte e do luxo, o povo empunha as armas e responde com barricadas e tiros de espingarda às traidoras proclamações do governo monárquico.[1] Grande parte dos militares passa-se para o lado do povo; a luta está quase decidida; então chegam *batalhões prussianos* e se põem do lado do traidor real,[2] contra o povo.

No Palatinado, o povo também toma armas em oposição à cada dia mais atrevida contrarrevolução bávara; também aqui *batalhões prussianos* estão *a postos* para, no momento adequado, intervir e aniquilar tanto a Assembleia de Frankfurt quanto a sublevação palatina.

Para qualquer lado do norte ou sudoeste da Alemanha que nos viremos, por toda parte há *batalhões prussianos* preparados para impor a contrarrevolução à mão armada.

E para que não faltem batalhões prussianos nem no próprio país nem nos Estados vizinhos, foi *recrutada* por toda parte a *Landwehr*, de acordo com nossa magnífica organização militar.

Assim, o centro da contrarrevolução é o exército austríaco lá, e o prussiano aqui. A cada dia a nova revolução se contrapõe com crescente inflexibilidade, com crescente abrangência à contrarrevolução.

---

[1] Referência a uma das unidades do exército insurgente, a Landsturm de Baden, comandada por Becker. Durante a revolução de 1848-1849. Becker desempenhou um papel importante nas insurreições republicanas no sul da Alemanha. Na ocasião, ele assumiu uma posição revolucionária-democrática, mas suas concepções sobre o programa e a tática se restringiam ao socialismo pequeno-burguês.

[2] Frederico Augusto II.

O governo provisório de Dresden ainda está em pé e concentra as forças do povo de toda a região.

O Comitê de Defesa do Palatinado[3] ainda está em pé e cada vez mais os palatinos se reúnem sob a bandeira da revolução.

Na Prússia renana, finalmente a Landwehr *se recusou a marchar.* Mesmo em Elberfeld, no Wuppertal preto-e-branco, ela se negou a ir além de seu local de reunião.[4]

E finalmente, na Áustria, o evento principal, a *revolução magiar, está avançando irresistivelmente.* O correio de Viena não chegou – talvez porque os magiares tenham destruído a ferrovia morávia. Que eles *entraram na Morávia,* é certo. De Ratibor, escrevem-nos que foram ouvidos tiros de canhão de baterias inteiras já há oito dias em Golkowitz, na fronteira austríaca, e em 3 de maio em Loslau e também na Alta Silésia prussiana. Em todo caso, os combates devem ter ocorrido deste lado do Jablunka.[5]

Ademais, a *vitória da Hungria* é *mais certa do que nunca.* É evidente que os russos *não virão.* Portanto, mais alguns dias e os húngaros estarão em Viena, a revolução magiar estará concluída, e a segunda revolução alemã terá início do modo mais grandioso.

---

[3] Formado no início de maio numa reunião popular, reivindicava que o governo bávaro reconhecesse a constituição imperial. No entanto, os elementos moderados no Comitê buscaram confinar o movimento à resistência legal. Só a tentativa de intervenção da Prússia fez os democratas pequeno-burgueses palatinos assumir ações mais resolutas. Em 17 de maio, foi formado um governo provisório do Palatinado e proclamada a separação da Baviera.

[4] No início de maio de 1849 tiveram início na Renânia, no Palatinado, na Baviera, e em Baden insurreições em defesa da constituição do império, adotada em 28 de março de 1949 pela Assembleia Nacional de Frankfurt, mas recusada pelos governos de diversos estados alemães (Prússia, Saxônia, Baviera, Hannover, entre outros). As massas populares viram nessa constituição a única conquista da revolução ainda não aniquilada. Mas as insurreições, dirigidas principalmente por democratas pequeno-burgueses, tiveram um caráter espontâneo e ficaram isoladas, e em meados de julho de 1849 foram cruelmente esmagadas.

[5] Cadeia de montanhas dos Cárpatos ocidentais ou Beskides.

[Pergunta aos trabalhadores]

NGR, n. 292, 8/5/1849, suplemento extraordinário

F. Engels

Colônia, 7 de maio. Os senhores prussianos parecem querer um tumulto a qualquer custo.

Há dois dias foram pagos à artilharia (sobre a qual, aliás, há quem muito se iluda) 15 *groschen* de prata por cabeça como "suplemento" para o mês passado. Aliás, a infantaria também recebeu esse suplemento.

Os oficiais de um regimento aquartelado aqui *incitaram diretamente* seus soldados a desencadear tumultos amanhã.

Hoje à tarde já houve uma pancadaria entre militares e civis no Mercado Novo.

Perguntamos mais uma vez aos trabalhadores *se eles pretendem deixar que os senhores prussianos outorguem o momento da insurreição.*

O tsar e seus sub-*knyazes*

NGR, n. 293, 9/5/1849

F. Engels

Colônia, 8 de maio. Diz-se que o embaixador francês em Berlim *protestou contra a marcha dos prussianos à Saxônia*.

Finalmente, pois, o governo francês percebe que a contrarrevolução do leste europeu também o ameaça, que a nova Sagrada Aliança não tem outro objetivo final e supremo do que a conquista e, desta feita, talvez também a – *divisão da França*?

Sabemos positivamente que, no acordo que foi concluído entre o tsar ortodoxo e seus dois sub-*knyazes* de Olmütz e Potsdam, foi declarado como objetivo último da aliança a conquista da França, a aniquilação da república e a elevação do "rei legítimo", do "filho do santo Luís", do idiota *Henrique de Bordeaux ao trono da França e Navarra*.

Que Odilon Barrot faça parte do complô, mal se pode duvidar.

É isso que se exige de vocês, soldados prussianos da Landwehr! Estão sendo chamados a se afastar de seus lares, de esposa e filhos, a fim de lutar primeiro contra seus irmãos na Alemanha e na Prússia, para ajudar a suprimir mesmo os pequenos traços restantes da liberdade que vocês conquistaram no ano passado – e então contra os húngaros, que vieram em auxílio de sua liberdade ameaçada –, e quando tiverem consumado essa obra, para satisfação de seus *knyazes* e seu supremo senhor e mestre, o tsar Nicolau, então serão enviados para além do Reno contra aquele povo cujas heroicas insurreições em 1789-1794, em 1830 e em 1848 lhes proporcionaram toda a liberdade de que desfrutam.

Foi para isso que vocês conquistaram alguma liberdade no ano passado como combatentes de barricadas e como massa popular ameaçadora, para agora, como soldados da Landwehr, ajudar a suprimi-la novamente e por fim, a serviço de seu altíssimo senhor, o tsar russo, destruir também os dois baluartes da liberdade, Hungria e França?

[A revolução que se aproxima]

NGR, n. 293, 9/5/1849, suplemento extraordinário

F. Engels

Colônia, tarde de 8 de maio. A revolução está cada vez mais próxima. Enquanto em Dresden o povo se bate contra os mercenários saxões e prussianos[1] com a maior bravura, e reforços armados respondem de todas as partes à invasão prussiana; enquanto no Palatinado o povo se reúne no Comitê de Defesa Nacional, a milícia popular se organiza e se arma, os funcionários se submetem, os militares se unem àquela, em todas as partes da Alemanha há luta e agitação. A Francônia só espera o momento para romper também com a Baviera; ali o povo está extremamente agitado, e especialmente os camponeses esperam com impaciência o momento da eclosão da luta. Amanhã poderemos dar detalhes a respeito. Em Baden e Würtenberg até os militares já se declararam a favor da constituição imperial. Da Turíngia, Hesse-Cassel e Darmstadt chegam relatos muito semelhantes.

Na Prússia, finalmente, o movimento se torna cada vez mais irrefreável e revolucionário. Breslau está muitíssimo agitada; ali se mostram todos os prenúncios de sérios acontecimentos: pequenos motins, reunião de tropas, patrulhas, grupos nas ruas. Toda a Silésia vive a mesma agitação, ansiosa por notícias da Hungria e de Viena. Berlim está calma, coagida pela força do domínio do sabre. No Reno e na Westfália os planos do despotismo dos Hohenzollern fracassam diante da resistência da Landwehr, que não quer mais se deixar usar como instrumento de novos golpes de Estado. Todo o Berg, o distrito de Hagen, Mülheim an der Ruhr, Krefeld, em síntese, justamente as regiões mais alvi-negras de repente se voltaram para a *rebelião aberta*.

---

[1] De 3 a 9 de maio de 1849 eclodiu um levante armado em Dresden, a capital da Saxônia, porque o rei se recusou a reconhecer a constituição imperial. Com os trabalhadores formando o contingente mais ativo nas lutas de barricadas, os insurgentes ocuparam a maior parte da cidade e formaram um governo provisório liderado pelo democrata radical Tzschirner. No entanto, a política moderada de outros membros do governo provisório, a deserção da Guarda Cívica burguesa, a sabotagem por parte do Conselho Municipal liberal, a traição da burguesia em Leipzig, onde reprimiu o movimento de solidariedade dos trabalhadores, enfraqueceram a resistência dos insurgentes. A insurreição foi aniquilada palas tropas saxás auxiliadas pelas prussianas. O revolucionário russo Mikhail Bakunin tomou parte ativa na insurreição, bem como o líder dos trabalhadores Stephan Born e o compositor Richard Wagner.

Enquanto isso, a camarilha Brandenburg-Manteuffel faz todo o possível para empurrar o povo à revolução. O *Diário Oficial* recebido hoje contém uma circular a todos os presidentes das administrações municipais, pela qual são exortados a se contrapor com energia a todos os esforços "revolucionários" voltados ao cumprimento da constituição imperial, e ademais uma correspondência entre o comissário imperial Bassermann e o sr. Brandenburg, na qual o último declara que: 1) a Prússia recusa de uma vez por todas reconhecer a constituição imperial, e 2) o poder central deve se abster, de uma vez por todas, de se imiscuir nos assuntos internos da Prússia, como a dissolução da câmara, o estado de sítio etc.

Recomendamos ao povo renano esta última prova da arrogância dos Hohenzollern. A dinastia, ao que parece, pretende impelir violentamente o povo à revolução pela vil negação das mais triviais concessões.

Se vier uma nova revolução, sr. von Hohenzollern, *quem sabe se desta vez o povo vai se contentar com um "Tire o chapéu!"*![2]

---

[2] Em 19 de março de 1848, durante a revolução em Berlim, o povo armado obrigou o rei Frederico Guilherme IV a aparecer na sacada de seu palácio e tirar seu chapéu para os insurgentes que haviam caído nas barricadas.

[A situação em Elberfeld]¹

NGR, n. 294, 10/5/1849

F. ENGELS

Elberfeld, 8 de maio. Depois de vários cartazes contendo um apelo ao povo para apoiar a Landwehr em sua recusa, assim como também uma proclamação da Landwehr contra o rei² e o ministério terem sido arrancados pela polícia, esta foi atacada e *obrigada a afixar os cartazes nos escritórios e portas*, enquanto o povo ficava de vigia. Por volta do fim da tarde, quando a massa popular se tornara maior, difundiu-se o boato de que os militares estariam a caminho, e por isso a Landwehr se armou e obrigou o prefeito a acompanhá-la à estação ferroviária para tentar convencê-los a voltar para trás. Entretanto, von Carnap fugiu para o cassino e então o povo demoliu a construção. Enquanto a Landwehr ia para a estação ferroviária a fim de dificultar a entrada dos militares, o poder armado apareceu então, e provocou confusão entre a massa popular ao açoitá-la de tal modo que foi preciso retirar muitos feridos.

Entretanto, as pessoas se reuniram novamente e foram para a prefeitura, na qual, entretanto, a Guarda Cívica fora disposta, pronta para defendê-la. O edifício continha

---

¹ A reportagem que Engels cita da *Gazeta de Düsseldorf*, com um chamado para as tropas de Colônia se juntarem ao movimento popular, descreve o estágio inicial da insurreição de Elberfeld. Esta insurreição de trabalhadores e pequenos burgueses eclodiu em 8 de maio de 1849 e serviu de sinal para a luta armada em várias cidades da Renânia (Düsseldorf, Iserlohn, Solingen e outras) em defesa da constituição imperial. A ocasião imediata para a insurreição foi a tentativa do governo prussiano de enviar suas tropas para reprimir o movimento revolucionário no Reno, destruir as organizações e a imprensa democráticas e desarmar as tropas reservistas que o próprio governo havia convocado e que desobedecera suas ordens e apoiara a reivindicação em favor da constituição imperial. Engels tomou parte ativa na insurreição, tendo chegado a Elberfeld em 11 de maio junto com um destacamento de trabalhadores de Solingen (mais tarde, ele foi alvo de processos legais por isso). Os esforços de Engels para assegurar a dissolução da Guarda Cívica burguesa, a imposição de um imposto de guerra sobre a burguesia, o armamento dos trabalhadores a fim de formar o núcleo do exército revolucionário renano e para unir as insurreições locais encontrou a oposição do Comitê de Salvação Pública, dominado por representantes da burguesia local. Por pressão dos círculos burgueses, Engels foi deportado da cidade na manhã de 15 de maio. Como resultado de negociações secretas entre uma delegação da burguesia e o governo, e da capitulação do Comitê de Salvação Pública, destacamentos de trabalhadores, incluindo aqueles que vieram de outros lugares, foram forçados a deixar a cidade na noite de 16 de maio (alguns buscaram partir para o sul, para o Palatinado insurgente) e a ordem precedente foi restaurada em Elberfeld. A derrota da insurreição de Elberfeld levou ao triunfo da reação na Prússia renana.

² Frederico Guilherme IV.

uma grande quantidade de munição, e demandou-se que esta fosse entregue, o que, no entanto, foi negado, e uma tentativa de forçar a entrada foi frustrada. Enquanto isso, uma saraivada de pedras custou a existência de diversas vidraças. Hoje, às 8 horas, a Landwehr, *totalmente armada*, assumiu posição próximo a Böttcher, em Engelnberg, e *aguarda a chegada dos militares*.

Muitos proletários armados juntaram-se a ela, assim como unidades da Landwehr de outros locais. A *Guarda Cívica* está igualmente ativa, mas *não atacará a Landwehr*, e sim somente conterá a ralé. Se os militares vierem e atacarem a Landwehr, então, ai deles! Terão de vir em grande número, pois do contrário nada obterão." (*G. D.*)[3]

(Hoje pela manhã, de madrugada, artilharia saiu daqui de Colônia para Elberfeld a fim de metralhar os honestos trabalhadores de Berg, que não pretendem se deixar usar, contra toda lei, como instrumento de uma camarilha traidora. Esperamos que a artilharia *cumpra seu dever*.)

---

[3] *Gazeta de Düsseldorf.*

[Ofensiva da contrarrevolução e vitória da revolução]

NGR, n. 294, 10/5/1849, suplemento extraordinário

F. ENGELS

Colônia, 9 de maio. A contrarrevolução avança depressa, mas a revolução avança mais depressa ainda.

Se em *Dresden* a contrarrevolução obteve vantagens que permitiam prever sua vitória, se em *Breslau* ela instituiu, por meio de uma rebelião provocada com sucesso, *estado de sítio, censura* e *corte marcial*,[1] a revolução pode apresentar vitórias bem diferentes.

Não estamos falando da *rebelião aberta da Landwehr* na Prússia renana, em rápido crescimento, que envolveu mesmo os distritos mais preto-e-brancos; não estamos falando do movimento do sul da Alemanha, traído por toda parte pelos governos, pela burguesia, pela própria Assembleia de Frankfurt;[2] estamos falando apenas daqueles grandes acontecimentos que, irrompendo do exterior, podem assegurar aos pequenos, isolados, traídos e vendidos movimentos alemães uma unidade, um apoio vigoroso: da revolução magiar e da revolução francesa.

Enquanto a *revolução magiar* conquista uma vitória após a outra e depois da recente batalha decisiva (que deve ter ocorrido no dia 5 ou 6, diante de Pressburg) marchará imediatamente sobre Viena e a libertará – repentinamente a *França* se engaja de novo num movimento aberto, que se desenvolve à clara luz do dia. Cessa o desenvolvimento subterrâneo dos últimos meses; a derrota do exército francês em Roma expôs e comprometeu todo o governo atual; o povo reaparece no palco – o povo, o último, o soberano

---

[1] Em resposta ao envio de artilharia para reprimir a insurreição de Dresden, trabalhadores e democratas de Breslau erigiram barricadas na cidade em 6 e 7 de maio de 1849. Mas eles estavam em número consideravelmente menor do que as tropas contrarrevolucionárias e foram derrotados. Tentativas isoladas de iniciar a revolta na Saxônia também falharam. Nos distritos orientais da Prússia, as autoridades conseguiram em muito pouco tempo esmagar a campanha em defesa da constituição imperial.

[2] No início de maio de 1849 começaram na Renânia, no Palatinado e em Baden insurreições em defesa da constituição imperial, adotada em 28 de março de 1849 pela Assembleia Nacional de Frankfurt mas recusada por uma série de estados alemães (Prússia, Saxônia, Baviera, Hannover, entre outros). As massas populares viram na constituição imperial a única conquista ainda não perdida da revolução. Mas as insurreições, que foram dirigidas principalmente por democratas pequeno-burgueses, assumiram um caráter isolado e espontâneo e, em meados de julho de 1949, foram cruelmente esmagadas.

juiz; e seja nas eleições, seja numa revolução aberta, muito em breve o povo francês dará um impulso ao movimento que será sentido em toda a Europa.

As dinastias europeias perceberão muito rapidamente que o povo eleito da revolução ainda não mudou – a revolução francesa de 1849 as vai interpelar não com frases lamartinescas, mas com canhões.

[Do teatro da guerra]

NGR, n. 294, 10/5/1849, suplemento extraordinário

F. Engels

Novas notícias de vitória da fronteira húngara! A *derrota dos austríacos* em *Hochstraß*, já informada por nós há alguns dias, confirma-se plenamente. A ilha Schütt está quase completamente nas mãos dos magiares.

Os imperiais sofreram uma *segunda derrota* em Szeres, no Váh, a cerca de 5 milhas de Pressburg. Ali Görgey conseguiu cruzar o Váh e repeliu os imperiais para até perto de Pressburg.

Em ambos os combates a cavalaria austríaca, em particular, sofreu pesadas perdas. Cavaleiros galícios e alemães chegaram a Viena em carros e a pé, sem cavalos e sem sabres, frequentemente com a sela sobre os ombros, e espalharam a consternação entre os negro-amarelos por sua aparência esfarrapada, enlameada e abatida. Também os remanescentes dispersos e miseráveis do corpo Urban passaram por Pressburg.

Nessa cidade prevalece a confusão geral entre os imperiais; esperava-se ali uma batalha decisiva no dia 4 ou 5 de maio, e punha-se em dúvida a possibilidade de manter a cidade. Muitos negro-amarelos fugiram dali. – Tyrnau, um pouco a noroeste de Szered, foi igualmente evacuada pelos imperiais, e a ferrovia que ia de lá para Pressburg foi arrasada.

Os magiares – isto é certo – pretendem levar a guerra para a *Morávia e a Baixa Áustria*, isto é, *tomar Viena*. Até a *Correspondência Litografada de Viena* admite que toda a Baixa Áustria os aguarda ansiosamente.

Na *Bucovina*, o agitador camponês Kobylica suscita cada vez mais a preocupação do governo.

Na *Bacska*, Perczel cobra pesadas contribuições dos sérvios, que devem também prover recrutas. Mas ao mesmo tempo ele lhes garante sua língua e nacionalidade e abole a fronteira militar.

Os relatos austríacos afirmam agora que a suposta destituição da dinastia Habsburgo seria um blefe proveniente do governo austríaco a fim de sublevar as demais províncias contra os magiares. Segundo outros, a Dieta Imperial teria revogado sua decisão por causa do efeito adverso que teria tido sobre o povo. *Se non è vero è ben trovato.*[1]

---

[1] Se não é verdade, é bem contado.

No sul, de acordo com o *Vjestnik* e o *Serbske Novine*, Perczel cruzou o Tisza, conquistou o distrito Kikinda, obrigou os sérvios a recuar por toda parte, e ameaça Werschetz. Todos fugiram de lá para Pancsova. Um corpo teria sido obrigado a recuar até Temesvar (cuja tomada por Bem não está, portanto, confirmada). Bem estaria em Orsova, pronto para receber os austríacos e russos vindos da Valáquia. Os sérvios perderam toda a confiança na condução da guerra pelo general Todorovich. Os jornais austro-eslavos são unânimes em considerar que não é possível manter o Banato e que em poucas semanas será totalmente reconquistado pelos magiares.

[A insurreição em Elberfeld e Düsseldorf][1]

NGR, n. 295, 11/5/1849, suplemento extraordinário

F. ENGELS

Colônia, 11 de maio. De Elberfeld somos informados de que a soldadesca posicionada na praça do mercado, depois de atacar por duas vezes o povo, foi rechaçada com perdas de muitos mortos e feridos. O cavalo do coronel do 16º foi alvejado sob seu corpo; ele próprio foi gravemente ferido. O capitão Uttenhoven teria sido morto, baleado na frente e – atrás [!]; diz-se que seu próprio pessoal teria atirado nele. O ataque dos soldados provocou em todos a mais terrível fúria. A maior parte da Guarda Cívica combateu ao lado do povo.

O Conselho Municipal dissolvido teria sido substituído por um Comitê de Segurança Pública, ao qual se juntaram também qutro membros do antigo Conselho Municipal. A casa do prefeito, von Carnap, foi completamente demolida; com o mobiliário mahagony do hotel Von der Heydt foi construída uma das mais valiosas barricadas. Diz-se que o número total de barricadas chega a cerca de 40.

Quando estas notícias, que entretanto não podem ser comprovadas em todos os pontos, foram despachadas, as tropas haviam abandonado a cidade e numerosos reforços das localidades vizinhas avançavam para apoiar o povo de Elberfeld.

Quando, às 9 horas desta noite, foi recebida em Düsseldorf a notícia de que a luta começara em Elberfeld, foi travado com verdadeiro heroísmo um combate na estação ferroviária de Düsseldorf contra as tropas enviadas como reforço de Colônia para Elberfeld,[2] e a luta de barricadas desencadeou-se furiosamente em todas as ruas. Por toda a noite os sinos soaram a rebate e as balas do povo respondiam às metralhas dos militares. Por volta da manhã, venceu, entretanto, a soldadesca e ao longo do dia teriam sido afixados cartazes nas esquinas nos quais se proclamava o estado de sítio e a lei marcial.

---

[1] Este artigo foi escrito, evidentemente, antes de 10 de maio, antes de ele partir para a Elberfeld insurgente, via Solingen, onde uma luta armada em defesa da constituição imperial também começara. É possível que Engels tenha enviado o relato para Colônia de Solingen, onde formou um destacamento de trabalhadores armados em 10 de maio. No dia seguinte ele e seu destacamenteo chegaram a Elberfeld, onde ficou até a manhã de 15 de maio. O artigo foi publicado em 11 de maio, e provavelmente os próprios editores acrescentaram essa data.

[2] Ver "[A situação em Elberfeld]".

Do lado do povo, teria havido 20 mortos, entre os quais o conhecido transportador Hartmann, e um pintor polonês que pulou diante dos soldados que se aproximavam, exortando-os a não atirar em seus irmãos, e caiu dilacerado por suas balas.

Fuzilando homens desarmados, mulheres e crianças, os militares teriam tornado ainda mais sangrenta sua vitória.

[Elberfeld]

NGR, n. 300, 17/5/1849, segunda edição

F. ENGELS

Colônia, 16 de maio. A *Nova Gazeta Renana* também estava representada nas barricadas de Elberfeld.

Para refutar diversos boatos falsos, devemos apresentar a nossos leitores um breve relato sobre esse assunto:

Em 10 de maio, *Friedrich Engels*, redator da *Nova Gazeta Renana*, foi de Colônia para Elberfeld e levou consigo, de Solingen, duas caixas de cartuchos, de que os trabalhadores de Solingen haviam se apoderado por ocasião do assalto ao arsenal de Gräfrath. Chegado a Elberfeld, informou ao Comitê de Segurança Pública sobre a situação em Colônia, pôs-se à disposição do Comitê e a Comissão Militar imediatamente o encarregou da direção das obras de fortificação com a seguinte autorização:

> A Comissão Militar do Comitê de Segurança Pública encarrega, por meio desta, o sr. Friedrich Engels de inspecionar todas as barricadas da cidade e completar as fortificações. Solicita-se, assim, a todos os postos das barricadas apoiá-lo sempre que necessário.
> Elberfeld, 11 de maio de 1849.
> (ass.) *Hühnerbein, Troost*

No dia seguinte, também a artilharia foi posta à disposição dele:

> Autorização para o cidadão F. Engels dispor os canhões a seu critério, bem como para requerer os artesãos necessários para isso; os custos serão suportados pelo Comitê de Segurança Pública.
> Elberfeld, 12 de maio de 1848.
> O Comitê de Segurança Pública
> Pelo mesmo:
> (ass.) *Pothmann, Hühnerbein, Troost*

Já no primeiro dia de sua presença, Engels organizou uma companhia de batedores e completou as barricadas em muitas saídas da cidade. Ele participou de todas as reuniões da Comissão Militar e propôs a esta o sr. *Mirbach* como comandante-em-chefe, proposta que foi acatada por unanimidade. Nos dias seguintes, continuou sua atividade, fez modificações em muitas barricadas, decidiu as posições de novas barricadas e reforçou as companhias de batedores. Assim que Mirbach chegou, pôs-se à disposição dele e participou também do Conselho de Guerra organizado pelo comandante-em-chefe.

Durante toda sua estada, Engels gozou da confiança incondicional tanto dos trabalhadores armados de Berg e da Marca quanto dos corpos de voluntários.

Já no primeiro dia de sua estada, o sr. Riotte, membro do Comitê de Segurança Pública, o questionou sobre suas intenções. Engels declarou que tinha ido para lá primeiro porque havia sido enviado por Colônia, e segundo porque acreditava que talvez pudesse ser utilizado com proveito em assuntos militares, e terceiro porque, tendo nascido ele mesmo em Berg, considerava uma questão de honra estar ali por ocasião da primeira insurreição armada do povo de Berg. Ele desejaria ocupar-se apenas com questões militares e permanecer totalmente alheio ao caráter político do movimento, pois era evidente que até o momento ali só era possível um movimento preto-rubro-dourado e por isso deveria ser evitada toda manifestação contra a constituição imperial.

O sr. Riotte concordou plenamente com essas declarações. Na manhã do dia 14, quando Engels acompanhava o comandante-em-chefe Mirbach à convocação geral em Engelnberg, o sr. Höchster, também do Comitê de Segurança Pública, veio até ele e declarou: Embora nada houvesse a dizer contra seu comportamento, mesmo assim a burguesia de Elberfeld estava alarmada no mais alto grau com sua presença, ela temia que a qualquer momento ele fosse proclamar a república vermelha, e era desejo geral que se afastasse.

Engels declarou que não pretendia nem se impor, nem abandonar covardemente seu posto, e exigia, pois de outro modo não poderia se comprometer com tal coisa, que esse desejo lhe fosse transmitido preto no branco, assinado por todo o Comitê de Segurança Pública.

O sr. Höchster levou a questão ao Comitê de Segurança Pública e ainda no mesmo dia foi tomada a seguinte decisão:

"Solicita-se ao cidadão Friedrich Engels, de Barmen, ultimamente residente em Colônia, *com pleno reconhecimento* de sua atividade desenvolvida até o momento nesta cidade, deixar ainda hoje os arredores desta comunidade, uma vez que sua presença poderia dar ensejo a mal-entendidos sobre o caráter do movimento".

Já antes de a decisão ter sido tomada, Engels declarara: ele daria seguimento ao pedido do Comitê de Segurança Pública somente se Mirbach lhe desse essa ordem. Mirbach viera até ali por sua iniciativa, e por isso ele só poderia ir-se quando Mirbach o dispensasse.

No dia 15, pela manhã, depois de muita pressão por parte do Comitê de Segurança Pública, Mirbach finalmente assinou a decisão em questão, que depois também foi divulgada por cartazes.

A decisão do Comitê de Segurança Pública exasperou intensamente os trabalhadores armados e corpos de voluntários. Eles exigiram que Engels ficasse, iriam "protegê-lo com suas vidas". Engels foi pessoalmente até eles e os acalmou, remetendo-os a Mirbach e declarando que não seria o primeiro a negar obediência ao comandante convocado por sua iniciativa e que, ademais, gozava de sua absoluta confiança.

Engels ainda participou de um reconhecimento nos arredores e se afastou de Elberfeld, depois de ter passado o comando a seu ajudante de campo.

Mas os trabalhadores de Berg e da Marca, que demonstraram a nosso co-redator uma tão surpreendente afeição e lealdade, podem bem pensar que o atual movimento é apenas o prelúdio de um outro movimento, mil vezes mais sério, no qual se tratará dos seus mais próprios – dos trabalhadores – interesses. Esse novo movimento revolucionário será o resultado do atual, e assim que ele irromper, Engels – com isso os trabalhadores podem contar – estará em seu lugar, assim como todos os outros redatores da *N[ova] G[azeta] R[enana]*, e então nenhum poder do mundo irá induzi-lo a se retirar desse lugar.

[O digno Schwanbeck]

NGR, n. 300, 17/5/1849, segunda edição

F. Engels

O co-redator da *Gazeta de Colônia*, o digno Schwanbeck, publicou um esclarecimento sobre suas desventuras em Elberfeld, no qual também afirma que um "redator da *Nova Gazeta Renana*"[1] agiu como denunciante contra ele. O referido redator da *Nova Gazeta Renana* só tem o seguinte a relatar sobre essa questão: enquanto desempenhava uma função oficial em Elberfeld,[2] foi-lhe solicitado por um membro do Comitê de Segurança Pública que reconhecesse dois senhores supostamente vindos de Colônia e detidos na prisão da prefeitura, dos quais um não era ninguém mais do que o digno Schwanbeck. Ele declarou, na presença deste, que faria com que na manhã seguinte esse senhor fosse levado para fora da cidade, o que ocorreu. Ademais, contou para seu amigo do Comitê de Segurança Pública um episódio sobre a ligação do sr. Schwanbeck com o sr. inspetor de política Brendamour, que já fora posto a público pelo sr. C. Kramer no *Guardião do Reno*.[3] A isso se limita toda a "denúncia".

De resto, não há ninguém melhor para esclarecer se, como afirma o digno Schwanbeck, "nada há para espionar em Elberfeld" do que o oficial prussiano ainda detido em Elberfeld como espião, e que foi rapidamente preso quando vagueava por lá sob nome falso.

---

[1] Friedrich Engels.
[2] Ver "[Elberfeld]".
[3] Periódico democrático, publicado em Colônia em 1848-1849 sob a redação de Kramer. Esse jornal publicava relatos sobre as reuniões da Associação Democrática de Colônia.

[Hungria]

NGR, n. 301, 19/5/1849

F. ENGELS

Colônia, 18 de maio. No momento em que a guerra magiar se torna *europeia* com a efetiva invasão dos russos, somos obrigados a interromper nossos relatos sobre seu curso ulterior. Só nos é permitido apresentar ainda uma vez a nossos leitores um breve panorama do desenvolvimento dessa grandiosa guerra revolucionária europeia.

Os leitores se lembram de que já antes da revolução de fevereiro, no outono de 1847, a Dieta de Pressburg, dirigida por *Kossuth*, tomou uma série de decisões revolucionárias, que ela decidiu pelo direito de compra e venda da propriedade da terra, a livre circulação dos camponeses, a revogação dos encargos feudais, a emancipação dos judeus, a igualdade de impostos para todas as classes; que ela concedeu aos croatas e eslavônios o uso oficial de sua própria língua em seus assuntos internos e finalmente que, no mesmo dia em que começou a revolução de fevereiro em Paris (22 de fevereiro), ela deu o primeiro passo para a *separação da Hungria* pela exigência de um ministério responsável separado para a Hungria.

A revolução de fevereiro foi deflagrada. Com ela quebrou-se a resistência do governo vienense contra as exigências dos húngaros. Em 16 de março, no dia seguinte à revolução de Viena, o ministério independente húngaro foi concedido, reduzindo assim o elo entre a Hungria e a Áustria à mera união pessoal.

Agora a revolução magiar autonomizada progride rapidamente. Todos os privilégios políticos foram abolidos, o sufrágio universal foi adotado, todas as obrigações feudais, corveias e dízimos foram abolidas sem indenização, em troca de compensações assumidas pelo Estado, foi instituída a união com a Transilvânia e imposta a nomeação de Kossuth como ministro das Finanças e a destituição do *ban* rebelde, Jellachich.

Nesse meio tempo, o governo austríaco recuperou-se novamente. Enquanto o suposto ministério responsável em Viena permaneceu impotente, a camarilha de Innsbruck ergueu-se ainda mais poderosa, apoiada pelo exército imperial na Itália, pelos anseios nacionais dos tchecos, croatas e sérvios, pela obstinada mediocridade dos camponeses rutenos.

Em 17 de junho irrompeu a insurreição sérvia no Banato e em Bacska, insuflada pelo dinheiro e pelos emissários da corte. No dia 20, Jellachich tinha audiência com o imperador em Innsbruck e foi novamente nomeado ban. De volta à Croácia, recusou obediência ao ministério húngaro e lhe declarou guerra em 15 de agosto.

A traição da camarilha habsburguesa foi exposta à luz do dia. Mais uma vez os húngaros tentaram trazer o imperador de volta à via constitucional. Enviaram uma delegação de 200 membros da Dieta a Viena; o imperador respondeu com evasivas. A agitação aumentou. O povo exigia garantias e impôs uma mudança ministerial. Os traidores, que também tinham assento no ministério de Pest, foram afastados e em 20 de setembro Kossuth foi nomeado primeiro-ministro. Mas apenas quatro dias depois o representante do imperador, o arquiduque Stephan, do Palatinado, fugiu para Viena, e em 26 o imperador divulgou o conhecido manifesto aos húngaros em que destituía o ministério como rebelde, nomeava Jellachich, o ogro dos magiares, governador da Hungria e atentava contra as mais essenciais conquistas revolucionárias húngaras.

O manifesto, que não era assinado por nenhum ministro húngaro, foi declarado por Kossuth nulo e inválido.

Enquanto isso, favorecido pela desorganização e traição que dominava no corpo de oficiais e no Estado-Maior, só nominalmente húngaros, mas na realidade velho-imperiais, Jellachich avançou até Stuhlweissenburg. Lá o exército húngaro, apesar de seus chefes traidores, o venceu e o repeliu para o território austríaco até os muros de Viena. O imperador e o velho traidor Latour decidiram enviar-lhe reforços e reconquistar a Hungria com tropas alemãs e eslavas. Mas, então, foi deflagrada a revolução de Viena de 6 de outubro e pôs provisoriamente fim aos projetos imperiais-reais.

Kossuth marchou imediatamente em auxílio de Viena com um corpo magiar. Às margens do Leitha, a indecisão da Dieta vienense e as traições de seus próprios oficiais, assim como a má organização de seu exército, composto em sua maior parte de reservistas, o impediu de avançar imediatamente. Finalmente ele se viu obrigado a prender mais de uma centena de oficiais, enviá-los a Pest e mandar fuzilar alguns, para então ousar atacar. Tarde demais – Viena já caíra, e seus indisciplinados reservistas foram repelidos para Schwechat pelas tropas regulares austríacas.

A trégua entre os imperiais e os magiares durou ainda seis semanas. Enquanto ambos os exércitos mobilizavam tudo para se reforçar, a camarilha de Olmütz levou a cabo o golpe longamente preparado: obrigou a renunciar o idiota Ferdinand, que se comprometera com concessões à revolução e se desgastara, e colocou no trono, como instrumento seu, o menino Francisco José, o filho de Sofia. Apoiada na constituição húngara, a Dieta de Pest rejeitou essa mudança no trono.

Em meados de dezembro a guerra se tornou por fim aberta. A essa altura, o exército imperial praticamente já cercara a Hungria. A ofensiva foi desencadeada de todos os lados.

Da Áustria avançaram, do sul do Danúbio, três corpos de exército compostos de ao menos 90 mil homens sob o comando supremo direto do marechal de campo Windischgrätz. Nugent partiu da Estíria com cerca de 20 mil homens pela margem esquerda do Drava, da Croácia saiu Dahlen com 10 mil homens pela margem direita do Drava para o Banato. No próprio Banato combatiam vários regimentos de fronteira, a guarnição de Temesvar, os reservistas sérvios e o corpo auxiliar sérvio Kničanin, ao todo de 30 mil a 40 mil homens sob Todorovich e Rukavina. Na Transilvânia estacionavam Puchner, com 20 mil a 25 mil homens, e Malkowsky, que a invadiu pela Bukovina, com 10 a 15 mil homens. Da Galícia, por fim, pelo alto Tisza, avançava Schlick, com um corpo de 20 mil a 25 mil homens.

O exército imperial somava, pois, no total, ao menos 200 mil soldados regulares, na maioria tropas acostumadas à guerra, sem contar os reservistas eslavos, romenos e saxãos e guardas nacionais, que tomavam parte na batalha no sul e na Transilvânia.

A essa colossal força militar, a Hungria tinha a opor um exército de talvez 80 a 90 mil soldados treinados, dos quais 24 mil haviam antes servido ao exército imperial, e além disso 50 a 60 mil honvéds e reservistas totalmente desorganizados; um exército cujos chefes eram, na maioria, tão traidores quanto os oficiais presos por Kossuth no Leitha.

Mas enquanto não era possível, provisoriamente, extrair mais nenhum recruta da Áustria, subjugada pela força, enquanto a Áustria estava arruinada financeiramente e quase sem dinheiro, havia ainda volumosos recursos à disposição dos magiares. O entusiasmo dos magiares pela liberdade, reforçado pelo orgulho nacional, aumentava a cada dia e oferecia a Kossuth um número de combatentes inesperado para um pequeno povo de 5 milhões; e a impressão húngara de cédulas punha à sua disposição uma inesgotável fonte de dinheiro, e todo magiar recebia esses *assignats*[1] nacionais como moeda de prata sonante. As fábricas de fuzis e canhões estavam em plena atividade. Só faltavam ao exército armas, treinamento e bons líderes, e tudo isso poderia ser alcançado em poucos meses. Tratava-se apenas, pois, de ganhar tempo, de atrair os imperiais para o interior do país, onde seriam estafados por uma incessante guerra de guerrilha e enfraquecidos por deixar para trás guarnições fortes e outros destacamentos.

Daí o plano dos húngaros, de se retirar lentamente para o interior, treinar os recrutas em combates contínuos e, em caso de extrema necessidade, pôr entre eles e os inimigos a linha do Tisza, com seus pântanos intransitáveis, esse fosso natural situado em torno do coração do território magiar.

Segundo todos os cálculos, os húngaros poderiam se manter por dois ou três meses na região entre Pressburg e Pest, mesmo contra a superioridade das forças militares austríacas. Mas, então, entrou o intenso frio, que cobriu durante muitos meses todos os rios e pântanos com uma camada de gelo pela qual podia passar mesmo a artilharia pesada. Com isso, todas as condições de terreno favoráveis à defesa foram eliminadas, todas as trincheiras construídas pelos magiares foram inutilizadas e expostas ao cerco. Assim aconteceu que, em menos de 20 dias, o exército húngaro foi obrigado a recuar de Ödenburg e Pressburg para Raab, de Raab para Moor, de Moor para Pest, teve de evacuar até mesmo Pest e, já no início da campanha, se retirar para trás do Tisza.

---

[1] Cédulas.

Enquanto isso acontecia com o exército principal, os corpos restantes não se saíam melhor. No sul, Nugent e Dahlen avançavam cada vez mais contra Esseg, ocupada pelos magiares, e os sérvios se aproximavam cada vez mais da linha do Mures; na Transilvânia, Puchner e Malkowsky se uniram a Maros-Vásárhely; no norte, Schlick descia dos Cárpatos até o Tisza e estabelecia ligação com Windischgrätz em Miskolcz.

Os austríacos pareciam ter praticamente liquidado a revolução magiar. Tinham atrás de si dois terços dos húngaros e três quartos dos transilvanos, e os húngaros estavam derrotados simultaneamente no *front*, nos dois flancos e na retaguarda. Mais algumas milhas de avanço, e todo o corpo imperial se daria as mãos formando um círculo que se contrairia cada vez mais estreitamente, no qual a Hungria seria esmagada como nos anéis de uma *Boa constrictor*.[2]

Agora tratava-se de conseguir algum alento por qualquer lado, enquanto no *front* o Tisza constituía um fosso provisoriamente inultrapassável pelos inimigos.

Isso ocorreu por dois lados: na Transilvânia graças a Bem, na Eslováquia graças a Görgey. Ambos conduziram campanhas que comprovam que são os mais geniais comandantes da atualidade.

Em 29 de dezembro, Bem chegou a Klausenburg, o único ponto da Transilvânia que ainda estava nas mãos dos magiares. Rapidamente concentrou os reforços que trouxera, o que restava das derrotadas tropas magiares e sículos, marchou para Maros-Vásárhely, bateu os austríacos e perseguiu muito de perto Malkoswky pelos Cárpatos até Bucovina e de lá à Galícia, onde avançou até Stanislav. Então regressou rapidamente para a Transilvânia e perseguiu Puchner até a poucas milhas de Hermannstadt. Alguns combates, uns poucos movimentos em todos os sentidos e toda a Transilvânia estava em suas mãos, afora duas cidades, Hermannstadt e Kronstadt, e estas estariam perdidas se os russos não fossem chamados. O peso que as tropas auxiliares russas de 10 mil homens puseram na balança obrigou Bem a se retirar para o país dos Sículos. Ali ele organizou o levante dos sículos, e quando conseguiu isso, fez com que Puchner, que avançara até Schässburg, se ocupasse com a Landsturm daqueles, contornou sua posição, moveu-se diretamente para Hermannstadt, expulsou os russos, venceu Puchner, que o perseguira, marchou para Kronstadt e entrou ali sem disparar um tiro.

Desse modo, a Transilvânia foi conquistada e a retaguarda do exército magiar foi liberada. A linha de defesa natural formada pelo Tisza encontrava agora sua continuação e complementação na série de montanhas dos Cárpatos e dos Alpes da Transilvânia, do Zips até as fronteiras do Banato, abaixo.

Ao mesmo tempo, Görgey realizou uma marcha triunfal semelhante no noroeste da Hungria. Partindo de Pest para a Eslováquia com um corpo, ele manteve em xeque durante dois meses os corpos dos generais Götz, Csorich e Simunich, que operavam de três lados

---

[2] Jiboia, ou Jiboia-constritora; alimenta-se de pequenos mamíferos, aves e lagartos, que mata por constrição, envolvendo o corpo da presa e sufocando-a.

contra ele, e por fim, quando sua posição não foi mais sustentável diante da superioridade numérica, abriu caminho pelos Cárpatos para Eperies e Kaschau. Ali estava na retaguarda de Schlick, obrigou-o rapidamente a abandonar sua posição e toda a sua base de operação e recuar para o exército principal de Windischgrätz, enquanto ele próprio marchava para o Tisza descendo ao longo do Hernad e se reunia à força principal dos magiares.

Essa força principal, à cuja cabeça estava então Dembiński, cruzara igualmente o Tisza e derrotara o inimigo em todos os pontos. Ela avançara até Hatvan, a 6 milhas de Pest, até que a concentração mais potente das forças militares inimigas a obrigou a bater novamente em retirada. Após oferecer vigorosa resistência em Kapolna, Maklar e Poroszlo, cruzou novamente o Tisza de volta, exatamente no mesmo momento em que Görgey chegava ao Tisza em Tokaj. A união dos dois corpos deu o sinal para um novo e grandioso avanço dos húngaros. Recrutas recentemente treinados haviam chegado do interior e reforçaram o exército magiar em operação. Haviam sido formadas legiões polonesas e alemãs, chefes hábeis haviam se desenvolvido ou haviam sido trazidos, e em vez da massa desorganizada e sem liderança de dezembro, repentinamente estava diante dos imperiais um exército concentrado, corajoso, numeroso, bem organizado e primorosamente dirigido.

Os magiares cruzaram o Tisza em três corpos. O flanco direito (Görgey) moveu-se para o norte, contornou por Eperies a divisão Ramberg, que antes o tinha perseguido, e a repeliu prontamente por Rimaszombat para o exército imperial principal. Este foi batido por Dembiński em Erlau, em Gyöngyös, em Gödöllö e em Hatvan e se retirou apressadamente para Pest. O flanco esquerdo (Vetter) finalmente expulsou Jellachich de Kecskemét, Szolnok e Szegléd, derrotou-o em Jász-Berény, e o obrigou a recuar também até os muros de Pest. Aqui, ao longo do Danúbio, de Pest até Waitzen, os imperiais estavam agora cercados pelos magiares em um amplo semicírculo.

Para não expor Pest ao bombardeio de Ofen, os húngaros recorreram a seu provado expediente, o de expulsar os austríacos dessa posição mais por manobras do que por ataque frontal aberto. Görgey tomou Waitzen e repeliu os austríacos para trás do Gran e do Danúbio, derrotou Wohlgemuth entre o Gran e o Neutra e desse modo liberou Komorn, que estava sitiada pelos imperiais. Os imperiais, ameaçados em sua linha de retirada, tiveram de se decidir por um recuo apressado; Welden, o novo comandante-em-chefe, retirou-se em direção de Raab e Pressburg, e Jellachich, para acalmar os seus croatas extremamente recalcitrantes, teve de marchar apressadamente com eles Danúbio abaixo para a Eslavônia.

Em sua retirada, que mais se assemelhava a uma fuga desenfreada, Welden (particularmente sua retaguarda, sob comando de Schlick) e Jellachich sofreram ainda significativos reveses. Enquanto o corpo do último se batia com esforço e lentamente através dos comitatos de Tolna e Baranya, teria sido possível a Welden concentrar em Pressburg os remanescentes de seu exército. Remanescentes que não podiam oferecer qualquer resistência séria.

Simultaneamente a essas surpreendentes vitórias dos magiares contra o exército principal austríaco, Moritz Perczel avançava de Szegedin e Tolna contra Peterwardein, invadia-a, tomava posse de Bacska e marchava para o Banato, para ali estender a mão a Bem, que avançava da Transilvânia. Bem já tomara Arad e sitiava Temesvar; Perczel estava em Werschetz, bem perto da fronteira turca, de modo que em alguns dias o Banato estaria conquistado. Ao mesmo tempo, os sículos cobriam os desfiladeiros transilvanos entrincheirados, a Landsturm, os desfiladeiros da Alta Hungria, e Görgey, com um exército significativo, estava no desfiladeiro de Jablunka, na fronteira morávio-galícia.

Em resumo, mais alguns dias e o vitorioso exército magiar, impelindo à sua frente os destroços do poderoso exército austríaco, teria entrado triunfante em Viena e aniquilaria para sempre a monarquia austríaca.

A separação entre a Hungria e a Áustria já fora decidida em Debreczin, em 14 de abril; a aliança com os poloneses fora proclamada abertamente desde meados de janeiro, e tornada realidade pela entrada de 20 a 30 mil poloneses no exército húngaro. A aliança com os alemães austríacos, existente já desde a revolução de Viena de 6 de outubro e a batalha de Schwechat, foi igualmente mantida e sustentada pelas legiões alemãs no exército húngaro, bem como pela necessidade estratégica e política dos magiares de alcançar o reconhecimento de sua declaração de independência pela tomada de Viena e pelo revolucionamento da Áustria.

Assim, muito rapidamente a guerra magiar perdeu o caráter nacional que tinha no início, e justamente pelo ato aparentemente mais nacional, pela declaração de independência, ela assumiu um caráter claramente europeu. A aliança com os poloneses para a libertação dos dois países, a aliança com os alemães para revolucionar a Alemanha ocidental, só adquiriram um caráter determinado, um fundamento sólido, quando a Hungria se separou da Áustria e, assim, declarou dissolvida a monarquia austríaca. A Hungria independente, a Polônia restabelecida, a Áustria alemã transformada em foco revolucionário da Alemanha, a Lombardia e a Itália conquistando independência – com a efetivação desses planos, todo o sistema estatal europeu ocidental seria destruído, a Áustria desapareceria, a Prússia se desintegraria, a Rússia seria forçada a recuar às fronteiras da Ásia.

A Sagrada Aliança deveria, pois, fazer de tudo para pôr um dique à ameaçadora revolução europeia ocidental. Os exércitos russos fluíram para as fronteiras da Transilvânia e da Galícia. A Prússia ocupou a fronteira boêmio-silésia e permitiu que os russos passassem por seu território para Prerau, e em poucos dias o primeiro corpo de exército russo estava em solo morávio.

Os magiares, entendendo claramente que em poucas semanas teriam de lidar com numerosas tropas frescas, não marcharam para Viena tão rapidamente como era inicialmente esperado. Não seria possível tomar Viena, assim como Pest, em um ataque frontal sem bombardear a cidade, e isso eles não podiam fazer. Era-lhes necessário novamente, como em Pest, tomá-la cercando-a, e isso demandava tempo, demandava a certeza de que eles mesmos não seriam ameaçados pelo flanco e pela retaguarda. Mas justamente aí estavam os russos, que os ameaçavam pela retaguarda, enquanto pelo outro lado, caso Viena fosse diretamente ameaçada, era de se esperar que forças significativas fossem destacadas do exército de Radetzky.

Os húngaros atuaram, pois, de modo muito inteligente quando, em vez de avançar rapidamente para Viena, se contentaram com empurrar os imperiais cada vez mais para fora da Hungria, cercá-los em um grande arco desde os pequenos Cárpatos até aos pés dos Alpes estírios, destacar um forte corpo para o Jablunka, fortificar e cobrir os desfiladeiros galícios, atacar Ofen e proceder rapidamente a um novo recrutamento de 250 mil homens, particularmente nos comitatos ocidentais reconquistados. Desse modo, asseguraram seus flancos e retaguarda e reuniram um exército que não tinha que temer nem os reforços russos nem o outrora tão colossal exército imperial. Desse célebre exército negro-e-amarelo, 200 mil homens marcharam para a Hungria e menos de 50 mil voltaram; os demais estão mortos, feridos, doentes, presos ou mudaram de lado.

Os russos, é certo, ameaçam com um exército ainda mais colossal. Alguns falam em 120 mil homens, outros em 170 mil. Segundo o *Porto Livre de Trieste*,[3] o exército mobilizado em operação deve chegar a mais de 500 mil homens. Mas são conhecidos os exageros russos, sabe-se que, dos números mencionados, só a metade consta das listas de pessoal e que, das cifras das listas de pessoal, de novo nem sequer a metade realmente existe. Se a ajuda russa, depois de deduzidas as tropas necessárias para a ocupação da Polônia, montar a 60 ou 70 mil homens, a Áustria pode se dar por satisfeita. E com esse número os magiares podem lidar.

A guerra magiar de 1849 tem muita semelhança com a guerra polonesa de 1830-1831. Mas se diferencia desta justamente por ter agora a seu favor todas as chances que à época os poloneses tinham contra si. Sabe-se que à época Lelewel se esforçou sem sucesso, primeiro, para vincular as massas à revolução por meio da emancipação dos camponeses e dos judeus e, segundo, para transformá-la em guerra *europeia*, implicando na guerra todas as três potências que dividiam o poder graças à insurgência de toda a velha Polônia. *Os magiares iniciaram por aquilo que*, à época, na Polônia, só se efetivou quando era tarde *demais*. Na Hungria, a primeira medida foi a revolução social no interior, a abolição do feudalismo; a inserção da Polônia e da Alemanha na guerra, a segunda, e, com isso, a guerra se tornou europeia. Ela começou com a entrada do primeiro corpo *russo* em solo alemão, e encontrará sua virada decisiva com a entrada do primeiro batalhão francês em solo alemão.

Por ter se tornado europeia, a guerra húngara entra em relação recíproca com todos os demais momentos do movimento europeu. Seu decurso influi não somente na Alemanha, ele influi também sobre a França e a Inglaterra. Não é de se esperar que a burguesia inglesa tolere a transformação da Áustria em uma província russa; é certo que o povo francês não assistirá tranquilamente à contrarrevolução se aproximando mais e

---

[3] Jornal austríaco publicado em Trieste.

mais para atacá-lo. Qualquer que seja o resultado das eleições na França, o exército em todo caso já se declarou a favor da revolução, e nesse momento o exército decide. Se o exército quiser a guerra – e ele a quer –, haverá guerra.

E ela virá. Em Paris, a revolução está às portas, seja por meio das eleições, seja por meio da confraternização, já efetivada por si mesma nas urnas eleitorais, do exército com o partido revolucionário. E enquanto no sul da Alemanha se forma o núcleo de um exército revolucionário alemão que impede a Prússia de tomar parte ativa na campanha húngara, a França está a ponto de participar ativamente da luta. Em poucas semanas, talvez em poucos dias tudo já estará decidido, e o exército revolucionário francês, o magiar-polonês e o alemão em breve festejarão sua confraternização no campo de batalha, sob os muros de Berlim.

Nomes

Abegg, Bruno Eberhard (1803-1848): funcionário prussiano e político liberal; em 1848, membro do Pré-Parlamento e vice-presidente do Comitê dos Cinquenta, depois deputado da Assembleia Nacional Prussiana (centro).

Alcibíades (c. 450-c. 404 a.C.): estadista e general ateniense.

Alinari, L: democrata italiano, membro do comitê administrativo do jornal *L'Alba*.

Ammon: funcionário prussiano; em 1848-1849, procurador em Düsseldorf.

Anneke, Friedrich (Fritz): (c. 1817-c. 1872): ex-oficial de artilharia prussiano, membro da Comuna de Colônia da Liga dos Comunistas; em 1848, um dos fundadores e secretário da Associação de Trabalhadores de Colônia, adepto de Gottschalk; editor da *Nova Gazeta de Colônia*, membro do Comitê Renano dos Democratas, preso de julho a dezembro de 1848; em 1849, membro da Comissão Militar na insurreição de Baden; mais tarde, participou da Guerra de Secessão estadunidense, ao lado dos estados do norte.

Anneke, Mathilde Franziska (1817-1884): esposa do anterior, escritora; em 1848, durante a prisão de seu marido, redigiu a *Nova Gazeta de Colônia*; em 1849, participou da insurreição de Baden como ordenança.

Appius Claudius Caecus (Ápio Cláudio Cego) (340-273 a.C.): cônsul romano e censor no século IV a. C.

Ariosto, Ludovico (1474-1533): poeta italiano da Renascença; sua principal obra é *Orlando Furioso*.

Arndt, Ernst Moritz (1769-1860): escritor, historiador e filólogo, participou ativamente na guerra de libertação do povo alemão contra o domínio de Napoleão; em 1848, membro da Assembleia Nacional de Frankfurt (centro-direita), defensor da monarquia constitucional.

Arnim-Boitzenburg, Adolf Heinrich, conde de (1803-1868): político prussiano, representante dos junkers; ministro prussiano do Interior (1842-1845) e primeiro-ministro (19 a 29 de março de 1848).

Arnim-Suckow, Heinrich Alexander, barão de (1798-1861): político prussiano, liberal moderado; ministro do Exterior (março a junho de 1848).

Arntz, Aegidius Rudolph Nicolaus (1812-1884): jurista e publicista, perseguido quando estudante por sua atividade na Liga Estudantil; e, 1848, deputado da Assembleia Nacional Prussiana (centro-esquerda); mais tarde, professor em Bruxelas.

Átila (406-453): rei dos hunos de 433 a 453.

Auersperg, Karl, conde de (1783-1859): general austríaco; em 1848, comandante da guarnição de Viena, participou ativamente na derrota da revolução de outubro.

Auerswald, Rudolf von (1795-1866): político prussiano, representante da nobreza liberal aburguesada; primeiro-ministro e ministro do Exterior (junho a setembro de 1848).

Ballin, Felix (1802-?): comerciante belga, democrata radical, membro da Associação Democrática de Bruxelas; em 1848, condenado à morte no Processo Risquons-Tout, sentença depois transformada em 30 anos de prisão; libertado em 1854.

Baltzer, Wilhelm Eduard (1814-1887): pregador em Nordhausen, democrata; em 1848, membro do Pré-Parlamento e deputado da Assembleia Nacional Prussiana (esquerda).

Barbes, Armand (1809-1870): revolucionário francês, democrata pequeno-burguês; durante a monarquia de julho, um dos chefes da clandestina Sociedade das Estações; em 1839, foi condenado à prisão perpétua por sua participação na tentativa de insurreição; em 1848, deputado da Assembleia Nacional constituinte, apoiou a política de Ledru-Rollin; condenado à prisão perpétua por sua participação na ação de 15 de maio de 1848, foi anistiado em 1854, e desde então viveu na imigração.

Barrot, Camille-Hyacinthe-Odilon (1791-1873): político burguês francês; durante a monarquia de julho, líder da oposição dinástica liberal; de dezembro de 1848 a outubro de 1849, encabeçou um ministério apoiado no bloco monarquista contra-revolucionário.

Bassermann, Friedrich Daniel (1811-1855): livreiro em Mannheim, político liberal moderado; em 1848-1849, representante do governo de Badem no Parlamento, membro do Pré-Parlamento e da Assembleia Nacional de Frankfurt (centro-direita).

Bastide, Jules (1800-1879): político e publicista francês, republicano burguês, diretor do jornal Le National (1836-1846); em 1848, deputado da Assembleia Nacional constituinte e ministro do Exterior.

Baudin, Charles (1784-1854): almirante francês.

Bauer, Heinrich: sapateiro, um dos líderes da Liga dos Justos e da Associação comunista dos Trabalhadores de Londres; membro do Comitê Central da Liga dos Comunistas, emissário da Liga na Alemanha de abril a maio de 1850; em 1851, foi para a Austrália.

Bauer: Conselheiro em Krotoschin (Posnânia); em 1848, deputado da Assembleia Nacional Prussiana (centro-esquerda).

Bauerband, Johann Joseph (1800-1878): jurista, professor em Bonn, clérigo; em 1848, deputado do Assembleia Nacional Prussiana (direita).

Baumstark, Eduard (1807-1889): Professor de ciência política em Grefswald, liberal moderado; em 1848, deputado da Assembleia Naconal Prussiana (direita).

Bavay, Charles-Viktor (1801-1875): funcionário belga do judiciário, procurador-geral na Corte de Apelação em Bruxelas.

Bayard, Pierre du Terrail, senhor de (c.1475-1524): cavaleiro francês, chamado "o cavaleiro sem medo e sem defeito", graças a sua coragem e magnanimidade.

Beaumarchais, Pierre-Augustin Caron de (1732-1799): dramaturgo francês.

Becker, Felix: poeta e revolucionário francês, participou da revolução belga de 1839 e da insurreição polonesa de 1830-1831; em fevereiro/março de 1848, participou da criação da Legião Belga em Paris.

Becker, Hermann Heinrich (1820-1885): advogado e publicista em Colônia; em 1848, membro da Sociedade Democrática de Colônia e membro do Conselho da União de Trabalhadores e Empregadores, foi eleito para o Comitê Distrital Renano dos Democratas e para o Comitê de

Segurança de Colônia; redator da Gazeta Alemã Ocidental (maio de 1849 a julho de 1850); desde 1850, membro da Liga dos Comunistas; condenado em 1852 no Processo dos Comunistas de Colônia; mais tarde, nacionalista liberal, prefeito de Dortmund e Colônia.

Becker, Nicolaus (1809-1845): compositor da canção "O Reno Alemão"

Bedeau, Marie-Alphonse (1804-1863) general e político francês, republicano burguês; em 1848, comandante de uma divisão de tropas durante a insurreição de junho parisiense; vice-presidente da Assembleia Nacional constituinte e legislativa.

Behnsch: médico na Silésia, democrata; em 1848, deputado da Assembleia Nacional Prussiana (esquerda).

Berends, Julius (1817-1891): impressor em Berlim, democrata pequeno-burguês; em 1848, líder da Associação dos Operários de Berlim e deputado da Assembleia Nacional Prussiana (esquerda); emigrou para os EUA em 1853.

Berg, Philipp Karl Peter von (1815-1866): padre católico da Renânia, liberal; em 1848, deputado da Assembleia Nacional Prussiana (centro-esquerda).

Beseler, Wilhelm Hartwig (1806-1884): político burguês; em 1848, presidente do governo provisório do Schleswig-Hostein, vice-presidente da Assembleia Nacional de Frankfurt (centro-direita).

Besser, von: conselheiro em Thorn, liberal; em 1848, deputado da Assembleia Nacional Prussiana (centro-esquerda).

Betist, Friedrich von (1817-1899): ex-oficial prussiano; em 1848, membro do comitê da Associação dos Trabalhadores de Colônia, redator da Nova *Gazeta de Colônia* (setembro de 1848 a fevereiro de 1849); relator da Comissão para a Solução da Questão Social no segundo Congresso dos Democratas em outubro de 1848, em Berlim; em 1849, membro da Comissão Militar na insurreição de Baden; posteriormente, emigrou para a Suíça.

Beurmann, Karl Moritz von (1802-1870): jurista, presidente prussiano da Posnânia (1842-1848); depois da Revolução de Março, presidente da Comissão governamental para a Reorganização Nacional da Província da Posnânia.

Biedermann, Karl (1812-1901): historiador, filólogo e publicista, liberal moderado; em 1848, membro do Pré-Parlamento e vice-presidente da Assembleia Nacional de Frankfurt (centro); mais tarde, nacionalista liberal.

Bixio, Jacques-Alexandre (1808-1865): publicista e político francês, republicano burguês, um dos redatores do jornal Le National; em 1848, vice-presidente da Assembleia Nacional constituinte e em 1848 deputado da Assembleia Nacional legislativa.

Blanc, Jean-Joseph-Louis (1811-1882): socialista pequeno-burgu-es francês, jornalista e historiador; em 1848, membro do governo provisório e presidente da Comissão do Luxemburgo, defendeu a conciliação e o pacto com a burguesia.

Blank, Joseph Bonavita (1740-1827): padre católico, zoólogo e mineralogista, professor na Universidade de Würtzburg.

Blanqui, Louis-Auguste (1805-1881): revolucionário francês, fundador de várias sociedades secretas; em 1848, um dos líderes do proletariado francês, defendeu a tomada violenta do poder mediante uma organização conspirativa e a necessidade de uma ditadura revolucionária; passou 36 anos na prisão.

Bloem, Anton (1814-1885): advogado em Düsseldorf, democrata; em 1848, deputado da Assembleia Nacional Prussiana (inicialmente de esquerda, depois de centro-esquerda).

Blum, Robert (1807-1848): jornalista e livreiro em Leipzig, democrata pequeno-burguês; em 1848, vice-presidente do Pré-Parlamento e líder da esquerda na Assembleia Nacional de Frankfurt; em outubro de 1848, participou da insurreição de Viena; depois da vitória da reação, foi fuzilado pela lei marcial.

Bodelschwingh, Ernst, barão de (1794-1854): político prussiano, representante dos junkers; ministro das Finanças (1842-1845) e do Interior (1845 a março de 1848).

Borchardt, Friedrich: advogado em Colônia, democrata pequeno-burguês; em 1848, membro do conselho da Sociedade Democrática de Colônia e deputado da Assembleia Nacional Prussiana (esquerda).

Bornemann, Friedrich Wilhelm Ludwig (1798-1864): funcionário prussiano do judiciário, político liberal; em 1848, deputado da Assembleia Nacional Prussiana (centro-direita); ministro da Justiça (março a junho de 1848).

Bornstedt, Adalbert von (1808-1851): ex-oficial prussiano, publicista, democrata pequeno-burguês; em 1847/48, editor e redator da Gazeta da Alemanha e de Bruxelas, membro da Liga dos Comunistas; um dos líderes da Sociedade Democrática Alemã em Paris; organizou um grupo de voluntários para invadir a Alemanha; em março de 1848, foi expulso da Liga.

Borries, von: conselheiro em Herford; em 1848, deputado da Assembleia Nacional Prussiana (direita).

Bourbon: dinastia francesa; governou na França (1559-1792 e 1815-1830), Espanha (1701-1931) Nápoles-Sicília (1735-1860) e Parma (1748-1859).

Boyen, Leopold Hermann Ludwig von (1771-1848): general-marechal de campo prussiano, de ascendência tcheca; oranizou a Landwher durante a guerra contra Napoleão; ministro da Guerra (1814-1819 e 1841-1847).

Bréa, Jean-Baptiste-Fidèle (1790-1848): general francês; em 1848, participou do esmagamento da Revolução de Junho em Paris; fuzilado pelos insurretos.

Bredt: assessor governamental em Elberfeld; em 1848, deputado da Assembleia Nacional Prussiana (direita).

Brehmer: catedrático em Puttbus; em 1848, deputado da Assembleia Nacional Prussiana (direita).

Brentano, Lorenz Peter (1813-1891): advogado em Mannheim, democrata pequeno-burguês; em 1848, membro da esquerda da Assembleia Nacional de Frankfurt; em 1849, presidente do governo provisório de Baden; depois da derrota da insurrição de Baden, emigrou para a Suíça e depois para os EUA.

Bright, John (1811-1889): fabricante inglês, liderança política liberal, defensor do livre comércio, um dos fundadores da Liga Anti-Lei dos Cereais; várias vezes ministro.

Brill: escritor em Breslau; democrata; em 1848, deputado da Assembleia Nacional Prussiana (esquerda); participou do segundo Congresso dos Democratas em Berlim.

Brisbane, Albert (na *Nova Gazeta Renana, Henry*) (1809-1890): jornalista americano, redator do *New York Daily Tribune*, adepto de Fourier.

Brodowski, Alexander von: proprietário de terras polonês; em 1848, membro do Comitê Nacional na Posnânia e deputado da Assembleia Nacional Prussiana (esquerda).

Brüggemann, Karl Heinrich (1810-c.1887): economista político e publicista liberal, redator-chefe da *Gazeta de Colônia* (1846-1855).

Brutus, Marcus Junius (c. 85-42 a. C.): político romano, um dos promotores do complô aristocrata--republicano contra Júlio César.

Bucher, Lothar (1817-1892): funcionário judiciário prussiano, publicista; em 1848, deputado da Assembleia Nacional Prussiana (centro-esquerda); mais tarde, nacionalista liberal, colaborador de Bismarck e amigo de Lassalle.

Bugeaud de la Piconnerie, Thomas-Robert (1784-1849): marechal francês, orleanista, membro da Câmara dos Deputados durante a monarquia de julho; em 1848-1849, comandante-chefe do exército dos Alpes e deputado da Assembleia Nacional legislativa.

Bürger, Gottfried August (1747-1794): poeta e tradutor alemão (traduziu Homero e Shakespeare).

Bürgers, Heinrich (1820-1878) publicista radical em Colônia; em 1842-1843, colaborador da *Gazeta Renana*; membro da Comuna de Colônia na Liga dos Comunistas; em 1848-1849, membro da redação da *Nova Gazeta Renana*, membro da Associação dos Trabalhadores de Colônia e do Comitê de Segurança; em 1850, membro do Comitê Central da Liga dos Comunistas; em 1852, foi condenado a seis anos de prisão como um dos principais acusados no Processo dos Comunistas de Colônia; mais tarde, nacionalista liberal.

Bußman: proprietário de terras no grão-ducado da Posnânia; em 1848, deputado da Assembleia Nacional Prussiana (direita).

Cabet, Etienne (1788-1856): jurista e publicista francês, comunista utópico; autor do romance utópico *Viagem a Icária* (1842).

Camphausen, Ludolf (1803-1890): banqueiro em Colônia, um dos líderes da burguesia liberal renana; em 1847, membro da Dieta Unificada; primeiro-ministro prussiano (março a junho de 1848), enviado prussiano no poder central provisório (julho de 1848 a abril de 1849).

Campobasso: chefe de polícia de Nápoles antes da revolução de 1848.

Carlos Alberto (1798-1849): rei da Sardenha e Piemonte (1831-1849).

Carlos I (1600-1649): rei da Inglaterra, Irlanda e Escócia (1625-1649).

Carlos II, Carlos Luís de Bourbon (1799-1883): duque de Lucca (1824-1847), duque de Parma (1847-1849).

Carlos V (1500-1558): imperador romano-germânico (1519-1556); rei da Espanha (1516-1556) e arquiduque da Áustria (1519-1521) como Carlos I.

Carlos X (1757-1836): rei da França (1824-1830).

Carlos, Don (1788-1855): pretendente ao trono espanhol; sua tentativa de conquistar o trono e restabelecer o poder ilimitado das forças clericais feudais levou a uma guerra civil que se estendeu de 1833 a 1840.

Carnot, Lazare-Hippolyte (1801-1888): publicista e político francês, republicano burguês moderado; em 1848, ministro da Educação no governo provisório, e deputado da Assembleia Nacional constituinte.

Catão, o Jovem (*Marco Pórcio Catão Uticense*) (95-46 a.C.): bisneto do anterior, filósofo e estadista romano, republicano, estoico; depois da vitória de César, na batalha de Tapso, suicidou-se.

Catão, o Velho (*Marco Pórcio Catão*) (234-149 a.C.): estadista romano e historiador, defendia os privilégios aristocráticos.

Catilina, Lucius Sergius (c. 108-62 a.C.): político romano, patrício; organizador da chamada conspiração contra a república aristocrática.

Caussidière, Marc (1808-1861): socialista pequeno-burguês francês; em 1834, participou da insurreição de Lyon; em 1848, prefeito de polícia de Paris (de fevereiro a maio) e deputado na Assembleia Nacional constituinte; depois da derrota da Revolução de Junho, emigrou para a Inglaterra.

Cavaignac, Louis-Eugene (1802-1857): general e político francês, republicano burguês moderado; em 1848, governador da Argélia, e desde maio ministro da Guerra; investido de plenos poderes ditatoriais pela Assembleia Nacional constituinte, reprimiu cruelmente da Revolução de Junho do proletariado parisiense; primeiro-ministro (junho a dezembro de 1848).

Cervantes Saavedra, Miguel de (1547-1616): escritor realista espanhol, autor do romance *Dom Quixote*.

Cham (Amédée de Noé) (1819-1879): caricaturista francês, colaborador constante da revista satírica *Charivari*.

Chambord, Henri-Charles d'Artois, duque de Bordeaux, conde de (1820-1883): neto de Carlos X, pretendente dos legitimistas ao trono francês sob o nome de Henrique V.

Chazal, Pierre-Emanuel-Felix, barão (1808-1892): general belga, anteriormente comerciante de tecidos, participou da Revolução de 1830; ministro da Guerra (1847-1850 e 1859-1866).

Chézy, Helmina von (1783-1856): escritora romântica alemã.

Christian Karl Friedrich August (1798-1869): duque do Schleswig-Holstein.

Cieszkowski, August, conde (1814-1894): filósofo, economista e político polonês; em 1848, deputado da Assembleia Nacional Prussiana (esquerda).

Cincinato, Lúcio Quíncio: político no século V a.C., paladino dos patrícios; modelo de virtude e austeridade romanas.

Clemens, Friedrich Jacob (1815-1862): filósofo e teólogo em Bonn; em 1848-1849, membro da Assembleia Nacional de Frankfurt (centro).

Clouth, Wilhelm: proprietário de uma gráfica em Colônia, na qual a *Nova Gazeta Renana* foi impressa de 1 de junho a 27 de agosto de 1848.

Cluß, Adolph: engenheiro, membro da Liga dos Comunistas; em 1848, secretário da Associação Cultural dos Trabalhadores em Mogúncia; em 1848, emigrou para os EUA, mas manteve uma correspondência regular com Marx e Engels; colaborador de vários jornais democráticos nos EUA, Inglaterra e Alemanha.

Cobden, Richard (1804-1865): fabricante em Manchester, liberal, defensor do livre comércio, um dos fundadores da Liga Anti-Lei dos Cereais.

Coburger: família ducal alemã, cujos membros vincularam-se por casamento a diversas casas principescas europeias.

Cockerill, John (1790-1840): industrial inglês.

Colomb, Friedrich August von (1775-1854): general prussiano, comandou, de 1843 a 1848, o corpo de exército prussiano na Posnânia.

Congreve, Sir William (1772-1828): general de artilharia e técnico inglês, inventor dos foguetes incendiários.

Cooper, James Fenimore (1789-1851): escritor realista norte-americano.

Corday d'Armont, Charlotte (1768-1793): em 1793, assassinou o presidente do Clube dos Jacobinos, Marat; condenada à morte pelo Tribunal Revolucionário.

Cromwell, Oliver (1599-1658): estadista inglês; líder da burguesia e da nobreza aburguesada durante a revolução burguesa do século XVII; de 1653 a 1638, Lord-Protetor da Inglaterra, Escócia e Irlanda.

Dahlmann, Friedrich Christoph (1785-1860): historiador, professor em Kiel, Göttingen e Bonn, político liberal; em 1848, membro do Pré-Parlamento e da Assembleia Nacional de Frankfurt (centro-direita).

Damesme, Edouard-Adolphe-Marie (1807-1848): general francês; em 1848, comandante da Guarda Móvel na derrota da Revolução de Junho em Paris.

Dane: jurista em Lippstadt (Westfália); em 1848, membro da Assembleia Nacional Prussiana (direita).

*Danton, Georges-Jacques (*1759-1794*)*: advogado em Paris, político da Revolução Francesa, líder da ala direita dos jacobinos.

d'Aspre, Constantin, barão (1789-1850): general austríaco, participou em 1848-1849 da derrota da revolução na Itália.

Del Carretto, Francesco Saverio, Marquês (1788-1862): político reacionário italiano, ministro da polícia do reino de Nápoles (1831 a janeiro de 1848).

Delescluze, Louis-Charles (1809-1871): jornalista francês, revolucionário pequeno-burguês; em 1848, comissário do governo no Departamento do Norte; em 1871, membro da Comuna de Paris, morreu nas barricadas.

Denjoy, Jean-François (1809-1860): advogado e político burguês francês, monarquista; em 1848, deputado na Assembleia Nacional constituinte e, em 1848, na legislativa.

d'Ester, Karl Ludwig Johann (1811-1859): médico em Colônia, membro da comuna de Colônia da Liga dos Comunistas; em 1848, membro do Pré-Parlamento e um dos líderes da esquerda na Assembleia Nacional Prussiana; participou do segundo Congresso dos Democratas em outubro de 1848 em Berlim, quando foi eleito para o Comitê Central dos Democratas da Alemanha; em 1848, desempenhou um papel importante na insurreição de Baden-Palatinado; posteriormente, emigrou para a Suíça.

Dierschke: comissário da Justiça da Silésia, democrata; em 1848, deputado da Assembleia Nacional prussiana (esquerda).

Doblhoff-Dier, Anton, barão de (1800-1872): estadista austríaco, liberal moderado; em 1848, ministro do Comércio (maio) e do Interior (julho a outubro).

Dom Quixote: personagem do romance de mesmo nome, de Cervantes.

Domes, Auguste (1799-1848): publicista e político burguês francês, republicano moderado, um dos redatores do jornal *Le National*; em 1848, deputado da Assembleia Nacional constituinte.

Don Ranudo de Colibrados: nobre empobrecido cheio de estúpida altivez, personagem da comédia homônima de Ludwig Holberg.

Draco: legislador ateniense em 620 a.C.; defendeu a propriedade da aristocracia dominante mediante medidas punitivas rigorosas.

Dronke, Ernst (1822-1891): publicista e escritor, inicialmente "socialista verdadeiro", depois membro da Liga dos Comunistas; em 1848-1849, um dos redatores da *Nova Gazeta Renana*; depois da derrota da revolução, emigrou para a Suíça, e mais tarde para a Inglaterra, e se retirou da vida política.

Duchâtel, Charles-Marie-Tanneguy, conde (1803-1867): estadista francês, orleanista; ministro do Comércio (1834-1836) e do Interior (1839 e 1840-1848); maltusiano.

Dumont (DuMont), Joseph (1811-1861): jornalista alemão, liberal moderado; desde 1831, proprietário da *Gazeta de Colônia*.

Duncker: conselheiro de Estado em Berlim; em 1848, um dos líderes da centro-esquerda na Assembleia Nacional Prussiana.

duque de Braunschweig: ver *Karl Wilhelm Ferdinand*.

duque de Modena: ver *Franz V.*

duque do Schleswig-Holstein: ver *Christian Karl Friedrich August*.

Duvernoy, Heinrich Gustav (1802-1890): político de Württemberg, liberal; em 1848-1849, ministro do Interior de Württenberg.

Duvivier, Franciade-Fleurus (1794-1848): general francês; em 1848, tomou parte na derrota da Revolução de Junho em Paris; deputado da Assembleia Nacional constituinte.

Eckart, o leal: herói da mitologia popular alemã, símbolo de um guardião confiável.

Eisenmann, Gottfried (1795-1867): médico e publicista; em 1848, membro do Pré-Parlamento e da Assembleia Nacional de Frankfurt (inicialmente de centro, depois de esquerda).

Elsner, Karl Friedrich Moritz (1809-1894): professor secundarista em Breslau, publicista e político radical, democrata; em 1848, deputado da Assembleia Nacional Prussiana (esquerda); nos anos 1850, um dos redatores da *Nova Gazeta do Oder*.

Epicuro (c. 341-c. 270 a.C.): filósofo materialista grego, ateu.

Esselen, Christian (1823-1859): publicista radical, democrata pequeno-burguês; em 1848, líder da Associação dos Trabalhadores de Frankfurt e um dos editores da *Gazeta Geral dos Trabalhadores de Frankfurt*; emigrou em 1849 para a Suíça, e depois para os EUA.

Esser I, Johann Heinrich Theodor: advogado e conselheiro judicial em Colônia, clérigo; em 1848, vice-presidente da Assembleia Nacional Prussiana (centro).

Esser, Christian Joseph: toneleiro em Colônia; em 1848, presidente de uma as associações filiadas à Associação dos Trabalhadores de Colônia; em 1849, redator do jornal *Liberdade, Fraternidade, Trabalho*.

Fausto: personagem de uma tragédia de mesmo título de Goethe.

Feldhaus: professor na Renânia; em 1848, deputado da Assembleia Nacional Prussiana (direita).

Ferdinando I (1793-1875): imperador da Áustria (1835-1848).

Ferdinando II. Karl von Bourbon (1810-1859): rei da Sicília e de Nápoles (1830-1859).

Fickler, Joseph (1808-1865): jornalista, democrata pequeno-burguês; em 1848-1849, um dos líderes do movimento democrata radical em Baden; em 1849, membro do governo provisório de Baden; depois emigrou para a Suíça, Inglaterra e EUA.

Fígaro: personagem da comédia *O dia louco, ou o casamento de Fígaro*, de Beaumarchais.

Flottwell, Eduard Heinrich von (1786-1865): representante da burocracia reacionária prussiana; prefeito regional da Posnânia (1830-1840) e da Westfália (1846-1848); ministro das Finanças (1844-1846); em 1848, membro da Assembleia Nacional de Frankfurt (direita).

Forstmann: comerciante na Renânia; em 1848, deputado na Assembleia Nacional Prussiana (direita).

Fould, Achille (1800-1867): banqueiro e político francês, orleanista, depois bonapartista; em 1848, deputado na Assembleia Nacional constituinte; ministro das Finanças (1849-1860 e 1861-1867).

Fouquier-Tinville, Antoine-Quentin (1746-1795): durante a Revolução Francesa, procurador público no Tribunal Revolucionário.

Franz V (1819-1875): duque de Modena (1846-1859).

Frederico Augusto II (1797-1854): rei da Saxônia (1836-1854).

Frederico Guilherme (1620-1688): eleitor de Brandenburg (1640-1688).

Frederico Guilherme II (1744-1797): rei da Prússia (1786-1797).

Frederico Guilherme III (1770-1840): rei da Prússia (1797-1840).

Frederico Guilherme IV (1795-1861): rei da Prússia (1840-1861).

Frederico I (Barbarossa) (c. 1123-1190): rei alemão (desde 1152) e imperador (1155-1190); empreendeu diversas campanhas militares contra a Itália.

Frederico II, o Grande (1712-1786): rei da Prússia (1740-1786).

Frederico VI (1808-1863): rei da Dinamarca (1848-1863).

Freiligrath, Ferdinand (1810-1876): poeta revolucionário alemão; em 1848-1849, um dos redatores da *Nova Gazeta Renana*; membro da Liga dos Comunistas; nos anos 1850, retirou-se da luta revolucionária.

Frencken: conselheiro escolar em Aquisgrana; em 1848, deputado da Assembleia Nacional Prussiana (direita).

Friedrich Christian August (1829-1880): príncipe (desde 1863 duque) do Schleswig-Holstein; em 1848, general do Estado-maior do exército do Schleswig-Holstein.

Fröbel, Julius (1805-1893): publicista e editor de literatura progressista, democrata pequeno-burguês; em 1848, membro da Assembleia Nacional de Frankfurt (esquerda) e do Comitê Central dos Democratas da Alemannha; em 1849, emigrou para os EUA; mais tarde, tornou-se liberal.

Fuad Effendi, Mehemed (1814-1869): estadista turco; em 1848, comissário do governo no principado do Danúbio para a repressão do movimento de libertação nacional; mais tarde, ministro do Exterior e grão-vizir.

Funk: suboficial no exército prussiano, democrata; em 1848, membro da Sociedade Democrática de Colônia; preso por "alta traição".

Gagern, Heinrich Wilhelm August, barão de (1799-1880): político de Hess, liberal moderado; em 1848, membro do Pré-Parlamento e presidente da Assembleia Nacional de Frankfurt (centro-direita); primeiro-ministro do Império (dezembro de 1848 a março de 1849).

Gagern, Maximilian Ludwig, barão de (1810-1889): irmão do anterior, em 1848, membro da Assembleia Nacional de Frankfurt (centro-direita). (Também referido como Max Gagern.)

Ganneron, Auguste-Victor-Hippolyte (1792-1847): industrial e banqueiro francês, político burguês.

Gervinus, Georg Gottfried (1805-1871): historiador da literatura, professor em Heidelberg, liberal; redator da *Gazeta Alemã* (1847-1848); em 1848, membro do Pré-Parlamento e da Assembleia Nacional de Frankfurt (centro-direita).

Gierke: conselheiro jurídico municipal em Stettin, liberal; em 1848, deputado da Assembleia Nacional Prussiana (centro-esquerda), ministro prussiano da Fazenda (março a setembro de 1848).

Girardin, Émile de (1806-1881): publicista e político francês, de 1837 a 1857, com interrupções, redator do jornal La Presse; destacou-se na política por sua extrema ausência de princípios.

Gladbach, Anton: professor em Odenthal (Renânia), democrata; em 1848, deputado na Assembleia Nacional Prussiana (esquerda); presidente do Clube Democrático em Berlim.

Gneisenau, August Wilhelm Anton, conde Neidhardt von (1760-1831): general marechal de campo e político militar prussiano, desempenhou um importante papel na luta de libertação nacional contra o domínio napoleônico; participou de modo decisivo na reforma do exército na Prússia, como "teórico da resistência popular" (Engels); criador da Landwehr e da Landsturm.

Goeden, Adolf: físico na Posnânia; em 1848, membro da Assembleia Nacional de Frankfurt (direita).

Grabow, Wilhelm (1802-1874): prefeito de Prenzlau, liberal moderado; em 1848, presidente da Assembleia Nacional Prussiana (direita).

Gräff, Joseph: membro do tribunal municipal em Tréveris; em 1848, deputado da Assembleia Nacional Prussiana (esquerda).

Grande eleitor: ver Frederico Guilherme

Grebel: juiz de paz em St. Goar; em 1848, deputado da Assembleia Nacional Prussiana (esquerda).

Griesheim, Karl Gustav von (1798-1854): tenente-coronel prussiano; em 1848, diretor no Departamento geral de Guerra do ministério da Guerra.

Grolman(n), Karl Wilhelm Georg von (1777-1843): general prussiano, participou da elaboração da reforma do exército na Prússia e na luta de libertação nacional contra o domínio napoleônico.

Guilherme I (1797-1888): rei da Prússia (1861-1868) e imperador alemão (1871-1888); em 1848, como príncipe da Prússia, chefe da camarilha contra-revolucionária da corte; em 1849, comandante supremo das tropas prussianas empregadas na repressão da insurreição de Baden-Palatinado.

Guizot, François-Pierre-Guillaume (1787-1874): historiador e estadista francês, orleanista, dirigiu a política interna e externa francesa de 1840 a 1848; defendeu os interesses da grande burguesia financeira.

Hansemann, David Justus (1790-1864): capitalista, um dos líderes da burguesia liberal alemã; em 1847, membro da Dieta Unificada; em 1848, deputado na Assembleia Nacional Prussiana e, de maio a setembro, ministro das Finanças.

*Harney, George Julian (*1817-1897): membro influente do movimento dos trabalhadores inglês, um dos líderes da esquerda dos cartistas; redator do jornal *The Northern Star*; estreitamente ligado a Marx e Engels até o início dos anos 1850.

Harpprecht, Heinrich von (1802-1859): funcionário judicial, presidente do Tribunal Superior de Württemberg.

Harries, Heinrich (1762-1802): padre no Schleswig, autor de poemas.

Hecker, Friedrich Franz Karl (1811-1881): advogado em Mannheim, democrata pequeno-burguês, republicano radical; em 1848, membro do Pré-Parlamento, um dos dirigentes da insurreição de Baden em abril de 1848; emigrou depois para a Suíça, e mais tarde para os EUA, e tomou parte, como coronel, na guerra civil, ao lado dos nortistas.

Hecker: funcionário judiciário prussiano; em 1848, procurador público em Colônia.

Heckscher, Johann Gustav Wilhelm Moritz (1797-1865): advogado em Hamburgo, liberal; em 1848, membro do Pré-Parlamento e da Assembleia Nacional de Frankfurt (centro-direita); ministro da Justiça (julho a agosto de 1848) e do Exterior (agosto a setembro de 1848) no ministério do Império. Enviado imperial em Turim e Nápoles.

Heine, Heinrich (1797-1856): Poeta alemão, amigo próximo de Marx e de Engels, cujas imagens e versos povoam a obra de Marx. Na *Nova Gazeta Renana*, há várias referências diretas e indiretas a *Alemanha, um Conto de Inverno*. Engels traduziu para o inglês *Os tecelões da Silésia*, que se tornou o hino da Liga dos Comunistas em Londres.

Heinrich LXXII (1797-1853): príncipe do micro-estado de Reuß-Lobenstein-Ebersdorf (1822-1853).

Henrique V: ver *Chambord, Henri-Charles d'Artois, duque de Bordeaux, conde de*.

Hergenhahn, August (1804-1874): procurador da Corte Superior de Apelação em Wiesbaden, político liberal; em 1848-1849, primeiro-ministro de Nassau, membro do Pré-Parlamento e da Assembleia Nacional de Frankfurt (centro-direita).

Herwegh, Georg Friedrich (1817-1875) poeta revolucionário alemão; em 1848, um dos líderes da Sociedade Democrática Alemã em Paris, que organizou o grupo de voluntários para lutar na Alemanha.

Heyne: prefeito de Bromberg (Posnânia); em 1848, deputado na Assembleia Nacional Prussiana (centro-esquerda).

Hildenhagen, Louis: pastor em Quetz; deputado na Assembleia Nacional Prussiana (centro-esquerda).

Hofer: camponês da Pomerânia; em 1848, deputado na Assembleia Nacional Prussiana (direita).

Hohenzollern: dinastia de eleitores brandenburguesa (1415-1701), reis prussianos (1701-1918) e imperador alemão (1871-1918).

Holberg, Ludwig, barão de (1684-1754): escritor, historiador e filósofo dinamarquês.

Hüffer, Johann Hermann (1784-1855): prefeito de Münster, liberal moderado; em 1848, deputado na Assembleia Nacional Prussiana (direita).

Hüser, Hans Gustav Heinrich von (1782-1857): general prussiano, representante da camarilha militar reacionária; comandante de Mogúncia (1844-1849).

Imandt, Peter: professor em Krefeld, democrata, dirigente da Associação dos Trabalhadores de Krefeld; participou ativamente da revolução de 1848-1849 em Colônia e em Tréveris; mais tarde, como emigrante, membro da Liga dos Comunistas, manteve vínculo com Marx e Engels.

Itzenplitz: família prussiana de latifundiários.

Jacoby, Johann (1805-1877): médico em Königsberg, publicista e político, democrata resolugo; em 1848, membro do Pré-Parlamento e um dos dirigentes da esquerda na Assembleia Nacional Prussiana; em 1848, membro da Assembleia Nacional de Frankfurt; mais tarde, opositor da política de Bismarck, e desde 1872 membro do Partido Social-Democrata.

Janiszewski, Johann (Jan) Chrysostomos (1818-1891): teólogo e político polonês; em 1848, membro da Assembleia Nacional de Frankfurt.

Jellachich, Josip, conde de Buzim (1801-1859): general austríaco, em 1848 foi *ban* da Croácia, Eslavônia e Dalmácia; participou ativamente na repressão da revolução de 1848-1849 na Áustria e na Hungria.

Jentzsch: mestre açougueiro em Polzin (Pomerânia); em 1848, deputado na Assembleia Nacional Prussiana (centro).

Johann (1782-1859): arquiduque da Áustria, foi eleito pela Assembleia Nacional de Frankfurt regente imperial (junho de 1848 a dezembro de 1849); pôs-se ao lado da reação imperial.

Johann III Sobieski (1624-1696): rei da Polônia (1674-1696), alcançou em 1683, à frente dos exércitos polonês e austríaco, uma decisiva vitória sobre os turcos, em Viena.

Jonas, Ludwig (1797-1859): pregador em Berlim, teólogo, seguidor de Schleiermacher; em 1848, deputado da Assembleia Nacional Prussiana (direita).

Jones, Ernest Charles (1819-1869): poeta e publicista proletário inglês; líder dos cartistas (ala esquerda); editor dos jornais cartistas *Labourer, Notes to the People* e *People's Paper*; até os anos 1850, estreitamente ligado a Marx e Engels.

Jordan, Wilhelm (1819-1904): poeta e escritor; em 1848, membro da esquerda da Assembleia Nacional de Frankfurt; depois do debate sobre a Polônia, vinculou-se ao centro.

Jottrand, Luden-Leopold (1804-1877): advogado e publicista belga; democrata radical, participou da revolução de 1830; em 1847, presidente da Associação Democrática de Bruxelas; redator do jornal *Debat social*.

Jung, Georg Gottlob (1814-1886): assessor em Colônia, publicista; democrata pequeno-burguês, jovem-hegeliano; em 1842, co-editor da *Gazeta Renana*; em 1848, um dos líderes da esquerda na Assembleia Nacional Prussiana; mais tarde, nacionalista liberal.

Kalker, Johann Wilhelm: pintor de porcelanas em Colônia; em 1848, secretário da Associação dos Trabalhadores de Colônia.

Kämpff (Kämpf): catedrático em Neuruppin; em 1848, deputado na Assembleia Nacional Prussiana (centro-esquerda).

Kanitz, August Wilhelm Karl, conde de (1783-1852): tenente-general e ministro da Guerra prussiano (maio a junho de 1848).

Karl Wilhelm Ferdinand (1735-1806): duque de Braunschweig (1770-1806): líder militar na guerra de coalizão contra a França revolucionária.

Kaunitz, Wenzel Anton, príncipe de (1711-1794): estadista e diplomata austríaco, adepto do "absolutismo esclarecido", ferrenho opositor da Revolução Francesa.

Kersausie, Joachim-Rene-Theophile Gaillard de (1798-1874): revolucionário francês, ex-oficial; participou em 1830 da Revolução de Julho; membro dirigente de várias sociedades secretas; em 1848, elaborou o plano militar da Revolução de Junho do proletariado parisiense; mais tarde, emigrou.

Kerst, Samuel Gottfried (1804-1875): diretor de escola na Posnânia; em 1848, membro da Assembleia Nacional de Frankfurt (centro).

Kohlparzer, Franz Xaver: funcionário superior de um condado na Áustria; em 1848, membro da Assembleia Nacional de Frankfurt (centro-direita).

Korn: balconista em Berlin, democrata; em 1848, um dos chefes da Associação Popular de Berlim; em junho de 1848, liderou o assalto ao Arsenal, e foi condenado a dois anos de prisão.

Kosch, Raffael Jakob (1803-1872): médico em Königsberg, liberal; em 1848, deputado na Assembleia Nacional Prussiana (centro-esquerda).

Kotzebue, August Friedrich Ferdinand Von (1761-1819): escritor de peças de teatro alemão, agente do tzar russo, inimigo do movimento liberal, morto pelo estudante Karl Ludwig Sand.

Krause: prefeito de Lüben (Silésia); em 1848, deputado na Assembleia Nacional Prussiana (centro).

Kühlwetter, Friedrich Christian Hubert von (1809-1882): estadista prussiano; ministro do Interior (junho a setembro de 1848).

Kyll, Ulrich Franz: conselheiro de justiça, democrata pequeno-burguês; em 1848, deputado na Assembleia Nacional Prussiana (esquerda).

Ladenberg, Adalbert von (1798-1855): representante da burocracia prussiana reacionária; ministro do Culto 91848-1850).

Lamarque, Maximilien, conde de (1770-1832): general francês, um dos líderes da oposição liberal durante a Restauração e a monarquia de julho.

Lamartine, Alphonse-Marie-Louis de (1790-1869): poeta, historiador e político francês; nos anos 1840, um dos líderes dos republicanos moderados; em 1848, ministro do Exterior e chefe de fato do governo provisório; membro da Assembleia Nacional constituinte e da Comissão Executiva.

Lamennais (La Mennais), Felicite-Rohert de (1782-1854): abade e publicista francês, um dos ideólogos do socialismo cristão; em 1848, deputado da Assembleia Nacional constituinte (Montanha).

Lamoricière, Louis-Christophe-Leon Juchault de (1806-1865): general e político francês, republicano moderado; participou ativamente na repressão à Revolução de Junho em Paris; ministro da Guerra no governo de Cavaignac (junho a dezembro de 1848); deputado da Assembleia Nacional constituinte.

Larocheja(c)quelein (La Rochejaquelein), Henri'Auguste-Georges, marquês de (1805-1867): político francês, um dos líderes dos legitimistas; em 1848, deputado da Assembleia Nacional constituinte e, em 1849, da legislativa; senador sob Napoleão III.

Latour, Theodor, conde Baillet von (1780-1848): general austríaco, adepto da monarquia absoluta; em 1848, ministro da Guerra, morto durante a Revolução de Outubro em Viena.

Ledru-Rollin, Alexandre-Auguste (1807-1874): publicista e político francês, um dos líderes dos democratas pequeno-burgueses; redator do jornal *La Réforme*; em 1848, ministro do Interior do governo provisório e membro da Comissão Executiva; deputado da Assembleia Nacional constituinte e da legislativa (Montanha).

Lehmann, Peter Martin Orla (1810-1870): estadista dinamarquês, e político liberal, redigiu o jornal *Fädrelandet* (1839-1842); em 1848, ministro sem pasta.

Leiningen, Karl Friedrich Wilhelm, príncipe de (1804-1855): general bávaro; em 1848, primeiro--ministro do Império (agosto/setembro).

Lelewel, Joachim (1786-1861): historiador e revolucionário polonês; em 1830-1831, participou na insurreição polonesa e foi membro do governo provisório; um dos líderes da ala democrática da emigração polonesa; em 1847-1848, membro do conselho da Associação Democrática de Bruxelas.

Lensing: cônego na Renânia; em 1848, deputado da Assembleia Nacional Prussiana (direita).

Leo, Heinrich (1799-1878): publicista e historiador, apologeta de concepções políticas e religiosas reacionárias, um dos ideólogos dos junkers prussianos.

Leônidas: rei de Esparta; morreu em 480 a.C. defendendo as Termópilas contra os Persas.

Leopoldo I (1790-1865): rei da Bélgica (1831-1865).

Leopoldo II (1797-1870): grão-duque da Toscana (1824-1959).

Leopoldo, conde de Thun e Hohenstein (conde Leo Thun) (1811-1888): político austríaco, ministro da educação e religião (1849-1860).

Leroux, Pierre (1797-1871): publicista francês, socialista utópico, seguidor se Saint-Simon; em 1848, deputado da Assembleia Nacional constituinte e, em 1849, da legislativa (Montanha).

Leven: democrata de Rheindorf.

Lichnowski, Felix Maria, príncipe de (1814-1848): latifundiário silesiano, oficial prussiano reacionário; em 1848, membro da Assembleia Nacional de Frankfurt (direita); morto durante a insurreição de setembro em Frankfurt.

Licurgo: lendário legislador espartano, segundo a tradição viveu no século IX a.C.

Lisiecki, Von: comissário de justiça polonês na Posnânia; em 1848, deputado na Assembleia Nacional Prussiana (esquerda).

Loe, Maximilian, barão de (von Loe): proprietário de terras prussiano na Renânia, clericalista; em 1848, deputado na Assembleia Nacional Prussiana (direita).

Low (Loew), Hermann (1807-1879): professor na Posnânia; em 1848, membro da Assembleia Nacional de Frankfurt (centro-direita); mais tarde, tornou-se nacionalista liberal.

Löwenstein, Lipmann Hirsch (morto em 1848): professor, orientalista; em 1848, presidente da Associação dos Trabalhadores em Frankfurt.

Löwinsohn, Moritz: democrata pequeno-burguês, um dos chefes da Associação Popular de Berlim; em junho de 1848, liderou o assalto ao Arsenal.

Luís Filipe (1773-1850): duque de Orleans, rei da França (1830-1848).

Luís XI (1423-1483): rei da França (1461-1483).

Luís XIV (1638-1715): rei da França (1643-1715).

Luís XV (1710-1774): rei da França (1715-1774).

Luís XVI (1754-1793): rei da França (1774-1792).

Luís XVIII (1755-1824): rei da França (1814-1824), à exceção do período do governo dos cem dias, em 1815.

Lüttichau, Christian Friedrich Tonne, conde de: funcionário público prussiano.

Mamiani della Rovere, Terenzio, conde (1799-1885): poeta, publicista, filósofo e político liberal italiano; ministro do Interior do Estado Papal (maio a agosto de 1848).

Marat, Jean-Paul (1743-1793): publicista francês, um dos líderes mais consequentes do Clube dos Jacobinos durante a Revolução Francesa; editor do jornal *L'Ami du peuple*.

Märker (Märcker), Friedrich August (1804-1889): diretor do Tribunal Criminal em Berlim, liberal; em 1848, deputado na Assembleia Nacional Prussiana (centro), ministro da Justiça (junho a setembro de 1848).

Marrast, Armand (1801-1852): publicista e político francês, um dos líderes da burguesia republicana moderada; redator-chefe do jornal Le National; em 1848, membro do governo provisório e prefeito de Paris; presidente da Assembleia Nacional constituinte.

Mathy, Karl (1807-1868): publicista e político de Baden, liberal moderado; um dos líderes da oposição na Dieta de Baden; em 1848, membro do Pré-Parlamento e da Assembleia Nacional de Frankfurt (centro-direita); mais tarde, adepto da política de Bismarck.

Mätze: professor em Berna; em 1848, deputado da Assembleia Nacional Prussiana (esquerda).

Maucler, Paul Friedrich Theodor Eugen, barão de (1783-1859): estadista de Württemberg; em 1818, ministro da Justiça; depois presidente do Conselho Secreto (1831 a abril de 1848).

Maximiliano II (1811-1864): rei da Baváría (1848-1864).

Mellinet, François (1768-1852): general belga de ascendência francesa, um dos líderes da revolução burguesa de 1830 e do movimento democrático na Bélgica; presidente de honra da Associação democrática de Bruxelas; em 1848, foi condenado à morte no processo Risquons-Tout, pena depois comutada para 30 anos de prisão; foi solto em setembro de 1849.

Metternich, Clemens Wenzel Lothar, príncipe de (1773-1859): estadista e diplomata austríaco; ministro do Exterior (1809-1821); um dos fundadores da Santa Aliança.

Meusebach, von: assessor governamental prussiano, conservador; em 1848, deputado da Assembleia Nacional Prussiana (direita).

Mevissen, Gustav von (1815-1899): banqueiro em Colônia, um dos líderes da burguesia liberal renana; em 1848, membro da Assembleia Nacional de Frankfurt (centro-direita).

Mieroslawski, Ludwig (1814-1878): revolucionário, historiador e técnico militar polonês, participou dos levantes poloneses de 1830-1831 e de 1846; em 1848, dirigente militar da insurreição na Posnânia, mais tarde dirigente da insurreição na Sicília; em 1849, comandante do exército revolucionário de Baden-Palatinado.

Miguel, Dom Maria Evaristo (1802-1866): pretendente ao trono português; regente de Portugal (1828-1834), fracassou no restabelecimento do absolutismo.

Milde, Karl August (1805-1861): fabricante de chita em Breslau, liberal; em 1848, deputado e presidente da Assembleia Nacional Prussiana (direita), e ministro do Comércio (junho a setembro de 1848).

Minutoli, Julius, barão de (1805-1860): funcionário e diplomata prussiano; em 1839, chefe de política e conselheiro distrital na Posnânia; de 1847 a junho de 1848, chefe de política de Berlim; mais tarde, passou ao serviço diplomático.

Mirabeau, Gabriel-Victor-Honore Riqueti, conde de (1749-1791): político da Revolução Francesa, defensor dos interesses da grande burguesia e da nobreza aburguesada.

Mittermaier, Karl (1787-1867): professor de direito, político liberal de Baden; em 1848, presidente do Pré-Parlamento e um dos líderes da centro-esquerda na Assembleia Nacional de Frankfurt.

Moll, Joseph (1812-1849): relojoeiro em Colônia, um dos líderes da Liga dos Justos e da Associação Cultural comunista de Londres, membro do Comitê Central da Liga dos Comunistas; de julho a setembro de 1848, presidente da Associação dos Trabalhadores de Colônia, membro do Comitê Distrital Renano dos Democratas e do Comitê de Segurança de Colônia; em 1849, participou da insurreição de Baden-Palatinado; caiu em combate em Murg.

Moltke, Karl, conde de (1798-1866): estadista dinamarquês, presidente da chancelaria do Schleswig--Holstein; em 1848, chefe do partido contra-revolucionário dinamarquês e presidente Comissão Administrativa Mista do Schleswig-Holstein durante o armistício de Malmö.

Montesquieu, Charles de Secondat, barão de La Brede e de (1689-1755): sociólogo, economista e escritor francês, representante do iluminismo burguês do século XVIII, teórico da monarquia constitucional e da divisão de poderes.

Moritz, Daniel Samuel: comissário de justiça em Torgau; em 1848, deputado na Assembleia Nacional Prussiana (centro).

Müller, Friedrich: diretor de polícia em Colônia, liberal; em 1848, sub-secretário no ministério da Justiça prussiano, deputado na Assembleia Nacional Prussiana (centro-direita).

Müller: em 1848, membro da Associação dos Trabalhadores em Worringen, em Colônia.

Müller: pastor no distrito de Wohlau; em 1848, deputado na Assembleia Nacional Prussiana (centro).

Müller-Tellering, Eduard von: correspondente vienense da *Nova Gazeta Renana*; depois da revolução, emigrou para Londres; depois de sua ruptura com Marx (1850), publicou um livro contra ele.

Musard, Philippe (1793-1859): músico e compositor francês.

Napoleão I, Bonaparte (1769-1821): imperador francês (1804-1814 e 1815).

Napoleão III, Luís Bonaparte (1808-1873): sobrinho de Napoleão I, presidente da Segunda República (1848-1852), imperador da França (1852-1870).

Natzmer, von: comandante prussiano; em 1848, com comandante de uma divisão de exército para a vigilância do Arsenal, recusou-se a atirar nos que invadiram o Arsenal em junho; condenado a 10 anos de prisão, foi depois anistiado.

Naunyn: em 1848, prefeito de Berlim.

Nethe: prefeito de Burg; em 1848, deputado na Assembleia Nacional Prussiana (centro).

Nicolau I (1796-1855): tzar da Rússia (1825-1855).

O'Connell, Daniel (1775-1847): advogado e político irlandês, dirigente da ala direita liberal do movimento de libertação nacional do povo irlandês (Repeal Association).

Olberg: oficial prussiano; tomou parte na repressão do movimento de libertação nacional da Posnânia.

Orange: casa dinástica; de 1572 a 1795, com interrupções, governadores, e desde 1815 dinastia monárquica dos Países Baixos.

Ostendorf, Julius (1823-1877): pedagogo na Westfália, liberal moderado; em 1848, membro da Assembleia Nacional de Frankfurt (centro-direita).

Otto I (1815-1867): príncipe bávaro, rei da Grécia (1832-1862).

Pagnerre, Laurent-Antoine (1805-1854): editor e político francês, republicano burguês; em 1848, secretário-geral do governo provisório e da Comissão Executiva, e deputado na Assembleia Nacional constituinte.

Palmerston, Henry John Temple, Lord (1784-1865): estadista inglês, inicialmente *tory*, e desde 1830 um dos líderes dos *whigs*; ministro do Exterior (1830-1841), do Interior (1852-1855) e primeiro-ministro (1855-1865).

Parrisius, Eduard Rudolf (1818-1905): funcionário judiciário prussiano; em 1848, deputado na Assembleia Nacional Prussiana (centro-esquerda); mais tarde, progressista.

Patow, Erasmus Robert, barão de (1804-1890): estadista prussiano, liberal moderado; em 1848, deputado na Assembleia Nacional Prussiana (direita); ministro do Comércio (abril a junho de 1848) e das Finanças (1858-1862).

Payer, Jean-Baptiste (1818-1860): botânico francês, republicano burguês; em 1848, deputado na Assembleia Nacional constituinte.

Peel, Sir Robert (1788-1850): estadista e economista inglês, *tory* moderado; em 1832, fundou o Partido Neo-conservador; primeiro-ministro (1841-1846), com a queda dos liberais anulou, em 1846, a Lei dos Cereais.

Pelz, Eduard (1800-1876): publicista radical, democrata pequeno-burguês; em 1848, um dos líderes da Associação dos Trabalhadores em Frankfurt e editor da *Gazeta Geral dos Trabalhadores*; mais tarde, emigrou para os EUA.

Perrot, Benjamin-Pierre (1791-1865): general francês; em 1848, participou no esmagamento da Revolução de Junho em Paris.

Pfahl: notário em Zülpich; em 1848, deputado na Assembleia Nacional Prussiana (esquerda).

Pfuel, Ernst Heinrich Adolf von (1779-1866): general prussiano, defensor da camarilha militar reacionária; governador de Neuchâtel 91832-1848); em março de 1848, comandante em Berlim, em abril e maio, dirigiu a força que derrotou a insurreição na Posnânia; primeiro-ministro prussiano e ministro da Guerra (setembro a novembro de 1848).

Philipps, Adolf (1813-1877): prefeito de Elbing; em 1848, vice-presidente da Assembleia Nacional Prussiana (centro).

Piegsa: professor polonês na Posnânia; em 1848, deputado na Assembleia Nacional Prussiana (esquerda).

Pillersdorf, Franz, barão de (1786-1862): estadista austríaco; em 1848, ministro do Interior (março a maio) e primeiro-ministro (maio a julho).

Pinto, Isaac (1715-1787): grande comerciante e especulador da Bolsa holandês; escreveu sobre economia.

Pio IX (1792-1878): papa romano (1846-1878).

Platão (427-347 a.C.): filósofo idealista grego.

Plönnis: funcionário judicial prussiano, liberal moderado; em 1848, deputado e vice-presidente da Assembleia Nacional Prussiana (direita).

Pohle: comissário de justiça em Guben; em 1848, deputado na Assembleia Nacional Prussiana (centro).

Pokrzyumicki, von: funcionário judicial prussiano, de nacionalidade polonesa; em 1848, deputado na Assembleia Nacional Prussian (esquerda).

Pourtales, Albert, conde de (1812-1861): diplomata prussiano.

Przyluski, Leon (1789-1865): arcebispo de Gnesen e da Posnânia (1845-1865).

Radetzky, Joseph, conde (1766-1858): marechal de campo austríaco, comandante-chefe das tropas austríacas na Itália.

Radowitz, Joseph Maria von (1797-1853): general e político prussiano, representante da camarilha da corte; em 1848, um dos líderes da direita na Assembleia Nacional de Frankfurt.

Raspail, François-Vincent (1784-1878): cientista e publicista francês, republicano socialista, próximo do proletariado revolucionário; participou das revoluções de 1830 e 1848; editor do jornal

L'Ami du Peuple; em 1848, deputado na Assembleia Nacional constituinte; condenado a 5 anos de prisão em 1849; depois da comutação da pena para exílio, viveu na Bélgica.

Raumer, Friedrich von (1781-1873): professor de história em Berlim, liberal; em 1848, membro da Assembleia Nacional de Frankfurt (centro-direita), enviado do império em Paris.

Raveaux, Franz (1810-1851): comerciante de tabaco em Colônia, democrata pequeno-burguês; em 1848, membro do Pré-Parlamento e um dos líderes da centro-esquerda na Assembleia Nacional de Frankfurt; enviado do império na Suíça; em 1849, membro da regência imperial provisória e do governo provisório de Baden; emigrou depois da derrota da insurreição de Baden-Palatinado.

Rehfeld: diácono em Sorau (Brandenburg); em 1848, deputado na Assembleia Nacional Prussiana (centro, depois direita).

Reichenbach, Eduard, conde de (1812-1869): democrata silesiano; em 1848, deputado na Assembleia Nacional Prussiana (esquerda); desde outubro de 1848, membro do Comitê Central dos Democratas da Alemanha; mais tarde, progressista.

Reichensperger I, August (1808-1895): funcionário judicial, político católico; em 1848, membro da Assembleia Nacional Prussian e, desde junho, da de Frankfurt (direita); mais tarde, líder do Partido do Centro.

Reichensperger II, Peter Franz (1818-1895): irmão do anterior, funcionário judicial, político católico; em 1848, membro do Pré-Parlamento e deputado da Assembleia Nacional Prussiana (direita); mais tarde, líder do Partido do Centro.

Reichhelm: democrata de Colônia; em 1848, membro do Comitê de Segurança de Colônia.

Reuter: conselheiro municipal em Johanesburgo, democrata; em 1848, deputado da Assembleia Nacional Prussiana (esquerda).

Richter, Karl (1804-1869): professor de teologia em Pelpin (Prússia ocidental); em 1848, deputado da Assembleia Nacional Prussiana (esquerda).

Riedel, Adolf Friedrich Johann (1809-1872): conselheiro do Arquivo Secreto em Berlim, historiador; em 1848, deputado da Assembleia Nacional Prussiana (direita).

Ritz: conselheiro governamental em Aquisgrana, clericalista; em 1848, deputado na Assembleia Nacional Prussiana (direita).

Robespierre, Maximilien-Marie-Isidor de (1758-1794): político da Revolução Francesa, líder dos jacobinos; em 1793/94, chefe do governo revolucionário.

Rochow, Gustav Adolf Rochus von (1792-1847) estadista prussiano, representante dos junkers; ministro do Interior (1834-1842).

Rodbertus-Jagetzow, Johann Karl (1805-1875): latifundiário prussiano, economista, ideólogo dos junkers aburguesados; em 1848, líder da centro-esquerda na Assembleia Nacional Prussiana, ministro da Cultura no gabinete Auerswald; posteriormente, teórico do "socialismo estatal".

Rodomont: herói pretensioso do poema *Orlando Furioso*, de Ariosto.

Rosenkranz, Joharm Karl Friedrich (1805-1879): professor em Königsberg, filósofo e historiador da literatura, hegeliano.

Rothschild, James, barão de (1792-1868): proprietário do banco de mesmo nome em Paris; exerceu grande influência política durante a monarquia de julho.

Rotteck, Karl Wenzeslaus Rodecker von (1775-1840): historiador, um dos líderes dos liberais de Baden.

Rougemont de Lowemberg: banqueiro francês.

Ruge, Arnold (1802-1880): publicista radical, jovem-hegeliano, democrata pequeno-burguês; em 1844, editor, com Marx, dos *Anais Franco-Alemães*; em 1848, membro da Assembleia Nacional de Frankfurt (esquerda); desde 1866, nacionalista liberal.

Russell, John, Lord (1792-1878): estadista inglês, líder do partido dos whigs; primeiro-ministro (1846-1852 e 1865/66). Ministro do Exterior (1852-1853 e 1859-1865).

Sancho Pança: personagem do romance Dom Quixote, de Cervantes.

Schaffgotsch: família de condes silesiana, latifundiária.

Schapper, Karl (1813-1870): um dos líderes da Liga dos Justos e da Associação Cultural comunista de Londres, membro do Comitê Central da Liga dos Comunistas; em 1848-1849, revisor da *Nova Gazeta Renana*, membro do Comitê Distrital Renano dos Democratas; de fevereiro a maio de 1849, presidente da Associação dos Trabalhadores de Colônia; em 1850, quando da cisão da Liga dos Comunistas, liderou, com Willich, a fração contrária a Marx; logo reconheceu seu erro e se vinculou a Marx novamente; em 1865, foi membro do Conselho Geral da I Internacional.

Scharnhorst, Gerhard Johann David von (1755-1813): general prussiano, foi fundamental na reforma do exército na Prússia e participou do movimento de libertação nacional contra o domínio napoleônico.

Schätze: comissário de justiça em Lissa (Posnânia); em 1848, deputado na Assembleia Nacional Prussiana (direita).

Schleiermacher, Friedrich Ernst Daniel (1768-1834): filósofo idealista, teólogo e pregador protestante.

Schleinitz, Alexander, barão de (1807-1885): estadista prussiano, representante do junkers; ministro do Exterior (junho de 1848, 1849-1850, 1858-1861).

Schlichting: tenente-coronel prussiano.

Schlöffel, Friedrich Wilhelm (1800-1870): fabricante na Silésia, democrata; em 1848, membro da Assembleia Nacional de Frankfurt (esquerda); em 1849, participou da insurreição de Baden-Palatinado; emigrou para a Suíça e depois para os EUA.

Schmerling, Anton, cavaleiro de (1805-1893): estadista austríaco, liberal; em 1848, membro da Assembleia Nacional de Frankfurt (centro-direita), ministro do Interior (julho a setembro), primeiro-ministro e ministro do Exterior (setembro a dezembro) no ministério do Império; ministro da Justiça austríaco (1849-1851).

Schmidt, Ernst Friedrich Franz: pregador católico da Silésia, democrata; em 1848, membro da Assembleia Nacional de Frankfurt (esquerda).

Schmitz: trabalhador de Colônia.

Schneider II, Karl: advogado em Colônia, democrata pequeno-burguês; em 1848, dirigente da Sociedade Democrática de Colônia, membro do Comitê Distrital Renano dos Democratas e do Comitê de Segurança de Colônia; em 1849, advogado de defesa de Marx e Engels no processo contra a *Nova Gazeta Renana*; em 1852, advogado de defesa no Processo dos Comunistas em Colônia.

Schneider: prefeito de Schönebeck, liberal; em 1848, deputado na Assembleia Nacional Prussiana (direita, depois centro-esquerda).

Scholz: em 1848, deputado da Assembleia Nacional Prussiana.

Schramm, Rudolf (1813-1882): assessor em Krefeld, publicista democrata; em 1848, deputado da Assembleia Nacional Prussiana (esquerda), presidente do Clube Democrático em Berlim; mais tarde, seguidor de Bismarck.

Schreckenstein, Ludwig barão Roth von (1789-1858): general prussiano, representante da aristocracia feudal; ministro da Guerra (junho a setembro de 1848).

Schücking, Levin (1814-1883): escritor, colaborador e redator do folhetim da *Gazeta de Colônia*.

Schuhes: democrata de Hitdorf, em Colônia.

Schultz(e): comissário de justiça em Wanzleben, democrata; em 1848, deputado na Assembleia Nacional Prussiana (esquerda).

Schulze (de Delitzsch), Franz Hermarm (1808-1883): economista e político pequeno-burguês; em 1848, deputado da Assembleia Nacional Prussiana (centro esquerda); fundador do sistema de cooperativas alemão, difundiu a criação de cooperativas de produção como caixas de poupança dos trabalhadores; nos anos 1860, foi um dos líderes do Partido Progressista.

Schützendorf: mestre-sapateiro em Colônia, democrata pequeno-burguês; em 1848, membro da Associação de Trabalhadores e Empregadores de Colônia e um de seus delegados no Comitê Distrital Renano dos Democratas.

Schwanbeck, Eugen Alexis (1821-1850): jornalista, colaboradora da *Gazeta de Colônia* (1847-1849).

Schwarzer, Ernst (1808-1860): jornalista e político liberal austríaco; em 1848, membro do Parlamento austríaco e ministro do Trabalho Público (julho a setembro).

Schweins, Franz (1811-1889): publicista e político liberal austríaco; em 1848, membro do Pré-Parlamento e da Assembleia Nacional de Frankfurt (esquerda); desde agosto de 1848, membro do Parlamento austríaco.

Schwerin, Maximilian Heinrich Karl, conde de (1804-1872): estadista prussiano, representante da nobreza liberal; em 1848, membro da Assembleia Nacional de Frankfurt (direita); ministro do Culto no gabinete Camphausen (março a junho de 1848); mais tarde, nacionalista liberal.

Sebaldt: conselheiro governamental; em 1848, conselheiro municipal e prefeito em Tréveris.

Senard, Antoine-Marie-Jules (1800-1885): jurista e político francês, republicano burguês; em junho de 1848, presidente da Assembleia Nacional constituinte; ministro do Interior no governo Cavaignac (junho a outubro de 1848).

Sibila: profetisa da Antiguidade em Cumä (Itália), a quem se atribui a autoria dos Livros de Sibila, uma coletânea de profecias.

Siebert: impressor, democrata; em 1848, deputado da Assembleia Nacional Prussiana (esquerda).

Simons, Ludwig (1803-1870): conselheiro de justiça prussiano; em 1848, deputado na Assembleia Nacional Prussiana (direita); ministro da Justiça (1849-1860).

Smith, Adam (1723-1790): economista inglês, representante da economia política clássica.

Sobieski: ver *Johann III Sobieski*.

Sobrier, Marie-Joseph (c. 1825-1854): jornalista francês, republicano democrata, membro de sociedades secretas revolucionárias durante a monarquia de julho; de março a maio de 1848, editor do jornal *La Commune de Paris*; um dos líderes da manifestação de trabalhadores de 15 de maio de 1848, foi condenado a 7 anos de prisão.

Sommer, Johann Friedrich Josef (1793-1856): conselheiro de justiça em Arnsberg; em 1848, deputado da Assembleia Nacional Prussiana (direita).

Stein, Heinrich Friedrich Karl, barão de (1757-1831): estadista prussiano, conduziu em 1807-1808, como ministro, uma série de reformas burguesas moderadas na Prússia; desempenhou um papel importante no movimento de libertação nacional contra o domínio napoleônico.

Stein, Julius (1813-1883): catedrático em Breslau, publicista democrata; em 1848, deputado da Assembleia Nacional Prussiana (esquerda); dirigente do Clube Democrático em Berlim; mais tarde, redator-chef da *Gazeta de Breslau*.

Steinäcker, Christian Karl Anton Friedrich, barão de (1781-1851): general prussiano; em 1846 e 1848, comandante de fortaleza na Posnânia.

Stenzel, Gustav Adolf Harald (1792-1854): professor em Breslau, historiador, liberla; em 1848, membro da Assembleia Nacional de Frankfurt (esquerda, depois centro-direita).

Stifft, Andreas, barão de (1819-1877): escritor austríaco, democrata; em 1848, membro da Associação Democrática e do Conselho Municipal em Viena.

Stradal: jurista alemão em Teplitz.

Struve, Gustav von (1805-1870): advogado e publicista, democrata pequeno-burguês e republicano federativo; em 1848, membro do Pré-Parlamento, um dos líderes da insurreição de Baden em abril e setembro de 1848 e da insurreição de Baden-Palatinado em 1849; emigrou para a Inglaterra e depois para os EUA; participou, ao lado dos nortistas, da guerra civil americana.

Stupp, Heinrich Joseph (1793-1870): conselheiro de justiça em Colônia, clericalista; em 1848, deputado na Assembleia Nacional Prussiana (direita); mais tarde, prefeito de Colônia.

Sydow, Karl Leopold Adolf (1800-1882): pregador em Berlim, teólogo, adepto de Schleiermacher; em 1848, deputado da Assembleia Nacional Prussiana (direita).

Tácito, Públio Cornélio (c. 55-c.120): historiador romano.

Tamnau: comissário de justiça em Königsberg; em 1848, deputado na Assembleia Nacional Prussiana (centro-direita).

Tannhäuser (c. 1205-1270): trovador da Bavária.

Tedesco, Victor (1821-1897): advogado belga, democrata revolucionário e socialista; em 1847, co-fundador da Associação Democrática de Bruxelas; manteve estreita ligação com Marx e Engels; em 1848, condenado à morte no processo Risquons-Tout, pena depois comutada para 30 anos de prisão; libertado em 1854.

Tell, Guilherme: lendário herói popular da luta de libertação da Suíça contra o domínio dos Habsburgo no século XIV.

Temme, Jodocus Donatus Hubertus (1798-1881): diretor do Tribunal de Apelação em Münster, democrata; em 1848, deputado da Assembleia Nacional Prussiana (esquerda); procurador em Berlim; em 1849, membro da Assembleia Nacional de Frankfurt, foi preso por alta traição, e considerado inocente em 1850; mais tarde, tornou-se progressista.

Thiers, Louis-Adolphe (1797-1877): historiador e estadista francês, orleanista; primeiro-ministro (1836-1840); em 1848, deputado na Assembleia Nacional constituinte; presidente da república (1871-1873), carrasco da Comuna de Paris.

Thorvaldsen, Bertel (1768-1844): escultor dinamarquês.

Thun, Leo, conde de (1811-1888): estadista austríaco reacionário, de ascendência tcheca; em 1848, presidente de gubernia na Boêmia; ministro do Culto (1849-1860), um dos mais próximos conselheiros do imperador Francisco José.

Thurn und Taxis, Karl Alexander von (1770-1827): príncipe alemão, era proprietário, por privilégio de herança, da Agência Geral dos Correios em diversos estados alemães.

Tilly, Johann Tserclaes, conde de (1559-1632): general da Liga Católica na Guerra dos 30 Anos; em 1631, suas tropas invadiram e saquearam Magdeburg.

Tresckow, Hermann von (1818-1900): oficial prussiano na campanha de 1848 contra a Dinamarca, mais tarde general de infantaria.

Tresckow, Sigismund Otto: antepassado do anterior, fornecedor do exército; em 1796, tornou-se proprietário senhorial em Owinsk (Posnânia).

Tüshaus: conselheiro do Tribunal de Apelação em Müsnter, clericalista; em 1848, deputado na Assembleia Nacional Prussiana (direita).

Unruh, Hans Victor von (1806-1886): engenheiro e político prussiano, liberal moderado; em 1848, um dos líderes da centro-esquerda na Assembleia Nacional Prussiana, desde outubro presidente dela; mais tarde, co-fundador do Partido Progressista, depois nacionalista liberal.

Urban: veterinário em Berlim, democrata; em 1848, um dos comandantes das lutas de barricadas e do assalto ao Arsenal em Berlim.

Valdenaire, Victor (1791-1859): proprietário de terras em Tréveris, democrata pequeno-burguês; em 1848, deputado da Assembleia Nacional Prussiana (esquerda).

Venedey, Jakob (1805-1871): publicista e político radical, democrata pequeno-burguês; em 1848, membro do Pré-Parlamento e da Assembleia Nacional de Frankfurt (esquerda); mais tarde, liberal.

Vergniaud, Pierre-Victurnien (1753-1793): advogado em Bordéus, político da Revolução Francesa; em 1791, líder dos girondinos na Assembleia Legislativa, opositor da monarquia; na Convenção, combateu o Partido da Montanha, e foi executado depois da queda dos girondinos.

Villäny, Drahotin, barão de: nobre tcheco; em 1848, membro do Comitê St.-Wenzel e do Comitê Preparatório para o Congresso Eslavo; preso depois da insurreição de junho em Praga.

Vincke, Georg, barão de (1811-1875): político liberal prussiano; em 1848, um dos líderes da direita na Assembleia Nacional de Frankfurt.

Vogt, Karl (1817-1895): professor em Gießen, cientista, materialista vulgar, democrata pequeno-burguês; em 1848, membro do Pré-Parlamento e da Assembleia Nacional de Frankfurt (esquerda); em 1849, membro da regência provisória do império; emigrou para a Suíça e foi professor em Genf; inimigo acerbo do movimento proletário e comunista; tornou-se agente pago de Napoleão III.

Wachsmuth, Franz Rudolph: cavaleiro em Reetz (Brandenburg); em 1848, deputado da Assembleia Nacional Prussiana (centro); mais tarde, progressista.

Wagner, Richard (1813-1883): compositor alemão, tomou parte no levante armado ocorrido em Dresden, de 3 a 9 de maio de 1849.

Waldeck, Benedikt Franz Leo (1802-1870): conselheiro do Supremo Tribunal em Berlim, democrata; em 1848, um dos líderes da esquerda e vice-presidente da Assembleia Nacional Prussiana; mais tarde, progressista.

Wallach: funcionário prussiano, chefe de distrito em Bromberg.

Wallau, Karl (1823-1877): tipógrafo da *Gazeta da Alemanha e de Bruxelas*, membro da Liga dos Comunistas; em 1848, dirigente da Associação Cultural dos Trabalhadores de Mogúncia; mais tarde, prefeito de Mogúncia.

Wallmoden, Karl, conde de (1792-1883): general austríaco, participou em 1848-1849 na repressão do movimento revolucionário na Boêmia e na Hungria.

Wallraf: democrata de Frechen, em Colônia.

Wander: pastor em Striegau; em 1848, deputado da Assembleia Nacional Prussiana (esquerda).

Wangenheim, von: conselheiro do Tribunal de Apelação na Pomerânia; em 1848, deputado da Assembleia Nacional Prussiana (centro-esquerda).

Wartensleben, Alexander, conde de (1807-1883): proprietário de terras na Pomerânia; em 1848, membro da Assembleia Nacional de Frankfurt (centro).

Weber, Carl Maria von (1786-1826): compositor alemão.

Weerth, Georg (1822-1856): poeta e publicista proletário; dirigente da Associação Democrática de Bruxelas, membro da Liga dos Comunistas, amigo de Marx e Engels; em 1848-1849, redator da *Nova Gazeta Renana*; depois da revolução, trabalhou como caixeiro-viajante.

Weichsel: comissário de justiça em Magdeburg; em 1848, deputado da Assembleia Nacional Prussiana (centro-esquerda).

Weiden, Franz Ludwig, barão de (1782-1853): general austríaco, em 1848 participou da campanha contra a Itália; governador de Viena (novembro de 1848 a abril de 1849); comandante supremo das tropas austríacas empregadas na repressão da revolução na Hungria (abril a junho de 1849).

Welcher, Karl Theodor (1790-1869): jurista e publicista de Baden, um dos líderes do liberalismo austro-alemão; em 1848, membro do Pré-Parlamento e da Assembleia Nacional de Frankfurt (centro-direita).

Wencelius: médico em Tréveris, democrata; em 1848, deputado da Assembleia Nacional Prussiana (esquerda).

Werner, Johann Peter: advogado em Coblença; em 1848, membro da Assembleia Nacional de Frankfurt (centro-esquerda).

Weyll, Bartholomäus Joseph: jurista em Colônia; em 1848, membro da Sociedade Democrática e do Comitê de Segurança em Colônia; participou do segundo Congresso dos Democratas em Berlim.

Wiedenmann, Christian: advogado em Düsseldorf; em 1848, membro da Assembleia Nacional de Frankfurt (centro).

Wigand, Otto (1795-1870): editor e livreiro em Leipzig; publicou obras de escritores radicais.

Wildenbruch, Ludwig von (1803-1874): diplomata prussiano; em 1848, enviado em Copenhagen.

Willisen, Karl Wilhelm, barão de (1790-1879): general prussiano e teórico militar; de março a maio de 1848, comissário real na Posnânia; em 1850, comandante supremo do exército do Schleswig-Holstein na guerra contra a Dinamarca.

Windischgrätz, Alfred, príncipe (1787-1862): marechal de campo austríaco, em 1848-1849 um dos líderes da contra-revolução na Áustria; dirigiu em 1848 a repressão da insurreição de junho em Praga e da insurreição de outubro em Viena; na sequência, esteve à frente do exército austríaco empregado na repressão da revolução húngara.

Windischgrätz, Maria Eleonora (1795-1848): esposa do anterior.

Winkelried, Arnold: lendário herói popular da luta de libertação da Suíça contra o domínio dos Habsburgo no século XIV.

Wolf(f), Ferdinand (1812-1895): jornalista, membro da Liga dos Comunistas; em 1848-1849, um dos redatores da *Nova Gazeta Renana*; depois, emigrou para Paris e Londres; em 1850, quando da cisão da Liga dos Comunistas, ficou ao lado de Marx; mais tarde, retirou-se da vida política.

Wolfers, Franz Anton Von: jornalista burguês de ascendência belga; colaborador e membro da redação da *Gazeta de Colônia* (1847-1849).

Wolff, Wilhelm (Lupus) (1809-1864): professor e jornalista, filho de um camponês servo da Silésia, participou no movimento da Liga Estudantil, membro do Comitê Central da Liga dos Comunistas; em 1848-1849, um dos redatores da *Nova Gazeta Renana*, membro do Comitê Distrital Renano dos Democratas e do Comitê de Segurança de Colônia; depois emigrou para a Suíça, e desde 1851 para a Inglaterra; amigo íntimo de Marx e Engels.

Wolff: assessor do Tribunal de Apelação; em 1848, deputado na Assembleia Nacional Prussiana (centro-esquerda).

Wrangel, Friedrich Heinrich Ernst, conde de (1784-1877): general prussiano, um dos líderes da camarilha militar reacionária; em 1848, general-comandante do terceiro corpo de exército em Berlim; participou do golpe de estado contra-revolucionário de novembro de 1848 em Berlim.

Wybicki, Joseph (1747-1822): estadista e poeta polonês; compôs a letra da Marcha de Dombrowski, mais tarde tornado o hino nacional polonês.

Ypsilantis, Alexander (1792-1828): líder do movimento de libertação grego contra o domínio turco; em 1821, depois da derrota da insurreição de Moldau, fugiu para a Áustria, onde ficou detido até 1827.

Zachariä: comissário de justiça em Stettin; em 1848, deputado da Assembleia Nacional Prussiana (centro-direita).

Zacharias: comerciante de Berlim; em 1848, deputado da Assembleia Nacional Prussiana (centro).

Zitz, Franz Heinrich (1803-1877): advogado em Mogúncia, político democrata; em 1848, membro do Pré-Parlamento e da Assembleia Nacional de Frankfurt (esquerda); em 1849, participou da insurreição de Baden-Palatinado; depois emigrou para os EUA.

Zweiffel: procurador-geral em Colônia, clericalista; em 1848, deputado na Assembleia Nacional Prussiana (direita).